Über den Herausgeber

Dieter Lenzen, geb. 1947 in Münster (Westf.), studierte Erziehungswissenschaft, Philosophie, Deutsche, Englische und Niederländische Philologie an der Westfälischen Wilhelms-Universität Münster, M. A. 1970, Dr. phil. 1973, 1973 bis 1975 Bildungsforschung für das Kultusministerium des Landes Nordrhein-Westfalen, 1975 bis 1977 Professor an der Westfälischen Wilhelms-Universität Münster, seit 1977 ordentlicher Professor für Erziehungswissenschaft (Philosophie der Erziehung) an der Freien Universität Berlin. Gründungsmitglied des Forschungszentrums für Historische Anthropologie, Berlin. Seit 1994 Vorsitzender der Deutschen Gesellschaft für Erziehungswissenschaft (DGfE)

Wichtigste Veröffentlichungen:
Didaktik und Kommunikation, Frankfurt/M. 1973; Die Struktur der Erziehung und des Unterrichts, Frankfurt/M. 1975; Thema: Sprache, 6 Bde., Frankfurt/M. 1977 ff (gemeinsam mit D. Wunderlich); Abitur-Normen gefährden die Schule, München 1977 (gemeinsam mit A. Flitner); Pädagogik und Alltag, Stuttgart 1980; Herausgeber der «Enzyklopädie Erziehungswissenschaft», 12 Bde., Stuttgart 1983 ff; Mythologie der Kindheit, Reinbek 1985; Mitautor von G. Gebauer u. a.: Historische Anthropologie, Reinbek 1989; Vaterschaft. Vom Patriarchat zur Alimentation, Reinbek 1991; Krankheit als Erfindung, Frankfurt/M. 1991; Herausgeber von «Erziehungswissenschaft. Ein Grundkurs», Reinbek 1994. – Zahlreiche Beiträge für Fachzeitschriften und Rundfunkanstalten.

Über den Leiter der Arbeitsstelle erziehungswissenschaftliche Nachschlagewerke

Friedrich Rost, geb. 1949 in Jugenheim/Bergstraße, 1968 bis 1970 Ausbildung zum Verlagsbuchhändler beim S. Fischer Verlag, Frankfurt/M; Studium der Erziehungswissenschaft, Soziologie und Psychologie an der Pädagogischen Hochschule Berlin; Dipl.-Päd. 1977; 1977 bis 1981 wissenschaftlicher Mitarbeiter des Deutschen Zentralinstituts für soziale Fragen (DZI), Berlin; 1981 bis 1988 wissenschaftlicher Mitarbeiter an der Freien Universität Berlin; seit 1989 Akademischer Rat und Leiter der Service-Einrichtung «Information und Datenverarbeitung» am Fachbereich 12 der Freien Universität Berlin; Dr. phil. 1993.

Hinweise auf die Autoren mit der Angabe der vom jeweiligen Autor verfaßten Artikel finden sich ab Seite 1645 im 2. Band dieses Werks.

Dieter Lenzen (Herausgeber)
unter Mitarbeit von Friedrich Rost

Pädagogische Grundbegriffe

1 Aggression –
Interdisziplinarität

rowohlts enzyklopädie

rowohlts enzyklopädie

Herausgegeben von Burghard König

4. Auflage. 15.–17. Tausend August 1996

Redaktion im Verlag Wolfgang Müller
Veröffentlicht im Rowohlt Taschenbuch Verlag GmbH,
Reinbek bei Hamburg, Mai 1989
Mit freundlicher Genehmigung der Verlagsgemeinschaft
Ernst Klett Verlag – J. G. Cotta'sche Buchhandlung, Stuttgart
Copyright © 1983, 1989 by Ernst Klett Verlag –
J. G. Cotta'sche Buchhandlung, Stuttgart
Umschlaggestaltung Jens Kreitmeyer
Satz Times (Linotron 202)
Gesamtherstellung Clausen & Bosse, Leck
Printed in Germany
2990-ISBN 3 499 55487 9

Vorwort

Als nach zehnjähriger Arbeit 1986 der letzte Band der zwölfbändigen «Enzyklopädie Erziehungswissenschaft» erschienen war, wurde bereits deutlich, daß für Studenten der Erziehungswissenschaft, für Lehrer und Pädagogen in außerschulischen Einrichtungen, für Erziehungswissenschaftler im Hochschuldienst, aber auch für interessierte Laien Bedarf an einem Nachschlagewerk bestand, den die «Enzyklopädie Erziehungswissenschaft» ebensowenig wie andere auf dem Markt befindliche pädagogische Lexika und Wörterbücher befriedigen konnten: der Bedarf an einem Handwörterbuch der Pädagogik, das vom Umfang her überschaubar und übersichtlich strukturiert ist, das dabei den wissenschaftlichen Standard der «Enzyklopädie Erziehungswissenschaft» besitzt, zusätzlich neuere Entwicklungen in und außerhalb der Erziehungswissenschaft aufnimmt und einen möglichst breiten Adressatenkreis anspricht.

Die vorliegenden «Pädagogischen Grundbegriffe» versuchen, diesem Interesse gerecht zu werden. Dieses Nachschlagewerk enthält zu etwa zwei Dritteln Beiträge, die aus dem Bestand der «Enzyklopädie Erziehungswissenschaft» ausgewählt und von den Autoren überarbeitet wurden. Ein Drittel der Beiträge ist für dieses Werk eigens verfaßt worden. Bei der Auswahl der Stichworte ist die Vorstellung von *Grundbegriffen* leitend gewesen. Deshalb sind verschiedene Gruppen von Stichwörtern ausgewählt worden:

– Fachrichtungen der Erziehungswissenschaft, beispielsweise «Erwachsenenbildung», «Schulpädagogik», «Sozialpädagogik»...,
– grundlegende (auch historische) Begriffe der Pädagogik wie «Bildsamkeit», «Didaktik», «Differenzierung»...,
– grundlegende Begriffe benachbarter Disziplinen mit besonderer Bedeutung für die Pädagogik wie «Aufklärung», «Bewußtsein», «Identität»...,
– theoretische Ansätze und Konzepte der Pädagogik wie «Erziehungswissenschaft, kritische», aber auch «Erziehung, anarchistische», «Waldorfpädagogik»...,
– theoretische Ansätze benachbarter Disziplinen, die für die Pädagogik von Bedeutung sind, zum Beispiel «Ethnomethodologie», «Interaktionismus, Symbolischer», «Systemtheorie»...,
– pädagogisches Praxiswissen auch für Laien, wie etwa «Beratung», «Elternarbeit», «Jugend»...,
– Phänomene des erzieherischen Alltags einschließlich ihrer wissenschaftlichen Bearbeitung, beispielsweise «Angst», «Autorität», «Eßkultur»...,

- Begriffe erziehungswissenschaftlicher Technik wie «Bildungsplanung», «Bildungstechnologie», «Informationstechnik»...,
- aktuelle Erscheinungen der pädagogischen Theorie und Praxis wie beispielsweise «Alternativschule», «Antipädagogik», «Ausländerpädagogik», «Friedenserziehung»...
- Und schließlich enthält dieses Nachschlagewerk Begriffe, die ihren Platz in der Erziehungswissenschaft noch nicht gefunden haben, deren wachsende Bedeutung wegen des beginnenden Funktionswandels der Wissenschaften jedoch absehbar ist, wie «Diskurs», «Phantasie», «Simulation»...

Mit der Aufnahme der letztgenannten Begriffe soll ein besonderer Akzent gesetzt werden, der sich auch in der Bearbeitungsweise zahlreicher neu aufgenommener Beiträge spiegelt sowie in der Auswahl ihrer Autoren. Dieser Akzent verweist auf eine Entwicklung, der das gesamte System der Wissenschaften, die Erziehungswissenschaft vermutlich in besonderem Maße, unterzogen wird: Der Glaube an die Möglichkeiten, mit Hilfe von Wissenschaft eine im wachsenden Maße lebenswerte Welt zu schaffen, ist erschüttert. Für viele sind es gerade die Wissenschaften, die für die Katastrophen dieses Jahrhunderts Verantwortung tragen und die sich immer wieder unfähig gezeigt haben, den Bedrohungen entgegenzutreten. Vielmehr erscheinen sie heute nicht wenigen Menschen häufig als Instrumente zur Legitimation partikularer Interessen oder zur Ablenkung von drängenden Problemen.

Auch die Erziehungswissenschaft ist von diesem Verdacht betroffen, weil sie viele ihrer Versprechungen der sechziger und siebziger Jahre nicht einlösen konnte; mehr noch: In ihren Versuchen zur normativen Gestaltung der erzieherischen und gesellschaftlichen Wirklichkeit erscheint diese Wissenschaft manchen als Verräterin an den überbrachten Zielen der Aufklärung. Dieser Herausforderung, die die Erziehungswissenschaft (wie auch andere Sozialwissenschaften) grundsätzlich in Frage stellt, muß die Pädagogik sich heute stellen. Dafür wird ein Instrumentarium benötigt, das über eine Bestandsaufnahme der Forschungsresultate, Pläne und Projekte hinausgeht, die noch am Ende der siebziger Jahre als wichtige Dokumentationsaufgabe angesehen wurden. Ansatzweise ist versucht worden, in diesem Nachschlagewerk auch solche Möglichkeiten zu eröffnen.

Weil die neuen Autoren sehr kooperativ und zügig gearbeitet haben und die Verfasser der in Lizenz übernommenen Artikel ihre Überarbeitungswünsche in einem solchen Rahmen hielten, daß auch persönliche Akzentuierungen der Lizenzartikel erhalten blieben, konnten die beiden Bände der «Pädagogischen Grundbegriffe» auf aktuellem Stand erarbeitet werden. Dadurch besteht nunmehr für einen großen Benutzerkreis die Möglichkeit, ein fundiertes Nachschlagewerk für die tägliche

Arbeit zu besitzen. Für vertiefende und erweiternde Nachfragen ist es angezeigt, die einzelnen Bände der «Enzyklopädie Erziehungswissenschaft» heranzuziehen. Die rasche Erarbeitung dieser Taschenbuchausgabe wäre indessen nicht möglich gewesen, wenn nicht Friedrich Rost, der die Verantwortung für die Redaktion der «Pädagogischen Grundbegriffe» trägt, seinen täglichen Beitrag zum Gelingen dieses Werks erbracht hätte. Ihm gilt deshalb mein besonders herzlicher Dank.

Wenn am Ende dieses Jahrhunderts aus demographischen Gründen die Aufmerksamkeit gegenüber der (öffentlichen) Erziehung und Bildung noch einmal wachsen wird, sollte es bei der Ausbildung der dann in pädagogische Berufe strebenden Menschen darauf ankommen, neben dem begrifflichen Instrumentarium ihrer Berufswissenschaft, der Pädagogik, auch Informationen bereitzustellen, die es gestatten, die Legitimität und die Folgen des erzieherischen Umgangs mit Menschen in allen Lebensphasen grundlegend zu durchdenken. Eine naive Professionalisierungseuphorie für pädagogische Prozesse wird sich kaum ein weiteres Mal rechtfertigen lassen. Es ist zu hoffen, daß die «Pädagogischen Grundbegriffe» bei einer in diesem Sinne verstandenen pädagogischen Aufklärung hilfreich sein werden.

Berlin-Lichtenrade, im Oktober 1988   Dieter Lenzen

Benutzungshinweise

Informationssuche

Wenn man sich einen Überblick über den gesamten Bestand der Artikel dieses Nachschlagewerks verschaffen will, zieht man das Stichwortverzeichnis auf S. 11 ff heran. Die Artikel sind innerhalb dieses Nachschlagewerks alphabetisch angeordnet. Zwischen den einzelnen Lexikonartikeln sind sogenannte Blankverweise eingearbeitet, die auf die Titel der Artikel hinweisen, in denen eine Information zu dem gesuchten Schlagwort enthalten ist. Bei diesen Blankverweisen handelt es sich also um Stichworte, für die kein eigener Artikel existiert, die aber innerhalb eines anderen Artikels behandelt werden. Innerhalb der einzelnen Artikel verweisen Pfeile auf andere Beiträge dieses Nachschlagewerks, in denen weiterführende Informationen zu finden sind.

Alphabetische Anordnung

Die Ansetzung der Artikeltitel erfolgte jeweils im Singular; Adjektive sind nachgestellt (Antiautoritäre Erziehung → Erziehung, antiautoritäre), weitere Eingrenzungen des Stichworts ebenfalls (Pädagogik, Geisteswissenschaftliche [historisch]). Bei der alphabetischen Einordnung sind I und J getrennt aufgeführt; Umlaute bleiben unberücksichtigt (ä = a, ö = o, ü = u). Letztere Regeln gelten auch für die Literaturverzeichnisse sowie für das Abkürzungsverzeichnis der zitierten Zeitschriften und das Autorenverzeichnis.

Literaturverzeichnisse

Jedem Artikel ist ein Literaturverzeichnis beigegeben, das die zitierte und weiterführende Literatur nennt. Die in Versalien und Kapitälchen gedruckten Namen im Text (zum Beispiel: MEYER 1983, S. 24 ff) verweisen auf das Literaturverzeichnis. Die Literaturangaben sind nach denselben Alphabetregeln sortiert wie die Stichwörter, wobei allein verfaßte oder herausgegebene Publikationen vor solchen mit Ko-Autoren oder Mitherausgebern stehen. Danach ist das Erscheinungsjahr der vom Verfasser des Beitrags verwendeten Ausgabe weiteres Sortierkriterium, wobei die zeitlich jüngste Ausgabe die letztgenannte ist. Publikationen ohne Verfasser- oder Herausgeberangaben werden nach dem Sachtitel eingeordnet.

Gesetze von Bund und Ländern sind in der Regel nicht gesondert in den Literaturverzeichnissen ausgewiesen. Sie werden bei Inkrafttreten im Bundesgesetzblatt beziehungsweise im Gesetz- und Verordnungsblatt des betreffenden Bundeslandes veröffentlicht und sind dort oder im «Verzeichnis Amtlicher Druckschriften» der Deutschen Bibliographie zu finden.

Beschlüsse der Ständigen Konferenz der Kultusminister der Länder in der Bundesrepublik Deutschland (KMK) sind in der «Sammlung der Beschlüsse der Ständigen Konferenz der Kultusminister der Länder in der Bundesrepublik Deutschland» (Loseblattsammlung Neuwied/Darmstadt 1963 ff) auffindbar.

Abkürzungen
Auf Abkürzungen in den Texten wurde weitgehend verzichtet; lediglich in Zitaten oder bei im Text eingeführten Abkürzungen wird von dieser Regel abgewichen. In den Literaturverzeichnissen sind einige Angaben der bibliographischen Beschreibung abgekürzt, aus Umfangsgründen vor allem die *Zeitschriftentitel.* Um gleichlautende Abkürzungen für verschiedene Zeitschriften auszuschließen, wurde ein an der DIN-Norm 1502 für Zeitschriftenabkürzungen orientiertes System entwickelt, das die Rekonstruktion des vollständigen Zeitschriftentitels in der Regel mühelos ermöglicht. Dabei konnten sonst übliche und schon eingeführte Abkürzungen für Zeitschriften nicht übernommen werden. Die Groß- und Kleinschreibung in den Abkürzungen folgt den Titeln der Zeitschriften. Alle Zeitschriftenabkürzungen sind im Abkürzungsverzeichnis der zitierten Zeitschriften (S. 14 ff) nachzuschlagen.

Stichwortverzeichnis

Band 1

Aggression
Allgemeinbildung – Berufsbildung
Alltag
Alternativschule
Angst
Anschauung
Anspruchsniveau
Anthropologie, historische
Anthropologie, pädagogische
Antipädagogik
Aufklärung
Ausbildungsberuf
Ausbildungsförderung
Ausländerpädagogik
Autobiographie
Autodidaktik
Autonomie
Autorität

Begabung
Begegnung
Beratung
Berufsberatung
Berufsfeld, außerschulisches
  (Pädagogen)
Berufs-/Wirtschaftspädagogik
Berufswahl
Betriebspädagogik
Bewußtsein
Bildsamkeit
Bildung
Bildung, ästhetische
Bildung, politische
Bildungsökonomie
Bildungsplanung
Bildungssystem (Bundesrepublik
  Deutschland)

Bildungstechnologie
Bildungsweg, zweiter

Chancengleichheit
Curriculum

Denken
Didaktik, allgemeine
Differenzierung
Differenzierungsform
Diskurs
Droge

Einzelfallhilfe
Elementarunterricht
Elite
Elternarbeit
Elternbildung
Emanzipation
Entschulung
Entwicklung
Erfahrung
Erwachsenenbildung
Erzieher
Erziehung
Erziehung, anarchistische
Erziehung, antiautoritäre
Erziehung, geschlechtsspezifische
Erziehung, kompensatorische
Erziehung, religiöse
Erziehung, sozialistische
Erziehungs-/Unterrichtsstil
Erziehungswissenschaft, Kritische
Erziehungswissenschaft, kritisch-
  rationale
Erziehungswissenschaft (Studium)
Erziehungsziel

12 Stichwortverzeichnis

Eßkultur
Ethnomethodologie
Evaluation

Fach – Fächerkanon
Fachdidaktik
Familie – Familien-
  erziehung
Forschungsmethode
Frauenbildung
Freiheit, pädagogische
Freinetpädagogik
Freizeitpädagogik
Friedenserziehung

Gemeinwesenarbeit
Gesundheitserziehung

Gruppendynamik – Gruppen-
  pädagogik

Handeln
Heimerziehung

Ich
Identität
Individualität
Indoktrination
Informationstechnik
Institution
Integration
Intelligenz
Interaktion
Interaktionismus, Symbolischer
Interdisziplinarität

Band 2

Jugend
Jugendbewegung
Jugendforschung

Kinder-/Jugendkiminalität
Kinderkultur
Kinderliteratur
Kindesmißhandlung
Kindheit
Kleidermode
Koedukation
Kommunikation
Kompetenz – Performanz
Körper
Kreativität
Kultur
Kulturpädagogik – Kulturarbeit

Lebenslauf
Lebenswelt
Lehrer
Lehrerausbildung

Lehrerfortbildung
Lehr-/Lernforschung
Lehrplan
Lehrplan, heimlicher
Leistung
Leistungsbeurteilung – Leistungs-
  versagen
Lernen – Lerntheorie
Lernen, soziales
Lernziel
Lob

Management-Education
Medienpädagogik
Methode
Mitbestimmung – Mitwirkung
Montessoripädagogik
Motivation
Museumspädagogik
Mutter

Neuhumanismus

Stichwortverzeichnis   13

Pädagogik – Erziehungs-
wissenschaft
Pädagogik, Geisteswissenschaft-
liche (historisch)
Pädagogik, Geisteswissenschaft-
liche (systematisch)
Pädagogik, historische
Pädagogik, historisch-materia-
listische
Pädagogik, normative
Pädagogik, phänomenologische
Pädagogik, psychoanalytische
Pädagogik, systematische
Pädagogik, vergleichende
Phantasie
Pragmatismus
Professionalisierung
Projekt
Propädeutik
Prüfung

Qualifikation – Qualifikationsforschung

Reform
Reformpädagogik
Ritual
Rolle

Schicht, soziale
Schule
Schüler
Schülerkultur
Schulpädagogik
Schulrecht
Selbsttätigkeit – Selbständigkeit
Selektion
Sexualerziehung
Simulation

Situation, pädagogische
Sonderpädagogik
Sozialisation
Sozialpädagogik – Sozialarbeit
Spiel
Spontaneität
Sprach-/Sozialverhalten, schich-
tenspezifisches
Stigmatisierung
Strafe
Struktur
Studium Generale
Subjektivität
Systemtheorie

Tadel
Test
Theorie – Praxis
Tradition

Umwelterziehung
Unterricht

Vater
Verantwortung
Verhaltensstörung
Verhältnis, pädagogisches
Verwahrlosung
Verwissenschaftlichung
Vorbild
Vorschulerziehung

Waldorfpädagogik
Weiterbildung
Wert
Wohnkultur

Zeit
Zeugnis – Zertifikat

Abkürzungsverzeichnis der zitierten Zeitschriften

Allg. Stat. Arch.	– Allgemeines Statistisches Archiv
Am. Psychologist	– American Psychologist
Am. Sociol. Rev.	– American Sociological Review
Ann. Rev. of Sociol.	– Annual Revue of Sociology
a. pol. u. zeitgesch.	– aus politik und zeitgeschichte
Arch. f. Gesch. d. Phil.	– Archiv für Geschichte der Philosophie
Arch. f. R.- u. Sozialphil.	– Archiv für Rechts- und Sozialphilosophie
Ästh. u. Komm.	– Ästhetik und Kommunikation
Auslki. in S. u. Kigart.	– Ausländerkinder in Schule und Kindergarten
beitr. z. fem. th. u. prax.	– beiträge zur feministischen theorie und praxis
betr. e.	– betrifft: erziehung
B. u. E.	– Bildung und Erziehung
Bull. de Psych.	– Bulletin de Psychologie
Bull. Int. des Sc. Soc.	– Bulletin International des Sciences Sociales
Cahiers de Phil.	– Cahiers de Philosophie
Cahiers Int. de Sociol.	– Cahiers Internationaux de Sociologie
Cent. Eur. Hist.	– Central European History
Cogn. Psych.	– Cognitive Psychology
Comp. E.	– Comparative Education
Comp. E. Rev.	– Comparative Education Revue
Cont. Psych.	– Contemporary Psychology
Curr. konkret	– Curriculum konkret
D. Arg.	– Das Argument
D. Dt. Ber.- u. Fachs.	– Die Deutsche Berufs- und Fachschule
D. Dt. S.	– Die Deutsche Schule
D. E.	– Die Erziehung
Dem. E.	– Demokratische Erziehung
d. ev. erz.	– der evangelische erzieher
Dev. Psych.	– Developmental Psychology
D. Grunds.	– Die Grundschule
D. Samml.	– Die Sammlung
Dt. Philologenblatt	– Deutsches Philologenblatt

Abkürzungsverzeichnis   15

E. and Psych. Measurem.	– Educational and Psychological Measurement
Engl.-Am. Stud.	– Englisch-Amerikanische Studien
E. Rev.	– Educational Revue
e. tech.	– educational technology
Ev. Theol.	– Evangelische Theologie
Frankf. Hefte	– Frankfurter Hefte
Freie Wohlfpfl.	– Freie Wohlfahrtspflege
Geist. Beh.	– Geistige Behinderung
Gesch. u. Gesellsch.	– Geschichte und Gesellschaft
Gl. u. Lern.	– Glauben und Lernen
Grupdyn.	– Gruppendynamik
Harv. E. Rev.	– Harvard Educational Revue
Health E. J.	– Health Educational Journal
Hochsausb.	– Hochschulausbildung
Infodienst. z. Auslarb.	– Informationsdienst zur Ausländerarbeit
Int. Z. f. Ew.	– Internationale Zeitschrift für Erziehungswissenschaft
IPTS-Schr.	– IPTS-Schriften (Landesinstitut Schleswig-Holstein für Praxis und Theorie der Schule)
J. of E. Psych.	– Journal of Educational Psychology
J. of Exp. Soc. Psych.	– Journal of Experimental Social Psychology
J. of Int. and Comp. E.	– Journal of International and Comparative Education
J. of Verbal Learn. and Verbal Beh.	– Journal of Verbal Learning and Verbal Behavior
Jugschutz.	– Jugendschutz
Jugwohl.	– Jugendwohl
Kant-Stud.	– Kant-Studien
Köln. Vjhefte. f. Soziol.	– Kölner Vierteljahreshefte für Soziologie
Köln. Z. f. Soziol. u. Sozpsych.	– Kölner Zeitschrift für Soziologie und Sozialpsychologie
Krit. Justiz	– Kritische Justiz
Kunst u. U.	– Kunst und Unterricht
Leb. S.	– Lebendige Schule
Ling. u. Did.	– Linguistik und Didaktik

16 Abkürzungsverzeichnis

Lit. in W. u. U.	– Literatur in Wissenschaft und Unterricht
Mat.- u. Nachrdienst. d. Gewerksch. E. u. W.	– Material- und Nachrichtendienst der Gewerkschaft Erziehung und Wissenschaft (GEW)
medien + e.	– medien + erziehung
Med., Mensch, Gesellsch.	– Medizin, Mensch, Gesellschaft
Mitt. d. GVT	– Mitteilungen der Deutschen Gesellschaft für Verhaltenstherapie (DGVT)
Monogr. of the Society f. Res. in Ch. Dev.	– Monographs of the Society for Research in Child Development
Natw. im U.	– Naturwissenschaften im Unterricht
n. hefte f. phil.	– neue hefte für philosophie
N. Prax.	– Neue Praxis
N. Rsch.	– Neue Rundschau
N. Samml.	– Neue Sammlung
ökopäd	– ökopäd. Zeitschrift für Ökologie und Pädagogik
P.	– Pädagogik (Berlin, DDR)
päd. extra	– päd.extra
Phen. + Ped.	– Phenomenology + Pedagogy
Phil. Rsch.	– Philosophische Rundschau
Prakt. Sexualmed.	– Praktische Sexualmedizin
Progr. Lern., Utech. u. Ufo.	– Programmiertes Lernen, Unterrichtstechnologie und Unterrichtsforschung
P. Rsch.	– Pädagogische Rundschau
Psychanal.	– Psychanalyse
Psych. Bull.	– Psychological Bulletin
psych. heute	– psychologie heute
Psychiat.	– Psychiatry
Psych. Monogr.	– Psychological Monographs
Psych. Rev.	– Psychological Revue
Psych. Rsch.	– Psychologische Rundschau
Psych. u. Gesellschkrit.	– Psychologie und Gesellschaftskritik
Pub. Op. Quart.	– Public Opinion Quarterly
P. Welt	– Pädagogische Welt
R. d. Jug. u. d. Bwes.	– Recht der Jugend und des Bildungswesens
Rev. Franç. de Psychanal.	– Revue Française de Psychanalyse
Rev. of E. Res.	– Revue of Educational Research

Abkürzungsverzeichnis 17

Sachu. u. Math. in d. Grunds.	– Sachunterricht und Mathematik in der Grundschule
Scandin. J. of Psych.	– Scandinavian Journal of Psychology
Schweiz. S.	– Schweizer Schule
Sexualmed.	– Sexualmedizin
Sexualp.	– Sexualpädagogik
Sexualp. u. Fampl.	– Sexualpädagogik und Familienplanung
Sociol.	– Sociology
Sociol. of. E.	– Sociology of Education
Soc. Pol.	– Social Policy
Sonderpäd.	– Sonderpädagogik
SO – S.- u. Uorganisat.	– SO – Schul- und Unterrichtsorganisation
Sowjetw. – Gesellschw. Beitr.	– Sowjetwissenschaft. – Gesellschaftswissenschaftliche Beiträge
Soz. Arb.	– Soziale Arbeit
Soz. Prax.	– Soziale Praxis
Soz. Welt	– Soziale Welt
srep.	– schulreport
S. rev.	– School review
Student. Pol.	– Studentische Politik
Stud. Gen.	– Studium Generale
Stud. in E. Eval.	– Studies in Educational Evaluation
Stud. Ling.	– Studium Linguistik
S. u. Psych.	– Schule und Psychologie
Tech. E.	– Technische Erziehung
Textilarb. u. U.	– Textilarbeit und Unterricht
The Am. J. of Sociol.	– The American Journal of Sociology
The Brit. J. of Sociol.	– The British Journal of Sociology
The Bull. of the Atomic Sct.	– The Bulletin of the Atomic Scientists
The J. of E. Psych.	– The Journal of Educational Psychology
The J. of Soc. Psychol.	– The Journal of Social Psychology
Thema ‹Curr.›	– Thema ‹Curriculum›
The Quart. J. of Ec.	– The Quarterly Journal of Economics
The Sociol. Quart.	– The Sociology Quarterly
Uw.	– Unterrichtswissenschaft
Vergl. P.	– Vergleichende Pädagogik
Vjs. f. Soz.- u. Wirtschgesch.	– Vierteljahresschrift für Sozial- und Wirtschaftsgeschichte
Vjs. f. w. P.	– Vierteljahresschrift für wissenschaftliche Pädagogik

18 Abkürzungsverzeichnis

Welt d. Ki.	– Welt des Kindes
Westerm. P. Beitr.	– Westermanns Pädagogische Beiträge
Wirtsch. u. Ber.-E.	– Wirtschaft und Berufs-Erziehung
Wirtsch. u. Stat.	– Wirtschaft und Statistik
W. Z. d. Humboldt-Univ., Gesellsch.- u. Sprw. Reihe	– Wissenschaftliche Zeitschrift der Humboldt-Universität, Gesellschafts- und Sprachwissenschaftliche Reihe
Z. d. Sächs. Stat. Ldamt.	– Zeitschrift des Sächsischen Statistischen Landesamtes
Z. f. angew. Psych.	– Zeitschrift für angewandte Psychologie
Z. f. Ber.- und Wirtschp.	– Zeitschrift für Berufs- und Wirtschafts-pädagogik
Z. f. betriebswirtsch. Fo.	– Zeitschrift für betriebswirtschaftliche Forschung
Z. f. Did. d. Phil.	– Zeitschrift für Didaktik der Philosophie
Z. f. Emp. P.	– Zeitschrift für Empirische Pädagogik
Z. f. Entwp.	– Zeitschrift für Entwicklungspädagogik
Z. f. Entwpsych. u. P. Psych.	– Zeitschrift für Entwicklungspsycho-logie und Pädagogische Psychologie
Z. f. ew. Fo.	– Zeitschrift für erziehungswissenschaft-liche Forschung
Z. f. exp. u. angew. Psych.	– Zeitschrift für experimentelle und ange-wandte Psychologie
Z. f. gemeindl. Sverw.	– Zeitschrift für gemeindliche Schulver-waltung
Z. f. Heilp.	– Zeitschrift für Heilpädagogik
Z. f. Kath. B.	– Zeitschrift für Katholische Bildung
Z. f. P.	– Zeitschrift für Pädagogik
Z. f. phil. Fo.	– Zeitschrift für philosophische Forschung
Z. f. P. Psych.	– Zeitschrift für Pädagogische Psychologie
Z. f. p. Psych., exp. P. u. jugku. Fo.	– Zeitschrift für pädagogische Psychologie, experimentelle Pädagogik und jugendkundliche Forschung
Z. f. Psych.	– Zeitschrift für Psychologie
Z. f. Sozialisatfo. u. Esoziol.	– Zeitschrift für Sozialisations-forschung und Erziehungssoziologie
Z. f. Soziol.	– Zeitschrift für Soziologie
Z. f. Sozpsych.	– Zeitschrift für Sozialpsychologie
Z. f. Wirtsch.- u. Sozw.	– Zeitschrift für Wirtschafts- und Sozial-wissenschaften
Z. f. Wth.	– Zeitschrift für Wissenschaftstheorie

gen, Überlegungen für praktisch pädagogische Angebote auch von «inneren» Themen der Kinder her zu strukturieren und erzieherische Aktivität darauf abzustimmen. Den Aggressionen ließe sich von hier aus mit weniger Illusionen, aber auch mit weniger → Angst gegenüberzutreten.

Erziehungswissenschaftliche Rezeption. Seitdem sich die Pädagogik als Erziehungswissenschaft zunehmend auf ihre sozialwissenschaftlichen Nachbardisziplinen zubewegt und mit dem Wandel der Begründungen und der → Forschungsmethoden auch die Fachsprache sich verändert, nehmen neuere pädagogische Wörterbücher ausführlichere Stichwortartikel auf (vgl. HORN 1974, S. 14ff; vgl. KELMER/STEIN 1977, S. 9f). Die Autoren problematisieren eine in der Pädagogik beobachtbare Tendenz, verschiedene Aggressionstheorien relativ ungeprüft zu übernehmen, so wie es mit den Arbeiten von HASSENSTEIN (vgl. 1972) und LORENZ (vgl. 1969) geschieht. Von ähnlichen Ansätzen ausgehend, der biologischen Anthropologie und der Ethologie, messen beide Autoren der stammesgeschichtlichen Ausstattung und einer aggressiven Energie besonderes Gewicht für menschliches Verhalten bei. Diese Gedanken bewirkten, insbesondere bei Erziehern, die sich unter dogmatischer Belastung fühlten, gewisse Entlastung. Doch führte dieses zugleich zu vereinfachter Übernahme solcher Forschungsergebnisse, so, als sei im erzieherischen Alltag dem «Ausleben» von Aggressionen Raum zu geben. In diese Idee flossen auch simplifizierte psychologische Prinzipien ein. Insgesamt zielte es darauf ab, auf Frustration müsse aus erzieherischen Gründen Aggression im Sinn von Katharsis folgen (zur Frustrations-Aggressions-Hypothese: vgl. DOLLARD u. a. 1970) – ein Gedanke, der Heil- und → Sonderpädagogik in nicht geringem Maß beherrscht. Längst sind inzwischen die Sozialisationstheorien weiter und um den Gedanken der Aggression als einer positiv verändernden, progressiven Kraft bereichert. Die Idee einer streitbaren demokratischen Gesellschaft wird als Inbegriff aktiver Auseinandersetzung propagiert und mit dem Begriff der «strukturellen Gewalt» (GALTUNG 1976) darauf verwiesen, daß eben diese Gesellschaft die individuelle Entfaltung auch behindert. Aus diesen Gedanken von Galtung läßt sich erkennen, daß eine Friedenspädagogik gerade auch dort ihre Aufgaben hat, wo Gewalt und Unbarmherzigkeit kaum sichtbar auftreten. Die Auflösung solcher Gewalt muß in aggressiver Auseinandersetzung geschehen; sie bedarf eines erheblichen Maßes an Identifizierungsfähigkeit mit dem Gegner und hat dafür Einfühlungsvermögen zu entwickeln – die Erziehungswissenschaft hat sich auch insofern auf eine praktische Theorie einzurichten.

Pädagogische Handlungsmöglichkeiten. Für die Umbruchszeit zwischen Latenz und Pubertät ergibt sich die Situation außerordentlich schwieri-

22 Aggression

ger Steuerung oft vehementer aggressiver Durchbrüche oder auch tiefer Stürze in kaum ergründbare Abgeschiedenheit. Die häufig unmerklich progressiven und regressiven inneren Bewegungen im Sinn von Pendeln zwischen der → Identität Kind und der Identität Jugendlicher sind auch als Problem von Ausschreiten, Erobern und Aufnehmen und Empfangen zu verstehen. Als günstiger Weg, die labile Steuerungskraft dem → Ich wieder verfügbar zu machen, haben sich manuelle Betätigungen, auch sammelnde und ordnende Tätigkeit und ebenso der Sport erwiesen. Mehr als bloße Abreaktion durch Sublimierung ist möglich, wenn die pädagogische Anleitung den lebenswichtigen Sinn aggressiver Auseinandersetzung in ihrer Funktion der Selbstwahrnehmung, besonders auch der körperlichen, sieht und die Abgrenzung des Ichs als Ergebnis eines aggressiven Aktes begreift. In Kindergarten und → Schule kann, neben entsprechenden Angeboten in Kleingruppen, die Bereitschaft des → Lehrers zu lebendigerer Auseinandersetzung über Inhalte und Verfahren die Triebmischung fördern: aggressiv im Sinn vorwärtsdrängenden Forschens, sich einem Problem nähern, zärtlich-verweilend im Sinn betrachtenden, Liebe entgegenbringenden Verweilens. Kasuistisches Material von Gruppen zeigt, wie günstig es sein kann, mit Kindern und Jugendlichen zusammen nach Lösungen zu suchen und diese den Leistungsverweigerungen an die Seite zu stellen. Entsprechendes gilt für Aufsässigkeit, Destruktion oder Weglaufen. Die größte Anforderung für den Pädagogen bedeutet es, Aggression nicht abzuschaffen, sondern sich selbst in der Konfrontation zwar als verletzlich, aber nicht als zerstörbar zu erweisen. Damit würde das mit der Aggression einhergehende Angstmoment aufgefangen und dem Ich verfügbar gemacht.

BLÄTTNER, F.: Geschichte der Pädagogik, Heidelberg [12]1966. BUSS, A.: Erziehung, Schwierigkeiten und Fehler. In: Groothoff, H./Stallmann, M. (Hg.): Pädagogisches Lexikon, Stuttgart 1965, Spalte 248ff. DOLLARD, J. u.a.: Frustration und Aggression (1939), Weinheim 1970. FLITNER, W.: Allgemeine Pädagogik, Stuttgart [10]1965. FREUD, S.: Das Unbehagen in der Kultur (1930). Gesammelte Werke, Bd. 14, Frankfurt/M. 1968. GALTUNG, J.: Strukturelle Gewalt, Reinbek 1976. GEORGES, K. G.: Ausführliches lateinisch-deutsches Wörterbuch, Bd. 1, Hannover [10]1959. HASSENSTEIN, B.: Das spezifisch Menschliche nach den Resultaten der Verhaltensforschung. In: Gadamer, H.-G./Kogler, P. (Hg.): Neue Anthropologie, Stuttgart 1972, S. 60ff. HASSENSTEIN, B.: Verhaltensbiologie des Kindes, München 1973. HORN, H.: Aggression. In: Wulf, Ch. (Hg.): Wörterbuch der Pädagogik, München 1974, S. 14ff. KELMER, O./STEIN, A.: Aggression. In: Wörterbuch der Erziehung, hg. v. Otto-Willmann-Institut, Bd. 1, Freiburg 1977, S. 9f. LORENZ, K.: Das sogenannte Böse. Zur Naturgeschichte der Aggression, Wien [24]1969. RANG, M.: Rousseaus Lehre vom Menschen, Göttingen 1965. REBLE, A.: Geschichte der Pädagogik, Stuttgart [8]1965. SCHORB, A. O. (Hg.): Pädagogisches Taschenlexikon, Bochum 1975.

Christoph Ertle

Aggressionsmotivation → Motivation
Akademie, pädagogische → Lehrerausbildung
Akkomodation → Kompetenz – Performanz; → Sozialisation
Aktivität → Handeln; → Selbsttätigkeit – Selbständigkeit
Aktivitätszyklus → Montessoripädagogik
Alkoholmißbrauch → Droge

Allgemeinbildung – Berufsbildung

Geschichtliches. Die Unterscheidung zwischen Allgemeinbildung und Berufsbildung ist der Sache nach bereits in der antiken griechischen Pädagogik getroffen worden, geht von da in die römische Welt und in die christliche → Tradition ein und in zahlreichen Wandlungen und Neubestimmungen auf die Neuzeit über. Mit dem Auftreten der Sophisten seit der Mitte des 5. Jahrhunderts v. Chr. entstand ein fester Zusammenhang von Disziplinen, die in dieser Zusammengehörigkeit das allgemeinübliche Wissen und Können des freien Mannes ausmachten. Nach der bis ins mittlere Jugendalter reichenden Elementarbildung kam es den Freien im späten Jugend- und frühen Erwachsenenalter zu, sich eine Zeitlang den «freien Künsten» (der *enkyklios paideia*, den *artes liberales*) zu widmen, im Studium von Arithmetik, Geometrie, Astronomie und Musik(theorie), von Grammatik, Rhetorik und Dialektik (zunächst: Disputierkunst) für das gemeinsame öffentliche Leben tüchtig zu werden. Mit diesen Disziplinen befaßte man sich ausdrücklich um der → «Bildung» willen. Dem allgemein orientierenden «bildenden» Lernen war die Vorbereitung auf eine einzelne Fachtüchtigkeit entgegengestellt, die als bloß besondere, auf ein Gewerbe gerichtete, für «banausisch» gehalten wurde. Andererseits konnte sich jedoch auch das höhere Spezialistentum – des Arztes, Redners und Architekten – dadurch Anerkennung verschaffen, daß es den umfassenden Kenntnis- und Urteilshorizont der Allgemeinbildung voraussetzte.

Bei manchen Denkern des Altertums blieb der pädagogische Sinn einer allgemeinbildenden Beschäftigung mit den sogenannten freien Künsten trotz verbreiteter Anerkennung umstritten. Eine Fülle von Argumenten gegen die Allgemeinbildung trägt insbesondere Seneca (4 v.–65 n. Chr.) in seinem 88. Brief an Lucilius zu einer vernichtenden Kritik zusammen (vgl. SENECA 1949, S. 411 ff): Alle diese Disziplinen verbleiben in Wirklichkeit in ihrem speziellen Sachhorizont und erreichen nicht, worum es dem Menschen zu tun sein müßte. Das philologisch-historische Sprachstudium bleibt gelehrsame Sprachpflege, die aus eigenen Mitteln Wesentliches nicht von Unwesentlichem zu unterscheiden vermag, noch das Urteil über Wert oder Unwert der in der Dichtung dargestellten Taten und Ereignisse anleitet. Die Zuwendung zur musikalischen Harmonielehre läßt das erforderliche Streben nach Einstimmigkeit der eigenen Grundsätze ganz unberührt. Die mathematischen Meß- und Rechenkünste leisten für sich genommen eher dem Gewinnstreben Vorschub. Das Ermessen seiner mitmenschlichen Aufgabe lehren sie sowenig wie die Einschätzung menschlicher Größe und das Innehalten des geraden Lebenswegs. Astronomische Kenntnisse schützen nicht vor astrologischem Aberglauben. Die «freien Künste» verdienen diesen Namen nicht; denn sie machen den Menschen nicht frei, sondern verraten ihn an das ihm Fremde, anstatt ihn auf seine eigenste Aufgabe, auf das besonnene Leben (virtus), zu verweisen. Allenfalls zur Vorbereitung des Geistes, um ihn für das Bedenken der wesentlichen Fragen tauglich zu machen, haben sie einen gewissen Wert. Notwendig sind sie in der eingespielten Zusammenstellung nicht einmal dafür, weil kein Lernen des einzelnen zwingend zum allein bildenden Philosophieren hinführt. Und obendrein trügen die Fächer der Allgemeinbildung den Nimbus der reinen Geistbezogenheit völlig zu Unrecht. Aufs Geld gehen sie alle aus, um Erwerbskünste handele es sich auch bei ihnen. Die Begründung eines Vorrangs der Allgemeinbildung über die Berufsbildung aus der Überzeugung der Zweckfreiheit von Allgemeinbildung ist damit unterminiert. Höhere gelehrte Spezialkenntnisse und das Aufgehen im Beruf sind im Grunde trotz unterschiedlicher sozialer Anerkennung von gebildeter Menschlichkeit gleich weit entfernt (vgl. STÜCKELBERGER 1965).

Die neuzeitliche Disjunktion zwischen allgemeiner und beruflicher Bildung ist bis in die Gegenwart von den Konzeptionen des ausgehenden 18. und frühen 19. Jahrhunderts bestimmt, die deutsche wesentlich durch W. v. Humboldt. Gegen die aufklärungspädagogische Ineinssetzung von Bildung und Brauchbarkeit, Menschenbildung und Ertüchtigung für den gesellschaftlich vorgegebenen ständischen Beruf wird im →Neuhumanismus die Differenz zwischen einer rein auf die Menschlichkeit abzielenden, allgemeinen und einer besonderen beruflichen Bildung scharf betont und von Humboldt als Grundsatz in die Reorganisation des Schulwesens eingebracht. Die Allgemeinbildung erhält den zeitlichen und sachlichen Vorrang. Sie soll gewährleisten, daß jeder Mensch in seiner unverfälschten Eigentümlichkeit hervortritt, fähig zur Selbstbestimmung und zur Gestaltung der Welt und der menschlichen Verhältnisse nach der Maßgabe von Vernunft und Einbildungskraft. Unter dieser Voraussetzung wird die Gefahr der Vereinseitigung und Selbstentfremdung gebannt, die in jedem speziellen Beruf liegt. Wahl und Wechsel des Berufs werden durch die Möglichkeit der Distanzierung von dem, «was das Bedürfnis des Lebens oder eines einzelnen sei-

Allgemeinbildung – Berufsbildung 25

ner Gewerbe erheischt» (v. HUMBOLDT 1920, S. 276), gesichert. Die Berufsstruktur selber würde sich auf Dauer wandeln, weil die vorgängige,
auf «vollständige Einsicht der streng aufgezählten Gründe» (v. HUM
BOLDT 1920, S. 277) einer Kenntnis oder Fertigkeit abzielende Allgemeinbildung auch in die Berufstätigkeit die «Geschicklichkeit und die
Freiheit» hineintragen würde, «Erweiterungen und Verbesserungen vorzunehmen» (v. HUMBOLDT 1903, S. 206), die Nötigung zu mechanischer
Nachahmung und zur Anwendung unverstandener Resultate mehr und
mehr entfiele. Die Differenzierung von Allgemeinbildung und Berufsbildung erfolgt also bei Humboldt durchaus nicht im Sinne einer grundsätzlichen Abwertung spezialisierter Berufstätigkeit, sondern deshalb,
um diese zu «humanisieren», ihr den entfremdenden Zwangscharakter
zu nehmen. Gegen die Intention der → Reform setzte sich jedoch im
Schulwesen des 19. Jahrhunderts weder eine in der sozialen Funktion
allgemeine und den Inhalten rein bildende Allgemeinbildung durch,
noch kam es zu dem erstrebten Ergänzungsverhältnis von Allgemeinbildung und Berufsbildung. «Aus der allseitigen Kraftbildung» (die
nach Humboldt an Sprache, Mathematik und Kunst erfolgen sollte),
«wird eine allseitige Sachbildung [...] Die allgemeinbildende Schule
mit ihrer materialisierten Auffassung allgemeiner Bildung kapselte sich
von dem beruflichen Bildungswesen nahezu perfekt ab und kultivierte
gerade diese Trennung [...] als entscheidenden Vorzug» (MENZE 1977,
S. 86). Berufsvorbereitung geriet weithin aus dem pädagogischen Blickfeld und wurde der Eigenläufigkeit der ökonomischen Entwicklung
überlassen. Erst zu Beginn des 20. Jahrhunderts gelang ihre Wiedereinholung in den pädagogischen Gesichtskreis, insbesondere durch Kerschensteiners Reklamation der allgemein sittlich und staatsbürgerlich
bildenden Bedeutung der Berufserziehung (vgl. BLANKERTZ 1969,
S. 148 ff).

Zur gegenwärtigen Problemlage. Die Rechtmäßigkeit einer pädagogisch begründeten Unterscheidung zwischen Allgemeinbildung und Berufsbildung ist heute fraglich geworden. Die radikalste theoretische
Position ist durch BLANKERTZ (1963, S. 121) auf die Formel gebracht
worden, daß «die Wahrheit der Allgemeinbildung in besonderer oder
beruflicher Bildung» bestehe, womit auch ein bloß gleichwertiges Neben- und Nacheinander überwunden wäre. Der dahin führende Gedankengang greift auf Hegels These zurück, daß allein in der bildenden Arbeit am Besonderen das unselbständige, knechtische Bewußtsein zum
selbständigen Bewußtsein zu werden vermag. Bildung ist demzufolge
grundsätzlich eine inhaltlich verbesonderte. Der «allgemeine» pädagogische Gesichtspunkt fordert nicht eine ohnehin unglaubwürdige, von
jeder beruflichen und gesellschaftlichen Funktion abgetrennte «Allge

26 Allgemeinbildung – Berufsbildung

meinbildung», sondern die Ermöglichung von Mündigkeit, von «Urteil und Kritik» im →Lernen spezieller fachlicher Inhalte. Mit der Wissenschaftsabhängigkeit der Arbeitsvollzüge in der modernen Gesellschaft entfällt auch ein prinzipieller Unterschied zwischen einer höheren gelehrten, durch «vollständige Einsicht in die Gründe» definierten Bildung und einer Berufsbildung, die darauf verzichten könnte. Eine auf «Fertigkeiten zur Anwendung» (v. Humboldt) eingeschränkte Berufsbildung ist zwar heute noch möglich, nicht aber aus einer vorgegebenen, undurchsichtigen Berufsstruktur gleichsam automatisch gefordert. Andererseits gerät bei fortlaufender Differenzierung der Wissenschaft die am Gedanken wissenschaftlicher Gründlichkeit orientierte, gelehrte «Allgemeinbildung» von sich aus in die Nötigung zur Spezialisierung. Schulorganisatorisch ergibt sich daraus, auf der Ebene der Sekundarstufe II, die Legitimation zur →Integration von unmittelbar berufsvorbereitenden und studieneröffnenden Bildungsgängen, zumal dann, wenn das Festhalten an getrennten Institutionen Privilegierungen auf der einen, Chancenminderung auf der anderen Seite mit sich bringt, für die ein pädagogischer Grund fehlt. Stillschweigend vorausgesetzt ist dabei, daß den berufsfeldbezogenen Bildungsgängen eine weit angelegte vorberufliche, in die wesentlichen Kulturbereiche einführende, gemeinsame Grundbildung auf der Sekundarstufe I vorangeht, die den einzelnen überhaupt erst dazu befähigt, Schwerpunkte als zugleich ihm individuell zukommende Aufgaben zu wählen (vgl. BLANKERTZ 1963).

Das pädagogisch zentrale Problem der inhaltlich in berufsvorbereitende Spezialisierung mündenden, den Gegensatz von Allgemeinbildung und Berufsbildung «aufhebenden» Bildung bleibt die Frage, ob es gelingt, in der ausschließlichen Hinwendung zum Besonderen das Aufgehen darin zu verhindern. Wenn eine das Ganze umspannende, alles in einen einsichtigen Zusammenhang einordnende zentrale Disziplin heute unmöglich geworden ist und wenn auch gerade verhindert werden soll, an ihre Stelle weltanschauliche Surrogate treten zu lassen, die die Funktion einer das Besondere übersteigenden Sinnorientierung etwa an «die» Gesellschaft oder die Wissenschaftsentwicklung abgeben, wenn andererseits diese Sinnorientierung im ganzen als Problem unabweislich ist und sich weder durch einzelwissenschaftliches Erkennen-Lernen noch durch eine immanente Tendenz zur →Interdisziplinarität und beruflichen Entspezialisierung erledigt, dann dürfte um der Bildung willen das Philosophieren als eine auch «material» eigenständige Aufgabe geboten sein (vgl. FISCHER 1979). In der die methodische Richtigkeit und Zweckmäßigkeit übersteigenden Frage nach der Wahrheit im ganzen wird der junge Mensch erst in einem fundamentalen Sinne vereinzelt und zur Selbständigkeit im →Denken aufgerufen, ein Denken, das über allgemeine und besondere Qualifikationen hinaus zu beunruhigen, zu binden und zu verbinden vermag, ohne absoluter Antworten zu bedürfen oder mächtig zu sein.

BLANKERTZ, H.: Berufsbildung und Utilitarismus, Düsseldorf 1963. BLANKERTZ, H.: Bildung im Zeitalter der großen Industrie. Pädagogik, Schule und Berufsbildung im 19. Jahrhundert, Hannover u. a. 1969. FISCHER, W.: Die berufliche Bildung vor dem Anspruch allgemeiner Menschenbildung. In: Z. f. P. 25 (1979), S. 807 ff. HUMBOLDT, W. v.: Bericht der Sektion des Kultus und Unterrichts (1809). Gesammelte Schriften, hg. v. der Königlich Preußischen Akademie der Wissenschaften, Bd. 10, Berlin 1903, S. 199 ff. HUMBOLDT, W. v.: Generalverwaltungsberichte für den Kultus und öffentlichen Unterricht. Der Königsberger und litauische Schulplan. Gesammelte Schriften, hg. v. der Königlich Preußischen Akademie der Wissenschaften, Bd. 13, Berlin 1920, S. 259 ff. MENZE, C.: Die Bildungsreform Wilhelm von Humboldts, Hannover u. a. 1975. MENZE, C.: Zur Entstehung der Diskussion von allgemeiner und beruflicher Bildung und ihrer Auswirkung auf die Bildungsorganisation. In: Vjs. f. w. P. 53 (1977), S. 75 ff. PLEINES, J.-E. (Hg.): Das Problem des Allgemeinen in der Bildungstheorie, Würzburg 1987. SENECA: Ad Lucilium epistulae morales, hg. v. A. Beltrami, Bd. 1, Rom 1949. STÜCKELBERGER, A.: Senecas 88. Brief, Heidelberg 1965.

Jörg Ruhloff

Allgemeingültigkeitsanspruch (allgemeiner Pädagogik) → Pädagogik, normative

Alltag

Begriff. Alltag, Alltagsorientierung, alltagsorientierte Forschung oder auch Alltagswelt, → Lebenswelt ... sind Begriffe, die auf die methodologische und wissenschaftstheoretische Diskussion in den Sozialwissenschaften und auch in anderen Disziplinen wie der Linguistik (vgl. EHLICH / REHBEIN 1977, REHBEIN 1977) und der Literaturwissenschaft (vgl. EHLICH 1980) an der Wende zu den 80er Jahren einen außerordentlichen Einfluß ausübten. Die Gründe für diese Erscheinung können mit dem Hinweis auf eine neue Wissenschaftsskepsis am Ende einer nachhaltig wissenschaftsorientierten Phase der Industriekultur in der Bundesrepublik Deutschland einstweilen nur sehr global berührt werden. Im Detail ist der damit einhergehende Wandel im Wissenschaftsverständnis auch außerhalb der Wissenschaften noch ungeklärt und zweifellos auch noch nicht abgeschlossen.

Die Thematisierung von Alltag und die Etikettierung erziehungswissenschaftlicher Forschung als «alltagsorientiert» erscheinen auf den ersten Blick selbstverständlich, da eine praktische Zuwendung zu den tatsächlichen Erziehungs- und Bildungsprozessen immer wieder als zentrale Aufgabe der Disziplin gesehen wurde. Das Diktum von einer «Alltagswende» der Erziehungswissenschaft (THIERSCH u. a. 1978, S. 95) bezeichnet aber weder eine Reproduktion der geisteswissenschaftlichen Interpretation von Erziehungswirklichkeit noch eine modifizierte Fortschreibung empirisch-analytischer Deskriptionen des realen Erziehungsgeschehens. Selbst die Vermutung, das seit Ende der 70er Jahre populäre Reden vom Alltag sei nicht mehr als eine modische Substitution des traditionellen Praxisbegriffs, greift zu kurz, wenn es um eine Einschätzung jener Arbeiten geht, die versuchen, die scheinbar selbstverständlichen und nebensächlichen Phänomene des erzieherischen Alltags und die ihn bestimmenden, subjektiven Bedeutungszuschreibungen zu untersuchen. Gleichwohl weist aber eine Begründung der damit behaupteten Eigenständigkeit des Alltagsbegriffs Probleme auf, da die Bedeutung dieses Begriffs nicht nur in der Erziehungswissenschaft äußerst schillernd ist. So unterscheidet ELIAS (1978, S. 26) allein acht verschiedene «Typen zeitgenössischer Alltagsbegriffe», die er von den «implizierten Gegenbegriffen» abhebt:

1. Alltag	– Festtag
2. Alltag = Routine	– außergewöhnliche, nicht-routinisierte Gesellschaftsbereiche
3. Alltag = Arbeitstag (besonders der Arbeiter)	– bürgerliche Lebensbereiche, Leben im Luxus, ohne zu arbeiten
4. Alltag = Leben der Masse der Völker	– Leben der Hochgestellten und Mächtigen
5. Alltag = Ereignisbereich des täglichen Lebens	– große relevante Ereignisse, Haupt- und Staatsaktionen
6. Alltag = Privatleben (Familie, Liebe, Kinder)	– öffentliches oder berufliches Leben
7. Alltag = Sphäre des natürlichen, spontanen, unreflektierten, wahren Erlebens und Denkens	– Sphäre des reflektierten, künstlichen, insbesondere wissenschaftlichen Erlebens und Denkens
8. Alltag (Alltagsbewußtsein) = Inbegriff des ideologischen, naiven, falschen Erlebens und Denkens	– richtiges, echtes, wahres Bewußtsein

BERGMANN (1981, S. 54f) hat diesen Begriffsvarianten weitere hinzugefügt, ohne daß die Liste damit vollständig wäre:

«9. Alltag = Sphäre des Handelns und Erlebens, die allen anderen Sphären zugrunde liegt	– Sonder- oder Zweckwelten, in der bestimmte Handlungslogiken gelten
10. Alltag = Welt des ‹Jedermann›, in der alle Gesellschaftsmitglieder Handlungskompetenz besitzen	– Bereiche mit spezifischer Handlungskompetenz
11. Alltag = Sphäre, die jeweils subjektiv bzw. gruppenspezifisch ausgeprägt ist	– Institutionen, Organisationen
12. Alltag = Alltäglichkeit im Sinne einer in allen Sonderwelten anzutreffenden Handlungs- und Wissensform	– wissenschaftliches, technisches, wirtschaftliches Handeln und Wissen».

Nun deutet diese Vielfalt auch auf ein gemeinsames Kennzeichen alltagsorientierter Forschung in der Erziehungswissenschaft: die Rezeption von Konzepten der Alltagsorientierung in den anderen Sozialwissenschaften. Darüber hinaus ist diese Vieldeutigkeit auch Ausdruck der Suche nach einer wissenschaftstheoretischen Neuorientierung, die in ihrer Ablehnung traditioneller Ansätze zwar prononciert, in der Formulierung eines neuen Forschungsparadigmas aber noch recht hilflos ist. So begründet sich die Bezugnahme auf den Alltag zunächst durch die Ablehnung von Konzepten, die unter Rekurs auf quantifizierende Methoden oder materialistische Theorie versuchen, die Objektivationen gesellschaftlicher Wirklichkeit zu analysieren.

Geschichte. Alltagstheoretische Ansätze glauben demgegenüber, sich auf eine andere wissenschaftstheoretische Position beziehen zu können: auf die *Phänomenologie* Husserls und sein Verständnis der Lebenswelt und des Alltags als einer «Wirklichkeit ursprünglicher Evidenz» und «wesenhafter» →Erfahrung, die den Boden für die Letztbegründung von Wissenschaft bildet (vgl. HUSSERL 1954, S. 126ff).
Gleichwohl ist diese Reverenz fragwürdig (vgl. SOMMER 1980), da in der soziologischen Rezeption des Lebensweltbegriffs seine transzendentale Grundlegung und damit auch die Möglichkeit einer transzendenta-

len und universalen Kritik der Alltagswelt aufgegeben wird zugunsten einer bloßen Bezugnahme auf diese. Dieser Bruch vollzieht sich nun aber nicht erst durch die von Schütz geleisteten Beschreibungen des Wissens, des Erlebens und des Verstehens in der Lebenswelt, sondern er wurde bereits durch Heidegger vorbereitet. Dieser hat vor allem mit der Entfaltung der Sorgestruktur und des Selbsterhaltungsinteresses menschlichen Seins den Weg gewiesen, das In-der-Welt-Sein als authentische Selbstinterpretation des «alltäglichen und durchschnittlichen Miteinanderseins» (HEIDEGGER 1967, S. 21 f) zu verstehen (→ Pädagogik, phänomenologische).

Diese Grundpositionen der *existentiellen Analytik* finden sich in den sozialwissenschaftlichen Ansätzen einer alltagsorientierten Forschung wieder. In der instrumentellen Deutung von Handlungen, in der Bezugnahme auf den gemeinten Sinn von Äußerungen und in der Annahme interpretativer Prozesse, welche, ausgehend von einem handelnden Umgang mit Welt, Intersubjektivität ermöglichen.

Ungleich umfangreicher sind allerdings die Parallelen zwischen dem Schützschen Verständnis der Lebenswelt und der im *Symbolischen Interaktionismus* (→ Interaktionismus, Symbolischer) sowie in der → *Ethnomethodologie* gegebenen Interpretation von Alltag. In jedem Fall geht es beispielsweise um die Rekonstruktion grundlegender → Strukturen und Regeln, die eine Verständigung im Alltag ermöglichen; mehr noch, dieser Alltag wird ausschließlich als Produkt subjektiver Sinnsetzungsprozesse gesehen, denen gegenüber eine kritiklos szientifische Haltung eingenommen wird. Während für Heidegger «Alltäglichkeit» immer Kennzeichen eines defizienten Daseinsmodus war, ist es hier die phänomenologische Tradition, die zu der Einschränkung der Analyse auf die formalen Strukturen von Alltagshandlungen unter Absehen von einer Beurteilung ihrer Adäquatheit geführt hat. Diese Vorgehensweise, die von GARFINKEL/SACKS (1976, S. 139) als «ethnomethodologische Indifferenz» bezeichnet worden ist, steht im Gegensatz zu jenen alltagstheoretischen Ansätzen, die im Kontext der *materialistischen Praxisdiskussion* stehen.

Ausgangspunkt ist hier zunächst die Kritik einer Beschränkung des historischen Materialismus auf eine Analyse der ökonomischen und politischen Strukturen und das Votum für eine Berücksichtigung des subjektiven Faktors. Alltag wird dabei gerade in Abgrenzung gegen die Marxsche Kategorie der Praxis als eine bestimmte, historische Form von gesellschaftlicher Wirklichkeit verstanden, charakterisiert durch eine Dichotomie, die nicht etwa identisch ist mit der Polarität von Basis und Überbau oder gar mit der von Produktions- und Reproduktionssphäre (vgl. HAMMERICH/KLEIN 1978, S. 11). Die Zweideutigkeit des Alltäglichen basiert vielmehr auf der Dialektik von Wesen und Erscheinung, die Alltag zu einer utilitaristischen Praxis, zu einer Welt der Pseudokonkretheit,

Alltag 31

macht: «Die Welt der Pseudokonkretheit ist ein Dämmerlicht von Wahrheit und Täuschung. Ihr Element ist die Zweideutigkeit. Die Erscheinung zeigt das Wesen und verbirgt es zugleich. In der Erscheinung tritt das Wesen hervor, aber es erscheint in nichtadäquater Form» (Kosik 1976, S. 9). Im Alltagsleben verschwindet diese Differenz zwischen der Erscheinungsform und dem Wesen, indem die Erscheinung für das Wesen selbst gehalten wird. Trotzdem werden aber auch alltägliche Denkprozesse begleitet von einem «sehr oft unbewußten *Begreifen des Ganzen*» (Kosik 1976, S. 14), einem Erkennen von Wirklichkeit als strukturiertem, dialektischem Gefüge von Erscheinung *und* Wesen. Diese Dichotomie des Alltagslebens zwischen einer utilitaristischen Praxis und dem Vorschein einer gesellschaftlichen Totalität, in der sich das Wesen der Praxis offenbart, wird auch von Heller (vgl. 1978) gesehen, aber anders gewichtet. Im Gegensatz zu Kosik sind für sie nicht die defizienten Strukturen des Alltäglichen dominant, vielmehr kann das Alltagsleben Basis der Herausbildung von → Individualität sein. Während auch Lefèbvre (vgl. 1974/1975) Entfremdung als zentrales Problem seiner Alltagsanalysen begreift, ist für Heller (1978, S. 311) auch innerhalb der Alltagssphäre die «der Gattung würdige Erfüllung des einzelnen» möglich.

Auch die Arbeiten von Leithäuser/Volmerg (vgl. 1977, 1979), die auf einer Integration insbesondere materialistischer, phänomenologischer und psychoanalytischer Theoriekonzepte beruhen, verweisen in ihrer Analyse der Formen des Alltagsbewußtseins auf die Ambivalenz der Bewußtseinskonstitution. Ein mittels der Massenmedien vorgefertigter Bewußtseinsmodus wird von ihnen einem alltagspraktisch gebildeten, erfahrungsgebundenen Bewußtseinspotential gegenübergestellt, ohne daß dieses allerdings in der Lage wäre, die Wirksamkeit von Reduktions-, Abwehr- und Übertragungsprozessen aufzuheben. Alltäglichkeit ist also auch hier allenfalls ein defizienter Modus von Praxis, deren Sinnstrukturen durch klassische Ideologiekritik nicht mehr entlarvt werden können, da «sich der notwendig falsche Schein der Verhältnisse nicht mehr naturwüchsig in → Bewußtsein umsetzt, sondern die Produktion von Bewußtsein in die planende Regie des industrialisierten Überbaus genommen wird» (Leithäuser/Volmerg 1977, S. 18).

Die Bezugnahme erziehungswissenschaftlicher Forschung auf den Alltag und die für ihn typischen Denkstrukturen, die «naiven Theorien», sind schließlich auch durch die Diskussion einer Neuorientierung in der Psychologie beeinflußt. Derartige Aufforderungen zu einer ebenfalls *alltagsorientierten Wende in der Psychologie* werden nach der jahrzehntelangen Dominanz empirisch-analytischer Forschung in einer Wiederaufnahme der ökologischen Fragestellung (vgl. Graumann 1978), im Kontext einer Krise der Sozialpsychologie (vgl. Mertens/Fuchs 1978) und schließlich in einer Radikalisierung der Auseinandersetzung zwischen be-

32 Alltag

havioristisch und kognitiv orientierten Ansätzen (vgl. GROEBEN/ SCHEELE 1977) deutlich. Tragend für das Verständnis des Alltagswissens als «naiver Verhaltenstheorie» (vgl. LAUCKEN 1974) ist dabei die Kritik des behavioristischen Subjektmodells und das damit verbundene Votum für eine Berücksichtigung der Reflexivität des Subjekts gewesen: «Das größte theoretische Entwicklungspotential sehen wir hier in dem Ansatz, der Kognitionen des menschlichen Erkenntnisobjekts als Reflexionen analog zum Selbstbild des Wissenschaftlers auffaßt: also als (subjektive) Theorien» (GROEBEN/SCHEELE 1977, S. VII).

Alltagsorientierung in der Erziehungswissenschaft. Die *Motive* für eine Alltagsorientierung in der Erziehungswissenschaft sind vielschichtig: Zum einen werden sie in der mangelhaften Kenntnis des Alltäglichen gesehen oder auf das Scheitern von Reformmaßnahmen im Bildungsbereich zurückgeführt, deren Effekte nicht bis auf die Mikroebene des Alltags gereicht zu haben scheinen. Zum anderen wird alltagsorientierte Forschung als Antwort auf Defizite empirisch-analytischer Forschung verstanden, die in der Vernachlässigung der Perspektive des je Handelnden bestehen. Schließlich kann auch die in der Curriculumdiskussion wiederentdeckte Unlösbarkeit des pädagogischen Normproblems (vgl. RUHLOFF 1980) als Motiv verstanden werden, im praktischen Bezug auf die Sinnhorizonte Lehrender und Lernender, Orientierungen pädagogischen → Handelns zu gewinnen. Angesichts dieser unterschiedlichen Ursachen für eine Alltagsorientierung gibt es ein breites Spektrum von Ansätzen, mit denen eine Zuwendung zum Alltag vollzogen wird.

Ausgehend von den *Untersuchungsgegenständen* lassen sich zunächst Ansätze unterscheiden, die sich als Rekonstruktion erzieherischer Alltagsrealität verstehen, also Lebensweltanalysen und alltagsorientierte Unterrichtsforschung, und solche, die sich der Rekonstruktion alltäglicher → Subjektivität zuwenden, wie sie sich in «naiven Theorien», → Autobiographien, Geschichten und Mythen präsentiert.

Lebensweltanalysen wie beispielsweise die von Fernstudenten (vgl. ABELS u. a. 1977) oder die von Hauptschülern (vgl. PROJEKTGRUPPE JUGENDBÜRO 1977, PROJEKTGRUPPE JUGENDBÜRO UND HAUPTSCHÜLERARBEIT 1975) sind durch eine Adaption des «interpretativen Paradigma[s]» (WILSON 1973, S. 58) bestimmt. Diese Prämisse des Symbolischen Interaktionismus ist zunächst Ausgangspunkt der Fragestellung von Lebensweltanalysen, da diese unterstellen, daß für das Handeln des pädagogischen Klientels der subjektiv gemeinte Sinn konstitutiv ist. Ferner spiegelt sich diese Prämisse, der zufolge die Bedeutung von Wahrnehmbarem in sozialen Interaktionen entsteht, auch in der Einschätzung des (auto)biographischen Materials von Lebensweltanalysen. Der semantische Gehalt biographischer Äußerungen ist somit nicht nur im Kontext

Alltag 33

lebensweltlicher Handlungen zu rekonstruieren, sondern auch in dem durch die Untersuchungssituation selbst geschaffenen Bedeutungsspektrum.

In der *alltagsorientierten Unterrichtsforschung*, die sich ebenfalls am interpretativen Forschungsparadigma orientiert, lassen sich folgende Akzentuierungen einer Hinwendung zum Alltäglichen unterscheiden (vgl. SCHRÜNDER 1982, S 15 ff):

– Alltagsorientierung als Unterrichtsziel oder als Eigenschaft des → Unterrichts, das heißt Alltagsorientierung ist hier gleichbedeutend mit der traditionellen, didaktischen Forderung nach Lebensnähe von Unterrichtsinhalten (vgl. LOSER 1980, S. 152 ff; vgl. SCHULTE 1980, S. 124 ff).

– Alltagsorientierung als Rekonstruktion alltäglichen Unterrichts, worunter in Ablehnung effektivitätsorientierter, experimenteller Forschungsprogramme ein interpretatives Verständnis von Lehr-/Lernprozessen verstanden wird (vgl. TERHART 1978). So wird beispielsweise versucht, die methodischen Regeln alltäglicher unterrichtlicher Kommunikation herauszuarbeiten und aus der Perspektive der im Unterricht Handelnden zu formulieren (vgl. UHLE 1978).

– Alltagsorientierung als Kritik alltäglichen Unterrichts, wobei davon ausgegangen wird, daß die Totalität der → Institution → Schule eine Art Doppelleben ihrer Mitglieder erzeugt (vgl. ZINNECKER 1978). Bezugnahme auf den Alltag bedeutet hier Absage an das offizielle Leben der Institution mit seinen routinisierten Frage-Antwort-Spielen der lizensierten Unterrichtsdramaturgie und Parteinahme für die als Kultur unterdrückte Praxis insbesondere der Schüler (vgl. ZINNECKER 1980, S. 61 ff; → Schüler Kultus).

Bei der *Rekonstruktion alltäglicher Subjektivität* ist es erneut das Votum für qualitative Untersuchungsverfahren, das diese Analysen «naiver Theorien» überhaupt als alltagsorientiert ausweist. Denn implizite Persönlichkeitstheorien von Lehrern (vgl. HOFER 1969, HÖHN 1967), Erklärungen von Schulleistungen (vgl. JOPT 1978, MEYER 1973), die Systematik der Urteilstendenzen, die Stigmatisierungsprozesse in der Schülerbeurteilung (vgl. HOMFELDT 1974, INGENKAMP 1971) und die «naiven Unterrichtstheorien» von Lehrenden und Lernenden (vgl. ACHTENHAGEN u. a. 1975, 1979) sind bereits seit langem Gegenstand empirischer Sozialforschung. Nunmehr aber sind es die Offenheit der Datenerhebung (Beispiel: unstrukturierte Interviews), die Berücksichtigung der Selbst- und Realitätserfahrungen der Untersuchten in der Dateninterpretation und die qualitative Strukturierung von Ergebnissen in der Datenpräsentation, die die Untersuchung bestimmen, beispielsweise bei der Erforschung von Erklärungsmustern des Schulversagens (vgl. ARBEITSGRUPPE SCHULFORSCHUNG 1979, S. 172).

Einen weiteren Schwerpunkt in der Rekonstruktion des Subjektiven

34 Alltag

bilden jene Bezugnahmen auf autobiographische und fiktionale Dokumente, die sich auch unter der Bezeichnung *«narrative Pädagogik»* präsentieren. Geschichten können dabei als Zugang zur subjektiven Struktur von → Lebensläufen (vgl. MOLLENHAUER 1980, S. 97 ff), als Exempel genereller Strukturmomente menschlicher → Entwicklung (vgl. BAACKE 1979, S. 11 ff; vgl. SCHULZE 1979, S. 51 ff) oder als Quelle zur Sozialgeschichte der → Erziehung (vgl. DITTRICH / DITTRICH-JACOBI 1979, S. 99 ff) gesehen werden.

Mit dem Verständnis von Alltagsgeschichten als «Mythen des Alltags» (BARTHES 1974) gerät allerdings eine neue Dimension der Alltagsorientierung ins Blickfeld. Indem LENZEN (vgl. 1980 b, c, d) fordert, die «Mythen» zu decouvrieren, die die wahren Orientierungen pädagogischen Handelns überformen und dadurch Erziehungsformen legitimieren, die «objektiv unnötige Repression» ausüben (LENZEN 1980 b, S. 21), wird Alltagsorientierung mit dem praktischen Anspruch einer handlungsorientierenden Wissenschaft konfrontiert. Hinter den kritisierten Mythen der Erziehung steckt, so die These, «der verdrängte Wunsch, *nicht mehr erziehen zu müssen»* (LENZEN 1980 b, S. 27).

Alltagsorientierte Forschung, verstanden als «eine *Mythologie der Erziehung»* (LENZEN 1980 b, S. 23), in der das deformierte Alltagsbewußtsein empirisch Handelnder kritisiert und die ursprünglichen, verschütteten Handlungsorientierungen rekonstruiert werden, soll aber nicht als Möglichkeit einer Lösung des Normproblems gesehen werden. Reflexion auf das Alltägliche und Aufdecken ursprünglicher Orientierungen bedeuten zunächst nicht mehr als die Anamnese des je Gegebenen und Gewesenen. Die Kenntnis des Alltäglichen und seiner Grundstrukturen muß vielmehr durch eine «je entschiedene Position zum Normproblem» (LENZEN 1980 b, S. 25) praktisch folgenreich werden können. Mollenhauer bezieht eine vergleichbare Position, wenn er in der Konfrontation mit den zu rekonstruierenden praktischen Optionen von Jugendlichen herauszuarbeiten vorschlägt, «welche Begründungen für lebensgeschichtliche Problemstellungen zwischen ‹erhalten› und ‹verbessern›, [...] für *jeden einzelnen Fall* und für *typische Lagen* möglich sind» (MOLLENHAUER 1980, S. 111; Hervorhebung: A. S.-L.).

Kritik – Aussichten. Die mit der Subjektorientierung einhergehende Partikularisierung des Gültigkeitsanspruchs von praktischen Orientierungen läßt sich nun als konsequente Folge der Diversifikation des Lebensweltbegriffs und der damit verbundenen Prämisse der «Realität als reflexiver Aktivität» (MEHAN / WOOD 1976, S. 29) begreifen, mit der die Ethnomethodologie die Relativität wirklicher Erkenntnis voraussetzt und die Möglichkeit (objektiv) wahrer Aussagen grundsätzlich negiert. Die Begrenztheit jeder Aussage über Realität ist also darauf zurückzuführen, daß im Prozeß subjektiver Sinnkonstitution immer erst eine Realität *produziert* wird, die eben deshalb nicht als «Unbedingtes» denkbar ist, weil sie auf der reflexiven Aktivität je historisch konkreter Subjekte aufruht. An dieser Komponente der Alltagsorientierung in der Erziehungswissenschaft knüpft auch die bisher vorgetragene Kritik an, soweit sie die Alltagsorientierung nicht als bloße Wiederaufnahme eines didaktischen Prinzips der «Lebensnähe» für den Schüler verkürzt (vgl. DERBOLAV 1981, TÜTKEN 1981). So befürchtet Kaiser, daß der Alltagsansatz «eher dazu neigt, Routinen zu bestätigen als zu verändern» (KAISER 1981, S. 117 f), und daß er an prinzipielle Barrieren stoße, «vor allem an die Schranke der unterschiedlichen (individuellen) Wahrnehmung, Gliederung, Wertung und Auslegung sozialer Situationen» (KAISER 1981, S. 119 f). Während nun diese Barriere aus der Sicht alltagsorientierter Forschung gerade als Vorzug gesehen werden muß, trifft die Befürchtung, Wissenschaft verliere im Alltagsansatz ihre kritisch orientierte Funktion, unter bestimmten Bedingungen zu. Diese Sorge, die auch von RUHLOFF (vgl. 1981, S. 199 f) geteilt wird, kann aber nicht zur Aufgabe der mit einer Alltagsorientierung gehegten Intentionen führen, sondern verlangt nach einer Weiterentwicklung. Wenn zudem noch formale Analysen subjektiver Handlungsorientierungen ahistorisch und losgelöst vom gesellschaftlich-sozialen Kontext durchgeführt werden, stößt Alltagsforschung in der Tat an ihre Grenzen. Insofern ist zu überlegen, inwieweit der kritische Impetus der Wissenschaft und Orientierung am Alltag theoretisch zu versöhnen wären – möglicherweise in einer Integration von Momenten des Genetischen Strukturalismus mit solchen der Kritischen Theorie der Gesellschaft (vgl. LENZEN 1973, 1976, 1980 d; vgl. SCHRÜNDER 1982; → Struktur). Ein solcher Versuch könnte auch einer leichtfertigen Identifikation von Alltagsorientierung mit dem Ruf nach mehr Praxis oder gar narzißtischer Introspektion entgegenwirken, weil er im Konzept der Alltagsorientierung den tatsächlichen Handlungsorientierungen der Subjekte näherkommt, ohne, wofür die strukturalistische Option steht, deshalb einem totalen Subjektivismus und Relativismus zu verfallen.

ABELS, H. u. a.: Lebensweltanalyse von Fernstudenten. Qualitative Inhaltsanalyse – theoretische und methodologische Überlegungen. Werkstattbericht Fernuniversität Hagen, Hagen 1977. ACHTENHAGEN, F. u. a.: Überlegungen zur «Unterrichtstheorie» von Handelslehrerstudenten und Referendaren des Handelslehramts. In: D. Dt. Ber.- u. Fachs. 71 (1975), S. 578 ff. ACHTENHAGEN, F. u. a.: Die Lehrerpersönlichkeit im Urteil von Schülern. Ein Beitrag zur Aufklärung «naiver» didaktischer Theorien. In: Z. f. P. 25 (1979), S. 191 ff. ARBEITSGRUPPE BIELEFELDER SOZIOLOGEN (Hg.): Alltagswissen, Interaktion und gesellschaftliche Wirklichkeit, 2 Bde., Reinbek 1973. ARBEITSGRUPPE SCHULFORSCHUNG: Alltagstheorien von Schülern und Lehrern über Schulversagen. In: Schön, B./Hurrelmann, K. (Hg.): Schulalltag..., Weinheim/Basel 1979,

36 Alltag

S. 172 ff. BAACKE, D.: Ausschnitt und Ganzes – Theoretische und methodologische Probleme bei der Erschließung von Geschichten. In: Baacke, D./Schulze, Th. (Hg.): Aus Geschichten lernen, München 1979, S. 11 ff. BARTHES, R.: Mythen des Alltags, Frankfurt/M. [3]1974. BERGER, P. L./LUCKMANN, TH.: Die gesellschaftliche Konstruktion der Wirklichkeit. Eine Theorie der Wissenssoziologie, Frankfurt/M. 1977. BERGMANN, W.: Lebenswelt, Lebenswelt des Alltags oder Alltagswelt? Ein grundbegriffliches Problem «alltagstheoretischer» Ansätze. In: Köln. Z. f. Soziol. u. Sozpsych. 33 (1981), S. 50 ff. DERBOLAV, J.: ‹Wende zur Alltagswelt› – ‹Wissenschaftsorientierung›: Komplementarität oder Kompatibilität? In: P. Rsch. 35 (1981), S. 77. DITTRICH, E./DITTRICH-JACOBI, J.: Die Autobiographie als Quelle zur Sozialgeschichte der Erziehung. In: Baacke, D./Schulze, Th. (Hg.): Aus Geschichten lernen, München 1979, S. 99 ff. EHLICH, K.: Erzählen im Alltag, Frankfurt/M. 1980. EHLICH, K./REHBEIN, J.: Wissen, kommunikatives Handeln und die Schule. In: Goeppert, H. C. (Hg.): Sprachverhalten im Unterricht, München 1977, S. 36 ff. ELIAS, N.: Zum Begriff des Alltags. In: Hammerich, K./Klein, M. (Hg.): Materialien…, 1978, S. 22 ff. GARFINKEL, H./SACKS, H.: Über formale Strukturen praktischer Handlungen. In: Weingarten, E. u. a. (Hg.): Ethnomethodologie…, Frankfurt/M. 1976, S. 130 ff. GRAUMANN, C. F.: Ökologische Perspektiven in der Psychologie, Bern/Stuttgart/Wien 1978. GROEBEN, N./SCHEELE, B.: Argumente für eine Psychologie des reflexiven Subjekts, Darmstadt 1977. HAMMERICH, K./KLEIN, M. (Hg.): Alltag und Soziologie. In: Hammerich, K./Klein, M. (Hg.): Materialien zur Soziologie des Alltags. Köln. Z. f. Soziol. u. Sozpsych., Sonderheft 20, 1978, S. 7 ff. HEIDEGGER, M.: Sein und Zeit (1927), Tübingen [11]1967. HELLER, A.: Das Alltagsleben. Versuch einer Erklärung der individuellen Reproduktion, Frankfurt/M. 1978. HOFER, M.: Die Schülerpersönlichkeit im Urteil des Lehrers, Weinheim/Basel 1969. HÖHN, E.: Der schlechte Schüler. Sozial-psychologische Untersuchung über das Bild des Schulversagers, München 1967. HOMFELD, H. G.: Stigma und Schule, Düsseldorf 1974. HUSSERL, E.: Die Krisis der europäischen Wissenschaften und die transzendentale Phänomenologie. Husserliana, Bd. 6, Den Haag 1954. INGENKAMP, K. (Hg.): Die Fragwürdigkeit des Zensurengebung, Weinheim 1971. JOPT, U.-J.: Selbstkonzept und Ursachenerklärung in der Schule, Bochum 1978. KAISER, A.: Alltagswende in der Pädagogik. Programm und Kritik. In: P. Rsch. 35 (1981), S. 111 ff. KOSIK, K.: Die Dialektik des Konkreten, Frankfurt/M. 1976. LAUCKEN, U.: Naive Verhaltenstheorie, Stuttgart 1974. LEFÈBVRE, H. L.: Kritik des Alltagslebens, 3 Bde., München 1974/1975. LEITHÄUSER, TH.: Formen des Alltagsbewußtseins, Frankfurt/New York 1976. LEITHÄUSER, TH./VOLMERG, B.: Die Entwicklung einer empirischen Forschungsperspektive aus der Theorie des Alltagsbewußtseins. In: Leithäuser, Th. u. a. (Hg.): Entwurf zu einer Empirie des Alltagsbewußtseins, Frankfurt/M. 1977, S. 11 ff. LEITHÄUSER, TH./VOLMERG, B.: Anleitung zur empirischen Hermeneutik. Psychoanalytische Textinterpretation als sozialwissenschaftliches Verfahren, Frankfurt/M. 1979. LENZEN, D.: Didaktik und Kommunikation, Frankfurt/M. 1973. LENZEN, D.: Struktur, Strukturalismus und strukturale Theorien der Erziehung und des Unterrichts. In: Lenzen, D. (Hg.): Die Struktur der Erziehung und des Unterrichts. Strukturalismus in der Erziehungswissenschaft? Kronberg 1976, S. 9 ff. LENZEN, D. (Hg.): Pädagogik und Alltag. Methoden und Ergebnisse alltagsorientierter Forschung in der Erziehungswissenschaft, Stuttgart 1980 a. LENZEN, D.: «Alltagswende» – Paradigmenwechsel? In: Lenzen, D. (Hg.): Pädagogik…, Stuttgart 1980, S. 7 ff (1980 b). LENZEN, D.: Didaktische Theorie zwischen Routinisierung und Verwissenschaftlichung – Zum Programm einer Theorie alltäglichen pädagogischen Handelns. In: Adl-Amini, B./Künzli, R. (Hg.): Didaktische Modelle und Unterrichtsplanung, München 1980, S. 158 ff (1980 c). LENZEN, D.: Einführung in die Erziehungstheorie, Mimeo, Berlin 1980 d. LIPPITZ, W.: «Lebenswelt» oder die Rehabilitation vorwissenschaftlicher

Alltag 37

Erfahrung. Ansätze eines phänomenologisch begründeten anthropologischen und sozialwissenschaftlichen Denkens in der Erziehungswissenschaft, Weinheim/Basel 1980. LIPPITZ, W.: Ansätze eines Begriffs vorwissenschaftlicher Erfahrung bei Dilthey und Nohl – ihre Konsequenzen für die pädagogische Theoriebildung. In: P. Rsch. 35 (1981), S. 515 ff. LOSER, F.: Alltäglicher Unterricht und die Erforschung des unterrichtlichen Alltags. In: Thiemann, F. (Hg.): Konturen..., Königstein 1980, S. 133 ff. MEHAN, H./WOOD, H.: Fünf Merkmale der Realität. In: Weingarten, E. u. a. (Hg.): Ethnomethodologie..., Frankfurt/M. 1976, S. 29 ff. MERTENS, W./FUCHS, G.: Krise der Sozialpsychologie? Zur Krisendiskussion über die theoretischen und methodischen Grundlagen der Sozialpsychologie, München 1978. MEYER, W.-U.: Leistungsmotiv und Ursachenerklärung von Erfolg und Mißerfolg, Stuttgart 1973. MOLLENHAUER, K.: Einige erziehungswissenschaftliche Probleme im Zusammenhang der Erforschung von «Alltagswelten Jugendlicher». In: Lenzen, D. (Hg.): Pädagogik..., Stuttgart 1980, S. 97 ff. PROJEKTGRUPPE JUGENDBÜRO: Subkultur und Familie als Orientierungsmuster. Zur Lebenswelt von Hauptschülern, München 1977. PROJEKTGRUPPE JUGENDBÜRO UND HAUPTSCHÜLERARBEIT: Die Lebenswelt von Hauptschülern. Ergebnisse einer Untersuchung, München 1975. REHBEIN, J.: Komplexes Handeln. Elemente zur Handlungstheorie der Sprache, Stuttgart 1977. REINERT, G.-B./ZINNECKER, J. (Hg.): Schüler im Schulbetrieb, Reinbek 1978. RUHLOFF, J.: Das ungelöste Normproblem der Pädagogik, Heidelberg 1980. RUHLOFF, J.: Die Wendung zur Alltäglichkeit – Erweiterung der Thematik oder Eskamotierung der Schuldigkeit der Pädagogik? In: Vjs. f. w. P. 57 (1981), S. 191 ff. SCHÖN, B./HURRELMANN, K. (Hg.): Schulalltag und Empirie. Neuere Ansätze in der schulischen und beruflichen Sozialisationsforschung, Weinheim/Basel 1979. SCHRÜNDER, A.: Alltagsorientierung in der Erziehungswissenschaft. Studien zu ihrem Anspruch und ihrer Leistung auf dem Hintergrund alltagstheoretischer Ansätze in den Sozialwissenschaften, Weinheim/Basel 1982. SCHULTE, H.: Unterrichtsforschung und didaktische Rekonstruktion. In: Thiemann, F. (Hg.): Konturen..., Königstein 1980, S. 108 ff. SCHULZE, TH.: Autobiographie und Lebensgeschichte. In: Baacke, D./Schulze, TH. (Hg.): Aus Geschichten lernen, München 1979, S. 51 ff. SCHÜTZ, A.: Gesammelte Aufsätze, 3 Bde., Den Haag 1971/1972. SCHÜTZ, A.: Der sinnhafte Aufbau der sozialen Welt. Eine Einleitung in die verstehende Soziologie, Frankfurt/M. 1974. SCHÜTZ, A./LUCKMANN, TH.: Strukturen der Lebenswelt, Neuwied/Darmstadt 1975. SOMMER, M.: Der Alltagsbegriff in der Phänomenologie und seine gegenwärtige Rezeption in den Sozialwissenschaften. In: Lenzen, D. (Hg.): Pädagogik..., Stuttgart 1980, S. 27 ff. TERHART, E.: Interpretative Unterrichtsforschung, Stuttgart 1978. THIEMANN, F. (Hg.): Konturen des Alltäglichen. Interpretationen zum Unterricht, Königstein 1980. THIERSCH, H. u. a.: Die Entwicklung der Erziehungswissenschaft, München 1978. TÜTKEN, H.: Wissenschaftsorientierung und Lebensorientierung – eine Scheinalternative? In: P. Rsch. 35 (1981), S. 123 ff. UHLE, R.: Verstehen und Verständigung im Unterricht. Hermeneutische Interpretationen, München 1978. WEINGARTEN, E. u. a. (Hg.): Ethnomethodologie. Beiträge zu einer Soziologie des Alltagshandelns, Frankfurt/M. 1976. WILSON, T. P.: Theorien der Interaktion und Modelle soziologischer Erklärung. In: Arbeitsgruppe Bielefelder Soziologen (Hg.): Alltagswissen..., Bd. 1, Reinbek 1973, S. 54 ff. ZINNECKER, J.: Die Schule als Hinterbühne oder Nachrichten aus dem Unterleben der Schüler. In: Reinert, G.-B./ Zinnecker, J. (Hg.): Schüler..., Reinbek 1978, S. 29 ff. ZINNECKER, J.: Parteiliche Untersuchung pädagogischer Alltagskultur. Methodische und strategische Überlegungen zur Praxis. In: Lenzen, D. (Hg.): Pädagogik..., Stuttgart 1980, S. 61 ff.

Agi Schründer-Lenzen

38 Alternativschule

Alltagserfahrung → Lehrplan, heimlicher
Alltagskultur → Eßkultur; → Kinderkultur; → Kleidermode;
→ Schülerkultur; → Wohnkultur

Alternativschule

Einleitung und Definition. Die Politik macht die Schule – und nicht die
Pädagogik! Dieses spätestens seit Rousseaus «Émile» aus dem Jahre
1762 bekannte Dilemma umreißt auch den Reflexionshorizont der Alternativschulpädagogik. Die Interpretation der staatlichen Schule als
einer pädagogischen Fehlkonstruktion verpflichtet die Alternativschulszene auf die politische Utopie einer Pädagogik, die die Schule macht!
Mit alten und neuen Schulkritikern (vgl. BERNFELD 1925, DAUBER
1981, GOODMAN 1974, v. HENTIG 1976, ILLICH 1972, SILBERMAN 1970)
verbindet sich die gleiche Kritik an der Staatsaufsichtsschule in der
Bundesrepublik Deutschland und an → Schule überhaupt als einem defizitären System. Als *alternative Schulen im weiten Sinne* verstehen sich
deshalb all jene Schulen, die die tatsächlichen oder vermeintlichen Defizite der Staatsaufsichtsschule zu reduzieren hoffen. *Alternative Schulen
im engen Sinne* sind demgegenüber all jene freien alternativen Gegenschulen, open schools, free schools, community schools, multicultural
schools, deren konstitutive Prinzipien in Theorie und Praxis die Freiwilligkeit, Selbstbestimmung, Zufriedenheit und Überschaubarkeit sind
(vgl. BORCHERT/DERICHS-KUNSTMANN 1979, VAN DICK 1979, RAMSE-
GER 1975).

Alternative Schulen tragen – wie verdeckt auch immer – in unterschiedlichen Ausprägungen Zeichen der Struktur des Systems, das sie
überwinden wollen. Sie sind Reaktion und Provokation zugleich. Sie
reagieren auf die pädagogisch unbewältigte Spannung zwischen organisierter Zwangsbelehrung und individueller Lernfreiheit und provozieren
den Widerstand der Staatsaufsicht, die sieht, daß sich ein Teilsystem der
Aufsicht entziehen will. Sie provozieren den Start weiterer alternativer
Projekte ähnlicher oder gleicher Zielsetzung. Und sie sind – wie alle radikalen pädagogischen Reformideen – ein Stück *konkreter pädagogischer Utopie* in einer funktional geordneten pädagogischen Landschaft.

Wirkung und Rezeption der freien alternativen Schulen gehen weit
über ihren konkreten Anlaß hinaus und signalisieren in der Attraktivität
pädagogischer Nischen den Bedarf an pädagogischen Visionen und
Phantasien in der gegenwärtigen Gesellschaft. Etwa 10 000 000 Schülern,
die im öffentlichen Schulsystem der Bundesrepublik «beschult» werden,
stehen 1985 nur knapp 300 Schüler in acht freien alternativen Schulen

gegenüber (Glocksee-Schule Hannover, Freie Schule Kreuzberg, UFA-Schule Berlin, Freie Schule Frankfurt, Freie Schule Karlsruhe, Kinderschule Hamburg, Kinderschule Bremen, Freie Schule Bochum, weitere Schulgründungen im Planungsstadium); allein 150 dieser 300 Schüler leben und lernen in der Glocksee-Schule.

Neben diesen acht freien alternativen Schulen gibt es eine Vielzahl *pädagogischer Alternativen im und zum Regelschulsystem*, die der weiten Definition entsprechen und deren Interpretation und Würdigung in diesem Kontext unterbleiben. Dazu gehören, um nur einige zu nennen:

- die etwa 1800 Schulen in nichtstaatlicher Trägerschaft mit ungefähr 182000 Schülern (vgl. WINKEL 1980, S. 35), die sich als «freie» Schulen definieren, deren Etikett «frei» weniger das pädagogische Konzept, als den Aspekt der relativen wirtschaftlichen Unabhängigkeit vom Staat bezeichnet; sie sind deshalb genauer als *Privatschulen* zu bestimmen;
- die etwa 1200 *katholischen Schulen* mit ungefähr 250000 Schülern und die etwa 170 *evangelischen Schulen* mit ungefähr 46000 Schülern (vgl. WINKEL 1980, S. 35), deren konfessionell gebundene Trägerschaft auch eine pädagogische Bindung impliziert;
- die etwa 110 freien *Waldorfschulen* (es werden ständig mehr) mit mehr als 25000 Schülern (vgl. WINKEL 1980, S. 35; → Waldorfpädagogik), die ihre pädagogische Konzeption aus der anthroposophischen Denkmystik Steinerscher Prägung ziehen und in der Nischenidylle einer heilgehaltenen Waldorfwelt Schule machen;
- die 1974 von H. v. Hentig gegründete *Laborschule* (staatlicher Schulversuch) an der Universität Bielefeld, die die Gesamtschulprinzipien der → Integration und → Differenzierung pädagogisch wendet, Fächer aus Erfahrungsbereichen entfaltet, Lernberichte statt Zensuren gibt und bis ins architektonische Konzept Schule als Erfahrungs- und Lebensraum für Kinder zu gestalten versucht (vgl. v. HENTIG 1976);
- verschiedene weitere *Schulversuche* und *Modellversuche* (wie Kollegstufe NW, Oberstufenkolleg, Grundschule Gievenbeck, integrierte Gesamtschulen) mit öffentlicher Förderung und dem Ziel der Erprobung, Legitimation und Kontrolle bildungspolitischer Innovation (vgl. MEYER/THOMA 1974, TILLMANN 1978)
- und schließlich die vielfältigen Versuche einer alternativen *pädagogischen Arbeit innerhalb der Regelschule*: von der Rezeption der → Freinetpädagogik (vgl. FREINET 1965, 1980; vgl. LAUN 1982) hin zu den zahlreichen Versuchen, Leben und → Lernen in der Regelschule im Interesse an der Lebensfreude und Zufriedenheit der → Schüler und → Lehrer neu zu bestimmen, zumeist orientiert an den lange ver-

gessenen Ideen der Reformpädagogen der 20er Jahre dieses Jahrhunderts (Lietz, Geheeb, Gaudig, Petersen, Otto, Montessori, Neill) und an den politisch verdrängten Konzepten gescheiterter sozial-demokratischer Schulreform in der Weimarer Republik (Oestreich, Reichwein, Haase); oft auch inspiriert von den aktuellen pädagogischen Versuchen der freien alternativen Schulen im engeren Sinne, deren Signalwirkungen auf die Staatsaufsichtsschulen proportional zu deren Krise zugenommen haben (vgl. AUERNHEIMER/HEINEMANN 1980, GEBAUER/MOHR 1984).

Der Entstehungskontext freier alternativer Schulen. Freie alternative Schulen im definitorisch engen Sinne entstanden im Abschwung der außerparlamentarischen Opposition zwischen Kinderläden und Wohnkommunen in den Jahren 1965 bis 1968 und entfalteten sich in den folgenden Jahren: inspiriert von der amerikanischen *Free-school-Bewegung* (→Entschulung), die programmatisch und praktisch gegen fremdbestimmtes Lernen in autoritären Strukturen und für ein Lernen in Freiheit steht (vgl. DENNISON 1969a, 1969b; vgl. GRAUBARD 1974, HOLT 1970); eingelagert in die *Subkulturen der Kritik bürgerlicher Normalität* von REICH (vgl. 1972) bis NEILL (vgl. 1965; →Erziehung, antiautoritäre); zwischen der Reformeuphorie der 60er Jahre und dem Scheitern der *Bildungsreform* seit 1969; vernetzt im breiten Denk- und Erfahrungshorizont alternativer Projekte von den frühen Sozialutopisten (Morus, Campanella – vgl. AHRBECK 1977) bis zu den verschiedenen Versuchen einer «*alternativen*» *Ökonomie*, wie wir sie verstärkt ab 1975 finden (vgl. HOLLSTEIN/PENTH 1980, HUBER 1981, NETZWERK SELBSTHILFE 1979, PETERS 1980); begünstigt durch die gegenwärtig stattfindenden Umdeutungen traditioneller Orientierungsmuster der Gesellschaft von der klassischen Arbeitsgesellschaft, der die Arbeit ausgeht, hin zu einer offenen Tätigkeitsgesellschaft mit der Suche nach *neuen Lebensstilen und Lernkulturen* (vgl. WENKE/ZILLESSEN 1978); zwischen apokalyptischen Ängsten und der Hoffnung auf chiliastische Verheißungen; gestützt schließlich von dem sich beschleunigenden Prozeß der Parlamentarisierung der *ökologischen Bewegung* – «Die Grünen» sind ein Stück der gleichen Bewegung, die nicht nur an der Utopie einer besseren Welt in den Köpfen festhält, sondern für sie arbeitet.

Radikale Schulkritiker (Rogers, Bowles, Goodman, Reimer, Herndon, Holt, Illich, Fürstenau, Bourdieu), die Verfechter einer kritischen Theorie der Schule (Heydorn, Gamm, Rumpf, Henningsen; vgl. SCHULZE 1980) und diejenigen, die die freie Schule im engeren Sinne denken und machen (Negt, Ziehe, Borchert), sind, was ihre politisch-gesellschaftliche Herkunft, ihre schulpraktischen und -theoretischen Orientierungen betrifft, schillernd vielfältig und kaum auf einen gemeinsamen Nenner zu bringen. Sie unterscheiden sich hinsichtlich der Radikalität der Argumentation und der zu ziehenden Konsequenzen – aber sie sind sich einig darin, die Schulen der westlichen Industrienationen als *defizitäre Systeme* zu betrachten,

– deren leitende *Konstruktionsprinzipien* Zwang, Schulpflicht, Druck, Disziplin, Bevormundung, Notenterror, → Zeugnisse, Versetzen und Sitzenbleiben, Konformitätsdruck, Konkurrenz und Kontrolle, → Lob und → Strafen sind; Prinzipien, die um den Preis des Verlustes der Freude am Lernen, hoher Sitzenbleiberquoten, weit verbreiteter Zensurenangst, um den Preis von Schülerselbstmorden, steigenden Drop-out-Quoten, von Schulverweigerung, Vandalismus, diffuser Aggressivität, Verhaltensstörungen und Fluchtbewegungen in → Drogen, Mystik und Subkulturen durchgesetzt werden (vgl. DAUBER 1981; vgl. GRODDECK/SCHULTZE 1983, S. 330);

– deren klassische *Funktionen* wie → Selektion, kulturelle Reproduktion, → Qualifikation, Loyalitätssicherung und Anpassung an die herrschenden Ideologien trotz vielfacher Brüche ihrer Vermittlung das Leben der Schüler in den Schulen bestimmen (vgl. FEND 1980);

– deren *Kultur des Verbalen* mit institutionell verankerter hoher Lehrerdominanz, mit dem als unterrichtsmethodische Monostruktur zu charakterisierenden Übergewicht des Frontalunterrichts, mit seiner Dominanz des lehrergelenkten Unterrichtsgesprächs, das über Regeln belehrt, ohne an die Schülererfahrungen anzuknüpfen, mit ihrer abstrakten Symbolisierung der Unterrichtsinhalte und der Auslagerung der Anwendung des Erlernten ins spätere Leben – mit all diesen Charakteristika kreiert die Kultur des Verbalen künstliche Lernwelten zu Lasten der Betonung von schülerorientierten Verlaufsmustern des → Unterrichts (vgl. HAGE u. a. 1985);

– deren Ordnung den *Gesetzmäßigkeiten des Produktionssektors* (Konkurrenz- und Effektivitätsorientierung, Irrelevanz der Inhalte bei gleichzeitiger Verschleierung der Machtstrukturen) folgt;

– deren Denksysteme und Kategorien der *Wissenschaft* entlehnt sind, die mit ihrem Primat der Verkopfung und kognitiven Einseitigkeit die Schüler in möglichst homogene, im Blick auf die Lerneffektivität gebildete Gruppen preßt, in denen sich für die Schüler die Erfahrung der Künstlichkeit des Lernens mit der der Kühle der Beziehungen und der praktischen Bedeutungslosigkeit und Beliebigkeit der Inhalte des Lernprozesses mischt (vgl. RUMPF 1981; vgl. SCHELLER 1981, S. 29 ff).

So präsentiert sich Schule in der Sicht der Kritiker als riesiger Apparat, «der die Inkompetenz des Unternehmens wirkungsvoll verbirgt» (FEYERABEND 1981, S. 51), als eine lernfeindliche → Lebenswelt der Kinder, durch die eine Spur von Trauer, Tränen und zerstörter Hoffnung zieht.

Auf diese Defizite der Schule antworten je anders in pädagogischer Akzentuierung und Vision die freien alternativen Schulen. Sie stellen den Versuch dar, das defizitkonstituierende Verhältnis von Pädagogik und Politik, das die Pädagogik zum Büttel der Politik gemacht hat, umzukehren: Eine primär pädagogisch geleitete statt einer primär politisch gesteuerten Schule zu denken und zu machen, dies ist das ihnen gemeinsame Ziel. Denn → Erziehung widerstrebt ihrer eigenen Grundstruktur gemäß einer Herrschaft von Menschen über Menschen; sie will den zu Erziehenden zur Mündigkeit führen, letztlich also von aller fremden → Autorität frei machen – selbst noch von der Autorität der freien Schulen.

Konstruktionsprinzipien der freien Schulen. Die aus pädagogischen Prinzipien gedachten und entworfenen freien alternativen Schulen verstehen sich als politisch in pädagogischer Verantwortung und nicht pädagogisch in politischer Leitung. Denn: Nach ihren Zielen und Inhalten zielen sie auf die *Politikfähigkeit* ihrer Schüler durch den Versuch, die Wahrnehmung und Verarbeitung gesellschaftlicher Realität zu intensivieren und zu strukturieren. Die Voraussetzungen dazu sind günstiger als im Regelschulsystem: Alternativschulen sind in eine *alternative Lebenskultur* eingebunden, wie sie sich in ökologischen Basisgruppen, in der Friedensbewegung, in Stadtteilarbeit, in alternativen Produktionsstätten entwickelt hat. Alternativschulen brechen die 200 Jahre alte, bis auf Condorcets revolutionären Schulplan für die Französische Republik aus dem Jahre 1792 rückführbare Denk- und Planungtradition auf, nach der pädagogischer Fortschritt immer nur durch ein Mehr an Zentralisierung zu erreichen sei; sie kritisieren das gewerkschaftliche Integrationskonzept einer «Schule für alle» ebenso wie das traditionelle Modell der selektiven Diversifikation von «Lernkarrieren» im drei- und mehrgliedrigen Schulwesen, um mit der eigenen Perspektive «vieler Schulen für viele» eine Mannigfaltigkeit unterschiedlicher Schulkonzepte und Lernkulturen zu entwickeln, die auf die ebenso vielfältigen Bedürfnisstrukturen und Lebenskonzepte der Kinder und Jugendlichen kreativ, phantasievoll und Zuversicht schaffend reagieren können.

Die *pädagogischen Konstruktionsprinzipien* der freien Schulen sind: der Grundsatz demokratischer Selbstbestimmung aller am Lernprozeß Beteiligten, die Freiwilligkeit der Teilnahme am Unterricht, die Entwicklung von Ich-Identität und Ich-Stärke, von Kooperationsfähigkeit und Kompetenz für die Selbstregulation von Lernprozessen, fokussiert auf ein Lernverständnis, das Schule als Erfahrungsraum begreift (vgl. v. HENTIG 1973) und mithin *«Lernen durch Erfahrung»* zum vorrangigen didaktischen Prinzip erklärt. «Lernen durch Erfahrung» soll die «ganzheitliche Verarbeitungsfähigkeit von gesellschaftlicher Realität» stärken (vgl. NEGT 1983), es soll die sozial orientierten Denkstrukturen der

Schüler und Lehrer entwickeln helfen und ein «Systemschaudenken» (vgl. CAPRA 1983) als eine neue Anschauungsweise einüben helfen, die an die Stelle bloß quantitativen Messens und mechanistischen Verrechnens treten soll.

Das Akzeptieren und Betonen der kindlichen Erfahrungswelten und Erfahrungsräume durch die Alternativschulpädagogik, die Entwicklung ökologischer und demokratischer Kompetenz, der Versuch der Wiedergewinnung verlorengegangener Spielfähigkeit und die Berücksichtigung der Körperlichkeit als der verdrängten Grundlage jedes Lernprozesses soll die didaktische und methodische Gestaltung der Lernarrangements an Alternativschulen bestimmen und ein neues Lernklima schaffen. Durch eine Lernatmosphäre, die die Vitalität, → Kreativität, Lust und Freude am Lernen betont, die aber auch den Raum zum Austragen und Aufarbeiten von → Aggressionen läßt, wird die *Einheit* der sozialen Erfahrungen im Unterricht, der intellektuellen Ansprüche und der sinnlichganzheitlichen Erlebenswelten der Schüler hergestellt; sie soll gestützt werden durch die gleichmäßige Gewichtung und Betonung der Entwicklung von kognitiven, emotionalen und handwerklichen Fähigkeiten unter optimaler Individualisierung der Lernprozesse nach Umfang, → Zeit, Tempo und Gegenstandsbereichen ohne Zwang, Kontrolle, Konkurrenz, Noten und Leistungsdruck, ohne Sanktionen und Selektionen (vgl. ARBEITSGEMEINSCHAFT FREIE SCHULEN/DIE GRÜNEN 1983).

Das Beispiel Glocksee-Schule. Die Glocksee-Schule Hannover wird als Beispiel für freie Alternativschulen gewählt und im folgenden differenziert beschrieben, weil sie für den Raum der Bundesrepublik Deutschland die Schule mit der längsten Tradition, mit dem ausdifferenziertesten Konzept sowie der breitesten Erfahrungsdokumentation ist und weil viele weitere Gründungen oder Gründungsinitiativen freier Schulen sich auf sie beziehen.

Die Glocksee-Schule stellt einen der wenigen staatlich geförderten Alternativschulversuche dar: zunächst für das 1. bis 4. Schuljahr der Grundschulstufe, seit 1984 bis einschließlich 10. Schuljahr. Die Schule wurde 1972 in Hannover gegründet, stammt also aus der Epoche bildungspolitischer Erneuerung vom Ende der 60er Jahre und Anfang der 70er Jahre. Aus dem Hannoverschen Fuhramt der Glockseestraße, dessen Verwaltungsgebäude und Hof von 1972 bis 1978 Gelände der Schule war und den Namen gab, zog die Glocksee-Schule in das so gar nicht alternativ wirkende dreistöckige Schulhaus aus der Wilhelminischen Zeit mit den dunkelroten Backsteinen in der Hölderlinstraße, bis mit dem Schuljahreswechsel 1984 im September ein erneuter Umzug in ein noch dunkler wirkendes altes Schulhaus An der Eilenriede in Hannover notwendig wurde.

Die Glocksee-Schule verarbeitet auf vielfache Weise «Erkenntnisse der kritischen Gesellschaftstheorie von Horkheimer und Adorno» (NEGT 1983, S. 262); sie greift auf «Uneingelöstes der Reformbestrebungen des vergangenen Jahrhunderts wie auf die unabgegoltenen, auf Realisierung drängenden Ideen der klassischen bürgerlichen Pädagogik» (NEGT 1983, S. 262) zurück; sie ist aber auch von konkreten alternativen Schulen und →Projekten der Vergangenheit inspiriert: vom Konzept antiautoritärer Erziehung der englischen Summerhill-Schule (gegründet von A. S. Neill im Jahre 1921) und vom breiten Spektrum angelsächsischer Schulexperimente (vgl. RAMSEGER 1975). Durch ihre pädagogische Vision ziehen die Spuren vieler anderer Versuche, Schulen anders zu machen als bisher:

– die Spur Tolstojs, der auf seinem Gut *Jasnaja Poljana* seit 1849 und mit Unterbrechungen bis 1862 (als die zaristische Polizei unter dem Vorwurf des Anarchismus und des Chaos die Schule schloß) die Kinder seiner Leibeigenen um sich versammelte, um sie seinem Traum vom freien Verhältnis der Menschen untereinander mit der Aufhebung der Herrschaft von Menschen über andere Menschen näherzubringen (vgl. BLANKERTZ 1976, TOLSTOJ 1980; →Erziehung, anarchistische);

– die Spur der *Kinderrepublik Bemposta* des Priesters Jesus Silva Mendez, der in der Nähe von Orense in Spanien im Jahre 1956 begann, seine Vision einer «Stadt der Jungen» zu verwirklichen, weil er glaubte, daß nur Kinder eine bessere, gerechtere und friedlichere Welt schaffen können, denen man die Möglichkeit gibt, neue soziale Verhaltensweisen zu üben in einer eigenen Lebenswelt, die nach ihren Wünschen erbaut, bewohnt und von ihnen selbst verwaltet wird, und der deshalb seine Kinderrepublik der Lebensfreude und Brüderlichkeit als eine Gemeinschaft gleichwertiger Partner gründete, die allen die Freiheit gibt, mündig zu werden; nicht in einem gespiegelten Abbild der Erwachsenenwelt, sondern in einer eigenen Kinderöffentlichkeit, einem Staat mit eigenem Geld, mit Kindern als Bürgermeistern, eigenen Werkstätten, eigener Schule, in der Kinder gleichberechtigt arbeiten und über ihr Leben bestimmen lernen, leben hier heute etwa 2000 Kinder und Jugendliche mit Erwachsenen zusammen (vgl. MÖBIUS 1973);

– und schließlich die der Schule in der *First Street* von New York, in der Dennison mit entrechteten und verarmten Kindern eine Lebensgemeinschaft mitten in den Hochhauszeilen New Yorks eingegangen ist, die vom Glauben an die Sehnsucht der Kinder, in Freiheit und Liebe zu lernen, getragen ist und von der Überzeugung, daß «the things we most need to learn are the things we most want to learn» (HOLT 1970, S. 187; vgl. DENNISON 1969b).

Diese und die Vielzahl der durch sie initiierten Versuche, andere pädagogische Lösungen zu finden, sind in einem breiten informellen System des Erfahrungsaustausches miteinander vernetzt (vgl. National Coalition of Alternative Schools/USA und für den Bereich der Bundesrepublik: das jährliche Treffen der Alternativschulszene).

Den Kindern, die in die Glocksee-Schule gehen, wird ein Lernen ohne Zwang, eine ungehinderte Entfaltung ihrer →Phantasie und die →Integration von Leben und Lernen in einer von ihnen selbst gestalteten Kinderöffentlichkeit versprochen; Prüfstein für das Einlösen dieses Versprechens ist der an dieser Schule ermöglichte, freie, zur libidinösen Besetzung führende Umgang der Schüler mit Raum und Zeit.

Aus der Kritik an einer Kindheit, die durch pädagogisierende Verzerrungen kindlicher Wahrnehmung und die zunehmende Reglementierung kindlicher Handlungen geprägt ist, entwickelt die Glocksee-Schule ihr Konzept der Schule als Kinderöffentlichkeit und Erfahrungsprozeß (vgl. GLOCKSEE-SCHULE 1981, S. 60; vgl. v. HENTIG 1973).

Aus der Kritik der Allgegenwärtigkeit und Übermächtigkeit der Erwachsenen, deren erhöhte Aufmerksamkeit für Kind und pädagogische Frage nur mühsam die Gleichgültigkeit gegenüber kindlichen Bedürfnissen und Wünschen verdeckt, entwickelt die Glocksee-Schule die konsequente Rückdrängung der Erwachsenen, um den Kindern ihre eigenen Erfahrungswelten zurückzugeben und zu belassen. Gerade in den Großstädten – in denen sich ja die meisten Alternativschulen entwickelt haben – fehlen vielen Kindern elementare Erfahrungen mit Gegenständen, Natur und Menschen. Es gibt wenig Möglichkeiten für Kinder, sich beobachtend und teilnehmend auf alltägliche Lebensvollzüge der Erwachsenen zu beziehen, und immer weniger Freiräume, sich konstruktiv unabhängig von den Erwachsenen zu organisieren. Deshalb ist die konsequente *Freigabe der Schule als Lebensraum der Kinder* ein Stück der Pädagogik der Glocksee-Schule. In dieser Kinderöffentlichkeit kann jedes Kind zu seiner Zeit, seinem Bewegungsdrang und seiner Neugier folgend, durch das ganze Gebäude streifen, aus seiner Stammgruppe ohne jede Erlaubnis des Lehrers aufbrechen, hier und dort hereinschauen, verweilen oder gehen und so seine Schule auf seine eigene Art erfahren und erleben. Das Kind kann zu einer fremden Gruppe stoßen, wieder zu der eigenen zurückkehren oder sich in eine der vielen Nischen zurückziehen, lesen oder an den Kickerautomaten mit anderen Kindern spielen, die gerade auch auf «Wanderschaft» sind und nicht an einem Lernangebot teilnehmen. Es kann zurückkehren in seinen Stammraum, den sich einzelne Kindergruppen (Stammgruppen, etwa 14 Schüler) als ihren Lebensraum gestaltet haben. In diesem Stammraum siedeln sie, von hier aus erobern sie den Rest der Schule. In ihrem Stammraum schaffen sie sich, je nach Temperament und Neigung, Butzen, Höhlen,

Kuschelecken, Hochbetten auf eingezogenen Zusatzetagen, bemalen die Wände, bringen Tiere, Pflanzen, Aquarien, ausgediente Sofas, Sessel, Matratzen in die von ihnen gewünschte Ordnung, richten kleine Kochnischen ein, schleppen Kassettenrecorder, Radios herbei und schaffen sich ihre Gemütlichkeit und ihre Wohnlichkeit. In diesem Raum feiern, kochen, frühstücken und essen sie gemeinsam, von hier streifen sie auf die langen Korridore, auf denen Tiere in ihren Käfigen stehen und beständig wechselnde Kinder und Kindergruppen laut lärmend vorüberziehen an Wänden, die mit Aufrufen, Hinweisen, Ergebnissen aus Projektarbeiten überzogen sind, deren Ordnung sich dem Erwachsenen so gar nicht erschließen will. Überall in den großen ehemaligen Klassenräumen sind Arbeitsecken mit runden Tischen, selbstgezimmerten Bücherregalen, offenen Geschirrschränken, inmitten bemalter Fenster und Wände, an denen sich frei vagabundierende, oft auch aggressive, frohe Phantasien der Kinder ausgetobt haben.

Wenn «Lernen durch Erfahrung» möglich sein soll, so argumentiert die Glocksee-Schule, dann muß die Schule selbst zum Erfahrungsraum der Kinder werden, sie muß ihnen Besetzungsphantasien und vielfältige Handlungsmöglichkeiten schaffen. Die Schule muß anschaulich, überschaubar, greifbar und liebenswert sein, weil man an fremd bleibenden Gegenständen keine Erfahrungen sammeln kann (vgl. NEGT 1983, S. 114ff). Indem die Kinder in ihrer Schule frühstücken, feiern, tanzen, herumlaufen, sich verabreden, sich streiten, berühren, kurz: körperlich nahe sind, wird diese Schule zu *ihrer* Schule, in der sie sich wohl fühlen.

Es ist ein Irrglaube zu meinen, Räume für Kinder künstlich herrichten zu müssen. Ebenso falsch ist es, die Kinder auf das Zeitmaß der Erwachsenen zurichten zu wollen. An der Glocksee-Schule gibt es keine Klingelzeichen für Pausen. Die Zeit wird den Kindern zur Selbstverwaltung überlassen. Sie selbst bestimmen weitgehend ihre Tobezeit, Ruhezeit, Lesezeit, die Zeit zum Miteinanderspielen; und sie bestimmen auch die Zeit, in der sie Lust und Freude haben, Lernangebote aufzunehmen. So kann es sein, daß ein Kind aus derselben Stammgruppe nicht am Englischunterricht teilnimmt, sondern mit anderen Kindern Fußball spielt oder sich in eine Kuschelecke zurückzieht. Diese «räumliche und zeitliche Offenheit der Lernorganisation [...], in der die spezifischen Beziehungswünsche, Kommunikations- und Interaktionsformen der Kinder sich entfalten können, ohne von vornherein als Störfaktor diskriminiert zu werden» (MANZKE 1981, S. 98), schafft nicht nur eine entspannte Atmosphäre durch den Verzicht auf Leistungszwänge und Zensurenängste, sondern vermittelt auch ein Gefühl von Geborgenheit und Zuverlässigkeit dadurch, daß die Äußerung der jeweiligen psychischen Zustände, Bedürfnisse und Konflikte überhaupt erst einmal zugelassen ist und als bedeutsamer Gegenstand von Lernprozessen wahr- und ernst genommen wird. Ein starrer Lernzwang wird hier abgelehnt und durch eine möglichst große Vielfalt von Selbstwahrnehmungsmöglichkeiten ersetzt, die Voraussetzung für persönliche Zufriedenheit, Entwicklung von Ich-Stärke und Bereitschaft zur Partizipation in Lernangelegenheiten ist.

Schule als Erfahrungsprozeß. Das Ziel der Pädagogik der Glocksee-Schule ist es, die Schüler eigene, neue und andere Erfahrungen machen zu lassen. Schule als Erfahrungsprozeß ist aber kein Selbstzweck, vielmehr sollen eigene und selbständig gemachte Erfahrungen der Schüler deren Selbstregulierungskräfte wecken, die wiederum dazu dienen sollen, die Fähigkeit und Bereitschaft der Schüler zur Verarbeitung konfliktreicher und oft genug widersprüchlicher gesellschaftlicher Wirklichkeit zu erhöhen. Diesem komplexen Ziel dient der im folgenden zu skizzierende Versuch der Glocksee-Pädagogik, eine *offene Struktur der Lernorganisation* dauerhaft zu sichern, *Phantasien und Erfahrungen* der Schüler zum Ausgangspunkt der Lernarbeit zu machen, den traditionellen Fächerunterricht konsequent in *Projektarbeit* aufzulösen und dem *sozialen Lernen* der Schüler besondere Aufmerksamkeit zu schenken.

Die räumliche und zeitliche Offenheit des Lebens und Lernens in der Glocksee-Schule führen zu einer großen Vielfalt an Begegnungen und Kontakten mit anderen Kindern unterschiedlichen Alters und mit Erwachsenen. Die Überschaubarkeit der Glocksee-Schule ermöglicht es, daß sich bald alle Kinder persönlich kennen, also auch wissen, was sie vom jeweiligen Interaktionspartner ungefähr zu erwarten haben. Dies erleichtert den Kindern die Orientierung in ihrer Schule. Sie erleben hier – möglicherweise erstmals – intensive Freundschaften und ein nicht von Vorleistungen an die Erwachsenen abhängiges Gefühl des Angenommenseins, das sich in ihre biographischen Erfahrungen von glücklichen und unglücklichen, von ausgetragenen oder ungelösten Konflikten mischt. Wenn eine *offene Struktur der Lernorganisation* ernsthaft angestrebt wird, kann es auf der Ebene der didaktischen Gestaltung einer Alternativschule nicht darum gehen, dem traditionellen Stoffkanon einen anderen, besseren entgegenzusetzen, sondern darum, «die Chance dafür zu erweitern, daß die Kinder andere Erfahrungen machen können» (NEGT 1983, S. 188). Während die Regelschule viele gesellschaftlich verursachte Probleme der Schüler als privat, also nicht schulrelevant aus der Schule ausgrenzt, versucht die Glocksee-Schule gerade an diese Erfahrungen anzuknüpfen. Aus der Kritik am «Schock der Einschulung» in die Regelschule, der aus der Umdeutung aller kindlichen Werte resultiert, die sich aus der bisherigen → Sozialisation der Kinder ergeben haben, konzentriert sich die Pädagogik der Glocksee-Schule darauf, diesen Bruch zwischen Primärsozialisation und Schule zu überwinden. Dies geschieht durch die offene Lernorganisation, die an die bisherigen Erfahrungen der Kinder anknüpft. Und obwohl die herkömmliche Stunden- und Pauseneinteilung aufgegeben ist und obwohl sich alle Kinder während des ganzen Tages an der Schule in einem zeitlichen Kontinuum bewegen, das sie selbst untergliedern, nehmen sie freiwillig an den verschiedenen Lernangeboten der Lehrerinnen und Lehrer teil, und da sie freiwillig und zu ihrer Zeit lernen, ist es nicht die Bedeutsamkeit des Unterrichtsgegenstandes, die dieses Lernen wertvoller machte als ein anderes, «sondern der Geist, in dem die Arbeit getan wird» (HOLT 1970, S. 220; Übersetzung: H.-J. O.). Dabei folgt dieses Konzept der Überzeugung, daß Erfahrungs- und Lebensprobleme für diese Kinder zumeist größer als die Lernprobleme sind und daß erst der, der zu leben gelernt hat, zu lernen beginnt.

Die Glocksee-Pädagogik macht die *Phantasien und Erfahrungen* der Kinder zum Ausgangspunkt ihrer Arbeit. Die Gefahr einer bloßen «Betroffenheitspädagogik» entsteht dann, wenn die in der Phantasie vorhandenen Deutungsmuster gesellschaftlicher Wirklichkeit so belassen werden, wie sie sind. Die unmittelbar gemachten Erfahrungen müssen grundsätzlich interpretiert und zu vermittelten Erfahrungen gemacht werden: «Eine Fetischisierung des Unmittelbaren, der Spontaneität, des Kreativen in der bloßen Anschauung und Wahrnehmung» soll dadurch vermieden werden, daß in der konkreten pädagogischen Arbeit darauf geachtet wird, «die Dialektik zwischen subjektiven und objektiven Interessen, unmittelbarer und vermittelter Erfahrung, Wunschphantasien und Realitätsbedingungen von Wünschen zu entfalten» (NEGT 1983, S. 190). In der Konsequenz dieser Überlegungen tritt an die Stelle der für die Regelschule konstitutiven Aufteilung des →Curriculum in Fächer hier ein *fächeraufhebendes Lernen*, das *an Projektgegenständen* organisiert wird. In diesen Projekten geht es nicht um das Aufgreifen einzelner, zufälliger und oft genug in sich widersprüchlicher Ideen der Kinder, sondern um die Entfaltung des in diesen Ideen und Phantasien ansatzweise vorhandenen systematischen Zusammenhangs eines Problems. Die Lernangebote der Glocksee-Schule – prinzipiell gegenstandsorientiert und als Projektunterricht geplant – werden so gestaltet, daß in ihnen eine Phantasiespur der Kinder sichtbar bleibt: Leben der Indianer, Urmenschen, Saurier, Kinder in fremden Ländern, Liebe und Sexualität, um nur einige zu nennen. Ihre Gegenstandsorientierung besteht darin, daß beispielsweise das Projekt zum Thema «Verkehr» das Einrichten einer Fahrradwerkstatt, das Basteln und Berechnen verschiedener Antriebsarten, die Beschäftigung mit der Geschichte des Autos, auch eine Erkundung über den Widerstand der hannoverschen Bevölkerung gegen die Fahrpreiserhöhung für die öffentlichen Verkehrsmittel sowie das Fahrradfahren-Lernen umgreift (vgl. MANZKE 1981). Projektunterricht kann nur *exemplarischer* Unterricht sein; er will die Poten-

tiale der kindlichen Phantasien nutzen, um ihre «eigenen Versagungs-
erlebnisse und Leidenserfahrungen an ihr positives Gegenteil» zu binden und damit «im Alltag ein Stück lebensgeschichtlicher Utopie» freizusetzen: den Tagtraum besserer Verhältnisse (ZIEHE 1975/1976, S. 135;
vgl. auch NEGT 1983, S. 292).

Mit diesem didaktischen Konzept versucht die Glocksee-Schule den
Schwerpunkt auf das *soziale Lernen* (→ Lernen, soziales) zu legen und
die Trennung der Verhaltens- und Beziehungskonflikte der Kinder auf
der einen, des kognitiven Lernens auf der anderen Seite soweit als möglich zu verringern. Durch das gemeinsame Leben und Lernen von Schülern und Lehrern sollen an dieser Schule Kooperation und Solidarität an
die Stelle von Konfrontation, individuelle Entwicklung und Integration
an die Stelle von Selektion treten. Der traditionelle Frontalunterricht
der Regelschule wird abgelöst durch den Versuch, Lernanlässe in gemeinsamer Überlegung, Absprache und Verantwortung von Lehrern
und Kindern zu schaffen. Die Teilnahme der Schüler an der Projektpla-
nung gibt dem Lehrer größere Möglichkeiten, Aufschluß über die jeweiligen Bedürfnisse, Hoffnungen, Ängste und Konflikte der Kinder zu erhalten. Trauer, Leiden und Aggressivität, Glück, Zufriedenheit und
Übermut werden nicht als Behinderung für das geplante Lernvorhaben
gewertet, vielmehr wird die Fähigkeit, diese Gefühle zu artikulieren,
sich darüber auszusprechen oder begründet zu schweigen, als wichtige
Lernvoraussetzung integriert. Weil es das erklärte Ziel ist, von den Kindern selbst erarbeitete Auseinandersetzungsformen möglich zu machen,
kommt der Bearbeitung von Selbstwertproblemen an dieser Schule ein
zentraler Stellenwert zu: Die Fähigkeit, auch mit diffuser Aggressivität
umzugehen, eigene Allmachtsphantasien als Reaktion auf erlittene
Kränkungen zu verstehen und dies anderen gegenüber zuzugeben, bedeutet für viele kleinere Kinder, daß sie Niederlagen eingestehen und
Unterlegenheitserfahrungen bewältigen müssen, die dann oft genug
neue Aggressionspotentiale wecken. Allerdings sehen die Lehrer der
Glocksee-Schule in der Dichte der Kommunikationsbeziehungen der
Schüler untereinander ein Korrektiv, das eine Intervention der Erwachsenen häufig erübrigt – und dies um so eher, je stärker die für die Glocksee-Pädagogik zentrale Idee der Selbstregulierung als eines kollektiven
dialektischen Prozesses im Schulalltag verwirklicht worden ist.

Das Selbstregulierungskonzept. «Selbstregulierung», dieser Grundsatz
aller freien Alternativschulen, dieses Zauberwort, das den Glauben an
das Gelingen kollektiver sozialer Lernprozesse ohne steuernde Eingriffe
von «oben» auf den Begriff bringt, durchzieht als roter Faden auch die
Glocksee-Pädagogik. Die Kinder selbst sollen tun und lassen können,
was sie wollen, also die Lernangebote der Schule wahrnehmen oder

50 Alternativschule

auch nicht – «was sie aber tun, ist in der Regel alles andere als willkürlich und zufällig» (NEGT 1983, S. 97): Sie beginnen – zaghaft oder mutig, erfolgreich oder mit Mißgeschick, raffiniert oder naiv – ihren eigenen Lernprozeß zu organisieren.

In dem Prozeß der Selbstregulation des Lernens verschränken sich zwei Perspektiven, die individuell-biographische und die kollektiv-soziale (vgl. BOTH/ILIEN 1982, S. 22). «Gelungene Selbstregulierung – dies ist nicht Freilassung, sondern kooperativer Prozeß – übt eine selbsttätige zersetzende Kraft aus auf starre Leitungsnetze. In dieser Hinsicht sind selbstregulierende Prozesse die lebendige Kritik an Anpassung und Kommandogewalt» (NEGT 1983, S. 105). Selbstregulierung der Kinder stellt eine spezifisch andere Ordnung als die der Erwachsenen her. Die intensive Beobachtung dieser inhaltlichen Ordnung der Kinder läßt die tiefer liegenden Strukturen erkennen, von denen über Beziehungsarbeit im pädagogischen Raum der Weg zu sozialen und kognitiven Lernprozessen frei wird. Selbstregulierung *als Prozeß* dient der Einfädelung der individuellen Lebensgeschichte und Lernbiographie in den kollektiven Lernprozeß der Schule. Selbstregulierung *als didaktisches Prinzip* fordert auf verschiedenen Ebenen theoretischer Reflexion und unterrichtspraktischer Gestaltung unterschiedliche Klärungen und Maßnahmen:

– auf der Ebene bildungs- und lerntheoretischer Reflexion die Überwindung mechanistischer, kausal orientierter Denkweisen und die Schaffung *ganzheitlicher, organischer Lern- und Denkkulturen,* die ein → Denken in Vorgängen und Beziehungen, ein «Systemschaudenken» (vgl. CAPRA 1983), ermöglichen; die hier erforderliche Neubestimmung von «Wissen» und «Bildung» zeichnet sich nur erst in Umrissen ab, wird aber trotz ihrer Diffusität für die Alternativschuldiskussion zunehmend wichtiger (vgl. v. HENTIG 1984a, POSTMAN 1983);

– auf der Ebene der *Lernorganisation* die Auflösung des starren Fächerkanons in vielfältige, freiwillige und projektförmige Lernangebote;

– auf der Ebene der *Leistungsdefinition* ein Gleichgewicht in der Bewertung von kognitiven, sozialen, emotionalen und handwerklichen Lernleistungen; die Definition des Leistungsbegriffs muß vom Kinde aus und nicht von gesellschaftlichen Erwartungen und Produktionszwängen her vorgenommen werden; denn es geht in der Alternativschulpädagogik um ein auf «Lebensfähigkeit gerichtetes Lernen» (NEGT 1983, S. 199), das Heilung gestörter Beziehung ermöglicht, Zuversicht schafft, Umgang mit bedrohter → Identität will, Arbeiten und Lernen mit Sinn bietet (vgl. v. HENTIG 1984a) und in dem sich ökologische Kompetenz als pfleglicher Umgang mit der Natur, sich selbst, seinem Körper und anderen Menschen ausprägen kann;

– auf der Ebene der *Beurteilung von Lernleistungen* um den Verzicht auf den Mißbrauch der Beurteilungen für Selektionszwecke und die Ent-

Alternativschule 51

wicklung selbstgesteuerter Formen der kriterienorientierten Beurteilung kollektiver Erfahrungsprozesse – eine pädagogische Aufgabe, die
allerdings durch die Weiterführung der Glocksee-Schule bis zum
10. Jahrgang und durch die damit verbundene Verpflichtung zum Erteilen eines Abschluß- oder Abgangszeugnisses nahezu unlösbar geworden ist;

– schließlich geht es auf der Ebene der *Beziehungsarbeit* um die Bildung
und Stabilisierung vielfältiger informeller Gruppen, die sich über gemeinsame Interessen und gegenseitige Zuneigung definieren und in
denen die Kinder das spannungsreiche Verhältnis von Konformitätsdruck der Gruppe und Individuierungsinteresse des einzelnen ausleben können.

So erfinden denn Alternativschulen nichts Neues, «sondern machen
nur bewußt, was ohnehin abläuft, und ziehen pädagogische Konsequenzen aus gesellschaftlichen Tatbeständen, die in der Regelschule im allgemeinen verdrängt und aus der Schule ausgegrenzt werden» (NEGT 1983,
S. 66).

Kritik und Fragen zur Alternativschulpädagogik. Die wenigen freien Alternativschulen der Bundesrepublik sind zum Gegenstand heftiger und
kontroverser bildungspolitischer und akademischer Debatten geworden.
Dennoch ist eine systematische Zusammenfassung der Kritik beim gegenwärtigen Diskussionsstand schwierig. Die Spannbreite der Kritik
entfaltet sich zwischen dem optimistischen Urteil, daß es «keine Alternative zur Alternativschule» gebe (NEGT 1982, S. 114), und dem radikalen Verriß, daß die Alternativschulszene ohne politische Perspektive sei
und obendrein, historisch gesehen, die falsche Alternative gewählt habe
(vgl. RANG/RANG-DUDZIK 1978). Die wenigen ausformulierten Positionen der Kritik des Alternativschulgeschehens konzentrieren sich auf den
Versuch,

– die verschütteten historischen Traditionen pädagogischer Alternativen aufzuarbeiten (vgl. BECK/BOEHNCKE 1982, S. 165 ff);

– den Nachweis zu führen, daß die «Gegenschulbewegung» zwischen gesellschaftlichem Fatalismus und individualistischer Anarchie schwanke,
bloße Reaktion auf einen «neuerlichen Vergesellschaftungsschub» sei
und eine «irrationale Variante» alter bürgerlicher Träume von Selbstbestimmung und Bedürfnisorientierung im Spätkapitalismus darstelle
(vgl. RÜCKRIEM 1978, S. 62 ff);

– die Vorwürfe einer «Schonraumpädagogik», der Mittelschichtspezifi-
tät des pädagogischen Konzepts und der Nichtübertragbarkeit auf die
Regelschule zu entschärfen (vgl. BORCHERT/DERICHS-KUNSTMANN
1979, S. 135 ff);

– das Problem der mangelnden →Evaluation alternativer Schulversuche zu erörtern, die unzureichende Selbstanalyse der an den Versuchen Beteiligten zu kritisieren, den pädagogischen Optimismus vieler seiner Verfechter zu bewerten und die gesamtgesellschaftliche Bedeutung von Erfolgen und Mißerfolgen einschließlich der Konsequenzen für die etablierte Pädagogik zu erörtern (vgl. RAMSEGER 1975, S. 117ff);

- die kritische Argumentation der «linken» Theoretiker der Alternativschulszene von Auernheimer bis Rang vorzustellen (vgl. GRODDECK/ SCHULTZE 1983, S. 338ff) und schließlich
- diese und andere linke Kritik nun ihrerseits als unhistorisch zu entlarven (vgl. DRECHSEL u. a. 1980, S. 41ff).

Dahinein mischt sich zunehmend verstärkt, aber noch immer der wissenschaftlichen Öffentlichkeit weitgehend entzogen, die *Selbstkritik der Alternativschulszene,* die das Dilemma, zwischen Anspruch und Wirklichkeit zerschlissen zu werden, zunehmend bewußt erlebt.

Die systematische Verführung zu konzeptionellen Zuspitzungen liegt zwar in der Sache alternativer Projekte, führt aber leicht zu ungeschichtlich gedachten und (weitgehend) überflüssigen Frontbildungen. Die Versuche, Schule anders zu machen, produzieren zwangsläufig auch andere Defizite als diejenigen, die als Problemfragen im Regelschulwesen formuliert worden sind. Die Tendenz der Alternativschulszene, sich vom akademischen Diskussionsstrang abzuschotten, stellt eine starke Gefährdung der Alternativschulen selbst dar, weil sowohl eine «Selbstschau-Idylle» als auch zerstörerische Selbstkritik keine begründete und tragfähige Perspektive für die Weiterentwicklung der Alternativschulen zu liefern vermögen. Da es bis heute – und dies zum Teil aus überzeugenden Gründen – keine wissenschaftliche Evaluation alternativer Schulen gibt, müssen ihre Erfolge und Mißerfolge provisorisch über subjektive Einschätzungen und Erfahrungsberichte ermittelt werden. Aber die bloße Addition mehrerer subjektiver Werturteile gerät schnell an die Grenzen der Glaubwürdigkeit, da jeder individuellen subjektiven Erfahrung eine andere gegenübergestellt werden kann. Das Fehlen interpretationsfähiger empirischer Daten, das Fehlen einer «Tradition» der theoretischen und praktischen Kritik und das Fehlen einer entwickelten Theorie der Alternativschule machen die eigentlich erforderliche systematische Kritik sehr schwierig. Im folgenden soll deshalb eine *Beschränkung auf das Formulieren von Fragen* (anstelle des Gebens von Antworten) vorgenommen werden. Diese Fragen konzentrieren sich auf das für die Alternativschulpädagogik zentrale Konzept der *Selbstregulierung*, auf die Probleme der Entwicklung einer alternativschulspezifischen *Didaktik* sowie auf die Frage nach der *Funktionalität* oder *Dysfunktionalität* der Alternativschule für die Gesellschaft:

Es ist zu fragen, ob sich im *Selbstregulierungskonzept* letztlich eine sentimentale, unreflektierte «Kinderbefreiungsmentalität» niederschlägt: Wovon, warum und wofür «befreit» die Nichteinmischungsideologie die Kinder und die Lehrer? Handelt es sich nicht eher um ein mißglücktes theoretisches Konstrukt zur Auflösung des Widerspruchs von Moral und Macht im Erziehungsprozeß? So als wäre das Nichthandeln am Kinde nicht auch →Handeln am Kinde? Ist umgekehrt die überspitzte und undialektische Interpretation der konventionellen Erwachsenen-Kind-Beziehung als eines «Herrschaftsverhältnisses», das es ersatzlos aufzuheben gelte, nicht ebenfalls ein überzogen falsches Konstrukt, das zu falschen Frontstellungen im Erziehungsprozeß führt? Führt der durch das Selbstregulierungskonzept nahegelegte Abbau professionellen Lehrerverhaltens, der gerade in Konfliktsituationen die Erwachsenen- und Lehrerposition «einnebelt», zu Orientierungsverlusten der Kinder und zur Einengung der Beobachtungsmöglichkeiten für Lehrer?

Es ist zu fragen, welche selbstverschuldeten Defizite die *Alternativschuldidaktik* hervorruft. Erzeugt die Angst, Anweisungen an Kinder zu geben und Eingriffe vorzunehmen, die Angst davor, Kindern Unterrichtsthemen «aufzuherrschen», eine didaktische Regression und Angebotslähmung? Macht sie pädagogisch hilflos? Entspricht der Dramaturgie einer «Moral des Nicht-Eingriffs» das Alleingelassensein der Kinder im Schulalltag? Konfligiert das Prinzip der Freiwilligkeit in der Wahrnehmung von Lernangeboten mit der Notwendigkeit von Kontinuität in Lernprozessen? Gerät eine «Didaktik der Beliebigkeit» in pädagogisch unverantwortbare und letztlich sinnlose Widersprüche zu den historisch entfalteten und gesellschaftlich umkämpften, dennoch lernrelevanten «structures of the disciplines» (vgl. BRUNER 1970)? Besteht die Gefahr, daß die berechtigten und notwendigen Versuche der Stärkung und Wiedergewinnung von →Subjektivität, Kreativität und →Spontaneität der Kinder in eine bloße «Betroffenheitspädagogik» umschlagen, in der Exzentrik gegen Konzentration, Chaos gegen Organisation, Unordnung als Konzept des Lassens gegen Ordnung in willkürlicher Parteinahme gegeneinander ausgespielt werden und damit nicht nur einem «unhistorischen Subjektivismus» (RANG/RANG-DUDZIK 1978, S. 7) verfallen, sondern auch die «Logik von pädagogischen Arbeitsprozessen» aufheben und den Anschluß an gesellschaftlich-historische Entwicklungsprozesse der Pädagogik verlieren oder die Partizipation an diesen diskreditieren?

Auf die Ebene der Diskussion um *Funktionalität* und *Dysfunktionalität* alternativer Schulen gehoben, stellt sich die Frage, die ja auch viele Eltern von Alternativschulkindern bewegt, was aus den Kindern wird, die in den Lebens- und Lernkulturen der Alternativschulszene aufgewachsen sind, wenn sie aus den «pädagogischen Nischen» in die von spätkapitalistischen Krisenerscheinungen geprägte Gesellschaft entlas-

54 Alternativschule

sen werden. Oder anders gewendet: Sind eventuell nicht die Alternativschulen, sondern die Staatsaufsichtsschulen in einer bisher kaum reflektierten Qualität dysfunktional, weil sie auf die Strukturkrisen der Gesellschaft, der die Arbeit ausgeht und deren Wachstumsideologie brüchig
geworden ist, keine Antwort zu geben vermögen? Sind Alternativschulen, die ja zugleich immer ein Plädoyer für die Suche nach alternativen
Lebens- und Produktionsformen sind, die utopischen Inseln für die Zukunft oder sind sie schlicht Auffangbecken und Spielwiese für pädagogische Desperados?

Uneingelöste pädagogische Visionen, unbeantwortete Fragen, staats-
aufsichtlich oktroyierte Legitimationszwänge und die teils selbstgewählte,
teils zugeschriebene Funktion des pädagogischen Hoffnungsträgers sind
eine Last, an der die Alternativschulen schwer zu tragen haben. Aber trotz
aller Fragen und über alle Kritik hinaus sind Alternativschulen ein unverzichtbares Plädoyer für Schulvielfalt und damit eine Herausforderung für
Pädagogik und Politik.

AHRBECK, R.: Morus – Campanella – Bacon. Frühe Utopisten, Köln 1977. ARBEITSGE-
MEINSCHAFT FREIE SCHULEN/DIE GRÜNEN (Hg.): Zukunftsorientierte Bildungspoli-
tik. Dokumentation des 2. Regensburger Kongresses vom 17.-19. 6. 1983, Regensburg
1983. AUERNHEIMER, G./HEINEMANN, K.-H. (Hg.): Alternativen für die Schule, Köln
1980. BECK, J.: Sind Alternativen elitär? In: päd. extra (1980), 6, S. 33ff. BECK, J./
BOEHNCKE, H. (Hg.): Jahrbuch für Lehrer 7, Selbstkritik der pädagogischen Linken,
Reinbek 1982. BERNFELD, S.: Sisyphos oder die Grenzen der Erziehung, Leipzig 1925.
BLANKERTZ, ST.: Tolstojs Beitrag zur Theorie und Praxis anarchistischer Pädagogik.
In: Tolstoj, L. N.: Die Schule von Jasnaja Poljana, Wetzlar 1976, S. IIIff. BORCHERT,
M./DERICHS-KUNSTMANN, K. (Hg.): Schulen die ganz anders sind, Frankfurt/M. 1979.
BOTH, B./ILIEN, A.: 10 Jahre Glocksee: Nachrichten von einem anderen Schultag. In:
päd. extra (1982), 10, S. 20ff. BRINKMANN, G. u. a. (Hg.): Theorie der Schule. Schul-
modelle 2: Gesamtschulen und Alternativschulen, Königstein 1980. BRUNER, J. S.: Der
Prozeß der Erziehung, Berlin/Düsseldorf 1970. CAPRA, F.: Wendezeit. Bausteine für
ein neues Weltbild, Bern/München/Wien 1983. DAUBER, H.: Schulkritik, Fernuniver-
sität Hagen, Hagen 1981. DENNISON, G.: The Lives of Children, New York 1969a.
DENNISON, G.: Lernen und Freiheit. Aus der Praxis der First Street School, Frankfurt/
M. 1969b. DICK, L. VAN: Alternativschulen, Reinbek 1979, DIE GRÜNEN (Hg.): 1.
Niedersächsischer Bildungskongreß, Dokumentation, Hannover 1984. DRECHSEL, R.
u. a.: Alternative Schulen – nichts für Linke? In: Ästh. u. Komm. 10 (1980), 39,
S. 41ff. FEND, H.: Theorie der Schule, München/Wien/Baltimore 1980. FEYERABEND,
P.: Irrationalität oder: Wer hat Angst vor'm schwarzen Mann? In: Duerr, H.-P. (Hg.):
Der Wissenschaftler und das Irrationale, Bd. 2, Frankfurt/M. 1981, S. 37ff. FREIE
SCHULE BOCHUM (Hg.): Alternativschulpraxis. Mit Kindern lernen, Bochum 1983.
FREINET, C.: Die moderne französische Schule, Paderborn 1965. FREINET, C.: Pädago-
gische Texte mit Beispielen aus der praktischen Arbeit nach Freinet, hg. v. H.
Boehncke u. Ch. Henning, Reinbek 1980. GEBAUER, K./MOHR, U. (Hg.): Alternativen
in der Regelschule, Dortmund 1984. GLOCKSEE-SCHULE (Hg.): Berichte, Analysen,
Materialien, Hannover 1981. GOLDSCHMIDT, D./ROEDER, P. M. (Hg.): Alternative
Schulen? Gestaltung und Funktion nichtstaatlicher Schulen im Rahmen öffentlicher

Bildungssysteme, Stuttgart 1979. GOODMAN, P.: Aufwachsen im Widerspruch (1956), Darmstadt [2]1974. GRAUBARD, A.: Free the Children, Radical Reform and the Free School Movement, New York 1974. GRODDECK, N./SCHULTZE. H.: Entschulungsdiskussion und Alternativschulen. In: Enzyklopädie Erziehungswissenschaft, Bd. 8, Stuttgart 1983, S. 319ff. HAGE, K. u.a.: Das Methodenrepertoire von Lehrern, Opladen 1985. HENTIG, H. V.: Schule als Erfahrungsraum? Eine Übung im Konkretisieren einer pädagogischen Idee, Stuttgart 1973. HENTIG, H. V.: Was ist eine humane Schule? München 1976. HENTIG, H. V.: Aufwachsen in Vernunft. Kommentare zur Dialektik der Bildungsreform, Stuttgart 1981. HENTIG, H. V.: Die Sachen klären – die Menschen stärken. Rede anläßlich der Feiern zum 10jährigen Bestehen der Laborschule Bielefeld, Mimeo, Bielefeld 1984a. HENTIG, H. V.: Das allmähliche Verschwinden der Wirklichkeit, München/Wien 1984b. HOLLSTEIN, W./PENTH, B.: Alternativprojekte, Reinbek 1980. HOLT, J.: How Children Learn, New York 1970. HUBER, J.: Wer soll das alles ändern? Die Alternativen der Alternativbewegung, Berlin 1981. ILLICH, I.: Entschulung der Gesellschaft, München 1972. KROVOZA, A./NEGT, I.: Selbstregulierung und Lernmotivation. In: Ästh. u. Komm. 6/7 (1975/1976), 22/23, S. 66ff. KURZ, G.: Alternativ leben? Zur Theorie und Praxis der Gegenkultur, Berlin 1979. LAUN, R.: Freinet – 50 Jahre danach, Heidelberg 1982. LENZEN, K.-D.: Kinderkultur – die sanfte Anpassung, Frankfurt/M. 1978. MANZKE, E. (Red.): Glocksee-Schule. Berichte, Analysen, Materialien, Berlin 1981. MEHR, M. T. (Hg.): Drachen mit tausend Köpfen. Spaziergänge durch linkes und alternatives Milieu, Darmstadt 1982. MEYER, H. L./ THOMA, G.: Schulversuch. In: Wulf, Ch. (Hg.): Wörterbuch der Erziehung, München/ Zürich 1974, S. 509ff. MÖBIUS, E.: Bemposta und die Muchachos. Die Kinderrepublik, Reinbek 1973. NEGT, O.: Schule als Erfahrungsprozeß. In: Ästh. u. Komm. 6/7 (1975/1976), 22/23, S. 36ff. NEGT, O.: Die Alternativpädagogik ist ohne Alternative. In: Beck, J./Boehncke, H. (Hg.): Jahrbuch für Lehrer 7, Reinbek 1982, S. 114ff. NEGT, O.: Alternative Schulen in der Diskussion, Fernuniversität Hagen, Hagen 1983. NEGT, O.: Strukturkrise und Pädagogik. In: Westerm. P. Beitr. 36 (1984), S. 214ff (1984a). NEGT, O.: Lebendige Arbeit – Enteignete Zeit, Frankfurt/M. 1984b. NEILL, A. S.: Erziehung in Summerhill, München 1965. NETZWERK SELBSTHILFE (Hg.): Ein Jahr Netzwerk Selbsthilfe. Dokumentation der Gründung und Entwicklung eines Fonds für politische und alternative Projekte, Berlin 1979. PETERS, J. (Hg.): Die Geschichte alternativer Projekte von 1800–1975, Berlin 1980. POSTMAN, N.: Das Verschwinden der Kindheit, Frankfurt/M. 1983. RAMSEGER, J.: Gegenschulen. Radikale Reformschulen in der Praxis, Bad Heilbrunn 1975. RANG, A./RANG-DUDZIK, B.: Elemente einer historischen Kritik der gegenwärtigen Reformpädagogik. Die Alternativlosigkeit der westdeutschen Alternativschulkonzepte. In: Gottschalk, H. u.a. (Hg.): Reformpädagogik und Berufspädagogik. Argument Sonderbände AS 21, Berlin 1978, S. 6ff. REICH, W.: Der Einbruch der bürgerlichen Zwangsmoral. Zur Geschichte der sexuellen Ökonomie, Köln 1972. RÜCKRIEM, G.: Sieben Thesen über organisierte Willkür und willkürliche Organisation. Zur Kritik der Gegenschulbewegung. In: Gottschalk, H. u.a. (Hg.): Reformpädagogik und Berufspädagogik. Argument Sonderbände AS 21, Berlin 1978, S. 62ff. RÜCKRIEM, G.: Alternative Schulen im Widerspruch von Emanzipation und Qualifikation. In: Auernheimer, G./Heinemann, K.-H. (Hg.): Alternativen für die Schule, Köln 1980, S. 45ff. RUMPF, H.: Die übergangene Sinnlichkeit, München 1981. SCHELLER, I.: Erfahrungsbezogener Unterricht, Königstein 1981. SCHULVERSUCH GLOCKSEE. Ästh. u. Komm., Heft 22/23, Berlin [3]1979. SCHULZE, TH.: Schule im Widerspruch, München 1980. SILBERMAN, CH.: Crisis in the Classroom, New York 1970. TILLMANN, K.-I.: Schulversuche in Vergangenheit und Gegenwart. Zur Funktion von Schulversuchen, Fernuniversität Hagen, Hagen 1978. TOLSTOJ, L. N.: Die Schule von Jasnaja Poljana, Wetzlar [2]1980. WENKE, K.-E./ZILLESSEN, H.

56 Angst

(Hg.): Neuer Lebensstil, verzichten oder verändern? Auf der Suche nach Alternativen für eine menschlichere Gesellschaft, München 1978. WINKEL, R.: Alternative Schulen – Ausweg aus der Schulmisere. In: Auernheimer, G./Heinemann, K.-H. (Hg.): Alternativen für die Schule, Köln 1980, S. 29ff. WINKLER, M.: Stichworte zur Antipädagogik. Elemente einer historisch-systematischen Kritik, Stuttgart 1982. ZIEHE, TH.: Subjektive Bedeutung und Erfahrungsbezug. In: Ästh. u. Komm. 6/7 (1975/1976), 22/23, S. 132ff.

Heinz-Jörg Oehlschläger

Ambiguitätstoleranz → Friedenserziehung; → Identität;
 → Interaktionismus, Symbolischer; → Rolle
Aneignungstheorie → Sozialisation
Anforderungsniveau → Anspruchsniveau
Anforderungsprinzip → Leistung

Angst

Begriff. «Angst» – so heißt es im Deutschen Wörterbuch von J. und W. GRIMM (1854, Spalte 358) – «ist nicht blosz mutlosigkeit, sondern quälende sorge, zweifelnder, beengender zustand überhaupt». Mit dieser Begriffsbestimmung sind bereits drei wesentliche Sachverhalte angesprochen: erstens die subjektive Gefühlsqualität (quälende Sorge), zweitens der objektive Sachverhalt (beengender Zustand) und drittens die daraus resultierende Folge (mehr als Mutlosigkeit). Auch die etymologische Forschung hat auf diese Tatbestände immer wieder hingewiesen, auf eben jenes Gefühl des Eingezwängtseins aufgrund eines bedrohlichen Zustandes sowie auf jene Reaktion des kollabierenden Selbstvertrauens. Sogar die physiologischen Begleiterscheinungen der Angst finden ihre semantischen Korrelate in Vorstellungen vom Erwürgen, Erdrosseln und dem Die-Kehle-Zuschnüren. All diese Verknüpfungen sind bei dem der Angst am nächsten stehenden Begriff, der Furcht, nicht möglich, obgleich er umgangssprachlich häufig synonym mit dem der Angst benutzt wird, was sich aber ebenso wenig halten läßt wie seine eindeutige Abgrenzung – etwa der Art, daß Angst als gegenstandsloses, ungebundenes Gefühl und die Furcht als ausschließlich gegenstandsgerichtet definiert wird. Diese Unterscheidung ist weder umgangssprachlich möglich («Schüler haben Angst vor... einer Klassenarbeit») noch wissenschaftlich üblich.

Problemgeschichte. Da die Angst vermutlich ein ubiquitäres Phänomen ist, läßt sich ihre Geschichte bis in die frühesten der überlieferten Dokumente literarischen, künstlerischen, religiösen und wissenschaftlichen

Schaffens zurückverfolgen. Ob im Gilgameš-Epos (ab 2000 v. Chr.) oder in der Thora (um 1000 v. Chr.), ob in der Ilias (um 800 v. Chr.) oder in den magisch-symbolischen Höhlenmalereien beziehungsweise Felsbildern (der nacheiszeitlichen Epoche), Angst scheint zu den Konstanten des Menschseins zu gehören und den Menschen als Menschen mit zu konstituieren. Deshalb thematisiert bereits die antike Philosophie – etwa bei Platon und Aristoteles – die Angst, jedoch überwiegend objektorientiert. Der antike Mensch hat Angst vor bestimmten Dingen, Tieren, Göttern, Situationen oder Schicksalen, jedoch keine allgemeine Weltangst; ihn schüttelt (noch) keine kosmologische Verzweiflung. Erst mit dem Aufkommen der christlichen Religion und einer ihr dienenden Philosophie tritt die Weltangst unter die Menschen, denen die Sünde, die Angst vor Strafe und Buße, die Sehnsucht nach Vergebung und Erlösung zu schaffen machen. Dabei bleibt die christliche Chiffre ambivalent: «In der Welt habt ihr Angst; aber seid getrost, ich habe die Welt überwunden» (Joh. 16,33).

Mit Beginn des neuzeitlichen Denkens wird der christliche Mythos zugunsten eines Vertrauens in die Vernunft zurückgedrängt, ohne letztlich überwunden zu werden. Bereits Schelling artikuliert die moderne Mentalität: Neben dem Rationalen steht das Faszinosum, in die Vernunft ist das Schreckliche gedrungen, Ordnung und Chaos sind dialektisch aufeinander bezogen. Die Freiheit (dieser Zwang zur Freiheit), sich entscheiden zu müssen, ruft Angst hervor, was Kierkegaard zum durchgängigen Thema seiner Existenzphilosophie gemacht hat. Auch HEIDEGGER (1967, S. 142) bleibt in dieser Tradition, wenn er darauf beharrt, «daß das Dasein als In-der-Welt-sein ‹furchtsam› ist», ja wenn er die Angst «als eine ausgezeichnete Erschlossenheit des Daseins» (HEIDEGGER 1967, S. 184) definiert und ihr damit eine fundamental-ontologische Bedeutung zuspricht.

Die über 4000 Jahre zurückzuverfolgende Problemgeschichte der Angst ist von vier Merkmalen gekennzeichnet: Im philosophischen Kontext wird die Angst häufig zu den *Anthropina* des Menschen gezählt und als *die* Grundbefindlichkeit des zum →Bewußtsein gelangten Daseins interpretiert. Demgegenüber ist sie unter klinischen und psychopathologischen Aspekten ein wesentlicher Index für psychische Krankheiten und trotz der fließenden Übergänge zur «gesunden» Realangst ein Kriterium «kranker» Verhaltensweisen. Die empirisch-statistische Forschungsrichtung bevorzugt anstelle von qualitativen eher quantitative Verfahren, neigt von daher zu einer die Angst normalisierenden Sicht und betreibt vornehmlich Wirkungsforschung. So gesehen knüpft die Problemgeschichte der Angst heutzutage wieder an die ursprüngliche Einbettung in den Gesamtzusammenhang des Lebens an: Wer die «Grundformen der Angst» (RIEMANN 1987) studieren will,

58   Angst

wird auch und gerade an die Künste und Künstler verwiesen. Malerei und Musik, Literatur und Filmkunst, Tanz und Poesie sind nicht Ersatz, wohl aber notwendige Ergänzungen zu der wissenschaftlichen und das heißt immer auch einzelne Faktoren isolierenden Erforschung der Angst.

Angst als empirisches Phänomen. Ein großer Teil der in den Universitäten betriebenen Angstforschung folgt dem empirisch-statistischen Paradigma, sicherlich auch deshalb, weil die damit verbundenen Forschungsmethoden und -materialien in den Hochschulen eher zu handhaben sind als in den Kliniken. Von daher interessieren vor allem Fragen nach der Angst und ihren Effekten sowie Probleme im Umfeld benachbarter Phänomene: *Angst und ihre Beziehung zur – Motivation, Leistung, Kognition... Angst und ihre Wirkungen auf – das Lernen, Lehren, Fühlen...* Oder die Umfeldfragen nach der *Frustration* und der Angst, dem *(Miß-) Erfolg* und der Angst... Und schließlich geht es dieser Angstforschung um epidemiologische sowie differential-diagnostische Fragen, indem sie beispielsweise die Verbreitung der Angst in bestimmten Regionen oder Bevölkerungsgruppen beziehungsweise die Art oder Schwere der Angst unter bestimmten Determinanten untersucht (etwa geschlechtsspezifischen: vgl. SARASON u. a. 1971).

Gegenüber der hermeneutischen *Erkundung* der Angst zeigt sich die empirische *Erforschung* des Phänomens der Angst von Anfang an skeptisch und in zwei Richtungen verlaufend: entlang eines empirisch-*klinischen* und eines empirisch-*statistischen* Paradigmas. Als Initiator, Begründer und Promotor der Erforschung (und Therapie) menschlicher Ängste unter Gesichtspunkten ihrer pathogenen Ursachen gilt Sigmund Freud, der bereits 1895 erste Studien über «Angstneurosen» vorlegte (vgl. FREUD 1971, S. 25ff), sie darin (noch) als traumatisch wirkende Folgen des Geburtsvorganges und eine Wiederholung des damit verbundenen Gefühls der Enge (lat. *angustus* = eng) und der Hilflosigkeit ansah und später die Angst zum Schlüsselbegriff seiner Neurosenlehre erklärte: Die unter Konflikten leidende, in Widersprüche zwischen Es, Über-Ich und Ich zerrissene Persönlichkeit reagiert mit Angst, die FREUD (vgl. 1969a, S. 381) bereits 1916 als Realangst und neurotische Angst kennzeichnete: Die zuerst genannte «ist eine Reaktion auf die Wahrnehmung einer äußeren Gefahr, d. h. einer erwarteten, vorhergesehenen Schädigung, sie ist mit dem Fluchtreflex verbunden, und man darf sie als Äußerung des Selbsterhaltungstriebes ansehen.» Demgegenüber definierte er die neurotische Angst als Fluchtversuch, den das Ich «vor dem Anspruch seiner Libido unternimmt» (FREUD 1969a, S. 391) und betonte in der 32. Vorlesung von 1932, «daß die Angst die Verdrängung macht, nicht, wie wir meinten, umgekehrt, und daß eine gefürch-

Angst   59

tete Triebsituation im Grunde auf eine äußere Gefahrensituation zurückgeht» (FREUD 1969 b, S. 524). Angst, so die Psychoanalyse, als «rationelle», «begreifliche» und «zweckmäßige» Reaktion auf eine äußere Gefahr warnt, hilft und mobilisiert; Angst als Flucht vor den überwältigenden Triebdynamiken, ja als «Überführung der Libido in Angst» (FREUD 1969 a, S. 396) hingegen schwächt, schädigt und neurotisiert das Verhalten des Menschen – bis hin zu psychotischen Reaktionen.

Angst und Erziehung. Dieser Problemgeschichte hat sich auch die Erziehungswissenschaft nicht zu entziehen vermocht und der Angst Aufmerksamkeit in ganz unterschiedlichen Weisen gewidmet. Neben plakativen Forderungen, wie «angstfrei lernen, selbstbewußt handeln» (vgl. LINDENBERG 1975), stehen strenge Korrelationsuntersuchungen zwischen «Angst und Leistung» (vgl. GÄRTNER-HARNACH 1973).

Insgesamt lassen sich drei Bedeutungsebenen unterscheiden: *Erstens* wird reformpädagogisch und bildungspolitisch immer wieder die *angstfreie Schule* gefordert: Diese Postulate reichen von der äußeren Schulreform (etwa «Gesamtschule ohne Leistungsdruck») bis hin zu inneren Schulreformen (zum Beispiel: «Abschaffung der Zensuren in der Grundschule»). Gemeinsam ist diesen Reformvorhaben der Versuch, Lernen und Angst voneinander abzukoppeln.

In diese Diskussionszusammenhänge ragt eine *zweite* Bedeutungsebene: Unter einem pathologisierenden Blick werden vor allem die *krankmachenden Wirkungen* der Angst auf Kinder und Jugendliche gesehen und entsprechende Veränderungen gefordert. Sie reichen von der «Aktion Humane Schule» über antipädagogische «Freundschaft mit Kindern» und jugendsoziologische Erhebungen im Stile der «Shell-Studie» (vgl. JUGEND... 1982) bis hin zu Tiefeninterviews zur Problematik verbliebener Kindlichkeit, in denen «Die Angst des Lehrers vor seinem Schüler» (BRÜCK 1978) thematisiert wird und in denen vor dem Hintergrund erlittener Gewalt, Enttäuschung, Trennung und Verletzung die Einsicht wächst, die bereits Epikur um 300 v. Chr. formuliert hat: «Wer Angst verbreitet, ist selbst nicht ohne Angst.»

Teilweise diese Erkundigungsbemühungen aufnehmend und fortführend ist eine *dritte* Bedeutungsebene zu erkennen: Die Erziehungswissenschaft benötigt exakte Angaben über Ursachen, Entstehungsbedingungen, Erscheinungsformen, Wirkungen sowie über Reduktionsmöglichkeiten der Angst, die verallgemeinerungsfähig und gegebenenfalls – wie Max Weber sagte – «intersubjektiv transmissibel» sind. Solche Daten werden im Rahmen qualitativer und quantitativer Forschungen erhoben und können ebenso Fallstudien einbeziehen (vgl. WINKEL 1980 a) wie geeignete Testverfahren entwickeln (vgl. THURNER / TEWES 1972).

Angsttheorien. Aus der Fülle relevanter Forschungsergebnisse zur Angstproblematik sollen drei präsentiert werden, die zugleich exemplarisch für verschiedene Forschungsrichtungen stehen.

Erstens: SCHELL (vgl. 1972) hat insgesamt 342 Schüler des 6. Schuljahres einer Hauptschule auf deren Angstausprägung sowie Intelligenzniveau und Schulleistung hin untersucht, indem er vorbereitende Tests, eine Lernphase von vier Unterrichtseinheiten im Rechnen sowie einen Abschlußtest durchführen ließ. Dabei sind unter anderem folgende Ergebnisse statistisch signifikant:

– Hohe Ängstlichkeit korreliert zwar nur gering mit einer Senkung des IQ, hoch aber mit einer Verschiebung der Intelligenzstruktur insofern, als durch Angst die reine Denkfähigkeit stärker in Mitleidenschaft gezogen wird als die Stützfaktoren der →Intelligenz.
– Eindeutig sind die leistungshemmenden Auswirkungen der Angst auf die Lernleistung.
– Der intelligenz- und leistungshemmende Einfluß der Angst wirkt sich auf überdurchschnittlich intelligente Schüler stärker aus als auf unterdurchschnittlich intelligente.
– Partnerarbeit erhöht unabhängig von Angst- und Intelligenzniveau den Lerngewinn.

Alle vergleichbaren Untersuchungen deuten auf eine zweifache Korrelation zwischen Angst und →Leistung hin: *Einfache*, körpernahe und bereits gelernte Leistungen werden unter Umständen durch Angst gesteigert – wenn deren Intensität nicht ein kritisches Quantum übersteigt. *Komplexe* Leistungen korrelieren in jedem Fall negativ mit der Angst, so daß der empirische Nachweis für das Sprichwort «Angst macht dumm» als gegeben betrachtet werden kann.

Zweitens: Solche und ähnliche Untersuchungen haben auf die Theoriebildung zur Angstproblematik erhebliche Einflüsse (gehabt). Angst als ein wissenschaftliches und meßbares Konstrukt wird in der lerntheoretischen Tradition (unter dem Einfluß von C. L. Hull) im sogenannten Drive-Modell der Iowa-Schule von K. W. Spence und J. Taylor (vgl. SPIELBERGER 1966, 1972) wie folgt erklärt:

Angst ist ein «emotionally based drive», ein Energetisierungsfaktor beziehungsweise Antrieb. Aus einem Produkt gelernter Verhaltensweisen (Habits = H) und dem Antrieb (Drive = D) ergibt sich das Reaktionspotential (E), das die Grundlage für Reaktionen (R) auf einen Reiz (S) darstellt:

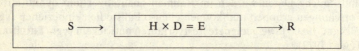

Angst   61

Obgleich also zwischen Reiz und Reaktion, zwischen stimulus und response, intervenierende Variablen liegen, hängt die Reaktion auf eine Aufgabe (S) nicht nur von den bisher gelernten Reaktionstendenzen ab, sondern auch von der aktualisierten Energie (D). Aus diesem Sachverhalt zogen Spence und Taylor den Schluß, daß Hochängstliche besser und schneller lernen als Niedrigängstliche, da ein hohes Angstniveau einem hohen Antrieb (D) entspricht. Diese Hypothese konnten sie jedoch lediglich in Lidschlagkonditionierungsexperimenten verifizieren. Im Bereich des Biologischen und Physiologischen sind die Ergebnisse der Iowa-Theorie nicht nur richtig, sondern auch wünschenswert. Denn körperliche Bedrohungen werden durch die Aktivierung von Energie beziehungsweise durch die dynamogene und energetisierende Wirkung eines Antriebes wirkungsvoller «bekämpft» als durch kognitive Überlegungen. Zur Ideologie verkommt jedoch diese Theorie, wenn sie bedenkenlos auf sozialpsychologische oder pädagogische Prozesse übertragen wird. Dort nämlich schadet der *anxiety-drive* – vor allem hochängstlichen Schülern bei der Bewältigung schwerer Aufgaben.

Nicht zuletzt diesen Tatbestand kann eine *zweite* Angsttheorie erklären, das sogenannte Habit-Interferenz-Modell der Yale-Schule, von G. Mandler und S. B. Sarason entwickelt. Darin werden zwei verschiedene, gleichzeitig wirkende und mitunter konkurrierende Antriebsarten angenommen: Aufgabenbezogener und angstbezogener Antrieb (*task-drive* und *anxiety-drive*). In bestimmten leistungsfordernden Situationen dominiert die angstbezogene gegenüber der aufgabenbezogenen Energie, wodurch Habit-Interferenzen herbeigeführt werden. Die aufgabenbezogene Energie des *task-drive* wird durch Aufforderung zur Lösung einer bestimmten Aufgabe entfacht und durch deren Lösung minimiert, während die angstbezogene Energie des *anxiety-drive* gleichzeitig (aber) aufgrund früherer mit Angstreaktionen verbundener Lernerfahrungen aktiviert und durch die Erledigung der Aufgabe reduziert wird. Im Gegensatz zum Drive-Modell kennt das Habit-Interferenz-Modell also zwei energetisierende Faktoren und drei verschiedene Habit-Arten als interferierende Reaktionstendenzen, deren jeweiliges Zusammenwirken zwei alternative Reaktionen herbeizuführen vermag. Wenn nämlich aufgabenrelevante Anforderungen überwiegen, *kann* die auftretende Angst zu einer höheren Anstrengung und Leistung führen: task- und anxiety-drive zielen in dieselbe Richtung. Treten jedoch in bezug auf die Aufgabe irrelevante Reaktionen auf, so kommt es zu Angstreaktionen und zu einem Zusammenbruch der Leistung: (vgl. Abbildung 1).

Von daher wird verständlich, warum Individuen mit einem hohen anxiety-drive in angstauslösenden Situationen eher versagen als Menschen

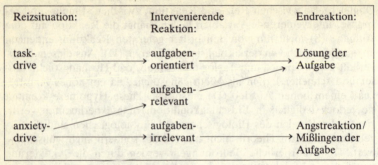

Abbildung 1: Habit-Interferenz-Modell

mit einem niedrigen anxiety-drive. Vor allem bei schwierigen Aufgaben werden nichtrelevante habits durch den erhöhten anxiety-drive generalisiert, sie interferieren mit aufgabenrelevanten habits, was die Leistung reduziert. Haben Spence und Taylor also der Angst einen (vor allem physiologischen) Mobilisierungseffekt attestiert, so bewiesen Mandler, Sarason und andere, daß sich die Angst vor allem bei komplexen und schwierigen Aufgaben mit irrelevanten Tendenzen überschneidet und dadurch die kognitiven, emotionalen, sprachlichen, künstlerischen und praktischen Leistungen mindert. Die schulpädagogische Konsequenz liegt auf der Hand: Lehrer, die (zum Teil unbewußt) die Iowa-Theorie auf das schulische Lernen übertragen, werden der Angst einen (zumindest begrenzten) Mobilisierungseffekt zusprechen. Lehrer, denen die Yale-Theorie überzeugender erscheint, werden die aufgabenbezogene Energie bei Schülern mobilisieren, bei der Lösung einer Aufgabe unterstützend wirken und versuchen, die angstbezogene Energie, die sich aufgrund früherer Angsterfahrungen gebildet hat, ob ihres leistungsmindernden Effektes aus dem Lernprozeß herauszuhalten.

Drittens: Eine dritte Gruppe von Forschungsmaterialien bezieht sich weniger auf korrelative Bezüge und eine gesetzmäßige Theoriekonstruktion als auf qualitative Aussagen zu verschiedenen Angstarten, -ursachen und -bewältigungen. So hat beispielsweise WEIDENMANN (vgl. 1983) eine Systematik der Lehrerängste entwickelt, die sich auf die vier Tätigkeitsbereiche des →Lehrers (der →Qualifikation, →Integration, →Selektion und Kontaktierung) bezieht und die aus eben der Analyse der professionellen Tätigkeit des Lehrers entstanden ist. WINKEL (vgl. 1980b, S. 48f) hat aufgrund von entsprechenden Szenen, Fällen und Befragungen einen Katalog von zehn Schülerängsten vorgestellt:
– die *Schullaufbahnangst:* Angst vor schlechten Zensuren, dem Sitzenbleiben, dem *dropping out* und dem Schulversagen;
– die *Lern- und Leistungsangst:* Angst, etwas nicht (genügend) lernen

oder leisten zu können, nicht zu begreifen, überfordert zu sein, in Prüfungen zu versagen;

- die *Stigmatisierungsangst:* Angst, vor dem Lehrer und/oder den Mitschülern bloßgestellt zu werden, sich lächerlich zu machen, Prestige zu verlieren, als «dumm», «faul» oder «schlecht» zu gelten;
- die *Trennungsangst:* Angst, allein zu sein, sich (zum Beispiel von zu Hause) trennen zu müssen, auf gewohnte Hilfen, Personen und Zusprüche verzichten zu müssen oder einen bedrohlichen Verlust zu erleiden;
- die *Strafangst:* Angst vor Liebesentzug, Tadel, Strafen, Repressalien, Ungerechtigkeiten ... ;
- die *Personenangst:* Angst vor bestimmten Menschen, Gruppen oder Cliquen;
- die *Konfliktangst:* Angst vor bestimmten einander widerstrebenden Anforderungen (etwa sich auflehnen zu wollen, aber sich ducken zu müssen);
- die *Institutionenangst:* Angst vor der Schule als Institution, in der hierarchische, anonymisierende oder sonstwie ungeliebte Strukturen walten (können);
- die *Zukunftsangst:* Angst vor dem Leben, der drohenden Arbeitslosigkeit, dem ökologischen Kollaps, der atomaren Katastrophe ... ;
- die *neurotische Angst:* Angst vor der Angst, die «zwanghaft» auf einen zukommt und phobische Zustände hervorruft sowie Ängste, die sich psychosomatisch, depressiv, wahn- oder zwanghaft äußern.

Alle drei Ansatztypen weisen auf einen dreifachen Sachverhalt hin: Angst ist nicht wie der Streß ein Überforderungs-, nicht wie die → Aggression ein Vernichtungs- und auch nicht wie die Flucht ein Vermeidungs-, sondern ein Gefahrensignal (vgl. FRÖHLICH 1982), das eine ambivalente Funktion besitzt. Zum einen nämlich dient Angst der Mobilisierung von Energien zur Vermeidung dieser Gefahr; zum anderen kann sie eben diese Kraftreserven auch lähmen; und drittens schließlich wird sie die Pädagogik in Erziehung und Schule zu vermeiden haben, wenn sie die möglichst unbeschädigte Ich-Entwicklung der Heranwachsenden und deren Leistungsfähigkeit fördern will.

Angstfolgen. Angst als ein Gefahrensignal hat physiologische, emotionale, kognitive, soziale, künstlerische und pragmatische Korrelate. Mit ihr sind Herzjagen, Blässe, Pulsbeschleunigung verbunden, genauer: eine Aktivierung des Sympathicus, des *vegetativen* Erregungsapparates. Gleichzeitig *fühlt* sich der Betroffene unwohl, gehetzt und gestreßt. Er *denkt* selektiv-linear, eingeschränkt und bei zu großer Angst gar nicht mehr. *Soziale* Kontakte werden oberflächlich ausgedehnt oder eingestellt. Als *Künstler* kann man von der Angst affiziert, aber auch ge-

64 Angst

lähmt werden. Und der Ängstliche *handelt*, indem er die zugrunde liegende Bedrohung zu beseitigen versucht, bei zu großer Angst jedoch reagiert er fahrig, hektisch und wird im Extremfall von einem Totstellreflex gepackt oder gar in den Suizid getrieben.

Dabei mögen die Ursachen der Angst in diesem Fall mehr innerpsychisch, in jenem mehr familiär, in einem anderen mehr schulisch bedingt sein. Entscheidend ist der Hinweis, daß keine Angst gleichsam endogen oder ontologisch bedingt ist, in deren Geschehen nicht(s) hineingelernt werden könnte. Angst mag zum menschlichen Leben gehören wie der Schmerz, und doch ist sie tendenziell reduzierbar. Ihre Verstärkung in Schule und Erziehung wirkt sich schädigend aus: Angst ist ein *ambivalentes* Gefühl, und deshalb muß ihre Verarbeitung *antinomisch* sein. Eine «Erziehung zur Angst(bereitschaft)» ist folglich genauso einseitig und ich-schädigend wie die «Illusion des totalen Glücks(empfindens)». In dem Rundfunkvortrag «Erziehung nach Auschwitz» (1966) hat ADORNO (1981, S. 97; Auslassung: R. W.) diesem Wider-Spruch einen zutreffenden Ausdruck verliehen: «Wenn Angst nicht verdrängt wird, wenn man sich gestattet, real so viel Angst zu haben, wie diese Realität Angst verdient, dann wird [...] manches von dem zerstörerischen Effekt der unbewußten und verschobenen Angst verschwinden.»

ADORNO, TH. W.: Erziehung zur Mündigkeit, Frankfurt/M. [7]1981. BRÜCK, H.: Die Angst des Lehrers vor seinem Schüler, Reinbek 1978. FREUD, S.: 25. Vorlesung. Die Angst. In: Sigmund Freud Studienausgabe, Bd. 1, Frankfurt/M. 1969, S. 380 ff (1969a). FREUD, S.: 32. Vorlesung. Angst und Triebleben. In: Sigmund Freud Studienausgabe, Bd. 1, Frankfurt/M. 1969, S. 517 ff (1969b). FREUD, S.: Über die Berechtigung, von der Neurasthenie einen bestimmten Symptomenkomplex als «Angstneurose» abzutrennen (1895). In: Sigmund Freud Studienausgabe, Bd. 6, Frankfurt/M. 1971, S. 25 ff. FRÖHLICH, W. D.: Angst. Gefahrensignale und ihre psychologische Bedeutung, München 1982. GÄRTNER-HARNACH, V.: Angst und Leistung, Weinheim/Basel [2]1973. GRIMM, J./GRIMM, W.: Deutsches Wörterbuch, Bd. 1, Leipzig 1854. GROSSMANN, K. E./WINKEL, R.: Angst und Lernen, München 1977. HEIDEGGER, M.: Sein und Zeit (1927), Tübingen [11]1967. JUGEND '81. Lebensläufe, Alltagskulturen, Zukunftsbilder. Studie im Auftrag des Jugendwerks der Deutschen Shell, 2 Bde., Opladen 1982. LINDENBERG, CH.: Waldorfschulen: Angstfrei lernen, selbstbewußt handeln, Reinbek 1975. RIEMANN, F.: Grundformen der Angst, München [12]1987. SARASON, S. B. u. a.: Angst bei Schulkindern, Stuttgart 1971. SCHELL, H.: Angst und Schulleistung, Göttingen 1972. SPIELBERGER, CH. D. (Hg.): Anxiety and Behavior, New York/London 1966. SPIELBERGER, CH. D. (Hg.): Anxiety. Current Trends in Theory and Research, 2 Bde., New York/London 1972. THURNER, F./TEWES, U.: Der Kinder-Angst-Test, Göttingen [2]1972. WEIDENMANN, B.: Lehrerangst, München [2]1983. WINKEL, R.: Schulische und soziale Ängste. In: Die Psychologie des 20. Jahrhunderts, Bd. 12, Zürich 1980, S. 461 ff (1980a). WINKEL, R.: Angst in der Schule, Essen [2]1980b. WINKEL, R.: Der gestörte Unterricht, Bochum [4]1988.

Rainer Winkel

Animation → Freizeitpädagogik
Anlage – Umwelt → Begabung; → Entwicklung; → Intelligenz
Anleitung (von Lernprozessen) → Methode
Anlernberuf → Ausbildungsberuf
Anpassung (des Lehrers) → Lehrer
Anpassungs-Weiterbildung → Weiterbildung

Anschauung

Der Begriff der Anschauung spielt in der heutigen → Pädagogik und → Didaktik keine große Rolle. Allenfalls werden durch ihn Leerstellen markiert, wird anhand einer Erinnerung an das Problem der Anschaulichkeit des → Unterrichts auf ein Defizit heutiger Erziehungswissenschaft hingewiesen – ein Defizit, das eine künftige Erziehungswissenschaft zu beheben hat.

Anschauung als Platzhalter der Sinnlichkeit. In seinem 1983 erschienenen Buch «Vergessene Zusammenhänge» schreibt MOLLENHAUER, daß die *Präsentation* der von Erwachsenen gelebten Zusammenhänge in einer immer undurchsichtiger werdenden Welt zum Hauptproblem pädagogischen Handelns wird. *Präsentation und Repräsentation* der Lebensformen von Erwachsenen gegenüber ihren Kindern werden zum wichtigsten Bildungsproblem.

«Je komplexer die soziale Welt wird, je weniger zugänglich für das Kind all jene Verhältnisse werden, in denen es in seiner biographischen Zukunft wird leben müssen, je weniger also in seiner primären Lebenswelt all das enthalten ist, was es für seine Zukunft braucht, vor allem dann, wenn die Zukunft des Gemeinwesens nicht mehr zuverlässig prognostiziert werden kann, um so dringlicher wird ein zweites Grundproblem: Die pädagogische Kultur einer Gesellschaft muß dann mit der Schwierigkeit fertig werden, wie gleichsam ‹auf Vorrat› gelernt werden kann. Das hat zur Folge, daß nun neben die ‹Präsentation› des durch die Erwachsenen vorgelebten Lebens die Aufgabe tritt, die der kindlichen Erfahrung unzugänglichen Teile der gesellschaftlich-historischen Kultur in irgendeiner Weise zur Kenntnis zu bringen» (MOLLENHAUER 1983, S. 20).

Komplexitätssteigerung und → Differenzierung des gesellschaftlichen Lebens werden von dem einzelnen (kindlichen) Individuum als zunehmende *Abstraktheit* erfahren. Diese Abstraktheit hat zweierlei zur Folge. Zum ersten ein Problem der Vermittlung: Wie kann man Kindern diese zunehmend abstrakter werdende wissenschaftlich-technische → Lebenswelt nahebringen? Zum zweiten: Bürdet die abstrakte wissenschaftlich-technische Lebenswelt nicht gerade Kindern unzumutbare Überlastungen und Überforderungen auf?

66 Anschauung

Rumpf hat 1981 den Versuch unternommen, eben das an der Entwicklung des Schulwesens in den letzten 150 Jahren nachzuweisen. Unter dem Titel «Die übergangene Sinnlichkeit» (RUMPF 1981) präsentiert er eine Sichtweise der →Schule, in der sie als institutioneller Ausdruck eines zutiefst neuzeitlichen Welt- und Selbstverhältnisses erscheint, nämlich des *Cartesianismus.* Hierunter wird unter Bezugnahme auf den französischen Philosophen Descartes (1596–1650) *ein Verhältnis verstanden, in dem eine im Prinzip körperlose, denkende →Subjektivität sich bemächtigend-konstruktiv einer als prinzipiell passiv angesehenen Natur gegenüberstellt.* Damit verblaßt diese Natur zu einer Materialbasis für das, was der Mensch aus ihr macht. Doch wird in diesem cartesianischen Bezug nicht nur alle Natur verstofflicht, sondern auch der Mensch entsinnlicht. Dies läßt sich nach Rumpf bis in die Verästelungen der Schuldidaktik hinein verfolgen: «Die Lehrfrage hilft, ein allgemeines, ein außersinnliches Subjekt in die einzelnen Menschen hinein durchzusetzen; die Fragen, die Aufmerksamkeiten, die Verknüpfungen, die einstudiert werden, sind nicht die Fragen, die Aufmerksamkeiten, die Verknüpfungen eines bestimmten sterblichen Menschen. Auch der Lehrer fragt nicht als sterbliche Einzelperson – er ist Mundstück eines anonymen Großsubjekts. Alle lernen, sich ihrer beschränkten Individualität zu entäußern, ihre eigenen an ihrem Körper, ihrer Geschichte haftenden Gedanken und Gefühle für privat, für sachlich nicht bedeutsam, für keiner Veröffentlichung würdig zu halten – es sei denn, sie dienen zur Bestätigung der Schulwahrheit» (RUMPF 1981, S. 109 f).

Ob die von Rumpf und Mollenhauer vermutete Entsinnlichung der Welt den Heranwachsenden tatsächlich unzumutbare Lasten und Leiden auferlegt oder ob diese Entwicklungen nicht einfach dazu beitragen, →*Kindheit als eine historisch entstandene und daher historisch auch vergängliche Lebensform* umzuwandeln, wenn nicht gar abzuschaffen, wird gegenwärtig im Zusammenhang mit der Ausbreitung neuer mikroelektronischer Medien diskutiert (vgl. HENGST u. a. 1981, POSTMAN 1983). So postuliert Postman auf der Basis eben der Entwicklungen, die etwa Rumpf als Entsinnlichung ansieht, daß Kindheit und Literalität, das heißt eine schwer dekodierbare, nur Erwachsenen zugängliche Symbolwelt konstitutiv aufeinander bezogen sind. In dem Ausmaß, in dem eine solche Symbolwelt nur unter Zuhilfenahme besonderer Fertigkeiten (Lesen und Schreiben, Bildung) zugänglich wird, sind all jene, die darüber nicht ohne weiteres verfügen, von ihr ausgeschlossen und konstituieren eine besondere Gruppe von Menschen: die Kinder. Mit der Ausbreitung des Fernsehens erlebt unsere Gesellschaft – wie bereits im Mittelalter – eine allen zugängliche Welt gemeinsamer Bedeutungen, die ohne weitere Kenntnisse verstanden werden können. Dies hat zwangsläufig «Das Verschwinden der Kindheit» (POSTMAN 1983) zur Folge. Die zivilisationskritische Perspektive von Mollenhauer und Rumpf bekommt dieses Phänomen einer elektronischen Versinnlichung beziehungsweise einer autonomen medialen Anschaulichkeit nicht recht in den Griff.

Wider den Geist des Konstruktiven. Das Wiedererwachen einer auf Repräsentation und Sinnlichkeit, kurz: auf Anschauung basierenden Pädagogik reagiert auf eine vor allem konstruktivistisch ausgerichtete Didaktik, wie sie in allen Bereichen in den 70er Jahren vorherrschend war. So unterstellt HILLER (vgl. 1974) in einem repräsentativen Lexikonartikel jede auf Anschauung beruhende Didaktik einem globalen Ideologieverdacht, da sie es vor allem auf die Passivität und Botmäßigkeit der Edukanden abgesehen habe und somit reflektorisch auf die dem fortschreitenden Kapitalismus innewohnenden Entmündigungstendenzen antworte. Die Form des «anschaulichen Unterrichts», die Hiller vorschlägt, ist dann entsprechend aktivistisch und aktivierend: «Man müßte prüfen, welche Formen der didaktischen Verfremdung, Vorwegnahme, Provokation und Ironie auf welche bewußtseinsmäßige Konstitution zu welchem Zeitpunkt durchschnittlich welchen Einfluß nehmen und zu welchen curricularen Sequenzen man solche Lehrformen und Arrangements komponieren könnte, damit Wege entstünden zu einem ‹anschaulichen› Unterricht, der mehr an der Aufklärung der Chancen einer Veränderung des Bestehenden auf eine bessere Zukunft hin interessiert ist als an einer Sicherung des Status quo» (HILLER 1974, S. 22). Diese grundsätzliche Haltung findet sich auch in einem repräsentativen grundschuldidaktischen Sammelband jener Jahre (vgl. HAARMANN u. a. 1977), in dem dem Problem der Anschauung weder implizit noch explizit Aufmerksamkeit gewidmet wird. Dies fällt etwa daran auf, daß auch eine an Piaget orientierte Didaktik, die doch mindestens dem *Gleichgewicht* einer aktivisch interpretierten *Assimilation* und einer eher passivisch gesehenen *Akkommodation* Rechnung tragen müßte, vor allem auf konstruktive Momente hinweist (vgl. FIEDLER 1977). Gegen diesen Vorrang des Konstruktiven, der den *Blick auf die Sachen selbst* verstellt und damit ihr angemessenes Verstehen verhindert, hat Wagenschein bereits in den 50er und 60er Jahren eine Didaktik des «ursprünglichen Verstehens» (vgl. WAGENSCHEIN 1965) – zumal im naturwissenschaftlichen Unterricht – konzipiert, in der die «ruhige Kraft der Anschauung» (v. Goethe) zu ihrem Recht kommt. Wagenschein propagiert eine *Didaktik der Sachlichkeit, eine Form des Lehrens, welche die Schüler dazu bringt, sich ganz der Erfahrung des unterrichtlichen Gegenstandes zu überlassen;* eine Form des Lehrens und Lernens, die sich vom geplanten Vorgehen ab- und der eigentümlichen

68 Anschauung

und ursprünglichen Erfahrung beispielsweise physikalischer Phänomene
zuwendet.

Dazu gehört für → Lehrer und → Schüler eine Haltung, der es gelingt,
schulorganisatorische Rahmenbedingungen des Unterrichts wie die
«Kurzstunde» oder ein abstrakt und vorab gesetztes «Ziel der Stunde»
zu vergessen und anstatt dessen durch gespannte Aufmerksamkeit und
ein weckendes sokratisches Gespräch (die einander nicht widerspre-
chen, sondern ergänzen) sich einen Gegenstand exemplarisch anzueignen. Diese Haltung bezeichnet Wagenschein als *Aufmerksamkeit*. Eine
solche Haltung wird gerne als Passivität verkannt. WAGENSCHEIN (1967,
S. 162) wendet gegen diesen Vorwurf ein: «Wenn man nun so wie hier
argumentiert, also dafür wirbt, *nicht* gleich munter, forsch und aggressiv
die Dinge anzupacken, sondern sie erst in Ruhe anzuschauen und auch
sich von ihnen anschauen zu lassen, so erregt man leicht das Mißverständnis, es werde damit ‹Passivität› empfohlen.» Wagenschein begründet
seine Didaktik der Sachlichkeit unter Berufung auf phänomenologische,
hermeneutische, ja sogar mystische Traditionen, die er jeweils gegen
ein nur konstruierendes, subjektzentriertes und weltbemächtigendes
Denken aufruft. Der Phänomenologie entnimmt er die Bevorzugung der
thematischen vor der *methodischen* Dimension, der Hermeneutik die
Vorrangstellung des *Verstehens* vor dem *Erklären* und der Mystik die
Versenkung und die Erwartung anstelle von Selbstbewußtsein und An-
spannung.

Diese *ganzheitliche* Betrachtungsweise sichert Wagenschein wissenschaftlich durch Anleihen bei der Gestaltpsychologie und exemplarisch
durch phänomenologische Mystik ab. An entscheidender Stelle zitiert er
die katholische Philosophin Simone Weil (1909–1943): «Die kostbarsten
Güter soll man nicht suchen, sondern erwarten. Denn der Mensch kann
sie aus eigenen Kräften nicht finden, und wenn er sich auf die Suche
nach ihnen begibt, findet er statt ihrer falsche Güter, deren Falschheit er
nicht erkennen kann» (WAGENSCHEIN 1967, S. 164).

Es fragt sich freilich, ob derlei Anleihen bei speziellen Wissenschaften
(Gestaltpsychologie) und Religionsphilosophie (neuere christliche Mystik) tatsächlich ausreichen, eine Didaktik zu begründen. Zudem muß
sich Wagenschein fragen lassen, ob und inwieweit seine trotz aller Forderung nach Sachlichkeit auf die subjektive Fähigkeit zur Aufmerksamkeit hin ausgerichtete Didaktik den *komplexen Sachzusammenhängen*
gerecht wird, ob also nicht auch Wagenschein noch dem Geist eines sub-
jektivistisch verkürzten Denkens unterliegt.

Organisches Denken: Friedrich Fröbel. Fröbel (1782–1852), zu Unrecht nur als der «Erfinder» des Kindergartens bekannt, ist in Wahrheit
der typische Repräsentant einer *romantischen Pädagogik*, die sich im

antinapoleonischen und biedermeierlichen Deutschland der Befreiungskriege und der Restauration herausbildete. Fröbel, der sich schon früh, wenn auch anfangs dilettantisch mit Schellings Identitätsphilosophie auseinandergesetzt hatte, konzipierte das System einer Sphärenphilosophie, das heißt das *System eines einheitlichen Weltzusammenhanges*, in dem Wesen und Erscheinung, Phänomen und Grund, Moral und Intellekt und endlich Begriff und Anschauung spekulativ aufeinander bezogen sind. Dieses spekulative System soll es dem Pädagogen so gut wie dem Schüler ermöglichen, der gelehrten Dinge von innen teilhaftig zu werden, ohne sie indessen isoliert betrachten zu müssen: «Sphära (das ist das stätige, stets allseitig lebendige schaffende, immer von neuem Insichselbstruhen), ist das Grundgesetz im All, in der physischen wie in der psychischen Welt, in der empfindenden wie in der denkenden Welt. Das heißt, die Dinge, Erscheinungen, d. i. ihr Wesen von Innen heraus wahrzunehmen, schauen, erkennen, wirken, schaffen, bilden, leuchten machen. Also auch wahrnehmen, schauen, erkennen, wie alles und jedes Einzelne immer in einer beziehungsweise höheren und durch diese zuletzt in der höchsten absoluten Einheit ruht, dadurch lebt, wie daraus hervorgegangen ist» (Fröbel, zitiert nach HEILAND 1982, S. 41).

Die Sphärenlehre ermöglicht Fröbel eine Didaktik, die im Unterricht dem einzelnen Gegenstand als einzelnem gerecht wird, ohne daß deswegen die Gefahr einer isolierten Erkenntnis besteht. Im Gegenteil: Die zugrunde gelegte Sphärenlehre gibt Lehrer und Schüler frei, sich zuerst dem einzelnen Gegenstand zuzuwenden, um dann an und in ihm zum Gesamtzusammenhang fortzuschreiten. Ein solches *induktives* → *Lernen* ist aber nur auf der Basis einer organischen, nicht atomistischen Metaphysik möglich. «Also von der Anschauung jedes Gegenstandes als eines in sich völlig abgeschlossenen Ganzen, rein als solchen, ohne vorwaltende Hervorhebung der Teile oder eines Teiles derselben, muß so wie jeder Unterricht überhaupt, so besonders der Unterricht für Formen und Gestaltkunde ausgehen» (FRÖBEL 1951, S. 49f).

Fröbel, der erst in der Mitte seines Lebens von der Jugend- zur Kindererziehung kam, konzipierte in diesem Sinne den Kindergarten und als dessen didaktische Mittel die «Spielgaben», geometrisch-plastische Figuren (Kugeln, Zylinder, Würfel und Quader), anhand deren das Kind durch Zergliedern und Vereinen das Gesetz der Sphäre erahnen soll. Wiewohl Fröbel erst spät zur Idee der Kindererziehung kam, wohnt dieser Entwicklung im Rahmen seines Systems eine gewisse Folgerichtigkeit inne: Im Kinde sah das romantische Denken eine unschuldige und ursprüngliche Nähe zur Natur walten, die den Erwachsenen weitgehend verlorengegangen sein sollte. Damit bestätigt sich ein weiteres Mal Postmans These von der Konstitution der Kindheit als eines Zustandes, der komplexer Symbolverarbeitung fern ist. Freilich steht Fröbel mit seiner Didaktik der Spielgaben und seinem sphärischen Weltbild bewußt oder unbewußt in einer noch weit hinter Schelling zurückgehenden Tradition: der Tradition Platons, für den eine ideal-geometrisch gebaute Welt, wie sie im Dialog «Timaios» dargestellt wird, die selbstverständlich zugrundeliegende Metaphysik war und der gerade der Geometrie eine entscheidende didaktische Funktion bei der erinnernden Erkenntnis jener ursprünglichen Formen zuwies. Dies zeigt Platon im Dialog «Menon». An der Didaktik der «Spielgaben» wird deutlich, daß eine Didaktik der Anschauung entgegen dem landläufigen Vorurteil letztlich nicht einer erfahrungsorientierten, sondern einer *rationalistischen* Tradition angehört, der es um die (Wieder-)Bewußtwerdung dessen geht, was jedem Menschen bereits immer bekannt ist.

Sprache und Anschauung: Johann Heinrich Pestalozzi. Nun richtete sich das platonische Denken bekanntlich stets an einer am *Beispiel des Sehens ausgerichteten Lehre intellektueller Anschauung* aus, derart, daß die idealen Wesenheiten eben *geschaut* werden sollten. Doch stellt diese Konzeption einer sehenden Anschauung womöglich eine folgenschwere Verkennung der typisch-menschlichen Form des Anschauens dar. Pestalozzi (1746–1827) erweitert den Begriff der Anschauung auf alle Sinne (Sehen, Hören, Riechen, Tasten und Schmecken) und darf damit als Vorläufer Fröbels gelten. Es ist allerdings auffällig, daß sich bei Fröbel, der sein System nicht zuletzt gegen die seiner Meinung nach intellektualisierte Didaktik der Pestalozzischule aufbaute, ein gewisser *Problemverfall* durchsetzt (→ Elementarunterricht). Denn Fröbel konnte der bahnbrechenden und zukunftsweisenden Einsicht Pestalozzis, daß nämlich die menschliche Sprache als das «sinnliche Material» der Anschauungsform des Hörens von hervorragender Bedeutung für menschliches Lernen ist, nicht gerecht werden. Im Gedanken einer *sprachvermittelten Anschauung* kann Pestalozzi jene Forderung Fröbels nach einer verbindenden Einheit von Intellekt und Moral, Vernunft und Sinnlichkeit einlösen, vermag er Rationalismus und Phänomenalismus miteinander zu vereinbaren. Dieser Einsicht war Fröbels auf Einheit dringender Romantizismus nicht mehr gewachsen. In seiner viel zuwenig bekannten Schrift «Die Sprache als Fundament der Kultur» aus dem Jahre 1799 schreibt Pestalozzi: «Jede Sprache [...] steht in Übereinstimmung mit der (ursprünglichen) intuitiven Anschauung aller Dinge [...] und in wesentlicher Harmonie mit den Urbildern und Urverhältnissen, daraus sie entsprungen ist» (PESTALOZZI 1932, S. 43). Doch hat Pestalozzi nicht nur eine Theorie sprachlicher Darstellung entwickelt, sondern auch außerordentlich klar den *intimen Zusammenhang zwischen Sprache und → Bewußtsein* erkannt und

Anschauung 71

lange vor der sprachanalytischen Philosophie und erst recht vor den idealistischen Systemen der Bewußtseinsphilosophie das Programm einer therapeutischen Sprachkritik entwickelt, die das intuitive Bewußtsein vor den Verwirrungen der Sprache schützen soll: «Wenn du [dein Kind] ins Meer der Sprache hineintreibst, sorge vorzüglich, daß die ihm entfernten und fremden Erfahrungsansichten und besonders die Täuschung des Worteinflusses in diesen Ansichten das ewige, unwandelbare Fundament des Selbststehens, Selbsthörens und Selbsttuns nicht schwäche und nicht verschlinge» (Pestalozzi, zitiert nach DELEKAT 1968, S. 288).

Anschauung als Methode: Johann Amos Comenius. Comenius (1592 bis 1670), der ob seines «Orbis pictus» und seiner großen didaktischen Systeme als der Begründer aller Anschauungsdidaktik gilt, kann nur aus dem von Pestalozzi markierten, von Fröbel vergessenen Problem einer nichtempiristischen, rationalistischen und gleichwohl ganzheitlichen, aber nicht erfahrungsfreien Weltsicht verstanden werden. Comenius, der als Pädagoge vor allem gegen die rein sprachlich ausgerichteten Lehrsysteme der späten Scholastik und des Humanismus antrat, vermeidet in seinem Denken gleichwohl eine Reduktion der Erfahrung auf das einsame, körperlose und methodisch konstruierende Subjekt und stellt damit schon früh eine *rationale Alternative* zum Cartesianismus dar: Weil Comenius dem Bild des Menschen als eines Spiegels der Dingwelt und Gottes anhängt, dem nur die rechten Gegenstände gegenübergestellt werden müßten, hat er gesehen, daß es nicht darauf ankommt, das natürliche Licht der Vernunft zu steigern, sondern darauf, daß die Wahrheit der Dinge sich mit ihrem Licht den Sinnen einprägt. Daß solche Einprägung *systematisch* gestaltet werden müsse und nur vor dem Hintergrund eines universellen Wissens, einer Pansophia möglich sei, ist das *platonische* Credo, das Comenius den *aristotelisch-humanistischen Schulen* seiner Zeit gegenüberstellt. Die Mißachtung dieses Denkens markiert den Sach- und Problemverlust der modernen Didaktik. «Wir weisen alles a priori nach, d. h. aus dem ureigenen, unveränderlichen Wesen der Dinge. Wir lassen gleichsam aus einem lebendigen Quell nie versiegende Bäche entspringen, sammeln diese in einem Fluß und stellen auf diese Weise eine universale Kunst für die notwendige Errichtung universaler Schulen auf» (Comenius, zitiert nach SCHALLER 1962, S. 180).

DELEKAT, F.: Johann Heinrich Pestalozzi, Heidelberg 1968. FIEDLER, U.: Freisetzende Erziehung und selbstentdeckendes Lernen. In: Haarmann, D. u. a. (Hg.): Lernen und Lehren..., Braunschweig 1977, S. 152 ff. FRÖBEL, F.: Ausgewählte Schriften, hg. v. E. Hoffmann, Bd. 1, Bad Godesberg 1951. Haarmann, D. u. a (Hg.): Lernen und Lehren in der Grundschule. Studienbuch für den Unterricht der Primarstufe, Braunschweig 1977. HEILAND, H.: Fröbel, Reinbek 1982. HENGST, H. u. a.: Kindheit als Fiktion, Frankfurt/M. 1981. HILLER, G. G.: Anschauung. In: Wulf, Ch. (Hg.): Wörterbuch der Erziehung, München/Zürich 1974, S. 16ff. LOSER, F.: Anschauung. In: Enzyklopädie Erziehungswissenschaft, Bd. 3, Stuttgart 1986, S. 377ff. MOLLENHAUER, K.: Vergessene Zusammenhänge. Über Kultur und Erziehung, München 1983. PESTALOZZI, J. H.: Die Sprache als Fundament der Kultur. Sämtliche Werke, Bd. 13, bearb. v. H. Schönebaum u. K. Schreinert, Berlin/Leipzig 1932, S. 33ff. PLATON: Menon, Sämtliche Werke, hg. v. W. F. Otto u. E. Grassi, Bd. II, Reinbek 1958. PLATON: Timaios. Sämtliche Werke, hg. v. W. F. Otto u. E. Grassi, Bd. IV, Reinbek 1964. POSTMAN, N.: Das Verschwinden der Kindheit, Frankfurt/M. 1983. RUMPF, H.: Die übergangene Sinnlichkeit. Drei Kapitel über Schule, München 1981. SCHALLER, K.: Die Pädagogik des Johann Amos Comenius, Heidelberg 1962. WAGENSCHEIN, M.: Ursprüngliches Verstehen und exaktes Denken, Stuttgart 1965. WAGENSCHEIN, M.: Über die Aufmerksamkeit. In: Flitner, A./Scheuerl, H. (Hg.): Einführung in pädagogisches Sehen und Denken, München 1967, S. 159ff.

Micha Brumlik

Anschauungskraft → Elementarunterricht
Anschlußmotivation → Motivation
Ansehen → Autorität
Anspruchsbalance → Interaktion

Anspruchsniveau

Begriff. Der Begriff «Anspruchsniveau» wird in der Regel zunächst für das Insgesamt von schulischen *Anforderungen* in Gestalt bestimmter Inhalte und der Modi ihrer Bearbeitung verwendet: das Anspruchsniveau eines Lehrers, eines Faches, einer Schule ist hoch oder niedrig, Schüler können ihm entsprechen oder nicht. Den Begriff «Anspruchsniveau» für das Insgesamt von *Erwartungen* zu nehmen, die → Schüler und Eltern an eine → Schule, einen → Lehrer, ein → Fach haben, wird seltener sein; das Anspruchsniveau für die Fähigkeit, etwas gut zu erklären, könnte hoch, zu hoch sein, die Forderung an eine Schule, sich als pädagogische Institution zu verstehen, könnte ein Anspruchsniveau markieren, das sich in Erwartungen ausdrückt, die zum Druck(mittel) in dem Moment werden können, in dem sie gehäuft, organisiert und häufig artikuliert werden.

Deutlich wird, daß der Begriff eine kommunikative und relative Komponente enthält: Er repräsentiert Erwartungen oder Anforderungen einer Seite gegenüber einer anderen, und er kann je nach Bezugssystem unterschiedlich konkretisiert werden. Er repräsentiert keine feste Größe und ist nicht einseitig zu bestimmen, wenngleich dies für institutionelles → Lernen sicher immer wieder anders praktiziert worden ist.

Anspruchsniveau 73

Mit «Anspruchsniveau» werden ferner mehr oder weniger klar kodifizierte Leistungserwartungen oder -anforderungen bezeichnet, die von Repräsentanten eines Faches, eines Bereichs, einer Disziplin, einer Institution für Lernleistungen erhoben werden. Darüber hinaus können auch Leistungserwartungen oder -anforderungen gemeint sein, die von Schülern und Eltern sozusagen im Abnehmerstatus gegenüber einer → Institution (Schule), einem Lehrer, einem Fach erhoben werden. Dabei können unterschiedliche Bezugssysteme für das Niveau eines Anspruchs herangezogen werden. Der Wissenschaftler kann die Standards seiner Disziplin zum Ausgangspunkt nehmen, der Didaktiker die Modi der Vermittlung und die damit verbundenen Lernchancen, der Psychologe die erlebnismäßige Antizipation von Erfolg und Mißerfolg, der Schüler den Anregungsgehalt des → Unterrichts oder auch die Übereinstimmungen mit den subjektiven Handlungszielen, Perspektiven, Qualifikationserwartungen und Lebenschancen, die Eltern die Interaktions- und Vermittlungsstruktur des Unterrichts oder der Schule.

Zum Bedingungsgefüge des Anspruchsniveaus. Problematisch wird die Setzung eines Anspruchsniveaus immer dann, wenn sie eindimensional und einseitig erfolgt. Wird sie so von der Schule her vorgenommen, sind Leistungsdruck, Anpassung und Auslese häufig Folgen. Dies kann um so bedrängender sein, je mehr eine «ideologische Verbrämung» mit der Rede von den sogenannten objektiven Standards vorgenommen wird. Umgekehrt kann der Verzicht auf ein Anspruchsniveau oder die grundsätzliche Verweigerung gegenüber einem solchen zu Lernerfahrungen führen, die keine Erfolgs- und Fortschrittserlebnisse mehr beinhalten.

Anspruchsniveaus haben im positiven Fall Herausforderungs- und Anregungscharakter und sind dann pädagogisch positiv zu bewerten. Damit sie diesen positiven Effekt der Setzung von Normen, Standards und Leistungsorientierung haben können, ist es notwendig, das didaktische Prinzip der Passung zu berücksichtigen, dabei sachstrukturelle, entwicklungspsychologische, motivationale und soziale Wissensbestände zu aktualisieren und darüber hinaus Modulationen von Anspruchsniveaus zu realisieren. Diesen Bedingungen wird noch nachzugehen sein.

Das konkrete Verhalten in der Schule als Reaktion auf Erwartungen und Anforderungen (Anspruchsniveaus) kann in seiner Komplexität mit folgendem Prozeßmodell näher beschrieben werden. Es macht deutlich, daß Anspruchsniveaus sich auf mehreren Ebenen ergeben und vor allem immer in einem sozialen Kontext stehen. Letzterer kann korrigierende oder verstärkende Funktionen haben und ist daher bedeutsam (vgl. Ulich 1981).

Man kann sich leicht vorstellen, wie negativ verlaufende Prozesse zu

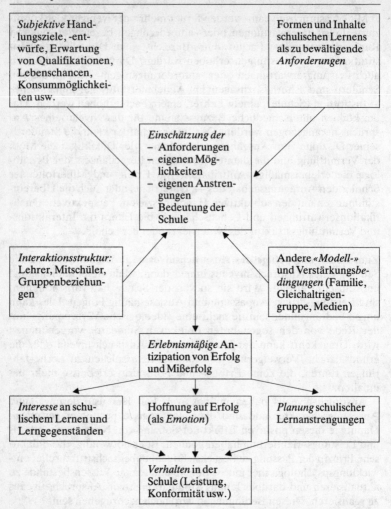

Abbildung 1: Prozeßmodell sozialen Lernens (Quelle: ULICH 1981, S. 40)

einer Entstehung negativer Selbstkonzepte im Sinn des Scheiterns an gesetzten Anspruchsniveaus führen können. Ulich gibt dazu ein entsprechendes Verlaufsschema (vgl. Abbildung 1).

Das didaktische Prinzip der Passung. Die Beachtung des didaktischen Prinzips der Passung meint, das Anspruchsniveau für Schüler so zu setzen, daß eine Aufgabe einen *mittleren Erreichbarkeitsgrad* hat (vgl. HECKHAUSEN 1969). Sie ist dann nicht zu schwer und nicht zu leicht, sie fordert noch genügend heraus und löst noch keine Angst vor Versagen aus. Mittlere Erreichbarkeitsgrade motivieren nach Heckhausen am stärksten. Wenn man sich die Passung von Lernaufgabe und Lernvermögen für den einzelnen Schüler noch als identifizierbar und damit konstruierbar vorstellen kann, entstehen für größere Schülerpopulationen gegenüber einer Vielfalt von Lernbereichen und -anforderungen und im Laufe einer längeren Zeit erhebliche Probleme. Fast alle zentralen schulpädagogischen Fragestellungen werden aktuell: Welche Ansprüche formuliert eine Gesellschaft gegenüber den nachwachsenden Generationen (Lehrplan – Begabung)? Wie gruppiert ein Schulwesen seine Schüler über Schularten und -stufen hinweg? In welchem Verhältnis stehen Lehrverhalten/Lehrverfahren und Lernleistungen? In welcher Abhängigkeit steht der Schulerfolg von außerschulischen Sozialisationsbedingungen (vgl. ROTH 1969)? Die Recherche sachstruktureller, entwicklungspsychologischer, motivationaler und sozialer Sachverhalte ist für die Realisierung eines positiven Anspruchsniveaus wichtig. *Fachstrukturen* müssen als Lernstrukturen verstanden und genauer analysiert werden, um die in ihnen steckenden Ansprüche und Anforderungen beschreibbar zu machen. Dafür hat GAGNÉ (vgl. 1970) beispielhafte Arbeit geleistet: Er hat eine Hierarchie von Leistungsfähigkeit (Reiz-Reaktions-Lernen, Kettenbildung, sprachliche Sequenzen, multiple Diskriminationen, Begriffslernen, Regellernen, Problemlösen) mit Inhalten in Verbindung gebracht (wie Zahloperationen, Hydrolyse von Salzen, Lesen), um so eine Art «Landkarte» der zu lernenden Sachstrukturen zu finden, auf denen Anspruchsniveaus im konkreten Fall identifiziert werden können.

Die Gegenfrage ist dann die nach den *entwicklungspsychologischen Voraussetzungen*, die für die Erreichung eines Anspruchsniveaus als notwendig erscheinen: Wann kann ein Schüler Kafka lesen und verstehen? Wann soll der Leselernprozeß beginnen? Wieviel menschliches Verhalten geht aus reinen Reifevorgängen hervor? In welchem Ausmaß sind Lernprozesse von Reifevoraussetzungen abhängig? Gibt es eine unabänderliche Abfolge von Lernsequenzen in der kognitiven und moralischen Entwicklung eines Kindes, die mit bestimmten Altersstufen korrespondieren und entsprechend initiiert werden können (vgl. KOHLBERG/ TURIEL 1978, PIAGET 1947)? Wenn es positive Antworten auf die gestellten Fragen gibt, lägen Konsequenzen für die Bestimmung von Anspruchsniveaus auf der Hand: Es gäbe dann optimale Lernbereitschaften in bestimmten Altersphasen, sogenannte kritische Phasen der erhöhten Sensibilität für bestimmte Lernangebote und Altersphasen. Wo die nicht überschreitbaren Obergrenzen im konkreten Fall liegen, muß im einzelnen geprüft werden (vgl. AEBLI 1969).

Die Antworten werden von zwei weiteren Faktorenbündeln abhängen: Wie sich verschiedene Personen in einer gegebenen Situation verhalten, ist zu einem Teil von den Anregungsbedingungen eben dieser Situation abhängig, zu deren bestimmenden Momenten dann auch das Anspruchsniveau gehört. Es sind die erlebten Wahrscheinlichkeiten der möglichen Handlungsausgänge sowie die Erwartung der daran geknüpften weiteren Folgen. Es werden solche Handlungen gewählt und ausgeführt, die zu möglichst positiven (erwünschten) oder zu möglichst geringen negativen (unerwünschten) Folgen zu führen versprechen (vgl. HECKHAUSEN 1974).

Auch wenn es situationsunabhängige, überdauernde Motive gibt, so wird unter *motivationalem Aspekt* ein weiteres Bestimmungsmoment für Anspruchsniveaus deutlich. Und schließlich steht das Anspruchsniveau einer Schule, Schulart, Schulstufe in einem Interdependenzverhältnis zu *gesellschaftlichen Gegebenheiten*. Die Schule ist einerseits als System gesellschaftlich definierter Anforderungen an Kinder zu verstehen, sie ist andererseits abhängig von den Wertorientierungen und Sozialisationsprozessen, denen Kinder bis zum Schuleintritt unterworfen waren. Die Literatur zum Thema «Sozialisation und Schulerfolg» hat deutlich gemacht, daß erhebliche Differenzen zwischen dem Anspruchsniveau einer mittelschichtorientierten Schule und nach anderen Orientierungen sozialisierten Schülern bestehen können: Die elterliche Erziehungsideologie, das Sprachverhalten, die Leistungsmotivation, auch die Basis ökonomisch-materieller Verhältnisse mögen Sozialisationsergebnisse zeitigen, die nur schwer mit den Ansprüchen der Schule korrespondieren und für den Schulerfolg/-mißerfolg erhebliche Konsequenzen haben können (vgl. MOLLENHAUER 1969).

Modulationen des Anspruchsniveaus. Nach den bisherigen grundlegenden Ausführungen kann man das Problem des Anspruchsniveaus auf einer nächsten Ebene angehen: Wenn die Lernmöglichkeiten auf der Seite der Schüler und die Lernanforderungen auf der Seite des →Lehrplans festgestellt sind, wird es möglich, nach verschiedenen Gesichtspunkten Modulationen des Anspruchsniveaus zum Zwecke der Lernhilfe vorzunehmen. Hier wird die Differenzierungsthematik wichtig (vgl. GEPPERT/PREUSS 1978, MORAWIETZ 1980, WINKELER 1979) und die Diskussion um einen adaptiven Unterricht (vgl. SCHWARZER/STEINHAGEN 1975).

Modulation meint hier die Variation unterschiedlicher Faktoren, um das Anspruchsniveau so zu gestalten, daß, je nach den Lernmöglichkeiten (-einstellungen, -bedürfnissen, -fähigkeiten), Schülern ein von ihnen zu akzeptierender und ein ihnen zumutbarer Erreichbarkeitsgrad ge-

Anspruchsniveau 77

währleistet ist. Modulationen können sich beziehen auf
- den Stoffumfang,
- den zugestandenen Zeitumfang (zugemutetes Lerntempo, damit auch Zahl der Durchgänge),
- die Art der Vermittlung von Informationen (Sehen, Hören, Lesen, Abschreiben),
- den Grad der Strukturiertheit von gegebenen Problemen (durch Art und Umfang von Lernhilfen und/oder die Art des methodischen Zugangs),
- den Schwierigkeitsgrad der Lernaufgabe, der subjektiv in der Neuartigkeit des Inhaltes oder im Bearbeitungsmodus liegen kann,
- den Grad von erwarteter Selbständigkeit bei der Organisation von individuellen und kooperativen Arbeiten,
- die Art der Bearbeitung (Handlungsebenen, Arbeitsweisen),
- die Art und den Umfang der Lehrerhilfen kognitiver wie emotionaler Art (Zuwendung),
- die Art der Verbalisierung oder den Grad der Formalisierung von Lernergebnissen und die Art der erwarteten Präsentation von Arbeitsergebnissen (eigenständige mündliche oder schriftliche Darstellung, Umsetzung von einer Darstellungsform in eine andere).

Mögen die Modulationsansätze (vgl. SCHMIDT 1976, WINKELER 1979) auf den ersten Blick als didaktische Repertoires erscheinen, die eher dem Methodischen zuzuordnen sind, so gibt es daneben Ansätze, von der Struktur der Disziplin her Konzepte zu entwickeln, die wissenschaftliche Verfahrenselemente und Inhalte zu Erschließungsinstrumenten verbinden (vgl. JUNG 1974). Als Beispiel kann das Konzept von Sprekkelsen u. a. für den naturwissenschaftlichen Sachunterricht in der Grundschule dienen. Methodenorientierte Verhaltensweisen sind hier beispielsweise Beobachten, Vergleichen, Unterscheiden, Messen, Sammeln, Ordnen, Klassifizieren und Systematisieren. Diese sollen nicht sachneutral erarbeitet werden. Drei Basiskonzepte erschließen Physik und Chemie: das Teilchenstrukturkonzept als Vorstellung, alles Materielle aus kleinsten Bausteinen zusammengefügt zu sehen; das Wechselwirkungskonzept als Interpretationsweise, physikalische wie chemische Vorgänge als Wechselwirkungsereignisse zu sehen; das Erhaltungskonzept als Möglichkeit, unverändert bleibende Größen (Masse, Energie) zu bestimmen (vgl. SPRECKELSEN u. a. 1971 ff). Mit solchen Ansätzen bekommt der didaktische Sachverhalt «Anspruchsniveau» eine neue Dimension.

AEBLI, H.: Die geistige Entwicklung als Funktion von Anlage, Reifung, Umwelt- und Erziehungsbedingungen. In: Roth, H. (Hg.): Begabung..., Stuttgart 1969, S. 151 ff. BÖNSCH, M.: Differenzierung des Unterrichts, München [3]1976. GAGNÉ, R. M.:

Die Bedingungen des menschlichen Lernens, Hannover u. a. [2]1970. GEPPERT, K./ PREUSS, E.: Differenzierender Unterricht – konkret, Bad Heilbrunn 1978. HECKHAUSEN, H.: Förderung der Lernmotivierung und der intellektuellen Tüchtigkeit. In: Roth, H. (Hg.): Begabung…, Stuttgart 1969, S. 193 ff. HECKHAUSEN, H.: Motive und ihre Entstehung. In: Weinert, F. E. u. a.: Pädagogische Psychologie, Bd. 1, Frankfurt/ M. 1974, S. 133 ff. JUNG, W.: Naturwissenschaftlicher Unterricht. In: Wulf, Ch. (Hg.): Wörterbuch der Erziehung, München 1974, S. 431 ff. KOHLBERG, L./TURIEL, E.: Moralische Entwicklung und Moralerziehung. In: Portele, G. (Hg.): Sozialisation und Moral, Weinheim/Basel 1978, S. 13 ff. MOLLENHAUER, K.: Sozialisation und Schulerfolg. In: Roth, H. (Hg.): Begabung…, Stuttgart 1969, S. 269 ff. MORAWIETZ, H.: Unterrichtsdifferenzierung, Weinheim/Basel 1980. PIAGET, J.: Psychologie der Intelligenz, Zürich 1947. ROTH, H. (Hg.): Begabung und Lernen. Ergebnisse und Folgerungen neuer Forschungen. Deutscher Bildungsrat: Gutachten und Studien der Bildungskommission, Bd. 4, Stuttgart 1969. SCHMIDT, U.: Bedingungen flexibler Differenzierung. In: Keim, W. (Hg.): Gesamtschule. Bilanz ihrer Praxis, Hamburg [2]1976, S. 217 ff. SCHWARZER, R./STEINHAGEN, K. (Hg.): Adaptiver Unterricht. Zur Wechselwirkung von Schülermerkmalen und Unterrichtsmethoden, München 1975. SPRECKELSEN, K. u. a.: Naturwissenschaftlicher Unterricht in der Grundschule, 6 Bde., Frankfurt/M. u. a. 1971 ff. ULICH, D.: Soziales Lernen – Prozesse auf der Subjektseite. In: Hausser, K. (Hg.): Modelle schulischer Differenzierung, München/Wien/Baltimore 1981, S. 31 ff. WINKELER, R.: Innere Differenzierung, Ravensburg 1979.

Manfred Bönsch

Anthropologie → Pädagogik, phänomenologische

Anthropologie, historische

Begriff und Geschichte. Historische Anthropologie bezeichnete zunächst nicht, wie es die Komponenten des Terminus nahelegen, eine bestimmte, eben historische Art der Befassung mit Anthropologie und auch keine anthropologische Fachrichtung, sondern einen geschichtswissenschaftlichen Ansatz. Seine Entfaltung begann im deutschsprachigen Raum um 1950 als Versuch einer Anthropologisierung von Geschichte (zu den frühen Arbeiten: vgl. NIPPERDEY 1967, 1968; vgl. KÖHLER 1966 und seit 1950 einzelne Beiträge in der Zeitschrift «SAECULUM»). Diese Anfänge sind relativ inhomogen und fast unabhängig von einer Entwicklung entstanden, die im angloamerikanischen und französischen Sprachraum viel früher eingesetzt hatte. So wurde anthropologisch orientierte Geschichtsforschung in der bereits 1935 gegründeten Brüsseler Société Jean Bodin betrieben, seit 1929 in der Historikergruppe um die Zeitschrift «Annales», seit 1958 durch die Chicagoer «Society for Comparative Studies in Society and History» sowie in der Zeitschrift «Comparative Studies in Society and History».

Als im Verlauf der 70er Jahre das Interesse der Geistes- und Sozialwissenschaften in der Bundesrepublik Deutschland an der jüngeren

Anthropologie, historische 79

französischen wissenschaftstheoretischen Tradition insbesondere strukturalistischer Provenienz zu wachsen begann, weil die gesellschaftstheoretische Wende der 60er Jahre an Einfluß verlor, öffnete sich auch in der
Bundesrepublik Deutschland die Geschichtswissenschaft für die historische Anthropologie. Dieses bestand zum einen in der Rezeption der Resultate französischer Mentalitätsgeschichtsforschung (zur Geschichte
der «Annales» und der «Nouvelle Histoire»: vgl. BLOCH u. a. 1977, ERBE
1979) insbesondere in der Nähe der deutschen Sozialgeschichtsforschung (vgl. KOCKA 1977, RÜRUP 1977, RÜSEN 1976), die allerdings eng
mit den durch die sozialwissenschaftliche Orientierung eingegangenen
Verpflichtungen verknüpft blieb. Zum anderen entstanden jetzt erste
eigene theoretische Ansätze im deutschsprachigen Raum (vgl. HEUSS
1973, KÖHLER 1974) sowie Forschungsprojekte in den einschlägigen Institutionen, dem «Institut für Anthropologische Verhaltensforschung» in
Stuttgart, dem «Institut für Historische Anthropologie» in Freiburg (mit
seinen Forschungsberichten in der Reihe «Historische Anthropologie»)
sowie im Max-Planck-Institut für Geschichte in Göttingen (vgl. als
Übersicht SÜSSMUTH 1984).

Kennzeichen. Die vorfindbaren Ansätze, Pläne und Projekte lassen sich
bei aller Differenz im Detail durch einige Gemeinsamkeiten charakterisieren:
- Sie greifen, in der Regel nicht expressiv verbis, zurück auf eine Tradition der Anthropologisierung von Geschichte, die intentional bereits
  bei Herder, Hegel und Burckhardt nachweisbar ist und in Droysens
  wie Diltheys Idee von einer Geschichte in Abhängigkeit von anthropologischen Grundstrukturen im Historismus des 19. Jahrhunderts
  eine erste Ausformung fanden. Diltheys Satz «Der Mensch erkennt
  sich nur in der Geschichte, nie durch Introspektion» (DILTHEY 1968,
  S. 279) verdeutlicht diesen Anspruch. Dieses Urteil kann in Anknüpfung an Kants Einschätzung verstanden werden, der zufolge eine Anthropologie deshalb erschwert wird, weil der Mensch immer (historischen) «Veränderung[en] der Lage» unterliegt, «worein der Mensch
  durch sein Schicksal gesetzt ist» (KANT 1964, S. 401).
- Im Sinne dieser Historizität wird nach langfristigen Transformationen
  grundlegender menschlicher Verhaltensweisen und Persönlichkeits-
  strukturen gefragt, wie es durch die französische Mentalitätenge-
  schichte initiiert wurde (vgl. RAULFF 1987). Dazu gehört auch die Erforschung des Wandels von «Konfigurationen» (vgl. NITSCHKE 1976),
  in denen der Mensch sich als Teil einer Zeit-Körper-Anordnung befindet (→ Zeit).
- Die Bereiche, anhand deren der kulturelle Wandel von menschlichen
  Verhaltensmöglichkeiten und ihrer Aktualisierung untersucht werden

80 Anthropologie, historische

kann, sind elementarer Art. Zu ihnen gehören unter anderen Fragen der menschlichen Reproduktion des Lebens, der Sexualität, des → Lebenslaufs, des → Körpers.

– Diese Themenselektion hat Konseqenzen für die Quellenwahl und die Methode. Es werden, da es nicht mehr um die historischen Taten «großer» Persönlichkeiten, sondern um die beziehungsweise «den» Menschen einer Zeit geht, Quellen herangezogen, die auf den Alltag der Menschen verweisen. Methodisch wird versucht, eine *Rekonstruktion* (von Strukturen und ihrem Wandel), nicht eine Verlaufserzählung von Ereignissen zu leisten.

Kritik und Weiterführung. Historische Anthropologie ausschließlich als Anthropologisierung der Geschichte verstehen zu wollen, greift zu kurz. Diese Sicht enthält zwar die Chance für die Geschichtswissenschaft, nach der Aufmerksamkeitszentrierung auf Gesellschaft, den Blick noch einmal (oder wieder) auf *den* Menschen zu richten. Aber der «Disziplinenkontakt» (LEPENIES 1975) bietet noch eine andere, ebenso wichtige Seite, die über die Gesellschaft hinausweist auf eine mögliche Neuorientierung der Wissenschaften schlechthin. Eine anthropologische Fragestellung noch einmal an andere Wissenschaften zu richten, wird nach der Einsicht in die Unmöglichkeit einer universellen oder normativen Anthropologie (vgl. DUX 1970, SONNEMANN 1969, STRÖKER 1959/60) dann möglich, wenn die vermeintlichen anthropologischen Konstanten als historische erkannt, untersucht und gewissermaßen produktiv gewendet werden. Wenn nämlich der vermeintliche Kern des Menschen als «Gedicht» (KAMPER 1986, S. 19) identifiziert worden ist, als eine «praktisch-theoretische Unterstellung», dann steht einer Fiktionalisierung bei der Rekonstruktion der Geschichte im Rahmen einer historischen Anthropologie nichts mehr im Wege. Geschichte des Menschen müßte, überspitzt formuliert, in diesem Sinne nicht nur erforscht, sondern in der Rekonstruktion gleichsam erfunden werden (vgl. LENZEN 1989). In die Anthropologisierung der Wissenschaften ginge auf diese Weise ein fiktives Moment ein.

Am Beispiel der Erziehungswissenschaft läßt sich diese Perspektive zugleich exemplifizieren und erläutern: Die Rechtfertigung erzieherischer Einwirkung auf das Kind gründet in der Pädagogik seit ihren Anfängen unter anderem auf einer Reihe von anthropologischen Grundannahmen. Zwei der wichtigsten bestanden darin zu behaupten, daß das Kind zwangsläufig erst Kind sein müsse, bevor es ein Erwachsener werden könne (vgl. ROUSSEAU 1963, S. 102) sowie in der Annahme einer «Erziehungstatsache», der zufolge jeder Mensch erzogen werden müsse, um Mensch sein beziehungsweise werden zu können. Die Sicherheit dieser Annahme ist inzwischen durch einen kulturellen Wandel ins Wanken

Anthropologie, historische 81

geraten, der dazu nötigt, heute von einem «Verschwinden der Kindheit» (vgl. POSTMAN 1983) oder einer Entdifferenzierung der Generationengrenzen (vgl. LENZEN 1985) zu sprechen. Wenn diese Analyse tendenziell als richtig anerkannt wird, ist die anthropologische Annahme einer Lebensphase → «Kindheit» in einem universellen Sinne nicht mehr möglich. Es kann lediglich im Sinne normativer Anthropologie gefordert werden, der Mensch *solle* eine Kindheitsphase durchlaufen, um darin erzogen zu werden. Da indessen diese Forderung aber einer kulturellen Wirklichkeit entgegenzustehen beginnt, müßte sie gegen diese Wirklichkeit durchgesetzt werden. Dieser Versuch, der angesichts der Übermacht jener Medien allerdings skeptisch beurteilt werden muß, die das Verschwinden der Kind-Erwachsenen-Differenz verursachen, resorbiert pädagogische Energien, wenn er nicht zum Scheitern verurteilt ist.

Im Rahmen einer historischen Anthropologie, wie sie am «Forschungszentrum für Historische Anthropologie der Freien Universität Berlin» versucht wird (vgl. GEBAUER u. a. 1989), die sich nicht als anthropologische Geschichtswissenschaft, sondern als historische Wissenschaft vom Menschen versteht, welche in das Konzept anderer Wissenschaften eindringt, so auch in die Pädagogik, wäre zu prüfen, ob über die Gestattung eines fiktionalen Überschusses in der Rekonstruktion eine vergangene Wirklichkeit zu erfinden ist, die eine gegenwärtige Realität hinter sich (oder vor sich) zuläßt, deren Aporien (zum Beispiel Kind – Erwachsener) sich dem Glauben an die Machbarkeit von allem, auch des Menschen, verdanken.

BLOCH, M. u. a.: Schrift und Materie der Geschichte, Frankfurt/M. 1977. DILTHEY, W.: Der Aufbau der geschichtlichen Welt in den Geisteswissenschaften. Gesammelte Schriften, Bd. 7, Stuttgart 1968. DUX, G. (Hg.): Philosophische Anthropologie, Frankfurt/M. 1970. ERBE, M.: Zur neueren französischen Sozialgeschichtsforschung, Darmstadt 1979. GEBANER, G.: Historische Anthropologie, Reinbek 1989, S. 127. HEUSS, A.: Zum Problem einer geschichtlichen Anthropologie. In: Gadamer, H.-G./Vogler, P. (Hg.): Neue Anthropologie, Bd. 4, Stuttgart 1973, S. 150ff. KAMPER, D.: Soziologie und Anthropologie. Ihr Verhältnis in systematischer und historischer Hinsicht, Kurseinheit 2. Fernuniversität Hagen, Hagen 1986. KANT, I.: Anthropologie in pragmatischer Hinsicht abgefaßt. Werke in 6 Bänden, hg. v. W. Weischeidel, Bd. 6, Darmstadt 1964. KOCKA, J.: Sozialgeschichte. Begriff – Entwicklung – Probleme, Göttingen 1977. KÖHLER, O.: Erinnerung und Erwartung. In: Rombach, H. (Hg.): Die Frage nach dem Menschen. Aufriß einer philosophischen Anthropologie, Festschrift für Max Müller, Freiburg/München 1966, S. 105ff. KÖHLER, O.: Versuch einer «Historischen Anthropologie». In: SAECULUM 25 (1974), S. 129ff. LENZEN, D.: Mythologie der Kindheit, Reinbek 1985. LENZEN, D.: Melancholie, Fiktion und Historizität. Historische Optionen im Rahmen einer Historischen Anthropologie. In: Gebauer, G. u. a.: Historische Anthropologie, Reinbek 1989, S. 13ff. LEPENIES, W.: Geschichte und Anthropologie. In: Gesch. u. Gesell. 1 (1975), S. 325ff. NIPPERDEY, TH.: Bemerkungen zum Problem einer historischen Anthropologie. In: Die Philosophie und die Wissenschaften. Festschrift für Simon Moser, Meisenheim 1967, S. 350ff. NIPPERDEY, TH.: Kultur-

82 Anthropologie, pädagogische

geschichte, Sozialgeschichte, historische Anthropologie. In: Vjs.f.Soz.- u. Wirtsch-
gesch. 55 (1968), S. 145 ff. Nitschke, A.: Plädoyer für eine alternative Anthropologie.
In: Gesch.u.Gesell, 2 (1976), S. 261 ff. Postman, N.: Das Verschwinden der Kindheit,
Frankfurt/M. 1983. Raulff, U. (Hg.): Mentalitäten-Geschichte. Zur historischen Rekonstruktion geistiger Prozesse, Berlin 1987. Rousseau, J.-J.: Emile oder über die Erziehung, Stuttgart 1963. Rürup, R. (Hg.): Historische Sozialwissenschaft, Göttingen
1977. Rüsen, J.: Für eine erneute Historik. Studien zur Theorie der Geschichtswissen-
schaft, Stuttgart-Bad Cannstatt 1976. Sonnemann, U.: Negative Anthropologie,
Reinbek 1969. Ströker, E.: Zur gegenwärtigen Situation der Anthropologie. In:
Kant-Stud. 51 (1959/60), S. 461 ff. Süssmuth, H.: Historische Anthropologie. Der
Mensch in der Geschichte, Göttingen 1984.

Dieter Lenzen

Anthropologie, pädagogische

Gegenstand und Probleme. Pädagogische Anthropologie als Grundwis-
senschaft ist in der Hinsicht einer Fundamentierung und Zusammenfassung wissenschaftlicher Aussagen über pädagogische Probleme seit dem
Ende der 60er Jahre des 20. Jahrhunderts fast völlig von der (kritischen)
Gesellschaftstheorie abgelöst worden, obwohl sich an der Ausschließ-
lichkeit dieser Orientierung längst Zweifel erhoben haben. Unter Einbeziehung ihrer eigenen Geschichte erscheint es deshalb sinnvoll, (pädagogische) Anthropologie als eine Wissenschaft der «Differenz», als
Wissenschaft eines «beziehungsreichen Unterschiedes» zu fassen (vgl.
Kamper 1973, S. 131 ff). Jeder Versuch, auf einen «einheitlichen Gegenstand» zu kommen (wie es durchaus in den anthropologischen Versuchen seit Kant als Ziel vorschwebte), ist im Vollzug gescheitert. Seit
ihrer Erneuerung nach dem Ersten Weltkrieg verstand sich die herkömmliche Anthropologie als Situationsanalyse, als Basiswissenschaft,
als Handlungstheorie, als Ausdruckslehre.

Dementsprechend sah sie sich vor vier Probleme gestellt: erstens die
Stellung des Menschen in der Welt und seine «Natur» im Verhältnis zur
außermenschlichen Natur präzise zu beschreiben, zweitens eine Basis zu
konstruieren, auf der sich die Resultate der verschiedenen Humanwissenschaften integrieren lassen, drittens praktikable Handlungsmaximen aufzustellen, um der fortschreitenden Diskrepanz von Theorie und Praxis
entgegenzusteuern, und viertens die vorliegenden Selbstinterpretationen
des Menschen, die eine «Kultur» ausmachen, vor dem Hintergrund anderer Kulturen zu verstehen. Man kann heute ohne Übertreibung feststellen, daß Anthropologie bisher in keiner der angegebenen Richtungen erfolgreich war. Entweder verlor sie wegen der Fülle ihrer Resultate die
Übersicht und blieb eklektizistisch oder kündigte als eine forcierte Richtung den Zusammenhang mit den anderen auf. Ihre primäre, von ihr

Anthropologie, pädagogische 83

selbst festgehaltene Absicht einer Restauration des menschlichen Selbstverständnisses hat sie nicht erreichen können. Trotz aller Programme ergab sich weder eine «neue Sicherheit» des Individuums noch ein «gemeinsames Menschenbild», weder eine «allgemeinverbindliche Ethik» noch eine akzeptable «Sinngebung» des menschlichen Lebens. Inzwischen hat sich unter dem Einfluß einer methodologischen Wende, die nicht zuletzt auf den Einfluß der eingangs genannten kritischen Gesellschaftstheorie zurückgeht, der Verdacht verstärkt, daß dieses Scheitern, von mancher Seite für das Ende der Anthropologie überhaupt angesehen, nicht so sehr durch den Widerstand der «Sache» als vielmehr durch einen Kurzschluß in der anthropologischen Methode verursacht ist. Während nämlich die ersten drei Probleme durch den Fortgang der Forschung nur absichtslos verstellt wurden, stieß die Anthropologie im vierten Problem auf eine offensichtlich unüberwindliche Grenze, die Anlaß für eine weitgehende Selbstkritik bot. Im Verfolgen des Sinnverstehens vorliegender historischer, kultureller und sozialer Selbstauslegung entdeckte die Anthropologie sich selbst als eine Weise solcher Explikation, die grundsätzlich keinen Sonderstatus in Anspruch nehmen kann.

Seitdem darf die prinzipiell problematische Grundstellung der anthropologischen Wissenschaften zu ihrem «Gegenstand» nicht mehr übergangen werden. Anthropologie muß ihren eigenen sozialen und historischen Status methodologisch reflektieren. Die Anthropologie steht vor dem Problem, ein «Objekt» zu verstehen, das sich selbst versteht oder schon immer verstanden hat, und sieht sich nun in dieses Selbstverständnis als Moment eingelassen. Zweierlei dürfte damit unmöglich geworden sein oder jederzeit als Regreß in eine vermeidbare Kurzschlüssigkeit sichtbar gemacht werden können: eine «objektive», gegen ihren subjektiven Ausgangspunkt rücksichtslose Humanwissenschaft und eine «schlüssige Theorie» des Menschen. Zwar sprach die herkömmliche Anthropologie, auch auf dem Gebiet der Pädagogik, oft vom «offenen Problem», trug dieser ihrer Sache jedoch methodisch kaum Rechnung. Die Reflexion, die eine absolute, also losgelöste Methode im Horizont der Anthropologie relativiert, muß die Unabschließbarkeit der humanwissenschaftlichen Begriffsbildung demonstrieren. Der Mensch als «offene Frage» erzwingt logisch die offene Fragestellung. Es kann keinen Begriff der menschlichen → Identität, wohl aber den einer «anthropologischen Differenz» geben. Die methodologische Wendung der Anthropologie hat diese Differenz sachlich und methodisch, konkret und transzendental zum Thema. Im Begriff der «anthropologischen Differenz» (vgl. KAMPER 1973, S. 131 ff) kommt sowohl der Mensch, der sich in seinem Selbstverständnis selbst versteht, als auch das Verhältnis von Natur und Geist, Natur und → Kultur, Natur und Gesellschaft, Natur und Ge-

84 Anthropologie, pädagogische

schichte, das eine Selbstkritik der Anthropologie ermöglicht, zum Tragen.

Im speziellen Anbetracht der pädagogischen Anthropologie der 60er Jahre kann man feststellen, daß dieses Resultat sich in den folgenden Ansätzen vorbereitet hat. Grob skizziert lassen sich fünf verschiedene Vorgehensweisen anthropologischen Fragens in der → Pädagogik ausmachen: ein auf Zusammenfassung einzelwissenschaftlicher Befunde gerichteter Ansatz (vgl. FLITNER 1963; vgl. ROTH 1966/1971), ein eher philosophischer Ansatz, der der von PLESSNER (1928) formulierten «offenen Frage» im Detail der Erziehungswirklichkeit nachgeht (vgl. BOLLNOW 1965, DÖPP-VORWALD 1941), ein an der Phänomenologie des Alltagslebens orientierter Ansatz (vgl. FLITNER 1963, LANGEVELD 1964), ein der Dialektik verpflichteter, die Reflexivität ihres Gegenstandes bereits einbeziehender Ansatz (vgl. DERBOLAV 1964, KLAFKI 1964) und ein Ansatz, der einem dialogischen Denken methodisch Rechenschaft zu legen versucht (vgl. ROMBACH 1966, SCHALLER 1964). Die Ansätze stehen in einem komplizierten Zusammenhang gegenseitiger Kritik und Ergänzung.

Der integrale Ansatz. Dieses ist die am wenigsten vermittelte Artikulation des «doppelten» anthropologischen Blicks. Er differenziert die vorliegenden Resultate der einzelwissenschaftlichen Disziplinen unter den beiden Hinsichten → «Bildsamkeit» und «Bestimmung» des Menschen. Sein Integrationsversuch zielt einerseits auf die Einbringung der Fakten und Probleme aller Humanwissenschaften, sofern sie eine pädagogische Relevanz haben, andererseits auf die «Vermittlung» des von ihm selbst angenommenen Unterschiedes der «physiologischen» und «pragmatischen» Anthropologien. Zwischen diesen beiden Zielen des integralen Ansatzes scheint eine Abhängigkeit der Art zu bestehen, daß, jedenfalls bisher, die Realisierung des einen immer auf Kosten des anderen Zieles geht. Entweder gelingt die Integration nach Nachbardisziplinen, dann bleibt das innerpädagogische Problem unbearbeitet liegen, oder die Mühe richtet sich auf das Freilegen des letzteren, dann stehen schließlich die Aspekte des Humanen unvermittelt nebeneinander. Für den ersten Fall mag ROTHS umfangreiches Werk als Beispiel gelten (vgl. 1966/ 1971), für den zweiten das Sammelwerk FLITNERS (vgl. 1963). Nun besteht allem Anschein nach in diesem Abhängigkeitsverhältnis dennoch eine Priorität. Da es sich um einen Ansatz zur *pädagogischen* Anthropologie handelt, muß es vordringlicher sein, denjenigen Unterschied zu klären, den der «Mensch in der Erziehung» dem Blick des Pädagogen bietet. Erst nach einer solchen Klärung scheint es möglich zu werden, die Unterschiede, die durch die verschiedenen wissenschaftlichen Perspektiven gesetzt sind, adäquat zu interpretieren und sinnvoll einzubrin-

Anthropologie, pädagogische 85

gen. Der integrale Ansatz benötigt also die anderen Ansätze gleichsam als Bedingung seiner Möglichkeit.

Der philosophisch-anthropologische Ansatz. Einen Versuch, die in «Bildsamkeit» und «Bestimmung» differenzierte «Ganzheit» des Menschen zu fassen, unternimmt der *philosophisch-anthropologische* Ansatz. Er bedient sich zu diesem Zwecke des in der philosophischen Anthropologie erarbeiteten «Prinzips der offenen Frage» (vgl. PLESSNER 1928), und zwar in der Weise, daß von vornherein auf einen eindeutigen «Begriff» der Ganzheit des Menschen verzichtet wird. Vielmehr interessiert sich die «anthropologische Betrachtungsweise» für das Verhältnis des einzelnen Phänomens zum Ganzen oder, genauer, für das Einzelne mit Rücksicht auf das Ganze. Dadurch, daß eine abschließende Theorie des Menschseins ausdrücklich als Verstoß gegen die Wirklichkeit dieses Menschseins zurückgewiesen wird, ergibt sich eine Fragestellung, die eine Fülle neuer Aspekte des Humanen zum Vorschein bringt. Über die Methode der Auslegung bestehen jedoch, schon innerhalb des Ansatzes, Differenzen, die ohne die folgenden Ansätze nicht mehr zu schlichten sein dürften. Während DÖPP-VORWALD (vgl. 1941) daran festhält, daß pädagogische Anthropologie im Sinne der philosophischen Anthropologie *keine* einzelwissenschaftlich-empirische Disziplin sein könne, erhofft sich LOCH (vgl. 1963) gerade zur Behebung der empirischen Rückständigkeit der Pädagogik von der «anthropologischen Betrachtungsweise» fruchtbare Impulse. Der Streit läuft schließlich auf die Alternative von «empirischer» Hermeneutik und «empirischer» Tatsachenforschung hinaus, welche auch die wissenschaftstheoretische Diskussion innerhalb der Pädagogik zu der genannten Zeit bestimmte. Zur Verminderung der damit zusammenhängenden Gefahr einer Reduktion der Wissenschaft auf pure Methodologie muß die pädagogische Anthropologie noch einmal anders ansetzen.

Der phänomenologische Ansatz. Diese Position stellt solche methodologischen Erwägungen zurück und wird im Sinne des philosophisch-anthropologischen Ansatzes tätig, indem sie die «Selbstverständlichkeit» der Pädagogik einer Revision unterzieht. Das Kriterium dieser Revision ist das Beteiligtsein des Forschers an der Situation, die er erforscht. Es zeigt sich nämlich, daß die Ergebnisse, je nach dem Standpunkt, der eingenommen wird, durchaus verschieden sind, so daß Resultate aus anderen Wissenschaften nicht ohne eine gründliche «Übersetzung» übernommen werden können. Der Pädagoge hat nun, nach der Auffassung von LANGEVELD (vgl. 1964), seinen Standpunkt *innerhalb* des pädagogischen Bezuges (→ Verhältnis, pädagogisches) und kann nur in dem Maße Aussagen von Belang über die Erziehungswirklichkeit machen, als er seinen

86 Anthropologie, pädagogische

in den «Gegenstand» → Erziehung hineinverwickelten Standpunkt akzeptiert. Im Unterschied jedoch zu beiden noch ausstehenden Ansätzen greift der phänomenologische Ansatz in seiner Kennzeichnung der «Situation» und des «Umganges in der Situation» auf das unvermittelte Begriffspaar «Tatsache» und «Norm» (respektive → «Wert») zurück. Der «Mensch in der Erziehung» wird zwar als differenzierte Einheit gesehen, seine nähere Bestimmung jedoch «als Kind», «als Jugendlicher», «als Erwachsener» bleibt undialektisch. Die Kategorien der Unmündigkeit und der Mündigkeit werden selbst noch von «außen», aus einer bestimmten Weltanschauung des Forschers oder aus der ethischen Basis einer Kultur hereingeholt, ohne in ihrer Fragwürdigkeit und Problematik reflektiert zu sein.

Der dialektisch-reflexive Ansatz. Ganz anders verfährt, obwohl von der gleichen Voraussetzung einer Doppelheit des Erzieherischen («Sein» und «Sinn» der Erziehung) ausgehend, der dialektisch-reflexive Ansatz. Er versucht in einer dialektischen Denkbewegung das dialektische Geschehen der Bildung als Selbstverwirklichung des Individuums zu fassen. Dabei ist der → Erzieher in das dialektische Geschehen so hineinverwickelt, daß ohne seinen Bezug zum Zögling → Bildung unmöglich und ein Denken der Bildung ungenau wäre. Es ist nämlich sowohl für die Selbstverwirklichung des Indiviuums als auch für die Durchsichtigkeit des Erzieherischen erforderlich, daß Sein und Sinn der Erziehung möglichst vollständig bestimmt werden. Nur so kann die periagogische Umkehrung des Seinsverständnisses zum Sinnbegreifen (vgl. DERBOLAV 1964, S. 15), die Bildung und Bildungstheorie in gleicher Weise konstituiert, gelingen. Die Voraussetzung für das selbstverantwortliche → Handeln des erzogenen Individuums wie für die vernünftige Praxis des Erziehers ist also eine Theorie. Man kommt erst durch die Selbstabklärung des Wissens, durch einen Reflexionsschritt, zum Gewissen und jenen in der Objektivität untergegangenen Motivationsstrukturen, welche die bildungstheoretische Kategorialforschung zum Thema hat. Immerhin ist dadurch dem «monologischen» Wissenwollen in der Erziehung eine Grenze gesetzt. Das reflexive Selbstverhältnis des Menschen verhindert, daß die Erziehung zu einem Objekt bloßer Tatsachenforschung wird. Sie bleibt auch in der Weise dialogisch, daß Tatsachenforschung und Kategorialforschung «im Gespräch» bleiben müssen, wenn sie den doppelt aspektierten Menschen nicht aus dem Blick verlieren wollen. Die «anthropologische Differenz» wechselt, da das Individuum in seiner Selbstverwirklichung als «monadisch» angenommen wird, von der «Objektseite» auf die Seite der Methode hinüber. Der Unterschied von empirischer und kategorialer Forschung kann nämlich nicht mehr aufgehoben werden.

Der dialogische Ansatz. Dieses Konzept besteht im wesentlichen in der Kritik am dialektisch-reflexiven Ansatz, und zwar an dessen Annahme, daß die in der Erziehungssituation sich auslegende dialogische Struktur «zu Ende gedacht» werden könne und müsse. Der dialogische Ansatz setzt an die Stelle der dialektischen Theorie eine Kritik des Theoretischen, die auf einem Engagement beruht. Dieses Engagement ist die Erziehung als «Anspruch» und «Entsprechung» (vgl. SCHALLER 1964), als «Mögen» und «Durchbruch zur eigenen Möglichkeit» (vgl. ROMBACH 1966). Demgegenüber erscheinen alle Versuche, die eine Seite der Differenz, also die Seite der «Bestimmung«, des «Wesens», der «Norm», des «Sinns» oder «Sollens», abstrakt theoretisch zu fassen, als vergebliche und unangebrachte Bemühungen. Das einzige Resultat, das erbracht werden kann, ist die negative Abhebung. Dadurch, daß auf eine Bestimmung dessen, was «Bildung» sei, verzichtet wird, hat man nicht etwa auf Bildung verzichtet, sondern ihr im Gegenteil (nach Auffassung der Dialogiker) eine Chance gegeben. Es wird immer deutlicher, daß nicht zuletzt diejenige Sorge um den Menschen, die sich seines «Wesens» angenommen hat, um es theoretisch «aufzuheben», eminent inhumane Folgen zeitigt. Das beliebige verbale Verfügen über Normen und Werte hat zweifellos das Schwinden ihrer Gültigkeit mitverursacht. Von daher muß der Verzicht auf Reflexion, der ein reflektierter Verzicht ist, verstanden werden. Die Problematik des Menschen ist damit keineswegs verkürzt. Vielmehr rückt die Doppelheit des Menschen in der Erziehung, da sie weder als solche «phänomenologisch» gesetzt noch als solche «dialektisch» aufgehoben wird, von sich her in eine schärfere Kontur. Eines ist es, die Abstraktionen der Erziehungswirklichkeit, die zunächst antinomisch auftreten, dialektisch vermittelnd zu konkretisieren, ein anderes, den Widerspruch aufzudecken, der für die Abstraktion des Wirklichen verantwortlich und abstrakt eben unaufhebbar ist. Diesen Widerspruch kann Dialektik zwar sichtbar machen, gewachsen aber ist ihm nur die konkrete dialogische Praxis.

Die in jedem Ansatz anders zur Geltung kommende «anthropologische Differenz» ist keine Struktur, der irgendeine «Superwissenschaft» zugeordnet wäre. Es gibt keine nochmalige Relativierung der referierten Ansätze in einem größeren Horizont. Das hieße nach einem abstrakt dialektischen Muster verfahren und die Ansätze zu «Vorstufen» degradieren. Die «anthropologische Differenz» hat lediglich die Funktion, den verschiedenen Zugängen zum thematisierten Problem ihren bezogenen Aspektcharakter vor Augen zu halten. Sie ist die reflektierte «Rücksicht auf den Menschen in der Erziehung». Das bedeutet jedoch, daß ein Fortschritt in der Anthropologie, der qua definitionem ein Fortschritt in der Klärung der Problematik ist, an diesem Komplex ansetzen müßte. Die Notwendigkeit, das Problem des Menschen in seiner vollen Differen-

88 Antipädagogik

ziertheit zu stellen und sich ihm zu stellen, kann also nur durch die strukturale Klärung der «anthropologischen Differenz» einsichtig werden».

Die einzig realistische Konsequenz aus dieser Einsicht in die Unabschließbarkeit der humanen Struktur beziehungsweise der strukturalen Anthropologie ist die Suspendierung von «Standpunkt»-Philosophien und «Positions»-Wissenschaften, welche Strukturen systematisch verzerren. Das Sich-Einlassen auf die Dynamik der «Differenz» heißt notwendig ein Hinausgehen über theoretisch «verifizierbare» oder «falsifizierbare» Hypothesen. Anthropologie-Kritik muß praktisch werden, weil nur in der Praxis das Kriterium der Kritik eingelöst werden kann. Ihre Tragweite reicht über eine Hypothesen-Wissenschaft hinaus. Als Kritik des Abstrakten und der Abstraktion ist sie gerade durch ihre äußerste theoretische Zuspitzung unmittelbar politisch und somit in das, was geschieh, hoffnungslos hineinverwickelt.

Bollnow, O. F.: Die anthropologische Betrachtungsweise in der Pädagogik, Essen 1965. Derbolav, J.: Kritische Reflexionen zum Thema «Pädagogische Anthropologie». In: P.Rsch. 18 (1964), S. 751 ff. Döpp-Vorwald, H.: Erziehungswissenschaft und Philosophie der Erziehung, Berlin 1941. Flitner, A. (Hg.): Wege zur pädagogischen Anthropologie, Heidelberg 1963. Höltershinken, D. (Hg.): Das Problem der Pädagogischen Anthropologie im deutschsprachigen Raum, Darmstadt 1976. Kamper, D.: Neuere Ansätze zu einer pädagogischen Anthropologie, Berlin 1971. Kamper, D.: Geschichte und menschliche Natur, München 1973. Klafki, W.: Dialogik und Dialektik in der gegenwärtigen Erziehungswissenschaft. In: Z.f.P. 10 (1964), S. 513f. Langeveld, M. J.: Studien zur Anthropologie des Kindes, Tübingen 1964. Loch, W.: Die anthropologische Dimension der Pädagogik, Essen 1963. Marquardt, O.: Anthropologie. In: Ritter, J./Gründer, K. (Hg.): Historisches Wörterbuch der Philosophie, Bd. 1, Basel/Stuttgart 1971, Spalte 362 ff. Plessner, H.: Die Stufen des Organischen und der Mensch, Berlin/Leipzig 1928. Rombach, H.: Philosophischer Ansatz zum Erziehungsgeschehen. Rekonstitutionsphilosophie und Strukturpädagogik. In: Rombach, H. (Hg.): Die Frage nach dem Menschen, Freiburg/München 1966, S. 261 ff. Roth, H.: Pädagogische Anthropologie, 2 Bde., Hannover 1966/1971. Schaller, K.: Anthropologische Perspektiven der Pädagogik. In: P. Rsch. 18 (1964), S. 365 f.

Dietmar Kamper

Anthroposophie → Waldorfpädagogik

Antipädagogik

Begriff. Der Begriff Antipädagogik kennzeichnet einen Ansatz, der durch eine radikale Kritik an der Pädagogik auf sich aufmerksam gemacht hat sowie durch die Forderung: «Schafft die Erziehung ab!». Erziehung erscheint in dieser Sichtweise als ein Geschehen der Manipula-

Antipädagogik 89

tion, Deformation und «Entselbstung» der kindlichen Persönlichkeit durch Erwachsene (→Indoktrination). Die herkömmliche Theoriebildung kläre diesen Sachverhalt nicht auf, sondern trage zu seiner Verschleierung und Perpetuierung bei.

Der Theoriebeitrag der Antipädagogik läßt sich nicht eindeutig im erziehungswissenschaftlichen Spektrum verorten. Die praktischen Bemühungen betreffen zum einem die Schaffung einer «neuen Eltern-Kind-Beziehung» (vgl. v. Schoenebeck 1982). Zum anderen wird angestrebt, die rechtliehe Stellung der Kinder zu verbessern bis hin zu dem Bemühen, die völlige rechtliche Gleichstellung von Kindern und Erwachsenen zu erreichen.

Geschichte. Vorläufer dieser radikalen Erziehungskritik finden sich bei der von Illich am Ende der 60er Jahre des 20. Jahrhunderts in den USA eröffneten Debatte über das institutionalisierte Schulsystem. Diesem wurde vorgeworfen, mit einem professionalisiert arbeitenden Pädagogenstand →Lernen und →Erziehung aus der Verfügungsgewalt und dem Bedürfnishorizont der Betroffenen zu entziehen. Die hieraus abgeleitete Forderung nach →*Entschulung der Gesellschaft* will sehr wohl Prozesse des Lernens bestehen lassen, ja sogar fördern, dies jedoch nicht unter dem Einfluß fremdbestimmter →Institutionen, sondern in eigener Anregung und Steuerung durch Lernwillige und Lernanbieter (Lernbörse).

Den als schädigend empfundenen institutionellen Kontext untersuchen auch die Beiträge zur Antipsychiatrie, die seit Ende der 60er Jahre von Szasz, Basaglia, Laing, Becker, Scheff und anderen vorliegen. In direkter Anknüpfung an dort entwickelte Überlegungen haben Mannoni (vgl. 1976) und Kupffer (vgl. 1974) die Abläufe in pädagogischen Institutionen analysiert und somit von der Antipsychiatrie zur Antipädagogik weitergeleitet. In dem Beitrag von Kupffer, der 1974 erstmalig im deutschsprachigen Raum die antipädagogische Position formulierte, wird beispielsweise äußerst kritisch auf die bestehenden Hierarchien in der →Heimerziehung hingewiesen, die in dieser Form nicht pädagogische Erfordernisse, sondern gesellschaftliche Zwänge repräsentierten.

Konzentrierten sich die Anfänge der Debatte auf die institutionalisierte Pädagogik, die durch vielerlei Einflußfaktoren als deformiert galt, so wurde diese Perspektive in den Arbeiten von v. Braunmühl (vgl. 1975), Rutschky (vgl. 1977), Miller (vgl. 1979, 1981) und v. Schoenebeck (vgl. 1982) verlassen und nun Erziehung *generell* einer radikalen Kritik unterzogen. Die in dieser Schärfe bisher beispiellosen Angriffe forderten zu Beginn der 80er Jahre Vertreter der Pädagogik heraus, sich in Auseinandersetzung mit den antipädagogischen Argumen-

90 Antipädagogik

ten der eigenen Grundlagen und Anliegen zu vergewissern (vgl. FLITT-NER 1982, OELKERS/LEHMANN 1983, WINKLER 1982). Die Antipädago-gik hat sich mit der von diesen Autoren vorgetragenen Kritik auseinan-dergesetzt (vgl. v. SCHOENEBECK 1985); die ursprüngliche Position wurde nun sogar «Jenseits von Pädagogik und Antipädagogik» (vgl. v. BRAUNMÜHL 1986) neu formuliert, und die auseinanderführenden Ent-wicklungen in den eigenen Reihen werden offen angesprochen (vgl. v. BRAUNMÜHL 1988, S. 183 ff).

Positionen/Modelle. Es empfiehlt sich, die antipädagogische Argumen-tation jeweils gesondert bei den einzelnen Autoren zu verfolgen. Die für den deutschsprachigen Raum repräsentativen Beiträge entwickeln ihre Aussagen etwa mit Bezug auf die psychoanalytische Denktradition (Mil-ler), im Anschluß an Untersuchungen von Ariès und Elias zur Geschichte von Kindheit und Erziehung im Kontext der Entstehung der bürger-lichen Gesellschaft (Rutschky) oder gehen von einer phänomenologi-schen Kennzeichnung von Erziehung als «Basisphänomen» aus (v. Braunmühl). Umfangreiche praktische Aktivitäten werden vom Förder-kreis «Freundschaft mit Kindern» organisiert, der eigens mit der Ziel-setzung gegründet wurde, eine «konstruktive antipädagogische Lebens-führung» (v. Schoenebeck) zu begründen.

Erziehung als Machtausübung (v. Braunmühl). Ansatzpunkt der Analyse ist bei v. Braunmühl ein Erziehungsbegriff, von welchem → Un-terricht, → Bildung, Ausbildung, Versorgung und Unterstützung de-finitorisch abgegrenzt und ausdrücklich nicht in die Kritik einbezogen werden. Die solcherart bestimmte Erziehung beinhalte ein Machtver-hältnis, in welchem der Erwachsene dem Kind seinen Willen aufzwingt. Dies werde ideologisch vertuscht, indem eine *Erziehungsbedürftigkeit* des Kindes behauptet wird. Dem unterliege eine Entstellung des wahren Sachverhaltes: korrekt sei lediglich, eine Lern-, nicht aber eine Erzie-hungsbedürftigkeit beim Kinde vorauszusetzen. Lernen sei jedoch ein aktiver, vom Individuum selbst gesteuerter Prozeß im Gegensatz zu der von den Erwachsenen bestimmten Erziehung. Das Postulat von der Er-ziehungsbedürftigkeit könne sich trotz erwiesener Unrichtigkeit mit sol-cher Hartnäckigkeit behaupten, da tatsächlich nicht das Kind, sondern der Erwachsene das erziehungsbedürftige Wesen sei: Er brauche das Kind als Projektionsfläche zum Ausleben der in der eigenen Erziehung entstandenen Haß-, Rache- und Inferioritätsgefühle. Ein bereits beim Säugling ausgebildetes, qua Existenz gegebenes Autonomiestreben (→ Autonomie) werde durch die pädagogische Ambition mißachtet, un-terdrückt und deformiert.

Erziehung als Manipulation des Lebendigen (Miller). Miller bezieht sich in ihrer Untersuchung auf die Bedürfnisstruktur des (Klein-)Kindes. Für eine gesunde Entfaltung seiner Persönlichkeit sei es darauf angewiesen, in allen seinen Verhaltensanteilen von den Personen seiner Umgebung akzeptiert zu werden. Durch die erzieherische Einstellung werde dies jedoch verhindert, da hier dem kindlichen Sosein mit Sollensforderungen begegnet werde. Das Kind lerne somit frühzeitig, einen Teil der eigenen Persönlichkeit abzuspalten und vor sich selbst zu verleugnen. Das «Drama des begabten Kindes» (vgl. MILLER 1979) resultiere daraus, daß gerade das besonders einfühlsame und aufnahmebereite Kind seine Fähigkeiten dahingehend entwickele, die Anforderungen und Erwartungen der Erwachsenen aufzuspüren und ihnen nachzukommen. Hierfür werde jedoch ein hoher Preis gezahlt, da die abgespaltenen Persönlichkeitsanteile nicht konstruktiv in die Identitätsentwicklung einbezogen werden. Zugleich verhindere der gesellschaftlich abgesicherte Mechanismus des «Du sollst nicht merken» (MILLER 1981), daß das Kind sich über die erlittenen Mißhandlungen Klarheit verschaffe und diese seine Erkenntnis zum Ausdruck bringe.

Erziehung als Reflex des verinnerlichten Vernunftzwanges (Rutschky). Rutschky beabsichtigt, über die Rekonstruktion des Zivilisationsprozesses das Auftreten der Erziehung in einer bestimmten Phase der historischen Entwicklung verständlich zu machen. Bedeutsam sei hierfür die Herausbildung des typisch neuzeitlichen Sozialcharakters, der den Wegfall der ehemals handlungsleitenden äußeren Instanzen durch den Aufbau einer inneren Verhaltenssteuerung ersetzte. Forciert wurde dieser Prozeß durch den Aufstiegskampf des Bürgertums, das durch die Verinnerlichung eines Vernunftzwanges und die Modellierung der eigenen Persönlichkeit bestrebt war, den Adel, dessen Stellung auf Herkunft und Besitz beruhte, gesellschaftlich zu überrunden. Die permanente Anforderung der Triebunterdrückung und Affektkontrolle erzeuge beim einzelnen Angst und die ständige Bedrohung des Mißlingens. In dieser Situation mißbrauche der Erwachsene das Kind als das «frühere Selbst, das immer neu unterworfen werden muß» (RUTSCHKY 1977, S. XLVII) zum Ausagieren der eigenen, unbewältigten Konflikte.

Jenseits von Erziehung: Freundschaft mit Kindern (v. Schoenebeck). Die antipädagogische Umorientierung knüpft beim Erwachsenen an, der infolge der eigenen Erziehung von Selbsthaß, Egoismus und Kriegsbereitschaft erfüllt sei. Er soll dazu veranlaßt werden, sein «Erziehungsschicksal» abzulegen. Dies erfolgt zunächst durch Aufklärung über das pädagogische Denken und Handeln. Sodann sei es unerläßlich, «eine emotionale Umorientierung in sich geschehen zu lassen» (v. SCHOENEBECK 1983, S. 540). Hierzu dient die antipädagogische →Gruppendynamik. Sie verhelfe dem einzelnen dazu, seine Kindheitswahrheiten in sich zu entdecken. Der antipädagogisch orientierte Erwachsene lehnt es ab, für die →Entwicklung und das Wohlergehen der mit ihm lebenden Kin-

92 Antipädagogik

der Verantwortung zu übernehmen, vielmehr sei das Kind von Geburt an dazu in der Lage, über seine Bedürfnisse Auskunft zu geben und seine Umgebung so anzuregen, daß ihm geholfen werde. Der Erwachsene geht mit dem Kind so um, wie er sich gerade fühlt (vgl. v. Schoenebeck 1983, S. 540).

Einschätzung. Die Auseinandersetzung mit der Antipädagogik greift die Argumentationsweise auf, indem die Aufeinanderfolge und die Stimmigkeit der einzelnen Ableitungsschritte geprüft und widerlegt werden. Dies führte beispielsweise zu dem Vorwurf gegen Miller, ein bei Freud vielschichtig konzipiertes Persönlichkeitsmodell und eine komplexe Mutter-Kind-Beziehung (→ Mutter) in unzulässiger Weise verkürzt rezipiert zu haben (vgl. Flitner 1982, S. 52). Der antipädagogischen Vision von einer Welt ohne Erziehung wurde die Aussage entgegengesetzt, man könne nicht nicht erziehen, da jede Begegnung zwischen Erwachsenen und Kind bereits Erziehung beinhalte. Liegt somit die Überzeugungskraft der antipädagogischen Argumentation sicherlich nicht in ihrer theoretischen Stimmigkeit begründet, so stellt sich doch die Frage, weshalb sie Erzieher und Pädagogen in ihren Bann zieht. Als Erklärung hierfür wurde auf ihre entlastende Wirkung hingewiesen: Der immense pädagogische Anspruch wird angesichts der tatsächlichen Zustände im erzieherischen Alltag als Ideal entlarvt und darüber hinaus von den Adressaten zurückgewiesen. Die Antipädagogik bewahrt die pädagogisch Tätigen davor, an diesen Umständen zu verzweifeln. Allerdings wird dem einzelnen hierfür im Gegenzug das Bekenntnis zu einer Art Glaubensgemeinschaft abverlangt, die in der Fixierung auf eine beim Kind vermeintlich elementar angelegte positive Kraft letztlich die Erneuerung der Menschheit erhofft.

Braunmühl, E. v.: Antipädagogik. Studien zur Abschaffung der Erziehung, Weinheim/Basel 1975. Braunmühl, E. v.: Der heimliche Generationenvertrag. Jenseits von Pädagogik und Antipädagogik, Reinbek 1986. Braunmühl, E. v.: Nachwort zur Neuausgabe. In: Braunmühl, E. v.: Antipädagogik, Weinheim/Basel ⁵1988, S. 277 ff. Flitner, A.: Konrad, sprach die Frau Mama... Über Erziehung und Nichterziehung, Berlin 1982. Kupffer, H.. Antipsychiatrie und Antipädagogik. Erziehungsprobleme in der ‹totalen Institution›. In: D. Dt. S. 66 (1974), S. 591 ff. Mannoni, M.: Scheißerziehung. Von der Antipsychiatrie zur Antipädagogik, Frankfurt/M. 1976. Miller, A.: Das Drama des begabten Kindes und die Suche nach dem wahren Selbst, Frankfurt/M. 1979. Miller, A.: Du sollst nicht merken. Variationen über das Paradies-Thema, Frankfurt/M. 1981. Oelkers, J./Lehmann, Th.: Antipädagogik. Herausforderung und Kritik, Braunschweig 1983. Rutschky, K.: Einleitung. In: Rutschky, K. (Hg.): Schwarze Pädagogik. Quellen zur Naturgeschichte der Erziehung, Berlin/Frankfurt/Wien 1977, S. XVII ff. Schoenebeck, H. v.: Unterstützen statt erziehen. Die neue Eltern–Kind-Beziehung, München 1982. Schoenebeck, H. v.: «Freundschaft mit Kindern» – die konstruktive antipädagogische Lebensführung. In: Westerm. P. Beitr. 35 (1983), S. 540. SCHOENEBECK, H. v.: Antipädagogik im Dialog. Eine Einführung in antipädagogisches Denken, Weinheim/Basel 1985. WINKLER, M.: Stichworte zur Antipädagogik, Stuttgart 1982.

Gerda Simons-Schneider

Antrieb, angstbezogener → Angst
Antrieb, aufgabenbezogener → Angst
Äquilibrationsmodell (Piaget) → Kompetenz – Performanz
Arbeit → Freizeitpädagogik; → Handeln; → Institution; → Schicht, soziale
Arbeit, freie → Montessoripädagogik
Arbeiterbildung → Erwachsenenbildung
Arbeiterbildungsverein → Erwachsenenbildung
Arbeitsfeld, pädagogisches → Berufsfeld, außerschulisches (Pädagogen)
Arbeitskräftebedarfsansatz → Bildungsökonomie
Arbeitslehre → Berufswahl
Arbeitspädagogik → Berufs-/Wirtschaftspädagogik
Arbeitsplatzanalyse → Qualifikation – Qualifikationsforschung
Arbeitsschulbewegung → Reformpädagogik
Arbeitsschule → Erziehung, sozialistische
Arrangement → Struktur
Arrangement (für Lernprozeß) → Methode
artes liberales → Allgemeinbildung – Berufsbildung
Artistenfakultät → Studium Generale
Arzneimittelmißbrauch → Droge
Assimilation → Kompetenz – Performanz; → Sozialisation
Ästhetik → Bildung, ästhetische
Aufbau → Struktur
Auffälligkeit, soziale → Verwahrlosung
Aufforderung (zur Selbsttätigkeit) → Pädagogik, systematische
Aufgabenfeld → Fach – Fächerkanon
Aufgabenlösungsprozeß → Projekt

Aufklärung

Begriff. Das Wort Aufklärung wird heute und wurde auch von Autoren der Zeit, die wir die der «Aufklärung» nennen, nicht einheitlich verwendet. Sehr formal kann man es (nicht nur) in der Pädagogik in mindestens drei verschiedenen Weisen gebrauchen. *Erstens* verweist es auf einen Prozeß, in dem Sachverhalte «geklärt» werden, menschliche Unwissenheit überwunden wird, Einsicht die bloße Meinung oder Vermutung oder das Vorurteil ablöst. Die Gesellschaft geht beispielsweise mit ihrer nachwachsenden Generation so um, daß sie sie der «Sexualaufklärung» für bedürftig hält, und parlamentarische Untersuchungsausschüsse bemühen sich um «Aufklärung» intransparenter «Vorgänge». *Zweitens* ist «Aufklärung» ein Begriff zur Bezeichnung der geschichtlichen Epoche vom Ende des 17. bis zum Ende des 18. Jahrhunderts, also in etwa des Zeitraums von Lockes «Gedanken für Erziehung» (1693) bis Niemeyers «Grundsätze der Erziehung und des Unterrichts» (1796). Als solcher Epochenbegriff hat er sich Ende des 19. Jahrhunderts eingebürgert und eine Fülle thematisch und methodisch unterschiedlicher Forschungsergebnisse hervorgebracht, die theologische und philosophische, geistes- und sozialgeschichtliche, pädagogische und kulturgeschichtliche Aspekte der Aufklärung betreffen (vgl. Pütz 1978). Schließlich ist *drittens,* nicht zuletzt seiner Dauerpräsenz durch die zweite Verwendungsweise geschuldet, «Aufklärung» auch Ende des 20. Jahrhunderts ein Begriff mit unüberhörbar normativen Implikationen. Aufklärung heißt dann auch das Streben nach menschlicher → Autonomie, Vertrauen in die eigene Vernunft. Kants am Ende der Epoche formuliertes Diktum faßte das so zusammen: «Aufklärung ist der Ausgang des Menschen aus seiner selbstverschuldeten Unmündigkeit. Unmündigkeit ist das Unvermögen, sich seines Verstandes ohne Leitung eines anderen zu bedienen. Selbstverschuldet ist diese Unmündigkeit, wenn die Ursache derselben nicht am Mangel des Verstandes, sondern der Entschließung und des Mutes liegt, sich seiner ohne Leitung eines anderen zu bedienen. Sapere aude! Habe Mut, dich deines Verstandes zu bedienen! ist also der Wahlspruch der Aufklärung. Faulheit und Feigheit sind Ursachen, warum ein so großer Teil der Menschen, nachdem sie die Natur längst von fremder Leitung freigesprochen, dennoch gerne zeitlebens unmündig bleiben, und warum es anderen so leicht wird, sich zu deren Vormündern aufzuwerfen. Es ist so bequem, unmündig zu sein» (Kant 1964, S. 53). Gegenüber diesem Verhältnis von Aufklärung ist eine indifferente Haltung schwer realisierbar, es fordert Zustimmung oder Ablehnung. Suggestiv unterstützt wird das von der dem Wort eigenen Lichtmetaphorik, die sich in den entsprechenden Ausdrücken anderer Sprachen ebenfalls wiederfindet, so im englischen «enlightenment» oder «to enlighten», im französischen «les lumières» beziehungsweise «éclairer» (zur Wort- und Begriffsgeschichte: vgl. Schalk 1971, Stuke 1972). Im folgenden geht es um die *zweite* Verwendungsweise des Begriffs.

Aufklärung und Pädagogik. Sowenig es einen einheitlichen Gebrauch des Wortes «Aufklärung» gab und gibt, sowenig gibt es *die* Pädagogik der Aufklärung oder *die* aufklärerische Pädagogik. Dennoch lassen sich Gemeinsamkeiten in den Ansichten über Erziehung finden, die den meisten pädagogischen Theoretikern des 18. Jahrhunderts mehr oder minder akzeptabel schienen. Blankertz hat diese Gemeinsamkeiten so formuliert: Erstens: «Erziehung liegt in der Hand des Menschen». Zweitens: Sie «führt in das wirkliche Leben, und das wirkliche Leben erfordert ausdrücklich Erziehung». Drittens: «Es gibt die Methode der richtigen Erziehung». Viertens: «Erziehung kann das Kind als Kind (nicht nur als kleinen Erwachsenen) sehen». Fünftens: Die «Erziehungsbedürftigkeit begründet die Forderung nach allgemeiner Schulpflicht». Sechstens: «Die Schule löst sich aus der Bevormundung der Kirche» (BLANKERTZ 1982, S. 28ff).

Dieser Grundbestand aufklärerischen pädagogischen Denkens konnte in materialistischen Ansätzen (Helvetius) ebenso wirksam sein wie in christlichen Pädagogiken oder im realistischen Denken von Locke; er ist mit theologiekritischen Motiven, die für die Aufklärung insgesamt charakteristisch (aber nicht dominierend) sind, so gut vereinbar wie mit der Forderung nach religiöser Demut; er ist, politisch betrachtet, egalitär interpretierbar, wurde aber tatsächlich fast durchweg berufsständisch gedeutet; das Zeitalter der Aufklärung, das sich bei BAUR (1790, S. 345) «pädagogisches» nennen darf, hat erzieherisch, zumindest in Deutschland, an der alten politischen Ordnung nur ungern gezweifelt.

Dabei zeigt dieses «pädagogische» Jahrhundert politische und ökonomische Veränderungen, die für Unterrichtung und →Erziehung folgenreicher waren als manches theoretische System über Erziehung. Hier ist die im 17. und 18. Jahrhundert einsetzende Auflösung der mittelalterlichen Einheit von Staat und Gesellschaft zu nennen. Der «moderne», absolutistische Staat erzwingt in den größeren deutschen Regionen und in Frankreich den Primat «staatlicher» Gewalt gegen die Stände und damit zugleich Finanzhoheit. Zu seiner Subsistenz, das heißt vor allem der des (jetzt) stehenden Heeres und anderer «öffentlicher» Aufgaben (Infrastruktur), benötigt er die Legitimation und Durchsetzungskraft zur Steuererhebung. Auch daraus erwächst eine immer umfangreicher werdende Bürokratie, die auf fachliche Schulung angewiesen ist. In dem Maße, in dem die Zentralgewalt obsiegt, verlieren die Stände ihre politische Rolle und werden dem Landesherrn unterstellt. Zur Sicherung dieser Struktur dehnt der Staat in der Tendenz seine Hoheitsgewalt auch auf das Bildungssystem aus, indem er ihm öffentliche Aufgaben zuerkennt: «– die fachliche Schulung der Beamten eben dieses Staates; – die Ertüchtigung des Stadtbürgers für Gewerbe und Handel dieses Staates; – die Sozialdisziplinierung der ländlichen Sozialschichten für Gutsherrschaft und Militärdienst. Das Bildungswesen gehört damit in den Zusammenhang der ‹staatlichen› Unternehmungen, die entpolitisierte, ‹neue› Gesellschaft zu entfalten und auf ‹staatliche› Zwecke hin zu aktivieren» (LUNDGREEN 1980, S. 29). In Preußen wird 1717 die Schulpflicht eingeführt (für Kinder, an deren Wohnort eine Schule überhaupt existiert), das ist die Erfüllung einer Forderung, die Comenius genau 60 Jahre vorher bereits erhoben hatte.

Aber strukturell bedeutsam wird dieser Vorgang für das Verständnis von Erziehung und ihre gesellschaftliche Verortung erst, wenn zugleich die vierte der oben angeführten Gemeinsamkeiten aufklärerischer Pädagogik sich geltend macht: Das Kind ist nicht ein kleiner Erwachsener, sondern es hat eine eigene Welt, eine eigene kindliche Vernunft, auf die mit eigenen, speziellen Mitteln einzugehen ist. Dadurch wird nun, was seine rationale Durchdringung und seine Verfügbarkeit angeht, der Bereich der Erziehung gegenüber der Gesellschaft insgesamt und gegenüber anderen gesellschaftlichen Bereichen wie Politik, Ökonomie, Moral oder Wissenschaft *verbesondert,* und zugleich, durch die Einführung der Schulpflicht, *universalisiert.* «Pädagogik der Aufklärung» ist vor allem auch Ausdruck und Moment dieses epochalen Vorgangs.

Wenn man die religionskritische Seite des späten 17. und des 18. Jahrhunderts überbetont, die vor allem in England stark ausgebildet war, kann die Erwähnung pietistischer Pädagogik in Zusammenhang mit «Aufklärung» fragwürdig erscheinen. Dann repräsentiert diese Spielart des Protestantismus vor allem Aspekte aufklärerisch zu überwindender Dogmatik: Erbsündenlehre und Bekehrungsglaube. Aber das ist nur eine Seite des Pietismus, so wie Religions- und Kirchenkritik (letztere vehement auch im Pietismus) nur eine Seite der Aufklärung sind. Das zeigt sich im pädagogischen Werk A. H. Franckes (zum folgenden: vgl. MENCK 1969). Dem Pietismus ging es zunächst in der Tat vor allem um religiöse Erneuerung. In seiner Sicht dominiert im lutherischen Dogmatismus statt Frömmigkeit Buchstabenglauben, statt Gewissen die Bekenntnisformel. Francke setzt dagegen auf Herzensfrömmigkeit, auf die Erforschung des Gewissens, die dem Erleben der Bekehrung vorarbeiten soll. Er beschreibt so eine Wende zur Innerlichkeit, zur Reflexion des einzelnen auf sich selbst. Gegen seine Intention könnte man sogar von «‹Subjektivierung› der Religion» reden, denn der überkommene theologische Wahrheitsanspruch findet jetzt tendenziell eine Grenze in der Innigkeit individuellen Erlebnisses. Die «Empfindsamkeit» des 18. Jahrhunderts wäre dann eine Art säkularisierte subjektive Frömmigkeit (vgl. PÜTZ 1978, S. 69). Dem steht entgegen, daß Innerlichkeit dem pietistischen Pädagogen auch Härte, Unterdrückung der inneren Natur des Kindes bedeutet. Die Erbsünde zeichnet den Menschen als bösen. «Pädagogisch» heißt das: Brechung des bösen Eigenwillens und ständige Aufsicht, Strafen, Verbot von Spiel und Freizeit. Der Disziplinierung nach innen entspricht die nach außen. Der Pietismus redet einem kräftigen Tatchristentum das Wort, das die Meisterung des Lebens primär als Arbeit, also ökonomisch, versteht. →Unterricht ist daher Vorbereitung auf das Arbeitsleben, Berufs- und Standeserziehung. Die pietistische

Einkleidung der Legitimation von Innerlichkeit und ökonomischer Erfolgsorientierung mag aufklärungsfremd, ja -feindlich klingen, aber Triebunterdrückung im Namen der Moral oder Religion, verbunden mit «nützlichem» Realismus sind charakteristisch für die gesamte Epoche. Dazu gehört auch das praktische Interesse und Engagement für Reformen von Schule, Kranken- und Waisenhaus, das Francke in Halle realisierte.

Die für die Aufklärung oft als exemplarisch angesehene Pädagogik ist die philanthropische. Sie erlebt ihre Blütezeit im letzten Viertel des 18. Jahrhunderts. Sie kommt zwar, was Arbeit, Beruf und Stand angeht, praktisch zu den selben Ergebnissen wie Franckes Pietismus, aber sie führt dieses Programm mit anderen theoretischen Mitteln durch, auf ungleich breiterer Basis, mit bis dahin in Erziehungssachen nicht gekannter Publikationsfreudigkeit und breiter Wirkung. Vor allem aber steht zwischen Pietismus und den Philanthropen das Werk Rousseaus.

Wie immer es sich mit der «Entdeckung der →Kindheit» verhält, Rousseaus «Emile», 1762 erschienen, führt vor, daß das Kind gegenüber dem Erwachsenen eigen-artig ist, und daß diese Eigenart unbedingt zu respektieren ist. In kulturkritischer Distanz zur Gesellschaft des Ancien régime gilt Rousseau «Natur» sowohl als Ziel wie auch als Weg («Gang der Natur») der Erziehung. Sofern sie nicht gestört wird, zeigt die →Entwicklung des Kindes eine natürliche Abfolge aufeinander aufbauender Stufen, die ihren Wert in sich selbst haben, nicht nur mediatisiertes Durchgangsstadium sind. In dieser Stufung bildet sich Vernunft zuallerletzt aus. Der Versuch, diese natürliche Abfolge abzukürzen, zu beschleunigen oder zu überspringen, also im Kind doch nur den kleinen Erwachsenen zu sehen, zeigt nach Rousseau nur erwachsene Borniertheit: «Die Natur will, daß Kinder Kinder sind, ehe sie Männer werden. Kehren wir diese Ordnung um, so erhalten wir frühreife Früchte [...] Die Kindheit hat eine eigene Art zu sehen, zu denken und zu fühlen, und nichts ist unvernünftiger, als ihr unsere Art unterschieben zu wollen» (ROUSSEAU 1972, S. 69; Auslassung: A. L.). Wie Rousseau Kindheit als eigenen →Wert konzipiert, so wendet er sich dagegen, die Gegenwart des Kindes einer ungewissen Zukunft aufzuopfern. Kindheit soll nicht Mittel anderweitiger Zwecke sein, nicht instrumentell verstanden werden. Die kulturelle und politische Kehrseite dieses Modells hat Rousseau gleich zu Beginn des «Emile» deutlich gemacht. Erziehung zum natürlichen Menschen und Erziehung zum Bürger schließen einander aus: «Der natürliche Mensch ruht in sich. Er ist eine Einheit und ein Ganzes; er bezieht sich nur auf sich oder seinesgleichen. Als Bürger ist er nur ein Bruchteil, der vom Nenner abhängt, und dessen Wert in seiner Beziehung zum Ganzen liegt, d. h. zum Sozialkörper [...] Wer innerhalb der bürgerlichen Ordnung seine natürliche Ursprünglichkeit bewahren

98 Aufklärung

will, der weiß nicht, was er will. Im Widerspruch mit sich selbst, zwischen seinen Neigungen und Pflichten schwankend, wird er weder Mensch noch Bürger sein [...] Er wird ein Mensch von heute sein [...] ein Nichts» (ROUSSEAU 1972, S. 12 f; Auslassungen: A. L.).

Die Philanthropen folgen in vielem Rousseau, nicht seiner Gesellschaftskritik. Der «Emile» wird im Hauptwerk der aufklärerischen deutschen Pädagogik, der von J. H. Campe herausgegebenen «Allgemeinen Revision des gesamten Schul- und Unterrichtswesens», ins Deutsche übersetzt, aber seine philanthropischen Popularisierer lesen ihn aus dem Blickwinkel ihrer aufklärerischen Moral, und die setzt nicht auf Autonomie, sondern auf Glückseligkeit und Vollkommenheit des einzelnen wie seines Standes. Sie folgen seiner Lehre von der zu respektierenden natürlichen Entwicklung der menschlichen Natur und der Eigenwertigkeit des Kindes und geben die berufsständische Mediatisierung der Erziehung dennoch nicht auf. Wie das zusammengeht, zeigt Campe (zum folgenden: vgl. CAMPE 1785): Er unterscheidet zunächst ursprüngliche von abgeleiteten Kräften des Menschen, etwa den gemeinen Verstand als Vermögen deutlicher Vorstellungen einerseits, und den gelehrten, wissenschaftlichen Verstand andererseits. Die ursprünglichen Kräfte sind, im Unterschied zu den nicht wesentlichen, nicht notwendigen abgeleiteten Kräften, unmittelbar in der menschlichen Natur gegründet, und also notwendig und wesentlich. Ziel des Erziehens (→ Erziehungsziel) ist die Herbeiführung eines Gleichgewichts unter den ursprünglichen Kräften («ebenmäßige Ausbildung»), und zwar auf dem individuell höchst möglichen Grad der Ausbildung. Begründet wird das ganz rousseauistisch mit der Bemerkung, die Natur verfahre, so sie nicht gestört werde, in der Entfaltung der Kräfte ebenfalls ebenmäßig. Eine solche Zielsetzung habe noch nie jemandem schaden können. Umgekehrt sei sie von großem Nutzen, denn die gleichmäßige Leichtigkeit in der Betätigung aller Kräfte des Menschen steigere die erreichbare individuelle und gesellschaftliche Glückseligkeit ebenso, wie sie der Vervollkommnung von Stand, Beruf und Arbeit dienlich sei, erhöhe somit die Brauchbarkeit im bürgerlichen Leben! Davon, daß die Erziehung auf den Stand zielt, war bei Rousseau freilich nicht die Rede. Und daß die Steigerung menschlicher Möglichkeiten per se zur Vervollkommnung und Verbesserung der menschlichen Dinge führt, wäre dem Theoretiker der «perfectibilité», die Fortschritt und zugleich Entfremdung ermöglicht, schlicht naiv vorgekommen. Aber Campe «gelingt» die Vermittlung von Berufsstandorientierung und ebenmäßiger Ausbildung aller Kräfte aller Menschen durch eine funktionale Bildungstheorie mit «realistischen» Inhalten: Der Erziehungsgrundsatz der ebenmäßigen Ausbildung gilt für alle, wird aber realisiert an unterschiedlichen Gegenständen. Der künftige Bauer übe und entfalte seine ursprünglichen Kräfte an landwirtschaft-

Aufklärung 99

lichen Gegenständen, der künftige Beamte an... So bleibt der Grundsatz egalitär, seine Realisierung berufsständisch.

Die Leistungen der philanthropischen Pädagogik liegen aber nicht nur darin, der erzieherischen und politischen Wirklichkeit eine passende → Theorie zu formulieren. Sie haben vielmehr über den engen Rahmen von «Theorie» hinaus «Erziehung» zu einer Sache öffentlichen Interesses und allgemeiner Diskussion gemacht. Sie haben «Versuchsschulen» gegründet, so zuerst Basedow in Dessau das sogenannte Philanthropin, das der Gruppe später den Namen geben sollte. Sie haben Schul- und Elternbücher verfaßt und nicht zuletzt, trotz Rousseaus Verdikt, eine neue, «kindgemäße» Kinder- und Jugendliteratur hervorgebracht (vgl. Ewers 1980).

Aufklärungskritik. Zur Aufklärung gehört die Aufklärungskritik. Sie war anfänglich vorherrschend konservativ-religiös eingestellt. Auch der Pietismus hat ihr kräftig zugearbeitet. Sie ist, ab Mitte des 18. Jahrhunderts, bei dem «Aufklärer» G. E. Lessing um eine geschichtliche Reflexion des Standes der Aufklärung bemüht, ohne ihren humanen Anspruch zu relativieren. Kants Erkenntnislehre ist ebenso aufklärungskritisch wie seine Ethik. Die Kritik wird härter unter dem Eindruck der französischen Revolution, so in Schillers Briefen über die «ästhetische Erziehung des Menschen», auch weil man meinte, Revolution und Aufklärung verhielten sich zueinander wie Folge und Grund. Romantik und Idealismus spielen ihren neuen Vernunftbegriff gegen die bloße «Verstandesaufklärung» aus. Unter im engeren Sinne pädagogischen Aspekten ist Niethammers Aufklärungskritik interessant, die er in seiner Kampfschrift über den «Streit des Philanthropinismus und des Humanismus in der Theorie des Erziehungsunterrichts unserer Zeit» (1808) übt. Bemerkenswert ist zweierlei. Niethammer assoziiert «Aufklärung» nicht mit Licht, Helle und Vernunft, sondern mit «Erdgeist», Dunkel und «Entgeistung». Und er identifiziert «Aufklärung» und philanthropische Pädagogik. Mit der ersten Polemik war er auf Dauer nicht erfolgreich, mit der zweiten hat er Schule gemacht. Niethammer war es auch, der den (häßlichen) Namen des «Philanthropinismus» als Sammelbezeichnung der Pädagogen um Rochow, Campe, Basedow und Salzmann kreierte. Seitdem sind aufklärerische und philanthropische Pädagogik (oft) Synonyme.

Dieselbe Epoche, so Niethammer, die unter ihrem «großen Impulsator» (Friedrich der Zweite) zu einer «höchstnötigen und höchstwohltätigen Geistes – Revolution» fand, «durch welche der Geist der Trägheit und der müßigen Spekulation verbannt, das Reich des Aberglaubens erschüttert, [...] das Denken frei gemacht worden» ist (Niethammer 1808, S. 16f; Auslassung: A. L.) – dieselbe Epoche zeigt zugleich «*unter dem Namen von Aufklärung* ein Rückschreiten der wahren Cultur, ein Haß alles rein Geistigen, Idealen, in Kunst und Wissenschaft» (Niethammer 1808, S. 18). Das ist der Geist des Philanthropinismus, der alle «Aufklärung in der Leerheit von schimpflichem Aberglauben» sucht und «alle geistige Tätigkeit auf dieses Ausleeren» (Niethammer 1808, S. 31) beschränkt. Zustimmend zitiert Niethammer seinen neuhumanistischen Gesinnungsfreund Evers, der ein Jahr zuvor die realistische, auf Glückseligkeit und Nützlichkeit abstellende philanthropische Theorie unter der Überschrift «Schulbildung zur Bestialität» abgehandelt hatte (vgl. Niethammer 1808, S. 47 f). Da meldete sich lautstark der Bildungsdünkel des 19. Jahrhunderts, der «Allgemeinbildung» statt niederer «Berufsausbildung» (so die Tendenz bei Niethammer) proklamierte (→ Allgemeinbildung – Berufsbildung). Über diese Tradition ist «Aufklärung» in der Pädagogik mit dem späten 20. Jahrhundert verbunden. Im Gegenzug nimmt der Begriff Elemente der «klassischen» deutschen Bildungslehre der Goethezeit auf, und wird dadurch, und in eins mit Nietzsches Kritik an ihm (vgl. Stuke 1972, S. 340), mehr oder minder endgültig ein Begriff, zu dem man meint, sich bekennen zu müssen, oder den man, nicht selten mit hohen Folgekosten, mitsamt seinem normativen Überschwang, den er so nun einmal hat, abweist. Solange das so ist, bleibt «Aufklärung» präsent.

Auch in der Erziehungswissenschaft ist die jüngere Diskussion über Aufklärung, Aufklärungskritik, die Moderne beziehungsweise Postmoderne (im Überblick: vgl. Huyssen/Scherpe 1986, Welsch 1987) in ersten Ansätzen aufgegriffen worden (vgl. Benner/Göstemeyer 1987, Jung u. a. 1986, Lenzen 1987, Oelkers 1987).

Baur, S.: Charakteristik der Erziehungsschriftsteller Deutschlands, Leipzig 1790 (Nachdruck Vaduz 1981). Benner, D./Göstemeyer, K.-F.: Postmoderne Pädagogik. Analyse oder Affirmation eines gesellschaftlichen Wandels? In: Z. f. P. 33 (1987), S. 61 ff. Blankertz, H.: Geschichte der Pädagogik von der Aufklärung bis zur Gegenwart, Wetzlar 1982. Campe, J. H.: Von der nötigen Sorge für die Erhaltung des Gleichgewichts unter den menschlichen Kräften. In: Allgemeine Revision des gesamten Schul- und Erziehungswesens von einer Gesellschaft praktischer Erzieher, Bd. 3, Hamburg 1785, S. 291 ff. Ewers, H.-H.: Einleitung. In: Ewers, H.-H. (Hg.): Kinder- und Jugendliteratur der Aufklärung, Stuttgart 1980, S. 5 ff. Huyssen, A./Scherpe, G. R. (Hg.): Postmoderne. Zeichen eines kulturellen Wandels, Reinbek 1986. Jung, Th. u. a.: Vom Weiterlesen der Moderne. Beiträge zur aktuellen Aufklärungsdebatte, Bielefeld 1986. Kant, I.: Beantwortung der Frage: Was ist Aufklärung? Werke in 6 Bänden, hg. v. W. Weischedel, Bd. 6, Frankfurt/M. 1964, S. 53 ff. Lenzen, D.: Mythos, Metapher und Simulation. Zu den Aussichten Systematischer Pädagogik in der Postmoderne. In: Z. f. P. 31 (1987), S. 42 ff. Lundgreen, P.: Sozialgeschichte der deutschen Schule im Überblick, Göttingen 1980. Menck, P.: Die Erziehung der Jugend zur Ehre Gottes und zum Nutzen des Nächsten, Wuppertal 1969. Niethammer, F. I.: Der Streit des Philanthropinismus und Humanismus in der Theorie des Erziehungsunterrichts unserer Zeit, Jena 1808. Oelkers, J.: Die Wiederkehr der Postmoderne. Pädagogische Reflexionen zum neuen Fin de siècle. In: Z. f. P. 33 (1987), S. 21ff. Pütz, P.: Die deutsche Aufklärung, Darmstadt 1978. Rousseau, J.-J.: Emil oder über die Erziehung, Paderborn 1972. Schalk, F.: Aufklärung. In: Historisches Wörterbuch der Philosophie, hg. v. J. Ritter u. K. Gründer, Bd. 1, Basel/Stuttgart 1971, Spalte 620ff. Stuke, H.: Aufklärung. In: Geschichtliche Grundbegriffe, hg. v. O. Brunner u. a., Bd. 1, Stuttgart 1972, S. 243ff. Welsch, W.: Unsere postmoderne Moderne, Weinheim 1987.

Alfred Langewand

Aufklärungskritik → Aufklärung
Aufmerksamkeit → Anschauung
Aufnahmeprüfung → Prüfung
Aufsichtspflicht → Schulrecht
Aufstiegs-Weiterbildung → Weiterbildung
Ausbildung, berufliche → Allgemeinbildung – Berufsbildung;
   → Ausbildungsberuf; → Berufswahl; → Bildungssystem
   (Bundesrepublik Deutschland)
Ausbildung, schulische → Bildungssystem (Bundesrepublik
   Deutschland); → Schule; → Unterricht
Ausbildungsbeihilfe → Ausbildungsförderung; → Berufsberatung

Ausbildungsberuf

Rechtssituation und Begriffsbestimmung. Das Berufsbildungsgesetz (BBiG) vom 14. 8. 1969 führte den Terminus «Ausbildungsberuf» als Rechtsbegriff ein. Es bestimmte ihn aber nicht durch eine Legaldefinition. Der Ausbildungsberuf wird im BBiG lediglich seinem Zweck nach charakterisiert: Ausbildungsberufe dienen gemäß § 25 BBiG als Grundlage für eine geordnete und einheitliche Berufsausbildung. Die staatliche Anerkennung und die Aufhebung der Anerkennung von Ausbildungsberufen erfolgt durch Rechtsverordnungen des Bundesministers für Wirtschaft (BMWi) oder des sonst zuständigen Fachministers im Einvernehmen mit dem Bundesminister für Bildung und Wissenschaft. Handwerke, das heißt die in der Anlage A der Handwerksordnung (HwO) aufgelisteten Gewerbe, sind gemäß § 25 HwO zugleich staatlich anerkannte Ausbildungsberufe. Inhaltlich-curricular sind die staatlich anerkannten Ausbildungsberufe durch die nach § 25 BBiG oder § 25 HwO erlassenen Ausbildungsordnungen geregelt. Für die vor dem Erlaß des BBiG anerkannten Ausbildungsberufe gelten gemäß § 108 BBiG oder § 122 HwO bis zum Erlaß von Ausbildungsordnungen die bisherigen Regelungen fort.

Zwischen den im BBiG gebrauchten Begriffen «Ausbildungsberuf»,

102   Ausbildungsberuf

«Ausbildungsordnung» und «Berufsausbildung» besteht eine wechselseitige Beziehung, denn der staatlich geregelte und betrieblich durchzuführende Ausbildungsgang wird als Ausbildungsberuf, die Rechtsverordnung, die diesen Ausbildungsgang materiell bestimmt, als Ausbildungsordnung und der pädagogische Vorgang, der danach durchzuführen ist, als Berufsausbildung bezeichnet.

Jugendliche unter 18 Jahren dürfen nach § 28, Abs. 2 BBiG nur in anerkannten Ausbildungsberufen ausgebildet werden.

Der Ausbildungsberuf ist ein Konstrukt, mit dessen Hilfe technische, wirtschaftliche, gesellschaftliche und pädagogische Anforderungen zum Ausdruck gebracht werden, die der Staat für die Berufsausbildung Jugendlicher verbindlich vorgibt. Ausbildungsberufe stellen Qualifikationsbündel auf Facharbeiter-/Fachangestelltenniveau dar und werden inhaltlich-curricular in Ausbildungsordnungen festgelegt.

Geschichtlicher Rückblick. Für die durch die arbeitsteilige Differenzierung entstandenen Berufe entwickelte sich früh die Ausbildungsform der Lehre. Obwohl die betriebliche Berufsausbildung und ihre berufsständische Regelung durch Zünfte oder Gilden eine jahrhundertelange Tradition aufweisen, wurde erst zu Beginn dieses Jahrhunderts damit begonnen, die Berufsausbildung in der Weise zu ordnen, daß ein verbindlicher Katalog von Fertigkeiten und Kenntnissen festgelegt wurde, der in einer bestimmten Ausbildungszeit zu vermitteln war. Dieser Ansatz zur Ordnung der Berufsausbildung orientierte sich zwar am Ideal der handwerklichen Lehrlingsausbildung, betraf aber zunächst den industriellen Bereich. Der 1908 gegründete Deutsche Ausschuß für Technisches Schulwesen (DATSCH) stellte im Jahre 1911 «Leitsätze für die Erziehung und Ausbildung des Nachwuchses der Facharbeiterschaft für die mechanische Industrie» auf. HEILANDT (vgl. 1926) veröffentlichte eine erste Liste von Facharbeiter-Grundberufen. Sie umfaßte 53 Berufe, die sich untereinander in fachlich-inhaltlicher Hinsicht unterschieden und sich ihrem Qualifikationsniveau nach gegenüber den Spezialarbeiterberufen (Angelernten) und Hilfsarbeiterberufen (Ungelernten) abgrenzten. Die Facharbeiterberufe wurden durch ein Berufsbild charakterisiert, das sowohl das Arbeitsgebiet beschrieb als auch die während der Ausbildung zu vermittelnden Fertigkeiten und Kenntnisse auflistete. Mit der Entwicklung von Facharbeiterberufen wurde zugleich eine vertikale und horizontale Berufsdifferenzierung sowie eine Vereinheitlichung des Ausbildungsniveaus und eine Anhebung des Ausbildungsstandards angestrebt. Um diese komplexe Zielsetzung durchsetzen zu können, entwickelte der DATSCH ferner Prüfungsanforderungen, die – wie die Berufsbilder – von der «Reichsgruppe Industrie» und der «Arbeitsgemeinschaft der Industrie- und Handelskammern» anerkannt wurden.

Die allgemeine und einheitliche Anwendung der Ordnungsmittel (hierzu gehörten auch die Berufsbildungspläne) in der betrieblichen Ausbildungspraxis war dadurch gewährleistet, daß die Industrie- und Handelskammern mit der organisatorischen Regelung und Überwachung der Berufsausbildung betraut wurden. Sie ließen Lehrverhältnisse nur in anerkannten Lehrberufen zu und führten auch nur für sie Abschlußprüfungen durch. Der DATSCH entwickelte im Jahr 1937 Leitsätze, in denen die Bedingungen für die Anerkennung von Facharbeiterberufen aufgelistet waren. Die ursprüngliche Zielsetzung, eine relativ beschränkte Anzahl (etwa 100) von Facharbeiterberufen anzuerkennen, ließ sich gegenüber den Fachorganisationen nicht verwirklichen (1944 bestanden 333 Lehrberufe). Gegen Ende der 30er Jahre kam die Ordnung von Anlernberufen hinzu. Die Angelernten (Spezialarbeiter) sollten sich von den Gelernten (Facharbeiter) darin unterscheiden, daß sie für ein selbständiges, begrenztes Spezialgebiet kürzer und damit schneller, aber dennoch gründlich auszubilden waren, die Facharbeiter sollten hingegen für ein vielseitiges berufliches Einsatzgebiet durch gründliche praktische und theoretische Schulung vorbereitet werden. Die Ordnung der Anlernberufe erfolgte ebenfalls durch Ordnungsmittel. Der Begriff Ausbildungsberuf galt schon zu dieser Zeit als Oberbegriff für Lehrberuf und Anlernberuf. Die letzte vom Reichsinstitut für Berufsausbildung in Handel und Gewerbe (Nachfolgeorganisation des DATSCH) im Jahre 1944 veröffentlichte Liste beinhaltete 599 anerkannte Lehr- und Anlernberufe für Industrie und Handel, davon waren 266 Anlernberufe. Die Unterscheidung zwischen Lehr- und Anlernberufen wird seit dem Erlaß des BBiG nicht mehr getroffen, unbeschadet der Tatsache, daß es auch heute noch zweijährige Ausbildungsberufe gibt, die ein anderes Qualifikationsniveau als drei- und dreieinhalbjährige Ausbildungsberufe ausweisen.

Die Entwicklung industrieller Ausbildungsberufe blieb nicht ohne Auswirkungen auf die Ordnung der handwerklichen Ausbildungsberufe. Die Organisationen des Handwerks erarbeiteten insbesondere für diejenigen der 227 durch Rechtsverordnung (Gewerbeverzeichnis von 1934) festgelegten Handwerke «Fachliche Vorschriften für das Lehrlingswesen und die Gesellenprüfung», die eine breit angelegte und umfassende Berufserziehung erforderten. Die handwerklichen Ordnungsmittel wurden vom Reichswirtschaftsminister durch Erlaß anerkannt. Prinzipiell galten für die Entwicklung von Ausbildungsberufen in allen Bereichen dieselben Konstruktionsmerkmale: Die Ausbildungsberufe sollten eine grundlegende, umfassende, planmäßig gestaltete, einzelbetrieblich unabhängige Berufsausbildung bieten, um den Ausgebildeten eine vielseitige berufliche Einsatzfähigkeit, Freizügigkeit (Mobilität) und Austauschbarkeit (Substitution) zu gewährleisten. Selbst wenn die

104 Ausbildungsberuf

Bemühungen um diese Ordnungsgrundsätze teilweise durch die politischen, wirtschaftlichen und gesellschaftlichen Verhältnisse konterkariert wurden, blieben diese Ziele der Ordnungsarbeit kontinuierlich bestehen und fanden schließlich im BBiG ihren Niederschlag. In der Zeit nach 1945 bis zum Inkrafttreten des BBiG erfolgte – ausgehend von einer durch die britische Militärregierung eingeführten Regelung (vgl. ZIERTMANN 1953) – die Anerkennung der Ausbildungsberufe durch Erlaß des Bundesministers für Wirtschaft, wobei etwa seit 1966/67 diese Erlasse im förmlichen Einvernehmen mit dem Bundesminister für Arbeit und Sozialordnung ergangen sind. Die Ordnungsarbeit leistete in jener Zeit die Arbeitsstelle für Betriebliche Berufsausbildung (ABB), eine von Arbeitgeberorganisationen getragene Institution. Das gemäß § 60 BBiG errichtete Bundesinstitut für Berufsbildungsforschung (BBF) löste die ABB in dieser Funktion ab. Im Rahmen seines gesetzlichen Auftrages hatte das BBF auch die Entwicklung der Ausbildungsberufe durch Forschung zu fördern. Das am 23. 12. 1981 erlassene Berufsbildungsförderungsgesetz (BerBiFG) erweiterte in § 6, Abs. 2, Nr. 1 (wie bereits zuvor das 1980 aufgehobene Ausbildungsplatzförderungsgesetz von 1976) diesen gesetzlichen Auftrag noch dahingehend, daß das zum Bundesinstitut für Berufsbildung (BIBB) umgewandelte Institut nunmehr auch auf Weisung des zuständigen Bundesministers bei der Vorbereitung von Ausbildungsordnungen mitzuwirken hat. Die Entwicklung und Vorbereitung von Ausbildungsordnungen ist also Forschungs- und Weisungsaufgabe des BIBB.

Ausbildungsordnungen – Charakterisierung der Ausbildungsberufe. In § 25, Abs. 2 BBiG sind diejenigen Sachverhalte vorgegeben, die eine Ausbildungsordnung mindestens festzulegen hat und damit einen Ausbildungsberuf charakterisieren:
– die Bezeichnung des Ausbildungsberufes,
– die Ausbildungsdauer; sie soll nicht mehr als drei und nicht weniger als zwei Jahre betragen,
– die Fertigkeiten und Kenntnisse, die Gegenstand der Berufsausbildung sind (Ausbildungsberufsbild),
– eine Anleitung zur sachlichen und zeitlichen Gliederung der Fertigkeiten und Kenntnisse (Ausbildungsrahmenplan),
– die Prüfungsanforderungen.
In einer Ausbildungsordnung kann ferner vorgesehen werden, daß berufliche Bildung durch Fernunterricht zu vermitteln ist. § 25, Abs. 2 HwO gibt außer der Ausbildungsberufsbezeichnung (sie wird bei Handwerksberufen durch die Anlage A zur Handwerksordnung bestimmt) dieselben Regelungssachverhalte einer Ausbildungsordnung an. Gemäß § 27 BBiG und § 26a HwO kann die Ausbildungsordnung auch fest-

legen, daß die Berufsausbildung in geeigneten Einrichtungen außerhalb der Ausbildungsstätte durchgeführt wird, wenn und soweit es die Berufsausbildung erfordert. Neben diesen gesetzlichen Bestimmungen gibt es weitere, für die Gestaltung von Ausbildungsordnungen wesentliche Vorgaben; sie betreffen beispielsweise das Erstellen eines betrieblichen Ausbildungsplanes, die Führung eines Berichtsheftes, die Eignung der Ausbildungsstätte. Schließlich enthalten Ausbildungsordnungen als Rechtsverordnungen auch gesetzestechnische Angaben wie Aussagen über die Rechtsgrundlage, den Geltungsbereich, die Aufhebung bisher geltender Vorschriften, die Übergangsregelung, das Inkrafttreten.

Die gemeinsame Zielsetzung von Betrieb und Schule als Institutionen der dualen Berufsausbildung erfordert eine inhaltlich-curriculare Abstimmung der betrieblichen Ausbildungsordnungen und schulischen Rahmenlehrpläne. Aufgrund der Verfassungsrechtslage mußte hierüber zwischen Bund und Ländern eine Vereinbarung getroffen werden; sie ist in dem sogenannten Gemeinsamen Ergebnisprotokoll vom 30. 5. 1972 (vgl. KMK 1973) festgelegt. Ein auf dieser Basis am 8. 8. 1974 beschlossenes Verfahren zur Entwicklung und Abstimmung von Ausbildungsordnungen und Rahmenlehrplänen sieht vor, daß in getrennten Arbeitssitzungen von Sachverständigen des Bundes und Rahmenlehrplankommissionen der KMK Ausbildungsordnungs- und Rahmenlehrplanentwürfe eigenverantwortlich erarbeitet und daß in gemeinsamen Sitzungen dieser Arbeitsgremien die Entwürfe beider Ausbildungsvorschriften miteinander abgestimmt werden. Dieses Abstimmungsverfahren beginnt mit der Einbringung eines Projektantrages im Koordinierungsausschuß (für Ausbildungsordnungen und Rahmenlehrpläne) und endet mit der Empfehlung zum gemeinsamen Erlaß der beiden abgestimmten Ausbildungsvorschriften, die dann nach dem rechtsförmlichen Erlaßverfahren gemeinsam im Bundesanzeiger veröffentlicht werden.

Sozial- und berufspolitische Aspekte. Die sozial- und berufspolitische Bedeutung der Ausbildungsberufe war neben der berufspädagogischen bereits in der Zielsetzung ihrer Entwicklung (zum Beispiel Berufsabgrenzung) angelegt. Die an der Ordnung der Berufsausbildung Beteiligten gingen aber davon aus, daß nicht allein den in einer Lehre Ausgebildeten die Facharbeitereigenschaft zuzuerkennen ist, sondern auch solchen Beschäftigten, die während langjähriger Berufstätigkeit dieselben Fertigkeiten und Kenntnisse erworben haben. Diese Auffassung hat sich generell auch im Sozial- und Tarifrecht durchgesetzt. Dem Ausbildungsberuf kommen nach wie vor in sozialer Hinsicht entscheidende Funktionen zu. Das gesellschaftliche Ansehen, die Eröffnung von Lebens- und Sozialchancen, die soziale Sicherheit einer Person werden in hohem Maße durch Art, Dauer und Umfang der Berufsausbildung mitbestimmt. Beispielsweise sind Absolventen von Ausbildungsberufen weniger häufig von Arbeitslosigkeit bedroht als Ungelernte, sie haben Anspruch auf den Nachweis hinreichend qualifizierter Berufstätigkeiten, staatliche Förderung bei Umschulungs- und Weiterbildungsmaßnahmen, Rente im Fall einer Berufsunfähigkeit, eine bestimmte tarifliche Eingruppierung bei einer ausbildungsentsprechenden Beschäftigung.

Die Einbindung der Ausbildungsberufe in das Spannungsfeld tarif-, sozial- und berufspolitischer Interessen und die mit einem Ausbildungsberuf erwerbbaren Berechtigungen lassen umgekehrt auch den Ausbildungsberuf zum Vehikel werden (zum Beispiel Bemühungen um die Anerkennung von Berufstätigkeiten als Ausbildungsberuf), um für eine bestimmte Gruppe von Berufstätigen diese Berechtigungen zu erlangen. Zur Objektivierung der Entscheidung über die Neuentwicklung oder das Fortbestehen von Ausbildungsberufen hat der BUNDESAUSSCHUSS FÜR BERUFSBILDUNG (vgl. 1975) in einer Empfehlung vom 25.10.1974 «Kriterien für die Anerkennung und die Beibehaltung anerkannter Ausbildungsberufe» aufgestellt, die – den DATSCH-Leitsätzen vergleichbar – den Entscheidungsträgern eine Beurteilungsgrundlage bieten sollen. Sie lauten:

«– Hinreichender Bedarf an entsprechenden Qualifikationen, der zeitlich unbegrenzt und einzelbetriebsunabhängig ist,
– Ausbildung für qualifizierte, eigenverantwortliche Tätigkeiten auf einem möglichst breiten Gebiet,
– Anlage auf dauerhafte, vom Lebensalter unabhängige berufliche Tätigkeit,
– breit angelegte berufliche Grundbildung,
– Möglichkeit eines geordneten Ausbildungsganges,
– ausreichende Abgrenzung von anderen Ausbildungsberufen,
– Operationalisierbarkeit der Ausbildungsziele,
– Ausbildungsdauer zwischen zwei und drei Jahren,
– Grundlage für Fortbildung und beruflichen Aufstieg,
– Erwerb von Befähigung zum selbständigen Denken und Handeln bei der Anwendung von ‹Fertigkeiten und Kenntnissen›.»

Diese – wenn auch interpretationsfähigen – Kriterien sind von den Initiatoren der Entwicklung von Ausbildungsberufen (meist Arbeitgeber- und Arbeitnehmerorganisationen) ebenso zu berücksichtigen wie von dem mit der Entwicklung von Ausbildungsordnungen befaßten BIBB und dem Verordnungsgeber selbst. Wegen der hohen gesellschaftlichen Bedeutung der Ausbildungsberufe hat der Verordnungsgeber bisher nur Ausbildungsordnungen erlassen, die in ihren wesentlichen Bestimmungen vom Konsens der an der Berufsausbildung Beteiligten getragen waren. Zu den klärungsbedürftigen Sachverhalten in diesem Zusammenhang gehören folgende Fragen: Welche bestehenden Ausbildungsberufe

Ausbildungsberuf 107

sollen in die Neuordnung einbezogen werden? Welche und wieviel neue Ausbildungsberufe sollen entwickelt werden? Welche Konzeption soll die neue Ausbildungsordnung aufweisen? Wie lange soll der Ausbildungsgang dauern? Wie soll der neue Ausbildungsberuf bezeichnet werden?

Bildungspolitische Bedeutung. Mit der Entwicklung der Ausbildungsberufe werden gleichzeitig einerseits individuelle Erwartungen und gesamtgesellschaftliche Erfordernisse sowie andererseits bildungs- und beschäftigungssystembezogene Anforderungen und Bedingungen zu realisieren versucht. Mit der Anerkennung des Beruflichen als Bildungskategorie und der stärkeren Einbeziehung der Ausbildungsberufe in die Sekundarstufe II des Bildungssystems rückte der Ausbildungsberuf aus seiner primären Wirtschafts- und Arbeitsrechtbezogenheit heraus und wurde in stärkerem Maße zum Gegenstand staatlicher Bildungspolitik. Fragen, die die Berufsausbildung als Ganzheit betreffen, die jedoch die Zuständigkeitsbereiche von Bund und Ländern berühren (Ordnungskompetenz des Bundes für die betriebliche Berufsausbildung und der Länder für die schulische Berufsausbildung), wie beispielsweise die Frage der Abstimmung von Ausbildungsordnungen und Rahmenlehrplänen, der Ausbildungsorganisation (zum Beispiel Berufsgrundschuljahr), der sogenannten Lernortzuweisung von Ausbildungsinhalten, der Gleichstellung und Anrechnung schulischer Ausbildungsgänge treten damit in den Vordergrund. Bei der Klärung solcher Fragen ist zu berücksichtigen, daß für die schulische und betriebliche Berufsausbildung unterschiedliche pädagogische und rechtliche Rahmenbedingungen bestehen und sich bildungspolitische Entscheidungen im schulischen Bereich unmittelbar auf die Gestaltung der betrieblichen Berufsausbildung auswirken und umgekehrt.

Im Rahmen seiner ordnungspolitischen Maßnahmen und im Hinblick auf die Konzentration der Ausbildungsberufe hat der BMWi bis 1969 275 Ausbildungsberufe gestrichen. Seit Erlaß des BBiG wurde ihre Zahl von 606 im Jahr 1971 auf 382 im Jahr 1988 reduziert (vgl. BUNDESINSTITUT FÜR BERUFSBILDUNG 1988). Ein Indiz für die Bedeutung eines Ausbildungsberufes ist die Zahl der abgeschlossenen Ausbildungsverhältnisse. Neben diesem quantitativen Merkmal sind, wie die Kriterien verdeutlichen, für die Anerkennung von Ausbildungsberufen pädagogische, technische, wirtschaftliche, gesellschaftliche, kulturelle Gesichtspunkte zu berücksichtigen. Die unterschiedlich starke Besetzung der Ausbildungsberufe verdeutlichen folgende Beispiele: Von den 1986 zirka 1,8 Millionen abgeschlossenen Ausbildungsverhältnissen bestanden allein 59 % in den 25 am stärksten besetzten Ausbildungsberufen. Auf die zehn am häufigsten gewählten Ausbildungsberufe entfielen

34 % der abgeschlossenen Ausbildungsverhältnisse. Die weiblichen Auszubildenden konzentrierten sich in noch stärkerem Maße auf eine beschränkte Zahl von Ausbildungsberufen. Bei ihnen waren die zehn am häufigsten gewählten Ausbildungsberufe mit 55,6 % der Auszubildenden besetzt (vgl. BUNDESMINISTER FÜR BILDUNG UND WISSENSCHAFT 1987, S. 95 ff). Ein Ziel der Bildungspolitik ist es deshalb, den weiblichen Auszubildenden ein breites Spektrum von Ausbildungsberufen und damit größere Bildungschancen zu eröffnen. Die Rangfolge der am stärksten besetzten Ausbildungsberufe ist keine statische Größe; sie hängt sowohl vom Angebot und der Nachfrage bei Ausbildungsplätzen als auch von den übrigen Bildungsmöglichkeiten und deren individueller Einschätzung ab.

BENNER, H.: Der Ausbildungsberuf als berufspädagogisches und bildungsökonomisches Problem, Hannover 1977. BENNER, H.: Ordnung der staatlich anerkannten Ausbildungsberufe, Berlin/Bonn 1982. BENNER, H.: Arbeiten zur Ordnung der Berufsausbildung vom DATSCH bis zum BIBB. In: Greinert, W.-D. u. a. (Hg.): Berufsausbildung und Industrie – Zur Herausbildung industrietypischer Lehrlingsausbildung, Berlin/Bonn 1987, S. 269 ff. BUNDESAUSSCHUSS FÜR BERUFSBILDUNG: Empfehlungen des Bundesausschusses für Berufsbildung betreffend Kriterien und Verfahren für die Anerkennung und Aufhebung von Ausbildungsberufen. Beschluß vom 25. 10. 1974. In: Wirtsch. u. Ber.-E. 27 (1975), 1, S. 23. BUNDESINSTITUT FÜR BERUFSBILDUNG (Hg.): Die anerkannten Ausbildungsberufe, Bielefeld 1988 ff. BUNDESMINISTER FÜR BILDUNG UND WISSENSCHAFT (Hg.): Grund- und Strukturdaten, Bad Honnef 1987. HEILANDT, A.: Berufsabgrenzung in Metallindustrie, Schiffbau und chemischer Industrie. In: Tech. E. 1 (1926), 1, S. 4 ff. KMK: Gemeinsames Ergebnisprotokoll betr. das Verfahren bei der Abstimmung von Ausbildungsordnungen und Rahmenlehrplänen im Bereich der beruflichen Bildung zwischen der Bundesregierung und den Kultusministern (-senatoren) der Länder. Beschluß vom 30. 5. 1972, Neuwied 1973. ZIERTMANN, P.: Wirtschaftsminister oder Kultusminister? Eine grundsätzliche Erörterung über die Frage der Zuständigkeit für das berufsbildende Schulwesen. In: D. Dt. Ber.- u. Fachs. 49 (1953), S. 81 ff.

Hermann Benner

Ausbildungsförderung

Kennzeichnung. Mit Ausbildungsförderung wird im weiteren Sinne die finanzielle Unterstützung von auszubildenden Personen und Ausbildungsinstitutionen bezeichnet. Durch diese Förderung sollen Ausbildungskosten weitgehend oder teilweise gedeckt und dadurch ökonomische Hemmnisse für einen über die Schulpflicht hinausgehenden weiterführenden Schulbesuch, ein Studium oder eine Berufsausbildung abgebaut werden. Sie erfolgt durch staatliche oder private Stellen in sehr vielfältigen Formen bei zum Teil unterschiedlicher Zielsetzung. Die öffentliche Ausbildungsförderung steht als ein Bestandteil des Systems der finanziellen Bildungsförderung neben den finanziellen Erleichterungen für die Berufsfortbildung, Umschulung und Rehabilitation. Nach den Vorstellungen des 1973 verabschiedeten Bildungsgesamtplans (vgl. BUND-LÄNDER-KOMMISSION FÜR BILDUNGSPLANUNG 1973) sollte diese finanzielle Bildungsförderung schrittweise zu einem umfassenden Förderungssystem ausgebaut werden.

Ausbildungsförderung umfaßt im engeren Sinne die individuelle Förderung der Ausbildung, für die im Sprachgebrauch unter anderem auch die Begriffe Erziehungsbeihilfe, Stipendium, Berufsausbildungsförderung verwendet werden.

Zielsetzung. Die staatliche Ausbildungsförderung in der Bundesrepublik Deutschland erwächst aus der öffentlichen bildungs- und sozialpolitischen Aufgabe, ausgewogene materielle Bildungsvoraussetzungen für alle sozialen Schichten zu schaffen. Der Staat gewährt daher den jungen Menschen nach Maßgabe gesetzlicher Regelungen einen Rechtsanspruch auf individuelle Ausbildungsförderung für eine der Neigung, Eignung und Leistung entsprechende Ausbildung, wenn ihnen die für den Lebensunterhalt und die Ausbildung erforderlichen Mittel nicht anderweitig zur Verfügung stehen. Diese Verpflichtung basiert auf der Sozialstaatsklausel des Grundgesetzes (GG) und den im GG festgelegten Grundrechten wie dem Gleichheitsgrundsatz, dem Recht der freien Berufswahl und der freien Entfaltung der Persönlichkeit; sie fußt weiterhin auf der Erkenntnis, daß für die technische, wirtschaftliche und soziale Weiterentwicklung der Gesellschaft und auch für die zunehmend erforderliche internationale Konkurrenzfähigkeit eine steigende Zahl von Menschen mit besonders qualifizierter Ausbildung notwendig ist; dabei ist das Interesse des Staates besonders auf die Aktivierung von Bildungsreserven bei den Bevölkerungsschichten gerichtet, die infolge sozio-ökonomischer Beeinträchtigungen früher keine Möglichkeit zu qualifizierter Ausbildung fanden.

Der finanzielle Bedarf für Lebensunterhalt und Ausbildung der Auszubildenden soll, wenn dafür bei ihnen und den Unterhaltsverpflichteten (Ehegatte, Eltern) ausreichende Mittel nicht zur Verfügung stehen, durch öffentliche verlorene Zuschüsse oder langfristige unverzinsliche Darlehen sichergestellt werden. Die Ergebnisse einer besseren Ausbildung liegen einmal im Interesse der Gesellschaft und des Staates; zugleich bewirken sie aber meist auch persönliche Vorteile des Geförderten, etwa eine besser bezahlte oder angesehenere Berufsposition, eine persönlich befriedigendere Arbeit oder ein geringeres Risiko, in wirtschaftlich schwierigen Zeiten den Arbeitsplatz zu verlieren.

Entwicklung. Die Notwendigkeit zu einer besonderen finanziellen Unterstützung während der Ausbildung zeigte sich bereits, seit im Zuge der Industrialisierung und des Ausbaues eines schulischen und betrieblichen Berufsausbildungssystems die Ausbildungsjahre in zunehmendem Maße auch außerhalb der Familiengemeinschaft zugebracht werden mußten. Aber erst nach dem Zweiten Weltkrieg entwickelte sich dann unter den sozialstaatlichen Zielsetzungen des Grundgesetzes und der Verfassungen der einzelnen Bundesländer eine zunehmende öffentliche Verantwortung für eine finanzielle Sicherung der Ausbildung und insbesondere der Berufsausbildung Jugendlicher.

Zunächst wurden von der öffentlichen Sorgepflicht die Personengruppen erfaßt, die vom Zweiten Weltkrieg und von seinen Folgen besonders hart betroffen waren: Kriegswaisen, Heimatvertriebene, Evakuierte, politisch Verfolgte, Flüchtlinge. Aus den Motiven des Schadensausgleichs, der Wiedergutmachung oder einer Härteregelung heraus sollte auch die Ausbildung der zu diesen Gruppen gehörenden jungen Menschen finanziell unterstützt werden. Diese auf bestimmte Personenkreise eingegrenzte sogenannte «Kategorienförderung» ging und geht laufend zurück. Sie hat jedoch die staatliche Initiative auf dem Gebiet der allgemeinen Ausbildungsförderung entscheidend beeinflußt.

Unter den aufgezeigten Zielsetzungen wurden öffentliche Förderungsmaßnahmen zunächst schwerpunktartig für bestimmte Ausbildungsbereiche entwickelt, in die bei entsprechender materieller Bedürftigkeit grundsätzlich alle Jugendlichen des jeweiligen Bereiches einbezogen werden konnten. Schwerpunkte einer finanziellen Ausbildungsförderung waren die Kannleistungen der Bundesanstalt für Arbeit nach dem Gesetz über Arbeitslosenvermittlung und Arbeitslosenversicherung für Lehr- und Anlernberufe der gewerblichen Wirtschaft, die finanziellen Hilfen der Bundesländer beim Besuch von allgemeinbildenden Schulen, Fachschulen und besonderen Instituten des Zweiten Bildungsweges sowie die aus Bundesmitteln gewährte Studienförderung nach dem «Honnefer Modell». Das verwirrende Nebeneinander und die Überschneidungen einzelner öffentlicher und privater Förderungsmaßnahmen führten ab Ende der 50er Jahre zu Reformbestrebungen zur Vereinheitlichung der öffentlichen Förderung.

Die öffentliche finanzielle Förderung einer betrieblichen Berufsausbildung sowie der beruflichen Fortbildung und Umschulung von Arbeitnehmern wurde mit dem Arbeitsförderungsgesetz (AFG) vom 25.6.1969 auf eine neue rechtliche Grundlage gestellt. Daneben erhielt zunächst die Ausbildungsförderung für Schüler bestimmter Ausbildungsstätten eine erste bundeseinheitliche Regelung für die Zeit vom 1.7.1970 bis zum 30.9.1971 durch das Erste Gesetz über individuelle Förderung der Ausbildung (Ausbildungsförderungsgesetz). Nach Klä-

Ausbildungsförderung 111

rung von Verfassungskompetenz- und Finanzfragen zwischen Bund und Ländern wurden dieses Gesetz und auch die Studienförderung nach dem «Honnefer Modell» ab 1.10.1971 abgelöst durch das Bundesgesetz über individuelle Förderung der Ausbildung (Bundesausbildungsförderungsgesetz – BAföG – vom 26.8.1971, zur Zeit – 1988 – in der Fassung der Bekanntmachung vom 6.6.1983).

Bei der Ausbildungsförderung nach dem BAföG handelt es sich um eine staatliche Leistung für eine als förderungsfähig angesehene Ausbildung, die dem Auszubildenden und indirekt seinem Unterhaltsverpflichteten zugute kommt; sie ist vom Prinzip her auf die Finanzierung des gesamten Ausbildungsbedarfs angelegt, jedoch wegen ihres subsidiären Charakters einkommensabhängig. Das Konzept des Gesetzes, nämlich die soziale Öffnung und Offenhaltung des Bildungswesens und insbesondere der Hochschulen, findet bis heute Zustimmung. Jedoch hat es um den Kreis der Leistungsempfänger, die Höhe der für notwendig erachteten Bedarfssätze und die vor Anrechnung der Einkommen des Ehegatten und der Eltern abzuziehenden Freibeträge und Pauschalen zur Abgeltung von Aufwendungen für deren eigene soziale Sicherung seit dem Inkrafttreten des Gesetzes in 1971 durchgehend Auseinandersetzungen gegeben.

Unverändert von 1971 an werden die Aufwendungen nach dem BAföG vom Bund zu 65% und den Ländern zu 35% getragen. Sie sind von 1972 mit einem Volumen von knapp 1,6 Milliarden DM auf jeweils über 3,6 Milliarden DM in den Jahren 1980 bis 1982 angestiegen. Dem bildungs- und sozialpolitisch wünschenswerten Erhalt dieses Förderungsvolumens standen zu Beginn der 1980er Jahre jedoch die Finanzierungsschwierigkeiten der öffentlichen Haushalte entgegen. Diese waren der Anlaß für kostenmindernde Eingriffe in das Leistungsgefüge des BAföG und damit für erhebliche Mittelreduzierungen bei der Ausbildungsförderung ab 1983. Seitdem betragen die Gesamtleistungen nach dem BAföG zirka 2,2 Milliarden DM pro Jahr, ein Finanzvolumen, das nach der Finanzplanung in 1988 auch mittelfristig beibehalten werden soll.

Bereiche der individuellen Förderung. Die öffentliche Ausbildungsförderung nach dem BAföG wurde ab 1971 zunächst geleistet für Schüler an öffentlichen allgemeinbildenden und beruflichen Vollzeitschulen ab Klasse 11, teilweise bereits ab Klasse 10, sowie für Studierende an Hochschulen aller Art und, mit Einschränkungen, auch für die Teilnehmer an Fernunterrichtslehrgängen und für Praktikanten. Während in Verbindung mit Änderungen im Bildungssystem bis 1978 weitere Ausbildungsbereiche einbezogen wurden, erfolgte durch das Haushaltsbegleitgesetz 1983 eine drastische Reduzierung der Schülerförderung nach dem

112 Ausbildungsförderung

BAföG; sie konzentriert sich seitdem – von übergangsweise geltenden Härteregelungen abgesehen – auf die ausbildungsbedingt auswärts untergebrachten Schüler und Auszubildenden des Zweiten Bildungsweges (→ Bildungsweg, zweiter). Von der Gesamtzahl aller in 1986 Geförderten entfielen rund 20 % auf Schüler und rund 80 % auf Studierende; bei den letzteren lag 1986 die Gefördertenquote bei 30 %.

Mit dem Rückgang der öffentlichen Ausbildungsförderung hat die Bedeutung der vielen privaten Stiftungen und Fördervereine wieder erheblich zugenommen; sie erfüllen unter ihren speziellen Zielsetzungen nunmehr wieder verstärkt wichtige Aufgaben. Dieses gilt neben der Ausbildungsförderung auch für die Graduiertenförderung, d. h. die Förderung des wissenschaftlichen und künstlerischen Nachwuchses. Diese beruhte bis 1984 auf dem Graduiertenförderungsgesetz des Bundes, seitdem erfolgt sie nach Graduiertenförderungsgesetzen der einzelnen Bundesländer. Nach diesen werden bundesweit insgesamt bis zu 2000 Stipendien pro Jahr an Studierende mit überdurchschnittlichem Hochschulabschluß bereitgestellt.

Prinzipien der individuellen Förderung. Eine öffentliche Ausbildungsförderung wird nur gewährt bei Vorliegen von Bedürftigkeit und Eignung. Bedürftigkeit wird angenommen, wenn der Auszubildende weder allein noch mit Hilfe seiner Unterhaltspflichtigen in zumutbaren Grenzen die Kosten seiner Ausbildung aufzubringen vermag. Die öffentliche Ausbildungsförderung beachtet somit das Prinzip der Subsidiarität, das heißt, eine Förderung erfolgt nur, wenn die finanzielle Belastung durch die Ausbildung dem Ausbildungswilligen, seinem Ehegatten oder seinen Eltern nicht zumutbar ist. Die geforderten Eignungsvoraussetzungen schwanken je nach der besonderen Zwecksetzung der Förderung. Sie reichen von der sogenannten «schlichten Eignung», die angenommen wird, wenn das Ausbildungsziel voraussichtlich ohne nennenswerte Schwierigkeiten erreicht wird, beispielsweise beim BAföG, bis zum Erfordernis einer erheblich über dem Durchschnitt liegenden Qualifikation. Diese Grundsätze gelten im allgemeinen auch bei einer privaten Förderung.

Förderungsformen. Die Ausbildung wird finanziell durch individuelle und institutionelle Förderungsmaßnahmen unterstützt. Die von der Größenordnung her bedeutendste öffentliche individuelle Förderung nach dem BAföG umfaßte zunächst Zuschüsse und langfristige zinslose Darlehen an Schüler und Studenten. Mit der haushaltsbedingten Einschränkung der Förderung ab 1983 erfolgte neben der Schrumpfung des Schüler-BAföG eine Gesamtumstellung der Förderung auf die Gewährung von Darlehen. Diese Darlehensförderung gilt für die Studentenförderung ab dem Wintersemester 1983/84.

Bei der Berechnung der Förderung wird für Schüler und Studenten von einem unterschiedlichen Bedarfssatz ausgegangen. Dieser wird vom Gesetzgeber nach dem Grundsatz einer möglichst kostendeckenden Unterstützung festgelegt und in bestimmten Zeitabständen an die übrigen sozialen Leistungsrechte angepaßt. Er beträgt für Bewilligungszeiträume ab Mitte Juli 1988 beispielsweise für Schüler weiterführender allgemeinbildender Schulen und Berufsfachschulen 540,- DM monatlich, für Studenten 590,- DM und bei deren auswärtiger Unterkunft insgesamt 725,- DM pro Monat. Auf diese Förderungshöchstbeträge werden unter dem Gesichtspunkt der allgemein für Sozialleistungen geltenden Subsidiarität Einkünfte des Auszubildenden und seiner Unterhaltsverpflichteten angerechnet, soweit sie bestimmte, im Gesetz festgelegte Freibeträge übersteigen, die ebenfalls, zum Teil jährlich, den gestiegenen Lebenshaltungskosten angepaßt werden. Mit der Umstellung auf eine reine Darlehensfinanzierung wurde ab 1983 eine Regelung über den leistungsabhängigen Darlehensteilerlaß in das BAföG eingeführt, mit dem ein überdurchschnittliches Examensergebnis honoriert werden woll. Nach diesen Regelungen, die ab 1988 ebenso wie diejenigen für den studienzeitabhängigen Darlehensteilerlaß modifiziert werden sollen, erhielten in 1986 zirka 30 % der Geförderten einen Teilerlaß.

Die derzeitigen verschiedenen Änderungsvorschläge zielen im Kern darauf ab, die Nachteile der reinen Darlehensförderung durch einen Zuschußanteil zu mildern. Außerdem wird die Schließung des sogenannten «Förderloches» beim Mittelstand durch deutliche Anhebung der Einkommensgrenzen und Elternfreibeträge gefordert, weil nach geltendem Recht je nach Familientyp die BAföG-Förderung oberhalb eines monatlichen Bruttoeinkommens von 3200,- DM geringer wird und je nach Kinderzahl etwa bei 5400,- DM monatlichem Bruttoeinkommen entfällt. Für Familien mit mittlerem Einkommen sind deshalb die weiteren staatlichen Ausbildungsförderungsmaßnahmen von besonderer Bedeutung. Dazu zählen neben dem Kindergeld nach dem Bundeskindergeldgesetz auch die indirekt wirkenden steuerlichen Vergünstigungen nach dem Einkommensteuergesetz, vor allem die Kinder- und die Ausbildungsfreibeträge. Diese sind in 1986 beziehungsweise 1988 zur Unterstützung der Ausbildungsfinanzierung auch dieser Familien angehoben worden.

Die öffentliche institutionelle Förderung begünstigt die privaten Träger von Ausbildungsmaßnahmen. Sie besteht aus Finanzhilfen und aus indirekt wirkenden steuerlichen Erleichterungen. Solche finanziellen Hilfen können gewährt werden etwa nach dem Arbeitsförderungsgesetz, nach dem Ausbildungsplatzförderungsgesetz oder nach den unterschiedlichen Förderungsprogrammen der einzelnen Bundesländer.

114 Ausländerpädagogik

Ausbildungsvergütung. Personen, die sich in einem Berufsausbildungs-verhältnis befinden, haben nach dem Berufsbildungsgesetz (BBiG) vom 14.8.1969 als Auszubildende einen Anspruch gegenüber dem Ausbildenden auf Gewährung einer angemessenen Vergütung; diese ist aufgrund ihres lohnähnlichen Charakters so zu bemessen, daß sie nach dem Lebensalter (ab 18. Lebensjahr) und mit fortschreitender Berufsausbildung ansteigt. Die Ausbildungsvergütungen werden im allgemeinen in Tarifverträgen zwischen dem Arbeitgeberverband und den Gewerkschaften für ihren Bereich festgelegt. Für den Ausbildungsbereich der Eisen-, Metall- und Elektroindustrie betragen die Ausbildungsvergütungen ab 1988 beispielsweise in Nordrhein-Westfalen für das erste Ausbildungsjahr monatlich 664,- DM, das zweite Jahr 713,- DM, das dritte 785,- DM und das vierte Ausbildungsjahr 880,- DM. Die Ausbildungsvergütungen variieren in ihrer Höhe nach dem Sektor und der Region der jeweiligen Berufsausbildung.

BUNDESMINISTER FÜR BILDUNG UND WISSENSCHAFT (Hg.): BAföG '87/88. Gesetz und Beispiele, Bonn 1987. BUNDESREGIERUNG: Bericht der Bundesregierung zur Ausbildungsfinanzierung in Familien mit mittlerem Einkommen. Bundestagsdrucksache 11/610 vom 13.7.1987, Bonn 1987. BUNDESREGIERUNG: Siebter Bericht nach § 35 des Bundesausbildungsförderungsgesetzes zur Überprüfung der Bedarfssätze, Freibeträge sowie Vomhundertsätze und Höchstbeträge nach § 21 Abs. 2. Bundestagsdrucksache 11/877 vom 2.10.1987, Bonn 1987. BUND-LÄNDER-KOMMISSION FÜR BILDUNGSPLANUNG: Bildungsgesamtplan, 2 Bde., Stuttgart 1973. SCHIECKEL, H./OESTEREICHER, E.: Bundesausbildungsförderungsgesetz (BAföG). Kommentar, Loseblattsammlung, Stand: 1.10.1987, Percha o. J.

Heinz Kiepe

Ausbildungskosten → Bildungsökonomie
Ausbildungsordnung → Ausbildungsberuf
Ausbildungsvermittlung → Berufsberatung
Ausgrenzung → Stigmatisierung

Ausländerpädagogik

Ausgangssituation. Mit einem Verzögerungseffekt von einigen Jahren wirkte sich der im November 1973 ausgesprochene Anwerbestopp für ausländische Arbeitnehmer aus Staaten, die nicht Mitglieder der Europäischen Gemeinschaft waren, auf die Situation in bundesrepublikanischen Kindergärten und Kindertagesstätten aus. Der nach diesem Termin verstärkt einsetzende Familiennachzug, eine bislang noch höher liegende Geburtenrate bei ausländischen Familien und eine längere Verweildauer führten seit Ende der 70er Jahre dazu, daß der Anteil auslän-

Ausländerpädagogik 115

discher Kinder in Kindergarten und Schule sprungartig wuchs und in großstädtischen Ballungsgebieten zum Teil auf über 50% (in Berlin-Kreuzberg bis zu 80%) anstieg (vgl. ZEHNBAUER 1980, S. 43f).

Diese Situation bedeutete für den Kindergartenbereich eine neue Aufgabe: Bestanden die einzelnen Kindergruppen der Einrichtungen bislang in der Mehrheit aus deutschen Kindern, so entwickelten sie sich seit den ausgehenden 70er Jahren immer mehr zu multinationalen Einrichtungen, die neben deutschen auch von türkischen, jugoslawischen, italienischen, spanischen und von Kindern anderer Nationalitäten besucht wurden. Dies brachte eine Reihe von Schwierigkeiten für die pädagogische Praxis mit sich, auf die die →Erzieher in ihrer bisherigen Ausbildung und täglichen Arbeit nur ungenügend vorbereitet waren. Gewohnte Erziehungsvorstellungen und -konzepte waren unvereinbar mit denen der ausländischen Eltern; fremde Sitten und Gebräuche, zum Teil andere religiöse Vorstellungen und Praktiken hielten Einzug in die Einrichtungen; die für die Arbeit in gemischtnationalen Kindergruppen notwendigen Informationen über die sozioökonomischen und soziokulturellen Hintergründe der Situation der ausländischen Familien in den Heimatländern und in der Bundesrepublik Deutschland waren weitgehend unbekannt; die Erzieher wurden mit ihnen unbekannten Sprachen konfrontiert, und es fehlte ihnen an pädagogischen Anregungen und Materialien für die tägliche Praxis (vgl. PFRIEM/VINK 1981). Zudem ließen sich strukturelle Defizite ausmachen, die die Betreuung ausländischer Kinder in deutschen Regeleinrichtungen erschwerten: Zunächst fehlten ausgebildete ausländische Erzieher, die auf die spezifischen Probleme ausländischer Kinder in den Einrichtungen hätten eingehen können (vgl. ZEHNBAUER 1980, S. 84ff); weiterhin war nur in einigen Großstädten, wie etwa Berlin oder Stuttgart, eine Ganztagsbetreuung gewährleistet, die dem Wunsch der beiden, zumeist berufstätigen, ausländischen Eltern entsprach. Durch die krisenhafte Wirtschaftsentwicklung und daraus resultierende politische Entscheidungen ist seit Mitte der 70er Jahre auch eine Verschlechterung der Personal- und Gruppenstärke in den Einrichtungen eingetreten, die eine gute Betreuung deutscher und ausländischer Kinder erschwert (→Vorschulerziehung).

Sozialisation ausländischer Kinder als interkultureller Konflikt. Relativ unabhängig davon, ob ausländische Kinder die ersten Monate oder Jahre ihrer primären Sozialisation noch im Heimatland erlebt haben oder bereits in Deutschland geboren wurden, ist der weitere Sozialisationsverlauf dieser Kinder als ein dauernder interkultureller Konflikt zu sehen (vgl. AKPINAR u. a. 1983, HÜLSTER 1981). Ausländische Kinder sind täglich unterschiedlichen Verhaltenserwartungen, Normen- und Wertsystemen ausgesetzt, bedingt dadurch, daß sie ständig zwischen di-

116 Ausländerpädagogik

vergierenden Kultur- und Lebenszusammenhängen wechseln müssen:
Dieses «Nebeneinander und Gegeneinander unterschiedlicher Kulturen, die Konfrontation mit zwei oder mehr sich zum Teil widersprechenden Wert- und Bedeutungssystemen – diesen Konflikt muß das Kind
ausländischer Eltern in seiner eigenen Person austragen» (STEFFEN
1981, S. 57). Die Felder, auf denen für Kinder solche interkulturellen
Konflikte aufbrechen können, sind in verschiedenen Bereichen zu finden. Es kann sich handeln um

– Konflikte, die sich aufgrund kulturspezifisch divergierender Moralvorstellungen oder religiöser Überzeugungen zwischen Familie und
  deutscher Umwelt ergeben, wie etwa beim Besuch von Koranschulen;
– Konflikte, die sich für Kinder durch divergierende Erziehungsvorstellungen und -praktiken zwischen Elternhaus und Erziehungsinstitution
  ergeben, deutlich zum Beispiel in der Sexual- oder Geschlechtsrollen-
  erziehung;
– Konflikte, die sich aus der Diskriminierung eines ausländischen
  Kindes durch die deutsche Umwelt ergeben, wie die Isolation in der
  Kindergruppe;
– Konflikte, die aus der Zweisprachigkeit ausländischer Kinder entstehen, unter anderem durch die Ignoranz deutscher Institutionen gegenüber der Muttersprache der Kinder.

Die hier nur unvollständig angerissenen Konfliktfelder sind symptomatisch für das Aufeinanderprallen verschiedener Lebensräume, in denen sich ausländische Kinder täglich neu orientieren müssen. Mit dem
Eintritt in den Kindergarten erfahren sie, daß Verhaltensweisen oder
Wertvorstellungen, die im Elternhaus Gültigkeit besitzen, in der Kindergruppe nur eine eingeschränkte oder gar keine Bedeutung haben. Bislang liegen keine gesicherten Erkenntnisse darüber vor, wie sich solche
Sozialisations- und Erziehungswidersprüche auf die Persönlichkeitsentwicklung ausländischer Kinder auswirken. Es wird jedoch unterstellt,
daß bei dem ständigen Wechsel zwischen unterschiedlichen Sozialisationsinstanzen Identitätskonflikte, wenn nicht sogar Identitätskrisen
oder -diffusionen entstehen, in deren Folge sich Schäden in der →Ent-
wicklung einstellen können (vgl. MÜLLER 1981, STEFFEN 1981).

In der Praxis ist ein breites Spektrum von Verhaltensvariablen bei ausländischen Kindern zu beobachten, um in den konfliktbesetzten und widersprüchlichen Situationen im Alltag zu bestehen, es reicht von der
zum Teil vom Elternhaus praktizierten strikten Abschottung von der
deutschen Umwelt bis zur völligen Anpassung und Übernahme deutscher Lebensformen und Standards. Aufgrund ihres unsicheren Status,
der mangelnden rechtlichen, politischen und sozialen Absicherung in
der Bundesrepublik Deutschland knüpfen viele →Familien auch unter
dem zunehmenden Druck der Remigration an Traditionen, Wertvorstel-

Ausländerpädagogik 117

lungen und Verhaltensweisen an, die in ihren Herkunftsländern längst nicht mehr relevant sind, da sich auch dort die sozioökonomischen und soziokulturellen Strukturen im Wandel befinden. Auf diese Weise werden diese Kinder mit kulturellen Vorstellungen konfrontiert, die nicht mehr der realen Form in den Heimatländern der Eltern entsprechen. Auf der anderen Seite finden sich Überanpassungen an deutsche Vorstellungen, die bis zur Verdrängung der Sprache und Herkunft führen. In der Regel gelten diese Kinder – aus der Sicht der Vertreter der dominanten deutschen → Kultur – als problemloser und unauffälliger, in Wirklichkeit versuchen sie, den Kulturkonflikt, den sie spüren, durch Negation all dessen zu lösen, durch das sie in dieser Gesellschaft stigmatisiert sind, da sie permanent erfahren, «daß die Kultur der Eltern, die Art, wie sie sich kleiden, essen, wohnen, sprechen, ja auch der eigene Name von der dominierenden deutschen Umwelt als Subkultur einer Minderheit diskriminiert wird, als rückständig oder komisch empfunden oder auch einfach nicht zur Kenntnis genommen wird und daß [ihnen] selbst als Folge stigmatisierende Eigenschaften zugeschrieben werden» (Steffen 1981, S. 58). Persönlichkeitsdeterminanten und soziokultureller Kontext jedes einzelnen Kindes sind letztendlich entscheidend dafür, wie es sich innerhalb der Bandbreite von Verhaltensmodalitäten als Reaktion auf interkulturelle Konflikte orientiert und versucht, seine eigene → Identität zu finden.

Interkulturelle Erziehung – der Versuch einer Definition. In der Fachliteratur zur Ausländerpädagogik tauchen für den Bereich der interkulturellen Erziehung eine Fülle definitorischer Präzisierungen auf (vgl. Hohmann 1983), um diesen neuen Ansatz innerhalb der Erziehungswissenschaft zu kennzeichnen. In ihm kann der Versuch gesehen werden, auf eine defizitäre Situation, die die Bildungs- und Erziehungsinstitutionen relativ unvorbereitet traf, zu reagieren. Begriffe wie «interkulturelle», «multikulturelle», «transkulturelle», «multinationale» oder «multiethnische» Erziehung – um nur einige zu nennen – wurden dabei zum Teil synonym, zum Teil in gegenseitiger Abgrenzung verwendet. Jenseits aller Begriffsdiffusion ist allen sich dahinter verbergenden pädagogischen Konzeptionen gemeinsam, daß sie – auch wenn sie sich auf Quellen und Materialien aus anderen Einwanderungsländern wie den USA, Kanada, den Niederlanden oder Schweden stützen können – auf kein fertiges Theoriegebäude zurückgreifen, geschweige denn sich ausgearbeitete didaktische Vorgaben oder curriculare Erfahrungen zunutze machen können. Auch in diesen Ländern steht die Entwicklungsarbeit noch am Anfang, so daß ein sorgfältig aufeinander abgestimmtes theoretisches Gerüst und handlungsorientierte pädagogische Entwürfe noch fehlen. Zudem ist Steffen zuzustimmen, daß die begriffliche Diffusion

118 Ausländerpädagogik

und Ungenauigkeit auch im Gegenstand selbst begründet liegt: «Zweifellos handelt es sich weniger um ein klar umgrenztes didaktisches Konzept als vielmehr um ein übergreifendes pädagogisches Prinzip» (STEFFEN 1981, S. 59), das jedoch nicht ohne eine definitorische Präzisierung seiner Grundelemente auskommt. Sinnvoll erscheint es, sich der Argumentation Hohmanns anzuschließen, der zwei Ebenen unterscheidet: Zum einen läßt sich die soziale Wirklichkeit der Bundesrepublik zunehmend als «multikulturell» bezeichnen. Auch wenn sie vorgibt, kein Einwanderungsland zu sein, so läßt es sich nicht leugnen, daß zumindest auf der Erscheinungsebene eine Vielzahl verschiedener Kulturen und Kulturelemente zu verzeichnen sind. Über deren Gewicht und Einflußmöglichkeiten auf die herrschende Kultur ist damit noch nichts ausgesagt. Zum anderen läßt sich «das Attribut ‹interkulturell› dagegen zur Bezeichnung der pädagogischen, politischen und sozialen Zielvorstellungen und Konzepte verwenden, die als Antwort auf die Probleme der durch Migration entstandenen Situation in der multikulturellen Gesellschaft verstanden werden können» (HOHMANN 1983, S. 5).

Interkulturelle Erziehung – und darin liegt mit Sicherheit auch ein Grund dafür, daß sie sich nur zögernd etablieren kann – birgt in sich Elemente einer konkreten Utopie, die jedoch beständig durch politische Maßnahmen unterlaufen werden. Ihre zukunftsweisende Perspektive liegt einerseits darin, daß sie sich gegen Maßnahmen der Assimilation oder Segregation ausländischer Kinder innerhalb deutscher Bildungsinstitutionen wendet und ferner darauf abzielt, «einem naiven Verständnis von Integration entgegenzuwirken, demzufolge ausländische Kinder an weitgehend unveränderte Standards deutscher Bildungsprozesse herangeführt werden sollen. Interkulturelle Erziehung stellt – mit FREIRE (vgl. 1970, S. 178 ff) – den Versuch dar, der Gewalt ‹kultureller Invasion› gegenüber ausländischen Minderheiten entgegenzuwirken und anzuerkennen, daß mehrere Kulturen – in welchen Brechungen auch immer – nebeneinander existieren und zunehmend miteinander in Verbindung gelangen. Sie beabsichtigt, die → «Integration ausländischer Kinder in die vorschulischen und schulischen Bildungsprozesse zu unterstützen und dabei ihre soziale und kulturelle Eigenständigkeit zu fördern und einzubeziehen. Sie zielt deshalb auf die Veränderung dieser Bildungsprozesse und wendet sich nicht nur an ausländische, sondern gleichermaßen an deutsche Kinder» (J. ZIMMER 1982, S. 379f). Dabei darf jedoch nicht übersehen werden, daß allen pädagogischen Bemühungen enge Grenzen gesetzt sind, solange die implizierte gleichberechtigte Stellung der ausländischen Familien nicht eine materielle Basis in Form der rechtlichen, politischen und sozialen Gleichbehandlung der Ausländer insgesamt in unserer Gesellschaft bekommt. Die Benachteiligung der Ausländer in allen Lebensbereichen, die Verhinderung der Entwicklung einer klaren

Ausländerpädagogik 119

Zukunftsperspektive durch die einschränkende und willkürlich gehandhabte Ausländergesetzgebung, die oft unzumutbaren Wohnverhältnisse oder die Behinderung bei der Wahl des Ausbildungs- beziehungsweise Arbeitsplatzes schaffen eine Atmosphäre von Diskriminierung und Isolation, durch die auch die pädagogische Arbeit ein Moment der Vergeblichkeit bekommt.

Grundprinzipien interkultureller Erziehung. Interkulturelle Erziehung im Kindergarten steht noch am Anfang ihrer theoretischen Fundierung und praktischen Ausgestaltung. Gab es anfangs nur einige wenige Veröffentlichungen, die sich mit der Situation ausländischer Kinder im Kindergarten befaßten und dabei Einblick in einzelne, lokal beziehungsweise regional begrenzte Versuche interkultureller Erziehung gaben und die dort gemachten praktischen Erfahrungen dokumentierten (vgl. FRANGER u. a. 1980), so wurden Ende der 70er Jahre auf Bundes- beziehungsweise Länderebene diverse Modellversuche und -projekte zur Ausländerproblematik initiiert (vgl. PFRIEM/VINK 1981, ZEHNBAUER 1980). Ihre Ergebnisse sind zum Teil schon zugänglich (vgl. AKPINAR/J. ZIMMER 1984, BARTHELMES u. a. 1983, ELSCHENBROICH/SCHWEITZER 1982, FREUNDE UND FREMDE 1983).

Die Mehrzahl der bei Pfriem/Vink und Zehnbauer erfaßten Forschungsvorhaben und Projekte fühlen sich einem interkulturellen Ansatz verpflichtet. Auch wenn sie keinem gemeinsamen Konzept folgen, so lassen sich aus ihrem Vorgehen doch einige Grundprinzipien interkultureller Erziehung ableiten:

Interkulturelle Erziehung findet in *multinational zusammengesetzten Einrichtungen* statt. Sie wendet sich daher an alle deutschen und ausländischen Kinder in gleicher Weise und berücksichtigt nicht einseitig die Situation der ausländischen Kinder, um einer Defizitzuschreibung und →Stigmatisierung dieser Gruppe nicht Vorschub zu leisten. Die Kindertagesstätte als der Ort, an dem deutsche und ausländische Kinder sehr früh, noch weitgehend frei von Leistungsdruck und Konkurrenzsituation in den darauf folgenden Bildungseinrichtungen, zusammenkommen, bietet die Chance, die Heterogenität der unterschiedlichen Kulturen und Lebensweisen positiv aufzugreifen und im Sinne «der interkulturellen Begegnung und wechselseitigen kulturellen Bereicherung» (J. ZIMMER 1983, S. 144) zu nutzen.

Interkulturelle Erziehung findet *im Alltag der Kinder* statt, in einer für Kinder erfahrbaren sozialen Wirklichkeit mit all ihren Widersprüchen und Konflikten. Sie greift den →Alltag der Kinder und die interkulturellen Lebens- und Konfliktsituationen, die sich aus dem ständigen Wechsel zwischen verschiedenen Kulturbereichen und Institutionen mit divergierenden Werte- und Normgefügen ergeben, auf – Konfliktsituationen, die im übrigen auch für deutsche Kinder gelten können, wenn etwa die Erziehungsvorstellungen eines an Mittelschichtnormen orientierten Kindergartens mit denen einer Unterschichtfamilie zusammentreffen. Indem konfliktreiche Alltagssituationen thematisiert werden, sollen deutschen wie ausländischen Kindern Handlungskompetenzen zur Bewältigung aktueller beziehungsweise zukünftiger Lebenssituationen gegeben werden (vgl. ARBEITSGRUPPE VORSCHULERZIEHUNG 1976).

Interkulturelle Erziehung kann nicht von einem naiven Verständnis der faktlichen *Gleichwertigkeit verschiedener Kulturen* unter den gegebenen politischen, rechtlichen und sozialen Bedingungen der Bundesrepublik Deutschland ausgehen. Sie muß aber eine Gleichwertigkeit prinzipiell unterstellen und die verschiedenen Kulturen entsprechend berücksichtigen. Nicht übersehen werden darf dabei, daß sich die verschiedenen kulturellen Vorstellungen und Ausprägungen permanent im Wandel befinden, so daß nicht von einem statischen Kulturbegriff ausgegangen werden darf, sondern bei der lebendigen Alltagskultur der ausländischen Familie in der Bundesrepublik Deutschland anzusetzen ist, um nicht ins Folkloristisch-Exotische abzugleiten. Die Notwendigkeit der Gleichwertigkeit und vor allem der Gleichbehandlung kultureller Elemente wird besonders deutlich und brisant am Beispiel der Muttersprache ausländischer Kinder. Die in der pädagogischen Praxis häufig anzutreffende Negierung der Muttersprache kommt einer Zurückweisung eines entscheidenden kulturellen Elementes gleich, das in der Kommunikation zwischen Elternhaus und Kindern von elementarer Bedeutung ist. Die Folge können Störungen in der Identitätsentwicklung sein (vgl. VINK 1979). Interkulturelle Erziehung kann daher nicht darauf verzichten, der Förderung und der Ausübung der Muttersprache im Kindergarten Raum zu gewähren.

Interkulturelle Erziehung bedeutet, *voneinander zu lernen;* «gemeinsames Lernen von Deutschen und Ausländern, und zwar nicht nur über die andere, sondern zugleich auch über die eigene Welt und deren Fragwürdigkeit, schließlich auch über die eigene Geschichte und regionale Besonderheiten innerhalb der eigenen Gesellschaft. Die Relativierung der eigenen Kultur ist Voraussetzung für das Entdecken von Gemeinsamkeiten und die gemeinsame Entwicklung neuer Lebensmöglichkeiten» (STEFFEN 1981, S. 60).

Interkulturelle Erziehung, die auf die Verringerung der Distanz und den Abbau der Widersprüche zielt, denen Kinder bei ihrem Wechsel zwischen den verschiedenen Kultur- und Lebensbereichen ausgesetzt sind, kann ohne eine intensive *Mitarbeit der Eltern* nicht gelingen. Nur wenn die Kommunikation über die soziokulturellen und persönlichen Hintergründe der Friktionen gewährleistet ist, kann es zu einer für die Orientierung der Kinder unerläßlichen Entschärfung der Widersprüche und Gegensätze und zu einer Verständigung über divergierende Erziehungsvorstellungen zwischen Elternhaus und Kindertagesstätte kommen, ein Vorgang, der nicht mit Anpassung an herrschende Vorstellungen zu verwechseln ist. Erfahrungen aus der Praxis in multinationalen Kindergruppen «verweisen auf die Wichtigkeit, ausländische wie deutsche Eltern gerade auf der Grundlage ihrer sozialen und kulturellen Kompetenz einzubeziehen und im übrigen nicht an strikten Grenzen zwischen Lernen und Freizeit, zwischen pädagogischen Aktivitäten und der Behandlung sonstiger, für ausländische Familien wichtiger Fragen festzuhalten» (J. ZIMMER 1982, S. 382). Zudem bietet die Tagesstätte als «interkultureller Ort» deutschen und ausländischen Eltern eine Möglichkeit der →Begegnung und →Kommunikation, um gegenseitige Ressentiments allmählich abzubauen.

Eng verknüpft mit der Einbeziehung der Eltern in ein Konzept interkultureller Erziehung ist auch die *Öffnung der Einrichtung zum Gemeinwesen*. Will interkulturelle Erziehung nach ihrem eigenen Selbstverständnis deutsche und ausländische Kinder befähigen, gegenwärtige und zukünftige Lebenssituationen zu bewältigen, so heißt das auch, Situationen, die außerhalb der Tagesstätte liegen, aufzugreifen und den Kindern nach dem Vorbild der englischen community education (vgl. ELSKEMPER 1982, PETRY 1982) Lernfelder und Lernmöglichkeiten jenseits der engen Grenzen der Erziehungsinstitutionen zu eröffnen. Konfliktbesetzt für Kinder sind nicht allein die Brüche, die sich aus den soziokulturell bedingten Divergenzen zwischen Familie und Tagesstätte ergeben, genauso prägend können die widersprüchlichen Erfahrungen im näheren und weiteren Wohnbereich, im Umgang mit Institutionen und die alltäglichen Vorurteile und Anfeindungen auf der Straße sein (vgl. J. ZIMMER 1982).

Notwendige Rahmenbedingungen. Eine wesentliche Voraussetzung für die strukturelle Fundierung interkultureller Erziehung ist die Aufnahme eines entsprechenden Schwerpunktes in den Fächerkanon der Ausbildungsinstitutionen für Erzieher. Die aus den Fortbildungsangeboten der einzelnen Modellversuche gewonnenen Erfahrungen könnten dabei von großem Nutzen sein (vgl. PUHAN-SCHULZ 1981).

Ein weiteres Fazit der Modellversuchsarbeit ist darin zu sehen, daß für eine interkulturell angelegte pädagogische Praxis die Einbeziehung ausländischer Erzieher unumgänglich ist. Als Vermittler zwischen der deutschen Institution und den ausländischen Eltern, als kompetente Kenner und Träger der Heimatkultur und Sprache einzelner Kinder können sie zum Abbau von Barrieren beitragen. Bedauerlicherweise sind die Aus- und Weiterbildung und die Einstellungspraxis noch sehr mangelhaft (vgl. WÜLFING 1981).

Ferner läßt sich folgern, daß auch gerade im Sinne einer qualifizierten

122 Ausländerpädagogik

interkulturellen Erziehung im Kindergarten eine Reduzierung der Gruppengröße und eine Heraufsetzung des Erzieherschlüssels auf mindestens zwei Erzieher pro Gruppe bei einer Verkleinerung der Einrichtungen unabdingbar sind, wenn die vorhandenen Einrichtungen nicht langfristig zu Bewahranstalten für ausländische und deutsche Kinder verkümmern sollen.

AKPINAR, Ü./ZIMMER, J. (Hg.): Von wo kommst'n Du? – Interkulturelle Erziehung im Kindergarten, 4 Bde., München 1984. AKPINAR, Ü. u. a.: Ausländerkinder. In: Kalb, P. E. (Hg.): Wir sind alle Ausländer. Schritte zur interkulturellen Erziehung, Weinheim/Basel 1983, S. 22 ff. ARBEITSGRUPPE VORSCHULERZIEHUNG: Anregungen III: Didaktische Einheiten im Kindergarten, München 1976. BARTHELMES, J. u. a.: Medien für und über Ausländer, München 1983. BENDIT, R./HEIMBUCHER, A.: Von Paolo Freire lernen, München 1977. DEUTSCHES JUGENDINSTITUT, ARBEITSGRUPPE VORSCHULERZIEHUNG u. a.: Curriculum soziales Lernen. 10 Textteile und 10 Bildteile, München 1980/1981. ELSCHENBROICH, D./SCHWEITZER, O.: Die Heimat der Nachbarn. Herkunftsländer Italien, Jugoslawien, Griechenland, Türkei, Gelnhausen 1982. ELSKEMPER, H.: Eine Schule lebt mit dem Stadtteil. Multicultural und Community Education an der Broadheath School in Coventry. In: Auslki. in S. u. Kigart. 3 (1982), 4, S. 4 ff. FRANGER, G. u. a. (Hg.): Ausländerkinder. Erziehungspraxis im Kindergarten, Ravensburg 1980. FREIRE, P.: Pädagogik der Unterdrückten, Stuttgart 1970. FREUNDE UND FREMDE. Kindergarten, ausländische Kinder und ihre Familien, Ergebnisse des Projekts «Gastarbeiterkinder», Bd. 2, Gelnhausen 1983. HOHMANN, M.: Interkulturelle Erziehung. Versuch einer Bestandsaufnahme. In: Auslki. in S. u. Kigart. 4 (1983), 4, S. 4 ff. HÜLSTER, M.: Kindheit im Kulturkonflikt. Thesen und Materialien zur interkulturellen Handlungsorientierung. In: Elschenbroich, D./Müller, H. (Hg.): Die Kinder der Fremden: ausländische Kinder im Kultur- und Sprachkonflikt, Wiesbaden 1981, S. 111 ff. MÜLLER, H.: Türkische Kinder in Deutschland. In: Elschenbroich, D./Müller, H. (Hg.): Die Kinder der Fremden: ausländische Kinder im Kultur- und Sprachkonflikt, Wiesbaden 1981, S. 127 ff. PETRY, CH.: «Community Education» in einer englischen Stadt. Zum Beispiel Coventry. In: Auslki. in S. u. Kigart. 3 (1982), 4, S. 7 f. PFRIEM, R./VINK, J.: Materialien zur interkulturellen Erziehung im Kindergarten, hg. v. d. Robert-Bosch-Stiftung, Stuttgart 1981. PUHAN-SCHULZ, B.: Überlegungen zur Verankerung eines Schwerpunktes in der Erzieherausbildung: «Sozialisationshilfen für ausländische Kinder und Jugendliche. Möglichkeiten interkultureller Erziehung». In: Soz. Arb. 30 (1981), S. 241 ff. STEFFEN, G.: Interkulturelles Lernen. Lernen mit Ausländern. In: Sandfuchs, U. (Hg.): Lehren und Lernen mit Ausländerkindern, Bad Heilbrunn 1981, S. 56 ff. VINK, J.: Zweisprachige Erziehung in Schweden. In: Infodienst. z. Auslarb. 2 (1979), 2, S. 31 ff. WÜLFING, S.: Vorschulerziehung – Schulanfang. In: Sandfuchs, U. (Hg.): Lehren und Lernen mit Ausländerkindern, Bad Heilbrunn 1981, S. 114 ff. ZEHNBAUER, A.: Ausländerkinder in Kindergarten und Tagesstätte. Reihe Materialien zur Ausländerarbeit, München 1980. ZIMMER, J.: Situationsansatz und interkulturelle Erziehung. Bericht über zwei Modellversuche in Berliner Kindergärten und Grundschulen. In: D. Dt. S. 5 (1982), S. 378 ff. ZIMMER, J.: Anregungen zur Ausländerpädagogik. Interkulturelle Erziehung in Berliner Kindergärten. In: Welt d. Ki. 61 (1983), S. 139 ff. ZIMMER, R.: Sozialisationshilfen für ausländische und deutsche Kinder im Kindergarten. In: Infodienst. z. Auslarb. 4 (1981), 4, S. 75 ff.

Thomas Thiel

Auslandspädagogik → Pädagogik, vergleichende
Auslese → Lehrer; → Prügung; → Selektion; → Test
Auslese, negative → Schulrecht
Außenseiter → Stigmatisierung; → Verwahrlosung
Außenweltbewußtsein → Bewußtsein

Autobiographie

Autobiographische Materialien. Im Zusammenhang mit neueren Entwicklungen sozialwissenschaftlicher Forschung, die sich durch Stichworte wie «Alltagswende», «Lebensweltanalyse», «Biographische Methode», «Subjektiver Faktor» und «Narrative Pädagogik» kennzeichnen lassen, beschäftigen sich Erziehungswissenschaftler wieder verstärkt mit autobiographischen Materialien. Das sind alle Arten von Äußerungen, in denen sich jemand mit seiner eigenen Lebens- und Lerngeschichte befaßt. Dazu gehören vor allem die autobiographischen Schriften im engeren Sinne (wie etwa Autobiographien, Memoiren, Lebenserinnerungen und Selbstdarstellungen, Tagebücher und Briefe). Das wissenschaftliche Interesse an autobiographischen Materialien ist vielfältig. Es kann sich auf die Lebensumstände einer einzelnen Person beziehen (Biographie, Historie, Psychoanalyse) oder auf allgemeine soziologische und historische Tatbestände (Sozialgeschichte, Kulturanthropologie), auf typische Deutungsmuster (Ideologiekritik) oder literarische Darstellungsformen (Literaturwissenschaft). Das erziehungswissenschaftliche Interesse richtet sich vornehmlich auf eine strukturelle Erkenntnis der generellen und spezifischen Bedingungen menschlicher → Erfahrung, auf die Konstituierung von Lebensgeschichten, die Entwicklung persönlicher → Identität und auf Form und Gehalt von Bildungsprozessen. Die Bezugnahme der Erziehungswissenschaft auf Autobiographien ist also selbstverständlich, soweit sie sich als Frage nach der Möglichkeit und Aufgegebenheit von Bildungsprozessen versteht, soweit die Autobiographie auch als Besinnung und Dokumentation einer Bildungsgeschichte gelesen werden kann.

Darin sind drei Fragestellungen enthalten: die *methodologische Frage,* ob und auf welche Weise die Autobiographie, die selbstreflexive Konstruktion der bildungsgeschichtlichen Erfahrung in der Form sprachlicher Darstellung, ein Modell sein kann für die Begründung erziehungswissenschaftlicher Problemstellungen und für die Verfahren zu deren Bearbeitung; die *Frage nach dem Forschungsgegenstand,* inwieweit autobiographische Materialien vorzügliche Quellen für eine Erziehungs- und Bildungsgeschichte und den je besonderen Habitus der gesellschaftlichen Formation von Bildungsprozessen sind; die *praktische Frage,* welche Begründung für eine

Praxis der autobiographischen Rechenschaft und Reflexion gegeben werden kann, welche Motive und welche Funktion ihr zugesprochen werden können, welche Bedeutung sie im Zusammenhang erzieherischer Verhältnisse hat.

Autobiographie als methodologisches Paradigma. Wegen des Scheiterns eines psychologischen Begründungsversuchs von «Verstehen» hat zuerst DILTHEY (vgl. 1958a, S. 191ff) die Autobiographie als Modell einer (im nachhinein so interpretierbaren) Begründung der → Pädagogik als hermeneutische Geisteswissenschaft ins Spiel gebracht. Die autobiographische Selbstbesinnung stellt nämlich ein erkenntniskritisches Modell der Identität von verstehendem Subjekt und verstandenem Objekt dar, denn «der, welcher diesen Lebenslauf versteht, [ist] identisch mit dem, der ihn hervorgebracht hat» (DILTHEY 1958a, S. 200). Darüber hinaus – so Dilthey – erweist sich die Autobiographie als vorzügliches Muster, um die Notwendigkeit für eine Überwindung der Trennung theoretischer von den praktischen Wissenschaften zu verdeutlichen. Sowohl dem Lebenszusammenhang, auf den sich die autobiographische Besinnung richtet, als auch dieser Besinnung selbst erschließen sich Dinge, Ereignisse, Situationen nie primär über eine vergegenständlichende methodische Operation, sondern stets über «praktische» Gesichtspunkte ihrer Bedeutung im Rahmen des Lebensbezuges: «Es gibt gar keinen Menschen und gar keine Sache, die nur Gegenstand für mich wären und nicht Druck oder Förderung, Ziel eines Strebens oder Bindung des Willens» (DILTHEY 1958b, S. 131). Entsprechend ist mit der an solche Momente des Lebens anschließenden Geisteswissenschaft die «falsche Sonderung der theoretischen und praktischen Wissenschaften überwunden, und die wahre Sonderung der Naturwissenschaften von den Geisteswissenschaften kann begründet werden» (DILTHEY 1959, S. 225). Die Suggestionskraft der autobiographischen Metapher erhält sich als methodologische Leitlinie über 100 Jahre nach Dilthey auch dort noch, wo sie im Interesse einer kritischen Wissenschaftssystematik in ihrer Reichweite begrenzt werden soll: So ergänzt HABERMAS (vgl. 1968, S. 262ff) die «philologische» Hermeneutik Diltheys durch eine – in der Auseinandersetzung mit Freud skizzierte – «Tiefenhermeneutik», welche den biographisch ehemals unverständlichen, «verzerrten» Äußerungen ihren aufgedeckten Sinn zurückgibt und autobiographisches Zu-sich-selbst-Verhalten also allererst wieder ermöglicht. «Die psychoanalytische Deutung befaßt sich nun mit solchen Symbolzusammenhängen, in denen ein Subjekt sich über sich selber täuscht. Die *Tiefenhermeneutik,* die Freud der philologischen Diltheys entgegensetzt, bezieht sich auf Texte, die *Selbsttäuschungen des Autors* anzeigen» (HABERMAS 1968, S. 267).

Henningsen räumt der Autobiographie insofern eine besondere Stellung in der Erziehungswissenschaft ein, als die Autobiographie einerseits innerlich notwendig auf→ «Bildung» bezogen ist, «sie [...] der letzte vom Autor selbst vollzogene Schritt in der Interpretation seiner Bildung [ist]», und sie andererseits «selbst Bildung intendiert» (HENNINGSEN 1962, S. 457 f). Durch diese immer schon zielgerichtete →Struktur entbindet die Autobiographie die Erziehungswissenschaft von der Notwendigkeit, Bildung ihrerseits zu begründen, da eine Bestimmung von Bildung im Falle der Autobiographie «vom telos aus realiter vorgegeben ist und nicht erst von der Erziehungswissenschaft konstruiert werden muß» (HENNINGSEN 1962, S. 458). Schließlich erfährt die Erziehungswissenschaft in ihrer Besinnung auf die Möglichkeit autobiographischer Reflexion an sich selbst, was sie an ihrem Objekt qua Autobiographie aufgedeckt hat: Für was jemand sich hält, ergibt sich nicht aus dem, was war oder ist, sondern es ist Ausdruck dessen, wofür er das hält, was war oder ist, freilich in biographischen und historischen Grenzen (vgl. HENNINGSEN 1971). «Es wäre ein methodologisches Selbstmißverständnis der Erziehungswissenschaft, wenn sie sich des pädagogischen Geschehens bemächtigen zu können glaubte unter Umgehung der Selbstdeutung der Träger dieses pädagogischen Geschehens»; aber auch für die Interpretation solcher Selbstdeutungen gilt, daß das «Wahrheitskriterium [...] nicht aus der Wirklichkeit, sondern aus meinem Wissen von der Wirklichkeit» gewonnen ist (HENNINGSEN 1962, S. 450 f). Damit hat Henningsen lange vor der erziehungswissenschaftlichen Rezeption des Symbolischen →Interaktionismus und der →Ethnomethodologie deren Einsichten vorweggenommen; zugleich hat er die Tradition der pädagogischen Erforschung von Autobiographien aufgegriffen und fortgeschrieben (vgl. HENNINGSEN 1964).

«Autobiographisches» als Gegenstand erziehungswissenschaftlicher Forschung. Die Besinnung auf den eigenen →Lebenslauf kann nicht allein in dem exklusiven Sinne der Autobiographie, gar als einer bestimmten Literaturgattung verstanden werden, sondern sie umfaßt darüber hinaus all das, was man «Autobiographisches» nennen kann (vgl. BERNFELD 1978, S. 31). Von einer solchen Weiterung bleibt ihr Status eines methodologischen Paradigmas natürlich unberührt: Die Autobiographie dient DILTHEY (1958 a, S. 204) insofern als Paradigma, als sie die «vollkommenste Explikation» der sich aufstufenden Selbstauffassungen und Selbstdeutungen des Lebens ist, und HENNINGSEN (vgl. 1971) insofern, als dem Prozeß der autobiographischen Besinnung die methodologische Reflexion auf ihre Möglichkeitsbedingung selbst angehört.

Autobiographische Materialien in einem weiten Sinne umfassen so-

126 Autobiographie

wohl schriftliche als auch mündliche, sowohl spontane als auch künstlich (Interview) induzierte Äußerungen. Angesichts einer solchen Bandbreite läßt sich definitorisch kaum mehr sagen, als Misch es getan hat: Es sei eben «die Beschreibung (graphia) des Lebens (bios) eines Einzelnen durch diesen selbst (auto)» (MISCH 1949, S. 7). Letztlich kann Autobiographisches in die Rubrik «Material erziehungswissenschaftlicher Forschung neben anderem» eingeordnet werden. Andererseits sind die Widerständigkeiten des «Materials», das nicht ohne weiteres sich zum Reden bringen läßt, wohl bekannt, und die Erziehungswissenschaft besitzt eine (noch nicht geschriebene) Geschichte solcher Widerständigkeiten. Als Beispiel mag ihre Behandlung der Autobiographie im prägnanten Sinne und die des Tagebuchs dienen sowie die Bestimmung ihrer Gewichtung.

Es ist eine nicht nur in der Erziehungswissenschaft gängige Praxis (vgl. HENNINGSEN 1962, MISCH 1949, NEUMANN 1970, PASCAL 1965), das beschriebene gelebte Leben als beschlossene Entwicklung der Persönlichkeit zu lesen, als Abschluß der Identitätsbildung, gelungenen Stand der Bildung, Dokumentation erlangter Ich-Stärke. Der Sinn einer solchen «Definition» ist: Wer über sich Rechenschaft ablegen will oder wer nur präsentieren will, daß er so ist, wie er ist, der muß dazu auch in der Lage sein; ihm muß hinreichende Ich-Stärke und Reflexionsfähigkeit eignen, er muß nicht nur im Schreiben geübt und literarisch gebildet sein, er muß auch über besondere Lebenserfahrungen und Motive oder Anlässe und über genügend →Zeit verfügen, um sich auf diese Weise mit sich selbst zu befassen (vgl. SCHULZE 1979, S. 93 ff). Das impliziert, auch das zu äußern, was schwerlich harmonisierend als «immer-gleich-gewesen» interpretiert werden kann, Brüche und Krisen, Umgestaltungen und Konflikte, Verblendung und Einsicht. Demgegenüber kann sich die Interpretation einer von Tag zu Tag dokumentierten Besinnung in Form des Tagebuchs nicht auf einen «roten Faden» verlassen, den der Autobiograph notwendig immer schon in der Hand hält, der dem Tagebuch-Autor mitunter jedoch dauernd zerreißt.

Eine Diskussion über die Divergenzen von Form, Inhalt und «Sinn» autobiographischer Besinnung und ihrer Bedeutung für erziehungswissenschaftliche Forschung hat schon im ersten Drittel des 20. Jahrhunderts stattgefunden. So hat SPRANGER (vgl. 1925, S. 38 ff) vor dem Hintergrund eines geisteswissenschaftlichen Reflexionsstufenmodells aufgrund der darin unterstellten mangelnden Transparenz des kindlichen und jugendlichen Bewußtseins der Autobiographie Vorrang zugebilligt vor allen je altersmäßig «authentischen» Reflexionen in Form des Tagebuchs. Demgegenüber haben BÜHLER (vgl. 1925, 1927) und BERNFELD (vgl. 1978) aus unterschiedlichen Motiven heraus den spezifischen Sinn des Tagebuchschreibens zu bestimmen gesucht; so geht es etwa Bernfeld um die am Tagebuch nachweisbare geschichtlich-gesellschaftliche Formbestimmtheit der kindlichen und jugendlichen Psyche. Und in den 50er und 60er Jahren hat FISCHER (vgl. 1955, 1967) am Bildungssinn autobiographischer Besinnung festgehalten, dessen teleologische Interpretation jedoch ersetzt durch die Betonung der Aufgegebenheit der Bildung und daher das Tagebuch des Jugendlichen gerade als Auseinandersetzung mit dieser Aufgabe verstanden. Obwohl die methodische Diskussion längst nicht als abgeschlossen gelten kann, lassen sich doch vorläufig mehrere Ebenen der Analyse unterscheiden, die zugleich als Ebenen der autobiographischen Produktion verstanden werden können: Da ist *zuerst* die objektive Ebene der materiellen, kulturellen und institutionellen Gegebenheiten, innerhalb deren sich das Leben des Autors bewegt. Da ist zum *zweiten* die objektive Ebene der situativen Anlässe, Ereignisse und Handlungen, in denen sich jene Gegebenheiten für den Autor aktualisieren und artikulieren. Da ist zum *dritten* die psychische Ebene der Erlebnisse und Erfahrungen, in denen jene Anlässe, Ereignisse und Handlungen zu Bewußtseinsinhalten und Verhaltenserwartungen umgewandelt und mit persönlicher Bedeutung versehen werden. Da ist zum *vierten* die psychische Ebene der späteren Erinnerungen, in denen jene Erlebnisse und Erfahrungen nach mehr oder weniger langer Zeit wieder ins Bewußtsein gerufen werden. Da ist zum *fünften* die symbolische Ebene der sprachlichen Darstellungen, in denen jene zunächst eher vagen und lückenhaften Erinnerungen verdeutlicht, vervollständigt, erläutert und mitgeteilt werden. Und da ist zum *sechsten* die theoretische Ebene der kommentierenden Reflexionen und übergreifenden Deutungsversuche, die jene Darstellungen begleiten. Diese Ebenen finden in unterschiedlicher Weise in den Wortbeständen und Inhalten, Satzkonstruktionen und Formulierungen des schriftlichen Materials ihren Niederschlag und Ausdruck. Die einzelnen Prozeßstufen sind gekennzeichnet durch bestimmte Transformations-, Selektions- und Rekonstruktionsleistungen. In ihnen ist die Möglichkeit zur Täuschung, Entstellung und Verdrängung angelegt, aber auch die zur Aufklärung und Korrektur.

Vergleicht man die Diskussion im ersten Drittel dieses Jahrhunderts mit der Mitte der 70er Jahre erneut anhebenden autobiographischen, narrativen Orientierung der Erziehungswissenschaft (vgl. BAACKE/ SCHULZE 1979), so fällt zweierlei auf: Das Motiv der Hinwendung zur Anschaulichkeit und Konkretheit versprechenden Lebensfülle zeigt sich *erstens* verknüpft mit kritischen Hinweisen auf Lebensferne, Abstraktheit und Methodenzwang der (Erziehungs-)Wissenschaft(en): War die Diskussion zu Beginn des 20. Jahrhunderts (auch) Ausdruck der wissenschaftskritischen Potenz der Psychoanalyse Freuds und des neuen «hi-

128   Autobiographie

storischen Bewußtseins» im Gefolge Diltheys, so zeitigt die narrative
Wende der 70er Jahre vor allem – durchaus nicht geradlinige (vgl. Sommer 1980) – Spätfolgen der wissenschaftskritischen Phänomenologie
Husserls. Dieses wissenschaftskritische Motiv scheint *zweitens* seinerseits in der Erziehungswissenschaft vermittelt über Umwandlungen des
kulturellen Selbstverständnisses; so hat Spranger seine Analyse zur
«Psychologie des Jugendalters» (1925) (auch) in inneren Zusammenhang gestellt mit der «Kultursezession» der → Jugendbewegung (Spranger 1925, S. 43); und Kulturkritiker nennen die hier für die Erziehungswissenschaft bemerkte «Feier des Konkreten auf ganzer Linie» in einem
Atemzug mit den «alternativen» Kultur- und Jugendbewegungen der
70er und beginnenden 80er Jahre (vgl. Habermas 1979, S. 30f).

«Autobiographisches» im erzieherischen Umgang. Die leicht einsehbare
These, daß, um erziehungswissenschaftlich über Autobiographisches reden zu können, die Lektüre von tausend Autobiographien (vgl. Henningsen 1971, S. 167) vorauszusetzen sei, findet ihre Grenze in der
einen und einzigartigen Biographie, die im erzieherischen Umgang begegnet. Die gegenüber autobiographischem Material möglicherweise
müßige Frage nach der Aufrichtigkeit oder Wahrhaftigkeit des Autors
(vgl. Jurgensen 1979) verweist hier grundsätzlich auf Probleme der Begründung von → Erziehung und Bildung. Daher seien beispielhaft drei
unterschiedliche Weisen des «Umgangs» mit der Selbstbiographie im Erziehungsprozeß genannt: Die autobiographische Besinnung kann, wie
im Gefolge der pietistischen Erziehungspraxis, erzwungen werden; das
täglich vom Heranwachsenden zu führende Tagebuch gerinnt zur Bilan-
zierung und Vortäuschung der Tugend, die vom → Erzieher kontrolliert
wird (vgl. Bernfeld 1978, S. 116ff). Die autobiographische Besinnung
kann, um der Verwirklichung revolutionärer Erziehungsziele willen, abgeschnitten werden, so etwa ausgedrückt in Makarenkos Prinzip der
«verbrannten Biographie» (vgl. Sünkel 1965). Sie kann, um der humanen Selbstbehauptung willen, gefordert werden, sofern in ihr Ein-
spruchsinstanzen gesehen werden gegen die abstrakten Zwänge organisierter Lernprozesse (vgl. Rumpf 1976). Aber selbst in diesem Grenzfall
noch, wo die → Selbsttätigkeit des sich bildenden Subjekts der Möglichkeit nach gegen die institutionalisierten Formen der Erziehung und des
→ Unterrichts sich wendet, bleibt die praktische Funktion des Interesses
an Autobiographie ambivalent: In der autobiographischen Selbstdarstellung verschafft sich nicht nur die unverwechselbare → Individualität Geltung; sie kann so auch einer besonders intimen Kontrolle unterworfen werden; und sie folgt kulturell eingespielten Mustern der gebilligten
Darstellung und Deutung, die selbst problematisch sein mögen. So hat
Mischs streng auf Dilthey bezogene «Geschichte der Autobiographie»

Autobiographie   129

(1949), der die Autobiographie nicht allein als bildungs- und persönlich-
keitsnah, sondern gar als Ausdruck des «menschlich-allzumenschlichen»
galt (MISCH 1949, S. 8), nach der Katastrophe des Faschismus den Autor
mit Bestürzung wahrnehmen lassen, was die reale Kehrseite eines methodologisch (geisteswissenschaftlich) vermittelten inhaltlichen Verständnisses der Autobiographie sein kann (vgl. MISCH 1959, S. 1294).
Das gleiche Faktum hat umgekehrt der Kritischen Theorie die Folie der
Verwerflichkeit des Ideals der wohlintegrierten Persönlichkeit geliefert;
aber gerade die Vorstellung, «den besseren Zustand [...zu] denken als
den, in dem man ohne Angst verschieden sein kann» (ADORNO 1969,
S. 131), hat eine schwer abschätzbare Folge von Konsistenz-, Identitäts-
und Rechtfertigungszwängen nach sich gezogen (vgl. HENRICH 1979,
LÜBBE 1979, MARQUARD 1979, RUTSCHKY 1980).

Für diese «erzieherische» wie für die «methodologische» und «gegenständliche» Ebene gilt: Die Ambivalenz des Verhältnisses von Autobiographischem und Erziehungswissenschaft gründet in den Ambivalenzen
des Selbstverständnisses der Erziehungswissenschaft.

ADORNO, TH. W.: Minima Moralia. Reflexionen aus dem beschädigten Leben, Frank-
furt/M. 1969. BAACKE, D./SCHULZE, TH. (Hg.): Aus Geschichten lernen. Zur Einübung pädagogischen Verstehens, München 1979. BERNFELD, S.: Trieb und Tradition
im Jugendalter. Kulturpsychologische Studien an Tagebüchern, Frankfurt/M. 1978
(Reprint der Ausgabe Leipzig 1931). BRÜGGEN, F.: Strukturen pädagogischer Handlungstheorie, München 1980. BÜHLER, CH.: Zwei Knabentagebücher, Jena 1925. BÜH-
LER, CH.: Zwei Mädchentagebücher, Jena ²1927. DILTHEY, W.: Plan der Fortsetzung
zum Aufbau der geschichtlichen Welt in den Geisteswissenschaften. Gesammelte
Schriften, Bd. 7, hg. v. B. Groethuysen, Stuttgart/Göttingen 1958, S. 191 ff (1958a).
DILTHEY, W.: Der Aufbau der geschichtlichen Welt in den Geisteswissenschaften
(1905–1911). Gesammelte Schriften, Bd. 7, hg. v. B. Groethuysen, Stuttgart/Göttin-
gen 1958, S. 79 ff (1958b). DILTHEY, W.: Einleitung in die Geisteswissenschaften. Ge-
sammelte Schriften, Bd. 1, hg. v. B. Groethuysen, Stuttgart/Göttingen 1959. FISCHER,
W.: Neue Tagebücher von Jugendlichen, Freiburg 1955, ²1967. HABERMAS, J.: Er-
kenntnis und Interesse, Frankfurt/M. 1968. HABERMAS, J.: Einleitung. In: Habermas,
J. (Hg.): Stichworte zur «Geistigen Situation der Zeit», Frankfurt/M. 1979, S. 7 ff.
HENNINGSEN, J.: Autobiographie und Erziehungswissenschaft. Eine methodologische
Erörterung. In: N. Samml. 2 (1962), S. 450 ff. HENNINGSEN, J.: Über Jacob Grimms
Selbstbiographie. In: P. Rsch. 18 (1964), S. 1015 ff. HENNINGSEN, J.: «Jeder Mensch
erfindet sich eine Geschichte». Max Frisch und die Autobiographie. In: Lit. in W. u. U.
4 (1971), S. 167 ff. HENRICH, D.: Identität und Geschichte. Thesen über Gründe und
Folgen einer unzulänglichen Zuordnung. In: Marquard, O./Stierle, K. (Hg.): Poetik
und Hermeneutik, Bd. 8, München 1979, S. 659 ff. JURGENSEN, M.: Das fiktionale Ich.
Untersuchungen zum Tagebuch, Bern/München 1979. LÜBBE, H.: Zur Identitätsprä-
sentationsfunktion der Historie. In: Marquard, O./Stierle, K. (Hg.): Poetik und Hermeneutik, Bd. 8, München 1979, S. 277 ff. Marquard, O.: Identität – Autobiographie –
Verantwortung. Ein Annäherungsversuch. In: Marquard, O./Stierle, K. (Hg.): Poetik
und Hermeneutik, Bd. 8, München 1979, S. 690 ff. MISCH, G.: Geschichte der Autobiographie, Bd. 1.1, Frankfurt/M. ³1949. MISCH, G.: Geschichte der Autobiogra-

130   Autodidaktik

phie, Bd. 3.1, Frankfurt/M. 1959. Neumann, B.: Identität und Rollenzwang. Zur Theorie der Autobiographie, Frankfurt/M. 1970. Pascal, R.: Die Autobiographie. Gehalt und Gestalt, Stuttgart 1965. Rumpf, H.: Unterricht und Identität. Perspektiven für ein humanes Lernen, München 1976. Rutschky, M.: Erfahrungshunger. Ein Essay über die siebziger Jahre, Köln 1980. Schulze, Th.: Autobiographie und Lebensgeschichte. In: Baacke, D./Schulze, Th. (Hg.): Aus Geschichten lernen, München 1979, S. 51 ff. Sommer, M.: Der Alltagsbegriff in der Phänomenologie und seine gegenwärtige Rezeption in den Sozialwissenschaften. In: Lenzen, D. (Hg.): Pädagogik und Alltag, Stuttgart 1980, S. 27 ff. Spranger, E.: Psychologie des Jugendalters, Leipzig ⁵1925. Sünkel, W.: Zum Problem des Erziehungsziels bei Makarenko. In: P. Rsch. 19 (1965), S. 475 ff.

Gerhard de Haan/Alfred Langewand/Theodor Schulze

Autodidaktik

Begriff. Autodidaktik, manchmal auch als Autodidaxie bezeichnet, ist als Wort aus dem Griechischen neu gebildet worden. In der Umgangssprache ist es seit dem 18. Jahrhundert gebräuchlich und bezeichnet einen «Selbstgelehrten» oder «Selbstlerner», das heißt jemanden, der sich Wissen ohne Anleitung durch → Lehrer beziehungsweise außerhalb von Bildungseinrichtungen aneignet. Es taucht dabei auch häufig die Vorstellung von einem nichtformalen, ja sogar defizitären Bildungsverlauf auf. Die pädagogische Fachsprache hat den Begriff aus der Umgangssprache übernommen, dabei jedoch keine Eindeutigkeit erreicht: So läßt sich feststellen, daß häufig Synonyma benutzt werden («Lernen des Lernens», «Selbsttätigkeit», «selbstgesteuertes Lernen», «selbständige Weiterbildung», «lebenslanges Lernen»). Außerdem gibt es unterschiedliche Definitionsvorschläge; am deutlichsten wird dieser Unterschied hinsichtlich der Frage, ob irgendein Umgang mit vorgegebenen Strukturierungen des Wissens noch unter den Begriff «Autodidaktik» fallen soll. Nach der Definition von Michael (vgl. 1963, S. 268) verbietet ein strenges Verständnis von Autodidaktik *jede* Zuhilfenahme fremder Strukturierung des Wissens, das hieße, der Autodidakt wäre ausschließlich auf seine eigene, dem Selbst entsprungene → Didaktik verwiesen. Dazu gehört, daß die Inhalte wie auch die Lernweise «ohne Beistand» bestimmt werden müssen. Demgegenüber schließen andere Definitionsvorschläge (vgl. Schmidt 1970, Simmen 1950) solche Vorstrukturierungen des Wissens bei autodidaktischen Prozessen nicht aus; sie sehen nur eine äußerliche Differenz, nämlich die Absenz einer professionell tätigen Lehrperson. Diesen Zustand bezeichnet Michael wiederum als «Selbstbildung», als «individuelles und von der unmittelbaren Gegenwart des Lehrers freies Lernen des Schülers» (1963, S. 6). Den Begriff «Autodidaktik» reserviert er für Selbstbildungsprozesse *außer-*

halb von → *Schule:* «Autodidaktik aber legt mehr Nachdruck auf eine selbstentworfene und -entwickelte Didaktik und sollte deshalb der treffenderen Kennzeichnung des (von Schule) freien Bildungserwerbs vorbehalten bleiben, wo jeder sein eigener Didaktiker (und Methodiker) sein darf» (MICHAEL 1963, S. 7). Dieser Definitionsvorschlag wird im folgenden berücksichtigt. Wenn überhaupt der Begriff «Autodidaktik» gegenüber «Selbstbildung» oder auch → «Selbsttätigkeit» fachsprachlich abgegrenzt werden soll, sollte diese Abgrenzung auf den Kriterien Institutionalisierung und Entscheidungsinstanz beruhen: Autodidaktik ist eine Alternative zu formellen, schulischen Lernprozessen, bei der es konstitutives Merkmal ist, daß der Lernende zentrale didaktische Entscheidungen (insbesonders *was* und *wie* gelernt werden soll) von sich aus trifft, sich dabei allerdings vorfindbarer didaktischer Hilfen (etwa Lehrmaterialien) aufgrund eigener Entscheidungen bedienen kann.

Geschichte. Die voranstehend genannte Eigenart der Autodidaktik, eine Alternative zu schulischen Lernprozessen darzustellen, ist zugleich auch das zentrale Diskussionsthema in früheren Beiträgen der Pädagogik.

Schon Thomas von Aquin (1225–1274) stellte die Frage, ob jemand Schüler und zugleich sein eigener Lehrer sein kann; mit dem Hinweis darauf, der Betreffende müßte dann «gleichzeitig (als Magister) das Wissen in sich haben und (als Schüler) nicht haben, was unmöglich wäre», wird diese Frage von ihm verneint (zitiert nach SCHNEIDER 1956, S. 17). Die Idee der Autodidaktik ist in mehreren Fällen im Zusammenhang umfassender didaktischer Konzepte angesprochen worden. Comenius (1592–1670) stellte die Autodidaktik sogar als Leitbild seiner Didaktik dar: «Ja, auch ohne fremde Leitung, schon durch den Trieb einer gütigen Natur gelingt es vielen, in sich zugleich den Lehrer und den Schüler, den Lehrgegenstand und den Weg zur Unterweisung oder die Methode zu finden. Ich meine die Autodidakten, die ohne fremde Anleitung durch sich selbst gelehrt, geschickt und beredt werden» (COMENIUS 1959, S. 43). Diese optimistische Vorstellung entwickelte Comenius aus seinem Menschenbild, nach dem → Bildung auf die Ratio des Menschen gestellt ist und «Teilhabe an der göttlichen Kraft» bedeutet, daß die Welt auch «ohne mühevollen Unterricht» angeeignet werden kann. Allerdings ist damit die Schule nicht ausgeklammert: Ihr «Seins-Grund liegt in der Sündhaftigkeit und Imperfektheit» des Menschen; durch Lehrer müsse geholfen werden, die «Welt bis auf den Grund durchdringen, die Ordnung und Harmonie der Dinge erkennen zu können» (COMENIUS 1954, S. 38).

Einer allzu optimistischen Vorstellung vom «nicht zu hindernden Bildungstrieb» und vom «freien Bildungserwerb» hält Willmann die Nachteile autodidaktisch gewonnener Bildung entgegen: «Aber es sind doch auch Mängel mancher Art, welche die Entwicklung des Autodidakten zeigt, sittlicher Art wie Selbstüberhebung und Dünkel, welche bei den selfmade men der Bildung anzutreffen sind, und intellektueller Art, wie die Einseitigkeit und argen Lücken, welche nicht minder das Teil der Selbstgelehrten sind. Das Lernen auf eigene Faust ist zwar als Beweis der Kraft, die der Bildungstrieb zu entfalten vermag, erfreulich, aber es ist doch der Gesamtaufgabe der Bildung nicht gewachsen. Der individualistische Zug bleibt ein Mangel der autodidaktischen Bildung, der durch jenes organische Entfalten nicht aufgewogen wird, da dasselbe dieser Bildung gar nicht spezifisch ist; ein regulärer Unterricht, der nach der Bestimmung des Menschen orientiert und auf die Entwicklung seiner Kräfte mit Rücksicht auf das Individuum angelegt ist, trifft auch dessen Kern und arbeitet mit dessen innerstem Vermögen» (WILLMANN 1923, S. 595). Sowohl eine bestimmte Auswahl von Inhalten sachgesetzlich anzubieten als auch dem natürlichen Selbstbildungstrieb des Menschen Rechnung zu tragen sei die eigentliche Aufgabe der Schule. Die These, daß vor allem in der Schule ein methodisch geregeltes → Lernen gewährleistet sei, wird auch von anderen Autoren zur Begründung ihrer ablehnenden Haltung gegenüber autodidaktischem Lernen ins Feld geführt (vgl. NOHL 1927, S. 520). Die Diskussion kehrt schließlich durch Michael wieder zu Thomas von Aquin zurück, wenn er behauptet, daß autodidaktische Bildung im Prinzip unmöglich sei: Da es einem Menschen kaum möglich sei, sich inhaltlich breit und methodisch streng zu bilden, sei das Resultat keine Bildung, der Horizont des Individuellen werde dabei nicht überwunden; werde Bildung aber mittels Medien, Bücher oder sonstiger Hilfen erworben, handele es sich nicht um Autodidaktik, sondern «nur» um selbsttätiges Lernen (vgl. MICHAEL 1963, S. 272).

Begründungen. Wenn man individuell organisiertes Lernen außerhalb von Bildungsinstitutionen als Kriterium für Autodidaktik setzt, so lassen sich mindestens vier Begründungsstränge aufweisen, wenngleich diese nur selten explizit auf den Begriff «Autodidaktik» ausgerichtet worden sind.

Erstens: Autodidaktik ist für verschiedene Bildungsprozesse hilfreicher, als wenn diese in Bildungsinstitutionen stattfinden würden. So führte die Formel vom technischen und wissenschaftlichen Fortschritt und von der damit verbundenen Wissensexplosion zu der Forderung, flexiblere und individuellere Lernprozesse zu ermöglichen, als dies in herkömmlichen Institutionen der Fall sein kann. Im Bildungsgesamtplan des Deutschen Bildungsrates geht diese Einsicht mit den Forderungen nach «Individualisierung», «Lernen des Lernens» und «ständiger Weiterbildung» einher (vgl. DEUTSCHER BILDUNGSRAT 1970). Wenn auch der Begriff «Autodidaktik» nicht verwendet wird, so zielt doch die Dringlichkeit ständiger und selbständiger → Weiterbildung auf Autodidaktik. Ein anderes Beispiel dafür, daß die Entwicklung in der Welt zur Notwendigkeit nichtinstitutionell gebundener Lernprozesse geführt hat, ist die vom Club of Rome vorgelegte Studie «Das menschliche Dilemma: Zukunft und Lernen», in der insbesondere unter dem Stichwort «antizipatorisches Lernen» eine Qualifizierung für kreative und vielseitige Problemlösungsprozesse verlangt wird, für die es häufig keine Lehrer gebe und die in sich bereits Eigeninitiative und individuelle Verantwortlichkeit forderten (vgl. PECCEI 1981). Mit der «Qualität des Menschen» (PECCEI 1977) sind unter anderem eben jene → Qualifikationen angesprochen, die für Autodidaktik vorausgesetzt werden.

Zweitens: Autodidaktik findet statt im Zusammenhang von persönlicher Befriedigung und Sinnentfaltung des individuellen Lebens. Das Recht auf Selbstbestimmung des Lerners korrespondiert mit Grundgesetznormen und entsprechenden Freiheitsidealen (vgl. KARPEN 1979). Autodidaktik wird somit als konsequentes Korrektiv zu Vereinheitlichungstendenzen im Schulwesen und als «Gegengewicht zur übermächtigen Gesellschaft» (H. Roth) gesehen. Ferner stoßen Menschen aufgrund der Erweiterung der verfügbaren und sinnvoll zu nutzenden Freizeit immer mehr in Bereiche, für die sie nicht speziell ausgebildet sind. Die Entwicklungen im Freizeit- und Hobbybereich zeigen in besonderem Maße, daß und auf welche Weise Kenntnisse auch autodidaktisch erworben werden können.

Drittens: Autodidaktik richtet sich auch gegen Tendenzen der Bürokratisierung des Schulwesens und die damit verbundene «Pädagogisierung allen Lebens» (ILLICH 1976). Der autodidaktische Lerner ist hier ein wichtiges Implikat der Entschulungsdebatte; er orientiert sich an sich selbst und handelt gemäß seinen eigenen Entwürfen und Bedürfnissen (vgl. DAUBER/VERNE 1976, ILLICH 1976; → Entschulung).

Viertens: Autodidaktisches Lernen läßt sich durch jene wissenschaftlichen Ansätze begründen, die eine Selbststeuerung des Menschen sehen und sich somit von deterministischen Modellen abgrenzen. In der lernpsychologischen Forschung drückt sich dieses veränderte Menschenbild in der Abwendung vom behavioristischen zu kognitiven Lerntheorien aus, die Lernen nicht als Produkt von Umwelteinflüssen ansehen, sondern als Prozeß der aktiven Auseinandersetzung des Menschen mit Informationen aus der Umwelt (vgl. WESSELLS 1984). Weitere Beispiele für Forschungsrichtungen, welche die Bedeutung der Selbststeuerung des Menschen betonen, sind der Identitäts- und Selbstkonzeptansatz (vgl. FILIPP 1979) und die subjektorientierte Alltagswende (vgl. LENZEN 1980). Der weitestgehende Versuch, wissenschaftliche Nachweise für die

134 Autodidaktik

Existenz einer Selbststeuerungsinstanz im Menschen vorzulegen, stammt von POPPER/ECCLES (vgl. 1982).

Voraussetzungen von Autodidaktik. Es würde dem Grundcharakter von Autodidaktik zuwiderlaufen, wollte man eine Rezeptur für den autodidaktischen Umgang mit Wissen vorstellen. Trotzdem gibt es aber gewisse Voraussetzungen des autonomen Wissenserwerbs, in denen der Autodidakt Orientierungen finden kann. Dörner unterscheidet diesbezüglich zwei Gruppen von Fähigkeiten. Zum einen sind es Fähigkeiten, Wissen von einem Bereich in einen neuen durch Analogiebildung zu «importieren». Hierzu sind vielfältige Wissensbestände sowie Verknüpfungen durch Abstraktionen besonders vorteilhaft. Die auf diese Weise gewonnenen Hypothesen müssen korrigiert und erweitert werden können. Zum anderen geht es um Formen der Selbstreflexion und Selbstkontrolle, die sicherstellen sollen, daß Denkverläufe und ausgeführte oder vorangehende Handlungen oder Strategien gedächtnismäßig protokolliert und ausgewertet werden (vgl. DÖRNER 1982, S. 134ff).

Als ein Ansatz, mit dem die autodidaktischen Funktionen konkreter bestimmt werden können, ist das «Inventar autodidaktischer Handlungen» (FLECHSIG 1983) zu nennen. Mit Hilfe einer solchen Aufstellung lassen sich Lernschritte nachverfolgen und kontrollieren sowie Lernprobleme besser lokalisieren. FLECHSIG (vgl. 1983) unterscheidet zwischen *zentralen* und *subsidiären* oder *flankierenden* Strategien:

Zentrale Strategien (Sensibilisierung und Selbstmotivation; Problemfindung und -formulierung; Informationsfindung und -verarbeitung; Ordnung und Zuordnung des neuen Wissens; Problemlösen; Bewertung und Reflexion sowie Integration).

Subsidiäre Strategien (Ressourcen beschaffen; Zeitplanung und Lernortwahl; Selbststabilisierung).

ASSELMEYER, H.: Implizite Lerntheorien von erwachsenen Lernern, Göttingen i. Vorber. COMENIUS, J. A.: Große Didaktik (1638), hg. v. A. Flitner, Düsseldorf/München 1954. COMENIUS, J. A.: Analytische Didaktik und andere pädagogische Schriften, hg. v. F. Hofmann, Berlin (DDR) 1959. DAUBER, H./VERNE, E. (Hg.): Freiheit zum Lernen. Alternativen zur lebenslänglichen Verschulung, Reinbek 1976. DAUBER, H. u. a.: Lernen in eigener Verantwortung. Arbeitsstelle für Erwachsenenbildung der Evangelischen Kirche in Hessen und Nassau, Darmstadt 1976. DEUTSCHER BILDUNGSRAT: Strukturplan für das Bildungswesen. Empfehlungen der Bildungskommission, Stuttgart 1970. DÖRNER, D.: Lernen des Wissens- und Kompetenzerwerbs. In: Treiber, B./Weinert, F.E. (Hg.): Lehr-Lern-Forschung, München 1982, S. 134ff. FILIPP, S.-H. (Hg.): Selbstkonzept-Forschung, Stuttgart 1979. FLECHSIG, K.-H.: Zur Gliederung des Inventars autodidaktischer Handlungen, Mimeo, Göttingen 1983. ILLICH, I.: Vorwort. In: Dauber, H./Verne, E. (Hg.): Freiheit..., Reinbek 1976, S.7ff. KARPEN, U.: Rechtsfragen des lebenslangen Lernens, Tübingen 1979. LENZEN, D. (Hg.): Pädagogik und Alltag, Stuttgart 1980. MICHAEL, B.: Selbstbildung im Schulunterricht, Wein-

Autonomie 135

heim 1963. NOHL, H.: Der humanistische Sinn der Arbeit in der Arbeitsschule. In: D. E. 2 (1927), S. 516 ff. PECCEI, A.: Die Qualität des Menschen. Plädoyer für einen Humanismus, Stuttgart 1977. PECCEI, A.: Das menschliche Dilemma. Zukunft und Lernen, Wien ⁴1981. POPPER, K. R./ECCLES, J. C.: Das Ich und sein Gehirn, München/Zürich 1982. SCHMIDT, G. R.: Autodidakt. In: Horney, W. u. a. (Hg.): Pädagogisches Lexikon, Bd. 1, Gütersloh 1970, Spalte 236 f. SCHNEIDER, F.: Die Theorie der Selbsterziehung. Ein international vernachlässigtes Forschungs- und Lehrgebiet. In: Int. Z. f. Ew. 2 (1956), S. 16 ff. SIMMEN, M.: Autodidakt/Autodidaxie. In: Kleinert, H. (Hg.): Lexikon der Pädagogik, Bd. 1, Bern 1950, S. 118 ff. WESSELLS, M. G.: Kognitive Psychologie, New York 1984. WILLMANN, O.: Didaktik als Bildungslehre nach ihren Beziehungen zur Sozialforschung und zur Geschichte der Bildung, Braunschweig 1923.

Herbert Asselmeyer

Autonomie

Begriff. In pädagogisch-systematischen Zusammenhängen läßt sich der Autonomiebegriff (von griechisch *autonomia* = politische Unabhängigkeit, Selbständigkeit) nicht eindeutig nur einem Problembereich zuordnen. Über den Stellenwert einer Zielkategorie pädagogisch-didaktischen Handelns hinaus erhielt der Autonomiebegriff eine grundlegende Bedeutung insofern, als auf ihn zur wissenschaftstheoretischen Legitimation eines spezifischen, ausgrenzbaren Bereichs pädagogischer Theorie und Praxis zurückgegriffen wurde.

Autonomie des Subjekts. Als Zielbegriff von → Erziehung findet der Autonomiebegriff bei konkurrierenden bildungstheoretischen Richtungen innerhalb der bürgerlichen Pädagogik häufige Verwendung; er wird oft synonym oder komplementär zu Begriffen wie Mündigkeit, → Emanzipation und Selbstbestimmung gebraucht, also im Rahmen von Ansätzen, die subjektorientiert sind. Dabei gehen solche Ansätze trotz vielfältiger Unterschiede des jeweiligen Begründungszusammenhangs von einer gemeinsamen Basis aus, die dem Subjekt die Möglichkeit zuschreibt, sich distanzierend, reflektierend und gestaltend mit seiner Umwelt und den es umgebenden gesellschaftlichen Verhältnissen auseinanderzusetzen. Diese Grundvoraussetzung jeder bürgerlichen Pädagogik unterstellt dem zu erziehenden Subjekt eine anthropologisch fundierte oder historisch-systematisch begründete → Bildsamkeit, die erzieherisch zu aktualisieren ist und gleichzeitig dem Subjekt selbst auch immer schon als Verpflichtung zur Entfaltung aufgegeben ist.

In empirischen und kulturvergleichenden Untersuchungen haben insbesondere PIAGET (vgl. 1973) und KOHLBERG/TURIEL (vgl. 1978) nachgewiesen, daß die für den Aufbau der Autonomie wesentliche Moralentwicklung des Subjekts nach einer weitgehend im Individuum selbst

136 Autonomie

angelegten Stufenfolge verläuft, auf deren invariante →Struktur sich unterschiedliche Sozialisationsbedingungen nur hinsichtlich der vom Individuum erreichten Stufenhöhe der Moralentwicklung differierend auswirken. Solche Forschungsergebnisse könnten dazu beitragen, die in den letzten Jahren oft von sozialisationstheoretischer Seite vorgetragene Kritik an individualpädagogischen Ansätzen zu relativieren und in den konzeptionellen Versuchen um die Begründung einer Erziehungstheorie, die die Autonomie des Subjekts intendiert, fortzufahren.

Im Verständnis einer so orientierten Erziehungstheorie bestimmt sich die Realisierung einer Erziehung zur Autonomie weniger von der kognitiven Ebene der Vermittlung bestimmter Bildungsinhalte her als vielmehr im Vollzug einer besonderen Gestaltung des pädagogischen Verhältnisses (→Verhältnis, pädagogisches). Diesbezügliche Untersuchungen liegen insbesondere aus psychologischer (vgl. TAUSCH/TAUSCH 1971), sozialpsychologischer (vgl. BLUMER 1973, GOFFMAN 1971, KRAPPMANN 1971, MEAD 1968) und kommunikationstheoretischer beziehungsweise gesellschaftstheoretischer Sicht (vgl. MOLLENHAUER 1972, SCHÄFER/SCHALLER 1973, WATZLAWICK u. a. 1974) vor. Historisch sind solche Ansätze überwiegend der Tradition einer Persönlichkeitspädagogik zuzuordnen, die im Anschluß an Rousseau insbesondere in den 20er Jahren innerhalb der →Reformpädagogik bemüht war, von den unterschiedlichsten Begründungszusammenhängen her pädagogisches Denken und Handeln vom Subjekt her, vom Kinde aus (vgl. GLÄSER 1920), zu verstehen.

Das verbindende Element verschiedener Ansätze der Erziehung zur Autonomie, in denen sich nahezu die gesamte pädagogische Grundsatzdebatte spiegelt, ist dabei die Annahme, daß den zunehmenden Vergesellschaftungstendenzen und Entfremdungserfahrungen (vgl. BUCK 1984), denen sich das zu erziehende Individuum gegenübergestellt sieht, aus pädagogischen Motiven heraus entgegenzuwirken sei. Es wird also unterstellt, daß ein Bereich der Selbstverwirklichung des Individuums, der seinerseits auch pädagogischem Handeln zugänglich ist, prinzipiell vorhanden sei.

In den 70er und in der ersten Hälfte der 80er Jahre sind vor allem in der schulpädagogischen Diskussion einzelne Ansätze entwickelt worden, in denen die Unterrichtsarbeit stärker an den Belangen des →Schülers auszurichten versucht wird (vgl. EINSIEDLER/HÄRLE 1976, WAGNER 1976). Die Begriffe *sozialintegrativer Führungsstil, symmetrische Interaktion, schülerzentrierter Unterricht, offenes Curriculum* beleuchten schlagwortartig Fragestellungen, unter denen gegenwärtig die Autonomie des Schülers verhandelt wird. Dazu gehören ebenfalls Entwicklungen im →Schulrecht einzelner Bundesländer, auf deren Grundlage die →Mitbestimmung – Mitwirkung von →Lehrern, Eltern und Schülern bei

Autonomie   137

der schulischen Erziehung zumindest teilweise institutionell abgesichert worden ist (vgl. WEHNES 1976).

Autonomie der Pädagogik. In der Zeit der Reformpädagogik gab es zahlreiche Versuche, das praktische Erziehungsfeld zu erneuern und pädagogischem Handeln einen Schonraum zu sichern. Diesen Bemühungen war der Autonomieanspruch inhärent. Die zu dieser Zeit gegründeten Modellschulen (Landerziehungsheime, freie Schulgemeinden), die unterrichtsmethodischen Bemühungen um selbsttätiges Lernen und um projektförmigen Unterricht (→Projekt) belegen diese Entwicklung (vgl. HOHMANN 1966, RÖHRS 1980).

Vor dem Hintergrund dieser praktischen Reformbemühungen sind auch die seit den 20er Jahren besonders durch Nohl und andere Vertreter der geisteswissenschaftlichen Pädagogik unternommenen Versuche zu sehen, die → Pädagogik als eine eigenständige Disziplin zu begründen. Dabei galt es, den nur einer spezifisch pädagogischen Fragestellung zugänglichen Gegenstandsbereich auszumachen, welcher seinerseits die Pädagogik als autonome Wissenschaft wissenschaftssystematisch zu fundieren erlaubte. Zweck dieser Bemühungen war es, historisch überkommene, jedoch pädagogisch unreflektierte Geltungsansprüche von Theologie und Philosophie zurückzuweisen.

Aus der Erfahrung der politischen Vereinnahmung von Erziehung und Pädagogik durch den Nationalsozialismus erfuhr die Forderung nach relativer Autonomie des Pädagogischen neues Gewicht (vgl. WENIGER 1952). Der Begriff der «relativen» Autonomie berücksichtigte einerseits die nicht zu übersehende Verflochtenheit von Erziehung und Gesellschaft, andererseits wies er auf die bleibende systematische Bedeutung des Autonomiebegriffs für die Konstitution der Erziehungswissenschaft (vgl. FROESE 1952). «Autonomie» begründete den spezifisch pädagogischen Auftrag des →Erziehers, dessen Funktion vor allem darin gesehen wurde, unpädagogische Ansprüche von Staat, Interessenverbänden und Kirchen vom Kind fernzuhalten oder pädagogisch «umzuformen». Der Erzieher hatte den ihm zustehenden Freiraum zu nutzen, um in eine «Auslese der wirkenden Welt» (BUBER 1969, S. 20) nur das pädagogisch Verantwortbare an das Kind heranzulassen, denn «er ist verantwortlich für das Subjekt» (NOHL 1933, S. 18).

Kritik. Ein pädagogisch-theoretischer Ansatz, der die Autonomie der Pädagogik sowohl als Wissenschaft als auch als praktisches erzieherisches Tun zu fundieren sucht, setzt sich konsequenterweise in erster Linie der Kritik solcher Konzepte aus, die als normative Pädagogik (→ Pädagogik, normative) die Ziele von Bildung und Erziehung von apriorisch ermittelten Normen der Philosophie und Pädagogik her begründen. Die dieser

138   Autonomie

Richtung verpflichteten pädagogischen Ansätze interpretierten die subjektive Verfaßtheit des Menschen als Person. Personale Pädagogik schränkt die Autonomie des Subjekts insofern ein, als sie den einzelnen immer schon als in einem «Sein in und aus Beziehungen» (THEUNISSEN 1977, S. 463) befindlich versteht, das sich als radikale Verwiesenheit auf «Dialogizität», «Gesellschaftlichkeit» gegenüber Gott und gegenüber den Mitmenschen versteht. Das «Personale» konkretisiert sich nach diesem Verständnis immer schon in Beziehungen. Auch dort, wo im Anschluß an protestantisch-theologische Gedankengänge die Gewissensfreiheit des Erziehers im Hinblick auf seine pädagogische → Verantwortung systematisch begründet war, erfuhr das Autonomiestreben der Pädagogik generelle Kritik. DELEKAT (vgl. 1928) bezweifelte in den 20er Jahren die Möglichkeit der Begründung einer Autonomie des Erziehers allein von dessen spezifisch pädagogischer Aufgabe her. Ein verantwortungsbewußter Erzieher solle vielmehr aus seinem «persönlichen Glauben» (DELEKAT 1928, S. 726) heraus handeln.

Auch nach dem Zweiten Weltkrieg wurden jene Autonomieansätze, die die legitimatorische Basis von Bildung und Erziehung ausschließlich vom Zögling her vestanden, von den Vertretern bildungstheoretischer Pädagogik kritisiert; Erziehung müsse als ein Verhältnis zwischen dem zu erziehenden Subjekt und «jener Welt, wie sie die sogenannten Lebensmächte präsentieren» (SCHALLER o. J., S. 103), interpretiert werden. Sowohl die «Pädagogik der Entsprechung» (Schaller/Ballauff) als auch die «personale Pädagogik» (Guardini) verwarfen die Sichtweise einer «Potentialitätenanthropologie» (vgl. SCHALLER 1968) zugunsten einer Auffassung des Pädagogischen im Aussagespektrum der Begriffe «Bezug, Beziehung, Verhältnis, Relation, Dialektik, Dialogik» (DIKKOPP 1969, S. 770).

Als Vertreter einer existenzphilosophisch orientierten Pädagogik wies Bollnow besonders auf die pädagogische Relevanz von → Begegnung hin, die als «unstete Erziehungsform» (vgl. BOLLNOW 1977) prinzipiell «zufällig, unberechenbar» und «schicksalhaft» (BOLLNOW 1977, S. 121) sei. Damit war der Vorstellung einer pädagogischen Autonomie im Sinne einer fest einplanbaren, kalkulierbaren Struktur zumindest für diese existentielle Erziehungsform der systematische Boden entzogen, insofern in Akten der Begegnung keine pädagogisch verantwortbaren Bildungsinhalte an das Subjekt herangetragen werden, sondern dieses selbst unmittelbar von der «Härte» und der «Unerbittlichkeit einer Wirklichkeit» (BOLLNOW 1977, S. 120) betroffen wird und erst so zu einem sittlichen Aufschwung gelangt; andererseits erhielt der Begriff der Autonomie einen Bedeutungszuwachs, insofern die Unverfügbarkeit des Subjekts gegenüber den Zugriffen der → Bildungsplanung und Schulpraxis betont und begründet wurde.

Autonomie   139

Im Zusammenhang mit der Rezeption sozialwissenschaftlicher Ansätze in der Erziehungswissenschaft der Bundesrepublik in den 60er und 70er Jahren wurde insbesondere durch die nun relevant werdenden Sozialisationstheorien (vgl. HURRELMANN/ULICH 1980) das Bedingungsverhältnis von Erziehung und Gesellschaft zunehmend thematisiert. So weisen etwa die Kategorien →«Rolle» und «soziale Schichtung» (→Schicht, soziale) auf die prinzipielle Abhängigkeit aller am Erziehungsprozeß Beteiligten von gesellschaftlichen Strukturen hin und stellen damit die systematische Möglichkeit einer pädagogischen Autonomie von vornherein in Frage.

Dabei sind vor allem die Sozialisationstheorien im Anschluß an die Anthropologie Gehlens zu nennen (vgl. KUCKARTZ 1971), deren Anliegen es ist, den für das Individuum entlastenden Charakter von →Institutionen zu betonen. Das sich über den normierenden Gehalt der Institutionen hinwegsetzende Individuum überschätzt seine subjektive Potenz im Hinblick auf seine Möglichkeiten der Selbstgesetzgebung. Insofern bilden hier die Institutionen erst den notwendigen Bedingungsrahmen für die Autonomie des Subjekts.

BLUMER, H.: Der methodologische Standort des symbolischen Interaktionismus. In: Arbeitsgruppe Bielefelder Soziologen (Hg.): Alltagswissen, Interaktion und gesellschaftliche Wirklichkeit, Bd. 1, Reinbek 1973, S. 80ff. BOHNSACK, F./RÜCKRIEM, G. M.: Pädagogische Autonomie und gesellschaftlicher Fortschritt, Weinheim/Berlin/Basel 1969. BOLLNOW, O. F.: Existenzphilosophie und Pädagogik, Stuttgart/Berlin/Mainz 1977. BRÜGELMANN, H.: Offene Curricula. In: Z. f. P. 18 (1972), S. 95ff. BUBER, M.: Reden über Erziehung, Heidelberg 1969. BUCK, G.: Rückwege aus der Entfremdung, Paderborn/München 1984. DELEKAT, F.: Pädagogische Autonomie und Freiheit des Erziehers. In. D. E. 3 (1928), S. 725ff. DICKOPP, K.-H.: Der pädagogische Sinn von Begegnung. In: P. Rsch. 23 (1969), S. 769ff. DÖBERT, R. u. a. (Hg.): Entwicklung des Ichs, Köln 1977. EINSIEDLER, W./HÄRLE, H. (Hg.): Schülerorientierter Unterricht, Donauwörth 1976. FROESE, L.: Die bleibende Bedeutung des pädagogischen Autonomieprinzips. In: B. u. E. 5 (1952), S. 561ff. GLÄSER, J. (Hg.): Vom Kinde aus, Hamburg/Braunschweig 1920. GOFFMAN, E.: Interaktionsrituale, Frankfurt/M. 1971. GUARDINI, R.: Grundlegung der Bildungslehre, Würzburg 1965. HABERMAS, J. (Hg.): Die geistige Situation der Zeit, Bd. 1, Frankfurt/M. 1973. HOHMANN, M.: Die pädagogische Insel, Ratingen 1966. HURRELMANN, K./ULICH, D. (Hg.): Handbuch der Sozialisationsforschung, Weinheim/Basel 1980. KOHLBERG, L./TURIEL, E.: Moralische Entwicklung und Moralerziehung. In: Portele, G. (Hg.): Sozialisation und Moral, Weinheim/Basel 1978, S. 13ff. KRAPPMANN, L.: Neuere Rollenkonzepte als Erklärungsmöglichkeit für Sozialisationsprozesse. In: betr. e. 4 (1971), 3, S. 27ff. KUCKARTZ, W.: Sozialisation und Erziehung, Essen 1971. LEPENIES, W./NOLTE, H.: Kritik der Anthropologie, München 1971. MEAD, G. H.: Geist, Identität und Gesellschaft aus der Sicht des Sozialbehaviorismus, Frankfurt/M. 1968. MOLLENHAUER, K.: Theorien zum Erziehungsprozeß, München 1972. NICKLIS, W. S.: Die Schule im Würgegriff der Verwaltungsperfektion und die Wiederentdeckung der Pädagogischen Autonomie. In: Groth, G. (Hg.): Horizonte der Erziehung – Festgabe für Theodor Wilhelm zum 75. Geburtstag, Stuttgart 1981, S. 125ff. NOHL, H.: Die Theorie der Bil-

140 Autorität

dung. In: Nohl, H./Pallat, L. (Hg.): Handbuch der Pädagogik, Bd. 1, Langensalza/
Berlin/Leipzig 1933, S. 3ff. PIAGET, J.: Das moralische Urteil beim Kinde, Frankfurt/
M. 1973. ROHRMOSER, G.: Autonomie. In: Krings, H. u. a. (Hg.): Handbuch philosophischer Grundbegriffe, München 1973, S. 155ff. RÖHRS, H.: Die Reformpädagogik, Hannover 1980. SCHÄFER, K.-H./SCHALLER, K.: Kritische Erziehungswissenschaft
und kommunikative Didaktik, Heidelberg ²1973. SCHALLER, K.: Die Autonomie der
Pädagogik und die pädagogische Verantwortung. In: Schaller, K.: Der Gebildete
heute, Bochum o. J. (1962), S. 97ff. SCHALLER, K. (Hg.): Bildung und Kultur, Hamburg 1968. SCHIESS, G.: Die Diskussion über die Autonomie der Pädagogik, Wein-
heim/Basel 1973. SEIFFERT, H.: Muß die Pädagogik eigenständig sein? Essen 1964.
TAUSCH, R./TAUSCH, A.-M.: Erziehungspsychologie, Göttingen ⁶1971. THEUNISSEN,
M.: Der Andere, Berlin/New York ²1977. WAGNER, A. C. (Hg.): Schülerzentrierter
Unterricht, München/Berlin/Wien 1976. WATZLAWICK, P. u. a.: Menschliche Kommunikation, Bern/Stuttgart/Wien 1974. WEHNES, F. J. (Hg.): Mitbestimmung und Mit-
verantwortung in der Schule, Düsseldorf/Ratingen/Kastellaun 1976. WENIGER, E.: Die
Eigenständigkeit der Erziehung in Theorie und Praxis, Weinheim 1952.

Roland Bast

Autorität

Begriff. Autorität ist bis heute ein ebenso zentraler wie vieldeutiger und
umstrittener Begriff der Erziehungspraxis und -wissenschaft. Schon der
lateinisch-römische Begriff «auctoritas» (von «augere» = vermehren,
fördern, bereichern, verherrlichen) hatte gegenüber der «potestas»
(= Macht, Herrschaft, Amtsgewalt) eine so archaisch-komplexe (my-
thisch-religiöse, politische und pädagogische, juristisch-ökonomische)
Bedeutung (vgl. ESCHENBURG 1965, RABE 1972), daß sogar Mommsen
der Meinung war, sie lasse sich kaum noch angemessen verstehen. Im
romanischen und angloamerikanischen Sprachraum hat sich eine mehr
öffentlich-politische, machtbezogene, im deutschen Sprachraum dagegen eine mehr persönlich-private, geistige Bedeutung von Autorität
durchgesetzt. Solche Unterschiede verweisen auf die jeweiligen soziokulturellen Zusammenhänge, Traditionen und Entwicklungen und machen jede abstrakte Definition und Bewertung von Autorität fragwürdig; sie kann stets nur historisch, epochal und gesellschaftlich bedingt
sein (vgl. HORKHEIMER 1968). Der Autoritätsbegriff hat ferner zahlreiche Beziehungen zu anderen Begriffen wie: → Vorbild, Ansehen, Achtung, Respekt, Ehrfurcht, Überlegenheit, Prestige, Einfluß, Führung,
Macht, Zwang, Gewalt, Herrschaft. Eine Abgrenzung des Autoritätsbe-
griffs muß daher von reinen, idealtypischen Autoritätsverhältnissen ausgehen und dann ihre konkrete Verflechtung mit anderen sozialen und
gesellschaftlichen Verhältnissen berücksichtigen.

Reine, idealtypische Autorität. Heute besteht in den Erziehungs- und Sozialwissenschaften Konsens darüber, daß Autorität nicht eine Eigenschaft von Personen, sondern die Qualität einer sozialen Beziehung zwischen ihnen bezeichnet (vgl. schon STERN 1925, S. 6). Treffend sind die Definitionen «Ansehensmacht» (GEIGER 1959, S. 137) und «bejahte Abhängigkeit» (HORKHEIMER 1968, S. 301). Abstrakter und differenzierter kann man Autorität definieren als Sammelbezeichnung für Eigenschaften, Fähigkeiten und Leistungen, welche denjenigen Personen, Gruppen und Institutionen zugeschrieben werden, die gegenüber anderen Personen, Gruppen und Institutionen – aus welchen Gründen immer – einen Einfluß- und Führungsanspruch geltend machen, der von diesen – aus welchen Motiven immer – innerlich (bewußt oder unbewußt) als berechtigt anerkannt wird, so daß die Autoritäts-Inhaber die Autoritäts-Abhängigen in ihrem Fühlen, →Denken und →Handeln tatsächlich beeinflussen und zur Lösung konkreter Aufgaben oder zur Realisierung weitergehender Ziele führen können, ohne äußeren Zwang oder Gewalt anwenden zu müssen. Damit gehört das reine Autoritäts-Verhältnis zu den sozialen Formen psychischer Beeinflussung, die eine dauerhafte Über- und Unterordnung voraussetzen oder zur Folge haben, also soziale Ungleichheit, die auch auf Macht-, Zwangs- oder Gewaltverhältnissen beruhen kann. Das Autoritätsverhältnis unterscheidet sich aber von diesen durch erstens die *innere Anerkennung* der Autoritätsinhaber beziehungsweise ihrer Autorität durch die Autoritätsabhängigen aufgrund bewußter Einsicht, unreflektierter Zustimmung oder einer Mischung aus beidem und zweitens durch die damit gegebene Chance oder Notwendigkeit einer wie immer gearteten, von beiden Seiten geteilten *Begründung* oder *Legitimierung* des Autoritätsverhältnisses. Daraus ergeben sich *für die Autoritätsinhaber*: das «Recht», bindende Ratschläge oder Befehle zu erteilen und unmittelbare Folgebereitschaft, Unterordnung und Gehorsam zu verlangen («effizienter Imperativ» – vgl. DE JOUVENEL 1958), aber auch die Pflicht, die Legitimationsbasis zu achten (→Verantwortung); *für die Autoritätsabhängigen* dagegen: die freiwillige Verpflichtung, ohne Straf- oder Sanktionsdrohung, nur aufgrund von Vertrauen, Treue, Ehrfurcht zu gehorchen, aber auch das Recht, Gehorsam zu verweigern, wenn die Autoritätsinhaber die gemeinsame Legitimationsbasis mißachten; und dafür besteht offenbar immer ein feines Gespür. Diese Vorstellung legitimer wechselseitiger Autoritätsverhältnisse aufgrund eines (impliziten oder expliziten) Vertrages zwischen Ungleichen hat sich historisch schon im feudalen Lehensrecht des europäischen Mittelalters herausgebildet und war Ausgangspunkt einer Entwicklung, durch die illegitime Autoritätsverhältnisse immer mehr eingeschränkt und abgebaut wurden (vgl. MENDEL 1973).

Als einzig legitimes Mittel zur Gewinnung von Zustimmung und

Autorität gilt in der Literatur allgemein die *Überzeugung* der Autoritäts-abhängigen durch die Autoritätsinhaber durch Beispiel, Vorbild, →Kompetenz oder Dialog, →Kommunikation, rationalen →Diskurs. Sie sollen das *Vertrauen*, jene Mischung aus begrenzter Einsicht und unbedingtem Glauben, schaffen, auf dem Autorität beruht und das sich durch Erfahrung zu bewähren hat. Bloße Überredung oder rationale Argumentation, charismatische Faszination und Suggestion oder bewußte Manipulation und Konditionierung durch fein dosierte Vor- oder Nachteile (Sanktionen) werden hingegen häufig als unzulässig ausgeschlossen, weil sie die Legitimation von Autorität verdrängen, verfehlen oder unnötig machen (vgl. E. WEBER 1974, S. 198). Die Begründung, die *Legitimation* von Autorität kann – ebenso wie M. Webers «Herrschaft kraft Autorität» – beruhen auf: charismatischen Qualitäten von Führungspersonen, →Traditionen (Glauben, Sitten, Bräuche) der jeweiligen Gruppen und Verbände sowie rationalem Konsens der Gruppen über ihre Aufgaben, Ziele und einsetzbaren Mittel in der Doppelbedeutung von Wert- und Zweckrationalität. In jedem Fall ist ein *Konsens über gemeinsame Werte* erforderlich, der sich aus den jeweiligen sozialen Lebenslagen und kulturellen Glaubens-, Deutungs- und Erklärungssystemen ergibt, die in verschiedenen Formen selbst oberste, autorisierende Autorität gewinnen können (Autor von lateinisch «auctor» = Gewährsmann, Bürge, Zeuge, Urheber, Gründer, Stifter, Ratgeber, Erfinder, Vorbild). Wenn solche abstrakt-ideelle Autorität – etwa über Offenbarungen, Gründungen, Gesetze – auf reale Autoritätsverhältnisse übertragen wird, spricht man auch von *delegierter* Autorität und Legitimation, wobei aber die autoritative Glaubwürdigkeit der Amtsträger gewahrt bleiben muß. *Charismatische* und *traditionale* Legitimation erscheinen *irrational*, wenn sie die Fragen nach ihren Geltungsgründen ausblenden oder unterdrücken und einfach Glauben und Vertrauen verlangen. *Rationale* Legitimation geht davon aus, daß Autoritätsinhaber bestimmte, für die jeweilige Gruppe bedeutsame moralische →Werte, Forderungen und Normen oder praktische Aufgaben, Ziele und Zwecke vorbildlich erfüllen, vertreten und dies glaubhaft machen können. Im zweiten Fall darf die Zweckrationalität jedoch nicht so weit gehen, daß Autoritätsverhältnisse – als Mittel für eigene Zwecke – in Interessenfraktionen und -koalitionen zerfallen und nur noch ideologisch legitimiert werden können (M. Webers «Herrschaft kraft Interessenkonstellation», beispielsweise im kapitalistischen Industriebetrieb – vgl. M. WEBER 1956, S. 542 ff). Ein Rest an Wertrationalität, an Glauben und Vertrauen in den Eigenwert gemeinsamer Ziele und Zwecke, ist also auch bei rationaler Legitimation von Autorität erforderlich.

Neuerdings werden von seiten der sprachanalytischen Philosophie (vgl. BOCHEŃSKI 1974, MENNE 1969), zwei Grundformen von Autorität

Autorität 143

unterschieden: erstens eine «deontische» (auch «sittliche» oder «soziale») *Wert- und Sollens-Autorität*, die auf dem Glauben an die Berechtigung von Werten, Forderungen und Befehlen beruht; ihre Funktion besteht in der (affektiven) Wert- und Normenorientierung; zweitens eine «epistemische» (auch «sachliche» oder «logische») *Erkenntnis- und Wissens-Autorität*, die auf dem Vertrauen in die Richtigkeit von Aussagen, Behauptungen und Feststellungen beruht; ihre Funktion besteht in der (kognitiven) Sach- und Weltorientierung. Faktisch durchdringen sich beide häufig. Die zweite allein wird jedoch problematisch, wenn, etwa in riskanten technischen Zusammenhängen, Sachanweisungen nur noch aus Eigen- oder Überlebensinteresse vertraut und gehorcht wird (vgl. MENDEL 1973, S. 43).

Verbindung mit anderen Formen sozialer Ungleichheit. Reine, idealtypische Autoritätsverhältnisse sind allenfalls in spontanen, überschaubaren Primärgruppen mit geringem Machtgefälle zu finden; sie sind dann relativ sanktionsfreie Führungs- und Folgeverhältnisse (vgl. GEIGER 1959, STRZELEWICZ 1970). Die Kleingruppen- und Leadership-Forschung (K. Lewin, R. Lippitt, R. K. White, R. F. Bales) vermittelt die besten Einsichten in ihre Entstehung und Funktionsweise. In der Regel sind aber primäre Autoritätsverhältnisse, etwa in der →Familie, und erst recht sekundäre, auf der Ebene gesellschaftlich organisierter und institutionalisierter Ungleichheit, in bestehende Machtverhältnisse mit klarer Über- und Unterordnung eingebettet, die jeweils von neuem Autorität erlangen müssen, wenn sie dauerhaft und stabil sein sollen. Daraus ergibt sich das alltägliche, aber entscheidende *Dilemma zwischen beanspruchter und zuerkannter Autorität*, das legitim gelöst werden muß. Alle «Machthaber», von der Familie bis hin zum Staat mit seinem «Monopol der Gewaltsamkeit» (M. WEBER 1956, S. 29f), beanspruchen Autorität, deren Anerkennung mit moralischen Werten und rationalen Argumenten legitimiert, aber im Zweifel auch mit Macht- und Gewaltmitteln erzwungen wird. Jede Verbindung von Macht und Gewalt mit Legitimität und Autorität ergibt aber – nach M. Weber – Herrschaft im strengen Sinne: «Herrschaft kraft Interessenkonstellation» verwandelt sich in «Herrschaft kraft Autorität» (M. WEBER 1956, S. 542f). Folgebereitschaft und Gehorsam beruhen dann nicht nur auf Zustimmung und Vertrauen, sondern auch auf Strafangst (auch Angst vor «Liebesentzug») oder Schuldgefühlen (Ehr-furcht).

Bei aller Verschiedenheit primär-sozialer und sekundär-gesellschaftlicher Autoritätsverhältnisse erscheint Autorität als ein Medium, das zwischen ihnen vertikal und horizontal übertragen und ausgetauscht wird, sie miteinander verbindet und nach analogen Mustern legitimieren kann, dabei aber spezifische Verbindungen mit den jeweiligen Macht-,

144 Autorität

Zwangs- und Gewaltverhältnissen eingeht. Insofern ist Autorität «ein Interpretationsvorgang, der die Festigkeit eines Dinges anstrebt» (SENNETT 1985, S. 24), also «Verdinglichung». Ein wesentlicher Übertragungsmechanismus jener Art ist → *Erziehung und* → *Sozialisation*. Schon Freud hat die Funktion elterlicher Autorität im kindlichen Erziehungsprozeß klar herausgearbeitet. Ihre Verinnerlichung im Über-Ich des Kindes hat zwei Wirkungen: Sie «schützt» die Individuen ebenso wie die Gesellschaft vor vitalen Trieben, Bedürfnissen und Ansprüchen, und sie sichert in gewissem Rahmen ein konformes Verhalten, auf das beide Seiten künftig rechnen können. Erziehung zur Autoritäts-Gläubigkeit war daher immer ein wesentliches Disziplinierungs- und Domestikationsmittel menschlicher Gesellschaften.

Es erscheint demnach wenig sinnvoll, den Autoritätsbegriff auf reine, idealisierte Autoritätsverhältnisse zu beschränken. Sie sind fast immer mit Macht-, Gewalt- und Herrschaftsverhältnissen verbunden (vgl. BOURRICAUD 1961), und diese verstärken gerade ihre Legitimationsbedürftigkeit. Autorität steht immer in einem Spannungsverhältnis zwischen transzendentalen Wertvorstellungen und physischer Gewalt. Hinzu kommt die kritische Vernunft, die seit der → Aufklärung und der Französischen Revolution jenes Spannungsverhältnis und damit das traditionelle, patriarchalisch-hierarchische Autoritätsverständnis einer fortschreitenden Kritik und Auflösung unterzogen hat.

Autoritätswandel und -krise. Der Wandel konkreter Autoritätsverhältnisse wird häufig zurückgeführt: erstens auf ihre eigene Struktur und Dynamik, das heißt die Widersprüche zwischen reiner, idealer und konkreter, machtgestützter sowie zwischen beanspruchter und zuerkannter Autorität, zwischen ihrer Legitimationsbasis und deren Überschreitung; zweitens auf Veränderungen in den soziokulturellen Rahmenbedingungen der materiellen Reproduktion und des ideellen Wertkonsenses der Gesellschaft, in die sie eingebunden sind. Die Ambivalenz und Wandelbarkeit konkreter Autoritätsverhältnisse kommt in der Literatur in zahlreichen, meist dichotomisch konfrontierten Bestimmungen zum Ausdruck: natürliche versus erworbene Autorität; spontane, personale Führung gegenüber institutioneller Amtsautorität; absolut irrationale Glaubens- im Gegensatz zu rational beschränkter Sach- oder Expertenautorität; politische Herrschafts- versus soziale Organisationsautorität (vgl. ENGELS 1960, S. 605 f); hierarchische Herrschafts- gegenüber funktional-egalitärer (vgl. HARTMANN 1964) oder demokratischer Auftragsautorität (vgl. STRZELEWICZ 1969). Sie verweisen auf einen Wandel oder Zerfall von Autorität in Teilbereichen der Gesellschaft, wobei häufig unklar bleibt, ob es sich um tatsächliche oder vermeintliche, oberflächliche oder grundlegende Wandlungen handelt, die Autorität prinzipiell in

Autorität 145

Frage stellen (vgl. ARENDT 1957) und die Beibehaltung des Begriffs als ideologische Verteidigung eines bereits obsoleten Autoritarismus erscheinen lassen.

Seit dem Faschismus und den grundlegenden Untersuchungen von HORKHEIMER (vgl. 1936) und ADORNO u. a. (vgl. 1950) hat die *autoritäre Übersteigerung und Deformation* von Autorität die größte Bedeutung erlangt. Jene Autoren der «Kritischen Theorie» haben sie als ein politisches, ideologisches und sozialpsychologisches Problem begriffen, das sie – anschließend an Marx und Freud – auf die kapitalistischen Produktions- und Eigentumsverhältnisse sowie die ihnen entsprechende Erziehung und Bewußtseinsbildung in der bürgerlichen Kleinfamilie zurückgeführt haben, welche nach dieser Theorie «autoritäre Persönlichkeiten» hervorbringt. *Autoritär* ist demnach ein Autoritätsverhältnis, in dem ein Autoritätsanspruch der Autoritätsinhaber durchgesetzt und die Legitimationsfrage mit Scheinargumenten ausgeblendet oder mit Zwangsmitteln repressiv unterdrückt wird, das aber von den Autoritätsabhängigen dennoch kritiklos anerkannt wird, obwohl diese darunter leiden. Die aus solcher Frustration entstehende Aggressivität richten sie jedoch nicht gegen die Autoritätsinhaber, sondern gegen sich selbst oder andere, Tiefer- oder Außenstehende (sado-masochistisches Syndrom – E. Fromm). Autoritätsverhältnisse können sich so immer in autoritäre verwandeln, in Autorität ohne Gegenseitigkeit und Legitimität. Damit ist das Kernproblem der heutigen *Autoritätskrise* angesprochen, deren Erscheinungsformen und historische Ursachen hier übergangen werden müssen (vgl. FROMM 1971, MITSCHERLICH 1963). Sie ist jedoch erst in der antiautoritären Studentenbewegung der 60er Jahre international und in politisch relevanter Form artikuliert worden und seitdem nicht mehr zu leugnen (vgl. HARTFIEL 1969). Das alte, moralisch legitimierte «Autoritätsprinzip» wird heute zunehmend durch das empirisch nachprüfbare «Leistungsprinzip» ergänzt und verdrängt, das traditionelle Autoritätsverhältnisse zugleich rechtfertigt und untergräbt, andererseits aber ökonomisch-technische «Sachzwänge» produziert, die autoritär-bürokratische Herrschaftsformen ohne moralische Legitimation ermöglichen.

Autorität in Erziehungswissenschaft und -praxis. Spätestens seit Rousseau beziehen sich alle modernen, bürgerlichen Erziehungs- und Bildungstheorien, wenn auch nicht immer explizit, sondern unter Verwendung entsprechender Begriffe, auf Autorität als einer notwendigen, aber auch begründungsbedürftigen Bedingung von Erziehung und →Unterricht. Dabei entspricht dem jeweiligen Verständnis von Erziehung und Bildung, vom Verhältnis der Generationen zueinander und von der Stellung der Erziehungsinstitutionen zur soziokulturellen Entwicklung auch

146 Autorität

ein je besonderes Autoritätsverständnis (so bei J. G. Fichte, J. F. Herbart, F. Schleiermacher, T. Ziller, E. Durkheim). Abgesehen von einschlägigen Textsammlungen (vgl. GEISSLER 1970, REBEL 1967) steht allerdings eine historisch-systematische Aufarbeitung des pädagogischen Autoritätsdenkens noch aus. Das zentrale Problem der bürgerlichen Bildungstheorien, zunächst bei Rousseau und Schleiermacher, dann in der →Reformpädagogik am Anfang des 20. Jahrhunderts (so bei E. Key, L. Gurlitt, H. Lietz, M. Montessori, B. Otto, G. Wyneken, G. Kerschensteiner, H. Nohl, W. Flitner, Th. Litt) – und das unterscheidet die Pädagogik von anderen Human- und Sozialwissenschaften – ist jedoch nicht nur die Herstellung und Erhaltung von Erziehungsautorität, sondern auch deren Begrenzung und Überwindung im Sinne zunehmender Selbständigkeit, →Emanzipation und Mündigkeit der Erzogenen; ein Dilemma, das praktisch immer aufgetreten und irgendwie gelöst worden ist, aber bis heute theoretisch nicht ausreichend geklärt erscheint (vgl. jedoch SENNETT 1985). Ungeachtet der Faschismuserfahrungen und der provozierenden Forschungen zum «autoritären Charakter» waren seitdem pädagogische Beiträge zum Autoritätsproblem relativ selten und haben nicht wesentlich über die Positionen der Reformpädagogik hinausgeführt (etwa bei E. Lichtenstein, R. Strohal, H. Meng, W. Kamlah, M. Rang). Erst seit der Studentenbewegung sind pädagogische Konzeptionen reaktualisiert oder entwickelt worden (A. S. Neill, V. Schmidt, N. Wolffheim, J. Gamm...), die unter dem Schlagwort «antiautoritäre Erziehung» (→Erziehung, antiautoritäre) oder unter dem Begriff einer «kommunikativen Pädagogik» (K. Mollenhauer, K. H. Schäfer, K. Schaller) die Genese pädagogischer Autorität (legitimer wie illegitimer) analysieren und dabei die historisch tradierten Autoritätsformen in Zweifel ziehen oder sie – und mit ihr «Erziehung» überhaupt – ablehnen, wie die neueste →«Antipädagogik» (vgl. v. BRAUNMÜHL 1979). Seit 1965 nahmen daher in der Bundesrepublik Deutschland Publikationen über Autorität sprunghaft zu, um seit 1975 wieder auf das frühere Niveau abzusinken. Neben pädagogischen Beiträgen, die in der geisteswissenschaftlichen, phänomenologisch-hermeneutischen Tradition stehen und eine affirmative Tendenz haben, «antiautoritäre Erziehung» ziemlich einhellig ablehnen, aber kaum empirische Forschungen (besonders MILGRAM 1974) berücksichtigen, hat sich unter dem Einfluß der Nachbarwissenschaften auch eine realistischere und differenziertere Betrachtungsweise durchgesetzt (vgl. SCHMIDT 1975, E. WEBER 1974). Von allgemeiner Autorität, deren historisch-soziokulturelle Bedingtheit und Fragwürdigkeit klarer gesehen wird, wird in der Regel eine besondere *pädagogische oder Erziehungsautorität* unterschieden, deren Spezifikum in ihrem interpersonalen Charakter liegen soll. Damit entsteht wiederum die Gefahr, daß ihre äußeren Bedingungen und Realisierungschancen ausgeblendet werden, besonders in → Schulen. Prinzipielle Probleme, wie die Beziehungen zwischen personaler, institutioneller und fachlicher Autorität von → Erziehern und → Lehrern, werden relativ gründlich, problematische oder negative Aspekte, wie die Straf- und Gehorsamsproblematik, dagegen eher oberflächlich erörtert. Dabei besteht immer noch die Tendenz, wahre, echte, legitime, förderliche, emanzipatorische Autorität von falscher, unechter, illegitimer, hemmender, autoritärer Autorität zu trennen und letztere aus der Betrachtung auszuklammern. Auch der oft behauptete oder geforderte Übergang von der patriarchalisch-hierarchischen, irrational-absoluten oder institutionell-amtlichen zur demokratisch-egalitären, rational-funktionalen oder persönlich-fachkompetenten Autorität bleibt häufig spekulativ und deutet in die affirmativ-idealisierende Richtung. Solche Distinktionen zwischen «positiver» und «negativer» Autorität bringen die Erziehungswissenschaft in ein theoretisches und praktisches Dilemma: Der positive Autoritätsbegriff wird zwar enger und präziser, aber auch realitäts- und inhaltsärmer, und die realen Übergänge zur negativen Autorität, also die ambivalente Struktur pädagogischer Autorität, die auf ihre gesellschaftlichen Bedingungen verweist, kann nicht mehr angemessen analysiert werden. So wird an einem idealisierten Autoritätsbegriff festgehalten, der in der Erziehungspraxis kaum einzulösen ist.

Die Sozialisationsforschung hat indessen gezeigt, daß Eltern in soziokulturell depravierten Sozialschichten Erziehungsautorität häufiger autoritär-repressiv, in privilegierten Schichten hingegen eher liberal-permissiv, rational legitimierend einsetzen und damit bei ihren Kindern unterschiedliche Grade und Formen der Internalisierung von Autorität bewirken (vgl. BECK 1973, CAESAR 1972, SCHURIAN/TERHORST 1976). Jedenfalls hat in der *Erziehungspraxis* Autorität mit ihren autoritär-repressiven Erscheinungsformen immer noch große Bedeutung. Das zeigen die Veröffentlichungen über → Kindesmißhandlungen, Prügelstrafen und andere Strafpraktiken in Schulen und Heimen sowie die öffentlichen Diskussionen hierüber. Das Argument, daß darin gerade falsche oder fehlende Autorität zum Ausdruck komme, unterschlägt, daß vielmehr an tradierten, institutionell und rechtlich abgesicherten Autoritätsansprüchen festgehalten wird, die nicht mehr legitimiert und von den Betroffenen anerkannt werden können. Die allgemeine Autoritätskrise wiederholt sich so in der Erziehungspraxis. Während in Schule und Ausbildung Leistungs- und Autoritätsdruck wieder zunehmen, vermissen Kinder und Jugendliche zunehmend menschliche Anteilnahme und Kommunikation, die sie dann bei den «Miterziehern» in Peer-groups, Freizeitkonsum, Massenmedien und bei «Ersatzautoritäten» suchen. Darin zeigt sich, daß pädagogische Autorität heute nicht mehr zu den fraglos gegebenen Bedingungen der Erziehung gehört und eine neue

148 Autorität

persönlich-soziale, kommunikative Kompetenz der Erzieher im Umgang, in der Anleitung und Führung junger Menschen gebraucht wird, die erlernt und erworben werden kann.

In dieser Lage erscheint die Autoritätsdiskussion in der Erziehungswissenschaft, die Autorität noch rechtfertigt ohne alternative Verhaltensmodelle anzubieten (vgl. TAUSCH/TAUSCH 1977), unergiebig. Praktische Versuche mit nichtautoritärer, nichtrepressiver Erziehung gingen nicht von der Erziehungswissenschaft, sondern von der Erziehungspraxis aus, haben sich aber – in allen europäischen Ländern – weitgehend auf einzelne Einrichtungen in den Bereichen der → Sozialpädagogik, der Therapie, der → Vorschulerziehung («Kinderläden») beschränkt; auch Schulversuche mit nichtautoritärer Unterrichtsgestaltung sind in der Bundesrepublik Deutschland und ihren Nachbarländern, anders als in den USA, selten und werden von der Erziehungswissenschaft kaum unterstützt, sondern meist nur als interessante, häufig auch suspekte «Experimente» betrachtet. Die Autoritätskrise in der Erziehungspraxis wird allerdings gesehen und meist auf zwei Ursachenkomplexe zurückgeführt: die für pädagogische Autoritätsverhältnisse konstitutive Ambivalenz, Autorität voraussetzen, herstellen und kritisierbar machen zu müssen, und auf den beschleunigten Wandel der soziokulturellen Lebensverhältnisse in den Industriegesellschaften, der die Legitimation pädagogischer Autorität heute erheblich erschwert. Letzterer wird jedoch schärfer gesehen als die erstere, ohne daß daraus die Notwendigkeit für ein grundsätzliches Umdenken abgeleitet würde (Ausnahme: vgl. MENDEL 1973). Auch fehlt es an Forschungen, welche die Wechselwirkung beider Entwicklungen klarer herausarbeiten.

Insgesamt steht die Erziehungswissenschaft heute vor der Frage, ob sie den Autoritätsbegriff nicht besser der Umgangssprache überlassen und statt dessen differenziertere und präzisere Konzepte verwenden oder entwickeln sollte. Autorität erscheint heute häufig als ein Begriff, mit dem sich das, was er bezeichnet, stets nur selbst rechtfertigt und zugleich das, was in ihrem Namen geschieht, einer genaueren Erkenntnis entzieht. Indem sich aber Autorität (und auch individuelle → Leistung) zunehmend in bürokratischen Organisationen auflöst und verflüchtigt, könnte es ihrem Begriff ebenso ergehen (vgl. AMERY 1965). An seiner Stelle sollte die erziehungswissenschaftliche Forschung ein differenzierteres Konzept von *pädagogischer Kompetenz* entwickeln, das zeitgemäßer, verständlicher und auch in pädagogische Ausbildung und Praxis umsetzbar wäre. Ob erworbene pädagogische Kompetenz auch Autorität erlangt, könnte man dann getrost ihr selbst überlassen.

Autorität 149

ADORNO, TH. W. u. a.: The Authoritarian Personality, New York/Evanston/London 1950. ADORNO, TH. W. u. a.: Der autoritäre Charakter. Studien über Autorität und Vorurteil, 2 Bde., Amsterdam 1968. AMERY, J.: Vom kommenden Ende der Autorität. In: Strohal, R. u. a.: Autorität – was ist das heute? München 1965, S. 155 ff. ARENDT, H.: Was ist Autorität? In: Arendt, H.: Fragwürdige Traditionsbestände im politischen Denken der Gegenwart, Frankfurt/M. 1957, S. 117 ff. BECK, G.: Autorität im Vorschulalter, Weinheim/Basel 1973. BOCHEŃSKI, J. M.: Was ist Autorität? Einführung in die Logik der Autorität, Freiburg 1974. BOURRICAUD, F.: Esquisse d'une théorie de l'autorité, Paris 1961. BRAUNMÜHL, E. V.: Zeit für Kinder, Frankfurt/M. 1979. CAESAR, B.: Autorität in der Familie, Reinbek 1972. ENGELS, F.: Von der Autorität (1873). In: Marx, K./Engels, F.: Ausgewählte Schriften in 2 Bänden, Bd. 1, Berlin (DDR) 1960, S. 603 ff. ESCHENBURG, TH.: Über Autorität, Frankfurt/M. 1965. FROMM, E.: Die Furcht vor der Freiheit, Frankfurt/M. [4]1971. GEIGER, TH.: Führung. In: Vierkandt, A. (Hg.): Handwörterbuch der Soziologie (1929), Stuttgart 1959, S. 136 ff. GEISSLER, E. E. (Hg.): Autorität und Freiheit, Bad Heilbrunn 1970. HARTFIEL, G. (Hg.): Die autoritäre Gesellschaft. «Kritik», Bd. 1, Köln/Opladen 1969. HARTMANN, H.: Funktionale Autorität, Stuttgart 1964. HORKHEIMER, M. (Hg.): Studien über Autorität und Familie, Paris 1936. HORKHEIMER, M.: Autorität und Familie. In: Schmidt, A. (Hg.): Kritische Theorie. Eine Dokumentation, Bd. 1, Frankfurt/M. 1968, S. 277 ff. JOUVENEL, B. DE: Authority: The Efficient Imperative. In: Friedrich, C. J. (Hg.): Authority, Cambridge (Mass.) 1958, S. 159 ff. MENDEL, G.: Plädoyer für die Entkolonisierung des Kindes. Soziopsychoanalyse der Autorität, Olten/Freiburg 1973. MENNE, A.: Zur formalen Struktur der Autorität. In: Kant-Stud. 60 (1969), S. 289 ff. MILGRAM, ST.: Obedience to Authority. An Experimental View, London 1974. MITSCHERLICH, A.: Auf dem Weg zur vaterlosen Gesellschaft, München 1963. RABE, H.: Autorität – Elemente einer Begriffsgeschichte, Konstanz 1972. REBEL, K. (Hg.): Zwang – Autorität – Freiheit. Texte zum Autoritätsproblem, Weinheim/Berlin 1967. SCHMIDT, G. R.: Autorität in der Erziehung, Freiburg 1975. SCHURIAN, W./TERHORST, K. W.: Autorität und Jugend, München/Basel 1976. SENNETT, R.: Autorität, Frankfurt/M. 1985. STERN, E.: Autorität und Erziehung, Berlin 1925. STRZELEWICZ, W.: Herrschaft ohne Zwang? Systeme und Interpretationen der Autorität heute. In: Hartfiel, G. (Hg.): Die autoritäre Gesellschaft, Köln/Opladen 1969, S. 21 ff. STRZELEWICZ, W.: Der Autoritätswandel in Gesellschaft und Erziehung. In: Geissler, E. E. (Hg.): Autorität und Freiheit, Bad Heilbrunn 1970, S. 108 ff. TAUSCH, R./TAUSCH, A.-M.: Erziehungspsychologie, Göttingen [8]1977. WEBER, E.: Autorität im Wandel. Autoritäre, antiautoritäre und emanzipatorische Erziehung, Donauwörth 1974. WEBER, M.: Wirtschaft und Gesellschaft, hg. v. J. Winckelmann, Tübingen [4]1956.

Roland Reichwein

Basisnorm → Wert
Basiswert → Wert
Bedeutungstheorie, pragmatistische → Pragmatismus
Befragung → Forschungsmethode
Begabtenförderung → Chancengleichheit; → Elite
Begabtenprüfung → Bildungsweg, zweiter

Begabung

Begriff. «Begabung» wird bei pädagogischen und psychologischen Autoren nicht in einheitlicher Bedeutung gebraucht. Eine häufig zitierte Analyse des Begriffs unterscheidet Begabung als spezifische Eignung für → Leistungen in einem bestimmten Kulturbereich von → Intelligenz als der unspezifischen intellektuellen Leistungsdisposition (vgl. MÜHLE 1968). Zumeist jedoch werden, wie auch im naiven Gebrauch, Intelligenz und Begabung als synonym verstanden (vgl. FISCHER 1926, GOTTSCHALDT 1968, STERN 1935). Dieser Gebrauch wird durch den Umstand gestützt, daß die seit Beginn des 20. Jahrhunderts betriebene empirische Analyse dieses Konstrukts einer allgemeinen intellektuellen Leistungsdisposition von der Operationalisierung in «Intelligenztests» lebt (→ Test). Neben anderen Ergebnissen hat diese Analyse erbracht, daß einerseits die in Intelligenztests gemessene Begabung der beste einzelne Prädiktor des individuellen Schulerfolgs (Korrelationen 0.4 bis 0.6) ist und daß andererseits jedes Schuljahr über eine acht- bis neunjährige Pflichtzeit hinaus die Intelligenz um durchschnittlich zwei Testpunkte erhöht (vgl. HÄRNQVIST 1968). Begabung ist also «nicht nur Voraussetzung für Lernen, sondern auch dessen Ergebnis» (ROTH 1968, S. 2).

Die überwiegende Mehrheit der wissenschaftlichen Autoren, die sich heute zu dieser Frage äußern, räumt also sowohl Anlage- wie Umweltwirkungen ein, wobei etwa die Auffassung vorherrscht, daß die Anlagen relativ unspezifisch und weit entfernt vom schließlich ausgebildeten Phänotypus sind (Kontinuum der Indirektheit – vgl. ANASTASI 1958) und daß sie ein «Band» von Entfaltungsmöglichkeiten bereitstellen, das durch die konkreten Umweltbedingungen, die ein Individuum in seiner

Begabung 151

lebenslangen →Entwicklung antrifft, mehr oder weniger artikuliert und
ausgeschöpft wird. Insoweit sind Extrempositionen kaum zu finden.
Wohl aber lassen sich gegensätzliche Lager im Sinne der *Akzentuierung*
identifizieren, für genetische Wirkungen etwa Eysenck und Jensen, für
Umweltwirkungen etwa Kamin und Lewontin (vgl. NICHOLS 1979).

Die sowjetische Psychologie, der eine Leitfunktion für die östliche
Psychologie überhaupt zukommt, bietet auf dieser allgemeinen Ebene
heute eine ähnlich vermittelnde Position: «Im Ergebnis dieser Auseinandersetzung [mit biologisierenden und soziologisierenden Tendenzen]
wurde die Auffassung erarbeitet, daß sich die Fähigkeiten des Individuums
in seinem Lebensprozeß unter konkreten sozialen Bedingungen herausbil-
den [...] und daß zugleich die Voraussetzungen der Fähigkeiten – oder die
Anlagen – genetisch bedingt sind» (LOMOW 1976, S. 1209). Die Schlüssel-
rolle, die Begabung für Schulerfolg spielt, und der Umstand, daß sozialer
Status weitgehend über den erreichten Bildungsstand zugänglich wird,
machen das hohe emotionelle Engagement verständlich, mit dem seit beinahe hundert Jahren in fast regelmäßigem Zyklus der Streit um die «Erblichkeit» der Begabung aufbricht – weniger in der Wissenschaft als in der
Öffentlichkeit. Denn das wissenschaftliche Interesse an der Frage, in welchem Grade das Merkmal Intelligenz von Genen einerseits, von Umwelt-
einflüssen andererseits bestimmt wird, ist inzwischen gering (vgl. ANA-
STASI 1958, CHOMSKY 1972); wissenschaftlich ergiebiger vielmehr ist die
Frage der spezifischen und vielfältigen *Interaktionen* zwischen genetischen
Dispositionen und Umweltwirkungen. Der öffentliche Streit würde wohl
leichter beizulegen sein, wenn eine hundertprozentige Abhängigkeit der
Begabung entweder von Anlage oder von Umwelt zu konstatieren wäre.
Tatsächlich liegen die in den letzten vier Jahrzehnten aus entsprechenden
Untersuchungen mitgeteilten Anlage-Umwelt-Relationen oder «Erblich-
keiten» bei 0.6 ± 0.2 (vgl. LOEHLIN u. a. 1975). Bei dieser Unentschieden-
heit – auch wenn die Fragestellung, wie gesagt, wenig belangvoll ist – wird
die Kontroverse, deren Ursache wohl im Gegensatz meritokratischer gegenüber egalitären Grundorientierungen (vgl. LEWONTIN 1970) zu suchen
ist, noch länger anhalten.

Vererbung. «Erblichkeit», genauer definiert, ist jener Anteil der Popula-
tionsvarianz in einem Merkmal (hier: Begabung), der durch Anlageun-
terschiede bedingt ist. Da Züchtungsexperimente beim Menschen ausgeschlossen sind, um eindeutige Befunde zur genetischen Determination
individueller Unterschiede der Begabung zu erzeugen, ist man auf weniger direkte Belege aus dem Vergleich verschiedener Kategorien von Verwandten hinsichtlich ihrer Ähnlichkeit im interessierenden Phänotyp angewiesen. Bevorzugte Vergleichsgruppen ergeben sich aus «natürlichen
Experimenten»: Bei *eineiigen* Zwillingen, die etwa wegen des Todes ih-

152   Begabung

rer Eltern in verschiedenen Umwelten aufwachsen, variieren also die Umwelteinflüsse, konstant sind hingegen die Anlagen. Im Fall eines Geschwisterpaares, das aus einem leiblichen und einem nichtverwandten

Korrelation zwischen	Anzahl der Unter- suchungen	Empirischer Median von r[1]	Theore- tischer Wert[2]	Theore- tischer Wert[3]
Nichtverwandte Personen				
Getrennt aufgewachsene Kinder	4	−.01	.00	.00
Pflegeeltern und Kind	3	+.20	.00	.00
Zusammen aufgewachsene Kinder	5	+.24	.00	.00
Verwandte Personen (Seitenlinien)				
Vettern ersten Grades	1	+.16	+ .14	+ .063
Vettern zweiten Grades	3	+.26	+ .18	+ .125
Onkel (Tante) und Neffe (Nichte)	1	+.34	+ .31	+ .25
Geschwister, getrennt aufgewachsen	33	+.47	+ .52	+ .50
Geschwister, gemeinsam aufgewachsen	36	+.55	+ .52	+ .50
Zweieiige Zwillinge, verschieden geschlechtlich	9	+.49	+ .50	+ .50
Zweieiige Zwillinge, gleichgeschlechtlich	11	+.56	+ .54	+ .50
Eineiige Zwillinge, getrennt aufgewachsen	4	+.75	+1.00	+1.00
Eineiige Zwillinge, zusammen aufgewachsen	14	+.87	+1.00	+1.00
Verwandte Personen: Direkte Linie				
Großeltern und Enkel	3	+.27	+ .31	+ .25
Eltern (als Erwachsene) und Kind	13	+.50	+ .49	+ .50
Eltern (als Kind) und Kind	1	+.56	+ .49	+ .50

1 Korrelationen nicht korrigiert (für Unzuverlässigkeit)
2 Unter Zugrundelegung von Homogamie und partieller Gen-Dominanz
3 Unter den Annahmen fehlender Homogamie (zufälliger Partnerwahl) und rein additiver Gen-Wirkung, das heißt unter Zugrundelegung des einfachst möglichen polygenischen Vererbungsmodells

Abbildung 1: Mittlere Korrelationen von Intelligenztestwerten zwischen gemeinsam und getrennt aufgewachsenen Personen veschiedener Verwandtschaftsbeziehungen: empirische Werte (gemittelt aus 52 Untersuchungen) und theoretische Werte (nach JENSEN 1969, S. 49)

Begabung 153

Adoptivkind besteht und in einer Familie aufwächst, ist – mit Einschränkungen – die Umwelt konstant gehalten und der Faktor Anlage maximal variiert. Berechnet man etwa für eine Gruppe von eineiigen, getrennt aufwachsenden Zwillingspaaren die Ähnlichkeit in bezug auf ihre Intelligenzwerte, dann kann man die sich ergebende Korrelation als eine direkte Schätzung der «Erblichkeit» der Intelligenz nehmen (vgl. JENSEN 1969, S. 51 f). Die aus anderen Vergleichen abgeleiteten *Erblichkeitsschätzungen* folgen einer komplexeren Logik (vgl. JINKS/FULKER 1970).

Die Abbildung 1 zeigt, daß die beobachteten Ähnlichkeiten im Merkmal Intelligenz, über die verschiedenen Verwandtschaftsvergleiche, der allgemeinen Tendenz nach den theoretisch erwarteten Werten entsprechen. So finden fast alle einschlägigen Untersuchungen, daß eineiige Zwillinge in ihrer Intelligenz stärker übereinstimmen als zweieiige Zwillinge oder daß Adoptiveltern und Adoptivkind weniger übereinstimmen als Adoptivkind und leibliche Eltern. Allerdings ist kaum eine der in dieser Tabelle resümierten Untersuchungen frei von mehr oder weniger zahlreichen Mängeln methodischer Art, so daß die ermittelten Erblichkeitsschätzungen mit Vorbehalt zur Kenntnis zu nehmen sind. KAMIN (vgl. 1974) liefert eine massive Kritik vieler einzelner Untersuchungen, insbesondere der von BURT (vgl. 1958) mitgeteilten Befunde, die bis dahin für die Kategorie der eineiigen getrennt aufwachsenden Zwillinge eine wesentliche Rolle spielten. Dieser Kritik ist in methodischen Einzelheiten (vgl. SCARR-SALAPATEK 1976) und in der Dosierung widersprochen worden, nicht aber in der allgemeinen Berechtigung. Seither scheint sich ein Konsensus auszubilden (vgl. NICHOLS 1979), die Daten von Burt für neuere Zusammenfassungen nicht mehr zu berücksichtigen. Im einzelnen liegen die methodischen Risiken – die freilich in naturalistischen Untersuchungen immer schwer kontrollierbar bleiben werden – beispielsweise darin, daß getrennt aufwachsende eineiige Zwillinge nicht zufällig ihren Umwelten zugeteilt werden, daß eineiige Zwillinge wahrscheinlich gleichartiger behandelt werden als zweieiige Zwillinge, daß Adoptivkinder wahrscheinlich selektiv vermittelt werden, daß die Ähnlichkeiten der Umwelten für Geschwister größer sind als für Vettern oder nichtverwandte Personen und daß Eltern mit günstigem Genotyp (hohe Intelligenz) ihren Kindern in der Regel eine anregende Umwelt bieten, so daß diese Kinder einen «Doppelvorteil» erreichen: Überdurchschnittlicher Genotyp entfaltet sich in überdurchschnittlicher Umwelt (Kovarianz). Diese Einwände beziehen sich sämtlich auf die mangelhafte Kontrolle der Variable Umwelt. Wie bedeutungsvoll größere oder geringere Unterschiedlichkeit der Umwelten getrennt aufwachsender eineiiger Zwillinge für Erblichkeitsschätzungen ist, zeigt sich an einer Nachberechnung, die BLOOM (vgl. 1964, S. 70f) an Daten von NEWMAN u. a. (vgl. 1937) vorgenommen hat. Er teilte die ge-

154 Begabung

trennt aufwachsenden Zwillinge nach dem Grad der Umweltähnlichkeit in zwei Gruppen. Für die Gruppe mit relativ hoher Umweltähnlichkeit betrug die Korrelation der IQ-Werte zwischen den jeweiligen Zwillingspartnern 0.91, während die Korrelation für die acht Paare mit relativ geringer Umweltähnlichkeit nur 0.24 erreichte. Entsprechend geringer fällt die «Erblichkeit» aus! Zudem gibt es auch hinsichtlich der genetischen Variablen Komplikationen wie Homogamie, Dominanz, Epistase und Gen-Umwelt-Interaktionen, deren Wirkungen mehr oder weniger zutreffend geschätzt werden, mit unterschiedlichen Annahmen von Autor zu Autor. Weil eineiige und zweieiige Zwillinge aller Wahrscheinlichkeit nach eine hochausgelesene Stichprobe der in der allgemeinen Bevölkerung gegebenen Genotyp-Verteilung darstellen, kann eine Erblichkeitsschätzung, die auf eineiigen und zweieiigen Zwillingen beruht, nicht auf diese Population generalisiert werden!

Genotyp – Umwelt. Es ist unbestritten, daß jede Erblichkeitsschätzung ihrer logisch-mathematischen Ableitung nach ein höchst relatives Maß ist. Sie bezieht sich immer auf eine spezifische Population zu einem bestimmten historischen Zeitpunkt, nicht aber auf Individuen oder das Merkmalskonstrukt, beispielsweise Intelligenz, selbst. Der interessierten Öffentlichkeit sind diese Relativierungen aber immer noch zu Bewußtsein zu bringen. Aufzuklären ist auch das Mißverständnis, daß eine Erblichkeitsschätzung etwas über die Chancen oder Grenzen der Entwicklung und Beeinflussung des betreffenden Merkmals aussagt. Diese Auffassung hat JENSEN (vgl. 1969) in einem Aufsatz, der den Höhepunkt der jüngsten Wiederbelebung der Anlage-Umwelt-Kontroverse darstellt, offenbar bestärkt. Dessen Tenor ist, daß hohe Erblichkeit der Intelligenz (eigene Schätzung 0.8) ihrer Förderung durch pädagogische Maßnahmen enge Grenzen setze. Solche weitreichenden Vorhersagen aus der Status-quo-Beschreibung einer Erblichkeitsschätzung sind aber höchst umstritten. Offenbar liegt hier die Konfusion zugrunde, daß man die Anteile der Faktoren, die *ursächlich* die Ausprägung eines Merkmals bestimmen, verwechselt mit den Faktoranteilen, welche (statistisch) die *Variation* in diesem Merkmal aufklären. Anders ausgedrückt: Aus den Anteilen der Faktoren in einer Zustandsbeschreibung ist nicht ihre relative Bedeutung in der verwickelten Genese dieses Zustandes über eine Kumulation von bisher weitgehend unbekannten Gen-Umwelt-Wechselwirkungen (vgl. HIRSCH 1967) zu entnehmen.

Dieses klassische Mißverständnis scheint auch mit einem verkürzten Verständnis von «Reaktionsnorm» verknüpft zu sein. Die allgemeine Feststellung, daß die Anlage die Grenzen setzt, die Umwelt den Grad der Entfaltung innerhalb dieser Grenzen bestimme, ist insoweit richtig, als sie die Vorstellung eines «Bandes» von Umwelten für einen Genotyp

Begabung 155

vermittelt, irreführend aber insoweit, als sie bislang die Vorstellungen von Umwelt auf wenige, pauschal charakterisierte Typen begrenzt hat. Schon in genetischen Experimenten mit der Drosophila-Fliege wird die Abschätzung der Reaktionsnorm schwierig, wenn ein und derselbe Genotyp mehreren Umweltvariationen ausgesetzt ist. In solchen Experimenten ist man weit von der Vielfalt von Genotypen und der – gezielt beeinflußbaren – Vielfalt von Umweltbedingungen entfernt, wie sie auf menschliche Verhältnisse zutreffen.

Im Sinne einer gezielten Erweiterung der Umwelten und der damit zu erwartenden Entfaltung optimaler Phänotypen hat Jensen seinen Kritikern geantwortet – in gewissem Kontrast zu dem früher (vgl. JENSEN 1969) vermittelten Eindruck über bildungspolitische Implikationen seiner Auffassungen: «Ich dränge auf eine Verstärkung dieser Bemühungen [zur pädagogischen Förderung benachteiligter Kinder], im Geiste des Experiments, so daß die Vielfalt der Ansätze ausgeweitet und die Strenge der Wirkungskontrolle gesteigert wird, und damit unsere Chancen steigen, wirklich optimale Methoden zu entdecken» (JENSEN 1970, S. 97). Es ist nicht zu erwarten, daß wir sehr rasch die differenzierte Kenntnis über die höchst *individuellen* Wechselwirkungen von Genotypen und Umwelteinflüssen erreichen, die hier angesprochen ist. Wenigstens gilt aber solange, daß ein individueller Genotypus um so eher die optimal interagierende Umwelt finden wird, je mehr Umweltvariation angeboten ist.

Die *additive* Vorstellung, die der orthodoxen Frage «wieviel Anlage, wieviel Umwelt» zugrunde liegt, ist also unangemessen. Angemessen ist die Frage nach dem «Wie» ihres Ineinanderwirkens (vgl. ANASTASI 1958). «Begabung» dürfte neben anderen menschlichen Verhaltensmerkmalen – wie die gesammelten Befunde über Umweltwirkungen zeigen (vgl. BLOOM 1964) – das Ergebnis *starker* Wechselwirkungen von Genotyp und Umwelt sein, so daß es im Laufe der Entwicklung immer unvertretbarer wird, diese Komponenten zu scheiden (vgl. SKOWRONEK 1978). Die Quintessenz aller Überlegungen kann nur sein, daß Aussagen über die «Erblichkeit» von Begabung nur unter sehr vielen Kautelen gelten können. Ähnliches gilt in bezug auf Begabungsrichtungen (Sonderbegabungen). Intelligenzprofile ändern sich im Laufe des Kindesalters beachtlich (vgl. TYLER 1958), und noch bei 16- bis 18jährigen können Leistungsschwerpunkte sich ändern. Und beobachtet man wirklich stabile «Begabungsschwerpunkte», dann sind diese ebenso einer genetisch-orientierten wie einer Umweltwirkungen betonenden Erklärung zugänglich. Die Analyse mathematischer Begabung lehrt etwa, daß bis in das späte Kindesalter sich in der Gruppe der Hochtalentierten ebenso viele Jungen wie Mädchen finden. Später werden die Unterschiede zugunsten der Jungen immer ausgeprägter. Und weil dieser Rückgang

156   Begabung

hochtalentierter Mädchen deutlich mit Alter und Geschlechtsrolleniden-
tifikation zusammenhängt, darf man vermuten, daß hier eher kulturelle
als genetische Wirkungen vorliegen (vgl. STANLEY u. a. 1974). Für sich
genommen sind solche Deskriptionen von «Erblichkeit» ohnehin von
höchst begrenztem wissenschaftlichem Wert, wie eingangs schon bemerkt. Brisanz erhalten solche Feststellungen erst, wenn sie in bildungspolitischen Verteilungskämpfen verwendet werden. Mit der These,
Begabung und Begabungsrichtungen seien im wesentlichen genetisch
determiniert, werden in der Regel frühe und dauerhafte → Differenzierungen im Schulsystem gerechtfertigt. Das Fatale solcher Selektivität
liegt darin, daß damit die vorausgesetzten Verhältnisse verschärft und
nicht geheilt werden: Die Kluft zwischen leistungsstarken und -schwa-
chen Schülern wird unter diesen Bedingungen zunehmend größer (vgl.
PIDGEON 1970).

ANASTASI, A.: Heredity, Environment, and the Question «How?». In: Psych. Rev. 65
(1958), S. 197 ff. BLOOM, B. S.: Stability and Change in Human Characteristics, New
York 1964. BURT, G.: The Inheritance of Mental Ability. In: Am. Psychologist 13
(1958), S. 1 ff. CHOMSKY, N.: The Fallacy of Richard Herrnstein's IQ. In: Soc. Pol. 3
(1972), 1, S. 23 ff. FISCHER, A.: Über den Zusammenhang von Denkpsychologie und
Intelligenzprüfung. In: Z. f. p. Psych., exp. Päd. u. jugku. Fo. 27 (1926), S. 1 ff. GOTT-
SCHALDT, K.: Begabung und Vererbung. In: Roth, H. (Hg.): Begabung und Lernen.
Ergebnisse und Folgerungen neuer Forschung. Gutachten und Studien der Bildungs-
kommission des Deutschen Bildungsrates, Bd. 4, Stuttgart 1968, S. 129 ff. HÄRNQVIST,
K.: Changes in Intelligence from 13–18. In: Scandin. J. of Psych. 9 (1968), S. 50 ff.
HIRSCH, J.: Behavior-Genetic Analysis. Epilog. In: Hirsch, J. (Hg.): Behavior-Gene-
tic Analysis, New York 1967, S. 420 ff. JENSEN, A. R.: How much can we boost IQ and
Scholastic Achievement. In: Harv. E. Rev. 39 (1969), S. 1 ff. JENSEN, A. R.: Race and
the Genetics of Intelligence. In: The Bull. of the Atomic Sct. 26 (1970), 5, S. 17 ff.
JINKS, J. L./FULKER, D. W.: Comparison of the Biometrical Genetical, MAVA and
Classical Approaches to the Analysis of Human Behavior. In: Psych. Bull. 73 (1970),
S. 311 ff. KAMIN, L. J.: The Science and Politics of IQ, New York 1974. LEWONTIN,
R. C.: Race and Intelligence. In: The Bull. of the Atomic Sct. 26 (1970), 3, S. 2 ff.
LOEHLIN, J. C. u. a.: Race Differences in Intelligence, San Francisco 1975. LOMOV,
B. F.: Das Verhältnis von Sozialem und Biologischem als methodologisches Problem
der Psychologie. In: Sowjetw.–Gesellschw. Beitr. 29 (1976, 2), S. 1198 ff. MÜHLE, G.:
Definitions- und Methodenprobleme der Begabungsforschung. In: Roth, H. (Hg.):
Begabung und Lernen. Gutachten und Studien der Bildungskommission des Deut-
schen Bildungsrates, Bd. 4, Stuttgart 1968, S. 69 ff. NEWMAN, H. H. u. a.: Twins: A
Study of Heredity and Environment, Chicago 1937. NICHOLS, R. C.: Policy Implica-
tions of the IQ Controversy. In: Schulman, L. S. (Hg.): Review of Research in Educa-
tion, Bd. 6, Itasca 1979, S. 3 ff. PIDGEON, D. A.: Expectation and Pupil Performance,
London 1970. ROTH, H.: Einleitung und Überblick. In: Roth, H. (Hg.): Begabung und
Lernen. Ergebnisse und Folgerungen neuer Forschung. Gutachten und Studien der
Bildungskommission des Deutschen Bildungsrates, Bd. 4, Stuttgart 1968, S. 17 ff.
SCARR-SALAPATEK, S.: Science and Politics: An Explosive Mix. In: Cont. Psych. 21
(1976), S. 98 f. SKOWRONEK, H.: Das Anlage-Umwelt-Problem. In: Steiner, G. (Hg.):
Die Psychologie im 20. Jahrhundert, Bd. 7, Zürich 1978, S. 646 ff. STANLEY, J. C. u. a.:

Mathematical Talent, Baltimore 1974. STERN, W.: Allgemeine Psychologie auf perso-
nalistischer Grundlage, Den Haag 1935. TYLER, L.: The Stability of Patterns of Primary Mental Abilities among Grade School Children. In: E. and Psych. Measurem. 18
(1958), S. 769 ff.

Helmut Skowronek

Begabungsförderung → Ausbildungsförderung; → Chancengleichheit

Begegnung

Geschichte. «Begegnung» ist einer der Zentralbegriffe der in der restaurativen Phase der Bundesrepublik Deutschland herrschenden pädagogischen Theoriebildung, die sich an katholischen (vgl. GUARDINI 1956),
dialektischen (vgl. LITT 1967; vgl. DERBOLAV 1969 a, 1969 b), vor allem
aber an existenzphilosophischen Argumentationsweisen (vgl. BOLLNOW
1959, BUBER 1965, LOCH 1969) orientierte. BOLLNOW (1959, S. 100) erläutert den Begriff so: «Der Mensch selber wird also in der Begegnung
auf die Probe gestellt. Vor der Gewalt des Begegnenden entscheidet
sich, was an ihm echt ist. In dieser Erschütterung muß der Mensch sich
bewähren. Er kann bestehen oder nicht bestehen. So ist die Begegnung
die Probe auf seine eigene Echtheit.» Sich einer exakten Definition ent-
ziehend, ist mit «Begegnung» eine kurzfristige, auf das Relevanz- und
Persönlichkeitssystem der Beteiligten in unbestimmter, aber um so nach-
haltigerer Weise wirkende → Interaktion auf der sozialen Mikroebene
gemeint.

Das Paradigma einer existenzphilosophisch begründeten Pädagogik
wurde in den 20er Jahren in erklärtem Gegensatz zu einer liberalen, am
Individuum ausgerichteten, bildungs- und entwicklungstheoretisch begründeten Pädagogik entworfen. Die naturalistische, den Rasse- und
Zuchtbegriff in den Mittelpunkt stellende Pädagogik des Nationalsozialismus verdrängte auch die Theorie der Begegnung, so daß ihr schulbil-
dende Kraft erst nach dem Zweiten Weltkrieg zukam. Das Aufkommen
sozialwissenschaftlicher Erkenntnisse in der Pädagogik ließ die Lehre
von der Begegnung Mitte der 60er Jahre scheinbar veralten – ihr öffent-
liches Ende kann mit dem Erscheinen von Adornos ideologiekritischem
Pamphlet «Jargon der Eigentlichkeit» datiert werden, wo es heißt:
«[...] deshalb wird Begegnung angepriesen, organisierte Kontakte von
der Sprache mit Leuchtfarbe beschmiert, weil das Licht erlosch. Der
Sprachgestus dabei ist der des Aug' in Aug', wie Diktatoren ihn üben»
(ADORNO 1964, S. 67).

158 Begegnung

Systematische Aspekte. Die bei Adorno ausgesprochene Ideologiekritik wird jedoch den systematischen Ansprüchen einer Pädagogik nicht gerecht, die mit den heute unzulänglich erscheinenden Mitteln von Phänomenologie und materialer Sprachphilosophie versuchte, den methodischen Solipsismus der Pädagogik der sich entwickelnden und bildenden →Individualität zu überwinden – Intersubjektivität also zur Grundlage pädagogischer Theoriebildung zu machen. Dabei geht es um das Problem, ob die jeden pädagogischen Bezug charakterisierende Intersubjektivität überhaupt vom methodischen Ausgangspunkt des prinzipiell einsamen (transzendentalen) Subjekts, das zu den Grundannahmen der bildungstheoretischen Pädagogik im Gefolge des Deutschen Idealismus gehörte, gedacht werden kann. Die Theorie der Begegnung (Existenz- und Dialogphilosophie) will das Problem durch eine Fundierung im «Reich des Zwischen» lösen, das entweder als Grunderfahrung vorgegeben sein (Heideggers «Dasein ist wesenhaft Mitsein» – vgl. HEIDEGGER 1967, S. 120) oder aber aus der Einsicht in das fundamentale Wesen der Sprache resultieren soll. So schreibt BUBER (1965, S. 7, S. 8, S. 15, S. 16): «Grundworte sagen nicht etwas aus, was außer ihnen bestünde, sondern gesprochen stiften sie einen Bestand [...] Wer Du spricht, [...] hat nichts. Aber er steht in der Beziehung. Ich werde am Du [...] Alles wirkliche Leben ist Begegnung [...] Nur wo alles Mittel zerfallen ist, geschieht Begegnung.» Gibt sich die Existenzphilosophie Intersubjektivität als sprachlose →Erfahrung vor, so versucht Buber zwar von der Intersubjektivität der Sprache her zu denken, gerät aber dann in Schwierigkeiten, wenn er als *echte* Begegnung nur die unmittelbare zuläßt und somit entweder die Sprache wieder ausblenden oder ihren medialen Charakter bestreiten muß. Die Unstimmigkeiten dieser Versuche, Intersubjektivität als unvermittelte Erfahrung zu bestimmen, führten zu eben dem irrationalen Begriff von Begegnung, der frühzeitig mit dem Argument kritisiert wurde, daß das stets vorauszusetzende Medium jeder Begegnung, die Sprache, systematisch unberücksichtigt geblieben sei (vgl. DERBOLAV 1969a, S. 153).

Pädagogische Konsequenzen. Das zugrundeliegende Bild sprachlosen Beisammenseins erweist seine relative Folgenlosigkeit besonders bei didaktischen Überlegungen. So erwägt etwa WENIGER (vgl. 1930, S. 38), daß nach dem Brüchigwerden kultureller →Traditionen während der Modernisierung →Bildung als nichtantizipierbares Ergebnis der Konfrontation der Lebenswirklichkeit einer noch unfertigen →Jugend mit der Wirklichkeit der zukunftsetzenden Tätigkeit des →Erziehers zu verstehen sei. Die Diskussion zwischen BOLLNOW (vgl. 1969a, 1969b) und DERBOLAV (vgl. 1969a, 1969b) ergibt eine dreifache Bedeutung des Begriffs «Begegnung»: als hermeneutischer Sinnvermittlungsprozeß, als fundamentale Änderung der existentiellen Bezüge einer Person sowie als jene Art sprachlicher Kommunikation, die einen Edukandus dazu bringt, seine Fähigkeiten zur Erkenntnis bestimmter Inhalte zu entwikkeln (vgl. DERBOLAV 1969a, S.152f; vgl. DERBOLAV 1969b, S.181f). LOCH (vgl. 1969, S.404) rekonstruiert «Begegnung» *rollentheoretisch* als genau den Typ einer Situation, in denen ein Aktor aus der → *Rolle* fällt und somit andere zwingt, die *Situation* im Hinblick auf das eigene Selbstverständnis neu zu definieren. Damit ist der Versuch unternommen, den Begriff der Begegnung in neuere *sozialisationstheoretische* Ansätze (*Rollentheorie;* → *Interaktionismus, Symbolischer*) zu integrieren.

ADORNO, TH.W.: Jargon der Eigentlichkeit, Frankfurt/M. 1964. BOLLNOW, O.F.: Existenzphilosophie und Pädagogik, Stuttgart ³1959. BOLLNOW, O.F.: Begegnung und Bildung. In: Gerner, B. (Hg.): Begegnung. Ein anthropologisch-pädagogisches Grundereignis, Darmstadt 1969, S.120ff (1969a). BOLLNOW, O.F.: Vom Wesen geschichtlicher Begegnung. Ein Diskussionsbeitrag. In: Gerner, B. (Hg.): Begegnung, Darmstadt 1969, S.163ff (1969b). BUBER, M.: Das dialogische Prinzip, Heidelberg 1965. DERBOLAV, J.: Vom Wesen geschichtlicher Begegnung. In: Gerner, B. (Hg.): Begegnung, Darmstadt 1969, S.145ff (1969a). DERBOLAV, J.: «Existentielle Begegnung» und «Begegnung am Problem». In: Gerner, B. (Hg.): Begegnung, Darmstadt 1969, S.174ff (1969b). GUARDINI, R.: Die Begegnung. Ein Beitrag zur Struktur des Daseins. In: Guardini, R./Bollnow, O.F.: Begegnung und Bildung, Würzburg 1956, S.9ff. HEIDEGGER, M.: Sein und Zeit, Stuttgart 1967. LITT, TH.: Führen oder Wachsenlassen, Stuttgart ¹³1967. LOCH, W.: Die Struktur der Begegnung im Horizont der Erziehung. In: Gerner, B. (Hg.): Begegnung, Darmstadt 1969, S.295ff. WENIGER, E.: Die Theorie der Bildungsinhalte. In: Nohl, H./Pallat, L. (Hg.): Handbuch der Pädagogik, Bd.3, Langensalza 1930, S.3ff.

Micha Brumlik

Begriffsbedeutung → Pragmatismus
Begutachtung → Evaluation
Behindertenpädagogik → Sonderpädagogik
Behinderung → Sonderpädagogik
Beispiel → Vorbild
Bekräftigung → Lernen – Lerntheorie
Belohnung → Lob
Beobachtung, systematische → Forschungsmethode
Beobachtungslernen → Lernen – Lerntheorie

Beratung

Begriff. Die Redewendung «einen Rat geben» (althochdeutsch und mittelhochdeutsch «rät» = vorhandene Mittel, Vorrat an Lebensmitteln) bezeichnet heute eine → Interaktion zwischen Individuen, in deren Verlauf der ratsuchenden Person ein Vorschlag zur Lösung ihres Problems angeboten wird. Jede → Kommunikation kann Beratungsmomente enthalten, falls ein Problem thematisiert wird, eine Person der anderen Hilfestellungen anbietet und der Beratende Fähigkeiten oder Informationen vermittelt, die die Handlungs- und Entscheidungskompetenz des Ratsuchenden erhöhen.

Historische Entwicklung. Unter diesen Gesichtspunkten ist Beratung wohl immer schon ein Aspekt oder eine Ergänzung erzieherischen Handelns gewesen, beispielsweise in nicht- oder semiprofessionellen → Rollen wie etwa Stammeshäuptling, Hausvater, Geistlicher, Lehrer) und in Situationen, in denen es um die Weitergabe von Erfahrungen an noch relativ «Unerfahrene» ging. Seit jedoch die kulturell überlieferte Erfahrung für die Bewältigung gesellschaftlicher Zukunft nicht mehr unbefragt gilt (→ Aufklärung), entwickelt sich in Anlehnung an die bürgerliche Bildungstheorie Beratung als ein neuer Interaktionstypus, der zunächst wohl nur literarischen Ausdruck fand (Briefe, Wochenschriften, Erziehungsromane) und sich an die Vernunft- und Selbsttätigkeit des Individuums richtete. Institutionelle und professionelle Ausdifferenzierungen der Beratung aus dem «normalen Erziehungsprozeß» entstehen indessen in Europa um 1900, als Bildungslaufbahnprobleme komplizierter wurden, ein Beratungsbedarf in größerem Umfang entstand (Berufsberatung, → Einzelfallhilfe in der Sozialarbeit, Gesundheitsberatung) und die Psychologie im Sinne einer empirischen Tatsachenforschung verspricht, Erziehungs- und Zuweisungsprobleme beratend oder klinisch-therapeutisch lösen zu können. Die «neue» Psychologie trifft auf eine gesellschaftliche Situation, in der die Erziehungsaufgaben von Elternhaus und Schule zunehmend schwieriger zu meistern sind, überkommene Lebenszusammenhänge zerbrechen und die Lebensbewältigung des einzelnen immer problematischer wird: Voranschreitende Arbeitsteilung, Erwerbstätigkeit der Frauen, Funktionswandel der → Familie, Diskussionen um neue Schul- und Erziehungsformen, politische Umwälzungen und eine allgemein konstatierte → Verwahrlosung der Stadtjugend nach dem Ersten Weltkrieg tragen dazu bei, daß sich mit der Erziehungsfürsorge und Jugendwohlfahrtspflege die sozialpädagogisch-psychologische Beratung etabliert, deren Anspruch zumeist im frühzeitigen Erkennen und rechtzeitigen Behandeln von Fehlentwicklungen liegt. Das Aussondern von Beratungsaufgaben aus ganzheit-

Beratung   161

lichen Erziehungsprozessen und die rapide Zerstückelung der Beratung in voneinander strikt abgegrenzte Kompetenzbereiche läßt sich an der Institutionalisierung der Berufsberatung nachzeichnen. Angesichts zunehmender Differenzierung von Berufsausbildungsgängen und Etablierung neuer Tätigkeitsbereiche sind es zunächst primär Volksschullehrer, die ihre Schüler in Fragen der →Berufswahl beraten. Diese Aufgaben übernehmen dann karitative Verbände (wesentlich Frauenverbände), zwischenzeitlich auch die Schulverwaltung, bis sie 1927 durch das Gesetz über Arbeitsvermittlung und Arbeitslosenversicherung in Deutschland vom Staat monopolisiert werden (→Berufsberatung). Im gleichen Zeitraum entsteht auch die Ausbildungsberatung, die den Mißständen in der Lehrlingsausbildung entgegenwirken soll. Als Instanz der Selbstkontrolle des Handwerks konzipiert, liegt ihre Aufgabe primär in der Aufsicht über die Einhaltung von Ausbildungsvorschriften, ohne bis heute entscheidende Veränderungen erfahren zu haben.

Aus den in vielen Ländern Europas um 1900 entstehenden pädagogischen Laboratorien und der experimentellen Pädagogik, die den →Unterricht und die →Erziehung aufgrund biologischer, soziologischer und psychologischer Erkenntnisse aus Experimenten und Beobachtungen neu gestalten will, gehen um 1920 vereinzelt schulpsychologische Dienste hervor. Ihre Aufgabe besteht in der Erstellung von Leistungstests, Prognose von Schullaufbahnen, Abbau von Verhaltensschwierigkeiten und Diagnose sowie Behebung von Lernstörungen (vgl. INGENKAMP 1966). Studien des UNESCO-Instituts für Pädagogik geben in den 50er Jahren einen ersten Anstoß zur Neubestimmung der schulischen Beratung, indem die Unterstützung von Schulen und Lehrern bei Innovationen, die Individualisierung von Lernprozessen und die Förderung der Persönlichkeitsentwicklung als vorrangige Aufgaben der Beratung definiert werden (vgl. WALL 1956). Wurde die Beratung zunächst ausgegrenzt, so wird sie jetzt wieder zu einem zentralen Bereich gesellschaftlich organisierter Erziehung erklärt und theoretisch im Sinne einer «unstetigen Erziehungsform» (vgl. BOLLNOW 1959) als pädagogische Handlung gefaßt.

Pädagogische Theorien der Beratung. Innerhalb eines kritischen Gesellschaftsverständnisses ist die Beratung für MOLLENHAUER (vgl. 1965) eine pädagogische Handlungsform, die die autoritären Strukturen des Erziehungsprozesses vorübergehend suspendiert. Die Abhängigkeit des Zöglings vom Erzieher, wie sie sich in der Theorie des «pädagogischen Bezugs» (vgl. NOHL 1935, S. 164ff) ausdrückt, wird dadurch aufgehoben, daß Beratungssituationen in der Regel auf Initiative des Ratsuchenden hin entstehen und sich an seiner Lebensproblematik orientieren, Sachverhalte und Informationen aus einem Bedürfnis heraus nachgefragt wer-

162 Beratung

den, Beratung ein kritischer Aufklärungsprozeß ist, «insofern die Frage des Ratsuchenden [...] eine Frage nach seinen eigenen Möglichkeiten ist» (MOLLENHAUER 1965, S. 34) und Beratung mit einem Rat oder einer selbstgefundenen Handlungsorientierung als Ergebnis für den Ratsuchenden endet. Auch wenn SPREY (vgl. 1968) versucht, den pädagogischen Gehalt der Beratung stärker auszuformulieren, bleibt die genuin erziehungswissenschaftliche Beschäftigung mit einer Theorie der Beratung und ihre pädagogische Fundierung doch Ausnahme (vgl. HORNSTEIN 1976), trotz der zunehmenden gesellschaftlichen Notwendigkeit und Institutionalisierung von Beratungsdiensten.

Teilweise läßt sich die weitere Entwicklung einer pädagogischen Theorie der Beratung sogar als Rückfall hinter die Position von Mollenhauer interpretieren, wenn etwa von der «parteinehmenden Praxis» (vgl. THIERSCH u. a. 1977) gesprochen wird. Sah Mollenhauer in der Beratungssituation gerade die Chance, Abhängigkeiten aufzulösen und kritische Aufklärung zu betreiben, so verweist die Parteinahme auf die unterstellte Unmündigkeit des Ratsuchenden und suggeriert, der Berater könne für den Ratsuchenden handeln.

Bildungsberatung. Als neben den nach dem Zweiten Weltkrieg weiter ausgebauten schulpsychologischen Diensten 1966 in Baden-Württemberg erste *Bildungsberatungsstellen* eingerichtet werden, erhält dieser Beratungssektor zusätzliche Funktionen. Auf dem Hintergrund eines vermeintlich steigenden Bedarfs an qualifizierten Arbeitskräften sollen mit Hilfe der *Schullaufbahnberatung* sogenannte Begabungsreserven ausgeschöpft und Chancenungleichheiten abgebaut werden. Begründet wird das Erfordernis und der Aufgabenzuwachs der Beratung zudem mit der wachsenden →Differenzierung und Individualisierung im Bildungswesen, mit den Entscheidungs- und Orientierungsunsicherheiten angesichts des schnellen Wandels der Berufs- und Arbeitswelt, mit zunehmenden Kommunikations- und Kooperationsproblemen, Lern- und →Verhaltensstörungen (vgl. DEUTSCHER BILDUNGSRAT 1970, S. 91 ff).

Generell wird mit zunehmender Komplexität der Schulstruktur und curricularer Ausdifferenzierung Beratung zum «Strukturelement des Bildungswesens» (DEUTSCHER BILDUNGSRAT 1970, S. 91): So wird die Beratung in England – wo sie aufgrund spezifischer Bedingungen (vgl. HUGHES 1973) neben den USA am weitesten ausgebaut ist – seit der Schulreform von 1944 forciert; mit der Umgestaltung des Schulwesens in Italien (1963/1964) wird auch dort über Beratungsnotwendigkeiten diskutiert. International setzt sich die Differenzierung der Beratungsbereiche nach Schullaufbahnberatung, individualpsychologischer Beratung und Systemberatung durch (vgl. AURIN u. a. 1973, S. 22 ff). Die *Schullaufbahnberatung* unterstützt Schüler und Eltern bei Übergangsentscheidungen und Kurswahl im differenzierten Schulsystem, umfaßt Einzelfallhilfe bei Disziplin- und Lernstörungen und wird von Beratungslehrern durchgeführt. *Die individualpsychologische Beratung*, die in enger Kooperation mit schulpsychologischen Diensten durchgeführt werden soll, arbeitet traditionell als Einzelfallhilfe, geht jedoch entsprechend einer allgemeinen Tendenz aus therapeutischen und ökonomischen Überlegungen mehr und mehr zur Gruppenberatung über. Sie orientiert sich an «Beratungstheorien», die im eigentlichen Sinne lediglich psychotherapeutische Beratungsverfahren sind und dem angloamerikanischen Bereich entstammen. Zu den wichtigsten Verfahren zählen die dynamischen Interaktionsformen der klientenzentrierten Gesprächspsychotherapie (vgl. ROGERS 1972, TAUSCH 1974), das komplexe Modell des «developmental counseling», das sich an der Lern- und Sozialpsychologie orientiert und ebenso wie behavioristische Ansätze (vgl. KRUMBOLTZ/THORESEN 1969) auf sichtbare Verhaltensänderungen zielt. Auch *Systemberatung* als «Feststellung und Systematisierung struktureller Schwächen, dysfunktionaler Prozesse und Mängel des Schulsystems mit dem Ziel, schulreformerische Innovationen einzuleiten» (AURIN u. a. 1973, S. 29), zählt zum Tätigkeitsfeld der Beratungslehrer, wird aber noch am ehesten – ähnlich wie in den Niederlanden – von pädagogischen Zentren und Staatsinstituten wahrgenommen.

Jugendberatung. Zu den Beratungsdiensten des sozialpädagogischen Bereichs zählt neben der Eltern- und Familienberatung auch die Jugendberatung. Sie wird von Sozialarbeitern, -pädagogen, Therapeuten und Psychologen wahrgenommen und ist bei Gemeinden (etwa in Jugendämtern und der Familienfürsorge), Wohlfahrtsverbänden, freien Initiativen oder auch Selbsthilfegruppen angesiedelt. Die Berater werden hier mit Berufswahlproblemen, Ablösungsprozessen vom Elternhaus, Kontaktschwierigkeiten, Drogenproblemen konfrontiert und versuchen, die Interaktionsfähigkeit der Jugendlichen herzustellen oder zu erhöhen, ihnen eine realistische Selbstdarstellung zu ermöglichen sowie emotionale und soziale Stabilität zu erzeugen. Mit Tendenzen, die Jugendberatung «vor Ort» stattfinden zu lassen, also in Jugendklubs, im Wohnquartier, an Treffpunkten, wird versucht, die Aufsplitterung, Ausgrenzung und Anonymisierung der Beratung aufzuheben, um einerseits den Zugang zur Beratung zu erleichtern, andererseits manche Schwierigkeiten allererst sichtbar zu machen. Eine neue Form kristallisiert sich auch in den freien Jugendberatungsstellen heraus, die die Anonymität ihrer Besucher garantieren und eine Anlaufstelle für alle Probleme bieten wollen, da Ratsuchende häufig mit einem ganzen Spektrum an Schwierigkeiten belastet sind.

164 Beratung

Studienberatung. Über eine psychische Notfallhilfe und psychotherapeutische Beratung zur Ausbildungsberatung entwickelte sich die Studienberatung. Die Gründe hierfür sind in der zunehmenden Anonymisierung der Massenuniversität, verschlechterten Beschäftigungsmöglichkeiten von Akademikern, Zulassungsbeschränkungen und wachsenden Arbeitsstörungen der Studenten zu suchen. Die Studienberatung läßt sich als Verlängerung der Bildungsberatung verstehen.

Probleme und Perspektiven. Fragt man in Anbetracht der zahlreichen Aufgabenzuschreibungen, ob Beratung den Interessen der Ratsuchenden verpflichtet ist oder sich letztlich ökonomisch, politisch oder institutionell orientiert, so zeigt sich die Ambivalenz der Beratung; verdeutlicht sei dies an der Unterscheidung von FEND (vgl. 1974) zwischen Qualifikations-, Selektions- und Integrationsfunktionen der Schule.

Beratung – im Zusammenhang mit Qualifikationsprozessen gesehen – kann einerseits heißen, daß eine optimale Abstimmung zwischen individuellen Möglichkeiten und angebotenen Bildungsgängen gesucht wird, kann andererseits aber auch bedeuten, daß Bildungsprozesse nur so weit zugelassen werden, wie die erworbenen → Qualifikationen politisch und ökonomisch notwendig sind (vgl. KÖHLER 1975). Im Sinne der Selektionsfunktion von Bildungsinstitutionen kann die Beratung der Klassifizierung und Förderung individueller Fähigkeiten dienen, aber auch die Lenkung von Schülerströmen unterstützen, Selektionsfrustrationen bewältigen helfen und Bildungsaspirationen senken. Die Beratung wirkt systemadaptiv, soweit sie gesellschaftlichen Normen und Wertvorstellungen im Sinne der → Integration – etwa durch die Behandlung sogenannten abweichenden Verhaltens – unbefragt zur Durchsetzung verhilft; dementgegen kann sie ihre Aufgabe aber auch in der Stärkung personaler → Identität und individuell- oder gruppenspezifischer Lebensperspektiven sehen.

Daß sich diese Ambivalenz in der Beratungspraxis zuungunsten der Betroffenen auswirkt, zeigen inzwischen zahlreiche Analysen. Sie belegen folgendes: Trotz gegenteiliger Forderungen wird die institutionelle Separierung der Beratung beibehalten und unterliegt häufig der Manipulation und Steuerung von Schülerströmen und Arbeitskräften (vgl. RÜCKRIEM/SPREY 1975/1976); psychologische Beratungskonzeptionen und die Ausgliederung von Problemen aus ihrem Entstehungszusammenhang führen zur Ausgrenzung und → Stigmatisierung von abweichendem Verhalten und sozial benachteiligten Gruppen, zumal die Ratsuchenden Ursachen für ihre Probleme häufig bei sich selbst suchen und deren Entstehungskontext vernachlässigen; ein Vertrauensverhältnis zu Beratern, die gleichzeitig disziplinieren, beurteilen, befürworten, verweigern und überwachen, ist kaum möglich; die Voraussetzung für

Beratung 165

Eigeninitiativen und Kommunikationsfähigkeit fehlt gerade denen, für die Beratung am notwendigsten ist (vgl. HORNSTEIN 1977, S. 737); Lehrer und Sozialarbeiter neigen dazu, Verhaltensauffälligkeiten, Lern- und Leistungsstörungen an die Beratungsinstanzen zu delegieren, und tragen so zu ihrer eigenen Dequalifikation bei; primär psychologisch ausgebildete Berater und eine eklatante Unterbesetzung machen eine Systemberatung unmöglich; entgegen allen Integrationsforderungen verhindert die Aufsplitterung der Beratungsdienste eine ganzheitliche Problemsicht und führt zu Okkupationen (etwa der Bildungsberatung durch die Berufsberatung).

Notwendiger als der Ausbau institutioneller Einzelfallarbeit scheint eine grundlegende Neuorientierung von Erziehungsprozessen sowie des Erziehungs- und Bildungswesens zu sein; der interpersonelle Bezug wäre so zu gestalten, daß Informations-, soziale, ökonomische und psychische Probleme des einzelnen am Ort ihrer Entstehung artikuliert und bearbeitet werden können. Neben einer veränderten Vor- oder Ausbildung der mit Erziehung Beschäftigten müßte die Priorität in einer Systemberatung liegen, die zur Innovation erzieherischer Praxis beiträgt. Solange es keine integrierte pädagogische Beratungstheorie gibt und aufgrund dessen nicht geklärt ist, was beratungswürdige Sachverhalte sind, wie sie entstehen und wie ihnen zu begegnen ist, mag Beratung auf der Theorieebene zwar die Möglichkeit zur «Aufklärung im fast reinen Fall» (MOLLENHAUER 1965, S. 41) verkörpern, in der Praxis tendiert sie jedoch zur Ausgrenzung oder Anpassung sogenannter Problemfälle.

AURIN, K. u. a. (Hg.): Bildungsberatung. Perspektiven ihrer Entwicklung in der Bundesrepublik Deutschland, Frankfurt/Berlin/München 1973. BOLLNOW, O. F.: Die Beratung. In: Bollnow, O. F.: Existenzphilosophie und Pädagogik, Stuttgart 1959, S. 78ff. DEUTSCHER BILDUNGSRAT (Hg.): Strukturplan für das Bildungswesen. Empfehlungen der Bildungskommission, Stuttgart 1970. FEND, H.: Gesellschaftliche Bedingungen schulischer Sozialisation, Weinheim/Basel 1974. HELLER, K. (Hg.): Handbuch der Bildungsberatung, 3 Bde., Stuttgart 1975/1976. HORNSTEIN, W.: Beratung in der Erziehung. Aufgaben der Erziehungswissenschaft. In: Z. f. P. 22 (1976), S. 673ff. HORNSTEIN, W.: Probleme der Organisation der Beratung. In: Hornstein, W. u. a. (Hg.): Beratung in der Erziehung, Bd. 2, Frankfurt/M. 1977, S. 717ff. HUGHES, P. M.: Guidance and Counseling in Schools. A Response to Change, Oxford [2]1973. INGENKAMP, K.: Die schulpsychologischen Dienste in der Bundesrepublik Deutschland, Weinheim/ Berlin 1966. KÖHLER, G.: Beratung – Anpassung statt Aufklärung und Veränderung. In: Westerm. P. Beitr. 27 (1975), S. 298ff. KRUMBOLTZ, J. D./THORESEN, C. E. (Hg.): Behavioral Counseling: Cases and Techniques, New York 1969. MOLLENHAUER, K.: Das pädagogische Phänomen «Beratung». In: Mollenhauer, K./Müller, C. W.: «Führung» und «Beratung» in pädagogischer Sicht, Heidelberg 1965, S. 25ff. NOHL, K.: Die pädagogische Bewegung in Deutschland und ihre Theorie, Frankfurt/M. [2]1935. NOHL, H./PALLAT, L. (Hg.): Handbuch der Pädagogik, Bd. 5, Langensalza 1929. ROGERS, C. R.: Die nicht-direktive Beratung, München 1972. RÜCKRIEM, G./SPREY, T.: Beratung zwischen Bildungs- und Beschäftigungssystem. In: Dem. E. 1 (1975), S. 41ff;

166   Berufsberatung

2 (1976), S. 213 ff. Sprey, T.: Beraten und Ratgeben in der Erziehung, Weinheim 1968. Tausch, R.: Gesprächspsychotherapie, Göttingen [6]1974. Thiersch, H. u. a.: Sozialpädagogische Beratung. In: Thiersch, H. (Hg.): Kritik und Handeln. Interaktionistische Aspekte der Sozialpädagogik, Neuwied/Darmstadt 1977, S. 95 ff. Wall, W. (Hg.): Die Psychologie im Dienste der Schule, Hamburg 1956.

Gerhard de Haan

Berechtigungswesen → Prüfung; → Selektion; → Zeugnis – Zertifikat
Beruf → Ausbildungsberuf; → Berufswahl
Beruf, pädagogischer → Berufsfeld, außerschulisches (Pädagogen);
    → Erzieher; → Lehrer
Berufsausbildung → Ausbildungsberuf
Berufsausbildungsförderung → Ausbildungsförderung

Berufsberatung

Gesetzlicher Auftrag und Aufgaben der Berufsberatung. Die Berufsberatung ist eine gemeinnützige öffentliche Dienstleistung und wird nach dem Arbeitsförderungsgesetz (AFG) durch die Bundesanstalt für Arbeit (BA) mit ihren Landesarbeitsämtern und Arbeitsämtern wahrgenommen. In den §§ 25 bis 32 des AFG sind der Aufgabenrahmen, die Grundsätze und Qualitätsmerkmale sowie die wichtigsten Teilbereiche der Berufsberatung beschrieben.

Im Kernfeld berufsberaterischer Tätigkeit hat danach die berufliche Beratung, im Gesetz als «Erteilung von Rat und Auskunft in Fragen der Berufswahl einschließlich des Berufswechsels» (§ 25 AFG) definiert, zu stehen. Mit dieser Begriffsbestimmung wird das Problemfeld gekennzeichnet, in dem durch Angabe weiterer Merkmale über das «Wie» und die Grundsätze beraterischen Tuns berufliche Beratung als gezielte individuelle Hilfe bei der Lösung von Berufswahlproblemen (→ Berufswahl) verstanden wird. Danach ist bei der beruflichen Beratung von den persönlichen Voraussetzungen des Ratsuchenden auszugehen, die die → Beratung je nach den individuellen Lebensumständen und Situationen im Berufswahlprozeß entsprechend den unterschiedlichen Anliegen nach Inhalt und Form unterschiedlich strukturieren.

Neben der Berufsberatung, die vor allem als persönliche Entscheidungshilfe gedacht ist, verpflichtet der Gesetzgeber die Bundesanstalt für Arbeit, umfassende *Berufsorientierung* zur Informationsvermittlung (vgl. § 31 AFG) über Berufe und deren Anforderungen sowie Entwicklungen auf dem Arbeitsmarkt und die Möglichkeit der Förderung beruflicher

Bildung für den einzelnen und die Allgemeinheit zu leisten. Damit soll zugleich auf berufliche Beratung hingeführt und die berufliche Entscheidung vorbereitet werden. Schließlich werden mit dem Auftrag der Vermittlung in betriebliche Ausbildungsstellen und dem Nachweis schulischer Berufsbildungsangebote Realisierungsmöglichkeiten für getroffene Entscheidungen angeboten. Die Förderung der beruflichen Ausbildung durch die Gewährung von Berufsausbildungsbeihilfen soll im erforderlichen Fall die berufliche Ausbildung finanziell sicherstellen.

Dieser gesetzliche Auftrag zur Berufsberatung korrespondiert mit dem im Grundgesetz (GG) garantierten Recht auf freie Wahl des Berufs, des Arbeitsplatzes und der Ausbildungsstätte (vgl. Art. 12 GG). Deswegen ist es grundlegendes *Ziel der Berufsberatung*, durch Schaffung institutioneller Voraussetzungen und individueller Hilfen in dem oben beschriebenen Rahmen dazu beizutragen, daß junge Menschen befähigt werden, dieses Grundrecht selbständig und bewußt wahrnehmen zu können. In §3, Abs. 2 des Sozialgesetzbuches (SHG) ist nunmehr ein Rechtsanspruch auf berufliche Beratung garantiert. Allerdings korrespondiert diesem Rechtsanspruch das Prinzip der Freiwilligkeit der Inanspruchnahme als konstitutive Voraussetzung der beruflichen Einzelberatung im Sinne eines auf Vertrauen beruhenden zwischenpersonalen Geschehens.

Mit dieser auf Befähigung und Persönlichkeitsentfaltung ausgerichteten Zielsetzung der Berufsberatung in Verbindung mit dem in Artikel 12 GG implizierten Verbot von Berufslenkung ist jede Lenkung der Ratsuchenden durch Beratung zur Erreichung ausschließlich arbeitsmarktpolitischer Zwecke rechtlich ausgeschlossen. Dieser Anspruch wird zugleich durch die institutionelle Zuordnung der Berufsberatung zur Bundesanstalt für Arbeit als einer Selbstverwaltungskörperschaft gewährleistet, womit Unabhängigkeit und Neutralität gesichert werden, ohne daß eine interessengeleitete Beeinflussung der Beratung durch Arbeitgeber oder Arbeitnehmer möglich ist. Dem steht auch nicht die Forderung des Gesetzgebers entgegen, «Lage und Entwicklung des Arbeitsmarktes und der Berufe angemessen zu berücksichtigen» (§ 26 AFG). Denn die realistische Beurteilung der konkreten Möglichkeiten der vorhandenen Arbeitsmarktverhältnisse unter Einbeziehung der absehbaren zukünftigen Entwicklungen ist die Voraussetzung für die Realisierung getroffener Entscheidungen. Ein Rat, der die tatsächlichen Verhältnisse nicht berücksichtigt und nur Wünsche bestätigt, die keine Chance auf Verwirklichung haben, liegt auch nicht im Interesse des Ratsuchenden. Wegen der oft bestehenden Unsicherheiten im Hinblick auf die tatsächlichen Möglichkeiten des Arbeitsmarktes werden in der beruflichen Beratung unter Berücksichtigung der Risiken von einseitigen Entscheidungen meist mehrere alternative Berufswegplanungen einbezogen, so

168 Berufsberatung

daß auch von daher eine direkte Lenkungsmöglichkeit ausgeschlossen bleibt.

Methoden. Nach den neueren berufswahltheoretischen Ansätzen wird die Berufswahl nicht als ein einmaliger Wahlakt, sondern als ein sich über längere Zeit erstreckender vielschichtiger Prozeß verstanden, der aspekthaft sowohl als entwicklungs-, allokations-, entscheidungs- wie auch interaktionstheoretisches Modell erklärt und dargestellt werden kann. Die Berufsberatung versucht, ihre Methoden und Verfahren unter Berücksichtigung dieser verschiedenen theoretischen Erklärungsansätze zu strukturieren und weiterzuentwickeln.

Im Rahmen der Informationsschriften der Berufsberatung wird, entsprechend der jeweiligen inhaltlichen Zielsetzung, unterschieden nach berufsorientierenden Schriften, berufs- und studienkundlichen Materialien und berufswahlvorbereitenden Selbsterkundungsprogrammen. Eine neue Form der Informationsvermittlung, die vor allem auf selbständige Eigeninformation abstellt, bieten Berufsinformationszentren mit dem Angebot unterschiedlicher, vor allem audiovisueller Medien.

Die von den Berufsberatern in enger Zusammenarbeit mit den → Schulen durchgeführten berufsorientierenden Maßnahmen sind vor allem Gruppenbesprechungen in Schulen, Elternversammlungen, Vortragsveranstaltungen in Zusammenarbeit mit Praxisvertretern der Ausbildung, berufskundliche Ausstellungen, Filmveranstaltungen sowie Mitwirkung an Betriebserkundungen und Betriebspraktika.

Da die Schule im Rahmen der Hinführung zur Wirtschafts- und Arbeitswelt vornehmlich im Lernbereich Arbeitslehre ebenfalls Berufsvorbereitung zu leisten hat und diese Aufgabe zunehmend didaktisch gestaltet, ist die Abstimmung von Schule und Berufsberatung in diesem Bereich immer bedeutungsvoller geworden. Über institutionelle Rahmenregelungen in der Rahmenvereinbarung der Kultusminister zur Zusammenarbeit von Schule und Berufsberatung (1971) und entsprechender Ländervereinbarungen wurde in verschiedenen Modellversuchen mit der Zielsetzung eines kooperativen Berufswahlunterrichts diese Zusammenarbeit inhaltlich und methodisch erprobt und weiterentwickelt (vgl. DIBBERN u. a. 1974, KLEDZIK / JENSCHKE 1979).

Berufliche Einzelberatung. Die Berufswahl wird mit verschiedenen theoretischen Ansätzen zu erklären versucht. Welche Einflußfaktoren dabei auch immer berücksichtigt werden, so bleibt sie doch auch immer ein individueller Entscheidungsprozeß, der beraterische Hilfe zur Ausnutzung von Entscheidungsspielräumen möglich, ja sogar erforderlich macht. Berufliche Beratung kann in unterschiedlichen Phasen des Entscheidungsverlaufs vom Ratsuchenden in Anspruch genommen werden, so daß sich je nach den verschiedenen Anlässen unterschiedliche Formen der Beratung in Inhalt und Ablauf ergeben. Unter Reduzierung auf gewisse Standarderwartungen werden drei *Grundtypen* von Beratungsformen unterschieden: zum einen Hilfestellung beim Sammeln von Informationen (Informationsberatung), zum anderen bei der Anwendung von Entscheidungsregeln (Entscheidungsberatung) und schließlich bei der Verwirklichung von getroffenen Entscheidungen (Realisierungsberatung). Bei der Methodik der beruflichen Beratung werden auch Aspekte aus dem Ansatz sogenannter «klientenzentrierter (auch: nichtdirektiver) Beratung» aufgenommen, die in Ergänzung zur rein kognitiven Entscheidungsrationalität auf das Berücksichtigen von Gefühlen und Empfindungen des Ratsuchenden durch deren Verbalisieren abstellen und die unvoreingenommene Akzeptierung des Klienten fördern.

Auch Formen der Gruppenberatung unter Berücksichtigung von Elementen gruppendynamischer Ansätze werden angeboten.

Ausbildungsvermittlung. Als besondere Form der Hilfe bei der Verwirklichung von getroffenen Entscheidungen bietet (ausschließlich) die Berufsberatung die Vermittlung von Ausbildungsstellen an. Die Funktion dieses Vermittlungsmonopols (vgl. § 4 AFG) zielt auf den Schutz vor einseitiger interessenorientierter Einflußnahme. Die Berufsberatung ist gesetzlich gehalten, geeignete Ratsuchende nur in fachlich, gesundheitlich und erzieherisch einwandfreien Ausbildungsstellen unterzubringen. Für die Beurteilung der Eignung einer Ausbildungsstelle legt sie die gutachtliche Äußerung der nach dem Berufsbildungsgesetz zuständigen Stellen (Kammern) zugrunde. Nach Möglichkeit werden den Bewerbern mehrere Vermittlungsvorschläge für unterschiedliche Ausbildungsplätze im gleichen Beruf (oder je nach Fall auch in verschiedenen Berufen) unterbreitet, gleichzeitig wird den Betrieben auch eine Vielzahl von Bewerbern vorgeschlagen. Mit diesem Verfahren soll der Grundsatz der Gleichbehandlung und der Freiheit der Wahl möglichst weitgehende Berücksichtigung finden.

Neben der Vermittlung in Ausbildungsstellen werden von der Berufsberatung berufsvorbereitende Maßnahmen für Jugendliche angeboten und finanziert, die noch einer besonderen Vorbereitungsphase zur Berufsfindung bedürfen (Förderungslehrgänge) oder direkt im Anschluß an die Schule keine Ausbildung aufnehmen können (Grundausbildungs- und Eingliederungslehrgänge). Zur sozialen Absicherung der Ausbildung gewährt die Berufsberatung auch Berufsausbildungsbeihilfen an Auszubildende.

Die Wahrnehmung der Aufgaben der Berufsberatung erfolgt durch an der Fachhochschule des Bundes ausgebildete Beratungsfachkräfte. Berufsberater von Abiturienten und Hochschülern müssen ein Hochschul-

170 Berufsfeld, außerschulisches

studium abgeschlossen und eine einjährige Einweisungszeit absolviert haben. Für die spezifischen Belange von behinderten Ratsuchenden stehen entsprechend qualifizierte Fachkräfte zur Verfügung.

DIBBERN, H. u. a.: Berufswahlunterricht in der vorberuflichen Bildung. Der didaktische Zusammenhang von Berufsberatung und Arbeitslehre, Bad Heilbrunn 1974. JENSCHKE, B.: Berufsberatung und Schule – Aufgaben und Möglichkeiten der Zusammenarbeit. Fernstudienlehrgang Arbeitslehre. Deutsches Institut für Fernstudien an der Universität Tübingen, Tübingen 1979. KLEDZIK, U.-J./JENSCHKE, B.: Berufswahlunterricht als Teil der Arbeitslehre. Ergebnisse eines von Schule und Berufsberatung in Berlin erprobten Projekts, Hannover u. a. 1979. MEISEL, H.: Die deutsche Berufsberatung. Aufgaben und Praxis der Bundesanstalt für Arbeit, Heft 10, Stuttgart 1978. SCHAEFER, J.: Praxis der beruflichen Beratung, Stuttgart 1977.

Bernhard Jenschke

Berufsbild (des Lehrers) → Lehrer
Berufsbildung → Allgemeinbildung – Berufsbildung; → Bildungssystem (Bundesrepublik Deutschland)
Berufsbildungsplanung → Bildungsplanung
Berufsbildungspolitik → Qualifikation – Qualifikationsforschung
Berufsfachschule → Bildungssystem (Bundesrepublik Deutschland)

Berufsfeld, außerschulisches (Pädagogen)

Begriff. Außerschulische Berufsfelder sind pädagogische Handlungsfelder jenseits der traditionellen schulischen und sozialpflegerischen Berufe (→ Erzieher; → Lehrer). Es handelt sich um ein weites Spektrum gesellschaftlicher Bereiche, in denen Prozesse von Bildung und Erziehung stattfinden, für die professionelle pädagogische Handlungskompetenz erforderlich beziehungsweise wünschenswert ist.

Die Bundesanstalt für Arbeit und die Studienreformkommission Pädagogik/Sozialpädagogik/Sozialarbeit nennen hierzu folgende Arbeitsfelder:

– in der erziehungswissenschaftlichen Forschung und Lehre, in der Bildungsforschung und → Bildungsplanung;
– in Kindertagesstätten und Vorschulen (Weiterbildung des vorhandenen Personals, Beratung und Betreuung von Institutionen der Kleinkindbetreuung) sowie in neuen Institutionen mit besonderen diagnostischen pädagogischen Aufgaben;
– in Grundschulen und Sekundarschulen (Lehrbuch- und Medienentwicklung, Elterninformation) sowie in Fachschulen und Akademien;
– in sonderpädagogischen Einrichtungen und Rehabilitationszentren, Behindertenwerkstätten, Landeskrankenhäusern und Kliniken mit Abteilungen für spezielle Behinderungen;

Berufsfeld, außerschulisches 171

- in der sozialpädagogischen Arbeit mit einzelnen, Familien und speziellen Gruppen (zum Beispiel Integrationshilfe für Randgruppen,
Resozialisation, Rehabilitation);
- im Beratungswesen (Erziehungs-, Bildungs-, Lern- und →Berufsbe-
ratung);
- in der Sozialplanung, Sozialverwaltung und in der Organisation sozialer Dienste, in Einrichtungen der beruflichen Bildung sowie im betrieblichen Ausbildungswesen (Fort- und Weiterbildung der Fach- und
Führungskräfte →Management-Education);
- in Volkshochschulen und anderen Einrichtungen der →Erwachsenen-
bildung und →Weiterbildung wie beispielsweise Bildungswerke von
Kirchen und Verbänden;
- in der außerschulischen Jugendbildung;
- in der pädagogischen Arbeit mit alten Menschen;
- in der Bildungspolitik, Politikberatung und Schulverwaltung;
- in einer Vielzahl weiterer Aufgabenfelder wie Verkehrserziehung,
→Medien- und →Museumspädagogik, Ausländerarbeit und →Frei-
zeitpädagogik (vgl. MARTIN 1986, SEKRETARIAT... 1984).

Die große Vielfalt von Arbeitsfeldern ist hier nach unterschiedlichen
Dimensionen systematisiert; nach Tätigkeitsarten (zum Beispiel: →Be-
ratung), nach Zielgruppen (beispielsweise: →Jugend, alte Menschen)
und nach Institutionen (etwa Volkshochschulen, Sozialverwaltung). Die
Zahl von Institutionen, die unter privater oder staatlicher Trägerschaft die
Organisationsstruktur des jeweiligen Berufsfeldes bilden, ist allerdings
sehr unterschiedlich. So können zur sozialpädagogischen Arbeit mit Kindern und Jugendlichen unter anderem folgende Einrichtungen gezählt
werden: Familienhilfe, Familienfürsorge, Erziehungsberatung, Drogen-
beratung, Jugendgerichtshilfe, Jugendheime, Jugendfreizeitheime, Ju-
gendgesundheitsdienst.

Geschichte. Die Einführung eines erziehungswissenschaftlichen Diplomstudiengangs zu Beginn der 70er Jahre zielte darauf ab, den Mangel an
wissenschaftlich ausgebildeten Experten in diesen außerschulischen
Bereichen der angewandten Erziehungswissenschaft zu beheben (→Er-
ziehungswissenschaft [Studium]. Bis zu diesem Zeitpunkt war in einer
Vielzahl von pädagogischen Handlungsfeldern nur angelerntes oder unzureichend ausgebildetes Personal tätig. Mit der 1969 durch die Westdeutsche Rektorenkonferenz (WRK) und die Ständige Konferenz der
Kultusminister der Länder in der Bundesrepublik Deutschland (KMK)
verabschiedeten «Rahmenordnung für die Diplomprüfung» wurden folgende fünf Studienschwerpunkte eingerichtet, die sich an den für Pädagogen relevanten außerschulischen Berufsfeldern orientieren sollten:
- →Schulpädagogik,

172 Berufsfeld, außerschulisches

– →Sozialpädagogik/Sozialarbeit,
– →Erwachsenenbildung und außerschulische Jugendbildung,
– →Sonderpädagogik und
– betriebliches Ausbildungswesen (→Betriebspädagogik).

Diese Differenzierung orientiert sich primär an den Dimensionen «Institution» (→Schule, Betrieb) und «Adressaten» (Behinderte, Jugendliche). Von diesen ursprünglich fünf Studienrichtungen wurde der Schwerpunkt betriebliches Ausbildungswesen nur als Modellversuch an wenigen Hochschulen realisiert und wieder aus dem Katalog der Studienrichtungen gestrichen, während die Studienrichtung «Pädagogik der frühen Kindheit» als weiterer Schwerpunkt eingerichtet wurde (vgl. SEKRETARIAT... 1987, S. 43).

Der Schaffung eines neuen wissenschaftlichen Abschlusses «Diplom-Pädagoge» lag die Zielsetzung zugrunde, die Erziehungs- und Bildungsaufgaben in den unterschiedlichen gesellschaftlichen Bereichen unter Nutzung wissenschaftlicher Erkenntnisse anzugehen. Im Konzept der →Verwissenschaftlichung und →Professionalisierung pädagogischen Handelns spielte deshalb die Bereitstellung eines neuen, berufsfeldbezogenen akademischen Qualifikationsprofils eine wichtige Rolle; der Abschluß des Diplom-Pädagogen ist deutlich als «Kind der Bildungsreform» zu erkennen (vgl. HOMMERICH 1984, S. 35 ff).

Das Berufsbild des Diplom-Pädagogen besaß zunächst eher spekulativen Charakter. Es ging in erster Linie von einem diagnostizierten gesellschaftlichen Bedarf und darauf basierenden Prognosen des Bedarfs an Diplom-Pädagogen aus (vgl. BALTES/HOFFMANN 1975, MERKENS u. a. 1975) und nicht von empirischen Berufsfeldanalysen oder dem artikulierten Bedarf von Anstellungsträgern. 1984 schätzte die Bundesarbeitsgemeinschaft der Diplom-Pädagogen, daß seit 1969 zwanzig- bis vierzigtausend Studierende den erziehungswissenschaftlichen Diplomstudiengang in einer der fünf Studienrichtungen absolviert hatten (vgl. BUNDESARBEITSGEMEINSCHAFT DER DIPLOM-PÄDAGOGEN 1984, S. 5).

Stand. Zwischen tatsächlichem oder vermutetem gesellschaftlichem Bedarf an wissenschaftlich ausgebildeter pädagogischer Handlungskompetenz einerseits und dem Vorhandensein von Arbeitsplätzen und Planstellen für professionelle Pädagogen andererseits besteht jedoch eine erhebliche Diskrepanz. Besonders deutlich wird dies auf dem Feld der Erwachsenenbildung, wo nach der Volkshochschulstatistik auf 1600 hauptberufliche pädagogische Mitarbeiter über 110000 nebenberufliche Kursleiter kommen (vgl. TIETGENS 1985, S. 598).

In Anbetracht der unklaren Entwicklung im pädagogischen Berufsfeld sind der berufliche Verbleib der Diplom-Pädagogen, ihre Arbeitsfelder, Tätigkeitsmerkmale und Bezahlung relativ häufig Gegenstand von empirischen Untersuchungen (vgl. KOCH 1977, TÜBINGER ARBEITS-GRUPPE BERUFSFELDFORSCHUNG 1980; vgl. BUSCH/HOMMERICH 1981 a, b; vgl. SKIBA u. a. 1984). Die BUNDESARBEITSGEMEINSCHAFT DER DI-PLOM-PÄDAGOGEN (vgl. 1984, 1986) hat darüber hinaus detaillierte Arbeitsplatzbeschreibungen aus traditionellen und neuen Arbeitsfeldern zusammengetragen. Übereinstimmend kommen die empirischen Studien zu dem Ergebnis, daß das Berufsfeld des Diplom-Pädagogen eine breite Streuung der Tätigkeitsbereiche und Adressatengruppen aufweist. So unterscheidet Koch 35 verschiedene Tätigkeitsfelder, denen sich dennoch ein Viertel der mehr als 1000 Befragten nicht zuordnen kann. Als Anstellungsträger für Diplom-Pädagogen hat der öffentliche Dienst die weitaus größte Bedeutung, jedoch ist angesichts der Richtungsänderung staatlicher Sozialpolitik und der finanzpolitischen Restriktionen der öffentlichen Haushalte eine wachsende relative Bedeutung privater und kirchlicher Anstellungsträger konstatiert worden (vgl. SKIBA u. a. 1984, S. 159). Entgegen den häufig weitaus negativeren Prognosen über die berufliche Etablierung des neuen Qualifikationsprofils Diplom-Pädagoge kommen die empirischen Untersuchungen zu dem Ergebnis, daß die erste und zweite Absolventengeneration Eingang in das Beschäftigungssystem gefunden hat, häufig allerdings in Positionen, die aufgrund von Bezahlung und Tätigkeitsmerkmalen auch mit einer Fachschul- oder Fachhochschulausbildung erreichbar gewesen wären.

Die zukünftige Entwicklung der einzelnen Berufsfelder ist nur schwer prognostizierbar. So können insbesondere die Studien über den beruflichen Verbleib der ersten und zweiten Absolventengeneration des erziehungswissenschaftlichen Diplomstudiengangs kaum als Prognosegrundlage dienen, weil gerade solche Teilarbeitsmärkte, die in der Vergangenheit erschlossen werden konnten, heute vielfach gesättigt sind und auch in der Zukunft nur in beschränktem Maße Beschäftigungsmöglichkeiten bieten werden.

Ende 1987 waren zudem 27 800 Lehrer arbeitslos (vgl. Amtliche Nachrichten der Bundesanstalt für Arbeit 3/1988). Diese hohe Lehrerarbeitslosigkeit hatte zur Folge, daß verstärkt nach «alternativen» Beschäftigungsmöglichkeiten für Lehrer gesucht wurde (vgl. HAVERS u. a. 1983, HÜBLER 1984); hierzu zählen in erster Linie die oben genannten außerschulischen Berufsfelder. Die Verwendung des Adjektivs «alternativ» in diesem Zusammenhang ist allerdings doppeldeutig, denn im Rahmen der Systematisierung pädagogischer Arbeitsfelder werden solche Einrichtungen als «alternative Berufsfelder» bezeichnet, die wie beispielsweise Kinderläden, Gesundheitsläden, therapeutische Wohngemeinschaften, Jugendwohngemeinschaften, Kleinstheime und Frauenhäuser im weiteren Sinne der «Alternativszene» entstammen (vgl. SCHWENDTER 1981).

174 Berufsfeld, außerschulisches

Aussichten. Fast zwei Jahrzehnte nach Einrichtung eines erziehungswissenschaftlichen Diplomstudiengangs läßt sich feststellen, daß zwar ein klar umrissenes und gegenüber anderen Professionen abgegrenztes Berufsbild für Diplom-Pädagogen nach wie vor nicht existiert, daß es den ersten beiden Absolventengenerationen aber gelungen ist, sich im Beschäftigungssystem zu etablieren und in einigen Berufsfeldern beachtliche Erfolge zu erzielen.

Die Erschließung von Berufsfeldern ist keineswegs beendet. Der Prozeß der Professionalisierung und der Anwendung sozialwissenschaftlichen Wissens in Bildungs- und Erziehungsprozessen war zwar starker Kritik ausgesetzt und ist ins Stocken geraten, doch sind in verschiedenen Bereichen wie dem der beruflichen Bildung und dem der Pädagogik der frühen Kindheit deutliche Defizite feststellbar.

Aus den Entwicklungen im Berufsfeld ist mittlerweile für das erziehungswissenschaftliche Studium der Schluß gezogen worden, auf eine weitere Ausdifferenzierung und Spezialisierung zu verzichten und anstelle einer Überspezialisierung in eigenständige Subdisziplinen wieder stärker die gemeinsamen Grundlagen und die alle Teilbereiche durchziehenden gleichen Paradigmen der Erziehungswissenschaft zu betonen: Auch die Studienreformkommission sieht die Entwicklungen im Berufsfeld als offen an (vgl. SEKRETARIAT... 1984, S. 42) und registriert die Überschneidungen zwischen den verschiedenen Studienrichtungen, die auch darin zum Ausdruck kommen, daß sich Absolventen aller Studienrichtungen um Anstellungen im benachbarten Feld bemühen und häufig auch dort tätig sind. Weder die pessimistischen noch die optimistischen Prognosen über die Zukunftsaussichten des Diplom-Pädagogen haben sich als zutreffend erwiesen; inwiefern das Qualifikationsprofil Diplom-Pädagoge sich weiter etablieren kann, hängt vor allem von strukturellen Faktoren ab. Die Konkurrenzsituation auf der horizontalen Ebene zu Soziologen, Psychologen und Politologen wird fortbestehen; von einer exklusiven Eroberung auch eng umgrenzter Teilarbeitsmärkte ist deshalb nicht auszugehen. Weitere Determinanten der Situation sind die hohe Lehrerarbeitslosigkeit und die politischen Prioritätensetzungen sowie die Finanz- und Ausgabenpolitik der öffentlichen Arbeitgeber.

BALTES, P./HOFFMANN, A.: Berufsfelder des Diplom-Pädagogen, Heidelberg 1975. BUNDESANSTALT FÜR ARBEIT (Hg.): Leiter/Leiterin und pädagogischer Mitarbeiter/pädagogische Mitarbeiterin an Volkshochschulen, Blätter zur Berufskunde, Nr. 3-III E04, Nürnberg 1983. BUNDESARBEITSGEMEINSCHAFT DER DIPLOM-PÄDAGOGEN (Hg.): Diplom-Pädagogen in der beruflichen Praxis, zusammengestellt u. bearb. v. H. Buschmeyer u. A. Knierim, Essen 1984. BUNDESARBEITSGEMEINSCHAFT DER DIPLOM-PÄDAGOGEN (Hg.): Diplom-Pädagogen in traditionellen und neuen Arbeitsfeldern, zusammengestellt u. bearb. v. H. Buschmeyer u. a., Essen 1986. BUSCH, D. W./HOMMERICH, CH.: Diplompädagogen im Beruf. In: Schönwälder, H.-G. (Hg.): Diplompädagogen..., Bremen 1981a, S. 70ff. BUSCH, D. W./HOMMERICH, CH.: Probleme der Berufseinmündung von Diplom-Pädagogen (Studienrichtung Sozialpädagogik). In: Projektgruppe Soziale Berufe (Hg.): Sozialarbeit – Professionalisierung und Arbeitsmarkt. Expertisen III, München 1981, S. 65ff (1981b). HAVERS, N. u. a.: Alternative Einsatzfelder für Lehrer? Eine Bestandsaufnahme zur aktuellen Diskussion, hg. v. Institut für Arbeitsmarkt- und Berufsforschung der Bundesanstalt für Arbeit, Nürnberg 1983. HEILIGENMANN, U.: Situation und Perspektiven der Pädagogikstudenten im Magisterstudiengang, hg. v. Institut für Arbeitsmarkt- und Berufsforschung der Bundesanstalt für Arbeit, Nürnberg 1983. HOMMERICH, CH.: Der Diplom-Pädagoge – ein ungeliebtes Kind der Bildungsreform, Frankfurt 1984. HÜBLER, U. (Hg.): Als Pädagoge arbeitslos – was tun? München 1984. KOCH, H. R.: Diplompädagogen im Beruf. Eine empirische Untersuchung von Ausbildung und Arbeitsplätzen der ersten Generation von Diplompädagogen. In: N. Prax., Sonderheft 1977, S. 9ff. KUCKARTZ, U./LUKAS, H.: Berufseinstieg und Berufslaufbahn von Diplom-Pädagogen. In: N. Prax. 15 (1985), S. 311ff. MARTIN, L. R.: Diplom-Pädagoge/Diplom-Pädagogin. Blätter zur Berufskunde, Nr.3-III E04, hg. v. d. Bundesanstalt für Arbeit, Nürnberg ⁶1986. MERKENS, H. u. a.: Der Bedarf an Diplom-Pädagogen der Studienrichtung Sozialpädagogik/Sozialarbeit für das Jahr 1985 in Rheinland-Pfalz. In: Z. f. P. 21 (1975), S. 563ff. PROJEKT PÄDAGOGISCHE PRAXIS (Hg.): Pädagogische Arbeitsfelder, Reinbek 1981. SCHÖNWÄLDER, H.-G. (Hg.): Diplompädagogen. Die Zukunft eines neuen akademischen Berufs. Dokumentation des Workshops Diplomstudiengang Erziehungswissenschaft der Universität Bremen vom 9.10.–10.10.1980, Bremen 1981. SCHWENDTER, R.; Alternative Einrichtungen in der Sozialarbeit. In: Projektgruppe Soziale Berufe (Hg.): Sozialarbeit – Problemwandel und Institutionen, Expertisen II, München 1981, S. 185ff. SEKRETARIAT DER STÄNDIGEN KONFERENZ DER KULTUSMINISTER DER LÄNDER IN DER BUNDESREPUBLIK DEUTSCHLAND (Hg.): Entwurf der Empfehlungen der Studienreformkommission Pädagogik/Sozialpädagogik/Sozialarbeit. Band 1: Ausbildungsbereich Erziehungswissenschaft, Bonn 1984. SEKRETARIAT DER STÄNDIGEN KONFERENZ DER KULTUSMINISTER DER LÄNDER IN DER BUNDESREPUBLIK DEUTSCHLAND (Hg.): Rahmenordnung für die Diplomprüfung im Studiengang Erziehungswissenschaft, Bonn 1987. SKIBA, E.-G. u. a.: Diplom-Pädagoge – und was dann? Empirische Untersuchung von Absolventen des Studiengangs Sozialpädagogik der FU Berlin, Berlin 1984. TIETGENS, H.: Zur Zukunft eines Studiums der Erwachsenenbildung. In: Z. f. P. 31 (1985), S. 597ff. TÜBINGER ARBEITSGRUPPE BERUFSFELDFORSCHUNG (Hg.): Sozialpädagogen im Beruf, Tübingen 1980.

Udo Kuckartz

Berufsfeld (Kulturpädagogik) → Kulturpädagogik – Kulturarbeit
Berufsfeld (Medienpädagogik) → Medienpädagogik
Berufsfeld (Museumspädagogik) → Museumspädagogik
Berufsgrundbildungsjahr → Berufswahl
Berufsgrundschuljahr → Bildungssystem (Bundesrepublik Deutschland)

Berufs-/Wirtschaftspädagogik

Die Berufs- und Wirtschaftspädagogik ist jene Teildisziplin der Erziehungswissenschaft, die die pädagogischen Probleme beruflicher Bildungs- und Sozialisationsprozesse, vor allem Jugendlicher, erforscht, reflektiert und konstruktiv zu klären sucht. Da berufliche Ausbildung in ganz verschiedenen Wirtschaftszweigen und Branchen erfolgt, hat sich schon früh eine Ausdifferenzierung dieser Teildisziplin vollzogen: Bis heute gilt die Berufspädagogik als ihr «gewerblicher», die Wirtschaftspädagogik als ihr «kaufmännischer» Zweig. Daneben gibt es eine Landwirtschafts- und eine Hauswirtschaftspädagogik. Auch unterscheidet man eine Industrie- von einer Handwerkspädagogik. Würde man diesem Prinzip der bereichsorientierten Differenzierung weiter folgen, dann müßten noch andere Spezialisierungen vorgenommen werden, denn fraglos hat jeder Bereich, in dem Berufsausbildung geschieht, zumal unter didaktischen Aspekten, seine spezifischen Probleme. Zugleich aber würde die Beförderung solcher Differenzierung nur den didaktischen Besonderheiten folgen und darüber aus dem Auge geraten lassen, daß die pädagogischen Fragen der Berufserziehung darin nicht aufgehen. Was lange unter dem Titel «Eigenständigkeit der Berufs- und Wirtschaftspädagogik» diskutiert und – mit guten Argumenten – für die Lösung «Teildisziplin der Erziehungswissenschaft» entschieden wurde, würde sich hier auf der nächsten Ebene nur erneut wichtig machen und damit die Gefahr verstärken, den nur erst nach und nach gefundenen Anschluß an die Erziehungswissenschaft und das inzwischen von ihr her bestimmte (Selbst-)Verständnis zugunsten einer einseitigen Rückkoppelung an die sogenannten Fachwissenschaften wieder aufzugeben.

Davor zu warnen heißt nicht, besondere Akzentuierungen abzulehnen. Im Wissenschaftsbetrieb sind sie sogar erforderlich. Dazu veranlaßt schon die Orientierung an den verschiedenen Lernorten beruflicher Bildung. So gibt es neben der *Berufsschulpädagogik*, die sich analog zur Gymnasial- oder Realschulpädagogik und in enger Nachbarschaft zur → Schulpädagogik überhaupt der spezifischen Probleme einer schulischen Berufsausbildung annimmt, die → *Betriebspädagogik*. Diese hat in Deutschland eine bedeutende Tradition, denn anders als in vielen Ländern findet hier für die überwiegende Mehrzahl der Jugendlichen die berufliche Ausbildung in Betrieben statt. Daraus erwachsen der Betriebspädagogik Aufgaben, die sie auf die enge Kooperation mit den Sozialwissenschaften verweisen und sie nicht in der Aufstellung von Ausbildungsplänen aufgehen lassen.

Das gilt auch für die *Arbeitspädagogik*, die weit mehr zu bearbeiten hat als die methodische Raffinierung von Lehr-Lern-Prozessen im Bereich der Fertigkeitsvermittlung. So sehr sie dazu auf die Kooperation mit der Arbeitswissenschaft und mit der Arbeitspsychologie verwiesen ist, so sehr muß sie zugleich über ihre Wurzeln in Taylorismus und Psychotechnik hinausgehen, wenn sie den Verdacht loswerden will, nur den Druck der Arbeitssituation zum Zwecke der einträglicheren Verwertung der Arbeitskraft wegzurationalisieren. Statt sich dafür in Dienst zu stellen, erwartet man von der Arbeitspädagogik auch Antwort auf die Fragen der pädagogischen Dimension der Arbeit, was ihre Anbindung an jene Disziplinen erfordert, die die anthropologischen und bildungstheoretischen, die sozialen und die politischen Probleme von Arbeit und Beruf untersuchen und darin mehr erarbeiten als gängige Topoi zur Humanisierung der Arbeitswelt.

Diesen Anspruch ernst nehmen heißt für die Berufs- und Wirtschaftspädagogik zugleich, ihre Disziplingeschichte kritisch zu durchleuchten. Als besonderes Fach an den deutschen Hochschulen konnte sich die Disziplin im Zusammenhang mit der Etablierung der Berufsschullehrerausbildung durchsetzen, fand also in und seit den 20er Jahren ihren hochschulmäßigen Ausbau. Das hat beides großen Einfluß gehabt: Einmal ist daraus die starke Konzentration auf die Berufsschulfragen zu erklären, zum anderen resultiert daraus die Bemühung um eine bildungstheoretische Begründung der Berufsarbeit; denn nur auf dem Weg, den Beruf als Bildungsgut zu erklären und so → Bildung durch den Beruf, ja «nur über den Beruf» zu ermöglichen, war die Berufs- und Wirtschaftspädagogik als Disziplin «hoffähig» zu machen. Nicht zuletzt daher erklärt sich das hohe Ansehen der Berufsbildungstheorie, der die Berufspädagogen erlagen und die sie fast trotzig darauf insistieren ließ, daß Hobeln und Sägen auch bildeten und «daß die Berufsfertigkeiten gar nicht auf Nutzen und Tüchtigkeit, sondern ‹eigentlich› auf ‹Bildung› gerichtet seien – was ihnen mit Recht niemand glaubt» (BLÄTTNER 1959, S. 39). Jenseits einer standespolitischen Bedeutung der Berufsbildungstheorie verlor dieser Ansatz aber auch deshalb an Wirksamkeit, weil er an einem Berufsbegriff orientiert war, der von kulturpädagogischen Verklärungen, nicht aber von empirisch einholbaren Aussagen bestimmt war und insofern nur zu leicht für Ziele in Dienst zu nehmen war, die der Theorie der Bildung konträr waren.

Die Geschichte des Berufsbegriffs zeigt, daß solche Indienstnahme nichts Neues war. Er spiegelte seit eh mehr eine Deutung sozialer Verhältnisse und also bestimmte Absichten, als daß er half, geschichtliche «Lagen» der Arbeitswelt zu beschreiben. Zuerst Ausdruck der Distributio divina, die jedem seinen gesellschaftlichen Platz anweist, und als solcher Teil der Legitimation der ständischen Gesellschaft, die mit dem Verweis auf das Prinzip des Gemeinwohls alle den Ordo socialis sprengenden individuellen Interessen und Strebungen abwehren konnte – «Ein jeglicher bleibe in dem Beruf, darinnen er berufen ist» (1. Korinther-

178   Berufs-/Wirtschaftspädagogik

brief 7, 20) –, wird er mit Erstarken der bürgerlichen Gesellschaft durch Säkularisation der Vocatio- zur Begabungstheorie genau zum Recht (und Kalkül!) des einzelnen auf seinen privaten Erfolg und damit Teil des jetzt sich durchsetzenden Leistungs- und Konkurrenzprinzips. Daß sich «der optimistische Glaube an Harmonie durch Konkurrenz» (CONZE 1972, S. 182) als Irrtum erwies, wurde zwar schon in der Romantik bewußt – «die Universalfabrik des städtischen Lebens» als Folge der «Verblendung des Kalküls» heißt es bei MÜLLER (1931, S. 140f) im frühen 19. Jahrhundert –, aber das hielt die Entwicklung im Zeichen der Industrie keineswegs auf.

Nur: So sehr letztere zur Signatur der Modernisierung wurde, so wenig gelang es, das Berufsdenken neu zu bestimmen. Im Gegenteil! Es verstand sich mehr und mehr als Ausdruck antiindustriellen Bemühens, einer Abwehr des «modernen Aufklärichts» (Kolping) und schließlich des «Fordismus», was einerseits die auch politische Macht der sich durch die Industrie bedroht gebenden sozialen Gruppen, allen voran das Handwerk, verdeutlicht und andererseits zeigt, welcher Verlust an deskriptiver Kraft hier zu beachten ist. Selbst die Erfahrungen mit der Verpflichtung des Berufsgedankens auf die Ziele des nationalsozialistischen Staates haben später davor nicht bewahrt.

Auch nach 1945 blieb der Berufsbegriff, zumal der von der Pädagogik rezipierte, für betriebliche Ausbildungsgänge, deren Begründung wie Kritik ohne Relevanz. Als oberstes Kriterium galt, wie schon bei Kerschensteiner, die «innere Berufenheit». Die Industrie, ihm nicht genügend, verfällt dem Vorwurf, «nur das sinnlose animalische Leben zur Arbeitsleistung» übrigzulassen (KERSCHENSTEINER 1926, S. 40). Nach wie vor ist die Technik eine «jener Antinomien, welche die Lösung des Bildungsproblems mehr erschweren als alles andere» (KERSCHENSTEINER 1926, S. 197). Für die Berufsbildungstheorie erwiesen sie sich als so gravierend, daß sie an ihnen scheiterte. Litt erklärte deshalb 1947, es gehe darum, «die altvertraute Fragestellung nicht sowohl preiszugeben, als vielmehr so von Grund aus umzudenken, wie es die völlig gewandelte Lage erfordert» (LITT 1960, S. 17), nämlich zu prüfen, wie die Bildungsidee «in den Niederungen der Lebensnotdurft und des Daseinskampfes zu ihrem Recht kommen könne»; denn «gelingt es uns nicht, in der Sphäre der Berufsarbeit selbst die menschenbildenden Motive zu entdecken und zur Wirksamkeit zu bringen, so heißt es jeglicher Hoffnung auf Bildung entsagen» (LITT 1960, S. 24).

Damit war der vokationstheoretische Grundzug der sogenannten Klassischen Berufsbildungstheorie aufgegeben und die Berufs- und Wirtschaftspädagogik darauf verwiesen, sich frei von kulturpädagogisch-kulturpessimistischem Widerwillen auf die industrielle Arbeitswelt einzulassen. Die Einlösung dieser Aufgabe hat, abgesehen von einzelnen Stimmen, mehr als zehn Jahre auf sich warten lassen. Erst in den 60er Jahren begann man ernsthaft mit einer berufspädagogischen Analyse der industrietypischen Bestimmung des Ausbildungssektors. Den Anstoß gaben historische Arbeiten, die einerseits der kategorialen Selbstvergewisserung dienten und andererseits gefährlich werdenden Verdinglichungen zu begegnen suchten. Anschließend setzte – in Verbindung mit empirischen Arbeiten zur Berufsausbildung – eine jetzt zum erstenmal auch wissenschaftstheoretisch rückgekoppelte und gesellschaftspolitisch beziehbare Diskussion in der Berufs- und Wirtschaftspädagogik ein, die die Unterschiedlichkeit der Positionen nicht länger verdeckt hielt, sondern bis zur Konfrontation offenlegte, festgemacht vor allem in der Kontroverse um die emanzipatorische oder empirisch-analytische Ausrichtung der Berufspädagogik.

Wie nicht anders zu erwarten, haben sich im Zusammenhang mit der Ausdifferenzierung wissenschaftstheoretischer Positionen klischeehafte Vereinfachungen festgesetzt, und es wird eine Weile dauern, bis man hinter sie auf die Forschungsbedeutsamkeit der Ansätze zurückgeht. Erkennbar ist sie relativ deutlich etwa an der Behandlung der Frage nach dem Verhältnis von Bildungs- und Beschäftigungssystem, materialiter vorangebracht in der Qualifikationstheorie und -forschung (→ Qualifikation – Qualifikationsforschung), in Arbeiten zur beruflichen → Sozialisation, in sozialgeschichtlich bestimmten Forschungen sowie in handlungs- und verhaltenstheoretischen Arbeiten. Man kann diese Auffächerung der Forschungsansätze als Verlust der wissenschaftlichen Konzentration deuten. Man kann in ihr aber auch die Spiegelung der Fragenvielfalt sehen, die in Rezeption heterogener Problemstellungen die verschiedenen Dimensionen der Berufserziehung weit besser entfalten, als es je vorher der Fall war.

BLÄTTNER, F.: Lehrjahre sind keine Herrenjahre. In: Spranger, E. (Hg.): Pädagogische Wahrheiten und Halbwahrheiten kritisch beleuchtet, Heidelberg 1959, S. 11 ff. CONZE, W.: Arbeit. In: Brunner, O. u. a. (Hg.): Geschichtliche Grundbegriffe. Historisches Lexikon zur politisch-sozialen Sprache in Deutschland, Bd. 1, Stuttgart 1972, S. 182 ff. KERSCHENSTEINER, G.: Theorie der Bildung, Leipzig 1926. LITT, TH.: Berufsbildung, Fachbildung, Menschenbildung, Bonn 1960. MÜLLER, A.: Ausgewählte Abhandlungen (1808–1819), Jena 1931. STRATMANN, K.: Berufs- und Wirtschaftspädagogik. In: Groothoff, H.-H. (Hg.): Die Handlungs- und Forschungsfelder der Pädagogik (Differentielle Pädagogik). Erziehungswissenschaftliches Handbuch, Bd. 5, Königstein 1979, S. 285 ff.

Karlwilhelm Stratmann

180   Berufswahl

Berufsrolle, pädagogische → Erzieher; → Lehrer;
→ Professionalisierung
Berufsschule → Bildungssystem (Bundesrepublik Deutschland)
Berufsschullehrerausbildung → Lehrerausbildung
Berufsschulpädagogik → Berufs-/Wirtschaftspädagogik
Berufsstruktur → Qualifikation – Qualifikationsforschung
Berufstätigkeit (der Mutter) → Mutter

Berufswahl

Problemaufriß. Zu den Merkmalen hochgradig arbeitsteilig organisierter Industriegesellschaften zählen zeitlich schnelle, mengenmäßig umfangreiche und inhaltlich unterschiedlich ausgeprägte Veränderungen
menschlicher Lebenssituationen. In demokratischen Gesellschaften
wird unterstellt, daß autonome Bürger sich handelnd mit den daraus resultierenden wechselnden Anforderungen durch Anpassung oder aktive
Gestaltung auseinandersetzen (Mobilität als Verhaltensdisposition).
Entsprechend der Vielfalt der Lebenssituationen befindet sich der
Mensch in unterschiedlichen Situationen, Situationsfeldern und -berei-
chen und hat in verschiedenen → Rollen zu agieren.
    Seitdem anstelle des ererbten Status durch die Geburt in einen Stand
die → Leistung zum Kriterium für den gesellschaftlichen Erfolg erklärt
worden ist, hat das Situationsfeld Arbeit/Beruf/Profession als Bereich
der Leistungsentfaltung und -messung zentrale Bedeutung erlangt. Der
Beruf – hier zunächst als umgangssprachlicher Terminus für diesen Bereich verwendet – beeinflußt maßgebend den sozialen Status, die gesellschaftliche Anerkennung, die Höhe des Einkommens und den Grad an
→ Autonomie. Wechselnde berufliche Anforderungen einerseits und die
weitreichenden Folgen beruflichen Handelns andererseits markieren die
Schwierigkeiten und die Bedeutung der Berufswahl. Deshalb haben die
Probleme der Berufswahl zunehmend das Interesse der Wissenschaften
(von der Philosophie und Theologie bis zu den empirisch orientieren Sozialwissenschaften) und die Aufmerksamkeit der Politik auf sich gezogen.

Definition. Der umgangssprachlich weit verbreitete Terminus «Berufswahl» bedarf einer Präzisierung hinsichtlich beider Wortteile. «Beruf»
kann nicht mehr ungebrochen an den positiven Vorstellungsgehalt gebunden werden, der ihm ursprünglich durch die theologisch akzentuierte Übersetzung von «vocatio» (Berufung) durch Luther gegeben
wurde und zu dessen wesentlichen Merkmalen Ganzheitlichkeit, Kontinuität und Lebenslänglichkeit rechneten (vgl. BLANKERTZ 1969,

S. 28ff); er läßt sich auch nicht allein als soziologische Kategorie fassen, als konkreter Gesichtspunkt einer Entwicklung von der Arbeit zur Profession, der durch ein bestimmtes Maß systematisierten Wissens und gesellschaftsbezogener sozialer Orientierung markiert werden kann (vgl. HARTMANN 1972). Jeder Definitionsversuch einer einzelnen Disziplin scheint angesichts der Komplexität des Phänomens zum Scheitern verurteilt. Interdisziplinär ansetzende Definitionen stehen jedoch noch aus. Der kleinste gemeinsame Nenner, auf den im folgenden ausgewichen wird, ist die Definition der beruflichen Tätigkeit als jedes dauerhaft unter erwerbswirtschaftlicher Zielsetzung vollzogene menschliche Handeln. Unter den Begriff «Wahl» werden alle menschlichen Entscheidungshandlungen subsumiert. Eine Entscheidungshandlung wird von anderem menschlichen Verhalten dadurch abgegrenzt, daß eine bestimmte Person in einer bestimmten Situation zu einem bestimmten Zeitpunkt mindestens zwei alternative Handlungsmöglichkeiten wahrnimmt und sich aufgrund angebbarer Kriterien für eine davon entscheidet (vgl. LANGENHEDER 1975, S. 37ff).

Diese definitorischen Bestimmungen des Terminus Berufswahl unterscheiden sich sowohl vom umgangssprachlichen Gebrauch als auch von anderen Umschreibungen des Phänomens (zum Definitionsproblem vgl. JAEGER 1973, RIES 1970, SCHELLER 1976). Sie umfaßt beispielsweise Entscheidungen im Hinblick auf folgende Situationen:

- den dauerhaften Austritt aus dem Erwerbsleben als Extremfall (durch Aufgabe der beruflichen Tätigkeit – Rente/Pension; Arbeitsverweigerung),
- den freiwilligen oder erzwungenen Berufswechsel im arbeitsfähigen Alter,
- den freiwilligen zeitweiligen Austritt aus dem Erwerbsleben (Umschulung, Fort- und → Weiterbildung),
- den erstmaligen Eintritt in ein Arbeitsverhältnis im Beschäftigungssystem,
- die berufliche Erstqualifizierung (in einem Ausbildungsverhältnis im dualen System, in beruflichen Vollzeitschulen, im Hochschulbereich),
- den Besuch einer allgemeinen Schule (Hauptschule, Realschule, Gymnasium, Gesamtschule).

Da einerseits die Vorstellungen über den späteren sozialen Status, der normalerweise nur über bestimmte erwerbswirtschaftliche Tätigkeiten zu erreichen ist, bereits die Schulwahl entscheidend beeinflussen, andererseits die Entscheidung für eine berufliche Erstqualifizierung sowohl institutionell als auch sozial von der Schulbildung abhängig ist, wird die Schulwahl als antizipierte Berufswahl dieser zugerechnet. Berufswahl ist also kein einmaliger Entscheidungsakt, sondern ein Prozeß, der in der Schulzeit beginnt und über das Erwerbsleben dauert.

Berufswahltheorien. Der Versuch, den komplexen Vorgang der Berufswahl systematisch zu analysieren, hat zu einer Reihe von theoretischen
Ansätzen der Beschreibung und Erklärung geführt. Sie lassen sich global in drei Gruppen zusammenfassen: psychologisch oder soziologisch
orientierte und interdisziplinär ansetzende Theorien und Modelle. Gemeinsam ist allen Versuchen, die Berufswahl aus den Beziehungen zwischen der psychophysischen Struktur des Menschen einerseits und den
Anforderungsstrukturen von Lern- und Arbeitssituationen andererseits
zu erklären. Welche Faktoren auf diese Strukturen und deren Beziehungen zueinander einwirken und wie und mit welcher Stärke sie die Berufswahl beeinflussen, wird unterschiedlich beantwortet.

Psychologisch orientierte Ansätze gehen von ihren jeweiligen Vorstellungen über die Struktur und Entwicklung des Menschen aus und suchen
nach Entsprechungen im Bereich beruflicher Tätigkeiten. Als Beispiel
soll der persönlichkeitspsychologische Ansatz von HOLLAND (vgl. 1966;
vgl. die Darstellung bei SCHELLER 1976, S. 65 ff) kurz erläutert werden,
weil er einerseits starke Beachtung gefunden hat, andererseits an ihm
die Grenzen psychologischer Ansätze deutlich werden. Er geht von den
Annahmen aus, daß sich einerseits Individuen aufgrund bestimmter Persönlichkeitsmerkmale einem oder mehreren Persönlichkeitstypen zuordnen lassen, daß sich andererseits die Umwelt eines Individuums
durch seine Ähnlichkeit mit einem oder mehreren Umweltmodellen
charakterisieren läßt, und daß aus dem Zusammenspiel von Individuum
und Umwelt beschreibbare Sets von Verhaltensweisen entstehen, die
Berufswahlvorgänge erklärbar und vorhersagbar machen. Die sechs
Persönlichkeitstypen, denen nach Auffassung Hollands die meisten Individuen der US-amerikanischen Kultur zugeordnet werden können,
sind: realistischer Persönlichkeitstyp (Berufswünsche: Mechaniker,
Klempner, Landwirt, Zimmermann ...); intellektueller Persönlichkeitstyp (Berufswünsche: Biologe, Physiker, Chemiker, Mathematiker ...);
sozialer Persönlichkeitstyp (Berufswünsche: Lehrer, Sozialarbeiter, kli-
nischer Psychologe, Krankenpfleger ...); angepaßter Persönlichkeitstyp
(Berufswünsche: Buchhalter, Statistiker, Bankangestellter, Steuerbera-
ter ...); dominanter Persönlichkeitstyp (Berufswünsche: Kaufmann,
Politiker, Wirtschaftsberater ...) und ästhetischer Persönlichkeitstyp
(Berufswünsche: Dichter, Musiker, Bildhauer, Komponist ...). Da jede
Umwelt von einem bestimmten Persönlichkeitstyp geprägt wird, werden
die sechs Umweltmodelle nach analogen Merkmalen gebildet und
ebenso bezeichnet. Die Berufswahl wird nach diesem Ansatz dadurch
determiniert, daß sich Individuen für solche berufliche Umwelten entscheiden, die ihnen die Möglichkeiten zur Entfaltung ihrer psychophysischen Fähigkeiten bieten. Um der Differenziertheit der Individuen
besser entsprechen zu können, sind durch Vergleiche zwischen

den Eigenschaften einer Person mit denen aller sechs Persönlichkeitstypen die jeweiligen Ähnlichkeiten bestimmt und auf diese Weise durch Permutation der sechs Typen 720 verschiedene hierarchisch angeordnete Persönlichkeitsmuster gebildet worden (vgl. SCHELLER 1976, S. 67f). Als weitere psychologisch orientierte Versuche sind der psychoanalytische, der bedürfnispsychologische, der entwicklungspsychologische und der entscheidungspsychologische Ansatz zu nennen (vgl. die Übersicht bei BECK 1976, S. 83ff).

Aus der Kritik an der einseitigen oder dominanten Berücksichtigung endogener Faktoren und im Anschluß an die berufssoziologischen Studien WEBERS (vgl. 1972) ist die Berufswahl in zahlreichen soziologischen Publikationen zur Berufsproblematik behandelt worden. Ausgangspunkt ist das berufliche Handeln als soziologische Kategorie, das entweder im Zusammenhang konkreter Probleme der Berufwahl und Berufsausbildung (Frage nach dem Einfluß der sozialen Umgebung auf die Ausbildungs- und Berufsentscheidung – vgl. DAHEIM 1967, 1972) oder der Berufsausübung (Frage nach den Einflüssen auf die berufliche Laufbahn – career pattern –: vgl. BECKER/STRAUSS 1972) untersucht worden ist. Als Gemeinsamkeit soziologischer Ansätze kann festgehalten werden: Die *berufliche Orientierung* eines Individuums, die sein berufliches Handeln bestimmt, wird von vier Faktorenkomplexen beeinflußt, erstens von den Zielvorstellungen (allgemein über die Art der Tätigkeit und speziell über eine bestimmte Berufsposition), zweitens von den als verbindlich angesehenen Normen, drittens von der →Motivation und viertens von dem Wissen um die Realisierungsmöglichkeiten (Mittel) (vgl. DAHEIM 1967, S. 92ff). Ihre individuelle Ausprägung erfährt die berufliche Orientierung durch →Interaktionen mit anderen Personen und gesellschaftlichen Institutionen, zunächst mit den Eltern und Geschwistern in der →Familie (familiale Sozialisation), dann durch Interaktionen in der zweiten Institution der primären →Sozialisation, der →Schule, durch solche, die mit der Berufsausbildung beginnen (Phase der sekundären Sozialisation), und schließlich durch die Interaktionen im Beschäftigungssystem als Inhaber einer Berufsrolle.

In dieser Konzentration auf die Handlungsbeziehungen zwischen den Subjekten liegt die Begrenzung der Fragestellung soziologischer Ansätze. Deshalb versuchen neuere interdisziplinär orientierte Ansätze, durch Berücksichtigung psychologischer und soziologischer Kategorien und unter Hinzuziehung weiterer Faktorenkomplexe, wie Situation und Entwicklung der Wirtschaft sowie des Arbeits- und Ausbildungsmarktes, Personalpolitik und Einstellungspraktiken von Unternehmungen und so weiter, die Einflüsse auf die Berufswahl umfassender zu analysieren (vgl. BECK 1976, LANGE/BÜSCHGES 1975).

184 Berufswahl

Empirische Befunde. Die dargestellte Vielfalt theoretischer Ansätze spiegelt sich in einer kaum noch zu überblickenden Zahl von Veröffentlichungen und einer Fülle empirischer Untersuchungen. Da sowohl ein Konsens über Fragestellungen und Termini als auch über eine Theorie der Berufswahl fehlt, lassen sich die Ergebnisse nur sehr bedingt miteinander vergleichen und unter übergreifenden Gesichtspunkten auswerten. Deshalb können die folgenden Hinweise auf empirische Befunde nur illustrierenden Charakter haben. Sie sind weder vollständig noch systematisch im Sinne einer (berufswahl)theoriegeleiteten Darstellung. Schon eine relativ frühe Zusammenstellung empirischer Untersuchungen zeigt die Faktoren auf, deren Einflüsse auf die Berufswahl als relevant angesehen wurden. Dazu gehören «die äußeren Berufseindrücke, die das tägliche Leben bietet», die unter anderem geprägt werden von der beruflich-wirtschaftlichen Struktur der Umgebung, den Konjunkturschwankungen und den Kriegseinflüssen; Konfession; Schulgattung; Beruf des → Vaters; soziale Schichtzugehörigkeit; Verfügung über die für die Wahl eines bestimmten Berufs erforderlichen Mittel; Kenntnis von Möglichkeiten und «Berufstatsachen»; Fähigkeiten, Bedürfnisse, Interessen, Neigungen; Berufsvorschläge seitens anderer und tiefenpsychologische Faktoren (vgl. LAZARSFELD 1931).

Von diesen Faktorenkomplexen ist im Zusammenhang mit der Sozialisationsforschung besonders der Einfluß der sozialen Schichtzugehörigkeit untersucht worden (vgl. dazu den Überblick bei KUNTZ 1974). Bereits Mitte der 50er Jahre bestätigte eine empirisch breit angelegte familiensoziologische Arbeit die zentrale Hypothese, daß Schichtzugehörigkeit und Familiengröße, die wiederum miteinander korrelieren, die Berufswahl in der Weise beeinflussen, daß mit sinkendem Sozialstatus des Vaters und mit wachsender Familiengröße das → Anspruchsniveau an die Ausbildung sinkt (vgl. HAACK 1958). Auf der Basis einer umfangreichen Analyse und Kritik der bis Ende der 60er Jahre vorliegenden Ergebnisse der Berufswahlforschung hat RIES (1970, S. 199) eine relativ komplexe Hypothese formuliert und teilweise überprüft: «Die soziale Schichtzugehörigkeit, das Informationsniveau und das Niveau der prospektiven Vorstellungen (Antizipationen) über die Berufslaufbahn bilden im Berufswahlprozeß, bei gleichzeitiger von der Gesellschaft garantierter Freiheit der Berufswahl, einen sich selbst stützenden Mechanismus, der die Erwerbbarkeit der Berufsrollen innerhalb des nach dem sozialen Prestige rangierten Berufsrollenspektrums beschränkt.» Als wichtigstes Ergebnis weist Ries eine positive Korrelation zwischen Schicht- und Informationsniveau nach, und zwar für die Information über den Vaterberuf, den Berufswunsch, das allgemeine Berufsspektrum und den Informationsfundus, wobei der Bildungsstatus der Eltern, die Vollständigkeit der Familie, die Wohnregion und der Schulabschluß des Berufswählers als intervenierende Variablen auftreten.

Unter stärkerer Gewichtung psychologischer Aspekte und mit Bezug auf entscheidungstheoretische Prämissen zur Erklärung der Berufswahl hat eine Längs- und Querschnittsstudie insbesondere die in der Literatur weit verbreiteten Kategorien Berufseignung und Berufsneigung genauer analysiert. Die Frage, nach welchen Kriterien eine Berufsentscheidung getroffen wird, läßt sich demnach für Hauptschüler folgendermaßen beantworten: Schüler bewerten die erwarteten Berufsanforderungen weitaus differenzierter als bisher angenommen: «Neben der *subjektiven Neigung* (Interessen) zeigt sich der zum Teil weitaus größere Einfluß zweier Bewertungskriterien der *subjektiven Eignung,* nämlich des *Könnens* als vermutetem Grad der gegenwärtigen Beherrschung erwarteter Berufsanforderungen und des *Zutrauens* als vermutetem Grad der zukünftigen Aneignung momentan noch nicht oder nur wenig beherrschter erwarteter Berufsanforderungen. Mit jeweils unterschiedlichem Gewicht geben diese drei Bewertungskriterien im sequenziellen Prozeß den Ausschlag» (mit geschlechtsspezifischen Unterschieden) (BENDER-SZYMANSKI 1976, S. 510). Bei der Entscheidung für eine bestimmte Alternative sind weiterhin ausschlaggebend: «Berufs-, Arbeits-, Ausbildungsmerkmale und -voraussetzungen (keine Fließbandarbeit, → Ausbildungsberuf, guter Verdienst, Ansehen, gute Zukunftsaussichten, Abiturienten nicht bevorzugt, großes Angebot an Arbeitsstellen, keine Samstag-, Schicht- und schmutzige Arbeit, eine in der Nähe liegende Ausbildungsstelle, gute Aufstiegsmöglichkeiten, regelmäßige Arbeitszeiten, ein Abschlußzeugnis, das die Chancen vergrößert, in einem Betrieb als Auszubildender angenommen zu werden etc.)» (BENDER-SZYMANSKI 1976, S. 511).

Berufswahlfähigkeit. Die Freiheit der Berufswahl ist ein in der Verfassung verbrieftes Grundrecht (Art. 12, Abs. 1 des Grundgesetzes). Obwohl dieses Grundrecht als Abwehrrecht des Bürgers gegen die staatliche Übermacht entstanden ist und sich vor allem gegen eine «Berufslenkung» oder «Berufseinmündung» richtet, ist angesichts der empirischen Befunde zur Berufswahl, die ein hohes Maß an Außensteuerung der Entscheidungen nachweisen, zu bezweifeln, ob der staatlich garantierte Freiraum faktisch genutzt werden kann. Aus dem Sozialstaatsprinzip, dem Gleichheitspostulat und der Garantie auf freie Entfaltung der Persönlichkeit läßt sich analog zur Forderung nach *materialer* Chancengleichheit die nach (bildungs-)politischen Maßnahmen zur Verbesserung der Berufswahlsituationen formulieren. Die Verbesserung der *Berufswahlfähigkeit* enthält als weit gefaßte Zielformulierung als objektive Seite die Forderung nach Verbesserung des Schul-, Ausbildungs- und

186 Berufswahl

Arbeitsangebots, um die Wahlmöglichkeiten quantitativ und qualitativ zu erweitern. Die subjektive Seite richtet sich auf die Fähigkeit des Individuums, sich begründet in Kenntnis von Alternativen in den verschiedenen beruflichen Situationen (entsprechend den oben vorgenommenen definitorischen Bestimmungen) entscheiden zu können. Insoweit ist Berufswahlfähigkeit ein Aspekt beruflicher Autonomie und eine Konkretisierung der mit dem Bildungsbegriff gemeinten pädagogischen Intentionalität.

Maßnahmen zur Verbesserung der Berufswahlfähigkeit. Beide Seiten der Forderung nach Verbesserung der Berufswahlfähigkeit haben zu einer Reihe (bildungs-)politischer und pädagogischer Maßnahmen geführt. Auf die die objektive Seite betreffenden Maßnahmen kann hier nicht näher eingegangen werden. Dazu wäre eine Analyse des gesamten Bildungswesens unter diesem Aspekt erforderlich. Als Beispiele sollen lediglich die Reduktion der Ausbildungsberufe (von über 650 am Ende des Zweiten Weltkrieges auf 382 im Jahre 1988), die Einführung der Stufenausbildung und vor allem des Berufsgrundbildungsjahres in 13 Berufsfeldern als erste Stufe einer beruflichen Erstqualifizierung in der Sekundarstufe II genannt werden. Durch diese Maßnahmen wird grundsätzlich der Berufswahlprozeß beim Übergang in das Ausbildungssystem zeitlich gestreckt und auf eine geringere Zahl von Alternativen reduziert (vgl. KELL 1982a). In bezug auf die subjektive Seite der Forderung sind für die Sekundarstufe I drei Maßnahmen hervorzuheben: der Unterrichtskomplex Arbeitslehre/Polytechnik, die Berufs-(Bildungs-)Beratung und der Berufswahlunterricht. Sie sind Teil einer umfassenden Berufsorientierung innerhalb der *vorberuflichen Bildung* oder sollten es zumindest sein (vgl. DIBBERN u. a. 1974, S. 32f).

Der Versuch, das Fach *Arbeitslehre* zum didaktischen Zentrum der Hauptschule als erste Stufe eines dreistufigen beruflichen Bildungsweges zu etablieren, ist eine späte Reaktion auf Veränderungen in der Arbeits- und Wirtschaftswelt, dessen Gelingen unter anderem davon abhängig ist, daß der tradierte Gegensatz von Allgemeinbildung und Berufsbildung sowohl bildungstheoretisch als auch didaktisch konstruktiv überwunden und das Konstrukt «volkstümlicher Bildung» von einer didaktischen Konzeption wissenschaftsorientierter Vorbereitung auf Beruf, Freizeit und Gesellschaft abgelöst wird (vgl. BLANKERTZ 1967; zur Entwicklung der Arbeitslehre vgl. HENDRICKS 1975).

Die → *Berufsberatung* ist als Instrument der Sozialpolitik schon früh entstanden (Vorläufer Ende des 18. Jahrhunderts, vgl. STRATMANN 1966). Als öffentliche Aufgabe wurde sie Anfang dieses Jahrhunderts besonderen Behörden und 1927 der Reichsanstalt als Monopol übertragen (Gesetz über Arbeitslosenvermittlung und Arbeitslosenversicherung). Für die Bundesanstalt für Arbeit als Rechtsnachfolgerin formuliert das Arbeitsförderungsgesetz (AFG vom 25.6.1969) als Aufgabe der Berufsberatung «die Erteilung von Rat und Auskunft in Fragen der Berufswahl einschließlich des Berufswechsels. Sie wird durch die Berufsaufklärung, die Unterrichtung über die Förderung der beruflichen Bildung im Einzelfall und die Vermittlung in berufliche Ausbildungsstellen ergänzt» (§ 25, Abs. 1 AFG). Bei der →Beratung hat sie «die Lage und Entwicklung des Arbeitsmarktes und der Berufe angemessen zu berücksichtigen» und «Ratsuchende auch in Fragen ihrer (berufsrelevanten) schulischen Bildung zu beraten» (§ 26, Abs. 1 und 2 AFG). Aus der Institutionalisierung dieser Aufgaben bei einer Bundesbehörde ergeben sich für eine Kooperation mit den schulischen Maßnahmen der vorberuflichen Bildung, die in die Kompetenz der Länder fallen, Abstimmungsprobleme. Sie beziehen sich einmal auf den Zusammenhang der Berufsberatung zu allen übrigen Beratungsmaßnahmen, insbesondere auf die inhaltliche und institutionelle Abstimmung mit der (schulinternen) Bildungsberatung (Schullaufbahnberatung), zum anderen auf den von (Arbeitslehre-)Unterricht und (Berufs-)Beratung (vgl. KELL 1979). Zur Koordinierung der Maßnahmen ist von der Ständigen Konferenz der Kultusminister der Länder (KMK) im Einvernehmen mit der Bundesanstalt für Arbeit eine «Rahmenvereinbarung über die Zusammenarbeit von Schule und Berufsberatung» (vom 5.2.1971) verabschiedet worden. Zur Konkretisierung dieser Vereinbarung hat die Bundesanstalt für Arbeit ein Gutachten vergeben. Die Gutachter Dibbern, Kaiser und Kell erheben darin die zentrale Forderung, «daß die Wirksamkeit einer weiterhin am Prinzip der Freiwilligkeit orientierten beruflichen Einzelberatung langfristig vorbereitet werden muß durch eine umfassende, den Jugendlichen motivierende und *verbindliche ‹Berufsorientierung›* innerhalb der Pflichtschulzeit» (DIBBERN u. a. 1974, S. 17), und sie konkretisieren diese Forderung durch Ausarbeitung eines Konzepts für einen *Berufswahlunterricht*, durch den als Teil des Arbeitslehreunterrichts der didaktische Zusammenhang zur Berufsberatung hergestellt werden soll. Auf dieser Basis sind weitere theoretische Überlegungen angestellt (vgl. TENFELDE 1978), Konkretisierungen vorgenommen (vgl. BUDDENSIEK u. a. 1979) sowie Modellversuche durchgeführt (vgl. DIBBERN 1983) und Regelungen im Schulwesen der Länder getroffen worden (vgl. beispielsweise für Berlin: KLEDZIK/JENSCHKE 1979).

Die Berufswahlsituation des Schülers am Ende der Sekundarstufe I.
Beim Eintritt in die und dem Austritt aus der Sekundarstufe I werden an den Verteilerkreisen 0 und 1 (vgl. KELL 1982b) für die weitere Berufs- und Lebenswegplanung wichtige Entscheidungen getroffen. Je nachdem, wie die Entscheidung beim Eintritt in die Sekundarstufe I aus-

188 Berufswahl

fällt (für Hauptschule, Realschule, Gymnasium oder in der Gesamtschule für einen der verschiedenen Sekundarstufen-I-Abschlüsse), ist
der einzelne Schüler von den Maßnahmen unterschiedlich betroffen und
unterscheidet sich für ihn die Berufswahlsituation am Ende der Sekundarstufe I (vgl. KELL 1978, S. 3 ff).

Der *Gymnasiast* tritt in der Regel mit der Versetzung in die Klasse 11
in die gymnasiale Oberstufe über; er ist vom Arbeitslehre- und Berufswahlunterricht nicht und von der Berufsberatung wenig betroffen. Seine
Vorbereitung auf das Kurssystem der gymnasialen Oberstufe setzt erst
intensiver in der Jahrgangsstufe 11 ein und beschränkt sich in der Sekundarstufe I auf die Schullaufbahnberatung. Der Abgänger oder Abbrecher
des Gymnasiums tritt unvorbereitet in das berufliche Ausbildungs- oder
in das Beschäftigungssystem ein. Der *Realschüler* erhält in Ausnahmefällen Berufswahlunterricht und ist in den Klassen 9 und 10 Adressat von
Maßnahmen der Berufsberatung. Seine Berufswahlentscheidungen sind
vor allem auf Ausbildungsberufe mittleren und gehobenen Niveaus und
auf den Besuch beruflicher Vollzeitschulen, insbesondere der Fachoberschule, gerichtet. Der *Hauptschüler* ist der typische Adressat der drei vorberuflichen Maßnahmen. Auf ihn bezogen hat sich der Unterrichtskomplex Arbeitslehre/Polytechnik entwickelt, für ihn sind die Vorschläge
zum Berufswahlunterricht am weitestgehenden erprobt und übernommen worden, und auf ihn haben sich lange Zeit die Maßnahmen der Berufsberatung konzentriert. Das ist durch die lange →Tradition bedingt,
im (Volksschul-)Hauptschulabsolventen den typischen «Lehrling» zu
sehen. Dementsprechend sind die drei Maßnahmen vorwiegend auf den
Übergang von Hauptschülern in das duale Ausbildungssystem ausgerichtet worden.

Diese Situation hat sich in den 80er Jahren des 20. Jahrhunderts allerdings durch Engpässe auf dem Arbeits- und Ausbildungsstellenmarkt sowie im Bildungswesen (etwa bei Hochschulzugang) verändert: Im Zuge
eines Verdrängungswettbewerbs streben Abiturienten in angesehene und
Aufstiegsperspektiven bietende Ausbildungsberufe, Realschulabsolven-
ten weichen auf weniger angesehene Ausbildungsberufe aus, und Haupt-
schulabsolventen sind in höherem Maße vom Ausbildungsstellenmangel
betroffen, treten deshalb unmittelbar ins Beschäftigungssystem ein oder
sind arbeitslos. Für Hauptschul*abgänger* und *Sonderschüler* ergibt sich
dadurch eine noch schlechtere Situation. Sie gelangen ohne weitere Förderungsmaßnahmen nur selten in Ausbildungsberufe und sind am stärksten von Jugendarbeitslosigkeit betroffen. Deshalb ist für diese Gruppe
von Jugendlichen eine Reihe von bildungspolitischen Maßnahmen zur
Verbesserung ihrer Berufswahlsituation ergriffen worden, die zum Teil
den Bereich der vorberuflichen Bildung (beispielsweise Berufsvorbereitungsjahr oder ähnliche schulische Maßnahmen; Förderungslehrgänge

der Bundesanstalt für Arbeit) und zum Teil der beruflichen Erstausbildung (Sonderausbildungsgänge; Berufsgrundbildungsjahr in Sonderform beziehungsweise Verbindung des Berufsvorbereitungsjahres mit dem Berufsgrundbildungsjahr in einem zweijährigen Bildungsgang) zuzurechnen sind (vgl. KELL 1983, S. 181f; vgl. KAISER/KELL 1986, KELL u. a. 1983).

Probleme. Die Schwierigkeiten bei der Abgrenzung und genauen definitorischen Bestimmung des Phänomens Berufswahl sowie das Fehlen einer anerkannten, interdisziplinär angelegten Berufswahltheorie wirken sich hemmend aus sowohl auf die Datenerhebung und -analyse als auch auf die Entscheidungen über die quantitative und qualitative Ausübung von Maßnahmen zur Vermittlung einer Berufswahlfähigkeit. Obwohl das empirisch abgesicherte Wissen über die Einflüsse auf die Berufswahl in den letzten Jahren erheblich vermehrt worden ist, weisen die empirischen Befunde noch einige gravierende Defizite auf: Die Situationen im Beschäftigungs- und im → Bildungssystem, auf die hin der einzelne berufswahlfähig zu machen ist, sind in ihrer gegenwärtigen Ausprägung und zukünftigen Entwicklung nicht hinreichend erfaßt; über die Stärke des Einflusses einzelner bereits erfaßter Faktoren auf die Berufswahl ist nur wenig bekannt; die Rückwirkungen von Restriktionen im Bildungs- und Beschäftigungssystem auf die Entscheidungen sind bisher kaum untersucht; die Wirksamkeit der Maßnahmen zur Vermittlung der Berufswahlfähigkeit lassen sich allenfalls abschätzend beurteilen.

Allein diese Defizite erschweren eine angemessene didaktisch-curriculare und organisatorische Konzeptionierung von Maßnahmen der vorberuflichen Bildung, die sowohl die oben dargestellten Unterschiede der Berufswahlsituationen verschiedener Gruppen von Jugendlichen als auch die Gemeinsamkeiten gleichermaßen berücksichtigt. Darüber hinaus bestehen aber weitere Barrieren bei der Einführung von Maßnahmen der vorberuflichen Bildung, die insbesondere bei der Durchsetzung des Faches Arbeitslehre/Polytechnik und des Berufswahlunterrichts deutlich zutage getreten sind. Sie bestehen vor allem im Bildungsverständnis des allgemeinen Schulwesens, das zum Teil noch von der falschen Entgegensetzung von Allgemeinbildung und Berufsbildung geprägt ist und sich deshalb gegen die Aufnahme berufsbezogener Lerninhalte und gegen eine jeweils angemessene Bestimmung des Berufsbezuges in der vorberuflichen Bildung sperrt; weiterhin in der dürftigen Ausstattung der Schulen im Hinblick auf einen berufs- und lebenspraktischen Unterricht und nicht zuletzt in Mängeln der → Lehrerausbildung, die fern von berufspraktischen Erfahrungen durchgeführt wird und in der auch theoretisch vermittelte Inhalte über die Arbeits- und Berufswelt nicht genügend berücksichtigt werden.

190 Berufswahl

Allerdings ließen sich auch durch den Abbau der kurz zusammenge-
faßten Defizite die negativen Einflüsse, die von den Restriktionen im
Beschäftigungssystem über den Arbeits- und Ausbildungsstellenmarkt
auf die Berufswahlsituation der Jugendlichen ausgehen, nicht beseitigen, sondern allenfalls bedingt kompensieren.

BECK, K.: Bedingungsfaktoren der Berufsentscheidung, Bad Heilbrunn 1976. BECKER,
H. S./STRAUSS, A. L.: Karriere, Persönlichkeit und sekundäre Sozialisation. In: Luckmann, Th. u. a. (Hg.): Berufssoziologie, Köln 1972, S. 355 ff. BENDER-SZYMANSKI, D.:
Das Verhalten von Jugendlichen bei der Berufsentscheidung, Weinheim/Basel 1976.
BLANKERTZ, H.: Arbeitslehre in der Hauptschule, Essen 1967. BLANKERTZ, H.: Bildung im Zeitalter der großen Industrie. Pädagogik, Schule und Berufsbildung im
19. Jahrhundert, Hannover u. a. 1969. BUDDENSIEK, W. u. a.: Berufswahlunterricht in
der vorberuflichen Bildung, Mimeo, Paderborn 1979. DAHEIM, H.: Der Beruf in der
modernen Gesellschaft, Köln 1967. DAHEIM, H.: Soziale Herkunft, Schule und Rekru-
tierung der Berufe. In: Luckmann, Th. u. a. (Hg.): Berufssoziologie, Köln 1972,
S. 53 ff. DIBBERN, H.: Berufsorientierung im Unterricht, Nürnberg 1983. DIBBERN, H.
u. a.: Berufswahlunterricht in der vorberuflichen Bildung, Bad Heilbrunn 1974.
HAACK, R.: Berufswunsch und Berufswahl in familiensoziologischer Sicht, Diss., Köln
1958. HARTMANN, H.: Arbeit, Beruf, Profession. In: Luckmann, Th. u. a. (Hg.): Berufssoziologie, Köln 1972, S. 36 ff. HENDRICKS, W.: Arbeitslehre in der Bundesrepu-
blik Deutschland. Theorien – Modelle – Tendenzen, Ravensburg 1975. HOLLAND,
J. L.: The Psychology of Vocational Choice. A Theory of Personality Types and Model
Environments, Waltham 1966. JAEGER, A.: Jugendliche in der Berufsentscheidung,
Weinheim/Basel 1973. JAIDE, W.: Die Berufswahl, München ²1966. KAISER, F.-J./
KELL, A.: Abschlußbericht des Modellversuchs zur Verbindung des Berufsvorbereitungsjahres mit dem Berufsgrundschuljahr in beruflichen Schulen und Kollegschulen,
Teil 1 und 2, Soest 1986. KELL, A.: Die Bedeutung von Grundbildungskonzeptionen
für den Übergang von der Sekundarstufe I zur Sekundarstufe II. In: Schenk, B./Kell,
A. (Hg.): Grundbildung: Schwerpunktbezogene Vorbereitung auf Studium und Beruf
in der Kollegschule, Königstein 1978, S. 1 ff. KELL, A.: Ansatzpunkte und Probleme
der Berufswahlvorbereitung in Zusammenarbeit mit Berufsberatern, Bildungsbera-
tern und Lehrern (speziell des Faches Arbeitslehre). In: Bundesminister für Bildung
und Wissenschaft (Hg.): Arbeitslehre – Gutachten. Schriftenreihe Bildungsplanung
32, Bonn 1979, S. 114 ff. KELL, A.: Berufsgrundbildung als Teil der Berufsausbildung.
In: Bonz, B. u. a. (Hg.): Berufspädagogische Grundprobleme, Stuttgart 1982, S. 98 ff
(1982 a). KELL, A.: Das Berechtigungswesen zwischen Bildungs- und Beschäftigungssystem. In: Enzyklopädie Erziehungswissenschaft, Bd. 9.1, Stuttgart 1982, S. 289 ff
(1982 b). KELL, A.: Berufsvorbereitungsjahr. In: Enzyklopädie Erziehungswissenschaft, Bd. 9.2, Stuttgart 1983, S. 178 ff. KELL, A. u. a.: Zweijährige Berufsgrund-
schule: Modellversuch zur Verbindung des Berufsvorbereitungsjahres mit dem Berufsgrundschuljahr. In: Z. f. Ber.- u. Wirtschp. 79 (1983), 4, S. 243 ff. KLEDZIK, U.-J./
JENSCHKE, B.: Berufswahlunterricht als Teil der Arbeitslehre, Hannover u. a. 1979.
KUNTZ, K.-M.: Motive und Steuerungen von Ausbildungs-Entscheidungen in verschiedenen sozialen Schichten, Göttingen 1974. LANGE, E./BÜSCHGES, G. (Hg.): Aspekte
der Berufswahl in der modernen Gesellschaft, Frankfurt/M. 1975. LANGENHEDER, W.:
Theorie menschlicher Entscheidungshandlungen, Stuttgart 1975. LAZARSFELD, P. F.:
Jugend und Beruf, Jena 1931. RIES, H.: Berufswahl in der modernen Industriegesell-
schaft, Bern 1970. SCHELLER, R.: Psychologie der Berufswahl und der beruflichen
Entwicklung, Stuttgart u. a. 1976. STRATMANN, K.: Diskussion und Ansätze der öffent-

Betriebspädagogik 191

lichen Berufsberatung im 18. Jahrhundert. In: D. Dt. Ber.- u. Fachs. 62 (1966), S. 902ff. TENFELDE, W.: Berufliche Orientierung durch Berufswahlunterricht, Bad Heilbrunn 1978. WEBER, M.: Wirtschaft und Gesellschaft (1921), Tübingen [5]1972.

Adolf Kell

Berufswunsch → Berufswahl
Beschäftigungssystem → Berufswahl
Beschäftigungssystem (flexible Reproduktion) → Zeugnis – Zertifikat
Beschleunigung (des Lernens) → Zeit
Bestrafung → Strafe
Betreuung (des Kindes) → Familie –Familienerziehung; → Mutter;
→ Vorschulerziehung

Betriebspädagogik

Gegenstand und Erkenntnisinteressen der Betriebspädagogik. Mit dem Begriff «Betriebspädagogik» wird sowohl ein Gegenstand erziehungswissenschaftlicher Forschung und Lehre als auch eine pädagogische Praxis umschrieben. Die *praktisch-pädagogische Tätigkeit* in Betrieben der Wirtschaft und der öffentlichen Verwaltung wird auch als betriebliche Bildungsarbeit, im Hinblick auf bestimmte Zielgruppen als Ausbildung, Training, → Weiterbildung, → Management-Education beziehungsweise -Schulung und, im Anschluß an bildungsökonomische Überlegungen, als Qualifizierung bezeichnet.

Diese Vielfalt der verwendeten Begriffe deutet auf Unklarheiten in der theoretischen (erziehungswissenschaftlichen) Begründung betriebspädagogischer Aktivitäten und auf unterschiedlich ausgeprägte soziale und ökonomische Interessen an der Betriebspädagogik als Wissenschaft und als pädagogischer Praxis hin.

In *erziehungswissenschaftlicher* Betrachtung ist die Betriebspädagogik eine Forschungsaufgabe der → Berufs- und Wirtschaftspädagogik (Analyse, Beschreibung, Erklärung, Kritik und Gestaltung von geplanten und ungeplanten betrieblichen Lernvorgängen). Es ist umstritten, ob diese Aktivitäten zu ergänzen sind durch spezifische theoretische Begründungsleistungen für die praktische betriebliche Bildungsarbeit.

Herausgefordert wird die betriebspädagogische Forschung und Lehre durch die Tatsache, daß in Betrieben geplante und ungeplante Lernvorgänge die Einstellungen, Verhaltensweisen und Kompetenzen der Beschäftigten mitbeeinflussen und daß sich hieraus Veränderungen in der betrieblichen Kooperations- und Kommunikationsstruktur und in der beruflichen Handlungsmotivation und Handlungskompetenz der Beschäftigten ergeben oder ergeben können.

192   Betriebspädagogik

Auf die Gestaltung betrieblichen Handelns als Umgang mit Sachen, Informationen (Symbolen) und Menschen und ihre Bedeutung für den in einer konkreten betrieblichen Situation Beschäftigten ist neben der betriebspädagogischen auch die industrie- und betriebssoziologische, die industrie- und betriebspsychologische und die arbeitswissenschaftliche Forschung ausgerichtet. Die Betriebspädagogik unterscheidet sich von ihren Nachbarwissenschaften durch ihr spezifisches Erkenntnisinteresse, nämlich die Frage, ob und wie sich die betrieblich organisierten Formen strategischer und instrumenteller Kooperation im Arbeitsprozeß als Bildungsprozesse arbeitender Menschen theoretisch begründen und praktisch verwirklichen lassen. Bisher liegen nur Vorarbeiten für die Entfaltung eines solchen Begründungszusammenhangs vor. In ihnen wird deutlich, daß betrieblich organisierte Arbeitsprozesse zwar als spezifische Ausprägungen von Formen menschlicher Rationalität gedeutet werden können; doch der Hinweis auf die Rationalität qualifiziert diese Arbeitsprozesse noch nicht als Bildungsprozesse; es kann sich auch um rigide Anpassungsprozesse an inhaltlich anspruchslose Teilverrichtungen handeln, die den Beschäftigten physisch einseitig belasten, ohne ihm die Möglichkeit zu bieten, seine Fähigkeiten zu entfalten (vgl. GROSKURTH 1979).

Damit Bildungsprozesse in betrieblich organisierten Arbeitssituationen möglich werden, müssen die Beschäftigten die Chance erhalten, an der Entwicklung und Gestaltung der betrieblichen Arbeitsorganisation teilzunehmen. Darüber hinaus gehört zur Verwirklichung einer substantiellen Rationalität in betrieblichen Bildungsprozessen auch die Partizipation an der unternehmerischen Zielsetzung.

In der betriebspädagogischen Reflexion herrscht vielfach die Meinung vor, daß eine immanente Analyse der empirisch vorfindbaren betriebspädagogischen Konzeptionen und ihre theoretische Verdichtung zu Modellen (vgl. BUNK 1972) oder ihre systematische Zuordnung zu einem Gesamtzusammenhang der Sozialwissenschaften (vgl. MÜLLER 1973, S. 23ff) hinreiche, um die Rationalität betrieblicher Bildungsarbeit erziehungswissenschaftlich zu erklären und sie eben dadurch als bedeutsam für den Bildungsprozeß zu legitimieren. Der Fortschritt betriebspädagogischer Theoriebildung ist dann nichts anderes als ein Reflex auf empirisch konstatierbare Veränderungen in der betrieblichen Praxis: Strategien der *Menschenbehandlung* werden abgelöst durch solche der *Menschenführung* und schließlich durch Formen der *Kooperation* zwischen Menschen im betrieblichen Zusammenhang (vgl. ABRAHAM 1978, DÖRSCHEL 1975).

Sofern man sich um die Begründung einer spezifischen Form von Rationalität im betrieblichen Arbeitshandeln bemüht, muß auch die Frage nach den Bedingungen für deren Verwirklichung und hiermit in wechsel-

seitigem Bezug nach der Entwicklung und Beurteilung von betriebspädagogischen Maßnahmen geklärt werden. In diesen Aufgaben realisiert sich eine Betriebspädagogik in der Vermittlung von → Theorie und
Praxis, die sich als praktische Wissenschaft versteht und als solche – statt
gesellschaftlichen, speziell betrieblichen Entwicklungen in theoretischer
Reflexion nachzufolgen – diese als theoretisch begründungsfähige und
im Lichte der Konsequenzen für die Beschäftigten begründungspflich-
tige begreift. Erst in der pädagogischen Entfaltung von begründeten
Handlungsorientierungen für die Gestaltung des betrieblichen Arbeits-
prozesses wird der Sinn betriebspädagogischer Forschung und Praxis
manifestiert.

Theorien und Forschungsansätze der Betriebspädagogik. Für die traditionelle kulturpädagogische Betriebspädagogik war es eine unbezweifel-
bare Tatsache, daß der Betrieb durchdrungen sei von einer Wertord-
nung, die dem betrieblichen Handeln jedes einzelnen Beschäftigten
ihren Sinn verleiht. Träger dieser «spezifischen Geistigkeit» ist nach dieser Theorie der «Lebensbereich Betrieb». In dieser Sichtweise ist es die
Aufgabe der Betriebspädagogik, die geistige Prägung des Menschen
durch seine Mitgliedschaft in einem Betrieb zu erforschen (vgl. ABRA-
HAM 1978). Demgegenüber wird in einer Reihe neuerer Beiträge versucht, den Gegenstandsbereich der Betriebspädagogik und damit auch
den Sinn betriebspädagogischen Handelns metatheoretisch zu begründen, statt ihn als gegeben anzunehmen.

Nach Müller ist der Begriff der Entscheidung konstitutiv für die betriebspädagogische Theorie. In Anlehnung an entscheidungstheoretische Forschungsansätze geht es ihm um «eine Konkretisierung der
entscheidungslogischen Modellbildung für die Betriebspädagogik»
(MÜLLER 1973, S. 106). Abgesehen davon, daß diese Konzeption bisher
nur als Programm vorliegt, ist der Begriff der Entscheidung als theoretische Kategorie zwar empirisch bedeutsam für die Analyse von betrieblichen Interaktionsprozessen, er vermag diese jedoch nicht zu begründen
und reicht daher nicht hin zur metatheoretischen Grundlegung einer Betriebspädagogik. Außerdem werden nichtdezisionistische Lernvorgänge
im Rahmen betrieblicher Abläufe ex definitione nicht erfaßt, obwohl
ihre Bedeutung für die Entfaltung von Handlungskompetenzen auf seiten der Beschäftigten und für die Interaktionsstruktur des Betriebes
außer Frage steht (vgl. WITT 1978).

Versuche zu einer systemtheoretischen Begründung der Betriebspädagogik liegen von Freyer und Hertel vor. FREYER (vgl.1974) beabsichtigt, durch eine systemtheoretische Integration die verschiedenen Formen betriebspädagogischen Handelns systematisch zu ordnen und damit
zu zeigen, daß die Zielsetzung der Betriebspädagogik in jedem Fall das

194   Betriebspädagogik

Ergebnis rationaler betrieblicher Entscheidungen ist und keinesfalls eine passive Anpassung an einen übermächtigen Systemzwang. HERTEL (vgl. 1976, S. 351) will durch eine Analyse der Funktionen betrieblicher Berufsbildung mit den systemtheoretischen Kategorien Input–Transformation–Output zeigen, daß der Systemansatz als einheitlicher Bezugsrahmen zur systematischen Darstellung aller verfügbaren Informationen über die praktisch vorfindbaren Probleme betrieblicher Berufsbildung geeignet ist und Ansatzpunkte für ihre → Reform zu liefern vermag.

Auch wenn entscheidungs- und systemtheoretische Ansätze mehr zur Analyse und Beschreibung betrieblicher Bildungsprozesse beitragen können, als es auf der Grundlage kulturpädagogischer Deutungskonzepte möglich war, bleiben sie wie diese für eine pädagogisch legitimierte Handlungsorientierung und für die Begründung innovativer Maßnahmen defizitär, nämlich beschränkt auf den Nachvollzug beziehungsweise auf die Rechtfertigung des jeweils Vorfindlichen. Es fehlen der System- und Entscheidungstheorie jene Maßstäbe, die vorausgesetzt werden müßten, um der Eigendynamik betrieblicher Entwicklung und den auf lange Sicht geplanten Infrastrukturmaßnahmen mit begründeter Kritik und konstruktiven Alternativen entgegentreten zu können. Hierzu wäre notwendig, den Betrieb als eine nach inhaltlichen Kriterien gestaltbare soziotechnische Organisationsstruktur zu begreifen und Innovationsvorhaben zu initiieren, wissenschaftlich zu begleiten und auszuwerten, in denen das organisatorische und technische Entwicklungspotential der Betriebe im dialektischen Zusammenhang mit den Entfaltungsmöglichkeiten der Beschäftigten und deren Handlungskompetenzen erprobt und gefördert wird (vgl. GOHL 1978).

Von einem solchen Ansatz her ließe sich aufzeigen, daß die auf technologische Zweck-Mittel-Beziehungen restringierten Strategien der Rationalisierung von Arbeitsplätzen, die in der Regel auf eine Wegrationalisierung von Arbeitskraft hinauslaufen, aus betriebspädagogischer Sicht wie nach personalwirtschaftlichen Optimierungskriterien beurteilt keineswegs so vernünftig sind, wie es der Ausdruck Rationalisierung vermuten läßt. Insofern nämlich die Beschäftigten nur unter dem Aspekt ihrer Ersetzbarkeit durch Technologien bedeutsam erscheinen, bewirken die diesem Begriff von Rationalisierung folgenden betrieblichen beziehungsweise unternehmerischen Strategien einen Verlust an Arbeits- und Leistungsmotivation sowie an Sinnorientierung bei den Beschäftigten, der nachträglich durch eine kompensatorische betriebliche Weiterbildung aufgefangen werden muß, wenn herkömmliche Mechanismen bei der Integration der Beschäftigten in den betrieblichen Leistungsprozeß versagen (vgl. SCHMITZ 1978).

Damit sind Fragestellungen und Probleme angedeutet, die die Betriebspädagogik in Kooperation mit anderen Forschungsdisziplinen

Betriebspädagogik 195

angemessen nur wird bearbeiten können, wenn sie sich als praktische und kritische Wissenschaft zugleich konstituiert und der Gestaltung betrieblicher Entwicklungs- und Bildungsprozesse in pädagogischer Absicht zuwendet. Entsprechende Konzepte zur Weiterentwicklung der Betriebspädagogik zeichnen sich gegenwärtig im Zusammenhang mit Forschungsvorhaben, unter anderem zur Humanisierung der Arbeitswelt, ab. Zu nennen sind insbesondere

– Analysen zur Struktur komplexen Arbeitshandelns und zur Herausbildung von Planungsstrategien auf seiten der Beschäftigten (vgl. VOLPERT 1974),

– Analysen der Beziehungen zwischen Arbeitserfahrungen und Persönlichkeitsentwicklung (vgl. LEMPERT u. a. 1979) sowie

– Untersuchungen zur Beteiligung abhängig Beschäftigter an Innovationen der Arbeits- und Betriebsstrukturen (vgl. DÜRR 1973).

ABRAHAM, K.: Der Betrieb als Erziehungsfaktor. Die funktionale Erziehung durch den modernen wirtschaftlichen Betrieb, Freiburg 1957. ABRAHAM, K.: Betriebspädagogik, Berlin 1978. BARTÖLKE, K. u. a. (Hg.): Arbeitsqualität in Organisationen, Wiesbaden 1978. BUNK, G. P.: Erziehung und Industriearbeit, Weinheim/Basel 1972. DÖRSCHEL, A.: Betriebspädagogik, Berlin 1975. DÜRR, W.: Vorüberlegungen zu einer Theorie der Betriebspädagogik. In: Fricke, W./Geissler, A. (Hg.): Demokratisierung der Wirtschaft, Hamburg 1973, S. 87ff. DÜRR, W.: Zur Grundlegung und Konzeption handlungsorientierter betrieblicher Bildungsarbeit. In: Brand, W./Brinkmann, D. (Hg.): Tradition und Neuorientierung in der Berufs- und Wirtschaftspädagogik, Hamburg 1978, S. 117ff. FREYER, W.: Der Betrieb als Erziehungssystem, Darmstadt 1974. FRICKE, W.: Arbeitsorganisation und Qualifikation, Bonn-Bad Godesberg 1975. GOHL, J.: Zum instrumentellen Charakter organisatorischer Veränderungen oder: Ist eine dominante Interessendurchsetzung methodisch begründet aufzuhalten? In: Bartölke, K. u. a. (Hg.): Arbeitsqualität in Organisationen, Wiesbaden 1978, S. 41ff. GROSKURTH, P. (Hg.): Arbeit und Persönlichkeit, berufliche Sozialisation in der arbeitsteiligen Gesellschaft, Reinbek 1979. HERTEL, H. D.: Systemanalyse betrieblicher Berufsbildung, Frankfurt/M. 1976. LEMPERT, W. u. a.: Konzeptionen zur Analyse der Sozialisation durch Arbeit. Theoretische Vorstudien für eine empirische Untersuchung. Max-Planck-Institut für Bildungsforschung. Materialien aus der Bildungsforschung, Bd. 14, Berlin 1979. MÜLLER, K. R.: Entscheidungsorientierte Betriebspädagogik, München/Basel 1973. MÜNCH, J.: Bildungsarbeit im Betrieb, Kaiserslautern 1975. SCHMITZ, E.: Leistung und Loyalität. Berufliche Weiterbildung und Personalpolitik in Industrieunternehmen. Veröffentlichung des Max-Planck-Instituts für Bildungsforschung, Stuttgart 1978. STIEFEL, R. TH.: Bestimmung der Lehrziele in der Management-Schulung, Frankfurt/M. 1973. VOIGT, W.: Betriebliche Bildung, Weinheim 1972. VOLPERT, W.: Handlungsstrukturanalyse als Beitrag zur Qualifikationsforschung, Köln 1974. WITT, J. W. R.: Themen und Argumentationsfiguren älterer und neuerer betriebspädagogischer Theorieansätze. In: Brand, W./Brinkmann, D. (Hg.): Tradition und Neuorientierung in der Berufs- und Wirtschaftspädagogik, Hamburg 1978, S. 89ff.

Walter Dürr

196 Bewußtsein

Beurteilung → Leistungsbeurteilung – Leistungsversagen; → Prüfung
Bewahrpädagogik → Medienpädagogik
Bewährungskontrolle → Evaluation
Bewegung, pädagogische → Reformpädagogik
Bewertung, begründete → Evaluation
Bewertungsproblem → Prüfung; → Zeugnis – Zertifikat

Bewußtsein

Begriff. Die Geschichte des Bewußtseinsbegriffs hat keineswegs zu einem einheitlichen Verständnis des mit diesem Terminus Bezeichneten geführt. Vielmehr ist die wissenschaftliche Verwendung dieses Begriffs, der in der Philosophie und Psychologie eine besondere Rolle gespielt hat, durch Bedeutungsdifferenzierung gekennzeichnet.

Die Erziehungswissenschaft hat demgegenüber das Bewußtseinsphänomen kaum zum Gegenstand wissenschaftlicher Analysen gemacht. Der Bewußtseinsbegriff wurde entweder in Übernahme verschiedener geisteswissenschaftlicher Theoriekonzepte oder aber in Zusammenhang mit weiteren Begriffen verwendet, denen das eigentliche Interesse galt. So wurde die Frage nach dem pädagogischen Bewußtsein beispielsweise als Frage nach einer spezifisch pädagogischen Intentionalität verstanden. Eine vergleichbare Substitution des Bewußtseinsproblems läßt sich auch für die Verstehende Soziologie und die Wissenssoziologie aufzeigen. Dort ersetzten die Sinn- und die Wissenskategorie den Bewußtseinsbegriff.

Auch diese Begriffsverschiebungen sind für die Interpretation des Bewußtseinsphänomens dann noch bedeutsam, wenn von einem kognitiven Bewußtseinsbegriff ausgegangen wird, für den insbesondere der Wissenscharakter des Bewußtseins kennzeichnend ist (vgl. ERISMANN 1958, S. 55). Allerdings erweitert sich der Gegenstand damit in einem Maße, das Selektion erforderlich macht. Diese notwendige Selektion ist nun aber für die Erziehungswissenschaft durchaus problematisch, da eine Theorie pädagogischen Bewußtseins noch nicht erarbeitet worden ist. Zum Verständnis des Spektrums, das durch die wissenschaftliche Auseinandersetzung mit dem Bewußtseinsphänomen entwickelt wurde, sind daher besonders nicht-pädagogische Erklärungskonzepte menschlichen Bewußtseins zu betrachten, vornehmlich solche, die auch Voraussetzung für ein pädagogisches Verständnis der Bewußtseinsproblematik sind.

Philosophische Dimension. Aus philosophischer Sicht läßt sich unterscheiden zwischen: *Ichbewußtsein oder Selbstbewußtsein* (dem Bewußtsein des →Ich von sich selbst als Subjekt der Erkenntnis und des Erlebens), *Gegenstands- oder Außenweltbewußtsein* (dem Gesamt der dem Subjekt als außerhalb seiner selbst erfahrenen Objekte) und dem *Innenweltbewußtsein* (der vorstellungsmäßigen Repräsentation von Außenweltphänomenen, die in diesem Sinne zu bewußtseinsimmanenten Objekten werden).

Mit dieser Benennung der drei konstitutiven Momente des Bewußtseinsphänomens wird bereits abgehoben auf das neuzeitliche Verständnis des Bewußtseinsbegriffs, das von Descartes in seiner Verbindung von «conscientia» und «cogitatio» geprägt worden ist. DESCARTES (vgl. 1959, S. 41 ff) hat damit eine entscheidende Begriffserweiterung vollzogen, indem die Bedeutung der «conscientia», die in der Antike und Scholastik im Sinne des Gewissens bestimmt war, als Konstituens menschlicher Existenz erkannt wurde. Das deutsche Wort «Bewußtsein» wird erstmals von WOLFF (vgl. 1719) verwendet, der in seiner Metaphysik die Intentionalität und Reflexivität von Bewußtseinsprozessen herausstellt. In der Funktion derartiger Prozesse unterscheidet Leibniz zwischen der «*Perzeption* oder dem inneren Zustand der Monade, sofern er die äußeren Dinge darstellt, und der *Apperzeption*, die das *Selbstbewußtsein* oder die reflexive Erkenntnis dieses inneren Zustandes ist» (LEIBNIZ 1906, S. 425 f).

Während von Descartes und Leibniz das Bewußtsein noch als Aktualisierung einer Seelensubstanz gesehen wird, entwickelt LOCKE (1913, S. 118) Ansätze zu einer empirisch-psychologischen Konzeption des Bewußtseins: Erst durch Sinneswahrnehmung oder «Sensation» werden dem Geist Ideen als Objekte des →Denkens zugeführt.

Eine neue Dimension erfährt die Bewußtseinsproblematik durch KANT (vgl. 1968), der die Bedingung menschlicher Existenz auf ein transzendentales Bewußtsein bezogen sieht, das aller →Erfahrung vorhergeht. Die transzendentale Verfaßtheit des Bewußtseins, die als Apperzeption des Ich in Beziehung auf alle anderen bestimmt wird, bedingt die Einheit des Bewußtseins. Die erkenntnistheoretische Position Kants, die von seinen Nachfolgern teilweise ins Metaphysische übergeführt wird (vgl. AMRHEIN 1909), findet in der Phänomenologie Husserls eine neue Darstellung. Die kantische Differenzierung zwischen empirischem und transzendentalem Bewußtsein wird von ihm in der Opposition von naivem und reinem Bewußtsein wieder aufgegriffen (vgl. HUSSERL 1950). In der Konzeption des reinen Bewußtseins, das die durch phänomenologische Reduktion bewirkte Absolutsphäre des reinen Ich bezeichnet, wird allerdings eine Rückwendung zu einem transzendentalen Idealismus deutlich. Demgegenüber haben die Husserlschen Aussa-

198 Bewußtsein

gen über die Struktur des Bewußtseins wie Perspektivität, Zeitlichkeit, Thema-Feld-Gliederung von Bewußtem und Kontinuität des Bewußtseins noch heute Gültigkeit für das Verständnis von Bewußtseinsprozessen (vgl. LEITHÄUSER 1976).

Entscheidend für das Verständnis des menschlichen Bewußtseins ist die Erkenntnis der *Bedingtheit des Bewußtseins* geworden, die nicht nur unter erkenntnistheoretischen Aspekten, sondern auch hinsichtlich der Genese lebensweltlicher Bewußtseinsstrukturen und schließlich auch unter methodologischen Gesichtspunkten Bedeutung hat. In Opposition zu der idealistischen Bewußtseinskonzeption HEGELS (vgl. 1964) entwickelten MARX/ENGELS (vgl. 1956) die materialistische Theorie des *gesellschaftlichen Bewußtseins*. Die Seinsbestimmtheit menschlichen Bewußtseins wird von ihnen nicht nur als Widerspiegelung des Seins und insbesondere seiner ökonomischen Basis, sondern auch als Konsequenz gesellschaftlicher Ideenproduktion gesehen. Der falsche Schein des Äquivalententausches in der kapitalistischen Produktion ist die Basis-Illusion *falschen Bewußtseins*, das einer →Emanzipation des Proletariats zu einer Bewußtwerdung über seine eigene Klassenlage entgegensteht (vgl. MARX 1953, S. 366f). In den späteren Ausformulierungen historisch-materialistischer Theorie gibt es Tendenzen, die Relation der Marxschen Kategorien von Basis und Überbau dahin gehend zu verkürzen, daß das Bewußtsein nur noch als Funktion der ökonomischen Prozesse interpretiert wird. Gegen diese Abhängigkeit des Bewußtseins, die das Sein auch im Bann des je Gegebenen hält, weist BLOCH (vgl. 1959, S. 51) mit dem Begriff des *antizipierenden Bewußtseins* auf die Möglichkeit, daß das Bewußtsein in der Vorstellung eines Besseren das Noch-nicht-Sein fordern kann.

Demgegenüber war für DILTHEY (1958, S. 290) das *historische Bewußtsein* ein Bewußtsein «von der Endlichkeit jeder geschichtlichen Erscheinung, jedes menschlichen oder gesellschaftlichen Zustandes, von der Relativität jeder Art von Glauben [...], der letzte Schritt zur Befreiung des Menschen». Die Einsicht in die geschichtliche Bedingtheit des Bewußtseins erzeugt aber gleichzeitig ein methodologisches Problem: das der Historizität interpretatorischer Bewußtseinsleistungen.

Im Positivismusstreit der deutschen Soziologie kulminiert das Problem der je unterschiedlich akzentuierten Bedingtheit des Bewußtseins in der Auseinandersetzung um die Notwendigkeit oder Möglichkeit werturteilsfreier wissenschaftlicher Aussagen. Bezogen auf die →Struktur des Denkens bedeutet das nichts anderes als die Frage, ob Abstraktion von der eigenen →Subjektivität leistbar ist.

Die Analyse eben dieser Subjektivität oder, wie sich hier präziser formulieren läßt, der *innerpsychischen Struktur des Bewußtseins* bildet einen weiteren Strang in der Untersuchung des Bewußtseinsphänomens.

Psychologische Dimension. In der Psychologie galt das Bewußtsein von der → Aufklärung bis in die zweite Hälfte des 19. Jahrhunderts als Inbegriff des Psychischen und wurde zum unbestrittenen Gegenstand der klassischen Psychologie. Diese machte die Elementarisierung und Beschreibung von Bewußtseinsinhalten zu ihrer zentralen Aufgabe, die durch die Methode der Selbstbeobachtung für realisierbar gehalten wurde (vgl. WUNDT 1913). Die Bedeutung des Bewußtseins in der Erforschung psychischer Prozesse wurde dann durch zwei ganz unterschiedliche Positionen nachhaltig relativiert: die Psychoanalyse und den Behaviorismus. Während das Freudsche Modell der psychischen Dynamik die Wirksamkeit gerade der unbewußten innerpsychischen Prozesse deutlich machte (vgl. FREUD 1975), reduzierte WATSON (vgl. 1913) psychologische Forschung auf Verhaltensbeobachtung, in der Mentales als Fiktion eliminiert wurde.

Wenn auch die Position eines radikalen Behaviorismus bereits durch die Arbeiten von TOLMAN (vgl. 1927) kritisiert wird, so bleibt doch insgesamt eine Rationalisierung der Bewußtseinsproblematik bestehen. Die Konsequenz ist eine analytische Segmentierung des Bewußtseinsphänomens: Einzelne Bereiche des Bewußtseins wie → Motivation, Denk- und Lernfähigkeit, Wahrnehmung, Reflexivität, normative Orientierung, Intentionalität, Sprach- und Kommunikationsfähigkeit, Gedächtnis, Selbstbewußtsein und → Identität werden in der theoretischen, klinischen und experimentellen Psychologie einer systematischen Erforschung unterzogen (vgl. GRAUMANN 1966, S. 115).

Gleichzeitig sind aber immer auch Ansätze zu einer umfassenden Erklärung menschlichen Bewußtseins versucht worden. Unter Bezug auf den jeweiligen Erklärungsmodus läßt sich dabei zunächst unterscheiden zwischen Theorien, die von je bestimmten *bewußtseinsimmanenten Gesetzmäßigkeiten* ausgehen wie den Gestaltgesetzen (vgl. WERTHEIMER 1925), der Valenzdynamik des Bewußtseinsfeldes (vgl. LEWIN 1935) oder den kybernetischen Regelungs- und Steuerungshierarchien (vgl. KLIX 1971), und theoretischen Ansätzen, die ein *epistemologisches Subjektmodell* zum Paradigma erheben (vgl. GROEBEN / SCHEELE 1977), prinzipiell Verhaltensfreiheit von Handelnden voraussetzen und, im Anschluß an kognitionspsychologische Theorien, das bewußte → Handeln von Individuen als theoriegeleitet interpretieren (vgl. LAUCKEN 1974).

Schließlich bietet auch die marxistische Psychologie eine konsistente Bestimmung der Entwicklung des Psychischen: Durch Analyse der naturgeschichtlichen und gesellschaftlich-historischen Vermitteltheit des menschlichen Bewußtseins wird das Prinzip der *Einheit von Bewußtsein und Tätigkeit* begründet (vgl. LEONTJEW 1977). Die für die Bewußtseinsproblematik konstitutive Leib-Seele-Problematik wird durch das Widerspiegelungstheorem aufgelöst (vgl. RUBINSTEIN 1972), das den

200 Bewußtsein

Schlüssel zur Erklärung der je historisch konkreten Bewußtseinsformation bildet: der Interiorisierung äußerer Tätigkeitsformen (vgl. GALPERIN 1967).

Pädagogische Dimension. In einem pädagogischen Verständnis der Bewußtseinsproblematik ist zunächst zu unterscheiden zwischen dem Bewußtsein des Edukators und dem des Edukandus. So hat bereits SCHLEIERMACHER (1966, S. 132) den für den Erziehungsprozeß konstitutiven Unterschied zwischen dem Erziehenden und dem zu Erziehenden als Differenz von Bewußtseinslagen formuliert: «[...] weil ein entwickeltes Bewußtsein in ein sich entwickelndes Bewußtsein eintrete, so werde durch die pädagogische Einwirkung die Bewußtlosigkeit in Hinsicht des Einflusses zu Bewußtsein potenziert.» Gleichzeitig impliziert diese Bestimmung pädagogischer Einwirkung zwei Aussagen über das *Bewußtsein des Edukandus*: Am Anfang des Erziehungsprozesses steht die Bewußtlosigkeit des Zöglings, am Ende die volle Entwicklung seines Bewußtseins. Die zunächst gegebene Bewußtlosigkeit des Edukandus wurde von Schleiermacher als pädagogisches Problem bestimmt: Wie kann eine Einwirkung pädagogisch sein, wenn sie auf reine Passivität trifft? «Fertigkeiten» können zwar auf bewußtlose Weise entstehen, «Gesinnung» aber kann nicht bewußtlos sein, denn «sie ist die Einheit und Identität der bewußten Tätigkeit» (SCHLEIERMACHER 1966, S. 110). Einen Ausweg aus diesem Dilemma fand Schleiermacher dadurch, daß er das Bewußtsein am Anfang des Lebens als eine Fähigkeit kennzeichnete, die sich nur noch nicht mitteilen kann. Die Weiterentwicklung dieser Kompetenz ist in der Erziehungswissenschaft immer wieder als Folge von Entwicklungsstufen gesehen worden, der die pädagogische Tätigkeit Rechnung tragen muß (vgl. NOHL/PALLAT 1966). Die Interpretation dieser Genese von Bewußtseinsleistungen ist durch Rückgriff auf verschiedene psychologische Erklärungskonzepte geleistet worden, und zwar insbesondere auf die frühe Entwicklungspsychologie (vgl. BÜHLER 1929, STERN 1928) und dann später auf die genetische Erkenntnistheorie PIAGETS (vgl. 1971).

Bis zur sozialwissenschaftlichen Wende der →Pädagogik sind allerdings, wenn von den Bewußtseinsfunktionen des Kindes die Rede war, Begriffe wie Seele, Gemüt oder Gesinnung verwendet worden. Diese Termini wurden gegenüber dem nur umgangssprachlichen Gebrauch des Bewußtseinsbegriffs auch theoretisch bestimmt. Anknüpfend an das von Plato grundgelegte Aufbaugesetz menschlicher Existenz, ist in der «hermeneutisch-pragmatischen Tradition der Erziehungswissenschaft» (THIERSCH 1978, S. 12) der Schichtenaufbau der Seele als entscheidend für die Bildung des Kindes gesehen worden (vgl. NOHL 1966, S. 35ff). Bewußtseinsprozesse wurden damit zu einer Funktion dieses Seelenlebens, das eben nicht als Summe aller bewußten und unbewußten Bewußtseinsinhalte, sondern als «höhere Einheit der Person» (ERISMANN 1966, S. 79) verstanden wurde. Unter dem Einfluß des Behaviorismus wurden dann nicht nur diese metaphysisch-anthropologischen Konstruktionen einer pädagogischen Menschenkunde verdrängt, sondern Fragen der Bewußtseinsentwicklung und -erziehung überhaupt weitgehend ausgeklammert. Mit dieser Position wird aber gleichzeitig eine wesentliche Dimension der Bewußtseinsproblematik abgeschnitten: die der *qualitativen Struktur des Bewußtseins als Zielkategorie von → Erziehung*. Bewußtseinsinhalte und -prozesse, die sich nicht in «Verhalten» äußern, bleiben einer streng erfahrungswissenschaftlich orientierten Pädagogik verschlossen.

Im Gegensatz dazu lassen sich gleichsam paradigmatisch die verschiedensten Theorien benennen, die jeweils eine bestimmte Qualität der Bewußtseinsstruktur als Produkt des Erziehungsprozesses gefordert haben: Erste Ansätze zu einer Betonung *kognitiver Bewußtseinsleistungen* finden sich bereits bei Schleiermacher, der eine umfassende Entwicklung des Bewußtseins als Ziel pädagogischer Einwirkung schlechthin definiert: «Das ist es nun, was die Erziehung zur natürlichen Einwirkung des Lebens hinzufügt, daß bei allen Manifestationen des Willens das *Bewußtsein zur Klarheit* kommt» (SCHLEIERMACHER 1966, S. 139). Für die verschiedenen normativen Ansätze der Pädagogik, wie beispielsweise den Pietismus oder die sozialistische Erziehung (→ Erziehung, Sozialistische), ist die Fähigkeit normorientierten Handelns Voraussetzung. Damit wird die *teleologische Struktur des Bewußtseins* und das in Antike und Scholastik entwickelte Verständnis des Bewußtseinsphänomens als Gewissensinstanz bedeutsam. Nicht die Einhaltung gesetzter Normen, sondern der teleologische Charakter des Seelenlebens selbst wird von DILTHEY (1960, S. 191) als Lebensziel betrachtet, das bedeutet, «[...] daß das Individuum gar nicht außer seiner eigenen befriedigenden Gefühlszuständlichkeit ein Lebensziel sich setzen kann, daß es nicht Bewußtsein, Selbstzweck zu sein, in anderen Selbstzwecke zu sehen, aufgeben kann». In der Weiterführung der Diltheyschen Position durch die Geisteswissenschaftliche Pädagogik (→ Pädagogik, Geisteswissenschaftliche) wird die *reflexive Qualität des Bewußtseins* zum dominierenden Kennzeichen pädagogischer Theorie: Was Erziehung eigentlich ist, ergibt sich erst aus einer systematischen Analyse ihrer Geschichte (vgl. NOHL 1966, S. 13). Der Historizität jeglicher Erfahrung wird von WENIGER (1957, S. 215) die Möglichkeit eines «rein pädagogischen» Bildungsvorganges entgegengesetzt, mit der erzieherische Erfahrung seine «erneuernde Kraft eben nicht mehr in irgendeinem Rückgang, sondern gerade in der Erfüllung des Augenblicks oder besser ausgedrückt in der Vorwegnahme der Zukunft finden müßte».

Die *zukunftsweisende Dimension des Bewußtseins*, wie auch immer verdeckt sie im geisteswissenschaftlichen Ansatz noch war, wird von der Kritischen Erziehungswissenschaft (→ Eziehungswissenschaft, Kritische) in unlösbaren Zusammenhang mit der emanzipatorischen Tendenz edukativer Prozesse gebracht: «Denn, kritisch gesehen, sind die Mächte des Lebens, die politisch-gesellschaftlichen zumal, gegen den falschen Dünkel eines vorgeblich freien Geistes als Bildungsmächte doch nur erkannt, weil Bildung im Vorgriff auf Künftiges kritische Vernunft gegen jene Mächte und ihre Ordnungen entbindet» (BLANKERTZ 1971, S. 31). Insgesamt läßt sich damit eine erziehungstheoretische Fixierung der *kognitiven*, der *teleologischen*, der *reflexiven* und der *zukunftsweisenden* Struktur des Bewußtseins feststellen.

Die *Bewußtseinsstruktur des Edukators* ist als Bewußtsein des bereits Erzogenen dem des Edukandus vergleichbar. Darüber hinaus ist das Bewußtsein des Erziehers in der Pädagogik immer wieder als das Bewußtsein von der pädagogischen Aufgabe bestimmt worden; eine Tätigkeit galt nur dann als pädagogisch, wenn sie auch intentional vollzogen wurde (vgl. DILTHEY 1960, S. 190; vgl. SCHLEIERMACHER 1966, S. 99). Wenn auch die unbewußten erzieherischen Verhaltensaspekte zunehmend berücksichtigt worden sind, kann dennoch Bewußtheit, also ein bewußt kontrolliertes Handeln, als eine zentrale Forderung an die pädagogische Praxis gesehen werden: «Bewußter und systematischer will die Theorie die Praxis machen, Rationalität und klare Einsicht vermitteln, die Zufälligkeit des Handelns ausschalten» (WENIGER 1957, S. 20). Das reflektierte Tun des Praktikers hat für WENIGER (1957, S. 15) Theoriestatus, so daß sich das pädagogische Handeln als ein «Ineinander von Theorie und Tat» erweist. Mit dieser Bestimmung einer Theorie der Praxis ist bereits von Weniger eine Dimension des pädagogischen Bewußtseins gekennzeichnet worden, die die Pädagogik erst in der Rezeption soziologischer und psychologischer Theorien alltäglichen Handelns wiederentdeckt hat.

Mit dieser «alltagstheoretischen Wende» der Erziehungswissenschaft (vgl. LENZEN 1978) ist für die Behandlung des Bewußtseinsphänomens eine entscheidende Veränderung verbunden: Während in der Pädagogik immer wieder quasi objektive Gegebenheiten und Entwicklungsmöglichkeiten des Bewußtseins diskutiert worden sind und zumindest in ihrer jüngsten Geschichte auch Makroanalysen des Bedingungsgefüges von Bewußtseinsprozessen versucht wurden, mehren sich nunmehr Bemühungen, die Subjektivität der am Erziehungsprozeß Beteiligten aufzuschließen. Konkret bedeutet das Analyse der erzieherischen Alltagsrealität und der sozusagen naiv-theoretischen Vorstellungen der in ihr Handelnden (vgl. SCHÖN/HURRELMANN 1979) und damit auch den Versuch, die subjektive Struktur von Bildungsprozessen zu verstehen (vgl. BAACKE/SCHULZE 1979). Hierin könnte die Chance liegen, die kognitive

Dimension pädagogischen Bewußtseins als praxisimmanenten Zusammenhang von Handeln, Reflexion und Antizipation theoretisch zu fixieren.

AMRHEIN, H.: Kants Lehre vom «Bewußtsein überhaupt» und ihre Weiterbildung bis auf die Gegenwart, Berlin 1909. BAACKE, D./SCHULZE, TH. (Hg.): Aus Geschichten lernen. Zur Einübung pädagogischen Verstehens, München 1979. BLANKERTZ, H.: Pädagogik unter wissenschaftstheoretischer Kritik. In: Oppolzer, S. (Hg.): Erziehungswissenschaft 1971 zwischen Herkunft und Zukunft der Gesellschaft, Wuppertal 1971, S. 20ff. BLOCH, E.: Das Prinzip Hoffnung. Gesamtausgabe, Bd. 5, Frankfurt/M. 1959. BÜHLER, K.: Die geistige Entwicklung des Kindes, Jena 1929. DESCARTES, R.: Meditationes de prima philosophia. Meditationen über die Grundlagen der Philosophie, hg. v. L. Gäbe, Hamburg 1959. DILTHEY, W.: Der Aufbau der geschichtlichen Welt in den Geisteswissenschaften. Gesammelte Schriften. Bd. 7, hg. v. B. Groethuysen, Stuttgart/Göttingen 1958. DILTHEY, W.: Pädagogik. Geschichte und Grundlinien des Systems. Gesammelte Schriften, Bd. 9, hg. v. O. F. Bollnow, Stuttgart/Göttingen 1960. ERISMANN, T.: Grundprobleme. Allgemeine Psychologie, Bd. 1, Berlin 1958. ERISMANN, T.: Die gegenwärtigen Richtungen in der Psychologie und ihre Bedeutung für die Pädagogik. In: Nohl, H./Pallat, L. (Hg.): Handbuch der Pädagogik, Bd. 2, Weinheim 1966, S. 76ff. FREUD, S.: Psychologie des Unbewußten, Frankfurt/M. 1975. GALPERIN, P. J.: Die Entwicklung der Untersuchungen über die Bildung geistiger Operationen. In: Hiebsch, H. (Hg.): Ergebnisse der sowjetischen Psychologie, Berlin (DDR) 1967, S. 367ff. GRAUMANN, C.-F.: Bewußtsein und Bewußtheit. Probleme und Befunde der psychologischen Bewußtseinsforschung. In: Metzger, W. (Hg.): Handbuch der Psychologie, Bd. 1.1: Wahrnehmung und Bewußtsein, Göttingen 1966, S. 79ff. GROEBEN, N./SCHEELE, B.: Argumente für eine Psychologie des reflexiven Subjekts, Darmstadt 1977. HEGEL, G. W. F.: Phänomenologie des Geistes. Sämtliche Werke, hg. v. H. Glockner, Bd. 2, Bad Cannstatt 1964. HUSSERL, E.: Ideen zu einer reinen Phänomenologie und phänomenologischen Philosophie, 1. Buch. Husserliana, Bd. 3, Den Haag 1950. KANT, I.: Kritik der reinen Vernunft. Werke in zehn Bänden, hg. v. W. Weischedel, Bde. 3, 4, Darmstadt 1968. KLIX, F.: Information und Verhalten, Berlin (DDR) 1971. LAUCKEN, U.: Naive Verhaltenstheorie, Stuttgart 1974. LEIBNIZ, G. W.: Hauptschriften zur Grundlegung der Philosophie, Bd. 2, Leipzig 1906. LEITHÄUSER, TH.: Formen des Alltagsbewußtseins, Frankfurt/New York 1976. LENZEN, D.: Bildungspolitik und pädagogischer Alltag. Tendenzwende in der Erziehungswissenschaft? In: betr. e. 11 (1978), 5, S. 38ff. LEWIN, K.: A Dynamic Theory of Personality, New York 1935. LEONTJEW, A. N.: Probleme der Entwicklung des Psychischen, Kronberg 1977. LOCKE, J.: Versuch über den menschlichen Verstand, Bd. 1, Leipzig 1913. MARX, K.: Grundrisse der Kritik der politischen Ökonomie, Berlin (DDR) 1953. MARX, K./ENGELS, F.: Die deutsche Ideologie (1845/1846). Marx-Engels Werke (MEW), Bd. 3, Berlin (DDR) 1956. NOHL, H.: Die Theorie der Bildung. In: Nohl, H./Pallat, L. (Hg.): Handbuch der Pädagogik, Bd. 1, Weinheim 1966, S. 3ff. NOHL, H./PALLAT, L. (Hg.): Die biologischen, psychologischen und soziologischen Grundlagen der Pädagogik. Handbuch der Pädagogik, Bd. 2, Weinheim 1966. PIAGET, J.: Psychologie der Intelligenz, Olten/Freiburg 1971. RUBINSTEIN, S. L.: Sein und Bewußtsein, Berlin (DDR) 1972. SCHLEIERMACHER, F.: Pädagogische Schriften, u. Mitwirk. v. Th. Schulze hg. v. E. Weniger, Bd. 1: Die Vorlesungen aus dem Jahre 1826, Düsseldorf/München 1966. SCHÖN, B./HURRELMANN, K. (Hg.): Schulalltag und Empirie, Weinheim/Basel 1979. STERN, W.: Psychologie der frühen Kindheit, Leipzig 1928. THIERSCH, H.: Die hermeneutisch-pragmatische Tradition der Erziehungswissenschaft. In: Thiersch, H. u. a.: Die Entwicklung der Erziehungswissenschaft, München 1978, S. 11 ff. Tolman, E. C.: A Behaviorist's Definition of Consciousness. In: Psych. Rev. 34 (1927), S. 433 ff. Watson, J. B.: Psychology as the Behaviorist View it. In: Psych. Rev. 20 (1913), S. 158 ff. Weniger, E.: Die Eigenständigkeit der Erziehung in Theorie und Praxis, Weinheim 1957. Wertheimer, M.: Über Gestalttheorie, Erlangen 1925. Wolff, Ch.: Vernünftige Gedanken von Gott, der Welt und der Seele des Menschen, auch allen Dingen überhaupt, Halle 1719. Wundt, W.: Grundriß der Psychologie, Leipzig 1913.

Agi Schründer-Lenzen

Beziehung → Struktur
Beziehung, helfende → Einzelfallhilfe
Beziehungssystem → Struktur
Bezug, pädagogischer → Pädagogik, Geisteswissenschaftliche;
   → Verhältnis, pädagogisches
Bezugsperson, feste → Mutter
Bilderbuch → Kinderliteratur

Bildsamkeit

Seit Herbart gehört «Bildsamkeit» in die Reihe derjenigen Voraussetzungen, die getroffen werden müssen, um → «Erziehung» begreiflich zu machen.

In einem die Fragen einer Grundlegung von Erziehung berührenden Kontext erscheint «Bildsamkeit», wie Schwenk (vgl. 1967) terminologiegeschichtlich aufgewiesen hat, zuerst in Fichtes früher praktischer Philosophie. Der Bedeutungsumfang ist dort durchaus weit gesteckt. In den «Grundlagen des Naturrechts nach Prinzipien der Wissenschaftslehre» bestimmt Fichte (1971 a) zunächst Bildsamkeit als Bildsamkeit des menschlichen Leibes. «Alle Thiere sind vollendet und fertig, der Mensch ist nur angedeutet und entworfen» (Fichte 1971 a, S. 79). Der menschliche Leib ist zwar ein organisches Naturprodukt, aber als solches nicht bestimmt, sondern unendlich bestimmbar. Dem Menschen eignet ein «Mangel an Vollendung», «Bildsamkeit». Alles vom «reinen Ich», vom «vernünftigen Individuum» Unterschiedene, Leibes- und Gemütskräfte, ist bildsam (vgl. Fichte 1971 b, S. 88). In dieser letzten Entgegensetzung liegt für Fichte zugleich der normative Bezugspunkt, von dem aus Bildsamkeit nur begriffen werden kann: im dem Menschen «durch sein Selbstbewußtsein gegebenen Begriffe der Freiheit» (Fichte 1971 a, S. 79). Das, was der Mensch sein soll, liegt nicht im vorhinein fest. Er muß es werden, und zwar durch sich selbst. Wenn der Mensch aber das, was er sein soll (nämlich frei), erst werden muß, dann muß er als der Freiheit fähig «vorgestellt» werden. Und weil er frei sein kann nur durch sich selbst, und das heißt bei Fichte: durch seine eigene Tätigkeit, so muß der Mensch (als Gattung wie als einzelner) als zur → Selbsttätigkeit bestimmt vorgestellt werden. In diesem Sinn ist die Bildsamkeit gleichsam die rückwärtig notwendige theoretische Projektion des Ziels auf den Weg zum Ziel hin: «den Begriff von sich selbst unterlegen» (FICHTE 1971a, S. 79), um, was er sein soll, denken zu können, «um Moralität im Kinde zu entwickeln» (FICHTE 1971a, S. 359).

An diese bildungstheoretische Problemlage haben die Schüler Fichtes – ohne von Bildsamkeit zu reden – angeknüpft und in Hinblick auf die erziehungstheoretische Aufgabe versucht, eine genauere Bestimmung jenes Anstoßes zu geben, durch den der anfangs nur mögliche Gebrauch der Freiheit ein wirklicher wird (vgl. LASSAHN 1970, S. 63). Die «Aufforderung zur freien → Selbsttätigkeit» als «das, was man Erziehung nennt» (FICHTE 1971a, S. 39), stand daher im Mittelpunkt ihres Interesses (vgl. BENNER 1969).

An die Fragestellung, wie es – in Fichtes Formulierung – möglich sei, «Moralität im Kinde zu entwickeln», knüpft auch Herbart an. In seinem Spätwerk setzt er die Bildsamkeit des Zöglings als «Grundbegriff der Pädagogik» (HERBART 1902, S. 69). Er spricht genauer von der «Bildsamkeit des Willens zur Freiheit» (HERBART 1902, S. 69). Indes teilen sich, ebenso formal betrachtet wie bei Fichte, dem Begriff der Bildsamkeit durchaus unterschiedliche Problembezüge im gesamten Herbartschen Werk mit. Daran sind beteiligt Metaphysik, dann vor allem Physiologie und Psychologie und schließlich Pädagogik und die auf das Theorem der Bildsamkeit angewiesene praktische Philosophie. So wird von Bildsamkeit gesprochen in bezug auf die «Elemente der Materie» und die Elemente, die in den «Stoffwechsel der organischen Leiber eingehen», ebenso wie in bezug auf die «Bildsamkeit des Willens» bei Tieren. Aber im Rahmen der → Pädagogik ist Bildsamkeit stets die des Willens zur Sittlichkeit, die allein dem Menschen vorbehalten sei (vgl. HERBART 1902, S. 69). Bildsamkeit in diesem zuletzt genannten Sinne gilt Herbart sowohl als Problemtitel für die pädagogische Analyse des individuellen Sittlichwerdens als auch als Interpretationsgrundlage der Absichten und Pläne des erzieherischen → Handelns im Hinblick auf die Aufgaben der Erziehung, wie sie Herbart, um ein Beispiel zu geben, etwa in der die Herausbildung des «Interesses» reflektierenden Unterscheidung von «Regierung», «erziehendem Unterricht» und «Zucht» getroffen hat (vgl. HERBART 1887). Überspitzt formuliert: Mit der «Bildsamkeit» stellt sich der Pädagogik die doppelte Frage, was die Natur des zu bildenden Willens sei und was der Wille der zu bildenden Natur sein solle.

Die erste Hälfte dieser doppelten Frage hat insbesondere seit den 50er Jahren unter dem Titel einer «pädagogischen Anthropologie» (→ An-

206 Bildsamkeit

thropologie, pädagogische) vermehrt Aufmerksamkeit gefunden. Pädagogische Anthropologie versteht sich dabei als gesonderte Fragehaltung im größeren Rahmen einer (allgemeinen, philosophischen) Anthropologie, der es um die Bestimmung jener Bedingungen und Eigenleistungen geht, denen der Mensch als «nicht festgestelltem Wesen» die Erhaltung seiner selbst verdankt (vgl. GEHLEN 1974, S. 16). So untersucht dann die pädagogische Anthropologie, wenigstens ihrem Selbstverständnis nach durchaus in Erinnerung an das praktische Moment der Selbstbestimmung, den Menschen, «wie er unter Erziehungseinwirkungen zu sich selbst kommen und mündig werden kann» (ROTH 1966, S. 19).

Eine anthropologische Interpretation der Bildsamkeit gewinnt zunächst insofern Plausibilität, als dem mitschwingenden metaphorischen Kontext von «Bildsamkeit» andere anthropologische Termini wie vor allem «Plastizität», «Biegsamkeit», aber auch «Offenheit», «Nicht-Festgelegtheit» durchaus zugehören; zu dieser anthropologischen Metaphorik von Armut oder Üppigkeit (vgl. BLUMENBERG 1971, S. 165) gehört ebenfalls die den Termini fast durchgängig eignende Konnotation von Passivität (vgl. SCHWENK 1967), mit einigen wenigen Ausnahmen (vgl. HEGEL 1977, S. 545).

Neben diesen metaphorischen Aspekten ist für eine anthropologische Interpretation der Bildsamkeit ein anderer Zusammenhang ebenfalls aufschlußreich. Der Prozeß von Fichtes Einführung der Bildsamkeit in den erziehungsphilosophischen Kontext bis zur Erhebung des Terminus zum Grundbegriff der Pädagogik bei Herbart vollzieht sich gleichzeitig mit der Herausbildung der Anthropologie im späten 18. und beginnenden 19. Jahrhundert. Beide Prozesse, die Würdigung der «Bildsamkeit» und die der «Natur» des Menschen, weisen gemeinsame Frontstellungen wie auch spezifische Differenzen hinsichtlich einer «anthropologischen» Interpretation von «Bildsamkeit» auf.

Da ist zunächst gemeinsam bei Fichte (vgl. HENRICH 1966), HERBART (vgl. 1893) und der frühen Anthropologie die Kritik an und Abkehr von reflexionsphilosophischen Konzeptionen der → Subjektivität (des Selbstbewußtseins), mit den divergierenden Gegenthesen erstens einer nicht vermittelten Selbstsetzung des Selbstbewußtseins bei Fichte oder zweitens, umgekehrt, seiner geschichtlichen Herausbildung bei Herbart oder drittens seiner «natürlichen» Fundierung bei den frühen Anthropologen. Damit wird gemeinsam bei Fichte und der Anthropologie Bildsamkeit anthropologisch, bei Herbart indes spekulativer Begriff der Bildung von Selbstbewußtsein (→ Bewußtsein).

Da ist zweitens, nicht bei Fichte, aber gemeinsam bei Herbart und der frühen Anthropologie (vgl. MARQUARD 1973, S. 122ff), die Abkehr von der praktischen Gestalt der Reflexionsphilosophie als Geschichtsphilosophie. Sowohl der frühen Anthropologie als auch ihrem Kritiker Herbart gilt diese nur noch als Ausdruck der «bekannten politischen Täuschungen» (HERBART 1893, S. 4), mit den divergierenden Gegenthesen erstens einer Ersetzung der Geschichtsphilosophie durch Pädagogik bei Herbart oder zweitens der Ersetzung der Geschichtsphilosophie durch Naturphilosophie in der Anthropologie. Damit bleibt Bildsamkeit anthropologisch in der Anthropologie, wird «praktisch» durch die Angewiesenheit der Pädagogik auf Ethik bei Herbart.

Da ist drittens, nicht bei Fichte und Herbart, wohl aber in der Anthropologie, die Abstraktion von «praktischen» Fragen, mit der resultierenden Problematik, zwar angeben zu können, «warum der Mensch kein Tier ist, nicht aber, warum er kein Unmensch sein dürfe» (MARQUARD 1973, S. 136).

Die Diskussionen in der Folgezeit lassen sich als Variationen des einen oder anderen Aspektes dieser Problemstruktur der «Bildsamkeit» begreifen, mit der Ausnahme des hermeneutisch auf «Geschichtlichkeit» drängenden Ansatzes zur Bildsamkeit innerhalb der geisteswissenschaftlichen Pädagogik (vgl. FREYHOFF 1968, WENIGER 1975; → Pädagogik, Geisteswissenschaftliche).

Eine an anthropologischen Fragestellungen orientierte Version setzt «Bildsamkeit» als theoretischen Horizont zur Verarbeitung der Methoden und Ergebnisse von Psychologie und Soziologie (vgl. ROTH 1966) sowie – tendenziell – der Erträge der Kulturanthropologie und Ethnologie (vgl. EIGLER 1967, S. 295 ff.).

Eine zweite, «aporetische» Version möchte die bei Fichte und Herbart nachweisbare zwiespältige Stellung der Bildsamkeit zwischen theoretischem Begriff und praktischem Prinzip offenhalten (vgl. HORNSTEIN 1959).

Eine dritte, «praxeologische» Version (vgl. BENNER 1980) erkennt das anthropologische Faktum der Erziehung an und begreift gerade deshalb «Bildsamkeit» als (ein) Begründungsprinzip der Interpretation und Gestaltung von Erziehungs- und Bildungsprozessen (→ Pädagogik, systematische). «Bildsamkeit» verweist somit stets – so oder so – kritisch auf die Anfänge bürgerlichen pädagogischen Denkens zurück.

BENNER, D.: Ansätze zu einer Erziehungsphilosophie bei den frühen Fichteanern. In: Benner, D./Schmied-Kowarzik, W.: Prolegomena zur Grundlegung der Pädagogik, Bd. 2: Die Pädagogik der frühen Fichteaner und Hönigswalds. Möglichkeiten und Grenzen einer Erziehungsphilosophie, Wuppertal/Ratingen/Düsseldorf 1969, S. 11 ff. BENNER, D.: Das Theorie-Praxis-Problem in der Erziehungswissenschaft und die Frage nach Prinzipien pädagogischen Denkens und Handelns. In: Z. f. P. 26 (1980), S. 485 ff. BLUMENBERG, H.: Beobachtungen an Metaphern. In: Archiv für Begriffsgeschichte, Bd. 15, Bonn 1971, S. 161 ff. EIGLER, G.: Bildsamkeit und Lernen, Weinheim/Berlin 1967. FICHTE, J. G.: Grundlage des Naturrechts nach Prinzipien der Wis-

208 Bildung

senschaftslehre. Sämtliche Werke, hg. v. I. H. Fichte, Bd. 3: Zur Rechts- und Sitten-
lehre, Bd. 1, Berlin 1971 (fotomechanischer Nachdruck der Ausgabe Berlin 1845/
1846), S. 1 ff (1971 a). FICHTE, J. G.: Beitrag zur Berichtigung der Urtheile des Publi-
cums über die französische Revolution. Sämtliche Werke, hg. v. I. H. Fichte, Bd. 6:
Zur Politik und Moral, Berlin 1971 (fotomechanischer Nachdruck der Ausgabe Berlin
1845/1846), S. 39 ff (1971 b). FREYHOFF, U.: Bildsamkeit. In: Dahmer, I./Klafki, W.
(Hg.): Geisteswissenschaftliche Pädagogik am Ausgang ihrer Epoche – Erich Weniger,
Weinheim/Berlin 1968, S. 115 ff. GEHLEN, A.: Der Mensch. Seine Natur und seine
Stellung in der Welt, Frankfurt/M. [10]1974. HEGEL, G. W. F.: Aphorismen aus der Je-
nenser und Berliner Periode. In: Rosenkranz, K.: G. W. F. Hegels Leben (1844),
Darmstadt 1977, S. 537 ff. HENRICH, D.: Fichtes ursprüngliche Einsicht. In: Henrich,
D./Wagner, H. (Hg.): Subjektivität und Metaphysik. Festschrift für Wolfgang Cramer,
Frankfurt/M. 1966, S. 188 ff. HERBART, J. F.: Allgemeine Pädagogik aus dem Zwecke
der Erziehung abgeleitet (1806). Sämtliche Werke, hg. v. K. Kehrbach, Bd. 2, Langen-
salza 1887, S. 1 ff. HERBART, J. F.: Allgemeine Metaphysik nebst den Anfängen der
philosophischen Naturlehre (1829). Sämtliche Werke, hg. v. K. Kehrbach, Bd. 8, Langensalza 1893, S. 1 ff. HERBART, J. F.: Umriß pädagogischer Vorlesungen (1835). Sämtliche Werke, hg. v. K. Kehrbach, Bd. 10, Langensalza 1902, S. 65 ff. HORNSTEIN, H.:
Bildsamkeit und Freiheit. Ein Grundproblem des Erziehungsgedankens bei Kant und
Herbart, Düsseldorf 1959. LASSAHN, R.: Studien zur Wirkungsgeschichte Fichtes als
Pädagoge, Heidelberg 1970. MARQUARD, O.: Schwierigkeiten mit der Geschichtsphilosophie, Frankfurt/M. 1973. ROTH, H.: Pädagogische Anthropologie, Bd. 1, Hanno-
ver 1966. SCHWENK, B.: Bildsamkeit als pädagogischer Terminus. In: Holtenkemper,
F.-J. (Hg.): Pädagogische Blätter. Heinrich Döpp-Vorwald zum 65. Geburtstag, Ratin-
gen 1967, S. 180 ff. WENIGER, E.: Bildsamkeit und Bildungserbe in unserer Zeit. In:
Weniger, E.: Ausgewählte Schriften zur Geisteswissenschaftlichen Pädagogik, hg. v.
B. Schonig, Weinheim/Basel 1975, S. 187 ff.

Alfred Langewand

Bildung

Begriff. «Bildung» ist, gemeinsam mit → «Erziehung», einer der Grundbegriffe der (deutschen) Erziehungswissenschaft. Die Abgrenzung beider gegeneinander ist schwierig und nicht einfach durch Definitionen erreichbar. Denn nach einer jahrhundertelangen Geschichte, während
deren diese beiden deutschsprachigen Begriffe teilweise in Konkurrenz
zueinander standen und sich wechselseitig in ihrer Bedeutung über-
schnitten, tragen sie Konnotationen mit sich, die sich durch Definitionen
nicht einfach tilgen lassen. Mit «Bildung» ist heute meist all das gemeint,
was der Mensch durch die Beschäftigung mit Sprache und Literatur,
Wissenschaft und Kunst zu gewinnen vermag, durch die erarbeitende
und aneignende Auseinandersetzung mit der Welt schlechthin. «Erziehung» hingegen meint umgangssprachlich heute eher das, was im tagtäg-
lichen Miteinanderleben erreichbar ist, durch → Vorbild und Anregung,
Umgangsformen und Gewöhnung, im äußersten Fall durch Bestrafung
(→ Strafe). In diese Richtung weist gegenwärtig auch das Berufsbild des

→ Erziehers, das sich damit deutlich von dem des → Lehrers abhebt. So fügt sich das heutige umgangssprachliche Verständnis beider Begriffe mit überraschender Deutlichkeit in den «pädagogischen Ternar» ein, jene klassische Dreiheit, die bereits in der griechischen Sophistik des fünften vorchristlichen Jahrhunderts aufgestellt wurde, weitervermittelt durch Aristoteles und die mittelalterliche scholastische Philosophie. Dieses Schema ordnet die Faktoren, die für die → Entwicklung des Kindes in Betracht gezogen werden müssen, in die Dreiheit von Naturanlage (physis), Gewöhnung (askesis oder auch ethos) und Belehrung (didache oder auch logos). Hierauf bezogen steht «Erziehung» im heutigen umgangssprachlichen Gebrauch eher auf der Seite der Gewöhnung, «Bildung» eher auf der Seite der Belehrung, damit auch des → Unterrichts. Dabei darf allerdings nicht übersehen werden, daß dem Begriff der Bildung, so wie er in der deutschen Literatur etwa seit der Mitte des 18. Jahrhunderts zur Ausprägung gekommen ist, ein emphatisches Schwergewicht innewohnt, das ihn über den Rahmen eines wissenschaftlichen Terminus weit hinausdrängt. Denn hier wurde «Bildung» mit deutlich religiösem oder pseudoreligiösem Akzent zum Inbegriff der Selbstverwirklichung des Menschlichen im Menschen. In diesem Sinne ist «Bildung», wie oft festgestellt worden ist, nicht in andere Sprachen übersetzbar, stellt also eine deutsche Sonderentwicklung dar (vgl. BRUFORD 1975), die nachdrücklicher soziologischer Ideologiekritik unterliegt. Doch trotz aller Kritik, welcher der Bildungsbegriff gerade in den letzten Jahrzehnten ausgesetzt war, erweist er sich ganz offensichtlich als unverzichtbar. Das zeigt sich allein schon an den vielerlei gebräuchlichen Wortverbindungen, in die er eingegangen ist, wie Bildungsforschung, → Bildungsplanung, Bildungspolitik und dergleichen mehr. Allerdings ist «Bildung» hier nur noch ganz allgemein Inbegriff gesellschaftlicher Zielvorstellungen für institutionalisiertes Lehren und → Lernen. In dieser Weise auf einen wissenschaftlich verwendbaren Terminus eingeschränkt, vermag der Bildungsbegriff in der Erziehungswissenschaft eine strukturierende Funktion zu übernehmen, insbesondere im Bereich der Didaktik (→ Didaktik, allgemeine; → Fachdidaktik).

Wort- und Begriffsgeschichte. «Bild» bedeutet seiner sprachgeschichtlichen Herkunft nach zunächst «Zeichen, Wesen», dann erst «Abbild, Nachbildung»; «bilden» bedeutet dementsprechend zuerst «einer Sache Gestalt und Wesen geben», später erst «eine vorgebildete Gestalt nachbilden». «Bildung» in den spätalthochdeutschen und mittelhochdeutschen Formen und auch noch im Frühneuhochdeutschen bedeutet vorwiegend «Schöpfung, Verfertigung», dazu «Abbild, Bildnis». Auch im 18. Jahrhundert wird «Bildung» noch zur Bezeichnung der äußeren Gestalt verwendet, so von Menschen, Tieren oder Pflanzen und ihren Teilen. Der übertragene Begriff einer «inneren» Bildung, wie er seit der Mitte des 18. Jahrhunderts zunächst in der deutschen Literatur, unmittelbar daran anschließend auch im deutschsprachigen pädagogischen Schrifttum sich durchsetzte, vereinigt in sich zwei sehr unterschiedliche Traditionslinien, die antik-hellenistische Vorstellung einer «cultura animi» (→Kultur) und die christliche Imago-dei-Lehre (vgl. RAUHUT 1965, SCHILLING 1957).

Es war eine alte griechisch-hellenistische, bereits durch Platon dokumentierte Überzeugung, daß die menschliche Seele sich durch erzieherisches Bemühen bilden läßt wie der Leib, ja, daß man durch geistige Anstrengung sich selbst zu bilden und dem Göttlichen anzugleichen vermag. Platon benutzt für dieses Bilden und Sichbilden einen Ausdruck aus dem handwerklich-künstlerischen Bereich, «plattein», «gestalten». Von Cicero stammt der Begriff «cultura animi». Im zweiten Buch seiner «Gespräche in Tusculum» vergleicht er die menschliche Seele mit dem Acker. Auch der fruchtbare Acker bedarf der Bearbeitung, soll er wirklich Frucht tragen. Die Bearbeitung (cultura) der Seele aber ist die Belehrung durch die Philosophie. Der Ausdruck «cultura animi» findet sich in der Antike sonst nicht, wurde aber mit der humanistischen Cicero-Rezeption wieder aufgenommen. Später im pädagogischen Schrifttum tritt «cultura animi» beispielsweise bei dem Pietisten A. H. Francke in Erscheinung. In der zuerst 1702 erschienenen Schrift «Kurzer und einfältiger Unterricht, wie die Kinder zur wahren Gottseligkeit und christlichen Klugheit zu erziehen sind», übersetzt Francke «cultura animi» ausdrücklich mit «Gemütspflege». Sie soll auf den Verstand und den Willen gerichtet sein, vornehmlich aber auf den Willen, denn am meisten sei daran gelegen, daß der natürliche Eigenwille gebrochen wird.

Die christliche Imago-dei-Lehre setzt in unterschiedlicher Akzentuierung an zwei biblischen Textstellen an. Im 1. Buch Mose, Kapitel I, 26–27, heißt es, Gott schuf den Menschen nach seinem Bilde. Paulus schreibt im 2. Korintherbrief 3, 18: «wir alle aber spiegeln mit aufgedecktem Angesicht die Herrlichkeit des Herrn wider und werden (dadurch) in dasselbe Bild verwandelt von Herrlichkeit zu Herrlichkeit, wie von dem Herrn aus, welcher Geist ist» (Übersetzung der Zürcher Bibel). An beiden Stellen hat die alte lateinische Bibelübersetzung, die sogenannte Vulgata, «imago», «Bild»; die Stelle im Korintherbrief lautet in der Vulgata «in eandem imaginem transformamur». So ist nach biblischer Aussage der Mensch nicht nur als Bild Gottes erschaffen, sondern er wird auch in das Bild Gottes verwandelt. Werden beide Aussagen miteinander verbunden, so ergibt sich, daß die Gottesebenbildlichkeit des Menschen zwar bereits Folge des Schöpfungsakts ist, jedoch stets neu entstehen muß. Zufolge einer von Augustinus begründeten Lehrtradition spiegelt sich das Bild (imago) des dreifaltigen Gottes in den Fähigkeiten des oberen Teils der menschlichen Seele wider. Augustinus benennt hierfür die beiden Ternare Gedächtnis (memoria), Vernunft (intelligentia), Wille (voluntas) sowie Geist (mens), Vorstellung (notitia), Liebe (amor). Kraft dieser Fähigkeiten vermag die menschliche Seele sich in ihrer Gottesebenbildlichkeit selbst zu erkennen und zu lieben. Das meint, daß der Mensch nicht nur fähig ist, sich seiner Einzigartigkeit gegenüber allen anderen Kreaturen innezuwerden, sondern auch, daß er diese Einzigartigkeit freudig anzunehmen und sich ihr verpflichtet zu fühlen vermag.

Die Aussagen der spätmittelalterlichen Mystiker zur Einswerdung des Menschen mit Gott (unio mystica) stehen im Zusammenhang dieser Imago-dei-Tradition; in ihren deutschen Schriften findet sich für «imago» das deutsche Wort «bild», für «transformare» das deutsche «überbilden», dazu eine Fülle von Ableitungen wie einbilden («inbilden»), erbilden und andere mehr. Die menschliche Seele, so lehrte Meister Eckhart, soll sich ihrer selbst «entbilden», von allem Kreatürlichen lösen, um in Gott «überbildet» zu werden, zum Bilde Gottes. Es ist nicht ein Akt der Selbstbildung gemeint, sondern ein Akt göttlicher Gnade, der sich in der Unmittelbarkeit der Gotteserfahrung vollzieht, vorbereitet freilich durch asketisches Heraustreten der Seele aus all ihren Bindungen.

Der weitere Weg dieses religiösen Bildungsbegriffs bis zu seiner Säkularisierung im 18. Jahrhundert ist von der Forschung gut belegt (vgl. CONSTANTIN 1944, DOHMEN 1964/1965, LICHTENSTEIN 1966, SCHAARSCHMIDT 1965). Entscheidend ist der Übergang zu seiner naturalistischen Ausdeutung, aufweisbar zuerst in der Naturphilosophie des Paracelsus zu Beginn des 16. Jahrhunderts. Gott, so lehrte Paracelsus, wirkt in den Kräften der Natur, er hat sich mit seinem Geist in die Schöpfung und damit in die ganze Natur eingebildet. Wie alle Natur, so trägt auch der Mensch seine Form in sich, nach der er sich in allen seinen Teilen bildet, und diese Form ist von Gott selbst im Mutterleib «geschnitzelt». Dieser Wendung kam der von der Wortgeschichte her naheliegende Bedeutungsgehalt von «Bildung» entgegen, denn mit «Bild», «bilden» war ursprünglich nicht einfach nur Gestalt und Gestaltgeben gemeint, sondern, verbunden damit, auch die Vorstellung eines der Gestaltung einwohnenden, ihr zugrundeliegenden Wesensgehalts. Dennoch konnte für Paracelsus die Bildung des Menschen sich nicht gewissermaßen organisch naturhaft von selbst vollziehen. Denn der Mensch ist aus doppeltem Stoff, irdischem und himmlischem, als Mikrokosmos ein Bild der Welt und zugleich Bild Gottes. Die den Menschen von der Schöpfung mitgegebene Einbildungskraft, die Kraft der «Imaginierung», ermöglicht es ihm, sich ein Bild von sich selbst zu machen und von seiner Bestimmung. So ver-

212   Bildung

mag er zwischen Gut und Böse zu unterscheiden, und damit kann er im Rahmen der von der Schöpfung vorgegebenen Möglichkeiten die eigene Bildung selbst beeinflussen.

Etwa seit der Mitte des 18. Jahrhunderts wurde «Bildung» zu einem der Schlüsselbegriffe der mit Klopstock einsetzenden neuen Epoche der deutschsprachigen Literatur. Die Frage, warum das Wort erst jetzt ein derartiges Gewicht erlangte, führt auch in die allgemeineren Probleme der deutschen Sprachgeschichte, vor allem die zunehmende Bedeutung des Deutschen als Literatur- und Wissenschaftssprache. Nach und nach engte sich der Bedeutungsgehalt auf «innere Bildung des Menschen» ein. Wichtig für diese Entwicklung war die Formenlehre des englischen Aufklärungsphilosophen Shaftesbury, eines damals in Deutschland vielgelesenen Autors. Anders als ein toter Gegenstand hat der Mensch nicht nur eine äußere, sondern auch eine innere, geistige Form, die seine äußere Erscheinungsform gestaltet. Als «forming form» kann der Mensch sogar andere formende Formen hervorbringen, die ihrerseits formend weiterzuwirken vermögen, Kunstwerke beispielsweise. In allem wirkt als letzte, die Harmonie des Universums hervorbringende Kraft ein göttlicher Genius. Dem Menschen stellt sich die Aufgabe, sich in die Ordnung und Schönheit der Welt einzufügen, mit Hilfe einer behutsamen, die «selfformation» unterstützenden Erziehung seine Anlagen zur harmonischen, freien Persönlichkeit zu entfalten und so das Universum zu vollenden.

In einer deutschen Shaftesbury-Übersetzung aus dem Jahre 1738 wurde «formation of a genteel character» mit «Bildung», «inward form» mit «innere Bildung» wiedergegeben. Die epochale Ausbreitung des Gebrauchs von «Bildung» und «bilden» begann ein Jahrzehnt später, nachdem 1748 die ersten drei Gesänge von Klopstocks «Messias» erschienen waren. Gleich zu Beginn des Ersten Gesangs wird, als ein Wort Gottvaters, das zentrale Thema der Mystik aufgenommen: «Lasset der Gottheit Bild in dem Menschen von neuem uns schaffen!» In Klopstocks «Messias» ist «bilden» weitgehend gleichbedeutend mit «schaffen»; der Bildende ist meist Gott oder ein göttliches Wesen, Engel. «Gebildet» wird die ganze Schöpfung, werden Gedanken, Seelen, Leiber, die Sonne bildet den Frühling. Auch die Wendung ins Pädagogische deutet sich an. Die noch sprachlosen Seelen toter Kinder sind «noch ungebildet»; von Engeln, ihren Beschützern, werden sie belehrt. Engel haben die Seelen der Jünger «auferzogen» und zur Liebe für Jesus «gebildet»; Jesus «lehrt» die Jünger und «bildet» ihr Herz zur Ewigkeit.

Im Nebeneinander von Shaftesbury und Klopstock, beide von großer Wirkung auf die nachfolgende deutsche Literaturepoche, treten die zwei alten Traditionslinien noch einmal deutlich hervor, cultura animi als menschliches, imago dei als göttliches Werk, um sich in den nachfolgenden Jahrzehnten im nunmehr Gestalt gewinnenden Bildungsbegriff auf vielfältige Weise zu durchdringen. Ganz wesentlich zur weiteren Ausbreitung des Bildungsbegriffs hat seit der Mitte des 18. Jahrhunderts das umfangreiche literarische Werk Wielands beigetragen, wo sich die Bedeutungen bereits mischen; so vermag er, um nur ein Beispiel zu nennen, «Bildung» mit «Unterweisung» gleichzusetzen. In der von den Motiven der → Aufklärung geprägten pädagogischen Diskussion der zweiten Hälfte des 18. Jahrhunderts wurde «Bildung», als Vorgang wie als Ergebnis verstanden, bald zu einem Modewort, mit dem man den gesamten Umfang pädagogischer Anstrengung auszudrücken vermochte, in Ablösung oder in Konkurrenz zu anderen Begriffen wie → Erziehung, Zucht, Information, Aufklärung, aber auch mit diesen gemeinsam und in gleicher Bedeutung wie «Erziehung». Man sprach von der «Bildung» des einzelnen Menschen, der Völker oder des ganzen Menschengeschlechts, ganz im Sinne der ins Pädagogische gewendeten Fragestellung der Aufklärung, wie nämlich durch Erziehung der Menschen und des Menschengeschlechts Humanität und «Glückseligkeit» zu befördern seien.

Der «klassische» deutsche Bildungsbegriff. Entscheidend für die Ausprägung des Bildungsbegriffs in seiner klassischen Form war jedoch, daß er sich zur Abwehr der in den politischen Erziehungsprogrammen der Aufklärungspädagogik in den Vordergrund rückenden Forderung nach gesellschaftlicher «Brauchbarkeit» des Menschen eignete, im Zusammenhang damit auch zur Abgrenzung gegenüber einem rationalistisch-technischen, auf die Subjekt-Objekt-Beziehung eingeschränkten «mechanischen» Verständnis von Erziehung. Denn von seiner Herkunft war dem Bildungsbegriff ein Moment metaphysischer Tiefe verblieben, die innere Spannung zwischen dem, was der Mensch bewirken kann und dem, was seiner Wirkung entzogen ist. Faßt man die in der Bildung wirksamen Kräfte, wie schon Paracelsus, als natürliche Anlagen, die aus dem göttlichen Schöpfungsakt folgen, so liegt es nahe, in aller Natur «Bildung» zu sehen, so wie ja auch Goethe dies tat. Von da aus öffnet sich der Weg in einen umfassenden, geschichtsphilosophischen Bildungsbegriff, der jedoch nahezu unvermeidlich in einen anthropologischen übergeht.

Noch ganz im Stil der Aufklärung hatte der junge Herder in seinem Reisejournal aus dem Jahre 1769 von einer kommenden «Zeit der Bildung» in Deutschland geschwärmt; er plante ein Buch zur menschlichen und christlichen Bildung, auch ein Buch zur Bildung der Völker. 1784/1785, zu Beginn des neunten Buchs seiner «Ideen zur Geschichte der Philosophie der Menschheit», sah Herder sich indessen zu der Feststel-

214 Bildung

lung veranlaßt, die Meinung, daß der Mensch alles, was er ist, durch sich selbst geworden sei, sei ein Wahn, wenn auch ein verständlicher. Denn aus sich selbst, so Herder, vermag der Mensch die Fähigkeit zum Gebrauch seiner von der Schöpfung vorgegebenen Anlagen nicht zu gewinnen. Beinahe ohne Instinkt geboren, zur «Perfektibilität» ebenso fähig wie zur «Korruptibilität», kann er nur durch Erziehung Mensch werden, eine zweite Genesis, die das ganze Leben dauert. So ist er auf die Hilfsmittel der Bildung angewiesen, wie sie ihm in der Kette der → Tradition zugereicht werden und wie er sie gemäß den Möglichkeiten seiner «organischen Kräfte» aufzunehmen vermag. Zwar enthält diese Tradition ebenso Torheit wie Weisheit, doch durch erwählte, große Menschen wirkt Gott auf die Erziehung des Menschengeschlechts ein, und es entsteht eine «goldene Kette der Bildung», die die Erde umschlingt und durch alle Individuen bis zum Throne der Vorsehung reicht. In dieser Kette der Bildung steht jeder Mensch an seinem durch Zeit und Ort bestimmten Platz; er darf nicht versuchen, sich darüber hinwegzusetzen, denn nur hier vermag er zu empfangen und zu geben. So machte Herder «Bildung» zu einem *geschichtsphilosophischen* Begriff, mit dem er versuchte, das Ineinander göttlichen Waltens und menschlichen Bemühens um die Vollendung des Menschen als Teil der «Bildung» von Menschheit und Welt schlechthin zu begreifen. In der Philosophie Hegels tritt dieser geschichtsphilosophische Bildungsbegriff in abstrakter Formulierung auf. In der Vorrede zur «Phänomenologie des Geistes», 1807 erschienen, erläutert Hegel in wenigen Sätzen, wie «Bildung» immer zugleich Bildung des einzelnen, individuellen Menschen und Bildung des «allgemeinen Individuums» ist. Denn die Bildung des einzelnen besteht darin, daß er die geschichtlichen Bildungsstufen des «allgemeinen Geistes» durchläuft, den vorhandenen, bereits Vergangenheit gewordenen kulturellen Bestand, Kenntnisse beispielsweise, in sich aufnimmt und zu seinem Besitz macht. Damit zugleich aber vollzieht sich die «Bildung» des «allgemeinen Geistes», weil dieser in der Bildung des einzelnen Menschen seine geschichtliche Verwirklichung erfährt, das Bewußtsein von sich selbst, sein geschichtliches Werden und seine Reflexion hervorbringt.

Der Versuch, das geschichtliche Werden als «Bildung» von Individuum und Allgemeinem, von Mensch, Menschheit und Welt in eins zu setzen, stellt allerdings vor das Problem, Zusammenstimmen und innere Harmonie dieser einen, allumfassenden Bildung zu erweisen. Herders «Ideen» zeigen deutlich, wie dabei unabweislich das Theodizeeproblem auftritt, das Problem der Rechtfertigung des Schöpfergottes hinsichtlich des Bösen in der Welt. Wird indessen dieser geschichtsphilosophische Begriff von Bildung nicht in aller Strenge festgehalten, sei es aus Mangel an Konsequenz, sei es, weil der Nachvollzug nicht ge-

Bildung 215

lingt, so reduziert er sich entweder auf einen politischen, an Herrschafts-
interessen oder reformerisch-revolutionären Zielsetzungen orientierten
Begriff von Bildung und Erziehung im Sinne der späten Aufklärungspädagogik oder, mit dem Überwiegen des Interesses am Individuum, auf
einen naturrechtlich-anthropologischen Bildungsbegriff, der die Ausbildung der «natürlichen», individuellen Anlagen in den Vordergrund
rückt. Dies letztere war der Weg, der in den «klassischen» deutschen Bildungsbegriff führte mit der Vorrangstellung des «Menschen» vor dem
«Bürger». Dabei stellte sich dann allerdings die Frage, wie diese vielen,
ihren individuellen Anlagen gemäß gebildeten Menschen sich in eine
Gesellschaft fügen.

Herder schon hatte der Grundstimmung, die diesen individualistischen Bildungsbegriff trug, in einer seiner Schulreden, «Vom Zwecke
des Gymnasialunterrichts», Ausdruck gegeben: «Menschen sind wir,
ehe wir Professionisten werden». Pestalozzi, der 1780 den Bildungsbegriff in vielerlei Variationen zum tragenden Begriff seiner «Abend-
stunde eines Einsiedlers» machte, forderte «reine Bildung der Menschheit», bei der die Berufs- und Standesbildung dem «allgemeinen Zweck
der Menschenbildung» untergeordnet wird. Reine Menschenbildung,
so Pestalozzi, ergibt sich nur aus der Ordnung der Natur. Nur wer jede
seiner Kräfte und Anlagen übt und braucht, wird von der Natur zur
wahren Menschenweisheit gebildet. Auch das einfache Volk ist zum
Genuß der Segnungen seines Wesens emporzubilden, die gebildete
Menschlichkeit ist der Segen der Welt. Wilhelm von Humboldt verlangte in einer 1792 veröffentlichten Abhandlung «Über öffentliche
Staatserziehung», Vorrang habe die freieste Bildung des Menschen, mit
so wenig Rücksichten auf die gesellschaftlichen, «bürgerlichen» Verhältnisse wie möglich. Erst der «so gebildete» Mensch solle in den
«Staat» eintreten und nun seinerseits das Maß sein, an dem die Staatsverfassung sich zu messen habe, denn das Menschengeschlecht stehe
auf einer Stufe seiner Entwicklung, wo es nur noch durch die Ausbildung der Individuen höher gelangen könne. Kant, das ist an dieser
Stelle anzumerken, sah die Dinge genau andersherum. 1795 stellte er
in seiner Abhandlung «Zum ewigen Frieden» ausdrücklich fest, nicht
von dem «Inneren der Moralität» sei die gute Staatsverfassung zu erwarten, sondern vielmehr umgekehrt von letzterer «die gute moralische
Bildung eines Volks». Humboldt jedoch forderte in seinem 1795 oder
1796 entstandenen «Plan einer vergleichenden Anthropologie» die «individuelle Ausbildung der Charaktere»; nach Anleitung einer «richtigen Bildungstheorie» werde kein Mitglied einer Nation dem andern
auffallend ähnlich sehen. Und gerade von der Vielfalt des konkurrierenden Mit- und Gegeneinanders der unterschiedlichen Individuen erwartete Humboldt den Fortschritt der Gesellschaft.

216 Bildung

So wurden «Bildung», «Charakterbildung», «Bildung der Persönlichkeit», «allgemeine Bildung», «Menschenbildung» zum Inbegriff
menschlicher Selbstentfaltung und Selbstvollendung, bei aller Unterschiedlichkeit in der Ausdeutung des Ziels, der Mittel und der Wege.
Die Spannweite war breit und reichte von Vorstellungen tugendhaf-
ter Bildung im Gefolge der Aufklärungsethik bis zu ästhetisierenden
Vorstellungen vom vollendet schönen Menschen, die sich an einem ver-
klärten Bild von der griechischen Antike festzumachen suchten. Literarischen Ausdruck fand dieser Bildungsbegriff im deutschen Bildungs-
roman, mit Wielands «Agathon» als erstem und Goethes «Wilhelm
Meister» als dem berühmtesten. Bis auf den heutigen Tag wird «Bildung» in diesem emphatischen Sinne als etwas verstanden, das sich
zwar anregen und unterstützen läßt, das aber letztlich spontanes Ge-
schehnis jeder einzelnen Menschenseele bleibt, eigener Verfügung ent-
zogenes Ergebnis eines prinzipiell unendlichen Bemühens, wo niemandem gestattet ist, von sich selbst zu sagen, er sei gebildet (vgl. Lennert
1980, 1981). Die religiösen Anklänge sind unüberhörbar, Nachhall christlicher, insbesondere pietistischer Gnadenlehre, und im Zusammenhang hiermit gewinnt «Bildung» eine moralische Qualität, bleibt doch
→Leistung, die eigene Lebensleistung des Menschen, unabdingbare
Voraussetzung. Zugleich hat dieser Bildungsbegriff einen aristokratisch-
elitären Zug, wie Goethe schon anmerkte, als er seinen Wilhelm Meister
im dritten Kapitel des fünften Buchs der «Lehrjahre» die Feststellung
treffen läßt, eine gewisse allgemeine, personelle «Ausbildung» sei, in
Deutschland jedenfalls, nur dem Edelmanne möglich. Doch gerade mit
diesem Anspruch war der naturrechtlich-anthropologische Bildungsbegriff Bestandteil der bürgerlichen Emanzipationsbestrebungen des ausgehenden 18. und des beginnenden 19. Jahrhunderts mit dem Entstehen
eines Standesbewußtseins der «Gebildeten» (vgl. Vierhaus 1972, Weil
1967). Mit der Verfestigung des Sprachgebrauchs in diesem Sinne entstand das Bedürfnis, berufliche «Ausbildung» von «Bildung» streng zu
unterscheiden, und im gleichen Maße, in dem sich «Bildung», insbesondere in der Form der Gymnasialbildung, zur Legitimation sozialer Privi-
legien nutzen ließ, bekam «Ausbildung» den Geschmack des Geringer-
wertigen.

Bildung und Schule. Bereits seit der Mitte des 18. Jahrhunderts tritt der
Bildungsbegriff auch in deutschen Schulordnungen auf, im Zusammenhang der schulreformerischen Bestrebungen der Aufklärungsepoche
(vgl. Dohmen 1965). Die Inanspruchnahme als Zielformel pädagogischer Programmatik mochte naheliegen angesichts der Bedeutung, die
der Begriff in der Literatur der Zeit ganz allgemein gewann. Doch es
führte in einen begrifflichen Selbstwiderspruch, weil man nun das, was

weithin als ureigenstes Geschehen jeder einzelnen Menschenseele galt, zum Gegenstand pädagogischer Anstrengung machte. Der so entstehende pädagogische Bildungsbegriff ist gewissermaßen operational definiert durch den programmatischen Entwurf entsprechender Bildungsveranstaltungen, der «Bildungsinstitutionen» und ihrer Organisationsformen sowie eines Systems des Unterrichts, der «Bildungsinhalte». Er steht in einem prinzipiell unauflösbaren, in nicht enden wollenden Wiederholungen beklagten Widerspruch zu jenem anderen, «eigentlichen» Begriff von Bildung, den er zu seiner Legitimation benötigt und vor dem als vor seinem kritischen Widerpart er sich unaufhörlich neu legitimieren muß. Es ist dies der Ort, an dem das entspringt, was seither «Bildungstheorie» genannt wird, das Abarbeiten pädagogischer und schulpädagogischer Programmatik und Realität an einem in normativer oder kritischer Funktion in Anspruch genommenen, «klassischen» Bildungsbegriff.

Humboldt suchte die Lösung der schulorganisatorischen und der curricularen Probleme auf der Grundlage seiner anthropologischen Bildungstheorie. Die Organisation der Schulen, so drückte er es im «Litauischen Schulplan» aus, habe sich um keine Kaste, auch nicht um die gelehrte, und um kein einzelnes Gewerbe zu kümmern; der allgemeine Schulunterricht gehe «auf den Menschen überhaupt». So forderte er die strikte Absonderung dessen, «was das Bedürfnis des Lebens oder eines einzelnen seiner Gewerbe erheischt»; dies solle erst nach vollendetem allgemeinen Unterricht erworben werden. Auswahl und Gliederung der allgemeinbildenden Unterrichtsinhalte sollten auf die «Hauptfunktionen» menschlichen Wesens ausgerichtet sein.

Die Geschichte, gerade auch die Geschichte des Humboldtschen Reformversuchs, hat gezeigt, daß sich eine derartige bildungstheoretische Legitimation des Schulwesens und der Bildungsinhalte nicht durchhalten läßt. Gerade jener Schultyp, der die Humboldtsche Bildungstheorie ganz besonders für sich glaubte in Anspruch nehmen zu können, das neuhumanistische Gymnasium des 19. Jahrhunderts, hatte nach Ausweis der inzwischen vorliegenden sozialgeschichtlichen Analysen in hohem Maße den Charakter einer Standes- und Berufsschule, ablesbar allein schon am Berechtigungswesen. Mit seiner Monopolstellung für die Berechtigung zum Universitätsstudium war es der Zugang zur schmalen Schicht «studierter» akademischer Berufe. Umgekehrt aber entstand gerade in der Berufung auf Humboldt, ob zu Recht oder zu Unrecht, jene verhängnisvolle Theorietradition, innerhalb deren beruflicher Ausbildung jegliche «allgemeinbildende» Wirkung abgesprochen wird (→ Allgemeinbildung – Berufsbildung). Seit dem Ansteigen des Niveaus beruflicher Qualifikationen in den industriellen Gesellschaften ist das je länger desto weniger haltbar. Doch obwohl diese bildungstheoretische

218 Bildung

Fehlentwicklung längst hat korrigiert werden können, insbesondere durch Sprangers 1923 erschienene Abhandlung «Berufsbildung und Allgemeinbildung» (SPRANGER 1973), spielt sie noch gegenwärtig in bildungspolitischen Auseinandersetzungen eine nicht unerhebliche Rolle.

Auch das System der Bildungsinhalte, mit denen das Bildungswesen arbeitet, entzieht sich direkten anthropologischen Begründungsversuchen. Deutlich ist vielmehr, daß die Unterrichtsinhalte durch soziale Faktoren bestimmt sind (vgl. BLANKERTZ 1969, WILLMANN 1957), daß die Lehrpläne der Schulen (→ Lehrplan; → Schule) auf dem Wege politischer Entscheidungen und politischen Machtausgleichs entstehen und fortgeschrieben werden (vgl. WENIGER 1975). Infolgedessen ist die Bildungsarbeit des Bildungswesens jedoch beständig in der Gefahr, die Menschen gerade in ihrem ureigensten Streben nach «Bildung» zu verfehlen; denn dieses Bildungsstreben läßt sich aus der Natur des Begriffs heraus nur als prinzipiell unkalkulierbar verstehen, nur näherungsweise identifizierbar. Schulbildung reduziert sich somit leicht auf einen Herrschaftsanspruch gegenüber der nachwachsenden Generation, der als solcher dann auch empfunden wird; sie wird «tot und dürr» (NELSON 1986). Daraus ergibt sich die didaktische Forderung, daß die bildungspolitisch vorgegebenen Unterrichtsinhalte «in die Form der zweckfreien Bildung» umgesetzt werden müssen (WENIGER 1975), damit es den Individuen möglich wird, sie sich anzueignen.

Ein alter, wenngleich zählebiger bildungstheoretischer Vermittlungsversuch ist die bekannte Unterscheidung von «materialer» und «formaler» Bildung, von Schleiermacher bereits kritisiert, von Herbart abgelehnt. Der Begriff «formale Bildung» entstand in der zweiten Hälfte des 18. Jahrhunderts aus der Notwendigkeit, eine neue Begründung für den altsprachlichen Unterricht zu finden, insbesondere für den Lateinunterricht (vgl. SCHWENK/v. POGRELL 1986). Der Ausdruck «formale Bildung» bedeutet dem Wortsinne nach «auf die Erzeugung der Form zielende Bildung», ist also eigentlich ein leerer Pleonasmus, «bildende Bildung»; «formieren» stand seit der Mystik in Konkurrenz zu «bilden». Gemeint ist, daß den Unterrichtsgegenständen eine Fähigkeit zur Übung und Ausbildung der sogenannten Seelenvermögen innewohnt, Verstand, Gedächtnis, Witz und dergleichen mehr, und zwar einigen Unterrichtsgegenständen besonders. Die Schwäche dieses Lösungsversuchs liegt darin, daß solch «formale», von den vermittelten Inhalten sich ablösende Bildungswirkung letztlich für jedweden Unterrichtsgegenstand in Anspruch genommen werden könnte, während andererseits ein entsprechender Nachweis, sollte er sich schlüssig erbringen lassen, keinesfalls schon als ausreichend angesehen werden könnte, um irgend etwas, unerachtet der sonstigen Nützlichkeit oder Nutzlosigkeit, zum Gegenstand des Schulun-

Bildung 219

terrichts zu machen. Unter dem Stichwort «Transferforschung» ist die traditionell «formale Bildung» genannte Problematik in etwas differenzierterer Weise bis in die Gegenwart fortgeführt worden (vgl. KEULEN 1979, SEISENBERGER 1974).

Für die weitere Bearbeitung des bildungstheoretisch-didaktischen Vermittlungsproblems wurde die Fassung grundlegend, die Willmann ihm gab in dem 1882/1888 zuerst erschienenen, bahnbrechenden Werk «Didaktik als Bildungslehre» (WILLMANN 1957). Er schließt hier erkennbar an Schleiermacher an. Die Gesellschaft reicht die kulturellen Güter, die sie erzeugt hat und in denen sie sich repräsentiert, als Bildungsgüter den Individuen zu. So entsteht, vermittelt über das Bildungswesen, ein Kreislauf, mittels dessen die Gesellschaft sich den Nachwuchs assimiliert, wodurch sie sich zugleich erneuert. In den Bildungsgütern als dem «Bildungsinhalt» liegt eine «organische Kraft», welche die Gestaltung des Inneren bewirkt; im menschlichen Geiste macht sich der Lehrgegenstand mit seinem «Bildungsgehalt» geltend. Hieran konnte in jüngerer Zeit Klafki anschließen. Es gilt, den «Bildungsgehalt» oder auch «Bildungswert» des jeweils als «Bildungsinhalt» in Frage stehenden Lehrgegenstandes zu identifizieren, und zwar mit Blick auf den konkreten, an seinem besonderen geschichtlich-sozialen Ort lebenden Menschen; dies, so KLAFKI (vgl. 1975), ist das Kernproblem der für jeden Unterricht zu leistenden didaktischen Analyse.

Ausblick. Der Bildungsbegriff ist in viele Richtungen ausdeutbar, und er findet unterschiedliche wissenschaftliche Verwendung. Aussagen zum Bildungsbegriff und zum Bildungsproblem finden sich auf die eine oder andere Weise in einem Großteil der pädagogisch-erziehungswissenschaftlichen Literatur. Außerdem gibt es eine Fülle spezieller Arbeiten, sei es zum Bildungsbegriff einzelner Autoren wie beispielsweise Humboldt oder Hegel oder auch ganzer, dafür in Frage kommender geschichtlicher Epochen, etwa der Epoche des →Neuhumanismus. Das nachstehende Literaturverzeichnis führt nur die hier herangezogenen Titel zur geschichtlichen Analyse des Bildungsbegriffs als solchem auf.

Unter kulturanthropologischem Aspekt nähert sich der Bildungsbegriff dem Begriff des «Habitus» (BOURDIEU 1974) als der «subjektiven Seite» der Kultur, die ihr das Überdauern sichert. Die Prägung des Menschen in der hellenistischen Antike durch das klassische griechische Kulturgut, die Schulung des frommen Juden an Thora und Talmud sind in diesem Sinne ebenso «Bildung» wie die Prägung des Gentilhomme und des Gentleman in der europäischen Feudalkultur. In derartiger Verallgemeinerung muß «Bildung» als Allgemein- oder Nationalbildung für jede denkbare Gesellschaft als identifizierbar in Ansatz gebracht werden, un-

terscheidbar von einer ökonomisch motivierten Berufsbildung und von
der für Schriftkulturen vorauszusetzenden Elementarbildung (→Ele-
mentarunterricht). In diesem Sinne ist es beispielsweise seit langem
schon üblich, griechisch «paideia» mit «Bildung» zu übersetzen. Unter
soziologischer Fragestellung rückt «Bildung» in die Nähe von Begriffen
wie individuelle Selbststeuerung oder Verhaltensstabilisierung. Sie wird
im gleichen Maße notwendiger, in dem bei Zunahme sozialer Mobilität
die Wirksamkeit der Kontrolle durch soziale Instanzen von außen
abnimmt, wie Stand oder Religionsgemeinschaften (vgl. TENBRUCK
1962). Selbst den geschichtlichen Grundbegriffen läßt «Bildung» sich
zuordnen. Bildung diente dem aufstrebenden Bürgertum seit dem
18. Jahrhundert als Legitimation gegenüber den anderen Ständen, insbesondere dem Adel; Bildung wurde sozialer Besitz (vgl. VIERHAUS
1972). Unter bildungsökonomischer Perspektive (→Bildungsökono-
mie) schließlich wird «Bildung» zur →«Qualifikation», zur notwendigen Ausstattung des Individuums für den sozialen und wirtschaftlichen
Prozeß.

Der Rückblick auf die Entstehung und die geschichtlichen Wandlungen des Bildungsbegriffs läßt deutlich werden, daß die Frage, was bei
alledem denn Bildung nun wirklich «ist», ins Leere stößt. Als eine bildungspolitische Zielformel, die dem Bildungswesen vorgegeben wird
zwecks Steuerung seiner Organisation und des Systems der Bildungsinhalte, konkretisiert sich der Bildungsbegriff im gesellschaftlichen
→Diskurs in beständiger Kritik und Weiterentwicklung (vgl. HEITKÄM-
PER/HUSCHKE-RHEIN 1986, PLEINES 1978). Wenn, um dies mit einem
Beispiel zu verdeutlichen, der Chef eines großen Industriekonzerns
verlangt, wegen der fortschreitenden europäischen Integration solle
kein akademischer Abschluß mehr ohne den Nachweis der Beherrschung mindestens einer Fremdsprache zulässig sein, so muß eine derartige Äußerung als ein Beitrag zur unaufhörlichen bildungspolitischen
Diskussion über das, was konkret «Bildung» sein soll, gewertet werden. An dieser Diskussion sind nicht nur Philosophen und Gelehrte beteiligt. Der Bildungsbegriff aber bleibt das uns zur Verfügung stehende
Instrument für die kritische Rückbeziehung bildungspolitischer Zielsetzungen auf den Menschen selbst. An diesem Instrument festzuhalten,
wird durch die Erfahrung nahegelegt, daß der Mensch, auch der junge
Mensch, sich im →Bildungssystem dem Versuch zu entziehen pflegt,
ihn auf eine Summe aus erwünschtem Kulturträger, Gesellschaftsmit-
glied mit gesicherter interner Verhaltenssteuerung und Objekt poli-
tisch-ökonomisch geplanter Qualifikationsbemühungen zu reduzieren.
Im pädagogischen Bildungsbegriff, so wie er in Anknüpfung an die
klassische Tradition von der deutschsprachigen Erziehungsphilosophie
fortgeschrieben worden ist, mit welchen Formeln auch immer, →Spon-

Bildung 221

taneität, Mündigkeit oder → Emanzipation, wird auch die Erinnerung daran bewahrt, daß der Mensch dem Menschen nicht voll verfügbar ist, nicht einmal sich selbst.

BLANKERTZ, H.: Bildung im Zeitalter der großen Industrie. Pädagogik, Schule und Berufsbildung im 19. Jahrhundert, Hannover u. a. 1969. BOURDIEU, P.: Zur Soziologie der symbolischen Formen, Frankfurt/M. 1974. BRUFORD, W. H.: The German Tradition of Self-Cultivation. «Bildung» from Humboldt to Thomas Mann, London/New York 1975. CONSTANTIN, E.: Die Begriffe «Bild» und «Bilden» in der deutschen Philosophie von Eckehart zu Herder, Blumenbach und Pestalozzi, Diss., Heidelberg 1944. DOHMEN, G.: Bildung und Schule. Die Entstehung des deutschen Bildungsbegriffs und die Entwicklung seines Verhältnisses zur Schule, 2 Bde., Weinheim 1964/1965 (Bd. 1: 1964; Bd. 2: 1965). HEID, H./HERRLITZ, H.-G. (Hg.): Allgemeinbildung. Beiträge zum 10. Kongreß der Deutschen Gesellschaft für Erziehungswissenschaft, Z. f. P., 21. Beiheft, Weinheim 1987. HEITKÄMPER, P./HUSCHKE-RHEIN, R. (Hg.): Allgemeinbildung im Atomzeitalter, Weinheim/Basel 1986. KEULEN, H.: Formale Bildung – Transfer. In: Gruber, J./Maier, F. (Hg.): Alte Sprachen, München 1979, S. 70ff. KLAFKI, W.: Studien zur Bildungstheorie und Didaktik, Weinheim/Basel 1975. LENNERT, R.: Bildung I. Zur Begriffs- und Geistesgeschichte. In: Theologische Realenzyklopädie, Bd. 6, Berlin/New York 1980, S. 569ff. LENNERT, R.: Das Drama der Bildungsworte. In: N. Samml. 21 (1981), S. 504ff. LICHTENSTEIN, E.: Zur Entwicklung des Bildungsbegriffs von Meister Eckhart bis Hegel, Heidelberg 1966. NELSON, L.: Vom Bildungswahn – Ein Wort an die proletarische Jugend. In: Tenorth, H.-E. (Hg.): Allgemeine Bildung. Analysen zu ihrer Wirklichkeit, Versuche über ihre Zukunft, Weinheim/München 1986, S. 48ff. PLEINES, J.-E. (Hg.): Bildungstheorien. Probleme und Positionen, Freiburg/Basel/Wien 1978. RAUHUT, F.: Die Herkunft der Worte und Begriffe «Kultur», «civilisation» und «Bildung». In: Beiträge zur Geschichte des Bildungsbegriffs. Eingel. u. mit e. Anh. vers. v. W. Klafki, Weinheim 1965, S. 11ff. SCHAARSCHMIDT, I.: Der Bedeutungswandel der Worte «bilden» und «Bildung» in der Literaturepoche von Gottsched bis Herder. In: Beiträge zur Geschichte des Bildungsbegriffs. Eingel. u. mit e. Anh. vers. v. W. Klafki, Weinheim 1965, S. 24ff. SCHILLING, H.: Bildung als Gottesbildlichkeit. Exegetische und motivgeschichtliche Studie zum Bildungsbegriff, Diss., München 1957. SCHWENK, B./POGRELL, L. v.: Bildung, formale – materiale. In: Enzyklopädie Erziehungswissenschaft, Bd. 3, Stuttgart 1986, S. 394ff. SEISENBERGER, G.: Problemlösen im Unterricht. Eine Untersuchung zum Transfer von Kenntnissen, München 1974. SPRANGER, E.: Berufsbildung und Allgemeinbildung. Gesammelte Schriften, Bd. 2, hg. v. O. F. Bollnow u. G. Bräuer, Heidelberg 1973, S. 275ff. TENBRUCK, F. H.: Bildung, Gesellschaft, Wissenschaft. In: Oberndörfer, D. (Hg.): Wissenschaftliche Politik. Eine Einführung in Grundfragen ihrer Tradition und Theorie, Freiburg 1962, S. 365ff. VIERHAUS, R.: Bildung. In: Brunner, O. u. a. (Hg.): Geschichtliche Grundbegriffe, Bd. 1, Stuttgart 1972, S. 508ff. WEIL, H.: Die Entstehung des deutschen Bildungsprinzips, Bonn [2]1967. WENIGER, E.: Ausgewählte Schriften zur geisteswissenschaftlichen Pädagogik. Ausgew. u. mit e. editor. Notiz vers. v. B. Schonig, Weinheim/Basel 1975. WILLMANN, O.: Didaktik als Bildungslehre. Nach ihren Beziehungen zur Sozialforschung und zur Geschichte der Bildung, Freiburg 1957.

Bernhard Schwenk

Bildung, ästhetische

Begriff und Problemstellung. Die aus dem Griechischen stammende Vokabel Ästhetik (von aisthesis respektive aisthanomai) bedeutete dort die sinnliche Wahrnehmung überhaupt beziehungsweise empfinden, bemerken, aber auch innewerden, urteilsfähig werden. An diese semantischen Anfänge schloß noch Kant bei der Erörterung des ästhetischen Urteils nach «objektiver» und «subjektiver Empfindung» hin an (KANT 1974, S. 119), auch Plessner mit dem Projekt einer «Ästhesiologie des Geistes» (PLESSNER 1980) und ZUR LIPPE (vgl. 1987) in dem Bemühen, ästhetische Theorie an das →Bewußtsein des Menschen von seiner Sinnestätigkeit überhaupt zu binden. Daneben gibt es, seit Baumgarten, einen eingeschränkten Sprachgebrauch, nach dem als «ästhetisch» nur sogenannte Kunstprodukte bezeichnet werden, zudem häufig eingeschränkt nach Maßgabe der semantischen Konnotationen des Adjektivs «schön». Die Bedeutung des Ausdrucks «ästhetische Bildung» oder «ästhetische Erziehung» schwankt also zwischen einem weitesten Verwendungssinn als Bildung der Sinnestätigkeit überhaupt samt deren Bewußtsein auf der einen und einem engsten als didaktische Veranstaltung in bezug auf die Medien der visuellen Künste auf der anderen Seite.

Würde sich der erziehungswissenschaftliche Sprachgebrauch auf die erste, weiteste Wortbedeutung festlegen, wäre das Adjektiv «ästhetisch» entbehrlich; die Terminologie der Wahrnehmungstheorien wäre hinreichend. Würde andererseits ästhetische Bildung/Erziehung nichts anderes bedeuten als Theorie und Praxis des Unterrichtsfaches «Kunsterziehung», gingen Problemstellungen verloren, die der antiken Paideia-Lehre (vgl. JAEGER 1959) – trotz der Einwände des späten Platon gegen alles Mimetische – noch selbstverständlich waren, im «Habitus»- und «Forma»-Begriff Thomas von Aquins eine wesentliche Rolle spielten (vgl. KLÜNKER 1987), in der italienischen Frührenaissance (vgl. BAXANDALL 1977), aber auch von DIDEROT (vgl. 1984), LESSING (vgl. 1974), KANT (vgl. 1974), HERBART (vgl. 1964), SCHOPENHAUER (vgl. 1938) und anderen aufrechterhalten wurden; die Hypothese, daß es eine ästhetische Weise der Weltauffassung gebe, die nicht einfach nur durch äußere Wahrnehmungsakte bestimmt sei, sondern durch die Form der wahrgenommenen Objekte und die Form der damit nahegelegten Weise der Apperzeption. Diese Problemstellung, wie immer sie beantwortet werden mag, betrifft die Theorie der →Bildung des Menschen überhaupt; sie hat in einer →Fachdidaktik höchstens eine ihrer Konkretisierungen; sie ist eine Frage nach der ästhetischen Dimension von Lebensformen, mithin eine Frage nach den ästhetischen Komponenten von Bildungsprozessen.

Die Aktualität und Vertretbarkeit einer derart verallgemeinerten Bedeutung des Ausdrucks «ästhetische Bildung/Erziehung» wird dadurch bekräftigt, daß seine Anwendung auf Felder wie die der Wohnumwelt Jugendlicher, der Jugendkultur, der Jugendmusik, der Kunstpsychiatrie bis hin zu den Überformungen alltäglicher Lebenswelten durch großräumige «Ästhetisierung der Politik» (BENJAMIN 1980) oder quasi-alltägliche «Waren-Ästhetik» (HAUG 1971) kaum noch bestritten wird.

Unter derartigen Bedingungen sollte der Begriff «ästhetische Bildung» *zwischen* subjektiv bestimmter Leiberfahrung und den im engeren Sinne ästhetischen (künstlerischen) Kulturprodukten lokalisiert werden, *zwischen* den alltäglichen Inszenierungen der Sinnenwelt und den politisch-öffentlichen Repräsentationen, *zwischen* den quasi-spontanen Symbolisierungen in sinnlichen Medien und den Formen organisierter Instruktion der Fachdidaktik. Die Bildungsbedeutung ästhetischer Ereignisse wäre demnach, neben der theoretischen und der praktischen, eine *Dimension des Bildungsvorgangs* überhaupt (vgl. SCHILLER 1895). Wird in der theoretischen Dimension die Erkenntnisfähigkeit, in der praktischen die Handlungsfähigkeit des in Bildung begriffenen Individuums zum Thema, so in der ästhetischen Dimension die Reflexion des Verhältnisses seiner subjektiven Befindlichkeit als Leib-Seele-Wesen zum kulturell oder gesellschaftlich Allgemeinen (vgl. BOEHM 1978, KANT 1974, SCHOPENHAUER 1938).

Zur Geschichte ästhetischer Bildung/Erziehung. Dieses Reflexionsverhältnis hat sich seit der Renaissance vor allem an den sogenannten Kunst-Produkten artikuliert (vgl. zum Beispiel BAXANDALL 1977, BURKE 1984, PANOFSKY 1978) und wurde dann im 18. und beginnenden 19. Jahrhundert ausdrücklich in den Kanon derjenigen Orientierungen aufgenommen, die für die kulturelle Bildung des Menschen geltend gemacht wurden. Philosophische Begründung in einer Theorie des ästhetischen Urteils (Baumgarten, Moritz, Kant, Schopenhauer), kulturtheoretische Lokalisierung im Rahmen der Volksaufklärungsbemühungen der bürgerlichen Gesellschaft (Diderot, Lessing, Herder) und speziell bildungstheoretische Argumentationen (Schiller, Goethe, Schleiermacher) gingen dabei derart ineinander über, daß zusammenfassend von einer für die bürgerliche Kultur typischen bildungstheoretischen Argumentationsfigur gesprochen werden kann, die die folgenden Annahmen enthielt: die Bildung des Menschen, als äußere Gestalt, könne den Hervorbringungen der «bildenden Künste» analog gedacht werden (Moritz); die ästhetische Charakteristik derartiger Vorgänge bestehe darin, daß, von «bestimmenden Verstandesurteilen» relativ unabhängig (Kant), das reflektierende Subjekt seiner Freiheit innewerde und es sich so in kritische Distanz zur gesellschaftlichen Praxis, zu allem «Nütz-

224 Bildung, ästhetische

lichen» setzen könne (Schiller); dieser Differenz zwischen dem «Schönen» und dem «Nützlichen» wegen dürfe der Auseinandersetzung mit Kunstwerken eine besondere bildende Wirkung zugeschrieben werden (Moritz), weil sie im Medium der Sinnlichkeit einen «dritten Charakter» zu erzeugen vermögen, der «von der Herrschaft bloßer Kräfte zu der Herrschaft der Gesetze einen Übergang bahnte und, ohne den moralischen Charakter an seiner Entwicklung zu verhindern, vielmehr zu einem sinnlichen Pfand der unsichtbaren Sittlichkeit diente» (SCHILLER 1895, S. 177).

Diese Komponenten der Argumentationsfigur ästhetischer Bildung/ Erziehung – in den «Salons» DIDEROTS (1984) und im «Laokoon» LESSINGS (1974) war ihnen schon vorgearbeitet – zielten auf Subjektivitätserfahrungen im Zusammenhang von Lebensweisen und deren ästhetischer Objektivationen. Es handelte sich um eine, von Schiller ausdrücklich hervorgehoben, utopische Diskursfigur, die in der Folge in mehreren Varianten in die Kultur- und Bildungs-Problematik eingefädelt und verändert wurde: Einerseits wurde der utopisch-kritische Gehalt aufgegeben in der didaktischen Schrumpfung auf Zeichen- und Kunstunterricht (vgl. KERBS 1976); andererseits wurde die ganze Figur dem Ideologieverdacht preisgegeben, beispielsweise in klassentheoretischen «Basis-Überbau»- oder «Widerspiegelungs»-Annahmen oder in der Argumentationsfigur der «Affirmation» (MARCUSE 1965). Eine weitere historische Variation bezog sich auf die «Genie»-Annahmen: In der klassischen Periode wurde das «Genie» noch vorzugsweise als eine existentiell höchst riskante Form eines (erwachsenen!) Individuums begriffen (vgl. zum Beispiel DIDEROT 1984b, S. 538), in seiner Nähe zum Wahnsinn der Möglichkeit nach ununterscheidbar zwischen Devianz und produktiv-kritischer Potenz lokalisiert; der «Genius im Kinde» (HARTLAUB 1922), als Teilsumme aus der Kunsterziehungsbewegung zu Beginn des 20. Jahrhunderts, ist demgegenüber nicht nur eine Didaktisierung, sondern auch eine Verkindlichung der Problemstellungen ästhetischer Bildung. Schließlich hat die klassizistische Version der Kunst- und Kulturtheorie (vgl. GOETHE 1954, v. HUMBOLDT 1961) eine Stilisierung ästhetischer Objekte zu Kulturgütern dergestalt zur Folge gehabt, daß ästhetische Bildung mit kunsthistorischer Kenntnis beziehungsweise feinem Geschmack häufig gleichbedeutend war.

Aus derartigen Verengungen von Problemstellungen ästhetischer Bildung führten neue Impulse seit dem Ende des 19. Jahrhunderts heraus. Nach der von W. Morris (1834–1896) propagierten Annäherung von Kunst und Handwerk, der neuen Thematisierung von Körperlichkeit vor allem im Wiener Jugendstil, der gleichzeitigen Versachlichung des Designs von Gebrauchsgütern – von der Architektur bis zum Löffel – an

Bildung, ästhetische   225

den «Wiener Werkstätten» (A. Loos, J. Hoffmann), der Gründung des
«Deutschen Werkbundes» 1907 (vgl. KÖLNISCHER KUNSTVEREIN 1984),
der niederländischen Kunst- und Architekturgruppe «De Stijl» (seit
1917), stellt die Gründung der gewerblichen Hochschule / Kunstakademie
«Das Bauhaus» (1919–1933, Weimar, Dessau, Berlin) durch W. Gropius
einen Höhepunkt und zugleich eine Bündelung jener neuen Tendenzen
dar (vgl. WICK 1982, WINGLER 1975): Ästhetische Produkte und ihre
Hervorbringung wurden als eine alltägliche Dimension modernen Lebens verstanden; sie wurden zudem auf die zeitgenössische industrielle
Waren-Produktion bezogen und sollten damit zugleich ästhetische Güte-
kriterien für *alle* Bevölkerungsschichten (demokratisch) geltend machen
(Breuer, Gropius, Meyer); solche Kriterien sollten das soziale Leben
derart durchdringen, daß der funktionale und der symbolische Charakter kultureller Objekte im Gleichgewicht bleibt; dies sollte durch eine
Industrieform realisiert werden, die einerseits den Gebrauchscharakter,
andererseits die verschiedenen Sinne des Menschen respektiert (Mo-
holy-Nagy); dem korrespondierte (im Ausbildungsgang), daß der Vorgang der Objektivierung subjektiv bestimmter Leiberfahrungen, also
die Bildung von kommunizierbaren Ausdrucksgesten, als ein Funda-
mentalproblem ästhetischer Bildung betrachtet wurde (Itten, Kandinsky, Klee). In der schwierigen Verbindung dieser Komponenten gelang, zum ersten Mal in der europäischen Geschichte, wenigstens eine
Annäherung an oder Kontinuität mit Schillers Idee von «Ästhetischer
Erziehung» auf dem Niveau demokratischer Industriegesellschaft und
im Hinblick auf die Verschiedenheit der Sinne, denkt man beispielsweise
auch an die gleichzeitige musikalisch-kompositorische Zwölfton-Lehre
(Schönberg, Berg, Webern) oder an die neuen Entwicklungen in Tanz
und Choreographie.

Die weitere Entwicklung brachte Gegenbilder und Ausdifferenzierungen hervor. Mit der Schließung des «Bauhauses» 1933 begann zugleich in
Deutschland eine Ära der Instrumentalisierung ästhetischer Ereignisse
für politische Strategien. Einige Jahre früher wurde das revolutions-
ästhetische Volksbildungs-Experiment der neuen Sowjetunion (Höhere
künstlerisch-technische Werkstätten, Wchutemas), das Kontakte zum
Bauhaus unterhalten hatte (El Lissitzky), beendet und wurden auch dort
ästhetische Vorgänge in den Dienst staatlicher Propaganda genommen.
Demgegenüber sind, seit Ende des Zweiten Weltkrieges, zwei Ausdifferenzierungen des dem «Bauhaus» inhärent gewesenen Konzeptes zu beobachten, die bildungstheoretisch bedeutsam sind:

Zum einen: Die Aufgabe der «Lesbarkeit» ästhetischer Produkte
einer Kultur ist, nachdem die Elemente einer möglichen Semantik
ästhetischer Zeichen, wenigstens in bezug auf die visuellen Medien, erarbeitet wurden (vgl. KANDINSKY 1959, KLEE O.J., PANOFSKY 1978), in

226 Bildung, ästhetische

mehreren Hinsichten plausibel: die ästhetischen Komponenten der Zeichenwelt der Geschichte müssen als symbolische Repräsentanten von Lebenswelten lesbar gemacht werden; der darin möglicherweise enthaltene anthropologische Sinn von leibhaften Äußerungen des Menschen muß diskutierbar bleiben; die sinnlichen Repräsentanzen einer warentauschenden Gesellschaft, die damit gegebenen Wahrscheinlichkeiten der Überwältigung von kritischem Selbstbewußtsein durch die ästhetische Suggestion der verschiedenen sinnlichen Medien müssen für Analyse zugänglich sein (vgl. HAUG 1971, OTTO/OTTO 1987).

Zum anderen: Ebenso plausibel ist die dazu komplementäre Seite, die Bearbeitung der «ästhesiologischen» Leib-Seele-Erfahrungen und ihrer Funktionen im Bildungsprozeß (vgl. KAMPER/WULF 1982, POTHAST 1987, RUMPF 1981, ZURLIPPE 1987), besonders akzentuiert in der kunsttherapeutischen Diskussion vorgetragen (vgl. PRINZHORN 1922, KRAMER 1978, HARTWIG/MENZEN 1984).

Bildungstheoretische Problemstellungen. Probleme ästhetischer Bildung/Erziehung/Therapie sind zunächst solche der Praxis. Die ästhetische Bildung des Menschen ist von seiner Geburt an einfach der Fall. Sie findet statt als Grundsachverhalt gesellschaftlicher Praxis, deren Komponenten, *vor* jeder Form von Erkenntnis oder der ausdrücklichen Setzung von Handlungszwecken, einen Habitus (vgl. BOURDIEU 1974) erzeugen, der den Umgang des Menschen mit seiner sinnlichen Ausstattung bedingt. Auf diese Einbettung ästhetischer Ereignisse in praktische Lebensformen richtet sich der größte Teil der Bemühungen zur ästhetischen Bildung/Erziehung von der Museums- und Kunstdidaktik bis zur sogenannten →Freizeitpädagogik (vgl. DAUCHER/SPRINKART 1979, LIEBICH/ZACHARIAS 1987, MATTHIES u. a. 1978) oder zur Musik-, Bewegungs- und Poesie-Therapie (vgl. zum Beispiel FELDENKRAIS 1982, PRIESTLEY 1983, v. WERDER 1986). Schließlich scheint auch die Sensibilität von Eltern für die ästhetische Dimension ihrer pädagogischen Aufgabe zu wachsen. Die theoretisch zuverlässige Beurteilung derartiger Erscheinungen der Praxis fällt noch schwer. Im Anschluß an die Theorie-Diskussion der letzten Jahrzehnte lassen sich immerhin folgende Probleme ausmachen: *Erstens:* Die allgemeine Rede von «Ästhetischem» vernachlässigt die je besondere Bildungsbedeutung der verschiedenen Sinne (vgl. PLESSNER 1980). Dem auditiven und dem visuellen Organ beispielsweise ist eine spezifische Spürensweise eigen, die es, im Hinblick auf ästhetische Bildung, nahelegt, nicht nur von «subjektiven Empfindungen», «Gefühlen» (KANT 1974) überhaupt zu reden, sondern ihre differentielle Charakteristik herauszuarbeiten (vgl. MOLLENHAUER 1988). Erst in der Kontinuität neurophysiologischer, phänomenologischer und kulturtheoretischer Kenntnisse ist dann auch eine zuverlässige Bestimmung der Bildungsbedeutung jedes einzelnen Sinnes möglich.

Zweitens: Was so im Hinblick auf die Bildungsbedeutung der verschiedenen Sinne als Problem erscheint, zeigt sich in den ästhetischen Medien noch deutlicher. Die «Sprachen der Kunst» (GOODMAN 1973) sind einerseits an die Vielheit der Sinne, andererseits an deren unterschiedliche Symbolfähigkeit gebunden. Sinn, Medium und Symbolisierungsmöglichkeit stehen also vermutlich in einem prekären Verhältnis zueinander (vgl. MOLLENHAUER 1988), wie beispielsweise Hören, Ton-Folgen bei einer «Aufführung», Notation. Ob überhaupt und wie vielleicht ästhetische ·Figurationen ästhetisches Empfinden, den «Innengrund» (POTHAST 1987) und damit die reflexiven Motive des «Selbst» erreichen, ist ungewiß.

Drittens: Davon unberührt bleiben die Aufgaben einer ästhetischen «Alphabetisierung» und die Klärung ihrer Probleme. Für eine in quasi-autonome Segmente differenzierte → Kultur, mit Symbolsystemen, die der Möglichkeit nach nicht den gleichen gemeinsam geteilten Mythos, sondern je besondere Sinnrichtungen repräsentieren, liegt es, bei moderner Mündigkeits-Erwartung, nahe, auch die ästhetischen «Sprachen» lesen zu lernen (vgl. ECO 1972; vgl. GOODMAN 1973, 1984). Auslegen von visuellem Material als pädagogische Aufgabe (vgl. OTTO/OTTO 1987), von Tonfolgen (vgl. SCHMIDT 1986), von Bewegungs-Figuren und anderen kulturellen Objektivationen von Sinnestätigkeit (historisch: vgl. CORBIN 1984) sind, wenn die Moderne denn fortsetzungsfähig sein sollte, plausible Aufgaben für die erziehungswissenschaftliche Theorie in praktischer Absicht und im Sinne einer Decodierung von Umwelten des Heranwachsens.

Viertens: Da andererseits Decodieren, semiologisches Lesenkönnen allein zur *Selbstbezüglichkeit* der ästhetischen Empfindung nicht notwendig und also auch zum ästhetisch-reflexiven Urteilen schwerlich gelangt, wären komplementär dazu Bedingungen der Verstehenschancen in der Leiberfahrung des sich bildenden Subjektes aufzuklären: Wie ist das Verhältnis der verschiedenartigen ästhetischen Zeichen/Symbole und der Vorgang ihres Hervorbringens zum Individuum einerseits, zum repräsentierten Allgemeinen, zur sinnlichen Figuration andererseits beschaffen? Wie ist es eingebettet in historische und soziale Kontexte? Wie ist die Funktion ästhetischer Symbole im Hinblick auf selbstreflexive Bildungsvorgänge zu denken? Das sind Fragen einer ästhetischen Hermeneutik (vgl. BOEHM 1978, JAUSS 1977, LANGER 1979, PLESSNER 1982, RICŒUR 1974, ZURLIPPE 1987), in deren Umkreis man am ehesten Antworten erwarten darf und die sich nicht nur mit der Auslegung von Kunst-Produkten befassen, sondern ebenso die ästhetische Dimension des alltäglichen menschlichen Weltverhältnisses betreffen (vgl. als erste

228 Bildung, ästhetische

Beispiele FELDENKRAIS 1982, FLITNER 1987, HÖRMANN 1986, PRIESTLEY 1983, RICHTER 1984, SCHMIDT 1986, v. WERDER 1986) und die in der von Adorno vorgezeichneten schwierigen Beziehung zwischen falscher Bekräftigung, authentischer ästhesiologischer Alltagserfahrung und kritischer Herausforderung durch das gelungene ästhetische Produkt, durch das Verhältnisspiel zwischen → Anthropologie, Bildungslehre und differentieller ästhetischer Theorie zu differenzieren wären (vgl. ADORNO 1973).

ADORNO, TH. W.: Dissonanzen. Einleitung in die Musiksoziologie. Gesammelte Schriften, Bd. 14, Frankfurt/M. 1973. BAXANDALL, M.: Die Wirklichkeit der Bilder. Malerei und Erfahrung im Italien des 15. Jahrhunderts, Frankfurt/M. 1977. BENJAMIN, W.: Gesammelte Schriften, hg. v. R. Tiedemann u. H. Schweppenhäuser, Bd. I, 2, Frankfurt/M. 1980. BOEHM, G.: Zu einer Hermeneutik des Bildes. In: Gadamer, A.-G./Boehm, G. (Hg.): Seminar: Die Hermeneutik und die Wissenschaften, Frankfurt/M. 1978, S. 444ff. BOURDIEU, P.: Zur Soziologie der symbolischen Formen, Frankfurt/M. 1974. BURKE, P.: Die Renaissance in Italien. Sozialgeschichte einer Kultur zwischen Tradition und Erfindung, Berlin 1984. CORBIN, A.: Pesthauch und Blütenduft. Eine Geschichte des Geruchs, Berlin 1984. DAUCHER, H./SPRINKART, K.-P. (Hg.): Ästhetische Erziehung als Wissenschaft. Probleme, Positionen, Perspektiven, Köln 1979. DIDEROT, D.: Ästhetische Schriften, 2 Bde., hg. v. F. Bassenge, Berlin 1984 (Bd. 1: 1984a; Bd. 2: 1984b). ECO, U.: Einführung in die Semiotik, München 1972. FELDENKRAIS, M.: Bewußtheit durch Bewegung, Frankfurt/M. 1982. FLITNER, A.: Für das Leben – Oder für die Schule? Pädagogische und politische Essays, Weinheim/Basel 1987. GOETHE, J. W.: Schriften zur Kunst, Gedenkausgabe, Bd. 13, Zürich 1954. GOODMAN, N.: Sprachen der Kunst. Ein Ansatz zu einer Symboltheorie, Frankfurt/M. 1973. GOODMAN, N.: Weisen der Welterzeugung, Frankfurt/M. 1984. HARTLAUB, G. F.: Der Genius im Kinde, Breslau 1922. HARTWIG, H./MENZEN, K.-H. (Hg.): Kunst-Therapie, Berlin 1984. HAUG, W. F.: Kritik der Warenästhetik, Frankfurt/M. 1971. HERBART, J. F.: Über die ästhetische Darstellung der Welt (1804). Pädagogische Schriften, Bd. 1, hg. v. W. Asmus, Düsseldorf/München 1964. HÖRMANN, K. (Hg.): Musik im Diskurs, Bd. 1: Musik- und Kunsttherapie, Regensburg 1986. HUMBOLDT, W. v.: Schriften zur Altertumskunde und Ästhetik. Die Vasken. Werke, Bd. 2, hg. v. A. Flitner u. K. Giel, Darmstadt 1961. JAEGER, W.: Paideia. Die Formung des griechischen Menschen, 3 Bde., Berlin 1959. JAUSS, H. R.: Ästhetische Erfahrung und literarische Hermeneutik I, München 1977. KAMPER, D./WULF, CH. (Hg.): Die Wiederkehr des Körpers, Frankfurt/M. 1982. KANDINSKY, W.: Punkt und Linie zu Fläche. Beitrag zur Analyse der malerischen Fläche, Bern ⁴1959. KANT, I.: Kritik der Urteilskraft. Werkausgabe, hg. v. W. Weischedel, Bd. 10, Frankfurt/M. 1974. KERBS, D.: Historische Kunstpädagogik. Quellenlage, Forschungsstand, Dokumentation, Köln 1976. KLEE, P.: Beiträge zur bildnerischen Formenlehre. Faksimilierte Ausgabe des Originalmanuskripts 1921/22, hg. v. I. Glaesemer und der Paul Klee-Stiftung Kunstmuseum Bern, Basel/Stuttgart o. J. KLÜNKER, W.-U.: Gestaltwerden der Erkenntnis. Die Bedeutung von «habitus» und «forma» für die mittelalterliche Bildung. In: Informationen zur erziehungs- und bildungshistorischen Forschung, hg. v. der Historischen Kommission der Deutschen Gesellschaft für Erziehungswissenschaft, Heft 31: Erziehung und Bildung im Mittelalter und in der frühen Neuzeit, Hannover 1987, S. 81 ff. KÖLNISCHER KUNSTVEREIN (Hg.): Der westdeutsche Impuls 1900–1914. Kunst und Umweltgestaltung im Industriegebiet. Die deutsche Werkbund-Ausstellung Cöln 1914, Köln 1984.

Bildung, ästhetische 229

KRAMER, E.: Kunst als Therapie mit Kindern, München/Basel [2]1978. LANGER, S.: Philosophie auf neuem Wege. Das Symbol im Denken, im Ritus und in der Kunst, Mittenwald 1979. LESSING, G. E.: Laokoon oder über die Grenzen der Malerei und Poesie (1766). Werke, hg. v. H. G. Göpfert, Bd. 6, München 1974. LIEBICH, H./ZACHARIAS, W. (Hg.): Vom Umgang mit Dingen. Ein Reader zur Museumspädagogik heute, München 1987. MARCUSE, H.: Kultur und Gesellschaft, Frankfurt/M. 1965. MATTHIES, K. u. a. (Hg.): Ästhetische Erziehung in der Grundschule, Frankfurt/M. 1978. MOLLENHAUER, K.: Ist ästhetische Bildung möglich? In: Z. f. P. 34 (1988), S. 443 ff. MORITZ, K. PH.: Schriften zur Ästhetik und Poetik, hg. v. H. J. Schrimpf, Tübingen 1962. OTTO, G./OTTO, M.: Auslegen. Ästhetische Erziehung als Praxis des Auslegens in Bildern und des Auslegens von Bildern, Velber 1987. PANOFSKY, E.: Sinn und Deutung in der bildenden Kunst, Köln 1978. PLESSNER, H.: Gesammelte Schriften, Bd. 3, Frankfurt/M. 1980. PLESSNER, H.: Gesammelte Schriften, Bd. 7, Frankfurt/M. 1982. POTHAST, U.: Etwas über Bewußtsein. In: Cramer, K. u. a. (Hg.): Theorie der Subjektivität. Dieter Henrich zum 60. Geburtstag, Frankfurt/M. 1987, S. 15 ff. PRIESTLEY, M.: Analytische Musiktherapie, Stuttgart 1983. PRINZHORN, A.: Die Bildnerei der Geisteskranken, Berlin/Heidelberg/New York 1922. RICHTER, H.-G.: Pädagogische Kunsttherapie. Grundlegung, Didaktik, Anregungen, Düsseldorf 1984. RICŒUR, P.: Hermeneutik und Psychoanalyse, München 1974. RUMPF, H.: Die übergangene Sinnlichkeit, München 1981. SCHILLER, F.: Über die ästhetische Erziehung des Menschen in einer Reihe von Briefen (1795). Werke, hg. v. L. Bellermann, Bd. 8: Philosophische Schriften, Leipzig/Wien 1895, S. 170 ff. SCHMIDT, H.-CH. (Hg.): Neue Musik und ihre Vermittlung, Mainz u. a. 1986. SCHOPENHAUER, A.: Die Welt als Wille und Vorstellung, drittes Buch. Sämtliche Werke, hg. v. A. Hübscher, Bd. 2, Leipzig 1938. WERDER, L. v.: ... triffst Du nur das Zauberwort. Eine Einführung in die Schreib- und Poesietherapie, München/Weinheim 1986. WICK, R.: Bauhaus-Pädagogik, Köln 1982. WINGLER, H. M.: Das Bauhaus, 1919–1933. Weimar Dessau Berlin und die Nachfolge in Chicago seit 1938, Köln [3]1975. ZURLIPPE, R.: Sinnenbewußtsein. Grundlegung einer anthropologischen Ästhetik, Reinbek 1987.

Klaus Mollenhauer

Bildung, autodidaktische → Autodidaktik
Bildung, berufliche → Allgemeinbildung – Berufsbildung; → Berufs-/
    Wirtschaftspädagogik; → Qualifikation – Qualifikationsforschung
Bildung, formale → Bildung
Bildung, gelehrte → Fach – Fächerkanon
Bildung, informationstechnische → Informationstechnik
Bildung, materiale → Bildung

230 Bildung, politische

Bildung, politische

Begriff. Eine demokratische Staats- und Gesellschaftsverfassung setzt ihrem eigenen Begriff nach den «mündigen» Bürger voraus, der in der Lage ist, politische Prozesse und Entscheidungen zu verstehen und in seinem Kompetenz- und Lebensbereich nach demokratischen Normen und nach der eigenen Interessenperspektive zu handeln. Diese Fähigkeiten sind nicht angeboren, sondern müssen erlernt werden. Dies geschieht zunächst mehr oder weniger unbewußt im Rahmen der politischen → Sozialisation, die in → Familie, Gleichaltrigengruppe, → Schule und durch die Massenmedien politisch relevante Normen und Einstellungen vermittelt und die sinngemäß in allen gesellschaftlichen Verfassungen stattfand. Insofern dies planmäßig geschieht, sprechen wir von politischer oder politisch relevanter Erziehung. Politische Bildung dagegen ist die bewußte gedankliche Erschließung der politischen Realität, aber auch des eigenen Sozialisationsprozesses. Insofern ist politische Bildung als individuell sich aufklärendes politisches Bewußtsein immer auch nach zwei Seiten kritisch: gegenüber der Realität wie gegenüber der Formung durch diese Realität. Allerdings wurde der Begriff politische Bildung seit 1918 immer im engen Kontext mit dem der politischen Erziehung verwendet, eine Differenzierung erfolgte weniger in systematischer als vielmehr in schulspezifischer Hinsicht (politische Bildung im Rahmen von Gymnasium und Hochschule, politische Erziehung im Rahmen der Volks-, Berufs- und Realschulen); seine sinnvolle Verwendung ist gebunden an die Vorstellung einer sich entfaltenden → Individualität, die bei zunehmender Reife zu politischen Einsichten und demgemäß zu adäquaten Verhaltensweisen gelangt. Diese Vorstellung ist jedoch wegen der zunehmenden Vergesellschaftung (Bürokratisierung, Komplexität der politischen Realität, zunehmende Abhängigkeit der Individuen von gesellschaftlichen Teilsystemen) fragwürdig geworden im Sinne einer von der Realität nicht mehr gedeckten anthropologischen Fiktion. Obwohl der Begriff der politischen Bildung weiterverwendet oder jedenfalls nicht ausdrücklich abgelehnt wird, sind davon abweichende Leitvorstellungen entstanden, die mehr auf kollektiv-solidarische Verhaltensmuster zielen: «Soziales Lernen» soll derartige Fähigkeiten fördern, Curriculumkonstruktionen sollen standardisierte – also kollektive – Verhaltensweisen in standardisiert gedachten Lebenssituationen (wie Arbeit, Freizeit) lernbar machen (→ Curriculum; → Lernen, Soziales).

Politische Bildung in der Schule. Wenn politische Bildung als komplementär zur demokratischen Staats- und Gesellschaftsverfassung zu sehen ist, so impliziert dies, daß es je nach gesellschaftlicher Interessenlage auch unterschiedliche Vorstellungen über Ziele und Verfahren (Didaktik und Methodik) der politischen Bildung gibt. Im Rahmen der außerschulischen Jugendarbeit und der → Erwachsenenbildung können sich diese partikularen Vorstellungen teilweise (je nach gesellschaftlicher Macht) realisieren. In der Schule entsteht dabei das Problem des Konsenses, wie also der Widerspruch zwischen legitimen partikularen Interessenperspektiven einerseits und dem staatlich monopolisierten Schulwesen andererseits zu lösen ist (Lehrpläne, Richtlinien, Schulbuchzulassung). Die unterschiedlichen Bezeichnungen für das entsprechende Schulfach (Staatsbürgerkunde, Politische Weltkunde, Gemeinschaftskunde, Sozialkunde, Gesellschaftslehre) verweisen auf unterschiedliche Lösungsversuche, die in einem geschichtlichen Prozeß verstanden werden können. In der Weimarer Republik und auch noch in den 50er Jahren wurde davon ausgegangen, daß das Kindes- und Jugendalter politisch exterritorial zu halten, also durch die älteren Generationen politisch zu vertreten sei; demnach durften politische Kontroversen und Konflikte möglichst nicht Gegenstand des → Unterrichts sein. Politische Bildung war im wesentlichen Geschichtsunterricht, Institutionenkunde und Tugendlehre. In dem Maße, in dem das Jugendalter jedoch selbst vergesellschaftet wurde (Konsum, Vergesellschaftung ökonomischer Familienleistungen durch Sozialpolitik), wurden Jugendliche auch unmittelbar zu politischen Subjekten, die ihre politischen Interessen und Perspektiven selbst vertreten müssen. In diesem Prozeß wurde die kontroverse politische Realität, in der sich die Jugendlichen verhalten müssen, selbst zum Gegenstand des Unterrichts, wofür neue didaktische Konzeptionen (beispielsweise «Konfliktansatz») entwickelt wurden. Eine Gefahr dieser neuen Entwicklung ist, daß durch die Aufgabe der Distanz zur unmittelbaren politischen Realität der politische Unterricht durch partikulare politische Einflüsse selbst Teil jenes der politischen Bildung entgegenstehenden Vergesellschaftungsprozesses wird, insofern kritische Distanz durch die Unmittelbarkeit der Stoffe und politischen Parteiungen überwältigt werden kann.

Die überlieferte Dreigliederung des Schulwesens führte auch zu schultypbezogenen didaktischen Ansätzen. In den Volks- und später Hauptschulen sowie Berufsschulen dominierten bis etwa Mitte der 60er Jahre Konzeptionen der «volkstümlichen Bildung» und des heimatkundlichen Prinzips, die davon ausgingen, daß die → Schüler im wesentlichen in der → Lebenswelt ihrer sozialen Herkunft bleiben würden, so daß es sie dort zu integrieren gelte. Im Rahmen der «wissenschaftlichen» Bildung an den Gymnasien dagegen – die Realschulen nahmen eine Zwischenstellung ein – erfolgte, wenn auch zögernd, schon Mitte der 50er Jahre eine fachwissenschaftliche Grundlegung des politischen Unterrichts durch Politikwissenschaft und Soziologie, was zu entsprechend orientierten di-

232 Bildungsökonomie

daktischen Konzeptionen führte, die auch gesellschaftliche Widersprüche und Konflikte thematisierten. Die mit der Studentenbewegung einsetzende radikale Politisierung hatte auch eine politische Polarisierung der →Didaktik zur Folge, so daß gegenwärtig eine allgemein anerkannte didaktische Theorie fehlt. Es erscheint fraglich, ob aus dieser Lage das eingangs skizzierte Konzept von politischer Bildung als einer Selbstaufklärung mündiger Menschen neu entstehen kann.

ACKERMANN, P. (Hg.): Politische Sozialisation, Opladen 1974. BEHRMANN, G. C.: Soziales System und politische Sozialisation, Stuttgart 1972. GIESECKE, H.: Didaktik der politischen Bildung, München [11]1979. GROSSER, D.: Politische Bildung, München 1977. SCHMIEDERER, R.: Zur Kritik der politischen Bildung. Ein Beitrag zur Soziologie und Didaktik des politischen Unterrichts, Frankfurt/M. 1971. SCHÖRKEN, R. (Hg.): Curriculum Politik, Opladen 1974. SUTOR, B.: Didaktik des politischen Unterrichts, Paderborn 1971.

Hermann Giesecke

Bildung, wissenschaftspropädeutische →Propädeutik;
→Verwissenschaftlichung
Bildungsarbeit, betriebliche →Betriebspädagogik; →Management-Education
Bildungsarbeit (mit Erwachsenen) →Erwachsenenbildung;
→Gemeinwesenarbeit; →Kulturpädagogik – Kulturarbeit;
→Management-Education; →Weiterbildung
Bildungsbegriff, «klassischer» deutscher →Bildung
Bildungsbegriff, religiöser →Bildung
Bildungsberatung →Beratung
Bildungschance →Selektion
Bildungschance, ungleiche →Sprach-/Sozialverhalten,
schichtenspezifisches
Bildungsgeschichte →Bildung; →Pädagogik, historische; →Pädagogik,
historisch-materialistische
Bildungsideal, neuhumanistisches →Neuhumanismus
Bildungsinhalt →Bildung; →Didaktik, allgemeine
Bildungslehre →Bildung
Bildungsmittel →Bildungstechnologie

Bildungsökonomie

Definition und Fragestellungen. Die Bildungsökonomie ist eine Spezialisierung der Wirtschaftswissenschaften auf den Gegenstand →Bildung, das heißt auf die internen Zusammenhänge im Bildungsbereich und auf dessen Beziehungen zur Umwelt des gesamten gesellschaftlichen Lebens. Sie dient aber nicht nur der Analyse, sondern auch der Beratung von → Bildungsplanung und Politik. Bei der Wahrnehmung dieser Funktionen wird sie durch eine richtungsweisende Frage geleitet:

Private und öffentliche Haushalte, Individuen, Verbände, Firmen, Schulen, Hochschulen, Behörden und Parlamente treffen mit Bezug auf Bildung Entscheidungen über die Verwendung von Ressourcen. Dabei ist die Konkurrenz mehrerer Verwendungszwecke die Regel. Welche Erfahrungen, Erkenntnisse und Kriterien diese Allokationsentscheidungen leiten oder leiten sollten, ist die zentrale Frage der Bildungsökonomie. Sie sucht diese Frage vornehmlich mit den Denkweisen und Methoden der Wirtschaftswissenschaft zu beantworten, berücksichtigt aber auch die Ansätze und Ergebnisse anderer Disziplinen.

Das normative Grundkonzept der Bildungsökonomie ist die Rationalitätsforderung: Ressourcen sind knapp, ihre Verwendung ist zu optimieren. Die dabei zu beachtenden Ziele sind Bildungsziele und andere allgemeine Ziele der Gesellschaft, wie sie insbesondere in Staatsverfassungen formuliert sind. Zu den Zielen, die für die Bildungsökonomie großes Gewicht haben, gehören das Überleben in der internationalen Konkurrenz und eine Wohlstandsmehrung, die in Art und Verteilung den sozialen Frieden sowie andere Bedingungen der Lebensqualität sichern. Die Bildungsökonomie betrachtet jedoch das Setzen von Zielprioritäten und das Präzisieren von Zielen für die Bildung prinzipiell als politische Vorgaben oder Entscheidungen einzelner Träger von Bildungseinrichtungen und beschränkt sich in der Regel darauf, zur Effizienz in der Zielerreichung beizutragen. Allerdings werden solche Vorgaben für Planungszwecke modellartig variiert, um alternative Lösungen darzustellen. Außerdem findet eine Beratung von Bildungsplanung, -politik und -verwaltung aufgrund bildungsökonomischer Erkenntnisse statt, durch die eine Einflußnahme auf Ziele und sonstige Bedingungen einer geplanten Maßnahme, Einrichtung oder Regelung möglich ist.

Aus dem dargelegten allgemeinen Ansatz leiten sich zahlreiche Einzelfragen und Untersuchungsaufgaben ab. Die folgende Themenauswahl verdeutlicht das besondere, sie von anderen Disziplinen unterscheidende Erkenntnisinteresse der Bildungsökonomie:

– Wie wirkt Bildung auf Sozialprodukt, Einkommen und andere Wohlstandsbedingungen?
– Wie wird sich die Nachfrage nach Bildungsmöglichkeiten entwickeln?
– Wie wird sich das Stellenangebot entwickeln, das aus der Nachfrage nach bildungsbedingten Qualifikationen hervorgeht?
– Welcher Art sind die Wechselbeziehungen zwischen den genannten makroökonomischen Entwicklungen, und wie sind sie zu beeinflussen?
– Wie weit ist Bildung als Investition und wie weit als Konsum zu behandeln?

234 Bildungsökonomie

– Welche privaten und welche sozialen Erträge sind von Bildung zu erwarten?
– Wie wirken verschiedene Verfahren der Finanzierung von Bildungseinrichtungen und -aktivitäten auf das Erreichen allgemeiner gesellschaftlicher Ziele?
– Welche ökonomischen Wirkungen hat die Wanderung von Humankapital?
– Welche ökonomischen Wirkungen haben unterschiedliche Verteilungen von Bildungsprozessen über die Lebenszeit?
– Wie ist die Effizienz von Bildungseinrichtungen zu fördern?

Geschichte. Das Interesse an Zusammenhängen von Wirtschaft und Bildung ist so alt wie die Wirtschaftswissenschaft. Belege dafür sind von einer Reihe von Autoren präsentiert und kommentiert worden (vgl. BLAUG 1969, 1970; vgl. BOWMAN u. a. 1968, KAHLERT 1973/1974, VAIZEY 1962, WALSH 1934/1935). Die Intensität des Interesses für bildungsökonomische Fragen und die Richtung dieses Interesses wechselten. Der Zeitgeist und Zeitereignisse, die einen je besonderen Problemdruck herstellten, veränderten die Aufnahmebereitschaft für bildungsökonomische Gedanken und ihre Wirkungschancen. Für die Anfänge der Wirtschaftswissenschaft in der Epoche der → Aufklärung ist das Bemühen kennzeichnend, das Entstehen von materiellem Wohlstand bestimmten Faktoren zuzuordnen. Malthus, Mill, Petty, Ricardo, Smith und andere Gelehrte dieser Epoche versprachen sich von Bildung eine Verbesserung des Wohlstands in zwei Richtungen: Die Vermittlung von Wissen und Können reproduziert und vermehrt zum einen Handlungskompetenz und insbesondere das Innovationspotential; die allgemeine Ausbreitung von Einsicht und Vernunft stabilisiert zum anderen die gesellschaftliche Ordnung (sowie das Wachsen der Bevölkerung) und schafft damit eine Voraussetzung für das Gedeihen der Wirtschaft. Diese beiden Gedankengänge kehren im einschlägigen Schrifttum seither immer wieder, wenn auch, was die Stabilisierungsfunktion betrifft, in sehr wechselnden Versionen, die bis zur völligen Negation des aufklärerischen Optimismus reichen. Der auf die Aufklärung folgende → Neuhumanismus war nicht geneigt, sich mit den Beziehungen zwischen Wirtschaft und Bildung zu befassen, so daß Ansätze dazu geringe Wirkung hatten. Empirische Untersuchungen waren auf diesem Gebiet zunächst sehr selten, was zum Teil in der Datenlage begründet war. Die Schulfinanzen waren das Gebiet der Bildungsökonomie, das in der zweiten Hälfte des 19. und in der ersten Hälfte des 20. Jahrhunderts am ehesten empirisch fundiert bearbeitet wurde.

Auch in Deutschland hat die Beschäftigung mit den Schulfinanzen in den 20er und 30er Jahren eine Reihe von Untersuchungen hervorgebracht. Diese Arbeiten blieben aber außerhalb des Hauptstroms der

Bildungsökonomie 235

Diskussion. Erst in den 50er und 60er Jahren erschienen dann wieder erste bildungsökonomische Arbeiten von EDDING (vgl. 1958) in der Bundesrepublik Deutschland, von VAIZEY (vgl. 1962) in England, SCHULTZ (vgl. 1963), BENSON (vgl. 1961), BOWMAN u. a. (vgl. 1968) und DENISON (vgl. 1962) in den USA. Es war eine erstaunliche Welle gleichgerichteter Abkehr vom bis dahin dominierenden Interesse und der Zuwendung zu bildungsökonomischen Fragen. Diese und andere Bildungsökonomen trafen sich seit 1959 in zahlreichen Diskussionen, einige Jahre lang überwiegend organisiert durch die Study Group into the Economics of Education, die von der Organization for Economic Co-operation and Development (OECD) finanziert wurde. Was führte zu dieser Renaissance bildungsökonomischen Interesses? Der Kalte Krieg zwischen Ost und West und die sich anbahnende Nord-Süd-Spannung sind als politischer Hintergrund in Betracht zu ziehen. Theoriegeschichtlich fand eine Abwendung von der Einseitigkeit der Beschäftigung mit Konjunkturproblemen und eine Hinwendung zu Fragen der Infrastruktur, zu den Wachstumsproblemen der modernen Staaten in Beziehung zu denen der Entwicklungsländer, schließlich zu Verteilungsproblemen, zu Finanzierungsfragen und nicht zuletzt zu Theorien und Techniken langfristiger Planung statt. Kennzeichnend für dieses Denken war die Erwartung eines langfristig störungsfreien Wachstums der Industrienationen und das Überwiegen neoklassischer Theoreme.

Bildung als Investition in Humankapital. Ein großer Teil der bildungsökonomischen Literatur befaßt sich mit der Theorie des Humankapitals und ihren Anwendungen (vgl. BECKER 1964, EDDING/HÜFNER 1975, ALEX/WEISSHUHN 1980). Die Ökonomen der Aufklärung dachten über die Ursachen unterschiedlichen Reichtums der Nationen nach und über die durch Wanderung entstehenden Gewinne und Verluste. Schätzungen des Kapitalwerts ganzer Bevölkerungen spielten in der Volksvermögensrechnung und bei Gebietsabtretungen eine Rolle. Die Versicherungswissenschaft benötigte Kalkulationen des «Zeitwertes» eines Menschen in Fällen von Entschädigungsforderungen bei Tod oder Verkrüppelung. In der neueren volkswirtschaftlichen Diskussion wurde untersucht, welche Relation von Sach- und Humankapital für das Wachstum förderlich sei. Humankapitalrechnungen wurden außerdem benutzt für Arbeiten über die Wirkung von Bildung auf die Einkommensverteilung und über die Verfahren zur Finanzierung von Bildung.

Zwei Methoden der Berechnung des Humankapitals haben für unterschiedliche Anwendungen Bedeutung. Wenn es etwa um eine Entschädigung für Aufwendungen geht, die insgesamt für einen Menschen bis zu seinem Eintritt in Erwerbstätigkeit gemacht wurden, dann sind alle seit seiner biologischen Existenz entstandenen Kosten zu summieren. Dabei sind nicht nur direkte Ausgaben zu berücksichtigen, sondern auch etwa entgangene Einkommen der → Mütter während einer anzunehmenden Frist und entgangenes Einkommen während der Schul- und Ausbildungsjahre nach Erreichen des dafür jeweils geltenden Alters der Arbeitserlaubnis. Es ist auch eine Verzinsung aller aufgesummten Beträge einzukalkulieren.

Bei der zweiten Methode der Berechnung von Humankapital wird die Frage gestellt, für wen das berechnete Kapital so viel wert ist. Sein Wert beispielsweise auf dem Arbeitsmarkt steht mit den Herstellungskosten nur in einem losen Zusammenhang. Deswegen wird in der Bildungsökonomie meistens davon ausgegangen, daß sich der materielle Wert eines Menschen vor allem durch seine Kapazität, Einkommen zu verdienen, bestimmt. Dementsprechend schätzt man den wahrscheinlichen Einkommensstrom über die Lebenszeit. Dieses Einkommen wird nach Abzug von Lebenshaltungskosten und einer Verzinsung kapitalisiert und den aufgezinsten Bildungskosten gegenübergestellt. Aus dem Vergleich der beiden Summen folgt die Rentabilität der Bildungsinvestition.

Auf diesem Ansatz basierend, sind seit 1960 zahlreiche Untersuchungen durchgeführt worden. Sie fragen, um wieviel die Verzinsung eines bestimmten Ausbildungsgangs für eine Person, eine Firma oder einen staatlichen Träger höher ist als die eines alternativen Ausbildungsprozesses. Es wird geprüft, wieviel von der Verzinsung pivater und wieviel öffentlicher Nutzen ist, wann die Kosten einer Ausbildung durch ihre Erträge ausgeglichen sind, um wieviel sich das Pro-Kopf-Einkommen einer Bevölkerung bei alternativen Mengen der Investition in Humankapital erhöht, welche Wirkungen auf die Einkommensverteilung diese oder jene Form der Investition in Bildung und ihre Finanzierung haben wird. Nach einer umfassenden Auswertung solcher Untersuchungen macht PSACHAROPOULOS (vgl. 1973) folgende Aussagen: Bildung ist im Durchschnitt eine rentable Investition. Die Ertragsraten in Entwicklungsländern sind höher als in wirtschaftlich fortgeschrittenen Ländern. Die Rentabilität der Primarstufe übertrifft meistens die der Hochschulstufe. Der Ertrag von Investitionen in Bildung ist in den Entwicklungsländern beträchtlich höher als der von Investitionen in Sachkapital.

Solche und ähnliche Aussagen bewirkten ein großes Interesse, Untersuchungen dieser Art zu verfeinern und ständig zu wiederholen. Sie lösten aber auch erhebliche Kritik an den Voraussetzungen und Methoden aus (vgl. COHN 1972, HELBERGER 1982, VAIZEY u. a. 1972). Zunächst wurde darauf hingewiesen, daß es eine unzulässige Einengung ist, wenn man Bildung nur zu denjenigen späteren Leistungen von Erwerbstätigen in Beziehung setzt, die als Güter und Dienste Einkommen bringen. Die Leistungen der Hausfrauen sind damit ausgeschlossen, außerdem alle sonstigen Betätigungen, die keinen Tauschwert haben. Insbesondere bleibt auch die bildungsbedingte Konsumfähigkeit unberücksichtigt. Problematisch erscheinen darüber hinaus folgende Prämissen: eine Verknüpfung von Ausbildungskosten und dem Erreichen bestimmter →Lernziele; ein enger Zusammenhang erreichter Lernziele mit Arbeitsleistungen in der Erwerbstätigkeit; eine Beinahe-Identität von Arbeitsleistung und Einkommen, wobei die Hypothese als gesichert angenommen wird, daß das Grenzprodukt der Arbeit dem Einkommen gleich sei. Auch derjenige, dem diese Hypothese als richtig erscheint, muß fragen, ob die genannten Verknüpfungen bereits genügend erforscht sind, um die darauf basierenden Aussagen zur Begründung von Allokationsentscheidungen und von Finanzierungsmaßnahmen (vgl. BRINKMANN 1985) heranziehen zu können (Eigenbeteiligung der Nutznießer an den Kosten). Die Kritik an der Berechnung von Kosten und Erträgen richtet sich außerdem gegen die Einbeziehung von Schattenpreisen für durch Ausbildung entgangenes Einkommen vor Eintritt in die Erwerbstätigkeit. Ein entgangenes Einkommen dieser Art sei in seiner Bedingtheit durch die jeweilige Lage von Individuen und Gruppen sowie durch die Marktsituation zu sehen. Schließlich wird darauf hingewiesen, daß Humankapital in der Regel kein verkäufliches oder beleihbares Gut und nicht wie Eigentum an eine Firma zu binden ist.

Bildung und Beschäftigung. Überwiegend unter dem Gesichtspunkt störungsfreien Wachstums untersucht die Bildungsökonomie die Probleme der Abstimmung zwischen dem Beschäftigungs- und dem Bildungssystem. Dabei geht es um Anpassungsprozesse zwischen differenzierten, vom →Bildungssystem vermittelten →Qualifikationen (Angebot) einerseits und den vom Beschäftigungssystem benötigten (Nachfrage) andererseits. Diese Abstimmung findet auf den Teilarbeitsmärkten statt, oder sie führt zur Neuabgrenzung von Teilarbeitsmärkten. Bestimmend für die bildungsökonomische Forschung auf diesem Gebiet ist in erster Linie das Problem der «richtigen» Dimensionierung und Strukturierung des Bildungswesens.

In der Bildungsökonomie werden gegenüber diesem Problem sehr kontroverse Positionen vertreten. Sie bewegen sich zwischen der Forderung radikaler Einordnung auch des Bildungswesens in die Marktwirtschaft (vgl. FRIEDMAN 1955, VAN LITH 1985) und der Begründung eines Systems totaler Planung und Staatsintervention (vgl. KNAUER u. a. 1972). Dabei verbinden sich verschiedene theoretische Konzepte, von denen vor allem der Ertragsratenansatz und der Arbeitskräftebedarfsansatz in der Literatur breit diskutiert worden sind:

Der *Ertragsratenansatz* gründet sich auf die im vorhergehenden Abschnitt dargestellten Berechnungen und Annahmen. Durch die Ermittlung von individuellen und sozialen Ertragsraten soll sowohl der ein-

238 Bildungsökonomie

zelne Ausbildung Suchende als auch die Gesellschaft in die Lage versetzt werden, die bei den gemachten Annahmen ökonomisch optimalen Entscheidungen zu treffen. Mit den Annahmen perfekten Wettbewerbs, totaler Information und rapider Anpassungsfähigkeit sowie mit der Vernachlässigung externer Effekte ist für den individuellen Ertragsratenansatz kennzeichnend, daß er keine dauerhaft gegeneinander abgegrenzten Teilarbeitsmärkte unterstellt.

Der *Arbeitskräftebedarfsansatz* geht dagegen von einer vollständigen Trennung der Teilarbeitsmärkte aus, die technologisch-qualifikatorischen Notwendigkeiten entspricht. Ausgehend von einer Projektion künftiger Wachstumsraten der Gesamtwirtschaft und ihrer Branchen, wird der Bedarf an unterschiedlich qualifizierten Arbeitskräften prognostiziert. Es handelt sich hier im Kern um einen produktionstheoretischen Ansatz, der von Komplementarität der Produktivfaktoren ausgeht. In bezug auf die von ihm benutzten Kategorienschemata verlangt er, daß Substitutionsprozesse jeweils zwischen den Kategorien ausgeschlossen sind. Marktprozesse, und damit die Wirksamkeit des Preismechanismus, spielen bei ihm keine Rolle.

Die zum Teil rigorosen Annahmen des Manpower-Ansatzes einerseits und die empirischen Erfahrungen andererseits führten dazu, daß in den letzten Jahren der Zusammenhang von beruflicher Qualifikation und Beschäftigung als analytisches Problem verstärkt in das Blickfeld geraten ist. Die Untersuchung von Substitutionsspielräumen zum Beispiel ist in diesem Zusammenhang zu nennen. Dabei geht es letztlich um die Neudefinition von Teilarbeitsmärkten und die Stabilität ihrer gegenseitigen Abgrenzungen. Außerdem wird neuerdings zunehmend gefragt, ob das Verhältnis von Bildung und Beschäftigung überhaupt primär oder ausschließlich als qualifikatorisches Problem zu behandeln ist. Die Hypothese eines engen und eindeutigen Zusammenhangs zwischen Angebots- und Nachfragestruktur wird bestritten. Die verbreiteten Phänomene struktureller Arbeitslosigkeit, anhaltender Knappheit qualifizierten Personals und massenhaften Berufswechsels erscheinen vor allem als eine Frage der Wirtschafts- und Unternehmenspolitik sowie der Laufbahn- und Lohnstruktur. Der Unbestimmtheit in den Beziehungen zwischen Bildungs- und Beschäftigungssystem tragen Modelle einer Verlagerung von Teilen der systematischen Bildung in die Lebensperiode der Erwerbstätigkeit Rechnung (vgl. EDDING 1976).

Mikroökonomische Aspekte. Betriebswirtschaftliche Kriterien und Methoden sind im Bildungsbereich adäquat, wo es sich um kommerzielle Sachleistungsbetriebe handelt, etwa solche, die Medien herstellen und sie auf dem Markt mit der Absicht, Gewinn zu erzielen, vertreiben (vgl. NAUMANN 1974). Ähnliches gilt von Dienstleistungsbetrieben, die nach eigener Planung und bei voller Übernahme des Marktrisikos einzelne Kurse oder auch komplexe → Curricula anbieten (vgl. PLEISS 1974). Soweit das Risiko solcher Betriebe durch Subventionen verringert wird, wie etwa bei anerkannten Ergänzungs- und Ersatzschulen, mindert dies die Autonomie und die Orientierung am Markt. An die Stelle von Marktpreisen treten Gebühren zur Aufwandsdeckung. Dessenungeachtet sind in allen bisher erwähnten Arten von Bildungsbetrieben Anwendungen der Betriebswirtschaftslehre relativ einfach. Schwieriger wird dies in den Fällen, wo Bildung nur einer von mehreren Zwecken eines Betriebes ist, bei der betrieblichen Aus- und Weiterbildung sowie in dem großen Bereich der öffentlichen Schulen und Hochschulen, die als Gliedhaushalte in Trägerschaft von Gebietskörperschaften organisiert sind. Außer der Eingliederung in die öffentliche Verwaltung und damit der finanz- und personalrechtlichen Bindung an die Träger hindert eine Reihe weiterer Verschiedenheiten die auch nur annähernde Gleichbehandlung solcher Bildungsbetriebe mit Erwerbsbetrieben (Schwierigkeiten der Leistungsmessung und damit der Kosten-Nutzen-Analyse, fehlendes Eigenkapital, Überwiegen der Beschäftigung von Beamten). Für die öffentlichen Bildungseinrichtungen hat sich deshalb zunächst eine Schulfinanzierungslehre entwickelt (vgl. JOHNS/MORPHET 1952), die sich auf die traditionelle kameralistische Haushaltsrechnung stützte. In den USA, wo unter anderem wegen des hohen Anteils privater Bildungseinrichtungen seit langem ein Studium des Schulmanagements angeboten wird, wurden vielerlei betriebswirtschaftliche Verfahren zur Gestaltung von Bildungsunternehmen eingeführt. Auch in der Bundesrepublik Deutschland wurden Versuche unternommen, über den Kameralismus hinausführende Systeme der Kostenrechnung für Schulen und Hochschulen und eine besondere Bildungsbetriebslehre zu entwickeln (vgl. ORTNER 1973, SIEWERT 1976, WIBERA-PROJEKTGRUPPE 1976).

Im einzelnen befassen sich bildungsökonomische Untersuchungen im Mikrobereich auf der einen Seite mit internen Problemen der wirtschaftlichen Zielerreichung, auf der anderen Seite mit der Optimierung von Wechselwirkungen zwischen Bildungsbetrieben und ihrer Umwelt. Obgleich in den öffentlichen Schulen ein betriebliches Rechnungswesen nicht durchführbar ist, das es ermöglicht, den Einsatz von Faktoren im Sinne der monetären Rentabilität zu steuern, wird doch eine bessere Transparenz der Ressourcenverwendung und ihres Erfolges angestrebt. Dazu gehören Untersuchungen der optimalen Betriebsgröße, zur Ermittlung der Folgekosten bei Bauten (vgl. HERZOG/ODDIE 1968), über das Zeitbudget der → Lehrer (vgl. KNIGHT-WEGENSTEIN AG 1973) sowie vergleichenden Analysen der Ausgaben je Schüler und Unterrichtseinheit. Probleme von Kapazität, Standort und Einzugsbereich von Bildungsbetrieben im Rahmen von Schulentwicklungsplänen der Kommu-

240 Bildungsökonomie

nen und Länder zu untersuchen, wurde zu einer ständigen Aufgabe. Die Frage nach der Wirtschaftlichkeit (Aufwandsminimierung beim Erreichen vorgegebener Ziele) der öffentlichen Schulen und Hochschulen, die lange Zeit nur von den Rechnungshöfen geprüft wurde – und zwar mangels geeigneter Methoden mit minimalem Erfolg –, ist zunehmend Gegenstand der bildungsökonomischen Forschung geworden, am weitestgehenden für die Hochschulen (vgl. BAYER/OBLASSA 1972, WIBERA-PROJEKTGRUPPE 1976). Solche Forschung ist nicht ohne kritische Behandlung von Inhalten, didaktischen Methoden und Organisationsformen der Bildungsgänge möglich und bedarf daher enger interdisziplinärer Kooperation.

ALEX, L./WEISSHUHN, G.: Ökonomie der Bildung und des Arbeitsmarktes, Hannover 1980. BAYER, W./OBLASSA, H.: Betriebssteuerungssystem und Kapazitätsmodell für Hochschulen. Hochschulinformationsdienst GmbH: Hochschulplanung 6, Weinheim 1972. BECKER, G. S.: Human Capital. A Theoretical and Empirical Analysis, with Special Reference to Education, New York/London 1964. BENSON, CH. S.: The Economics of Public Education, Boston 1961. BLAUG, M. (Hg.): Economics of Education. 2. Selected Readings, Harmondsworth/Baltimore 1969. BLAUG, M.: An Introduction to the Economics of Education, London 1970. BOWMAN, M. J. u. a. (Hg.): Readings in the Economics of Education, UNESCO, Paris 1968. BRINKMANN, G. (Hg.): Probleme der Bildungsfinanzierung, Berlin 1985. COHN, E.: The Economics of Education, Lexington/London 1972. DENISON, E. F.: The Sources of Economic Growth in the United States and the Alternatives Before Us, New York 1962. EDDING, F.: Internationale Tendenzen in der Entwicklung der Ausgaben für Schulen und Hochschulen, Kiel 1958. EDDING, F.: Ökonomische Probleme des Recurrent-Education-Konzepts. In: Z. f. Wirtsch.- und Sozw. (1976), S. 287ff. EDDING, F./HÜFNER, K.: Probleme der Organisation und Finanzierung der Bildungsforschung in der Bundesrepublik Deutschland. In: Roth, H./Friedrich, D. (Hg.): Bildungsforschung, Teil 2. Deutscher Bildungsrat: Gutachten und Studien der Bildungskommission, Bd. 51, Stuttgart 1975, S. 419ff. FRIEDMAN, M.: The Role of Government in Education. In: Solo, R. A. (Hg.): Economics and the Public Interest. Essays Written in Honor of Eugene Ewald Agger, New Brunswick (N. J.) 1955, S. 123ff. HELBERGER, CH.: Auswirkungen öffentlicher Bildungsausgaben in der Bundesrepublik Deutschland auf die Einkommensverteilung der Ausbildungsgeneration, Stuttgart 1982. HERZOG, K./ODDIE, G.: Technologische oder ökonomische Lösung des Schulbauproblems. Wirtschaftlichkeit im Schulbau, Berlin 1968. JOHNS, R. L./MORPHET, E. L. (Hg.): Problems and Issues of Public School Finance, New York 1952. KAHLERT, H.: Materialien zur Geschichte bildungsökonomischen Denkens in Deutschland. Ein Zwischenbericht, Frankfurt/M. 1973/1974. KNAUER, A. u. a. (Hg.): Sozialistische Bildungsökonomie. Grundfragen, Aufgaben, Probleme, Lösungen, Berlin 1972. KNIGHT-WEGENSTEIN AG: Die Arbeitszeit der Lehrer in der Bundesrepublik Deutschland, 2 Bde., Zürich 1973. LITH, U. VAN: Der Markt als Ordnungsprinzip des Bildungsbereichs, München 1985. NAUMANN, J.: Medien-Märkte und Curriculumrevision in der BRD, Berlin 1974. ORTNER, G. E.: Bildungs-Betriebslehre, Paderborn 1973. PLEISS, U.: Bildungsbetriebe. In: Grochla, E./Wittmann, W. (Hg.): Handwörterbuch der Betriebswirtschaft, Bd. 1, Stuttgart 1974, Spalte 947ff. PSACHAROPOULOS, G.: Returns to Education. An International Comparison, Amsterdam/London/New York 1973. SCHULTZ, TH. W.: The Economic Value of Education, New York/London 1963. SIEWERT, P.: Kostenrechnung für Schulen in öffentlicher Trägerschaft. Fragen und Ansätze, Berlin 1976. VAIZEY, J. E.: The Economics of Education, London 1962. VAIZEY, J. E. u. a.: The Political Economy of Education, London 1972. WALSH, J. R.: Capital Concept Applied to Man. In: The Quart. J. of Ec. 49 (1934/1935), S. 255 ff. WIBERA-PROJEKTGRUPPE: Ökonomie der Hochschulen. Eine betriebswirtschaftliche Untersuchung, 3 Bde., Düsseldorf/Baden-Baden 1976.

Friedrich Edding

Bildungsplanung

Begriff und Aufgabe. Bildungsplanung dient der vorausschauenden Sicherung und Entwicklung eines zureichenden und leistungsfähigen Angebots an Bildungseinrichtungen und Bildungsgängen. Ihre Aufgabe besteht in der Klärung, Koordinierung und praktischen Realisierung von Anforderungen, die sich im Horizont der demographischen, wirtschaftlich-technischen, sozial-kulturellen und politisch-rechtlichen Entwicklung mit Blick auf Bestand, Organisation, Nutzung und räumliche Verteilung von Bildungseinrichtungen stellen. Sie erstreckt sich auf alle Arten von Bildungseinrichtungen, auf → Schulen des allgemeinbildenden und des beruflichen Schulwesens, auf Einrichtungen im vorschulischen Bereich, auf Hochschulen sowie auf die Einrichtungen der beruflichen und allgemeinen → Weiterbildung.

Unter Bezug auf Aufgaben und Funktionen, die jeweilige Bildungseinrichtungen für den einzelnen, für die Entwicklung in einzelnen gesellschaftlichen Bereichen sowie im Rahmen des Gesamtsystems von Bildungseinrichtungen übernehmen, fragt Bildungsplanung danach, wo welche Bildungseinrichtungen in welcher Anzahl und Größenordnung erforderlich sind, welcher Aufbau und welche → Differenzierung von Bildungsgängen und -einrichtungen zweckdienlich ist, welche personellen, sachlichen und finanziellen Ressourcen erforderlich sind und wie Änderungen eines vorhandenen Bildungsangebots erfolgreich realisiert werden können. Planung wird dabei begriffen als Vorwegnahme eines Entwicklungsprozesses oder Zustandes des Bildungswesens oder einzelner seiner Einrichtungen, durch den bestimmte Leistungen und erwünschte Folgewirkungen ermöglicht werden und der seinerseits einer Einflußnahme und Gestaltung durch die zuständigen Träger, Organe oder dazu beauftragten Institutionen unterliegt. Sie ist zu einem unerläßlichen Instrument geworden, um die Versorgung mit Bildungseinrichtungen in einzelnen Sozialräumen sicherzustellen, um Disparitäten in den bildungsabhängigen Entwicklungs-, Berufs-, Erwerbs- und Lebenschancen zu verringern, Begrenzungen der gesamtwirtschaftlichen Entwicklung, soweit sie in der Anzahl von Personen mit bestimmten → Qualifikationen verankert sind, zu minimieren, um Ungleichgewichte

242 Bildungsplanung

zwischen vorhandenen und erforderlichen Qualifikationen abzubauen, Aufwand und Verwendung eingesetzter Ressourcen zu optimieren und eine praktische, das heißt an den Folgen für einzelne Bereiche gesellschaftlicher Praxis orientierte Rationalität des Systems organisierter Bildungsprozesse und seiner Gestaltung zu ermöglichen.

Bereiche. Das breite Aufgabenspektrum der Bildungsplanung und die Komplexität der damit verbundenen Probleme hat zu einer Ausdifferenzierung einzelner Bereiche der Bildungsplanung geführt. Im allgemeinen unterschieden werden *Teilgebiete* der Bildungsplanung, die sich mit einzelnen Arten von Bildungseinrichtungen beziehungsweise einzelnen Bereichen und Stufen des Bildungswesens befassen, sodann einzelne *Aufgabenbereiche* der Bildungsplanung respektive einzelne in sachlich-systematischer Hinsicht unterscheidbare Gebiete der Bildungsplanung sowie mit Blick auf den prozessualen Ablauf von Planungsprozessen einzelner *Planungs- und Entscheidungsebenen* der Bildungsplanung. Zu relativ eigenständigen Teilgebieten der Bildungsplanung haben sich entwickelt der Bereich der Hochschulplanung, die Schulentwicklungsplanung, die Berufsbildungsplanung und die Weiterbildungsplanung. Diesen Bereichen hinzugetreten ist in den letzten Jahren der Bereich der betrieblichen Bildungsplanung. Diese Teilgebiete korrespondieren weitgehend der Gliederung des Bildungswesens in die Bereiche Hochschulwesen (tertiärer Bereich), allgemeinbildendes und berufliches Schulwesen (Primär-, Sekundar-I- und Sekundar-II-Bereich), Weiterbildung (quartärer Bereich). Wie die Begriffe dieser Teilgebiete andeuten, befaßt sich die Hochschulplanung mit Fragen der Entwicklung der Hochschulen/Universitäten und ihres Studienangebots, die Schulentwicklungsplanung mit der Entwicklung und Gestaltung des Angebots an Bildungseinrichtungen im Primar-, Sekundarstufen-I- und Sekundarstufen-II-Bereich (Grundschulen, Hauptschulen, Realschulen, Gymnasien, Gesamtschulen, Berufs- und Berufsfachschulen), die Weiterbildungsplanung mit Fragen des Angebots nach- und außerschulischer Bildung seitens privater und öffentlicher Träger. Eine Sonderstellung nimmt die Berufsbildungsplanung ein. Sie befaßt sich bereichsübergreifend mit der Entwicklung und Gestaltung berufsqualifizierender Einrichtungen im Sekundarbereich II (Berufsschulen, betriebliche Ausbildung, Berufsaufbauschulen, Berufsfachschulen, Berufsoberschulen) wie im tertiären Bereich mit Ausnahme der universitären Studiengänge (Fachschulen, Kollegs, Abendschulen). Im Zentrum der betrieblichen Bildungsplanung stehen Fragen der beruflichen Aus- und Weiterbildung, der Personalentwicklung, Personalführung und Organisationsentwicklung innerhalb einzelner Unternehmen oder Unternehmensgruppen.

In allen der genannten institutionellen Teilgebiete der Bildungsplanung ist eine Reihe von Anforderungen wirksam, die eine sachlich-systematische Differenzierung des Aufgabenspektrums der Bildungsplanung in vier Bereiche erlauben: Kapazitätsplanung, Strukturplanung, Curriculumplanung, Standortplanung.

Der Bereich der Kapazitätsplanung befaßt sich mit der Klärung und Koordinierung von Anforderungen an die Aufnahmefähigkeit und den Bestand von Bildungseinrichtungen. Sie fragt danach, wieviele Personen sich voraussichtlich in den Bildungseinrichtungen befinden werden, wie sich das Gesamt der Lernenden auf einzelne Schulformen, Schulstufen und Bildungsgänge verteilt, mit welcher Zahl von Absolventen einzelner Bildungsgänge und Bildungseinrichtungen in einzelnen Zeiträumen zu rechnen ist, welcher Bedarf für bestimmte Bildungsabschlüsse und Berufsqualifikationen besteht und welche Konsequenzen sich daraus mit Blick auf das Verhältnis von Angebot und Nachfrage nach entsprechenden Bildungseinrichtungen ergeben. Der Beantwortung dieser Fragen kommt eine zentrale Bedeutung für die Bildungsplanung zu. Ihre Abklärung ist eine Voraussetzung, um den Bedarf an Lehrpersonal, Räumen, Sachmitteln und damit an Gesamtkosten für Bildungseinrichtungen zu ermitteln. Ebenfalls ist ihre Abklärung eine Voraussetzung, um Aussagen über den Fehlbedarf oder ein Überangebot an Nachwuchskräften mit bestimmten Qualifikationen machen zu können wie damit auch Aussagen über die Berufs- und Beschäftigungschancen für einzelne Gruppen von Schul- und Hochschulabsolventen in einzelnen Regionen oder Ländern treffen zu können.

Nicht mit den quantitativen Anforderungen, sondern mit Anforderungen an die Verschiedenheit und Vielfalt von Schulformen und Bildungsgängen, ihrem Aufbau, ihrer zeitlichen Dauer, ihren Zugangsvoraussetzungen und den Berechtigungen, zu denen sie verleihen, befaßt sich die sogenannte Strukturplanung. Sie fragt danach, welche Differenzierung und Organisation des Bildungssystems oder einzelner seiner Teilbereiche künftig wünschenswert und zweckmäßig ist, ob neue Schulformen und Ausbildungsgänge eingerichtet und neue Studiengänge etabliert werden sollen, welche Differenzierung innerhalb des Spektrums der beruflichen Ausbildungsgänge nötig und zweckmäßig ist, unter welchen Voraussetzungen eine Angleichung und Vereinheitlichung von Schulabschlüssen und mit ihnen verknüpften Berechtigungen zwischen einzelnen Ländern oder Staaten möglich ist, welche Wege für den Erwerb bestimmter Bildungsabschlüsse bestehen sollen und auf welchem Wege bestimmte Zusatzqualifikationen erworben werden sollten. Festlegungen der Struktur des Schul- und Ausbildungsangebots sind eine zentrale Bestimmungsgröße der Kapazitätsplanung. Denn wesentlich von ihnen mitbestimmt ist die Verteilung der Schülerströme auf die verschiedenen Arten von Bildungseinrichtungen, auf die Gesamtnachfrage nach Bildungsgängen und Bildungsabschlüssen sowie damit auf den Gesamtumfang der zu bestimmten Zeitpunkten zu erwartenden Absolventenströme einzelner Bildungseinrichtungen. Strukturänderungen, wie etwa die Einführung der Gesamtschule (1969), die allgemeine Einführung der Fachoberschule (1979), die Vereinbarungen zum Erwerb der Fachhochschulreife (1968/1969), die Einführung neuer Studiengänge, wie zum Beispiel die des Diplom-Pädagogen (1969/1970), haben jeweils zu neuen Verteilungen der Bildungsströme auf die bestehenden Schulformen und Bildungsgänge geführt (→ Bildungssystem [Bundesrepublik Deutschland]) und die Nachfrage nach höherwertigen Studienabschlüssen mitbeeinflußt.

Mit der Klärung und Koordination von Anforderungen an die in jeweiligen Bildungseinrichtungen vermittelten Kenntnisse, Fähigkeiten, Fertigkeiten, Einstellungen und Wertorientierungen befaßt sich der Bereich der Curriculumplanung (→ Curriculum). Hierzu gehören Anforderungen an die in einzelnen Schulformen und einzelnen Jahrgangsstufen zu unterrichtenden Fächer, Anforderungen an die Gesamtstundenzahl und den Stundenanteil einzelner Fächer, an Pflicht- und Wahlbereiche, gegebenenfalls an Praktika-Anteile sowie Anforderungen an die in den jeweiligen Abschlußprüfungen nachzuweisenden Kenntnisse und Fähigkeiten. Unter Bezug auf Strukturvorgaben für einzelne Schulformen und Bildungsgänge fragt Curriculumplanung danach, welches Verhältnis diejenigen, die einen bestimmten Bildungsgang durchlaufen, gegenüber einzelnen Feldern gesellschaftlicher Praxis gewinnen können sollen, was mit Blick auf eine kompetente Teilhabe in einzelnen Praxisfeldern voraussetzungshaft an Kenntnissen, Fähigkeiten, Urteils- und Handlungskompetenzen zu vermitteln ist, wie ihr Erwerb als Lernprozeß organisiert und gesichert werden kann. Dies schließt für das Spektrum berufsqualifizierender Bildungsgänge die Frage ein, welche Qualifikationen in einzelnen beruflichen Tätigkeitsfeldern künftig erforderlich sind, welche Qualifikationen eine langfristige Sicherung der Erwerbs- und Beschäftigungschancen bieten und eine Entfaltung der Person im Medium des Berufs ermöglichen.

In engem Zusammenhang mit den genannten Planungsbereichen steht der Bereich der Standortplanung. Standortplanung befaßt sich mit Anforderungen an die räumliche Verteilung von Bildungseinrichtungen in einzelnen Kommunen, Regionen, Bundesländern und Staaten, mit Anforderungen an die Betriebsgröße und die Nutzung von Bildungseinrichtungen, untersucht Möglichkeiten der Vernetzung von Bildungsangeboten, der standortbezogenen Schwerpunktbildung von Bildungsangeboten sowie des effizienten Einsatzes von Sach- und Personalressourcen. Eine hohe Bedeutung erhält die Standortplanung für die Kapazitätsplanung durch den Einfluß, den lange Anfahrtswege, Verkehrsverbindungen und anderes mehr auf den Besuch und die Auslastung von Bildungseinrichtungen ausüben. Ihre Bedeutung für die Strukturplanung ergibt sich aus der für ein differenziertes Bildungsangebot vorausgesetzten Mindestzahl an zu erwartenden Schülern/Studierenden/Interessenten beziehungsweise der für die Errichtung und den Betrieb von Bildungseinrichtungen erforderlichen Größenordnungen.

Die bei der Umsetzung von Anforderungen an Entwicklung und Gestalt von Bildungseinrichtungen in konkrete Bildungswirklichkeit zu berücksichtigenden Fragen und Zuständigkeiten haben zu einer Unterscheidung von drei Planungs- und Entscheidungsebenen geführt: Konzeptplanung, Entscheidungsplanung und Realisierungsplanung. Konzeptplanung fragt danach, welche Auswirkungen und Folgeprobleme die Beibehaltung bestehender Strukturen, Kapazitäten, Curricula und Standorte erwarten läßt, welcher Entwicklungsprozeß anzustreben ist beziehungsweise welche Änderungen des Angebots an Bildungseinrichtungen und Bildungsgängen erforderlich sind und welche Maßnahmen dafür geeignet erscheinen. Auf der Ebene der Konzeptplanung erfolgt die Klärung und Definition von Anforderungen an die Entwicklung und Gestaltung von Bildungseinrichtungen und Bildungsgängen. Sie erfolgt heute überwiegend in Zusammenarbeit mit wissenschaftlichen Beratungsgremien und Forschungsinstituten, die für einzelne Bereiche des Bildungswesens teils fest institutionalisiert sind, teils zu bestimmten Fragen nach Bedarf eingerichtet werden oder im Rahmen der Vergabe von Fachgutachten beratend herangezogen werden.

Auf der Ebene der Entscheidungsplanung erfolgt die Koordinierung von Anforderungen und die verbindliche Festlegung von planerischen Maßgaben. Für einzelne Bereiche des Bildungswesens ist die Entscheidungsplanung durch rechtlich verankerte Zuständigkeiten vorstrukturiert: Die Entscheidung und rechtsverbindliche Festlegung von Maßgaben zur Strukturentwicklung liegt für den Bereich des allgemeinbildenden und beruflichen Schulwesens wie für den Bereich der Hochschulen bei den Bundesländern und ihren Parlamenten. Sie werden vorbereitet durch die Fachausschüsse der Parlamente und die zuständigen Landesbehörden sowie auf Bundesebene koordiniert durch die Kultusministerkonferenz der Länder (für den Bereich des allgemeinbildenden und berufsbildenden Schulwesens) und durch die Bund-Länder-Kommission (für den Schul- und Hochschulbereich). Ausgenommen hiervon sind Regelungen zur außerschulischen beruflichen Bildung (berufliche Aus- und Fortbildung und Umschulung) sowie rechtliche Maßgaben zur Vereinheitlichung des Hochschulstudiums, für die der Bund zuständig ist.

Entscheidungen und Festlegungen der Kapazitäts- und Standortplanung erfolgen für den Bereich des allgemein- und berufsbildenden Schulwesens durch die Kommunen und Kreise auf der Grundlage von

246 Bildungsplanung

Planungsvorgaben wie Mindestzügigkeit, Klassenfrequenzrichtwert, Lehrer-Schüler-Relation, die seitens der Bildungsverwaltung und Regierung der Länder festgelegt werden. Für den Hochschulbereich liegt die Kapazitätsplanung bei den Ländern, mit Ausnahme des Aus- und Neubaus von Hochschulen, für die Bund und Länder gleichermaßen zuständig sind.

Von der Ebene der Konzept- und Entscheidungsplanung zu unterscheiden ist die Ebene der Realisierungsplanung. Sie befaßt sich mit der praktischen Umsetzung anvisierter Entwicklungen des Angebots an Bildungseinrichtungen und Bildungsgängen. Sie erfolgt für den Hochschulbereich durch die Bildungsverwaltungen bei Bund und Ländern, für die Struktur- und Curriculumplanung im Primar- und Sekundarbereich durch die Bildungsverwaltung der Länder, für die Kapazitäts- und Standortplanung im Primar- und Sekundarbereich durch die Gemeinden, Städte und Kreise. Die für die äußeren Schulangelegenheiten (Errichtung und Unterhaltung von Schulen, örtliches Angebot an Schulen und deren Standorte, Ausstattung der Schulen, Schülertransport) zuständigen Kommunen werden beaufsichtigt durch die Bildungsverwaltungen der Länder (Kultusministerien, Schulabteilungen der Regierungspräsidenten). Als Genehmigungsbehörden der kommunalen Schulentwicklungspläne kontrollieren sie die Einhaltung gesetzlicher Vorschriften und Bestimmungen bei der Errichtung, Unterhaltung und Schließung von Schulen. Faktisch besteht zwischen den verschiedenen Planungs- und Entscheidungsebenen ein Verhältnis der wechselseitigen Einflußnahme, kein hierarchisches Verhältnis. Das heißt, die für die Realisierung zuständigen Instanzen und die auf dieser Ebene zu behandelnden Fragen haben stets auch Einfluß auf die Entscheidungsplanung beziehungsweise die Instanzen, die aufgrund ihrer rechtlichen Zuständigkeit über einzelne planerische Maßgaben entscheiden. Ebenso nehmen die zuständigen Entscheidungsträger und Organe stets Einfluß auf die Definition und Klärung der Anforderungen an die künftige Entwicklung des Bildungsangebotes (zur Organisation und Kompetenzverteilung zwischen Bund, Ländern und Gemeinden: vgl. ARNOLD/MARZ 1979, HÜFNER u. a. 1986).

Geschichte der Bildungsplanung und theoretische Grundlagen. Die Entwicklung der Bildungsplanung und ihrer theoretischen Grundlagen ist eng verknüpft mit der Entwicklung von Bildungspolitik und Bildungsrecht. Sie ihrerseits sind eingebunden in einen Prozeß, der dadurch gekennzeichnet ist, daß Leistungen im Bereich der Wirtschaft wie die soziale und kulturelle Entwicklung in starkem Maße von Leistungen des Bildungssystems abhängig wurden. Einzelne gesellschaftliche Interessengruppen (Parteien, Verbände, Vereinigungen) machten und machen deshalb ihre wirtschafts-, sozial- und kulturpolitischen Interessen auch als Anforderungen an das Bildungssystem geltend, gegenüber denen der Staat als Hauptträger von Bildungseinrichtungen aufgefordert ist, nach Maßgabe gesetzlicher Grundlagen zu entsprechen. Im Rahmen jeweiliger gesetzlicher Grundlagen und ihrer Ausgestaltung erwuchsen dem Staat Aufgaben und Verpflichtungen im Bildungsbereich, die nur im Rahmen einer vorausschauenden Vorsorgeplanung bewältigt werden konnten und können. Die dabei auftretenden Fragen und Probleme regten die Entwicklung der theoretischen Grundlagen der Bildungsplanung nebst der ihr beigeordneten wissenschaftlichen Disziplinen Bildungsstatistik, →Bildungsökonomie und Bildungsforschung entscheidend an.

Der Zusammenhang von rechtlich verankerten Aufgaben des Staates im Bildungsbereich, politischen Leistungsanforderungen an das Schul- und Hochschulwesen und der Entwicklung der Bildungsplanung und ihrer theoretischen Grundlagen läßt sich seit den 80er und 90er Jahren des 19. Jahrhunderts bis heute verfolgen. In rechtlicher Hinsicht von besonderer Bedeutung haben sich dabei die in allen Verfassungen seit 1849 aufgenommenen Bestimmungen über die Aufsicht des Staates für das Schulwesen (Art. 7, Abs. 1 Grundgesetz – GG), der Gleichheitsgrundsatz (Art. 3, Abs. 1–2 GG), das Elternrecht (Art. 6, Abs. 2 GG) sowie die Bestimmungen zur Freiheit der Berufswahl (Art. 12, Abs. 1 GG) erwiesen. Aus ihnen erwuchsen Aufgaben und Anforderungen, die für die Entwicklung der Bildungsplanung bis heute wirksam sind. Verdeutlicht am Beispiel der Staatsaufsicht: Wurde die Aufsicht des Staates über das Schulwesen stets zugleich auch als Verpflichtung zur Unterhaltung öffentlicher Schulen verstanden (vgl. v. MÜNCH 1974), so erwuchs daraus in Verbindung mit der Schulpflicht die Aufgabe, die als Pflichtschulen anerkannten Schulformen in erreichbarer Nähe vorzuhalten. Um jedoch ein wohnortnahes Schulangebot vorhalten und eine grundständige Schulversorgung sichern zu können, ist es erforderlich zu wissen, mit welchen Schülerzahlen in den jeweiligen Schulformen zu bestimmten Zeitpunkten zu rechnen ist.

Statistische Grundlagen dieser Art fehlten für den Schulbereich bis 1886. Erst als im Zuge einer in den 80er Jahren des 19. Jahrhunderts einsetzenden allgemeinen Überfüllung der Klassen bei gleichzeitig steigender Bildungsaspiration für höherwertige Bildungsgänge eine breit gelagerte öffentliche Diskussion entstand, wurden erste umfassendere Erhebungen durchgeführt, Bedarfsrechnungen vorgenommen und erste Finanzstatistiken erstellt (vgl. REUKAUF 1909). 1901 wurde die erste Volksschulstatistik vorgelegt. Parallel dazu führte der Andrang an die Hochschulen und die Diskussion um eine «Überfüllung der gelehrten Berufe» in den 80er und 90er Jahren zu ersten umfassenderen Hoch-

248 Bildungsplanung

schulstatistiken, zu Analysen über die Gründe für den Anstieg der Studentenzahlen (vgl. Conrad 1884) sowie zu ersten Bedarfsprognosen für Akademiker (vgl. Lexis o. J.).

Probleme der Schulversorgung und Anforderungen an die Gewährleistung einheitlicher und pädagogisch tragbarer Unterrichtsverhältnisse sorgten seit der Wende zum 20. Jahrhundert in wiederkehrender Regelmäßigkeit für Erweiterungen der schulstatistischen Grundlagen. So führten in den 20er und 30er Jahren Bestrebungen zur Vereinheitlichung des Schulangebots, Kritiken an den Unterrichtsverhältnissen im Verbund mit Auseinandersetzungen um Lehrpläne und die Vergleichbarkeit einzelner Schultypen, eine neuerliche Überfüllungsdiskussion sowie erforderliche Sparmaßnahmen im Bildungsbereich nicht nur zu Erweiterungen der Schulstatistiken, sondern auch zu ersten Vorausberechnungen der Schülerzahlen und des Lehrerbedarfs (vgl. Fuchs 1931, Kullnick 1930, Losch 1926, Stein 1930, Tredup 1923/24, Unshelm 1922). Vergleichbare Impulse gingen nach 1945 zunächst von den Nachkriegsproblemen der Schulversorgung sowie Anfang der 60er Jahre von einem steilen Anstieg der Nachfrage nach höherwertigen Bildungsgängen und Bildungsabschlüssen aus (vgl. Köhler 1980, 1984).

Neben demographischen beziehungsweise geburtenabhängigen Schwankungen sorgten vor allem die Nachfrage nach höherwertigen Bildungsgängen und Bildungsabschlüssen sowie der (Nachwuchs-)Bedarf an qualifizierten Arbeitskräften für Anforderungen an eine vorausschauende Sicherung eines zureichenden Schul- und Hochschulangebots. Da aufgrund des Rechts auf freie Entfaltung der Persönlichkeit, auf Berufsfreiheit sowie aufgrund des Erziehungsrechts der Eltern die Wahl einer Schulform nach Maßgabe festgelegter Voraussetzungen prinzipiell freigestellt ist (→ Schulrecht), bestimmt sich der Bedarf an Schulen bestimmter Ausprägung grundsätzlich von der privaten Nachfrage an entsprechenden Bildungsgängen und Bildungsabschlüssen. Steigt diese Nachfrage gravierend, verschieben sich die Anforderungen an die Schulversorgung in Richtung eines Ausbaus entsprechender Bildungseinrichtungen. Mit einem Ausbau verändert sich jedoch bei anhaltender Nachfrage und gleichbleibenden Zugangsvoraussetzungen für entsprechende Bildungsabschlüsse stets zugleich auch die Anzahl derjenigen, die mit einem bestimmten Bildungs- und Berufsabschluß um eine geeignete Beschäftigung nachsuchen. Da die Möglichkeit zur Besetzung eines entsprechenden Arbeitsplatzes abhängig ist von der Entwicklung des Arbeitsmarktes beziehungsweise der Nachfrage nach qualifizierten Arbeitskräften seitens der Beschäftigungsträger, wurde die Nachfrage nach höherwertigen Bildungsabschlüssen seit der Jahrhundertwende mit dem Bedarf an entsprechend qualifiziertem Nachwuchs seitens des Staates und der Wirtschaft in Zusammenhang gebracht. Sowohl bedarfsorientierte Forderungen nach einer Begrenzung der Nachfrage wie bedarfsorientierte Forderungen zu einer Anhebung der Nachfrage nach bestimmten Bildungsgängen und Bildungsabschlüssen förderten bildungsstatistische Erhebungen über die Anzahl der Schulabgänger und Bildungsabschlüsse sowie Erhebungen über den in einzelnen Wirtschaftszweigen oder Berufsgruppen zu erwartenden Nachwuchsbedarf.

Erste Analysen über den Zusammenhang von Bildung und wirtschaftlicher Entwicklung datieren noch vor der Jahrhundertwende (vgl. VEREIN FÜR SOCIALPOLITIK 1884). Ihnen folgten zunächst Erweiterungen der Schul- und der Hochschulstatistik sowie außer ersten Lehrerbedarfsprognosen in den 20er Jahren schließlich auch erste Bedarfsprognosen für einzelne akademische Berufe in den 30er Jahren (vgl. MEERWARTH 1932, VOLKSWIRTSCHAFTLICHE ZENTRALSTELLE... 1932, BURKHARDT 1936, BREHMHORST/BUDIAN 1937, DEUTSCHER AUSSCHUSS... o. J.) und Überlegungen zur Berufsnachwuchslenkung (vgl. MOLLE 1936, ZMARZLIK 1939). Nach 1945 wurde im Zeichen rasch steigender Studentenzahlen, hoher Arbeitslosigkeit und eines gravierenden Lehrstellenmangels auf diese ersten Ansätze einer Bedarfsforschung zurückgegriffen, die schul-, berufs-, wirtschafts- und bevölkerungsstatistischen Grundlagen wurden erweitert und verbessert sowie erste Ansätze einer Nachwuchsbedarfsforschung entwickelt (vgl. HERRMANN 1978).

Führte die Nachwuchsbedarfsforschung in den 50er Jahren des 20. Jahrhunderts zu verschiedentlichen Forderungen nach einer Reorganisation des beruflichen Ausbildungswesens, so doch nicht zu einer Ausrichtung der Bildungspolitik an langfristigen Entwicklungszielen für den Schul- und Hochschulbereich. Ein zunehmender Reformdruck auf das aus der Weimarer Zeit übernommene Schul- und Hochschulwesen führte zwar noch in den 50er Jahren zur Errichtung zweier Beratungsgremien der Bildungspolitik – 1953 zum «Deutschen Ausschuß für das Erziehungs- und Bildungswesen», 1957 zur Errichtung des Wissenschaftsrates; die Empfehlungen beider Gremien beschränkten sich bis Anfang der 60er Jahre jedoch auf den Ausbau einzelner Teilbereiche des Bildungswesens sowie auf Korrekturen im Aufbau und der Gliederung des Schulbereiches, auf Lehrplanänderungen und Verbesserungen der →Lehrerausbildung. Ein entscheidender Durchbruch zu einer staatlichen Bildungsplanung erfolgte in den 60er Jahren, als drei Entwicklungen sich überlagerten: ein Rückgang des gesamtwirtschaftlichen Wachstums, ein starker demographischer Anstieg der Schülerzahlen im Verbund mit einem starken Anstieg der Nachfrage nach höherwertigen Bildungsabschlüssen sowie eine wachsende pädagogische Kritik an den Zielen und Formen des Schulunterrichts und an der sozialen Benachteiligung im Rahmen des herkömmlichen Schulsystems.

Im Zusammenhang mit wirtschaftsstatistischen Untersuchungen über

250 Bildungsplanung

die Abhängigkeit des Wirtschaftswachstums von der Anzahl hochqualifizierter Arbeitskräfte wurde die mittel- und langfristige Erhaltung und Steigerung des Wirtschaftswachstums in Abhängigkeit zu einem Anstieg an Abiturienten und Hochschulabsolventen sowie einer Förderung der Nachfrage nach entsprechenden Bildungsgängen gebracht (→ Bildungsökonomie). In der Organisation für wirtschaftliche Zusammenarbeit und Entwicklung (OECD) angeregte Studien zum Bedarf an hochqualifizierten Arbeitskräften sowie Vergleiche zwischen den Abiturienten- und Hochschulabsolventenzahlen einiger europäischer Staaten wiesen einen vergleichsweise starken Nachholbedarf der Bundesrepublik Deutschland für höherwertige Bildungsabschlüsse aus. Parallel zu ersten Bedarfsprognosen auf der Grundlage anvisierter Entwicklungen des Wirtschaftswachstums (vgl. RIESE 1967) und einer Intensivierung bildungsökonomischer Forschung (vgl. HÜFNER 1970) hatte – vermittelt über die seit Ende der 50er und Anfang der 60er Jahre verstärkt einsetzende Begabungsforschung – eine Diskussion um Begabungsreserven und den Einfluß des Sozialmilieus und des vorhandenen Schulangebots auf den Erwerb höherwertiger Bildungsabschlüsse eingesetzt, die Mitte der 60er Jahre unter dem Stichwort «Bürgerrecht auf Bildung» zu massiven Anforderungen an den Ausbau des höheren Schulwesens und zu einem Abbau sozialer Benachteiligungen im Schulwesen führte (vgl. DAHRENDORF 1965). Ökonomische wie sozialpolitische und pädagogische Anforderungen resultierten in dem Postulat nach einer langfristigen Bildungsplanung, verbunden mit einer grundlegenden Strukturreform des Bildungswesens.

Mitte der 60er Jahre kam es zu einem ersten Schulentwicklungsplan seitens eines Bundeslandes (Baden-Württemberg) mit dem Ziel einer Erschließung von Begabungsreserven. Der als Nachfolgegremium des Deutschen Ausschusses 1965 gegründete Deutsche Bildungsrat wurde beauftragt, «Bedarfs- und Entwicklungspläne für das deutsche Bildungswesen zu entwerfen, die den Erfordernissen des kulturellen, wirtschaftlichen und sozialen Lebens entsprechen und den zukünftigen Bedarf an ausgebildeten Menschen berücksichtigen» (Art. 9, Abs. 2 des Abkommens über die Errichtung des Bildungsrates). Die Arbeit der Bildungskommission des Deutschen Bildungsrates konzentrierte sich auf eine Reorganisation des Schulwesens, die die Durchlässigkeit zwischen den herkömmlichen Schulformen erhöhte, eine frühzeitige Festlegung von Bildungslaufbahnen vermied und die Lerninhalte einzelner Bildungsgänge an die Gewinnung einer wissenschaftlich vermittelten Urteils- und Handlungskompetenz band. 1969 legte der Bildungsrat Empfehlungen zu Schulversuchen mit Gesamtschulen vor, denen 1970 der «Strukturplan für das Bildungswesen» folgte. Im gleichen Jahr veröffentlichte der Wissenschaftsrat «Empfehlungen zur Struktur und zum Ausbau des Bildungswesens im Hochschulbereich nach 1970». Eine Strukturtheorie im Sinne von begründeten Annahmen über zu erwartende Folgewirkungen alternativer Möglichkeiten einer Neugliederung von Bildungsgängen lag beiden Plänen nicht zugrunde. Ebenfalls noch 1970 wurde auf der Grundlage einer 1969 erfolgten Grundgesetzänderung, die das Zusammenwirken von Bund und Ländern in Fragen der Bildungsplanung und Forschungsförderung regelte (Art. 91 a/b GG), die sogenannte Bund-Länder-Kommission mit dem Auftrag eingerichtet, einen Rahmenplan für eine abgestimmte Entwicklung des Bildungswesens einschließlich der Klärung des Finanzbedarfs und konkret zu treffender Maßnahmen vorzubereiten. Das Ergebnis bildete ein 1973 von der Kommission verabschiedeter Bildungsgesamtplan. Aufgrund 1974 auftretender Finanzierungsprobleme sowie wachsender öffentlicher Auseinandersetzungen um die Bildungsreform verloren die Vorgaben des Bildungsgesamtplans ihre praktisch-politische Verbindlichkeit. Der Anstieg der privaten Nachfrage nach höherwertigen Bildungsabschlüssen hatte ohne eine Realisierung der Reformvorschläge die mit ihnen ursprünglich verfolgten Ziele längst erreicht. Änderungen des Schulsystems auf der Grundlage der Empfehlungen des Bildungsrates wurden mit Ausnahme der noch 1972 zustande gekommenen Reform der gymnasialen Oberstufe nur mehr von einzelnen Bundesländern weiterverfolgt, der Bildungsrat 1975 aufgelöst.

Noch im Zeichen der Reformplanung wurden in der ersten Hälfte der 70er Jahre die Ansätze und Verfahren für eine Vorausschätzung des Bedarfs an qualifizierten Arbeitsplätzen wie der privaten Nachfrage nach Bildungsgängen und Bildungsabschlüssen immer weiter verfeinert (vgl. HEGELHEIMER 1974, STRAUMANN 1974, ZEDLER 1979). Die intensive Diskussion über Verfahren, Eignung und Aussagekraft von Bedarfsstudien führte zu einer Ablösung der Arbeitskräftebedarfsforschung von projektierten Wachstumszielen und wurde durch empirische Analysen über den Einsatz und die berufliche Verwendungsbreite von Personen mit bestimmten Bildungs- und Berufsabschlüssen ersetzt (vgl. KÜHLEWIND/TESSARING 1975, LOHMAR u. a. 1975, ARBEITSGRUPPEN... 1976, BUNDESMINISTER... 1980a, KAISER u. a. 1985). In Verbindung mit der seit Beginn der 70er Jahre verstärkt einsetzenden Arbeitsmarkt- und Berufsforschung wandelte sich dabei die Bedarfsforschung zur Qualifikationsforschung. Unter Bezug auf Entwicklungsprojektionen des Arbeitsmarktes gibt sie Hinweise auf Beschäftigungschancen und -risiken sowie auf Anforderungen an die berufliche Erst-, Fort- und Weiterqualifizierung in einzelnen Beschäftigungssektoren und beruflichen Tätigkeitsfeldern (vgl. BUNDESMINISTER... 1984, KAU/EHMANN 1986).

Vor dem Hintergrund zahlreicher kritischer Bilanzen der Reformplanung der frühen 70er Jahre (vgl. BECKER u. a. 1976, ROLFF 1980) sowie der Folgeprobleme der Bildungsexpansion hatte die Bund-Länder-Kommission Ende der 70er Jahre nochmals einen Vorstoß zu einem zweiten Bildungsgesamtplan unternommen, der die auseinanderdriftenden Entwicklungen im Schulwesen der Länder unter Erhaltung von Reformbruchstücken zu vereinheitlichen suchte. Ebenso wie 1978 eingeleitete Bemühungen des Bundes zur Vereinheitlichung der Bildungsabschlüsse und Bildungsgänge und einem Zuwachs von Bundeskompetenz fehlschlugen (vgl. BUNDESMINISTER... 1978, 1980b), scheiterte der 1982 vorgelegte zweite Bildungsgesamtplan an dem Dissens über seine Finanzierung (vgl. ZEDLER 1985).

Die Entwicklung des Schulangebots in den 70er Jahren wurde wesentlich vom demographisch bedingten Anstieg der absoluten Schülerzahlen, dem Anstieg der Nachfrage nach höherwertigen Bildungsabschlüssen sowie den in den Bundesländern zum Zuge kommenden Teilreformen bestimmt. Die Entwicklung des Schulangebots in den 80er und zu Beginn der 90er Jahre ist demgegenüber bestimmt von einem gravierenden Rückgang der Schülerzahlen, anhaltendem Anstieg der Nachfrage nach höherwertigen Bildungsabschlüssen sowie zahlreichen sich daraus ergebenden strukturellen Problemen. Die Jahrgangsstärke der 20–21jährigen betrug 1984 bundesweit 1090000, die der 15–16jährigen 911000, die der 10–11jährigen nur noch 598000, der 6–7jährigen 566000 und die der Neugeborenen 580000. Im Zeitraum zwischen 1964 und 1984 hat sich die Zahl der Geburten damit nahezu halbiert (vgl. STATISTISCHES BUNDESAMT 1986). Bevölkerungsprognosen zufolge wird sich bis zum Jahre 2000 hieran wenig ändern: Nach einem leichten Anstieg der Geburtenrate zwischen 1987 und 1990 wird ab 1992 ein Rückgang auf 474000 Geburten erwartet. In Verbindung mit dem in den vergangenen Jahren zu beobachtenden anhaltenden Anstieg des Anteils derjenigen Kinder, die nach der Primarstufe einen Realschul-, Gesamtschul- oder gymnasialen Schulabschluß anstreben, erwachsen daraus zahlreiche Probleme, von denen die Schulentwicklungsplanung der Kommunen und Länder in den letzten Jahren bestimmt wird. Dazu gehören: Schließung zahlreicher Schulen, insbesondere von Hauptschulen, aber auch von Realschulen und Gymnasien; Konzentration von Schulstandorten mit der Folge beträchtlicher Gefälle in den sozialräumlichen Bildungschancen; faktische Verminderung des Kursangebots in der gymnasialen Oberstufe aufgrund geringer Oberstufengrößen; Zentralisierung von Fachklassen in Berufsschulen; regionale Schwerpunktbildung in der Berufsausbildung. Im Gefolge dieser Probleme hat die Schulentwicklungsplanung, die sich Anfang der 70er Jahre zunächst als eine nachgeordnete, gleichwohl methodisch eigenständige Maßnahmenplanung entwickelte (vgl. BROCKMEYER 1981, HANSEN 1983), ein zunehmendes Gewicht für die weitere Entwicklung des Schul- und Bildungsangebots im Bereich der

Sekundarstufe I und II erhalten. Gleichzeitig haben die genannten Probleme Fragen aufgeworfen, die erneut auf Strukturvorschläge der frühen 70er Jahre verweisen, so unter anderem auf die Frage nach einer Zusammenlegung und der Integration von Haupt- und Realschule beziehungsweise nach einem einheitlichen Sekundarstufen-I-Abschluß, des weiteren die Frage nach einem kooperativen Verbund des Angebots im Bereich der Sekundarstufe II unter Einschluß des berufsbildenden Schulwesens.

ARBEITSGRUPPEN DES INSTITUTS FÜR ARBEITSMARKT- UND BERUFSFORSCHUNG UND DES MAX-PLANCK-INSTITUTS FÜR BILDUNGSFORSCHUNG: Bedarfsprognostische Forschung in der Diskussion, Frankfurt/M. 1976. ARNOLD R./MARZ, F.: Einführung in die Bildungspolitik, Stuttgart u. a. 1979. BECKER, H. u. a.: Bildungsreform – eine Bilanz, Stuttgart 1976. BLOSSFELD, H.-P.: Bildungsexpansion und Berufschancen, Frankfurt/M. 1985. BREHMHORST, A./BUDIAN, H. (Hg.): Die Berufsaussichten der Ingenieure und Techniker, Bd. 1, Leipzig 1937. BRINKMANN, G. u. a.: Bildungsökonomie und Hochschulplanung, Darmstadt 1976. BROCKMEYER, R.: Bildungsplanung Sekundarstufe I und II, Studientext der FernUniversität Hagen, Hagen 1981. BUNDESMINISTER FÜR BILDUNG UND WISSENSCHAFT: Bericht der Bundesregierung über die strukturellen Probleme des föderativen Bildungssystems, Bonn 1978. BUNDESMINISTER FÜR BILDUNG UND WISSENSCHAFT (Hg.): Stand, Entwicklung und Ergebnisse der Prognoseforschung zum künftigen Arbeitskräfte- und Qualifikationsbedarf. Bericht an den Ausschuß für Bildung und Wissenschaft des Deutschen Bundestages, 22.8.1980, Bonn 1980a. BUNDESMINISTER FÜR BILDUNG UND WISSENSCHAFT: Zum Thema: Bildungsföderalismus, Bonn 1980b. BUNDESMINISTER FÜR BILDUNG UND WISSENSCHAFT (Hg.): Neue Ansätze der Bedarfs- und Qualifikationsforschung, Bad Honnef 1984. BURKHARDT, F.: Das Hochschulstudium in Sachsen und der Bedarf an akademischen Berufen. In: Z. d. Sächs. Stat. Ldamt. (1936), S. 227ff. CONRAD, J.: Das Universitätsstudium in Deutschland während der letzten 50 Jahre, Jena 1884. DAHRENDORF, R.: Bildung ist Bürgerrecht, Hamburg 1965. DEUTSCHER AUSSCHUSS FÜR TECHNISCHES SCHULWESEN (DATSCH): Der Nachwuchsmangel an Hochschul- und Fachschulingenieuren des Maschinenbaues, der Elektrotechnik und des Bauwesens, o. O., o. J. [1938]. FUCHS, A.: Schulwesen. In: Die Vorschläge des Reichssparkommissars zur Verwaltungsreform deutscher Länder, Stuttgart 1931, S. 79ff. HANSEN, G.: Schulentwicklungsplanung. In: Enzyklopädie Erziehungswissenschaft, Bd. 9.2, Stuttgart 1983, S. 483ff. HARTUNG, D. u. a.: Bildung und Beschäftigung, München u. a. 1981. HEGELHEIMER, A.: Texte zur Bildungsökonomie, Frankfurt/Berlin/Wien 1974. HERRMANN, V.: Neuansätze bildungswissenschaftlicher Theoriebildung und bildungsökonomischen Denkens während der Nachkriegszeit in Westdeutschland in ihrem Einfluß auf die Restauration des Bildungswesens, Diss., Bielefeld 1978. HÜFNER, K. (Hg.): Bildungsinvestition und Wirtschaftswachstum, Stuttgart 1970. HÜFNER, K./NAUMANN, J.: Konjunkturen der Bildungspolitik in der Bundesrepublik Deutschland 1960–1967, Stuttgart 1977. HÜFNER, K. u. a.: Hochkonjunktur und Flaute. Bildungspolitik in der Bundesrepublik Deutschland 1967–1980, Stuttgart 1986. KAHLERT, H.: Prolegomena zur Geschichte der Bildungsökonomie, Weinheim/Basel 1978. KAISER, M. u. a. (Hg.): Berufliche Verbleibsforschung in der Diskussion, 3 Bde., Nürnberg 1985. KAU, W./EHMANN, CH.: Szenario des Berufsbildungssystems bis 1995, Bundesinstitut für Berufsbildung, Berlin/Bonn 1986. KÖHLER, H.: Bildungsstatistik im Wandel. In: Max-Planck-Institut für Bildungsforschung, Projektgruppe Bildungsbericht (Hg.): Bil-

254 Bildungsplanung

dung..., Bd. 2, Reinbek 1980, S. 1215 ff. KÖHLER, H.: Bildungspolitik. In: Enzyklopädie Erziehungswissenschaft, Bd. 5, Stuttgart 1984, S. 445 ff. KÜHLEWIND, G./TESSARING, M.: Argumente für und gegen eine beschäftigungsorientierte Bildungspolitik, Göttingen 1975. KULLNICK, M.: Nachwuchs und Bedarf an Studienräten. In: Statistische Untersuchungen zur Lage der akademischen Berufe. Ergänzungsband zur Deutschen Hochschulstatistik 1929/30, Berlin 1930, S. 34 ff. LEXIS, W.: Denkschrift über die dem Bedarf Preußens entsprechende Normalzahl der Studierenden der verschiedenen Fakultäten. Zweite Bearbeitung, Berlin o. J. [1891]. LOHMAR, U. u. a. (Hg.): Die deutsche Hochschule zwischen Numerus clausus und Akademikerarbeitslosigkeit, Hannover 1975. LOSCH, H.: Über die Vorausberechnung von Schülerzahlen. In: Württembergische Jahrbücher für Statistik und Landeskunde, Jg. 23/24, Stuttgart 1926, S. 74 ff. MAX-PLANCK-INSTITUT FÜR BILDUNGSFORSCHUNG, PROJEKTGRUPPE BILDUNGSBERICHT (Hg.): Bildung in der Bundesrepublik Deutschland, Daten und Analysen, 2 Bde., Reinbek 1980. MEERWARTH, R.: Untersuchungen zur Lage akademischer Berufe, Heft 1: Bedarf und Nachwuchs an Ärzten. Heft 2: Bedarf und Nachwuchs an Apothekern. Heft 3: Bedarf und Nachwuchs an Tierärzten. Heft 4: Bedarf und Nachwuchs an Zahnärzten, Berlin 1932. MOLLE, F.: Voraussetzungen und Grenzen planmäßiger Berufsnachwuchspolitik. In: Soz. Prax. 45 (1936), Spalte 114 ff. MÜNCH, I. v.: Grundgesetz. Kommentar, Bd. 1, Frankfurt/M. 1974. REUKAUF, A.: Überfüllung der Schulklassen. In: Encyklopädisches Handbuch der Pädagogik, Bd. 9, Langensalza 1909, S. 325 ff. RIESE, H.: Die Entwicklung des Bedarfs an Hochschulabsolventen in der Bundesrepublik Deutschland, Wiesbaden 1967. ROLFF, H.-G.: Soziologie der Schulreform, Weinheim/Basel 1980. ROLFF, H.-G. u. a.: Die Stufenschule. Leitfaden zur kommunalen Schulentwicklungsplanung, Stuttgart 1974. STATISTISCHES BUNDESAMT (Hg.): Bildung im Zahlenspiegel 1986, Wiesbaden 1986. STEIN, F.: Die Vorausberechnung von Schülerzahlen. In: Dt. Philologenblatt 38 (1930), S. 696 ff. STRAUMANN, P. R.: Neue Konzepte der Bildungsplanung, Reinbek 1974. TEWS, J.: Unterrichtsstatistik. In: Encyklopädisches Handbuch der Pädagogik, Bd. 9, Langensalza 1909, S. 460 ff. TREDUP, A. E.: Statistik des deutschen Schulwesens. In: Allg. Stat. Arch. 14 (1923/24), S. 1 ff. UNSHELM, E.: Statistische Grundlagen gemeindlicher Schulpolitik. In: Z. f. gemeindl. Sverw. 2 (1922), S. 33 ff. VEREIN FÜR SOCIALPOLITIK: Einwirkung der Organisation unserer höheren und mittleren Schulen auf Leben und Erwerbstätigkeit der Nation, Leipzig 1884. VOLKSWIRTSCHAFTLICHE ZENTRALSTELLE FÜR HOCHSCHULSTUDIUM UND AKADEMISCHES BERUFSWESEN KIEL: Bedarf und Nachwuchs an Chemikern und Physikern, Berlin 1932. ZEDLER, P.: Einführung in die Bildungsplanung, Stuttgart 1979. ZEDLER, P.: Stagnation und Bewertungswandel. In: Z. f. P. 31 (1985), S. 502 ff. ZMARZLIK, H.: Planvolle Lenkung des Ingenieurnachwuchses. In: Soz. Prax. 48 (1939), Spalte 327 ff.

Peter Zedler

Bildungsplanung, betriebliche → Bildungsplanung
Bildungsprozeß → Bildung
Bildungsprozeß (ästhetische Komponenten) → Bildung, ästhetische
Bildungsreform → Reform
Bildungsreserve → Chancengleichheit
Bildungsstatistik → Bildungsplanung
Bildungssteuerung → Zeugnis – Zertifikat
Bildungstheorie → Bildung
Bildungstheorie, neuhumanistische → Neuhumanismus

Bildungssystem (Bundesrepublik Deutschland)

Begriff. «Das gegenwärtige deutsche Bildungswesen umfaßt die allgemeinbildenden Schulen, die Hochschulen und die Einrichtungen der beruflichen Bildung sowie die Fort- und Weiterbildung.» So bestimmte die Bund-Länder-Kommission für Bildungsplanung (1974a, S. 2) den Begriffsumfang, und diese verengte Definition wird hier zugrunde gelegt. Nicht betrachtet werden daher Institutionen, welche ebenfalls zur Erziehung und Bildung in der Bundesrepublik Deutschland beitragen (wie Theater, Museen, Bibliotheken, Sporteinrichtungen, Medien).

Funktion. Jede →Erziehung beruht auf der Grundvorstellung, daß durch einen Prozeß der Einwirkung jemand aus einem in irgendeiner Hinsicht unvollkommenen in einen besseren Zustand gebracht wird: von Unmündigkeit zu Mündigkeit, von Inkompetenz zu →Kompetenz, von Nichtwissen zu Wissen, von Nichtbildung zu →Bildung (von apaideusia zu paideia, Platon, 7. Buch der Politeia, 514a). Der Bildungsgesamtplan suchte diese Grundvorstellung näher zu bestimmen, indem er als Ziel staatlicher Bemühung «die Entwicklung eines Bildungswesens» verlangte, «das unter Berücksichtigung der gesamtgesellschaftlichen Entwicklung den Anspruch des einzelnen auf Förderung und Entfaltung seiner Begabungen, Neigungen und Fähigkeiten erfüllt und ihn dadurch befähigt, sein persönliches, berufliches und soziales Leben selbstverantwortlich zu gestalten. Damit werden Chancengleichheit und Leistungsfähigkeit zu einander ergänzenden und bedingenden Prinzipien des künftigen Bildungswesens». Es sei «eine bessere Einfügung in den wirtschaftlichen Prozeß» zu erstreben und zugleich «der einzelne im Prozeß des ‹lebenslangen Lernens› zur Kreativität und Spontaneität, Mündigkeit und Selbstbestimmung zu ermutigen» (Bund-Länder-Kommission... 1974a, S. 8f).

Gegenüber solchen Formulierungen dessen, was sein soll, haben die Erziehungswissenschaft und die Soziologie besonders in bezug auf das Schulsystem das Eingewöhnen der Schüler in die Gesellschaft als faktisch wichtigste Aufgabe herausgearbeitet: →Schulen sind «Instanzen der gesellschaftlich veranstalteten Sozialisation. Sie sind Ausdruck der historischen Bemühungen der jeweiligen Generation, defizitär ablaufende Reproduktionsverhältnisse zu verbessern, als unerwünscht betrachteten Entwicklungen gegenzusteuern und erwünschte Entwicklungen zu unterstützen bzw. Defizite zu kompensieren» (Fend 1975, S. 93). Die in der Realität wichtigsten Ziele des Bildungssystems wurden mit den Begriffen →*Sozialisation* (das Eingewöhnen in das gegebene Gefüge), →*Qualifikation* (das Fähig-machen zum Eintritt in das Beschäftigungssystem), *Allokation* (das Zuteilen von Berechtigungen; Chancen-

256 Bildungssystem (Bundesrepublik Deutschland)

verteilung) bezeichnet (vgl. Spies/Westphalen 1987, S. 10ff). Das Erziehungssystem «baut [...] Einstellungen und Fähigkeiten auf, die in anderen Funktionssystemen betätigt werden müssen» (Luhmann 1986, S. 193f) – die richtige Allokation (und ihre negative Seite: die →Selektion, das Hinausprüfen) werden durch Verwendbarkeit oder Nichtverwendbarkeit des einzelnen im aufnehmenden System (also in der nachfolgenden Bildungsinstitution oder im Arbeitsmarkt) bestätigt. Gegen diese faktische Bestimmung von Erziehungsprozessen durch gesellschaftliche und wirtschaftliche Anforderungen wenden sich Reformversuche im Bildungssystem und eine Diskussion um Neugewinnung eines tragfähigen Bildungsbegriffs, um die →Individualität nicht lediglich aus der Perspektive ihrer gesellschaftlichen Verwendungsfähigkeit zu sehen (vgl. Tenorth 1986).

Normierung und Verwaltung des Bildungssystems. Gemäß Art. 30 Grundgesetz (GG) ist die Bundesrepublik Deutschland föderalistisch verfaßt. Die Kulturhoheit fällt den Ländern zu: Gesetze für das Bildungswesen werden von den Länderparlamenten gegeben, die Administration ist Sache der Landesregierungen. Die Länder haben sich dabei allerdings den im GG festgelegten Prinzipien zu fügen. Für das Bildungssystem ist dabei vor allem relevant, daß bei Gesetzgebung für das und bei der Verwaltung des Systems ständig Grundrechte miteinander in Einklang zu bringen sind: die Wahrung des Rechtes und der Würde der Person (Art. 1, Abs. 1; Art. 2, Abs. 1 und 2), das Erziehungsrecht der Eltern (Art. 6, Abs. 2), das Bestimmungs- und Gestaltungsrecht des Staates über die Schule (so nach herrschender Rechtsmeinung die Interpretation des Art. 7) (→Schulrecht). Das Personrecht gilt in allen Institutionen des Bildungswesens, kommt auch dem Kinde zu; das elterliche Recht ist bedeutsam für alle Bildungeinrichtungen mit unmündigen Besuchern (bis zum 18. Lebensjahr), das staatliche Bestimmungsrecht für das gesamte Schulwesen. Zu diesen drei Grundrechten treten als im gesamten Bildungswesen zu beachtende, im GG festgeschriebene Prinzipien das Demokratiegebot und das Rechtsstaatsprinzip (Art. 20, Abs. 2 und 3 GG; vgl. Oppermann 1976), das Neutralitätsgebot (die Verpflichtung der Bildungsinstitution zu religiöser und weltanschaulicher Neutralität – (Art. 4 GG), der Gleichbehandlungsgrundsatz (Art. 3 GG; vgl. Röhrs 1982).

Der Bund verfügt darüber hinaus über die Gesetzgebungskompetenz für die außerschulische Berufsbildung (Art. 74, Abs. 11 und 12 GG), gibt ein Rahmengesetz für die Grundsätze des Hochschulwesens (Art. 75, Abs. 1a GG). Die Länder legen den «Zweck» ihrer Schulen «durch die sehr allgemein gefaßten Bildungs- und Erziehungsziele der Länderverfassungen und/oder Landesschulgesetze» fest (Schule im

Bildungssystem (Bundesrepublik Deutschland)   257

Rechtsstaat 1981, S. 39). Die nähere Bestimmung der Ziele erfolgt durch Richtlinien und Lehrpläne (→Lehrplan), die nach Kommissionsvorbereitung vom Kultusminister (Senator) durch Rechtsverordnung oder Erlaß festgesetzt werden. Staatlich geregelt sind Schulorganisation, Schulverwaltung, Schulfinanzierung, wobei der Schulaufbau (also die eingerichteten Schulformen und deren mögliche Veränderung und Ergänzung) Regelungsgegenstand der meisten Verfassungen der deutschen Bundesländer ist, Schulpflicht, Schulorganisation, Schulfinanzierung entweder durch ein zusammenfassendes Schulgesetz oder durch mehrere Einzelgesetze bestimmt sind. Durch Gesetze oder Rechtsverordnungen ist das Verfahren bei →Prüfungen und Versetzungen und die Mitwirkung (→Mitbestimmung – Mitwirkung) von Schülern und Eltern in schulischer Arbeit festgelegt (für alle Einzelheiten vgl. Hage/Staupe o. J., Heckel 1986).

Während die staatlichen Schulbehörden für die sogenannten «inneren» Schulangelegenheiten (also Lehrplan, Stundentafel, Lehrerzuweisung etc.) allein zuständig sind und sie beaufsichtigen, sorgen die Gebietskörperschaften (Kreise, Kreisfreie Städte) in allen Flächenstaaten für Grundstücke, Gebäude, Sachausstattung, Verwaltungspersonal, Reinigung [AhW.] ...: sie sind zuständig für die «äußeren» Schulangelegenheiten.

Die Zuständigkeit für den Elementarbereich («alle Einrichtungen familienergänzender Bildung und Erziehung nach Vollendung des dritten Lebensjahres bis zum Beginn der Schule» (Bund-Länder-Kommission... 1974a, S. 9) liegt in einigen Bundesländern nicht beim Kultus-, sondern beim Sozialminister. Dieser Bereich hat traditionell eine geringere Regelungsdichte, der Art. 7, Abs. 1 GG gilt hier nicht. Daher finden wir dort den überwiegenden Einfluß privater Träger (Kirchen, Wohlfahrtsverbände, private Vereine).

Während die Schulen nicht rechtsfähige Anstalten des öffentlichen Rechtes sind und die →Lehrer in der großen Mehrzahl Beamte, also weisungsgebunden, sind die Hochschulen *autonome Körperschaften*, die zwar staatlicher Rechtsaufsicht unterliegen, ihre inneren Angelegenheiten jedoch weitgehend selbst regulieren. Der Staat könnte in der Schule Festlegungen bis in die einzelne Unterrichtsstunde treffen (daß dies wenig vernünftig wäre, ist eine andere Frage) – dem Hochschullehrer sichert dagegen Art. 5, Abs. 3 GG die Freiheit seiner Lehre und Forschung. Er entscheidet selbst über Fragestellung und Methodik seiner Forschung, über seine Lehrmeinung sowie über Thematik und Didaktik seiner Veranstaltungen.

Im Bereich der →Weiterbildung greifen die Länder in die Tätigkeit der Volkshochschulen kaum durch Richtlinien ein oder höchstens dann, wenn dort staatlich anerkannte Abschlüsse vergeben werden (wie etwa

258 Bildungssystem (Bundesrepublik Deutschland)

der Hauptschulabschluß). Insgesamt finden wir in den einzelnen Bereichen des Bildungssystems eine sehr unterschiedliche Regelungsdichte.

Eine auch rechtliche Sonderstellung hat die berufliche Erstausbildung im «dualen System», das heißt in Zusammenarbeit von Berufsschule und Ausbildungsbetrieben. Während die Berufsschulen dem Kultusminister unterstehen und Schulgesetze befolgen, bilden die Betriebe weitgehend nach eigenen Entscheidungen aus. Sie schließen mit den Lehrlingen einen privatrechtlichen Ausbildungsvertrag, entscheiden also darüber, ob sie überhaupt und wie viele Auszubildende sie aufnehmen. Ihre Lehrtätigkeit ist dann zwar gesetzlich geregelt: durch Berufsbildungsgesetz, Jugendarbeitsschutzgesetz, Betriebsverfassungsgesetz, also durch Gesetze des Bundes, und durch Rechtsverordnungen: die Ausbildungsordnungen, die vom Bundesinstitut für Berufsbildung gemeinsam mit Vertretern von Wirtschaft und Gewerkschaft erarbeitet und vom zuständigen Bundesminister erlassen werden. Die Ausbildungsordnungen kennzeichnen das Ausbildungsberufsbild (das heißt die Kenntnisse und Fertigkeiten, die für einen bestimmten Beruf zu erwerben sind), geben einen Ausbildungsrahmenplan (sachliche und zeitliche Gliederung der Lehre) und legen Prüfungsanforderungen fest (→ Ausbildungsberuf). Die Kontrolle der Ausbildung und die Prüfungszuständigkeit liegt bei den betriebsübergreifenden Kammern. Besonders in Klein- und Mittelbetrieben ist Inhalt und Zeitplan der Ausbildung jedoch weitgehend abhängig von den Betriebsabläufen. Eine der Schulaufsicht vergleichbare Kontrolle ist nicht gegeben.

Die Struktur des Bildungswesens. Das Bildungswesen in der Bundesrepublik Deutschland läßt sich in sieben Bereiche gliedern:
- Elementarbereich (vorschulischer Bereich),
- Primarbereich (Grundschule),
- Sekundarbereich I (Hauptschule, Realschule, Gymnasium, Orientierungsstufe, Gesamtschule),
- Sekundarbereich II (Gymnasium; berufliches Ausbildungswesen),
- Tertiärer Bereich (Hochschulen),
- Bereich der Weiterbildung (schulisch und außerschulisch, Fernlehrwesen, zweiter Bildungsweg),
- Bereich der Sonderschulen.

Jede strukturelle Übersicht ist insofern problematisch, als sich mehrere Ordnungsprinzipien überschneiden. Die Schulen sind einerseits nach Schulformen (Hauptschule, Realschule, Gymnasium, Berufsschule) vertikal, andererseits nach Schulstufen (Primarstufe, Sekundarstufe...) horizontal zu gliedern, wobei die Einordnung einiger Institutionen umstritten ist: gehört der zweite Bildungsweg (Abendrealschule,

Abendgymnasium, Kolleg) zur Sekundarstufe II oder zur Weiterbildung? Die Abbildung 1 versucht, die Struktur überschaubar zu machen.

Die komplexe Struktur des Bildungswesens ist Resultat historischer Prozesse. Generell läßt sich sagen, daß Schulen im Prozeß der Differenzierung einer → Kultur und Zivilisation entstehen (vgl. ELIAS 1977), daß das Großsystem nicht aufgrund eines Gesamtplanes auf einmal errichtet, sondern seine Subsysteme bei Auftreten gesellschaftlichen Bedarfs nacheinander gegründet werden. So entsteht der Vorläufer der Berufsschule, die Fortbildungsschule, im 19. Jahrhundert als Antwort auf die Krise der handwerklichen Ausbildung (vgl. STRATMANN 1967).

Elementarbereich (Vorschulischer Bereich). Zum Elementarbereich gehören die Einrichtungen, welche nach dem 3. Lebensjahr die Erziehung in den → Familien ergänzen und unterstützen. Einrichtungen zur Verwahrung und Betreuung jüngerer Kinder bleiben unberücksichtigt, da sie dem Bildungswesen nicht notwendig zugeordnet werden müssen (→ Vorschulerziehung). Eine Abgrenzung des Elementarbereichs nach dem Alter der Kinder ist allerdings nur bedingt möglich: bei Einführung von Vorklassen / Vorschulen verlassen ihn die Kinder schon mit 5 Jahren, da die Vorschule der Grundschule angegliedert ist, also zum Primarbereich gehört. Der Schulkindergarten nimmt dagegen bereits schulpflichtige Kinder (6 Jahre) auf, gehört jedoch in seinen Betreuungs- und Erziehungsformen durchaus noch zum Elementarbereich.

Träger der Kindergärten sind Gebietskörperschaften (Kreise, Städte) und in großer Zahl private Träger (Kirchen, Verbände der freien Wohlfahrtspflege, Betriebe). Die privaten Träger stellen die Kindergartenplätze generell bestimmten Bevölkerungsgruppen zur Verfügung. Kindergärten unterstehen der Aufsicht der Landesjugendämter, welche auch Richtlinien für Einrichtung und Ausstattung erlassen. Die → Erzieher(-innen) werden in Fachschulen für Kindergärtnerinnen ausgebildet.

Es ist Prinzip der Kindergärten, die Erziehung in der Familie zu ergänzen, nicht zu ersetzen. Daher werden die Kinder im Normalfall nur für einige Tagesstunden aufgenommen. Ein einheitliches Programm für die Erziehungs- und Betreuungsformen in allen Kindergärten ist nicht erkennbar und nirgends fixiert. Die konkrete Durchführung der Arbeit hängt weitgehend von den fundierenden Erziehungsprinzipien der Träger ab (sofern solche zum Beispiel in den Kirchen oder bei anthroposophischen Kindergärten gegeben sind), sonst von den Erziehungsvorstellungen des Leiters und seiner Mitarbeiter.

Bildungssystem (Bundesrepublik Deutschland)

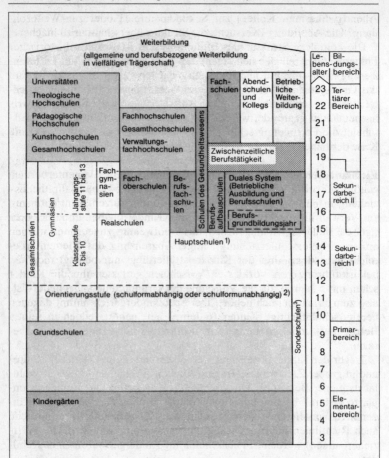

1 Rund 30 Prozent der Hauptschüler besuchten 1986 auch ein 10. Schuljahr an der Hauptschule.
2 Die Orientierungsstufe wurde 1986 von rund 73 Prozent der Schüler des 5. und 6. Schuljahrgangs besucht.
3 Entsprechende Einrichtungen bestehen auch im Bereich von Realschulen und Gymnasien sowie bei den beruflichen Schulen.

- Schematisierte Darstellung der typischen Struktur des Bildungssystems der Bundesrepublik Deutschland. In den einzelnen Bundesländern bestehen Abweichungen.
- Die Zurechnung des Lebensalters zu den Bildungseinrichtungen gilt für den jeweils frühestmöglichen typischen Eintritt und bei ununterbrochenem Gang durch das Bildungssystem.
- Die Größe der Rechtecke ist nicht proportional zu den Besuchszahlen.

Abbildung 1: Grundstruktur des Bildungswesens in der Bundesrepublik Deutschland 1986

(Quelle: BUNDESMINISTER FÜR BILDUNG UND WISSENSCHAFT 1987, S. 8)

Bildungssystem (Bundesrepublik Deutschland) 261

Primarbereich (Grundschule). «Der Primarbereich umfaßt in der Regel
das erste bis vierte Schuljahr. In ihm soll eine allmähliche Hinführung zu
den systematischeren Formen des schulischen Lernens unter Berücksichtigung nicht nur der grundlegenden, sondern auch der weiterführenden Lernziele erfolgen» (BUND-LÄNDER-KOMMISSION... 1974a, S. 10).
Die Verfassung der Weimarer Republik schuf 1919 die Rechtsgrundlage
für eine Grundschule für alle Kinder, also für eine gesamtschulförmige
Institution. Die ganz überwiegende Zahl der Grundschulen ist öffentlich
– es gibt nur wenige private (etwa kirchliche oder anthroposophische)
Grundschulen. Da die Kinder, welche bis zum 30. Juni eines Jahres das
6. Lebensjahr erreichen, schulpflichtig werden, ist die Grundschule Einheitsschule für den gesamten Geburtsjahrgang und der vor dem Ersten
Weltkrieg noch häufige private Unterricht im Elternhaus ausgeschlossen. Im Gegensatz zur Weimarer Reichsverfassung (Art. 145 WRV) enthält das GG keine Regelung der Schulpflicht. Dies ist Ländersache und
in den Schulgesetzen der Länder oder in besonderen Schulpflichtge-
setzen festgelegt. Die Bestimmungen sind aber (gemäß § 2, Abs. 1
Hamburger Abkommen) einheitlich: alle 6jährigen Kinder werden am
1. August eingeschult. Kinder, die zwischen dem 1. Juli und 31. Dezem-
ber des Jahres das 6. Lebensjahr erreichen, können auf Eltern-Antrag
eingeschult werden, sofern sie körperlich, geistig und in ihrem sozialen
Verhalten bereits hinreichend entwickelt sind (Entscheidung nach
Schulreifetest und schulärztlicher Untersuchung durch Schulleiter beziehungsweise untere Schulaufsicht). Wenn 6jährige Kinder noch nicht
schulreif sind, können sie für ein Jahr vom Schulbesuch zurückgestellt
werden, sofern ihre Untersuchung nicht ergibt, daß sie in eine Sonderschule einzuschulen sind. Schulpflichtige, aber noch nicht schulreife
Kinder besuchen dann – sofern vorhanden – den Schulkindergarten,
der organisatorisch den Grundschulen, inhaltlich dem Elementarbereich zugeordnet ist.

In einigen Ländern sind Vorklassen eingerichtet, die 5jährige auf den
Besuch der Grundschule vorbereiten. Wie die Schulkindergärten sind
sie inhaltlich dem Elementarbereich zuzurechnen, organisatorisch meist
mit der Grundschule verbunden. Die Arbeitsweise in den Grundschulen
soll kindgemäß und anschaulich sein. Selbsttätigkeit der Kinder wird gefördert. Die Unterrichtsstoffe haben Bezug zum Lebens- und Erlebnis-
raum der Kinder. Aus spielendem Lernen und lernendem Spielen werden die Kinder allmählich zu Arbeitshaltungen geführt. Sie sollen am
Ende der Grundschulzeit die Kulturtechniken (Lesen, Schreiben, ele-
mentares Rechnen) sicher beherrschen. Sie werden in Anfangsgründe
von Natur- und Sozialwissenschaften eingeführt und zur musischen Betätigung (Malen, Musizieren, Werken) hingeleitet (→Elementarunter-
richt). Der Unterricht liegt weitgehend in der Hand des Klassenleh-

262 Bildungssystem (Bundesrepublik Deutschland)

rers, nur behutsam werden die Kinder an das Fachlehrerprinzip ge-
wöhnt. In vielen Grundschulen spielt der Gesamtunterricht (vgl. Otto
1965) eine wichtige Rolle: als «freier» Gesamtunterricht, der von Kin-
derfragen ausgeht, als «gebundener», der in geplanter Weise ein Thema
fachübergreifend behandelt. In vielen Grundschulen findet man Förder-
unterricht: zusätzliche Stunden, etwa für lese- und rechtschreibschwache
Kinder. Ausländische Kinder erhalten zusätzlichen Unterricht in ihrer
Muttersprache, in der Regel erteilt durch Lehrer aus den Heimatländern. Die Schulen versuchen, diese Kinder zu integrieren. Der Erfolg
dieser Mühe ist unsicher, besonders wenn in einigen Großstadtregionen
die Zahl ausländischer Kinder die der deutschen überwiegt und die Ausländer aus verschiedenen kulturellen Hintergründen (zum Beispiel Türkei und Griechenland) kommen. (Zur Arbeit in und zu Problemen
der Grundschulen: vgl. Bartnitzky/Christiani 1981, Hemmer 1985,
Schwartz 1969.) Die Grundschule endet in Berlin erst mit der 6.
Klasse, in den übrigen Bundesländern mit der 4. Die Schüler werden
dann in den Schulformen der Sekundarstufe I aufgenommen. Das Über-
gangsverfahren und die Einstufung in die Formen des vertikal gegliederten Systems sind in den Ländern verschieden geregelt: Beurteilung
durch die abgebende oder die aufnehmende Schule, Zusammenarbeit
beider, Elternwahl (vgl. Hopf u. a. 1980, S. 1140ff; siehe auch Abschnitt
Orientierungsstufe).

Sekundarbereich I. Die gegenwärtige Struktur der Schulen im Sekundarbereich I spiegelt die bildungspolitischen Auseinandersetzungen der
70er und 80er Jahre des 20. Jahrhunderts. Die Anhänger der Gesamtschule, die ihre politische Stütze in den SPD-regierten Ländern fanden,
versuchten die vertikale Gliederung nach Schulformen durch eine horizontale, eine Stufengliederung zu ersetzen. Sie konnten zwar das dreigliedrige Schulsystem nicht verdrängen, doch entstanden in allen Ländern Gesamtschulen. Das gibt die Berechtigung, den Sekundarbereich I
als viergliedrig zu sehen und im folgenden Hauptschule, Realschule,
Gymnasium, Gesamtschule nacheinander zu betrachten. Aus der Langform Gymnasium wird zunächst nur der Sekundarbereich I (Klasse
5–10) vorgestellt, der Sekundarbereich II (Klasse 11–13) später diskutiert. Eine gesonderte Betrachtung der Oberstufe der Gesamtschule
erübrigt sich, da diese die gleiche Form hat wie die Oberstufe des Gymnasiums. Der Diskussion der Schulformen wird eine Kennzeichnung der
Orientierungsstufe vorangestellt.

Orientierungsstufe. Der Bildungsgesamtplan forderte eine «Verbesserung der Orientierung in den beiden ersten Jahren im Sekundarbereich
I» (Bund-Länder-Kommission... 1974a, S. 10). Die Länder haben

Bildungssystem (Bundesrepublik Deutschland)   263

diese gemeinsame Absicht in unterschiedlicher Weise verwirklicht. In Berlin übernimmt die 5. und 6. Klasse der Grundschulen die Aufgabe, den Schülern und ihren Eltern bei der Orientierung über die nachfolgenden Schulformen und bei der richtigen Wahl einer Schullaufbahn zu helfen. Bremen, Hamburg und Niedersachsen haben die Orientierungsstufe schulformunabhängig organisiert. In den übrigen Ländern ist die Orientierungsstufe Teil der Schulformen. Hessen nennt die 5. und 6. Klasse Förderstufe, Nordrhein-Westfalen Beobachtungsstufe. Alle Organisationsformen der Orientierungsstufe sind problematisch. Der Zweck ihrer Einführung war «Verbesserung der Durchlässigkeit im Sekundarbereich I» (BUND-LÄNDER-KOMMISSION... 1974a, S. 10) – bei schulformabhängiger Orientierungsstufe ist diese «Durchlässigkeit» aber höchstens nach unten, also zum Beispiel vom Gymnasium zur Hauptschule gegeben. Die Einrichtung der Orientierungsstufe als eigene Schulform wie in Niedersachsen erleichtert zwar tendenziell die angemessene Wahl der Schullaufbahn, bedeutet für die Schüler aber Schulwechsel nach der 4. und nach der 6. Klasse. Lediglich das Berliner Modell umgeht diese Probleme, beläßt die Schüler aber bis zum 12. Lebensjahr in kindlicher Umgebung, was für die Fünft- und Sechst-Kläßler fragwürdig ist. Die Gesamtschule kann dagegen die Orientierungsstufe problemlos in sich aufnehmen. In den integrierten Formen kann über künftige Kurszugehörigkeit mindestens vorentschieden werden, in der kooperativen Form wird über die Zuweisung in einem «stream» befunden (siehe Abschnitt Gesamtschule).

In allen Ländern außer Berlin markiert der Beginn des 5. Schuljahrs mit dem Schulwechsel und der Trennung des Jahrgangs in die Gruppen der Schulformen einen deutlichen Abschnitt. Alle Schulformen unterrichten ab der fünften Klasse im Fachlehrersystem – lediglich in den Hauptschulen behält der Klassenlehrer traditionellerweise einen beträchtlichen Teil des Unterrichts. Die erste Fremdsprache setzt nun ein. Die Festlegung der Sprachenfolge ist Ländersache. Diese für die Klassen 5 und 6 gültige Regelung durch das Hamburger Abkommen (§ 9, Abs. 2) schließt die Hauptschule ein und fordert das Erlernen einer Fremdsprache für den gesamten Jahrgang ohne Rücksicht auf die Schulform. Die Hauptschule ist dieser Abmachung allerdings nur zögernd gefolgt (vgl. NEUNER 1980). Englisch hat sich weitgehend als Anfangssprache durchgesetzt.

Hauptschule. Wie die übrigen Schulformen des Sekundarbereichs I beginnt die Hauptschule mit dem 5., in Berlin, Bremen, Hamburg, Niedersachsen mit dem 7. Schuljahr. Je nach der in den Ländern unterschiedlich festgesetzten Länge der Schulzeit endet sie nach dem 9. oder (in Berlin und Nordrhein-Westfalen, fakultativ in mehreren Ländern) nach dem 10. Schuljahr.

264   Bildungssystem (Bundesrepublik Deutschland)

Die Bezeichnung Hauptschule wurde durch das Hamburger Abkommen einheitlich festgelegt. Man verband mit dieser neuen Bezeichnung für die Oberstufe der ehemaligen Volksschule die Hoffnung, eine den übrigen Schulformen des Sekundarbereichs I gleichwertige Schule weiterführender Bildung zu entwickeln. Während die frühere Volksschule anschaulich, praktisch, heimatbezogen, ganzheitlich unterrichtete («volkstümliche Bildung»), sahen die in den 60er Jahren neugeschaffenen Lehrpläne der Länder auch für die Hauptschule Hinführung zu wissenschaftsnaher Erkenntnis im Fachunterricht vor. Das besondere Profil der Hauptschule sollte durch Einführung und Betonung von «Arbeitslehre» gewonnen werden (vgl. BRINKMANN 1977, LESCHINSKY/ ROEDER 1980). Das besondere Profil der Hauptschule blieb jedoch unscharf. SPIES/WESTPHALEN (1987, S. 61f) nennen als «allgemeinen Bildungsauftrag» der Hauptschule «grundlegende Allgemeinbildung durch solides Grundwissen, manuelle Fertigkeiten und berufsvorbereitende Orientierung», als «charakteristische Fächer» «Wirtschaft/Politik, Hauswirtschaft, Technisches Werken, Textiles Werken». Die faktisch wichtigsten Fächer sind jedoch auch in der Hauptschule Deutsch, Mathematik und Englisch. Das Fach Arbeitslehre (oder seine Aufspaltungen in Technisches Werken, Wirtschaft/Politik...) konnte eine zentrale Stellung schon darum nicht gewinnen, weil es den meisten Lehrern an entsprechender Ausbildung und den meisten Schulen an Ausrüstung fehlte (vgl. MAX-PLANCK-INSTITUT FÜR BILDUNGSFORSCHUNG 1984, S. 146ff). Als «Leidtragende der Bildungsreform» hat die Arbeitsgruppe am MAX-PLANCK-INSTITUT FÜR BILDUNGSFORSCHUNG (vgl. 1984, S. 149) die Hauptschule bezeichnet. Noch 1960 hatte die Hauptschule einen Anteil von 70,1% an den Geburtsjahrgängen der 13- und 14jährigen. Dieser Anteil sank bis 1970 auf 55,3%, 1980: 39,2%, 1986: 36,0% (BUNDESMINISTER FÜR BILDUNG UND WISSENSCHAFT 1987, S. 16). Die Hauptschule verlor also prozentual die Hälfte ihrer Schüler – man kann von einer Flucht aus der Hauptschule reden. In vielen Stadtteilen besonders der Großstädte überwiegen Kinder ausländischer Arbeitnehmer in ihrer Population, deren unterschiedliche Sprachkenntnisse und differente kulturelle Hintergründe die Probleme dieser Schulform vergrößern. Da die theoretischen Leistungsanforderungen der Hauptschulrichtlinien unter diesen Umständen kaum zu verwirklichen sind, beginnen viele Hauptschulen, durch praktisches Lernen →Motivation und Lernerfolg ihrer Schüler zu verbessern (vgl. FAUSER u. a. 1983).

Realschule. Die Realschule umfaßt die Klassen 5 bis 10 (bei 4jähriger Grundschule und schulformbezogener Orientierungsstufe) oder 7 bis 10 (bei 6jähriger Grundschule und schulformübergreifender Orientierungsstufe). Die Bezeichnung Realschule für diese Schulform auf mittlerer Ebene der Qualifikation wurde durch das Hamburger Abkommen bundeseinheitlich festgesetzt.

Die Vorläufer heutiger Realschulen entstanden nicht aufgrund bildungstheoretischer Entwürfe, sondern als Antwort auf konkreten Bedarf als Bürger- und Handwerkerschulen. In der industriellen Expansion des 19. Jahrhunderts wächst dieser Bedarf (vgl. BLANKERTZ 1969). Der Versuch, diese «mittlere» Schule zwischen Volksschule und Gymnasium «auf vorgegebene Begabungstypen zu begründen, kann als gescheitert gelten; eher sind es verschiedenartige Bedürfnisse der Gesellschaft, besonders der Berufswelt, die die Besonderheiten der Zielsetzungen und des inhaltlichen Aufbaus hervorrufen» (SCHEUERL 1968, S. 129). Dieses fortbestehende Bedürfnis richtet sich auf Anwärter für gehobene Positionen in Verwaltung, Industrie, Wirtschaft: «middle management». Die «Aufstiegsorientierung bestimmter Unterschichtgruppen und Wunsch nach Erhaltung des sozialen Status bei Gruppen der unteren Mittelschicht [sind] die sozialen Kräfte, denen die überproportional starke Expansion der Realschule zu verdanken ist» (MAX-PLANCK-INSTITUT FÜR BILDUNGSFORSCHUNG 1984, S. 159) (Verdoppelung ihres prozentualen Anteils von 11,3 % am Geburtenjahrgang der 13–14jährigen im Jahr 1960 auf 26,1 % im Jahr 1986; vgl. BUNDESMINISTER FÜR BILDUNG UND WISSENSCHAFT 1987, S. 16).

Das Unterrichtsprofil der Realschule unterscheidet sich von dem der Hauptschule durch stärkere Akzentuierung theoretischer Momente in den Fächern und durch Angebot einer zweiten Fremdsprache (meist Französisch), von dem des Gymnasiums durch Betonung der «Realien» und durch berufsfeldorientierende Vorbildung. Diese wird vor allem durch Wahldifferenzierung geleistet (fremdsprachlicher, mathematisch-naturwissenschaftlicher, sozial- und wirtschaftskundlicher, sozialpädagogischer, musischer Schwerpunkt). Der Ausbau dieser Bereiche ist jedoch in den Bundesländern und in den Einzelschulen sehr verschieden. Der Charakter der Realschule wird stärker als durch diese thematischen Ausprägungen durch ihre Lehrhaltung bestimmt: sie kann als konservative Lernschule beschrieben werden, die von den Bewegungen des Reformjahrzehnts 1965–1975 so gut wie unberührt blieb (vgl. WOLLENWEBER 1979).

Die Realschule vergibt den Realschul-(Sekundarbereich I-)Abschluß, der zum Eintritt in die Fachoberschulen und (in einigen Ländern nur bei Vorliegen besonderen Leistungsnachweises) in die gymnasiale Oberstufe berechtigt. Der überwiegende Teil ihrer Schüler tritt jedoch unmittelbar in ein Ausbildungsverhältnis.

266   Bildungssystem (Bundesrepublik Deutschland)

Gymnasium. Das Gymnasium ist eine weiterführende Schule, welche Sekundarbereich I und Sekundarbereich II umschließt. Der Sekundarbereich I des Gymnasiums umfaßt die Klassen 5 bis 10 (bei 4jähriger Grundschule oder schulformbezogener Orientierungsstufe) oder 7 bis 10 (bei 6jähriger Grundschule oder schulformunabhängiger Orientierungsstufe). Der einheitliche Begriff Gymnasium wurde im Hamburger Abkommen für alle Formen der höheren Schule festgelegt, die zur Hochschulreife führen. Die wichtigsten Typen des Gymnasiums waren das humanistische (altsprachliche), das neusprachliche und das naturwissenschaftlich-mathematische Gymnasium. Die meisten Bundesländer haben nach der Reform der Oberstufe 1972 (siehe den Abschnitt über den Sekundarbereich II) diese Typengliederung aufgegeben und führen den Sekundarbereich I der Gymnasien mit einheitlichem Lehrplan; andere bereiten Kurskombinationen des Sekundarbereichs II im Sekundarbereich I vor, behielten also praktisch die Typengliederung. Neben der 9- beziehungsweise 7jährigen Langform des Gymnasiums gibt es Aufbauformen: Übergang für Hauptschüler nach dem 7., für Realschüler nach dem 10. Schuljahr. Nach der Oberstufenreform verschwinden die Aufbauformen allmählich, da ein Übergang in die reformierte Oberstufe aller Gymnasien möglich ist.

Das Gymnasium vermittelt «anspruchsvolle Allgemeinbildung durch breites Grundwissen; Fähigkeit, komplexe Sachverhalte durch systematisches und philosophisches Fragen zu durchdringen». Es «widmet sich [...] dem Ziel der allgemeinen Studierfähigkeit» (SPIES/WESTPHALEN 1987, S. 61). Dieses Abstellen des gesamten Lehrgangs auf Studierfähigkeit ist insofern problematisch, als der prozentuale Anteil des Gymnasiums an den Geburtsjahrgängen der 11- bis 12jährigen von 1960: 13,1% auf 1986: 25,0% bundesweit stieg (vgl. BUNDESMINISTER FÜR BILDUNG UND WISSENSCHAFT 1987, S. 17) und ein Teil davon das Gymnasium mit dem Sekundarbereich I-Abschluß verläßt. Daher sah der Bildungsgesamtplan die «Einführung eines qualifizierenden Sekundarbereich I-Abschlusses» vor, der jedenfalls nach Wunsch der SPD-regierten Länder einen in den Schulformen des Sekundarbereichs I einheitlich strukturierten Lehrgang beenden sollte. Dies blieb in bezug auf das Gymnasium Plan – die Gymnasien verstehen sich weiterhin als auf die Hochschulreife bezogen (vgl. BLÄTTNER 1960, DERBOLAV 1983).

Gesamtschule. «Als integrierte Gesamtschule werden solche Schulsysteme bezeichnet, in denen mindestens die Klassen 7 bis 10 der drei bisher selbständigen Formen des sogenannten «allgemeinbildenden Schulwesens» – Volksschule bzw. Hauptschule, Realschule und Gymnasium – in einem Unterrichtssystem zusammengeführt werden, das sich in gemeinsamen Unterricht in einigen Fächern – sogenannter

Kernunterricht – und in differenzierten Unterricht in anderen Fächern – sogenannter Kursunterricht, und zwar in den drei Grundformen des Fachleistungs- oder Niveau-(Eignungs-)Kurses, des Wahlpflichtfach- und des Wahlunterrichts – gliedert» (KLAFKI 1968, S. 525). Bei der additiven (kooperativen, schulformbezogenen) Gesamtschule behalten die Schulformen Hauptschule, Realschule, Gymnasium inhaltliche und organisatorische Selbständigkeit, sind aber in einer Schulanlage zusammengefaßt und haben eine gemeinsame Orientierungsstufe. Die Gesamtschule ist inzwischen Regelschule in Berlin, Bremen, Hamburg, Hessen, Nordrhein-Westfalen und Rheinland-Pfalz. In Niedersachsen und im Saarland gelten Gesamtschulen als «schulische Angebote» (vom Schulträger zu errichten bei besonderem Bedürfnis). In Baden-Württemberg, Bayern und Schleswig-Holstein gelten Gesamtschulen als Schulversuche. Der prozentuale Anteil der Gesamtschulen am Geburtsjahrgang der 13- bis 14jährigen ist noch gering (1980: 3,8%, 1986: 5,1%; vgl. BUNDESMINISTER FÜR BILDUNG UND WISSENSCHAFT 1987, S. 16), steigt aber weiter an.

Ein völlig eigenständiges Bildungsprofil hat die integrierte Gesamtschule nicht entwickeln können. Die Zielspannungen zwischen individueller Förderung und sozialer → Integration, Offenhalten der Schullaufbahnen für möglichst alle und Leistungsforderung der Gesellschaft sucht die Gesamtschule durch Differenzierungssysteme zu überwinden (Fachleistungsdifferenzierung, Binnendifferenzierung, Team-Kleingruppen-Modell, Stütz-, Förder-, Liftkurse, Neigungsdifferenzierung, Kombinationen verschiedener Modelle; → Differenzierungsform). Viele Gesamtschulen sind Ganztagsschulen (mit Aufgabenbetreuung, Arbeitsgemeinschaften, Freizeitangeboten). Einige Gesamtschulen haben berufsorientierende Praktika. Die Gesamtschule vergibt alle Sekundarbereich I-Abschlüsse. Seit 1982 werden gemäß KMK-Vereinbarung (vgl. KMK 1983) die Gesamtschul-Abschlüsse in allen Bundesländern anerkannt (vgl. BAUMERT 1983, BUND-LÄNDER-KOMMISSION... 1982).

Sonderschule. Sonderschulen sind Einrichtungen für Kinder und Jugendliche, die wegen körperlicher oder geistig-seelischer Behinderung oder wegen Verhaltensgestörtheit besonderer pädagogischer Maßnahmen bedürfen. Didaktik und Methodik der Sonderschule sind jeweils behinderungsspezifisch (→ Sonderpädagogik). Formen der Sonderschule existieren für Lernbehinderte (für Kinder, deren Intelligenz oder Leistung den Anforderungen einer anderen Schulform nicht genügen), für Geistigbehinderte (Intelligenzquotient unter 60), Körperbehinderte (bei langfristig erkrankten Kindern als Krankenhausschule), Gehörlose, Schwerhörige, Blinde und Sehbehinderte. Gemeinsames Ziel aller Sonderschulen ist es, die Kinder und Jugendlichen lebens- und berufsfähig

268 Bildungssystem (Bundesrepublik Deutschland)

zu machen: durch Weckung und Förderung intellektueller Kräfte, Schulung geschädigter Organe, Übung des Ersatzes ausgefallener Funktionen durch andere Sinne. Während diese Behindertenschulen meist auf lange Tradition zurückblicken, ist die Sonderschule für Verhaltensgestörte eine junge Gründung (→ Verhaltensstörung; zusammenfassend zu den Sonderschulen: vgl. BLEIDICK 1983).

Der Anteil der Sonderschulen an den Jahrgängen der 11- bis 12jährigen steigt an: von 1960: 2,9 % auf 1986: 4,1 % (vgl. BUNDESMINISTER FÜR BILDUNG UND WISSENSCHAFT 1987, S. 16). Daraus ist jedoch keine generelle Zunahme von Behinderungen abzulesen, sondern eher die wachsende gesellschaftliche Fürsorge für Kinder und Jugendliche, die nur durch spezielle pädagogische Maßnahmen zum Schulerfolg geführt werden können.

Sekundarbereich II. «Zum Sekundarbereich II gehören alle Bildungsgänge, die auf dem Sekundarbereich I aufbauen und in der Regel unmittelbar an ihn anschließen. Es wird eine curriculare Abstimmung und Verzahnung von Bildungsgängen im derzeitigen allgemeinen und beruflichen Bildungswesen angestrebt» (BUND-LÄNDER-KOMMISSION... 1974a, S. 11). Der Sekundarbereich II umfaßt also die Oberstufe des Gymnasiums (beziehungsweise der Gesamtschule) sowie die nach dem 9. oder 10. Jahr der Vollzeitschulpflicht einsetzenden beruflichen Schulen. Die im Bildungsgesamtplan geforderte curriculare Abstimmung zwischen allgemein- und berufsbildendem Schulwesen ist praktisch nirgends erfolgt. Lediglich Nordrhein-Westfalen versucht in seinem Kollegschul-Versuch eine Kombination von Berufsausbildung und Abiturvorbereitung (vgl. KULTUSMINISTER NORDRHEIN-WESTFALEN 1972; 4jähriger Lehrgang seit 1987).

Reformierte gymnasiale Oberstufe. Die KMK hat 1972 die gymnasiale Oberstufe bundeseinheitlich neu geordnet (vgl. KMK 1972, 1977a, b). Das bis dahin übliche Klassensystem wurde durch ein System von Pflicht- und Wahlkursen ersetzt, die Notengebung durch ein Punktesystem ergänzt. Die Fächer wurden drei «Aufgabenfeldern» zugeordnet: dem sprachlich-literarisch-künstlerischen, dem gesellschaftswissenschaftlichen, dem mathematisch-naturwissenschaftlich-technischen. Innerhalb dieser Felder fanden früher am Gymnasium ungewohnte Fächer Eingang in die gymnasiale Oberstufe (wie Erziehungswissenschaft, Informatik, Psychologie, Soziologie, Wirtschaftswissenschaft). Pflichtbindungen sichern, daß die Schüler Kurse in allen Aufgabenfeldern belegen. Die gymnasiale Oberstufe beginnt in Klasse 11 mit einer Einführungsstufe, welche den Schüler mit den Pflichtauflagen und den Wahlmöglichkeiten bekannt macht. In den Klassen 12 und 13 hat er Grundkurse (2 bis 3 Wochenstunden) und Leistungskurse (5–6) zu belegen. Je nach Größe und Kollegium der gymnasialen Oberstufe findet er mehr oder weniger Kombinationsmöglichkeiten. Eines der Leistungsfächer muß eine Fremdsprache, Mathematik oder eine Naturwissenschaft sein. Deutsch, die Fremdsprachen und Mathematik hat er, soweit sie nicht als Leistungsfach erscheinen, in Grundkursen zu belegen. Das Abitur legt der Schüler in zwei Leistungs- und in zwei Grundkursfächern ab, wobei so zu wählen ist, daß die drei Aufgabenbereiche abgedeckt sind. Die Zulassung zum Abitur erfolgt bei Nachweis der Belegung der vorgeschriebenen Kurse nach Art und Zahl und bei Erreichen einer festgesetzten Gesamtpunktzahl. Die Prüfung wird in drei Fächern schriftlich abgelegt (falls die Beurteilung zweifelhaft ist, zusätzlich mündlich), in einem 4. Fach mündlich. Baden-Württemberg und Bayern stellen die Prüfungsaufgaben zentral. In den übrigen Bundesländern schlägt der Fachlehrer Themen vor, aus denen die Schulaufsicht auswählt beziehungsweise die sie genehmigt.

Absicht der Reform der gymnasialen Oberstufe war die Individualisierung des →Lernens und die Konzentration des Schülers auf selbstgewählte Schwerpunkte. Er sollte exemplarisch, strukturiert, wissenschaftspropädeutisch (→Propädeutik), handlungsorientiert lernen. Die bald nach 1972 einsetzende Kritik an der Reform verlangte verstärkte Pflichtbindung wieder an Fächer, nicht lediglich an Aufgabenfelder (vgl. WESTDEUTSCHE REKTORENKONFERENZ 1977), die Restitution eines Fächerkanons allgemeiner Bildung. Die KMK nahm 1977 die Wahlfreiheit der Schüler zurück, indem sie das «Prinzip der Sequentialität» betonte: temporärer und curricularer Anschluß der Kurse aneinander (vgl. HECK u. a. 1978, KAISER 1982).

Berufsbildung. Berufsbildung erfolgt in der Bundesrepublik Deutschland entweder vollzeitschulisch in beruflichen Schulen oder nach den Bestimmungen des Berufsbildungsgesetzes (BBiG) in betrieblichen Ausbildungsstätten. Die Betriebsausbildung wird durch Besuch der Berufsschule (in Teilzeitform) ergänzt («duales System»). Die Berufsbildung ist gegliedert in Berufsgrundbildung (zum Teil vollzeitschulisch im Berufsgrundschuljahr) und berufliche Fachbildung. Sie erfolgt nach der für den jeweiligen Beruf bestehenden Ausbildungsordnung beziehungsweise nach dem Ausbildungsrahmenplan (→Ausbildungsberuf).

Berufliche Ausbildung. Die berufliche Ausbildung ist durch drei Prinzipien geregelt: «der Grundsatz der öffentlichen Verantwortung für die Ordnung der Berufsausbildung, der Grundsatz der bürgerlichen Vertragsfreiheit bei der Begründung von Ausbildungsverhältnissen und der Grundsatz der mittelbaren Staatsverwaltung durch Selbstverwaltungs-

270 Bildungssystem (Bundesrepublik Deutschland)

einrichtungen der Wirtschaft bei der Regelung und Aufsicht der Berufsausbildung» (Kutscha 1982, S. 207f). Die Ausbildung erfolgt produktionsbezogen am Arbeitsplatz (besonders im Handwerk und in wirtschaftlichen Kleinbetrieben) und/oder in Lehrwerkstätten (Ausbildungswerkstätten, Übungskontoren...). Arbeits- und Lernprozeß bilden eine Einheit. Die Anleitung erfolgt in Kleinbetrieben durch Meister, Gesellen, Facharbeiter, in größeren Betrieben durch betriebliches Ausbildungspersonal.

Da der Ausbildungsvertrag zwischen Lehrherrn (Ausbildender) und Lehrling (Auszubildender) privatrechtlich geschlossen wird, regeln Angebot und Nachfrage den Verlauf der Bewerberströme. Eine Ausbildungspflicht der Betriebe oder ein Recht der Jugendlichen auf einen Ausbildungsplatz bestehen nicht. Eine staatliche Bedarfs- und Versorgungsplanung ist daher nicht möglich. Fehlausbildungen (zu viel Nachwuchs für Modeberufe) und andererseits Fachkräftemangel in weniger beliebten Berufen sind dabei unvermeidbar (vgl. Kutscha 1982, Lipsmeier 1982, Münch 1979).

Berufsschule. Der Lehrling ist gleichzeitig Schüler und besucht die Berufsschule in Teilzeitform. Berufsschulpflichtig sind alle Jugendlichen, die nach 9- beziehungsweise 10jährigem Besuch des Sekundarbereichs I einen Ausbildungsvertrag schließen, ein Arbeitsverhältnis eingehen oder arbeitslos sind und das 18. Lebensjahr noch nicht vollendet haben. Es ist Ziel der Berufsschule, die allgemeine Bildung ihrer Schüler zu ergänzen und die betriebliche Ausbildung theoretisch zu fundieren. Ihr Lehrplan weist daher einerseits Fächer auf, die sich auf den jeweiligen Ausbildungsberuf beziehen und meist in einen fachtheoretischen und fachpraktischen Anteil gegliedert sind, andererseits aber auch allgemeinbildende Fächer (Deutsch, Politik, Wirtschaftskunde, Religion, Sport – vgl. Grüner 1983a).

Die Berufsschulen sind in Fachrichtungen unterteilt: gewerblich-technisch, kaufmännisch, hauswirtschaftlich, landwirtschaftlich, bergbaulich, zum Teil weitere Einteilung in Schwerpunkte. Die Berufsschule hatte 1986 einen Anteil von 49,1 % der 17- bis 18jährigen und ist damit die quantitativ größte Schulform des Sekundarbereichs II (vgl. Bundesminister für Bildung und Wissenschaft 1987, S. 19).

Die Berufsschule wird an einem oder an zwei Tagen in der Woche besucht (12 Unterrichtsstunden, die allerdings in vielen Berufsschulen auf 6 oder 8 gesenkt sind). In einigen Berufsschulen und in bestimmten Ausbildungsberufen wird der Unterricht als Blockunterricht erteilt (Zusammenfassung des ein- beziehungsweise zweitägigen wöchentlichen Berufsschul-Unterrichts zu Schulblöcken von mehreren Wochen, dadurch Wechsel zwischen schulischem Vollzeitunterricht und betrieblicher Vollzeitunterweisung; vgl. KULTUSMINISTER NORDRHEIN-WESTFALEN 1973, S. 59 ff).

Berufsgrundschuljahr. «Im Rahmen einer in Grund- und Fachstufe gegliederten Berufsausbildung kann die Grundstufe als Berufsgrundbildungsjahr mit ganzjährigem Vollzeitunterricht oder im dualen System in kooperativer Form geführt werden» (KMK 1978). Das BBiG (§ 26, Abs. 2) legt zum Begriff fest: «In einer ersten Stufe beruflicher Grundbildung sollen als breite Grundlage für die weiterführende berufliche Fachbildung und als Vorbereitung auf eine vielseitige berufliche Tätigkeit Grundfertigkeiten und Grundkenntnisse vermittelt sowie Verhaltensweisen geweckt werden, die einem möglichst großen Bereich von Tätigkeiten gemeinsam sind.» Das Berufsgrundschuljahr bereitet noch nicht auf einen speziellen Ausbildungsberuf, sondern auf ein Berufsfeld vor (Elektrotechnik, Bautechnik, Holztechnik, Ernährung und Hauswirtschaft...). Die vollzeitschulische Variante ist nur in einigen Ländern und Berufsfeldern eingerichtet; sie soll laut Anrechnungsverordnung des Bundes auf die Lehrzeit angerechnet werden (vgl. KELL 1983).

Berufsfachschule, Fachoberschule. Berufsfachschulen sind Vollzeitschulen mit mindestens einjähriger Schuldauer. Zugangsvoraussetzung ist der qualifizierte Hauptschul-Abschluß. Sie sind nach Fachrichtungen gegliedert (hauswirtschaftlich, gewerblich, landwirtschaftlich, kaufmännisch). Sie dienen entweder der Berufsvorbereitung oder der vollen beruflichen Ausbildung in vollzeitschulischer Form. Bei zweijährigem Schulbesuch kann die Fachoberschul-Reife erworben werden. Bei berufsvorbereitenden Berufsfachschulen erfolgt eine teilweise Anrechnung auf die Lehrzeit (vgl. BEINKE 1971, GRÜNER 1983 b).

Die Fachoberschule hat als Eintrittsvoraussetzung den Sekundarbereich I-Abschluß (Realschule oder gleichwertiger). Die 11. Klasse der Fachoberschule umfaßt Unterricht (8–15 Wochenstunden) und fachpraktische Ausbildung (Praktikantenausbildung), sie kann durch einschlägige Berufsausbildung ersetzt werden. Das 12. Schuljahr wird in der Regel in Vollzeitform erteilt (bei Teilzeitform zwei Jahre Dauer). Die Fachoberschulen gliedern sich nach Fachbereichen, teilweise weiter nach Schwerpunkten. Quantitativ sind besonders bedeutsam die für Ingenieurwesen (weitere Schwerpunktgliederung: Maschinenbau, Elektrotechnik, Bautechnik) und Wirtschaft.

Die fachpraktische Ausbildung in Klasse 11 ist in den Ländern und Fachrichtungen unterschiedlich geregelt. Für die 12. Klasse besteht eine Rahmenvereinbarung (vgl. KMK 1969): drei Fünftel des Unterrichts entfallen auf die Pflichtfächer Deutsch, Sozialkunde, Mathematik, Naturwissenschaft, eine Fremdsprache, Sport; der Rest ist fachbereichsbe-

272   Bildungssystem (Bundesrepublik Deutschland)

zogen. Die Fachoberschule führt zur Fachhochschulreife, die zur Aufnahme eines Studiums in einer Fachhochschule berechtigt (vgl. GRÜNER 1970).

Berufsaufbauschule. Berufsaufbauschulen existieren in Vollzeit-, in Teilzeit- und Abendform, nach Fachrichtungen gegliedert (gewerblich, technisch, kaufmännisch, sozialpädagogisch, landwirtschaftlich). Sie können von Jugendlichen mit Hauptschulabschluß neben einer Berufsschule, nach erfüllter Berufsschulpflicht, nach Abschluß oder während der Berufsausbildung besucht werden (Unterrichtsdauer in Vollzeitform 1 bis 1½, in Teilzeitform 3 bis 3½ Jahre). Sie wollen eine über die Inhalte der Berufsschule hinausgehende allgemeine und fachtheoretische Bildung vermitteln und führen zu einem dem Realschulabschluß gleichwertigen Bildungsstand. Nach Einführung der Fachoberschule haben die Berufsaufbauschulen an Bedeutung verloren (vgl. GEORG 1983).

Tertiärer Bereich. «Der tertiäre Bereich umfaßt die Ausbildungsgänge, die an den jeweils letzten Abschluß einer Ausbildung im Sekundarbereich II anschließen [...] Innerhalb des tertiären Bereichs ist zwischen Hochschulen und sonstigen Ausbildungsstätten mit berufsqualifizierenden Bildungsgängen zu unterscheiden. Die Hochschulen dienen der Pflege und Entwicklung der Wissenschaften und der Künste durch Forschung, Lehre und Studium und bereiten auf eine berufliche Tätigkeit vor. Sie dienen auch weiterbildenden Studien» (BUND-LÄNDER-KOMMISSION... 1974a, S. 11).

Hochschulen. Neben dem Kernbereich des tertiären Bereichs, den Universitäten, existieren in der Bundesrepublik Deutschland Gesamthochschulen, theologische, technische, pädagogische, Kunst-, Sport- und Fachhochschulen. Alle Hochschulen vermitteln eine fachlich spezialisierte Ausbildung in unmittelbarem Kontakt mit forschender Wissenschaft («Einheit von Forschung und Lehre»). Eintrittsvoraussetzung ist das Abitur, bei Fachhochschulen die Fachhochschulreife. Die Kunst- und Sporthochschulen verlangen besondere Eintrittsprüfungen. Die Hochschulen führen zu akademischen Abschlüssen (Magister, Diplom, Doktorgrade) und/oder zu Staatsexamen (1. Staatsprüfung), die zum Eintritt in die berufspraktische Ausbildung für Ärzte, Apotheker, Lehrer, Juristen berechtigt. Voraussetzung für die Professur an einer Universität sind die Habilitation oder gleichwertige Leistungen. Außerdem wird die akademische Lehre erteilt durch den «Mittelbau» (Privatdozenten mit Habilitation vor einer Berufung, promovierte oder an einer Dissertation arbeitende wissenschaftliche Assistenten, Akademische Räte,

Lehrkräfte für besondere Aufgaben und wissenschaftliche Mitarbeiter). Die Studiendauer beträgt an den Hochschulen in der Regel mindestens 4 Jahre (8 Semester), an den Fachhochschulen 3 Jahre (6 Semester). Zur Lehre an Fachhochschulen ist eine Habilitation nicht erforderlich, im Regelfall aber Berufspraxis (vgl. HUBER/PORTELE 1983). Gesamthochschulen umfassen Universitäts- und Fachhochschullehrgänge (vgl. ENZYKLOPÄDIE ERZIEHUNGSWISSENSCHAFT 1983, FLITNER/HERRMANN 1977; vgl. MAX-PLANCK-INSTITUT FÜR BILDUNGSFORSCHUNG 1984, S. 228 ff; vgl. PEISERT/FRAMHEIM 1980).

Die Zahl der Hochschulen hat seit 1960 erheblich expandiert. Die Gesamtzahl der Studenten an deutschen Hochschulen betrug 1960: 291 100, 1986: 1 367 700. Der prozentuale Anteil an den 19- bis unter 26jährigen stieg von 1960: 4,3% auf 1986: 18,3%. Von diesen Stundenten waren 1960: 44 200, 1986: 312 500 an Fachhochschulen (vgl. BUNDESMINISTER FÜR BILDUNG UND WISSENSCHAFT 1987, S. 131). Der Anteil der Studentinnen an der Hochschulpopulation stieg im gleichen Zeitraum von 23,9% auf 37,9% (vgl. BUNDESMINISTER FÜR BILDUNG UND WISSENSCHAFT 1987, S. 135).

Diese Ausdehnung brachte den Hochschulen erhebliche Probleme. Die notwendige Vermehrung des Personals konnte nicht ohne Qualitätsverlust in Forschung und Lehre geschehen. Angesichts der verminderten Geburtenzahlen (aus dem größten Geburtsjahrgang 1964 leben 1986 in der Bundesrepublik Deutschland 570 000 Männer und 534 000 Frauen, der Geburtsjahrgang 1986 hat 320 000 Männer, 304 000 Frauen (vgl. BUNDESMINISTER FÜR BILDUNG UND WISSENSCHAFT 1987, S. 6, die Zahlen umfassen Deutsche und Ausländer) ist der Hochschulausbau praktisch zum Stillstand gekommen. Das bedeutet geringe Chancen für den wissenschaftlichen Nachwuchs: «Mit der Stagnation des Hochschulausbaus [...] entstehen [...] langwierige Aufstiegswege [...], breite Zonen ungesicherter und unterprivilegierter Warte-, Übergangs- und Zeitstellen» (HUBER/PORTELE 1983, S. 213).

Fernlehrwesen. Fernstudien eröffnen durch Versenden von Texten und sonstigem Studienmaterial das Studium ohne Übersiedlung oder Pendelfahrten zum Hochschulort. Vorläufer eines auch universitären Fernunterrichts waren Materialien zum Selbststudium besonders von Sprachen. Auf universitärer Ebene wurden Fernstudien zunächst zur Entlastung der Hochschulen eingeführt, blieben aber quantitativ unbedeutend und werden bis zum Examen lediglich von der Fernuniversität – Gesamthochschule – Hagen betrieben. Auch dort dienen Fernstudien vielfach der ergänzenden Information in Bereichen persönlichen Interesses, werden also ähnlich genutzt wie die Funkkollegs (die von den Rundfunkanstalten in Zusammenarbeit mit den Kultusministerien und dem Deut-

274 Bildungssystem (Bundesrepublik Deutschland)

schen Institut für Fernstudien veranstaltet werden) oder Studienmaterialien zahlreicher privater Lehranstalten (vgl. Fritsch 1983).

Fachschulen. Fachschulen setzen eine abgeschlossene Ausbildung in einem Ausbildungsberuf (darüber hinaus zum Teil Berufsbewährung) und Hauptschulabschluß voraus und führen zu vertiefter beruflicher Fachbildung. Sie sind eingeteilt nach Fachrichtungen (Technik, Handwerk, kaufmännisch, landwirtschaftlich...) und nach angestrebter Qualifikation (Meister, staatlich anerkannter Techniker, Chemotechniker, Erzieher, Hauswirtschaftsleiter...). Der Abschluß der Fachschule ist zum Teil dem Realschulabschluß gleichgestellt. Die Fachschulen einschließlich der Schulen des Gesundheitswesens hatten 1986 einen Prozentanteil von 3,4 % (der 20- bis 21jährigen) bis 1,1 % (der 25- bis 26jährigen: vgl. Bundesminister für Bildung und Wissenschaft 1987, S. 21, S. 23). Die Bedeutung der Fachschulen sank nach Überführung der Höheren Fachschulen (wie etwa der Ingenieurschulen) in Fachhochschulen und aufgrund des Eindringens von Hochschulabsolventen, die ausbildungsadäquate Beschäftigung nicht finden, in Berufe mittlerer Qualifikationsstufe (vgl. Grüner 1972, 1979).

Weiterbildung. «Weiterbildungsmaßnahmen werden von einer Vielzahl von Trägern durchgeführt, z.B. von Arbeitnehmer- und Arbeitgeberorganisationen, Volkshochschulen, Kirchen, Kommunen, Verbänden, Zweckgemeinschaften, Gemeinden und einzelnen Betrieben, aber auch von Schulen, insbesondere Fachschulen und Hochschulen» (Bund-Länder-Kommission... 1974a, S. 6). Dementsprechend vielfältig sind die Aufgaben und Ziele der → Weiterbildung. Als wichtigste Bereiche sind abschlußbezogene und freie Weiterbildung zu betrachten.

Abschlußbezogene Weiterbildung. Abschlußbezogene Weiterbildung bereitet auf allgemeine oder berufsbezogene Abschlüsse vor und endet im Regelfall mit Prüfungen. Die Abschlüsse allgemeinbildender Schulen können nachgeholt werden im sogenannten zweiten Bildungsweg (→ Bildungsweg, zweiter): Abendgymnasien (Eintrittsvoraussetzung abgeschlossene Berufsausbildung oder 3jährige Berufstätigkeit, Lehrgang meist 4 Jahre, Abschlüsse: Sekundarbereich I, Abitur), Institute zur Erlangung der Hochschulreife oder Kollegs (Eintrittsvoraussetzung wie Abendgymnasium, zum Teil zusätzlich Realschulabschluß oder Prüfung, Lehrgang 3 Jahre, Abschluß Abitur), Abendrealschule (Eintrittsvoraussetzung in Ländern unterschiedlich, Dauer 2–3 Jahre, Realschulabschluß). Nachholmöglichkeiten für Schulabschlüsse werden auch von sonstigen Einrichtungen der Weiterbildung angeboten, insbesondere für den Hauptschulabschluß durch die Volkshochschulen. Diese bieten auch Kurse an, in denen ein Zertifikat erworben werden kann (Fremdsprachen, mathematisch-naturwissenschaftlich-technisch).

Berufsbezogene abschlußbezogene Weiterbildung dient der fortbildenden Anpassung an veränderte Produktions- oder Verwaltungsverfahren (durch Betriebe und Kammern), der Umschulung (Umschulungszentren, Berufsförderungswerke), der Rehabilitation (Rehabilitationszentren), dem beruflichen Aufstieg (Kammern, Fachschulen, Bildungswerke verschiedener Träger). Diese Maßnahmen werden großenteils nach dem Arbeitsförderungsgesetz (AFG, in der Fassung vom 1.4.1982) unterstützt. Das AFG regelt zusammen mit dem Betriebsverfassungsgesetz (BetrVG von 1972) und den in einigen Ländern erlassenen Bildungsurlaubsgesetzen, unter welchen Bedingungen Freistellung von der Arbeit zum Zweck der Weiterbildung möglich ist. Das BetrVG und die Gesetze zum Bildungsurlaub gestatten kurzfristige Freistellung auch für politische Bildung (→ Bildung, politische).

Freie Weiterbildung. Freie Weiterbildung bezeichnet alle Bildungsangebote verschiedener Träger für Jugendliche und Erwachsene, die nicht auf Abschlüsse und Prüfungen bezogen sind. Die wichtigsten Veranstalter sind die Volkshochschulen (meist kommunal finanziert, einige sind eingetragene Vereine). Die Volkshochschulen sind auch in den Ländern, in denen sie durch Weiterbildungsgesetze zu Pflichtaufgaben der Kommunen wurden (Hessen und Nordrhein-Westfalen), in der Gestaltung ihres Angebots frei. Ihr Programm umfaßt alle Bereiche der Wissenschaften, menschlicher Fertigkeiten und Freizeitgestaltung. Der Eintritt in alle Veranstaltungen ist jedem offen und hat lediglich Kapazitätsgrenzen (vgl. Deutscher Volkshochschulverband... 1968ff). Heimvolkshochschulen und andere Heimbildungsstätten (der Kirchen, Gewerkschaften, Wirtschaftsverbände, privater Vereine...) suchen durch längere Lernzeiten in jeweils geschlossenen Gruppen in Distanz zur gewohnten → Lebenswelt den Erfolg ihres Angebots zu steigern.

Bartnitzky, H./Christiani, R. (Hg.): Handbuch der Grundschulpraxis und Grundschuldidaktik, Stuttgart 1981. Baumert, J. (in Zusammenarbeit mit J. Raschert): Gesamtschule. In: Enzyklopädie Erziehungswissenschaft, Bd. 8, Stuttgart 1983, S. 228ff. Beinke, L.: Die Handelsschule – eine bildungssoziologische Analyse, Düsseldorf 1971. Blankertz, H.: Bildung im Zeitalter der großen Industrie. Pädagogik, Schule und Berufsbildung im 19. Jahrhundert, Hannover u. a. 1969. Blättner, F.: Das Gymnasium, Heidelberg 1960. Bleidick, U.: Sonderschule. In: Enzyklopädie Erziehungswissenschaft, Bd. 8, Stuttgart 1983, S. 270ff. Bund-Länder-Kommission für Bildungsplanung: Bildungsgesamtplan, 2 Bde., Stuttgart ²1974 (Bd. 1: 1974a). Bund-Länder-Kommission für Bildungsplanung und Forschungsförderung: Modellversuche mit Gesamtschulen, Bühl 1982. Bundesminister für Bildung und Wissenschaft (Hg.): Grund- und Strukturdaten, Ausgabe 1987/88, Bad Honnef 1987. Brinkmann, G. (Hg.): Praxis Hauptschule, Kronberg 1977. Derbolav, J.: Gymnasium. In:

276 Bildungssystem (Bundesrepublik Deutschland)

Enzyklopädie Erziehungswissenschaft, Bd. 8, Stuttgart 1983, S. 211 ff. DEUTSCHER VOLKSHOCHSCHULVERBAND, PÄDAGOGISCHE ARBEITSSTELLE (Hg.): Die Volkshochschule. Handbuch für die Praxis der VHS-Leiter und -Mitarbeiter, Loseblattsammlung, Bonn 1968 ff. ELIAS, N.: Über den Prozeß der Zivilisation, 2 Bde., Frankfurt/M. ³1977. ENZYKLOPÄDIE ERZIEHUNGSWISSENSCHAFT, Bd. 10: Ausbildung und Sozialisation in der Hochschule, Stuttgart 1983. FAUSER, F. u. a.: Lernen mit Kopf und Hand, Weinheim/Basel 1983. FEND, H.: Gesellschaftliche Voraussetzungen und Folgen einer Curriculumreform in sozialisationstheoretischer Sicht. In: Frey, K. u. a. (Hg.): Curriculum-Handbuch, Bd. 1, München/Zürich 1975, S. 92 ff. FLITNER, A./HERRMANN, U. (Hg.): Universität heute. Wem dient sie? Wer steuert sie? München/Zürich 1977. FRITSCH, H.: Fernstudium. In: Enzyklopädie Erziehungswissenschaft, Bd. 10, Stuttgart 1983, S. 494 ff. GEORG, W.: Berufsaufbauschule. In: Enzyklopädie Erziehungswissenschaft, Bd. 9. 2, Stuttgart 1983, S. 93 ff. GRÜNER, G.: Die Fachoberschule, Hannover 1970. GRÜNER, G.: Haben Fachschulen noch eine Zukunft? Braunschweig 1972. GRÜNER, G.: Die beruflichen Vollzeitschulen hauswirtschaftlicher und sozialpädagogischer Fachrichtung in der BRD, Weinheim/Basel 1979. GRÜNER, G.: Berufsschule. In: Enzyklopädie Erziehungswissenschaft, Bd. 9. 2, Stuttgart 1983, S. 166 ff (1983 a). GRÜNER, G.: Berufsfachschule. In: Enzyklopädie Erziehungswissenschaft, Bd. 9.2, Stuttgart 1983, S. 154 f (1983 b). HAGE, K. H./STAUPE, J.: Schulrecht von A–Z. Stand: Juli 1985, München o. J. HECK, G. u. a. (Hg.): Die Sekundarstufe II. Grundlagen, Modelle, Entwürfe, Darmstadt 1978. HECKEL, H.: Einführung in das Erziehungs- und Schulrecht, Darmstadt ²1986. HEMMER, K. P.: Der Grundschullehrplan. In: Enzyklopädie Erziehungswissenschaft, Bd. 4, Stuttgart 1985, S. 175 ff. HOPF, D.: Aktuelle Probleme der Grundschule. In: Max-Planck-Institut für Bildungsforschung, Projektgruppe Bildungsbericht (Hg.): Bildung in der Bundesrepublik Deutschland, Bd. 2, Reinbek 1980, S. 1113 ff. HUBER L./PORTELE, G.: Die Hochschullehrer. In: Enzyklopädie Erziehungswissenschaft, Bd. 10, Stuttgart 1983, S. 193 ff. KAISER, A.: Die didaktische Struktur der gymnasialen Oberstufe. In: Enzyklopädie Erziehungswissenschaft, Bd. 9.1, Stuttgart 1982, S. 130 ff. KELL, A.: Berufsgrundbildung. In: Enzyklopädie Erziehungswissenschaft, Bd. 9.2, Stuttgart 1983, S. 161 ff. KLAFKI, W.: Integrierte Gesamtschule. In: Z. f. P. 14 (1968), S. 521 ff. KMK: Rahmenvereinbarung über die Fachoberschule, Beschl. v. 6.2.1969 i. d. Fassung v. 13.4.1971, Neuwied/Darmstadt 1971. KMK: Vereinbarung zur Neugestaltung der gymnasialen Oberstufe in der Sekundarstufe II, Beschl. v. 7.7.1972, Neuwied/Darmstadt 1972. KMK: Empfehlungen zur Arbeit in der gymnasialen Oberstufe, Beschl. v. 2.12.1977, Neuwied/Darmstadt 1977 a. KMK: Einheitliche Durchführung der Vereinbarung zur Neugestaltung der gymnasialen Oberstufe, Beschl. v. 2.6.1977, Neuwied/Darmstadt 1977 b. KMK: Rahmenvereinbarung über das Berufsgrundbildungsjahr, Beschl. v. 19.5.1978, Neuwied/Darmstadt 1978. KMK: Rahmenvereinbarung für die gegenseitige Anerkennung von Abschlüssen an integrierten Gesamtschulen, Beschl. v. 27./28.5.1982, Neuwied/Darmstadt 1983. KULTUSMINISTER NORDRHEIN-WESTFALEN (Hg.): Kollegstufe NW, Ratingen 1972. KULTUSMINISTER NORDRHEIN-WESTFALEN (Hg.): Neuordnung des beruflichen Schulwesens NW, Ratingen u. a. 1973. KUTSCHA, G.: Das System der Berufsausbildung. In: Enzyklopädie Erziehungswissenschaft, Bd. 9. 1, Stuttgart 1982, S. 203 ff. LESCHINSKY, A./ROEDER, P. M.: Didaktik und Unterricht in der Sekundarstufe I seit 1950. Entwicklung der Rahmenbedingungen. In: Max-Planck-Institut für Bildungsforschung, Projektgruppe Bildungsbericht (Hg.): Bildung in der Bundesrepublik Deutschland, Bd. 1, Reinbek 1980, S. 283 ff. LIPSMEIER, A.: Die didaktische Struktur des beruflichen Bildungswesens. In: Enzyklopädie Erziehungswissenschaft, Bd. 9.1, Stuttgart 1982, S. 227 ff. LUHMANN, N.: Ökologische Kommunikation, Opladen 1986. MAX-PLANCK-INSTITUT FÜR BILDUNGSFORSCHUNG, ARBEITSGRUPPE: Das Bildungswesen in der Bun-

Bildungstechnologie 277

desrepublik Deutschland. Ein Überblick für Eltern, Lehrer, Schüler, Reinbek ²1984.
Münch, J.: Das duale System. Lehrlingsausbildung in der BRD, Bonn 1979. Neuner,
G.: Entwicklungen im Englischunterricht. In: Max-Planck-Institut für Bildungsforschung, Projektgruppe Bildungsbericht (Hg.): Bildung in der Bundesrepublik
Deutschland, Bd. 1, Reinbek 1980, S. 364ff. Oppermann, Th.: Nach welchen rechtlichen Grundsätzen sind das öffentliche Schulwesen und die Stellung der an ihm Betei-
ligten zu ordnen? In: Verhandlungen des 51. Juristentages Stuttgart 1976, Bd. 1, Teil C,
München 1976, S. C 5ff. Otto, B.: Gesamtunterricht (1913). In: Das Problem der Un-
terrichtsmethode, bearb. v. G. Geißler, Weinheim ⁶1965, S. 67ff. Peisert, H./Fram-
heim, G.: Das Hochschulsystem in der BRD, Funktionsweise und Leistungsfähigkeit,
Stuttgart ²1980. Röhrs, D. G.: Verfassung und Schulgestaltung. In: Brockmeyer, R./
Hamacher, P.: Schule zwischen Recht, Politik und Planung, Paderborn 1982, S. 46ff.
Scheuerl, H.: Die Gliederung des deutschen Schulwesens, Stuttgart 1968. Schule im
Rechtsstaat, Bd. 1: Entwurf für ein Landesschulgesetz. Bericht der Kommission
Schulrecht des Deutschen Juristentages, München 1981. Schwartz, E.: Die Grund-
schule. Funktion und Reform, Braunschweig 1969. Spies, W./Westphalen, K.:
Die Gestalt unserer Schule, Stuttgart 1987. Stratmann, K.: Die Krise der Berufserzie-
hung im 18. Jahrhundert als Ursprungsfeld pädagogischen Denkens, Ratingen 1967.
Tenorth, H. E. (Hg.): Allgemeine Bildung, Weinheim/München 1986. Wollen-
weber, H. (Hg.): Die Realschule, 2 Bde., Paderborn u. a. 1979. Westdeutsche Rektorenkonferenz: Zur Weiterentwicklung der neugestalteten gymnasialen Oberstufe.
Thesen der 122. WRK, Beschluß v. 5. 7. 1977, Bonn 1977.

Werner E. Spies

Bildungstechnologie

Begriffsverständnis und Begriffsverwendung. Von «Bildungstechnologie» wird erstmals 1969 in den Konzepten zur Errichtung eines «bildungstechnologischen Zentrums» (in Wiesbaden) gesprochen. Ab Mitte
der 60er Jahre waren in der pädagogischen Diskussion und im deutschsprachigen Schrifttum bereits ähnliche Fachausdrücke, wie «Unterrichtstechnologie», «pädagogische Technologie» und «Technologie der
Erziehung», eingeführt worden. Zur Erklärung des Begriffs «Bildungstechnologie» können zwei Wege gewählt werden: der *etymologische* und
der *wissenschaftshistorische*. Es soll zunächst versucht werden, der Bedeutung von Bildungstechnologie durch eine Klärung der Begriffs-
elemente auf die Spur zu kommen.

Der aus dem Griechischen übernommene Begriff der Technik bezog
sich zunächst auf jede Art von Fertigkeit, akzentuierte aber die hand-
werkliche Komponente. Solchermaßen wurde Technik zur gemeinsamen
Bezeichnung für alle Verfahren, die der Hervorbringung von materialen
Produkten dienen. Diese Produkte nahmen terminologisch von ihrer
Herstellung an: Man bezeichnete sie als «technische Produkte». Mit Begriffsumfang und Begriffsinhalt von «Technologie» und ihrer Anwen-

278 Bildungstechnologie

dung auf →Erziehung und Erziehungswissenschaft hat sich insbesondere v. CUBE (vgl. 1977) auseinandergesetzt. Er ortet eine mehrfache Inhaltszuordnung zur selben Bezeichnung: Technologie im ingenieurwissenschaftlich- oder industriell-«technischen» Sprachgebrauch bezeichnet einmal solche anspruchsvollen Verfahren, die der Steuerung von Systemen dienen, zum anderen aber auch materielle Produkte, die solche technischen Verfahren hervorgebracht haben. Die besondere Qualität von Technologien (hier: Verfahren, Techniken) wird in der auf Sozialtechnologie bezogenen Definition von HABERMAS (1968, S. 69) deutlich, der sie durch die «Anwendung erfahrungswissenschaftlicher Informationen zur Verfügbarmachung von Kräften der Natur, des Menschen und sozialer Organisationen» charakterisiert sieht. Schließlich definiert STACHOWIAK (vgl. 1973), der Grundbedeutung des Begriffes streng folgend, Technologie als Wissenschaft, und zwar als *«Aktionswissenschaft»*, die sich systematische Entwicklungsarbeit mit dem Ziel von Erfindungen zur Aufgabe macht. Zu den Erziehungswissenschaftlern, die *Technologie als Verfahren* definieren, sind unter anderem FLECHSIG (vgl. 1976), PETERS (vgl. 1976) und WELTNER (vgl. 1974) zu zählen.

Davon abweichend definiert nur eine Minderheit von pädagogischen Theoretikern und Praktikern Technologie und Bildungstechnologie als wissenschaftliche Disziplin. So unter anderen SCHÖLER (vgl. 1971), für den Technologie *«Verfahrenskunde»* bedeutet, und, neben STACHOWIAK (vgl. 1973) und HAEFNER (vgl. 1977) auch KLAUER (1973, S. 91), der Bildungstechnologie als *«technologische Disziplin»* definiert, als «Lehre von Techniken, die geeignete Mittel sind, um Ziele zu erreichen». Eine Verfahrenslehre, die sich auf Techniken zur konkreten Gestaltung und Steuerung bezieht, bedarf ebenso konkreter Gestaltungs- und Steuerungsbereiche. Diese sollen hier «Erfahrungsbereiche» (synonym: «Erfahrungsobjekte») genannt werden. Für eine Technologie mit im weitesten Sinne pädagogischen Zielstellungen beziehungsweise Zielvorgaben böte sich hier der Erfahrungsbereich «Pädagogik» an. Begreift man den Begriff des Pädagogischen in seiner gesamten denkbaren Breite und Tiefe, kann er, sofern man sich nicht aus ideologiekritischen Vorbehalten an seiner Inanspruchnahme durch bestimmte gesellschaftliche Gruppen stößt, durch den Begriff «Bildung» ersetzt werden. →Bildung soll hier im Sinne eines komplexen Gesamtprozesses verstanden werden, der sich am Ziel von Erziehung insgesamt, definiert als «Bezeichnis der Gesamtaufgabe pädagogischen Handelns», ausrichtet und sich dabei des →Unterrichts als deren besondere «Ausprägung in planmäßiger, wissenschaftsorientierter, institutionalisierter und professionalisierter, pädagogischer Interaktion» bedient. Nimmt man unter Beachtung dieser begrifflichen Zusammenhänge das substantivische Konstrukt «Bildungstechnologie» bei seinen Einzelwortwurzeln, so kann definiert werden: *Bildungstechnologie ist die Lehre von den Verfahren (Prozessen, Instrumenten, Strukturen), mit deren Hilfe man jemanden, im Grenzfalle sich selbst, bilden kann.* Sieht man, ungeachtet der Begriffsvielfalt von «Bildung» und «Bilden», diese Termini in engem Zusammenhang mit «Pädagogik», so erscheint Bildungstechnologie im hier gewählten umfassenden Verständnis als Synonym für den Begriffskomplex «pädagogische Methodik» (→ Methode) oder noch klarer «pädagogische Methodenlehre».

Rezeption und Institutionalisierung. Nun handelt es sich aber im Falle von «Bildungstechnologie» nicht um eine genuine Wortschöpfung deutscher Wissenschaftssprache, sondern um eine direkte Übersetzung des US-amerikanischen Fachausdruckes *«Educational Technology»*. Je nach inhaltlicher Bedeutung des Begriffsumfanges von «Education» wurde diese zunächst mit «Unterricht», später mit «Pädagogik», erst relativ spät mit «Bildung» übersetzt, ohne daß man sich über eine jeweilige Begriffsverschiebung Gedanken machte. Ein ähnliches semantisches Dilemma zeigte sich im Falle der linearen Übernahme des Ausdrucks «Technology». Dies alles hatte nicht etwa bloß sprachwissenschaftliche Konsequenzen, sondern ganz erhebliche Auswirkungen auf Arbeitsfelder, Arbeitsschwerpunkte, Methodenwahl und schließlich Arbeitsergebnisse der Theoretiker und Praktiker, die sich im deutschen Sprachraum um «Educational Technology» bemühten. Wissenschaftshistorischen Aufschluß über den Begriff der Bildungstechnologie (und seine semantische Veränderung) gewinnt man aus einer Analyse der Entwicklung der «Educational Technology» in den USA und deren Rezeption und Adaption im deutschen Sprachraum.

Am Anfang der Entwicklung der «Educational Technology» in den USA standen akute praktische Lehr- und Lernprobleme. GROPPER (vgl. 1980) führt den Beginn einer systematischen «technologischen» Behandlung von Lehr- und Lernprozessen auf die Erfordernisse der militärischen Ausbildung während des Zweiten Weltkrieges zurück. Der 1958 erschienene Aufsatz von SKINNER «Teaching Machines» (in deutscher Übersetzung erstmals bei CORRELL 1965) gab einen der entscheidenden Anstöße zur Entwicklung einer Unterrichtstheorie auf informationspsychologischer Basis. Die Initiativen, wie sie nach der Skinnerschen Initialzündung unter anderem von MAGER (vgl. 1962) entwickelt wurden, nahmen zwar Elemente der Skinnerschen «Theorie der positiven Verstärkung» (vgl. SKINNER 1938) und deren Weiterentwicklung auf, gaben sich aber mit deren linearen Konsequenzen für Lehr- und Lernstrategien in Unterricht und Ausbildung nicht zufrieden. So wurde der eingeschlagene Entwicklungsweg über die Konzeption von Stufenmodellen (vgl. HOLLAND/SKINNER 1961) unter dem Einfluß von Piaget in Rich-

280 Bildungstechnologie

tung auf eine umfassender konzipierte Lerntechnologie auf Grundlage einer komplexeren Lerntheorie (vgl. BRUNER 1966) fortgesetzt. Diese Lerntheorie verstand sich als theoretische Basis einer sehr praxisnahen Lerntechnik. In diese Richtung zielten auch die Arbeiten von GAGNÉ (vgl. 1965), der eine elaborierte Technologie des Unterrichtens beabsichtigte (→ Lernen – Lerntheorie).

Wenn auch einzelne Wurzeln noch weiter zurückverfolgt werden können, so ist der Beginn einer umfassenden Rezeption der «Educational Technology» im deutschsprachigen Raum etwa in der Mitte der 60er Jahre zu datieren. Entscheidende Impulse gingen hierfür von der 1963/ 64 gegründeten Gesellschaft für Programmierte Instruktion aus. Erstes Arbeitsfeld war der Bereich der «Programmed Instruction», deren Konzepte auf behavioristischen, systemtheoretischen und informationspsychologischen Erkenntnissen aufbauten. Ihr Ziel war eine wissenschaftlich begründete Unterrichtstechnik in bewußter Abgrenzung zur Methodik als pädagogischer Kunstlehre.

Informationstheoretische Impulse erhielt die bildungstechnologische Forschung schon in der ersten Phase ihrer Rezeption durch FRANK (vgl. 1961). Ein wichtiger Schritt auf dem Weg von einer praktisch-pragmatischen Unterrichtslehre hin zur wissenschaftlich fundierten Bildungstechnologie stellte die in den 60er Jahren in die Geistes- und Gesellschaftswissenschaft hineingetragene → Systemtheorie dar (vgl. STACHOWIAK 1973). Auch sie wurde, wie die behavioristische Lerntheorie, außerhalb der Erziehungswissenschaften entwickelt.

Einen spektakulären Teilbereich bildungstechnologischer Entwicklungen, der zunächst das Interesse am Educational-Technology-Konzept weckte, stellte das Feld der *Lehrmaschinen und -automaten* dar. Neben den relativ einfachen Ansätzen, wie sie in der Bundesrepublik Deutschland vor allem von ZIELINSKI und SCHÖLER (vgl. 1965) verfolgt wurden und die weitgehend auf dem linearen Lernkonzept nach Skinner beruhten, entwickelte sich eine Reihe von formalen Modellen im Hinblick auf eine mathematisch-logische Theorie der Lehrautomaten. Wesentliche Arbeiten dazu lieferten in der Tschechoslowakei LANSKY (vgl. 1969) und in der UdSSR LANDA (vgl. 1969).

Ausgehend von den Versuchen einer exakten *Qualifikationsanalyse* und einer dieser entsprechenden Definition von → Lernzielen sowie informationspsychologischen Lernmodellen, drang man Ende der 60er Jahre zur systematischen Bearbeitung von Lehr- und Lernprozessen vor. Anfang der 70er Jahre gewannen kognitionspsychologische Überlegungen und Versuche zur Ausweitung des allzu eng gefaßten Lernzielbegriffes an Bedeutung. Mitte der 70er Jahre schließlich scherte die Mediendidaktik aus der Bildungstechnologie aus und rückte in die Nähe der → Medienpädagogik (vgl. TULODZIECKI 1975).

Der Etablierung des Begriffes «Bildungstechnologie» Ende der 60er Jahre folgte die Institutionalisierung. Die bildungspolitischen Gründerjahre 1967–1972 waren den Konzepten zur Errichtung von bildungstechnologischen Forschungs- und Entwicklungszentren nach adaptiertem US-amerikanischem Muster günstig. 1967 wurde ein erster Plan zur Errichtung einer «bildungstechnologischen» Hochschule in Klagenfurt unter Beteiligung führender Vertreter der «Educational Technology» aus der Bundesrepublik Deutschland erstellt. Nach entsprechenden politischen Vorarbeiten wurden 1970 in Hessen und Nordrhein-Westfalen die erforderlichen Beschlüsse zur Errichtung von (interuniversitären) bildungstechnologichen Forschungs- und Entwicklungszentren gefaßt (Bildungstechnologisches Zentrum GmbH, Wiesbaden; Forschungs- und Entwicklungszentrum für objektivierte Lehr- und Lernverfahren GmbH, Paderborn).

Differenzierung und Schwerpunktbildung. Bei Beurteilung der Entwicklungsgeschichte und der Entwicklungsperspektiven der Bildungstechnologie zum gegenwärtigen, wissenschaftsgeschichtlich vergleichsweise noch frühen Zeitpunkt ist auf die unterschiedliche Ausprägung von «Bildungstechnologie als programmatischer Anspruch» und «Bildungstechnologie als tatsächliches Feld wissenschaftlicher und praktischer Arbeit» hinzuweisen. So gibt es heute *die* Bildungstechnologie im weiten Begriffsverständnis lediglich als gedankliches Konstrukt, als eine Menge von relativ verstreuten Einzelansätzen, deren Vertreter diese zudem nicht in jedem Falle unter den Begriff «Bildungstechnologie» subsumieren. Dies hängt unter anderem mit der Unschärfe des hier verwendeten Begriffsrepertoires zusammen. So weist auch die Literatur eine Vielzahl von «Bildungstechnologien», also von Spielarten bildungstechnologischer Forschungs- und Entwicklungsarbeit, auf. Daraus sollen diejenigen Ansätze, die besonderen Bezug zur schulbetrieblichen Praxis zeigen, ausgewählt und erläutert werden.

Der schulpraktische/schulbetriebliche Ansatz: Die Vertreter einer extremen schulpraktischen Position angewandter Bildungstechnologie rücken die schulbetrieblich-unterrichtliche Gestaltungsaufgabe in die Nähe produktions«technologischer» Aufgaben und stellen den technisch-apparativen Aspekt sowie die betrieblichen Aufgaben der Optimierung, Effektivität und der Rationalisierung in den Vordergrund. Bildungstechnologie beziehungsweise pädagogische Technologie «ist innerhalb der Pädagogik die Summe der Maßnahmen und Verfahrensweisen, die vorwiegend von technikorientierten Medien, Hilfen und Voraussetzungen bestimmt wird», und kann differenziert werden in «Direkte Pädagogische Technologie», das ist Unterrichtstechnologie im engeren Sinne mit den

282   Bildungstechnologie

Teilbereichen «Demonstrationstechnologie» und «Instruktionstechnologie», sowie in «Indirekte (Vor-)Pädagogische Technologie» mit den Teilbereichen «Schulbautechnologie» und «Schulverwaltungstechnologie» (ALLENDORF u. a. 1972, S. 14; vgl. SCHÖLER 1971). Schulpraktischen Zielen dienen auch die Medieninformationsnetze nach HERTKORN (vgl. 1980), die der ständigen Unterweisung der Lehrer im Hinblick auf ihre praktische Unterrichtstätigkeit dienen wollen.

Der ingenieurwissenschaftliche/unterrichtstechnische Ansatz: Die engste Definition von Bildungstechnologie, üblicherweise mit Unterrichtstechnologie etikettiert, führt zur Lehre von der Produktion und den technischen Einsatzbedingungen von technischen Medien in Bildungs-, vornehmlich in Unterrichtsprozessen. Eine solche «ingenieurwissenschaftliche Bildungstechnologie» findet ihre Bezugswissenschaften im Bereich technischer und derjenigen naturwissenschaftlichen Disziplinen, die man heute unter der Sammelbezeichnung «Ingenieurwissenschaften» zusammenfaßt. Ziel der ingenieurwissenschaftlichen Bildungstechnologie ist die Aufhellung der Bedingungen und Zusammenhänge bei der Produktion und dem «technischen Betrieb» von Unterrichtsmedien. Wesentliche Arbeitsbereiche waren die Konstruktion von Lehrmaschinen und -automaten, von apparativen Lehr- und Lernhilfen mit oder ohne Integration von (elektronischen) Speicher- und/oder Rechenwerken, die Konstruktion von Rückmelde- und Auswerteeinrichtungen in technische Lehr- und Lernsysteme und Arbeiten zur technischen Kompatibilität von audiovisuellen Geräten (vgl. MELEZINEK 1978). Bildungsmittel traditionellen Zuschnitts, insbesondere Spiel- und Arbeitsmittel, blieben lange Zeit aus bildungs- und unterrichtstechnologischen Überlegungen ausgeklammert. Hier haben SCHÖLER (vgl. 1971) durch die Entwicklung einer Systematik unterrichtstechnischer Hilfen, FROMMBERGER (vgl. 1978) und ORTNER (vgl. 1980) durch eine Erweiterung des Begriffes der Bildungsmittel korrigierend angesetzt.

Der unterrichtswissenschaftliche/unterrichtstechnologische Ansatz: Aus den Überlegungen zur Darstellung des Unterrichts als wissenschaftliche Aufgabe (vgl. HEIMANN 1976) und zur →Professionalisierung der (Grundschul-)Lehreraufgaben (vgl. DÖRING 1971) resultieren wichtige Impulse für die Unterrichtsforschung, die sich ganz zentral mit den Fragen der unterrichtlichen Methoden und damit ex definitione auch der Unterrichtstechnik befaßt. Vertreter dieser «pädagogischen» Unterrichtsforschung befassen sich intensiv mit Medien, also mit unterrichtstechnischen Mitteln, versuchen aber auch, begrifflich die allzu technische Ausrichtung zu überwinden: Sie gelangen so zur Unterrichtswissenschaft, die sie als eigenständige Disziplin, weitgehend unabhängig von Fachwissenschaften und (vor allem auch) →Fachdidaktiken sehen. Deutlich wird in den unterrichtswissenschaftlichen Ansätzen der je methodische Bezug und die Dominanz der Dimension des Lehrens. Auffällig ist in diesem Zusammenhang, daß sich einer der engagiertesten Vertreter einer eigenständigen Unterrichtsforschung und -wissenschaft, Heimann, zu Beginn der 60er Jahre verstärkt mediendidaktischen und medienpädagogischen Fragestellungen zuwendet. Eine Begründung dafür ist relativ leicht zu finden: Der allgemeine Fortschritt in Kommunikationstechnik und -technologie stellte neue und durchaus pädagogische Aufgaben für Bildungstheorie und Bildungspraxis.

Der erziehungswissenschaftliche/medienpädagogische Ansatz: Zu den neuesten Richtungen der theoretischen Bildungstechnologie ist eine Spielart zu zählen, die man füglich als «erziehungswissenschaftliche» oder umständlicher, aber genauer, als «erziehungswissenschaftlich orientierte Bildungstechnologie» bezeichnen kann. WIESE (vgl. 1971) definiert Bildungstechnologie als Teilbereich einer allgemeinen Kommunikationstechnologie. Dies weist in erziehungswissenschaftliche Richtung: Unterricht und Bildungsprozesse werden als Spezialfälle kommunikativer Prozesse gesehen. Die Vertreter der erziehungswissenschaftlichen Bildungstechnologie ordnen sie als Verfahrenslehre in das Gesamtgefüge von Erziehungswissenschaft ein. Sie akzeptieren die wechselseitige Abhängigkeit und gegenseitige Beeinflussung von Bildungs- und Erziehungsaufgaben und den Methoden ihrer Erreichung, akzeptieren aber Schwerpunktsetzungen zur arbeitsteiligen Bearbeitung. Erziehungswissenschaftliche Bildungstechnologie ist nicht bloß die Menge technischer Instrumente oder komplizierter Verfahren, die sich technischer Hilfsmittel bedienen. Sie ist auch nicht bloß der konkrete, praktische Einsatz von technischen Hilfsmitteln zu wie auch immer zu definierenden Bildungszwecken, auch nicht dessen vorbereitende Planung und Organisation oder nachbereitende Kontrolle und Evaluierung. Sie ist vielmehr erziehungswissenschaftliche Teildisziplin, freilich mit besonderem Schwerpunkt. Erziehungswissenschaftliche Bildungstechnologie nimmt in ihren wissenschaftlichen Methodenvorrat nicht nur quantitative Verfahren auf; sie verschließt sich keineswegs nichtquantitativen Verfahren (vgl. TULODZIECKI 1980) und solchen Vorgehensweisen, die beispielsweise ein traditionell naturwissenschaftlicher Ansatz in den Bereich des Vor- oder Außerwissenschaftlichen verwiese. Gleichwohl zielt auch sie auf das Herauspräparieren von wiederholbaren Verfahren mit prognostizierbaren Ergebnissen ab. Sie will auf rationale Begründungen durchaus nicht verzichten.

284 Bildungstechnologie

Kritik und Entwicklungsperspektiven. Kritik aus der Position *kritisch-emanzipatorischer,* auf *marxistischer* Grundlage argumentierender Erziehungswissenschaft nimmt die von ihr konstatierte, systemstabilisierende Funktion der Bildungstechnologie ins Visier. Bildungstechnologie in der Bundesrepublik Deutschland und in den USA ziele auf Erhaltung, ja Verfestigung des spätkapitalistischen Bildungs-, Wirtschafts- und Gesellschaftssystems ab. Technologie wird als Gesamtmenge aller technischen Mittel und Verfahren verstanden, die der Unterrichtsoptimierung dienen. Erziehung wird – so der Vorwurf der Kritiker – zur Produktion von → Qualifikationen reduziert, die das spätkapitalistisch strukturierte Beschäftigungssystem zu seiner Stabilisierung erfordert (vgl. RIESS 1972).

Hauptansatz der Kritik gegen Bildungstechnologie aus der Sicht einer *geisteswissenschaftlich-neohermeneutischen* Position bietet die Zielproblematik von Bildung, Erziehung und Unterricht. Die Einwände gegen eine Bildungstechnologie als pädagogische Verfahrenslehre konzentrieren sich auf den Bereich der Lernziele, deren Bestimmung, deren Begründung, wie sie Vertreter des «Educational Technology»- und des «Programmed Instruction»-Konzeptes (Mager, Gagné), des Operationalisierungskonzeptes (Robinsohn), der Lernstufentheorie (Möller), aber auch der lerntheoretisch begründeten Didaktik schlechthin (Heimann) gefordert und bearbeitet haben.

An die Stelle der Lernziele wären nach NICKLIS (vgl. 1980) wiederum die Bildungs- und Erziehungsziele zu stellen. Es wäre anthropologisch begründbar, daß solche immer nur allgemeine Formulierungen und «im Konkreten niemals eindeutig» sein können (FLITNER 1970, S. 130; vgl. SCHWARZ 1980). Da Bildungs- und Erziehungsziele also nicht konkret bestimmt werden können, verliert auch der Versuch einer exakten pädagogischen Verfahrenslehre seine Legitimation.

Für eine methodische Würdigung und vor allem erziehungswissenschaftliche Wertung der Bildungstechnologie, wie sie sich heute in der Bundesrepublik präsentiert, ist letztlich die Tatsache entscheidend, daß sie sich, weit über den ursprünglichen Erkenntnisanspruch hinaus, bis hin zu einer übergreifend ansetzenden *Theorie bildungsrelevanter Verfahren, Instrumente und Organisationsformen* entwickelt hat. Bildungstechnologie im weiteren Sinne, wie sie letztlich auch den Entwicklungen im englischen Sprachraum entspricht, stellt sich darüber hinausgehend als *Verfahrenswissenschaft* im institutionalisierten Bildungsbereich, als Theorie der auf Bildung bezogenen Methoden, als *«Bildungsmethodologie»* dar.

Bildungstechnologie im engeren Sinne versteht sich heute als die Lehre von den *Produktions- und Einsatzbedingungen* der *Bildungsmittel* in Ausbildung und Schule. Zu den *Bildungsmitteln* gehört alles das, was

Bildungstechnologie 285

die Erziehungs- und Lehr-/Lernprozesse zu unterstützen in der Lage ist, vom technisch anspruchslosen Spielmittel in der →Vorschulerziehung bis zum Computer (→Informationstechnik) als Gegenstand und als Hilfsmittel im berufsbildenden Unterricht. Dazu gehören nicht bloß technisch komplizierte Medien, auf denen beispielsweise Unterrichtsmittel präsentiert werden, sondern auch Material, das die didaktische Information an sich, auf sich oder in sich trägt; es gehören dazu auch die Arbeitsmittel. Zu den *Einsatz- und Produktionsbedingungen* gehören erzieherisch-pädagogische, technisch-methodische, aber auch organisatorisch-ökonomische. Sieht man in theoretischer Betrachtung den Begriff des technischen Mediums und die unterrichtliche (didaktisch-methodische) Dimension im Vordergrund, so wird Bildungstechnologie zur Mediendidaktik, die sich dann mit Medienerziehung und Medientechnik zur Medienpädagogik zusammenschließen läßt.

Für die Zukunft der Bildungstechnologie können drei Entwicklungsvorgaben genannt werden: Zunächst hat sich Bildungstechnologie im Sinne einer allgemeinen pädagogischen Verfahrenslehre zu «komplettieren». Sodann ist die für jede Wissenschaft konstitutive Komponente kritischer Reflexion zu verstärken, die auch die Selbstreflexion des eigenen wissenschaftlichen Standortes nicht ausschließen darf. Schließlich darf sie in ihrer intentionalen Praxisorientierung, in ihrem Bemühen um «Operationalität», die sich auf die konkrete Gestaltung von Bildungspraxis bezieht, nicht nachlassen (vgl. auch und zum Teil abweichend Otto 1985).

ALLENDORF, O. u. a.: Pädagogische Technologie und Computerpraxis in Schule und Ausbildung. Handbuch der Pädagogischen Technologie 1, Köln-Braunsfeld 1972. BILLING, H. (Hg.): Lernende Automaten, München 1961. BOECKMANN, K./LEHNERT, U. (Hg.): Bilanz und Perspektiven der Bildungstechnologie, Berlin 1977. BRUNER, J. S.: Toward a Theory of Instruction, Cambridge (Mass.) 1966. CORRELL, W. (Hg.): Programmiertes Lernen und Lehrmaschinen, Braunschweig 1965. CUBE, F. v.: Erziehungswissenschaft. Möglichkeiten, Grenzen, politischer Mißbrauch. Eine systematische Einführung, Stuttgart 1977. DÖRING, H.: Lehrerverhalten, Weinheim/Basel 1971. FLECHSIG, K.-H.: Die technologische Wendung in der Didaktik. In: Issing, L. J./Knigge-Illner, H. (Hg.): Unterrichtstechnologie..., Weinheim/Basel 1976, S. 15 ff. FLITNER, W.: Allgemeine Pädagogik, Stuttgart 1970. FORSCHUNGS- UND ENTWICKLUNGSZENTRUM FÜR OBJEKTIVIERTE LEHR- UND LERNVERFAHREN (Hg.): Forschung für die Bildungspraxis. 10 Jahre Forschungs- und Entwicklungszentrum FEoLL, Opladen 1980. FRANK, H.: Die Lernmatrix als Modell für Informationspsychologie und Semantik. In: Billing, H. (Hg.): Lernende Automaten, München 1961, S. 101 ff. FROMMBERGER, H.: Bildungsmittelberatung. In: Handwörterbuch der Schulleitung, München [2]1978, S. 1 ff. GAGNÉ, R. M.: The Conditions of Learning, New York 1965. GROPPER, G. L.: Is Instructional Technology Dead? In: e. tech. 20 (1980), 1, S. 37 ff. HABERMAS, J.: Technik und Wissenschaft als «Ideologie», Frankfurt/M. 1968. HAEFNER, K.: Ein Ansatz zu einer Theorie der Bildungstechnologie. In: Boeckmann, K./Lehnert, U.

286 Bildungstechnologie

(Hg.): Bilanz und Perspektiven der Bildungstechnologie, Berlin 1977, S. 35 ff. HEIMANN, P.: Didaktik als Unterrichtswissenschaft, hg. v. K. Reich u. H. Thomas, Stuttgart 1976. HEINRICHS, H. (Hg.): Lexikon der audio-visuellen Bildungsmittel, München 1971. HERTKORN, O.: Medieninformation zu Ende des 20. Jahrhunderts. In: Forschungs- und Entwicklungszentrum für objektivierte Lehr- und Lernverfahren (Hg.): Forschung..., Opladen 1980, S. 159 ff. HOLLAND, J. G. / SKINNER, B. F.: The Analysis of Behavior, New York 1961. ISSING, L. J. / KNIGGE-ILLNER, H. (Hg.): Unterrichtstechnologie und Mediendidaktik, Weinheim / Basel 1976. KLAUER, K. J.: Revision des Erziehungsbegriffs, Düsseldorf 1973. KÖNIG, E. / RIEDEL, H.: Unterrichtsplanung als Konstruktion, Weinheim / Basel 1970. KOZDON, B. (Hg.): Lernzielpädagogik – Fortschritt oder Sackgasse? Gegen das Monopol eines Didaktikkonzepts, Bad Heilbrunn 1980. LANDA, L. N.: Algorithmisierung im Unterricht, Berlin 1969. LANSKY, M.: Über die kybernetische Auffassung der Pädagogik, Vaduz 1969. MAGER, R. F.: Preparing Objectives for Programmed Instruction, Belmont 1962. MELEZINEK, A. (Hg.): Technik. Gegenstand und Mittel der Bildung. Ingenieurpädagogik, Bd. 9, Alsbach 1978. MELEZINEK, A.: Kompatibilität von Bildungs-TV-Einrichtungen. In: Ortner, G. E. (Hg.): Mit Medien..., Bd. 2, Alsbach 1981, S. 297 ff. MÜLLER, D. D. / RAUNER, F. (Hg.): Bildungstechnologie zwischen Wunsch und Wirklichkeit, Döffingen 1972. NICK-LIS, W. S.: Die Sache mit den «Lernzielen» im Erfahrungskontext. In: Kozdon, B. (Hg.): Lernzielpädagogik..., Bad Heilbrunn 1980, S. 87 ff. ORTNER, G. E.: Medieninformation für den Schulbetrieb. In: SO – S.- u. Uorganisat. 7 (1980), 4, S. 20 ff. ORTNER, G. E. (Hg.): Mit Medien lernen – mit Medien leben, Pädagogik und Information, Bd. 2, Alsbach 1981. OTTO, G.: Medien der Erziehung und des Unterrichts. In: Enzyklopädie Erziehungswissenschaft, Bd. 4, Stuttgart 1985, S. 74 ff. PETERS, O.: Was leistet das Konzept der Unterrichtstechnologie? In: Issing, L. J. / Knigge-Illner, H. (Hg.): Unterrichtstechnologie..., Weinheim / Basel 1976, S. 39 ff. RIESS, F.: Technologie der Erziehung. In: Rauch, E. / Anzinger, W. (Hg.): Wörterbuch Kritische Erziehung, Starnberg 1972, S. 269 ff. ROLLET, B. / WELTNER, K. (Hg.): Fortschritte und Ergebnisse der Bildungstechnologie 2, München 1973. SCHÖLER, W. (Hg.): Pädagogische Technologie I. Apparative Lernhilfen, Frankfurt / M. 1971. SCHWARZ, J.: Die Lernzielproblematik vor der Aktualität der Sinnfrage. In: Kozdon, B. (Hg.): Lernzielpädagogik..., Bad Heilbrunn 1980, S. 56 ff. SKINNER, B. F.: The Behavior of Organisms, New York 1938. SKINNER, B. F.: Teaching Machines. In: Science 128 (1958), S. 969 ff. STACHOWIAK, H.: Gedanken zu einer Wissenschaftstheorie der Bildungstechnologie. In: Rollett, B. / Weltner, K. (Hg.): Fortschritte..., München 1973, S. 45 ff. TULODZIECKI, G.: Einführung in die Theorie und Praxis objektivierter Lehrverfahren, Stuttgart 1975. TULODZIECKI, G.: Medienforschung als Aufgabe der Medienpädagogik. Zur Forschungs- und Entwicklungsarbeit des Instituts für Medienverbund / Mediendidaktik (IFMV / MD). In: Forschungs- und Entwicklungszentrum für objektivierte Lehr- und Lernverfahren (Hg.): Forschung..., Opladen 1980, S. 129 ff. WELTNER, K.: Unterrichtstechnologie. In: Wulf, Ch. (Hg.): Wörterbuch der Erziehung, München 1974, S. 607 ff. WIESE, J. G.: Technologie. In: Heinrichs, H. (Hg.): Lexikon der audio-visuellen Bildungsmittel, München 1971, S. 290 ff. ZIE-LINSKI, J. / SCHÖLER, W.: Methodik des programmierten Unterrichts, Ratingen 1965.

Gerhard E. Ortner

Bildungsveranstaltung, betriebliche (off-the-job) → Management-Education

Bildungsweg, zweiter

Begriff und Geschichte. Mit dem zweiten Bildungsweg ist die Möglichkeit gegeben, ohne Besuch des Gymnasiums zum Hochschulstudium zu gelangen. Seit seiner Institutionalisierung in der Weimarer Republik lassen sich drei Formen unterscheiden:

– die Aneignung gymnasialer Lerninhalte nach und neben einer Berufsausübung (Abendgymnasium, Kollegs),

– die «Begabtenprüfung» ohne festgelegte vorherige Schulabschlüsse,

– der etappenweise Erwerb von gymnasialen Abschlüssen gleichgestellten Zertifikaten (→ Zeugnis – Zertifikat), die teilweise mit berufsbildenden Abschlüssen kombiniert sind.

Die beiden erstgenannten Einrichtungen des zweiten Bildungsweges, die Arbeiter-Abendschule (Württemberg 1919, Berlin 1923, Hamburg 1924, später ergänzt durch Kollegs) und die Begabtenprüfung (eingeführt zwischen 1924 und 1928), galten, wie die Benzheimer Hochschulkonferenz es 1922 formulierte, als reines Nachholangebot für diejenigen, die aufgrund materieller Not oder durch Krieg daran gehindert waren, «auf einem sonst geregelten Wege zur Hochschulreife zu gelangen» (STORCH 1974, S. 41). Vom Ansatz her anders sind die Institutionen der dritten Gruppe, in denen Abschlüsse erworben werden können, die gleichzeitig Eingangsvoraussetzungen für die nächsthöhere Qualifikations- und Hierarchiestufe im Berufs- und Ausbildungssystem darstellen. Daß der letztgenannte Bildungsweg – im Prinzip ein «gerader» Hochschulzugang, teilweise unter Einschluß berufsqualifizierender Abschlüsse – dennoch als «zweiter» Bildungsweg bezeichnet wird, verweist darauf, daß mit der Trennung in ein allgemeinbildendes und ein berufsbildendes Schulsystem die Vorstellung verbunden ist, sich zwischen → «Bildung» oder «Beruf» entscheiden zu müssen.

Während KERSCHENSTEINER (vgl. 1912), der Begründer des Berufsschulsystems, unter Bezug auf Spranger den Bildungsgehalt auch berufsfeldbezogener Ausbildung betont, basieren die sogenannten doppeltqualifizierenden Abschlüsse im Berufsschulsystem (etwa mittlere Reife und Ausbildungsberuf) jedoch auf der Hinzufügung allgemeinbildender Fächer zu den angebotenen berufsfeldbezogenen Ausbildungsfächern. In der Weimarer Republik heftig diskutiert, in der Auseinandersetzung um Gesamtschulen und die Neuordnung der gymnasialen Oberstufe heute wieder aufgegriffen und punktuell in die universitäre Ausbildung hinein verlängert, hat sich eine Gleichwertigkeit oder wenigstens → Integration von allgemeiner und beruflicher Bildung nicht allgemein durchsetzen können. Der Hierarchie der öffentlichen Wertschätzung der beiden Bildungssysteme entspricht es, daß zwar Quereinstiege vom allgemeinbildenden in das berufsbildende Schulsystem auf allen Stufen zu-

288 Bildungsweg, zweiter

gelassen sind, der umgekehrte Weg jedoch weitgehend verschlossen bleibt. So berechtigt der Fachhochschulabschluß in der Regel auch nur zum fachgebundenen, nicht zum allgemeinen Hochschulstudium. Erst als in der Diskussion der 60er Jahre deutlich wurde, daß die Selektionsmechanismen des allgemeinbildenden Schulsystems strukturelle Benachteiligungen der unteren Schichten des Volkes darstellen, wurde auch der Ausbau des zweiten Bildungsweges als Ausgleich für eine gesellschaftsbedingte Chancenungleichheit in der Teilhabe an Bildung begriffen (vgl. DAHRENDORF u. a. 1959; →Chancengleichheit; →Schicht, soziale; →Selektion).

Studenten des zweiten Bildungswegs. Studien über Studenten des zweiten Bildungswegs, die als Beleg für Chancengleichheit damals in den Blickpunkt wissenschaftlicher Analysen gerückt wurden, lassen jedoch daran zweifeln, daß der zweite Bildungsweg überhaupt ein geeignetes Instrument zur Herstellung von Chancengleichheit sein kann. So ist die Zahl der Studenten des zweiten Bildungswegs zwar insgesamt gestiegen, die Relation zur Gesamtstudentenzahl jedoch fast die gleiche geblieben. Sie schwankt, wie ZAPF (vgl. 1971, S. 251) auf der Grundlage von Schätzwerten schon damals angab, auch in den 80er Jahren noch um 10 %. Genaue Zahlenangaben machen zu wollen, stößt deshalb auf erhebliche Schwierigkeiten, weil die amtlichen Statistiken zur Erfassung der Studienberechtigungen von Studenten zum Teil Kategorien verwenden, in denen auch Abiturienten, die einen Umweg über die Fachhochschulen nehmen, enthalten sind. Nimmt man die Zahlen nur der Studenten, die unter den beiden oben zuerst beschriebenen Wegen zur Universität gelangt sind, so liegen sie 1974 bei fast 6 % (vgl. STATISTISCHES BUNDESAMT 1977), 1978 bei 4 % (vgl. STATISTISCHES BUNDESAMT 1980) und 1986 bei 5,08 % (vgl. STATISTISCHES BUNDESAMT 1987). Betrachtet man die übrigen, die auf einem «nicht traditionellen Weg» (KATH u. a. 1974, S. 573) zur Universität gelangt sind, liegt deren Zahl 1974 bei 13 %, 1978 etwas über 12 %, 1986 bei 13 %.

Der Prozentsatz von Studenten des zweiten Bildungswegs, die aus der Arbeiterschicht stammen, wird mit etwa 17 % angenommen (vgl. ZAPF 1971, S. 251; vgl. DAHRENDORF u. a. 1959, S. 50ff). Auch ASENDORF-KRINGS (vgl. 1976) belegt in einer Fallstudie über die soziale Herkunft von Fachoberschülern, daß der Anteil an Arbeiterkindern im zweiten Bildungsweg weit unter dem der übrigen Bevölkerungsschichten liegt, so daß dem «Bildungsbericht '70» (BUNDESMINISTER FÜR BILDUNG UND WISSENSCHAFT 1970, S. 63) wohl immer noch zuzustimmen ist, nach dem der «Zweite Bildungsweg vor allem Abbrechern des ‹Ersten Bildungsweges› eine neue Aufstiegschance» eröffnet.

Aus der Diskussion um Chancengleichheit datieren auch die ersten umfassenderen Studien zur Situation von Studenten des zweiten Bildungswegs an der Universität (vgl. ALBRECHT-HEIDE 1974, STORCH 1974, ZAPF 1971). Diese Studien beziehen sich ebenso wie die später hinzugekommenen auf eine heterogene empirische Basis. Während STORCH (vgl. 1974) sich eher auf einen Überblick über Geschichte, Verordnungen, Ausbau und Stand der Institutionen des zweiten Bildungsweges beschränkt, argumentieren ALBRECHT-HEIDE (vgl. 1974), ARBEITSGRUPPE STUDENTISCHE LERNSITUATION IM ZWEITEN BILDUNGSWEG (vgl. 1978), ASENDORF-KRINGS (vgl. 1976), ESSBACH-KREUZER (vgl. 1980) und ZAPF (vgl. 1971) auf der Datenbasis von je unterschiedlichen studentischen Gruppen des zweiten Bildungswegs. Hieraus allerdings allgemeine Aussagen über das Lernverhalten von Studenten des zweiten Bildungswegs abzuleiten, trifft – wie MÜLLER (vgl. 1978) gezeigt hat – auf Schwierigkeiten. Die vorliegenden Studien verdeutlichen jedoch übereinstimmend, daß die Studenten des zweiten Bildungswegs unter besonderen Unsicherheiten an den Universitäten leiden. So spricht ALBRECHT-HEIDE (vgl. 1974, S. 66 ff, S. 91 ff) in Anlehnung an ZIMMERMANN u. a. (vgl. 1971, S. 196) von einer «permanenten Identitätskrise», hervorgerufen durch die mit dem Aufstieg verbundenen Veränderungen in den Bezugsgruppen sowie dem Wechsel vom berufstätigen Erwachsenen zur Studentenrolle.

Diese Probleme deuten sich bereits in der *Studienfachwahl* an, in der das Interesse an berufsfeldbezogenen Studiengängen dominiert: Pädagogik und Berufspädagogik, gefolgt von den Ingenieurwissenschaften und Jura, stehen an der Spitze. Bei diesen Entscheidungen dürften neben den mit diesen Studieneinrichtungen verbundenen, relativ klar umrissenen Berufsbildern auch die Länge des Studiums, die Strukturiertheit im Lernangebot und die Nähe zu bisherigen Erfahrungsbereichen eine Rolle spielen. Auch der relativ häufige Studienfachwechsel trotz erheblich höheren Alters dieser Studenten verweist auf Orientierungsschwierigkeiten an den Universitäten (vgl. ALBRECHT-HEIDE 1974, S. 92).

Die, den Studenten des zweiten Bildungswegs nachgesagte, *instrumentelle Orientierung* am Prüfungswissen ist nach Albrecht-Heide und Asendorf-Krings auf die Lernerfahrungen in Institutionen des zweiten Bildungsweges zurückzuführen: Vor allem die allgemeinbildenden Fächer sind dort die Selektionshürden, die es zu überwinden gilt. Gleichzeitig belegen diese Studien, daß die diesen Studenten ebenfalls oft nachgesagte Aufstiegsorientierung – nicht nur bezogen auf Geld und Prestige, sondern auch als Reaktion auf aktuelle Arbeitserfahrungen – zunächst vielschichtiger ist als gemeinhin angenommen: Sie resultiert unter anderem aus fehlenden Arbeitsmarktchancen auf dem je erreichten Qualifikationsniveau, aber auch aus dem Protest gegen ihnen zuge-

290 Bildungsweg, zweiter

mutete Arbeits- und Lebensbedingungen auf den je tieferen Ebenen der Hierarchie, denen die davon Betroffenen mit der Rückkehr in Bildungsinstitutionen, dann aber nur durch den damit verbundenen Aufstieg, entgehen können.

Essbach-Kreuzer (vgl. 1980, S. 55f) verweist in ihrer Fallstudie darauf, daß die Verarbeitungsformen psychischer Konflikte sich von denen der «Normalstudenten» insofern unterscheiden, als Studenten des zweiten Bildungswegs weit weniger unter dem Verlust von Arbeitsfähigkeit vor dem Examen leiden, dafür um so mehr zur Somatisierung psychischer Störungen neigen, woraus sie schließt: «Insgesamt sind sie auf der sichtbaren Ebene eher gut angepaßt und unauffällig. All das geschieht jedoch unter großem inneren Druck, worauf vor allem die psychosomatischen Störungen wie die Schlafstörungen hindeuten» (Essbach-Kreuzer 1980, S. 57).

Perspektiven. Offen bleibt, wieweit mit Erhöhung des Selektionsdrucks durch den Numerus clausus und dem sich verengenden akademischen Arbeitsmarkt auch bei den «Normalstudenten» Lernschwierigkeiten auftreten, die denen der Studenten des zweiten Bildungswegs entsprechen, von diesen nur bereits früher erfahren und verarbeitet wurden. Denn was die «Normalstudenten» heute verunsichert, haben Studenten des zweiten Bildungswegs seit Beginn ihrer Lernbiographie durchleben müssen: die Inkongruenz von Qualifikations- und Ausbildungsinhalten, die Aufstiegs- und Herrschaftsfunktionen von Wissen, die Dominanz des akademischen Titels gegenüber inhaltlicher → Kompetenz und damit die Instrumentalität von Bildungsinhalten.

Obwohl diese Erfahrungen, die Studenten bei einem Aufstieg über den zweiten Bildungsweg erwerben, durchaus in gemeinsamen Seminaren mit «Normalstudenten» gewinnbringend bearbeitet werden könnten (vgl. Ortmann/Ortmann 1978), haben sie in der hochschuldidaktischen Diskussion bisher kaum eine Rolle gespielt. Ebensowenig werden trotz reichhaltiger Diskussionen zur berufsfeldbezogenen universitären Ausbildungsreform die inhaltlichen Kompetenzen und Kenntnisse dieser Studenten über jene Arbeits- und Lernbereiche, die unterhalb akademischer Berufe liegen, konzeptionell aufgenommen. Dabei könnten sie als zentrale Monumente zur Strukturierung und Dimensionierung universitärer Wissensvermittlung herangezogen werden. So ist nur an der Bremer Universität der Versuch unternommen worden, die berufsfeldbezogenen Kenntnisse und Erfahrungen von Studenten des zweiten Bildungswegs als konstitutiven Ausgangspunkt für die Entwicklung gesellschaftspolitisch reflektierter, umfassender beruflicher Kompetenz zu nehmen (vgl. Drechsel 1979, S. 67ff). Die aktuelle Diskussion wird aber demgegenüber bestimmt durch die Tendenz, Abiturienten im Zugang zum akademischen Arbeitsmarkt erneut zu privilegieren. So lieferte das Hochschulrahmengesetz von 1976 die rechtlichen Voraussetzungen für Zugangsregelungen, nach der «Bewerbern mit einer besonderen Hochschulzugangsberechtigung» nur bis zu 2% der Studienplätze (in Medizin, Zahn- und Tiermedizin sowie Pharmazie sogar nur 1%) zur Verfügung stehen (vgl. BUND-LÄNDER-KOMMISSION... 1979, S. 28f). Hinzu kamen Restriktionen in den Förderrichtlinien der 70er Jahre für finanzielle Unterstützungen (→ Ausbildungsförderung). Damit wird der zweite Bildungsweg, dessen Funktion in der Revision eines Chancenungleichheit hervorbringenden Bildungssystems basierte, erneut zu dem, was schon DAHRENDORF u. a. (1959, S. 51) in ihm sah: ein «Reservemechanismus der Sozialstruktur». Studenten des zweiten Bildungswegs, denen in Zeiten des Akademikermangels Möglichkeiten der Übergänge ins höhere Ausbildungssystem gegeben wurden, erfahren in den 80er Jahren ihre Konjunkturabhängigkeit: In Zeiten des verknappten Akademiker-Arbeitsmarktes als Konkurrenz für die Absolventen des «ersten Bildungswegs» aufgefaßt, sind sie heute nicht mehr gefragt.

ALBRECHT-HEIDE, A.: Entfremdung statt Emanzipation. Sozialisationsbedingungen des Zweiten Bildungswegs, Frankfurt/M. 1974. ARBEITSGRUPPE STUDENTISCHE LERNSITUATION IM ZWEITEN BILDUNGSWEG HAMBURG (Hg.): Studierende Erwachsene im Zweiten Bildungsweg. Soziale Herkunft, Studienerfahrungen und Lernprobleme, Braunschweig 1978. ASENDORF-KRINGS, I.: Schein und Wirklichkeit der Fachoberschule. In: D. Dt. Ber.- u. Fachs. 72 (1976), S. 13ff. BUBLITZ, H.: Ich gehörte irgendwie so nirgends hin... Arbeitertöchter an der Hochschule, Gießen 1980. BUNDESMINISTER FÜR BILDUNG UND WISSENSCHAFT: Bildungsbericht '70, Bonn 1970. BUND-LÄNDER-KOMMISSION FÜR BILDUNGSPLANUNG UND FORSCHUNGSFÖRDERUNG/BUNDESANSTALT FÜR ARBEIT (Hg.): Studien- und Berufswahl 1979/80, Bad Honnef 1979. DAHRENDORF, R. u. a.: Der Zweite Bildungsweg im sozialen und kulturellen Leben der Gegenwart, Heidelberg 1959. DIPPELHOFER-STIEM, B.: Entfremdung oder Integration? – Universität und Studium in der Sicht von Studierenden aus Arbeiterfamilien. In: Z. f. Sozialisatfo. u. Esoziol. 5 (1985), S. 129ff. DRECHSEL, R.: Probleme der Reform der Berufsschullehrerausbildung – Bericht über die Situation an der Universität Bremen. In: Collingro, P. u. a. (Hg.): Irrwege und Wege der Gewerbelehrerausbildung, Frankfurt/M. 1979, S. 67ff. ESSBACH-KREUZER, U.: Wie ein Sprung ins kalte Wasser... Psychische Schwierigkeiten bei Studenten des Zweiten Bildungsweges. In: Med., Mensch, Gesellsch. 1 (1980), S. 54ff. KATH, G. u. a.: Das soziale Bild der Studenten der Bundesrepublik Deutschland. 7. Sozialerhebung des Deutschen Studentenwerks im Sommersemester 1973. Schriftenreihe Hochschule 15, Bonn 1974. KERSCHENSTEINER, G.: Der Pädagogische Begriff der Arbeit, Leipzig 1912. KRÜGER, H./MÜLLER, W. (Hg.): Zwischen zwei Berufsphasen. Hochschuldidaktische Materialien, 64, Hamburg 1978. MÜLLER, W.: Ingenieurstudenten: Verarbeitungsformen beruflichen Erfolges. In: Krüger, H./Müller, W. (Hg.): Studenten des Zweiten Bildungsweges: Studium, Hamburg 1978, S. 179ff. ORTMANN, F./ORTMANN, H.: Absolventen des Zweiten Bildungsweges und Abiturienten in gemeinsamen Lehrveranstaltungen an der Universität. In: Krüger, H./Müller, W. (Hg.): Studenten..., Hamburg 1978, S. 191ff. STATISTISCHES BUNDESAMT: Statistisches Jahrbuch für die Bundesrepublik

292 Bildungsweg, zweiter

Deutschland 1977, Stuttgart/Mainz 1977. STATISTISCHES BUNDESAMT: Auswertung des (Studenten-)Jahrgangs Wintersemester 1979/80, Mimeo, Wiesbaden 1980. STATISTISCHES BUNDESAMT: Studenten an den Hochschulen. Sommersemester 1986, Fachserie 11, Reihe 4.1, Wiesbaden 1987. STORCH, K.: Der Zweite Bildungsweg – Chance oder Illusion? Frankfurt/M. 1974. ZAPF, W.: Der nachgeholte Aufstieg. In: N. Samml. 11 (1971), S. 249 ff. ZIMMERMANN, C. u. a.: Der Zweite Bildungsweg in der kapitalistischen Gesellschaft. In: Nyssen, F. (Hg.): Schulkritik als Kapitalismuskritik, Göttingen 1971, S. 172 ff.

Helga Krüger

Bildungswesen (Bundesrepublik Deutschland) → Bildungssystem (Bundesrepublik Deutschland)

Bildungswissenschaft → Neuhumanismus

Bildungsziel → Lernziel

Bindung, familiale → Familie – Familienerziehung

Binnendifferenzierung → Differenzierungsform

Blindenschule → Sonderpädagogik

Bürgerschule → Schule

C

casework → Einzelfallhilfe
Chancenausgleich → Erziehung, kompensatorische; → Selektion

Chancengleichheit

Geschichte und Begriff. Chancengleichheit ist eine Forderung, die auf das Gleichheitspostulat der Philosophie der → Aufklärung zurückgeht. Vor der Aufklärung herrschte die Lehre einer natur- oder gottgegebenen Ungleichheit, seit der Aufklärung ist umgekehrt die ursprüngliche Gleichheit die Voraussetzung des politischen, sozialen und erzieherischen → Denkens und → Handelns. Ungleichheit ist seitdem ebenso erklärungs- wie legitimationsbedürftig geworden.

Der normative Anspruch der Gleichheit fand Eingang in die amerikanische Unabhängigkeitserklärung und kurz darauf in die Erklärung der Menschen- und Bürgerrechte von 1789, in der es heißt: «Die Menschen sind frei und in ihren Rechten gleich geboren.» Er ist seither Bestandteil des Grundrechtekatalogs aller demokratischen Verfassungen.

Die pädagogische Relevanz der Voraussetzung von Gleichheit fand ihren konzisen Ausdruck spätestens bei Schleiermacher, der in den Vorlesungen aus dem Jahre 1826 von einem realen Widerspruch ausgeht: «Es tritt die Erziehung immer schon in einen solchen Zustand ein, in welchem sich schon Differenzen entwickelt haben; diese hätte sie also anzusehen als entstanden aus äußerlichen Verhältnissen, welche den einen mehr begünstigt hätten als den anderen. Die Erziehung selbst kommt nun als neuer Faktor hinzu. Soll sie denn nach der Maxime, daß auf den durch äußerliche Verhältnisse nicht Begünstigten auch seine pädagogische Anstrengung zu richten sei, die Begünstigten noch mehr begünstigen, damit das Resultat recht bedeutend wurde? Oder soll die Erziehung den äußeren Verhältnissen entgegenwirken?» (SCHLEIERMACHER 1957, S. 37). Das erste Handlungsprinzip nennt Schleiermacher das aristokratische, das zweite das demokratische. Das erste lehnt er ab: «Denn es wäre frevelhaft, die Erziehung so anzuordnen, daß die Ungleichheit absichtlich und gewaltsam festgehalten wird auf dem Punkt, auf welchem sie steht» (SCHLEIERMACHER 1957, S. 41).

294 Chancengleichheit

Das zweite Prinzip, das demokratische, ist als Perspektive pädagogischen wie bildungspolitischen Handelns Anfang der 60er Jahre des 20. Jahrhunderts zu neuer Aktualität gelangt, als in der westlichen Welt empirische Untersuchungen über sogenannte Bildungsreserven diskutiert wurden, die nachwiesen, daß → Schüler und Studenten durchaus wegen ihres Geschlechts, ihrer Herkunft, ihres Wohnortes, ihrer Rasse benachteiligt oder bevorzugt wurden (so zum Beispiel 1961 durch die Organization for Economic Development and Cooperation – vgl. OECD 1967). Vor allem soziologisch orientierte Analysen belegten detailliert die Mechanismen der Auslese durch das → Bildungssystem (vgl. ROLFF 1967) und zeigten die Barrieren auf, die Ungleichheit «festhalten» – und die auch am Ende der Bildungsexpansionsperiode, also Ende der 70er Jahre, kaum abgebaut sind (vgl. EIGLER u. a. 1980).

Der Aufweis der Ungleichheit der Chancen blieb nicht ohne Einfluß auf die Legitimationsprobleme der Bildungspolitik, die zunehmend Reformmaßnahmen zum Zwecke der Herstellung von mehr Gleichheit propagierte und teilweise auch einleitete, so vor allem Ausbau der → Vorschulerziehung, Errichtung von Orientierungsstufen und Gesamtschulen, finanzielle → Ausbildungsförderung, Angleichung der → Curricula unterschiedlicher Schulformen. In der daraufhin einsetzenden Debatte um die Art, Angemessenheit und Folgen der Reformmaßnahmen zeigte sich allerdings sehr bald, daß mit dem spezifisch als Gleichheit der *Chancen* gewendeten Prinzip unterschiedliche Zeitvorstellungen verbunden sind, hinter denen sich unterschiedliche Interessen und Gesellschaftsbilder verbergen, aus denen ebenso unterschiedliche Handlungsperspektiven resultieren. Idealtypisch stilisiert lassen sie sich zwei Positionen zuordnen: einer liberal-demokratischen und einer radikal-demokratischen sozialistischen Position.

Liberal-demokratische Position. Die liberal-demokratische Position bezieht sich im Kern auf die juristische und politische Gleichheit jedes einzelnen. Sie läßt sich zugespitzt als Gleichheit der Chance des Zugangs zu qualifizierten Bildungsabschlüssen verstehen, was auf die Forderung nach Verbesserung der Chancen des einzelnen als Konkurrent im Wettbewerb um gute Noten und weiterführende Abschlüsse hinausläuft, durch Angleichung der örtlichen und regionalen Versorgung mit Bildungseinrichtungen, gleichmäßiger Ausstattung aller Bildungseinrichtungen mit Lehrpersonal und Sachmitteln. Chancengleichheit meint dann das Recht auf begabungsmäßige Bildung und individuelle Begabungsförderung (vgl. NUNNER-WINKLER 1971, S. 11 f), das «Bürgerrecht auf Bildung» (vgl. DAHRENDORF 1965) oder neuerdings auch «Chancengerechtigkeit».

Gegen die wettbewerbsorientierte liberale Position ist anhand empiri-

scher Untersuchungen (vgl. JENCKS u. a. 1973, MÜLLER/MEYER 1976)
kritisch eingewandt worden, daß mehr Startgerechtigkeit nicht zu
Gleichheit führt, solange gesamtgesellschaftliche Ungleichheit herrscht
– zumal sich belegen läßt, daß die Ungleichheit im Bildungssystem wesentlich Ausdruck gesamtgesellschaftlicher Ungleichheit ist, die sich insbesondere über ungleiche «Chancen» am Arbeitsplatz (vgl. PEARLIN/
KOHN 1966), ungleiche Teilhabe an gesellschaftlichen Prozessen und ungleiche Verteilung der Produktionsmittel und Produkte vermittelt. Herbeiführung von mehr Startgerechtigkeit erweist sich demnach als Herstellung von Wettbewerbsgleichheit unter Ungleichen, die den Konflikt
zwischen Privilegierten und Nichtprivilegierten kanalisiert, indem es
dem Bildungssystem erlaubt, seine soziale Funktion der Statusreproduk-
tion zu tarnen, um sie desto besser erfüllen zu können (vgl. BOURDIEU/
PASSERON 1971). Denn Realisierung von mehr Chancengleichheit im
Sinne des liberalen Kredos «Freie Bahn jedem Tüchtigen» kann zwar
mehr Förderung der «Tüchtigen», nicht aber Herstellung tatsächlich
gleicher Lern- und Lebensbedingungen für alle Mitglieder einer Gesellschaft bewirken. Es bedeutet vielmehr eine Verschärfung der Konkurrenz eines jeden gegen jeden, bei der die wie immer erbrachte → Leistung entscheidet, wer dabei obsiegt. So fungiere das Leistungsprinzip
nicht nur als Norm, «die Gleichheit gewährleistet, sondern ebenso als
Legitimationsprinzip, das gesellschaftliche Ungleichheit rechtfertigt; indem es den Anspruch auf soziale Gleichheit propagiert, engt es ihn ein.
Es sanktioniert solche Formen der Ungleichheit, die durch individuelle
Leistung zustande gekommen sind. Insofern ist das Leistungsprinzip
auch eine Norm der Ungleichheit» (OFFE 1970, S. 43 f).

Radikal-demokratische Position. Diese Kritik begründet zugleich die
zweite, die radikal-demokratische Position. Diese geht nicht von der
Gleichheit der Zugangschance, sondern von der Gleichheit des Ergeb-
nisses aus (vgl. ORTMANN 1976). Die Gleichheitsforderung soll nicht
durch individualistische Konkurrenz, sondern durch solidarisches Handeln eingelöst werden. Chancengleichheit nach diesem Verständnis
strebt vor allem Gleichheit der Lebensbedingungen, Beteiligung an allen die Lebenslage betreffenden Entscheidungen und Teilhabe an allen
Ressourcen von Natur und Gesellschaft an. Die radikal-demokratische
Position impliziert auch ein «Recht auf Kompensation» für vorübergehend oder dauernd Behinderte. Für pädagogisches Handeln wird daraus
die Konsequenz organisatorischer Vereinheitlichung aller Bildungsinstitutionen (vor allem in Form der Gesamtschulen und Einheitsschulen)
und einer Curriculumreform gezogen, die an den Vorerfahrungen der
Nichtprivilegierten anknüpft und die Arbeits- und Interaktionsformen
des → Unterrichts daran orientiert. Das geschieht jedoch nicht, um bei

296 Chancengleichheit

diesen Vorerfahrungen stehenzubleiben, sondern um davon ausgehend die Nichtprivilegierten mittels besonderer didaktischer Hilfen und Fördermaßnahmen für Lebensbewältigung, berufliche Kompetenz und Interessendurchsetzung zu qualifizieren.

Die radikal-demokratische Position unterliegt dem Einwand, sie führe zu Gleichmacherei und Kollektivierung im Sinne von Vermassung. Gegen sie wird zu Recht argumentiert, es gebe auf der Welt nicht zwei Schüler, die sich in allen Merkmalen völlig gleichen – und mithin keinen vernünftigen Grund dafür, absolute Gleichheit herbeizuführen. Dies erkennt die radikal-demokratische Position auch an. Sie betont jedoch gegenüber der liberal-demokratischen Position strikt das *Teilhabeprinzip*: daß jeder unabhängig von seinen bisher ausgebildeten Fähigkeiten und Leistungen das Recht hat, sich weiterzuentwickeln, also Lernangebote in Anspruch zu nehmen, die seine bisherigen Rückstände auszugleichen in der Lage sind. Weiterentwicklung wird dabei auf die *ganze* Persönlichkeit bezogen, nicht nur auf durch Zensuren meßbare Lernfortschritte. Das radikal-demokratische Chancengleichheitskonzept intendiert also nicht, Persönlichkeiten dem Kollektiv zu opfern, sondern, gerade umgekehrt, die Lernpotentiale von Kollektiven (oder vertrauter: Gruppen) nutzbar zu machen für die umfassende Entwicklung aller Talente, Bedürfnisse und Interessen, was erst die Voraussetzung für die Herausbildung unverwechselbarer → Individualität ist.

Dialektik der Chancengleichheit. Weitgehend ungeklärt erscheint indes die Frage, inwieweit und unter welchen Bedingungen pädagogisches und bildungspolitisches Handeln dazu beitragen kann, die Idee von Chancengleichheit konsequenter zu verwirklichen. Pädagogisches und bildungspolitisches Handeln, das mehr Chancengleichheit anstrebt, muß sich der Dialektik der Chancengleichheit vergewissern. Gleichheit und Ungleichheit bilden eine untrennbare Einheit, solange die gesellschaftliche Ungleichheit weiterwirkt, die das Gleichheitsproblem überhaupt erst erzeugt. Die Dialektik äußert sich in mindestens zweierlei Weise. Zunächst ist davon auszugehen, daß jede Maßnahme zur Erhöhung der Chancengleichheit in Widerspruch zu sich selbst gerät: Mehr Chancengleichheit mit der Absicht, die Chancen auf umfassendere Entfaltung der Persönlichkeit zu verbessern, erhöht unter den Bedingungen des bestehenden Beschäftigungssystems die Konkurrenz um privilegierte Lebenslagen, reduziert → Lernen auf Erhöhung des Berechtigungsniveaus und engt damit die Persönlichkeitsentfaltung auf wenige Dimensionen ein, vor allem auf die kognitive. Der zweite Widerspruch besteht darin, daß konsequente Maßnahmen einer Chancengleichheitspolitik nur durch ungleiche Behandlung durchzuführen sind. So benötigen Schüler, deren Startchancen bei Schuleintritt im Vergleich zu anderen gering

Die Welt des Geistes und des Geldes

DEUTSCHLAND

«Die Parole ‹Gleiche Chancen für jeden› ...

... bedarf der Ergänzung durch Parolen wie: ‹Gleiche Kräfte und Begabungen für jeden› – ‹Gleicher Fleiß und Sparsinn für jeden› – ‹Gleiches Werbetalent und gleicher Selbstanpreisungstrieb für jeden› – ‹Gleiche Geschäftstüchtigkeit und gleiche Profitsucht für jeden›.»

Sigmund Graff (1898–1979),
deutscher Aphoristiker

Sicherlich, nicht jeder hat alle diese Triebe und Talente in gleichem Maße. Aber was man nicht hat, das kann man sich erwerben. Wobei das Sparen allen die besten Chancen einräumt.

Pfandbrief und Kommunalobligation

Meistgekaufte deutsche Wertpapiere - hoher Zinsertrag - bei allen Banken und Sparkassen

Verbriefte Sicherheit

sind, zusätzliche Förderung, zusätzliche Zuwendung, zusätzliche Lehrerstunden und zusätzliche Lernmaterialien (→Erziehung, kompensatorische). Diese zusätzliche Förderung erhalten nur einige Schüler, die «positiv diskriminiert» werden, andere jedoch nicht. Das schafft Konflikte und Probleme, weil die nicht zusätzlich Geförderten ihren Anspruch auf Gleichbehandlung eingeschränkt sehen. Würde diesem Recht auf Gleichbehandlung jedoch in formaler Weise gefolgt, wären die Folge Ungleichheit der Schulerfolgschancen.

Hinzu kommt, daß eine dem Gerechtigkeitsprinzip verpflichtete Chancengleichheitspolitik keineswegs zwangsläufig auch dem Gerechtigkeits*empfinden* entspricht, dieses im Gegenteil eher zu verletzen scheint. Die sozialpsychologische Grundlage dieses Widerspruchs hat MERTON (vgl. 1968) mit Hilfe des Begriffs der relativen Deprivation analysiert. Merton hat festgestellt, daß in sozialen Gebilden, in denen die Aufstiegs- und Beförderungschancen steigen, die subjektive Unzufriedenheit ebenfalls zunimmt. Er erklärt dieses scheinbar widersinnige Phänomen damit, daß sowohl die von stärker realisierter Chancengleichheit Betroffenen (die «Beförderten») als auch die trotz der hohen Beförderungschancen nicht «Beförderten» ihre Bezugsgruppe und damit auch ihre Maßstäbe wechseln. Die Letztgenannten relativieren ihre Maßstäbe, indem sie sich in ihren Urteilen nicht mehr auf die weniger Chancengleichheit vermittelnde Ausgangs- oder Herkunftsgruppen beziehen, sondern auf anspruchsvollere Maßstäbe, die durch neue Bezugsgruppen repräsentiert werden, also auf Maßstäbe, die das Chancengleichheitsversprechen ernster nehmen als bisher und mithin auch seine Uneingelöstheit.

Der Aufweis dieser komplizierten Dialektik der Chancengleichheit ist keineswegs pessimistisch zu verstehen. Es soll vielmehr die besondere Qualität einer hervorgehobenen pädagogischen und bildungspolitischen Zielvorstellung unterstreichen, die zwangsläufig verfehlt werden müßte, wenn Chancengleichheit allzu simpel als Planziel unter anderen aufgefaßt würde, dessen Realisierung lediglich verlangte, die passenden technischen Mittel bereitzustellen.

BOURDIEU, P./PASSERON, J. C.: Die Illusion der Chancengleichheit. Untersuchungen zur Soziologie des Bildungswesens am Beispiel Frankreichs, Stuttgart 1971. DAHRENDORF, R.: Bildung ist Bürgerrecht. Plädoyer für eine aktive Bildungspolitik, Hamburg 1965. EIGLER, H. u. a.: Quantitative Entwicklungen. Wem hat die Bildungsexpansion genutzt? In: Rolff, H.-G. u. a. (Hg.): Jahrbuch der Schulentwicklung 1980, Weinheim/Basel 1980, S. 45 ff. JENCKS, CH. u. a.: Chancengleichheit, Reinbek 1973. MERTON, R. K.: Contributions to the Theory of Reference Group Behavior. In: Merton, R. K.: Social Theory and Social Structure, New York 1968, S. 279 ff. MÜLLER, W./MAYER, K. U.: Chancengleichheit durch Bildung? Gutachten und Studien der Bildungskommission des Deutschen Bildungsrates, Bd. 42, Stuttgart 1976. NUNNER-WINKLER, G.: Chancengleichheit und individuelle Förderung, Stuttgart 1971. OECD (Hg.): Begabung und Bildungschancen, Frankfurt/M. 1967. OFFE, C.: Leistungsprinzip und industrielle Arbeit, Frankfurt/M. 1970. ORTMANN, H.: Überlegungen zum Begriff Chancengleichheit. In: Keim, W. (Hg.): Gesamtschule – Bilanz ihrer Praxis, Hamburg ²1976, S. 113ff. PEARLIN, L. J./KOHN, M. L.: Social Class, Occupation, and Parental Values: A Cross-National Study. In: Am. Sociol. Rev. 31 (1966), S. 466ff. ROLFF, H.-G.: Sozialisation und Auslese durch die Schule, Heidelberg 1967. SCHLEIER-MACHER, F.: Pädagogische Schriften, u. Mitwirk. v. Th. Schulze hg. v. E. Weniger Bd. 1: Die Vorlesungen aus dem Jahre 1826, Düsseldorf/München 1957, S. 7ff.

Hans-Günter Rolff

Charakterbildung → Bildung
civilisation → Kultur
Code → Struktur
Code, kultureller → Kultur
Code, linguistischer → Kompetenz – Performanz; → Sprach-/
    Sozialverhalten, schichtenspezifisches
Comic → Kinderliteratur
community organization → Gemeinwesenarbeit
Computer → Informationstechnik

Curriculum

Begriff und Geschichte. Ein Schlüssel zum Verständnis der sehr unterschiedlichen und inkonsistenten Verwendung des Wortes Curriculum im deutschen Sprachraum ist die Geschichte des Begriffs. Nach dem Verfall des im Mittelalter dominierenden Bildungskanons der aufeinander aufbauenden septem artes liberales in einem durch gesellschaftliche Umbrüche (Humanismus, Reformation) geprägten Jahrhundert setzt sich in den → Schulen für die sich festigende Ordnung des inhaltlich erweiterten und in kleinen Schritten und Stufen zu vermittelnden Lehrstoffes der Begriff Curriculum durch (vgl. DOLCH 1965), der das Sich-wiederholende, das Alljährliche zum Ausdruck bringt. Seit Ende des 18. Jahrhunderts durch den des → Lehrplans abgelöst, wird Mitte der 60er Jahre des 20. Jahrhunderts der im angelsächsischen Sprachraum erhalten gebliebene und dort vielfältig elaborierte Begriff Curriculum in eine zwischenzeitlich von geisteswissenschaftlicher Bildungs- und Lehrplantheorie bestimmte didaktische Diskussion wieder eingeführt. Dieses hat eine weitgehend unvermittelte Koexistenz konkurrierender Fachsprachen und Problemstrukturierungen zur Folge. Versuche, die in den verschiedenen Denktraditionen entwickelten Konzepte aufeinander zu beziehen, werden durch die Vieldeutigkeit des Curriculumbegriffs erschwert.

    Es lassen sich zwei Varianten seines Gebrauchs unterscheiden. Nur im Singular verwendbar, bezeichnet Curriculum das Gesamt der in einer

Curriculum   299

Bildungsinstitution angestrebten und zu verantwortenden Lernprozesse; auch im Plural verwendbar, bezeichnet er Teileinheiten dieser Gesamtheit (Curricula für einzelne Jahrgänge, Schulfächer, Zeiteinheiten). Beide Begriffsbedeutungen kennzeichnen in einem engeren Verständnis das Produkt einer Planung, ein «Dokument», in einem weiteren Verständnis darüber hinaus die Bedingungen und Prozesse der Erstellung und Realisierung dieses Plans einschließlich der →Evaluation des Curriculum (vgl. HAMEYER u. a. 1983, S. 21), wobei jeweils Anzahl, Konkretisierung und Verknüpfung der das Curriculum konstituierenden Elemente (beispielsweise Ziele, Inhalte, Situationen, Medien, Methoden) variieren. ROBINSOHNS (vgl. 1972) Forderung einer «Revision des Curriculum» thematisiert den Zusammenhang der schulischen Lernanforderungen und lenkt die Aufmerksamkeit auf Probleme der Legitimation einer Neubestimmung des in der Schule zu Lernenden. In der Folgezeit wurden eine Vielzahl konkurrierender Konzepte zur Rechtfertigung und Strukturierung von Lernzielen und Lerninhalten für Curricula erarbeitet und divergierende Modelle der Curriculumentwicklung, -verbreitung und -wirkungskontrolle erprobt (vgl. FREY u. a. 1975). Gemeinsam ist den meisten Bestimmungen des Curriculumbegriffs, soweit er von dem der Didaktik (→Didaktik, allgemeine) abgegrenzt wird, der Anspruch auf Transparenz und Rationalität der Lernziel-, Lerninhalts- und Lernorganisationsentscheidungen und die Betonung eines Bedingungs- oder Implikationszusammenhangs der das Curriculum konstituierenden Elemente.

Legitimation curricularer Entscheidungen. Die Infragestellung dessen, was und in welcher Weise in der Schule gelernt wird, kündigt nicht nur einen Grundkonsens über im Bildungswesen fortwirkende Traditionen auf, sie unterstellt überzeugende Alternativen. Doch je grundsätzlicher und differenzierter die wissenschaftliche Kritik an der Praxis der Lehrplanerstellung, den Orientierungsmustern bei der Festlegung der Lerngegenstände und den Implikationen des zweckrationalen Unterrichtskonzeptes artikuliert wird, desto schwieriger wird jeder Versuch einer konstruktiven, zustimmungsfähigen Curriculumentwicklungsarbeit. Als zentrales Dilemma erweist sich dabei das wissenschaftstheoretisch ungelöste Problem der Begründbarkeit normativer Entscheidungen, das sich nicht nur bei der Frage nach dem →Erziehungsziel stellt. KÜNZLI (vgl. 1975) hat zwischen der Rechtfertigung von Zielen als zu Recht geforderten und der Begründung von Zwecken als für die Erreichung der Ziele zweckmäßigen unterschieden und die Legitimation curricularer Entscheidungen an die Anerkennung derart erfolgter Festlegungen geknüpft. Die Gewichtung der notwendigen Lernzielpräzisierungen, Lerninhaltsbestimmungen und Lernorganisationsentscheidungen als nachge-

300 Curriculum

ordnete Aufgaben einer theoretisch oder empirisch zu belegenden Zweckmäßigkeitsrelation wird aber, auch wenn Robinsohns «Strukturkonzept für Curriculumentwicklung» dies nahelegen mag (Bestimmung von Curriculumelementen in bezug auf zu erwerbende Qualifikationen, die ihrerseits zur Bewältigung spezifizierter Lebenssituationen erforderlich erscheinen; vgl. ROBINSOHN 1972, S. 79f in Anlehnung an TYLER – vgl. 1971), weder der Einsicht in den Implikationszusammenhang zu treffender Entscheidungen gerecht noch den komplexen Prozessen einer schulnahen Curriculumentwicklung.

Curriculare Entscheidungen begründende Argumente, die nicht der instrumentellen Logik folgen, müssen ihre Überzeugungskraft im rechtfertigenden Diskurs unter Beweis stellen, der auch Zweck-Mittel-Überlegungen abzuwägen hat. Bei Problemen der *Lernzielbestimmung* (→Lernziel) nimmt der argumentative Regreß in der Regel auf allgemein anerkannte, ideologiekritisch zu prüfende Normen (Verfassungsgrundsätze, Menschenrechte...), Erziehungs- und Gesellschaftstheorien oder konkrete gesellschaftliche Qualifikationsanforderungen Bezug, die interpretative Konkretisierung auf Techniken der Lernzielpräzisierung und formalisierte Lernzieltaxonomien. *Lerninhaltsentscheidungen* sehen sich bei Problemem der Rechtfertigung der als Schulfächer tradierten (→Fach – Fächerkanon) oder neu zu bestimmenden Lern- und Erfahrungsbereiche auf die Entwicklung der Wissenschaften und ihr Verhältnis zu gesellschaftlichen Praxisbereichen sowie auf Kultur- und Bildungstheorien verwiesen, bei der Auswahl und inhaltlich-kategorialen Strukturierung der Inhalte auf →Fachdidaktik und Bereichsdidaktiken. *Lernorganisationsentscheidungen* haben Theorien des Lernens und Transfers, der Lernmotivation, der Mediendidaktik und des Unterrichts zu berücksichtigen sowie die implizierten Lernerfahrungen von Interaktionsformen (→Erziehungs-/Unterrichtsstil) und Unterrichtsmethoden (→Methode) zu reflektieren. Die Begründungsansprüche sind vom jeweiligen Abstraktionsniveau der zu treffenden Entscheidungen (Gesamtcurriculum, Curriculum eines Lernbereichs, Unterrichtseinheiten) abhängig, und auch die Anforderungen an die Legitimation der Entscheidungsträger (durch Auftrag, Betroffenheit, Kompetenz; vgl. FLECHSIG/HALLER 1973, S. 114) wie an das Verfahren sind in jedem Einzelfall zu rechtfertigen.

Konzepte und Strategien. Bei der Entwicklung von Curricula lassen sich zwei konkurrierende Konzeptionen unterscheiden. Das Konzept des «geschlossenen Curriculum» interpretiert den Bedingungs- und Implikationszusammenhang curricularer Entscheidungen in der Weise, daß im Curriculum die anzustrebenden Lernprozesse bis in (lernzielorientierte) Unterrichtsentwürfe zu konkretisieren sind, das Konzept des «offenen

Curriculum 301

Curriculum» dagegen bezieht auch die Situationsbedingungen der am Unterricht Beteiligten mit in den curricularen Entscheidungsprozeß ein, so daß curriculare Vorgaben die eigenständige und selbstverantwortliche Realisierung durch die Betroffenen selbst ermöglichen müssen. Beide Konzepte sind Ausdruck divergierender pädagogisch-didaktischer Aufgabenbestimmungen und Reformstrategien: Produkt einer instrumentellen Rationalität und ihrer Kritik. So erfolgt die Entwicklung von geschlossenen Curricula in der Regel in einem Prozeß zweckrationaler Planung, erfolgskontrollierter Optimierung und intentionssichernder Anwendung, während das Konzept des offenen Curriculum auf allen Planungs-/Realisierungsebenen den argumentativen Diskurs vorsieht, der die entsprechenden Entscheidungen legitimieren soll. Die Empfehlung des DEUTSCHEN BILDUNGSRATES (1974, S. A77), die Vorzüge des wissenschaftsnahen «Technologie-Modells» mit denen des an Problemen von Betroffenen orientierten «Problemlösungsmodells» in einer Reformstrategie «praxisnaher Curriculum-Entwicklung» zu verknüpfen, in Regionalen Pädagogischen Zentren in Kooperation von Wissenschaftlern und Praktikern die Konkretisierung – reformierter – Rahmenrichtlinien zu leisten und Curriculumentwicklungsarbeit mit → Lehrerfortbildung zu verbinden, kann als wegweisend gelten. Die Reform des Curriculum, von der die Evaluation des Reformprozesses wie seiner Wirkungen und unbeabsichtigten Folgen (→ Lehrplan, heimlicher) nicht zu trennen ist, bleibt eine permanente Aufgabe.

DEUTSCHER BILDUNGSRAT: Zur Förderung praxisnaher Curriculum-Entwicklung. Empfehlungen der Bildungskommission, Bonn 1974. DOLCH, J.: Lehrplan des Abendlandes. Zweieinhalb Jahrtausende seiner Geschichte, Ratingen [2]1965. FLECHSIG, K. H./HALLER, H. D.: Entscheidungsprozesse in der Curriculumentwicklung. Deutscher Bildungsrat: Gutachten und Studien der Bildungskommission, Bd. 24, Stuttgart 1973. FREY, K. u. a. (Hg.): Curriculum-Handbuch, 3 Bde., München/Zürich 1975. HAMEYER, U. u. a. (Hg.): Handbuch der Curriculumforschung, Weinheim/Basel 1983. KÜNZLI, R.: Begründung und Rechtfertigung in Curriculumplanung und -entwicklung. In: Künzli, R. (Hg.): Curriculumentwicklung. Begründung und Legitimation, München 1975, S. 9ff. ROBINSOHN, S. B.: Bildungsreform als Revision des Curriculum und Ein Strukturkonzept für Curriculumentwicklung, Neuwied/Berlin [3]1972. TYLER, R. W.: Basic Principles of Curriculum and Instruction, Chicago/London [31]1971./ deutsch: Curriculum und Unterricht, Düsseldorf 1973.

Klaus Riedel

Curriculumforschung → Lehr-/Lernforschung
Curriculumplanung → Bildungsplanung

Definitionsmacht → Interaktion
Defizitorientierung → Erwachsenenbildung
déformation professionelle (des Lehrers) → Lehrer
De-Institutionalisierung → Institution
Dekulturation → Kultur
Delinquenz → Kinder-/Jugendkriminalität; → Verwahrlosung
Demokratisierung → Mitbestimmung – Mitwirkung

Denken

Begriff. Schon die Umgangssprache verwendet Denken in einer Vielfalt von Bedeutungen, von «Wunschdenken» bis zu «Schlußfolgern». Entsprechend haben die wissenschaftliche Beschreibung und Erklärung eine große Breite unterschiedlicher Phänomene zu bewältigen, die eine einheitliche Theoriebildung bislang sehr erschwert hat. Von einem eher strukturell orientierten Standpunkt aus wird Denken als Vergegenwärtigen und Abbilden (von physisch nicht Präsentem), von einem eher funktionalistischen Standpunkt aus als «innerliches» oder Probe-Handeln aufgefaßt. Daneben wird vor allem auch das Merkmal der Reflexivität, der Rückbezug auf das denkende Subjekt, hervorgehoben (vgl. GRAUMANN 1964).

Denken – Sprechen. Sucht man, wie der orthodoxe Behaviorismus (vgl. WATSON 1919), alle subjektiven oder mentalistischen Konzepte aus psychologischen Erklärungen auszuscheiden und sich lediglich auf beobachtbare, «objektive» Phänomene zu beziehen, liegt es nahe, Denken als *innere Sprechakte* zu verstehen. Zu einer in gleiche Richtung wirkenden, nämlich sprachliche Mechanismen als Einheiten von kognitiven Prozessen betonenden Auffassung gelangt man auch aus Traditionen assoziationistischer Art, welche die Abbild- und Repräsentationsfunktion des Denkens in den Vordergrund stellen und im Extrem von einer linguistischen Determination des Denkens (vgl. V. HUMBOLDT 1836, WHORF 1956) ausgehen. Dabei faßt man das Sprechen (Performanz) als von einem Sprachsystem (Kompetenz) gesteuerte Aktivität auf, so daß auch

Denken   303

komplexere sprachliche Wirkeinheiten als Wörter in den Blick kommen können. In ihrer starken Form erscheint die Hypothese der linguistischen Determination des Denkens als nicht haltbar; strengen Maßstäben hält lediglich der Befund stand, daß sprachliche Benennungen die Kapazität des Kurzzeitgedächtnisses erweitern (vgl. BROWN 1973). In der Erforschung des Spracherwerbs sind zudem in den 70er Jahren des 20. Jahrhunderts die Ähnlichkeiten und Universalien von Sprachen stärker als die Unterschiede herausgearbeitet worden. Zweifellos gibt es auch neben verbal-symbolischen Repräsentationsformen solche visueller (vgl. PAIVIO 1971) oder kinästhetischer Natur wie Mimik und Gestik. Es erscheint also angemessener, die Beziehungen von Denken und Sprechen differenzierter zu konzipieren: Einerseits verweisen die in der Sprachentwicklung erkennbaren Universalien wie auch verschiedene Befunde zum «Denken ohne Sprache» (vgl. FURTH 1966) auf eine unabhängige und der Umsetzung in Sprache weit vorausgehende Denkentwicklung, andererseits ist Denken insoweit von Sprache abhängig, als es sich der Möglichkeiten dieses *einen* (unter Normalbedingungen relativ bevorzugten) Kommunikationssystems bedient. Vermutlich nehmen die wechselseitigen Abhängigkeiten im Laufe der sprachlich-kognitiven Entwicklung zu (vgl. WYGOTSKI 1974), so daß zum Zeitpunkt der Beherrschung formaler Operationen (vgl. PIAGET 1948) das Sprachsystem verwendet werden kann, «das Denken zu erweitern und auf die Probe zu stellen» (FURTH 1978, S. 1004). Insbesondere scheint das «Sprechen einer Schriftsprache» oder das «textliche Denken» (vgl. BRUNER/OLSON 1978, S. 319) die Fähigkeiten der Analyse und Konstruktion (des Möglichen) zu befördern.

Problemlösen. Die funktionalistische Betrachtung des Denkens führt konsequenterweise zu einer *Psychologie des Problemlösens.* Dabei wird – ausgehend von der gestaltpsychologischen Betonung der aktuellen Problemsituation und ihrer Umstrukturierung (vgl. DUNCKER 1935, WERTHEIMER 1957) – mehr und mehr die Bedeutung der dem Lernenden bereits verfügbaren Informationen und kognitiven Strategien betont (vgl. MILLER u. a. 1960); diese Entwicklung erfährt im Informationsverarbeitungsmodell des Problemlösens (vgl. NEWELL/SIMON 1972) eine geeignete Zusammenfassung (vgl. SKOWRONEK 1983). Nach diesem Modell ist menschliches Verhalten allgemein zu bestimmen als das Resultat einer Kombination der in der aktuellen Situation gegebenen und der im Organismus (Gedächtnis) gespeicherten und abrufbaren Information. Die für Problemlösen relevanten Informationen betreffen den «störenden» Ausgangszustand, die Operationen zum Transformieren des Ausgangszustandes und den durch Transformationen zu erreichenden Zielzustand. Je nach Klarheit des Ziels und Verfügbarkeit geeigneter

304 Denken

Operationen lassen sich unterschiedliche Problemlagen typisieren (vgl. DÖRNER 1976): Interpolations-, Synthese- und dialektische «Barrieren». Letztere beispielsweise ist gegeben, wenn bei der Produktion eines Kommentars oder eines Bildes, generell bei Problemen der *Anordnung*, die Operationen geläufig, der Zielzustand aber unbestimmt und iterativ über die allmähliche Auflösung von Widersprüchen oder Störungen zu erreichen ist.

Kognition. Der erfolgreiche Problemlöser hat verschiedenartige *Kognitionsprozesse* zu bewältigen, nicht erst in den Phasen der Verarbeitung (Kodierung) der Ausgangslage und des Abrufens verfügbarer Information, sondern ebenso im (selektiven) Wahrnehmen und Betrachten der Problemsituation, das bereits durch Erwartungen und Schemata gesteuert wird (perzeptive Inferenzprozesse – vgl. NEISSER 1976, PIAGET 1961). Dafür stehen ihm bestimmte Kenntnisse zur «Definition» von Problemen, wie eben Schemata, Unterscheidungsmerkmale und Kategoriensysteme und Kenntnisse über geeignete Operationen, differenziert nach Sachbereichen und Problemzuständen, zur Verfügung (*epistemische* Struktur). Von diesen Kenntnisvoraussetzungen zu unterscheiden ist die *heuristische* Struktur, die mehr oder weniger allgemeine Verfahren für die Entwicklung (individuell) neuartiger Transformationen enthält. Die umfassende Heuristik wurde bereits sehr früh als Kombination von Zielexplikation und Situationsanalyse beschrieben (vgl. DUNCKER 1935). Ergänzende allgemeine Strategien sind etwa: Aufbrechen in Teilprobleme; Beweis der Unerreichbarkeit des Zielzustandes; Rückwärtsarbeiten, vom Ziel ausgehend; Definition einer Bewertungsfunktion, um den Annäherungsgrad zu bestimmen (vgl. WICKELGREN 1974).

Intelligenz. Die Thematisierung grundlegender kognitiver Prozesse im Informationsverarbeitungsmodell, dessen Aufstieg nicht unwesentlich mit der Möglichkeit der Computersimulation menschlicher Kognitionsprozesse verknüpft ist, bringt neue Chancen einer theoretischen Fassung des Intelligenzbegriffs (→ Intelligenz), eher als bislang die (pragmatische) Entwicklung von Intelligenztests (vgl. CARROLL 1976, CRONBACH 1957). Andere Autoren (vgl. HUNT u. a. 1975, REITMAN 1965, STERNBERG 1977) haben versucht, den differentiellen und den Informationsverarbeitungsansatz der Intelligenzbeschreibung zu integrieren, indem sie aus Laborexperimenten abgeleitete Parameter der Informationsverarbeitung mit Leistungen in Intelligenztestaufgaben korrelierten, um diese Leistungen schließlich in Begriffen einiger *grundlegender* kognitiver Operationen beschreiben zu können (→ Test).

Im Falle von Analogieaufgaben unterscheidet STERNBERG (vgl. 1977) als Fähigkeitskomponenten: Kodieren (der einzelnen Terme einer Analogie vom Typ Nacht: dunkel = Tag: ?, kurz, hell, Sonne), Erschließen (der Beziehung zwischen den ersten beiden und dem dritten Term), Anwendung (der bisherigen Ergebnisse, um einen idealen vierten Term zu konstruieren), Begründen (fakultativ: die Auswahl unter Alternativen, von denen keine exakt die ideale Lösung trifft), Reagieren (Auswahl der Lösung). Vergleichbare Elementarisierungen entwickeln auch andere Autoren, die damit mehr oder weniger ausdrücklich an eine von SELZ (vgl. 1913) begründete Tradition anknüpfen. LOMPSCHER (vgl. 1972) etwa unterscheidet (aufgabenspezifisch) acht elementare geistige Operationen, unter denen er «Erfassen von Eigenschaften» (Kodieren) und «Ausgliedern von Teilen» als Mutter-Operationen ansieht, die in allen übrigen Operationen impliziert sind.

Über die Eignung dieser Unterscheidungen müssen empirische Überprüfungen entscheiden, die für theoretisch begründete Auswahlen von Aufgaben (vgl. PELLEGRINO/GLASER 1979) in Ansätzen bereits vorliegen. Eine umfassende Theorie kognitiver Fähigkeiten muß dabei neben den bezeichneten Grundkomponenten und Aufgabenfaktoren auch die Ebene der Metafähigkeiten, der Reflexion über die Eignung der eingesetzten Operationen, berücksichtigen (vgl. DÖRNER 1976, STERNBERG 1979).

Erziehungswissenschaftliche Relevanz. Die pädagogische und, allgemeiner, gesellschaftliche Bedeutung einer so begründeten Theorie intelligenten Verhaltens liegt darin, daß damit lange bestehende Forderungen nach einer *diagnostischen* – und nicht selektiven – Verwendung entsprechender Testverfahren besser erfüllbar sein dürften. Individuelle Leistungsunterschiede werden damit im Sinne besser oder schlechter gelingender Teilprozesse interpretierbar, auf die hin sich Individualisierungen des Unterrichtsangebots gezielter entwerfen lassen.

Unterricht. Unterricht, der Fähigkeiten des Denkens und Problemlösens zu fördern sucht, sollte sich sowohl auf die epistemische wie auf die heuristische Struktur beziehen, sowohl die Kenntnisse von geeigneten Schemata, Kategorien und Operationen als auch die Handhabung mehr oder weniger allgemeiner Strategien der Lösung unbekannter, komplexer Probleme verbessern. Von Piagets Theorie der kognitiven Entwicklung inspirierte Unterrichtsprogramme, wie beispielsweise das von LAVATELLI (vgl. 1970), das sich auf Themen wie Klassifikation und Reihenbildung konzentriert, aber auch die Förderung sprachlicher Darstellung – in zahlreichen Programmen kompensatorischer Erziehung implementiert – können Beiträge zur Entwicklung einer aspektreichen, differenzierten epistemischen Struktur leisten.

Zur Verbesserung der heuristischen Struktur läßt CRUTCHFIELD

306 Denken

(vgl. 1966) Sekundarschüler Detektivgeschichten analysieren, mit gezielter Reflexion und Erweiterung der Lösungsverfahren. «Synectics» (GORDON 1961) oder ähnliche Verfahren zur Steigerung kreativen Denkens (für Erwachsene) haben vergleichbare Funktion. Der Erfolg derartiger Programme – der allerdings nicht kurzfristig zu erwarten ist (vgl. GAGNÉ 1969) – scheint von einer Reihe Bedingungen abhängig zu sein: Sie müssen verschiedenartige Teil-Strategien üben, von Einfallsproduktion bis hin zur kritischen Bewertung, sie müssen den besonderen Charakter produktiven Denkens herausstellen und positive Einstellungen gegenüber intellektueller Tätigkeit vermitteln (vgl. JOHNSON 1972).

BROWN, R.: A First Language – the Early Stages, London 1973. BRUNER, J. S./OLSON, D. R.: Symbole und Texte als Werkzeuge des Denkens. In: Steiner, G. (Hg.): Die Psychologie des 20. Jahrhunderts, Bd. 7, Zürich 1978, S. 306 ff. CARROLL, J. B.: Psychometric Tests as Cognitive Tasks. In: Resnick, L. B. (Hg.): The Nature of Intelligence, New York 1976, S. 27 ff. CRONBACH, L. J.: The Two Disciplines of Scientific Psychology. In: Am. Psychologist 12 (1957), S. 671 ff. CRUTCHFIELD, R. S.: Sensation and Activation of Cognitive Skills. In: Bruner, J. S. (Hg.): Learning about Learning, Washington 1966, S. 64 ff. DÖRNER, D.: Problemlösen als Informationsverarbeitung, Stuttgart 1976. DUNCKER, K.: Zur Psychologie des produktiven Denkens, Berlin 1935. FURTH, H. G.: Thinking without Language, New York 1966. FURTH, H. G.: Denken ohne Sprache. In: Steiner, G. (Hg.): Die Psychologie des 20. Jahrhunderts, Bd. 7, Zürich 1978, S. 992 ff. GAGNÉ, R. M.: Die Bedingungen des menschlichen Lernens, Hannover u. a. 1969. GORDON, W. J.: Synectics, New York 1961. GRAUMANN, C. F.: Phänomenologie und deskriptive Psychologie des Denkens. In: Metzger, W. (Hg.): Handbuch der Psychologie, Bd. 1.2, Göttingen 1964, S. 493 ff. HUMBOLDT, W. v.: Über die Verschiedenheit des menschlichen Sprachbaues und ihren Einfluß auf die geistige Entwicklung, Berlin 1836. HUNT, E. u. a.: What Does it Mean to Be High Verbal? In: Cogn. Psych. 7 (1975), S. 194 ff. JOHNSON, D. M.: A Systematic Introduction to the Psychology of Thinking, New York 1972. LAVATELLI, D.: Early Childhood Curriculum – a Piaget Program, Boston 1970. LOMPSCHER, H. J. (Hg.): Theoretische und experimentelle Untersuchungen zur Entwicklung geistiger Fähigkeiten, Berlin (DDR) 1972. MILLER, G. A. u. a.: Plans and the Structure of Behavior, New York 1960. NEISSER, U.: Kognitive Psychologie, Stuttgart 1976. NEWELL, A./SIMON, H. A.: Human Problem Solving, Englewood Cliffs 1972. PAIVIO, A.: Imagery and Verbal Processes, New York 1971. PELLEGRINO, J. W./GLASER, R.: Cognitive Correlates and Components. In: Intelligence 3 (1979), S. 187 ff. PIAGET, J.: Psychologie der Intelligenz, Zürich 1948. PIAGET, J.: Les mechanismes perceptifs, Paris 1961. REITMAN, W.: Cognition and Thought, New York 1965. SELZ, O.: Über die Gesetze des geordneten Denkverlaufs, Stuttgart 1913. SKOWRONEK, H.: Lernen. In: Enzyklopädie Erziehungswissenschaft, Bd. 1, Stuttgart 1983, S. 498 ff. STERNBERG, R. J.: Component Processes in Analogical Reasoning. In: Psych. Rev. 84 (1977), S. 353 ff. STERNBERG, R. J.: The Nature of Mental Abilities. In: Am. Psychologist 34 (1979), S. 214 ff. WATSON, J. B.: Psychology from the Standpoint of a Behaviorist, Philadelphia 1919. WERTHEIMER, M.: Produktives Denken, Frankfurt/M. 1957. WHORF, B. L.: Language, Thought and Reality, Cambridge 1956. WICKELGREN, W. A.: How to Solve Problems, San Francisco 1974. WYGOTSKI, L. S.: Denken und Sprechen, Frankfurt/M. 1974.

Helmut Skowronek

Didaktik, allgemeine   307

Denken, aufklärerisches → Aufklärung
Denken, kreatives → Kreativität
Destruktion → Aggression
Devianz → Kinder-/Jugendkriminalität; → Stigmatisierung
Diagnostik (von Behinderungen) → Sonderpädagogik
Dialog → Begegnung; → Kommunikation
Didactica Magna → Didaktik, allgemeine; → Unterricht
Didaktik → Autodidaktik; → Didaktik, allgemeine; → Fachdidaktik;
    → Freizeitpädagogik; → Medienpädagogik; → Methode

Didaktik, allgemeine

Begriff und Geschichte. Daniel Defoe für einen Didaktiker und seinen
«Robinson Crusoe» für ein didaktisches Modell zu halten, mag den Leser der heute gängigen didaktischen Literatur überraschen, es entspricht
jedoch Goethes Definition, der das Didaktische als ein lehrreiches,
«rhythmisch, mit Schmuck von der Einbildungskraft entlehnt, lieblich
oder energisch vorgetragenes Kunstwerk» in der Form eines Lehrge-
dichts bezeichnete (v. GOETHE 1967, S. 158). Im französischen Kultur-
raum bezeichnet der Begriff «didactique» noch heute eine Literaturgattung. In der deutschen Sprache ist diese Begriffsbedeutung trotz
Goethes Kennzeichnung bis heute ungewöhnlich; und im Angloamerikanischen schließlich ist das Wort als spezifischer pädagogischer Terminus
nahezu unbekannt. Es zeigt sich, daß der Begriff wenig eindeutig, ja schillernd ist.

Ein Rückgriff auf die ursprüngliche Bedeutung des griechischen Wortes διδάσκειν (didáskein) bringt jedoch eine vorläufige Klärung. Das
Verb διδάσκειν kann sowohl aktiv (als: lehren, unterrichten) wie passiv
(als: lernen, belehrt werden, unterrichtet werden) sowie als Medium (im
Sinne von: aus sich selbst lernen, ersinnen, sich aneignen) verwendet
werden. Das vom Verb abgeleitete Substantiv δίδαξις (dídaxis) bedeutet: Lehre, Unterricht, Unterweisung; die διδακτική τέχνη (didaktiké
téchne) heißt soviel wie Lehrkunst. In allen Bedeutungen deckt das
sprachliche Feld von Didaktik also die Begriffe «Lehren» und «Lernen»
ab. In diesem umfassenden Sinne kann die *Didaktik* deshalb als *die wissenschaftliche Reflexion des Lehrens und Lernens* aufgefaßt werden.

Die allgemeine Didaktik befaßt sich im Gegensatz zu den speziellen
Didaktiken (→ Fachdidaktik) mit den allgemeinen Prinzipien, den Struk-
turmomenten und der Institutionalisierungsproblematik organisierten
Lehrens und Lernens; sie ist mithin eingeschränkt auf die gesellschaftlich
aufgeworfenen, entfalteten und aufrechterhaltenen Normen, Regeln und
Formen des Lehrens und → Lernens. Zwar hatte das Nachdenken über

308 Didaktik, allgemeine

didaktische Fragen schon in der griechischen Antike bei den Sophisten, bei Sokrates und Platon eingesetzt, doch ist es dort noch nicht in einen im wissenschaftlichen Sinne pädagogischen Kontext gestellt. Denn die Frage nach einem *selbständigen* Problembereich der Erziehung «ist im Grunde erst von der Aufklärung hervorgebracht worden» (BLANKERTZ 1982, S. 13). Es waren denn auch Vertreter der frühen → Aufklärung des 17. Jahrhunderts, Wolfgang Ratke (1571–1635) und Johann Amos Comenius (1595–1670), die das planvolle Lehren und Lernen als erste in einen pädagogischen Bedeutungszusammenhang stellten. Mit ihrem Wirken begann die Entwicklung der allgemeinen Didaktik als Wissenschaft. Während RATKE (vgl. 1957) vor allem als Schulreformer hervortrat, entwickelte COMENIUS (vgl. 1959) in seiner «Didactica magna» ein erstes umfassendes System der Lehrkunst. Es zeichnete sich dadurch aus, daß didaktisches Handeln nicht eingeschränkt war auf ein bestimmtes Anwendungsfeld, beispielsweise die → Schule, sondern das gesamte Lehren und Lernen mit seinen vielfältigen Erscheinungen und Voraussetzungen ansprach. Didaktik als Lehrkunst war die «vollständige Kunst, allen Menschen alles zu lehren» (COMENIUS 1959, S. 3). Mit diesem weiten Begriff von Didaktik kann der Autor Comenius noch heute mit Gewinn studiert werden (vgl. HEYDORN 1980). Mit nachhaltiger Wirkung eingeengt auf das schulische Lehren und Lernen wurde der Didaktikbegriff vor allem von Herbart (1776–1841). In seiner «Allgemeinen Pädagogik, aus dem Zweck der Erziehung abgeleitet» (vgl. HERBART 1964), in der die Begriffe «Pädagogik» und «Didaktik» weitgehend identisch gesetzt worden sind, entwickelt Herbart seine Vorstellung vom «erziehenden Unterricht», der durch seine Ausrichtung auf das «allgemeine Ziel» der → Erziehung zu rechtfertigen sei. Dabei unterscheidet sich nach Herbart der Unterricht von anderen Erziehungsarten dadurch, daß zwischen *«Erzieher»* und *«Zögling»* der *«Inhalt»* tritt, über den unterrichtet wird. In seiner Konzeption der Didaktik sind die bestimmenden Momente jeden Unterrichts schon angelegt: (allgemeine) Zielsetzung, Inhalte, Lehrender und Lernender sowie die → Methode, mit der ein Ziel erreicht werden soll. Der Einfluß Herbarts auf die weitere Entwicklung der Didaktik wuchs durch die Aktivitäten seiner Schüler (vor allem Rein und Ziller), die seine didaktische Lehre aber so sehr formalisierten, daß von ihr für lange Zeit im wesentlichen nur die schematische Anwendung der Formalstufentheorie, ein Artikulationsschema des Unterrichtes, übrigblieb (vgl. SCHWENK 1963). Erst in jüngster Zeit wird die Bedeutung dieses ersten geschlossenen Systems einer pädagogischen Unterrichtslehre wiederentdeckt (vgl. ADL-AMINI u. a. 1979; vgl. BENNER 1985 a, b; vgl. OELKERS 1985).

Modelle und Theorien der Didaktik. Die Unterscheidung und Systematisierung der vorhandenen Modelle und Theorien der Didaktik wird nach unterschiedlichen Gesichtspunkten vorgenommen, beispielsweise im Blick auf den Aspektzusammenhang verschiedener wissenschaftstheoretischer Standorte (vgl. BLANKERTZ 1975 a), im Blick auf die Bestimmung ihrer Gegenstandsfelder (vgl. KLAFKI 1963), durch die schlichte Unterscheidung nach den Kategorien «klassisch» und «progressiv» (vgl. ASCHERSLEBEN 1983); auch Mischformen treten auf (vgl. PETERSSEN 1977, REICH 1977). ADL-AMINI (vgl. 1986) unterscheidet drei Ebenen didaktischer Theoriebildung und ordnet einzelne Modelle schwerpunktmäßig zu.

Im folgenden sollen die gegenwärtig diskutierten didaktischen Modelle und Theorien im Blick auf den in dem jeweiligen Ansatz akzentuierten Aspekt kurz dargestellt werden. Dabei können die schon in Herbarts Didaktik formulierten *Bestimmungsmomente* institutionalisierten Lehrens und Lernens (der Inhalts-, der Vermittlungs-, der Beziehungs- sowie der Zielaspekt) zur Untergliederung genutzt werden:

Was soll gelehrt und gelernt werden? – Der Aspekt der Inhalte. Im Kontext der geisteswissenschaftlichen Pädagogik (→ Pädagogik, Geisteswissenschaftliche) formuliert die bildungstheoretische Didaktik als eine Hauptkategorie des didaktischen Handelns die pädagogische Verantwortung vor dem Heranwachsenden, deren Bezugsgrundlage die geschichtliche Wirklichkeit ist. In ihr soll dem Heranwachsenden ein Welt- und Selbstbild schrittweise erschlossen werden. Dieses Erschließen wird im Begriff der → Bildung, der anderen zentralen Kategorie bildungstheoretischer Didaktik, gefaßt. Der Bildungsbegriff ist Ausgangs- und Bezugspunkt aller didaktischen Entscheidungen. Die Aufgaben des → Lehrplans beschreibend, formuliert WENIGER (1952, S. 22) dementsprechend: «Die Aufgabe des Lehrplans ist die Festlegung der Bildungsziele und Auswahl und Konzentration [...] der Bildungsgüter oder der Bildungswerte; wir ziehen es vor, von den Bildungsinhalten zu sprechen.»

Auch Klafki, ein Schüler Wenigers, rückt in seiner Didaktik als der «Theorie der kategorialen Bildung» (vgl. KLAFKI 1959) den Begriff der Bildung in den Mittelpunkt. Jeder Inhalt im Unterricht muß die Möglichkeit bieten, daß Bildung geschehen kann. Nur wenn einem Inhalt des Unterrichts dieser Bildungsgehalt zukommt, kann er im Sinne der didaktischen Theorie Klafkis als Bildungsinhalt bezeichnet werden. Klafki konkretisiert seine didaktischen Vorstellungen an einem Modell der Unterrichtsvorbereitung, zu deren Kernpunkt er die «didaktische Analyse» (vgl. KLAFKI 1958, 1963) erklärt. Die Selbstbeschränkung der didaktischen Analyse auf die jeweils vorgefundenen Inhalte des Unterrichts und auf das gegebene Lehrplangefüge ist kritisiert worden; zum einen,

310 Didaktik, allgemeine

weil im Modell vorschnell unterstellt wird, daß «der Staat» einen rationalen Konsens der gesellschaftlichen Interessengruppen bei der Lehrplanerstellung garantieren könne, zum anderen, weil die Betonung der
Inhaltsfrage unbeabsichtigt zu einer Vernachlässigung der Metho-
denproblematik in der bildungstheoretischen Didaktik geführt habe
(vgl. BLANKERTZ 1975a, S. 28ff).

Dieses methodische Defizit kritisiert vom Standpunkt der Curricu-
lumtheorie aus auch Robinsohn, der sich gleichwohl in der Tradition
bildungstheoretisch orientierter Didaktiken bewegt. ROBINSOHN
(vgl. 1967, S. 11) verwendet den Curriculumbegriff in seiner engeren Bedeutung als «Gefüge der Bildungsinhalte», wobei die Gegenstände des
Unterrichts jeweils auf die pädagogisch und politisch legitimen Bil-
dungsintentionen bezogen bleiben sollen. Eine zentrale Aufgabe der
curriculumorientierten Didaktik soll es sein, durch geeignete wissenschaftliche Verfahren die inhaltlichen Curriculumentscheidungen so vorzubereiten, daß sie aus der Beliebigkeit, aus pädagogischem und politischem Dezisionismus herausgehoben und zu einem rationalen Konsens
geführt werden, der nach akzeptablen und vor allem offen dargelegten
Kriterien erzielt worden ist. An die Stelle des schillernden Bildungsbegriffs setzt ROBINSOHN (1967, S. 45), wenn auch mit gleicher Funktion,
nun das Kriterium, «daß in der Erziehung Ausstattung zur Bewältigung
von Lebenssituationen geleistet wird». Das von Robinsohn entwickelte
und von seinen Schülern entfaltete Modell (vgl. ZIMMER 1984) hat wichtige Impulse für die Curriculumdiskussion gegeben; wegen der prinzipiellen Schwierigkeit, zukünftige Lebenssituationen der → Schüler
verläßlich zu bestimmen, war die Umsetzung in die Praxis jedoch wenig
erfolgreich (zur Kritik: vgl. BLANKERTZ 1975b).

Wie soll gelehrt und gelernt werden? – Der Aspekt der Vermittlung. Die
zweite Grundfrage didaktischer Theorie und didaktischen Handelns bezieht sich auf den *Weg* des organisierten Lehrens und Lernens, auf die
Methode des didaktischen Handelns. Sie ist in fast allen didaktischen
Modellen mit angelegt. In einem engeren Verständnis umfaßt der Begriff der Methode die Verfahrensweisen, mit denen institutionalisierte
Lehr- und Lernprozesse planmäßig und kunstgerecht beeinflußt werden
(vgl. MENCK/THOMA 1972). In einem weiten Verständnis sollen hier alle
diejenigen systematischen Entscheidungen der Lehrplanung umfaßt
werden, die der Erreichung eines vorgegebenen Zieles dienen. In diesem Verständnis ist auch die lehrtheoretische Didaktik der «Berliner
Schule» (vgl. HEIMANN u. a. 1965) ein zuerst an methodischen Entscheidungen orientiertes Konzept. Ausdrücklich in Opposition zu den bildungstheoretischen Modellen stellt sie das Lehren und Lernen im Unterricht in den Mittelpunkt ihres Interesses. Ihre Fortentwicklung als

«Unterrichtswissenschaft» wird deshalb von ihren Anhängern angestrebt (vgl. ARBEITSGRUPPE THEORIE DER UNTERRICHTSWISSENSCHAFT
1980). Als Ensemble von Fragen an den Unterricht dient die Didaktik
seiner Analyse, will Aufschluß geben über die praktischen Entscheidungen des Lehrerhandelns und ihre Bedingungen. Dabei wird Unterricht
nicht nur aus *einer* Perspektive betrachtet, sondern unter seinen verschiedenen Strukturmomenten, die in einem ausdrücklichen Zusammenhang gesehen werden. Die klare Herausarbeitung dieses Implika-
tionszusammenhanges aller Unterrichtsfaktoren kann als hervorragende
Leistung der lehrtheoretischen Didaktik aufgefaßt werden. Ihr Kern ist
das Konzept der Unterrichtsplanung. HEIMANN u. a. (vgl. 1965) unterscheiden darin Entscheidungsfelder und Bedingungsfelder des Unterrichts. Zu den Entscheidungsfeldern gehören die Entscheidungen über
die Intentionen des Unterrichts, über seine Inhalte, über seine Methoden und Medien. Das Bedingungsfeld wird aufgegliedert in die anthro-
pogenen und die soziokulturellen Voraussetzungen des Unterrichts.
Wolfgang Schulz hat das Modell aufgrund vielfältiger Kritik vor allem an
der scheinbaren Wertfreiheit inhaltlicher Entscheidungen (vgl. SCHULZ
1972) revidiert und schließlich als «Hamburger Modell» (vgl. SCHULZ
1980) wesentlich erweitert und gewandelt. Wegen ihres geschlossenen
Charakters hat die lehrtheoretische Didaktik großen Anklang vor allem
in der zweiten Phase der Lehrerbildung gefunden.

Ist im lehrtheoretischen Modell die Inhaltsebene über die Kategorien
Inhalt und Intentionalität auf der Ebene der Entscheidungsfelder noch
aufgehoben, so verzichtet die informationstheoretisch-kybernetische Didaktik (vgl. v. CUBE 1968, FRANK 1969) gänzlich auf die Diskussion und
Legitimation des Inhalts- und Zielaspektes von Lehren und Lernen.
Entscheidungen darüber werden zu wissenschaftlich nicht abklärbaren
Fragen der Normensetzung und der Ideologie gezählt. Das Modell sieht
seine Aufgaben ausschließlich im Bereich der Methoden, um die für dieses Handlungsfeld erforderlichen Entscheidungen wissenschaftlich abzu-
sichern. Dazu bedient es sich der Kybernetik. Ziel ist die «Algorithmisierung» der Lehraufgaben. Didaktik wird hier auf unüberbietbare
Weise verkürzt. Das Modell hat deshalb auch lediglich im Bereich des
programmierten Unterrichts Anklang gefunden.

Zum Bereich der eher methodisch ausgerichteten Didaktiken ist auch
die systemtheoretische Didaktik (vgl. KÖNIG/RIEDEL 1970, 1976) zu
zählen, insofern ihr erklärtes Ziel die Konstruktion eines Modells ist,
das die Ableitung konkreter Handlungsanweisungen zur optimalen Realisierung und Planung von Unterricht ermöglicht. Aussagen über Ziel-
positionen des Unterrichts werden zwar analysiert, sind aber nicht Aufgabe der Didaktik selbst.

312 Didaktik, allgemeine

Wie interagieren die an Lehr- und Lernprozessen beteiligten Personen? – Der Aspekt der Beziehungen. Lehren und Lernen (→ Lehr-/Lernforschung) geschieht immer zwischen Personen, die zueinander in eine Beziehung treten. Wird dieser Aspekt in den Vordergrund gestellt, so rückt der Begriff didaktischen Handelns in die Nähe des Begriffs kommunikativen Handelns, ja er geht in ihm auf (vgl. MOLLENHAUER 1972; zur Kritik: vgl. OELKERS 1983). Inhalte und Methoden des Lehrens und Lernens werden als Inhalte der → Kommunikation und als Kommunikationsformen aufgefaßt. Beziehungs- und Inhaltsaspekte durchdringen sich gegenseitig. Die Theorie der kommunikativen Didaktik (vgl. SCHÄFER/SCHALLER 1973) thematisiert eben jene «sozialen Dimensionen des didaktischen Feldes» (POPP 1976). Die Position knüpft insofern an die bildungstheoretische Didaktik an, als diese mit Hilfe des dort entwickelten Theorems des «pädagogischen Bezuges» (NOHL 1961, S. 119) ebenfalls die Beziehungsdimension, wenngleich nicht in so zentraler Bedeutung, thematisiert hatte. Der «pädagogische Bezug» kann als der Kern der kommunikativen Didaktik angesehen werden. Zur regulativen Kategorie wird das Prinzip der symmetrischen Kommunikation der Interaktionspartner im Unterricht. Folgerichtig gewinnt auch die Kategorie der Partizipation, der Teilhabe an der Kommunikation einen konstitutiven Stellenwert für die unterrichtliche Situation. In systematischer Nähe zum Ansatz der kommunikativen Didaktik befindet sich das Konzept erfahrungsbezogenen Unterrichts (vgl. JANK 1986, SCHELLER 1981).

Wozu wird etwas gelehrt und gelernt? – Der Aspekt der allgemeinen Ziele. Von der Frage nach dem Zweck des Lehrens und Lernens, nach seiner obersten Zielsetzung, sind alle didaktischen Modelle und Theorien berührt, ob sie sich nun ausdrücklich als nicht zuständig erklären, wie die kybernetische Didaktik, oder ob sie sich die Frage zu eigen machen, wie die bildungstheoretische Didaktik. Denn jede didaktische Entscheidung enthält eine mehr oder weniger differenzierte Vorstellung über das erstrebte Gesamtziel der pädagogischen Bemühungen. Die Frage nach den Normen des Erziehens und des Lernens gilt aber für die Pädagogik insgesamt noch als ungelöst (vgl. RUHLOFF 1980; → Pädagogik, normative). Auch die didaktischen Theorien und Modelle vermögen keine Antwort im einzelnen zu geben. Lediglich die normativen Didaktiken (vgl. BLANKERTZ 1975a, S. 18ff) suggerieren eine Lösung: Indem sie oberste Normen als gegeben annehmen – das können religiöse Ideale sein, das kann aber auch ein bestimmtes Menschenbild sein –, umgehen sie eine wissenschaftliche pädagogische Diskussion um deren Begründung und Legitimation. Statt dessen unterstellen sie, die konkreten Ziel-, Inhalts- und Methodenentscheidungen aus diesen Normen deduziert zu haben, ohne jedoch diesen Nachweis wissenschaftlich kontrolliert erbringen zu kön-

Didaktik, allgemeine   313

nen (vgl. MEYER 1972). Die zuvor dargestellten allgemeinen Didaktiken sind sich in der Ablehnung der normativen Didaktiken einig. Die Frage, wie die dennoch unverzichtbar erscheinende Leitidee didaktischen Handelns zu gewinnen und zu begründen sei, wird jedoch sehr unterschiedlich beantwortet (vgl. TENORTH 1986). Während die bildungstheoretische Didaktik aufgrund der von ihr vorgenommenen Analyse der Erziehungswirklichkeit meint, ein Bildungsideal konstituieren zu können, das keine leere «Abstraktion», sondern eine konkrete Aufgabenbestimmung der «gegebenen Wirklichkeit» (WENIGER 1952, S. 66) darstelle und deshalb von allen relevanten gesellschaftlichen Gruppen getragen werden könne – was ihr jedoch den Vorwurf unkritischer Tradierung des Bestehenden eingebracht hat (vgl. BLANKERTZ 1968, S. 103; vgl. ROBINSOHN 1967, S. 24) –, verzichtet die lehrtheoretische Didaktik der Berliner Schule in der Konzeption von HEIMANN (vgl. 1965, S. 10) explizit auf die pädagogische Hinterfragung der vorgegebenen Leitziele. Sie zu bestimmen sei Aufgabe der Politik. Beide Modelle sind wegen ihres Versuchs der Lösung der Normenproblematik kritisiert worden; beide Modelle haben ihre Position in diesem Punkt revidiert. Zur leitenden Kategorie ist nun der Begriff der →Emanzipation beziehungsweise der Mündigkeit gemacht worden, wobei dieser Begriff nicht mehr als eine positiv zwingende Norm verstanden wird, sondern als ein «negatives Kriterium, das dem pädagogisch Unverantwortbaren widersteht und sich eben dadurch zur organisierenden Kategorie qualifiziert» (BLANKERTZ 1975a, S. 36). Vermittels der Einsicht in die Wertgebundenheit aller didaktischen Entscheidungen, in ihre Abhängigkeit von den gesellschaftlichen Verhältnissen, vermag die Didaktik nur Kategorien zur ideologie- und gesellschaftskritischen Reflexion didaktischer Handlung bereitzustellen. KLAFKI (vgl. 1980) integriert als Vertreter der bildungstheoretischen Didaktik dieses Modell deshalb in den Rahmen einer kritisch-konstruktiven Erziehungswissenschaft. SCHULZ (vgl. 1972) als Vertreter der lehrtheoretischen Didaktik revidiert diese unter einem emanzipatorischen Interesse und fragt in seiner neuen Didaktik, dem Hamburger Modell: «Wann ist Planung emanzipatorisch relevant?» (SCHULZ 1980, S. 23). Ohne daß sie sich das allgemeine Ziel der «Emanzipation» zu eigen macht, stellt auch die curriculumorientierte Didaktik Robinsohns die Frage nach der legitimatorischen Grundlage der Ziel- und Inhaltsselektion und gelangt letztlich zu einer Rehabilitation des Bildungsbegriffs (vgl. BLANKERTZ 1975a, S. 145; vgl. KÜNZLI 1975).

Die Frage «Wozu soll gelehrt und gelernt werden?» kann unter einem anderen Aspekt auch anders formuliert werden, nämlich: «Wem nützt ein bestimmtes Lehren und Lernen?» Die Frage so zu stellen heißt, nach der gesellschaftlichen Interessengebundenheit jedes organisierten didaktischen Handelns zu fragen. Da didaktisches wie überhaupt pädago-

314 Didaktik, allgemeine

gisches Denken durch ökonomische Gegebenheiten der je konkreten gesellschaftlichen Situationen bedingt ist, geht in dem materialistischen Ansatz der Pädagogik, der hier angesprochen ist, der didaktischen Analyse immer eine Analyse der gesellschaftlichen Verhältnisse voraus (vgl. BECK u. a. 1970, HUISKEN 1972; → Pädagogik, historisch-materialistische). Ihre Leitkategorie ist ein kritischer Bildungsbegriff, in dem Erziehung und Bildung als Mittel im Kampf um eine Veränderung der gesellschaftlichen Strukturen verstanden werden. Daß dieser Ansatz nur allzu leicht der Gefahr unterliegt, komplexe pädagogische Prozesse auf einfache Gesellschaftsbilder zurückzuführen und deshalb Alternativen und Ambivalenzen im pädagogischen Geschehen zu ignorieren, ist einsehbar.

Offene Fragen. Aus den vielen offenen und unerledigten Fragen der allgemeinen Didaktik sollen drei herausgegriffen werden (für eine differenzierte Aufarbeitung: vgl. ADL-AMINI/KÜNZLI 1980, BORN/OTTO 1978, GEISSLER 1981, GUDJONS u. a. 1981, KLAFKI 1985; vgl. KLINGBERG 1982a, b; vgl. KÖNIG u. a. 1980, PETERSSEN 1982, REICH 1977):

Der institutionelle und der ökologische Aspekt: Seltsamerweise reflektieren die vorliegenden gängigen Theorien organisierten Lehrens und Lernens – wenn man einmal von der in dieser Hinsicht eigenständigen Didaktikdiskussion in der Deutschen Demokratischen Republik absieht – nur selten die institutionelle Gebundenheit jeglichen didaktischen Handelns. Selbst die naheliegende Frage, ob schulstufen- oder schulformspezifische Didaktiken entwickelt werden sollten, ist gegenwärtig theoretisch und praktisch unbeantwortet. Obgleich schon zu Beginn des 20. Jahrhunderts BERNFELD (1968, S. 28) festgestellt hatte: «Die Schule – als Institution – erzieht», verweisen lediglich FLECHSIG/HALLER (vgl. 1975) in ihrem Konzept des didaktischen Handelns auf die Notwendigkeit einer differenzierten Einbeziehung und Beeinflussung der institutionellen Rahmenbedingungen des Unterrichts; und nur in wenigen jüngeren Anleitungen zur Unterrichtsvorbereitung (vgl. MEYER 1980, S. 280ff; vgl. SCHELLER 1981) wird gefordert, die gesellschaftlich determinierten Verkehrsformen und den heimlichen Lehrplan (→ Lehrplan, heimlicher) der Schule bei der Planung angemessen zu berücksichtigen. Ansonsten wird dieser Aspekt der Institutionalisierung im Rahmen der Schultheorie (vgl. FEND 1980, FÜRSTENAU u. a. 1969), in der Bildungs- und Entwicklungssoziologie (vgl. BAUER/ROLFF 1978, HURRELMANN 1974) oder aber in der radikalen Schulkritik (vgl. GAMM 1972, v. HENTIG 1971, ILLICH 1972) erörtert. Aber selbst diese Ausweitung der Fragestellung greift zu kurz, weil die Didaktik ja nicht nur ihren institutionellen Rahmen, sondern darüber hinaus ihr lernökologisches Umfeld (vgl. SCHULZE 1983) in die Reflexion einbeziehen muß.

Das ungeklärte Verhältnis zu den Fachdidaktiken: Fachdidaktiken sind

Didaktik, allgemeine   315

sehr junge Disziplinen (→Fachdidaktik); einen eigenständigen wissenschaftlichen Status haben sie zum Teil erst ab 1970 erhalten (vgl. Kochan 1970). Konnte in der Vergangenheit noch von der Mehrzahl der Allgemein- und Fachdidaktiker fraglos akzeptiert werden, daß die allgemeine Didaktik die allgemeinen Kategorien der Analyse, Planung und Reflexion von Unterricht zu liefern habe, während die Fachdidaktiken diese auf einen bestimmten schulischen Aufgabenkomplex anzuwenden versuchten, so ist im Zuge des Eigenständigwerdens der Fachdidaktiken (vgl. Heursen 1984a) die Frage nach dem Zueinander neu aufgeworfen worden. Von der theoretischen und schulpraktischen Beantwortung der Frage wird abhängen, ob die allgemeine Didaktik ihre noch 1975 von Blankertz (vgl. 1975a, S. 11f) konstatierte große Bedeutung für die Etablierung der Erziehungswissenschaft einerseits, für die Weiterentwicklung der Schule andererseits behalten wird oder ob sie ihr eigenes Aufgabenfeld dadurch verlieren wird, daß immer mehr Fachdidaktiken sich gleicher oder ähnlicher Fragestellungen und theoretischer Positionen bedienen, um so ihre Anerkennung durch Ausgrenzung zu sichern.

Das Verhältnis von → Theorie und Praxis in der allgemeinen Didaktik: So alt diese Frage auch ist (vgl. Brezinka 1971; vgl. König 1975, S. 20ff; vgl. Röhrs 1969, Weniger 1957), so ungeklärt ist ihre Beantwortung. Und diese Antwort wird auch so lange unbefriedigend bleiben, wie nicht geklärt ist, wie sich Lehrer didaktisches Theoriewissen aneignen und wie dieses Wissen im Prozeß der Routinebildung des Lehrers modifiziert wird. Ein Versuch, näher an die Analyse des Unterrichtsgeschehens selbst zu gelangen, ist in der Alltagswende der Erziehungswissenschaft und der Didaktik zu sehen (→Alltag). Indem die alltäglichen und nicht die idealen Strukturen des Lehrens und Lernens aufgesucht und zu analysieren versucht werden (vgl. Lenzen 1980, Terhart 1986), soll die Didaktik in den Stand versetzt werden, stärker als bisher handlungsrelevante Aussagen zu machen. Eine «Alltagsdidaktik», die institutionelle Zwänge und menschliche Unzulänglichkeiten im Interesse der lernenden Subjekte aufzuheben gestattet, ist freilich auch von diesen Untersuchungen nicht zu erwarten. Denn Fortschritte in der didaktischen Theoriebildung und im schulischen Alltag werden nicht durch die Entwicklung immer neuer und immer ausgeklügelterer didaktischer Modelle erzielt, sondern durch gemeinsame, bewußte Anstrengungen handelnder Subjekte in der Praxis und in der Theoriebildung.

Adl-Amini, B.: Ebenen didaktischer Theoriebildung. In: Enzyklopädie Erziehungswissenschaft, Bd. 3, Stuttgart 1986, S. 27ff. Adl-Amini, B./Künzli, R. (Hg.): Didaktische Modelle und Unterrichtsplanung, München 1980. Adl-Amini, B. u. a.: Pädagogische Theorie und erzieherische Praxis, Bern/Stuttgart 1979. Arbeitsgruppe Theorie der Unterrichtswissenschaft (Hg.): Theorie einer praxisnahen Lehrerausbildung, Königstein 1980. Aschersleben, K.: Didaktik, Stuttgart 1983. Bauer,

316 Didaktik, allgemeine

K.-O./ROLFF, H.-G. (Hg.): Innovation und Schulentwicklung, Weinheim/Basel 1978. BECK, J. u. a.: Erziehung in der Klassengesellschaft, München 1970. BENNER, D.: Herbart als Theoretiker der Allgemeinen Erziehungswissenschaft, München 1985a. BENNER, D.: Herbarts systematische Pädagogik, Stuttgart 1985b. BERNFELD, S.: Sisyphos oder die Grenzen der Erziehung (1925), Frankfurt/M. 1968. BLANKERTZ, H.: Bildungsbegriff. In: Dahmer, I./Klafki, W. (Hg.): Geisteswissenschaftliche Pädagogik am Ausgang ihrer Epoche – Erich Weniger, Weinheim/Berlin 1968, S. 103ff. BLANKERTZ, H.: Theorien und Modelle der Didaktik, München ⁹1975a. BLANKERTZ, H.: Analyse von Lebenssituationen unter besonderer Berücksichtigung erziehungswissenschaftlich begründeter Modelle: Didaktische Strukturgitter. In: Frey, K. u. a. (Hg.): Curriculum-Handbuch, Bd. 2, München/Zürich 1975, S. 202ff (1975b). BLANKERTZ, H.: Die Geschichte der Pädagogik, Wetzlar 1982. BORN, W./OTTO, G. (Hg.): Didaktische Trends, München 1978. BREZINKA, W.: Von der Pädagogik zur Erziehungswissenschaft, Weinheim/Basel 1971. COMENIUS, J. A.: Große Didaktik (1638), hg. v. A. Flitner, Düsseldorf/München 1959. CUBE, F. v.: Kybernetische Grundlagen des Lernens und Lehrens, Stuttgart ²1968. FEND, H.: Theorie der Schule, München/Wien/Baltimore 1980. FLECHSIG, K.-H./HALLER, H.-D.: Einführung in didaktisches Handeln, Stuttgart 1975. FRANK, H.: Kybernetische Grundlagen der Pädagogik, 2 Bde., Baden-Baden ²1969. FÜRSTENAU, P. u. a.: Zur Theorie der Schule, Weinheim 1969. GAMM, H.-J. : Das Elend der spätbürgerlichen Pädagogik, München 1972. GEISSLER, E. E.: Allgemeine Didaktik, Stuttgart 1981. GOETHE, J. W. v.: Briefe. Hamburger Ausgabe in vier Bänden, Bd. 4, Hamburg 1967. GUDJONS, H. u. a. (Hg.): Didaktische Theorien, Braunschweig 1981. HEIMANN, P.: Didaktik als Theorie und Lehre. In: D. Dt. S. 54 (1962), S. 407ff. HEIMANN, P.: Didaktik 1965. In: Heimann, P. u. a.: Unterricht..., Hannover u. a. 1965, S. 7ff. HEIMANN, P. u. a.: Unterricht – Analyse und Planung, Hannover u. a. 1965. HENTIG, H. v.: Cuernavaca oder: Alternativen zur Schule? Stuttgart/München 1971. HERBART, J. F.: Pädagogische Schriften, hg. v. W. Asmus, Bd. 1, Düsseldorf/München 1964. HEURSEN, G. (Hg.): Didaktik im Umbruch – Aufgaben und Ziele der (Fach-)Didaktik in der integrierten Lehrerbildung, Königstein 1984a. HEURSEN, G.: Didaktik im Umbruch: Fachdidaktik auf dem Weg zu ihrer Eigenständigkeit. In: Heursen, G. (Hg.): Didaktik... Königstein 1984, S. 1ff (1984b). HEYDORN, H.-J.: Die Hinterlassenschaft des Jan Amos Comenius an eine unbeendete Geschichte. In: HEYDORN, H.-J.: Zur bürgerlichen Bildung. Bildungstheoretische Schriften, Bd. 1, Frankfurt/M. 1980, S. 293ff. HUISKEN, F.: Zur Kritik bürgerlicher Didaktik und Bildungsökonomie, München 1972. HURRELMANN, K. (Hg.): Soziologie der Erziehung, Weinheim/Basel 1974. ILLICH, I.: Entschulung der Gesellschaft, München 1972. JANK, W.: Unterricht, erfahrungsbezogener. In: Enzyklopädie Erziehungswissenschaft, Bd. 3, Stuttgart 1986, S. 594ff. KLAFKI, W.: Das Problem des Elementaren und die Theorie der kategorialen Bildung, Weinheim 1957. KLAFKI, W.: Didaktische Analyse als Kern der Unterrichtsvorbereitung. In: D. Dt. S. 50 (1958), S. 450ff. KLAFKI, W.: Kategoriale Bildung. In: Z. f. P. 5 (1959), S. 386ff. KLAFKI, W.: Studien zur Bildungstheorie und Didaktik, Weinheim 1963. KLAFKI, W.: Zur Unterrichtsplanung im Sinne kritisch-konstruktiver Didaktik. In: Adl-Amini, B./Künzli, R. (Hg.): Didaktische Modelle..., München 1980, S. 11ff. KLAFKI, W.: Die bildungstheoretische Didaktik im Rahmen kritisch-konstruktiver Erziehungswissenschaft. In: Gudjons, H. u. a. (Hg.): Didaktische Theorien, Braunschweig 1981, S. 11ff. KLAFKI, W.: Neue Studien zur Bildungstheorie und Didaktik, Weinheim/Basel 1985. KLINGBERG, L.: Unterrichtsprozeß und didaktische Fragestellung, Berlin (DDR) 1982a. KLINGBERG, L.: Einführung in die allgemeine Didaktik. Vorlesungen, Berlin (DDR) ⁵1982b. KOCHAN, D. C. (Hg.): Allgemeine Didaktik – Fachdidaktik – Fachwissenschaft, Darmstadt 1970. KÖNIG, E.: Theorie der Erziehungswissenschaft, Bd. 1, München 1975. Kö-

Didaktik, allgemeine 317

NIG, E./RIEDEL, H.: Unterrichtsplanung als Konstruktion, Weinheim/ Berlin/Basel 1970. KÖNIG, E./RIEDEL, H.: Systemtheoretische Didaktik, Weinheim/Basel ³1976. KÖNIG, E. u. a. (Hg.): Diskussion Unterrichtsvorbereitung, München 1980. KÜNZLI, R. (Hg.): Curriculumentwicklung, München 1975. LENZEN, D. (Hg.): Pädagogik und Alltag, Stuttgart 1980. MENCK, P./THOMA, G. (Hg.): Unterrichtsmethode, München 1972. MEYER, H. L.: Einführung in die Curriculum-Methodologie, München 1972. MEYER, H. L.: Leitfaden zur Unterrichtsvorbereitung, Königstein 1980. MOLLENHAUER, K.: Theorien zum Erziehungsprozeß, München 1972. NOHL, H.: Die pädagogische Bewegung in Deutschland und ihre Theorie, Frankfurt/M. ⁵1961. OELKERS, J.: Pädagogische Anmerkungen zu Habermas' Theorie kommunikativen Handelns. In: Z. f. P. 29 (1983), S. 271 ff. OELKERS, J.: Erziehen und Unterrichten. Grundbegriffe der Pädagogik in analytischer Sicht, Darmstadt 1985. PETERSSEN, W. H.: Gegenwärtige Didaktik, Ravensburg 1977. PETERSSEN, W. H.: Handbuch Unterrichtsplanung, München 1982. POPP, W. (Hg.): Kommunikative Didaktik – Soziale Dimensionen des didaktischen Feldes, Weinheim/Basel 1976. RATKE, W.: Die neue Lehrart, hg. v. G. Hohendorf, Berlin (DDR) 1957. REICH, K.: Theorien der allgemeinen Didaktik, Stuttgart 1977. ROBINSOHN, S. B.: Bildungsreform als Revision des Curriculum, Neuwied/Berlin 1967. RÖHRS, H.: Allgemeine Erziehungswissenschaft, Weinheim/Berlin/ Basel 1969. RUHLOFF, J.: Das ungelöste Normproblem der Pädagogik, Heidelberg 1980. SCHÄFER, K.-H./SCHALLER, K.: Kritische Erziehungswissenschaft und kommunikative Didaktik, Heidelberg ²1973. SCHELLER, I.: Erfahrungsbezogener Unterricht, Königstein 1981. SCHULZ, W.: Revision der Didaktik. In: betr. e. 5 (1972), S. 19 ff. SCHULZ, W.: Unterrichtsplanung, München/Wien/Baltimore 1980. SCHULZE, TH.: Ökologie. In: Enzyklopädie Erziehungswissenschaft, Bd. 1, Stuttgart 1983, S. 262 ff. SCHWENK, B.: Das Herbartverständnis der Herbartianer, Weinheim 1963. SCHWENK, B.: Unterricht zwischen Aufklärung und Indoktrination, Frankfurt/M. 1974. TENORTH, H.-E.: Leitvorstellungen didaktischen Handelns. In: Enzyklopädie Erziehungswissenschaft, Bd. 3, Stuttgart 1986, S. 80 ff. TERHART, E.: Der Stand der Lehr-Lern-Forschung. In: Enzyklopädie Erziehungswissenschaft, Bd. 3, Stuttgart 1986, S. 63 ff. WENIGER, E.: Didaktik als Bildungslehre, Teil 1: Theorie der Bildungsinhalte und des Lehrplans, Weinheim 1952. WENIGER, E.: Theorie und Praxis in der Erziehung. In: Weniger, E.: Die Eigenständigkeit der Erziehung in Theorie und Praxis, Weinheim 1957, S. 7 ff. WILLMANN, O.: Didaktik als Bildungslehre, Braunschweig ⁴1909. ZIMMER, J.: Der Situationsansatz als Bezugsrahmen der Kindergartenreform. In: Enzyklopädie Erziehungswissenschaft, Bd. 6, Stuttgart 1984, S. 21 ff.

Gerd Heursen

Didaktik, animative → Freizeitpädagogik
Didaktik, bildungstheoretische → Didaktik, allgemeine; → Integration
Didaktik, curriculumorientierte → Didaktik, allgemeine
Didaktik (der Erwachsenenbildung) → Erwachsenenbildung
Didaktik, informationstheoretisch-kybernetische → Integration
Didaktik, integrative → Integration
Didaktik, lerntheoretische → Integration

Differenzierung

Unter Differenzierung wird im weitesten Sinne die Gliederung des Bildungswesens und der in ihm ablaufenden Unterrichtsprozesse nach unterschiedlichen Bildungswegen, Lehrgängen, unterrichtlichen Zielen und pädagogischen Abschlüssen verstanden. Die Gliederung des Schulwesens nach Schultypen (→ Bildungssystem [Bundesrepublik Deutschland]) und Jahrgängen ist in diesem Sinne die herausragende Erscheinungsform von Differenzierung. Im Zusammenhang mit der bildungspolitischen Diskussion über die Zusammenfassung der Schultypen in integrierte Gesamtschulen hat sich in der pädagogischen Fachsprache – auch im bundesrepublikanischen Bereich – ein spezielleres Verständnis des Begriffs durchgesetzt, das heute dominiert. Danach werden alle organisatorischen, inhaltlichen und didaktischen Vorkehrungen hierunter gefaßt, die auf besondere Ausprägungen von Lernvoraussetzungen, Lernfähigkeiten und inhaltlichen Interessen verschiedener Schülergruppen eingehen. Hier geht es im wesentlichen um eine Auflockerung oder Ablösung des traditionellen, seit zwei Jahrhunderten vorherrschenden Jahrgangsklassenprinzips. In diesem Verständnis ist Differenzierung allen Maßnahmen der Individualisierung des Unterrichts prinzipiell verwandt, nur daß sie sich jeweils auf die Bildung von Lern*gruppen* konzentriert, in denen mehrere → Schüler die ihrer → Entwicklung angemessene pädagogische Förderung erhalten sollen.

Die Diskussion von Differenzierung als einem wesentlichen Prinzip der Unterrichtsgestaltung ist in der Nachkriegszeit zwar aus den genannten Anstößen neu hervorgegangen, sie knüpft aber inhaltlich an Überlegungen und Konzeptionen an, die allgemein unter «Fachklassen», «Leistungsklassen», «Reifeklassen», «Niveaukursen» und im Bereich der Land- und Volksschulpädagogik insbesondere unter Begriffen wie «Abteilungsunterricht», «innere Differenzierung», «Binnendifferenzierung» und «Gruppenarbeit» diskutiert wurden (vgl. FISCHER 1962; → Differenzierungsform). Diese Verknüpfung ist in den neueren Konzeptionen differenzierten Unterrichts nicht immer explizit hergestellt worden, was dazu geführt hat, daß viele Erfahrungen aus der älteren pädagogischen Diskussion nur selten eingebracht wurden.

Bei der Konzentration auf die «Mikroebene» der Differenzierung ist oft übersehen worden, daß alle Differenzierungsmaßnahmen immer auch durchgreifende gesellschaftliche Ordnungsfunktionen haben, die eng mit den allgemeinen gesellschaftlich-politischen Funktionen der Schule als Organisation zusammenhängen, so wie sie sich sowohl aus den Anforderungen des Beschäftigungssystems als auch den dominanten politischen Interessen der Gesellschaft ergeben. Differenzierungsmaßnahmen sind in diesem Sinne insbesondere im Blick auf das Beschäftigungssystem ein wichtiges Instrumentarium der Vorselektion (→ Selektion) und der Kanalisierung grundlegender → Qualifikationen des gesellschaftlichen Nachwuchses. Sie steuern gewissermaßen die «Schülerströme» und führen sie schließlich zu unterschiedlichen Bildungsabschlüssen, die Voraussetzung für die Aufnahme weiterführender Bildungsgänge sind und auf diese Weise Vorentscheidungen über den gesamten zukünftigen beruflichen und sozialen Lebensweg von Schülern und Schülergruppen treffen. Da praktisch alle Differenzierungsentscheidungen im Kern auf das Kriterium der individuellen Leistungsfähigkeit (→ Leistung) zurückzuführen sind und dieses Kriterium auch in außerschulischen gesellschaftlichen Bereichen für die Zuweisung der Positionen in hierarchischen Sozialstrukturen (→ Schicht, soziale) anerkannt ist, haben sie immer auch eine instrumentelle Funktion für die Legitimierung unterschiedlicher Bildungs- und Lebenschancen. Sie führen Individuen unterschiedlichen Bildungsgängen mit je verschiedenartigen → Erziehungszielen und -methoden zu und vermitteln auf diese Weise Haltungen, Einstellungen und Erwartungen, die mit denen in verschiedenen Bereichen des politischen oder ökonomischen Systems korrespondieren (vgl. HURRELMANN 1971, KEIM 1977).

In dem Maße, in dem sich in den westlichen Industriestaaten der seit einigen Jahrzehnten erkennbare Trend zur → Integration bisher getrennter Schularten in eine einheitliche Sekundarstruktur verstärkt, wird die unterrichtsorganisatorische Gestaltung solcher integrierten Schulsysteme von ausschlaggebender Bedeutung. Die bisherigen Forschungen in diesem Bereich deuten darauf hin, daß das Zusammenfassen getrennter Bildungsgänge (in der Bundesrepublik Deutschland: Hauptschulen, Realschulen und Gymnasien) die Chance der bisher strukturell benachteiligten Schülergruppen vergrößert, einen hochwertigen Bildungsabschluß zu erreichen, ohne daß andere Schülergruppen im Vergleich zum gegliederten Sekundarschulwesen Benachteiligungen erführen (vgl. FEND u. a. 1976).

Als zentrales pädagogisches Problem aller Differenzierungsmaßnahmen kann mit dem DEUTSCHEN BILDUNGSRAT (vgl. 1970, S. 71) gelten, für verschiedene Schüler oder Schülergruppen unterschiedliche, aber gleichberechtigte → Lernziele zu entwickeln und zu verfolgen und auf verschiedene Leistungsprofile und Leistungsniveaus einzugehen, ohne daß die Gefahr der Fixierung des Schülers auf einen einmal erreichten Stand seiner Leistungsfähigkeit und seiner Interessen und damit des Verlustes an Förderungs- und Entwicklungsmöglichkeiten entsteht. Es lassen sich drei zentrale, zum Teil antagonistische Aufgaben der Differenzierung benennen, die für die Schulpraxis der nächsten Jahre im Vordergrund stehen (vgl. TESCHNER 1971): Steigerung der Effizienz des → Unterrichts für möglichst viele Schüler in möglichst vielen Bereichen;

320 Differenzierungsform

Vermehrung von Spezialisierungsmöglichkeiten gemäß verschiedenen Einstellungen, Eignungen und Leistungen der Schüler; Verbesserung der Durchlässigkeit zwischen verschiedenen Bildungsangeboten und Abbau sozialer Diskriminierungen.

Deutscher Bildungsrat (Hg.): Strukturplan für das Bildungswesen. Empfehlungen der Bildungskommission, Stuttgart 1970. Fend, H. u. a.: Gesamtschule und dreigliedriges Schulsystem. Eine Vergleichsstudie über Chancengleichheit und Durchlässigkeit, Stuttgart 1976. Fischer, M.: Die innere Differenzierung des Unterrichts in der Volksschule, Weinheim 1962. Hurrelmann, K.: Unterrichtsorganisation und schulische Sozialisation, Weinheim/Basel 1971. Keim, W.: Schulische Differenzierung. Eine systematische Einführung, Köln 1977. Teschner, W.: Was leisten Leistungskurse? Stuttgart 1971.

Klaus Hurrelmann

Differenzierungsform

Differenzierungskriterien. Unter → *Differenzierung* wird zum einen das variierende Vorgehen in der Darbietung und Bearbeitung von Lerninhalten verstanden, zum anderen die Einteilung beziehungsweise Zugehörigkeit von Lernenden zu Lerngruppen nach bestimmten Kriterien. Es geht um die Einlösung des Anspruchs, jedem Lernenden auf optimale Weise Lernchancen zu bieten, dabei die Ansprüche und Standards in fachlicher, institutioneller und gesellschaftlicher Hinsicht zu sichern und gleichzeitig lernorientiert aufzubereiten. Wenn für eine Lerngruppe → Unterricht in einem bestimmten Fach/in einer bestimmten Fachgruppe angeboten werden soll, sind mit dem Terminus *«innere Differenzierung»* Maßnahmen gemeint, die, verschiedenen Kriterien folgend, zeitweise unterschiedliche Untergruppierungen, etwa Gruppen- oder Partnerarbeit, ermöglichen, die mit methodischen Varianzen operieren (das Maß der Erläuterungen oder das Lern- und Arbeitstempo variieren), die mit unterschiedlichen medialen Hilfen (Programm, Arbeitsbogen, bildhafte Darstellung) helfen wollen, die mit Differenzierungen im stofflichen Umfang, in den Anwendungsaufgaben, im Zielanspruch und in den Schwierigkeiten arbeiten. Dies kann primär der Erfüllung von Leistungsansprüchen dienen, dies kann aber auch primär interessenorientiert erfolgen.

Der Terminus *«äußere Differenzierung»* meint demgegenüber Maßnahmen, die lerngruppenübergreifend (klassenübergreifend) Unterricht differenziert organisieren. Kriterien für eine äußere Differenzierung lassen sich in vielfältiger Weise denken. Das Alter von Lernenden, ihr Geschlecht, ihre Religionszugehörigkeit können Differenzierungskriterien sein. Sie haben den Vorteil, leicht erkennbar und fehlerfrei meßbar zu sein (vgl. Hopf 1976). Während sie in der Vergangenheit eine nicht unbedeutende Rolle für die Zusammensetzung von Klassenverbänden gespielt haben, wird mindestens das Differenzierungskriterium «Geschlecht» heute kaum noch verwandt. →Leistung, →Begabung, Neigung und Interesse sind dagegen Kriterien, die die →Selektion und Gruppierung von Schülern bestimmen. Leistung kann im Schulsystem der Bundesrepublik Deutschland als das Differenzierungskriterium par excellence gelten.

Leistung kann als allgemeine Schulleistung, nach der sich die *institutionelle Differenzierung* in Sonder-, Haupt-, Real- und Gesamtschule sowie Gymnasium ergibt, oder als fachspezifische Leistung verstanden werden. Sie meint dann die Art und Weise und das Ergebnis der Bemühungen von →Schülern, auf jene schulischen Forderungen zu reagieren, die meist als gesellschaftlich notwendig bezeichnet werden. Die Leistungsanforderungen werden in der Regel durch Lehr-/Lernziele markiert. In diesen knappen Bestimmungen stecken viele Probleme, auf die hier nicht näher eingegangen werden kann: Schulische und fachliche Leistungen sind häufig nicht eindeutig definiert, sie variieren von →Schule zu Schule, ihre Messung ist voller Probleme, nichtschulische Faktoren (etwa Lebensbedingungen der Schüler), Personal- und Ausstattungsfragen der Schule, psychologische Faktoren wie →Motivation oder Lehrstil bestimmen Leistung als höchst komplexen Sachverhalt.

Wenn *Leistungsdifferenzierung* praktiziert wird, handelt es sich in der Regel um Gruppierungsmaßnahmen, die aufgrund gemessener oder angenommener allgemeiner Leistungsentsprechungen kurz-, mittel- oder längerfristig vorgenommen werden. Eine derartige Differenzierung folgt meist globalen Kriterien, die den Sachverhalt vernachlässigen, daß es in den einzelnen Fächern Leistungsdimensionen gibt, die sich voneinander unterscheiden und auf die Leistungsdifferenzierung in der Form innerer Differenzierung eigentlich bezogen sein müßte (vgl. ROEDER/TREUMANN 1974).

Wenn man der Prämisse folgt, daß der Mensch sich selbst und sein →Handeln eigenständig definieren kann, daß sein personales Selbstverständnis von den anderen respektiert wird, daß sich solch ein Selbstkonzept darin zeigt, daß der Mensch sich im Lauf seiner Entwicklung Sach- und Sinnzusammenhänge, Bedeutungssysteme, Verhaltensfelder und Sachkompetenz erarbeitet, kann man Interesse als Such- und Ortungstendenz verstehen, mit der sich ein Mensch intentional und reflexiv auf je gegebene Wirklichkeitsbereiche einläßt (vgl. SCHIEFELE 1978, 1981). Dies hat für Lehr- und Lernprozesse dann zur Konsequenz, daß Möglichkeiten für die Entwicklung von Interessen planmäßig eröffnet werden müssen.

Unter *Interessendifferenzierung* werden die Arrangements verstanden, die einem Lernenden statt Vermittlung und Erarbeitungspflicht die Chance geben, in freier Entscheidung sich auf Inhalte und Handlungen

322 Differenzierungsform

einzulassen, um ein latentes oder manifestes Interesse zu identifizieren, zu entwickeln oder zu verstärken. In der Literatur wird häufig von *Wahldifferenzierung* gesprochen, um damit dem Bündel unterschiedlicher Intentionen (Zufall, persönliche Erziehung, Neigung, Interesse) besser gerecht zu werden (vgl. BÖNSCH/SCHITTKO 1981). Gelegentlich ist auch von *Neigungsdifferenzierung* die Rede. Die Grundintention ist, Differenzierung eher Zielen wie Selbstbestimmung, selbständiges Lernen, Engagement von Schülern folgen zu lassen und weniger institutioneller Verfügung (vgl. HAUSSER 1981a).

Interesse wird hier als eine überdauernde Beziehung zwischen einem Subjekt und einem Gegenstand verstanden. Ein Interesse ist dann vorhanden, wenn die Unverbindlichkeit des Verhältnisses zwischen individueller →Subjektivität und objektivem Bereich der Umwelt in einer vom Individuum ausgehenden Strukturierung aufgehoben wird (vgl. SAUER 1976). Diese Beziehung wird nicht unwesentlich durch soziale →Interaktionen bestimmt, da Gegenstände (beispielsweise Kurzgeschichten, Blumen, physikalische Gesetze, Probleme der dritten Welt) dem Individuum bedeutsam werden über Personen, die sich damit befassen oder seine Neigungen positiv einschätzen und damit verstärken. Interesse manifestiert sich in Tätigkeiten, in Handlungen mit einem Gegenstand. Das Subjekt erhält dabei Informationen, über die tätige Auseinandersetzung mit Gegenständen ist es an deren Konstituierung oder Verwendung in sozialen Situationen beteiligt (vgl. SCHNEIDER u. a. 1979).

Im Rahmen der wählbaren Lernangebote sollten die Gegenstände der Wahl nicht zu eingeengt sein, so daß Zufallsentscheidungen möglich sind, um überhaupt Interessen entstehen zu lassen. Gleichzeitig sind auch Wahlen aufgrund persönlicher Beziehungen der Interessenbildung hilfreich, da beteiligte Personen einen Aspekt des Interessengegenstandes ausmachen (vgl. SCHLÖMERKEMPER 1974).

Differenzierungsebenen. Je nach Größe der Grundgesamtheit werden im Schulsystem die drei Ebenen der Schulsystemdifferenzierung, der Schuldifferenzierung und der Unterrichtsdifferenzierung unterschieden. Maßnahmen der erstgenannten bestimmen teilweise die nachfolgenden.

Die drei Schulformen Hauptschule, Realschule und Gymnasium (*Schulsystemdifferenzierung*) unterscheiden sich voneinander bezüglich ihrer Adressatengruppen, ihrer Bildungsaufträge und der ihnen zugrundeliegenden Vorstellungen von →Bildsamkeit und Begabung. Das berufliche Schulwesen ist in sich außerordentlich stark nach Berufsgruppen und Ausbildungszielen differenziert.

Innerhalb der einzelnen Schulformen gibt es viele Varianten (*Schuldifferenzierung*). Man unterscheidet das altsprachliche, das neusprachliche, das wirtschaftswissenschaftliche, das sozialwissenschaftliche, das technische, das musische Gymnasium. Innerhalb der Realschule werden unterschiedliche Zweige (kaufmännischer, technisch-gewerblicher, sozialer Zweig) angeboten. In der Hauptschule werden Profilbildungen durch bestimmte Fächergruppierungen ermöglicht (vgl. AURIN 1978).

Als Alternativmodell zur Schulsystemdifferenzierung wird seit Ende der 60er Jahre die Gesamtschule erprobt. Sie verfolgt die Verbesserung des →Lernens aller Schüler in einer Synthese mit sozialem Lernen (→Lernen, soziales).

Unterrichtsdifferenzierung beginnt bei Maßnahmen der Schuldifferenzierung, weil durch sie sehr konkrete Lehrplanentscheidungen wirksam werden (Sprachenfolge, Stundenanteil von Fächern...), meint im engeren Sinn aber die differenzierenden Maßnahmen, die nach Vorabklärung bestimmter Differenzierungskriterien (Alter, allgemeine Begabung) den Unterricht in einem Fach/in einer Fächergruppe betreffen. Ein verbreitetes Gliederungsschema zeigt Abbildung 1.

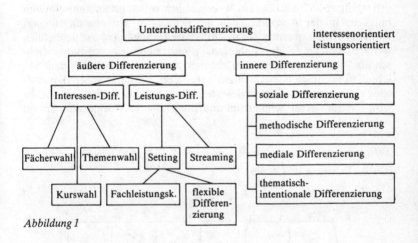

Abbildung 1

Modelle der Leistungsdifferenzierung. *Streaming (fachübergreifende Leistungsdifferenzierung)*. Um die Jahrhundertwende hatte Sickinger in der Volksschule die sogenannten Mannheimer Leistungsklassen eingerichtet, in die die Schüler nach ihrer allgemeinen Leistungsfähigkeit eingeteilt wurden (Hauptklassen für die normal leistungsfähigen Schüler; Förderklassen für normal schwache Schüler; Hilfsklassen für die abnorm schwachen Schüler – vgl. SICKINGER 1920). Das war ein Vorläufermodell für die später in englischen Comprehensive Schools praktizierte Streaming-Differenzierung. Sie gruppierte Schüler nach dem Kriterium allgemeiner Leistungsfähigkeit in vermeintlich homogene Gruppen, um damit optimale Lehr-/Lernmöglichkeiten zu schaffen. In der Bundesrepublik Deutschland hat das Streaming in den hessischen Förderstufenversuchen eine größere Rolle gespielt. Dort wurden die Schüler allerdings nur in den traditionellen Hauptfächern Englisch und Mathematik, teilweise Deutsch, zu «streams» gruppiert, in den anderen Fächern blieben sie in heterogenen Lerngruppen (vgl. GEISSLER u. a. 1969).

Setting (fachspezifische Leistungsdifferenzierung). Am bekanntesten sind hier das FEGA- und das ABC-Modell. Am FEGA-Modell (F steht für F-Kurs = Fortgeschrittenenkurs; E für E-Kurs = Erweiterter Kurs; G für G-Kurs = Grundkurs und A für A-Kurs = Anschlußkurs) können die charakteristischen Merkmale beschrieben werden (vgl. Abbildung 2).

Nach einer gemeinsamen Unterrichtsphase werden die Schüler auf vier Niveaus verteilt, um die Lerngruppen zu homogenisieren und das Lerntempo in etwa angemessen gestalten zu können. Die Kurszuweisungen erfolgen halbjährlich, ein Wechsel nach «oben und unten» ist dann möglich. In der Annahme, daß die Schüler in den oberen Niveaus schneller lernen, werden Zusatzstoffe bereitgehalten (x) und schließlich weitere Abschnitte des Lehrplans (Fundamentum) angeboten (Abschnitt 17–20). In den beiden unteren Niveaus wird das für den Abschluß notwendige Fundamentum angeboten. Liftkurse sollen den Aufstieg zu bestimmten Zeiten erleichtern. Der Anschluß- oder Aufbaukurs wird mit geringerer Schülerzahl und/oder höherer Wochenstundenzahl

Abbildung 2: Die Stufen im Organisationsmodell des Fachleistungsunterrichts (Quelle: FLÖSSNER 1973, S. 169)

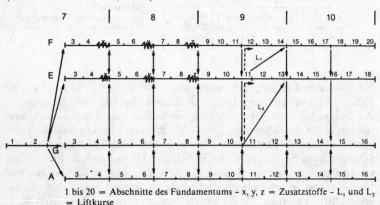

1 bis 20 = Abschnitte des Fundamentums – x, y, z = Zusatzstoffe – L_1 und L_2 = Liftkurse

ausgestattet, um den langsamer oder schwerer lernenden Schülern mehr Hilfen zu geben (vgl. FLÖSSNER 1973).

Während das Streaming sehr schnell als eine selektierende und negativ fixierende Leistungsdifferenzierung erkannt wurde, stand das Setting besonders in der Gesamtschuldiskussion lange Zeit im Vordergrund. Es zeigte sich aber auch für dieses Modell eine Reihe gravierender Probleme:
– Die Einweisung in Niveaustufen erfolgt prognostisch aufgrund zurückliegender und nicht aufgrund aktueller Lernleistungen.
– Die Bildung stabiler Leistungskurse führt zur Desintegration der Schüler mit der Gefahr der Reproduzierung sozialer Schichten.
– Die inhaltliche Definition der Niveaustufen zielt auf eine Reproduktion des herkömmlichen Schulsystems, das zu überwinden in der Orientierungsstufe und in der Gesamtschule gerade Ziel war.
– Die Annahme des Vorteils homogener Gruppen ist doppelt problematisch: Erstens geht Homogenität offensichtlich schnell verloren, zweitens ist ganz allgemein der Leistungsvorteil homogener gegenüber leistungsheterogener Gruppen nicht gesichert.
– Die erhoffte Durchlässigkeit zwischen den Niveaus ließ sich nicht in dem gewünschten Maß erhalten, so daß faktisch eine frühe Niveaufixierung erfolgt, die mit einer schichtspezifischen Auslese korrespondiert.
– In den Leistungsniveaus besteht die Gefahr, einen Leistungsstand zu stabilisieren und damit den bekannten «Selffulfilling-prophecy»-Effekt zu erzeugen. Die Kurseinteilung bestimmt das Selbstbild der Schüler und ihre Leistungsentwicklung.

Flexible Differenzierung (fachspezifische Leistungsdifferenzierung).
Eine Alternative zu den Leistungskurssystemen ist die sogenannte flexible Differenzierung (vgl. Abbildung 3).

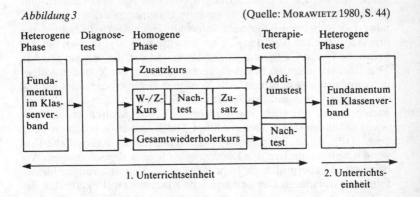

Abbildung 3 (Quelle: MORAWIETZ 1980, S. 44)

326 Differenzierungsform

Bei flexibler Differenzierung wechseln heterogene und homogene Leistungsgruppen einander ab. In der heterogenen Phase werden die Grundlernziele einer Unterrichtseinheit angestrebt. Nach einem für alle Schüler identischen Diagnosetest werden Lernlücken ermittelt. Danach bestehen drei Angebote:

– Ein Zusatzkurs für die, die alle Grundlernziele erreicht haben. Zusatzlernziele werden erarbeitet (Additum).
– Ein Wiederholer-/Zusatzkurs für die, die ein oder zwei Grundlernziele nicht erreicht haben. Nach Wiederholung und bestandenem Nachtest werden Zusatzlernziele verfolgt.
– Ein Gesamtwiederholungskurs erfaßt die Schüler, die kein Grundlernziel erreicht haben. Es erfolgt eine Gesamtwiederholung mit anderen Methoden und Medien (vgl. MORAWIETZ 1980).

Die Vorteile dieses Modells sind eine gezielte Förderung nach genauer Lerndiagnose, Verwirklichung zielerreichenden Lernens, hohe Kursdurchlässigkeit, nur geringe schichtenspezifische Auslese, kurze Kurszugehörigkeit. Nachteile werden in der ständigen Fluktuation, dem damit behinderten sozialen Lernen, in der auf Dauer auch nicht zu verhindernden Kursstabilisierung, im hohen Arbeitsaufwand für die Lehrer und in einem hohen Organisationsaufwand in der Schule gesehen.

Individualisierung durch Medienverbundsysteme. Eine gezielt flexible Differenzierung ist über ein anderes Modell realisierbar, das Modell konsequenter Individualisierung. Am Beispiel des schwedischen IMU-Projekts (individualisierender Mathematikunterricht) sei dies kurz skizziert:

Beim IMU-System sind im Fach Mathematik 75–80 Schüler zu einer Großgruppe zusammengefaßt. Die Schüler arbeiten einzeln nach Maßgabe ihrer Lerngeschwindigkeit die programmierten Arbeitsstoffe durch. Sie werden in einem Großgruppenraum von zwei Lehrern und einem Assistenten betreut. Der gesamte Unterrichtsstoff für die Schuljahre 7–9 ist in neun Abschnitte aufgeteilt. Jeder Abschnitt besteht aus drei Arbeitsheften A, B und C. Das Arbeitsheft A liegt in zwei, die Arbeitshefte B und C liegen in je vier Versionen vor, die sich bei gleicher Thematik vor allem im Schwierigkeitsgrad und in der Zahl der Aufgaben erheblich unterscheiden. Alle Versionen eines Arbeitsheftes enthalten das Fundamentum. Das Additum ist in den Versionen dem Umfang nach gestaffelt und reicht von der Version 1 ohne Additum bis zur Version 4 mit einem sehr großen Additum. Die diagnostisch-prognostischen Tests (DP), die zur Einweisung in die Versionen der Arbeitshefte verwendet werden, messen den Lernerfolg im jeweils abgeschlossenen Arbeitsheft und überprüfen die Beherrschung der Voraussetzungen für das folgende Arbeitsheft. Der umfangreiche Abschlußtest (PP) ermittelt die

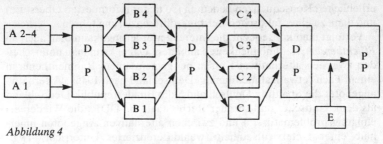

Abbildung 4
(Quelle: MORAWIETZ 1980, S. 58)

Lernleistungen im gesamten Abschnitt. Außerdem gibt es für jeden Abschnitt ein Gruppenarbeitsheft (E), das in Gruppen- oder Frontalunterrichtsphasen zur Wiederholung eingesetzt wird (vgl. MORAWIETZ 1980; vgl. Abbildung 4).
Während die Vorteile solch eines Systems in der größtmöglichen Anpassung an Lernwege und -tempo des einzelnen Schülers, im Konzept zielerreichenden Lernens, in für viele Schüler kürzeren Lernzeiten liegen, sind die Nachteile in der Überbetonung des kognitiven Lernens, in der Verhinderung sozialen Lernens und in der aufwendigen Konstruktion der notwendigen Lernmaterialien (Lernprogramme und audiovisuelle Medien) zu sehen.

Arrangements für eine Interessendifferenzierung. Zum Insgesamt eines institutionellen Lernangebots gehört neben dem Pflichtbereich ein *Wahlbereich*, aus dem beliebig viel oder quantitativ begrenzt für eine bestimmte Zeit Angebote gewählt werden können. Das Angebot kann dabei in einer Reihe von Arbeitsgemeinschaften/kurzen Seminaren bestehen, die eine Erweiterung des Pflichtbereichs darstellen oder außerhalb dieses Pflichtbereichs liegen (etwa Segelflug). Das Angebot kann innerhalb sogenannter freier Arbeitszeiten darin bestehen, daß in einer lernanregenden, material- und ideenreichen Umwelt Angebote gemacht werden. Verschiedene Materialien, Spiele, Bücher, Geräte, Gebrauchsgegenstände bieten sich zum Spielen, Lesen, Arbeiten, Experimentieren und zu kreativem Tun an (vgl. BÖNSCH 1978).

Neben dem Pflichtbereich und einem möglichen Wahlbereich gibt es den sogenannten *Wahlpflichtbereich*, innerhalb dessen nach bestimmten Vorgaben gewählt werden muß. So werden beispielsweise unterschiedliche Fächer oder Fachkurse oder Schwerpunktmöglichkeiten in bezug auf zwei oder mehrere gekoppelte Fächer (Wahl von Grundkurs/Intensivkurs) zur Wahl gestellt. Dies kann Wahl und Abwahl von Fächern mit erheblichen Konsequenzen bedeuten (so in der reformierten Oberstufe) und dann zu einer faktischen Leistungsdifferenzierung führen.

Verfolgt man konsequent die Interessenförderung, kann man auch im *Pflichtbereich* Wahlmöglichkeiten anbieten. Dabei kann man unterscheiden zwischen alternativen Kursen bei gemeinsamem Rahmenthema in einem Fach (etwa Rahmenthema «Deutschland nach 1945»; Alternativangebote: die Spaltung Deutschlands; die Bundesrepublik Deutschland als demokratischer und sozialer Rechtsstaat; die DDR; die Wiedervereinigungsproblematik...) und zwischen alternativen Angeboten innerhalb einer Unterrichtseinheit (wahldifferenzierter Unterricht – vgl. BÖNSCH/SCHITTKO 1979). Zu verweisen ist auch auf das vor einigen Jahren entwickelte UDIS-Konzept (Unterrichtsdifferenzierung in der Sekundarstufe). Dieses hatte zum Inhalt, in einer zweistufigen Strategie zuerst Lernpräferenzen zu entwickeln und diese dann behutsam durch entsprechende Projekte zu Interessen/Interessenansätzen weiterzuentwickeln (vgl. RAUSCHENBERGER 1974).

Das Konzept des *wahldifferenzierten Unterrichts* kann als eine im Alltag realisierbare Möglichkeit angesehen werden, in recht engem Rahmen interessenfördernden Unterricht zu realisieren (vgl. Abbildung 5).

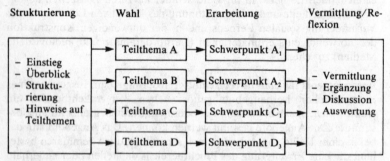

Abbildung 5

Im Rahmen einer thematischen Einheit (etwa Jugendarbeitslosigkeit) werden verschiedene Teilthemen beziehungsweise Arbeitsschwerpunkte angeboten, aus denen die Schüler frei wählen und die sie nach Verabredung bearbeiten können. In der Vermittlung und Reflexionsphase werden dann Ergebnisse und Erfahrungen ausgetauscht. Die häufigere Realisierung solchen Unterrichts folgt der Erwartung, daß sich Lernende ihrer Lernintentionen und -inhalte bewußter werden und damit Interessen entwickeln.

Differenzierungsprobleme. Die zentralen Differenzierungsprobleme haben ihre Ursache in der Tatsache, daß im Schulsystem Massenlernprozesse so organisiert werden, daß das Erreichen oder Verfehlen von → Lernzielen als Leistung beziehungsweise als Versagen definiert und zur Grundlage für die Verleihung oder Verweigerung von Berechtigungen gemacht wird (vgl. FEND 1980). Von daher steht prinzipiell in Frage, ob Differenzierungsrealitäten ernsthaft auf die Erweiterung von Handlungs- und Erlebnismöglichkeiten, auf Chancen zur Bedürfnisbefriedigung und Selbsterfahrung gegenüber neuen Lernmöglichkeiten abgestellt werden können.

Neigungs- und Interessendifferenzierung hat im Schulwesen einen untergeordneten Stellenwert. Dies korrespondiert mit der verbreiteten Auffassung, daß institutionalisiertes Lehren Wissen vermitteln soll und nicht selbst finden lassen kann. Trotz anfänglicher formaler Gleichheit der Lernenden erfolgt daher sehr bald eine Differenzierung entsprechend der Leistung. Dies wirft folgende zentrale Fragen auf: Wie schnell fixieren die als «objektiv» betrachteten schulischen Leistungsanforderungen den einzelnen Lerner auf einem bestimmten Leistungsniveau? Werden Differenzierungsmaßnahmen zur Verstärkung oder Milderung von Leistungsfixierungen eingeleitet? Ist die Relation Leistungsanspruch – Leistungsentsprechung überhaupt der Ausgangspunkt von möglichen Differenzierungsmaßnahmen? Müßte nicht auf soziokulturelle Determinanten individuellen Lernens viel stärker geachtet werden?

Mit jeder Lerngruppenkonstituierung kommt ein Prozeß der Fremdeinschätzung und damit korrespondierend der Selbsteinschätzung in Gang. Individuelle Motivationsstrukturen wie soziale Bewertungen sind eminent wichtige Folgen von Differenzierungsmaßnahmen. Können sie im konkreten Fall kalkuliert und bei negativer Ausprägung verhindert werden? – Je nach schulpolitischen und erziehungswissenschaftlichen Grundeinstellungen wird dem Prinzip der Differenzierung das Prinzip der → Integration zur Seite gestellt oder vernachlässigt (vgl. SCHITTKO 1974). Wenn Fragen der sozialen Integration und des sozialen Lernens eine größere Rolle spielen sollen, erhebt sich die Frage, ob Lernzuweisungen oder Schulartangehörigkeiten nicht eine hierarchische Etikettierung von Lernenden mit sich bringen, die man dringend vermeiden müßte. Forcierte Leistungsdifferenzierung dient eher der Selektion und damit gegebenenfalls der Legitimation sozialer Ungleichheit, als daß Förderung, Annäherung an Chancengleichheit, soziales Lernen mit ihr verbunden wären (vgl. BROPHY/GOOD 1976). Verfügte und sich schnell verfestigende Lerngruppenbildung folgt einem Begabungsbegriff, der eher statisch ist. Die schulpädagogische Umsetzung eines progressiven Begabungsbegriffs würde ihr Augenmerk eher auf Konzepte legen, die dem Lernenden optimale Hilfen zur Zielerreichung (genügend Zeit, eigenes Lerntempo, alternative → Methoden und Materialien, das notwendige Maß an Zuspruch und Belohnung) geben, statt sie in ihrer Lernkarriere frühzeitig festzulegen (vgl. BÖNSCH 1976).

330 Differenzierungsform

Die Probleme der Interessendifferenzierung sind in folgenden Punkten zu formulieren: Das amtlich verordnete → Curriculum ist so umfangreich, daß Freiräume wohl auch nur als «Spielwiesen» angesehen werden würden. – Die allgemeine Didaktik (→ Didaktik, allgemeine) als Wissenschaft vom Unterricht hat ihr Augenmerk immer stärker auf Vermittlung als auf Anregung und → Beratung gelenkt. So fehlen bis heute überzeugende Hilfen für die Gestaltung offener Curricula und die Lernberatung. – Schulen sind in der Regel zu einfallslos eingerichtet, als daß sie lernanregend und interessenfördernd wirken könnten. Wichtig ist die Frage nach dem Lernergebnis; weniger wichtig sind prozeßorientierte Fragen: Wie lernt jemand? Was lernt er? Warum lernt er das? Was hat er für Interessen? – Die gesellschaftlichen Erwartungen an das → Bildungssystem sind auf Effizienz, Leistung, Selektion ausgerichtet. → Kreativität, Einfallsreichtum, Interesse, → Spontaneität, Selbstbestimmtheit sind nicht wirklich gefragt. Die Leistungsgesellschaft fordert ihre Entsprechungen in Schule und Unterricht. So sind schulische Modelle wie Glocksee oder Summerhill gern betrachtete, aber eben doch exotische Blüten in der Bildungslandschaft (→ Alternativschule).

Die Vielzahl von Differenzierungsstudien, die in ihren Ergebnissen durchaus heterogen sind (vgl. ROBINSOHN/THOMAS 1968, TESCHNER 1971a, YATES 1972), machen deutlich, daß über die Differenzierungsfrage viele Aspekte einer Theorie der Schule angesprochen werden. Differenzierung ist weit mehr als eine organisatorisch-methodische Frage, sie spiegelt in ihrer Realisierung das jeweilig vorliegende Grundverständnis von institutionellem Lernen wider.

AURIN, K.: Sekundarschulwesen, Stuttgart u. a. 1978. BÖNSCH, M.: Differenzierung des Unterrichts, München ³1976. BÖNSCH, M.: Ideen zu einer emanzipatorischen Didaktik, München 1978. BÖNSCH, M./SCHITTKO, K. (Hg.): Offener Unterricht, Hannover u. a. 1979. BÖNSCH, M./SCHITTKO, K.: Das Modell eines wahldifferenzierten Unterrichts und Probleme seiner Umsetzung im Schulalltag. In: Hausser, K. (Hg.): Modelle schulischer Differenzierung, München/Wien/Baltimore 1981, S. 202ff. BROPHY, J. E./GOOD, TH. G.: Die Lehrer-Schüler-Interaktion, München/Berlin/Wien 1976. EIGLER, G.: Das Verhältnis von Lernen und Leistung als Forschungsproblem. In: Roth, H./Friedrich, D. (Hg.): Bildungsforschung, Bd. 1, Stuttgart 1975, S. 58ff. FEND, H.: Theorie der Schule, München/Wien/Baltimore 1980. FEND, H. u. a.: Gesamtschule und dreigliedriges Schulsystem. Deutscher Bildungsrat: Gutachten und Studien der Bildungskommission, Bd. 55, Stuttgart 1976. FLÖSSNER, W.: Ansatz, Entwicklung und Ergebnisse der Fachleistungsdifferenzierung an der Walter-Gropius-Schule in Berlin/Britz-Buckow-Rudow. In: Keim, W. (Hg.): Gesamtschule, Hamburg 1973, S. 167ff. GEISSLER, E. E. u. a.: Fördern und Auslesen, Frankfurt/M. ²1969. HAUSSER, K.: Die Einteilung von Schülern – Theorie und Praxis schulischer Differenzierung, Weinheim/Basel 1980. HAUSSER, K. (Hg.): Modelle schulischer Differenzierung, München/Wien/Baltimore 1981a. HAUSSER, K.: Differenzierung (schulische). In: Schiefele, H./Krapp, A. (Hg.): Handlexikon der Pädagogischen Psychologie, München 1981, S. 87ff (1981b). HERBIG, M.: Differenzierung durch Fächerwahl, Düsseldorf 1974. Hopf, D.: Differenzierung in der Schule, Stuttgart ²1976. Kaiser, E.: Differenzierung und Integration. In: Roth, L. (Hg.): Handlexikon zur Erziehungswissenschaft, München 1976, S. 105 ff. Keim, W.: Schulische Differenzierung, Köln 1977. Morawietz, H.: Unterrichtsdifferenzierung, Weinheim/Basel 1980. Niermann, J.: Methoden der Unterrichtsdifferenzierung, Düsseldorf 1981. Rauschenberger, H.: Lehren und Lernen nach dem UDIS-Konzept, Ravensburg 1974. Robinsohn, S. B. / Thomas, H.: Differenzierung im Sekundarschulwesen. Deutscher Bildungsrat: Gutachten und Studien der Bildungskommission, Bd. 3, Stuttgart 1968. Roeder, P. M. / Treumann, K.: Dimensionen der Schulleistung, 2 Bde., Deutscher Bildungsrat: Gutachten und Studien der Bildungskommission, Bd. 21, Stuttgart 1974. Sauer, K.: Interesse, Motivation. In: Roth, L. (Hg.): Handlexikon zur Erziehungswissenschaft, München 1976, S. 236 ff. Schiefele, H.: Lernmotivation und Motivlernen, München 1978. Schiefele, H.: Interesse. In: Schiefele, H. / Krapp, A. (Hg.): Handlexikon zur Pädagogischen Psychologie, München 1981, S. 192 ff. Schittko, K.: Integration und Differenzierung in der integrierten Gesamtschule. In: Kieslich, R. / Klages, H. (Hg.): Gesamtschule in Niedersachsen I, Hannover u. a. 1974, S. 65 ff. Schittko, K.: Differenzierung in Schule und Unterricht, München 1984. Schlömerkemper, J.: Lernen im wahldifferenzierten Unterricht, Frankfurt/M. 1974. Schneider, G. u. a.: Bestimmungsstücke und Probleme einer pädagogischen Theorie des Interesses. In: Z. f. P. 25 (1979), S. 43 ff. Sickinger, A.: Arbeitsunterricht, Einheitsschule, Mannheimer Schulsystem im Lichte der Reichsverfassung, Leipzig 1920. Teschner, W.-P. (Hg.): Differenzierung und Individualisierung des Unterrichts, Göttingen 1971 a. Teschner, W.-P.: Was leisten Leistungskurse? Stuttgart 1971 b. Teschner, W.-P.: Differenzierung. In: Wulf, Ch. (Hg.): Wörterbuch der Erziehung, München 1974, S. 150 ff. Winkeler, R.: Schulformen und Schulorganisation, Ravensburg 1973. Winkeler, R.: Differenzierung. Funktionen, Formen und Probleme, Ravensburg ²1976. Yates, A. (Hg.): Lerngruppen und Differenzierung, Weinheim/Basel 1972.

Manfred Bönsch

Diplom-Pädagoge → Berufsfeld, außerschulisches (Pädagogen);
  → Erziehungswissenschaft (Studium)
Diskreditierung → Stigmatisierung
Diskriminationslernen → Lernen – Lerntheorie
Diskriminierung → Stigmatisierung

Diskurs

Begriff. Diskurs (vom lateinischen «diskursus» = das Hin- und Herlaufen) bedeutet im allgemeinsten Sinn Rede, Gespräch, Erörterung. Seine Besonderheit gewinnt der Begriff jedoch erst aus einer Betrachtung der Sprache in ihrer Beziehung zum Sprechen als existentielle Bedingung des Menschen. Der damit verbundene Paradigmenwechsel vom → Bewußtsein zur Sprache hat in der Hermeneutik, der analytischen Philosophie und im Poststrukturalismus zu kontroversen Konsequenzen geführt. Die jeweilige Diskursauffassung unterscheidet sich folglich nach

Maßgabe des zeichen- und sprachtheoretischen Ansatzes, durch den er erst seine Bedeutung bekommt. Klar getrennt werden muß zwischen dem sprachanalytischen, kommunikativen und pragmatischen Diskursbegriff einerseits und dem strukturalen andererseits. Bei ersterem besteht der Paradigmenwechsel vom Bewußtsein zur Sprache vornehmlich darin, von Sprachspielen als Lebensformen (Wittgenstein) oder vom intersubjektiven sprachlichen Interpretationshorizont (Gadamer) auszugehen anstatt vom subjektiven Bewußtsein oder von Vorstellungen und Wahrnehmungen. Im strukturalen Diskursbegriff wird dagegen nicht nur der Akzent vom subjektiven zum intersubjektiven Sinn verlagert, von dem aus der subjektiv gemeinte erst zugänglich wird. Vielmehr wird die sinnhafte Rede in Beziehung gesetzt mit der Sprache als an sich sinn-loses System von Zeichen. Das Sprechen wird damit nicht mehr als Repräsentation und Ausdruck von subjektiven Sinnintentionen verstanden, denn Sinn und Bedeutung gehen dem sprachlichen Ausdrucksmedium nicht voraus. Statt dessen gewinnt der Sinn seine Identität erst durch die Sprache, und zwar auch für das Subjekt selbst. Indem sich im *Diskurs* der Sinn zugleich *konstituiert und repräsentiert*, ist er zu unterscheiden vom *Sprechen* (sinnhafte Rede) wie von der *Sprache* (sinn-loses Zeichensystem) als der Ort, an dem die unaufhebbare Differenz von bewußtem Subjekt und unbewußter Sprachstruktur zum Tragen kommt. Im Gegensatz zur Kommunikationstheorie, für die Diskurs *synonym* mit Sprechen, Rede, Text ist, hat der strukturale Diskursbegriff eine *eigenständige* Bedeutung. Sein anstößiger, subversiver und gefährlicher Charakter (vgl. FOUCAULT 1977 a) liegt darin, daß er die → Identität des Subjekts, die Einheit des Sinns, die Kontinuität der Geschichte und die Reinheit der Wahrheit durch das Begehren, die Sprachstruktur, die Singularität und die Macht auflöst.

Linguistik. Die Einsicht, daß jeder Selbst-, Fremd- und Weltbezug sprachvermittelt ist und → Erfahrung, Erkenntnis und → Handeln mit Sprache untrennbar zusammenhängen, setzte sich Ende des 19. Jahrhunderts durch, als die Sprache in ihrer epistemologischen Universalität erkannt wurde. Die dadurch zentral werdende Bezeichnungslehre avancierte nicht nur zur sinnkritischen Methode aller Wissenschaften, sondern prägte auch die für die Linguistik allgemein gültige Unterscheidung der Zeichenbeziehungen, die im Sprechen verschiedene Ebenen markieren: die systematische (Syntax), die abbildende (Semantik) und die intentionale (Pragmatik) (vgl. Eco 1972). Sowohl die strukturale wie auch die pragmatische Linguistik folgen DE SAUSSURES Unterscheidung von Sprache und Sprechen (vgl. 1967). Als ein eigenständiges formales System von Zeichen, in dem jedes seinen Wert durch negative Abgrenzung von allen übrigen und seine Stellung im System erhält, wird die Sprache als virtuelle → *Struktur* gedacht. Das Zeichen ist nicht fest mit einer Bedeutung verbunden (wie beim Namen), sondern besteht aus einer *willkürlichen* Zuordnung von Signifikant (bezeichnendes Lautbild) und Signifikat (bezeichnetes Vorstellungsbild), die zu einer festen Beziehung erst im Sprechen wird, das das Zeichen zum Bedeutungsträger qualifiziert. Das Sprechen aktualisiert die bloß *virtuelle* Sprachstruktur und läßt Sinn manifest werden. Ermöglicht die Unabhängigkeit zwischen Signifikanten und Signifikaten deren Verschiebung und das unabschließbare Sinnspiel der Sprache, so wird allerdings dieses Spiel begrenzt durch den Primat des Sprechens und die Verpflichtung zu fehlerfreier → *Kommunikation*.

Die strukturale Linguistik bestimmt nun den Diskurs ausgehend von der Sprachstruktur und *den Zeichen*, durch die auch das sprechende Subjekt selbst bestimmt wird. Es wird als Subjekt des Aussagens verwiesen auf sich als Subjekt der Aussage. Was es denkt und sagen will, bleibt völlig diffus und unbestimmt, bis es durch die Struktur der Zeichen differenziert und identifiziert wird. So ist in dieser Konzeption die Sprache kein Mittel, das im Diskurs von einem bewußten Subjekt beherrscht und gemäß seinen Intentionen angewendet werden könnte, weil sie es erst dem Menschen *ermöglicht*, sich in ihr und durch sie als Subjekt zu konstituieren. Dagegen geht die Pragmalinguistik vom Sprechen und *dem Sinn* aus und fragt nach den Regeln und Bedingungen, die eindeutiges Verstehen ermöglichen. Ihr zufolge kann das intentionale Subjekt die Sprache in dem Maße beherrschen, wie es die generativen Regeln korrekt anzuwenden versteht.

Sprachphilosophie. Im Strukturalismus ist der sprachliche Ausdruck des → Denkens und Erkennens wegen der inhaltlichen Unbestimmtheit der Zeichenfunktion *kein nachträgliches* Moment der Übermittlung, sondern er betrifft die Entstehung der Bedeutung und des Wissens selbst. Das gilt für jeden Wissenschaftszweig und verändert Wahrheitsfragen sowie das Verständnis von → Subjektivität, Objektivität und Intersubjektivität grundlegend. Vom bloßen Instrument der Übermittlung oder Sinnspeicherung wird Sprache zu einem Medium mit einer *eigenen* Funktion und Wirkung, die nicht im Mittelcharakter aufgeht und auch dem Diskurs eine eigene Materialität zueignet. In der Rezeption dieser Sprachtheorie durch die Humanwissenschaften gewinnt deshalb der Diskurs eine realitätskonstitutive Funktion, ohne mit dem Sinn der Rede eine Einheit zu bilden. Aufgrund seiner Stellung *zwischen* der Sprache und dem Sprechen geht er über die lineare Eindimensionalität des Sprechens hinaus, so daß sich in Abhebung vom semantischen Inhalt des Gesprochenen und Geschriebenen seine eigenen Effekte und die zufälligen Äußerungsbedingungen analysieren lassen, mit denen der Diskurs un-

334 Diskurs

aufhebbar verstrickt ist. Das Medium ist an der Botschaft beteiligt, was durch die alleinige Beachtung der Botschaft übersehen wird. Dagegen läßt die Herkunft des Sinns und der Wissensinhalte aus der Zeichenzirkulation und ihren Formeffekten im Diskurs das Sein der Sprache selbst zur Sprache kommen. Der Anspruch des bewußten Subjekts, selbst den Sinn zu bestimmen, wird als Verkennung seiner eigenen Bedingtheit durchschaubar. Denn die Sprache als ein dem Menschen *äußerliches* System ist gleichwohl dem Subjekt *unbewußt* und läßt eine prinzipielle Mehrdeutigkeit jeder Äußerung dadurch offen, daß das Redezeichen zugleich in assoziativer Verkettung mit den übrigen Zeichen bleibt. Diese Verweisungsstruktur kann vom Sprecher nicht fest-gestellt werden. Weil auch jede Selbstdefinition und -identifikation dieser Logik gehorcht, verliert das Subjekt seine zentrale, autonome und beherrschende Position im Diskurs.

Dagegen verstehen die Pragmalinguistik und die Kommunikationstheorie das dialogische Sprechen als Tätigkeit, «das neue Sinnebenen schafft und auf ihnen alte sprachliche Einheiten und Handlungsmuster verwendet» (SCHLIEBEN-LANGE 1979, S. 22). Indem diese Ansätze die universellen gesetzmäßigen Beziehungen analysieren, die die Aussagen zu den Intentionen ihrer Benutzer und der Situation unterhalten, ist der Diskurs für sie die Anwendung eines generativen Regelsystems durch kompetente Regelbefolgung. In Sprechakten werden die individuellen Sinnintentionen mit dem Ausdruck vermittelt, so daß sich der Diskurs als Mannigfaltigkeit von Tatäußerungen, die zugleich inhaltlich (propositional) und handlungsbezogen (illokutionär) sind, nach Einheiten klassifizieren läßt (vgl. SEARLE 1971). Die Möglichkeit und die Bedingungen eindeutigen Verstehens liegen hier in der Konventionalität der Regeln. Diese garantieren die *Sinnidentität* durch differenzlose Wiederholbarkeit und die Identität von Sagen und Meinen. Dadurch wird das regelkompetente *Bewußtsein* des Sprechers zur letzten Entscheidungsinstanz über den wirklichen Sinn einer Äußerung (vgl. FRANK 1980, S. 141 ff).

Kritische Theorie. Vom Sinn der Sprechakte ausgehend, wird unter Diskurs in der späten Kritischen Theorie die Metakommunikation als rationale argumentative Begründung und Legitimation der Geltung von Normen und Bedeutungen verstanden. Hat APEL (vgl. 1973) das transzendentalphilosophische Problem der theoretischen und praktischen Vernunft rückgebunden an die sprachliche Vernunft als Paradigma diskursiver intersubjektiver Verständigung in der idealen Kommunikationsgemeinschaft und regulatives Prinzip der Konsensbildung, so geht es HABERMAS (vgl. 1971) um eine empirisch fundierte Konsenstheorie der Wahrheit im Rahmen einer kommunikativen Vernunft. Die im kommunikativen Handeln zwangsläufig erhobenen Geltungsansprüche implizieren eine nur diskursiv einlösbare Begründungspflicht. Dabei ist Rationalität schon in den formalen Eigenschaften des Diskurses in Form pragmatischer Universalien angelegt, die im herrschaftsfreien Diskurs nach Maßgabe der kommunikativen Kompetenz angewendet werden können. Die in diesem Sinne ideale Sprechsituation wird von jedem Menschen – so Habermas – als Regulativ, nicht als erreichte Wirklichkeit immer schon notwendig unterstellt. Die Bedingung der Möglichkeit von Vernunft ist somit der Diskurs als ihre Realisierung. Diskursfähigkeit als Kritikfähigkeit unreflektierter Normen wird in der kommunikativen Pädagogik zum zentralen →Lernziel (→Erziehungswissenschaft, Kritische).

Poststrukturalismus. Hier wird unter Diskurs der Raum verstanden, in dem, ausgehend von der Sprache, der Sinn der Aussagen durch die Bedingungen der Äußerung *überschritten* wird. Dadurch verschränken sich das Sprechen und Schreiben mit dem Begehren, der Macht und den kulturellen Formen, was durch eine hermeneutische oder pragmatische Diskursanalyse verkannt bleibt (vgl. KITTLER/TURK 1977). Indem die Entsprechung (Homologie) von sprachlichen Regelstrukturen und sozialen Ordnungsstrategien aufgezeigt wird, erweisen sich alle Dimensionen der Subjektivität als dem Universalitätsanspruch des Symbolischen unterlegen. Die Auflösung des metaphysischen Wahrheitsdiskurses entlang der ihn tragenden Zeichenauffassung (vgl. DERRIDA 1974) führt zu einer Annäherung von Philosophie und Literatur. In der Psychoanalyse LACANS (vgl. 1973) wird der Diskurs zu dem Ort, an dem sich das Subjekt des Aussagens als unbewußtes Begehrenssubjekt konstituiert und sich zugleich *als* einheitliches und identisches Subjekt *in* der Aussage verkennt. Und FOUCAULTS Archäologie der Humanwissenschaften (vgl. 1977b) zeigt die Machtförmigkeit der diskursiven Wissenssysteme in Verbindung mit sozialen Ausgrenzungspraktiken, durch welche die Menschen sub-jektiviert und als Individuen hervorgebracht werden. Die «überlegene Allgemeinheit, mit der sich die Vernunft über die Schranken der gegebenen Sprachverfassung erhebt» (GADAMER 1975, S. 380), wird hier als Schein konstitutiver Subjektivität gekennzeichnet. Sie wird unter dem Zwang, das Heterogene und Beunruhigende des Diskurses auf die Identität sinnkontrollierender Rede zu reduzieren, selbst zum Mythos. Eine Genealogie des pädagogischen Diskurses wird folglich seine historischen Verhaftungen mit gesellschaftlichen Machtverhältnissen und die Realitätseffekte seines Wissens zu rekonstruieren haben (vgl. SEITTER 1985, S. 55ff), um seine praktisch wirksamen Mythen als Eigenleistungen erkennen und die Arbeit an ihnen zu Ende bringen zu können.

APEL, K.-O.: Transformation der Philosophie, 2 Bde., Frankfurt/M. 1973. DERRIDA, J.: Grammatologie, Frankfurt/M. 1974. Eco, U.: Einführung in die Semiotik, München 1972. FOUCAULT, M.: Die Ordnung des Diskurses, Frankfurt/Berlin/Wien 1977 a. FOUCAULT, M.: Überwachen und Strafen, Frankfurt/M. 1977 b. FRANK, M.: Das Sagbare und das Unsagbare, Frankfurt/M. 1980. GADAMER, H.-G.: Wahrheit und Methode, Tübingen [4]1975. HABERMAS, J.: Vorbereitende Bemerkungen zu einer Theorie der kommunikativen Kompetenz. In: Habermas, J./Luhmann, N.: Theorie der Gesellschaft oder Sozialtechnologie, Frankfurt/M. 1971, S. 101 ff. KITTLER, F. A./TURK, H. (Hg.): Urszenen. Literaturwissenschaft als Diskursanalyse und Diskurskritik, Frankfurt/M. 1977. LACAN, J.: Schriften I, Olten 1973. SAUSSURE, F. DE: Grundfragen der allgemeinen Sprachwissenschaft, Berlin [2]1967. SCHLIEBEN-LANGE, B.: Linguistische Pragmatik, Stuttgart/Berlin/Köln [2]1979. SEARLE, J. R.: Sprechakte. Ein sprachphilosophischer Essay, Frankfurt/M. 1971. SEITTER, W.: Menschenfassungen. Studien zur Erkenntnispolitikwissenschaft, München 1985.

Klaus-Michael Wimmer

Dissozialität → Verwahrlosung
Disziplinarstrafe → Strafe
Disziplinierung (des Körpers) → Körper
Disziplin (Wissenschafts-) → Fach – Fächerkanon; → Interdisziplinarität
Disziplinierung → Lehrer; → Strafe
Dokument, autobiographisches → Autobiographie

Droge

Begriff. Als Drogen bezeichnet man psychotrope Substanzen, also Stoffe, die durch ihre chemische Zusammensetzung auf das Zentralnervensystem einwirken und dadurch Einfluß nehmen auf → Denken, Fühlen, Wahrnehmung und Verhalten.

Der Gebrauch von Drogen kann zur Abhängigkeit führen. Nach der Definition der Weltgesundheitsorganisation (WHO) von 1969 liegt eine Drogenabhängigkeit dann vor, wenn sich beim Entzug der Droge, die über einen längeren Zeitraum gewohnheitsmäßig eingenommen wurde, Mißbehagen und Beschwerden zeigen. Als ein weiteres Merkmal gilt, daß diese Erscheinungen durch die neuerliche Zufuhr der Droge oder einer ähnlich wirkenden Droge wieder zum Abklingen gebracht werden können.

Diese Definition der WHO ist nicht unumstritten geblieben und inzwischen in der Literatur vielfach diskutiert worden (vgl. BEJEROT 1970, SCHENK 1975). Folgt man ihr nämlich, so muß man beispielsweise die regelmäßige, vom Mediziner angeordnete und lebenserhaltende Insulininjektion eines Diabetikers auf die gleiche Stufe mit Alkoholabhängigkeit stellen. Für die weiteren Ausführungen empfiehlt es sich, den Begriff unkontrollierten Konsum oder Mißbrauch von Drogen zu problematisieren. Die Diagnose «Drogenmißbrauch» ist abhängig vom jeweiligen Blickwinkel des Beurteilers. Hier sind Rückfragen zu stellen: an den Gesetzgeber, den Mediziner, aber auch an das öffentliche Bewußtsein.

Allgemein gilt die unkontrollierte Einnahme von Arzneimitteln als *Miß*brauch, die ärztlich verordnete Abhängigkeit von Beruhigungs- und Schlafmitteln hingegen wird als *Ge*brauch eingestuft. Der Konsum von LSD, einem Halluzinogen, oder Haschisch ist illegal, ihr Verkauf, Handel und Genuß inkriminiert. Es existieren aber keine Vorstellungen über die Anwendung dieser Stoffe. Der Konsum von Alkohol, einer gesellschaftlich akzeptierten Droge (sie wird daher auch als «Kulturdroge» bezeichnet, ähnlich wie Haschisch in einigen afrikanischen Ländern oder Meskalin bei indianischen Volksstämmen), wird so lange nicht als mißbräuchlich angesehen, bis ein offensichtliches Herausfallen aus der Normalität vorliegt und die Funktionalität des Konsumenten gefährdet ist. Mißbrauch von Alkohol wird also über das Maß an Auffälligkeit und Dysfunktionalität des Konsumenten definiert.

Drogenarten. Drogen lassen sich unter pharmakologischen, medizinischen, psychologischen und juristischen Gesichtspunkten klassifizieren. Im allgemeinen unterteilt man sie in legale, kontrollierte, illegale und keiner Kontrolle unterliegende Drogen, wobei einige Substanzen nicht erfaßt werden oder eine eindeutige Zuordnung nicht erfolgen kann.

- Legale und gesellschaftlich akzeptierte Drogen (Kulturdrogen): Alkohol, Nikotin und Koffein. Sie bedingen bei regelmäßigem Genuß körperliche Abhängigkeit.
- Kontrollierte Drogen (Arzneimittel): Schmerz-, Beruhigungs- und Schlafmittel, Weckamine, Amphetamine, Neuroleptika und Antidepressiva. Sie bedingen bei regelmäßiger Verabreichung körperliche Abhängigkeit.
- Illegale Drogen:
  Opiate (Morphin, halbsynthetisch: Heroin, synthetisch: Methadon): Sie werden in der Medizin als Arzneimittel gebraucht. Sie bedingen schon nach wenigen Einnahmen körperliche Abhängigkeit.
  Halluzinogene (Lysergsäurediäthylamid [LSD], Meskalin und Psilocybin): Bei ihnen wurde bislang keine körperliche Abhängigkeit festgestellt, aber es kann unter Umständen zu einer psychischen Abhängigkeit kommen. Immer ist der Konsum dieser Drogen allerdings wegen möglicher Nebenwirkungen gefährlich (Aktivierung latenter Psychosen, Horrortrip, Echoerlebnis).
  Cannabis (aus dem indischen Hanf gewonnenes Haschisch oder Marihuana): Keine körperliche Abhängigkeit nachgewiesen. Regelmäßiger Gebrauch kann zu einer psychischen Abhängigkeit führen.
- Keiner Kontrolle unterliegende und gesellschaftlich unbeachtete Dro-

338 Droge

gen: Organische Lösungsmittel, sogenannte Schnüffelstoffe (Xylol, Aceton, Benzol, Tetrachlorkohlenstoff). Nach regelmäßiger Inhalation stellt sich eine körperliche Abhängigkeit ein.

Außer dem Mißbrauch einzelner Drogen sind Polytoxikomanien und Drogenkombinationen verbreitet. Bei einer Polytoxikomanie ist der Konsument an verschiedene Drogen gebunden. Sie führt häufig zu einer äußerst gefährlichen Drogenkombination, beispielsweise bei der gleichzeitigen Einnahme von Schmerztabletten und Alkohol. Die Wirkung der einzelnen Substanz kann dabei in unvorhersehbarem Maß potenziert werden.

Ob eine Droge legal oder illegal ist, sagt über ihre Gefährlichkeit nichts aus.

Ursachen für Drogenmißbrauch. In den 60er Jahren ist der Mißbrauch von Drogen bei Jugendlichen (vornehmlich Haschisch und LSD) durch Verweigerungsideologie und falsch verstandene Gesellschaftskritik der jugendlichen Subkultur begünstigt worden (Drogenwelle). Angeregt durch Drogenexperimente und euphorische Berichte über psychedelische und bewußtseinserweiternde Erfahrungen und quasireligiöse Erlebnisse unter Drogeneinwirkung, die im Gefolge von Leary und Huxley zuerst in den USA verbreitet waren, kam es auch in der Bundesrepublik Deutschland zu einer Verklärung und Verharmlosung der Wirkung dieser Substanzen. Viele Jugendliche wurden allerdings bei ihren Selbstversuchen enttäuscht und gerieten danach mit härteren und gefährlicheren Stoffen in Berührung. Inzwischen ist diese ideologisch bestimmte Drogenwelle verschwunden. An ihre Stelle ist eine starke Neugierde getreten, die viele Jugendliche rauscherregende Substanzen versuchen läßt. Das Alter derjenigen, die zum erstenmal mit Drogen in Kontakt kommen, ist in den letzten Jahren auffallend gesunken. Heute kann man in Schulen bereits Zwölfjährige treffen, die Haschisch geraucht und andere Mittel ausprobiert haben.

Eine «Drogenkarriere» beginnt häufig mit den medizinisch betrachtet eher harmlosen Cannabis-Produkten. Unter dem Druck der Peergroups und der kriminellen Szene, in der aufgrund der Illegalität mit diesen Drogen gehandelt wird, steigen viele auf Präparate um, von denen sie schon nach wenigen Einnahmen körperlich abhängig werden. Eine aus den Substanzen (Cannabis, LSD) selbst ableitbare Logik enthält diese Entwicklung jedoch nicht. Sie ist erst Produkt der Kriminalisierung. In einigen Ländern hat man daher, als Teil der prophylaktischen Maßnahmen, Cannabis legalisiert und/oder die Verabreichung von Opiaten an bereits Abhängige an staatliche Stellen delegiert. Ob damit der Circulus vitiosus langfristig aufgebrochen werden kann, ist noch nicht zu sagen.

Den Ablauf von der ersten Einnahme bis hin zur Abhängigkeit kann man durch Phasen folgendermaßen beschreiben:

- Gewöhnungsphase (Ausprobieren, Kennenlernen der spezifischen Wirkungen),
- «Nicht-mehr-aufhören-Können» (regelmäßige Einnahme wird erforderlich, um ein «normales» Allgemeinbefinden zu halten),
- Dosissteigerung (unter dem Einfluß der Toleranzerhöhung werden stets größere Mengen notwendig, um die gleichen Rauscherfahrungen machen zu können) und
- Abstinenzsymptome (bei Ausbleiben der Drogenzufuhr entstehen Entzugserscheinungen, bei Alkohol- oder Heroinentzug: Schweißausbruch, Zittern, Erbrechen, hohe Reizbarkeit).

Mehrere Faktoren bestimmen den Drogenmißbrauch und die Abhängigkeit:

- Applikation, Griffnähe und die pharmakologisch bestimmbare Wirkung der Droge selbst,
- die Persönlichkeitsstruktur des Konsumenten, seine physische und psychische Konstitution (wie Anfälligkeit für Rauschversprechen, Frustrationstoleranz) und
- mehrere soziale Komponenten, wie sie durch die erfahrene →Sozialisation, das Normensystem des sozialen Milieus, in dem der Konsument sich aufhält, und gesellschaftliche Bedingungen (juristische Sanktionen, Werbung der Pharmaindustrie) bestimmt werden.

Obwohl verschiedene psychologische Schulen mehrere Erklärungsmodelle zum Problem Drogenmißbrauch vorgelegt haben (vgl. STEIN-BRECHER/SOLMS 1975), gibt es bisher nur persönlichkeitsorientierte Ansätze, die den offensichtlich multifaktoriellen Zusammenhang von Persönlichkeit, Droge und Gesellschaft nur ungenügend zu fassen vermögen (vgl. SCHENK 1975). Zwei Auffassungen, die die Ursachen in der individuellen Lerngeschichte sehen und aus ihnen auch therapeutische Überlegungen ableiten, seien exemplarisch gegenübergestellt:

- Die traditionelle psychiatrische und tiefenpsychologische Schule betrachtet den Drogenmißbrauch als eine psychische Erkrankung (vgl. SOLLMANN 1974). Sie tritt als eine Folge der in frühester Kindheit erfahrenen Frustrationen auf. Diese Erfahrungen haben eine neurotische oder psychotische Persönlichkeit etabliert, in der Dispositionen für den späteren Drogenmißbrauch angelegt sind. Süchtiges Fehlverhalten wird als eine Regression auf eine infantile, unreife Entwicklungsstufe interpretiert, bei der der unmittelbare Lustgewinn des Süchtigen der prägenitalen, oralen Stufe der →Entwicklung entspricht. Daneben kann Drogenmißbrauch auch als unbewußter Selbsthaß oder ein Bestrafungsverhalten der Elternautorität gegenüber verstanden werden.

340   Droge

Die hieraus entwickelte Therapie stellt auf die tiefenpsychologischen und psychodynamischen Komponenten ab und betrachtet es als heilsam, die frühkindlichen Erfahrungen kennenzulernen und zu analysieren.

– Die Lernpsychologie versteht den Drogenmißbrauch als ein unter bestimmten, aktuellen Bedingungen erlerntes Verhalten (vgl. LANGE 1974). Die Spannungsminderung nach der Einnahme konstituiert einen bedingten Reflex. Unter diesem Blickwinkel wird Drogenmißbrauch zu einem klassischen Konditionierungsvorgang. Wichtig bei dieser Auffassung ist, daß neben der Wirkung der Droge selbst auch die Reaktion der Umwelt, also Zuwendung und/oder negative Sanktionen, als Verstärker des Fehlverhaltens wirkt.

Beide Interpretationsansätze, sowohl die psychoanalytische als auch die lernpsychologische Auffassung, reichen allerdings zur Erklärung und Deutung der Phänomene nicht aus. Sozialpsychologische und soziologische Erklärungsmodelle, die auch historische, soziokulturelle und sozioökonomische Zusammenhänge einbeziehen, müßten entwickelt werden. Es könnten damit bislang kaum beachtete gesellschaftliche Mechanismen aufgedeckt werden. In langfristigen Strategien wäre eine lebenswerte Umwelt als Ziel anzuvisieren, damit die Therapie von Drogenabhängigen nicht länger bloße «Sozialklempnerei» bleibt, als die sie von einigen Selbsthilfegruppen angesehen wird.

Therapie. Die therapeutische Behandlung von Drogenabhängigen steckt noch weitgehend in den Anfängen, und es wird mit einem Minimum an theoretischen Vorgaben und gesicherten Erkenntnissen experimentiert.

Zwei verschiedene Behandlungsstränge haben sich inzwischen herausgebildet: zum einen die Therapie durch Institutionen des öffentlichen Gesundheitswesens in Landeskrankenhäusern und ähnlichen Einrichtungen (hier wird auch die gerichtlich angeordnete Entgiftung und die verfügte Therapie in geschlossenen und halboffenen Stationen durchgeführt) und zum anderen die durch Vereine und Selbsthilfegruppen angebotenen Maßnahmen. Die Erfolgsaussichten der Therapien in Landeskrankenhäusern sind erschreckend gering, wenngleich es unter sozialpsychiatrischer Kritik zu einer kontinuierlichen Veränderung der Angebote kommt (differenzierte Behandlungskette mit stationärem Entzug, die ausgelagerte Drogenklinik, therapeutische Wohngemeinschaft und ambulante Nachbetreuung durch Drogenberatungsstellen und ähnliche Einrichtungen). Demgegenüber liegen die Zahlen der erfolgreich beendeten Therapien in den Selbsthilfegruppen erfreulich hoch.

Selbsthilfegruppen, wie die Anonymen Alkoholiker und Release, Gruppen, die nach amerikanischen Vorbildern arbeiten (wie Synanon,

Daytop und Phoenix), aber auch Gruppen der Jesus-People-Bewegung und Transzendentale-Meditations-Gruppen werden oft von ehemals Abhängigen betrieben. Sie versuchen, statt der traditionellen Methoden, unter der Prämisse «Die Gesellschaft macht uns krank!» in Wohngemeinschaften auf Bauernhöfen und ähnlichen Produktionsgemeinschaften alternative Lebens- und Arbeitsformen zu entwickeln. Dabei wird die Drogenabhängigkeit jedoch oftmals ausgetauscht mit einer Abhängigkeit von einer durch rigide Normen bestimmten Ideologie.

Mit Mischformen, in denen Einzel- und Gruppentherapie, Gesprächs- und Gestalttherapie mit Wohn-, Lebens- und Produktionseinheiten verbunden sind und die auf eine spätere Integration in die bestehende Gesellschaft vorbereiten, wird in Modelleinrichtungen mit steigendem Erfolg gearbeitet. Bedeutsam für den Erfolg solcher Einrichtungen ist das Prinzip der Freiwilligkeit, das bei den Klienten eine relativ hohe Bereitschaft zur Mitwirkung herausbildet.

Prophylaxe. Die Prophylaxe von Drogenmißbrauch fällt in den Bereich gesundheitlicher Vorsorge. Dabei werden drei verschiedene Wege beschritten:
– Information und Aufklärung der Öffentlichkeit (besonders Schulkinder, Jugendliche und Eltern) über Wirkungen und Gefahren von Drogen durch das Bundesgesundheitsministerium, Krankenkassen, Drogenberatungsstellen und Vereine,
– Einzel- und Gruppenberatung und Krisenintervention durch Beratungsstellen, Konflikt- und Erziehungsberatungsstellen (ambulante Therapie im Vorfeld der Abhängigkeit; Drogenkonsumenten werden zur Teilnahme an Therapien motiviert) und
– Erweiterung und Verbesserung von Freizeitangeboten in Jugendheimen und Aufbau von sozialtechnischen Diensten (etwa Arbeits- und Wohnungsvermittlung).

Drogen und Erziehung. Die Zahlen der Abhängigen von verschiedensten Drogen haben sich in der Bundesrepublik Deutschland auf hohem Niveau stabilisiert. Die Zahl der Heroinabhängigen wird zwischen 50000 und 60000 geschätzt, die Zahl der Abkoholabhängigen auf etwa 1,5 Millionen.

Das Erscheinungsbild «Polytoxikomanie» (Mehrfachabhängigkeit) nimmt zu, die Zahl der Abhängigen von Psychopharmaka und der Konsumenten von Cannabis, Halluzinogenen, Kokain, Amphetaminen, Schnüffelstoffen ist nur schwer schätzbar. Die legalen Drogen Alkohol, Psychopharmaka und Nikotin haben im gesellschaftlichen Leben einen festen Stellenwert – ablesbar an den jährlichen Steuereinnahmen, die mit zirka 20 Milliarden DM etwa 10% der Staatsausgaben erbringen, und am Werbeaufwand für diese legalen Drogen, der mit etwa einer Milliarde DM mehr als das Doppelte beträgt wie sämtliche Aufwendungen für stationäre Therapie von Suchtkranken in der Bundesrepulik Deutschland (vgl. DEUTSCHE HAUPTSTELLE... 1987, S. 22 ff).

Das kritische Alter für Suchtgefährdete (insbesondere bei illegalen Drogen) ist heute die frühe Adoleszenz. Eine ganze Reihe von Einflußfaktoren spielt hier eine Rolle. Die Phase der frühen Adoleszenz ist in unserer Gesellschaft die wohl schwierigste Entwicklungszeit des menschlichen Lebens überhaupt. Sie ist geprägt durch komplexe physiologische, psychische und soziale Übergangsprozesse, durch eine – für die Entwicklung normale – pubertäre Labilität mit extremen Bewertungen der eigenen Existenz und durch schwierige normative und subjektive Entwicklungsaufgaben (vgl. OERTER 1987): Die produktive Lösung vom Elternhaus soll eingeleitet und eine berufliche Perspektive entwickelt werden, weiterhin sind die Aufnahme heterosexueller Beziehungen und Partnerschaften und der Aufbau eines Freundeskreises zu leisten. Werden die vielfältigen individuellen Varianten der Suchtgefährdung Jugendlicher auf einen psychologischen Nenner gebracht, so zeigt sich: Der Jugendliche befindet sich in einer kritischen Lebenssituation, bestimmt durch die Wechselwirkung zwischen bisher erreichtem Entwicklungsstand und den normativen gesellschaftlichen sowie den aktuellen situativen Anforderungen.

Daraus lassen sich zwei prinzipielle Motivationen zu Drogenkonsum ableiten: *Drogenkonsum als Ausstieg oder Vermeidung:* Die verfügbaren Handlungskompetenzen reichen nicht aus, um die Entwicklungsaufgaben befriedigend zu bewältigen. *Drogenkonsum als alternativer Lebensstil:* Die normativen gesellschaftlichen Ziele können nicht als sinnvoll nachvollzogen werden. In der Praxis finden sich meist Mischformen dieser Motivationen.

Verstärkend für die Konsummotivation wirken gesellschaftliche und soziale Faktoren:

– das → Vorbild der Erwachsenen, die selbst Nikotin, Alkohol und im Übermaß Medikamente gebrauchen,

– Beziehungsarmut, Konsumorientierung und massenmediale Stimulation für legale Drogen,

– die Unsicherheit der Lebensperspektive: Dazu gehören nicht nur objektive Bedingungen wie die, daß es vielen Jugendlichen nicht mehr möglich ist, sich frei ein Berufsziel zu wählen, sondern auch die individuelle Bewertung möglicher Perspektiven,

– unglaubwürdige Wertsysteme in der modernen Industriegesellschaft,

– häufig instabile familiäre Situation,

– zunehmende Technisierung, Anonymisierung und Vermarktung der Umwelt,

Droge 343

– die Konsummotivation Jugendlicher hat sich verändert: Es geht nicht mehr um «Bewußtseinserweiterung», sondern um «abschalten», «feeling»; daher sind Heroin und Sedativa so attraktiv. Gleichzeitig wird auch durch das Wertsystem der Jugendkultur die Schwellenangst beim Einstieg in Drogen herabgesetzt, denn innerhalb jugendlicher Peergroups wird der Konsum illegaler Drogen oft ähnlich verstanden und eingesetzt wie der der legalen Drogen Alkohol und Nikotin bei Erwachsenen: als Kontakt- und Stimulierungsmittel, zum Gruppenzusammenhalt, Herstellen von sozialen Kontakten, von Atmosphäre und zum Abbau von Hemmungen und Ängsten (→Angst). Diese Nivellierung der Gefährlichkeit der Droge wird auch durch die prinzipielle Verfügbarkeit von Drogen in allen Jugendbereichen unterstützt. Drogen, die noch Ende der 60er Jahre etwas Neues und Exotisches waren, das man suchen mußte, sind eben heute etwas Alltägliches.

Der →Lehrer hat kaum mehr Möglichkeiten als andere Bürger, gesellschaftliche Rahmenbedingungen nachhaltig zu verbessern, und er kann auch nur in Ausnahmefällen zum Erhalt familiärer Stabilität beitragen. Gleichwohl nimmt er mit seinem Handeln im Umgang mit Jugendlichen eine Schlüsselposition ein, weil er alle krisenhaften Entwicklungen des →Schülers begleitet und – sofern er die nötige Sensibilität entwickelt – ihre Bewältigung durch den Jugendlichen positiv beeinflussen kann. Im folgenden sollen die drei für den Pädagogen relevanten Interventionsformen, und zwar entsprechend dem Grad ihrer steigenden Bedeutung, skizziert werden.

Korrektive Intervention gegenüber Drogenabhängigkeit (Therapie). Ist ein Jugendlicher bereits in eine Abhängigkeit, etwa von Alkohol oder Heroin geraten, ist die Konsultation von Fachleuten unverzichtbar. Der Jugendliche sollte damit aber nicht in eine andere Verantwortlichkeit abgeschoben werden. Aufgabe des Lehrers bliebe es, dem Drogenabhängigen die Folgen seines Tuns zu verdeutlichen. Wenn aber klar ist, daß der Jugendliche allein den Ausstieg aus der Droge nicht mehr schafft und er so sich und andere gefährdet, dann sollte die externe Behandlung in einer Langzeittherapie angestrebt werden.

Sekundärprävention (Früherkennung von beginnender Abhängigkeit): Kaum jemand hat mehr Möglichkeiten als der Lehrer, der den Jugendlichen nicht nur in seinem sozialen Verhalten, sondern auch leistungsbezogen erlebt, gravierende Verhaltensänderungen und Anzeichen von regelmäßigem Drogenkonsum festzustellen. Damit soll keineswegs für eine Überwachungsfunktion des Lehrers plädiert werden. Vielmehr ist an die Chance zu denken, die ein Vertrauensverhältnis zwischen Lehrern und Schülern bietet. Wenn dieses nämlich sogar so weit geht, daß der Lehrer als Ratgeber geschätzt wird, dann kann er mit den Jugendlichen über den Drogenkonsum und seine Gründe sprechen und versu-

344 Droge

chen, gemeinsam mit ihnen Alternativen zu entwickeln. Wenn dennoch erkennbar wird, daß der Jugendliche sich nicht vom Drogenkonsum lösen kann, müssen ambulante Hilfen in Anspruch genommen werden.

Primärprävention: Einfache Programme zur Primärprävention, die dem Anspruch dieser Interventionsstrategie, «mit hoher Sicherheit die Wahrscheinlichkeit des Auftretens einer befürchteten Störung zu verringern» (KINDERMANN/SCHNEIDER 1982, S. 130), genügen, gibt es im Zusammenhang mit dem Drogenkonsum bisher nicht. Die Gründe für den Drogenmißbrauch sind zu komplex. Primärprävention ist die Arbeit an Auslösern, an Ursachen, die auch völlig andere Folgen als Drogenabhängigkeit haben können. Unzweifelhaft ist die Primärprävention – weit mehr als korrektive Intervention oder Sekundärprävention – *die* pädagogische Aufgabe etwa im Umgang mit Jugendlichen der Sekundarstufe I. Sie hat zunächst nichts mit Drogen, sondern allgemein mit jenen Gefahrenquellen zu tun, die die Entwicklung des Jugendlichen behindern könnten. Denn selbst dann, wenn es keine Drogen gäbe, hätten Jugendliche Adoleszenzprobleme, in deren Bewältigung der Lehrer sie unterstützen muß. Primärprävention beinhaltet deshalb auch die Schaffung von Kompetenzen, die die Jugendlichen befähigen, auch gegenüber Schwierigkeiten aktiv eine Lebensplanung zu entwickeln.

BEJEROT, N.: Addiction and Society, Springfield 1970. DEUTSCHE HAUPTSTELLE GEGEN DIE SUCHTGEFAHREN (Hg.): Jahrbuch zur Frage der Suchtgefahren, Hamburg 1987. FERSTL, R./KRAEMER, S. (Hg.): Abhängigkeiten. Ansätze zur Verhaltensmodifikation, München 1976. HAAS, E.: Selbstheilung durch Drogen? Frankfurt/M. 1975. KINDERMANN, W.: Primäre und sekundäre Prävention und ihre Anwendung auf das Problem der Heroinabhängigkeit. In: Niedersächsische Landesstelle gegen die Suchtgefahren (Hg.): Präventionen im Suchtbereich, Hannover 1981, S. 15ff. KINDERMANN, W.: Drogenabhängigkeit bei jungen Menschen, Freiburg [3]1987. KINDERMANN, W./SCHNEIDER, W.: Auf der Suche nach neuen Wegen in der Drogenarbeit. In: Suchtgefahren 28 (1982), S. 115ff. LANGE, H.: Süchtiges Verhalten. Analyse der Entstehung – Therapie aus lernpsychologischer Sicht, Freiburg 1974. NOACK, K.-A. u. a.: Unterrichtswerk zu Drogenproblemen, Stuttgart 1980. OERTER, R.: Jugendalter. In: Oerter, R./Montada, L. (Hg.): Entwicklungspsychologie, München/Weinheim 1987, S. 265ff. PAROW, E. u. a.: Über die Schwierigkeiten, erwachsen zu werden. Rauschmittel und Adoleszenzkrise, Frankfurt/M. 1976. SCHENK, J.: Droge und Gesellschaft, Heidelberg 1975. SOLLMANN, U.: Therapie mit Drogenabhängigen. Analyse und Kritik der bundesdeutschen Behandlungseinrichtungen von Oldenburg bis München, Gießen 1974. STEINBRECHER, W./SOLMS, H. (Hg.): Sucht und Mißbrauch. Körperliche und psychische Gewöhnung sowie Abhängigkeit von Drogen, Medikamenten und Alkohol, Stuttgart [2]1975.

Jörg Bockow/Walter Kindermann

Durchlässigkeit → Schicht, soziale; → Selektion
Dyade (Mutter – Kind) → Mutter

E

educational technology → Bildungstechnologie
Edukand → Schüler
Edukator → Erziehung
Ehrfurcht → Autorität
Eigenverantwortung, pädagogische (des Lehrers) → Freiheit,
   pädagogische
Eignungstest → Test
Einbildungskraft → Bildung; → Phantasie
Eindruck → Elementarunterricht
Ein-Elter-Familie → Familie – Familienerziehung; → Mutter
Einfluß → Autorität
Eingangsstufe → Vorschulerziehung
Einheitsschulbewegung → Reformpädagogik
Einheitsschule → Erziehung, sozialistische; → Integration;
   → Waldorfpädagogik
Einmaligkeit (des Individuums) → Individualität
Einschulungstest → Test
Einstellungstest → Test
Einübung, praktische / theoretische → Propädeutik

Einzelfallhilfe

Begriff. Abgeleitet aus dem 1897 in den USA erstmals erwähnten und
1917 (durch Richmond) systematisch entfalteten Konzept des «Casework» (vgl. TUGGENER 1971, S. 171), gilt die Einzelfallhilfe (auch: soziale
Einzelhilfe oder persönliche / individualisierende Fürsorge) als die im Vergleich zur Gruppen- oder → Gemeinwesenarbeit älteste und seit den 50er
Jahren des 20. Jahrhunderts auch in Deutschland am häufigsten gelehrte
Methode der Sozialarbeit (→ Sozialpädagogik – Sozialarbeit). Mit ihr
soll «Hilfe zur Selbsthilfe» geleistet werden angesichts materieller und
psychosozialer Probleme, und zwar mit den Mitteln des Gesprächs im
Rahmen einer «helfenden Beziehung», die auf → Beratung oder auch
Behandlung abstellt. Galt das Interesse dabei ursprünglich – im Rahmen
von Familienfürsorge – der erwachsenen Klientel, so versteht man in-

346   Einzelfallhilfe

zwischen auch die Arbeit im Bereich der Jugendhilfe als Einzelfallhilfe,
sofern sie sich einzelnen Kindern und Jugendlichen in besonderer Weise
zuwendet. Es ist allerdings noch nicht gelungen, die diversen psychologischen Grundlegungsversuche dieser →Methode durch einen Begrün-
dungsgang zu ersetzen, der sich der (kontinentaleuropäisch geprägten)
sozialpädagogischen Denkform verpflichtet weiß.

Problemgeschichte. Als Casework nahm die Einzelfallhilfe ihren Ausgang vom Interesse nordamerikanischer Wohlfahrtsverbände, die
Glaubwürdigkeit Hilfesuchender zu überprüfen. Zu diesem Zweck wurden ehrenamtliche Hausbesucherinnen in der Kompetenz geschult, eine
«soziale Diagnose» zu erstellen (vgl. C. W. MÜLLER 1988a, S. 99ff).
Dieses zunächst nur auf Fragen im Vorfeld der Gewährung materieller
Hilfe orientierte Verfahren wurde rasch um einen Behandlungsaspekt
(«social treatment» – vgl. TUGGENER 1971, S. 73) erweitert. Bereits SA-
LOMON (vgl. 1927), die den Ansatz von Richmond in Deutschland popu-
larisierte, stellte heraus, daß dem Fürsorger auch die Aufgabe obliegt,
auf die Person des Hilfesuchenden einzuwirken. Obgleich gerade in der
Weimarer Epoche viel Aufgeschlossenheit bestand für die damit geforderte «Fürsorge als persönliche Hilfe» (POLLIGKEIT u. a. 1929), ist es
nicht mehr zu einer breiten Rezeption oder gar Anwendung des Casework gekommen. Ursächlich hierfür war erstens die spezifisch deutsche,
sich auf die Mentalität des Sozialbeamtentums auswirkende und ein per-
sonänderndes Verfahren beeinträchtigende Verfaßtheit behördlicher Sozialarbeit (vgl. FISCHER o. J., S. 321); zweitens die der Jugend- wie
Frauenbewegung geschuldete relative «Nichtachtung des Methodischen» (E. HOFFMANN 1968, S. 19), die einherging mit einer erheblichen
Skepsis von (auf Probleme der Jugendwohlfahrt spezialisierten) Sozialpädagogen (wie Nohl) gegenüber Ansätzen, die, wie das Casework,
nicht der Pädagogik als Wissenschaft zurechenbar schienen; und drittens
die 1929 einsetzende Massennot, die eher materielle denn psychosoziale
Hilfe anempfahl (vgl. SACHSSE 1986, S. 283). Der Nationalsozialismus
beendete dann jede weitere ernsthafte Diskussion um die Einzelfallhilfe. In den USA hingegen begann sich von der ursprünglich dominanten, tiefenpsychologisch orientierten diagnostischen Schule eine funk-
tionelle abzuspalten: sie sieht den Menschen nicht als «Produkt seiner
Vergangenheit», sondern sie reflektiert vor allem auf Möglichkeiten des
«Wachstums» (vgl. ROBERTS/NEE 1974).

Nach 1945 wurde Einzelfallhilfe im Zuge der Reeducation auch in
Deutschland gezielt popularisiert (vgl. C. W. MÜLLER 1988b, S. 67ff),
wobei die Erwartung bestand, auf diese Weise ließe sich die →Professio-
nalisierung und Verwissenschaftlichung der Sozialarbeit befördern (vgl.
PFAFFENBERGER 1966). Doch gerade die Wissenschaftlichkeit der maß-

geblichen Casework-Literatur stand bald in Frage (vgl. PETERS 1971). Gleichermaßen wurde bezweifelt, ob Professionalisierung möglich sei, wenn dem Sozialarbeiter nicht jene → Autonomie zugebilligt werde, die er den Casework-Prinzipien zufolge benötige, um verantwortungsvolle Hilfe – und nicht nur Kontrolle – leisten zu können (vgl. MEINHOLD/ GUSKI 1984, S. 275 ff). In dieser Situation, verstärkt durch die allmähliche (Selbst-)Auflösung der klassischen amerikanischen Casework-Schulen sowie durch die Neigung von Praktikern, sich zu spezialisieren, gewannen immer neue – und vermeintlich wissenschaftlichere – Therapieverfahren (vgl. N. HOFFMANN 1977) an Einfluß.

Erziehungswissenschaftliche Bedeutung. Von ihrem Ursprung her weist die Einzelfallhilfe keinen Bezug zur Pädagogik als Wissenschaft auf. Gleichwohl konvergieren einzelne Verfahrenselemente mit Prinzipien sozialpädagogischen Denkens. So ist die Rede von der «Hilfe zur Selbsthilfe» bis auf Pestalozzi zurückführbar, und im Konzept «helfende Beziehung» läßt sich der insbesondere von Nohl betonte «pädagogische Bezug» (→ Verhältnis, pädagogisches) identifizieren. Hervorzuheben ist auch, daß sich viele Casework-Schulen am Problem der Gewinnung kasuistischen, fallbezogenen Wissens orientieren. Damit scheint dem in besonderer Weise für die Sozialpädagogik als hermeneutisch-pragmatischer Wissenschaft (→ Sozialpädagogik – Sozialarbeit) kennzeichnenden Individualisierungsprinzip dem Ansatz nach Rechnung getragen zu sein.

Andererseits läßt sich schon für Richmond die Orientierung an einer quasi-ärztlichen Semantik und Handlungslogik nachweisen (vgl. TUGGENER 1971, S. 70). Und bereits NOHL (1965, S. 18) hob hervor, daß die bloß reaktive oder kurative Intervention des Einzelfallhelfers («Therapeutik») der eher prophylaktisch orientierten «pädagogischen Idee» widerspreche. Dieser Idee könne – so Nohl weiter – nur dann uneingeschränkt und im Fallbezug Geltung verliehen werden, wenn der Sozialpädagoge die «*geistige* [...] Umwelt», zu der auch der pädagogische Bezug zu rechnen sei, bildungswirksam arrangiere.

Ausblick. Dieses Argument Nohls, das sich im übrigen von einer gleichgerichteten Denkfigur NATORPS (vgl. 1927, S. 69) kaum unterscheidet, gilt es in Zukunft auszubauen, wenn eine dezidiert sozial*pädagogische* Einzelfallhilfe möglich sein soll. Auszugehen ist dabei von den Implikaten der Alltagswende (vgl. THIERSCH 1986; → Alltag), und zwar nicht nur, weil sich die Protagonisten dieses Ansatzes gegenüber Therapeutisierungstendenzen kritisch verhalten, sondern auch, weil sie den Praktiker auf seine Verantwortung für die Gestaltung eines «gelungenen Alltags» aufmerksam machen (am Beispiel der → Heimerziehung: nicht um quasi-therapeutische Gespräche mit einzelnen soll es hier in Zukunft ge-

348 Einzelfallhilfe

hen, sondern um die Sicherstellung des pädagogischen Bezuges als Teilmoment eines gelungenen und insofern bildungswirksamen Alltags.). Erforderlich ist in diesem Zusammenhang die (in der geisteswissenschaftlichen Pädagogik bereits vorgeprägte) «Rückbesinnung auf alltäglich-praktische Erkenntnisgewinnung» (WEGNER 1986, S. 101). Die Psychoanalyse dient dabei eher der Klärung der Stellung des Praktikers, nicht aber – wie etwa in der «diagnostischen» Casework-Schule – der Abklärung der Pathologie der Klientel (vgl. B. MÜLLER 1985). Der Praktiker gilt also als Forscher, dessen kasuistisch eingesetzte Geltungskriterien und →«Forschungsmethoden» zu beachten sind (vgl. NIEMEYER 1988), bevor man ihn auf «Handlungsmethoden» orientiert. Die einsetzende Kritik an den oft diffusen Implikaten der Alltagsorientierung oder an ihrer Nichtrelevanz für interaktionsschwache sozialpädagogische Handlungsfelder, verbunden mit dem Verweis auf neuere, metatheoretisch ambitionierte und systemtheoretisch angelegte amerikanische Casework-Konzepte (vgl. HEINER 1981), läßt es allerdings fraglich werden, ob insgesamt schon von einem zureichend elaborierten Einzelfallhilfe-Konzept gesprochen werden kann, das die angelsächsische Tradition begründet zu verwerfen vermag.

FISCHER, A.: Gesammelte Abhandlungen zur Soziologie, Sozialpädagogik und Sozialpsychologie. Leben und Werk, Band 3/4, München o. J. HEINER, M.: Demontage oder Neuorientierung der Methoden? In: Projektgruppe Soziale Berufe (Hg.): Sozialarbeit: Ausbildung und Qualifikation, München 1981, S. 218 ff. HOFFMANN, E.: Über die sozialpädagogischen Methoden. In: Röhrs, H. (Hg.): Die Sozialpädagogik und ihre Theorie, Frankfurt/M. 1968, S. 11 ff. HOFFMANN, N. (Hg.): Therapeutische Methoden in der Sozialarbeit, Salzburg 1977. MEINHOLD, M./GUSKI, E.: Einzelfallhilfe. In: Eyferth, H. u. a. (Hg.): Handbuch zur Sozialarbeit/Sozialpädagogik, Neuwied/Darmstadt 1984, S. 271 ff. MÜLLER, B.: Die Last der großen Hoffnungen, München 1985. MÜLLER, C. W.: Wie Helfen zum Beruf wurde, Weinheim/Basel [2]1988 (Bd. 1: 1988a; Bd. 2: 1988 b). NATORP, P.: Pestalozzi, Leipzig/Berlin [5]1927. NIEMEYER, CH.: Die Zukunft professionellen Handelns in der Heimerziehung. In: Peters, F. (Hg.): Jenseits von Familie und Anstalt, Bielefeld 1988, S. 264 ff. NOHL, H.: Aufgaben und Wege der Sozialpädagogik, Weinheim 1965. PETERS, H.: Die mißlungene Professionalisierung der Sozialarbeit. In: Otto, H.-U./Utermann, K. (Hg.): Sozialarbeit als Beruf, München 1971, S. 99 ff. PFAFFENBERGER, H. (Hg.): Grundbegriffe und Methoden der Sozialarbeit, Neuwied/Berlin 1966. POLLIGKEIT, W. u. a. (Hg.): Fürsorge als persönliche Hilfe, Berlin 1929. ROBERTS, R. W./NEE, R. H. (Hg.): Konzepte der Sozialen Einzelhilfe, Freiburg 1974. SACHSSE, CH.: Mütterlichkeit als Beruf, Frankfurt/M. 1986. SALOMON, A.: Soziale Diagnose, Berlin [2]1927. THIERSCH, H.: Die Erfahrung der Wirklichkeit, München 1986. TUGGENER, H.: Social Work, Weinheim/Berlin/Basel 1971. WEGNER, TH.: Erkenntnisleistungen in der Praxis. In: Müller, B. u. a. (Hg.): Sozialpädagogische Kasuistik, Bielefeld 1986, S. 97 ff.

Christian Niemeyer

Elementarunterricht 349

Einzelhilfe, soziale → Einzelfallhilfe
Elementarbereich → Bildungssystem (Bundesrepublik Deutschland);
→ Vorschulerziehung
Elementarmethode → Elementarunterricht

Elementarunterricht

Das Verschwinden des Elementarunterrichts. Die Grundschule wurde
1920 als Kernstück der Volksschule konzipiert. Diese sollte ihrem inneren Anspruch zufolge den institutionellen Rahmen einer alle «Stände»
und Klassen – die Arbeiterschaft zumal – umfassenden Nationalpädagogik bilden. Unter dem Leitmotiv der Nationalerziehung wurde die Integrationsfunktion der → Schule nach dem Ersten Weltkrieg neu interpretiert. Als Instrument der Aufhebung aller partikularen Interessen in ein
vernünftiges, dem Aufbau eines gerechten Gemeinwesens verpflichteten Zusammenlebens stieg die Schule in die ersten Ränge der Gesellschaftspolitik auf. In diesem volksschulpädagogischen Rahmen wurde
der Grundschule die Aufgabe einer Grundlegung der Nationalerziehung
zugedacht (vgl. FISCHER 1950 a, S. 344 ff; vgl. FLITNER 1958).
   Die Wurzeln der Nationalpädagogik liegen in einer Gesellschaftslehre, die die integrierenden Kräfte der funktionsteiligen, nicht mehr in
Sozialbeziehungen (Sippschaft, Gruppen) verankerten Gesellschaften in
den Werken der nationalen → Kultur und in der Nationalsprache suchte.
Im Werkcharakter der kulturellen Leistungen werde, nach dieser Kulturtheorie, der überindividuelle Zusammenhang einer alle Glieder der
Gesellschaft umfassenden Vernunft offenbar. Die schöpferischen, ob-
jektivierenden Leistungen, in denen eine verbindliche Wirklichkeit geschaffen wird, seien in diesem Gemeingeist begründet (vgl. LITT 1926,
SPRANGER 1950). Daher könne der einzelne auch nur in der Auseinandersetzung mit den Werken der nationalen Kultur die eigenen produktiven Möglichkeiten entfalten und eine vernünftige → Identität aufbauen.
In ganz besonderer Weise aber sei der Gemeingeist in der Sprache wirksam. Nach dieser Auffassung gilt die Sprache nicht nur als die Realisierung der menschlichen Sprachfähigkeit (langage), sondern als Medium,
in dem sich die gemeinsamen Denk- und Wahrnehmungsmuster einer
Gesellschaft entfalten. In der Nationalsprache seien daher Denk-,
Sprach- und Wahrnehmungsmuster eng aufeinander bezogen: So bilde
die Sprache den Horizont der kollektiven → Erfahrung. Zwar könne die
Sprache sich in verschiedenen Mundarten realisieren, diese spiegelten
die Nationalsprache jedoch nur in besonderen Brechungen. Daher sei
jeder, der nur Deutsch könne, in welcher Mundart er es auch immer
sprechen mag, fähig und in der Lage, die Erfahrungshorizonte seines

350 Elementarunterricht

kulturellen Milieus zu überschreiten und in einen lediglich durch die Nationalsprache selber begrenzten Erfahrungsaustausch einzutreten. In der sprachlichen Weltbewältigung lassen sich primitive (elementare) und differenziertere Formen unterscheiden; die differenzierteren Formen entfalten aber nur, was in diffus-ganzheitlicher Weise in den elementaren Formen vorweggenommen sei. So erweise die Sprache sich als Organismus, in dem Volks- und Bildungs-(Gelehrten-)Sprache Stadien einer organischen Entwicklung darstellten.

Gestützt auf diese sprach- und kulturphilosophischen Voraussetzungen, konnte die Grundschule unter den Anspruch gestellt werden, Schule der →Kindheit zu sein. Schien doch die Muttersprache die Organe bereitzustellen, die schon den Kindern den Erfahrungsaustausch über die Grenzen ihrer sozialen Herkunft hinweg ermöglicht. In diesem Erfahrungsaustausch werde der volle Realitätsgehalt der kindlichen Erlebnisse entwickelt. So rückten der Gesamt- und Heimatkundeunterricht in den Mittelpunkt der Grundschule. In der darin initiierten kindgemäßen Durchdringung der Erlebnisse konstituiere sich eine eigene Kinderwelt: Vorschein und Verheißung einer vernünftigen Welt jenseits aller sozialen Differenzen. Die Formen, in denen Kinder ihre Erfahrungen verarbeiten und austauschen, seien im wesentlichen Erscheinungsformen des Genius, in dem die produktiven Kräfte des Gemeingeistes in volksnaher, naiver und unpersönlich-kollektiver Weise wirkten. Die Teilnahme an den Schöpfungen der nationalen Kultur setze diese kollektiven Formen des Sehens und →Denkens, die in «elementaren Formen» der Sprache, des Gestaltens und Handelns ihren Ausdruck finden, voraus (vgl. HARTLAUB 1922). Die fundamentale →Bildung muß daher als volkstümliche Bildung begriffen werden, die ihre Wurzeln in die magischen Tiefen des Wirklichkeitsbewußtseins vortreibt.

Mit diesen theoretischen Vorannahmen konnte es der Grundschule nicht gelingen, die Integrationsaufgabe, unter der sie doch angetreten war, zu erfüllen. Der Glaube an die innere, organische Einheit von Volks- und Bildungssprache hat sie von vornherein blind gemacht für die tatsächlichen Unterschiede.

Die Bildungssprache konnte vom größeren Teil der Kinder nicht als Denksprache angenommen werden; dem anderen Teil und den Lehrern aber hat sie Erfahrungen vorenthalten (vgl. BOURDIEU/PASSERON 1971, S. 109ff). So ist die Bildungssprache eine Standessprache und der darin aktualisierte kulturelle Habitus auf eine Schicht beschränkt geblieben. Die pädagogische Durchdringung der Schrift- und Gelehrtenkultur, ihre Befreiung aus den Schranken einer bloßen Standeskultur und ihre «Vergesellschaftung» zum allgemeinen Medium des Aufbaus der Erfahrungswirklichkeit, konnte in den Ausmessungen der Nationalpädagogik nicht gelingen. Die Grundschulpädagogik hat es nicht vermocht, an Pestalozzi

Elementarunterricht 351

anzuknüpfen, der die – gesellschaftspolitische – Problematik des Auseinanderdriftens von Gelehrten- und Volkskultur in ihrer ganzen Tragweite erkannte und in den Entwürfen zur Elementarmethode zu bewältigen versuchte. In diesen Schriften entwirft Pestalozzi eine Anthropologie der Schriftkultur, die den Strukturen nachgeht, in denen sich die Wirklichkeit in einer spezifischen, nicht situations- und handlungsbezogenen Weise konstituiert. Die Künste des Elementarunterrichts, Lesen, Schreiben, Rechnen, Zeichnen, Singen, werden als Konkretionen der organisierenden Tätigkeiten begriffen, aus denen sich die Strukturen der Schriftkultur aufbauen. Fröbel hat die Versuche einer anthropologischen Begründung der Elementarmethode vertieft und ihr mit seiner Spieltheorie einen systematischen Rahmen gegeben.

Sosehr die Grundschulpädagogik das → Spiel als ursprüngliche Lebensäußerung der Kinder geschätzt haben mag und sosehr sie sich auf das «Anschauungsprinzip» (→ Anschauung) berufen hat, so peinlich war sie von der Systematik der Spielgaben und dem «Formalismus» der Elementarmethode berührt. Die Begrifflichkeit ihrer didaktischen Konzeptionen hat es jedenfalls nicht erlaubt, die elementaren Künste (Kulturtechniken) in den Zusammenhang der fundamentalen Bildung zu integrieren. Der Sinn des Lesens erfüllte sich für sie in der Aufnahme gehaltvoller Texte: Die Lesefertigkeit konnte nicht im Zusammenhang der Konstitution von Texten gesehen und didaktisch aufbereitet werden (vgl. DOMIN 1984, ISER 1976). Die Texte erscheinen als arbiträre Verpackung von Inhalten, zu denen es auch andere, direktere und erlebnisnähere Zugänge gibt.

Die Grundschulreform der 60er Jahre des 20. Jahrhunderts hat sich vorwiegend gegen den naiven didaktischen Realismus des Heimat- und Gesamtunterrichts gerichtet. Unter der Protektion der Wissenschaften wurden die formalen kognitiven und methodischen Aspekte des Erkennens und der entdeckenden Auseinandersetzung mit der Wirklichkeit stärker zur Geltung gebracht. Durch die Orientierung des → Lernens am wissenschaftlichen Erkennen sollten die → Schüler zu einer traditionsentbundenen, eigenständigen und kritischen Auseinandersetzung angehalten werden. Die Grundschule wurde als Lernschule und damit als vollgültige Schule ausgelegt: als → Institution, in der es darauf ankommt, das Lernen aus den Verstrickungen der Lebensverhältnisse zu lösen und als Verhalten zu inszenieren, auf dem eine freie, authentische und selbstbewußte Lebensführung aufbauen kann. Die Wissenschaftsorientierung des Lernens markiert das Ende der Volksschule und der nationalpädagogischen Konzeption der Grundschule.

Die Wissenschaftsorientierung ist von der Voraussetzung durchdrungen, daß die Formen und Dispositionen der wissenschaftlichen Forschung die Kognition schlechthin repräsentieren und somit nicht nur

352 Elementarunterricht

universell in ihrer Geltung, sondern auch so allgemein sind, daß der Erkenntnis- und Forschungsprozeß in den Modellen einer allgemeinen genetischen Theorie beschrieben werden kann (vgl. PIAGET 1973a). Dies ist so wahrscheinlich nicht haltbar: Vermutlich ist auch das Erkennen durch und durch geschichtlich bestimmt, so daß es in rationalen oder genetischen Theorien nicht vollkommen erfaßt werden kann (vgl. KUHN 1978, 1979). Damit hängt es wohl auch zusammen, daß die im wissenschaftsorientierten → Unterricht elaborierten formalen Verhaltensweisen (wie Beobachten, Experimentieren) nicht ohne weiteres und überall «sinnvoll», das heißt sachangemessen angewandt werden können. Es fragt sich daher, ob nicht gerade der wissenschaftsorientierte Unterricht den Aufbau von Sachstrukturen voraussetzt, der die Anwendung von wissenschaftlichen Verfahren allererst ermöglicht. Der wissenschaftsorientierte Unterricht setzte dann als Bedingung seiner Möglichkeit eine eigentümliche Kultiviertheit im Umgang mit Sachen voraus, die, vorläufig ex negativo, mit der Herauslösung der Sachen aus den alltäglichen Handlungsfeldern und Sprachspielen umschrieben werden kann (vgl. TENBRUCK 1977). Das Problem des Elementarunterrichts stellte sich dann als die Frage des Aufbaus von Sachstrukturen und der Konstitution von situations*entbundenen* Erfahrungen.

Grundphänomene der Schriftkultur. Wie tief die Alphabetisierung in das Gefüge von Kulturen und in die anthropologischen Dispositionen eingreift, ist uns erst über die Pädagogik der «Dritten Welt» bewußt geworden (vgl. FREIRE 1973, 1977, 1981). Die Alphabetisierung stellt ein kulturanthropologisches Problem erster Ordnung dar und kann infolgedessen nur im Rahmen anthropologischer Theorien angemessen behandelt werden. Die Erfindung und Verbreitung der Schrift habe «das Kommunikationspotential der Gesellschaft über die Interaktion unter Anwesenden hinaus immens erweitert und es damit der Kontrolle durch konkrete Interaktionssysteme entzogen» (LUHMANN 1975, S. 6).

Mit der Ablösung der gesellschaftlichen → Kommunikation von sozialen Situationen stellt sich das Problem der Komplexität: In den Kommunikationsprozessen, die der Kontrolle der Interagierenden entzogen sind, ist immer «mehr» Sinn enthalten, als vom → Bewußtsein einzelner realisiert werden kann. Unter der Perspektive der Reduzierbarkeit kann die Komplexität als ein quantitatives Problem gestellt und, wie es die Medientheorie von LUHMANN (vgl. 1971, 1975) versucht, auf Möglichkeiten einer technologischen Bewältigung hin untersucht werden. Unter Komplexität kann aber auch das Charakteristikum von Phänomenbereichen verstanden werden, denen mit Reduktionen prinzipiell nicht beizukommen ist, es sei denn um den Preis ihrer Verdrängung (vgl. v. HAYEK

1972, WIMMEL 1981). So liegt die Komplexität, die die Kommunikation unter den Bedingungen der Schriftkultur zu belasten scheint, auch darin begründet, daß die Sinngehalte der Kommunikate in einen neuen Horizont gerückt werden. Das qualitativ Neue, Andere der Sinnkonstitution ist darin zu sehen, daß die Wirklichkeit nicht mehr als Umwelt begriffen, das heißt systematisch auf einen Innenbereich zentriert wird. Mit der Komplexität der Sinngehalte ist – zumindest – der Anspruch der Auflösung der Umwelten, der zentrierten Situationen und der der Ausweitung der Wirklichkeit zur Welt gesetzt (vgl. RICŒUR 1972, S. 258f). Von komplexen Sinngehalten ist also nur da die Rede, wo Bedeutungen und Intentionen sich von den Subjekten lösen und gewissermaßen objektiv werden. Die Form, in der die Intentionen objektiv werden, in geschlossene Zusammenhänge eintreten, die sich dem Willen und den Absichten der Sprechenden entziehen, ist der Text. Texte treten auch dem Autor gegenüber und beginnen ein Eigenleben zu führen. Es scheint sie nur als Inbegriff aller möglichen lesenden Rekonstruktionen zu geben. «Genauso wie sich der Text in seiner Bedeutung von der Vormundschaft der Intention seines Urhebers loslöst, so löst sich sein Bezug von den Grenzen des ostentativen Bezuges. Für uns ist die Welt das Ensemble der durch Texte eröffneten Bezüge [...] Für mich ist das der entscheidende Bezugspunkt aller Literatur; nicht die Umwelt der ostentativen Bezüge des Dialogs, sondern die Welt, die durch die indirekten und nicht-ostentativen Verweisungen jeden Textes, den wir gelesen, verstanden und geliebt haben, entworfen wird» (RICŒUR 1972, S. 258f). Das Problem der Bedeutungen löst sich hier auf in eine unendliche Kette von Texten, in der jeder Text selber schon eine zu rekonstruierende Rekonstruktion von Texten ist (vgl. DERRIDA 1976, S. 272). Der Autor ist gerade nicht Subjekt seiner Texte: Seine eigene Produktivität trägt keineswegs den Charakter der Ursprünglichkeit und Originalität. Die Art und Weise, wie er sich in der Kette von Texten bewegt, zitierend, in Anspielungen, kombinierend und komponierend, ist seinem eigenen Bewußtsein nur ansatzweise zugänglich. Wo vor dem Hintergrund dieses Ansatzes überhaupt noch nach der Produktivität gefragt wird, also nach der Art, in der aus Texten Texte entstehen, findet man sich auf das kollektive Unbewußte zurückverwiesen, in dem historische Ereignisse unter Mitwirkung einer archaischen Bildersprache zu Erfahrungen verdichtet werden (vgl. CURTIUS 1965, WIMMEL 1981).

Als weiteres Charakteristikum der Schriftkultur ist das Aufbrechen der zyklischen, als Wiederkehr des Vergangenen sich erfüllenden Zeitstruktur zu nennen (→ Zeit). In der Schriftkultur vollzieht sich der Wechsel der Generationen nicht mehr als Einschwörung auf die Deutungsmuster, in deren Repräsentations- und Ordnungszusammenhängen die Anwesenheit der Ahnen verbürgt ist. Die nachfolgende Generation

354 Elementarunterricht

gewinnt ihre Identität nicht mehr in der Identifizierung mit den Ahnen. Dadurch kommt sie in die Lage, die → Tradition an den eigenen Erfahrungen zu messen. Gleichzeitig aber stellt die Tradition eine permanente Herausforderung dar, an der die nachfolgende Generation sich zu messen gezwungen ist. In der darin zum Ausdruck kommenden Komparativität sieht Wimmel (vgl. 1981, S. 12, S. 14) ein wichtiges Kennzeichen der Schriftkultur.

Sprache und Schrift. Die Schrift im Sinne des Korpus der Schriftzeichen gilt im allgemeinen als ein sprachliches Phänomen (vgl. v. Humboldt 1963, S. 82ff). Dagegen sieht die neuere Linguistik in den Buchstaben zunächst einmal Realisierungen von graphischen Strukturen. Es gäbe keine direkte Beziehung von Buchstabe und Laut. Vielmehr ist die Beziehung an die Bedingung geknüpft, daß die Laute auf einer höheren Abstraktionsstufe als der phonetischen repräsentiert werden können, auf der sie dann systematisch in Phonem-Allophon-Differenzen zu erfassen sind. Was das Verhältnis von Buchstaben und Lauten angehe, können nur Beziehungen zwischen Phonemen und Graphemen systematisch erfaßt werden (vgl. Bierwisch 1976). Man könnte schon diese Befunde als Anzeichen dafür nehmen, daß die Schrift ursprünglich gar nicht sprachlich motiviert ist, sondern in tiefere Schichten zurückreicht. In der Gestalt von Mythogrammen hatten die Schriftzeichen ursprünglich wohl auch keine rein sprachliche Funktion: Sie stellten bestenfalls «Stützpunkte eines mündlichen Kontextes» dar (Leroi-Gourhan 1984, S. 240), in denen Mythen sozusagen begangen wurden, oder aber die Artikulation des Rhythmus von Beschwörungsformeln; das Problem ihrer Entzifferung ist das der Rekonstruktion von Riten (vgl. Leroi-Gourhan 1984, S. 237ff). Die Kabbala hat die Buchstaben als Mittel behandelt, mit deren Hilfe jede natürliche Bedeutung außer Kraft gesetzt und die Seele zur mystischen Versenkung in den Namen Gottes vorbereitet werde. Diese Versenkung wiederum realisierte sich als Kombinatorik der Buchstaben, bei der es nicht auf die sprachliche Bedeutung ankam, sondern auf die Musik und die Rhythmik des reinen (gegenstandslosen) Denkens (vgl. Scholem 1973; S. 64ff; vgl. Scholem 1980, S. 142ff).

Das Problem einer möglicherweise getrennten Entwicklung von Sprache und Schrift wird in der «Strukturalen Anthropologie» radikalisiert. Die Schrift könne nicht als sprachliches oder kulturelles Organon verstanden werden. Sie sei vielmehr die Manifestation eines von der kulturellen Selbstinterpretation des Menschen unabhängigen anthropologischen Prinzips (vgl. Derrida 1983, S. 144ff). Lévi-Strauss (vgl. 1981, S. 290ff) sieht in der Schrift ein kulturfremdes und entfremdendes Prinzip. Es sei gerade nicht so, daß die Schrift den Menschen geholfen habe,

Wissen und Erfahrung zu bewahren, um neue Fähigkeiten zu entwickeln. Die wahrhaft großen kulturellen Revolutionen seien nicht durch die Erfindung der Schrift ausgelöst worden; sie tauge lediglich dazu, eine große Anzahl von Menschen einem politischen System zu integrieren und in hierarchischen Ordnungen verfügbar zu halten. Schrift und Schulen seien lediglich die Instrumente einer unmerklichen Machtausübung (vgl. LÉVI-STRAUSS 1981, S. 295; vgl. LESCHINSKY/ROEDER 1976, S. 427 ff). Die Unmerklichkeit der Machtausübung durch die Schrift liege darin begründet, daß die Schrift in die einzelnen sozusagen eindringt und ihre → Körper und ihre Sinnlichkeit nach Maßgabe bestimmter Figurationen verwaltet. Die Fraktionierung und Uniformierung ursprünglich rhythmisch gegliederter Abläufe in der Arbeit, dem Militär und in der Schule, die Auflösung des Wahrnehmungsfeldes in Zeilen, die Linearisierung der Bewegung, die temporale Gliederung und Programmierung des Denkens sind originäre, nicht vermittelte Leistungen der Schrift (vgl. LEROI-GOURHAN 1984, S. 263 ff; vgl. POSTMAN 1983, S. 41 ff).

Philosophie der Schrift und Grundzüge der «Grammatologie». In seinen Entwürfen zu einer Grammatologie hat DERRIDA (vgl. 1983) die Entfremdungsfunktion der Schrift als eine Erscheinung zu erklären versucht, die nicht auf die Sache selbst zurückzuführen sei, sondern auf die in der abendländischen Metaphysik entwickelten Denkgewohnheiten. Diese haben ihre bewegenden Kräfte aus zwei Grundannahmen bezogen. Sie sei zum einen durch die Frage nach dem Ursprung der Welt motiviert, der als einheitlicher Bezugspunkt und als ein permanent anwesendes Zentrum des Universums gedacht werde. Zum anderen aber sei sie von der Überzeugung der sprachlichen Verfaßtheit des Denkens durchdrungen, wonach es nur im Medium der Sprache möglich sei, die Wirklichkeit auf das «Wesen» der Dinge hin zu überschreiten: Nur in sprachlich vermittelten Evidenzerlebnissen sei die reine, nicht perspektivisch verzerrte Anwesenheit der Dinge gegeben, nicht in den standpunkt- und situationsbezogenen Sinneswahrnehmungen.

Die Essays von Derrida kreisen um die Möglichkeit der Befreiung des Denkens aus den Fesseln der Sprache. Diese Fesseln seien zwar faktisch von der Mathematik aufgesprengt worden; die innere Möglichkeit des sprachfreien Denkens, seine Eigendynamik, sei aber nach wie vor verborgen, so daß auch die Frage nach der inneren Möglichkeit der Mathematik nicht mit der angemessenen Schärfe ausgearbeitet werden konnte.

Ihre wichtigsten Anregungen verdanken die Arbeiten Derridas der Auseinandersetzung mit Husserl. Dieser habe das Problem der Grammatologie bereits in seiner Arbeit über den «Ursprung der Geometrie» erkannt, wo er daran erinnere, daß die Schrift nicht nur ein Hilfsmittel im Dienste der Wissenschaft sei, sondern daß sie «allererst die Mög-

356 Elementarunterricht

lichkeitsbedingung für ideale Gegenstände und damit für wissenschaftliche Objektivität» schaffe (DERRIDA 1983, S. 49 f). Die Schrift sei die «Bedingung der *episteme*, ehe sie ihr Gegenstand sein kann» (DERRIDA 1983, S. 50). Daher, so folgert Derrida, müsse im Medium der Wissenschaft von der Schrift die Frage nach der Möglichkeit von Wissenschaft überhaupt gestellt werden. Nicht mehr die aus dem Geist der Sprache entwickelte Logik, sondern die Grammatologie wird von DERRIDA (vgl. 1983, S. 50) als grundlegende Disziplin gefordert. Da die Grammatologie etwas prinzipiell anderes sein will als die Wissenschaft von der Entstehung und der Geschichte der Schrift, muß sie ihren Ansatz gründlich bedenken. Üblicherweise wird schon das Problem der Schrift ethnozentrisch gestellt. Man geht von der Buchstabenschrift und der Buchkultur aus, in der man dann ohne weiteres die Erfüllung und Vollendung der Schrift sieht. Schon in diesem Ansatz sieht Derrida eine gefährliche Verengung des Problems. Durch die Bindung der Schrift an die Sprache werde von vornherein eine Klassifikation in schriftlose Gesellschaften und Schriftkulturen vorgenommen, wobei dann die Schrift den Übergang in die Hochkultur markiere. Dem steht jedoch die Tatsache entgegen, daß es keine schriftlosen Völker und Kulturen gibt. In den vermeintlich schriftlosen Kulturen habe die Schrift nur andere Funktionen erfüllt, die wir, aufgrund der Versprachlichung der Schrift, nicht mehr wahrzunehmen imstande seien. Wir haben ein einziges Modell der Schrift, die Zeile und den linearen Duktus, verabsolutiert und die Möglichkeiten einer mehrdimensionalen Realisierung der Schrift verdrängt (vgl. LEROI-GOURHAN 1984, S. 249 ff). Durch die Linearität erst wurde es möglich, die Schrift an die Lautsprache zu binden und als Hilfsmittel der Artikulation zu verwenden. Daß dies ein Irrweg sei, zeige sich zum einen an der Tatsache, daß die Mathematik Schriftzeichen ohne jede Zuordnung zu Phonemsegmenten in kognitiven Funktionen verwende (vgl. DERRIDA 1983, S. 49, S. 147). Zum anderen aber habe die Einengung des Blicks auf die phonetische Schrift zur Unlösbarkeit der Grundfrage einer allgemeinen Zeichenlehre geführt. Es sei bisher nicht möglich gewesen, die Beziehung der beiden konstitutiven Momente des Zeichens – Signifikat und Signifikant – in einem kohärenten theoretischen Zusammenhang zu thematisieren. Der Signifikant ist zweifellos arbiträr und nicht motiviert; aber gerade in der Arbiträrität des Signifikanten liege das Schlüsselproblem der Zeichentheorie überhaupt (vgl. DERRIDA 1983, S. 77 ff).

Die Vernachlässigung des Signifikanten ergebe sich aus der prinzipiellen Orientierung der abendländischen Metaphysik am «Sein», das sich selber «gibt», das heißt in Evidenzerlebnissen zur originären Gegebenheit kommt. Daher müsse alles Denken auf die Formen der originär gebenden Anschauung zurückgeführt werden, in denen die unaufhebbare

Präsenz des Seins verbürgt sei. Die Zeichen haben dabei bestenfalls eine erinnernde, aktualisierende Funktion. Das Medium aber, in dem sich die Anschauung realisiert, ist die Lautsprache. In der Artikulation der Lautsprache schaffe sich der Geist, wie es eine lange Tradition der Sprachphilosophie überliefert, einen eigenen Körper. Die Zeichen aber sind nur der Ausdruck des nicht mehr erklärbaren Aktes, in dem die Vernunft sich ihre Wirklichkeit entgegensetzt, um sich als Subjekt begreifen zu können. Worauf es daher ankomme, sei die Rückgewinnung einer Struktur des Denkens, in dem es sich nicht als Akt der Weltsetzung, sondern als Vollzug einer Differenzierungsbewegung begreift. Dabei müßte von einer Prävalenz des Signifikanten ausgegangen werden, durch die die Zeichen als Abdrücke einer Spur hervortreten. Spuren verweisen zwar auf einen Ursprung, der jedoch nicht mehr als gegenwärtiger wahrgenommen wird. Spuren sind immer schon hinterlassene Zeichen. Gleichwohl bleibt der Ursprung in der Spur enthalten, allerdings nur als Aufforderung zur Rekonstruktion einer Bewegung, die in ihrer Originalität nicht mehr faßbar ist. Die Metapher der Spur unterbricht die Transzendenzbewegung ganz radikal. «Es gilt, die Spur vor dem Seienden zu denken» (DERRIDA 1983, S. 82). Die Spur kann nur im Begriff des Verschwindens des Ursprungs gedacht werden (vgl. DERRIDA 1983, S. 107).

Die Elementarmethode. Für Derrida stellt sich die Entfremdung durch die Schrift dar als der geschichtliche Prozeß der Entfernung von einer ursprünglichen Ordnung. Mit dieser Auffassung bleibt er im metaphysischen → Diskurs befangen. Der geschichtliche Prozeß der Verdrängung und Verleugnung der Schrift realisiert sich in den Formen der menschlichen Selbstinterpretation und des darin begründeten Aufbaus einer menschlichen, auf den Menschen zentrierten Scheinwelt, die in ihrer Scheinhaftigkeit auf Gewalt angewiesen ist, um sich behaupten zu können. Die Geschichte selbst konstituiert sich als der sich selber ständig verfehlende Rückbezug auf einen ursprünglichen Schöpfungsakt. Vor diesem Hintergrund ist bereits die Entlarvung des humanistischen Scheins der Vorgang der Wiederentdeckung der von der Geschichte verdeckten Wirklichkeit.

Die Grammatologie wird daher von ihrem Schöpfer als die Überwindung der Geschichte durch die Wissenschaft verstanden. Für die Frage nach Möglichkeiten einer produktiven Überwindung und Auseinandersetzung mit den Wirkungen der Alphabetisierung läßt die dialektische Denkbewegung Derridas allerdings keinen Raum. Genau dieser Frage ist Pestalozzi in seinen Schriften zur Elementarmethode nachgegangen. Auch er geht davon aus, daß die Schrift eine Form der Kommunikation ermöglicht, die nicht mehr in den sozialen Situationen mit ihren lebens-

358   Elementarunterricht

geschichtlichen Horizonten verankert ist. So entstehen frei flottierende
Kommunikate, die für niemand verbindlich sind, keine wirkliche Bedeutung haben und daher nur für den Umschlag an den Börsen der Ge-
schwätzigkeit taugen. Diesem Umschlag liegt allerdings ein «natürliches» Bedürfnis zugrunde: die Neugierde. Die Neugierde ist zwar eine
«physische» Wurzel der Erfahrung, vermag aber aufgrund ihres flatter-
haften Wesens noch keine Erfahrung zu begründen (vgl. PESTALOZZI
1932, S. 251). Die Neugierde ist in sich selber widersprüchlich; auf Neu-
igkeiten erpicht, vermag sie doch nichts Neues zu entdecken, weil ihr
jede Sensation augenblicklich veraltet. Sie ist ein natürliches Bedürfnis,
das doch gleichwohl, wie das Laster, prinzipiell unersättlich ist. Die Erkundung der Wirklichkeit vollzieht sich daher immer in den →Lebens-
welten, in die der Mensch hineingeboren wird. Der Einbindung der Erfahrung in die sozialen Lebenswelten liegt ebenfalls eine «physische»
Wurzel zugrunde: die menschliche Trägheit.

Das in den sozialen Lebenswelten sich einstellende Gleichgewicht
zwischen Neugierde und Trägheit wurde jedoch, wie PESTALOZZI (vgl.
1943, S. 139ff) in der Schrift «Über Volksbildung und Industrie» ausgeführt hat, radikal aufgehoben. Die auf mechanische Verrichtungen reduzierte Arbeit umreißt nicht mehr den Raum der Erkenntnis und der
Erfahrung. In dem Maße, in dem die Sinnlichkeit ihre Lenkungs- und
Kontrollfunktionen bei der Arbeit einbüßt, entfesselt die neue Produk-
tionsweise ungebundene, ungesättigte Wahrnehmungsbedürfnisse, die
sich in der Gestalt der Sensationsgier realisieren. Dies bedeutet aber, daß
die Einbindung der neugierig entfesselten Sinnlichkeit nicht mehr als gesellschaftliches Problem und als gesellschaftliche Aufgabe formuliert
werden kann. Daher muß nach den in der menschlichen Natur (Gattung)
selber liegenden Formen und Kräften des Erkennens, das heißt der Bän-
digung der Neugierde gefragt werden (vgl. PESTALOZZI 1943, S. 147).

Die Forderung einer allgemeinen, nicht standes- und schichtspezifischen Menschenbildung ist somit Ausdruck eines realen Gesellschaftsprozesses. Das Problem der Menschenbildung stellt sich mit dem verarmten Industriearbeiter, der nichts mehr hat als seine Natur. (In diesem
Sinne glaubte PESTALOZZI [vgl. 1943, S. 150], worauf hier nicht näher
eingegangen werden kann, daß die körperliche Arbeit aus den Gesetzen
der menschlichen Motorik und aus der Eigendynamik der Leiblichkeit
entwickelt werden müßte: Die Maschinen müßten der Natur des
menschlichen Körpers angepaßt werden, nicht umgekehrt.)

Bezüglich der Erfahrung ist also nach Kunstformen gefragt, in denen
das Neue, Unvertraute, das nicht schon im Erwartungshorizont der Lebenswelten liegt, als Neues angeeignet werden kann. Nur in diesen Formen könnte dann auch die Neugierde wirklich, und nicht nur vorübergehend, gestillt werden. In dieser Fragestellung sind zwei Komponenten

zu unterscheiden. Zum einen kann es wirklich Neues nur dort geben, wo die Sinnlichkeit aus allen vorgezeichneten Funktionen und allen Beanspruchungen unter externen Bedingungen gelöst wird. In den Lebenswelten ist unsere Sinnlichkeit immer in vorgeordneten Bahnen in Dienst genommen, auf Wahrnehmungen eingestellt, die in den pragmatischen oder begrifflichen Zusammenhängen wichtig sind, in denen sich unser Verhalten orientiert. Neues gibt es daher nur, wo die Sinnlichkeit frei geworden ist für das noch nicht Gedeutete, für die ästhetische Sensation. Die Neugier sucht den starken ästhetischen Reiz, wenn es sein muß auch im Schrecken.

Für sich genommen, enthält der ästhetische Reiz noch keine Erkenntnis. Wenn aber, auf welche Weise auch immer, aus den Sensationen Neues herauszuschälen ist, kann es nur mit dem Charakter der Belehrung hervortreten. So liegt das Problem also darin, Formen der Verarbeitung der Sinnlichkeit zu finden, in denen diese nicht ausgebeutet wird, sondern in ihrer belehrenden, Neues darbietenden Funktion zur Entfaltung kommt. Es geht somit weder um eine pragmatische noch um eine begriffliche Erschließung der Sinnlichkeit. Mit «Belehrung» ist nun wiederum keine Instruktion oder Information gemeint. Worum es Pestalozzi vielmehr geht, ist die mit der sinnlichen Natur des Menschen gegebene Fähigkeit, die belehrenden Gehalte aus den ästhetischen Sensationen herauszuschälen. Man könnte auch sagen, es gehe ihm um die Belehrbarkeit als einer anthropologischen Grundstruktur.

Mit dem Versuch, die Belehrbarkeit aus der sinnlichen Natur des Menschen zu entwickeln, löst Pestalozzi die Lehre aus den gesellschaftlichen Verhältnissen und ihren Hierarchien. Die Belehrbarkeit ist gerade nicht in irgendwelchen gesellschaftlichen Unterschieden, dem Informationsvorsprung der Erwachsenen zum Beispiel, begründet. Daher stellt sich das Problem des Unterrichts für ihn auch nicht in den Begriffen und Modellen des Lernens (und des Curriculum), sondern in der Frage nach Formen der Disziplinierung und Potenzierung der Sinnlichkeit, der Anschauungskraft.

Mit dem Begriff der Anschauungskraft führt Pestalozzi keine metaphysische Größe ein, sondern einen nüchtern zu beschreibenden Sachverhalt. Was in Frage steht, ist der Aufbau der Vorstellung, in der sich jede Wahrnehmung vollendet. In den Vorstellungen baut sich die gegenständliche Wirklichkeit für uns auf. Die spezielle Leistung der Vorstellung liegt darin, daß sie die Gegenstände so repräsentiert, wie sie überall und jederzeit angetroffen werden können. Die Vorstellungen lösen die Dinge aus den realen Kontexten, in denen sie immer nur in perspektivischer Verkürzung angetroffen werden, und führen sie klar umrissen, ohne jede spezifizierende Beziehung, vor. Das Vorgestellte wird so, gerade weil es nicht durch Beziehungen spezifiziert wird, als austauschba-

360 Elementarunterricht

res Exemplar einer Art vorgeführt. Das bedeutet aber, es wird als Repräsentant erfaßt. Die Repräsentationsfunktion der in der Form des Exemplars erfaßten Sache kann in Bildern expliziert werden.

Was Pestalozzi also im Konzept der → Anschauung thematisiert, sind die psychischen Mechanismen, in denen sich die Vorstellungen aufbauen. Diese Fragestellung teilt er mit dem Idealismus einerseits und mit den auf E. B. Condillac zurückgehenden Ideologen (A. L. C. Destutt de Tracy) andererseits. Der Idealismus behandelt die Vorstellung allerdings ohne weiteres als Begriff, das heißt als Leistung des Verstandes, der aufgrund seiner → Spontaneität allein in der Lage ist, Sinnesdaten gegenständlich zu verarbeiten. Die französischen Ideologen sehen in der Vorstellung zwar auch eine Erkenntnisleistung, die sie jedoch, im Unterschied zum Idealismus, als biologische Funktion (im Dienste der Bedürfnisbefriedigung) begreifen. Dagegen sieht Pestalozzi in der Vorstellung eine originäre, weder auf den Verstand noch auf die Selbsterhaltung des Organismus zurückführbare Fähigkeit, die er Anschauungskraft nennt. Pestalozzi findet die Originalität und Produktivität der Vorstellung darin, daß sie das Vorgestellte aus allen Kontexten und Bezüglichkeiten löst und als reinen Repräsentanten (Exemplar) vorführt. Die Analyse der Wahrnehmung stößt auf drei Komponenten (Teilfunktionen): die Funktion der Zeichnung (Form), der Benennung (Wort) und des Zählens (Erfassung der prinzipiell austauschbaren Exemplare in Anzahlen). Nur im Zusammenspiel dieser drei Funktionen entstehen Vorstellungen. Die Anschauungskraft, die man auch als die Innenführung der Wahrnehmung bezeichnen könnte, ist weder in der Sprache noch in der Zeichenkunst oder Geometrie, noch in der Mathematik begründet, sie verfügt vielmehr völlig souverän über Elemente aus diesen Bereichen und stellt sich somit als nicht begründete, nicht bedingte, sich selbst anheimgestellte Möglichkeit dar. Es «gibt» sie nur in der Form der Selbstbeanspruchung, also in der Form des Könnens, das weder teleologisch determiniert ist noch durch die organischen oder psychischen Ressourcen, über die es souverän verfügt, verursacht wird. Die Anschauungskraft ist so gesehen ein sittliches Vermögen im ganz strengen Sinne. Darauf müssen wir noch zurückkommen. Als Können, in dem sich die Kraft und Dynamik einer Möglichkeit entfaltet, ist die Anschauungskraft auf Übung angewiesen, die sich die Substrate, über die das Können als seine Mittel verfügt, gefügig macht und zur Disposition stellt (oft gegen deren eigene «Natur»).

In diesem Sinne hat Pestalozzi dann die auf Wort, Zahl und Form zurückgehenden Anschauungs-(= Unterrichts-)Künste in einer Fülle von Etüden auszulegen versucht. Sprache, Zeichenkunst (Geometrie) und Mathematik werden zum Zwecke der Entfaltung der Eigendynamik der Sinnlichkeit sozusagen ausgebeutet. So wird unter dem Leitgedanken der Entfaltung der Anschauungskraft die Idee der «freien», das heißt an keiner Spezialausbildung orientierten Schulkünste wiederaufgenommen. Rechnen, Sprachlehre, Messen werden nicht wissenschaftlich fundiert, sondern als Teilmomente der Anschauungskunst, also des Elementarunterrichtes ausgelegt. Der Elementarunterricht aber ist ein Unterricht ohne Curriculum, der sein Ziel in der Steigerung der Empfänglichkeit der Schüler für die Belehrungen durch die mit voller sinnlicher Kraft erfaßten Erscheinungen findet.

Die Einzelheiten der Elementarmethode, so interessant sie sein mögen, müssen hier übergangen werden. Wichtig sind jedoch die Verfahren und Prinzipien, nach denen die Schulkünste aufgebaut werden.

Die Aufgabe der Anschauungskunst wird in der Befähigung der Kinder zur Vergegenwärtigung der Wirklichkeit gesehen. Darin sollen die Dinge nicht so zum Vorschein gebracht werden, wie sie zufällig aus den Perspektiven der Lebenswirklichkeit angetroffen werden, sondern in ihrer unverkürzten Gegenwärtigkeit. So wie den Porträtmaler nicht das zufällige Mienenspiel seines Modells interessiert, sondern die Art, in der es jederzeit und überall gegenwärtig sein kann, geht es auch dem Unterricht um den *phänomenalen Gehalt*, nicht um die Abschattierungen der Erscheinung. So verstanden ist die Vergegenwärtigung eine produktive Leistung, obzwar eine solche, die die Wirklichkeit nicht mit Absichten, Intentionen, Konzeptionen und Konstruktionen überzieht, sondern den Eindruck fassen möchte, mit dem sie auf den Menschen wirken. Die Vergegenwärtigung ist somit auf die Erfassung der Empfindungsgehalte angewiesen. Infolgedessen liegt die Hauptaufgabe des Unterrichtes in der Artikulation, der Alphabetisierung der Empfindungen. Damit ist zum einen die Unterscheidbarkeit der Empfindungen gemeint durch Formen, in denen sie als diskrete Einheiten aus dem Strom des Empfindens gelöst werden. Dies ist andererseits nur möglich durch eine gewisse Systematisierung, durch die sie unterschieden und zur Verfügung gehalten werden. Das berühmte «gleichseitige Viereck» stellt eine solche Systematisierung der optischen Empfindungen dar, die als Formelemente zur Disposition gestellt werden. Aus diesen Elementen werden nicht nur die Konturen aller Dinge geschöpft, sondern auch die Buchstaben. Im Rahmen des gleichseitigen Vierecks erscheinen die Buchstaben als die einfachsten Kombinationen der Formelemente. Insofern hier eine kleine Anzahl von Elementen und einfachen Verbindungen zur Verfügung gehalten werden, aus denen in einem unendlichen Gebrauch alle Konturen aufgebaut werden können, könnte man auch von einer Grammatikalisierung der Empfindungen sprechen. Interessant ist, daß Pestalozzi und seine Mitarbeiter die Buchstaben als graphische Grundstrukturen behandeln, aus denen, über den Schriftgebrauch hinaus, die gesamte Welt der Formen aufgebaut werden kann. Auf diese Weise gelingt dann die Alphabetisierung der Formen in dem ganz wörtlichen Sinne, daß alle Formen buchstabiert werden können. Damit knüpft Pestalozzi in einer vernünftigen, nachvollziehbaren Form an die pythagoreische Tradition an. Die Pythagoreer hatten in den Buchstaben rein quantifizierbare Beziehungen gesehen, in denen die Wirklichkeit als Kosmos geordnet ist. Diese Beziehungen können in Klängen, die ja auch nichts anderes als Maßverhältnisse sind, realisiert werden. So sind die Buchstaben die wahren στοιχεία (Elemente) des Kosmos. Sie begründen die innere Einheit von Grammatik und Musik, wie sie – äußerlich – sowohl Zahl- als auch Ton- und Lautbeziehungen repräsentieren und als Ziffern, Noten und Buchstaben im engeren Sinn fungieren können (vgl. DORNSEIFF 1925, S. 11 ff).

Zur pädagogischen Konzeption des Elementarunterrichts. Eine angemesse Rezeption Pestalozzis, die über die bloß problemgeschichtliche Interpretation hinausgeht, scheint nur im Rahmen einer Theorie möglich zu sein, die es erlaubte, den pädagogischen Sinn des Elementarunterrichts als Konstitution einer – in welchen Lettern oder Chiffren auch immer verfaßten – lesbaren Welt auszulegen (vgl. BLUMENBERG 1981). Die praktische Aufgabe des Elementarunterrichts bestünde dann in der entsprechenden Kultivierung des Wahrnehmens und Denkens, in die eine sinngemäße Vermittlung der sogenannten Kulturtechniken einbezogen werden müßte.

Für Pestalozzi stellte sich die Natur noch selber vor, in Gestalt von Exemplaren, mit charakteristischen Merkmalen und in typischen Erscheinungsformen. Dies entbindet zwar nicht von der Aufgabe der Vergegenwärtigung, die sich jedoch für Pestalozzi im Hervorbringen der unverzerrten Bildhaftigkeit des Gemeinten erschöpfte. Die Vergegenwärtigung erscheint vor diesem Hintergrund nicht als Rekonstruktion des Abwesenden aus Elementen, sondern als das Herausschälen der Gegenwärtigkeit aus den Verkürzungen und Abschattierungen der zufälligen Perspektiven. Die artikulierten Empfindungen waren daher bei Pestalozzi immer schon auf die Bildhaftigkeit des Gegebenen überschritten. So erscheint die Grammatikalisierung der Empfindungen von Pestalozzi einerseits zu weit getrieben, denn strenggenommen hatte er gar nicht auf ein wohlsortiertes Repertoire zurückzugreifen brauchen; andererseits aber nicht weit genug, denn die Frage nach den Konstruktionsregeln, nach denen aus isolierten Elementen etwas Sinnvolles aufzubauen ist, hat sich ihm gar nicht gestellt.

Die Idee eines Abc der Empfindungen scheint jedenfalls nur sinnvoll zu sein, wo Sachen als prinzipiell abwesende rekonstruiert werden müssen, wo also das Verhältnis zur Wirklichkeit durch eine Zeitverschiebung (die DERRIDA [vgl. 1976] «différance» nannte) gekennzeichnet ist.

Angesichts der zunehmenden Auflösung der Wirklichkeit in ästhetische Reize stellt sich das Problem eines Abc der Empfindungen und ihrer Bereitstellung als Elemente der Rekonstruktion in verstärktem Maß. Für Kinder zumal wird die Wirklichkeit, in der sie aufwachsen, zunehmend unverständlicher und zugleich faszinierender. Faszinierend deshalb, weil Empfindungen aus ihrer sachlichen Bedeutung gelöst und nicht mehr zum Aufbau einer gegenständlichen Welt in Dienst genommen werden. Gegen die Reize und Verlockungen, die gerade von der unverstandenen Wirklichkeit ausgehen, müssen Schutzzäune in Form rigider Verhaltensnormierungen errichtet werden. Die Dinge werden nicht mehr sachlich vermittelt, sondern durch Maßregeln, Gebrauchsanweisungen, die, nach dem ökonomischen Wert der Dinge, mit Sanktionen belegt werden. So wachsen unsere Kinder, im ganzen gesehen, in einer ungemein widersprüchlichen Wirklichkeit zwischen Faszination und rigider Beschränkung des Verhaltens auf.

Die in ästhetische Reize aufgelöste Wirklichkeit setzt sich aus heterogenen Ereignissen zusammen. Von Ereignissen wird man ergriffen und mitgerissen; man kann sie zwar auslösen und unter Umständen sogar steuern. Aber sofern Ereignisse überhaupt faßbar sind, sind sie durch eine eigene Verlaufsstruktur bestimmt, kraft deren sie sich über die Köpfe der Beteiligten hinweg und durch ihre Körper hindurch realisieren.

Durch solche immanenten Verlaufsformen unterscheiden sie sich von den regelmäßig wiederkehrenden, alltäglichen Abläufen, die sozusagen den szenischen Hintergrund bilden, vor dem sich etwas Ungewöhnliches ereignen kann. Faßlich sind Ereignisse als in sich geschlossene Geschehenseinheiten. Solche Geschehenseinheiten und -zusammenhänge «gibt» es nicht schlichtweg: Was sich wirklich zugetragen hat, kann man nicht schlicht wahrnehmen, schon gar nicht aus der Perspektive des Beteiligten, man muß es als Geschichte – üblicherweise erzählend – rekonstruieren. In Geschichten wird ans Licht gebracht und aufbewahrt, was einem widerfahren ist. Sie bringen allerdings das wirkliche Ereignis auf epische Distanz, in der es sich als etwas Vergangenes und Abgeschlossenes konstituiert. Die Geschichte fängt immer am Ende an. In dieser Zeitverschiebung und Rückgewandtheit konstituiert sich die Geschichte selbst als Deutung einer Spur, die das Ereignis in Form heterogener Daten, die als Abdrücke aufgefaßt werden, zurückgelassen hat. Das bedeutet aber, daß die Spuren immer schon gelesene, gedeutete sind, da ja die Abdrücke, aus denen sie sich zusammensetzen, interpretierte, in einen Zusammenhang gebrachte Daten sind. Spuren sind der Leitfaden der Rekonstruktion, der «rote Faden» von Geschichten, also immanente Bestandteile der Geschichten. Im Auslegen einer Spur konstituiert sich die Geschichte als Modell oder «simulacrum» des «tatsäch-

364 Elementarunterricht

lichen» Geschehens und darin wieder als Inbegriff ihrer möglichen Erzählungen. In ihrer Spur überdauert die Geschichte: Sie bildet ihr Gedächtnis, in dem sie zur möglichen Aktualisierung in Erzählungen bewahrt bleibt. Darin liegt auch begründet, daß die Geschichte alle ihre möglichen Erzählungen überholt: nicht nur in dem Sinne, daß die Spur das Programm aller möglichen Erzählungen darstellt; die Erzählungen werden auch in dem Sinne überholt, daß sie vergessen werden können. So muß die Geschichte dem Vergessen, das sie selber ermöglicht, immer wieder entrissen werden.

Das Problem der Grammatikalisierung der Empfindung stellt sich nicht mehr im Zusammenhang mit der Anschauung, sondern in dem des Gedächtnisses. Aus anthropologischer Perspektive muß das Gedächtnis im Problemzusammenhang der epischen Differenz interpretiert werden, in der sich allererst etwas als Abgeschlossenes, Perfektes konstituieren kann. Die Leistung des Gedächtnisses liegt dann im Herauslösen von Ereignissen aus der je eigenen Lebensgeschichte und in der Konstitution eines Geschehensraumes, in dem es Perfektes geben kann. Normalerweise haben wir die Vergangenheit nur als die «unsere». Die lebensgeschichtliche Vergangenheit ist in unseren Erinnerungen lebendig, die das Vergangene im Zusammenhang aktueller Selbsterfahrungen und Selbstentwürfe deuten (→ Antoniographie). Die erinnerte Vergangenheit ist niemals abgeschlossen, sie modifiziert sich im Wandel der eigenen Lebensgeschichte. Daher sind Erinnerungen auch niemals objektiv verläßlich. Nicht, was sich «tatsächlich» zugetragen hat, wird erinnert, sondern was es im Rahmen einer konkreten Lebensgeschichte bedeutet. Die Erinnerung ist die Deutung des Vergangenen, nicht seine Rekonstruktion (vgl. DILTHEY 1961, S. 232 ff). So ist die erinnerte Vergangenheit imperfekt, sie bleibt stets einbezogen in die Zukunftsperspektiven der Lebensgeschichte. Was war, entscheidet sich hier durch das, was daraus wird. Im Gedächtnis dagegen wird die Lebensgeschichte sozusagen durchstoßen: Seine Leistung bemißt sich an der Treue der Reproduktion. Im Überschreiten der Lebensgeschichte konstituiert sich im Gedächtnis eine vollkommen entaktualisierte, vom Strom der Zeit nicht mehr mitgetragene Vergangenheit, die in der Kalenderzeit lokalisiert werden kann. Darin werden Geschehnisse gleichsam erstarrt vorgefunden. Weil die geschehenen Ereignisse nicht mehr in der Lebensgeschichte ständig aktualisiert werden, erweist sich die Kraft des Gedächtnisses im Finden und Auffinden der erstarrten Ereignisse. Die Gedächtniskunst ist eine Findekunst. Als Kunst des Findens operiert das Gedächtnis in einer Ordnung von «Örtern», an denen das Vergangene plaziert und gefunden werden kann. «Örter» sind ausdehnungslose Punkte, gleichsam erstarrte Momente einer in räumlichen Formen erfaßten Zeit, deren Räumlichkeit jedoch auch wiederum zeitlich bestimmt ist, da Örter durchlaufen werden müssen. Immerhin scheint das Gedächtnis die Zeit zu verräumlichen. Man merkt sich und behält also vornehmlich Stellen, Örter, an denen etwas gefunden werden kann. Auch Erlebnisse werden im Gedächtnis wie Stellen bewahrt (vgl. PIAGET/INHELDER 1974, S. 18f). Daher konnte das Gedächtnis immer auch in den Bildern des Buches oder einer Bibliothek vorgestellt werden.

Die Örter und Stellen des Gedächtnisses tragen nichts zur Bedeutung dessen bei, was sich dort befindet. So hält das Gedächtnis Inhalte zwar verfügbar, ohne etwas zu ihrer Konstitution beizutragen. Daher scheint auch umgekehrt das Merken und Behalten nicht schon durch die Sache selber motiviert und insofern abhängig zu sein von der Ordnung der Örter. Die Topik bleibt jedoch eine sekundäre, aufgesetzte Ordnung, die, obgleich sie Sachen verfügbar macht, doch in keiner Weise in der sachlichen Bedeutung des in ihr Sortierten begründet ist. In topischen Ordnungen werden auch Eindrücke und Empfindungen festgehalten und durch Lokalisierungen identifiziert. Auf diese Weise können Gerüche und Geschmacksempfindungen, aber auch Gesichter, die «man doch schon einmal gesehen hat» «und von irgendwoher kennt», festgehalten, das heißt wiedererkannt werden. Aber immer ist die Ordnung des Merkens und Behaltens eine den Erlebnissen und den Inhalten aufgesetzte, fremde Ordnung. So wird das Gedächtnis zum Ort, an dem wir unser Leben auf nichtmotivierte, aber außerordentlich hilfreiche Ordnungen, die auf Konventionen beruhen, hin überschreiten: Das Gedächtnis ist ein gesellschaftliches Phänomen (vgl. HALBWACHS 1966).

Durch die bloße Identifikation werden Empfindungen in keiner Weise begriffen: weder als Eigenschaften von Dingen noch in ihrem vollen sinnlichen Gehalt. So konstituieren sich die Empfindungen in der gedächtnismäßigen Erinnerung als Merkmale, die überall und jederzeit vorkommen können. Daher können sie auch auf die verschiedensten Dinge bezogen werden. Darin liegt es begründet, daß Merkmale frei kombinierbar sind. So können Merkmalsordnungen entworfen werden, die, noch ohne jeden Erfahrungsbezug, ein System von Leerstellen formulieren, in dem Inhalte, ohne Rücksicht auf ihren begrifflich-sachlichen Gehalt, wohlsortiert verfügbar werden. Kant hat die Fähigkeit zur Ausbildung solcher topischen Ordnungen unter dem Titel «judiziöses Memorieren» abgehandelt, als das «einer Tafel der Einteilung eines Systems (z. B. des Linnäus) in Gedanken; wo, wenn man irgend etwas sollte vergessen haben, man sich durch die Aufzählung der Glieder, die man behalten hat, wieder zurecht finden kann [...] Am meisten die Topik, d. i. ein Fachwerk für allgemeine Begriffe, Gemeinplätze genannt, welches durch Klasseneinteilung, wie wenn man in einer Bibliothek die Bücher in Schränke mit verschiedenen Aufschriften verteilt, die Erinne-

366 Elementarunterricht

rung erleichtert» (KANT 1922, S. 89). Die Bezeichnung, der Name
scheint jedenfalls die spezifisch gedächtnismäßige Beziehung zu Inhalten zu sein. Man merkt sich, ganz allgemein, eine Sache, indem man sich
den Namen merkt, mit dem man sie identifiziert. So wird die «Welt» des
Gedächtnisses zu einem Tableau von benannten und identifizierbaren,
in Merkmalen repräsentierbaren Inhalten. Vor allem aber ist die Res-
verba-Beziehung durch das Gedächtnis konstituiert. Diese Beziehung
wurde zuerst im Rahmen der rhetorischen Behandlung der «memoria»
thematisiert. Die Theorie des Anschauungsunterrichts hat mit ihrem
Ruf «res et verba» nur eine rhetorische Tradition fortgeführt: Der Orbis
pictus ist ein Werk der «memoria», ein objektiviertes Gedächtnis. Merkmale, so versuchten wir auszuführen, haben keine sachliche Bedeutung.
Allerdings können Merkmalsordnungen so weit systematisiert werden,
daß die Merkmale selber systematisch, durch ihre Stelle im System, das
sich dann als System von Differenzen aufbaut, definiert werden – ohne
jeden ostentativen Bezug auf «gegebene» Inhalte. Solche Ordnungen
haben sich besonders zur Analyse von sprachlichen Beziehungen auf
einer bestimmten – systematischen oder paradigmatischen – Ebene bewährt. Darin werden Beziehungen zwischen sprachlichen Gliedern außerhalb des gesprochenen Satzes – sozusagen in absentia – dargestellt.
Diese Beziehungen repräsentieren und objektivieren die Gedächtnis-
struktur der Sprache. Paradigmen sind «virtuelle Gedächtnisreihen»,
«ein Gedächtnisschatz» (BARTHES 1979, S. 49f).

Die Ordnung, in der über Sachen verfügt wird, die Topik, spielt nun
allerdings eine wichtige Rolle beim Zustandekommen von Erkenntnissen. Man muß Gesichtspunkte finden, unter denen Themen angegangen
und Argumente gefunden werden können. Für sich genommen, ist die
Erörterungskunst jedoch kein Ersatz für die Methode der Erkenntnisgewinnung. Daran sind die Methodiker des Elementar- und Volksschulunterrichts gescheitert, die im «sokratisierenden», fragend-entwickelnden
Unterricht die Ordnung des Fragens (der ars inveniendi) mit der Ordnung des Begreifens, die Namen mit den Begriffen identifiziert haben.
Worin liegt nun aber die Bedeutung der Topik für das Erkennen, wenn
sie nicht die Agentur ist, in der Begriffe konzipiert und zur sinnvollen
Ordnung von Erfahrungen in Anspruch genommen werden kann? Jede
Erkenntnisleistung übersteigt das je individuelle Erleben; es ist daher
nicht der Wald und die Wiese, wohin man Kinder führen soll, um Bäume
und Kräuter kennenzulernen, sagt Pestalozzi. Der Erkenntnisgehalt der
Erfahrungen kann nicht in konkreten Erlebnissen in konkreten Situationen ausgeschöpft werden. Darin liegt auch begründet, daß die Erkenntnisleistung nicht auf den Vollzug kognitiver Operationen reduziert
werden kann. Erkenntnisleistungen haben eine unaufhebbare historische und gesellschaftliche Dimension (vgl. KUHN 1979). Erkenntnisakte

sind daher immer nur als vergangene, abgeschlossene Geschichten «gegeben», die rekonstruiert werden müssen. Es scheint, daß das Erkennen immer auch, obzwar nicht ausschließlich, wie die Idealisten lehrten, ein Akt des Wiedererinnerns ist. Wenn es aber zutrifft, daß Erkenntnisakte Inhalte von abgeschlossenen Geschichten sind, müssen sie in einer nachvollziehbaren aber entaktualisierten Form bewahrt werden. Dazu sind gesellschaftliche Einrichtungen notwendig. Die Institutionen der Gesellschaft, in der Erkenntnisakte als rekonstruktionsbedürftige Geschichten bewahrt werden – in Spuren also, die ja immer auch Programme sind –, sind die Lehrbücher, die ihrerseits Fächer konstituieren. Darin ist das Gedächtnis des Erkennens als einer gesellschaftlichen Erscheinung eingerichtet und der Erkenntnisprozeß als gesellschaftlicher, geschichtlicher Prozeß abgebildet. Das kollektive Gedächtnis, das einen konstitutiven Bestandteil des Erkennens bildet, insofern dieses weder auf rationale Strukturen zu reduzieren noch auf ewige Wahrheiten zu begründen ist, erweist sich als wesentlicher Faktor wissenschaftlicher Paradigmen (vgl. HALBWACHS 1966, S. 361 ff; vgl. KUHN 1979, S. 57 ff).

Die Ausgestaltung des Elementarunterrichts. Nach unserem Verständnis sind die Fächer Einrichtungen, mit denen die Gesellschaft – allein schon durch die Einteilung in Sparten – über unser Wahrnehmen und Denken disponiert (→ Fach – Fächerkanon). Die pädagogische Aufgabe besteht darin, diejenigen Formen, in denen die Gesellschaft den einzelnen (in Fächern oder in Arbeitszweigen) disponibel hält, «zu ersetzen durch die absolute Disponibilität des Menschen [...] das Teilindividuum, den bloßen Träger einer gesellschaftlichen Detailfunktion, durch das total entwickelte Individuum, für welches verschiedene gesellschaftliche Funktionen einander ablösende Betätigungsweisen sind» (MARX 1962, S. 573). So läßt sich das Problem der Ausgestaltung des Elementarunterrichts am zweckmäßigsten mit dem Konzept der «absoluten Disponibilität» erörtern. Unter dem Postulat der Disponibilität müßte die Schule als der gesellschaftliche Ort ausgelegt werden, an dem Mathematik, Kunst und Literatur sich ergänzende Betätigungen sind. Das Problem des Elementarunterrichts ist die Frage nach den elementaren, die Unterrichtsfähigkeit – durch die Kinder nicht nur Lerner, sondern in einem pädagogisch vertretbaren Sinne Schüler werden können – erschließenden Disziplinen (oder Künsten). Dabei kommt es dann nicht auf die Förderung verwertbaren Wissens an, sondern auf das Erkennen als eine Form der Elaboration von noch nicht verwerteten, in Leistungen gemessenen Kräften. Um sich selber ohne Vermittlung durch externe Leistungsanforderungen erfahren zu können, wird offensichtlich die Fähigkeit der Ausblendung aller äußeren Verhältnisse vorausgesetzt; eine Fähigkeit, die an Formen der Askese gebunden scheint. Im Bereich der Arbeits-

368 Elementarunterricht

schule hat Fischer den Gedanken der Übung als das Kernstück des Unterrichts am entschiedensten vertreten: «Die Arbeit als Formprinzip der
bildenden Tätigkeiten [...] scheint mir in den weiteren Zusammenhang
der zwischen Spiel und [...] Ernsttätigkeit in der Mitte stehenden Formen [...] der Übung, der ἄσκησις zu gehören [...] Askese [...] er-
strebt Ichumwandlung [...] eine Wesensänderung, Wesenssteigerung»
(FISCHER 1950b, S. 209f; vgl. BOLLNOW 1977).

Alle Formen der Askese sind mit einer eigenartigen Rückwendung
auf den eigenen Körper verbunden: Man findet sich in einer ausdrücklichen und spezifischen Weise in seiner Körperlichkeit (vgl. BOLLNOW
1977, KÜMMEL 1983). Durch die Unterbrechung der ostentativen Beziehungen wird der Körper dabei aus allen Formen gelöst, in denen er unter externen Bedingungen beansprucht ist: Dies gilt besonders für die
Motorik und die Wahrnehmung. Dabei wird die Inanspruchnahme der
Wahrnehmung durch Begriffe und die Funktionalisierung der Motorik in
zweckdienlichen Handlungen außer Kraft gesetzt; ebenso die erworbenen Schemata der Selbstwahrnehmung. Ohne Bezug zur gegenständlichen Welt, konstituiert sich der Körper dann als Organ und Instrument
(im Sinne des Musikinstruments) der nicht gegenständlich gedeuteten
Eindrücke. Der Körper ist nicht einfach aufgrund seiner physiologischen
oder anatomischen Beschaffenheit Eindrucksorgan: Eindrücke zu empfangen und als solche – ungegenständlich zumal – rein ästhetisch zu entfalten ist eine Fähigkeit, die kunstmäßig aufgebaut werden muß und den
Charakter des Könnens hat. Fähigkeiten mit dem Charakter des Könnens sind weder auf Organfunktionen zurückzuführen, noch sind sie
durch systematisch definierte Funktionen bedingt. Mit dem Können ist
vielmehr die souveräne Verfügbarkeit über den eigenen Körper gemeint, durch die allererst Fähigkeiten hervorgebracht und in ihrem
Potential erkundet werden. Es gibt keine natürliche Fähigkeit des Kla-
vierspiels oder des Zeichnens: die «natürliche» Voraussetzung des Könnens ist das Nichtkönnen (vgl. BOLLNOW 1977): Das Können muß der
natürlichen Widerständigkeit und Plumpheit geradezu abgerungen werden. Auf diese Weise erschlossene Fähigkeiten erschöpfen sich nicht in
der Erfüllung von Zwecken: sie sind vielmehr bestimmt durch einen gewissen inneren Zwang zur Vervollkommnung und durch die in der Steigerung selber liegenden inneren Gratifikationen. Es liegt ihm, wie CHÂ-
TEAU (vgl. 1976) in bezug auf das Spiel erläutert hat, eine moralische Lust
zugrunde, und es unterliegt dem Gesetz des Sollens. Die Praxis, in der
Fähigkeiten in der Form des Könnens beansprucht und hervorgebracht
werden, ist die Übung. Eine produktive Praxis würde die darin erschlos-
senen Fähigkeiten von vornherein unter die Bedingungen von Werken
und ihren Traditionen stellen. Es könnte dabei nur eine technische Vervollkommnung des Produktes oder der Produktion geben. Als Praxis ist

die Übung allerdings auch auf Mittel und Organe, vor allem aber auf die Ausbildung von Formen angewiesen, in denen sich die Übung als ein Gefüge von Handlungen aufbaut, mit einer eigenen Verbindlichkeit, die sie gegen Willkür abschirmt. Der Aufbau und die Organe der Übung sind jedoch allein durch die Funktion der Hervorbringung noch nicht zweckgebundener Kräfte und Fähigkeiten bestimmt.

Somit sind beim Aufbau der Übungen zwei Hauptfunktionen zu berücksichtigen: eine analytische – zerlegende – und eine messende. In ihrer analytischen Funktion definiert die Übung unterscheidbare Elemente (Paradigmen), die durch keine Funktion und keinen Zusammenhang bestimmt sind. Daß die Elemente eine Funktion haben können, ist nur wichtig für die Auffindung und Identifizierung von «Elementen»; welche Rolle sie (real) spielen, ist unerheblich. So gesehen rationalisiert die Analyse keinen vorgegebenen Vorgang, etwa einen Arbeitsprozeß, sondern sie stellt ein wohlsortiertes Repertoire von Elementen bereit, einen «Gedächtnisschatz». (Die nicht organisch [«natürlich»] verbürgten und gesicherten Fähigkeiten müssen auf einen Dispositionsfonds gegründet werden.)

In ihrer messenden Funktion müssen Übungen Schwierigkeitsgrade definieren, zum Beispiel durch die Art der Kombinationen und die Anzahl der darin verknüpften Elemente; allgemein: durch die Skalierung der Anforderungen (→ Anspruchsniveau). Dabei werden jedoch die Leistungen nicht unter Wertgesichtspunkten gemessen; das Maß der Übung hat eine reflektierende Bedeutung, in der das Können, das noch nichts leistet, sich an seinem Selbstanspruch mißt.

Die Ordnung der Künste des Elementarunterrichts. Es ist, wie aus unseren Überlegungen hervorgeht, immerhin erwägenswert, den Aufbau des Elementarunterrichts unter das pädagogische Leitmotiv der Disponibilität zu stellen. Damit ist die Aufgabe verbunden, eine Form der Askese zu finden, die den Körper als Instrument (im Sinne des Musikinstrumentes) der ästhetischen Erschließung nicht gedeuteter und funktionalisierter Eindrücke verfügbar macht. Die gesuchte Askese dürfte infolgedessen weder weltanschaulich-religiös noch moralisch motiviert (und entsprechend ausgelegt) sein; eine Art körpereigener Askese, in der sich die Eigendynamik des Körpers zu entfalten vermöchte. Eine solche Art der Askese wurde in der Kunstform der Rhythmik entwickelt. Zum wirklichen Instrument wird der Körper jedoch, um im Bilde zu bleiben, nur dem, der darauf zu spielen vermag. Zur Disponibilität gehört es, in diszipliniertem Können, also durch Übungen im konkreten Sinne, erschlossen zu sein.

Bezüglich der Auslegung von Übungen in Etüden haben wir bereits auf zwei Grundfunktionen hingewiesen: die der Analyse, in der Ele-

370 Elementarunterricht

mente gewonnen und klassifiziert werden («Gedächtnisschatz»), und auf die Meßfunktion, die in Kombinationen, Kompositionen, Zusammenstellungen und Reihungen realisiert wird. Beim Aufbau der Übungen wäre ferner zu berücksichtigen, was man die Ökonomie der Grammatik nennen könnte; wie Übungen so einzurichten sind, daß aus relativ wenigen Elementen ein vielseitiger Gebrauch möglich wird.

Die Übungen, um die es hier geht, sind auf die ästhetische Erschließung der Eindrücke, das heißt darauf gerichtet, den → Körper zum Instrument des Empfindens zu «bilden», ihn zu befähigen, Empfindungsgehalte zu entfalten. Darin liegen zwei Aufgaben beschlossen. Einerseits muß die Flüchtigkeit der Eindrücke aufgehoben werden, ohne daß sie doch andererseits, wie es alltäglich geschieht, auf Gegenstände hin überschritten werden (so daß man Motorräder und Mäuse, nicht aber wirkliche Geräusche hört). Das bedeutet aber, daß Eindrücke als Ereignisse, als in sich geschlossene, perfekte Geschehenseinheiten erfaßt und herausgestellt werden müssen. Dieses Herausstellen der Eindrücke sowohl aus der fließenden Zeit, in der sie sich verflüchtigen, als auch aus der gelebten Zeit, durch die die jeweilige Befindlichkeit in Situationen mitbestimmt ist, vollzieht sich in zwei Schritten. In dem einen wird das Perfekte als das Wiederkehrende, sich Wiederholende herausgestellt. Sodann muß das so Herausgestellte als Wirkung erfaßt werden, als etwas Nachwirkendes, was Spuren hinterlassen hat. Die Widerrufung der Zeit erfolgt hier in der Form des ausdrücklichen Nachgehens, der Rekonstruktion. Auf der ersten Stufe, der Wiederholung, erhält die Übung den Charakter der Sinnesschulung, auf der zweiten den der Formenlehre.

Rhythmik. Wie die Rhythmik sich in der kunstgemäßen Form darstellt, in der sie an Musikhochschulen und anderen Institutionen gepflegt wird, eignet sie sich vorzüglich als asketische Kunst der Erschließung der Disponibilität und Eigendynamik des Körpers. Der Rhythmus ist ein schwer zugängliches Phänomen. Wer sich damit befaßt, setzt sich mancherlei Verdächtigungen aus. Nicht, um zu einer Definition, sondern lediglich zu einer brauchbaren Beschreibung zu kommen, könnte man sagen: Rhythmen sind Formen, in denen Erscheinungen als dynamisch bewegt erfahren werden. Dabei handelt es sich, wie das Beispiel der Musik lehrt, keineswegs um Bewegungen im Sinne der bedingten, verursachten oder funktionalisierten Ortsveränderung, deren Geschwindigkeit gemessen werden kann. Auf die Ortsveränderung als solche kommt es auch beim Tanz nicht an. Natürlich kann auch eine Bewegung «rhythmisch» sein, dann kommt es aber nicht auf die Ursache oder auf die Wirkung an, auf nichts, was an der Bewegung bedingt ist und was infolgedessen daran gemessen werden kann; sondern lediglich auf die «innere

Form», mit der diese Bewegung als gegliederte Gestalt hervorgebracht wird. Die rhythmische Artikulation ist, wie der Ausdruck «innere Form» andeutet, keine Form, in der über etwas, über die Bewegung zum Beispiel, disponiert wird; es scheint vielmehr so zu sein, daß die Form die bewegende Kraft selber ist. Was dabei bewegt wird, scheint die Zeit zu sein: Rhythmen sind als Zeitgestalten faßbar, in denen der Fluß der Zeit – durch Metren – zwar betont, aber gleichzeitig durch das Überspringen des Metrums, in Beschleunigungen, Verzögerungen und Verschleppungen widerrufen wird (vgl. Lévi-Strauss 1976, S. 32). So erscheint die rhythmisch gegliederte Zeit nicht als leere Form, die von allem möglichen erfüllt werden kann, sondern die zeitliche Gliederung ist hier der Vorgang selber. Die Zeit des Herzschlages, der Wellenbewegung ist die durch den Herzschlag und die Wellenbewegung hervorgebrachte und gemessene Zeit (vgl. Georgiades 1974, S. 6). Darin liegt nun auch begründet, daß man Rhythmen nur wahrnehmen kann, indem man sie hervorbringt, dadurch, daß man von ihrer Bewegtheit mitgerissen wird: Rhythmen realisieren sich durch den menschlichen Körper hindurch, man vernimmt sich durch sie (vgl. Lévi-Strauss 1976, S. 33). Insofern rhythmische Formen nur wahrgenommen werden, indem man sie mitvollziehend hervorbringt, stellen sie den tiefsten Einklang von Wahrnehmung und Wahrgenommenem, Mensch und äußerer Wirklichkeit dar. Darin ist zum einen enthalten, daß Rhythmen Formen der Verarbeitung von Eindrücken sind. Piaget (vgl. 1973b, S. 18) hat den Rhythmus zu den Verfahrensweisen der Selbstregelung und Selbsterhaltung von Strukturen gerechnet. Ähnlich hatte schon Bücher (vgl. 1924) den Rhythmus als Ökonomie des Körpers herausgestellt. In diesem Sinne sind Rhythmen nicht Eigenschaften körperlicher Abläufe, sondern Formen, in denen «körpergemäße» Bewegungsabläufe erst gefunden werden (vgl. Bücher 1924, S. 25f). Zum anderen ermöglicht die rhythmische Gliederung die Teilnahme anderer an solchermaßen objektivierten Verrichtungen und Abläufen: Der Rhythmus ist daher immer auch eine Form der Vergemeinschaftung des menschlichen Körpers. (Damit ist eine gewisse, nicht ungefährliche Preisgabe des Körpers verbunden.) Vor allem in der «Vergemeinschaftung» von Abläufen durch die rhythmische Gliederung werden Handlungen in Szene gesetzt, erhalten einen dramatischen Charakter. So wird gerade im Rhythmus etwas von der szenischen Gesetzmäßigkeit sichtbar, der die Vitalität im ganzen zu unterliegen scheint. «Jede biologische Verrichtung hat ihre eigene Dynamik. Sie folgt [...] einem szenischen Gesetz. Eine Handlungsphase folgt der anderen, und erst wenn alle Phasen nacheinander durchlaufen sind, ist dem Gesetz Genüge geschehen. Sie können keine Phase überspringen oder ausschalten, ohne die szenische Dynamik zu stören» (v. Uexküll 1949, S. 262).

372   Elementarunterricht

Rhythmen, um dies auch wieder zu erinnern, sind immer auch Formen der – körpergemäßen – Wahrnehmung, in denen Eindrücke eine Ordnung finden. Diese Ordnungen können jedoch nicht auf die physikalistische Struktur von Reizquellen zurückgeführt werden. Die rhythmische Ordnung der Zeichnung einer Walzenschnecke ist nicht durch Meßdaten zu erklären: Man muß sie durch sich selber hindurch wahrnehmen.

In der Rhythmik, wie sie als Kunstform an Musikhochschulen gelehrt und kultiviert wird, wurde eine Fülle von Etüden und Ausdrucksformen entwickelt, die ohne weiteres in die Grundschule übernommen werden könnten. Hier tut sich ein breites Feld der Zusammenarbeit zwischen Rhythmikern und Lehrern auf; einer Zusammenarbeit, die insofern mit keinen großen Schwierigkeiten verbunden sein dürfte, als die Rhythmik von Anfang an pädagogisch motiviert war (vgl. BÜNNER/RÖTHIG 1971, KONRAD 1984). Die Erkundung der szenischen Gesetzmäßigkeit der Dynamik und Vitalität wurde im Rahmen der Rhythmik und in direkter Anknüpfung an die Elementarmethode in vielversprechender Weise in Angriff genommen (vgl. BANNMÜLLER 1979). Hier liegen Ansätze zur Praxis einer Pädagogik der Ermutigung vor.

Wie sich aus solchen rhythmischen Etüden die Motorik des Formens entwickeln läßt, das nicht die Abbildung von Gegenständen sucht, sondern den Ausdruck der inneren Gespanntheit des Formens selber, müßte an praktischen Beispielen verdeutlicht und systematisch weiterentwickelt werden. Ebenso wären über die Rhythmik neue Zugänge zu der Idee einer «ganzheitlichen Mathematik» zu gewinnen. Daß alle sprachlichen Äußerungen, Texte zumal, noch vor jeder Logik rhythmisch geordnete Gebilde sind und als solche wahrgenommen werden, kann auch nur eben angemerkt werden. Für v. Humboldt war die Sprache vor allem auch eine rhythmisch-melodische Äußerungsform des Menschen, in der besonders die gemeinschaftstiftende Wirkung der Sprache beschlossen liegt. Sinnphänomene scheinen überhaupt rhythmisch fundiert zu sein (vgl. v. HUMBOLDT 1963, S. 448f; vgl. STENZEL 1958, S. 32ff).

Sinnesschulung. Ihre klassische Form hat die Sinnesschulung in der →Montessoripädagogik gefunden. Diese Ansätze wurden – vielfach auch unter anderen Zielsetzungen und Problemstellungen, solchen der «ästhetischen Erziehung» zum Beispiel – aufgenommen und weitergeführt (vgl. LÖSCHER 1982, 1983; vgl. SEITZ 1982, 1983; vgl. STAUDTE 1980). In der Sinnesschulung geht es zunächst um die Fähigkeiten der optischen, akustischen und taktilen Diskrimination. Pestalozzi hatte die Notwendigkeit der sprachlichen und rechnerischen Analyse der Wahrnehmung herausgestellt und begründet. Die Sprach- und Rechenübungen sind jedoch nicht durch ihre propädeutische Funktion begründet, sondern durch ihren Beitrag zur elementaren Sinnesschulung. Im Rahmen der Didaktik des «neuen Mathematikunterrichts» und der unterrichtsmethodischen Aufbereitung seiner mengentheoretischen Elemente wurde eine Reihe von Spiel- und Übungsformen entwickelt, in denen Sinnesdaten als Merkmale gewonnen und verarbeitet werden. Die sprachliche Analyse der Wahrnehmung hätte sich, ganz im Sinne Pestalozzis, mit der Artikulation und der Bezeichnung (Benennung) zu befassen.

Unsere Beispiele waren bis jetzt nur auf die analytische Funktion der Übung bezogen. Unter dem Gesichtspunkt der Meßfunktion wäre die Sinnesschulung als Ästhetik im engeren Sinne auszulegen: mit dem Ziel der Entfaltung von Empfindungsqualitäten. Während die Diskrimination mehr auf Reduktion angelegt ist, ginge es hier um die Amplifikation, also die Realisierung von Nuancen und Facetten, die durch die bloße Unterscheidung ausgeblendet werden. Hierher gehören vor allem die Formen, die das Spiel der Assoziationen und Einfälle fördern und den Sinn für kontinuierliche Übergänge wecken. Die sprachliche Durchdringung der Wahrnehmung wäre hier mit Synonymen, Metaphern und der Evokation von Synästhesien befaßt.

Alle diese Bemerkungen können nur den Sinn der Andeutung von Leitlinen zur praktischen Ausgestaltung der Sinnesschule haben, für die ein eigenes Organon zu schaffen wäre. Die wirkliche Ausgestaltung kann aber nur von ingeniösen Praktikern geleistet werden.

Formenlehre. In ihrer analytischen Funktion müßte die Formenlehre generative Schemata und Ordnungsformen bereitstellen, in deren Gefüge Sinnesdaten als Variable von Werten auftreten. Hierher gehören Merkmalssysteme, Codes, Raster, Metren, aber auch die leserelevanten Elemente der Textlinguistik (vgl. WEINRICH 1984).

Die Meßfunktion der Formenlehre wäre durch Etüden der Fügung von Heterogenem unter dem Kriterium der Kompossibilität auszulegen. Hierher gehören Übungen des Collagierens und Kombinierens (etwa Bildgeschichten, Puzzles, Rebusse).

Ausblick. Die schultheoretische Frage der Stellung und Funktion der Grundschule im Bildungssystem muß neu gestellt werden. Paradoxerweise auch deshalb, weil die Erschütterung der Grundschulpädagogik durch den Zerfall der nationalpädagogischen Konzepte gar nicht richtig wahrgenommen werden konnte. Die →Lehr- und Lernforschung und die Curriculumdiskussion haben Hoffnungen auf ein ideologiefreies, effizientes, an den Forderungen der wissenschaftlichen Zivilisation orientiertes Schulsystem geweckt und die tatsächliche Krise durch Reform-

374 Elementarunterricht

euphorie verdrängt. Der Schulunterricht im ganzen sollte in die Perspektive der rational durchdrungenen, an den Wissenschaften orientierten, wissenschaftlich fundierten Lernorganisation gerückt werden (→ Verwissenschaftlichung). Als die spezifische Aufgabe der Grundschulpädagogik wurde die sozialpädagogische Förderung des Lernens herausgestellt. Im Gewande der → Sozialpädagogik konnte dann an die → Reformpädagogik angeknüpft und die Schularbeit unter das Leitmotiv der Lebensnähe, des Lernens durch tätige Erfahrung in einem anregungsreichen Milieu gestellt werden. Von all dem darf nichts widerrufen werden.

Es zeigt sich jedoch, daß alle genannten Leitmotive sowohl als Prinzipien der Schulpädagogik reklamiert als auch als Argumente verwendet werden, mit denen die Abschaffung der Schule gefordert wird. Dieser Widerspruch darf als Hinweis dafür gelten, daß der Unterricht nicht gänzlich in Lernorganisation übergeführt werden kann. Worauf es im Unterricht in erster Linie ankommt, ist die Kultivierung der Lernfähigkeit unter den Beanspruchungen und den Bedingungen der Konstitutionsproblematik der Schriftkultur. Der Gedanke, daß das Problem des Unterrichts als das des Aufbaus von Unterrichtskünsten gestellt und im Rahmen der Tradition der Unterrichtskünste erörtert werden muß, sollte in Erinnerung gerufen werden. Es muß allerdings auch daran erinnert werden, daß die Aufgabe der Grundschule nicht auf das Unterrichten reduziert werden darf auf Kosten der pädagogischen Errungenschaften der Reformpädagogik.

BANNMÜLLER, E.: Neuorientierung der Bewegungserziehung in der Grundschule, Stuttgart 1979. BARTHES, R.: Elemente der Semiologie, Frankfurt/M. 1979. BIERWISCH, M.: Schriftstruktur und Phonologie. In: Hofer, A. (Hg.): Lesenlernen: Theorie und Unterricht, Düsseldorf 1976, S. 50ff. BLUMENBERG, H.: Die Lesbarkeit der Welt, Frankfurt/M. 1981. BOLLNOW, O. F.: Vom Geist des Übens. Eine Rückbesinnung auf elementare didaktische Erfahrungen, Freiburg 1977. BOURDIEU, P./PASSERON, J.-C.: Die Illusion der Chancengleichheit. Untersuchungen zur Soziologie des Bildungswesens am Beispiel Frankreichs, Stuttgart 1971. BÜCHER, K.: Arbeit und Rhythmus, Leipzig [6]1924. BÜNNER, G./RÖTHIG, P.: Grundlagen und Methoden rhythmischer Erziehung, Stuttgart 1971. CHÂTEAU, J.: Spiele des Kindes, Stuttgart 1976. CURTIUS, E. R.: Europäische Literatur und lateinisches Mittelalter, Bern [5]1965. DERRIDA, J.: Die Schrift und die Differenz, Frankfurt/M. 1976. DERRIDA, J.: Grammatologie, Frankfurt/M. 1983. DILTHEY, W.: Der Aufbau der geschichtlichen Welt in den Geisteswissenschaften. Gesammelte Schriften, Bd. 7, hg. v. B. Groethuysen, Stuttgart/Göttingen [3] 1961. DOMIN, H.: Autor und Leser als Zeitgenossen. In: N. Rsch. 95 (1984), 3, S. 172ff. DORNSEIFF, F.: Das Alphabet in Mystik und Magie, Leipzig/Berlin [2]1925. FISCHER, A.: Werdegang und Geist der Grundschule. Leben und Werk, hg. v. K. Kreitmair, Bd. 1, München 1950a. FISCHER, A.: Psychologie der Arbeit. Leben und Werk, hg. v. K. Kreitmair, Bd. 2, München 1950b. FLITNER, W.: Die vier Quellen des Volksschulgedankens, Stuttgart [4]1958. FREIRE, P.: Pädagogik der Unterdrückten. Bildung als Praxis der Freiheit, Reinbek 1973. FREIRE, P.: Erziehung als Praxis der Freiheit. Beispiele zur Pädagogik der Unterdrückten, Reinbek 1977. FREIRE, P.: Der Leh-

Elementarunterricht 375

rer ist Politiker und Künstler. Neue Texte zur befreienden Bildungsarbeit, Reinbek 1981. GEORGIADES, TH.: Musik und Sprache. Das Werden der abendländischen Musik, dargestellt an der Vertonung der Messe, Berlin/Heidelberg/New York [2]1974. HALB-WACHS, M.: Das Gedächtnis und seine sozialen Bedingungen, Berlin/Neuwied 1966. HARTLAUB, G. F.: Der Genius im Kinde, Breslau 1922. HAYEK, F. A. v.: Die Theorie komplexer Phänomene. Walter Eucken Institut: Vorträge und Aufsätze, Bd. 36, Tübingen 1972. HUMBOLDT, W. v.: Schriften zur Sprachphilosophie. Werke in fünf Bänden, hg. v. A. Flitner u. K. Giel, Bd. 3, Stuttgart 1963. ISER, W.: Der Akt des Lesens. Theorie ästhetischer Wirkung, München 1976. KANT, I.: Anthropologie in pragmatischer Hinsicht, hg. v. K. Vorländer, Leipzig [6]1922. KONRAD, R.: Erziehungsbereich Rhythmik. Entwurf einer Theorie. Perspektiven zur Musikpädagogik und Musikwissenschaft, Bd. 8, Regensburg 1984. KUEMMEL, F.: Leiblichkeit und menschliche Lebensform. In: Loch, W. (Hg.): Lebensform und Erziehung. Besinnungen zur pädagogischen Anthropologie, Essen 1983, S. 9ff. KUHN, TH. S.: Die Entstehung des Neuen. Studien zur Struktur der Wissenschaftsgeschichte, Frankfurt/M. 1978. KUHN, TH. S.: Die Struktur wissenschaftlicher Revolutionen, Frankfurt/M. [4]1979. LEROI-GOURHAN, A.: Hand und Wort. Die Evolution von Technik, Sprache und Kunst, Frankfurt/M. [2]1984. LE-SCHINSKY, A./ROEDER, P. M.: Schule im historischen Prozeß. Zum Wechselverhältnis von institutioneller Erziehung und gesellschaftlicher Entwicklung, Stuttgart 1976. LÉVI-STRAUSS, C.: Mythologica 1. Das Rohe und das Gekochte, Frankfurt/M. 1976. LÉVI-STRAUSS, C.: Traurige Tropen, Frankfurt/M. 1981. LITT, TH.: Individuum und Gemeinschaft. Grundlegung der Kulturphilosophie, Leipzig [3]1926. LÖSCHER, W.: HÖR-Spiele. Sinn-volle Frühpadagogik, München 1982. LÖSCHER, W.: RIECH- und SCHMECK-Spiele. Sinn-volle Frühpädagogik, München 1983. LUHMANN, N.: Systemtheoretische Argumentationen. Eine Entgegnung auf Jürgen Habermas. In: Habermas, J./Luhmann, N.: Theorie der Gesellschaft oder Sozialtechnologie, Frankfurt/M. 1971, S. 291ff. LUHMANN, N.: Macht, Stuttgart 1975. MARX, K.: Ökonomische Schriften. Werke in sieben Bänden, Bd. 4, hg. von H. J. Lieber, Darmstadt 1962. PESTALOZZI, J. H.: Wie Gertrud ihre Kinder lehrt. Sämtliche Werke, hg. v. A. Buchenau u. a., Bd. 13, Berlin/Leipzig 1932. PESTALOZZI, J. H.: Über Volksbildung und Industrie. Sämtliche Werke, hg. v. A. Buchenau u. a., Bd. 18, Berlin/Leipzig 1943. PIAGET, J.: Einführung in die genetische Erkenntnistheorie, Frankfurt/M. 1973a. PIAGET, J.: Der Strukturalismus, Olten/Freiburg 1973b. PIAGET, J./INHELDER, B.: Gedächtnis und Intelligenz, Olten/Freiburg 1974. POSTMAN, N.: Das Verschwinden der Kindheit, Frankfurt/M. 1983. RICŒUR, P.: Der Text als Modell: hermeneutisches Verstehen. In: Bühl, W. L. (Hg) Verstehende Soziologie. Grundzüge und Entwicklungstendenzen, München 1972, S. 252ff. SCHOLEM, G.: Zur Kabbala und ihrer Symbolik, Frankfurt/M. 1973. SCHOLEM, G.: Die jüdische Mystik in ihren Hauptströmungen, Frankfurt/M. 1980. SEITZ, R.: SEH-Spiele. Sinnvolle Frühpädagogik, München 1982. SEITZ, R. (Hg.): TAST-Spiele. Sinnvolle Frühpädagogik, München 1983. SPRANGER, E.: Lebensformen. Geisteswissenschaftliche Psychologie und Ethik der Persönlichkeit, Tübingen [8]1950. STAUDTE, A.: Ästhetische Erziehung 1–4, München/Wien/Baltimore 1980. STENZEL, J.: Sinn, Bedeutung, Begriff, Definition. Ein Beitrag zur Frage der Sprachmelodie, Darmstadt 1958. TENBRUCK, F. H.: Fortschritt der Wissenschaft? In: Neumann, J. (Hg.): 500 Jahre Eberhard-Karl-Universität Tübingen. Wissenschaft an der Universität heute, Tübingen 1977, S. 155ff. UEXKÜLL, TH. v.: Die Seele des Bauches. Ein biologisches Gespräch. In: Merkur 3 (1949), S. 252ff. WEINRICH, H.: Lesen – schneller lesen – langsamer lesen. In: N. Rsch. 95 (1984), 3, S. 80ff. WIMMEL, W.: Die Kultur holt uns ein. Die Bedeutung der Textualität für das geschichtliche Werden, Würzburg 1981.

Klaus Giel

Elite

Wort- und Begriffsgeschichte. Der Begriff Elite (von lateinisch eligere, electio = auslesen, auswählen, das Auserlesene und Ausgewählte, im weiteren Sinne die erste Wahl) wird im 17. Jahrhundert zuerst in Frankreich gebräuchlich und sowohl für Personengruppen als auch für Sachen verwendet (Elite der Hofdamen, Elite der Kleidung). Er gelangt bald als Lehnwort nach Deutschland, wo LAVATER von einer «Elite des ganzen Menschengeschlechts» spricht (1768). In zunehmendem Maße findet der Begriff Anwendung auf die Charakteristik von Gruppen, die in den großen Lebensbereichen Politik, Wirtschaft und Kultur als hervorstehend Anerkennung beanspruchen oder finden. Mit der Vorstellung der Ausgewähltheit dieser Gruppe verbindet sich eine besondere Wertsubstanz, die soziologisch gesehen zunehmend durch einen erworbenen Status gekennzeichnet ist. In der napoleonischen Zeit findet er in diesem Sinn im militärischen Bereich ausgeprägte Bedeutung (Elitetruppe).

Elitetheorien. In der Sozialphilosophie gibt es der Sache nach seit Platons «Politeia» den Gedanken der «Herrschaft der Besten», doch erst am Ende des 19. Jahrhunderts gelangt der Begriff in theoretische Konzeptionen, zuerst bei den Saint-Simonisten, die ihn noch progressiv verwenden, bis Pareto, Mosca und Sorel umfassende Elitetheorien vorlegen.

PARETO (1848–1923) (vgl. 1955) unterschied zwischen logischem und nichtlogischem → Handeln und schrieb das erstere der Elite zu. In der Geschichte sah er einen nahezu gesetzmäßigen Machtkampf zwischen Gruppen und Klassen, was zu einer ständigen Umschichtung der Machteliten – einem «Kreislauf der Eliten» – führe. MOSCA (1858 bis 1941) (vgl. 1950) ging von der Grundannahme aus, daß auch in der Demokratie Politik von einer kleinen Schicht gemacht werde, die Parteien, Verbände und Presse beherrscht; die Beherrschten würden lediglich durch die Aussicht integriert, selbst in die Elite aufsteigen zu können. SOREL (1847–1922) (vgl. 1969) vertrat eine irrational begründete Philosophie der Tat, in der der Elite-Gedanke als Strukturprinzip des Machtstaates vorherrschte, eine Führungselite bringe durch irrationale Gefühlsmacht und politischen Mythos die Massen unter ihre Herrschaft.

Alle drei Theoretiker gehörten zu den Wegbereitern des Elitedenkens im italienischen Faschismus (Mussolini) und russischen Marxismus (Lenin). Die «Theorie der schöpferischen Minderheit» führte zum Gedanken der Avantgardetheorie der Partei und dem der Funktionäre als wissender Elite (vgl. MEISEL 1962). Am Ausgang des 19. Jahrhunderts wurden in geschichtsphilosophischen und soziologischen Theorien Individuum und Gemeinschaft und Masse und Elite gegenübergestellt. NIETZSCHE (vgl. 1968) nahm für die Zukunft die Führung der Masse durch eine biologisch stärkere Elite mit dem Willen zur Macht an, ORTEGA Y GASSET (vgl. 1956) setzte dem Massenmenschen eine aristokratisch denkende moralische Elite gegenüber. Durch diese Interpretationen gelangen die Elitetheorien in die Nähe zu Ideologien, was nach dem Zweiten Weltkrieg zu einer heftigen Kritik am Elitegedanken überhaupt führte (vgl. DREITZEL 1962).

Elite und Demokratie. Im demokratischen Verständnis hebt DE TOQUEVILLE (vgl. 1864) die führenden Gruppen der amerikanischen Demokratie mit den Begriffen «classe élevée» und «élite de nation» von der Tradition der europäischen Aristokratie ab und unterscheidet zwischen einer politischen und einer gesellschaftlichen Führungsschicht. Das führte zu vielfältigen Untersuchungen über das Verhältnis von Elitedenken und Gleichheitsprinzip in der Demokratie, über die Gegensätze von Elite und Gleichheit, Gesellschaft und Spitze, Breite und Spitzenleistung.

Bereits Mosca hatte angenommen, daß der neuen Mittelschicht als Zulieferant für den «Kreislauf der Eliten» entscheidendes Gewicht zukomme. Empirische Erhebungen in den USA (vgl. BURNHAM 1948) und in der Bundesrepublik Deutschland (vgl. ZAPF 1966, KRUK 1972, WÖLKE 1980) sehen mit zunehmender Mitbestimmung im Arbeitsprozeß und Partizipation an Gewinnen eine Zunahme der fähigen Individuen und schöpferischen Einzelnen am wirtschaftlichen Geschehen, einen Aufstieg über den Weg der Erfahrung und der harten Bewährung am Leistungsprinzip (→Leistung).

Die Diskussion über Eliten in der Demokratie in den 70er Jahren des 20. Jahrhunderts ging von der Annahme aus, daß Effizienzsteigerung ohne rationalisiertes Leistungswissen von *Funktioneliten* nicht denkbar sei, es in der Demokratie aber auch nicht eine einzige Machtelite gebe, sondern eine Pluralität von Funktionseliten, die sich in der Machtausübung gegenseitig begrenzen (Aron, Riesman), der Aufstieg zu einer derartigen Funktionselite prinzipiell für jeden Befähigten offen sein müsse.

Die überlegte Auswahl des Führungsnachwuchses aus allen Schichten der Bevölkerung, die →Erziehung und Ausbildung unter fachlichen, sozialen und ethischen Gesichtspunkten, die Heranführung neuer Kräfte an die Verantwortung beanspruche neben der breiten Begabtenförderung gleiches Recht, denn der «Kreislauf der Eliten» vollziehe sich nicht wie ein Naturgeschehen.

378　Elite

Elitedenken in der Pädagogik. In der Erziehungswissenschaft fehlen vergleichbare Elitetheorien, obwohl es in der Geschichte viele Versuche gegeben hat und gegenwärtig noch gibt, über Eliteschulen besondere →Begabungen zu fördern und Führungskräfte heranzubilden. Die hohen Verwaltungsbeamten im alten China (Mandarine) wurden in besonderen Eliteschulen ausgebildet; seit es stehende Heere gibt, wird in Europa, Amerika und der Sowjetunion die militärische Führung in besonderen Eliteakademien ausgebildet, in den meisten Industrienationen gibt es besondere Akademien für Verwaltung und für die Führungskräfte der Wirtschaft; in der Vergangenheit erlangten einige Gymnasien den Status von Eliteschulen (Schulpforta, Tübinger Stift oder das Landerziehungsheim Salem, das einen aristokratischen Erziehungsanspruch erhebt und Kindern des Geburts-, Geld- oder Bildungsadels eine elitäre Ausbildung vermitteln will). Gegenwärtig bestehen in den meisten Industrieländern Schulen, die besondere Begabungen im mathematisch-naturwissenschaftlichen oder musischen Bereich oder auch im Sport fördern.

Hochbegabtenforschung. Eine neue Dimension erschloß sich der pädagogischen und psychologischen Diskussion über Eliten mit der Hochbegabtenforschung, die im 19. Jahrhundert mit Untersuchungen über Genies begann und durch TERMAN (vgl. 1926) auf ein empirisches Fundament gestellt wurde. Er suchte in Langzeitstudien nach den charakterlichen Merkmalen hochbegabter Kinder und den Faktoren, die für den Bereich des Intellekts verantwortlich sind.

Seit dem Sputnikschock erfuhr die Hochbegabtenforschung in den USA einen besonders großen Auftrieb. Unter dem Einfluß von GUILFORD (vgl. 1959) und dessen Studien über →Kreativität entstanden die ersten Programme zur Ausbildung schöpferischer →Intelligenz. 1975 wurde ein World Council for Gifted and Talented Children (WCGTC) gegründet, das in zweijährig stattfindenden Weltkonferenzen die Förderung begabter Kinder vorantreibt, weil sie für die demokratische Gesellschaft unverzichtbar seien und auch Hochbegabungen ein Recht (in vielen Staaten verfassungsmäßig verankert) auf Ausbildung ihrer Fähigkeiten hätten. Eine entsprechende «Deutsche Gesellschaft für hochbegabte Kinder e. V.» wurde 1978 gegründet. Für den Hochschulbereich legte der Wissenschaftsrat 1981 «Empfehlungen zur Förderung besonders Befähigter» vor, um den wissenschaftlichen Nachwuchs zu fördern und für die Zukunft die Spitzenforschung zu sichern.

BOTTOMORE, T. B.: Elite und Gesellschaft, München[3] 1974. BURNHAM, J.: Das Regime der Manager, Stuttgart 1948. DREITZEL, H. P.: Elitebegriff und Sozialstruktur, Stuttgart 1962. GUILFORD, J. P.: Personality, New York 1959. JAEGGI, U.: Die gesellschaftliche Elite, Bern/Stuttgart 1960. KRUK, M.: Die großen Unternehmer, Frankfurt/M. 1972. LAVATER, J. C.: Aussichten in die Ewigkeit, 4 Bde., Zürich 1768–1778 (Bd. 1: 1768). MEISEL, J. H.: Der Mythos der herrschenden Klasse. Gaetano Mosca und die Elite, Düsseldorf 1962. MOSCA, G.: Die herrschende Klasse. Grundlagen der politischen Wissenschaft, München 1950. NIETZSCHE, F.: Also sprach Zarathustra. Ein Buch für Alle und Keinen. Werke, 6. Abt., Bd. 1, hg. v. G. Colli u. M. Montinari, Berlin 1968. ORTEGA Y GASSET: Der Aufstand der Massen, Stuttgart 1956. PARETO, V.: Allgemeine Soziologie, hg. v. C. Brinkmann u. W. Gerhard, Tübingen 1955. SOREL, G.: Über die Gewalt, Frankfurt/M. 1969. STAMMER, O.: Das Elitenproblem in der Demokratie (1951). In: Stammer, O.: Politische Soziologie und Demokratieforschung, Berlin 1965, S. 63 ff. STAMMER, O.: Zum Elitenbegriff in der Demokratieforschung. In: Stammer, O.: Politische Soziologie und Demokratieforschung, Berlin 1965, S. 169 ff. TERMAN, L. M. (Hg.): Genetic Studies of Genius, Stanford [2]1926. TOQUEVILLE, A. DE: De la démocratie en Amérique, Paris [14]1864. WÖLKE, G.: Elite in der Bundesrepublik, Köln 1980. ZAPF, W.: Wandlungen der deutschen Elite, München [4]1966.

Rudolf Lassahn

Elternabend → Elternarbeit

Elternarbeit

Begriff. Mit «Elternarbeit» werden die *konkreten* Bemühungen der Erziehungseinrichtungen bezeichnet, die Erziehungskompetenz der Eltern so zu beeinflussen, daß Reibungsflächen zwischen den öffentlichen Erziehungseinrichtungen und der → Institution → Familie verringert werden. Die Eltern sollen hierdurch beeinflußt werden, die Bemühungen der Erziehungseinrichtungen im Hinblick auf die Kinder zu unterstützen und mitzutragen.

Von der → «Elternbildung» (vgl. BÄUERLE 1973) unterscheidet sich Elternarbeit hinsichtlich der Ziele und in bezug auf die Orte, an denen sie stattfindet. Während Elternbildung ganz allgemein die als unzulänglich angenommenen sozialisatorischen Fähigkeiten der Eltern durch Information und Training verbessern möchte, ist Elternarbeit stets an den konkreten → Erziehungszielen und Problemen der jeweiligen Institutionen orientiert, an denen sie stattfindet. Die Orte der Elternbildung sind Volkshochschule, Bildungswerke der Kirchen und anderer Einrichtungen, Fernsehen und Bücher; demgegenüber findet Elternarbeit dort statt, wo Kinder der betroffenen Eltern ausgebildet werden: im Kindergarten, im Hort und in der → Schule.

Historische Entwicklung. *Elternbildung* ist ein Konzept, das bis in die Anfänge der Pädagogik zurückreicht. So berichtet BÄUERLE (vgl. 1973, S. 90), daß bereits 420 n. Chr. Hieronymus ein ihm befreundetes Ehepaar über die → Erziehung seiner Tochter in zwei Briefen beraten hat.

Demgegenüber ist die Elternarbeit gebunden an die Existenz institutionalisierter Erziehungseinrichtungen und professioneller Pädagogen (→Erzieher; →Lehrer), welche in diesen Einrichtungen arbeiten. Elternarbeit im heutigen Sinne konnte sich erst mit der *Durchsetzung der Schulpflicht* entwickeln, die zu einer einschneidenden Veränderung des Verhältnisses zwischen Eltern und der Schule geführt hat. Waren vordem die Lehrer (oft als Privatlehrer) ökonomisch abhängig von den Eltern, deren Kinder sie unterrichteten, so drehte sich mit der Einführung der Schulpflicht das Verhältnis nach und nach um. Während einerseits mit der Industrialisierung immer mehr ökonomisch Unabhängige zu Lohnarbeitern wurden, erlangte besonders mit dem Ausbau des Berechtigungswesens die Schule als soziale Instanz zur Verteilung von Lebenschancen hohe Bedeutung, durch welche die Eltern in den Zwang gerieten, sich den Zielen, Normen und Praktiken der Schule anzupassen. Die Lehrer errangen somit entsprechendes Ansehen und Macht.

Die Unterwerfung der Eltern unter den Schulzwang ging nicht ohne Widerstand ab. Der Gothaer Schulmethodus von 1642, der die Schulpflicht für alle Kinder vom 5. bis zum 12. Lebensjahr, geregelte Unterrichtszeiten und einen festen Lehrkanon einführte, versuchte die Schulpflicht mit rigorosen Strafandrohungen durchzusetzen: «Welche Eltern aber so grob, irdisch und nachlässig sind, daß sie die Kinder muthwillig und um Geitzes willen an der Schul und also an ihrer Wohlfahrt hindern würden, die sollen, wenn sie vorher vom Pfarrer ermahnet und gewarnet worden, und keine Besserung erfolget, für jede versäumte Stunde zum ersten Mal ein Gr., zum andern Mal zwei Gr., zum dritten Mal drei Gr., zum vierdten Mal vier Gr., und so fort bis auff sechs Gr. ohne Ansehung der Person zur Straffe geben» (zitiert nach DuBois-Reymond 1977, S. 49). Diese Strafandrohung zeigt, daß es ein Interesse aller Eltern an einer Ausbildung ihrer Kinder nicht gab. Und es muß hinzugefügt werden, daß auch diese Strafandrohungen die Schulpflicht nicht durchzusetzen vermochten. In Preußen, wo 1717 in einem allgemeinen Schulgesetz die Schulpflicht für alle Kinder vom 5. bis zum 12. Lebensjahr festgelegt wurde (aber ein Drittel der kurmärkischen Dörfer war davon ausgenommen) und wo im 18. Jahrhundert noch weitere Gesetze folgten (so das General-Landschul-Reglement von 1763 und die schulrechtlichen Vorschriften des Allgemeinen Landrechts von 1794), wurde die Schulpflicht doch erst Ende des 19. Jahrhunderts – nach Verbot und Abschaffung der Kinderarbeit – durchgesetzt.

Unter diesen Bedingungen war noch im 18. Jahrhundert der →Lehrer «manchmal der verachtetste Mensch im Dorfe [...]. Die Bauern beurteilten ihn nicht danach, was er in der Schule an ihren Kindern that, sondern danach, was sie ihn außerhalb der Schule thun sahen: morgens und abends läuten, die Uhr stellen und die Kirche fegen [...]. Als ein Grund der häufigen Schulversäumnisse wird geradezu der geringe Grad von Achtung angeführt, in welchem manche Schullehrer bei den Eltern stehen» (FISCHER 1892, S. 100). Mit der Einführung des schulischen Berechtigungswesens (insonderheit des «Einjährigen») in der zweiten Hälfte des 19. Jahrhunderts gewannen Schule und Lehrer schnell an gesellschaftlichem Ansehen. Vor allem aber gewannen die Bildungseinrichtungen und ihr Personal an Selbstbewußtsein. Damit ist eine notwendige, aber noch keineswegs hinreichende Bedingung für Elternarbeit beschrieben.

Eltern mit geringem Schulinteresse. Die zweite Bedingung für Elternarbeit ergibt sich historisch aus der Tatsache, daß nach Durchsetzung der Schulpflicht nun Kinder in der Schule versammelt waren (und heute noch sind), für deren Eltern die Schule eine sehr verschiedene Bedeutung hat. Mit ihren Lehrinhalten und Umgangsformen orientiert sich Schule an den Normen der Mittel- und Oberschicht. Da alle Kinder an diesen Normen gemessen werden, sind die Chancen für Kinder der Unterschicht gering. Das wirkt sich nicht nur in einem Motivationsverlust dieser Kinder aus, sondern hat auch eine geringere Bereitschaft ihrer Eltern zur Folge, sich mit der Schule auseinanderzusetzen und sich ihren Normen zu unterwerfen. Dem Lehrer erscheint dieses Problem in folgendem Bild: «Sauber gewaschen und gekämmt kommen alle guten Schüler und 90 Prozent der Schwachen in die Schule. [...] Über unsaubere Schulbücher wird bei keinem der guten, aber bei 28 Prozent der schwachen geklagt. Gelegentlich oder häufiger unpünktlich zur Schule kommen 6 Prozent der Erfolgreichen und 38 Prozent der Versager. Als Gründe werden von den Lehrern bei den Versagern vor allem Verschlafen und *Nachlässigkeit der Eltern* angegeben» (KEMMLER 1967, S. 71). Zu diesen Klagen der Lehrer über Umstände, die ihren Erziehungszielen entweder nicht angemessen sind oder zuwiderlaufen, lassen sich noch anfügen: mangelnde Ermunterung der Kinder zum Erledigen der Hausaufgaben, ungenügende Überwachung derselben, fehlende Unterstützung bei der Durchsetzung von diszipliniertem Verhalten der Kinder. Mit dieser Abweichung eines größeren Teils der Schulkinder von den Normen der Schule, die ursächlich auf das Verhalten der Eltern zurückgeführt wird, ist die zweite notwendige *und* hinreichende Bedingung für Elternarbeit beschrieben. Ein drittes Moment ist in den 60er und 70er Jahren mit der → «Verwissenschaftlichung» des → Unterrichts hinzugekommen, durch die eine Aufklärungsbedürftigkeit der Eltern im Hinblick auf Inhalte und → Methoden der Schule geschaffen wurde.

382 Elternarbeit

Konzepte. Elternarbeit entspringt dem Bedürfnis, diese hemmenden oder anstößigen Tatbestände zu beseitigen. Daß diese Erscheinungen, die für den mangelnden Schulerfolg der Kinder der unteren Schichten verantwortlich gemacht werden, wesentlich der in der Schule stattfindenden Auslese (→ Selektion) geschuldet sind, bleibt im allgemeinen unberücksichtigt und wird durch die Probleme verschleiert, die aus der Verwissenschaftlichung des Unterrichts resultieren. Vielmehr machen etwa Kampmüller und Diedrich für die «erstarrten Beziehungen» zwischen Lehrern und Eltern beispielsweise «die verwaltete Schule» (KAMPMÜLLER 1961, S. 19) oder den «Autoritätsschwund in Schule und Haus» (DIEDRICH 1961, S. 7f) verantwortlich. Während diese Autoren das Problem der geringen Bereitschaft von Eltern der unteren Schichten (vgl. FROHN 1976, S. 85ff; vgl. WALTHER 1976, S. 63ff) offenbar lösen wollten, indem auf die Eltern zugegangen und eine entsprechende Methodik der Elternarbeit gefunden wird, gibt es in den 70er Jahren genauere Überlegungen, wie die Bereitschaft der Eltern zur Teilnahme an der Elternarbeit herbeigeführt und gesteigert werden kann. SCHLEICHER (1971, S. 241) will beispielsweise durch ein beinahe lebenslanges System von → «Beratung» der Eltern «die anschließende Kooperation selbstverständlich machen». SUSTECK (1979, S. 119) macht Vorschläge, «wie abseits stehenden Eltern allmählich Furcht und Aversionen vor der Schule zu nehmen sind». HUPPERTZ (1979, S. 87) entwickelt Ideen für die «Motivierung und Aktivierung der Eltern» auf kommunikationstheoretischer Basis. All diese Konzepte zur Weckung des Interesses von Eltern bleiben technokratisch, da sie ja das Grundproblem der mangelnden Hoffnung der «bildungsfernen» Eltern nicht zu lösen vermögen.

Ihrer Form nach wird die Beziehung zwischen Lehrern und Eltern in der Elternarbeit nach dem Vorbild der Eltern-Schüler-Beziehung gestaltet (vgl. HUPPERTZ 1979, SUSTECK 1979). Als Instrumente der Elternarbeit werden vor allen Dingen genannt: Hausbesuch, Elternsprechstunde, Elternabend und Feste.

Themenschwerpunkte. Der Elternabend ist das beliebteste Mittel der Elternarbeit. Er hat auch am meisten Ähnlichkeit mit einer Unterrichtsstunde.

«Die Themenschwerpunkte von Elternabenden können sich auf die unterschiedlichsten Fragen und Probleme aus dem schulischen Zusammenhang beziehen:
– allgemeine Information (z. B. Vorschau auf den Stoffplan der kommenden Monate).
– vertiefte Behandlung von Fragen zu besonderen Methoden oder einzelnen Inhalten des Unterrichts (z. B. Hausaufgaben, ‹Kopfnoten›, neue Mathematik),

- Erziehungsfragen (z. B. soziale Erziehung, Taschengeld),
- schulpolitische Fragen,
- Elternabende zur gemeinsamen Planung (z. B. Fest, Basar) oder als Teil komplexer projektorientierter Vorhaben,
- einen eigenen Stellenwert hat der erste Elternabend zur Einschulung der Kinder» (WALTHER 1976, S. 85).

Zwar ist der «Zwang der Eltern in die Rolle von Schülern» (DuBois-REYMOND 1977, S. 128) oft genug kritisiert worden, aber über Vorschläge, die nur den äußeren Rahmen verändern (wie Verlegung der Elternabende in Gaststätten; vgl. SPEICHERT 1976, S. 260), ist man dabei bisher nicht hinausgekommen.

Was Gegenstand der Elternarbeit sein soll, hat als Beispielkatalog sogar in verschiedene Schulgesetze Eingang gefunden. So heißt es etwa im baden-württembergischen Schulgesetz:

«1. Entwicklungsstand der Klasse (z. B. Leistung, Verhalten, besondere Probleme);

2. Stundenplan und differenziert angebotene Unterrichtsveranstaltungen (z. B. Fächerwahl, Kurse, Arbeitsgemeinschaften);

3. Kritierien und Verfahren zur Leistungsbeurteilung;

4. Grundsätze für Klassenarbeiten und Hausarbeiten sowie Versetzungsordnung und für Abschlußklassen Prüfungsordnung;

5. in der Klasse verwendete Lernmittel einschließlich Arbeitsmittel;

6. Schullandheim-Aufenthalte, Schulausflüge, Wandertage, Betriebsbesichtigungen u. ä. im Rahmen der beschlossenen Grundsätze der Gesamtlehrerkonferenz sowie sonstige Veranstaltungen für die Klasse;

7. Förderung der Schülermitverantwortung der Klasse, Durchführung der Schülerbeförderung;

8. grundsätzliche Beschlüsse der Gesamtlehrerkonferenz, der Schulkonferenz, des Elternbeirats und des Schülerrats» (zitiert nach HUPPERTZ 1979, S. 120f).

Ein derartiger Katalog läßt erkennen, daß von der Schule der Abbau von Reibungsflächen zwischen Institution und Eltern hauptsächlich auf drei Gebieten gesucht wird durch:
- Legitimation der Auslese;
- Selbstdarstellung der schulischen Bürokratie und ihrer Regeln und Werbung um Verständnis für diese «Sachzwänge»;
- Bekämpfung von abweichendem Verhalten einzelner Schüler oder von Schülergruppen.

Möglichkeiten. Die Probleme, die durch Elternarbeit beseitigt werden sollen, sind mit der Schulstruktur und ihrer Auslesefunktion gegeben. Daraus kann aber nicht abgeleitet werden, daß die methodischen Ansätze und Vorschläge zur Elternarbeit ohne Wirkung blieben. Wenn

384 Elternarbeit

auch die Auslese das Hauptbestimmungsmerkmal der Verkehrsformen zwischen Eltern und Schule darstellt, so bleiben doch für die Elternarbeit noch Probleme übrig, die erfolgreich bearbeitet werden können. So vor allem:

– die Divergenz zwischen den Vorstellungen der Eltern (die oft durch antiquierte, nicht am Kinde orientierte Pädagogik geprägt sind) und den Erziehungspraktiken moderner Lehrer, die sich an der → Entwicklung der Kinder orientieren, und

– politische Probleme im weitesten Sinne, bei denen Lehrer und Eltern gemeinsame Interessen verfolgen können (etwa Aufstellung einer Ampel für die Schulkinder, Erweiterung der Schulgebäude, Einstellung von mehr Lehrern und Verringerung der Klassenfrequenzen).

Im Elterngespräch, wo es naturgemäß stärker um das Einzelschicksal des Kindes geht, rücken inhaltlich wieder die Fragen des Berechtigungswesens in den Vordergrund: In drei Vierteln der Gespräche zwischen Eltern und Lehrern stehen Leistungsprobleme und Probleme des Übergangs zu weiterführenden Schulen im Vordergrund (vgl. PREUSS 1970, S. 49).

«Die meisten Eltern erwarten, zumindest noch am Anfang des Schulwegs ihrer Kinder, daß die Lehrer sich gerade um ihr Kind kümmern und ihm helfen, wenn es nicht mitkommt. Treten dann Lern- oder Disziplinschwierigkeiten auf, so sind viele Eltern schnell bei der Hand, die Lehrer dafür verantwortlich zu machen. Man hört dann Vorwürfe wie: ‹Der richtet sich immer nur nach den Ersten in der Klasse.› Besonders aufstiegsorientierte Eltern meinen häufig: ‹Die Kinder lernen so wenig, die spielen und diskutieren ja nur.› [...] So berechtigt im Einzelfall diese Vorwürfe der Eltern auch sein mögen, so stellt sich doch grundsätzlich die Frage, wonach sich denn die Lehrer im Fortgang ihres Unterrichts tatsächlich orientieren sollen. So wissen denn auch nur die wenigsten Eltern, bzw. wollen es nicht einsehen, daß es im normalen Schulbetrieb nicht möglich ist, auf jedes Kind einzugehen. Selbst noch so engagierte Lehrer können aus unseren Ausleseschulen keine Förderschulen machen» (FROHN 1976, S. 102). Diese Klage des Lehrers Frohn zeigt, daß das Dilemma der Elternarbeit im Widerspruch zwischen Auslese und Elternansprüchen dann in der Praxis nicht zu übersehen ist, wenn es gelingt, «bildungsferne» Eltern zu aktivieren. Dieses bleibt die Grundlage und das Hauptproblem von Elternarbeit.

BÄUERLE, W.: Elternbildung: Aufgaben, historische Entwicklung und heutiger Stand. In: Schleicher, K. (Hg.): Elternmitsprache..., Düsseldorf 1973, S. 85ff. BÜCHNER, P. (Hg.): Die Eltern und die Schule. Zwischen Konfrontation und Kooperation, München 1976. DIEDRICH, K.: Elternhaus und Schule, Neuwied 1961. DuBois-REYMOND, M.: Verkehrsformen zwischen Elternhaus und Schule, Frankfurt/M. 1977. FISCHER,

Elternbildung 385

K.: Geschichte des deutschen Volksschullehrerstandes, Bd. 2: Von 1790 bis auf die Gegenwart, Hannover 1892. FROHN, H.: Die Zusammenarbeit von Eltern und Lehrern. Schwierigkeiten und Ansätze zu ihrer Überwindung. In: Büchner, P. (Hg.): Die Eltern..., München 1976, S. 85ff. HUPPERTZ, N.: Wie Lehrer und Eltern zusammenarbeiten. Ein methodischer Leitfaden für Kooperation und Kommunikation in der Schule, Freiburg 1979. KAMPMÜLLER, O.: Der Lehrer und die Eltern. Ein Handbuch für die erfolgreiche Zusammenarbeit zwischen Schule und Elternhaus, Ansbach 1961. KEMMLER, L.: Erfolg und Versagen in der Grundschule, Göttingen 1967. PREUSS, O.: Soziale Herkunft und die Ungleichheit der Bildungschancen, Weinheim/Basel 1970. SCHLEICHER, K.: Die Funktion der Eltern in der pädagogischen Öffentlichkeit – ein Vergleich englischer, amerikanischer und deutscher Traditionen wie Aufgaben. In: Z.f.P., 9. Beiheft, 1971, S. 227ff. SCHLEICHER, K. (Hg.): Elternmitsprache und Elternbildung, Düsseldorf 1973. SPEICHERT, H.: Umgang mit der Schule. Ein Eltern-Handbuch, Reinbek 1976. SUSTECK, H.: Eltern und Lehrer als Erziehungspartner, Essen 1979. Walther, H.: Lehrerinitiative und Eltern(mit)arbeit. In: Walther, H. u. a. (Hg.): Elternarbeit in der Grundschule, Ravensburg 1976.

Horst Speichert

Elternbeteiligung → Mitbestimmung – Mitwirkung

Elternbildung

Geschichte. Die Bedeutung der Eltern im Sozialisationsprozeß der Kinder ist seit langem bekannt, obwohl nicht jede Zeit in ihnen die wichtigsten und besten Erzieher sah. Insbesondere ab der zweiten Hälfte des 18. Jahrhunderts wandten sich Pädagogen, Theologen und Ärzte mit schriftlichen Erziehungsratschlägen an Eltern, vor allem an → Mütter. Der Fröbelsche Kindergarten (der erste wurde 1839 in Frankfurt am Main gegründet) bezog die Mütter so stark in die Erziehungstätigkeit mit ein, daß von einer Frühform der Elternbildung gesprochen werden kann. Die Bemühungen Fröbels stießen jedoch in Preußen auf staatliche Mißbilligung.

Erst um die Wende zum 20. Jahrhundert führte die hohe Säuglingssterblichkeit zusammen mit neuen medizinischen und psychologischen Erkenntnissen über Kinder und ihre → Entwicklung zu dem Gedanken, daß eine Unterweisung der Mütter in der Pflege und → Erziehung ihrer Kinder im öffentlichen Interesse notwendig sei. In Deutschland wurden die ersten staatlichen oder halbstaatlichen Mütterberatungsstellen 1905 in Berlin und München gegründet. Während sie vor allem Kenntnisse für den «Mutterberuf» in breitere Bevölkerungskreise tragen sollten und auch Kurse über Säuglingspflege durchführten, dienten die Erziehungsberatungsstellen, von denen die erste 1906 in Berlin eingerichtet wurde, der Diagnose und Hilfestellung bei Erziehungsschwierigkeiten und Ver-

386 Elternbildung

haltensauffälligkeiten. Wenige Jahre später entstanden die erste Mütterschule und die erste Elternschule. Sie boten Müttern und Vätern Vorträge und Kurse zu fast allen Fragen der Pflege, Entwicklung und Erziehung gesunder und kranker, hauptsächlich aber kleiner Kinder an. Ohne alle Ansätze und ihre Entwicklung hier nachzeichnen zu können, sollen die Volkshochschulen erwähnt werden, die sich zum Teil in den 20er Jahren mit ähnlichen Angeboten an die Eltern wandten (vgl. NAVE-HERZ 1964). Kennzeichnend für diese frühen Angebote zur Elternbildung war, daß Fachleute, staatliche Einrichtungen und andere Organisationen eine vorwiegend medizinisch und psychologisch ausgerichtete Unterweisung der Eltern in ihrer Aufgabe als Erzieher anstrebten. Fragen der Normen und → Werte, des weltanschaulichen Kontextes, die notwendigerweise bei jedem Versuch berührt werden, das Erziehungsverhalten von Eltern zu beeinflussen, waren zu dieser Zeit anscheinend kein Gegenstand öffentlichen Interesses und blieben den Intentionen der Veranstalter überlassen.

Dieses änderte sich ab 1934/1935 unter nationalsozialistischer Herrschaft mit der Schaffung der Organisation «Mütterdienst im Deutschen Frauenwerk», der die alleinige Berechtigung zur Durchführung von Mütterschulkursen zugesprochen wurde. Die von da an finanziell gut versorgten und um viele Neugründungen erweiterten Mütterschulen dienten dazu, das nationalsozialistische Leitbild von der deutschen Frau und Mutter zu realisieren. Nach dem Zweiten Weltkrieg wurden hingegen in der Elternbildung die Gedanken einer → Professionalisierung und der Hilfe zur Selbsthilfe wiederaufgenommen, wobei der weltanschauliche und gesellschaftspolitische Einfluß, der in der Arbeit mit Eltern enthalten ist, den Veranstaltern von Elternbildung wohl bewußt ist.

Organisationsformen. Derzeit gibt es vielfältige Möglichkeiten für Eltern, sich mit Fragen auseinanderzusetzen, die Partnerschaft, Kinder und → Familie mit ihren Umfeldbedingungen betreffen. Diese reichen von erziehungswissenschaftlichen, psychologischen, soziologischen, gesellschafts- und bildungspolitischen Informationen für Eltern – auch per Buch, Zeitschrift, Elternbrief, Film und Fernsehen – bis zu → Beratung und Therapie in Einrichtungen der Erziehungs-, Ehe-, Lebens- und Sexualberatung. Zwischen diesen beiden Polen liegen Angebote der Elternbildung, die sowohl kognitive als auch affektive und soziale Lernprozesse intendieren. Sie werden als funktionale Elternbildung von Einrichtungen gefordert (vgl. BÄUERLE 1971, S. 193ff), deren Hauptzweck in der Betreuung und Erziehung der Kinder liegt: Säuglingskrippen, Kindergärten, Schulen, Kinderheime, Jugendämter (→ Elternarbeit; → Vorschulerziehung). Während die meisten dieser Einrichtungen der zusätzlichen Aufgabe, Elternbildung durchzuführen, in der Praxis kaum nachkommen können, versuchen insbesondere die Jugendämter, sich zunehmend stärker für diese Aufgabe zu rüsten. Im Rahmen einer Reform des Jugendwohlfahrtsgesetzes besteht die Tendenz, Jugendämtern mehr Kompetenzen, mehr Sachmittel und mehr Personal für diese Aufgabe zuzuweisen.

Daneben gibt es Angebote von Institutionen, deren primäre Aufgabe Angebote für Eltern sind, beispielsweise Mütter- oder Elternschulen und Familienbildungsstätten. Träger dieser Einrichtungen sind in der Regel Kirchen und Wohlfahrtsverbände, auch Kommunen, insgesamt gibt es mehr katholische als evangelische oder nichtkonfessionelle Träger (vgl. WAHL 1973). Außerdem treten auch Elterngruppen und Elternvereine als Träger solcher Einrichtungen auf. Die Einrichtungen der → Erwachsenenbildung, insbesondere beider Kirchen, und die Volkshochschulen bieten Elternbildung als Teil eines breit gefächerten Angebots zur Erwachsenenbildung an. Neben der funktionellen und institutionellen Elternbildung sind auch stärker informelle Formen einer Elternbildung im Zusammenhang mit Eltern-Kind-Gruppen, Frauengruppen und privat organisierten Krabbelstuben entstanden, bei denen der Übergang von zufälligen zu organisierten Lernprozessen fließend ist.

Gesellschaftspolitische Relevanz. Aufgrund bisheriger Erkenntnisse über frühkindliche → Sozialisation ist unbestritten, daß es zur Entfaltung der Persönlichkeit außer der Befriedigung körperlicher Bedürfnisse dauerhafter emotionaler Bindungen und einer erfahrbaren, anregungsreichen Umwelt von Geburt an bedarf. Insbesondere die frühkindliche Sozialisation hängt aber auch entscheidend von den primären Bezugspersonen, ihren Lebensumständen und ihrem Verhalten ab. In der Regel wird die familiale Sozialisation erst später durch außerfamiliale Sozialisationsinstanzen (Kindergarten, Schule) ergänzt und modifiziert. Zudem stellt das Grundgesetz Ehe und Familie unter besonderen staatlichen Schutz.

Aus alldem ergibt sich die gesellschaftliche und staatliche Verpflichtung, materielle, organisatorische und auch psychisch-ideelle Hilfen zu gewährleisten – Hilfen, die Kindern und Erwachsenen ein Leben in Familien und familienähnlichen Formen ermöglichen, das die Entfaltung der Persönlichkeit unterstützt. Zu diesen psychisch-ideellen Hilfen gehören auch Angebote der Elternbildung. Aus dem Blickwinkel von Familien- und Gesellschaftspolitik wird Elternbildung allerdings leicht nur als Instrument gesehen. Sie wird so ein Mittel unter anderen im Kampf gegen die Abtreibung oder gegen den Geburtenrückgang oder zur Verbreitung eines bestimmten Leitbildes von der Familie oder der Rolle der Frau. Aber auch wenn man Elternbildung als eine Möglichkeit zur Stär-

388 Elternbildung

kung der Erziehungsfähigkeit der Eltern oder zur Vermeidung von kind-
lichem Leid und Fehlentwicklungen der Persönlichkeit versteht, gerät
man in Gefahr, Elternbildung und damit auch die Eltern zu instrumenta-
lisieren (vgl. BUNDESMINISTER FÜR JUGEND, FAMILIE UND GESUND-
HEIT 1975).

Ein Verständnis von Elternbildung, das Eltern nur in ihrer Funktion
als Erzieher sieht und die Ziele der Elternbildung ausschließlich am
Wohl des Kindes orientiert, unterstützt – wenn auch unbeabsichtigt –
eine Instrumentalisierung der Eltern. Demgegenüber besteht die gesellschaftspolitisch wichtige und legitime Aufgabe der Elternbildung darin,
Eltern als Personen ernst zu nehmen und sie in ihrem Bemühen zu unterstützen, ihr Zusammenleben mit ihren Kindern für alle Beteiligten
befriedigend zu gestalten. Das schließt Informationen und Orientierung
ebenso ein wie eine Befähigung zum verstehenden Umgang mit sich
selbst und anderen, insbesondere mit den Kindern, und auch die Befähigung zum Eintreten für gesellschaftspolitische Veränderungen, die zu
einer humaneren und demokratischeren Lebensweise führen. Damit
versteht sich Elternbildung als Teilbereich von Erwachsenenbildung.

Angebotsformen. Da Informationen über Inhalte, Veranstaltungsformen und Arbeitsweisen der funktionalen und informellen Elternbildung
nur sporadisch zugänglich sind und keine Verallgemeinerungen erlauben, konzentrieren sich die folgenden Beschreibungen hauptsächlich auf
die institutionelle Elternbildung. Sie bietet ein thematisch sehr weites
Spektrum, das von der Vorbereitung auf das noch nicht geborene Kind
über Säuglingspflege, alle denkbaren Fragen der Familienerziehung,
vorschulische und schulische Erziehungsfragen, musische Erziehung, religiöse Erziehung (→Erziehung, religiöse), Erziehung allgemein bis zur
Bildungs- und, wenn auch selten, Gesellschaftspolitik reicht. Im Rahmen dieses Spektrums gibt es zeitbedingte Schwerpunkte wie Frühförde-
rung, antiautoritäre Erziehung (→Erziehung, antiautoritäre) oder
Drogenmißbrauch (→Droge), , Gordons Erziehungslehre oder Schulpolitik. Ebenso lassen sich institutionenspezifische Schwerpunkte – so
beispielsweise die religiöse Erziehung in kirchlichen Einrichtungen –
und Defizite – etwa der geringe Anteil an Veranstaltungen für werdende
Eltern an Volkshochschulen – feststellen. Insgesamt scheint das Angebot jeder Einrichtung in einem mehr zufälligen Zusammenspiel von Tradition, Neigungen der Mitarbeiter und Wünschen der an die Einrichtung
gewöhnten Teilnehmer zu entstehen. Die hier und da in Ansätzen vorhandenen Vorstellungen eines systematischen, theoretisch fundierten
Grundangebots an Elternbildung sind noch so wenig entwickelt, daß sie
die Praxis kaum berühren.

Institutionelle Traditionen scheinen auch hauptsächlich dafür verantwortlich zu sein, daß Elternbildung immer noch überwiegend in der klassischen Form des Abendkurses oder Gesprächskreises stattfindet, in dem interessierte Eltern Informationen aufnehmen und sich mit den sie beschäftigenden Fragen um Kinder, Partnerschaft und Familie auseinandersetzen. Insbesondere die gängigen Veranstaltungsformen in Verbindung mit überwiegend verbal-reflektierenden und vortragenden Methoden tragen zu einer institutionenübergreifenden Teilnehmerselektion bei, die lernungewohnte Bevölkerungsgruppen und die häufig sich weniger stark betroffen fühlende Gruppe der Väter weitgehend ausschließt (vgl. v. TROSCHKE 1977).

Aktuelle Fragen. Trotz des quantitativen Übergewichts an traditionellen Angeboten ist Elternbildung ein Bereich des Umdenkens, Infragestellens und Entwickelns neuer Vorstellungen und Arbeitsweisen. Dabei sind drei Faktoren wesentlich, die auf ganz unterschiedlichen Ebenen wirken. Zum einen haben die Elterngruppen und -initiativen zur Revision der Vorstellung geführt, daß Eltern Objekte einer wie immer gearteten Bildungsmaßnahme oder eines Verhaltenstrainings sein sollten. Sie haben Kompetenzen und Handlungspotential von Eltern deutlich gemacht. Zum anderen haben Zunahme oder/und Bekanntwerden alarmierender Probleme in und bei der familialen Sozialisation wie → Kindesmißhandlungen und -vernachlässigung, Säuglings- und Müttersterblichkeit, Gewalt gegen Frauen in der Ehe, Kinderselbstmorde, kindliche Straftaten (→ Kinder-/Jugendkriminalität), behinderte Kinder, kindliche → Verhaltensstörungen, Kinder als Opfer von Verkehrsunfällen, Mangel an Spielplätzen und -räumen sowie Mangel an familienergänzenden Betreuungsmöglichkeiten für Kleinkinder zum Nachdenken angeregt. Derartige Probleme scheinen zu zeigen, daß Eltern nicht durch «reine» Bildung zu helfen ist, daß organisierte Lernprozesse im kognitiven, affektiven und sozialen Bereich die gesellschaftspolitische Dimension einbeziehen müssen und nur im Verbund mit Beratung, Therapie und häufig auch materiellen Hilfen sinnvoll sind. Es liegt nahe, daß die Grenzen der Erwachsenenbildung in der Arbeit mit Eltern sowohl in Richtung Sozialarbeit als auch organisierter Selbsthilfe von Eltern fließend werden. → Sozialpädagogik – Sozialarbeit).

Von den Institutionen, besonders von den Volkshochschulen, wird versucht, die Zielgruppen-, Stadtteil- und Gemeinwesenarbeit zu verstärken. Auch wird mit familienfreundlicheren Angebotsformen wie Familienseminaren im Rahmen des Bildungsurlaubs, mit Kinderbetreuung und gemeinsamen Angeboten für Eltern und Kinder experimentiert.

Ein dritter Faktor ist die zur Zeit vom Bundesministerium für Bildung und Wissenschaft und vom Bundesministerium für Jugend, Familie, Frauen und Gesundheit in Auftrag gegebene Forschungs- und Entwicklungsarbeit. Sie macht die vorhandene Elternbildungspraxis in den verschiedenen Bereichen und Formen bekannt und problematisiert sie (vgl. HEILIGER 1978). Durch Kontakt mit bildungsfernen Eltern macht sie die Idee der Elternbildung zugänglich und entwickelt Hilfestellungen für eine an den Eltern orientierte Elternbildung und zu Fortbildungsangeboten für Mitarbeiter in der Elternbildung.

BÄUERLE, W.: Theorie der Elternbildung, Weinheim/Basel 1971. BUNDESMINISTER FÜR JUGEND, FAMILIE UND GESUNDHEIT (Hg.): Zweiter Familienbericht, Bonn 1975. GROOTHOFF, H.-H. u. a.: Erziehung im Gespräch, Braunschweig 1968. HEILIGER, A: Elternarbeit an Institutionen. Berichte, Probleme, Perspektiven, Deutsches Jugendinstitut, München 1978. MAYR-KLEFEL, V./HÜFNER, G.: Veranstaltungen der Elternbildung II: Inhalte und Methoden, München 1977. NAVE-HERZ, R.: Die Elternschule, Neuwied 1964. TROSCHKE, G. v.: Veranstaltungen der Elternbildung 1: Teilnehmer und Referenten, Deutsches Jugendinstitut, München 1977. WAHL, K.: Familienbildung und -beratung in der Bundesrepublik Deutschland. Bestandsaufnahme zur Situation institutioneller Ehe- und Familienbildung und -beratung in der Bundesrepublik und West-Berlin. Schriftenreihe des Bundesministers für Jugend, Familie und Gesundheit, Bd. 8, Stuttgart/Berlin/Köln/Mainz 1973.

Gabriele Kallmeyer

Eltern-Initiativ-Gruppe → Vorschulerziehung
Eltern-Kind-Beziehung → Antipädagogik; → Elternbildung; → Familie
– Familienerziehung; → Mutter; → Pädagogik, psychoanalytische;
→ Vater; → Vorbild
Eltern-Kind-Gruppe → Erziehung, antiautoritäre
Eltern-Kind-Kommunikation → Kinderliteratur
Elternmitwirkung → Mitbestimmung – Mitwirkung
Elternrecht → Mitbestimmung – Mitwirkung; → Schulrecht
Elternschule → Elternbildung
Elternvertretung → Mitbestimmung – Mitwirkung

Emanzipation

Begriffsgeschichte. Emancipatio ist ursprünglich ein Terminus technicus des römischen Rechtswesens, der den förmlichen Akt der Freigabe, insbesondere des Sohnes aus der väterlichen Familiengewalt, bezeichnet. Seine neuzeitliche Bedeutung erhält das Wort im Zuge der europäischen → Aufklärung und der politischen Befreiungsbewegungen des 19. Jahrhunderts. Es wird zum «Nenner für alle Forderungen, die auf Beseitigung rechtlicher, sozialer, politischer oder ökonomischer Ungleichheit zielten» (GRASS/KOSELLEK 1975, S. 166), für die Aufhebung der Benachteiligungen, die aus der Zugehörigkeit zu einer Religion erwachsen

(Emanzipation der Juden, der Katholiken in Irland), für die Befreiung der Frauen, der Sklaven, der Lehrer aus geistlicher Schulaufsicht. Es steht für die Herauslösung der Menschheit aus allen Bindungen, die nicht durch individuelle und kollektive Vernunft, durch für alle Betroffenen konsensfähige Gründe, beglaubigt sind. Der «Gedanke» soll in den Genuß seines Rechtes eingesetzt werden, «rücksichtslos in alle Verhältnisse der Welt und der Schöpfung, in das Ergebnis seines eigenen Schaffens, die gesellschaftlichen und staatlichen Einrichtungen und Gesetze, den Glauben und Wissen, die Religionen und die Kenntnisse der Gegenwart und der Vergangenheit eindringen [...] zu dürfen», heißt es 1848 unter dem Stichwort «Emancipation des Geistes» (zitiert nach HERRMANN 1974, S. 120f). Zwang und Herrschaft, Unterdrückung, Leid, Hemmung der «Bedürfnisse» werden zu Indikatoren für die Notwendigkeit von Emanzipation, die allmählich den «Charakter von Rechtsakten verliert und [...] als allgemeines Prinzip der Gesellschafts(um)gestaltung verstanden» wird (HERRMANN 1974, S. 100). Menschliches Leben in individueller und in gattungsgeschichtlicher Perspektive erscheint zuweilen insgesamt als Emanzipationsprozeß und Kampf um Emanzipation, in dem es durch Überwindung der Abhängigkeit von Naturgewalt und von der sozialen Beschränkung durch die Willkür anderer Menschen um die vollständige Ausfaltung «aller menschlichen Sinne und Eigenschaften» (MARX 1966, S. 80), kurz, um die Vollkommenheit des Menschen geht.

Emanzipatorische Pädagogik. Seit den akademischen Unruhen der zweiten Hälfte der 60er Jahre ist der Begriff erneut in seinen vielfältig schillernden Bedeutungsnuancen zum Symbol für Fortschrittsbestrebungen aller Art geworden. Im Sinne eines fest umrissenen, Wissenschaft und Praxis begründenden Prinzips ist er von Habermas in Anknüpfung an die Kritische Theorie von Horkheimer und Adorno eingeführt und für die Pädagogik als Disziplin wichtig geworden. Die Bindung der Pädagogik an das Postulat der Emanzipation erfolgt unter drei miteinander verbundenen Hauptaspekten. Emanzipation erscheint als inhaltlich offene Leitorientierung, in der das Normproblem der Pädagogik (→ Pädagogik, normative), wie schon bei Rousseau, auf eine undogmatische Weise gelöst ist (Pädagogik als Theorie einer Praxis bei Schleiermacher). In wissenschaftstheoretischer Hinsicht heftet sich an die Gestalt einer emanzipatorischen Pädagogik der Anspruch, die methodologischen Schwächen geisteswissenschaftlich-hermeneutischer und erfahrungswissenschaftlicher Erziehungswissenschaft zu überwinden und die pädagogische Grundlagenkrise zu beenden. Im Blick auf ihre Funktion im geschichtlich-gesellschaftlichen Ganzen soll die Pädagogik im Zeichen von Emanzipation aus einer bloß regenerierenden und die bestehenden

392 Emanzipation

Strukturen reproduzierenden Rolle herausgeführt werden und in ein angemessenes Verhältnis zu Politik und demokratischer oder sich demokratisierender Gesellschaft treten.

→ Erziehung, → Unterricht und pädagogische → Theorie unter dem normativen «Anspruch der Emanzipation» sollen die Heranwachsenden «aus Bedingungen, die ihre Rationalität und das mit ihr verbundene gesellschaftliche Handeln beschränken», befreien (MOLLENHAUER 1973,. S. 11). Der Akzent liegt dabei inhaltlich auf der Überführung von quasinatürlichen, in Wirklichkeit aber sozial vermittelten Vorstellungs- und Lebensformen unter die Kontrolle des je eigenen → Bewußtseins. So sollen beispielsweise die geschlechts-, schicht-, konfessions- oder familienüblichen Wertungen, die das sexuelle Leben und Erleben junger Menschen regulieren, in einer emanzipatorischen → Sexualerziehung in ihrer Un-Selbstverständlichkeit bewußt werden. Aus einer den einzelnen beherrschenden, ihn sich selbst entfremdenden, distanzlos und «bewußtseinsumgehend» an Deutungs- und Handlungsmuster fesselnden Geschlechtlichkeit soll eine autonom gestaltete werden (→ Autonomie).

Formal liegt der Akzent emanzipatorischer Pädagogik auf dem kritisch-negativen Charakter der leitenden normativen Orientierung. «Ihre Kritik ist Verneinung konstatierter Unfreiheit» (MOLLENHAUER 1973, S. 69). Ihre Rationalität versteht sich als (herrschafts)negierende. Dadurch allein und nicht durch den Entwurf von inhaltlich bestimmten Leitbildern besseren Lebens glaubt sie, «dem geschichtlichen Fortschritt [...] eine neue Chance» (MOLLENHAUER 1973, S. 69) geben zu können. Emanzipation zielt demnach nicht auf Mündigkeit im Sinne eines vorgezeichneten Repertoires «richtigen» Wissens und «guten» Verhaltens, das die entfesselte Vernunft sogleich wieder in Beschlag nehmen würde. Indem der Heranwachsende seiner Beschränkungen inne wird, werden – so die These – zugleich die besseren Möglichkeiten frei. Wissenschaftstheoretisch beansprucht die emanzipatorische Pädagogik, die Schwäche einer der geschichtlich vorgefundenen Praxis bloß verstehend nachgehenden, gegebene Sinnorientierungen hermeneutisch aufklärenden Theoriegestalt ebenso zu überbieten wie diejenige einer erfahrungswissenschaftlich-technologischen, die Erziehung und Unterricht als effektive Dispositionsveränderung gemäß dezisionär vorgegebenen Zielen auslegt.

Im Anschluß an die Lehre, daß alles Erkennen von «Interessen» geleitet und so ursprünglich mit der Lebenspraxis verknüpft ist (vgl. HABERMAS 1968), wird dem Interesse an Emanzipation zugeschrieben, die Bedingung möglicher Objektivität pädagogischer Erkenntnis zu sein. Mündigkeit zu erringen erscheint als das höchste und unmittelbar gewisse, bewegende Prinzip von Erkenntnis und Praxis. Das Interesse an ihr erfüllt sich in praktisch folgenreicher «Selbstreflexion» (→ Erziehungswissenschaft, Kritische). Diejenigen Wissenschaften, die solche Selbstreflexion auf den Weg bringen, können «kritische» heißen. Indem sie «ideologisch festgefrorene, im Prinzip aber veränderliche Abhängigkeitsverhältnisse erfassen», vermögen sie die Subjekte «aus der Abhängigkeit von hypostasierten Gewalten» zu lösen (HABERMAS 1968, S. 158f). Dahinter erscheint die Idee einer Gesellschaft, in der die Beziehung der Individuen durch → Kommunikation und «ungezwungenen Konsens» anstatt durch Herrschaft gestiftet ist, und in Gestalt der These, daß alle Pädagogik auf «Erweiterung kommunikativer Spielräume» zielt und zielen muß (MOLLENHAUER 1972, S. 62), wird Emanzipation zu einem methodischen Regulativ für die «fortschrittliche» Veränderung des Erziehungsfeldes. Im Zeichen von Emanzipation wird Pädagogik schließlich zu einer bestimmten politischen Größe, nicht so zwar, daß sie sich selbst als Vermittlungsinstrument dieser oder jener parteilichen Überzeugungen begreift, wohl aber darin, daß sie nur einer demokratischen, zur Selbstüberholung, zur zunehmenden Ausgrenzung von Freiräumen bereiten Herrschaftsgestaltung sich positiv koordiniert wissen kann. Der Idee einer universal herrschaftsfrei kommunizierenden Menschheit zufolge müßte Politik bestrebt sein, sich gattungsgeschichtlich ebenso überflüssig zu machen wie die Pädagogik individualgeschichtlich.

Grenzen. Die normative Bindung der Pädagogik an das Postulat der «Negation von Unfreiheit» kann nicht ohne weiteres als Garant von Mündigkeit angesehen werden. Nur unter stillschweigender Voraussetzung zusätzlicher Annahmen ist es einleuchtend, daß das von Herrschaft frei gewordene Bewußtsein schon vernünftiges Bewußtsein sein wird. Nach der Abschüttelung der Fesseln stehen viele Möglichkeiten offen, die beispielsweise den sexuell Emanzipierten vor die nicht gleichgültige Wahl stellen, seine Lust in einer dauerhaften Liebesbeziehung oder in der Form einer sporadischen wechselseitigen Benutzung der Geschlechtsorgane zu verorten, ohne daß durch Emanzipation qua Negation schon das individuelle Ermessen- und Urteilenkönnen gesichert scheint. Dies kann nur dann geglaubt werden, wenn zwischen Herrschaft und «richtigem Bewußtsein» ein quasi automatisches Umkehrungsverhältnis unterstellt wird, das nicht bewiesen ist.

Gegen die Lehre von der Interessenbedingtheit der Erkenntnis und den daran geknüpften wissenschaftstheoretischen Überlegenheitsanspruch emanzipatorischer Pädagogik ist allgemein vorgebracht worden, daß sie in der Konsequenz zur Preisgabe oder zur dogmatischen Umdeutung des Erkenntnisbegriffs führe (vgl. FUNKE 1971). Der spezielle Vorrang eines Interesses an Emanzipation, das «a priori» eingesehen werden könne und «theoretisch gewiß» sei (vgl. HABERMAS 1968), wird bloß versichert, nicht aber transzendental oder empirisch hergeleitet. In das Ideal

394 Emanzipation

einer universalen, *herrschaftsfreien Kommunikationsgemeinschaft*, durch das der Emanzipationsgedanke eine gewisse Richtungsbestimmtheit und regulierende Kraft bekommt, geht die Vorstellung ein, daß Wahrheitsansprüche grundsätzlich einlösbar sein müssen, daß die Vernunft an ihrer Vollkommenheit bloß gesellschaftlich behindert, nicht aber auch als solche grundsätzlich begrenzt ist und über ein Wissen des Nichtwissens nicht hinauskommt. Diese Vorstellung ist weder notwendig anzuerkennen noch allgemein anerkannt, noch für die Grundlegung einer verständigungstheoretisch begründeten Pädagogik erforderlich (vgl. RUHLOFF 1980). Was den politisch-pädagogischen Problemzusammenhang anlangt, den für die Gegenwart wieder in den Blick gerückt zu haben eines der Verdienste emanzipatorischer Pädagogik ist, so werden die entscheidenden Fragen sein: ob Herrschaft ein grundsätzlich zu überwindendes und insofern kontingentes Phänomen sei und mit welchen Rechtsgründen so verfahren werden könne, als ob es sich so verhalte, wo die Grenzen zwischen schon «überflüssiger» und noch legitimer Herrschaft liegen könnten und schließlich für die pädagogische Theorie die Frage, wie die prinzipiell unaufhebbare und im Erziehungsverhältnis gesetzte Dominanz der älteren gegenüber der jüngeren Generation (→ Verhältnis, pädagogisches) im Hinblick auf die Verhältnisse politischer Herrschaft gedacht und gestaltet werden müsse.

Die kritischen Rückfragen richten sich gegen eine metaphysische Überhöhung des Emanzipationspostulats zu einem absoluten Ziel. Unbestritten bleibt hingegen, daß Emanzipation als das Problematisch-werden-Lassen von Vorurteil, Meinung, Ambition, sozial beschränktem Interesse und als Kritik von Bedingungen, die Erziehung und Unterricht auf die Funktion der sozialen Prägung systemkonformen Nachwuchses beschränken, ihren Sinn behält. Sie ist ein unerläßliches Implikat der Ermöglichung von selbstverantworteten Wahrheitsansprüchen, nicht aber die hinreichende konstitutive Bedingung wahrer Erkenntnisse und guter Taten. Wird der Begriff im letzteren Sinne verstanden, so droht er zur ideologischen Rechtfertigung der Abwälzung aller Schuld und Verantwortlichkeit auf anonyme Herrschaftsverhältnisse zu werden. Dann entlastet er vom Denken, das auch noch andere als «gesellschaftlich relevante» und gesellschaftskritische Fragen und Aufgaben in den Mittelpunkt rücken kann (→ Antipädagogik).

FUNKE, G.: Gutes Gewissen, falsches Bewußtsein, richtende Vernunft. In: Z. f. phil. Fo. 25 (1971), S. 226ff. GRASS, K. M./KOSELLEK, R.: Emanzipation. In: Brunner, O. u. a. (Hg.): Geschichtliche Grundbegriffe. Historisches Lexikon zur politisch-sozialen Sprache in Deutschland, Bd. 2, Stuttgart 1975, S. 153ff. HABERMAS, J.: Erkenntnis und Interesse. In: Habermas, J.: Technik und Wissenschaft als «Ideologie», Frankfurt/M. 1968, S. 146ff. HERRMANN, U.: Emanzipation. In: Archiv für Begriffsgeschichte, Bd. 18, Bonn 1974, S. 84ff. MARX, K.: Pariser Manuskripte 1844. Texte zu Methode und Praxis, Bd. 2, hg. v. G. Hillmann, o. O. 1966, S. 50 ff. MOLLENHAUER, K.: Theorien zum Erziehungsprozeß, München 1972. MOLLENHAUER, K.: Erziehung und Emanzipation, München[6] 1973. RUHLOFF, J.: Das ungelöste Normproblem der Pädagogik, Heidelberg 1980.

Jörg Ruhloff

Empathie → Friedenserziehung; → Rolle
Empfindung → Bildung, ästhetische; → Elementarunterricht
Enkulturation → Kultur; → Propädeutik
enkyklios paidaia → Allgemeinbildung – Berufsbildung; → Fach –
    Fächerkanon; → Lehrplan
Entfremdungsprozeß → Pädagogik, historisch-materialistische
Entscheidungsplanung → Bildungsplanung

Entschulung

Zur Geschichte. Als die während der 60er Jahre in den Vereinigten Staaten von Amerika aufgekommenen radikalen schulkritischen Forderungen nach *Entschulung der Gesellschaft* und *Entschulung* oder gar *Abschaffung der* → *Schule* auf dem Höhepunkt der Bildungsreformeuphorie Anfang der 70er Jahre in der Bundesrepublik Deutschland Publizität erlangten, herrschte die Meinung vor, daß diese Thesen ein absolutes Novum in der Geschichte der → Pädagogik seien. Übersehen wurde damals und wird auch heute noch vielfach, daß die dabei vorgebrachten Argumente und Forderungen keineswegs Erfindungen der Gegenwart sind, sondern eine lange geschichtliche → Tradition besitzen. Das zeigt sich äußerlich schon daran, daß es bereits vor einem halben Jahrhundert Publikationen gab mit Titeln wie: «Das Ende der Schule» (KUCKEI 1924), «Die Überwindung der Schule» (PAULSEN 1926), «Die Verschulung Deutschlands» (SPRANGER 1928), «Entschulte Schule» (WYNEKEN 1928), «Die Schule – Ein Frevel an der Jugend» (BORGIUS 1930). Der in solchen und vielen anderen Schriften dieser Zeit geäußerte radikale pädagogische Zweifel an einer vom Staat veranstalteten und bürokratisch reglementierten oder überhaupt schulisch institutionalisierten → Bildung und → Erziehung reicht jedoch viel weiter in die Geschichte der Pädagogik zurück und dürfte so alt sein wie die Schule selbst. Zu den bekanntesten Vertretern dieses Zweifels gehören Natorp, Tolstoi, Dörpfeld, Nietzsche, Mager, Herbart, Schleiermacher, W. von Humboldt und in der Antike Seneca und Platon. Sie alle waren, wenngleich aus unterschiedlichen Gründen, skeptisch gegenüber dem pädagogischen Anspruch, den pädagogischen Möglichkeiten und Funktionen des öffentlichen Schulwesens und suchten nach neuen Wegen für die Verwirklichung ihrer pädagogischen Ideen. Dabei lassen sich vor allem zwei Richtungen unterscheiden, die man in Anlehnung an die jüngste «Entschulungsbewegung» einerseits als Versuche zur *Entschulung der Gesellschaft* und andererseits als Bemühungen um eine *Entschulung der Schule* bezeichnen kann. Besonders deutlich traten diese beiden Richtungen radikaler Schulkritik in den ersten drei Jahrzehnten des 20. Jahrhunderts zutage. Die Meinungen schieden sich schon damals an der Frage: «Muß es überhaupt so etwas wie Schule geben? Würde die Menschheit nicht ohne Schule besser dran sein?» (OTTO 1963, S. 31).

Während die Mehrzahl der damaligen radikalen Schulkritiker glaubte, vor allem durch die Gewährung einer weitgehenden oder völligen → Autonomie des traditionellen Schulwesens, durch grundlegende innere → Reformen und durch die Gründung freier Gegenschulen (wie Landerziehungsheime, Waldorfschulen, Lebensgemeinschaftsschulen) zu einer «Entschulung der Schule» zu gelangen (→ Alternativschule), stand ein Teil der Pädagogen selbst solchen grundlegenden Schulreformbestrebungen skeptisch gegenüber. Sie gingen von der Prämisse aus, daß Schulen keineswegs zu den unverzichtbaren Einrichtungen der Gesellschaft gehören, sondern daß jede → Kultur – wie es PAULSEN (vgl. 1925, S. 56) formuliert – «unabhängig von ihren Schul- und Bildungsveranstaltungen bestehe und wirke, ja, daß durch [...] die Denkbeschränkung und Willensbrechung der Schule die Zerrüttung des Persönlichkeitswesens herbeigeführt und die freie Entfaltung und Auswirkung kulturellen Lebens verhindert worden ist [...] Der Glaube, daß man Bildung schulmäßig erwerben könnte, wurde unserer Kultur zum Verhängnis.» Vielfach behaupteten sie sogar, «daß ein Mensch in völliger Freiheit ohne Schule sich vollkommener entwickeln würde. Es würden verantwortungsfreudige, selbstbewußte Menschen wachsen, wo heute kindliche Greise gezüchtet werden. Was sonst unter Qualen eingepaukt wurde, ist entweder überflüssig, oder das Leben lehrt es viel eindringlicher und mit besserem Erfolg» (vgl. STEIGER 1920, S. 6). Auch diejenigen radikalen Schulkritiker, die nicht an die Reformierbarkeit der Schule glaubten, leiteten daraus jedoch nur selten die Forderung nach ihrer ersatzlosen Liquidation und einer gänzlichen Reprivatisierung von Erziehung und → Unterricht unter den bestehenden gesellschaftlichen, wirtschaftlichen und politischen Verhältnissen ab. Denn schon damals standen solche prinzipiellen Zweifel an der Legitimation von Schule zumeist im Kontext mit radikalen kultur- und gesellschaftskritischen Überlegungen und Gegenmodellen von einem «Zukunftsstaat» (vgl. OTTO 1910) und einer völlig veränderten neuen Gesellschafts- und Wirtschaftsordnung. Über die konkrete Gestalt solcher Gegenmodelle und die Mittel zu ihrer Verwirklichung gingen die Auffassungen weit auseinander. Einigkeit bestand nur darin, daß zunächst die «scholozentrische Weltanschauung», der «finstere Aberglaube an die Majestät der Schule» und der «Bann der Schule, wie ihn einst nur die Kirche ausübte» (Wyneken 1919, S. 58f), durchbrochen werden müssen, um dadurch Wege für eine künftige «entschulte» Gesellschaft zu ebnen.

Radikale Schulkritik in der Gegenwart. Die neuere Entschulungsdiskussion nahm in den 60er Jahren ihren Ausgang von der Kritik an den ehrgeizigen Bildungsprogrammen von Entwicklungsländern, die unter großen finanziellen Anstrengungen bemüht waren, ein Schulsystem nach dem Vorbild der westlichen Industrienationen aufzubauen. Die Kritik an der Notwendigkeit eines derartigen Schulsystems für unterentwickelte Gesellschaften wurde bald zur Kritik am Nutzen des etablierten Schulsystems auch für die entwickelten Industriegesellschaften. Mit der radikalen Kritik an der Schule sind Konzepte zur *Entschulung der Gesellschaft,* der völligen Ersetzung der konventionellen Schule durch anders organisierte Bildungseinrichtungen oder Vorschläge zur *Entschulung der Schule,* einer tiefgreifenden Strukturreform nach Maßgabe der Kritik an der überkommenen Schule, verbunden.

Gegen die Anstrengungen der Bildungsreform, durch ständige Verbesserung und Ausweitung des Bildungswesens für immer mehr Kinder und Jugendliche immer längere Bildungsgänge mit höheren Abschlußqualifikationen einzurichten, wendet sich die fundamentale Kritik besonders von Illich (vgl. 1972) und Reimer (vgl. 1972), die den Nutzen derartiger Bildungsgänge generell bezweifeln.

Zunächt sind nach allen wissenschaftlich abgesicherten Erfahrungen Schulen dazu geeignet, *gesellschaftliche Ungleichheiten zu reproduzieren oder zu vertiefen.* Die Chancen, in bestimmte Berufs- und damit zugleich Sozialpositionen zu gelangen, sind fast ausschließlich abhängig von den erworbenen Schulabschlüssen. Da das erfolgreiche Durchlaufen von Schullaufbahnen wiederum eindeutig von Elternhaus und sozialer Umwelt abhängig ist, vertieft und zementiert das Schulwesen vorhandene soziale Ungleichheiten: «Pflichtmäßiger Schulbesuch führt unweigerlich zur Polarisierung einer Gesellschaft» (Illich 1972, S. 27).

Ebenso bedenklich und dem gesellschaftlichen Fortschritt hinderlich ist der Lernerfolg, den die Schule als → Institution jenseits ihrer offiziellen → Lernziele bewirkt: Schulen dienen dazu, bei der nachwachsenden Generation *Anpassung und Konformismus* zu erzeugen. Das Durchlaufen des «heimlichen Lehrplans» (→ Lehrplan, heimlicher) der Schule ist eine Einführung in die herrschenden Werte und Normen, besonders den Wert der Anpassung, der Unterwerfung unter Hierarchien, des Akzeptierens von undurchschaubaren und unveränderbaren institutionellen Regeln. Will man in einer institutionell erstarrten Gesellschaft überleben, ist die Anpassung an Institutionen die grundlegende Lebenshaltung; sie wird in der obligatorisch zu durchlaufenden Institution Schule gelernt. Die mögliche befreiende Kraft des →Lernens wird durch die Schule nicht gefördert, sondern systematisch verschüttet. «Wissen» erscheint als etwas, das, in Fächer und Lernschritte aufgespalten, wegen des Erwerbs von Berechtigungen angeeignet wird. Dieser *Entfremdung des Lernens* entspricht die strenge Rollentrennung von →Lehrer und →Schüler; der Lehrstoff wird vom Lehrer überwacht, der Lehrer dirigiert den Wissenserwerb, der vom Lernenden als notwendig fremdgesteuert erlebt wird. Lernen, erkennen, zu Wissen gelangen sind an den abstrakten →Lehrplan gekoppelt und haben nichts zu tun mit dem Lebenszusammenhang, der sozialen und natürlichen Umwelt der Schüler; damit ist garantiert, daß der Lebenszusammenhang ebenso undurchschaut bleibt wie das Interesse an Erkenntnis von Wirklichkeit politisch folgenlos.

Im Lauf ihrer Geschichte ist es zu einer Monopolisierung des Wissens und des Wissenserwerbs durch die Schule gekommen; es erscheint als selbstverständlich, daß nur in Institutionen gelehrt, gelernt, erkannt, geforscht werden kann. Bei der eminenten Bedeutung, die «Wissen» heute für die im öffentlichen Bewußtsein verankerte Ideologie des permanenten technisch-wissenschaftlichen Fortschritts hat, ist es der Schule gelungen, sich selbst allgegenwärtig und unverzichtbar zu machen: «Die Schule ist zur überall anwesenden Kirche einer technologischen Gesellschaft geworden» (REIMER 1972, S. 21). Die *Ritualisierung der schulischen Bildung* (→Ritual), der Glaube, auf dem Weg immer größerer Bildungsanstrengung zu einer Art von diesseitiger Erlösung zu gelangen, macht es so schwer, gegen die Verschulung der Gesellschaft anzukämpfen. Obwohl Schule dem gesellschaftlichen Fortschritt eher hinderlich als nützlich ist, ist es ihr gelungen, sich gleichsam als Selbstzweck zu etablieren: «Schule lehrt vor allem die Wichtigkeit von Schule» (v. HENTIG 1971, S. 76). Ingesamt lautet das Urteil der radikalen Schulkritiker: Schulen tragen – wie andere überholte Institutionen auch – nichts dazu bei, bei der Lösung der anstehenden Weltprobleme (wie Überbevölkerung, Ausbildungsdefizite, gesellschaftliche Ungleichheit, Gewalt) zu helfen; deshalb sind sie durch andere Formen des organisierten Wissenserwerbs zu ersetzen.

Alternativen zur Schule. Während in diesen Kritiken an der Schule eine relative Einmütigkeit besteht, klaffen die Vorstellungen über *Gegenmodelle* auseinander. Das Problem, eine Bildung zu organisieren, die vom Lebenszusammenhang der Lernenden ausgeht, die auf →Curricula, den Erwerb von Berechtigungen und professionelle Lehrer verzichtet zugunsten direkter Lebensbedeutsamkeit, Selbsterfahrung, →Emanzipation und Solidarität, wird mit unterschiedlichen Modellen zu lösen versucht.

ILLICH und REIMER schlagen eine Organisation vor, die sich darauf beschränkt, «dem Schüler den Zugang zu jedem Bildungsmittel [zu] ermöglichen, das ihm dazu verhelfen könnte, seine eigenen Ziele zu bestimmen und zu erreichen» (ILLICH 1972, S. 111; vgl. REIMER 1972). Vier «networks» sollen diese Vermittlung leisten:

– Nachweisdienste für *Bildungsgegenstände*, wobei «Gegenstände» alle nur denkbaren Sachen, Prozesse, Veranstaltungen, Handlungsabläufe, geistigen Gehalte sind. Lernorte können dementsprechend etwa Fabriken, Museen, landwirtschaftliche Betriebe, Bibliotheken, Krankenhäuser sein.

– Börsen für *Fertigkeiten,* die Lernwillige zusammenbringen mit Menschen, die über bestimmte Fertigkeiten verfügen und bereit sind, sie vorzuführen und weiterzugeben.

– *Partnervermittlung* als Kommunikationssystem, das es ermöglichen soll, für ein bestimmtes Interessen- oder Tätigkeitsgebiet gleich interessierte und motivierte Lernpartner zu finden.

– Nachweisdienste für →*Erzieher* aller Art, die als besonders qualifizierte pädagogische Ratgeber in einem bestimmten Gebiet für Lernwillige zur Verfügung stehen.

Ein öffentlich finanziertes, für jeden Bürger gleiches persönliches «Bildungskonto» soll die *Bildungschancen* von den finanziellen Möglichkeiten des Elternhauses unabhängig machen.

Die unmittelbare Anbindung des Lernens an den Zusammenhang der Lebenswelt ist die Grundlage des Konzepts, das FREIRE (vgl. 1970) im Rahmen von Alphabetisierungsprogrammen in Südamerika entwikkelte. Das Erlernen der Kulturtechniken Lesen und Schreiben ist verbunden mit einer «politischen Alphabetisierung»; die Beherrschung der Schrift soll zugleich Bewußtwerdung der eigenen sozialen und politischen Situation und der erste Schritt zu deren Veränderung sein. Gegenstand des Unterrichts sind nicht «objektive» Bildungsinhalte, sondern die →Erfahrungen, die die Teilnehmer – meist Erwachsene – einbringen und die gemeinsam aufgeklärt und verarbeitet werden.

Neben diesen umfassenden Konzeptionen zur «Entschulung der Gesellschaft», die primär für die Situation in Entwicklungsländern entworfen wurden, existieren zahlreiche Versuche, Elemente dieser Art von Bildungsorganisation in privaten oder kommunalen Schulen in den westlichen Industrieländern zu verwirklichen. Gemeinsam ist diesen Unternehmungen, daß sie als Konkurrenz und *Alternative* neben der öffentlichen Schule bestehen, daß das Lernen von der unmittelbaren →Lebenswelt der Schüler ausgeht und an verschiedenen Lernorten stattfindet, daß Lernen und außerschulische Praxis der Schüler eng verzahnt sind; das bekannteste Beispiel der *Free-School-Bewegung* ist die First Street School von Dennison und die Mini-School von Goodman.

400 Entschulung

Aus der Kritik an der Entfremdung des Lernens in der konventionellen Schule und an den als unrealistisch oder widersprüchlich beurteilten Alternativen zur Schule entstand die Forderung, die bestehende öffentliche Schule zu «entschulen», daß heißt, die Entfremdung des Lernens aufzuheben. Schule soll zum *Erfahrungsraum* werden, der zu anderen gesellschaftlichen Einrichtungen hin offen ist, der es möglich macht, Wissen auf die erfahrene Lebenswelt zu beziehen, und der selbst als Kommunikations- und Kooperationsstätte Teil des sozialen Lebens ist (vgl. v. HENTIG 1971, S. 105 ff).

Für die öffentliche Schule in der Bundesrepublik ist die Entschulungsdiskussion bisher ohne Konsequenzen geblieben. Eine Abschaffung der Schule und ihre Substitution durch Bildungsangebote im Sinne ILLICHS (vgl. 1972) würde angesichts der Funktionen der Schule für das Gesellschafts- und Wirtschaftssystem dessen völligen Wandel voraussetzen und ist insofern illusorisch. Aber auch eine substantielle «Entschulung der Schule» ist nicht möglich, solange ihr hierarchisch-bürokratischer Charakter im Schulverfassungsrecht festgeschrieben ist. → Mitbestimmung – Mitwirkung).

BORGIUS, W.: Die Schule – Ein Frevel an der Jugend, Berlin 1930. FREIRE, P.: Pädagogik der Unterdrückten, Stuttgart 1970. GOODMAN, P.: Das Verhängnis der Schule, Frankfurt/M. 1975. HENTIG, H. v.: Cuernavaca oder: Alternativen zur Schule? Stuttgart/München 1971. ILLICH, I.: Entschulung der Gesellschaft, München 1972. KUKKEI, M.: Das Ende der Schule, Kettwig 1924. MÜLLER, W.: Zur Geschichte radikaler Schulkritik in der jüngeren Vergangenheit. In: Fischer, W. (Hg.): Schule als parapädagogische Organisation, Kastellaun 1978, S. 9 ff. OTTO, B.: Der Zukunftsstaat als sozialistische Monarchie, Berlin 1910. OTTO, B.: Die Schulreform im 20. Jahrhundert (1897). Ausgewählte pädagogische Schriften, hg. v. K. Kreitmair, Paderborn 1963, S. 24 ff. PAULSEN, W.: Die Schule der Volks- und Kulturgemeinschaft. In: Deiters, H. (Hg.): Die Schule der Gemeinschaft, Leipzig 1925, S. 54 ff. PAULSEN, W.: Die Überwindung der Schule, Leipzig 1926. RAMSEGER, J.: Gegenschulen, Bad Heilbrunn 1975. REIMER, E.: Schafft die Schule ab! Reinbek 1972. SPRANGER, E.: Die Verschulung Deutschlands, Leipzig 1928. STEIGER, W.: S'blaue Nest, Leipzig 1920. WYNEKEN, G.: Der Kampf für die Jugend, Jena 1919. WYNEKEN, G.: Entschulte Schule, Berliner Tageblatt vom 11. 6. 1928.

Walter Müller / Peter Vogel

Entstigmatisierung → Stigmatisierung

Entwicklung

Begriff. In dem Wort «Entwicklung» sind drei lateinische Begriffe miteinander verwoben: «explicatio», «complicatio» und «evolutio». «Evolutio» meinte ursprünglich das Aufrollen der Handschriftenrolle (später: das Aufschlagen eines Buches), die Entfaltung eines Gedankens oder einer Vorstellung, die «entrollt» wird. Dies setzt voraus, daß etwas «Eingerolltes» vorhanden ist. «Explicatio», verbunden mit «complicatio», meint die «Entfaltung des in der Einheit des Grundes Eingefalteten» (WEYAND 1972, Spalte 550). Der Begriff «Entwicklung» setzt – im Unterschied zu «Schöpfung» – etwas je Vorhandenes voraus und bezeichnet eine Veränderung, der eine Richtung innewohnt, die weder zufällig noch bloße Wiederholung ist. Aus dieser Bestimmung lassen sich die Fragen ableiten, die in verschiedenen Theorien unterschiedlich beantwortet worden sind:

– Was steht am Anfang der Entwicklung?
– Worin besteht das Ziel der Entwicklung?
– Worin besteht die Kraft, die die Entwicklung in die Richtung bringt und in ihr hält?

Kritik psychologischer Entwicklungstheorien. Ein großer Teil der Auseinandersetzungen unter den älteren Entwicklungstheorien beruht auf einer unterschiedlichen Antwort auf die erste Frage. So wurde Entwicklung verstanden als Entfaltung einer vorgegebenen Anlage, wobei die Umwelt stimulierend, auslösend oder modifizierend wirken kann. Die Milieutheoretiker wiederum verstehen Entwicklung ausschließlich als Produkt von Umwelteinflüssen. «Eine Vereinigung dieser beiden Standpunkte wird dort vollzogen, wo Entwicklung als Ergebnis von Anlage und Umwelt, von Reifungs- und Lernprozessen definiert wird» (RIES 1970, Spalte 695). Damit wird der Entwicklungsbegriff insofern obsolet, als Lern- und Reifungsvorgänge den Gesamtbereich des psychischen Geschehens betreffen (vgl. RIES 1970, Spalte 695).

Gegen den Versuch einer Bestimmung der Bedeutung von Anlage und Umwelt für die Entwicklung des Menschen spricht schon Schleiermachers Einwand, daß der Mensch mit der Geburt untrennbar mit seiner → Kultur verbunden sei (vgl. SCHLEIERMACHER 1983). Aber darüber hinaus läßt sich ganz generell gegen jeglichen entwicklungspsychologischen Ansatz aus anthropologischer Sicht einwenden: «Der Mensch kann nur Mensch werden durch Erziehung. Er ist nichts, als was die Erziehung aus ihm macht» (vgl. KANT 1923, S. 437). Diese «anthropologische Differenz» (vgl. FROESE/KAMPER 1971), daß der Mensch Natur- und Geistwesen ist, daß er einmal betrachtet werden muß als das, was die Natur aus ihm macht, und als das, was er aus sich selber macht

402 Entwicklung

(vgl. KANT 1923), bleibt Desiderat jeglicher Entwicklungspsychologie. Dies gilt auch für Piagets Entwicklungspsychologie, indem sie die gegenwärtige Form der «Vernunft», die naturwissenschaftliche Denkweise, als Ergebnis einer quasi natürlichen phylogenetischen und ontogenetischen Entwicklung betrachtet (zur Kritik an Piaget: vgl. MEYER-DRAWE 1984). Gleiches gilt für den neuesten entwicklungspsychologischen Ansatz, den sogenannten «ökologischen Ansatz». «Bronfenbrenner versteht darunter die empirische Untersuchung des sich wandelnden Individuums, das zu einer sich wandelnden Umwelt in Wechselwirkung steht» (OERTER 1983, S. 381). Wenn darin die Bestimmung dessen, was der Mensch sein soll, als Teil der Umwelt verstanden werden muß, so wiederholt sich das Problem von «Geist» und «Natur», denn es fragt sich, ob für beide die gleichen Kategorien herbeigezogen werden oder ob der Mensch nun wiederum nur als Naturwesen aufgefaßt wird. Entwicklung kann offenbar nicht bestimmt werden, ohne nach dem Ziel beziehungsweise der Richtung von Entwicklung zu fragen. Das heißt: Entwicklung kann nicht ohne Berücksichtigung von → Erziehung begriffen werden.

Langevelds Entwicklungsbegriff. Von pädagogischer Seite wurde dieses Problem unter anderem von Langeveld bearbeitet. Sein Entwicklungsbegriff ist pädagogisch insofern, als er Entwicklung in Erziehung eingebettet sieht. Er begreift Entwicklung als einen Prozeß, der der nächsten Generation nicht nur eine Anpassung an die vorhandene Gesellschaft einräumt, sondern auch die Entwicklung von Neuem, nie Dagewesenem als Ergebnis einer schöpferischen Möglichkeit des Menschen. Sein Entwicklungsbegriff fußt auf einer Anthropologie, deren Axiom lautet: «...daß der Mensch der Welt einen Sinn zu geben hat» (LANGEVELD 1968, S. 142f). Es ist Langevelds Verdienst, darauf aufmerksam gemacht zu haben, daß der Mensch als Kind sein Leben beginnt (vgl. FROESE/ KAMPER 1971, S. 124). Die Entwicklung des Kindes wird als Genealogie kindlicher Erfahrungen hin zu den Erfahrungen des Erwachsenen verstanden, als Deutungsarbeit, als Prozeß der Sinngebung. Die Umwelt, zu der die Dinge der Welt gehören, die Kultur, in die man hineingeboren wird, und der eigene Leib schränken die Freiheit dieser Sinngebung ein. Das Ziel der Entwicklung ist nach Langeveld *«Erwachsenheit»*, verstanden als «selbst jemand zu werden, der produktiv eintritt in die Verantwortung des menschlichen Seins» (LANGEVELD 1959, S. 18). Für sein Modell von Entwicklung unterstellt Langeveld zwei anthropologische Konstanten, die auch eine spezifische Antwort auf die eingangs formulierte zweite und dritte Frage sind: Als treibende Kraft konstruiert er eine «Neigung zur Exploration» (LANGEVELD 1968, S. 79) und als Ziel eine Aufgabe: «Der Mensch hat eine Welt und ist.mitsamt dieser Welt seine Aufgabe» (LANGEVELD 1968, S. 147). Wenn sich heute fragen läßt,

Entwicklung 403

ob Erwachsenheit im Verschwinden begriffen ist (vgl. LENZEN 1985), so ist daran wie an früheren Entwicklungstheorien der Einfluß einer veränderten «Leseweise der Welt» auf pädagogische Fragen erkennbar.

Abschied vom Fortschrittsgedanken. Der nicht nur in Langevelds anthropologischer Bestimmung des Menschen enthaltene Fortschrittsgedanke ist heute fraglich geworden. Die fundamentale Wissenschaftskritik im Kontext der Diskussion um die «ökologische Krise» (vgl. DE HAAN 1985) bezeichnet einen Strang der Diskussion um das «Ende der Aufklärung». Ein anderer liegt in der These von der «postmodernen Gesellschaft», deren Schlüsselbegriff →«Simulation» auf die Ununterscheidbarkeit von Realität und Modell, von Bezeichnetem und Zeichen verweist (vgl. BAUDRILLARD 1978). Wenn damit jener Historismus fraglich geworden ist, der die Gegenwart als Ergebnis einer quasi natürlichen Höherentwicklung begreift, und ebenso die Gewißheit verschwunden ist, daß die Zukunft mehr sein wird als die Gegenwart, so hat dies auch Folgen für eine pädagogische Betrachtungsweise (→ Bildsamkeit). Zur Disposition steht hier der Gedanke der «Perfectibilität» des Individuums. Dieses Modell der Vervollkommnungsfähigkeit des einzelnen als Voraussetzung und Mittel gesellschaftlichen Fortschritts scheint obsolet zu werden, wenn der gesellschaftliche Fortschrittsgedanke sich auflöst. Ein Entwicklungsbegriff, in dem nicht gesellschaftlicher Fortschritt mit wissenschaftlich-technischem gleichgesetzt wird, ist zur Zeit nicht erkennbar. Dies könnte pädagogisch zu der Einstellung führen, das andere des Kindes, das an ihm nicht Erklärbare und nicht Verstehbare bestehen zu lassen. Das würde pädagogisches → Handeln nicht aufheben, wohl aber den Gedanken der Beherrschbarkeit von äußerer und innerer Natur – ebenso wie den von der Beherrschbarkeit der Gesellschaft.

BAUDRILLARD, J.: Agonie des Realen, Berlin 1978. FROESE, L. / KAMPER, D.: Anthropologie und Erziehung. In: Ellwein, Th. u. a. (Hg.): Erziehungswissenschaftliches Handbuch, Bd. 3, Berlin 1971, S. 67 ff. HAAN, G. DE: Natur und Bildung. Perspektiven einer Pädagogik der Zukunft, Weinheim / Basel 1985. KANT, I.: Vorlesungen über Pädagogik. Kants Werke, hg. v. E. Cassirer, Bd. 8, Berlin 1923. LANGEVELD, M. J.: Kind und Jugendlicher in anthropologischer Sicht, Heidelberg 1959. LANGEVELD, M. J.: Studien zur Anthropologie des Kindes, Tübingen [3]1968. LENZEN, D.: Mythologie der Kindheit, Reinbek 1985. MEYER-DRAWE, K.: Leiblichkeit und Sozialität, München 1984. OERTER, R.: Entwicklung. In: Enzyklopädie Erziehungswissenschaft, Bd. 1, Stuttgart 1983, S. 379 ff. OERTER, R.: Der ökologische Ansatz. In: Montada, L. / Oerter, R. (Hg.): Entwicklungspsychologie, München / Weinheim [2]1987, S. 87 ff. RIES, G.: Entwicklung – B. Psychologisch. In: Horney, W. u. a. (Hg.): Pädagogisches Lexikon in zwei Bänden, Bd. 1, Gütersloh 1970, Spalte 694. SCHLEIERMACHER, F.: Pädagogische Schriften, u. Mitwirk. v. Th. Schulze hg. v. E. Weniger, Bd. 1: Die Vorlesungen aus dem

Jahr 1826, Frankfurt/Berlin/Wien 1983. WEYAND, K.: Entwicklung. In: Ritter, J.
(Hg.): Historisches Wörterbuch der Philosophie, Bd. 2, Basel/Stuttgart 1972, Spalte
550 ff.

Gerold Scholz

Entwicklung, kognitive → Sozialisation
Entwicklung, moralische → Wert
Entwicklungshemmung → Verhaltensstörung
Entwicklungstest → Test
Entwurf → Projekt
Epochalunterricht → Waldorfpädagogik
Erblichkeit (von Begabung) → Begabung

Erfahrung

Begriff und Begriffsgeschichte. Der neuzeitliche Begriff der Erfahrung
gründet in der Überzeugung, daß menschliche Ideen und Vorstellungen
nicht angeboren sind, sondern ihre Quelle in sinnlicher Erfahrung haben. Neben solche Sinneswahrnehmungen (Sensationen), auf der Erkenntnisse und Begriffe beruhen müssen, wenn sie zulässig sein wollen,
tritt eine Art «innerer Erfahrung» als Vorstellung (Reflexion), die sich
HUME zufolge (vgl. 1982) nach subjektiven Regeln in verschiedener
Weise assoziieren lassen und deren Assoziation gewohnheitsmäßig erfolgt. Der menschliche Verstand übernimmt eine den Erfahrungsstoff
und das Gegebene zusammenstellende und ordnende Funktion.

Sah der so argumentierende Empirismus in sinnlicher Erfahrung die
Vorstellungsquelle, um so die Auffassung Descartes' zurückzuweisen, es
gebe Begriffe, die allein der Vernunft entstammen, versucht Kant gegen
Hume den Nachweis, daß es noch vor einzelnen Erfahrungen gewisse
ursprüngliche Begriffe und aus ihnen erzeugte apriorische Urteile gebe,
deren Geltung überhaupt nicht von Erfahrungen abhänge, auf die sie indes inhaltlich verwiesen blieben, weil alle Erkenntnis doch mit Erfahrung anfange (vgl. KANT 1983). Erfahrung ist hier nicht mehr sinnliches
und rohes, sensualistisches Widerfahrnis, sondern wird zur empirischen
Erkenntnis und damit zur Vernunft*aufgabe*. Wir empfangen nicht mehr
nur Vorstellungen, sondern vermögen solche selbst hervorzubringen
(→ Spontaneität). Soweit die Vernunft damit befaßt ist, nennt Kant sie
Verstand, der nun Erfahrungsurheber ist. Wo sinnliche → Anschauung
(Rezeptivität) und Verstandestätigkeit zusammenwirken, komme es zur
Erkenntnis. Insofern der Verstand nicht Ursache erfahrener Vorstellungsordnungen, sondern selbst Vorstellungsquelle ist, das heißt, insofern die Möglichkeitsbedingungen von Erfahrung überhaupt in formal

Erfahrung 405

apriorischen Verstandeskategorien liegen, wendet Kant den empiristischen Erfahrungsbegriff in eine andere Richtung: es kommt nun zu keiner Erfahrung und keinen Vorstellungen, wenn diese nicht stets von einem «Ich denke» begleitet werden können, das sie ermöglicht und überdies zu meinen eigenen macht.

Wo der Empirismus eine begriffs- und denkunabhängige, von jedem Beurteilungskontext gelöste reine Erfahrung voraussetzte, konstituiert sich im Idealismus eine erfahrungsunabhängige und in das Belieben des Verstandes gestellte begriffliche Formenwelt als Bedingung der Erfahrungsmöglichkeit (vgl. KAMBARTEL 1968, S. 42). In ihrer Autonomie ist dem Empirismus die Erfahrung schlicht gegeben, für den Idealismus ist sie infolge der Autonomie der Begriffe als hergestellte zu denken.

Während Kant den Begriff erkenntnistheoretisch engführt und die Frage nach dem Wesen der Erfahrung in der nach ihren Voraussetzungen und damit nach Bewußtseinsvorgängen löst, versucht Husserl die Formalität des Kantischen Apriori im Begriff der →Lebenswelt zu konkretisieren. Vorwissenschaftliche als «natürliche Erfahrung» findet die Phänomenologie als «Rückgang auf die Lebenswelt, d. i. die Welt, in der wir immer schon leben, und die den Boden abgibt für alle Erkenntnisleistung» (HUSSERL 1954, S. 38). So will Phänomenologie in der Analyse der konstitutiven Bewußtseinsleistungen zur Einstimmigkeit der Erfahrungen und zum ursprünglichen Motivierungsrückhalt aller Reflexion zurückfinden. Wo Wissenschaft Totalhorizonte entwerfe, die von keiner lebendigen Erfahrung mehr zu durchschreiten sind, rekurriert Husserl auf erfüllbare Intentionalität und erfahrbare Nahwelt. Erfahrung sei eine rein in der Lebenswelt sich abspielende Evidenz und als solche Quelle objektiver Feststellungen. Eine Welt muß erst erfahren sein, damit «Wissen über die Dinge zu höchst wissenschaftlichen Theorien über sie» (HUSSERL 1968, S. 58) gestaltet werden kann. Kein Wissen und →Lernen fange also schlechthin von vorne an, sondern knüpfe stets an lebensweltlich Vorhandenes und Erfahrenes an.

Der Begriff in der Erziehungswissenschaft. «Erfahrung» findet Verwendung im Rahmen von →Forschungsmethoden, die als empirische bekannt sind; des weiteren ist er als unterrichtstheoretischer eingeführt. So soll durch Erfahrung die Anschaulichkeit der Lehre erhöht oder unter Bezug auf subjektive Lebenslagen der Lehrstoff durch «Realia» veranschaulicht werden. Darüber hinaus ist der Erfahrungsbegriff namentlich in Theorien der pragmatistischen und phänomenologischen Pädagogik (→Pädagogik, phänomenologische) tragend geworden.

Der →Pragmatismus suchte mittels des Bezugs des Lernens auf lebenspraktische Erfahrungen die mit der →Motivation theoretischen Lernens verbundenen Probleme zu lösen und derart Erfahrungsfähigkeit gegen die Gefahr zu sichern, die mit dem Umschlag von praktischer Erfahrenheit in Verhaltensroutine einhergehen kann. → Erziehung zur stetigen Erfahrungsbereitschaft und die → Entwicklung des Bedürfnisses nach weiterem Lernen setzen voraus, daß Erfahrung in ihrer Ganzheitlichkeit und Kontinuität begriffen wird (vgl. DEWEY 1980, S. 47). Bedingung ist, daß jede Form der Erkenntnis und des Wissenserwerbs in den Kontext alltäglicher Erfahrungsmöglichkeiten zurückreicht und «deshalb sowohl in ihren formalen Merkmalen als auch inhaltlichen Aufgaben von der Auslegung des umgangssprachlich geleisteten Verständnisses abhängt» (GÖTZ 1973, S. 10). → Pädagogik muß auf die zu Gewohnheiten verfestigten direkten Erfahrungen der Umwelt und auf das mit ihnen verbundene Verständnis ganzheitlicher Situationen eingehen, dessen Modell sie im Typus der ästhetischen Erfahrung finden könnte (→ Bildung, ästhetische). Erkenntnisprozesse ruhen auf Erfahrungsgewißheiten, die jedoch im praktischen Erproben der erworbenen und im Formulieren und Verstehen solcher Bedeutungen zu reflektiven werden, die die Erfahrungen als direkt gehabte transzendieren. Ins Zentrum der pädagogischen Aufgabe tritt also für den Pragmatismus die Ermöglichung neuer praktischer und reflektierter Erfahrungen, da die Frage nach dem Wesen des Lernens die nach der Geschehensstruktur der Erfahrung geworden ist (vgl. BUCK 1969, S. 8).

Wo Lehre und Lernen verschult zu werden drohen, will der phänomenologische Erfahrungsbegriff wieder an Erlebnisvollzüge der Subjekte, an psychologische Selbsterfahrung und den sie tragenden Weltboden anknüpfen und so der Wirklichkeit der Lebensvollzüge in den Sinngestalten des Eigen- und Fremdverständnisses noch vor wissenschaftlichen Interpretationen näherkommen. Im Rückgang auf die Phänomene und mittels der Intuition nähert sie sich den in der Lebenswelt fungierenden Sinnformen sowie einem praktisch begründeten Vernunftbegriff, so daß das → Denken die Erfahrung nicht mehr mittels allgemeiner Begriffe instrumentalisiert, sondern in die individuelle Erfahrung der Welt eingebettet bleibt. Lernen wird gefördert durch Anknüpfung an durch Erfahrung vertraut gewordene Handlungskonventionen der Lebenswelt. Lebensweltliche Erfahrungsmotive dienen der Ausformulierung eigener → Identität der Person und werden zu Gegenständen einer Hermeneutik ihres Selbstverständnisses, so daß über solche Grundlegung durch subjektive Erfahrung erst ein allgemeiner Sinn und die in der Erfahrung noch unthematisch fungierenden → Strukturen verstanden werden können. Es handelt sich also um eine Erfahrung, die man immer und stets unvertretbar machen muß (vgl. BOLLNOW 1968). Dieser Erfahrungsbegriff beschreibt sowohl ein Lernen *aus* Erfahrung, wenn er sich gegen die Aussperrung sinnlich-körperlicher Erfahrung aus Lernprozessen wehrt, als auch ein Lernen *an* Erfahrung, insofern er durch eine Herme-

Erwachsenenbildung 407

neutik des Erfahrungsprozesses einen den individuellen übersteigenden allgemein-objektiven Sinn und damit Erkenntnis fördern will. Genauer gesagt: Es will den Sinn des im lebensweltlich Vertrauten noch Unbekannten fördern, der dem Lernenden dann erlaubt, seinen eigenen Erfahrungsraum in seiner Horizonthaftigkeit zu erkennen und zu überschreiten.

BOLLNOW, O. F. Der Erfahrungsbegriff in der Pädagogik. In: Z. f. P. 14 (1968), S. 221ff. BUCK, G.: Lernen und Erfahrung, Stuttgart [2]1969. DEWEY, J.: Kunst als Erfahrung, Frankfurt/M. 1980. GÖTZ, B.: Erfahrung und Erziehung, Freiburg/Basel/ Wien 1973. HUME, D.: Eine Untersuchung über den menschlichen Verstand, Stuttgart 1982. HUSSERL, E.: Erfahrung und Urteil, Hamburg [2]1954. HUSSERL, E.: Phänomenologische Psychologie, Den Haag [2]1968. KAMBARTEL, F.: Erfahrung und Struktur, Frankfurt/M. 1968. KANT, I.: Kritik der reinen Vernunft, Darmstadt 1983.

Bernhard Dieckmann

Erfolgskontrolle (von Lernvorgängen) → Leistungsbeurteilung –
  Leistungsversagen
Erforschung, systematische → Forschungsmethode
Erkenntnis, empirische → Erfahrung
Erkenntnisinteresse → Erziehungswissenschaft, Kritische
Erkenntnisprogramm, kritisch-rationales → Erziehungswissenschaft,
  kritisch-rationale
Erkenntnistheorie, phänomenologische → Pädagogik,
  phänomenologische
Erleben, körperliches → Körper
Ermutigung → Lob
Erstqualifizierung → Berufswahl
Ertragsratenansatz → Bildungsökonomie
eruditio → Erziehung

Erwachsenenbildung

Begriff und Aufgaben. Antwort und Hilfe auf vielfältige Herausforderungen in den sich verändernden Lebensbedingungen zu geben, war und ist einer der zentralen Grundsätze von Erwachsenenbildung. Damit wird zugleich ein Aufgabenverständnis weitergetragen, das seit den historisch verorteten Anfängen dieser Bildungsidee *das* tragende Element war. Jedoch bereitet diese «weite» Aufgabenstellung von Erwachsenenbildung in zunehmendem Maße Schwierigkeiten: denn «ein Konsens über die Auslegung des Satzes konnte kaum je erreicht werden. Immer von neuem sah sich Erwachsenenbildung genötigt, jeweils aktuelle Tenden-

408 Erwachsenenbildung

zen zu ihrer Legitimation heranzuziehen. Dieser permanente Rechtfertigungsdruck hat Spuren hinterlassen» (TIETGENS 1988, S. 9). Eine dieser «Spuren» liegt in der Instrumentalisierung von außen, wo bestimmte weltanschauliche oder gesellschaftstheoretische Vorgaben «zweckdienlich» in die Erwachsenenbildungsdiskussion eingebracht werden; eine andere «Spur» liegt in einer defensiven Zuschreibung zu diesem Bildungsbereich, derart, daß ihre Aufgaben aus den Defiziten bestimmt werden, seien diese auf inhaltliche oder personale Aspekte orientiert. Damit werden aber immer auch Zumutungen formuliert, denen die Erwachsenenbildung oft – gerade aus der Sache heraus – nicht gerecht werden kann. Dies hat den Vorwurf ihres Versagens nach sich gezogen, obwohl die tatsächlichen Ursachen meistens außerhalb ihres Wirkungshorizontes liegen. Zwangsläufig hat ein solcher Legitimationsdruck zu Verunsicherungen geführt, zu anhaltenden Überforderungen und Überdehnungen. Darüber verschwindet oft die eigentliche Intention, «worum es Erwachsenenbildung aus sich selbst heraus gehen kann, eben um die Erhaltung und Förderung eines selbständigen Weiterlernens, wobei Lernen Bildung im Sinne der Arbeit an sich selbst und der Auseinandersetzung mit der Umwelt einschließt» (TIETGENS 1981, S. 24). Noch eine dritte «Spur» läßt sich identifzieren: Es ist die der begrifflichen Uneinheitlichkeit. Kann man den Begriff der Volksbildung als geschichtlichen Vorläufer sehen, so fungiert der Begriff → Weiterbildung als oft verwendetes Synonym von Erwachsenenbildung, obwohl alle drei Begriffe durchaus in ihrer Verwendung einen Wechsel des → Denkens und der Haltung charakterisieren über Funktionen und Ziele *organisierten* → Lernens von Erwachsenen, entsprechend dem jeweiligen gesellschaftlichen Entwicklungs- und Bewußtseinsstand.

Dies besagt für den Begriff der *Volksbildung,* der vorrangig im 19. und zu Beginn des 20. Jahrhunderts Verwendung fand, daß er ausgerichtet war am Gedanken der → Emanzipation der in der sozialen Hierarchie untenstehenden Bevölkerungsgruppen: einmal, indem die Idee der → Aufklärung aufgegriffen wurde, die → Bildung für alle propagierte; zum andern in der Absicht, die Menschenrechte mit Hilfe von Bildungsmaßnahmen zu verwirklichen und in einem dritten Aspekt als politische Intention, Bildung in den Dienst der Arbeiterklasse und des Klassenkampfes zu stellen, um zum Umsturz bestehender Ordnungen beizutragen (vgl. BALSER 1959, FEIDEL-MERTZ 1972). Fast gegensätzlich dazu der Begriff der *Weiterbildung*, der vorwiegend systemfunktional verwendet wird und die Vorstellung befördert, daß Weiterbildung – seit dem Strukturplan des Deutschen Bildungsrates aus dem Jahre 1970 – als Teil des Bildungssystems, insbesondere des ökonomischen Bereichs geplant und zu dessen Effektivität und Durchsetzung beitragen soll; das heißt,

Weiterbildung orientiert sich an den Qualifikationsanforderungen, die von der Gesellschaft gesetzt werden und akzentuiert Lernen und → Qualifikation gegenüber Bildung.

Ein solches «Weiterbildungsdenken» zeigt sich hauptsächlich in der beruflichen wie in der innerbetrieblichen Weiterbildung, aber beeinflußt auch nichtberufliche Inhalte, sofern sie als «extrafunktionale» Qualifikationen dem wirtschaftlichen und technischen Kalkül zuzuordnen sind. Anders bei dem Begriff der *Erwachsenenbildung:* er ist eher anthropologisch begründet und orientiert sich am lernenden Erwachsenen. Damit geraten didaktische Offenheit und Ganzheitlichkeit in den Mittelpunkt der Bildungsarbeit und der Verzicht auf eine eher schulische Ausrichtung und Belehrung (vgl. SIEBERT 1988, S. 14). Eine solche «Unbegrenztheit» der Zieldimension und damit vielfältige Verwendbarkeit der Leistung von Erwachsenenbildung zeichnet dieses Verständnis aus, das Lernen und Bildung nicht als abhängige Variablen der technisch-ökonomischen Entwicklung sieht, sondern als Bestandteile einer Lebenssituation, in der → Subjektivität entfaltet werden kann (vgl. GEISSLER / KADE 1982, S. 114 ff). Von daher versteht sich Erwachsenenbildung als «Suchbewegung» (TIETGENS 1986) wie auch als «Bildungshilfe» (SIEBERT 1983). Eine vierte und letzte «Spur» anhaltender Legitimation bleibt: Der Begriff der Erwachsenenbildung wird ungenauer, je fragwürdiger der Begriff des Erwachsenen wird oder je weniger der Aspekt des Erwachsenseins als ein genaues Unterscheidungsmerkmal gegenüber anderen Lebensphasen und ihnen zugeordneten Formen der Bildungsarbeit gilt. Denn der Bereich der Erwachsenenbildung beginnt sich bereits weit auseinanderzufächern: in Schulbildung, Berufsbildung, → Sozialpädagogik, Behinderten- und → Freizeitpädagogik, Umwelt- und Gesundheitsbildung; eine Orientierung, in der Erwachsenenbildung nicht mehr so sehr auf das Erwachsensein als festen Bestandteil einer Klientel abhebt, sondern eher auf die «Perspektive eines Bildungsprogramms» (SCHLUTZ 1983, S. 24).

Die aufgezeigten Folgen begrifflicher und inhaltlicher «Mehrdeutigkeiten» von Erwachsenenbildung charakterisieren in ihrer Verwendung den Wechsel des Denkens über Funktionen und Ziele organisierten Lernens. Als konstante Thematik von Erwachsenenbildung lassen sich aber drei Aufgabenschwerpunkte identifizieren: eine *Defizitorientierung* (Kompensation bei den durch Schul- und Berufsausbildung Benachteiligten sowie Anpassung und Weiterentwicklung beruflicher Qualifikationen); eine *Partizipationsorientierung* (Anregung und Befähigung zur Teilhabe und Mitgestaltung des Gemeinwesens); eine *Identitätsorientierung* (Anregung und Begleitung, Hilfe und Orientierung bei der Identitätsentwicklung des einzelnen Erwachsenen). Versuche, diese sehr unterschiedlichen und teilweise auch gegensätzlichen Anforderungen zu

410 Erwachsenenbildung

behaupten, zu gewichten und zu belegen, bestimmen Geschichte und Gegenwart institutionalisierter Erwachsenenbildung.

Geschichte. Die Einrichtung organisierter Volksbildung ist zu Beginn des 19. Jahrhunderts einerseits gebunden an die durch die Industrialisierung erfolgte Umwälzung feudalistischer in kapitalistische Produktionsweisen mit der Konsequenz der Einführung eines «Maschinenwesens», das überkommene Qualifikationen, Ausbildungen und Organisationsformen der Arbeit hinfällig machte; zum anderen an das Zerbrechen überlieferter Ordnungen der ständischen Gesellschaft und der Durchsetzung der Aufklärungsidee als bürgerlicher Emanzipationsbewegung mit der Forderung von Gedanken- und Pressefreiheit sowie ungehinderter Meinungsbildung für alle sozialen Gruppen. In diesem Zusammenhang wird die soziale Frage zu einer Bildungsfrage, denn die freie Teilhabe an einem öffentlichen →Diskurs verlangt →Kompetenz, Wissen, Sprachfähigkeit, über die nicht alle Gruppen in gleichem Maße verfügen. «Die Nationalerziehungspläne der Aufklärung sind in ihrem Kern als Konzepte zu begreifen, die auf die Ermöglichung der sozialen Kommunikation abzielten» (DRÄGER 1984, S. 24). Und ein weiterer Aspekt kommt hinzu: Durch die Industrialisierung veränderten sich auch die internen Beziehungen in →Familie und sozialem Umfeld hin zu einer «fortschreitenden Urbanisierung des Lebens» (STRUNK 1986, S. 3).

Eine erste institutionelle Antwort auf diese Herausforderungen der Industrialisierung und Aufklärung war die Gründung von Vereinen und Gesellschaften von Arbeitern und Handwerkern als Selbsthilfeorganisationen. Denn gerade bei den aktiv Betroffenen – etwa den Handwerksgesellen und Teilen der ausgebildeten Arbeiterschaft – war die Einsicht gewachsen, durch den Erwerb notwendigen Wissens und Könnens den veränderten Bedingungen besser gerecht zu werden. Diese Idee der Selbsthilfe – organisiert zum Beispiel im Hamburger «Bildungsverein zur Hebung der arbeitenden Klasse» (1845) – basierte einerseits auf dem «Nachholeffekt» von Bildungsinhalten, andererseits führte sie auch zu einer Stärkung des Selbstverständnisses der arbeitenden Klasse. Aber immer ging es um «Praxis, um kategoriale Kenntnisse, die nicht allgemein bleiben [durften], sondern nützlich werden [mußten] im Kampf um Selbstbefreiung über die politische Selbstvergewisserung als Klasse» (GAMM 1974, S. 151; Einfügung: R.-J. H.). Besonders dieser Gedanke des politisch-solidarischen Interesses wurde von den sich organisierenden sozialistischen Gruppen aufgenommen und im Zusammenhang der sich unter dieser politischen Richtung bildenden Parteien und Gewerkschaften in Arbeiter- und Handwerkerbildungsvereinen umgesetzt. Fast gegenläufig kam es zur Gründung von Bildungsvereinen, die von Konfessionen oder bürgerlichen Kreisen angeregt wurden und sich vorrangig einer individuellen und aufstiegsorientierten Volksbildung verpflichtet fühlten: Bildung wurde hierbei als «Wohlfahrtspflege» (Strunk) verstanden und besonders auf die Einheit von geistiger, kultureller und leiblicher Existenz abgestellt. Dieser politisch affirmative Ansatz einer Volksbildung erhielt mit der Gründung der «Gesellschaft zur Verbreitung der Volksbildung» von 1871 (GVV) einen neuen Impuls, der besonders auf die integrativen Bildungsbemühungen wirkte, denn «der letzte Sinn der Volksbildung liegt in der geistig-kulturellen Verknüpfung aller Glieder des Volkes» (SCHEIBE 1975, S. 64), um so auch der angestrebten Einbeziehung der unteren Schichten in die Gesellschaft gerecht zu werden. Dieser instrumentelle Charakter der Bildung war ein Mittel *zur* Politik und zugleich auch ein Mittel *der* Politik. Die Volksbildungsarbeit der GVV stand im Dienste der Stabilisierung und Integration der gesellschaftlichen Ordnung, für die alle Bürger zu gewinnen als das wichtigste Anliegen gehalten wurde. Daß dafür die ökonomischen Bedingungen der damaligen Klassengesellschaft keinerlei Basis boten und somit der bürgerliche Bildungsappell das zu dieser Ordnung in Opposition stehende Proletariat nicht erreichen konnte, wurde von den Vertretern der GVV in der ideologischen Überhöhung ihrer Zielsetzungen des gemeinsamen Lebens nicht gesehen. Konkrete Hilfe für eine Veränderung und Verbesserung der Lebensverhältnisse der arbeitenden Bevölkerung wurde nicht angestrebt, was eigentlich erst der notwendige Nährboden für eine sinnvolle Vermittlung des Bildungsstoffs und der Bildungsmittel gewesen wäre (vgl. MARKERT 1973, S. 96). Es blieb somit bei den «zwei Bildungsbewegungen» (LENZ 1987, S. 60): auf der einen Seite eine klassenorientierte Arbeiterbildung, bei der die Bildungsidee auf der Basis von Interessengegensätzen mit dem Ziel der politischen Emanzipation beruht («Wissen ist Macht»), und auf der anderen Seite eine bürgerlich-integrative Volksbildung, bei der die Bildungsidee auf der Basis einer gemeinsamen →Kultur auf das Ziel der Kompensation ausgerichtet war (sozialversöhnend, dem Gemeingeist verpflichtet).

Angesichts des verlorenen Ersten Weltkriegs, der Abschaffung der Monarchie und der Etablierung der ersten Republik wurde das versöhnlerische und neutrale Konzept einer Volksbildung bald obsolet und die Forderung laut, daß «eine am einzelnen Menschen betriebene Arbeit der Bildung, wenn sie auf einer wesenhaften Erfassung des Vorgangs der Bildung beruht, doch auch eine Vorbereitung auf die größere Arbeit der Volksbildung als Volk-Bildung sein muß» (HOFMANN 1960, S. 104). Volksbildung sollte nicht mehr «von der Kultur», sondern «vom Menschen her» konzipiert und intensiv im Gegensatz zur Extensivität der «Alten Richtung» betrieben werden. Diese sich nun «Neue Richtung»

412 Erwachsenenbildung

nennende Bildungsbewegung fand ihre institutionelle Verankerung in den zahlreich gegründeten Volkshochschulen, die als Integrationsfaktor des klassengespaltenen Volkes angesehen wurden und sich der staatsbürgerlichen Bildung verpflichtet fühlten wie auch der personalen Unterstützung und Orientierung bei der Lösung existentieller Fragen und Probleme. «An Stelle einer irrlichternden Halbbildung hat die Volkshochschule die Aufgabe, sichere Fundamente zu legen und besonders ihm [dem Industriearbeiter; R.-J. H.] auf dem Wege geistiger Orientierung ein bewußtes und überzeugtes Zugehörigkeitsgefühl von Volk und Heimat [zu] geben» (PICHT 1919, S. 16). Über die Volkshochschulen sollte also nicht für bessere Berufschancen und höhere →Leistungen (weiter-)gebildet werden, sondern Motive der → Allgemein- und Menschenbildung rückten in den Mittelpunkt der Bildungsarbeit. Gerade die Intention der «Neuen Richtung», Gemeinschafts- und Geistesbildung als einen «letzten und tiefsten» Sinn der Volksbildung anzusehen, verhinderte, den Problemzusammenhang von →Individualität und institutionalisierter Massenbildung zu erkennen. Der Volksbildungsgedanke orientierte sich zwar an einer volkstümlichen Laienbildung und an der Organisationsform einer Arbeitsgemeinschaft von Kopf- und Handarbeitern (vgl. HENNINGSEN 1960, S. 162ff), konnte aber die politische Zielsetzung einer → Integration aller Klassen durch gemeinsame Kultur- und Bildungserlebnisse nicht einlösen. Eher wurde die Polarisierung gegenüber den sozialistisch-proletarischen Bildungsorganisationen noch vergrößert, da die «betont antiindustriell(en), antiorganisatorisch(en) und antibürokratisch(en)» Tendenzen (TIETGENS 1968, S. 188) sowie das zivilisationskritisch motivierte Bild der Volkshochschulen von einer gesellschaftlichen Unsicherheit der bürgerlichen Schichten zeugten und die Unglaubwürdigkeit einer «Bildung für alle» steigerte.

Im Zusammenhang mit der Diskussion um Realisierungschancen und Bedingungen dieser Bildungsarbeit erfolgte auch die Ablösung des Begriffs der Volksbildung durch den der Erwachsenenbildung. In der Veröffentlichung «Plan einer Deutschen Schule für Volksforschung und Erwachsenenbildung» (1925) wird er erstmalig erwähnt und definitorisch festgelegt: «Die Arbeit der Erwachsenenbildung soll ein praktisches Ziel haben; sie kann sich nicht damit begnügen, dem Menschen einen inneren Reichtum der Bildung zu schaffen. Sie soll ein geistiges Leben, einen Zusammenhang von Überzeugung, ein Gefühl für Sitte entwickeln» (FLITNER 1960, S. 123). Die begriffliche Vielfalt wird noch um den Ausdruck der «Weiterbildung» ausgedehnt, der einmal im Zusammenhang mit der Qualifizierung von Mitarbeitern gebraucht wird, zum andern als Bezeichnung von Einrichtungen der Erwachsenenbildung als «Stätten der Weiterbildung» (vgl. STRUNK 1986, S. 5). In der Prerower Formel, einem Dokument aus dem Jahre 1931, wurde versucht, die unterschiedlichen Vorstellungen über Erwachsenenbildung und Weiterbildung zusammenzufassen: «Die öffentliche (Abend-)Volkshochschule dient der Weiterbildung Erwachsener. [...] Als unterrichtsmäßige Form der Erwachsenenbildung steht sie in Zusammenarbeit mit den anderen Einrichtungen der Erwachsenenbildung» (PREROWER FORMEL 1960, S. 147; Auslassung: R.-J. H.).

Weiterbildung als ein Prozeß des Weiterlernens Erwachsener und Erwachsenenbildung als institutionelles Gefüge dieses Bildungsbereichs dokumentiert eine deutliche Abkehr vom bisherigen Volksbildungsverständnis und signalisiert eine erste «realistische Wendung» mit einer Ziel- und Aufgabenbestimmung sowie Prinzipien für die Arbeits- und Gestaltungsformen. Da werden als Ziele benannt: «Klärung und Vertiefung der Erfahrungen, Vermittlung gesicherter Tatsachen, Anleitung zu selbständigem Denken, Übung gestaltender Kräfte» (ebenda). Die Arbeitsformen gliedern sich «in geordneten Unterricht sowie in den planmäßigen Aufbau der Lehrgebiete unter Beachtung der Freiwilligkeit des Besuches» (ebenda). Die Arbeitsplanprinzipien sind dann «Lebenserfahrung der Besucher und ihre Bedürfnisse, wie sie sich aus der sozialen Gliederung und den landschaftlichen und örtlichen Begebenheiten ergeben sowie die selbständige Mitarbeit der Teilnehmer» (ebenda). Damit sind – am Ende der Weimarer Zeit – alle wesentlichen erwachsenenpädagogischen Prinzipien erwähnt, die für die Erwachsenenbildung bis heute bestimmend sind.

In deutlicher Abkehr davon wurde im Nationalsozialismus eine zentralisierte und gleichgeschaltete Volksbildung errichtet, in der das «Deutsche Volksbildungswerk» und die «Reichsarbeitsgemeinschaft für Erwachsenenbildung» Ausdruck des Versuchs darstellten, politische Ideologie und allgemeine Kultur in einer Organisationsstruktur des Dritten Reiches zu vereinen. Volksbildung galt als Erziehung zur Gemeinschaft mit einem völkischen Bildungsideal und der Orientierung an der nationalsozialistischen «Tatgemeinschaft». Erwachsenenbildung bedeutete «Erwachsene zu Nationalsozialisten zu erziehen» (Fritzsche 1933, zitiert nach KEIM/URBACH 1977, S. 7), und das Ziel der Loyalität mit dem einen Staat wurde einzige, aber kaum erreichte Orientierung.

Die Phase nach dem Zweiten Weltkrieg knüpfte an die Tradition der Weimarer Zeit an. Sie brachte eine partikularistisch gegliederte und plural legitimierte Erwachsenenbildung, wobei versucht wurde, bildungsidealistische Überlieferungen und zivilisationskritische Akzente zu bewahren (vgl. TIETGENS 1968, S. 185), nachdem ihr von den Besatzungsmächten zunächst Aufgaben einer «demokratischen Umerziehung» zugewiesen wurden. Angestrebt wurde ein «mitbürgerliches Prinzip» (vgl. BORINSKI 1954), das aber durch ein manifestes Streben nach handfestem Lernen und dem Zusammenspiel von Bildung und Beruf kaum

414 Erwachsenenbildung

Auswirkungen zeigte (vgl. TIETGENS 1976, S. 178). Konsequenzen hinsichtlich eines veränderten Aufgabenverständnisses wurden 1960 im Gutachten des Deutschen Ausschusses für das Erziehungs- und Bildungswesen formuliert, wo Anforderungen der Ökonomie, Hilfe für den einzelnen sowie Fragen der Institutionalisierung von Erwachsenenbildung thematisiert wurden und ein Bildungsbegriff in den Traditionen aufklärerischen Denkens und in rekonstruktiver Absicht formuliert wurde: «Gebildet im Sinne der Erwachsenenbildung wird jeder, der in der ständigen Bemühung lebt, sich selbst, die Gesellschaft und die Welt zu verstehen und diesem Verständnis gemäß zu handeln» (DEUTSCHER AUSSCHUSS... 1960, S. 20). Es ging diesem Verständnis von Erwachsenenbildung nach um Selbstbildung, die sich im Prozeß der Auseinandersetzung mit sich selbst und dem Umfeld zu vollziehen hat und gleichermaßen auf Verstehen und → Handeln gerichtet ist. Aber die Ambivalenz von → Tradition und Erneuerung, die dem Gutachten innewohnte, wurde rasch zugunsten «pragmatischer» und «umsetzungsfähiger» Konzepte gelöst. Dieser Umschwung in der Erwachsenenbildung – analog der «Wendung» in den 30er Jahren und deshalb auch als «realistische Wende» bezeichnet – stellte nun institutionelle und curriculare Probleme in den Mittelpunkt. Es ging um Arbeitskonzepte, Studienprogramme, Zertifikate, neue Lehr- und Lernformen. Ein veränderter Stellenwert der → Bildung bahnte sich an, und die Erwachsenenbildung wurde in ein umfassendes Konzept der Systemplanung, der Modernisierung und Rationalisierung einbezogen, das 1970 im «Strukturplan für das Bildungswesen» des Deutschen Bildungsrates seinen Niederschlag fand: Der Begriff der Weiterbildung kennzeichnet jetzt das gesellschaftsfunktionale Prinzip lebenslangen Lernens als Notwendigkeit für jedermann in einer Industriegesellschaft, und er beinhaltet Erwachsenenbildung, Fortbildung und Umschulung.

Die Verwendung des Oberbegriffs Weiterbildung sollte neben der ins gesamtgesellschaftliche Interesse gerückten beruflichen Fortbildung auch noch weitere Sachverhalte hervorheben: Weiterbildung als Fortsetzung oder Wiederaufnahme organisierten Lernens nach Abschluß einer ersten Bildungsphase und nach Aufnahme der Berufstätigkeit; Weiterbildung als vierter Bereich des Bildungswesens, der in verstärktem Maße in die öffentliche Förderung aufgenommen werden soll; ein funktionsgerechtes Weiterbildungssystem, das voraussetzt, daß die verschiedenen Einrichtungen und Träger eng kooperieren und ihre Programme aufeinander abstimmen; allgemeine und berufliche Bildung sollen nicht mehr als getrennte Inhaltsbereiche vermittelt werden (vgl. DEUTSCHER BILDUNGSRAT 1970, S. 50ff). Diese Grundsätze sind als Gestaltungsprinzipien in die Ländergesetze zur Erwachsenen- und Weiterbildung eingegangen und brachten erstmalig verbindliche Förderungs- und Finanzierungsverpflichtungen für die Erwachsenenbildung, was «den Einrichtungen der verschiedenen Träger erst eine langfristige konzeptionelle, strukturelle und personelle Entwicklungs- und Aufbauarbeit ermöglichte» (STRUNK 1986, S. 8).

Die gesellschaftliche Anerkennung der Weiterbildung wurde als Teil eines Reformoptimismus verstanden, durch strukturelle und inhaltliche Veränderungen im Bildungsbereich eine demokratische Umgestaltung der Gesellschaft durchzusetzen. Aber die anspruchsvollen Ziele einer umfassenden Schul-, Hochschul- und Weiterbildungsreform gerieten unter das Diktat ökonomischer Zwänge und Notwendigkeiten, wobei die großen Zukunftsentwürfe brüchig wurden und an Überzeugungskraft einbüßten. Eine erneute «Wende» bahnte sich an, und die Erwachsenenbildung orientierte sich weg von den makrosoziologischen Sichtweisen hin zum → Alltag des einzelnen, zum überschaubaren Stadtteil, zur subjektiv gedeuteten → Lebenswelt, zur Zielgruppenarbeit mit Rand- und Problemgruppen in helfender, therapeutischer und beratender Funktion. Neben dieser eher sozialpädagogisch ausgerichteten Erwachsenenbildung etablierte sich seit Mitte der 70er Jahre zusehends der Bereich der Weiterbildung in berufs- und betriebsorientierter Absicht mit den Zielen der Qualifikation und der Anpassung der Arbeitskraft an veränderte technisch-wissenschaftliche Erfordernisse der Wirtschaft und der Industrie. Zudem etablierte sich neben und gleichsam im Schatten der institutionalisierten Erwachsenenbildung ein dritter Bereich: die alternativen Bildungseinrichtungen, die im Kontext der neuen sozialen Bewegungen entstanden (Friedens- und Ökologiebewegung, Bürgerinitiativen, Frauenbewegung) und deren Intentionen auf politisches Handeln und Verändern gerichtet sind. Dabei verfolgen sie ein Konzept entinstitutionalisierten und entprofessionalisierten Lernens mit Erwachsenen und orientieren sich an der Idee der → Entschulung der Gesellschaft (vgl. DAUBER, 1980, HEGER u. a. 1983).

Die Vorstellungen über Erwachsenenbildung in den 80er Jahren sind somit geprägt durch eine ökonomisch begründete Weiterbildung mit einer darauf aufbauenden «Qualifizierungsoffensive», kompensatorischen sozialtherapeutischen Maßnahmen für «Problemgruppen» und einem Bereich außerinstitutionalisierter Bildung. Die traditionellen Konzepte einer politischen und kulturellen Bildung (→ Bildung, politische; → Kulturpädagogik – Kulturarbeit) verlieren demgegenüber tendenziell an Bedeutung oder erhalten lediglich eine komplementäre Funktion.

Institutionen. Erwachsenenbildung ist ein traditionelles Feld, in dem gesellschaftliche Gruppen und Organisationen die Sicherung ihrer Interessen institutionell zu verankern versuchen, indem sie durch Bildung So-

416   Erwachsenenbildung

lidarität und Akzeptanz erzeugen wollen. Allein dieser Gesichtspunkt legt Vielfalt und Heterogenität dieses Bildungsbereichs nahe. Denn anders als im Schul- und Hochschulbereich herrscht keine Dominanz eines Sektors – hier: der öffentlichen Hand – vor, sondern neben Staat und Kommunen treten andere gesellschaftliche Organisationen und privatwirtschaftliche Unternehmen als Träger von Einrichtungen und als Anbieter von Veranstaltungen auf. Verstärkt wird dieses weite – und damit auch unübersichtliche – Feld der Erwachsenenbildung noch dadurch, «daß die einzelnen Organisationen bzw. Einrichtungen in ihren Weiterbildungsaktivitäten ein unterschiedliches Aufgabenverständnis haben, unterschiedliche Zielsetzungen verfolgen, teilweise diskontinuierlich engagiert sind, verschiedene pädagogische Konzepte verfolgen, ein breit gefächertes oder spezialisiertes Programm erstellen und den Zugang zu diesem Bildungsangebot unterschiedlich regeln» (MÜLLER 1982, S. 65). Diese Aspekte der Vielfalt, → Differenzierung und Spezialisierung gehen natürlich auch ein in die institutionell-organisatorische Struktur der Erwachsenenbildung. So wird einmal unterschieden zwischen offener und geschlossener Erwachsenenbildung, je nachdem, wie die Organisation ihren Adressatenkreis abgrenzt. Des weiteren ist eine gängige Differenzierung bezüglich der gesellschaftlichen Stellung der Organisation die in öffentliche und freie Erwachsenenbildung; das heißt, unter öffentlicher Erwachsenenbildung werden diejenigen Bildungsaktivitäten verstanden, die von staatlichen oder kommunalen Institutionen organisiert werden. Die von gesellschaftlichen Großorganisationen und privaten Institutionen getragenen oder selbstorganisierten Einrichtungen werden dabei unter den Begriff der freien oder nichtöffentlichen Erwachsenenbildung subsumiert. Als weiteres Kriterium der offenen Erwachsenenbildung gilt, daß die Organisationen und Einrichtungen an der speziell auf sie ausgerichteten Finanzförderung des Staates teilhaben können, das heißt staatlich anerkannte Träger im Sinne der Ländergesetze zur Förderung der Erwachsenenbildung beziehungsweise Weiterbildung sind. Diese Gesetze, die in den Jahren von 1970 bis 1975 verabschiedet wurden, halten an der Vielzahl der Träger und Einrichtungen fest. Dabei verzichtet der Staat auf eigene Einrichtungen und versucht, durch die Festlegung von Anerkennungsvoraussetzungen in organisatorischer, personeller und administrativer Hinsicht, die Entwicklung und die Perspektive des Erwachsenenbildungssystems zu steuern. Den Trägern wird einerseits die freie inhaltliche und methodische Auswahl und Gestaltung zugestanden, andererseits aber eine «ausgegrenzte Institutionalisierung» (MADER 1980, S. 80) zugesprochen, das heißt, die Bildungseinrichtungen müssen organisatorisch, administrativ und haushaltsrechtlich eigenständige → Institutionen sein und zum Nachweis ihrer Leistungen gegenüber staatlichen Aufsichtsorganen sowie zur Kooperation mit anderen

Trägern und Einrichtungen bereit sein. «Im Sinne dieser Erläuterungen kann man von einem plural-kooperativen System der deutschen Erwachsenenbildung sprechen» (STRUNK 1986, S. 7). Einen Überblick gibt die Abbildung 1.

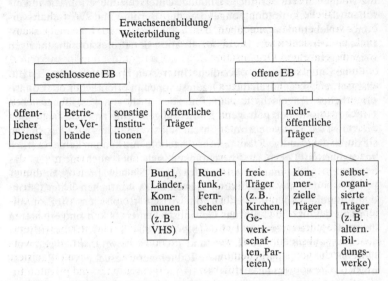

Abbildung 1: Gliederung der Träger der Erwachsenenbildung

(Quelle: HAMACHER 1976, S. 50; Modifikation: R.-J. H.)

Neben dieser formal ausgerichteten Gliederung läßt sich noch eine andere Differenzierung des Erwachsenenbildungsbereichs vornehmen, die besonders im Zusammenhang mit der thematischen Orientierung eine Relevanz besitzt: die Einteilung nach den mit der Bereitstellung eines Weiterbildungsangebotes verbundenen Interessen (vgl. MÜLLER 1982, S. 67f).

Stehen mehr erwerbswirtschaftliche Interessen im Vordergrund, so lassen sich darunter solche Unternehmen einordnen, deren Zweck die kommerzielle Bereitstellung eines Bildungsangebotes ist, wie Fernlehrinstitute oder Einrichtungen der beruflichen Weiterbildung. Die Ausrichtung an spezifisch gesellschaftlichen Inhalten – seien diese orientiert an politischen Zielsetzungen, an einem bestimmten Weltbild oder an einem inhaltlich begründeten Selbstverständnis – wird vorrangig Weiterbildungseinrichtungen der Kirchen, Gewerkschaften, Berufs- und Wirtschaftsverbände zuzuordnen sein. Katholische und evangelische Er-

418 Erwachsenenbildung

wachsenenbildung sind durch eine regionale Struktur gekennzeichnet und verfügen über eine Reihe verbandstypischer Institutionen, etwa Akademien und Internatszentren. Die gewerkschaftliche Bildungsarbeit ist primär Zweckbildung für die sozialen Auseinandersetzungen sowie die weitgefächerte berufliche Bildung. Unterschiedliche Funktionen erfüllen die Weiterbildungsangebote der Berufs- und Wirtschaftsverbände. Neben den Aufgaben des Erfahrungs- und Informationsaustausches wird auch zur Berufssozialisation der Professionsangehörigen beigetragen.

Stehen nun vorrangig öffentliche Interessen im Mittelpunkt der Bildungsarbeit, so gehören dazu Organisationen in öffentlicher oder quasiöffentlicher Trägerschaft, zum Teil aber auch von gesellschaftlichen Großorganisationen getragene Einrichtungen. Eine typische Institution hierfür ist die *Volkshochschule.* Ihrem Selbstverständnis nach «existieren sie durch die ständige Präsenz ihrer Angebote. Sie kennen keine staatlich vorgegebenen Lehrpläne, beschränken sich aber auch nicht auf das Marktgängige der manifesten Nachfrage [...] Sie bewahren die Bildungspraxis vor den unvermeidbaren Härten eines staatlichen Eingriffshandelns, unterscheiden sich jedoch vom wirtschaftstypischen Angebotsverständnis dadurch, daß auf das Gewinnstreben eines konsumgerichteten Tauschverhaltens verzichtet wird» (SENZKY 1984, S. 466). 850 Einrichtungen mit mehr als 378 000 Kursen und 78 000 Einzelveranstaltungen wurden 1987 von über 8,8 Millionen Teilnehmern besucht (vgl. PÄDAGOGISCHE ARBEITSSTELLE... 1988, S. 10f).

Charakteristikum einer weiteren Kategorie von Interessensorientierung ist das Bestehen auf organisationsinternen Interessen. Das heißt, daß die eine Weiterbildungsmaßnahme durchführende Institution einen unmittelbaren Nutzen aus den von ihr organisierten Aktivitäten zieht. Dies kann beispielsweise für die innerbetriebliche Weiterbildung gelten, in der über Anpassungsfortbildung oder Anlernqualifizierung, über Aufstiegsweiterbildung oder Arbeitskräfteschulung eine Autonomie gegenüber der Umwelt angestrebt wird, um so durch arbeitsmarktunabhängige Qualifizierung die ökonomische Flexibilität zu erhalten oder zu erhöhen.

Eine letzte Unterscheidungskategorie läßt sich bei Weiterbildungsangeboten ausmachen, die auf eindeutig problem- und situationsbezogenen, handlungsorientierten Interessen basieren. Diese werden in selbstorganisierten, gleichsam im Schatten der öffentlichen Erwachsenenbildung entstandenen autonomen Gruppierungen (Bürgerinitiativen, Bildungswerke, Selbsthilfegruppen, Kooperativen) realisiert, die sich mit Themen der Umwelt, der Ökologie, des Friedens oder der Dritte-Welt-Problematik auseinandersetzen. Diese häufig als «neue soziale Bewegungen» bezeichneten Lern- und Organisationsformen gelten als

Indiz für das wachsende Interesse an «Überlebensfragen» wie auch für die Auseinandersetzung über politisch-gesellschaftliche Zusammenhänge. Charakteristisch ist dabei sicherlich, daß neue inhaltliche Problematiken von diesen Gruppierungen zuerst aufgegriffen und thematisiert werden.

Lernen und Didaktik. Als vorrangige Aufgabe der Erwachsenenbildung wird angesehen, die gesellschaftliche, soziale und berufliche Praxis von Erwachsenen transparent zu machen und diese zu befähigen, ihren privaten und beruflichen Alltag zukünftig bewußter und kompetenter zu bewältigen. Damit soll nicht nur gewährleistet werden, daß die Erwachsenen an der weiteren Entwicklung und Gestaltung ihrer persönlichen und sozialen Umwelt befähigter teilnehmen können (Identitäts- und Partizipationsorientierung), sondern es sollen auch Unterschiede der individuellen → Sozialisation abgebaut und vorhergehende Benachteiligungen behoben werden (Defizitorientierung).

Die Teilnehmer in der Erwachsenenbildung kommen aus unterschiedlichen gesellschaftlichen und beruflichen Praxisfeldern und verfolgen die Absicht, in diesen Bereichen zukünftig entweder individuell oder kollektiv Veränderungen vornehmen zu können, sich einem bestimmten Qualifikationsniveau anzupassen oder bestehende Arbeitszusammenhänge zu wechseln. Das aber bedeutet: Erwachsene erwarten von der Erwachsenenbildung umfassende Vermittlung von Fähigkeiten, mit deren Hilfe sie sich eine kompetente (Mit-)Gestaltung ihrer individuellen wie sozialen Lebens- und Arbeitsbedingungen versprechen. Dies geschieht einerseits sehr zielbewußt – etwa durch die Aneignung praxisrelevanten Wissens – und andererseits auch spontan, zufällig und ungeplant. Dabei wird dann das Bedürfnis nach zwischenmenschlichen Kontakten und nach Informationsaustausch relevant. Praktische Hilfestellung wird von Kommunikationspartnern erwartet, die in gleicher oder ähnlicher Situation sich befinden. Beiden «Motivationstypen» aber ist eigen, daß sie von den Erwachsenenbildungsangeboten etwas Bestimmtes erwarten, nämlich einen Zuwachs an persönlicher Kompetenz. Hierauf stellen zwar die zahlreichen Ansätze und Konzeptionen einer Bildungsarbeit mit Erwachsenen ab, doch bleibt im konkreten Umsetzen ein Defizit: Die in den Lernzielkatalogen benutzte Formulierung «die Teilnehmer sollen erkennen, daß» suggeriert, daß über das Erkennen auch bereits praktisches Handeln erfolgt. Es wird angenommen, daß sich ein Zuwachs an Wissen und Erkenntnis unmittelbar in adäquates Verhalten umsetzt und daß damit der von den Teilnehmern erwartete Zuwachs an Fähigkeiten eingetreten ist. Diese Linearität im Transfer ist aber so nicht vorhanden. Denn die Bedürfnisse und Voraussetzungen der jeweiligen Teilnehmer spielen ebenso eine Rolle im Bildungsprozeß wie die Erwar-

420 Erwachsenenbildung

tungen im Hinblick auf die Bedingungen und Folgen eines Lernens. Hierauf müssen Angebote der Erwachsenenbildung in ihren methodischen und didaktischen Festlegungen abgestellt werden, um über das konkrete Erarbeiten von Wissen und Kenntnissen hinaus auch die Fähigkeiten zur Analyse, Kritik und praktischen Umsetzung zu vermitteln.

Erst die Berücksichtigung dieser Faktoren gewährleistet eine Bildungsarbeit, der es in ihrer didaktischen Konzeption um eine «Passung» geht, «und das heißt, die Lernkapazität der Teilnehmer und die Anforderungen des zu Lernenden sind in eine produktive Beziehung zu bringen» (TIETGENS 1979, S. 149). Eine solche Interdependenz legt dann auch nahe, daß sich geeignete Vermittlungsmethoden nicht einfach aus den jeweiligen Bildungsinhalten «heraus-deduzieren» lassen, sondern daß nach den subjektiven Voraussetzungen der Teilnehmer zu fragen ist, ihren Motiven (→ Motivation), nach ihren Zielen und nach ihren → Methoden, mit denen sie selbst Informationen aufzunehmen und zu verarbeiten gelernt haben. Wie Erwachsene lernen, läßt sich nicht generell beantworten, sondern ist abhängig von den im soziokulturellen Kontext entwickelten Lerngewohnheiten, Lernstilen, Lernaufgaben und Lernangeboten, die alters-, schicht- und situationsabhängig sind (→ Lernen – Lerntheorie). Treffend wird dieser Aspekt durch den Begriff des «Anschlußlernens» erfaßt, der besagt, daß der Erwachsene in stärkerem Maße als der Heranwachsende bereits über Vorkenntnisse, → Erfahrungen, Denkstile und Problemlösungsstrategien verfügt. Er besitzt eine «kognitive Struktur», ein «inneres Modell der Außenwelt», das durch neue Erkenntnisse differenziert und modifiziert wird und in das neue Informationen, neues Wissen und neue Verhaltensmodi integriert werden müssen. «Lerngewohnheiten Erwachsener sind bestimmt von Erfahrungen der Frühkinderziehung, Schulerfahrung, Prägungen durch das Arbeitsmilieu, Umgangsgruppen, mit denen man die Freizeit verbringt» (TIETGENS 1977, S. 62). Hinzufügen läßt sich noch der Einfluß der Massenmedien. Die Lerngeschichte eines Menschen prägt nachhaltig seine Lerneinstellungen (zum Beispiel: erfolgszuversichtlich oder mißerfolgsängstlich), den Zugriff auf bestimmte Lernaufgaben (wie daten- oder strukturorientiert, feldabhängig oder feldunabhängig) und die Verarbeitung von Lernanforderungen (eher additiv oder generalisierend). Das Lernen Erwachsener erweist sich als ein komplexes Feld, und eine → Didaktik muß eine Analyse solcher Bedingungen von Erwachsenensituationen betreiben unter der Rücksicht der Interventionen, die von Lehrenden in Lernsituationen ausgeübt werden: in lehrender, planender und beratender Funktion. Es geht bei einer Didaktik der Erwachsenenbildung um die Aufklärung des im «Bildungsprozeß vorhandenen Wechsel- und Spannungsverhältnisses zwischen Inhalt – Situation – Person – Verwertung» (GIESEKE 1982, S. 126).

Erwachsenenbildung   421

Diese allgemeinen Überlegungen lassen folgende Grundsätze einer Didaktik zu:

– *Orientierung an Zielgruppen.* Sie bezieht sich auf Personen mit ähnlichen Erfahrungen, ähnlichen sozialen Lebensbedingungen oder vergleichbaren Lerngründen. Sie versucht, Personen mit relativ übereinstimmenden biographischen und sozialen Voraussetzungen zu erreichen. «Das geschieht unter der Annahme, daß diese Ähnlichkeiten auch Analogien in der Individualität mit sich bringen» (Lenz 1987, S. 171). Die Zielgruppenarbeit beschäftigt sich thematisch mit der Lebenswelt der Adressaten; zum Beispiel in der → Frauen-, Jugend- und Altenbildung.

– *Teilnehmerorientierung.* Eine Erwachsenenbildung mit dem Ziel der Teilnehmerorientierung versucht, die Bildungsbedürfnisse der Lernenden zu berücksichtigen. In Hinblick auf deren Lebensbedingungen und ihrer Stellung in der sozialen Umwelt folgt sie besonders dem Grundsatz der → Chancengleichheit. Bezüglich der Themen gibt es zwar Vorentscheidungen durch Institution und Lehrende, die konkrete Ausgestaltung der Inhalte wird aber erst in Kooperation mit den tatsächlichen Teilnehmern festgelegt. Das heißt, Teilnehmerorientierung geht von der → Mitbestimmung über Inhalte und methodisch-didaktische Verfahren aus. Sie setzt voraus, den Erwachsenen für fähig zu halten, zur Planung und Durchführung der eigenen Lernprozesse etwas beizutragen. Dies benötigt Institutionen, die nicht nur engen Gruppeninteressen gehorchen, und Mitarbeiter, die im Rahmen des didaktischen Handelns die Lernenden ernst nehmen (vgl. Breloer u. a. 1980). Aber diese Orientierung an den Teilnehmern kann nur als «Annäherungsprinzip» angesehen werden, denn es muß eine Ergänzung durch inhaltliche Aspekte finden, da sie sonst «der Anforderungsstruktur der Lebenswelt der Teilnehmer nicht gerecht [wird], wenn über dem Ernstnehmen der Teilnehmerperspektive, über der Berücksichtigung der Situationsinterpretation, über dem Ansatz bei den Deutungsmustern die Strukturen des zu Lernenden ausgeblendet werden [...] Es führt nur zur Selbstbestätigung und nicht zum Lernen, wenn der jeweiligen Eigenart des zu Lernenden nicht auch Geltung verschafft wird» (Tietgens 1981, S. 128; Einfügung und Auslassung: R.-J. H.)

– *Verwertungsmöglichkeiten.* Eine Didaktik der Erwachsenenbildung hat davon auszugehen, daß die Verwertungsmöglichkeit des zu Lernenden ein Motiv des Lernens ist. Motivationen im Sinne subjektiv bewerteter Bedürfnisse sind wichtig für den didaktischen Einstieg in das Lernen. Dabei kann die Verwertbarkeit des zu Lernenden auf ganz Unterschiedliches bezogen sein: auf berufliche Aufstiegsmöglichkeiten, auf Wissen für den Privatbereich, auf Informiertsein für den alltäglichen Gesprächszusammenhang, auf die Darstellung des Bildungswillens und anderes. Das Interesse an der Sache selbst ist daher in einem didaktischen Konzept zu befragen auf die Verwertbarkeit dieser Sache durch den Lernenden. Dies impliziert allerdings auch, daß «eine solche Verwendungsorientierung nicht zu kurzschlüssig und utilitaristisch verstanden werden [darf], aber die Fragè, wozu die Lernveranstaltungen befähigen und wem das Lernen nutzt, kann als eine didaktische Leitfrage gelten. Erwachsenenbildung soll zu kompetentem Handeln in privaten, öffentlichen und beruflichen Lebenssituationen befähigen» (SIEBERT 1984, S. 173f). Dies muß aber bereits im Lernprozeß die Analyse der gesellschaftlichen Situation mitbeinhalten. Didaktik ist damit nicht nur eine pädagogische Technik, sondern sie schließt Kenntnisse ein über Bedingungen und Entscheidungsstrukturen von gesellschaftlicher und politischer Relevanz.

– *Curricula.* Zu dem traditionellen Selbstverständnis der Erwachsenenbildung gehört, daß diese freiwillig erfolgt und daß eine «didaktische Selbstwahl» ermöglicht werden soll. In der Curriculumdiskussion ist die didaktische Partizipation der Lernenden gefordert, wie sie bereits als «Teilnehmerorientierung» formuliert wurde. Im Zusammenhang mit Curricula wird dabei auf den offenen Charakter abgestellt, der im Gegensatz zum geschlossenen → Curriculum – mit hierarchisch geordneten → Lernzielen, vorgegebenen Lehr- und Lerntechniken, welche die Lernsituation festlegen – sich auf ein alternatives Angebot an Lerninhalten bezieht. Unterschiedliche Lernerfahrungen werden integriert und Verwendungssituationen gemeinsam gefunden und getroffen.

Gerade in den drei Aufgabenschwerpunkten der Erwachsenenbildung, der Defizit-, der Partizipations- und der Identitätsorientierung ist eine Legitimation der Lernziele und Methoden in Absprache mit den Beteiligten notwendig. Dazu gehört neben Reflexion und Kritik vorhandener manifester Lerninteressen auch die Auseinandersetzung mit dem Zusammenhang von allgemeiner, politischer und beruflicher Bildung. Das bedeutet, «nicht nur im alten Schreibmaschinenkurs (der jetzt vielleicht elektronische Textverarbeitung heißt) die Probleme der Arbeitsplatzveränderung und des Arbeitsplatzverlustes zur Sprache zu bringen, heißt nicht nur, im Basic-Kurs auch die Probleme der Vernetzung und des Datenschutzes anzusprechen, sondern bedeutet auch, darüber zu diskutieren, daß die disponible Zeit unbestritten größer werden wird und wie man diese individuell und gesellschaftlich nutzen will» (SCHMID 1986, S. 101).

BALSER, F.: Die Anfänge der Erwachsenenbildung in Deutschland in der ersten Hälfte des 19. Jahrhunderts, Stuttgart 1959. BORINSKI, F.: Der Weg zum Mitbürger, Düsseldorf 1954. BRELOER, H. u. a. (Hg): Teilnehmerorientierung und Selbststeuerung in der

Erwachsenenbildung, Braunschweig 1980. DAUBER, H.: Selbstorganisation und Teilnehmerorientierung als Herausforderung für die Erwachsenenbildung. In: Breloer, H. u. a. (Hg.): Teilnehmerorientierung..., Braunschweig 1980, S. 113 ff. DEUTSCHER AUSSCHUSS FÜR DAS ERZIEHUNGS- UND BILDUNGSWESEN: Zur Situation und Aufgabe der Erwachsenenbildung, Stuttgart 1960. DEUTSCHER BILDUNGSRAT: Strukturplan für das deutsche Bildungswesen, Stuttgart 1970. DIKAU, J.: Wirtschaft und Erwachsenenbildung, Weinheim/Berlin/Basel 1968. DRÄGER, H.: Volksbildung in Deutschland im 19. Jahrhundert, Bd. 2, Bad Heilbrunn 1984. FEIDEL-MERTZ, H.: Arbeiterbildung, Frankfurt/M. 1972. FLITNER, W.: Plan einer Deutschen Schule für Volksforschung und Erwachsenenbildung. In: Henningsen, J. (Hg.): Die neue Richtung in der Weimarer Zeit, Stuttgart 1960, S. 120 ff. GAMM, H.-J.: Einführung in das Studium der Erziehungswissenschaft, München 1974. GEISSLER, K. A./KADE, J.: Die Bildung Erwachsener, München 1982. GIESEKE, W.: Ein Votum für den Neubeginn einer didaktischen Lernforschung. In: Otto, V. u. a. (Hg.): Realismus und Reflexion, München 1982, S. 122 ff. HAMACHER, P.: Entwicklungsplanung für Weiterbildung, Braunschweig 1976. HEGER, R.-J. u. a. (Hg.): Wiedergewinnung von Wirklichkeit. Ökologie, Lernen und Erwachsenenbildung, Freiburg 1983. HENNINGSEN, J. (Hg.): Die neue Richtung in der Weimarer Zeit, Stuttgart 1960. HOFMANN, W.: Gestaltende Volksbildung. In: Henningsen, J. (Hg.): Die neue Richtung in der Weimarer Zeit, Stuttgart 1960, S. 103 ff. KEIM, K./URBACH, D.: Erwachsenenbildung in Deutschland 1933-1945. In: a. pol. u. zeitgesch. (1977), H. 7, S. 3 ff. LENZ, W.: Lehrbuch der Erwachsenenbildung, Stuttgart 1987. MADER, W.: Erwachsenenbildung. In: Spiel, W. (Hg.): Die Psychologie des 20. Jahrhunderts, Zürich 1980, S. 80 ff. MARKERT, W.: Erwachsenenbildung als Ideologie, München 1973. MÜLLER, H.: Organisationen der Weiterbildung. In: Nuissl, E. (Hg.): Taschenbuch der Weiterbildung, Baltmannsweiler 1982, S. 65 ff. PÄDAGOGISCHE ARBEITSSTELLE DES DEUTSCHEN VOLKSHOCHSCHULVERBANDES, (Hg.): Statistische Mitteilungen des Deutschen Volkshochschulverbandes. Arbeitsjahr 1987, Frankfurt/M. 1988. PICHT, W.: Die deutsche Volkshochschule der Zukunft, Leipzig 1919. PREROWER FORMEL. In: Henningsen, J. (Hg.): Die neue Richtung in der Weimarer Zeit, Stuttgart 1960, S. 147. SCHEIBE, W.: Begründung der Volksbildungsbewegung. In: Pöggeler, F. (Hg.): Handbuch der Erwachsenenbildung, Bd. 4: Geschichte der Erwachsenenbildung, Stuttgart 1975, S. 60 ff. SCHLUTZ, E.: Zur Funktion und Bedeutung der Erwachsenenbildung. Eine Einleitung. In: Schlutz, E. (Hg.): Erwachsenenbildung zwischen Schule und sozialer Arbeit, Bad Heilbrunn 1983, S. 7 ff. SCHMID, W.: Weiterbildung und neue Medientechnik. In: Hüther, J./Terlinden, R. (Hg.): Neue Medien in der Erwachsenenbildung, München 1986, S. 95 ff. SENZKY, K.: Volkshochschule. In: Enzyklopädie Erziehungswissenschaft, Bd. 11, Stuttgart 1984, S. 465 ff. SIEBERT, H.: Erwachsenenbildung als Bildungshilfe, Bad Heilbrunn 1983. SIEBERT, H.: Erwachsenenpädagogische Didaktik. In: Enzyklopädie Erziehungswissenschaft, Bd. 11, Stuttgart 1984, S. 171 ff. SIEBERT, H.: Materialien zum Lernklima in der Bundesrepublik. In: Niedersächsischer Bund für Erwachsenenbildung (Hg.): Struktur und Perspektiven der niedersächsischen Erwachsenenbildung, Gutachten Teil 1, Hannover 1988, S. 5 ff. STRUNK, G.: Erwachsenenbildung – Begriff, Geschichte, System und Aufgabenverständnis. In: Sarges, W./Fricke, R. (Hg.): Psychologie für die Erwachsenen-Weiterbildung, Göttingen/Toronto/Zürich 1986, S. 1 ff. TIETGENS, H.: Zum Aufgabenverständnis der Erwachsenenbildung. In: Bilanz und Perspektive, zusammengestellt von H. Tietgens, Braunschweig 1968, S. 185 ff. TIETGENS, H.: Erwachsenenbildung zwischen Reform und Voluntarismus. In: Schulenberg, W. (Hg.): Reform in der Demokratie, Hamburg 1976, S. 175 ff. TIETGENS, H.: Die Bedeutung der Lerngewohnheiten für das Lernen Erwachsener. In: Bundesinstitut für Berufsbildungsforschung (Hg.): Die Lernsituation von Erwachse-

424 Erzieher

nen in der beruflichen Weiterbildung, Berlin 1977, S. 60ff. Tietgens, H.: Einleitung in die Erwachsenenbildung, Darmstadt 1979. Tietgens, H.: Die Erwachsenenbildung, München 1981. Tietgens, H.: Erwachsenenbildung als Suchbewegung, Bad Heilbrunn 1986. Tietgens, H.: Vorbemerkungen. In: Strunk, G.: Bildung zwischen Qualifizierung und Aufklärung, Bad Heilbrunn 1988, S. 9ff.

Rolf-Joachim Heger

Erwachsenheit → Entwicklung
Erwartung → Wert
Erwartungserwartung → Institution
Erwerbstätigkeit (der Mutter) → Mutter
Erwerbs-Weiterbildung → Weiterbildung
Erzählkultur → Kinderliteratur

Erzieher

Begriff. Zwar wird im Deutschen zwischen Erziehern und Lehrern und gegebenenfalls auch Ausbildern unterschieden, wobei dem Erzieher die Aufgabe der Einführung in verantwortliches zwischenmenschliches und gesellschaftliches Verhalten (→ Sozialisation; Personalisation) und dem Lehrer die Aufgabe der Vermittlung von Wissen und Können (→ Bildung; Information) zugesprochen wird, doch kann der Begriff des Erziehers auch als Oberbegriff für alle diejenigen verstanden werden, die planmäßige pädagogische Hilfen an der Bildung und der Ausbildung der nachfolgenden Generation leisten. Die → Lehrer an den allgemeinbildenden und an den berufsbildenden Schulen – von den Hochschullehrern soll hier abgesehen werden – bilden dann die größte Gruppe der Erzieher. Dem entspricht auch der internationale Sprachgebrauch. Außerdem hat der Lehrer immer auch erzieherische Aufgaben wahrzunehmen; diese sind allerdings umstritten.

Geschichte. So gut wie alle differenzierten Kulturen kennen die Figur des Erziehers und Lehrers. Unabdingbar ist sie dort, wo eine Schrift und eine allgemein bedeutsame Literatur entwickelt worden sind. In den vorneuzeitlichen Epochen unserer Geschichte haben sich zwei Aufgaben voneinander abgehoben, eine Dichotomie, die auch heute noch nachwirkt: die eines Erziehers und Lehrers von Knaben, der Lesen, Schreiben und Rechnen vermittelt, und die eines Erziehers und Lehrers von jungen Erwachsenen, der das → Denken vermittelt, das die Welt verständlich und die Gesellschaft beherrschbar macht. Dieser Dichotomie entsprach das äußerst geringe Ansehen des ersteren und das recht hohe des letzteren. Zwar hatte schon das mittelalterliche christliche

Denken hierüber hinausgedrängt, doch hat sich erst nach der Reformation ein gewisses Umdenken entwickelt. Dieses hat seinen deutlichsten und wirksamsten Ausdruck bei COMENIUS (vgl. 1954), LOCKE (vgl. 1967) und ROUSSEAU (vgl. 1971) gefunden:

Comenius hat – zugunsten einer allgemeinen Verbesserung der menschlichen Verhältnisse – ein zusammenhängendes Bildungswesen für alle männlichen und weiblichen Mitglieder aller Altersstufen entworfen, in dem – mit zunehmender Differenzierung – das Wissen und Können vermittelt werden soll, das zur individuellen Realisierung christlicher Existenz wie für die gemeinsame Nutzung der Schöpfung erforderlich ist, was eine sowohl einheitliche wie auch arbeitsteilige Aufgabe für den Erzieher und Lehrer impliziert hat. Locke und Rousseau haben erste Einsichten in den Entwicklungsprozeß des Menschen gewonnen und dabei erkannt, daß nicht nur die Phase der Adoleszenz, sondern auch die Phasen der frühen und späten → Kindheit von lebens- und bildungsentscheidender Bedeutung sind. Seitdem steht man vor der Aufgabe, diese Entwicklung zu erforschen, und vor der Frage, ob nicht der Kindererziehung die höchste pädagogische Dignität zukommt.

Theorien des Erziehers. Gleichzeitig mit dem Ausbau des öffentlichen Bildungswesens nach der → Aufklärung sind Ansätze zu einer Theorie des Erziehers und Lehrers, seiner Aufgabe, Stellung und Ausbildung entwickelt worden (vgl. DIESTERWEG 1958, DILTHEY 1960, HERBART 1965, NIETZSCHE 1976, PAULSEN 1912).

Das Bildungswesen ist im weiteren Verlauf der Geschichte zunehmend den Interessen und Strukturen der staatlichen Bürokratie unterworfen, sein Ansehen gehoben und der Lehrer zum Staatsdiener bestimmt worden, was ihn zwar von sozialer Not befreit, aber seine pädagogische Freiheit (→ Freiheit, pädagogische) erheblich eingeschränkt hat. Andererseits ist in dieser Entwicklung begründet gewesen, daß sich mit zunehmender Industrialisierung weitere pädagogische Aufgaben ergeben haben. Zu ihrer Erfüllung sind neue Einrichtungen und neue Gruppen von Erziehern mit neuen Berufsbildern und Ausbildungsgängen ins Leben gerufen worden, so die Kindergärtnerinnen, die Heimerzieher, die Sozialpädagogen und Sozialarbeiter, die Sonderschullehrer, Psychagogen und Logopäden. Im Zuge dieser Differenzierung des Erziehungssystems hat es sich als notwendig erwiesen, darüber nachzudenken, welche Aufgabe sich an allen Stellen dieses Systems ergibt und was alle Mitarbeiter dieses Systems auszeichnen sollte. Die Frage nach einer umfassenden und praktisch relevanten Theorie der → Erziehung und des Erziehers hat sich immer dringlicher gestellt.

Solche Theorie ist sowohl unverzichtbar wie gegenwärtig unzurei-

chend entwickelt. So ist Herbart am Anfang des 19. Jahrhunderts davon
ausgegangen, daß der Erzieher und Lehrer seinem Adressaten gegenüber ebenso für dessen Zukunft wie für die Erwachsenenwelt steht und
daß er die Aufgabe hat, dessen → «Erfahrung» der natürlichen Welt und
dessen «Umgang» mit anderen und sich selbst in der sozialen Welt dahingehend zu erweitern, daß er sich in der einen Welt orientieren und in
der anderen «sittlich» verhalten lernt (vgl. HERBART 1965).

Gegen Ende des 19. Jahrhunderts ist dann Dilthey zwar wiederum davon ausgegangen, daß der Lehrer ein Erzieher ist, dem es immer auch
um die sittliche Bildung seiner Adressaten gehen sollte, daß dem Lehrer
aber nunmehr eine dreifache Aufgabe zukommt und er für ihre Erfüllung zu einem professionellen Erzieher mit einer akademischen – pädagogischen – Ausbildung werden muß, weswegen er denn auch an Ansehen gewinnen würde. Zum einen habe er die Aufgabe, zu erziehen und
in diesem und/oder jenem → Fach zu unterrichten, zum anderen die
Aufgabe, das geschichtlich-gesellschaftliche Leben im ganzen zu Zwek-
ken verantwortlicher Teilhabe zu repräsentieren und zu vermitteln, und
schließlich habe er die – neue – Aufgabe, seine Adressaten auf ihrem
zunehmend schwierigeren Bildungs- und Lebensweg zu «beraten», weswegen er einer pädagogisch akzentuierten, allgemeinen Bildung wie
aber auch einer «Berufswissenschaft» bedürfe (vgl. DILTHEY 1960,
S. 13 ff, S. 167 ff). Dieses Konzept ist aber inzwischen noch keineswegs
eingeholt.

Neuere Theorien des Erziehers. Trotz, gleichzeitig aber auch wegen dieses Mangels ist inzwischen eine schon nicht mehr zu überblickende Zahl
von Beiträgen zur Theorie des Erziehers erschienen. Unter diesen Beiträgen überwiegen aber die analytischen und kritischen Arbeiten und
die programmatischen Erklärungen.

Wie schon Dilthey gezeigt hatte, kann auf historische und empirische
Untersuchungen über die Situation des Erziehers im Erziehungswesen
wie in der Gesellschaft und über deren Genese und Perspektive nicht
verzichtet werden. Inzwischen sind solche Untersuchungen mit verschiedenen Zielsetzungen unternommen worden: zum einen mit der Absicht,
die Realität – im Sinne des «Kritischen Rationalismus» – zu beschreiben,
zum anderen mit der Absicht, die ideologische Struktur der leitenden
Vorstellungen – im Sinne der «Kritischen Theorie» – aufzuweisen (vgl.
ADORNO 1970, COMBE 1971), und schließlich mit der Absicht, die Abhängigkeit des erzieherischen Verhältnisses – im Sinne der Psychoanalyse – auch und insbesondere von der Lebensgeschichte des Erziehers
aufzuweisen.

Unter diesen Untersuchungen kommt zunächst denen eine besondere
Bedeutung zu, die sich der Aufgabe des Erziehers, seiner Rolle und de-

ren Wandel zugewandt haben (vgl. GLASGOW/ERBSLÖH 1976, NAVE-HERZ 1977, SCHÜLLER 1971); sodann denen, die sich mit der Lage des Lehrers in einem System befassen, das einerseits ein bürokratisches System, andererseits ein System für Nichterwachsene in einer Erwachsenengesellschaft ist, weswegen es in Gefahr steht, zu einem Getto zu werden; der Lehrer ist bereits zu einer Randfigur der modernen Gesellschaft geworden (vgl. BETZEN/NIPKOW 1971, GROOTHOFF 1972, ULRICH 1978, EBERT 1979, KEG 1980, GERNER 1981, v. ENGELHARDT 1982).

Psychoanalytisch orientierte Untersuchungen haben sich in der jüngsten Zeit auch den bisher tabuisierten Nöten und Ängsten der Erzieher und Lehrer zugewandt und sich mit deren Ursache, Auswirkung und Überwindung befaßt (vgl. BRÜCK 1978, NEIDHARDT 1977, WEIDENMANN 1978). Diese Nöte und Ängste deuten darauf hin, daß das Bildungswesen nur erst bedingt als ein interpersonales Kommunikationssystem und die Lehrerbildung nur erst bedingt als Einübung in eine existentielle und zugleich pädagogische Reflexion und in ein entsprechendes Training durchgebildet ist (vgl. ARBEITSGRUPPE AUMEISTER 1976, BECKMANN 1968, W. W. WEISS 1976).

Professionalisierung. Für alle diese Untersuchungen gilt, daß ihnen seit langem kein Konsens in der Sinngebung und in der Zielsetzung der öffentlichen Erziehung mehr vorgegeben ist. Zudem ist der Erzieher und Lehrer im öffentlichen Dienst einerseits hochgradig weisungsgebunden, andererseits aber doch aufgefordert, pädagogische → Verantwortung zu übernehmen. Es kommen daher immer wieder andere Ansätze ins Spiel. Während die einen vom System ausgehen, versuchen die anderen kritisch-konstruktiv zu denken und beispielsweise eine Vorstellung emanpatorischer Erziehung zu entwerfen (→Emanzipation). Alle diese Beiträge lassen sich als Beiträge zur Frage der (weiteren) → Professionalisierung und zugleich Akademisierung des Erziehers zusammenfassen und auswerten (vgl. GEWERKSCHAFT ERZIEHUNG UND WISSENSCHAFT 1974, J. WEISS 1975, W. W. WEISS 1976, WIRTH 1978). Es gilt zu klären, von welcher Art die Profession des Erziehers eigentlich ist, wie sie sich zu den vergleichbaren (leitenden) Professionen verhält und ob die akademische Ausbildung der Erzieher durch eine vergleichbare Berufswissenschaft und theoretisch-praktische Ausbildung gesichert werden kann. Diese Frage macht die Sonderstellung (Randstellung) der Erzieher in der modernen Gesellschaft noch einmal deutlich und stellt vor die Entscheidung, ob diese Sonderstellung bejaht und konsolidiert oder ob ein neues Konzept entwickelt werden soll. Dabei stößt man auf die Frage, ob und inwieweit auch die große Gruppe der Fachlehrer als eine Gruppe von Erziehern angesehen werden soll und daher außer einer fachlich

428   Erzieher

vertieften allgemeinen Bildung und einer →Fachdidaktik auch eine spezifisch pädagogische Ausbildung – beispielsweise in der pädagogischen Diagnostik – erfahren soll. Die Antwort auf diese wie auf alle anderen Fragen hängt freilich davon ab, wie die Gesellschaft ihre Zukunft versteht und ob es ihr noch um die Bildung ihrer →Jugend geht.

Was nun das nähere Verständnis der Tätigkeit des Erziehers und Lehrers als einer Profession neben anderen leitenden Professionen sowie die Entwicklung einer entsprechenden Berufswissenschaft und eines entsprechenden Ausbildungs- und Aufstiegsganges anbetrifft, so hat man die Orientierung am Richter – als einem Staatsbediensteten mit akademischer Ausbildung und relativer Autonomie – aufgegeben (vgl. PAULSEN 1912), doch ist man pädagogischerseits hiermit niemals ganz einverstanden gewesen. Geisteswissenschaftlich denkende Pädagogen haben wie schon die Griechen den Erzieher mit dem Arzt verglichen, um seine gesamtmenschliche Verantwortung, seine spezifisch pädagogische Freiheit und eine klinische Ausbildung begründen zu können (vgl. FLITNER 1965), andere haben dieser Orientierung eine polemisch zugespitzte Unterordnung unter den Sozialingenieur entgegengesetzt; sie wollten die empirisch-technischen Möglichkeiten der Lern- und Lehrerforschung ausgenutzt wissen (vgl. DÖRING 1970). Es darf aber als sicher angesehen werden, daß sich Entscheidungen zugunsten einer weiteren Professionalisierung und Pädagogisierung der Erzieher- und Lehrerberufe, insbesondere zugunsten einer zugleich theoretischen und praktischen sowie zugunsten einer zugleich reflexiven und methodischen Ausbildung nicht mehr werden vermeiden lassen. Indizien hierfür sind die Schwierigkeiten, die Erzieher und Lehrer mit neuen Systemen haben, der Streß ihrer Adressaten, der Unwille der Eltern und das Bedürfnis der Erzieher und Lehrer nach einer pädagogisch-psychologischen Fortbildung und dabei auch nach gruppendynamischen Seminaren. Da den Erziehern im öffentlichen Dienst nur geringe Mitbestimmungsmöglichkeiten zur Verfügung stehen, ist ihren Verbänden von jeher eine gar nicht zu überschätzende Bedeutung zugekommen. Die Krise des Erzieher- und Lehrerberufs drückt sich daher auch in deren aggressiver Politik aus.

Die neue kritische Situation des Erziehers wie des Erziehungswesens überhaupt hat schließlich und endlich auch seine Geschichte, einschließlich der seiner Verbände und der des Erziehungswesens und der →Pädagogik selbst, in einem neuen Licht erscheinen lassen (vgl. HEINEMANN 1977).

ADORNO, TH. W.: Tabus über den Lehrerberuf. In: Adorno, Th. W.: Erziehung zur Mündigkeit, Frankfurt/M. 1970, S. 73 ff. ARBEITSGRUPPE AUMEISTER: Der Praxisschock, München 1976. BECKMANN, H.-K.: Zur Reform des pädagogischen Studiums, Weinheim 1968. BETZEN, K./NIPKOW, K. E.: Der Lehrer in Schule und Gesellschaft, München 1971. BRÜCK, H.: Die Angst des Lehrers vor seinem Schüler, Reinbek 1978.

COMBE, A.: Kritik der Lehrerrolle. Gesellschaftliche Voraussetzungen und soziale Folgen des Lehrerbewußtseins, München 1971. COMENIUS, J. A.: Große Didaktik, hg. v. A. Flitner, Düsseldorf/München 1954. DERSCHAU, D. v.: Die Erzieherausbildung. Bestandsaufnahme und Vorschläge zur Reform, München 1974. DIESTERWEG, A.: Wegweiser zur Bildung für deutsche Lehrer, hg. v. G. Scheveling, Paderborn 1958. DILTHEY, W.: Pädagogik. Geschichte und Grundlinien des Systems. Gesammelte Schriften, Bd. 9, hg. v. O. F. Bollnow, Stuttgart/Göttingen 1960. DÖRING, K. W.: Lehrerverhalten und Lehrerberuf. Zur Professionalisierung erzieherischen Verhaltens, Weinheim 1970. EBERT, W.: Lehrer – Gefangener oder Gestalter der Schule, München 1979. ENGELHARDT, M. v.: Die pädagogische Arbeit des Lehrers, Paderborn 1982. FLITNER, W.: Grundlegende Geistesbildung, Heidelberg 1965. GERNER, B.: Lehrersein heute: Erwartungen, Stereotype, Prestige, Darmstadt 1981. GEWERKSCHAFT ERZIEHUNG UND WISSENSCHAFT: Reform ohne Ende – Die Misere der Lehrerausbildung, Hannover 1974. GLASGOW, H. / ERBSLÖH, E.: Der deutsche Lehrer. Sein Image – Zerrbild oder Spiegelbild, Hamburg 1976. GROOTHOFF, H.-H.: Funktion und Rolle des Erziehers, München 1972. HEINEMANN, M. (Hg.): Der Lehrer und seine Organisation, Stuttgart 1977. HERBART, J. F.: Allgemeine Pädagogik, aus dem Zweck der Erziehung abgeleitet (1806). Pädagogische Schriften, hg. v. W. Asmus, Bd. 2, Düsseldorf/München 1965, S. 9 ff. KEG (Katholische Erziehergemeinschaft in Bayern e. V.): Die Bedeutung der Lehrerpersönlichkeit für Erziehung und Unterricht, Donauwörth 1968. LOCKE, J.: Einige Gedanken über Erziehung, hg. v. G. B. Deermann, Paderborn 1967. MÜLLER-KOHLENBERG, H.: Das Berufsbild des Heimerziehers, Weinheim/Basel 1972. NAVE-HERZ, R.: Die Rolle des Lehrers. Eine Einführung in die Lehrersoziologie und in die Diskussion von dem Rollenbegriff, Neuwied/Darmstadt 1977. NEIDHARDT, W.: Kinder, Lehrer und Konflikte. Vom psychoanalytischen Verstehen zum pädagogischen Handeln, München 1977. NIETZSCHE, F.: Über die Zukunft unserer Bildungsanstalten. Sechs im Auftrag der «Academischen Gesellschaft» in Basel gehaltene, öffentliche Reden. Werke in fünf Bänden, hg. v. K. Schlechta, Bd. 3, Frankfurt/Berlin/Wien 1976, S. 883 ff. PAULSEN, F.: Gesammelte pädagogische Abhandlungen, hg. v. E. Spranger, Stuttgart/Berlin 1912. ROUSSEAU, J.-J.: Emil oder Über die Erziehung, hg. v. L. Schmidts, Paderborn 1971. SCHÜLLER, A. (Hg.): Lehrerrolle im Wandel, Weinheim 1971. ULRICH, K.: Lehrerberuf und Schulsystem. Sozialpsychologische Beiträge für die Lehrerbildung, München 1978. WEIDENMANN, B.: Lehrerangst, München 1978. WEISS, J.: Wissen und Autonomie des Lehrers. Überlegungen und Befragungsergebnisse zum Professionalisierungsproblem, Kastellaun 1975. WEISS, W. W.: Lehrerbildung zwischen Anspruch und Wirklichkeit, München/Berlin/Wien 1976. WIRTH, I.: Professionalisierung (des Erwachsenenbildners). In: Wirth, I. (Hg.): Handwörterbuch der Erwachsenenbildung, Paderborn 1978, S. 551 ff.

Hans-Hermann Groothoff

Erziehung

Problem der Wesensbestimmung. Bis auf den heutigen Tag sind immer erneut Versuche unternommen worden, das «Wesen» der Erziehung zu bestimmen oder allgemeingültige Definitionen zu benennen. Anhand einiger nur auf den ersten Blick recht unterschiedlicher Beispiele soll dies Vorgehen verdeutlicht werden. NOHL (vgl. 1949, S. 279 ff), einer der

430   Erziehung

Begründer der geisteswissenschaftlichen Pädagogik (→ Pädagogik, Geisteswissenschaftliche), postuliert 1948 in einem Vortrag «Vom Wesen der Erziehung» die Existenz einer «wahren pädagogischen Idee», die sich hinter den Verschiedenheiten der geschichtlichen Formen und Stile der Pädagogik verberge und um deren konsequente Realisierung es gehe. Im Zentrum dieser Idee steht für Nohl das, was er den «pädagogischen Bezug» genannt hat, die persönliche Bindung des Zöglings an den → Erzieher (→ Verhältnis, pädagogisches). Ähnlich beginnt Flitner, gleichfalls einer der führenden Vertreter dieser Richtung, seine «Allgemeine Pädagogik» mit der Feststellung, es gebe einen «pädagogischen Grundgedankengang, in dem sich alle erzieherischen Begriffe und Betrachtungen vereinen» (FLITNER 1950, S. 67). Es sei Aufgabe der allgemeinen → Pädagogik, das Kategoriengefüge dieses im alltäglichen Sprechen bereits vorfindlichen einheitlichen Grundgedankengangs zu explizieren. Von anderen Voraussetzungen ausgehend, versucht der DDR-Pädagoge Naumann, «die wesentlichen invarianten Merkmale der Erziehung» in folgender Definition zusammenzufassen: «Erziehung ist bewußte, in unmittelbaren zwischenmenschlichen Beziehungen und durch Auseinandersetzung mit der Umwelt und sich selbst erfolgende Bewußtseinsformung und körperliche Entwicklung der Persönlichkeit» (NAUMANN 1975, S. 25). Brezinka formuliert unter dem Anspruch analytischer Wissenschaftstheorie und zur Befriedigung der Operationalisierungserfordernisse analytischer Wissenschaftspraxis folgenden «Minimalbegriff» der Erziehung: Es seien unter Erziehung «Handlungen zu verstehen, die in der Absicht erfolgen (oder: die den Zweck haben), in anderen Menschen gemäß für sie gesetzten Normen (Sollensforderungen, Idealen, Zielen) psychische Dispositionen hervorzubringen, zu fördern, zu ändern, abzubauen oder zu erhalten» (BREZINKA 1976, S. 129). Dieser «allgemeinste Begriff der Erziehung» sei notwendig, um ein begriffliches Instrument zu erhalten, das geeignet ist, «für jede Zeit und jeden Ort feststellen zu können, ob Erziehung als ein abgrenzbares Phänomen vorliegt» (BREZINKA 1976, S. 129). Die Einlösung des universellen Anspruchs derartiger Bestimmungs- und Definitionsversuche bleibt indessen problematisch. Die strenge Trennung von Subjekt und Objekt der Erziehung im letztgenannten Beispiel – im Kontext spricht Brezinka von «Handlungssubjekt (Educator)» und «Handlungsobjekt (Educand)» (BREZINKA 1976, S. 129) – schließt alle jene Fälle aus, in denen Erwachsene und Heranwachsende sich in *gemeinsamer* Anstrengung um Normerfüllung mühen müssen – der christlichen Gebote etwa. Die Maßgabe, daß von Erziehung nur geredet werden dürfe, wo in anderen Menschen «gemäß für sie gesetzten Normen (Sollensforderungen, Idealen, Zielen)» psychische Dispositionen hervorzubringen seien, würde – nähme man sie genau – eine abgeschlossene und exakte, bis ins ein-

Erziehung   431

zelne getriebene normative Kasuistik und damit Geschichtslosigkeit voraussetzen. So würde sich diese Definition allenfalls für extrem traditionalistische Gesellschaften eignen; sie ist mit ihrer Implikation absoluter Herrschaft der Edukatoren über die Edukanden keineswegs, wie ihr Autor behauptet, «wertfrei» (BREZINKA 1976, S. 129). Bei Naumann wird die rigide Trennung von Subjekt und Objekt dagegen vermieden, wie der Kontext zeigt; auch wenn der Autor eine «bestimmte Führungsoder Leitungsfunktion» des Erziehers gegenüber dem zu Erziehenden unterstellt (vgl. NAUMANN 1975, S. 23), bleibt Raum für unterschiedliche Gewichtungen der Beteiligten und für die Subjekthaftigkeit des zu Erziehenden bis hin zur «Selbstformung oder Selbsterziehung» (NAUMANN 1975, S. 24). Gleichwohl, der universelle Anspruch des Autors, diese Definition fasse die «wesentlichen invarianten Merkmale» der Erziehung zusammen, gerät am Ende doch in Schwierigkeiten angesichts des Begriffs einer Formung der «Persönlichkeit». Mit dem Terminus «Persönlichkeit» oder sogar «allseitige Persönlichkeitsentwicklung» (NAUMANN 1975, S. 24) schließt sich die vorliegende Definition einer Tradition an, die durch die deutsche Klassik begründet wurde; frühere Epochen der europäischen Geschichte sind damit jedenfalls nicht mehr faßbar, außereuropäische Traditionen vermutlich auch nicht. Im Falle beider Definitionen bleibt also die Bemühung um Allgemeingültigkeit auf der Strecke. Unschwer ist zu sehen, daß, wollte man die letzten inhaltlichen Bastioneh dieser ohnehin schon sehr weit ins Allgemeine getriebenen Definitionen auch noch schleifen, am Ende nur Triviales übrigbleiben könnte – etwa, daß in allen denkbaren Gesellschaften die Aufzucht des Nachwuchses betrieben wird und Nachwuchs heranwächst.

Nun gibt es freilich, will man den universellen Anspruch in der Bestimmung dessen, was Erziehung sei, festhalten, ohne damit zugleich auf jede inhaltliche Aussage zu verzichten, einen oft erprobten Ausweg. Es ist der idealistische, und er wird in den vorgeführten Beispielen von den beiden zuerst benannten Autoren, Nohl und Flitner, begangen: Sie postulieren, wie schon zitiert, die Existenz einer wahren pädagogischen Idee oder eines einheitlichen pädagogischen Grundgedankens. Die Behauptung ist implizit die, daß die pädagogische Wahrheit erst nach und nach, schrittweise, in unterschiedlichen Gesellschaften und an unterschiedlichen Orten ans Licht tritt, in unterschiedlichen Personen, die mehr oder minder teil daran haben. So benennt NOHL (vgl. 1935, S. 159ff) bei der Beschreibung seines zentralen Lehrstücks, des «pädagogischen Bezugs», so unterschiedliche Geister wie Sokrates, Herbart, Wyneken, Pestalozzi, Salzmann, Arndt, Fröbel, Plato als Zeugen für die rechte Auffassung vom Wesen des erzieherischen Verhaltens; jedem von ihnen erkennt er eine besondere Ausformung des «pädagogischen Bezugs» zu.

432   Erziehung

Das Problematische dieses Vorgehens wird leicht sichtbar: Soll der pädagogische Grundgedankengang «eine Einheit» bilden (W. FLITNER 1950,
S. 67), soll die «pädagogische Idee» formulierbar sein, dann müssen wi-
derständige Traditionen – wie RUTSCHKY (vgl. 1977) sie dokumentiert
hat – eingeebnet oder ausgeschieden werden, ebenso wie andersgeartete
aktuelle Praxis, wo immer sie sich auch finden mag. Anders ausgedrückt, man muß zwischen wahrer und falscher, echter und unechter
Pädagogik unterscheiden. Nohl hat sich dieser Konsequenz, wie die eingangs schon zitierte Formulierung zeigt, nicht entzogen. Das bedeutet
aber auch, daß man von der dann ausformulierten Position aus nicht nur
Einzelpersonen und gesellschaftlichen Subgruppen, sondern gegebenenfalls ganzen Kulturen gegenwärtiger und vergangener Zeiten bescheini-
gen muß, überhaupt nicht oder nur defizitär zu erziehen oder erzogen zu
haben. So ist das Vorgehen dieser geisteswissenschaftlichen Erziehungstheoretiker letztlich ebenfalls normativ-definitorisch. Sosehr sie sich vor
knappen, leicht angreifbaren Definitionsformeln meist auch hüten, sie
definieren Erziehung mittels der Auswahl dessen, was sie als «Erziehungswirklichkeit» ihren weitläufigen Interpretationen zum Zwecke der
Formulierung des wahren Erziehungsbegriffs unterwerfen. Diese Auswahl ist gesteuert lediglich durch gewisse Traditionen pädagogischer
Theoriebildung sowie durch nicht aufgedeckte eigene Erkenntnisinteressen. Die historische Singularität des als allgemeingültig Ausgegebenen
ist an vielen Stellen leicht aufweisbar, etwa wenn FLITNER (1950, S. 129)
eine «allgemeine und darum notwendig unbestimmte» Erziehungsfor-
mel «wagen» will und vom «Ziel der Lebensbemeisterung, der rechten
Stellung im Wirklichen, der Zuordnung zur Wahrheit» spricht. Soll dies
eine einheitliche, widerspruchslose Formulierung sein, so scheitert ihr
Allgemeingültigkeitsanspruch allein schon an dem Begriff «Lebensbemeisterung», mit dem sich zwar gewisse neuzeitliche, auf die griechisch-
römische Antike, besonders die Stoa zurückgreifende Traditionen fassen
lassen, nicht jedoch jüdisch-frühchristliche.

Geschichte. Je weiter die historische und besonders die sozialhistorische
Forschung getrieben wird – man denke nur an die Arbeiten von ARIÈS
(vgl. 1975) zu den Veränderungen der Auffassung von → Kindheit und
der Stellung des Kindes in der Gesellschaft –, um so hoffnungsloser muß
es erscheinen, das in einen einheitlichen und damit notwendig ins Normative sich umwendenden Erziehungsbegriff einzufügen, was Menschen
im Laufe der Zeiten und in unterschiedlichen Kulturen im Umgang zwischen Erwachsenen und Heranwachsenden verantworten zu müssen,
verantworten zu können glaubten. Denn das nötigt zu einem Allgemein-
heitsgrad, der das ganze Bemühen am Ende immer aussageleerer und
damit sinnloser werden läßt. Dreht man indessen die Fragerichtung um

auf das jeweils historisch Besondere, so ergibt sich die Schwierigkeit, bei
Verzicht auf die Unterstellung eines Ort und Zeit übergreifenden Allge-
meinbegriffs das Gegenstandsfeld zu konstituieren, weil man keine
Handhabe besitzt, so Unterschiedliches wie etwa griechisch «paideia»,
hebräisch «musar» (Zucht) oder das mittelalterliche «eruditio» wie üblich zu «Erziehung» in Beziehung zu setzen und hinsichtlich des jeweils
damit Gemeinten von vornherein als Bestandteile eines Identischen im
Sinne geschichtlicher Kontinuität zu begreifen. So kann sich eine Aussage darüber, was denn «Erziehung» sei, im strengen Sinne zunächst nur
auf die Bedeutung und den Bedeutungswandel des Ausdrucks «Erziehung» erstrecken, auf die Frage, was Menschen im sich wandelnden sozialgeschichtlichen Kontext und angesichts wechselseitig sich einschrän-
kender Überlagerung von «Erziehung» mit anderen Ausdrücken wie
«Regierung», «Lehre», «Zucht», → «Bildung», «Führung», «Intervention» jeweils damit gemeint haben können. Geschichtlicher Zusammenhang stellt sich dann erst im nachhinein her und auch nur insoweit, als
Tradition aufzeigbar wird, genauer gesagt, als weiterführender oder mo-
difizierender Rückgriff auf am andern Ort und zu anderer Zeit Entstandenes sowie abgrenzendes Sich-in-Beziehung-Setzen. Geschichte der
Erziehung ergibt sich als Geschichte der Entstehung der Rede oder des
Denkens von «Erziehung». Dies in der nötigen Schärfe festzuhalten
bringt nicht in Widerspruch zu der davon unabhängigen Möglichkeit des
Verfolgs auch anderer geschichtlicher Fragestellungen wie der Geschichte der Kindheit, der → Familie, der → Schule oder etwa auch des
realen Umgangs von Erwachsenen und Heranwachsenden. Die gleichzeitige Verwendung von «Erziehung» als übergreifendem wissenschaftlichem Terminus – «Erziehungswissenschaft», analog französisch und
englisch «education» – ist damit nicht ausgeschlossen. Sie ist unverfäng-
lich, sofern im Bewußtsein gehalten wird, daß es sich lediglich um hin-
deutendes Benennen des auf ganz anderem Wege gewonnenen Problem-
feldes handelt. Das gleiche gilt für die kaum vermeidbare Verwendung
bei Übersetzungen.

Der Vorteil dieses Vorgehens liegt darin, daß so das Nicht-Allge-
meine, das Nicht-Notwendige, das historisch Besondere des Erziehungs-
begriffs als eines solchen faßbar wird, zugleich auch die Widersprüchlichkeit des in ihm immer neu und anders Zusammengebrachten. Die
Frage nach Entstehung und Wandel des Erziehungsbegriffs unter den
Bedingungen des jeweils besonderen historischen Orts impliziert die
Frage nach der Gültigkeit des in der Tradition dieses Begriffs auf uns
Überkommenen im Sinne der Zweckmäßigkeit angesichts der aus unserer eigenen geschichtlichen Stellung sich ergebenden Lebensprobleme.
Der Preis, der für derart radikale Verfügbarmachung des Traditionsbe-
stands, für die Befreiung zu historischer Produktivität zu zahlen ist, darf

434   Erziehung

allerdings nicht verschwiegen werden: Der Verzicht auf den Versuch, der Geschichte einen allgemeingültigen Erziehungsbegriff zu unterstellen, ist zugleich das Eingeständnis, daß die Last der →Verantwortung sich nicht abwälzen läßt, daß sie in der Ausformulierung eigener Begrifflichkeit vom Handelnden selbst übernommen werden muß.

Jüdische und hellenistische Traditionen als Grundlage des neuzeitlichen Erziehungsbegriffs. Das Wissen um die Entstehung des bis in unsere Gegenwart geläufigen Erziehungsbegriffs ist trotz aller bisher geleisteten historischen Arbeit noch bruchstückhaft; selbst eine genaue Geschichte des Terminus fehlt. Gleichwohl läßt sich zusammenfassend sagen, daß dieser Erziehungsbegriff in seinen Grundlinien im Anschluß an die jüdisch-christliche Tradition unter mehrfach erneuertem Rückgriff auf Bestandteile der griechisch-hellenistischen Überlieferung entstanden ist. Von hier aus muß seine innere Spannung begriffen werden, die sich etwa folgendermaßen charakterisieren läßt: In der Zucht einer an höhere Gesetzlichkeit sich gebunden fühlenden Erziehungsautorität soll die autonome sittliche Persönlichkeit entstehen. Denn es vereinigen sich in der den späteren Erziehungsbegriff speisenden Tradition zwei widersprüchliche Momente, die sich in immer neu verlagerter Akzentsetzung gegeneinander geltend machen.

Am Beginn steht ein bemerkenswerter Vorgang. In der zwischen dem 3. und 1. Jahrhundert vor Christus entstandenen ältesten griechischen Fassung des Alten Testaments, der Septuaginta, wird griechisch «paideia» und das Verb «paideuein» zur Wiedergabe von hebräisch «musar» («Zucht») sowie dem entsprechenden Verb «jasar» verwendet. Zwei gegensätzliche Traditionen prallen aufeinander. Der griechische, für den gesamten hellenistischen Bereich repräsentative Begriff der «paideia» (von «pais» = Kind) zielt in der Fortführung altgriechischer Adels- und Polis-Überlieferung und in der Reflexion griechischer Philosophie bis hin zur Stoa auf die Hervorbringung des «kalos kàgatos», des «Schönen und Guten», des tugendhaften und umfassend gebildeten, sittlich autonomen Menschen. Das ist mit jüdischem Denken unverträglich. Durch Belehrung und Strafen versucht der Gott der Juden, sein ungehorsames Volk wieder in seine Gemeinschaft zurückzuführen. Ziel der göttlichen Zucht ist Unterwerfung unter das Gesetz, das den göttlichen Willen repräsentiert. Analog ist es die Aufgabe, das Kind durch Belehrung und körperliche Züchtigung in die Furcht Gottes und zum Gehorsam, zur Unterwerfung unter das Gesetz zu bringen. Jüdische Weisheit, der es um die Begegnung des Geschöpfs mit seinem Schöpfer geht, könne «letzten Endes nur in der vollen Wehrlosigkeit des Menschen vor Gott, der im Geheimnis naht» bestehen, urteilt ZIMMERLI (1961, Spalte 242); jede Erziehung, die den Menschen dem Zugriff Gottes entziehen und zur «ge-

Erziehung 435

schlossenen Persönlichkeit» machen wolle, verlasse den Raum des alttestamentlichen Glaubens. In entsprechend abgewandelter Bedeutung gelangt «paideia» ins Neue Testament. Auch dort wird Gott als der durch Strafen den Menschen zu seinem Heile Züchtigende begriffen, unter Inanspruchnahme der Analogie mit dem seine Kinder zu ihrem Wohle züchtigenden Hausvater, etwa Hebräer 12,6ff, wo Sprüche 3,12 zitiert wird: «Denn wen der Herr liebhat, den züchtigt er [paideuei], er geißelt aber jeden Sohn, den er annimmt.»

Andererseits ergeben sich im Hinblick auf die Vorbereitung des späteren Erziehungsbegriffs innerhalb des Frühchristentums zwei wesentliche Erweiterungen. Gegenüber dem partikularistischen Charakter der griechischen «paideia», die von ihren Anfängen her wesentlich auf dem persönlichen Lehrer-Schüler-Verhältnis beruht und die sich im hellenistischen Gymnasium auf die Identitätsbildung der sozial führenden Schicht beschränkt, gewinnt die Zucht im Leben der frühchristlichen Gemeinde sowie im Zusammenhang mit dem Missionsgebot einen universalistischen Anspruch. Denn trotz der prinzipiellen Lösung vom jüdischen Gesetz sieht sich das Frühchristentum bald genötigt, der Verlockung zur Libertinage – da die Sünden ja doch vergeben werden – durch Einführung einer strengen Kirchenzucht entgegenzuwirken, allein schon, weil man sich in einer feindlichen Umwelt behaupten muß. Schon Paulus (1. Korinther 5) sah sich veranlaßt, sich mit der hier entstehenden Problematik auseinanderzusetzen. Eine ganz andersartige Konsequenz ergab sich aus der theologisch-dogmatisch begründeten Notwendigkeit, am Alten Testament festzuhalten. Paulus sucht die Überbrückung des Gegensatzes dadurch herzustellen, daß er das jüdische Gesetz zum «paidagogos» erklärt, der zu Christus hinführte (Galater 3,24). Der damit gebotene Ansatz für den Gedanken einer Höherführung der Menschheit als solcher – neu gegenüber dem Judentum, in dieser Universalität auch neu gegenüber der griechisch-hellenistischen Antike – eröffnet die lange, bis in die späte Neuzeit reichende Tradition der Vorstellung von einer Erziehung des Menschengeschlechts (vgl. PIEPMEIER 1972).

Der dem Judentum fremde Gedanke einer Höherführung des einzelnen als Annäherung an ein Idealbild menschlicher Vollkommenheit gelangt erst mit der allerdings schon früh einsetzenden Hellenisierung in die christliche Tradition, ein Stück Selbstbehauptung des Menschen gegenüber göttlicher Macht und Willkür. Dabei werden die beiden Traditionslinien in eine ganz besondere, alles spätere Erziehungsdenken präformierende Verbindung gebracht: Menschliche Vollkommenheit wird in der höchstmöglichen Steigerung demütiger Erniedrigung und Unterwerfung unter Gottes Willen gesucht mit dem Ziel der Vorwegnahme göttlicher Strafe und der Erzwingung der Gnade. Bei Clemens von

436 Erziehung

Alexandria etwa (gestorben vor 216) und in den Schriften der Kirchenväter des 2. bis 4. Jahrhunderts wie Tertullian, Basilius von Cäsarea, Gregor von Nazianz, Gregor von Nyssa ist dies deutlich erkennbar. Deutlich ist auch der Eingang stoischer Momente. War indessen das stoische Ideal der Apathie, der Leidenschaftslosigkeit im Verzicht auf den Genuß äußerer Glücksgüter, der Versuch einer Immunisierung des Individuums gegen allfällig drohende Schicksalsschläge, so geht es hier, bei sonst gleichen Formen, gesteigert nur noch durch Erduldung selbstauferlegter Strafen, um die Absicherung gegen das drohende Strafgericht Gottes in der Hoffnung auf um so sichereren Genuß jenseitiger Freuden. Zwar verfielen derartige Selbstbehauptungstendenzen bald der Kritik des Augustinus, der in seiner zu äußerster Schärfe getriebenen Analyse in den «Confessiones» nachwies, daß der Mensch dem Umschlag demütiger Unterwerfung in sündige Selbsterhöhung nicht zu entgehen vermag. Doch ergab sich von hier aus die besonders in den Mönchsorden lebendige Tradition asketischer Selbstvervollkommnung, die in der Unterwerfung unter strenge, die göttliche Herrschaft repräsentierende Ordensregeln gesucht wurde.

So sind am Ausgang der frühchristlichen Epoche die Elemente beisammen, die in Spannung zueinander und unter gelegentlicher Verschiebung ihrer Gewichtung im weiteren Verlauf der abendländisch-europäischen Geschichte in den Erziehungsbegriff eingehen: altbiblische Zucht mit dem durch Belehrung und Züchtigung erzwungenen Gehorsam gegenüber der → Autorität, darein eingeschlossen die strikte Trennung von Subjekt und Objekt sowie die Erzeugung von Furcht durch → Strafe; Annäherung des einzelnen an ein Ideal der Vollkommenheit; Universalitätsanspruch und schließlich die Hoffnung auf eine Emporführung der Menschheit als solcher; eine Hoffnung, die mit Autoritätsansprüchen und der Subjekt-Objekt-Trennung kaum verträglich ist, weil das die in sich widersprüchliche Vorstellung impliziert, die nachwachsende Generation weiter bringen zu wollen, als man selbst kam. Gegensätzliches liegt oft dicht beieinander: Während Erasmus gegen die Äußerungen der Hebräer zur Zucht polemisiert und in Anknüpfung an antike Autoren Weckung des Ehrgefühls fordert, anstelle der Erzeugung von Furcht behutsame Förderung des eigenen Antriebs unter Verwendung von → Lob, sind die Äußerungen Luthers mit ihrer Unterstreichung des Gehorsams gegenüber der erziehenden Autorität deutlich an der jüdisch-frühchristlichen Tradition orientiert.

Indessen entsteht der historische Ort für den neuzeitlichen Erziehungsbegriff erst, als sich mit den großen Gesellschaftsentwürfen im Gefolge der «Utopia» des Thomas Morus (1516) die Vorstellung durchsetzt, daß die Gestaltung menschlicher Gesellschaft Sache menschlichen → Handelns ist. Notwendig ergibt sich damit für den Umgang mit den

Erziehung   437

Heranwachsenden die Orientierung an gesellschaftspolitischen Zielsetzungen. Das Verhältnis von Erziehung und Politik wird zentrales Thema der pädagogischen Reflexion in Europa, erfüllt vom neuzeitlichen Pathos der Machbarkeit utopischer Gesellschaftskonstruktion. Mit seiner Didaktik wollte Ratke nicht nur «in gar kurzer Zeit» alt und jung die hebräische, griechische, lateinische und andere Sprachen «leichtlich» lehren sowie eine einheitliche Reichssprache durchsetzen, sondern auch im ganzen Reich eine «einträchtige» Regierung und Religion «bequemlich» einführen und friedlich erhalten – so verkündete er 1612 auf dem Reichstag zu Frankfurt, am Vorabend des 30jährigen Krieges (RATKE 1957, S. 49). Unberührt von den bohrenden Zweifeln Rousseaus, schlug Fichte 1807/1808 in seinen «Reden an die deutsche Nation» eine radikale gesellschaftliche Umgestaltung vor durch «eine gänzliche Veränderung des bisherigen Erziehungswesens» (FICHTE o. J., S. 274), und er wollte das im Durchlauf von nur einer Generation bewerkstelligen.

Auflösung des neuzeitlichen Erziehungsbegriffs. Derartigen Allmachtsphantasien, im Erziehungsbegriff kaum bemerkt bis auf den heutigen Tag mitgeschleppt – dies trotz der im pädagogischen Schrifttum immer wieder geäußerten Kritik, etwa in JEAN PAULS «Levana» (vgl. 1963) –, ist inzwischen längst der Boden geschwunden, und zwar von zwei Seiten her. Die Vorstellung von Machbarkeit von «Erziehung» innerhalb eines Subjekt-Objekt-Verhältnisses ist mit dem inzwischen unübersehbaren Anwachsen des soziologisch-sozialpsychologischen Wissens nicht mehr vereinbar. Kriecks zu Beginn unseres Jahrhunderts versuchte Begriffsmodifikation – «funktionale Erziehung» – war einer der ersten Versuche, dem Rechnung zu tragen und die Vielfältigkeit der Vorgänge während des Heranwachsens in den Erziehungsbegriff einzufangen: Von jeder Wechselwirkung zwischen den Menschen einer Gesellschaft, ob bewußt oder unbewußt, gewollt oder nicht gewollt, gehen auf alle Beteiligten erzieherische Wirkungen aus (vgl. KRIECK 1930, S. 47 ff). Die so formulierte Verallgemeinerung des Erziehungsbegriffs ist zugleich seine Auflösung. Andererseits erlitt die neuzeitliche Fortschrittsgewißheit in der epochalen, im Geschehen des Ersten Weltkriegs kulminierenden Veränderung des europäischen Selbstverständnisses ihre bisher wohl schwerste Erschütterung. Der damit verbundene Autoritätsverlust der Erwachsenengeneration zwang zur Suche nach einem neuen Verhältnis der Generationen und damit zum Abbau der Subjekt-Objekt-Spannung im Erziehungsverständnis; die in den 20er Jahren im wesentlichen um die in der Philosophie Bubers begründeten Begriffe des «Dialogischen» und der → «Begegnung» zentrierten Versuche der Modifikation des Erziehungsbegriffs in Richtung auf eine unter der Voraussetzung prinzi

438 Erziehung

pieller Gleichberechtigung der Generationen zu führenden Auseinandersetzung geben Zeugnis davon.

So kann die Unsicherheit, die für die gegenwärtig geführte Diskussion des Erziehungsbegriffs kennzeichnend ist, nicht verwundern. Auffallend ist allein schon die abnehmende Bereitschaft, im alltäglichen Sprechen die Ausdrücke «erziehen», → «Erzieher», «Zögling» zu benutzen. Entsprechend ist in wissenschaftlichen Veröffentlichungen das Bedürfnis nach Ersetzung durch neutraler wirkende Termini zu erkennen wie «Edukandus», «Edukator». Die durch Krieck begonnene Auflösung des Erziehungsbegriffs findet ihre Fortsetzung im Ansatz eines umfassenden Begriffs von → «Sozialisation». «Erziehung» – wo an dem Begriff überhaupt noch festgehalten wird aus Gründen der Denkmöglichkeit intentionalen Erziehungshandelns – muß dann gegen «Sozialisation» unter mannigfachen Schwierigkeiten abgegrenzt werden als ein darunter zu subsumierender Sonderfall (vgl. FEND 1970, S. 38 ff). Oder es wird, in terminologisch anderer Wendung, Erziehung als «Prozeß» begriffen und dabei weitgehend mit «Sozialisation» gleichgesetzt, wobei sich dann das «pädagogische Feld» als Ort des Erziehungsprozesses von weiteren sozialen Feldern – anders als bei Krieck – dadurch unterscheiden läßt, daß hier Erwachsene mit Heranwachsenden interagieren (vgl. MOLLENHAUER 1972). Andererseits liegt ein Festhalten am tradierten Erziehungsbegriff besonders dort nahe, wo unter den Prämissen politischer Zielsetzungen die Möglichkeit planbarer Einwirkung auf die Heranwachsenden gesucht wird als Gegenstück und Ergänzung der Politik, wenn nicht gar als ihr Ersatz. Dies gilt für die an die «antiautoritäre» Erziehungsbewegung der späten 60er Jahre sich anschließende «emanzipatorische» oder «fortschrittliche» Pädagogik ebenso wie für die seit 1978 im Gegenzug begonnene konservative Diskussion unter dem Stichwort «Mut zur Erziehung» (kritisch: vgl. BENNER u. a. 1978, S. VIII f), in deren Verlauf versucht wird, Erziehung wieder stärker als ein Subjekt-Objekt-Verhältnis zu begreifen und die Erzieherautorität für das Erziehungsprodukt in Anspruch zu nehmen und verantwortlich zu machen.

SCHLEIERMACHER (1957, S. 9), dem die bisher unbestritten am sorgfältigsten durchformulierte Erziehungstheorie zu verdanken ist, meinte, die Theorie der Erziehung auf die allgemein gefaßte Frage begründen zu können: «Was will denn eigentlich die ältere Generation mit der jüngeren?» Es läßt sich heute sehen, daß diese Frage durch Eliminierung auch der letzten in ihr noch enthaltenen historisch-singulären Prämisse, nämlich der Trennung von Erziehungssubjekt und Erziehungsobjekt, der weiteren Verallgemeinerung fähig und damit auch bedürftig ist: Was denn wollen die Generationen miteinander, wie können, wie wollen Erwachsene und Heranwachsende sich zueinander in Beziehung setzen, wie wollen sie mit sich selbst und miteinander leben? Die Antwort ist

Erziehung, anarchistische   439

nicht aus einem vorgegebenen Erziehungsbegriff ableitbar. Sie ist Teil der Selbstdefinition der Gesellschaft.

ARIÈS, PH.: Geschichte der Kindheit, München 1975. BENNER, D. u. a.: Entgegnungen zum Bonner Forum «Mut zur Erziehung», München/Wien/Baltimore 1978. BERTRAM, G.: Der Begriff der Erziehung in der griechischen Bibel. In: Bornkamm, H. (Hg.): Imago Dei. Beiträge zur theologischen Anthropologie. Festschrift für Gustav Krüger, Gießen 1932, S. 33 ff. BREZINKA, W.: Erziehungsbegriffe. In: Roth, L. (Hg.): Handlexikon zur Erziehungswissenschaft, München 1976, S. 128 ff. FEND, H.: Sozialisierung und Erziehung, Weinheim/Berlin/Basel 1970. FICHTE, J. G.: Reden an die deutsche Nation. Sämtliche Werke, hg. v. I. H. Fichte, Bd. 7, Berlin o. J. (1846), S. 257 ff. FLITNER, W.: Allgemeine Pädagogik, Stuttgart 1950. JEAN PAUL: Levana oder Erziehlehre, hg. v. K. G. Fischer, Paderborn 1963. KRIECK,E.: Philosophie der Erziehung, Jena 1930. MOLLENHAUER, K.: Theorien zum Erziehungsprozeß, München 1972. NAUMANN, W.: Einführung in die Pädagogik, Berlin (DDR) 1975. NOHL, H.: Die pädagogische Bewegung in Deutschland und ihre Theorie, Frankfurt/M. 1935. NOHL, H.: Pädagogik aus dreißig Jahren, Frankfurt/M. 1949. PIEPMEIER, R.: Erziehung des Menschengeschlechts. In: Ritter, J./Gründer, K. (Hg.): Historisches Wörterbuch der Philosophie, Bd. 2, Basel/Stuttgart 1972, S. 735 ff. RATKE, W.: Die neue Lehrart. Pädagogische Schriften, hg. v. R. Alt, Berlin (DDR) 1957. RUTSCHKY, K. (Hg.): Schwarze Pädagogik. Quellen zur Naturgeschichte der bürgerlichen Erziehung, Frankfurt/Berlin/Wien 1977. SCHLEIERMACHER, F.: Pädagogische Schriften, u. Mitwirk. v. Th. Schulze hg. v. E. Weniger, Bd. 1, Düsseldorf/München 1957. ZIMMERLI, W.: Erziehung in der Bibel. In: Groothoff, H.-H./Stallmann, M. (Hg.): Pädagogisches Lexikon, Stuttgart 1961, Spalte 241 ff.

Bernhard Schwenk

Erziehung (Abschaffung der −) → Antipädagogik

Erziehung, anarchistische

Historisches. Wie von anderen Revolutionären und Reformern des 19. und beginnenden 20. Jahrhunderts wurde auch von Anarchisten früh erkannt, daß ein wesentlicher Faktor der Beständigkeit des Bestehenden in der Herrschaft über das Erziehungswesen liegt.

Schon vor der Einführung eines staatlich organisierten, finanzierten und beaufsichtigten Schulwesens kritisierte der erste neuzeitliche Anarchist, Godwin, 1793 Pläne, Intentionen und Utopien, die auf die Etablierung eines öffentlichen Unterrichtssystems abzielten (vgl. GODWIN 1946). Die Durchsetzung der allgemeinen Schulpflicht in Rußland Mitte des 19. Jahrhunderts wurde von dem anarchistischen Dichter und Sozialkritiker Tolstoj heftig bekämpft. Mit derartiger Kritik an staatlicher Einmischung in Erziehungsfragen, wie sie in ähnlicher Form auch von anderen Klassikern des Anarchismus − etwa Proudhon, Stirner, Bakunin und Tucker − formuliert wurde, führten die Anarchisten radikale liberale Ar-

440 Erziehung, anarchistische

gumentationen weiter, etwa 1792 v. HUMBOLDT (vgl. 1980, S. 103ff) und
1843 SPENCER (vgl. 1981, S. 226ff). Humboldts Idee, sich als Kultusminister überflüssig zu machen und die Kontrolle über die Erziehung in die
Hände der Lehrer, Eltern und Schüler sowie der betroffenen Gemeinden zu legen (vgl. MENZE 1975, S. 133ff), entbehrte zwar des revolutionären Pathos späterer anarchistischer Ideen, steht ihnen aber sachlich
näher als der historischen Realität des Liberalismus, der v. Humboldt
gemeinhin zugerechnet wird. Die radikale Schulkritik des 19. Jahrhunderts hat ebenfalls viele staatsskeptische und anarchistische Elemente
(vgl. MÜLLER 1978).

Neben der generellen Kritik am staatlichen Erziehungswesen ergab
sich für die Anarchisten die Frage, ob der staatlichen → Indoktrination
und Disziplinierung durch Gründung von nichtstaatlichen Schulen ent-
gegengewirkt werden könne. Zu den berühmtesten Versuchen dieser
Art gehören TOLSTOJS russische Schule von Jasnaja Poljana Mitte des
19. Jahrhunderts (vgl. 1980; vgl. KLEMM 1984), Francisco FERRERS spa-
nische Escuela Moderna 1901–1909 (vgl. 1970), Bertrand RUSSELLS englische Schule Beacon Hill 1927-1943 (vgl. 1974) und die amerikanische
Ferrer Modern School 1915-1953 (vgl. AVRICH 1980). In Deutschland
gab es in der Zeit der Weimarer Republik mehrere, teils untereinander
im Widerstreit liegende Ansätze praktischer anarchistischer Erziehung
(vgl. BAUMANN 1984, LINSE 1976). Pädagogisch noch nicht ausgewertet
sind die Erziehungsanstrengungen in der anarchistischen freien Ukraine
1917-1922, Gustav Landauers Bemühungen als Volksbeauftragter für
Volksaufklärung in der Münchner Räterepublik 1919 sowie die Alpha-
betisierungskampagne während des «kurzen Sommers der Anarchie»
(Enzensberger) in Spanien 1936-1939.

Von den Gegenschulen anderer sozialer Bewegungen unterschieden
sich die von anarchistischen Pädagogen eingerichteten Erziehungsstät-
ten dadurch, daß es sich die dort Wirkenden zur Aufgabe und zum Programm machten, die Kinder *nicht* auf die eigene politische Überzeugung
einzuschwören, sie vielmehr zur mündigen Entscheidung freizusetzen.

Beide Kennzeichen anarchistischer Pädagogik, die generelle Kritik an
der Staatsschule und die Idee von freien Gegenschulen, wurden durch
die Protestbewegung der 60er Jahre wieder aktuell, wobei besonders in
den USA explizit an die anarchistische Tradition angeknüpft wurde (vgl.
AVRICH 1980, S. 350ff; vgl. ST. BLANKERTZ 1975, DENNISON 1971,
GOODMAN 1962; → Entschulung).

Wenn sich die anarchistische Gegenschulbewegung vor dem Zweiten
Weltkrieg – von einzelnen Ausnahmen abgesehen – in kurzen Projekten
erschöpfte und wenig breitenwirksam war und wenn die gegenwärtige
Gegenschulbewegung da, wo sie erfolgreich ist, «verstaatlicht» wird
durch finanzielle und organisatorische Einbindung in das bestehende Sy-

Erziehung, anarchistische 441

stem (vgl. LESCHINSKY 1984), so wird dies häufig ihrer angeblich unrealistischen, romantizistischen oder utopischen Konzeption zugeschrieben. In den letzten Jahren haben Anarchisten und am klassischen Liberalismus orientierte Denker eine alternative Erklärung hierfür vorgelegt: Es sei ein vom Staat gesteuerter ökonomischer Prozeß, durch den nicht nur anarchistische, sondern alle nichtstaatlichen «privaten» Erziehungseinrichtungen verdrängt und marginalisiert würden. Der Hauptgrund für diesen Verdrängungs- und Marginalisierungsprozeß besteht ihrer Meinung nach in der Tatsache, daß kaum eine Konkurrenz, sei sie noch so preisgünstig, gegen die staatlichen, *scheinbar* kostenlosen Institutionen eine Chance habe (vgl. ROTHBARD 1978, WEST 1975). Die staatlichen →Institutionen werden von allen Bürgern durch die zwangsweise erhobenen Steuern bezahlt, während die «privaten» Einrichtungen von den Benutzern oder von freiwilligen Spendern unterhalten werden müssen.

Systematisches. Obwohl Anarchisten, die sich mit Erziehungsfragen auseinandergesetzt haben, persönlich meist einer «sokratischen», «indirekten», «antiautoritären», «nichtdirektiven», «personalen» Pädagogik nahestehen (vgl. SPRING 1982), ist es nicht möglich, von einer «anarchistischen Erziehung» in *dem* Sinne zu sprechen, daß damit bestimmte Formen, Methoden, Inhalte oder Ziele des Erziehens gemeint sind. So wie der Anarchismus als politische Theorie keiner Lebensform den Vorrang gibt, sondern den Modus ausfindig zu machen versucht, unter dem alle von Menschen gewünschten Lebensformen nebeneinander bestehen können (vgl. AVRICH 1978, S. 144ff; vgl. DECLEYRE 1914, S. 96ff), so muß die anarchistische Vorstellung von Erziehung allen Methoden und Zielen das Recht auf Existenz einräumen, solange ihre Basis die absolute Freiwilligkeit der Beteiligten ist. Anarchisten haben beispielsweise klerikale Erziehungsmonopole angegriffen; aber dort, wo die Säkularisierung so weit getrieben werden sollte, kirchliche Schulen zu verbieten, prinzipiell das Existenzrecht von katholischen, protestantischen oder sektiererischen Privateinrichtungen verteidigt (vgl. ROTHBARD 1978).

Eine Systematik mit inhaltlicher und methodischer Festlegung, was anarchistische Erziehung sei, ist also nicht möglich. Mit «anarchistischer Erziehung» kann nur die Bedingung gemeint sein, unter der erzieherische Handlungen, wie sie im einzelnen auch aussehen mögen, nach anarchistischer Auffassung legitim sind. Die Bedingung besteht in der Freiwilligkeit des organisatorischen und rechtlichen Rahmens, nicht in dem Leugnen von möglicher →Autorität und von der prinzipiellen fürsorglichen Verpflichtung von Erwachsenen gegenüber Kindern innerhalb von freien Gruppen.

442 Erziehung, anarchistische

Erziehungsphilosophie als anarchistische Theorie. Neben der äußerlichen Feststellung, wie Anarchisten sich mit der Erziehungsproblematik auseinandergesetzt haben, gibt es noch die Möglichkeit, eine innere Verbindung zwischen anarchistischer Theorie und Erziehungsphilosophie zu sehen, wie sie besonders Goodman hervorhob. Die mögliche Verbindung kann in folgendem vermutet werden: Erziehung widerstrebt ihrer Struktur nach der Herrschaft des Menschen über den Menschen. Sie muß, auch wenn sie Indoktrination zum Ziel hat, langfristig gesehen die zu Erziehenden bis zu dem Punkt bringen, an dem diese die indoktrinierten Normen selbständig, ohne weitere Anleitung erfüllen und auf unvorhergesehene oder unvorhersehbare Probleme übertragen können; andernfalls würden nur abhängige, selbst bei einfachen Aufgaben dysfunktional handelnde Kreaturen geschaffen, deren Produktion – die vom «technischen» Standpunkt durchaus möglich ist – nicht «Erziehung» genannt werden kann und deren Dasein keinem wie auch immer gearteten sozialen System dient, nicht mal einem despotischen.

Die in der Erziehung, selbst der normorientierten indoktrinierenden Erziehung implizierte Selbständigkeit kann nie ausschließen, daß der zur Selbständigkeit erzogene Mensch sich gegen die gesetzten Normen wendet. Insofern bildet Erziehung die Essenz der anarchistischen Anthropologie, die das Mensch-Sein mit der Fähigkeit zur «Empörung» (Bakunin) oder zum «Widerstand» (Sigrist) bezeichnet sieht: Der Mensch kann nicht endgültig unterworfen werden, insoweit er ein zu erziehendes Wesen ist (vgl. St. BLANKERTZ 1984, S. 72ff). Wird unter dieser These die Geschichte des Erziehungsdenkens inspiziert (vgl. H. BLANKERTZ 1982), dann fällt auf, wie unter der – bisweilen Unterwerfung des zu Erziehenden und Brechung seines Eigenwillens kündenden – Oberfläche das Wissen schlummert, daß eine Norm nicht gegen den Verstand und das Herz des Zöglings zu oktroyieren ist. So betrachtet, könnte die Geschichte der Pädagogik als Geschichte möglicher Anarchie verstanden werden.

AVRICH, P.: An American Anarchist. The Life of Voltairine de Cleyre, Princeton 1978. AVRICH, P.: The Modern School Movement. Anarchism and Education in the United States, Princeton 1980. BAUMANN, H.: Libertäre Erziehung. Ein Beitrag zur Sozialgeschichte des Kindes 1900–1933, Bremen 1984. BLANKERTZ, H.: Die Geschichte der Pädagogik. Von der Aufklärung bis zur Gegenwart, Wetzlar 1982. BLANKERTZ, ST.: Nachwort: Goodman und die Free-School-Bewegung. In: Goodman, P.: Das Verhängnis der Schule, Frankfurt/M. 1975, S. 118ff. BLANKERTZ, ST.: Kritischer Pragmatismus. Zur Soziologie Paul Goodmans, Wetzlar 1984. DeCLEYRE, V.: Anarchism. Selected Works, hg. v. A. Berkman, New York 1914. DENNISON, G.: Lernen und Freiheit. Aus der Praxis der First Street School, Frankfurt/M. 1971. FERRER, F.: Revolutionäre Schule, Berlin 1970. GODWIN, W.: Enquiry Concerning Political Justice and its Influence on Morals and Happiness, Toronto 1946. GOODMAN, P.: The Community of Scholars, New York 1962. HUMBOLDT, W. v.: Werke, Bd. 1, Stuttgart 1980. KLEMM, U.:

Anarchistische Pädagogik. Über den Zusammenhang von Lernen und Freiheit in der Bildungskonzeption Leo N. Tolstojs, Siegen–Eiserfeld 1984. LESCHINSKY, A.: Entschulung. In: Enzyklopädie Erziehungswissenschaft, Bd. 5, Stuttgart 1984, S. 482ff. LINSE, U.: Anarchistische Jugendbewegung 1919–1933, Frankfurt/M. 1976. MENZE, C.: Die Bildungsreform Wilhelm von Humboldts, Hannover u. a. 1975. MÜLLER, W.: Zur Geschichte radikaler Schulkritik in der jüngsten Vergangenheit. In: Fischer, W. (Hg.): Schule als parapädagogische Organisation, Kastellaun 1978, S. 9ff. ROTHBARD, M.: For A New Liberty. The Libertarian Manifesto, New York 1978. RUSSELL, B.: Erziehung ohne Dogma, München 1974. SPENCER, H.: The Man versus the State, Indianapolis 1981. SPRING, J.: Erziehung als Befreiung, Anzhausen 1982. TOLSTOJ, L.: Die Schule von Jasnaja Poljana, Wetzlar 1980. WEST, E. G.: Education and the Industrial Revolution, London 1975.

Stefan Blankertz

Erziehung, antiautoritäre

Antiautoritäre Erziehung ist als pädagogische Praxis einer relativ kleinen Gruppe von Eltern und Erziehern in einer historisch begrenzten Phase (zwischen 1968 und 1970) nur unzureichend beschrieben. Der Begriff kennzeichnet den Versuch, Kinder außerhalb der →Familie und außerhalb der traditionellen Einrichtung Kindergarten mit nichtrepressiven Methoden zu erziehen (vgl. BERLINER KINDERLÄDEN 1970, BREITENEICHER 1971). Allein eine Beschreibung des →Erziehungsstils in den «Kinderläden» (so genannt nach den Läden, die für die Kindergruppen angemietet wurden) kann jedoch nicht das Ausmaß der Verwirrung und Herausforderung erklären, das dieses Konzept in →Theorie und Praxis traditioneller Erziehung ausgelöst hat (vgl. BEIER/BÜTTNER 1975, CLASSEN 1973).

Antiautoritäre Erziehung läßt sich als Negation und praktische Gegenbewegung gegen ein erstarrtes und in eine innere Krise geratenes Erziehungssystem begreifen. Nicht zufällig wurde der gleiche Begriff des Antiautoritären für die politische Bewegung der Studenten wie für die Kennzeichnung der eigenen Erziehungspraxis gewählt. Die sich eher politisch als pädagogisch artikulierenden Eltern und →Erzieher entstammen der sich sozial-revolutionär verstehenden Studentenbewegung der späten 60er Jahre.

Gegenüber traditionellem Erziehungsverständnis ist bereits der Begriff Provokation, steht doch →Autorität – in welcher Abschwächung und ideologischen Umdeutung auch immer – im Zentrum der Praxis und theoretischen Erklärung von →Erziehung überhaupt (vgl. REBEL 1967). Im Anschluß an die Frankfurter Schule wurde Autorität nun als anthropologisch begründeter Bestandteil des menschlichen Lebens zurückgewiesen und statt dessen als besonderes sozialpsychologisches und politisches Prinzip der bürgerlich-kapitalistischen Gesellschaft hervorgeho-

444 Erziehung, antiautoritäre

ben. Danach kann sich Autorität durchsetzen, ohne daß ihre durch Ideologie und falsches →Bewußtsein gestützte Legitimation hinterfragbar würde (vgl. ADORNO u. a. 1968, HORKHEIMER 1936). Autoritäre Verhältnisse werden durch die →Sozialisation in der bürgerlichen Familie, durch infantile Ängste und Schuldgefühle gegenüber der persönlich erfahrenen Autorität des →Vaters perpetuiert. Die Ursachen für das persönliche Leiden sowie für das kollektive Scheitern an den autoritären Strukturen der Individuen selbst und an den Verknöcherungen des «autoritären Staates» wurden vor allem in der eigenen Sozialisationsbiographie, der eigenen Erziehung in der autoritären Enge der (klein-)bürgerlichen Familie gesucht. Die eigenen Kinder sollten einmal fähig sein, die Widersprüche der Gesellschaft ohne psychische Schäden auszuhalten, vor allem aber diese Verhältnisse zu ändern (vgl. WEBER 1974).

Ohne Vorstellungen einer «konkreten Utopie» (BLOCH 1976) ausgebildet zu haben, wandte sich die Studentenbewegung gegen die vorgefundenen Verhältnisse. Veränderungen der gesellschaftlichen Umstände und der menschlichen (Erziehungs-)Tätigkeit sollten in umwälzender Praxis zusammenfallen (vgl. MARX 1958). Im Anschluß an FREUD (vgl. 1961), REICH (vgl. 1969) und SCHMIDT (vgl. 1969) gingen die Vertreter der antiautoritären Erziehung davon aus, daß ein rigides Überich als Grundlage des autoritären Charakters vor allem durch die Unterdrückung kindlicher sexueller Triebe erzeugt wird. Die Überwindung der Regel, daß Eltern ihre Kinder nach den Befehlen des eigenen Überichs erziehen, war nur jenseits der bürgerlichen Familienform denkbar. Das Kinderkollektiv in den Kinderläden sowie die Kommunen als Kollektiv von Kindern und Erwachsenen wurden zu eigenständigen Sozialisationseinheiten, zur Voraussetzung der «Revolutionierung des bürgerlichen Individuums» (KOMMUNE ZWEI 1969).

Das Kinderkollektiv gab Eltern und Erziehern die Möglichkeit,
- frühe und repressive Reinlichkeits- und Ordnungserziehung zu vermeiden,
- über verschämte Duldung zur offenen Bejahung und Unterstützung kindlicher Sexualität zu gelangen,
- Strafen und Verbote sowie Verängstigungen zu unterlassen,
- keinen Gehorsam gegenüber Erwachsenen zu verlangen, vielmehr das Durchsetzen kindlicher Bedürfnisse auch gegen Erwachsene zu unterstützen (vgl. DOLEZAL 1975, SASS 1972).

Die Praxis der Kinderläden war durchaus nicht immer befriedigend, die Umwälzung der Erziehung war für Erwachsene wie Kinder schmerzhaft, aber der Teufelskreis der Schuldgefühle, Resultat des Ungehorsams gegen die Autorität und das damit verbundene Bedürfnis nach Auflehnung und Unterwerfung zugleich, war der Möglichkeit

Erziehung, antiautoritäre 445

nach durchbrochen. Damit war aber auch grundsätzlich das Verhältnis des Erwachsenen zum Kind, der pädagogische Bezug, in Frage gestellt.

Ging es der bürgerlichen Erziehung in ihrer fortschrittlichen Variante um die Überwindung des der bürgerlichen Familie eigentümlichen Autoritätsverhältnisses im Prozeß der Erziehung mit dem Ziel der Mündigkeit und → Autonomie, so war hier die Notwendigkeit von Autorität in der Erziehung radikal zur Disposition gestellt. In der Öffentlichkeit waren es jedoch eher die vorhandenen praktischen Probleme, die hervorgehoben wurden und für eine emotionale Diffamierung der Kinderläden herhalten mußten (vgl. Bott 1970). So hatte die Zurücknahme der Erzieher erst einmal ein Erziehungsvakuum geschaffen, das die Kinder ängstigte und verunsicherte und das sie mit → Aggression und Wut auf die Erwachsenen beantworteten. Nur langsam und krisenhaft wuchs die Fähigkeit der Kinder, eigene Interessen zu realisieren, emotionale Sicherheit auch bei Kindern zu finden, sich in der Kindergruppe selbst zu regulieren (vgl. Henningsen 1973).

Die erste Phase der Kinderladenbewegung währte nur kurz. Sie endete zu dem Zeitpunkt, als die zumindest immer mitgedachte Einheit von Privatem und Politischem mit dem Zerfall der Studentenbewegung in einzelne Gruppierungen zerbrach. Mit der Isolierung der Kinderläden begann eine pädagogische → Professionalisierung und damit Entpolitisierung zum einen, zum anderen eine Diskussion um die politische (proletarische) Erziehung der Kinder (vgl. ROTKOLL 1970). Nachdem die Verbindung von Erziehung und politischer Bewegung gelöst war, spalteten sich die Kinderläden in eine eher individualistische Gruppe, die im Anschluß an Neill (vgl. 1969) das Konzept der triebsublimierenden Erziehung weiterverfolgte und die bis heute in Eltern-Kind-Gruppen sowie alternativen Kindergarten- und Schulversuchen (→ Alternativschule) lebendig ist (vgl. Flaake u. a. 1978, Glocksee-Schule 1980, Roth 1976, v. Werder 1977), und in eine sozialistische Richtung, die den Begriff und das Konzept des Antiautoritären bald ablegte (vgl. Autorenkollektiv 1971, v. Werder 1972).

Die antiautoritäre Erziehungsbewegung hat nach ihrer Trennung von der politischen Bewegung jedoch das Denken und die Idealvorstellungen einer ganzen Erzieher- und Elterngeneration wie auch die allgemeine Bildungsreformdiskussion beeinflußt. Zwar ist die Erziehung in der Familie, im Kindergarten und in der Schule weiterhin von Autoritätskonflikten bestimmt (vgl. Beck 1973), aber das Problem des Erzieher-Kind-Verhältnisses ist zumindest dem theoretischen Anspruch nach gegenwärtig und erfährt laufend neue Erklärungs- und Lösungsvorschläge (vgl. v. Braunmühl 1975; → Antipädagogik). Darüber hinaus besteht inzwischen ein gewisser Konsens darüber, daß körperliche

446 Erziehung, antiautoritäre

→ Strafen nicht zu den akzeptierbaren Erziehungsmitteln gehören (vgl. RABE-KLEBERG 1983). Der Grundgedanke antiautoritärer Erziehung aber ist Widerspruch sowie politische Kritik an den Verhältnissen, unter denen Erziehung stattfindet. Er wendet sich gegen Sozialisation als Anpassung, problematisiert darüber hinaus alle erzieherischen Anstrengungen gegenüber Kindern überhaupt und weist auf die Möglichkeit des systematischen Scheiterns von Sozialisationsprozessen hin (vgl. MENDEL 1973).

ADORNO, TH. W. u. a.: Der autoritäre Charakter. Studien über Autorität und Vorurteil, 2 Bde., Amsterdam 1968. AUTORENKOLLEKTIV: Sozialistische Projektarbeit im Berliner Schülerladen Rote Freiheit, Frankfurt/M. 1971. BECK, G.: Autorität im Vorschulalter, Weinheim/Basel 1973. BEIER, R./BÜTTNER, CH.: Kinderläden und Reformtendenzen im Elementarbereich. In: N. Prax. 5 (1975), S. 9ff. BERLINER KINDERLÄDEN: Antiautoritäre Erziehung und sozialistischer Kampf, Köln/Berlin 1970. BLOCH, E.: Das Prinzip Hoffnung, 3 Bde., Frankfurt/M. 1976. BOTT, G. (Hg.): Erziehung zum Ungehorsam: Kinderläden berichten aus der Praxis der antiautoritären Erziehung, Frankfurt/M. 1970. BRAUNMÜHL, E. v.: Antipädagogik. Studien zur Abschaffung der Erziehung, Weinheim/Basel 1975. BREITENEICHER, H. J. u. a.: Kinderläden. Revolution der Erziehung oder Erziehung zur Revolution? Reinbek 1971. CLASSEN, J. (Hg.): Antiautoritäre Erziehung in der wissenschaftlichen Diskussion, Heidelberg 1973. DOLEZAL, U.: Erzieherverhalten in Kinderläden, Wiesbaden 1975. FLAAKE, K. u. a.: Das Kita-Projekt, Frankfurt/M. 1978. FREUD, S.: Drei Abhandlungen zur Sexualtheorie. In: Gesammelte Werke, Bd. 5, Frankfurt/M. 1961, S. 27ff. GLOCKSEE-SCHULE: Berichte, Analysen, Materialien, Berlin 1980. HENNINGSEN, F.: Kooperation und Wettbewerb. Antiautoritär und konventionell erzogene Kinder im Vergleich, München 1973. HORKHEIMER, M. (Hg.): Studien über Autorität und Familie, Paris 1936. KOMMUNE ZWEI: Versuch der Revolutionierung des bürgerlichen Individuums, Köln 1969. MARX, K.: Thesen über Feuerbach. In: Marx-Engels-Werke (MEW) Bd. 3, Berlin (DDR) 1958, S. 533ff. MENDEL, G.: Plädoyer für die Entkolonialisierung des Kindes, Freiburg 1973. NEILL, A. S.: Theorie und Praxis der antiautoritären Erziehung. Das Beispiel Summerhill, Reinbek 1969. RABE-KLEBERG, U.: Verwaltete Kindheit? In: Preuss-Lausitz, U. u. a.: Kriegskinder – Konsumkinder – Krisenkinder, Weinheim/Basel 1983, S. 168ff. REBEL, K. (Hg.): Zwang – Autorität – Freiheit in der Erziehung, Weinheim 1967. REICH, W.: Die sexuelle Revolution (1936), Berlin 1969. ROTH, J.: Eltern erziehen Kinder, Kinder erziehen Eltern, Köln 1976. ROTKOLL (Hg.): Soll Erziehung politisch sein? Frankfurt/M. 1970. SASS, H. W. (Hg.): Antiautoritäre Erziehung oder die Erziehung der Erzieher, Stuttgart 1972. SCHMIDT, V.: Drei Aufsätze, Berlin 1969. WEBER, E.: Autorität im Wandel, Donauwörth 1974. WERDER, L. v.: Von der antiautoritären zur proletarischen Erziehung, Berlin 1972. WERDER, L. v.: Was kommt nach den Kinderläden? Berlin 1977.

Ursula Rabe-Kleberg

Erziehung, ästhetische → Bildung, ästhetische
Erziehung, christliche → Erziehung, religiöse

Erziehung, geschlechtsspezifische

Geschlechtsspezifische Erziehung ist – jenseits eines seit Mitte der 70er Jahre insgesamt wachsenden sozialpolitischen Interesses – ein relativ unauffälliger Aspekt der sozialen Realität geblieben. Erst zu Beginn des 19. Jahrhunderts beginnt das unterschiedliche erzieherische Verhalten gegenüber Jungen und Mädchen allmählich zum Problem zu werden. Deutlichstes Indiz dafür ist die *Frauenbewegung* (zum Einfluß der Frauenbewegung auf eine Politisierung der → *Frauenbildung*: vgl. PRIESTER 1983a, S. 707ff). Allerdings wird eine geschlechtsspezifische Erziehung meist nur jenen Bevölkerungsgruppen fragwürdig, die sich ohnehin ein bewußtes Interesse an → Erziehung erlauben können: die den unmittelbaren Zwängen der Arbeitswelt enthobenen Mittelschichten. Alle Aussagen zu einem Wandel geschlechtsspezifischer Erziehungsprozesse – in intentionaler wie funktionaler Hinsicht – haben deshalb ausdrücklich ihre schichtspezifische Gültigkeit zu reflektieren. So intensiv die Frauenbewegung in die sozialwissenschaftliche Diskussion hineingewirkt hat, so beginnt sie jedoch gerade erst, sozusagen punktuell, das → Bewußtsein breiterer Bevölkerungsschichten zu erreichen (etwa mit Frauenselbsthilfegruppen, Frauenhäusern). Diskussionen zu einer *neuen Männerrolle* als jüngste Reaktion auf die Frauenbewegung dürften demgegenüber vorerst noch ganz in der Sphäre studentisch-akademischer Subkultur verbleiben.

Geschlechtsrolle. Die Forschungssituation zu den Phänomenen und Problemen geschlechtsspezifischer Erziehung zeigt eine komplexe Struktur und reicht von anthropologisch und erbtheoretisch ansetzenden Theoremen über sozialisationstheoretische, lerntheoretische, kognitionstheoretische und psychoanalytische Erklärungsversuche bis zu ethnologischen Vergleichsstudien (vgl. PRIESTER 1983b, S. 711ff). Die *Geschlechtsrolle* als «internalisierter Charakterzug der Persönlichkeit» ist nach LEE/ GROPPER (1980, S. 8) ein unzureichendes wissenschaftliches Konstrukt, da es die Bildung von Idealtypen oder Stereotypen in seiner Realitätsanwendung zumindest nicht verhindert. Dagegen schlagen LEE/GROPPER (1980, S. 8) ein kultursoziologisch erweitertes, sich eher «auf das tatsächliche Zusammenleben beziehendes Konstrukt» als Geschlechtsrollenbegriff vor. Die männliche und weibliche Geschlechtsrolle in einer Gesellschaft werden heuristisch als zwei unterschiedliche, aber komplex miteinander korrespondierende Kulturen betrachtet. Über die Diskus-

448 Erziehung, geschlechtsspezifische

sion einer Typologie verschiedener Kultur-Korrespondenzen gelangen die Autoren zur Favorisierung eines Bikulturalismus (Mischkultur) – was angesichts des Ziels wechselseitiger →Emanzipation der Geschlechter für ein dennoch integratives Zusammenleben kaum anders zu erwarten war. Die Problematik geschlechtsspezifischer Erziehung läßt sich aber nicht nur kultursoziologisch begreifen. Erziehungswissenschaftlich sinnvoller (weil pädagogisch brauchbarer) bleibt der auf das Individuum bezogene, schärfere Rollenbegriff (vgl. PROSS 1978, S. 29; →Rolle). Eine wichtige Ergänzung dazu bieten BIERHOFF-ALFERMANNS (1977, S. 10) «geschlechtsspezifische implizite Persönlichkeitstheorien» als populär bis individuell benutzte Systeme von festen Meinungen und verhaltensrelevanten Regeln zum geschlechtsspezifisch organisierten Alltagsleben. Zur Erklärung des Geschlechtsrollenerwerbs tragen dagegen die Anwendungsversuche des ursprünglich «geschlechtsneutralen» marxistischen Aneignungskonzepts der Persönlichkeitstheorie Leontjews wenig bei (vgl. DANNHAUER 1973).

Läßt sich unter methodisch-pragmatischen Gesichtspunkten zum Konstrukt «Geschlechtsrolle» noch Einigung erzielen, so erscheint dies weniger aussichtsreich für die Ansätze zur Erforschung jener Prozesse, die zum *Erwerb der Geschlechtsrolle* führen. LEHR (vgl. 1972) unterscheidet hierzu grob drei Theorie-Typen: Theorien des sozialen Lernens, Identifikationstheorien und kognitive Theorien. Die in diesem Kontext durchgeführten empirischen Untersuchungen greifen Aspekte der Internalisierung der Geschlechtsrolle auf. LEHR (1972, S. 939) selbst hält die von ihr beschriebene Forschungssituation für wenig befriedigend, da «gerade das Problem der Interaktion verschiedener Sozialisationsvariablen in den theoretischen Ansätzen nicht hinreichend Beachtung findet». Problematischer noch ist eine Beschränkung der (meist psychologischen oder soziologischen) Forschungsbeiträge auf die familiären Sozialisationsbedingungen für den Geschlechtsrollenerwerb in der frühen Kindheit.

Geschlechtsrollennivellierung im Jugendalter? Die den praktischen Pädagogen vor allem interessierenden Prozesse geschlechtsspezifischer Erziehung im Primar- und Sekundarstufenalter sind ein sozialwissenschaftlich noch wenig erschlossenes Terrain. Nachdem in der frühen Kindheit die Grundlagen des Geschlechtskonzepts erworben sind, bleibt auch der Fortgang *geschlechtsspezifischer Sozialisation* in späterer →Kindheit und →Jugend schichtspezifisch, regional und zeithistorisch recht unterschiedlich. Zwölfjährige waren 1950 noch eindeutig geschlechtsspezifisch wahrnehmbar; das gelingt heute nicht immer mühelos. Aufstiegsorientierte Schichten kleiden ihre Kinder auch heute noch deutlich geschieden nach modebewußtem Jungen- oder Mädchenideal (→Kinderkultur). Saturierte Schichten neigen inzwischen eher zur beinahe geschlechtsneutralen Jeanskultur. Was dabei für die industriellen Ballungsgebiete an geschlechts(un)spezifischen Moden üblich ist, muß keineswegs für das sonntägliche Dorf oder den → Alltag einer Mittelstadt der Provinz gültig sein. Solche «Kleiderordnungen» können natürlich nur als Indizien genutzt werden und führen erst mit anderen Daten zusammen zu erziehungswissenschaftlich sinnvollen Interpretationen. Insbesondere wäre es verfehlt, aus dem bisweilen geschlechtsneutral anmutenden Erscheinungsbild der Jugendsubkultur unserer Gesellschaft deutliche Anzeichen des Wandels geschlechtsspezifischer Erziehungsprozesse unmittelbar abzuleiten. Die Sozialwissenschaften haben dazu empirisch gestützte Aussagen quasi nur als Nebenprodukte anderer Forschungsgegenstände geliefert, indem etwa das jugendliche Sexualverhalten, die jugendlichen Gesellungsformen, der Funktionsverlust der Familie (Autoritätsverfall der Vaterrolle; → Vater) und die Jugendkriminalität analysiert werden (→ Kinder-/Jugendkriminalität). Der Anstieg der Jugendkriminalität bei Mädchen ist jedoch schon deshalb wenig als Indiz für eine Angleichung an die männliche Geschlechtsrolle geeignet, weil die Auffälligkeit einer Tätergruppe nicht zuletzt proportional zu der Qualität polizeilicher Ermittlungsmöglichkeiten steigt. Was ansonsten beim Jugendalter manchen Erwachsenen wie eine revolutionäre Umkehrung gültiger geschlechtsspezifischer Normen erscheint (Sexualverhalten, Gesellungsformen), mündet in der Regel schließlich doch in konservativ geprägte Rollenmuster und Lebensformen. Bemerkenswert dagegen ist, daß die Dauer der Jugendphase in den Industriegesellschaften insgesamt zunimmt und insofern eine «geschlechtsneutralere» Jugendkultur politisch und ökonomisch mitzählender Faktor zu werden beginnt. Dieses Urteil muß jedoch relativiert werden im Blick auf das über die öffentlichen Medien erzeugte Wissen und Bewußtsein breiter Bevölkerungsschichten. Die Küchenhoff-Studie zur «Darstellung der Frau und die Behandlung von Frauenfragen im Fernsehen» (KÜCHENHOFF u. a. 1975) liefert mit einem inhaltsanalytischen Instrumentarium genügend Skepsis, was die Chancen für eine Angleichung der unterschiedlichen Möglichkeiten beider Geschlechter in unserer Gesellschaft anbelangt.

Geschlechtsspezifische Erziehungsprozesse in der Schule. Das Problem geschlechtsspezifischer Erziehungsprozesse in der → Institution → Schule ist in die pädagogische Diskussion erst nach psychologischen (vgl. KEMMLER 1967) und soziologischen (vgl. PROSS 1969) Impulsen gelangt. Indes ist daran zu erinnern, daß Pross ihrerseits sich von den pädagogikgeschichtlichen Studien BLOCHMANNS (vgl. 1966) zu den Anfängen des deutschen Mädchenschulwesens anregen ließ. Da jedoch die sozio-

450 Erziehung, geschlechtsspezifische

logisch orientierten Beiträge vor allem an der geschlechtsspezifischen Verteilung der Abschlußquoten (etwa Abiturientenzahlen) und Berufswahlen interessiert sind, die psychologisch orientierten Beiträge dagegen sich vornehmlich um Schulanfangs- und Grundschulprobleme kümmern, bleibt die eigentlich erziehungswissenschaftliche Erhellung geschlechtsspezifischer Lernprozesse jenseits der Grundschule bis zum Berufs- oder Studienbeginn noch zu leisten. KÜRTHYS (vgl. 1978, S. 198ff) Versuch einer Analyse schicht- und geschlechtsspezifisch geprägter Rollenverteilung von → Lehrern und Lehrerinnen einerseits und → Schülern und Schülerinnen andererseits kann über die Grundschule hinaus nur spekulativen Wert besitzen. Die vorliegenden empirischen Studien lassen sich in ihrem Ergebnis auf die folgende Formel bringen: Im Binnenraum der Schule haben Mädchen sowohl mit ihren Leistungen als auch bei der Anpassung an die Institution weniger Probleme als Jungen. Dagegen wirkt sich von außerhalb der Schule ein deutlicher Sozialisationsdruck aus, der immer dann eine Favorisierung der männlichen Geschlechtsrolle bringt (→ Koedukation), wenn die Schule mit den geschlechtsspezifisch gefärbten Anforderungen des Elternhauses und der Berufswelt konfrontiert wird. Die geringeren Bildungschancen der Mädchen sind demnach nicht so sehr ein binnenschulisches Problem, sondern werden durch äußere Faktoren in das Subsystem Schule hineingetragen. Es zeigen sich somit auch bei Problemen der Geschlechtsspezifik die relativ geringen Möglichkeiten des Schulsystems als Agens gesellschaftlichen Wandels.

Die meisten vorliegenden empirischen Studien sind immer noch auf das dreigliedrige Schulsystem bezogen (vgl. KÜRTHY 1978, S. 215ff). Ob ein verbreitetes Gesamtschulnetz mehr Chancen zur Änderung geschlechtsspezifisch ungleich verteilter Lebenschancen bietet, ist im Blick auf schwedische und US-amerikanische Verhältnisse wenig wahrscheinlich. Andere Sozialisationsagenturen wie → Familie, Jugendkultur und öffentliche Medien sind in der Vermittlung geschlechtsspezifischen Rollenverhaltens vermutlich wirkungsvoller als ein möglicherweise bewußt kompensatorisches Schulsystem.

Die *Ziele pädagogischen* → *Handelns* angesichts der real ablaufenden geschlechtsspezifischen Erziehung junger Menschen sind in der Erziehungswissenschaft nahezu unstrittig: gleiche Lebenschancen für beide Geschlechter, Verhinderung geschlechtsspezifisch geprägter Benachteiligungen – aber ohne dabei die letztlich auch geschlechtsspezifisch getönte Identitätsbildung des freien, kritischen Subjekts in Frage zu stellen. Zielangaben verraten indes wenig über die Wege, insbesondere wenn es sich um meist funktionale Lernprozesse handelt. Hier gilt es erzieherisch zunächst, zur Transparenz und Bewußtheit der jeweils eigenen Lebenssituation und -geschichte zu verhelfen. Sexualkunde in der

Schule kann deshalb nur der Beginn der Aufklärung geschlechtsspezifischer Sozialisation sein (→ Sexualerziehung).

BIERHOFF-ALFERMANN, D.: Psychologie der Geschlechtsunterschiede, Köln 1977. BLOCHMANN, E.: Das «Frauenzimmer» und die «Gelehrsamkeit». Eine Studie über die Anfänge des Mädchenschulwesens in Deutschland, Heidelberg 1966. DANNHAUER, H.: Geschlecht und Persönlichkeit, Berlin (DDR) 1973. KEMMLER, L.: Erfolg und Versagen in der Grundschule, Göttingen 1967. KÜCHENHOFF, E. u. a.: Die Darstellung der Frau und die Behandlung von Frauenfragen im Fernsehen, Stuttgart u. a. 1975. KÜRTHY, T.: Geschlechtsspezifische Sozialisation, 2 Bde., Paderborn 1978. LEE, P. C./ GROPPER, N. B.: Geschlechtsrolle und schulische Erziehung. In: D. Dt. S. 72 (1980), S. 7 ff, S. 91 ff. LEHR, U.: Das Problem der Sozialisation geschlechtsspezifischer Verhaltensweisen. In: Graumann, C. F. (Hg.): Handbuch der Psychologie, Bd. 7.2: Sozialpsychologie – Forschungsberichte, Göttingen 1972, S. 886 ff. PRIESTER, K.: Frauenbildung. In: Enzyklopädie Erziehungswissenschaft, Bd. 9.2, Stuttgart 1983, S. 705 ff (1983 a). PRIESTER, K.: Geschlechtsrolle. In: Enzyklopädie Erziehungswissenschaft, Bd. 9.2, Stuttgart 1983, S. 711 ff (1983 b). PROSS, H.: Über die Bildungschancen von Mädchen in der Bundesrepublik, Frankfurt/M. 1969. PROSS, H.: Die Männer, Reinbek 1978. ROESSLER, W.: Die Entstehung des modernen Erziehungswesens in Deutschland, Stuttgart 1961.

Anton Austermann

Erziehung, interkulturelle → Ausländerpädagogik

Erziehung, kompensatorische

Begriff und Entwicklung. «Kompensatorische Erziehung» ist eine direkte Übertragung der *compensatory education*, die um 1965 in den USA entstand. 1958 hatte der «Sputnik-Schock» bereits eine Bildungsdiskussion ausgelöst, die sich aber auf die «Hochbegabten» und eine technische → Elite konzentrierte. 1964 löste das Buch von HARRINGTON «The other America. Poverty in the United States» einen erneuten Schock und in seiner Folge den sogenannten Krieg gegen die Armut unter Kennedy und Johnson aus. Der *Economic Opportunity Act* und der *Elementary and Secondary Education Act* veranlaßten 1965 zusätzliche Bildungsangebote für die Bevölkerung aus Slum- und ländlichen Armutsgebieten, um weiteres Absinken und die Entstehung sozialer Unruheherde zu vermeiden. Auch mußte befürchtet werden, daß durch Armut weite inländische Absatzmärkte zerstört würden.

Das offenkundige Versagen der Schulen in Slums, die viele Schüler als Halbanalphabeten und dropouts (Schulabbrecher) entließen, zwang zur Suche nach gezielten Fördermaßnahmen. Schon 1965 wurde eine halbe Million armer Kinder im neuen *Head-Start-Programm* (*head start* = Vorsprung) in Sommerkursen betreut. Es folgte die Einrichtung von Head-

Start-Centers, die auch Gesundheitsfürsorge und warme Mahlzeiten anboten. Als wichtigste Ziele wurden angegeben:
- Stärkung des Selbstbewußtseins,
- Entwicklung von Lernfreude und Leistungsmotivation,
- Anpassung an Verhaltens- und Leistungsnormen,
- kognitive Förderung und Leistungssteigerung vor allem bei bestimmten Handikaps,
- Erweiterung der Umwelterfahrung,
- Verhinderung von Schulversagen,
- Abbau von Vorurteilen,
- Einbeziehung der Eltern,
- Berufsausbildung,
- spezielle Lehrerausbildung,
- Verbesserung der Gesamtstruktur benachteiligter Wohngebiete (vgl. IBEN 1971, S. 23f).

Diese Zielvorstellungen waren relativ umfassend und richteten sich nicht nur auf Vorschulkinder, sondern auch auf Schüler, arbeitslose Jugendliche und potentielle Hochschulabsolventen. Ab 1969 trat die Fernsehserie *Sesame Street* als kompensatorisches Programm hinzu. Die Entwicklung der Programme selbst blieb stark Einzelinitiativen überlassen, so daß sehr unterschiedliche Curricula, auf der einen Seite das rigide Sprachtrainingsprogramm von BEREITER/ENGELMANN (vgl. 1966) und auf der anderen vielseitigere Ansätze, so von DEUTSCH (vgl. 1967) und WEIKART (vgl. 1969), entwickelt wurden.

Ab 1970 verstärkte sich die Kritik, die zu einer einschneidenden Reduzierung der kompensatorischen Programme führte. Als Gründe lassen sich die mangelnden Langzeitwirkungen der Programme aufführen, die angeblich abweichenden Intelligenzstrukturen der Farbigen (vgl. JENSEN 1969 und die daraus resultierende Kontroverse – vgl. z.B. FATKE 1970), die politische Bewußtwerdung der Slumbevölkerung und vor allem die Verknappung der öffentlichen Mittel durch den Vietnamkrieg. Auch fehlte es an gesicherten Konzepten, an Kontinuität und an tiefgreifenden gesellschaftlichen Veränderungen zur Aufhebung von Armut und Benachteiligung.

Ansätze in der Bundesrepublik Deutschland, den Niederlanden und Großbritannien. Das Interesse an kompensatorischer Erziehung in der Bundesrepublik entstand zuerst im Rahmen der Randgruppenarbeit, vor allem mit Obdachlosen, aber auch durch die Diskussion um die sogenannte Bildungskatastrophe und die Begabungsreserven. Auch die «Frühlesebewegung» (vgl. BLOOM 1964, DOMAN 1966) weckte mit der Umorientierung der → Vorschulerziehung das Interesse an kompensatorischer Erziehung. 1968 erschienen als erster Versuch die «Arbeitsmappen zum Sprachtraining und zur Intelligenzförderung» von SCHÜTT-LER-JANIKULLA und ein Jahr später die Übersetzung eines Head-Start-Programms von HARDE u. a. (vgl. 1969). In Verbindung mit der sich Ende der 60er Jahre intensivierenden Sozialisationsforschung wurde ebenfalls auf amerikanische Erfahrungen mit kompensatorischer Erziehung hingewiesen und gleichzeitig Kritik daran geübt (vgl. SOZIALISATION UND KOMPENSATORISCHE ERZIEHUNG 1969).

Als 1971 die ersten zusammenfassenden Aufarbeitungen und Darstellungen der amerikanischen Ansätze erschienen (vgl. DUBOIS-REYMOND 1971, IBEN 1971), hatte die Kritik an der kompensatorischen Erziehung bereits ihren Höhepunkt erreicht. Ihr wurde eine unkritische Anpassung an Schul- und Mittelschichtnormen vorgeworfen, die Verschleierung von Klassengegensätzen und die Unterbewertung und Unterdrückung der Unterschichtkultur. Der sogenannten Defizit-Hypothese, die den Benachteiligten nur Mängel der Sprache und Erziehung zuschrieb, wurde die sogenannte Differenz-Hypothese gegenübergestellt, nach der es sich bei der Unterschicht um eine eigenwertige, abweichende Kultur handelt.

Diese Kritik der kompensatorischen Erziehung war weithin berechtigt. Sie verhinderte aber zugleich ihre Weiterentwicklung, die von einigen als möglich angesehen und konzipiert worden ist (vgl. IBEN 1971, IBEN/DRYGALA 1975). Auch die Umbenennung in «komplementäre Erziehung» (vgl. ZIMMER 1970) sollte ihre positiven Inhalte retten, setzte sich aber nicht durch. Die seit 1972 vom Norddeutschen Rundfunk überarbeitete und ausgestrahlte «Sesamstraße» bekannte sich nur noch teilweise zur kompensatorischen Erziehung.

In den Niederlanden kam es zwar auch zu einer ähnlich radikalen Diskussion um die kompensatorische Erziehung; trotzdem wurden die amerikanischen Anregungen pragmatisch aufgenommen und in einigen Projekten kreativ weiterentwickelt. Ein erstes Förderprogramm entwickelte KOHNSTAMM (vgl. 1976) und realisierte es in einer Amsterdamer Kinderkrippe. Sein Kollege, DE VRIES (vgl. 1981), arbeitete ein Sprach- und Denkförderungsprojekt aus, das in Utrecht und Arnheim erprobt wurde und 1964 in das umfassendere GEON-Projekt *(Gedifferentieerd onderwijs)* mündete, das in Zusammenarbeit mit 120 Schulen vier- bis achtjährige benachteiligte Kinder förderte und bis 1980 lief. Zum Teil bestand es aus einer Fortentwicklung des Sprachtrainings nach Bereiter und Engelmann, suchte aber zugleich eine Zusammenarbeit zwischen →Schule, →Familie und Nachbarschaft zu erreichen und soziales Lernen (→Lernen, soziales) zu fördern (vgl. REDAKTION B:E 1978). Bekannt wurde auch das langjährige *Innovation Projekt Amsterdam* unter Leitung von VAN CALCAR (vgl. 1977), das in Arbeiter- und Sanierungsvierteln angesiedelt war. Van Calcar lehnte zwar den Namen «kompen-

454 Erziehung, kompensatorische

satorische Erziehung» strikt ab, weil er die Schule selbst und weniger die Kinder verändern wollte, doch kamen auch in diesem Projekt die Anstöße von der kompensatorischen Erziehung. Wichtig ist, daß van Calcar sich an der →Lebenswelt der Kinder orientierte und eine Fülle von →Projekten und Lehrmaterialien mit ihnen gemeinsam entwickelte.

Ferner wurden durch die Entwicklung von Schulberatungsdiensten viele neue Impulse zur Förderung benachteiligter Schüler in die Schulen getragen, Eltern mobilisiert und Berufshilfen entwickelt, die den langen Atem und die Kontinuität bewiesen, die den amerikanischen Programmen und den meisten deutschen fehlten (vgl. FORSCHUNGSPROJEKT «RANDGRUPPENSOZIALISATION» 1977).

In Großbritannien machte zuerst der TOWNSEND-Report (vgl. 1970) auf das Ausmaß der Armut (1953 und 1960) aufmerksam. Später waren es der Plowden-Report (vgl. CENTRAL ADVISORY COUNCIL FOR EDUCATION 1967), HALSEY (vgl. 1972) und MIDWINTER (vgl. 1972), die die Bildungsprobleme in innerstädtischen Armutsgebieten beschrieben. Es kam in der Folgezeit aber kaum zur Entwicklung isolierter Förderungsansätze. Lediglich GAHAGAN/GAHAGAN (vgl. 1971) entwarfen und erprobten ein Sprachförderungsprogramm auf der Basis der Bernsteinschen Sozialisationsforschung (→Sprach-/Sozialverhalten, schichtenspezifisches). Statt dessen kam es zur Festlegung sogenannter Educational Priority Areas (Gebiete mit pädagogischer Priorität), in denen mit staatlichen Mitteln die Schulen verbessert, Bewohnerinitiativen zur Veränderung der Wohnungs- und Arbeitssituation und verstärkte Sozialarbeit mit Minoritäten veranlaßt wurden. 1969 wurde außerdem ein Fünf-Jahresprogramm in zwölf ausgewählten Städten, sogenannte Community Development Projects, in Gang gesetzt, die ebenfalls eine grundlegende Verbesserung der Lebenssituation in Armutsgebieten anstrebten. In ihrem Rahmen wurden ebenfalls an Schulen Beratungseinrichtungen geschaffen, die vor allem eine zusätzliche Förderung benachteiligter Schüler und Sprachprogramme für Immigranten anboten. Die englische kompensatorische Erziehung war also von vornherein stärker gemeinwesenorientiert (vgl. KÜHNAU u. a. 1977; →Gemeinwesenarbeit).

Kritik und Weiterentwicklung. Es wurde bereits darauf hingewiesen, daß in der Bundesrepublik die kompensatorische Erziehung um 1972/1973 in Mißkredit geriet. Mit der genannten Differenz-Hypothese war aber insofern noch kein wesentlicher Schritt getan, als die Anerkennung einer eigenen →Kultur der Armut oder einer proletarischen Subkultur noch keine Strategien zur Überwindung von Armut oder Benachteiligung impliziert. Im Gegenteil: Die Erhaltung einer Kultur der Armut ist an die Erhaltung von Armut gebunden. Hingegen verlangt die Förderung von Selbstdurchsetzung einer Randgruppe die Vermittlung von

Kulturtechniken und Strategien, wie sie auch die Mehrheit benutzt, um ihre Interessen zu behaupten. Es geht also weder um ein Festhalten des bisherigen kulturellen und sozialen Niveaus noch um eine bloße Anpassung an die Normen der Mittelschicht, sondern um eine Stärkung der eigenen →Identität, auch durch Erfolge in der Selbstbehauptung. Gleichzeitig gilt es aber, die Schule so zu verändern, daß sie sich stärker an der Lebenswelt ihrer Schüler orientiert (beispielsweise mit Hilfe des Situationsansatzes) und deren Voraussetzungen und Bedürfnissen gerecht wird. Oder es geht wie in den englischen Projekten darum, die Wohnungssituation armer Familien zu verbessern oder Arbeitslosigkeit und politische Apathie zu bekämpfen. Ganz ohne Kompensation geht es dabei auch nicht.

BELSER, H. u. a.: Curriculum-Materialien für die Vorschule, Weinheim/Basel 1972. BEREITER, C./ENGELMANN, S.: Teaching Disadvantaged Children in the Preschool, New York 1966. BERNSTEIN, B.: Der Unfug mit der «kompensatorischen» Erziehung. In: betr.e. 3 (1970), 9, S. 15 ff. Bloom, B. S.: Stability and Change in Human Characteristics, New York 1964. CALCAR, C. VAN: Innovation Project Amsterdam II, Amsterdam 1977. CENTRAL ADVISORY COUNCIL FOR EDUCATION: Children and their Primary Schools. Plowden Report, London 1967. DEUTSCH, M.: Studies of the Social Environment and the Learning Process, New York 1967. DEUTSCHER BILDUNGSRAT (Hg.): Die Eingangsstufe des Primarbereichs. Gutachten und Studien der Bildungskommission, Bd. 47–49, Stuttgart 1975. DOMAN, G.: Wie kleine Kinder lesen lernen, Freiburg 1966. DuBois-REYMOND, M.: Strategien kompensatorischer Programme, Frankfurt/M. 1971. ELSCHENBROICH, D.: Von der «Dummheit», die durch kompensatorische Erziehung kuriert wird. In: betr.e. 4 (1971), 8, S. 29 ff. FATKE, R.: Zur Kontroverse um die Thesen A. Jensens. In: Z. f. P. 16 (1970), S. 219 ff. FORSCHUNGSPROJEKT «RANDGRUPPENSOZIALISATION»: Bekämpfung sozialer Benachteiligungen in den Niederlanden, Mimeo, Frankfurt/M. 1977. FREIRE, P.: Pädagogik der Unterdrückten, Reinbek 1973. GAHAGAN, D./GAHAGAN, G.: Kompensatorische Spracherziehung in der Vor- und Grundschule, Düsseldorf 1971. HALSEY, A. H. (Hg.): Educational Priority, London 1972. HARDE, O. u. a.: Lernen im Vorschulalter, Hannover 1969. HARRINGTON, M.: The Other America. Poverty in the United States, New York 1964. HECHINGER, F. M.: Vorschulerziehung als Förderung sozial benachteiligter Kinder, Stuttgart 1970. HESS, R. D./BEAR, R. M. (Hg.): Frühkindliche Erziehung, Weinheim/Basel 1972. HÖLTERSHINKEN, D. (Hg.): Vorschulerziehung, Bd. 2, Freiburg 1973. IBEN, G.: Kompensatorische Erziehung. Analysen amerikanischer Programme, München 1971. IBEN, G.: Überblick über Stand und Problematik der kompensatorischen Erziehung. In: Bennwitz, H./Weinert, F. E. (Hg.): CIEL. Ein Frühförderungsprogramm zur Elementarerziehung, Göttingen 1973, S. 277 ff. IBEN, G.: Defizite bürgerlicher Erziehung. In: Giesecke, H. (Hg.): Ist die bürgerliche Erziehung am Ende? München 1977, S. 89 ff. IBEN, G./DRYGALA, A.: «Abweichende» und «defizitäre» Sozialisation. In: Neidhardt, F. (Hg.): Frühkindliche Sozialisation, Stuttgart 1975, 114 ff. JENSEN, A. R.: How Much Can We Boost IQ and Scholastic Achievement? In: Harv. E. Rev. 39 (1969), S. 1 ff. KOHNSTAMM, G. A.: Had de proefkreche effekt, Amsterdam 1976. KÜHNAU, G. u. a.: Randgruppensozialisation – Kommunale Entwicklungsprojekte in englischen Sanierungsgebieten. In: N. Prax. 7 (1977), S. 234 ff. MEIER, M. u. a.: Das Elend mit der kompensatorischen Erziehung, Gießen ²1973. MIDWINTER, E.: Priority Education. An

456   Erziehung, religiöse

Account of the Liverpool Project, Harmondsworth 1972. REDAKTION B:E (Hg.): Die Fünfjährigen. Kindergarten oder Schule. Zur Integration von Elementar- und Primarbereich, Weinheim/Basel 1978. SCHULE, SCHULUNG, UNTERRICHT. Kursbuch (1971), 24. SCHÜTTLER-JANIKULLA, K.: Arbeitsmappen zum Sprachtraining und zur Intelligenzförderung, Oberursel 1968. SOZIALISATION UND KOMPENSATORISCHE ERZIEHUNG. Ein soziologisches Seminar der FU Berlin als hochschuldidaktisches Experiment, SS 1968 und WS 1968/1969, Berlin 1969. TOWNSEND, P. (Hg.): The Concept of Poverty, London 1970. VRIES, A. DE: Gedifferentieerd onderwijs, Utrecht 1981. WEIKART, D. P. (Hg.): A Comparative Study of Three Preschool Curricula, Ypsilanti 1969. ZIMMER, J.: Wider die falsche Vorschulerziehung. In: betr. e. 3 (1970), 9, S. 3.

Gerd Iben

Erziehung, kosmische → Montessoripädagogik
Erziehung, literarische → Kinderliteratur
Erziehung, moralische → Wert
Erziehung, multikulturelle → Ausländerpädagogik
Erziehung, negative → Pädagogik, systematische
Erziehung, politische → Bildung, politische

Erziehung, religiöse

Aufgabe religiöser Erziehung ist es, eine Hilfestellung für Lebensorientierungen zu leisten, indem auf die schlechthin gegebene und zugleich transzendente Möglichkeit solcher Orientierung verwiesen wird. Da religiöse Erziehung sich stets in einem bestimmten historischen Kontext vollzieht, muß sie auf eine empirisch begrenzte Erscheinungsform von Religion bezogen sein.

Religion im Verhältnis zum Christentum. Im Zuge einer Hinwendung zu human- beziehungsweise sozialwissenschaftlichen Fragestellungen seit den 60er Jahren ist ein allgemeiner Religionsbegriff favorisiert worden, um eine Fixierung auf die christliche Tradition zu überwinden und «Religiosität» als anthropologische Grundkonstante zu erweisen. Dabei knüpft eine stärker theologisch ausgerichtete Verwendung des Religionsbegriffes im Bereich protestantischer Theologie besonders an TILLICH (vgl. 1964, S. 40) an, dessen Bestimmung von «Religion» innerhalb einer allgemeinen Struktur des Seins dem Bedürfnis nach einem anthropologischen Nachweis entgegenkommt. Auf katholischer Seite bedeutet «Religion» seit jeher im Rahmen des Natur-Gnade-Schemas die Öffnung des Menschen für die Transzendenz, wie sie dem Glauben vorgegeben ist und durch ihn überhöht wird. Neben dieser Auffassung des «Religiösen» stehen soziologische Erklärungen, die Religion hinsichtlich

Erziehung, religiöse 457

ihrer Funktion innerhalb der Gesellschaft betrachten. Eine besondere Bedeutung kommt dabei der Gleichsetzung von Religion und Sinnstiftung
zu, sofern die Funktionsbeschreibung von Religion als Verwirklichung
von Sinn impliziert, daß die Aufgabe religiöser Erziehung allein hand-
lungstheoretisch bestimmbar ist. Damit erscheint die gesellschaftliche
Einbettung religiöser Erziehung zwar unabdingbar, doch muß die sinnstiftende Funktion der Religion einer theologischen Kritik unterzogen
werden, wenn die grundlegende Unterscheidung zwischen dem → Handeln des Menschen und Gottes Handeln nicht verlorengehen soll. Diese
Kritik trifft auch den Versuch, eine therapeutische Intention religiöser
Erziehung aus der sinnstiftenden Funktion von Religion abzuleiten, um
→ Erziehung als einen Heilungsprozeß zu verstehen (vgl. STOODT 1975,
S. 11 ff). Demgegenüber kann die Einsicht in die Unverfügbarkeit von
Heil vor einer Überlastung durch den Anspruch bewahren, Heil schaf-
fen zu wollen.

Ferner sind die unterschiedlichen Ansätze einer allgemein anthropologischen Bestimmung des Religionsbegriffes daraufhin zu befragen,
wieweit sie der geschichtlichen Verfaßtheit von Frömmigkeit gerecht
werden können. Eine «notwendige Positionalität religiöser Erziehung»
(SCHMIDT 1982, S. 32) kann die Gefahr abwehren, religiöse Phänomene
nur noch zu beschreiben oder funktional zu erklären, womit Religiosität
überflüssig gemacht wird. Wenn religiöse Erziehung im folgenden ausdrücklich als «christliche Erziehung» verstanden werden soll, dann
nicht, um einer unkritischen Aneignung christlicher Tradition das Wort
zu reden, sondern um den Wahrheitsanspruch von Religion zu thematisieren. Obgleich das Bemühen um eine ökumenische Gesprächsbereit-
schaft innerhalb der Religionspädagogik seit zirka 25 Jahren stetig gewachsen ist, muß sich christliche Erziehung stets der konfessionellen
Voraussetzungen des eigenen Verständnisses von Erziehung bewußt
sein. Dies geht noch über die Alternative von «allgemein religiöser» und
«christlicher» Erziehung hinaus.

Problemgeschichte. Religiöse Erziehung ist ein Thema christlicher Tradition, seitdem das Leben in der Nachfolge Jesu Christi pädagogisch verantwortet werden mußte und die Kirche zu einer Erziehungsinstitution
wurde. Im Mittelalter wurde religiöse Erziehung als Vorbereitung des
Kindes für den eigenen Heilsweg verstanden. Dem Evangelium kam
dieser Auffassung nach eine eminent pädagogische Funktion zu, da es
Handlungsanweisungen für rechtes Leben geben und zugleich das Ziel
des Lebens angeben sollte. – Dieser pädagogische Optimismus, der religiöse Erziehung für grundsätzlich realisierbar hielt, wurde durch die Reformation in Frage gestellt. Sie unterschied zwischen der Verkündigung
des Evangeliums und der Aufgabe einer Unterweisung, die mit dem

458 Erziehung, religiöse

Glauben an Christus vertraut machen soll, ohne daß dieser Glaube selbst erlernt werden kann. Diese Aufgabe einer Erziehung im christlichen Glauben kam auch dem «Hausvater» der Großfamilie (das «Gesinde» eingeschlossen) zu (→ Vater). In der nachreformatorischen Zeit wurde Erziehung bald wieder moralisch verstanden. Obgleich die Möglichkeit der religiösen Erziehung, die das persönliche Heil des Heranwachsenden vorbereiten soll, auch weiterhin theologisch relativiert wurde, entstand eine religiöse Bildungsanschauung, die die verschiedenartigen Einwirkungen auf die sittliche Entwicklung des Kindes zu legitimieren versuchte. Hierbei traten konfessionelle Unterschiede immer mehr in den Hintergrund, da man auf protestantischer wie auf katholischer Seite von einer weitreichenden Erziehbarkeit überzeugt war.

Die → Aufklärung markiert hier keinen entscheidenden Einschnitt, da sie den Optimismus hinsichtlich der Erziehungsfähigkeit des Kindes nun auch philosophisch begründete, so daß in der Nachfolge des Kantschen Idealismus die Aufgabe religiöser Erziehung als Herausbildung des sittlichen Subjekts bestimmt wurde. Eine theologische Neubesinnung, die nach dem Ersten Weltkrieg innerhalb der evangelischen Theologie einsetzte, trat auch der Vermengung von Theologie und → Pädagogik entgegen. In den 30er Jahren wurde religiöse Erziehung jedoch weitgehend im Sinne gegebener Ordnungen (Familie, Kirche, Volk) interpretiert (vgl. Doerne 1932). Im Gegenzug dominierte nach dem Zweiten Weltkrieg eine Richtung, die religiöse Erziehung in der → Schule allein als «evangelische Unterweisung», als Einweisung in biblische Inhalte gelten ließ (vgl. Hammelsbeck 1958, Kittel 1961). Die Kritik einer unkritischen Verwendung biblischer Überlieferung und unzureichender Orientierung an den Lebensproblemen der → Schüler, die gegenüber dieser Konzeption geübt wurde, führte seit der Mitte der 50er Jahre zu einer partiellen Revision und methodischen Reflexion des religiösen Erziehungsdenkens in Gestalt eines hermeneutischen Religionsunterrichts (vgl. Stallmann 1958). Dieser Unterricht sollte die Wechselbeziehung von biblischer Botschaft und Lebenswirklichkeit des Schülers herausstellen und eine zugleich historisch-kritische wie existentiale Auseinandersetzung mit der biblischen Tradition ermöglichen. Die Umbrüche der 60er Jahre haben auch im Bereich religiöser Erziehung zu einer grundsätzlichen Kritik an der Berufung auf tradierte Erziehungsinhalte geführt und demgegenüber die Entwicklung des Modells eines «problemorientierten Religionsunterrichtes» eingeleitet (Kaufmann 1973, S. 9 ff). Dabei wurde die Konzentration auf einen schülerorientierten → Unterricht zum Hauptkriterium angemessener Erziehung, welche die Perspektiven und Probleme der Heranwachsenden als thematischen Ausgangspunkt betrachtete, während die biblische Überlieferung die gegenwärtige Lebenswirklichkeit narrativ zu illustrieren hatte. Die Eu-

Erziehung, religiöse 459

phorie bei der Realisierung dieses Konzeptes verflog, als seine methodischen und praktischen Einseitigkeiten eingesehen werden mußten. Die Notwendigkeit einer reflektierten Vermittlung von biblischer Tradition und Lebenswirklichkeit hat dann zu Bemühungen geführt, die Konvergenz beider zu erweisen (vgl. NIPKOW 1975/1982; vgl. SCHMIDT 1982/ 1984).

Auch innerhalb der katholischen Religionspädagogik hat sich ein Wandel vollzogen, der zu kritischer Auseinandersetzung mit dem herkömmlichen Verständnis religiöser Erziehung führte, ohne die Wechselbeziehung von → Tradition und Situation aufzugeben (vgl. BAUDLER 1984, HALBFAS 1982). Die Verschränkung von Überlieferung und Lebenswirklichkeit kann als religionspädagogische Fortentwicklung des klassischen katholischen Natur-Gnade-Schemas verstanden werden.

Orte religiöser Erziehung. Religiöse Erziehung vollzieht sich in einem bestimmten, auch institutionell umgrenzten Raum. Dabei gilt es, besonders die Rolle von Familie, Schule und Kirche für das Zustandekommen einer religiösen Erziehung zu bedenken, um dann die Frage nach einer «religiösen Sozialisation» insgesamt zu stellen.

Familie. Der prägende Einfluß der Eltern auf die religiöse Entwicklung des Kindes ist durch religionssoziologische und -psychologische Untersuchungen aufgezeigt worden (vgl. FRAAS/HEIMBROCK 1986, S. 73 f). Die Offenheit des Heranwachsenden für die religiöse Thematik ist um so größer, je positiver er das Verhältnis der Eltern zur Religion wahrnimmt, vor allem bis zur beginnenden Adoleszenz, während diese Entwicklungsstufe durch eine gewisse Distanzierung von der elterlichen → Autorität geprägt ist, die eine kritische bis ablehnende Haltung auch gegenüber deren religiöser Einstellung begünstigt. Dies muß didaktisch beachtet werden, um die Persönlichkeitsentwicklung Jugendlicher auch im Blick auf ihre religiöse Urteilsfähigkeit zu fördern.

Schule. Neben der Familie spielt die Schule eine wesentliche Rolle für religiöse Erziehung. Die rechtliche Stellung des Religionsunterrichts wird dabei durch Art. 7, Abs. 3 des Grundgesetzes geregelt: Er ist in Übereinstimmung mit den Grundsätzen der betreffenden Religionsgemeinschaft zu erteilen. Als theologisches wie pädagogisches Problem stellt sich dabei die Verhältnisbestimmung von allgemeinem Erziehungsauftrag der Schule und der Aufgabe einer religiösen Erziehung, sofern der Grundsatz einer weltanschaulichen Pluralität schulischen Unterrichts die einseitige Fixierung auf ein religiös verstandenes Gesamtziel der Erziehung verbietet, während es Aufgabe religiöser Erziehung ist, die Frage nach dem Wahrheitsanspruch von Religion wie auch von Welt-

460 Erziehung, religiöse

anschauungen konsequent zu stellen. Eine vermittelnde Position bemüht sich darum, die ethische Dimension der schulischen Erziehung aufzuzeigen und allein hier den Ort religiöser Erziehung zu sehen; damit droht jedoch Frömmigkeit auf ihre ethische Relevanz reduziert zu werden. Demgegenüber wird von der reformatorischen Unterscheidung zwischen Erziehung und Verkündigung her die Dialektik von allgemeinem Erziehungsauftrag der Schule und speziell religiöser Erziehung zu zeigen sein.

Kirche. Die → Institution Kirche bestimmt die schulische Gestaltung religiöser Erziehung mit; zugleich hat sie eigenständige Formen religiöser Erziehung hervorgebracht. Zeitlich beschränkt sich der Einfluß der Kirche auf die religiöse Erziehung des Kindes, wie er durch eigenständige Formen wie etwa Katechese gewährleistet werden soll, im Unterschied zum schulischen Religionsunterricht in der Regel auf die kurze Zeitspanne des Firm- beziehungsweise Konfirmandenunterrichts, in der eine kirchliche Bindung des Heranwachsenden oft nicht erreicht werden kann. Weil die Beobachtung der Korrelation zwischen technischer Rationalität und Distanz zur Kirche diese vor das grundsätzliche Problem eines «Bildungsdilemmas» (vgl. DIENST 1976, S. 24ff) gestellt hat, bedarf es aus der Sicht der Kirche einer Reflexion der Möglichkeiten und Grenzen ihrer erzieherischen Verantwortung, um nicht im Bereich der religiösen Erziehung jegliches Mitspracherecht zu verlieren.

Religiöse Sozialisation. Die unterschiedlichen Einflüsse von Familie, Schule und Kirche auf die religiöse Entwicklung des Kindes verweisen auf den gesellschaftlichen Gesamtzusammenhang eines Erziehungsprozesses, den man als «religiöse Sozialisation» theoretisiert, ohne daß dieser Begriff bisher hinreichend geklärt worden wäre. Gefragt wird nach spezifischen Determinanten, die Einstellungen und Verhaltensweisen des Heranwachsenden prägen (vgl. PREUL 1980). Ein besonderes Problem bildet das Verhältnis von religiöser Überzeugung und «Kirchlichkeit». In den 70er und 80er Jahren des 20. Jahrhunderts ist versucht worden, die Beziehung zwischen Individuum und Gesellschaft von der Identitätsthematik her auch religiös zu bestimmen. In der vorherrschenden Rezeption handlungs- beziehungsweise rollentheoretischer wie auch psychoanalytischer Denkansätze werden jedoch theologische Sachverhalte häufig ausgeblendet, so daß die Frage umgangen wird, von woher → «Identität» zuallererst begründet ist.

Lernpsychologische Aspekte. Auch die Glaubensentwicklung läßt sich mit den Mitteln der kognitiven Psychologie als ein Lernprozeß beschreiben, der religiöse Kompetenz erreichen soll. Dazu wurden verschiedene

Erziehung, religiöse   461

Stufenmodelle entwickelt, die diesen Lernprozeß in seiner jeweiligen Ausformung auf bestimmten Altersstufen analysieren (vgl. FRAAS/ HEIMBROCK 1986, S. 103 ff). Eine didaktische Reflexion der Möglichkeiten und Grenzen religiöser Erziehung soll die altersspezifische Angemessenheit verschiedener Unterrichtskonzeptionen berücksichtigen. Generell ist diesen lerntheoretischen Überlegungen zum Problem einer religiösen Erziehung entgegengehalten worden, daß sie der Gefahr kognitiver Überlastung ausgesetzt sind und wesentliche Aspekte der Glaubensentwicklung in diesem Rahmen nicht zum Ausdruck kommen. Demgegenüber muß eine theologisch begründete Verwendung des Lernbegriffs den «passiven Charakter religiöser Erkenntnis im christlichen Glauben» (FRAAS/HEIMBROCK 1986, S. 148) herausarbeiten, um so die Einsicht in das Angewiesensein des Menschen auf Gottes Handeln als ein unverzichtbares Moment religiösen Lernens darzustellen.

Ziele und Inhalte religiöser Erziehung. Es kann nicht Ziel religiöser Erziehung sein, den Glauben selbst herbeizuführen, wenn nicht die grundlegende Bedeutung theologischer Rede vom Geschenkcharakter des Glaubens verkannt werden soll. Religiöse Erziehung hat vielmehr die Aufgabe, den Schritt zum Glauben in einer für den Heranwachsenden nachvollziehbaren Weise zu explizieren. Somit werden nicht Bedingungen aufgezeigt, die Glauben von seiten des Menschen ermöglichen, sondern es wird auf Erfahrungen verwiesen, die eine Gewißheit des Glaubens aussagbar machen. Dabei kommt den vielfältigen Erfahrungen des Glaubens nicht eine begründende Funktion zu, sondern sie bilden den Verständigungsraum, in dem Menschen sich schon immer bewegen. Um diese Erfahrungen allgemein verständlich mitteilen zu können, bedarf es eines gemeinsamen Sprachgebrauchs und somit einer Einübung in den Gebrauch dieser Sprache.

Religiöse Unterweisung zielt auf ein Erlernen dieses Sprechens, um das Reden von Gott auch von aller anderen Rede des Menschen über sich und seine Welt unterscheiden zu lernen. Eine wichtige Funktion im Bereich religiöser Erziehung kommt somit dem Glaubensgespräch zu, wie es sich in den verschiedenen, auch institutionell verfaßten Zusammenhängen des Redens von Gott ergibt. Hier realisiert sich eine «Einübung im Christentum» (Kierkegaard), die nicht als eine unkritische Aneignung der überlieferten Lehre, sondern als das praktische Gelingen einer Auseinandersetzung über die Wahrheit des Glaubens zu verstehen ist, die einen Konsens der Glaubensgemeinschaft herbeizuführen vermag. Die kirchliche Lehre kann hierbei allein das argumentative Rüstzeug bieten, um den Prozeß einer theologischen Urteilsbildung in einer glaubwürdigen und intellektuell redlichen Weise voranzutreiben (vgl. BESIER u. a. 1986). Diese Auffassung von religiöser Erziehung, die starkes Gewicht auf den sprachlichen Aspekt des Erziehungsgeschehens legt, kann ein wesentliches Moment christlicher Glaubensüberlieferung berücksichtigen, indem religiöse Erziehung von der vorangegangenen Zusage Gottes her konzipiert und allein von dort her begründet wird; das schließt auch ein, daß religiöse Einstellungen durch Lebensformen (Gebet, Bibellese, Liedgut, Riten und symbolische Handlungen) affektiv vermittelt werden.

Eine zentrale Bedeutung erlangt der Begriff «Verheißung», dem nicht nur eine eminente Bedeutung für den christlichen Glauben zukommt, sondern der auch in seiner religionspädagogischen Reichweite und Aussagekraft erläutert werden muß, um im Blick auf die grundsätzliche Nichteinholbarkeit der göttlichen Verheißung Perspektiven und Grenzen menschlicher Lebensmöglichkeiten aufzuzeigen. Hierdurch ist es religiöser Erziehung aufgegeben, in einer spezifischen Weise Zukunft zu thematisieren. Gegenüber allen Versuchen, Zukunft allein von den Fähigkeiten des Menschen her zu verstehen und so verfügbar zu machen, muß die Unverfügbarkeit des Zukünftigen hervorgehoben werden, um auf die Begrenztheit menschlichen Handelns angesichts einer Zukunft aufmerksam zu machen, die auf Gott ausgerichtet und somit gewissermaßen offen ist. Solche Zukunft ist weder resignativ (als Schicksal) noch aktivistisch (als Handlungsmaterial) wahrzunehmen. Die Nähe dieser Einsicht in die Begrenztheit menschlicher Existenz zur gegenwärtigen Kritik an der Vorstellung von technischer Machbarkeit ist offensichtlich und in einer methodisch reflektierten Weise auch für die Erziehungspraxis pädagogisch verwertbar; sie bedarf jedoch einer kritischen Unterscheidung dort, wo an die Stelle eines naturwissenschaftlich orientierten Menschen- und Weltbildes ein anderes tritt, das Zukunft zwar nicht für technisch, aber sozial herstellbar hält. Wenn auch im Blick auf die gemeinschaftliche → Verantwortung für die Zukunft der Welt die gesellschaftliche Relevanz der religiösen Erziehung unbestritten ist, so wird doch die Differenz zu anderen Zukunftsmodellen an der Stelle aufbrechen, wo religiöse Erziehung die Rede von der Unverfügbarkeit von Zukunft zu präzisieren versucht, indem sie auf das vorgängige Handeln Gottes verweist. Dementsprechend hat religiöse Erziehung auch eine relative Eigenständigkeit ethischer Verantwortung in Kirche und Gesellschaft zu betonen, da die Begründung religiöser Praxis nicht aus der Handlungsstruktur des Menschen heraus erfolgen kann, sondern diese allererst im Zusammenhang mit dem Handeln Gottes verstanden werden muß.

Die ethische Bedeutung einer Theorie religiöser Erziehung läßt sich exemplarisch an den beiden Zielvorstellungen von «Gerechtigkeit» und «Frieden» aufzeigen: Während «Gerechtigkeit» in einem allgemeinen Verständnis von Erziehung das Ziel einer Realisierung von Recht zwischen den Menschen bezeichnet, wird religiöse Erziehung auf die Ge-

Erziehung, religiöse 463

fährdung solcher Anstrengungen durch Selbstgerechtigkeit aufmerksam machen und daran erinnern, daß Gerechtigkeit als das rechte Verhältnis zu Gott, zum Mitmenschen und zu sich selber allein von Gott geschaffen und erneuert werden kann. Das Handlungsziel «Frieden» bedarf im Rahmen einer religiösen Erziehung der Unterscheidung zwischen dem Frieden unter den Menschen und dem Gottesfrieden, der nicht als eine Steigerung des Friedens in der Welt anzusehen ist, sondern den Ermöglichungsgrund von Frieden überhaupt bildet. Religiöse Erziehung hat somit stets Grenzen aufzuzeigen, innerhalb deren menschliches Leben in seiner ganzen Fülle verantwortet werden muß, um den verdankten Ursprung des Lebens und sein verheißenes Ziel im → Bewußtsein zu halten.

Methoden religiöser Erziehung. Die Suche nach Methoden, die zur religiösen Erziehung beitragen – sie selbst entzieht sich im tiefsten einer Planung –, hat den sozialen Ort dieser Erziehung wie deren lern- und entwicklungspsychologische Voraussetzungen zu berücksichtigen. In der religionspädagogischen Theoriebildung markieren Bibelarbeit und Projektmethode (→ Projekt) die Bandbreite möglicher Zugänge zum Methodenproblem. Letztere reicht vom problemorientierten Religionsunterricht bis zum therapeutischen Verständnis religiöser Erziehung; sie knüpft an die Erfahrung der an Erziehung Beteiligten an und will Verhaltensänderung, vorzugsweise in gesellschaftlichem Engagement, erreichen. Demgegenüber bemühen sich neuere Ansätze einer an der Bibel orientierten religiösen Erziehung um Glaubenserfahrungen, die in Auseinandersetzung mit persönlichen und gesellschaftlichen Lebensproblemen neue Erfahrungen erschließen können.

BAUDLER, G.: Korrelationsdidaktik: Leben durch Glauben erschließen. Theorie und Praxis der Korrelation von Glaubensüberlieferung und Lebenserfahrung auf der Grundlage von Symbolen und Sakramenten, Paderborn 1984. BESIER, G. u. a. (Hg.): Glaube und Lernen. Einführung der Herausgeber. In: Gl. u. Lern. 1 (1986), 1, S. 2ff. DIENST, K.: Die lehrbare Religion. Theologie und Pädagogik: Eine Zwischenbilanz, Gütersloh 1976. DOERNE, M.: Bildungslehre der evangelischen Theologie. In: Handbuch der deutschen Lehrerbildung, München 1933. EXELER, A.: Religiöse Erziehung als Hilfe zur Menschwerdung, München 1982. FEIFEL, E. u. a. (Hg.): Handbuch der Religionspädagogik, 3 Bde., Gütersloh 1973/1975 (Bd. 1: 1973; Bd. 2: 1974; Bd. 3: 1975). FRAAS, H.-J./HEIMBROCK, H.-G. (Hg.): Religiöse Erziehung und Glaubensentwicklung. Zur Auseinandersetzung mit der kognitiven Psychologie, Göttingen 1986. HALBFAS, H.: Das dritte Auge. Religionsdidaktische Anstöße, Düsseldorf 1982. HAMMELSBECK, O.: Evangelische Lehre von der Erziehung, München [2]1958. JEHLE, F.: Augen für das Unsichtbare. Grundfragen und Ziele religiöser Erziehung, Zürich/Köln 1981. KAUFMANN, H.-B. (Hg.): Streit um den problemorientierten Unterricht in Schule und Kirche, Frankfurt/M. 1973. KITTEL, H.: Der Erzieher als Christ, Göttingen [3]1961. NIPKOW, K. E.: Grundfragen der Religionspädagogik, 3 Bde., Gütersloh 1975/

464 Erziehung, sozialistische

1982 (Bd. 1: 1975a; Bd. 2: 1975b; Bd. 3: 1982). Nipkow, K. E.: Erziehung. In: Theologische Realenzyklopädie, Bd. 10, Berlin/New York 1982, S. 232ff. Preul, R.: Religion – Bildung – Sozialisation. Studien zur Grundlegung einer religionspädagogischen Bildungstheorie, Gütersloh 1980. Schmidt, H.: Religionsdidaktik. Ziele, Inhalte und Methoden religiöser Erziehung in Schule und Unterricht, 2 Bde., Stuttgart 1982/1984. Stallmann, M.: Christentum und Schule, Stuttgart 1958. Stoodt, D.: Religionsunterricht als Interaktion, Düsseldorf 1975. Thiele, J./Becker, R. (Hg.): Chancen und Grenzen religiöser Erziehung, Düsseldorf 1980. Tillich, P.: Religion als eine Funktion des menschlichen Geistes? Gesammelte Werke, Bd. 5: Die Frage nach dem Unbedingten, Stuttgart 1964, S. 37ff. Weber, H.: Religiöse Erziehung. Gütersloh 1978.

Gerhard Sauter

Erziehung, sozialistische

Begriff. Die «sozialistische Erziehung» kann weder einer ausformulierten Erziehungskonzeption noch einer bestimmten Form pädagogischer Praxis eindeutig zugeordnet werden. Die Schwierigkeit einer einfachen Definition liegt zunächst in den zwei prinzipiell verschiedenen Verwendungsweisen des Begriffs. In nichtkapitalistischen Staaten können Inhalte und Methoden von sozialistischer Erziehung direkt in bezug auf die gesellschaftlichen Verhältnisse, zu deren Fortschritt sie beitragen soll, positiv bestimmt und realisiert werden; denn ihr Ziel, der allseitig gebildete Mensch, wird mit den dafür konstitutiven Bedingungen als kompatibel angesehen. In kapitalistischen Staaten ist es jedoch notwendig, die Bedingung der Möglichkeit von sozialistischer Erziehung selbst zu problematisieren, um weder Illusionen aufzusitzen, noch funktionale Konzeptionen im Sinne des Bestehenden zu entwerfen. Somit kann hier unter sozialistischer Erziehung nur der Versuch verstanden werden, *theoretisch* auf der Basis der Marxschen Gesellschaftsanalyse eine historisch-materialistische Erziehungswissenschaft (→ Pädagogik, historisch-materialistische) zu entwerfen und *praktisch* Erziehungsprozesse mit sozialistischer Perspektive zu initiieren und voranzutreiben. Wegen ihrer systemtranszendierenden Intention hat sie einen anderen Gegenstand und kann nicht unvermittelt auf die Entwicklung von Erziehungskonzeptionen in sozialistischen Staaten bezogen werden.

Zu beiden Bereichen liegt eine kaum noch überschaubare Literatur vor (vgl. Kovoljow/Gmurman 1973, Mieskes 1971). Um den zu behandelnden Gegenstand einzugrenzen, soll hier nur die sozialistische Erziehung in kapitalistischen Staaten behandelt werden; dabei werden im einzelnen lediglich Entwicklungen in der Weimarer Republik und der Bundesrepublik Deutschland thematisiert werden. Aber selbst diese Eingrenzung ermöglicht keine eindeutige Bestimmung des Begriffs, da die Frage nach der Möglichkeit sozialistischer Erziehung unterschiedlich

Erziehung, sozialistische 465

beantwortet wird. Zwar ist allen Ansätzen der Anspruch gemeinsam, positive Gesellschaftsanalyse und kritisch-pädagogischen Zielentwurf zu versöhnen, doch reproduziert sich die Differenz von «politischer» und «wissenschaftlicher» Marx-Rezeption (vgl. ALTHUSSER 1968, S. 168 ff) in den Theorieansätzen danach, ob die objektiven Bedingungen oder die Individuen als deren Träger *und* Veränderer im Zentrum des Interesses stehen. Die daraus resultierenden unterschiedlichen Standpunkte lassen ein Scheitern der bisherigen Vermittlungsbemühungen von Gesellschaftslogik und der Logik der Vergesellschaftung erkennen. Gründe dafür liegen einerseits in ungelösten methodologischen und begrifflichen Problemen, andererseits in einem Mißverhältnis von → Theorie und Praxis.

Historische Aspekte. Die in der Weimarer Republik in Abgrenzung zur geisteswissenschaftlichen Pädagogik (→ Pädagogik, Geisteswissenschaftliche) entwickelten Ansätze einer sozialistischen Erziehung kritisieren die Vorstellung der «pädagogischen Autonomie» als Ideologie und betonen dagegen die gesellschaftliche Funktion von Erziehung als deren Grenze. Eine progressive Veränderung der → Erziehung setzt demzufolge die der Gesellschaft voraus (vgl. BERNFELD 1967, S. 123). Das isoliert pädagogische Interesse erhält eine politische Dimension, die sich als Parteilichkeit für das Proletariat entweder selbst noch als wissenschaftlich erwiesene historische Notwendigkeit oder als ethisch-moralische Reflexion versteht. Sozialistische Erziehung wird als Erziehung im und zum Klassenkampf konzipiert (vgl. HOERNLE 1969, S. 15) Dabei nimmt der Schulkampf eine herausragende Stellung ein (vgl. v. WERDER / WOLFF 1970). Der Versuch, die Bemühungen um die Errichtung einer Einheits- und Arbeitsschule organisatorisch mit dem Klassenkampf zu vermitteln, richtet sich gegen die Reproduktion der Klassenverhältnisse durch die Schule.

Das Bildungs*ziel* des revolutionären Klassenkämpfers impliziert jedoch noch nicht den Bildungs*prozeß*. Um dessen dialektische Bestimmung geht es BERNFELD (vgl. 1969), ADLER (vgl. 1926) und RÜHLE (vgl. 1969), die die Probleme der Vergesellschaftung des Individuums verstärkt ins Blickfeld rücken. Diese Theorien bemühen sich, die Marxsche Gesellschaftstheorie um eine Theorie des Individuums zu erweitern oder in eine solche zu übersetzen unter Bezugnahme auf die Begriffe Entfremdung, Klasseninteresse und Klassenbewußtsein oder eine am Begriff der Arbeit orientierte Anthropologie. Wie Klassenbewußtsein entsteht oder verhindert wird und welchen Beitrag Erziehung dazu leistet, diese für eine sozialistische Erziehung relevanten Probleme bleiben jedoch ungelöst. Trotz der veränderten Bedingungen in der Bundesrepublik Deutschland, in der Formen des institutionalisierten Klassenkompromisses die politisch-ökonomische Emanzipationsbewegung des

Proletariats aufgesogen zu haben scheinen, bleibt die grundlegende Problemstellung die gleiche. Umstritten ist aber, ob es mangels ausgeprägter Klassenkämpfe überhaupt eine sozialistische Erziehung geben kann, welche Funktion ihr bei der Entfaltung der Klassenkämpfe zukommt und wie sie an einer Rekonstruktion des Klassenbewußtseins beteiligt sein könnte.

In der antiautoritären Studentenbewegung entstanden Ansätze sozialistischer Erziehung und Selbsterziehung (→ Erziehung, antiautoritäre), die von der Vorstellung einer Gleichzeitigkeit von individueller und gesellschaftlicher → Emanzipation getragen wurden (vgl. BREITENEICHER u. a. 1971). Die Entwicklung kollektiver Lernformen und die Initiierung repressionsfreier Erziehung in Kinderläden wurde unter Rückgriff auf die Vermittlungsversuche von Marxismus und Psychoanalyse (vgl. BERNFELD u. a. 1970) damit begründet, daß gesellschaftliche Veränderung nur zusammen mit den durch die Erziehung verinnerlichten Zwangsmechanismen erfolgen könne. Die nach Auflösung der Protestbewegung geübte Kritik und Selbstkritik sah das Scheitern der Bewegung im kleinbürgerlichen Charakter der «Inselpädagogik» und vor allem in der Beschränkung politisch-praktischer Aktivitäten auf den Ausbildungssektor begründet (vgl. KLÜVER u. a. 1972). Doch die Frage, wie diese Beschränkung aufgehoben und eine Verbindung zum Produktionsbereich hergestellt werden könnte, führte zur Fraktionierung und zur Auflösung gemeinsamer strategischer Ansätze sozialistischer Erziehungsarbeit zugunsten theoretischer Lösungsversuche von Problemen, ohne die jegliche Praxis perspektivlos erschien. Versuche, den Klassencharakter des Erziehungssystems aufzuweisen, begrifflich den Zusammenhang von Qualifikationsanforderungen und Produktionsprozeß zu rekonstruieren sowie differente Bewußtseinsformen als Sozialisationsresultate zu analysieren, schlugen sich in unterschiedlichen Theorieansätzen nieder (vgl. BECK u. a. 1970, LORENZER 1972, SCHMIED-KOWARZIK 1974).

Perspektiven. Die politische Ökonomie des Ausbildungssektors kommt zwar einer Funktionsbestimmung der Erziehung für die gesellschaftliche Reproduktion näher und kann die durch die Produktivkraftentwicklung notwendig gewordene Vergesellschaftung und → Verwissenschaftlichung von → Erziehung und → Bildung einsichtig machen, eröffnet jedoch keine weiteren Handlungsmöglichkeiten. Sie führt statt dessen wegen ihrer, den objektiven Bewegungsgesetzen vollständig verpflichteten Perspektive, welche die Subjekte durch die Kapitallogik ebenso vollständig determiniert erscheinen läßt, zur Desillusionierung.

Um einen möglichen Beitrag der Erziehung zur Ermächtigung der Individuen über ihre eigene Geschichte geht es in einer anderen Position, die die politische Dimension der Marxschen Theorie betont (vgl.

v. WERDER 1975, S. 40ff). Dazu gehören erstens die Bewußtseinsstudien, die auf der Basis einer Konstitutionsanalyse des Klassenbewußtseins Bewußtseinsbildungsprozesse – etwa in der Arbeiterbildung – anstreben, die am Maßstab eines «objektiv richtigen» Klassenbewußtseins orientiert sind. Zweitens sind die Versuche einer marxistischen Persönlichkeitstheorie zu nennen, in der davon ausgegangen wird, daß ein Menschenbild Grundlage des →Handelns sein müsse (vgl. GROTH 1978, S. 53ff; vgl. SÈVE 1972). Aber auch diese Ansätze lassen kaum Schlüsse auf Handlungen zu, so daß mit Ausnahme der Zielvorstellungen eine weitgehende Annäherung an die emanzipatorische Erziehungspraxis beispielsweise in der Schule festzustellen ist, sozialistische Erziehung also auf dem Umweg über Demokratisierung erreicht werden soll. Sofern jedoch der Anspruch auf Handlungsorientierung erhoben wird, fallen diese Ansätze in ihrer Normativität hinter das Reflexionsniveau der Kritischen Erziehungswissenschaft (→Erziehungswissenschaft, Kritische) zurück, die die Inkongruenz von intentionaler und funktionaler Erziehung berücksichtigt und verdeutlicht, daß die objektiven Bedingungen *jede* pädagogische Absicht vereiteln können.

Die in diesen Ansätzen sich ausdrückende Intention, die Einheit von Theorie und Praxis wissenschaftlich herzustellen, prolongiert unter der Hand die faktische Trennung. Auf der einen Seite entsteht ein die Defizite der Praxis konstatierender Überhang an Theorie, auf der anderen Seite eine spontaneistische Praxis. Antikapitalistische Erziehungsinitiativen parteikritischer Basisgruppen und eine Vielzahl von Projekten im Bereich der Alternativbewegung, die traditionelle Politik- und Organisationsformen ablehnen, signalisieren eine Krise des linken Politikverständnisses, aber auch der sozialistischen Erziehung. Das ist nicht nur auf die integrierte Form der Klassenkämpfe zurückzuführen, sondern auch auf eine zum Prinzip einer Totaltheorie des Faktischen entwickelte Gesellschaftstheorie, die →Spontaneität als ihre eigene Bedingung unterschlägt. Die Entwicklung von sozialistischer Erziehung wird davon abhängen, ob die praktischen Impulse aufgenommen werden können, ob der gegenwärtigen Irritation und Uneinheitlichkeit weniger durch die Behauptung einer richtigen Theorie oder das Bekenntnis zur richtigen Praxis begegnet wird, also durch die Fixierung eines gegen Kritik immunisierten Standpunkts, sondern eher durch radikale Selbstreflexion auf die eigenen Kriterien der Kritik, was den Standpunkt zwangsläufig in Bewegung versetzen wird.

468 Erziehungs, sozialistische

ADLER, M.: Neue Menschen, Berlin 1926. ALTHUSSER, L.: Für Marx, Frankfurt/M. 1968. BECK, J. u. a.: Erziehung in der Klassengemeinschaft, München 1970. BERNFELD, S.: Sisyphos oder die Grenzen der Erziehung, Frankfurt/M. 1967. BERNFELD, S.: Antiautoritäre Erziehung und Psychoanalyse, 3 Bde., Darmstadt 1969. BERNFELD, S. u. a: Psychoanalyse und Marxismus – Dokumentation einer Kontroverse, Frankfurt/M. 1970. BREITENEICHER, H. J. u. a.: Kinderläden – Revolution der Erziehung oder Erziehung zur Revolution, Reinbek 1971. GROTH, G.: Die pädagogische Dimension im Werk von Karl Marx, Neuwied 1978. HOERNLE, E.: Grundfragen proletarischer Erziehung, Frankfurt/M. 1969. KLÜVER, J. u. a.: Wissenschaftskritik und sozialistische Pädagogik – Konsequenzen aus der Studentenbewegung, Stuttgart 1972. KOVOLJOW, F. F./GMURMAN, W. J.: Allgemeine Grundlage der marxistischen Pädagogik, Berlin 1973. LORENZER, A.: Zur Begründung einer materialistischen Sozialisationstheorie, Frankfurt/M. 1972. MIESKES, H.: Die Pädagogik der DDR in Theorie, Forschung und Praxis, 2 Bde., Ob6rursel 1971. RÜHLE, O.: Zur Psychologie des proletarischen Kindes, Frankfurt/M. 1969. SCHMIED-KOWARZIK, W.: Dialektische Pädagogik, München 1974. SÈVE, L.: Marxismus und Theorie der Persönlichkeit, Berlin 1972. WERDER, L. v.: Erziehung und gesellschaftlicher Fortschritt, Frankfurt/Berlin/Wien 1975. WERDER, L. v./WOLFF, R. (Hg.): Schulkampf 1, Frankfurt/M. 1970.

Klaus-Michael Wimmer

Erziehung, transkulturelle → Ausländerpädagogik
Erziehung, vorschulische → Vorschulerziehung
Erziehung, weibliche → Frauenbildung
Erziehungsbedürftigkeit (Verneinung von –) → Antipädagogik
Erziehungsbeihilfe → Ausbildungsförderung
Erziehungsberatung → Elternbildung
Erziehungsforschung → Forschungsmethode
Erziehungsgeld → Vorschulerziehung
Erziehungsgeschichte → Kindheit; → Pädagogik, historische;
　→ Pädagogik, historisch-materialistische
Erziehungshilfe, freiwillige → Heimerziehung
Erziehungsideal → Erziehungsziel
Erziehungskritik → Antipädagogik; → Kindheit
Erziehungskunst → Theorie – Praxis
Erziehungslehre → Pädagogik, normative
Erziehungsmittel → Erziehungs-/Unterrichtsstil; → Lob; → Pädagogik,
　normative; → Strafe; → Tadel
Erziehungsnorm → Pädagogik, normative
Erziehungsrecht → Schulrecht
Erziehungsschwierigkeit → Verhaltensstörung; → Verwahrlosung
Erziehungsstil → Schicht, soziale; → Sozialisation

Erziehungs-/Unterrichtsstil

Zum Stilbegriff. Das Gebiet der Erziehungs- und Unterrichtsstile ist dem Grenzbereich zwischen (angewandter) Sozialpsychologie und Erziehungswissenschaft zuzuordnen. Bemerkenswert sind sowohl eine lange geisteswissenschaftliche Tradition als auch neuere empirische Forschungsergebnisse. Der Begriff *Stil* als Bezeichnung für spezifisch ausgeprägte Lebensweisen oder Verhaltensformen geht – etymologisch gesehen – auf den mittelalterlichen Ausdruck «Stil» für «Griffel», später auch für andere Schreibgeräte, zurück (vgl. auch das lateinische *stilum* = Griffel). Mit Weber, dessen Lehrbuch «Erziehungsstile» immer noch als Einführung empfohlen werden kann, lassen sich Erziehungsstile definieren als «relativ sinneinheitlich ausgeprägte Möglichkeiten erzieherischen Verhaltens, die sich durch typische Komplexe von Erziehungspraktiken charakterisieren lassen» (WEBER 1976, S. 33). Eine derartige Definition läßt deutlich werden, daß es sich hier um eine Überwindung der älteren Erziehungsmittellehre handelt und daß eine Erfassung der Sinneinheitlichkeit beziehungsweise der «typischen Komplexe» sowohl geisteswissenschaftliche wie empirisch-analytische Forschungen mit ihren je besonderen Methoden und Problemen einschließt. An Polemik zwischen Vertretern dieser beiden Ansätze hat es nicht gefehlt (vgl. LUKESCH 1975).

Frühe geisteswissenschaftlich-pädagogische Ansätze. Eine der frühesten Lehrertypologien stammt von VOWINKEL (vgl. 1923). Er unterscheidet vier Lehrertypen (vgl. DÖRING 1980, S. 98): den *indifferenten* Typus (kalt, nüchtern, sachlich), den *autoritativen* Typus (autoritär, beherrschend), den Typus der *Individualität* (menschlich, vielseitig) und den Idealtypus der *Persönlichkeit* (auf Kultur und Wertwelt gerichtet, Bildung erstrebend). Gegen die Vorgehensweise Vowinkels aus dem Jahr 1923, Lehrertypen deduktiv aus Bildungsidealen abzuleiten, wendet sich im Jahre 1949 CASELMANN (vgl. 1964), dessen eigene Typologie auf induktivem Wege gewonnen ist. Zumindest versucht er, von der «empirischen Erscheinungsform des Lehrerseins» (CASELMANN 1964, S. 18) auszugehen und die tatsächlich vorhandenen Individualitäten zu Typen zusammenzufassen. Für Caselmann sind bei der Erfassung von Lehrerpersönlichkeiten zwei Aspekte von besonderer Bedeutung: Welt und Kind beziehungsweise Lehrstoff und Schüler. An diesen Aspekten orientieren sich auch seine beiden Haupttypen: Lehrer, die in erster Linie lehrstofforientiert denken und handeln, die «der Wissenschaft, der Kultur zugewandt» (CASELMANN 1964, S. 35) sind, bezeichnet er als *logotrop*. Steht für den Lehrer bei seinen Handlungen und Entscheidungen der Schüler im Vordergrund, gehört er zu der Typengruppe *paidotrop*.

470   Erziehungs-/Unterrichtsstil

Diese beiden Haupttypen werden jeweils in zwei Untertypen aufge-teilt. Bei den paidotropen Lehrern handelt es sich entweder um «indi-viduell-psychologisch Interessierte» oder um «generell-psychologisch Interessierte», die logotropen Lehrer lassen sich in «philosophisch Inter-essierte» und in «fachwissenschaftlich Interessierte» trennen.

Eine weitere Aufteilung wird mit Hilfe des Gegensatzpaares «autori-tativ» und «mitmenschlich» vorgenommen, so daß acht Lehrertypen re-sultieren. In einem letzten Schritt unterscheidet Caselmann diese acht Typen noch nach drei verschiedenen Veranlagungen oder auch Vorge-hensweisen: «wissenschaftlich-systematisch», «künstlerisch-organisch» und «praktisch». Geht man davon aus, daß sich auch diese drei Merk-male wechselseitig ausschließen sollen, gelangt man zu insgesamt 24 un-terscheidbaren Lehrertypen. Allerdings sind offenbar nicht alle Kombi-nationen gleich wahrscheinlich, einige kommen laut Caselmann in der Realität gar nicht vor.

Unklar bleibt bei Caselmann jedoch, inwieweit die von ihm geschil-derten Typen überhaupt realitätsnah sind oder sein sollen. Seine Aussa-gen zu diesem Punkt sind widersprüchlich (vgl. Lukesch 1975, S. 32f). Döring (vgl. 1980, S. 99ff) hebt in seiner Kritik an Lehrertypologien vor allem hervor, daß in ihnen eine Ablehnung des Planungsgedankens von →Erziehung stecke und dem «angeborenen Typus» des Lehrers Vorrang vor einer erziehungswissenschaftlich ausgerichteten Didaktik gegeben werde. Die Typologie Caselmanns bezeichnet er als eine normative Er-ziehungslehre, die den Ansprüchen an eine brauchbare wissenschaft-liche Theorie über den Lehrer nicht genügt.

Die «Grundstile der Erziehung» von Spranger (1955) können als ide-altypische Gedankenkonstruktionen angesehen werden. Nach Sprangers Auffassung handelt es sich bei den Grundstilen um überzeitliche «Grund-möglichkeiten des pädagogischen Vorgehens, zwischen denen man wäh-len kann, ohne daß man es von vornherein falsch macht» (Spranger 1955, S. 94f). Es werden drei Gegensatzpaare von Grundstilen unter-schieden: der *weltnahe* und der *isolierende*, der *freie* und der *gebundene* sowie der *vorgreifende* und der *entwicklungsgetreue* Grundstil.

Das erste Gegensatzpaar läßt sich auch durch die Gegenüberstellung von «Bewährung» und «Bewahrung» charakterisieren. Erziehung kann also entweder lebensnah in Konfrontation mit der Realität geschehen oder innerhalb eines künstlichen Schonraumes ablaufen. Schule als →Institution kann einen derartigen Schonraum schaffen, in dem ohne äußere Ablenkungen anspruchsvolle Lernaufgaben systematisch und methodisch angegangen werden können. «Weltnahe» Erziehung ist für Spranger die historisch ältere Form, bei der die heranwachsende Gene-ration gewissermaßen nebenbei durch Nachmachen und Mitmachen in die →Lebenswelt der Erwachsenen eingeführt wurde. Allerdings können auch Schulen in unterschiedlichem Ausmaß «weltnah» oder auch «weltfern» sein.

Das Gegensatzpaar «frei versus gebunden» erinnert an die Lewinsche Unterscheidung von demokratischem und autoritärem Führungsstil. Spranger kennzeichnet die beiden Pole antithetisch folgendermaßen: «1. Erziehung ist nur im Element der Freiheitsgewährung möglich, die zur Selbstbeherrschung führt. 2. Erziehung ist nur möglich im Geist der Strenge, die erst zur echten Freiheit reifen läßt» (SPRANGER 1955, S. 128).

Der «vorgreifende» oder «entwicklungstreue» Grundstil hat Ähnlichkeit mit LITTS Formel «Führen oder Wachsenlassen?» (1958) und mit Fröbels 1862 erstmals veröffentlichter Unterscheidung von «vorschreibender» und «nachgehender» Erziehung (vgl. FRÖBEL 1951). Der vorgreifende Erziehungsstil sieht → Kindheit und → Jugend als möglichst schnell zu überwindende Durchgangsstadien an und ist ganz auf das künftige Erwachsenenleben zentriert. Das «entwicklungsgetreue» Vorgehen ist an der Gegenwart des Kindes orientiert, das in aller Ruhe die Fähigkeiten entwickeln soll, die für das spätere Erwachsenenleben einmal notwendig sind (vgl. WEBER 1976, S. 83).

Die Beziehungen zwischen den Stilpaaren bleiben bei Spranger unklar. Ein übergeordnetes Einteilungsprinzip wird nicht deutlich, vor allem dann, wenn man als viertes Gegensatzpaar noch «uniform und individuell» hinzunimmt. Diese Polarität ist offenbar als Spezialfall von «frei und gebunden» gedacht (vgl. auch die Kritik von LUKESCH 1975, S. 38 f).

Problematisch ist bei Spranger insbesondere der Anspruch auf Wertfreiheit der Grundstile. DÖRING (1980, S. 104 f) stellt hierzu fest, «daß der Versuch, alternative ‹Grundmöglichkeiten› des Lehrerverhaltens aufzuweisen, von denen jede ihre Berechtigung haben soll, letztlich in einer totalen Ratlosigkeit enden muß. Die behauptete absolute Gleichwertigkeit allen Lehrerverhaltens in bestimmten Situationen macht von vornherein wissenschaftlich gerechtfertigte, d. h. begründete Aussagen dazu unmöglich.»

Ähnliche Kritik wie an den Konzeptionen von Caselmann und Spranger ist auch an der geisteswissenschaftlich orientierten Stillehre RUPPERTS (vgl. 1954, 1959, 1966) geübt worden (vgl. DÖRING 1980, S. 105 ff; vgl. LUKESCH 1975, S. 43 ff; vgl. WEBER 1976, S. 50 ff). Ruppert geht es vor allem um eine Vereinheitlichung des sogenannten Lebensstils mit dem «Unterrichtsstil»: «Eine Schule hat Stil, wenn Lebens- und Unterrichtsstil sich gegenseitig bedingen, ja, wir dürfen hinzusetzen, wenn zudem noch der Lebensstil der Schule dem Lebensstil der umfassenden Gesellschaft affin ist» (RUPPERT 1954, S. 108). Vom Erziehenden aus gesehen, unterscheidet RUPPERT (vgl. 1959, S. 155 ff) die Erziehungsstile

472 Erziehungs-/Unterrichtsstil

der *Sachlichkeit*, der *Sorge*, der *Tapferkeit*, der *Güte*, der *Ehrfurcht* und der *Wahrhaftigkeit*.

Aus der Sicht des empirisch-analytischen Wissenschaftsverständnisses fällt das Urteil über die Arbeiten Rupperts besonders kraß aus: «Schwärmerische Ergüsse dieser Art besitzen natürlich einen harten Kern, den man herausarbeiten könnte, in der Form aber, in welcher sie hier präsentiert werden, nämlich als Ergebnis gegenwärtiger psychologischer Forschung, sind sie als vor- oder unwissenschaftlich zurückzuweisen» (LUKESCH 1975, S. 45).

Sozialpsychologische Führungsstilforschung. Die empirische Führungsstilforschung hat mit der empirischen Erziehungs- und Unterrichtsstilforschung auffällig viel gemeinsam. Es gab aber eine Reihe von Parallelentwicklungen in Methodologie und Ergebnissen, ohne daß eine unmittelbare gegenseitige Befruchtung stattgefunden hätte. Quasi verbindendes Element zwischen beiden Richtungen stellen die Untersuchungen von Lewin und Mitarbeitern (vgl. LEWIN/LIPPITT 1937/1938, LEWIN u. a. 1939) über experimentell geschaffene soziale Klimata dar.

Die sozialpsychologische Führungsstilforschung hat jedoch eine weitaus längere Geschichte (vgl. KUNCZIK 1972). Sieht man von den frühen Führungslehren, wie etwa bei Machiavelli, ab, so kann der Beginn der sozialpsychologischen Führungsstilforschung in der *Massenpsychologie* SIGHELES (vgl. 1891) und Gustave Le Bons (1895) gesehen werden. Nach Le Bon sind Massen (vom griechischen μαδδειν = kneten!) auf einen Führer angewiesen, der seinen Einfluß durch Behauptung, Wiederholung und Übertragung – im Sinne von Ansteckung – wirksam werden läßt. Beweise für seine publikumswirksamen Thesen glaubte Le Bon in historisch überlieferten Berichten zu finden, so auch für die These, man finde Führer «namentlich unter den Nervösen, Reizbaren, Halbverrückten» (LE BON 1938, S. 98ff). Diese zuletzt aufgeworfene Frage nach den Führereigenschaften sollte bald nach der Jahrhundertwende mit der aufkommenden Psychodiagnostik empirisch leichter zugänglich werden: Hatte man geeignete → Tests, so hoffte man, durch Individualdiagnosen nützliche Antworten auf die Frage nach den Führereigenschaften zu bekommen. Aus heutiger Sicht erwies sich diese bis in die Zeit nach dem Zweiten Weltkrieg hineinreichende *eigenschaftsorientierte Führungsforschung* als Fehlschlag, da der diagnostische Aufweis universeller Führereigenschaften mißlang. Führung, so sah man ein, war mehr das Ergebnis der Wechselbeziehungen (Interaktionen) zwischen Führer und Geführten und weniger eine Frage von Persönlichkeitsunterschieden zwischen Führer und Geführten.

So sprach man denn von der *Interaktionstheorie* der Führung, die die Wechselbeziehung zwischen Führer und Geführten, Art der Aufgabe,

Erfahrungen und Bedürfnisse zu berücksichtigen habe. Als (inzwischen sehr umstrittener) Versuch in dieser Richtung kann das Kontingenzmodell der Führung von FIEDLER (vgl. 1967) angesehen werden. In diesem Modell wurde der Versuch gemacht, Variablen wie die Macht des Führers, die Struktur der Aufgabe und beispielsweise die Wahrnehmung der Mitarbeiter durch den Führer in systematischem Zusammenhang zu sehen. Einen anderen Weg beschritt Anfang der 50er Jahre BALES (vgl. 1958) an der Harvard-Universität: Er untersuchte anfänglich führerlose Diskussionsgruppen im Labor und gelangte zu Gesetzmäßigkeiten im Interaktionsgeschehen. Ein bemerkenswerter Befund von Bales war, daß Personen mit strukturierendem Führungsverhalten bei soziometrischen Befragungen oft nicht die meisten Sympathiewahlen erhielten. Immer wieder haben Sozialpsychologen auf diese beiden verschiedenen Dimensionen im Gruppengeschehen hingewiesen. MORENO (vgl. 1954) sprach von soziotelen und psychotelen Gruppenstrukturen, Lewin und seine Schüler unterschieden Lokomotion(sfunktionen) und Kohäsion(sfunktionen) in Gruppen.

Die erwähnten Lewin-Studien über die Auswirkungen experimentell realisierter Führungsstile bei Jugendgruppen erwiesen sich in verschiedener Hinsicht als bahnbrechend. Bis dato war das Experiment für die Führungs-, Erziehungs- und Unterrichtsstilforschung noch nicht entdeckt. Die Stile hatte Lewin in anschaulicher Weise operationalisiert; er spricht von «autocratic», «democratic» und «laissez faire»-Atmosphären, die durch eine Reihe von Verhaltensmerkmalen des Leiters verwirklicht wurden. Diese Gruppenleiter waren Mitarbeiter Lewins; jede Jugendgruppe wurde nach einem Versuchsplan jedem Führungsstil ausgesetzt. Lewins Interesse war nicht zuletzt politischer Art. Als Jude 1933 zur Emigration gezwungen, hatte er in den USA Professuren für Kinderpsychologie. Er selbst hatte ein lebhaftes Interesse für kulturelle Unterschiede im Erziehungsverhalten entwickelt.

Aufgrund der umfangreichen Beobachtungen, die während der monatelangen Versuche gemacht wurden, folgerten die Autoren, daß autoritäre Führung gruppeninterne Aggressivität und Rivalität steigere. In den autoritär geführten Gruppen kamen dreißigmal soviel Streitigkeiten und achtmal soviel aggressives Verhalten vor wie in den demokratisch geführten Gruppen. Äußerungen mit «Wir»-Charakter kamen unter demokratischer Führung doppelt so oft wie unter autokratischer vor.

Als Kritik ist an den Lewin-Studien unter anderem vorgebracht worden, die Führungsstile seien karikaturartige Operationalisierungen politischer Systeme auf Mikroebene; außerdem sei «Laissez-faire» im Gegensatz zu den anderen Stilen kein eigener Stil, sondern ein Prinzip, das in allen politischen Systemen möglich sei. Ferner seien die Befunde sicher kulturspezifisch. So richtig diese Kritikpunkte im einzelnen sind, die Be-

474 Erziehungs-/Unterrichtsstil

funde der Lewin-Studien haben nach wie vor beträchtliche Überzeugungskraft. Die Ergebnisse ließen sich im großen und ganzen replizieren, sogar mehrere Jahrzehnte später in der DDR (vgl. BIRTH/PRILLWITZ 1959).

Elterlicher Erziehungsstil. Man sollte meinen, daß die Erforschung elterlicher Erziehungsstile, ihrer Bedingungen und Auswirkungen spätestens nach den Lewin-Studien ein zentrales Thema der Entwicklungs- und/oder der Sozialpsychologie geworden wäre. Dies war jedoch nicht der Fall. Als Herrmann 1966 eine Tagung zur Erziehungsstilforschung leitete, gab es nicht mehr als 20 deutschsprachige Veröffentlichungen über Erziehungsstile (vgl. HERRMANN 1980, S. 14). Inzwischen ist die Erziehungsstilforschung in der Bundesrepublik zu einem beachtlichen Bereich ausgeweitet worden, der Aufmerksamkeit verdient (vgl. SCHNEEWIND/HERRMANN 1980).

Greifen wir einen Ansatz heraus, der besondere Beachtung gewonnen hat: die Entwicklung der Marburger Erziehungsstil-Skalen von K. Stapf, Herrmann, A. Stapf und Stäcker (vgl. STAPF u. a. 1972). In einem umfangreichen Forschungsprogramm wurden durch Itemsammlungen, Item- und Faktorenanalysen verschiedener Art schließlich zwei Dimensionen elterlichen Erziehungsverhaltens durch vier Skalen mit je 15 Items herausgearbeitet: väterliche Strenge, mütterliche Strenge, väterliche Unterstützung und mütterliche Unterstützung. Kinder beurteilen also das Verhalten ihrer Eltern. Strenge und Unterstützung werden als relativ unabhängig voneinander erlebt. Die beiden Elternteile werden in ihrem Erziehungsverhalten jedoch als ähnlich beurteilt.

Bei umfangreichen Einzeluntersuchungen ergab sich, daß elterliche Strenge (Bösewerden, Schimpfen, Schläge, Ohrfeigen) zur Verbotsorientierung, zu Ängstlichkeit, Konformität und zu Diskrepanzen zwischen Selbstbild und Wunschbild führt. STAPF u. a. (vgl. 1972) sprechen hier vom «Bravheitssyndrom». Elterliche Unterstützung (Nachgeben, Helfen, Loben, Zuhören, Verzeihen, Ermuntern, Belohnen) dagegen führt zum «Cleverness-Syndrom». Derart erzogene Kinder sind positiver, optimistischer eingestellt, verfügen über einen größeren Wortschatz und erbringen bessere Schulleistungen. Sie sind bei Gleichaltrigen beliebt und empfinden eine geringere Diskrepanz zwischen Selbstbild und Idealbild. Wie man leicht vermuten kann, ist dieser gebotsorientierte, ermutigende Erziehungsstil in Familien mit höherem sozioökonomischem Status häufiger ermittel worden. Dabei sei allerdings daran erinnert, daß die Skalen «Strenge» und «Unterstützung» als unabhängig bezeichnet und nicht als Gegensätze konzipiert wurden.

Die Marburger Erziehungsstil-Skalen haben den Vorzug der Affinität zu einer Theorie, nämlich der Lerntheorie, während das Gros der Erziehungsstilforschung als theoriearm zu kennzeichnen ist (vgl. LUKESCH 1980).

Wir können hier nicht auf die inzwischen sehr umfangreiche Literatur zur Erforschung elterlicher Erziehungsstile im einzelnen eingehen und verweisen den interessierten Leser auf LUKESCH (vgl. 1976), STAPF u. a. (vgl. 1972) und die Beiträge in SCHNEEWIND/HERRMANN (vgl. 1980).

Empirische Erziehungs- und Unterrichtsstilforschung. Die empirisch-pädagogische Unterrichtsstilforschung hat sich in enger Anlehnung an die Arbeiten zum Führungsstil von Lewin und Mitarbeitern entwickelt. Der Einfluß Lewins ist sowohl in den älteren Arbeiten (vgl. etwa ANDERSON u. a. 1945, A.-M. TAUSCH 1958) als auch in neueren Untersuchungen und Ansätzen (vgl. WAGNER 1982) deutlich abzulesen. Verändert haben sich im Laufe der Zeit vor allem die theoretisch-begrifflichen Zugangsweisen und die Untersuchungstechniken. Trotz vieler Differenzierungen und Erweiterungen ist jedoch die Lewinsche Unterscheidung des demokratischen und des autokratischen Führungsstils als Grundmuster in fast allen Konzeptionen erkennbar.

ANDERSON u. a (vgl. 1945, 1946a, 1946b) untersuchten die Verhaltensstile von Lehrern und deren Auswirkungen auf Schüler in realen Unterrichtssituationen. Die → Interaktionen von Lehrern und Schülern wurden mit Hilfe von speziellen Beobachtungskategorien erfaßt. Anderson und seine Mitarbeiter unterscheiden einen «dominativen» und einen «integrativen» Erziehungsstil. Aufgrund der Untersuchungsergebnisse gehen Anderson und Mitarbeiter davon aus, daß es in der Praxis keine «reinen» Stile gibt, da jede Unterrichtsführung Anteile von dominativem und integrativem Verhalten aufweist. Der quantitative Anteil der beiden Verhaltensmerkmale kann durch den sogenannten *Integrations-Dominations-Index* (IDQ) bestimmt werden.

Die Untersuchungen von Anderson und Mitarbeitern machen zudem deutlich, daß das Verhalten des Lehrers das Verhalten der Schüler nachhaltig beeinflußt. Dominatives Verhalten löst bei den Schülern Widerstände und Verhaltensauffälligkeiten aus, die den Lehrer seinerseits zu einer Verstärkung der Dominanz veranlassen. Es entsteht so ein eskalierender Kreisprozeß, in dem die Schüler letztlich apathisch werden können und resignieren. Integrative Verhaltensweisen des Lehrers haben demgegenüber vor allem positive Auswirkungen auf die Schüler. Sie werden vom Lehrer ernst genommen, partnerschaftlich und freundlich behandelt. Im → Unterricht arbeiten sie aktiver mit und sind auch untereinander deutlich «sozialintegrativer» als Schüler in überwiegend dominativ und autokratisch geführten Klassen.

TAUSCH/TAUSCH (vgl. 1971) unterscheiden drei Erziehungsstile: den *autokratischen*, den *sozialintegrativen* (demokratischen) und den *Laissez-faire-Stil*.

In einer der frühen Untersuchungen ließ A.-M. TAUSCH (vgl. 1958)

476   Erziehungs-/Unterrichtsstil

das Verhalten von 44 Lehrern von je zwei Beobachtern protokollieren und anschließend den drei Erziehungsstilen zuordnen. Das interessanteste Ergebnis war, daß sich die Lehrer in 94% der Situationen mit besonderem erzieherischem Eingreifen autokratisch beziehungsweise sehr autokratisch verhielten. Sozialintegrative Verhaltensweisen wurden 1958 nur bei 2% der Lehrer festgestellt.

In späteren Veröffentlichungen kritisieren TAUSCH/TAUSCH (vgl. 1971, S. 170ff) das (eigene) Erziehungsstilkonzept. So führen sie an, daß die jeweiligen Typen meist nicht präzise definiert sind, die Einschätzung des Lehrerverhaltens hierdurch wenig verläßlich und objektiv wird. Außerdem würde die geringe Anzahl von Typen der tatsächlichen Variabilität des Lehrerverhaltens nicht gerecht.

An die Stelle des Erziehungsstilkonzepts wird das Konzept der faktorenanalytisch gewonnenen Dimension des Erziehungsverhaltens gesetzt. Auf der Grundlage einer großen Anzahl von Einzeluntersuchungen kommen TAUSCH/TAUSCH (vgl. 1971, S. 152) zu dem Ergebnis, daß sich empirisch zwei Hauptdimensionen des Lehrerverhaltens feststellen lassen:
– *emotionale Dimension* (Wertschätzung, emotionale Wärme und Zuneigung versus Geringschätzung, emotionale Kälte und Abneigung),
– *Lenkungs-Dimension* (maximal starke Lenkung versus minimale Lenkung, etwa Permissivität, Autonomie-Gewähren, minimale Kontrolle).

Die Erziehungsstilkonzeption wurde zunächst nicht völlig aufgegeben, sondern es wurde versucht, die drei Stile in das Koordinationssystem der zwei Hauptdimensionen einzuordnen. Hierzu wurde in einigen Untersuchungen (vgl. FITTKAU/LANGER 1971, A.-M. TAUSCH u. a. 1967) das Unterrichts- und Erziehungsverhalten von Lehrern sowohl nach dem Typenkonzept als auch in bezug auf die beiden Hauptdimensionen eingeschätzt. Die Ergebnisse dieses eher heuristischen Verfahrens sind in der *Abbildung 1* graphisch veranschaulicht.

Die drei Erziehungsstile «autokratisch», «sozialintegrativ» und «Laissez-faire» werden hierdurch gewissermaßen neu definiert im Hinblick auf das in ihnen jeweils realisierte Ausmaß an Lenkung und Wertschätzung versus Geringschätzung.

Einen großen Einfluß auf die →Lehrerausbildung hat vor allem die Propagierung des sozialintegrativen Erziehungsstils bewirkt, der «lange Zeit als das Nonplusultra des sozialerzieherischen, demokratischen Verhaltens gegolten» (SCHREINER/SOWA 1977, S. 440) hat. Allerdings ist auch die Kritik nicht ausgeblieben. So wurde die große Bedeutung bemängelt, die bei Tausch/Tausch der Lehrersprache zugemessen wird. Letztlich könne es sich beim sozialintegrativen Stil um pseudodemokratischen Verbalismus handeln, mit dem der Lehrer auf subtile Art doch

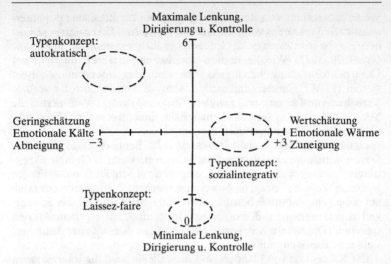

Abbildung 1: Einordnung von typologischen Verhaltensformen in das Koordinatensystem der emotionalen und der Lenkungs-Dimension

(Quelle: TAUSCH/TAUSCH 1971, S. 172)

wieder nur seine eigenen Ziele gegen die Interessen und Bedürfnisse der Schüler durchsetze (vgl. SCHREINER/SOWA 1977, UTTENDORFER/WAGNER 1974, ZEHRFELD/ZINNECKER 1973). Die strikte Beschränkung auf Verhaltensweisen des Lehrers macht es teilweise auch schwierig, Erziehungsstile auf die Art der unterrichtlichen Verwendung von Medien zu beziehen. So scheint es zwar zunächst plausibel zu sein, auch technischen Medien ein bestimmtes Ausmaß an unterrichtlicher «Lenkung» zuzuschreiben oder einen «Fernsehlehrer» als autokratisch oder sozialintegrativ einzustufen, andererseits läßt die Vielzahl der technischen Medien und die Vielfalt ihrer möglichen unterrichtlichen Funktionen eine systematische Betrachtungsweise unter dem Erziehungsstilaspekt kaum zu. TAUSCH/TAUSCH (vgl. 1979) selbst verzichten in der neuesten Ausgabe ihrer «Erziehungspsychologie» vollständig auf das Erziehungsstilkonzept und erweitern statt dessen den dimensionsanalytischen Ansatz zum Erzieherverhalten. Ausführlich beschrieben werden vier «förderliche» Dimensionen (Achtung – Wärme – Rücksichtnahme, einfühlendes nichtwertendes Verstehen, Echtheit, fördernde nichtdirigierende Einzeltätigkeiten) und eine «wenig förderliche» Dimension (Dirigierung–Lenkung).

Die Methoden der Erziehungsstilforschung sind vor allem durch die

478 Erziehungs-/Unterrichtsstil

Weiterentwicklung von Beobachtungssystemen zur Erfassung des unterrichtlichen Verhaltens von Lehrern und Schülern differenzierter geworden. Am bekanntesten ist das Interaktionsanalysesystem von FLANDERS (vgl. 1970, 1971). Wie die meisten empirischen Verfahren innerhalb der Unterrichtsforschung beschränkt sich auch das Interaktionsanalysesystem (FIAC: Flanders Interaction Analysis System) auf das verbale Verhalten von Lehrern und Schülern. Zugrunde gelegt wird hierbei die Vermutung, daß das verbale Verhalten das Gesamtverhalten eines Individuums adäquat repräsentiert.

Das FIAC-System enthält insgesamt zehn Beobachtungskategorien. Davon beziehen sich sieben auf das Lehrerverhalten: 1. Gefühle akzeptieren; 2. loben oder ermutigen; 3. eingehen auf Schülerideen; 4. Fragen stellen; 5. Lehrervortrag; 6. Anweisungen geben; 7. kritisieren oder sich auf die eigene Autorität berufen. Zwei Kategorien sind für das Schülerverhalten vorgesehen: 8. Fragen beantworten; 9. aus eigenem Antrieb sprechen. Die zehnte Kategorie (Stillschweigen oder unklare Situation) stellt eine Restkategorie dar.

Die Kategorien von Flanders sind ausschließlich auf die Interaktionen zwischen Lehrer und Schüler bezogen. Interaktionsprozesse zwischen den Schülern können nicht erfaßt werden. Die Auswahl der Lehrerkategorien im FIAC-System macht deutlich, daß auch Flanders in der Tradition der Lewinschen Unterscheidung zwischen demokratischem und autoritärem Erziehungsstil steht. Die ersten drei Kategorien (Gefühle akzeptieren, loben oder ermutigen, eingehen auf Schülerideen) repräsentieren den integrativen, demokratischen Erziehungsstil.

Ähnlich wie die vorher dargestellten Erziehungsstilkonzepte erweist sich auch die Interaktionsanalyse von Flanders als deutlich lehrerzentriert. Explizit *schülerzentriert* ist dagegen das «Sozioemotionale Interaktions-Kategoriensystem» (SIK-System) von WAGNER (vgl. 1982). Das SIK-System kann als eine Weiterentwicklung des FIAC-Systems angesehen werden, ist jedoch ausdrücklich auf dem Hintergrund der Konzeption eines «schülerzentrierten Unterrichts» entworfen worden. Schülerzentrierter Unterricht wird von WAGNER (1982, S. 28) als ein Prozeß gesehen, «in dessen Verlauf Lehrer und Schüler gemeinsam dirigistisches Verhalten abbauen und die unterrichtliche Struktur so verändern, daß ein zunehmend größeres Ausmaß an Selbständigkeit und Mitbestimmung der Schüler ermöglicht wird».

Das SIK-System ist vor allem als ausbildungsunterstützendes Instrument gedacht, also nicht in erster Linie für Forschungszwecke konstruiert. Es enthält wie das System von Flanders zehn Kategorien, mit denen jedoch Lehrer- und Schüleräußerungen gleichermaßen erfaßt werden können. Im «schülerzentrierten» Unterricht sollten die ersten vier Kategorien möglichst häufig, die letzten vier Kategorien möglichst selten auftreten: 1. Unterstützung, →Lob; 2. Reflektieren, verständnisvolles Wiedergeben; 3. Verbalisieren von eigenen Gefühlen und Verhalten; 4. gesprächsstrukturierende Äußerungen; 5. problemstrukturierende Äußerungen; 6. neutrale Äußerungen; 7. direktive Äußerungen; 8. enge Fragen; 9. dominante und gesprächshemmende Äußerungen; 10. →Tadel, Mißbilligung, Ironie, Sarkasmus. Neben der Zuordnung zu einer der zehn Kategorien kann jede Äußerung noch nach der «emotionalen Dimension» beurteilt werden, das heißt, inwieweit in ihr Freundlichkeit oder Unfreundlichkeit zum Ausdruck kommt (vgl. WAGNER 1982, S. 144 f).

Unterrichtskonzeptionen wie die von WAGNER (vgl. 1982) lassen sich nur noch schwer unter den Erziehungsstilbegriff subsumieren. An die Stelle des lehrerzentrierten «Stil»-beziehungsweise «Typ»-Begriffs treten hier Begriffe wie «Unterrichtsstrategien» und «Interaktionsstrukturen», die besser geeignet sind, den Blick auch für komplexere Zusammenhänge im Unterrichtsgeschehen zu öffnen.

Zur Kritik der Erziehungsstilforschung. Die grundlegende Kritik am Erziehungsstilbegriff ist über die unterschiedlichen Konzeptionen, ihre Differenzierungen und Erweiterungen hinweg relativ unverändert geblieben. Der Begriff legt eine global typisierende Betrachtungsweise nahe, die der Komplexität erzieherischen Verhaltens und →Handelns nur schwer gerecht wird. Andererseits ermöglicht die Reduktion dieser Komplexität auf einige wenige, eingängig benannte «Stile» zumindest eine ökonomische Art der Verständigung über wichtige Erziehungsaspekte (vgl. NICKEL 1972, S. 141 f). Eines der Grundprobleme der Erziehungsstilforschung ist in der Frage der *Wertfreiheit* oder *-neutralität* zu sehen. Vor allem an der empirisch-analytischen Wissenschaftsauffassung orientierte Forscher klammern Entscheidungen über Zielsetzungen erzieherischen Handelns meist völlig aus und weisen diese anderen, außerwissenschaftlichen Instanzen zu (vgl. STAPF u. a. 1972, S. 154 ff). Diese strikte Ziel-Mittel-Trennung kollidiert jedoch mit dem auch in empirischen Arbeiten zum Erziehungsstil vorwiegend benutzten «kryptonormativen Vokabular» (vgl. BRANDSTÄTTER/MONTADA 1980). Unterscheidungen wie «demokratisch und autokratisch» oder «sozialintegrativ und autoritär» sind mit bestimmten gesellschaftlichen und politischen Bedeutungen behaftet, die Wertpräferenzen suggerieren und damit die vorgebliche Neutralität empirischer Aussagen von vornherein unterlaufen.

Ein Schritt zu einer konstruktiven und wissenschaftstheoretisch tragfähigen Lösung der Ziel-Mittel-Problematik könnte darin liegen, Erziehungsstilforschung als ein «Programm zur Erforschung der erziehungspraktischen Kontrollierbarkeit von Entwicklungsprozessen»

(BRANDSTÄTTER/MONTADA 1980, S. 38) aufzufassen. Notwendige Voraussetzung wäre hierzu eine stärkere theoretische Orientierung der Forschung, die bislang hauptsächlich Untersuchungsergebnisse angesammelt hat, die nur schwer integrierbar und in konkretes erzieherisches Handeln umsetzbar sind (vgl. SCHULZE 1978, S. 168).

Die Orientierung an geeigneten Entwicklungstheorien (vgl. KOHLBERG 1969, KOHLBERG/MAYER 1972, SELMAN 1980) könnte auch die Chance eröffnen, die relativ verbindungslosen Forschungstraditionen zum schulischen und zum elterlichen Erziehungsstil wieder einander anzunähern (vgl. HEYMANS 1980).

In bezug auf den Schulbereich dürfte das Erziehungsstilkonzept in den letzten Jahren nicht zuletzt aufgrund seiner häufig kritisierten Lehrerzentriertheit viel an Attraktivität verloren haben. Da rein statistische Interaktionskonzepte letztlich nur zu einer kaum integrierbaren Flut von Einzelergebnissen führen, könnten auch unter diesem Gesichtspunkt Theorien, die →Entwicklung und →Lernen als einen interaktiven Prozeß zwischen Individuum und Umwelt auffassen und zumindest ansatzweise auch konkretisieren, einen Gewinn an praktischer Relevanz von Forschungsergebnissen erbringen. Allerdings bleibt abzuwarten, ob sich die Aussagekraft des Erziehungsstilbegriffs auf dem Hintergrund elaborierter Theorieentwürfe aufrechterhalten läßt.

ANDERSON, H. H. u. a.: Studies of Teachers' Classroom Personalities, Bd. 1: Dominative and Socially Integrative Behavior of Kindergarten Teachers. Applied Psychology Monographs, Bd. 6, Stanford (Cal.) 1945. ANDERSON, H. H. u. a: Studies of Teachers' Classroom Personalities, Bd. 2: Effects of Teachers' Dominative and Integrative Contacts on Children's Classroom Behavior. Applied Psychology Monographs, Bd. 8, Stanford (Cal.) 1946a. ANDERSON, H. H. u. a.: Studies of Teachers' Classroom Personalities, Bd. 3: Follow-up Studies on the Effects of Dominative and Integrative Contacts on Children's Behavior. Applied Psychology Monographs, Bd. 11, Stanford (Cal.) 1946b. BALES, R. F.: Task Roles and Social Roles in Problem-solving Groups. In: Maccoby, E. E. u. a. (Hg.): Readings in Social Psychology, New York [3]1958, S. 437ff. BIRTH, K./PRILLWITZ, G.: Führungsstile und Gruppenverhalten von Kindern. In: Z. f. Psych. 163 (1959), S. 230ff. BRANDSTÄTTER, J./MONTADA, L.: Normative Implikationen der Erziehungsstilforschung. In: Schneewind, K. A./Herrmann, Th. (Hg.): Erziehungsstilforschung, Bern 1980, S. 33ff. CASELMANN, C.: Wesensformen des Lehrers (1949), Stuttgart [3]1964. DÖRING, K. W.: Lehrerverhalten: Forschung – Theorie – Praxis, Weinheim 1980. FIEDLER, F. E.: A Theory of Leadership Effectiveness, New York 1967. FITTKAU, B./LANGER, H.: Integration der Typen des Erziehungsverhaltens in die Faktoren des Lehrerverhaltens sowie einige Beziehungen zwischen Lehrer- und Schülerverhalten. In: Tausch, R./Tausch, A.-M.: Erziehungspsychologie, Göttingen [6]1971, S. 171ff. FLANDERS, N. A.: Analyzing Teaching Behavior, Reading (Mass.) 1970. FLANDERS, N. A.: Künftige Entwicklungen bei der Analyse der verbalen Kommunikation in der Klasse. In: Progr. Lern., Utech. u. Ufo. 8 (1971), S. 133ff. FRÖBEL, F.: Die Menschenerziehung (1826), Godesberg 1951. Herrmann, Th.: Bemerkungen zur Bestandsaufnahme der Erziehungsstilforschung. In: Schneewind, K. A./Herrmann, Th.

(Hg.): Erziehungsstilforschung, Bern 1980, S. 13 ff. HEYMANS, P. G.: Erziehungsstile als Kodeterminanten der sozialkognitiven Entwicklung. In: Schneewind, K. A./Herrmann, Th. (Hg.): Erziehungsstilforschung, Bern 1980, S. 223 ff. KOHLBERG, L.: Stage and Sequence: The Cognitive-Developmental Approach to Socialization. In: Goslin, D. (Hg.): Handbook of Socialization Theory and Research, Chicago 1969, S. 347 ff. KOHLBERG, L./MAYER, R.: Development as the Aim of Education. In: Harv. E. Rev. 42 (1972), S. 449 ff. KUNCZIK, M. (Hg.): Führung. Theorien und Ergebnisse, Düsseldorf/Wien 1972. LeBON, G.: Psychologie der Massen (1895), Stuttgart [6]1938. LEWIN, K./LIPPITT, R.: An Experimental Approach to the Study of Autocracy and Democracy: A Preliminary Note. In: Sociometry 1 (1937/1938), S. 292 ff. LEWIN, K. u. a.: Pattern of Aggressive Behavior in Experimentally cernted «social climates». In: The J. of Soc. Psychol. 10 (1939), S. 271 ff. LITT, TH.: Führen oder Wachsenlassen?, Stuttgart [7]1958. LUKESCH, H.: Erziehungsstile. Pädagogische und psychologische Konzepte, Stuttgart 1975. LUKESCH, H.: Elterliche Erziehungsstile. Psychologische und soziologische Bedingungen, Stuttgart 1976. LUKESCH, H.: Forschungsstrategien im Bereich der Erziehungsstilforschung. Paradigma oder Paradoxa? In: Schneewind, K. A./Herrmann, Th. (Hg.): Erziehungsstilforschung, Bern 1980, S. 57 ff. MORENO, J. L.: Die Grundlagen der Soziometrie, Köln/Opladen 1954. NICKEL, H.: Stile und Dimensionen des Lehrerverhaltens. In: Betzen, K./Nipkow, K. E. (Hg.): Der Lehrer in Schule und Gesellschaft, München 1972, S. 140 ff. RUPPERT, J. P.: Sozialpsychologie im Raum der Schule, Weinheim 1954. RUPPERT, J. P.: Erzieherpersönlichkeit und Stilformen der Erziehung. In: Hetzer, H. (Hg.): Handbuch der Psychologie, Bd. 10: Pädagogische Psychologie, Göttingen 1959, S. 144 ff. RUPPERT, J. P.: Zum Erziehungs- und Unterrichtsstil. In: Z. f. P. 12 (1966), S. 105 ff. SCHNEEWIND, K. A./HERRMANN, TH. (Hg.): Erziehungsstilforschung – Theorien, Methoden und Anwendungen der Psychologie elterlichen Erziehungsverhaltens, Bern 1980. SCHREINER, G./SOWA, A.: Lehrerverhalten bei Disziplinkonflikten – Auf dem Weg zu einer konstruktiven Überwindung des sozial-integrativen Verbalismus. In: D. Dt. S. 69 (1977), S. 436 ff. SCHULZE, TH.: Methoden und Medien der Erziehung, München 1978. SELMAN, R.: The Growth of Interpersonal Understanding: Developmental and Clinical Analyses, New York 1980. SIGHELE, S.: La folla delinquente, Florenz 1891. SPRANGER, E.: Grundstile der Erziehung. In: Spranger, E.: Pädagogische Perspektiven, Heidelberg [3]1955, S. 93 ff. STAPF, K. u. a.: Psychologie des elterlichen Erziehungsstils, Stuttgart 1972. TAUSCH, A.-M.: Besondere Erziehungssituationen des praktischen Schulunterrichts – Häufigkeit, Veranlassung und Art ihrer Lösungen durch Lehrer. In: Z. f. exp. u. angew. Psych. 5 (1958), S. 657 ff. TAUSCH, A.-M. u. a.: Merkmalszusammenhänge der verbalen Interaktion und kritische Überprüfung typologischer Verhaltenskonzepte. In: Z. f. exp. u. angew. Psych. 14 (1967), S. 522 ff. TAUSCH, R./TAUSCH, A.-M.: Erziehungspsychologie, Göttingen [6]1971. TAUSCH, R./TAUSCH, A.-M.: Erziehungspsychologie. Begegnungen von Person zu Person, Göttingen [9]1979. UTTENDORFER, S./WAGNER, A. C.: Tausch und Tausch oder das schlechte Gewissen der Pädagogen. In: psych. heute 1 (1974), S. 32 ff. VOWINKEL, E.: Pädagogische Typenlehre, München 1923. WAGNER, A. C. (Hg.): Schülerzentrierter Unterricht, München/Wien/Baltimore 1982. WEBER, E.: Erziehungsstile, Donauwörth [6]1976. ZEHRFELD, K./ZINNECKER, J.: Acht Minuten heimlicher Lehrplan bei Herrn Tausch. In: betr. e. 6 (1973), 5, S. 33 ff.

Horst Heidbrink/Helmut E. Lück

Erziehungswissenschaft → Pädagogik – Erziehungswissenschaft;
 → Systemtheorie
Erziehungswissenschaft, historische → Pädagogik, historische

Erziehungswissenschaft, Kritische

Viele Zeichen weisen auf die Kritische Erziehungswissenschaft hin; sie bestätigen sie unzweifelhaft als *fait social* – nicht zuletzt dadurch, daß sie als Anlaß, Streitobjekt und Symbol bildungspolitischer Konflikte dient (vgl. BENNER u. a. 1978, MUT ZUR ERZIEHUNG 1979). Dennoch macht die Aufgabe verlegen, hinter dem sozialen Gegenstand «Kritische Erziehungswissenschaft» eine *theoretische Identität* im Sinne eines besonderen, in sich konsistenten Begründungsmusters sichtbar zu machen. Der Anspruch, Kritische Erziehungswissenschaft zu sein, vereint nämlich wissenschaftliche Bemühungen, die sich prima facie kaum auf ein gemeinsames Fundament rückbeziehen lassen. Weder Übereinstimmung noch Differenz zwischen *transzendental-kritischer, kritisch-kommunikativer, kritisch-emanzipatorischer* und *kritisch-materialistischer* Pädagogik (vgl. STEIN 1979, S. 12) liegen freilich auf der Hand, zumal sich ihre *Affinitäten* je nach Wahl des Vergleichskriteriums verschieben. Dies macht die *Rekonstruktion* der Kritischen Erziehungswissenschaft so notwendig wie schwierig. Sinnvoll ist sie jedenfalls nur, solange ein einheitliches und eben darum rekonstruierbares «Objekt» antizipiert wird; möglich ist sie nur, wenn bestimmte Elemente dieses Objekts vorab als gegeben, als notwendige Teile jenes antizipierten Ganzen gelten dürfen. Angesichts der vieldeutigen Inanspruchnahme des Kritikbegriffs zur Kennzeichnung pädagogischer Orientierungen fällt Rekonstruktion darum notwendigerweise mit *Selektion* zusammen: Es bedarf eines heuristischen Kriteriums, das die Vielzahl hypothetisch reduziert. Wenn im folgenden die Grenze zwischen der *Kritischen Erziehungswissenschaft* und anderen Orientierungen durch die positive Bezugnahme auf die *Kritische Theorie der Frankfurter Schule* markiert wird, so wird damit der Erwartung Ausdruck gegeben, daß diese Beziehung für die Begründung dieses erziehungswissenschaftlichen Ansatzes von wesentlicher Bedeutung sei, ohne daß sie damit schon deren Programm – als «Pädagogik der Kritischen Theorie» – disziplinspezifisch verwirklichen müßte. Vielmehr ist die Kritische Erziehungswissenschaft in ihren Grundlinien so zu rekonstruieren, daß im Hinblick auf die Kritische Theorie Übereinstimmung und Differenz gleichermaßen erkennbar werden.

Kritische Theorie – Die Ausgangslage. Die Kritische Theorie wurde von Horkheimer und seinen Mitarbeitern (Adorno, Fromm, L. Löwenthal, H. Marcuse und anderen) am Institut für Sozialforschung in Frankfurt am Main und, nach 1933, im amerikanischen Exil formuliert. Sie hatte zum Ziel, die *Marxsche Theorie* entsprechend der gesellschaftlichen Entwicklung und der politischen Gegenwartserfahrung zu *aktualisieren*. Empirische Forschungsmethoden einbeziehend, folgte sie der von Lukács und Korsch vorbereiteten Einsicht, daß die historisch-materialistische These von der geschichtspraktischen Bestimmtheit sozialer Gegenstände reflexiv auf den historischen Materialismus selbst anzuwenden sei, und zwar weniger um der logischen Konsequenz der Theorie als um der Erfüllung ihrer *Funktion* willen, als Medium der Selbstaufklärung einer *revolutionären Praxis* zu dienen. Lukács' Theorie des Klassenbewußtseins bestimmte die marxistische Theorie dazu, die objektiv mögliche Erkenntnis des Proletariats von den gesellschaftlichen Verhältnissen so zu formulieren, daß dessen Erfahrungen, Interessen und Handlungsperspektiven in der Theorie potentiell wiedererkannt würden, so daß entwickeltes Klassenbewußtsein und Kritische Theorie des geschichtlichen Verlaufs letztlich zusammenfielen (vgl. HORKHEIMER 1930, S. 90; vgl. LUKÁCS 1923, S. 57 ff). Charakteristisch für die Kritische Theorie ist nun, daß der orthodox marxistische Gehalt – *Kritik der politischen Ökonomie* als theoretische Basis, *proletarischer Klassenkampf* als praktische Perspektive – unter dem Eindruck der geschichtlichen Erfahrungen um *sozialpsychologische* Fragestellungen erweitert wurde (vgl. FROMM 1971, S. 9 ff; vgl. HORKHEIMER 1968 a, S. 20; vgl. HORKHEIMER 1972, S. 43 f). Prinzipiell am praktischen Auftrag der Theorie festhaltend, wird sie unter dem Eindruck der Niederlage der sozialistischen Bewegung in Deutschland zur negativen *Revolutionstheorie*, zur Theorie der Blockierung, schließlich der Unmöglichkeit proletarisch-revolutionärer Praxis trotz fortbestehender Klassenherrschaft. (Zur Geschichte der frühen Kritischen Theorie: vgl. DUBIEL 1978, JAY 1976; vgl. SCHMIDT 1974, S. 36 ff; vgl. ZEITSCHRIFT FÜR SOZIALFORSCHUNG 1979.)

Normative Basis – Vernunft und Interesse. Im utopischen Ziel einer *vernünftigen Gesellschaft* knüpft die Kritische Theorie an den Autonomieanspruch der bürgerlichen → *Aufklärung* an (vgl. HABERMAS 1963, S. 234 ff). Sie überschreitet diesen jedoch, durch die Hegelsche Dialektik und die Marxsche Ökonomiekritik belehrt, auf einen *historisch-materialistischen* Begriff von der Existenz der Menschen unter dem eigengesetzlichen Zwang der kapitalistischen Klassenverhältnisse hin (vgl. HORKHEIMER 1968 a, S. 200 ff). Nach materialistischer Überzeugung hat die Vernunft weder in einer übergeschichtlichen Menschennatur noch in einem transzendentalen Subjekt eine absolute Instanz, die den *Maßstab*

484 Erziehungswissenschaft, Kritische

vernünftiger Praxis setzen könnte. Wenn aber der *Vernunftanspruch* selbst wie sein bestimmter Inhalt als *geschichtlich erzeugt* und vergänglich gelten, dann auch die Theorie, welche die Erfüllung dieses Anspruchs durch geschichtliches Handeln will (vgl. HORKHEIMER 1968b, S. 182ff). Die Kritische Theorie setzt weder auf die verpflichtende Kraft *ethischer Argumente* noch auf ein in der Geschichte waltendes *Fortschrittsgesetz*. Sie greift vielmehr ein in der Gesellschaft aufbrechendes Interesse auf, das sich am Widerspruch von Glücksverlangen und vorenthaltener Erfüllung entzündet. Zu dessen Aufhebung bedarf es nicht nur einer kollektiven praktischen Anstrengung, sondern zugleich einer Theorie, die in der kritischen Erkenntnis der herrschenden Verhältnisse und im Kampf gegen ihre obsoleten Bedingungen *utopisch vorgreifend* etwas von der Vernunft zum Vorschein bringt, deren die Menschen gleichwohl erst durch revolutionäre Praxis mächtig werden können. Wahrheit und Vernunft werden zu einer Sache der *Zukunft*. Einzig in der *kollektiven Emanzipation* – die für die frühe Kritische Theorie an die sozialistische Organisation der gesellschaftlichen Arbeit gebunden ist – sollen Theorie und Praxis, Wahrheit und Freiheit zur Deckung kommen können (vgl. HORKHEIMER 1968b, S. 159f). Entsprechend kann auch der *Bildungsprozeß vernünftiger Subjekte* nur zusammengedacht werden mit der revolutionären Verwirklichung einer Gesellschaft, in der die vernunftbeschränkende Gewalt entfremdeter Objektivität sich lösen kann.

Zur Methode – Ideologiekritik. Die Resonanz, die die Kritische Theorie seit Mitte der 60er Jahre in den Sozial- und Erziehungswissenschaften gefunden hat, steht in engem Zusammenhang mit dem sogenannten *Positivismusstreit* (vgl. ADORNO u. a. 1969, APEL u. a. 1971, BÜTTEMEYER/ MÖLLER 1979, HABERMAS 1967; vgl. KLAFKI 1976, S. 13ff; vgl. MOLLENHAUER 1968, S. 9ff). In der Kritik am Recht und an der Leistungsfähigkeit empirisch-analytischer und hermeneutischer Verfahren wiederholt sich in modifizierter Form der Angriff auf die *traditionelle Theorie* – die Metaphysik und die Geisteswissenschaften einerseits, den erstarkenden Positivismus andererseits –, in welchem die Kritische Theorie einst ihre philosophische Identität gewann (vgl. HORKHEIMER 1968a, b; vgl. MARCUSE 1965a). Der Nachweis, daß sinnliche Wirklichkeit wie begriffliche Ordnung, wahrgenommener Gegenstand wie wahrnehmendes Organ durch denselben gesellschaftlichen Lebensprozeß präformiert sind (vgl. HORKHEIMER 1968b, S. 149), läßt *Erkenntnistheorie* und *Methodologie* nur noch als *kritische Gesellschaftstheorie* zu (vgl. HABERMAS 1968a, S. 9; vgl. BEIER 1977): Nicht «transzendentale Affinität» (KANT 1968, S. 172), sondern gesellschaftliche Arbeit (Praxis) liegt der Synthesis zugrunde (vgl. ADORNO 1971, S. 298). Entspringt das Erkenntnisvermögen aber einem materiell vermittelten geschichtlichen Bildungsprozeß, dann ist die strikte *Trennung von Subjekt und Objekt*, an die der Positivismus nie ernstlich gerührt hat, ebensowenig möglich wie die Reduktion der Wirklichkeit auf Geistiges, sei es im *idealistischen System*, sei es im *geisteswissenschaftlichen Zirkel* von «Leben-Verstehen-Leben» (BENNER 1973, S. 303). Die Kritische Theorie kann sich weder nomothetisch nach dem Vorbild der Naturwissenschaften noch ideographisch als Kulturwissenschaft begründen. Denn der Widerspruch zwischen der tätigen →Subjektivität und der objektiven Gewalt entfremdeter Verhältnisse, in dem sich die bürgerlich-kapitalistische Subjekt-Objekt-Verkehrung manifestiert, verbietet es ebenso, den «Sinn» verstehend bloß nachzuvollziehen, den die Ideologie den Lebensverhältnissen unterlegt, wie die tatsächliche Zwangsläufigkeit gesellschaftlicher Prozesse in der Form bloßer Sachgesetzlichkeit abzubilden. Die kritische Methode muß der paradoxen Aufgabe gerecht werden, «die Nichtverstehbarkeit zu verstehen, die den Menschen gegenüber zur Undurchsichtigkeit verselbständigten Verhältnisse aus Verhältnissen zwischen Menschen abzuleiten» (ADORNO 1972, S. 12; vgl. FEUERSTEIN 1973, S. 58 ff; vgl. HABERMAS 1967, S. 180 ff). Auch die Subjekte «kritischen Verhaltens» (vgl. HORKHEIMER 1968 b, S. 158 ff) können sich der geschichtlichen Subjekt-Objekt-Dialektik nicht schlechthin entziehen, die Kritische Theorie hat kein vom gesellschaftlichen Sein unabhängiges, «absolutes» Erkenntnisprivileg. Als *Kritik* konstituiert sie sich, indem sie die notwendige Verfälschung des →Bewußtseins, das die Individuen und Klassen von sich selbst im Verhältnis zu den sozialen und natürlichen Sachverhalten hegen, im Rückgang auf seine Produktion und Wirkung aufklärt. Kritik bleibt darum aber auch durch bestimmte Negation an die herrschenden Verhältnisse gebunden, solange diese ihre *«verkehrte» Identität* nicht verloren haben, die die Produzenten der Verhältnisse unter deren verselbständigte Gesetze zwingt. Kritische Erkenntnis hat die Form der *Ideologiekritik* (vgl. ADORNO 1966, S. 195). Als solche deckt sie die gesellschaftsstrukturelle *Notwendigkeit, Verkehrtheit* und *Parteilichkeit* von Denk- und Wahrnehmungsweisen, von Deutungen, Empfindungen und Vorstellungen auf. Indem sie das gesellschaftliche Bewußtsein über seine inhaltliche und formale Bestimmtheit aufklärt, soll Ideologiekritik dazu beitragen, die herrschenden Legitimationen als Legitimationen der Herrschaft zu zersetzen und einen *kollektiven Bildungsprozeß* der Unterdrückten in Gang zu setzen, in dem diese ihrer Lage, ihrer Interessen und ihrer Möglichkeiten innewerden können (vgl. BLANKERTZ 1974 a; vgl. INSTITUT FÜR SOZIALFORSCHUNG 1956, S. 162 ff; vgl. KLAFKI 1978).

Die Ideologiekritik richtet sich nicht auf einen besonderen *Gegenstandsbereich* («Ideologien»); spezifisch für sie sind allein die *Methode* und die *Funktion* der Erkenntnis. Sie geht von der *Erfahrung* aus, daß die Wirklichkeit den Sinn nicht erfüllt, den ihr eigener Begriff ver-

486 Erziehungswissenschaft, Kritische

spricht, so wie er in den herrschenden Theorien, aber ebenso, auf klassenspezifische Weise, in den Bedürfnissen, den Hoffnungen und den Selbstdeutungen der Menschen einer Epoche zum Vorschein kommt. Im konsequenten «Bewußtsein von Nichtidentität» (ADORNO 1966, S. 15) arbeitet die Kritik diesen Widerspruch zwischen der Faktizität und ihrer Legitimation heraus. So verstandene *«Sozialforschung»* im Spannungsverhältnis von Sozialphilosophie und Fachwissenschaft (vgl. ADORNO 1971, S. 309 ff; vgl. DUBIEL 1978, S. 161 ff; vgl. HORKHEIMER 1972, S. 40 ff) wird zur *Kritik der realen Verhältnisse*, die durch ihren Begriff als vernünftige verklärt werden. Nach dem Vorbild der Marxschen Kritik der politischen Ökonomie (vgl. HORKHEIMER 1968 b, S. 155, S. 173 ff) verfährt diese Kritik *immanent*, ohne Rekurs auf ein übergeschichtliches Ideal (vgl. HORKHEIMER 1930, S. 69): Ökonomische und politische Freiheit, Gerechtigkeit, Menschenwürde, Fortschritt in der Beherrschung der Natur, eine Ökonomie zum Nutzen aller, vernünftige Subjektivität sind – oder waren? – Kategorien, die das Selbstverständnis der bürgerlichen Gesellschaft bestimmen *und* zugleich das Maß geben, nach dem die bestehenden Verhältnisse im aufgeklärten Widerstand der Kritik verfallen (vgl. HORKHEIMER 1968 a, S. 98 ff; vgl. HORKHEIMER 1968 b, S. 161 f; einschränkend: vgl. HORKHEIMER/ADORNO 1947, S. 56; vgl. HABERMAS 1976 a, S. 10 f). – Kritik und Widerstand leben daher aus der *Erfahrungsfähigkeit der Subjekte* (vgl. ADORNO 1972, S. 26 f; vgl. ADORNO 1975, S. 113 ff; vgl. HERRMANN 1978, S. 97 ff). Daß die Subjekte, die in die Verhältnisse rational verändernd eingreifen können, sich deren Begriff aneignen und als der Wirklichkeit widersprechend erfahren lernen müssen, dies wäre der implizite *bildungstheoretische* Gehalt des ideologiekritischen Verfahrens.

Theorie-Praxis-Verhältnis. Die Erfahrung der *Nichtidentität von Begriff und Sache* motiviert dazu, dem traditionellen Denken ein anderes Paradigma entgegenzusetzen – nicht so sehr, um eine innerwissenschaftliche «Anomalie» (KUHN 1967, S. 80) zu beseitigen, sondern um einen gesellschaftlichen Zustand zu verändern. Die Kritische Theorie begreift ihr *Verhältnis zur Praxis* in drei Dimensionen: Sie sieht sich einem geschichtlich konstituierten (Klassen-)Interesse verbunden, in dessen Besonderung sie das allgemeine Interesse an der Herstellung eines vernünftigen Zustands aufgehoben sieht; sie analysiert die «dynamische Struktur» (HORKHEIMER 1968 a, S. 15) der epochalen Verhältnisse in ihrer geschichtspraktischen Formierung und Veränderbarkeit; sie sieht sich schließlich als notwendiges Aufklärungsmoment des organisierten politischen Handelns im Rahmen sozialer Bewegungen. Ihrem Selbstverständnis nach ist kritische Theorie also genetisch, analytisch und funktionell auf gesellschaftliche Praxis bezogen – als *widerständiger*, subversiver Teil des Ganzen, aus dem sie hervorgeht und das sie zum Gegenstand hat. Es erweist sie als *materialistisch-selbstreflexive Theorie*, daß sie diesen widersprüchlichen Zusammenhang in sich aufnimmt.

Auch in ihrem Praxisbezug unterstellt sich die Kritische Theorie dem Anspruch, die Marxsche Theorie zeitgemäß fortzuführen, deren epochale Leistung darin gesehen wird, daß auf dem Wege immanenter Kritik die erfahrbare Widersprüchlichkeit der Gesellschaft als notwendiges Resultat ihrer kapitalistischen Organisationsform durchschaut und zugleich eine wissenschaftlich fundierte revolutionäre Perspektive eröffnet wurde: Denn mit dem *Privateigentum* auf der Grundlage kapitalistischer *Warenproduktion* identifizierte sie den strategischen Ansatzpunkt; mit dem Entwicklungsgrad der *Produktivkräfte* einerseits, den *Verwertungsproblemen* des Kapitals andererseits zeigte sie die objektive Möglichkeit und Tendenz zur Überwindung der kapitalistischen Verhältnisse; mit dem zum Bewußtsein seiner Lage kommenden *Proletariat* schließlich benannte sie das *interessierte Subjekt* einer revolutionären Praxis, die → Autonomie und Glück in einer solidarisch befriedeten Welt erst möglich machen sollte.

In dieser strikt *historisch-praktischen Selbstbindung* der Theorie liegt nicht nur ihre Radikalität, sondern auch ihre besondere Gefährdung. Sie bleibt in ihrem praktischen Anspruch darauf verwiesen, daß das *Emanzipationsinteresse*, in dessen Dienst sie steht, nicht bloß ideell konstruiert, sondern von empirischen Subjekten geäußert und verfolgt wird. Der Prozeß der «Selbstmarginalisierung» (DUBIEL 1978, S. 129), in dem die Kritische Theorie sich angesichts der Niederlage der revolutionären Bewegung von Fragen verändernder Praxis zunehmend entfernte, wird darum selber noch um jener Praxis willen vollzogen, deren Subjekt sich unter dem gesellschaftlichen Integrationsdruck nicht mehr konstituieren kann (vgl. ADORNO 1969, S. 176f; vgl. HORKHEIMER/ADORNO 1947, S. 51; vgl. MARCUSE 1967, S. 11ff).

Entsprechend ihrem immanenten Postulat, sich nach Maßgabe der gesellschaftlich-politischen Gegenwartserfahrung und gestützt auf die Erkenntnisse der Einzelwissenschaften einer beständigen Revision zu unterziehen, hat die Wahrheit der Kritischen Theorie einen historisch bestimmten «Zeitkern». In diesem Sinn wird heute, in kontroverser Weise, die Grundintention der Kritischen Theorie fortgeführt. Drei Ansätze, die sich zugleich dem akuten Problem der *Wiedergewinnung emanzipatorischer Praxis* stellen, seien wenigstens benannt:

Habermas sieht die Kritische Theorie auf die *Selbstreflexion der Wissenschaften* verwiesen, nachdem der Klassenkonflikt und die proletarische Klassenerfahrung nicht mehr Grundlage und Motor gesellschaftlicher Emanzipationsprozesse sein können. Notwendig und praktisch aussichtsreich erscheint ihm dieser Neuansatz aus zwei Gründen: Er-

488 Erziehungswissenschaft, Kritische

stens habe die Verwissenschaftlichung des gesellschaftlichen Reproduktionsprozesses zur Eliminierung von Ideologie im bisherigen Sinne geführt; im *technokratischen Bewußtsein* verschwinde der Widerspruch zwischen ideologischem Begriff und gesellschaftlicher Verfassung, an dessen Erfahrung der Veränderungswille sich vordem entzünden konnte. Weil an die Stelle der *praktischen* Frage nach dem guten Leben die *technische* nach der Beherrschbarkeit von Natur- und Sozialprozessen getreten sei, müsse vorgängig die *verdrängte Dimension der Praxis* dem → Denken und → Handeln wieder erschlossen werden. Die Freilegung nicht hintergehbarer *Erkenntnisinteressen*, welche jede Erkenntnis auf einen lebenspraktischen Verwendungssinn – Naturbeherrschung, Verständigung, → Emanzipation – gleichsam apriorisch festlegen, soll die Selbsttäuschung einer auf technische Verwertung restringierten Wissenschaft korrigieren (vgl. HABERMAS 1968a). Zweitens sei die Kritik der technokratischen Vernunft zugleich praktisch aussichtsreich, weil Wissenschaft zur entscheidenden *Produktivkraft* avanciert sei, ihre kritische Selbstreflexion darum auch umwälzende Folgen für das System haben müsse, das ihrer zu seiner Erhaltung bedarf (vgl. WELLMER 1969, S. 146ff).

NEGT/KLUGE (vgl. 1972) halten demgegenüber daran fest, daß der *Klassenkonflikt* nach wie vor das theoretisch und praktisch zentrale Element einer Kritik der bestehenden Gesellschaftsverhältnisse darstelle. Anknüpfend an die Kritik der Massenkultur (vgl. HORKHEIMER/ADORNO 1947, S. 144ff; vgl. JAY 1976, S. 255ff), wird zum zentralen Problem, wie die kulturindustriell zerstörte *Erfahrungsfähigkeit* der Arbeiterklasse wiederhergestellt und Medien *proletarischer Öffentlichkeit* ermöglicht werden können, in welchen die gesellschaftlichen Erfahrungen sich zu politischen Handlungsorientierungen verdichten können (vgl. NEGT 1971, S. 83ff).

Schließlich wird in jüngster Zeit ein Motiv wiederaufgenommen, das schon in der «Dialektik der Aufklärung» (HORKHEIMER/ADORNO 1947) beharrlich verfolgt wurde, jedoch erst in der Gegenwart seinen kritischen Sinn voll zu erkennen gibt: die Entfremdung von der Natur durch Naturbeherrschung und die Utopie der *Versöhnung mit der von Zerstörung bedrohten Natur* (vgl. ZURLIPPE 1978).

Kritische Erziehungswissenschaft – Herkunft und Entstehungssituation. Weniger von der Geschichte der pädagogischen Disziplin als vom sachlichen Gehalt her ist bemerkenswert, daß die Kritische Erziehungswissenschaft weder an die von den Nationalsozialisten liquidierte sozialistische Pädagogik anknüpfte noch in der direkten Tradition der Kritischen Theorie steht. Beide sind bisher nur zögernd und selektiv berücksichtigt worden (vgl. HOFFMANN 1978, S. 26; vgl. SCHMIED-KOWARZIK 1974,

S. 90). Vielmehr verdankt sich die Kritische Erziehungswissenschaft in wesentlichen Stücken einer *Selbstkritik der geisteswissenschaftlichen Pädagogik* (vgl. DAHMER/KLAFKI 1968). Wie das allgemeine Bildungswesen war auch die akademische Pädagogik nach dem Kriege, dem restaurativen Trend der Epoche folgend, vornehmlich daran interessiert, die durch Faschismus und Krieg erschütterte Kontinuität in → Theorie und Praxis wiederherzustellen (vgl. KLAFKI 1976, S. 16). Die sozialpsychologischen Studien und bildungstheoretischen Reflexionen der Kritischen Theorie, die wesentlich um die Aufklärung der sozialen Genese und psychischen Struktur autoritärer Folgebereitschaft und um die Analyse der objektiv bedingten Zerstörung subjektiver Erfahrungsfähigkeit und Widerstandskraft bemüht waren, blieben weitestgehend ignoriert (vgl. ADORNO 1972, S. 83 ff; vgl. 1973, ADORNO u. a. 1950, HORKHEIMER 1936; vgl. HORKHEIMER 1974 a, S. 11 ff; vgl. HORKHEIMER/ADORNO 1947; vgl. MARCUSE 1965 a, S. 56 ff; vgl. MARCUSE 1965 b). Es liegt nicht allzu fern, diese Ignoranz auch als Symptom der Schuldabwehr zu verstehen, Schuld aus vergangenem Versagen der etablierten pädagogischen Theorie und Praxis und Schuld aus der Unentschlossenheit der Gegenwart, die politisch-ökonomischen Bedingungen des Faschismus durch die Herstellung einer sozialen Demokratie dauerhaft zu beseitigen (vgl. ADORNO 1975, S. 88 f). So scheint es nicht zufällig, daß die Kritische Erziehungswissenschaft ihre Initiatoren in einer Generation gefunden hat, die Krieg und Faschismus noch erlebt, aber nicht mehr zu verantworten hatte (vgl. MOLLENHAUER u. a. 1978 a, S. 30 ff). Für sie war die Kritik traditioneller → Pädagogik zugleich ein Stück politisch-moralischer Aufarbeitung der Vergangenheit, die möglich wurde im Kontext des anwachsenden Widerstands gegen die autoritäre Formierung der Nachkriegsgesellschaft in der Mitte der 60er Jahre.

Die Selbstkritik der geisteswissenschaftlichen Pädagogik erfolgte über zwei Stufen. Wurde in der sogenannten «realistischen Wendung» (ROTH 1962) der Anschluß an den sachlichen und methodischen Forschungsstand der *empirischen* Human- und Sozialwissenschaften gesucht (vgl. THIERSCH u. a. 1978, S. 81 ff), so galt die nachfolgende *gesellschaftstheoretisch* orientierte Kritik ganz entschieden dem geisteswissenschaftlichen Inhalt, namentlich dem *geisteswissenschaftlichen Bildungsverständnis*. Dieses hatte in lebensphilosophischer Tradition → Bildung als «subjektive Anverwandlung der geschichtlichen Welt in einem Akt produktiven Verstehens» (MENZE 1970, S. 151) konzipiert. Wird nun die Möglichkeit der Harmonie zwischen den Individuen und ihren geschichtlich gewordenen Daseinsbedingungen mit Gründen bezweifelt, so muß diese Vorstellung zerbrechen. In der Konfrontation mit kritischer Gesellschaftstheorie geht es also um die geisteswissenschaftliche Pädagogik (→ Pädagogik, Geisteswissenschaftliche) im ganzen – nicht nur um ihren methodologischen *Universali-*

490   Erziehungswissenschaft, Kritische

tätsanspruch, sondern auch um ihren *Autonomieanspruch* in der Sache. Die Entwicklung der Kritischen Erziehungswissenschaft kann nun, bei aller Variation im einzelnen, als der Versuch verstanden werden, den geisteswissenschaftlichen Ansatz dadurch zu retten, daß er methodologisch wie sachlich um kritische Elemente erweitert wurde (vgl. BLANKERTZ 1974b, S. 633; vgl. HOFFMANN 1978, S. 68, S. 80ff; vgl. KLAFKI 1976, S. 28ff; vgl. RUHLOFF 1979, S. 182; vgl. WULF 1977, S. 17f, S. 38ff).

Dabei wird in eigentümlicher Dialektik der progressive Gehalt der ersten programmatischen Entwürfe dadurch gewonnen, daß auf unverwirklicht preisgegebene Positionen der bürgerlichen Bildungstheorie und deren geschichtsphilosophische Perspektive zurückgegriffen wird. → *Emanzipation* avanciert zum Leitbegriff aller erziehungswissenschaftlichen Bemühungen (vgl. GIESECKE 1969, S. 92ff; vgl. GIESECKE 1971, S. 145ff; vgl. KERSTIENS 1974, S. 59ff; vgl. LEMPERT 1971, S. 310ff; vgl. LEMPERT 1973, S. 216ff; vgl. MOLLENHAUER 1968, S. 11; vgl. ORTMANN 1974, S. 148ff; vgl. RUHLOFF 1980, S. 105ff; vgl. SCHALLER 1974, S. 56ff; vgl. WULF 1977, S. 163f). Dieses emanzipatorische Selbstverständnis kann unter drei Fragen erläutert werden:

– Wie ist «emanzipatorische» Erkenntnis möglich, und in welchem Verhältnis zu «traditionellen» Methoden steht sie?
– Kann «Emanzipation» als theorie- und praxisorientierende Zielsetzung begründet werden?
– Wie kann die Kritische Erziehungswissenschaft dem Anspruch gerecht werden, Moment «emanzipatorischer» Praxis zu sein?

Methodologische Aspekte der Kritischen Erziehungswissenschaft. Kritik im Sinne der Kritischen Theorie wie der Kritischen Erziehungswissenschaft gewinnt ihr Recht aus dem widersprüchlichen – und das heißt: *widervernünftigen – Charakter der gesellschaftlichen und pädagogischen Wirklichkeit.* Die → Methode muß den realen Widersprüchen, an deren praktischer Aufhebung Emanzipation sich bemißt, Rechnung tragen – dem Widerspruch zwischen subjektiven Intentionen und objektiven Funktionen, die «durch solche Intentionen hindurch und wider sie» erfüllt werden (ADORNO u. a. 1969, S. 47); dem Widerspruch zwischen den Möglichkeiten von Heranwachsenden und den Erziehungsverhältnissen, die deren Verwirklichung systematisch verhindern (vgl. MOLLENHAUER 1968, S. 65); dem Widerspruch zwischen dem Begriff eines vernünftigen Subjekts und einem Leben, das diesem humanen Anspruch nicht genügt (vgl. BLANKERTZ 1966, S. 74).

Positivismuskritik. Die Kritische Erziehungswissenschaft hat ihre Methodologie im Anschluß an den sozialwissenschaftlichen *Positivismusstreit* in der Klärung des *Verhältnisses von Hermeneutik, Empirie und*

Kritik zu gewinnen gesucht. Die «realistische Wendung» wurde durch die Kritik der Realität – genauer: durch die Kritik des empirisch-analytischen Realitätsverständnisses und seiner methodologischen Konsequenzen – überboten. Gegen diese werden folgende Einwände erhoben:

– Die Wissenschaft stellt sich der (sozialen) Wirklichkeit als ihrem bloßen Objekt gegenüber, ohne sich selbst noch als bestimmendes und bestimmtes Moment ihres Objektbereichs zu reflektieren (vgl. MOLLENHAUER 1968, S. 15). Diese entschiedene Subjekt-Objekt-Trennung hat zur Folge, daß der Entstehungs- und Wirkungszusammenhang der Wissenschaft ausgeblendet wird und diese sich des *praktischen Interesses*, dem sie tatsächlich korrespondiert, rational ebensowenig vergewissern kann wie der *lebenspraktischen Kriterien*, gemäß denen ihre Resultate sich *bewähren* müssen. Auch für die Pädagogik gilt, daß die Rationalität empirisch-analytischer Forschung sich an Kriterien *technischer Effizienz* bemißt (vgl. HORKHEIMER 1968b, S. 145; vgl. KÖNIG 1975, S. 180). Aufgrund dieser pragmatischen Funktion scheint eine gesellschaftlich folgenreiche *Parteinahme* solcher Forschung unvermeidlich: Hinter dem Bekenntnis zur Werturteilsfreiheit etabliert sich die *«technologische Rationalität» als Wert*, «weil sie vor allen übrigen Werten den Vorzug hat, in den rationalen Verfahrensweisen selbst impliziert zu sein» (HABERMAS 1963, S. 245).

– Wenn Wissenschaft rationale Wirklichkeitserkenntnis ermöglichen soll, ist das Wirklichkeitsverständnis des Positivismus dogmatisch. Denn die Vorentschiedenheit für die «teleologisch-kausalanalytische Struktur» der Erkenntnis (LÖWISCH 1979a, S. 162) präjudiziert, daß die Wirklichkeit allein unter dieser Form erscheinen kann. Die Norm der Wissenschaftlichkeit legt fest, was rational erschließbare Wirklichkeit sein soll und allein sein darf (vgl. BENNER 1973, S. 196ff).

– Diesem Wirklichkeitsverständnis zufolge ist *Praxis* nur als Beherrschung natürlicher, psychischer und sozialer Prozesse denkbar. Pädagogisches Handeln ist vorab festgelegt auf den Versuch, «andere Menschen mit psychischen und sozial-kulturellen Mitteln so zu beeinflussen, daß sie Lernziele, die für wertvoll oder sozial erwünscht gehalten werden, erreichen» (BREZINKA 1971, S. 31). *Heteronomie* als Prinzip und *Technik* als Handlungsmodell bestimmen die Erziehungswirklichkeit, wenn sie nach Maßgabe solcher Wissenschaft konstituiert wird. Es erscheint seinen Kritikern nicht zweifelhaft, daß dieses technokratische Modell gleichsam danach verlangt, die noch spürbare *Widerständigkeit* der Erziehungswirklichkeit zu brechen und die Menschen so zu machen, daß sie der Theorie gemäß funktionieren (vgl. BENNER 1973, S. 199; vgl. MOLLENHAUER 1968, S. 15).

– Die logische Struktur der positivistischen Theorie läßt rationale *Praxis* nur *als Wiederholung* zu. Sie verschreibt sich dem «Prinzip der Imma-

492 Erziehungswissenschaft, Kritische

nenz» (HORKHEIMER/ADORNO 1947, S. 22), das sich gegen ein Verständnis von Bildung als einem *zukunftsoffenen Prozeß* sperrt. Von jenem Identitätsprinzip ungedecktes, *utopisch* orientiertes Handeln verfällt dem Stigma der Irrationalität, tendenziell dem der gesellschaftlichen Abweichung. Der Szientismus bestärkt jenen konservativen «Wirklichkeitssinn», der die Angst vor der offenen Zukunft durch die zwanghafte Fixierung aufs Machbare und «Bewährte» verdrängt und zugleich den utopisch vorgreifenden «Möglichkeitssinn» und dessen Träger der sozialen Kontrolle unterwirft (vgl. HORKHEIMER/ADORNO 1947, S. 8; vgl. MOLLENHAUER 1979, S. 115ff).

– Schließlich wird die neuzeitliche *Vorherrschaft der instrumentellen Vernunft* aus der Dialektik des abendländischen *Zivilisationsprozesses* verstanden. Aufklärung als Emanzipation vom Naturzwang durch Naturbeherrschung scheint unlöslich mit der Beherrschung der menschlichen Natur, mit sozialer Herrschaft wie mit Selbstbeherrschung verbunden zu sein (vgl. ELIAS 1969). Wenn am vorläufigen Ende des Aufklärungsprozesses die befreiende Ermächtigung der Menschen umschlägt in ihre Unterwerfung unter den universalen Zwang sozialtechnischer Apparate und in die ausbeuterische Vernichtung der Natur, so ist die instrumentelle Vernunft dazu Mittel und Ideologie in einem (vgl. HABERMAS 1968a, S. 52f). Das Besondere, Individuelle an den Menschen, das mit dem operationellen Begriff der Bearbeitung, Kontrolle und Verwertung nicht identisch ist, verfällt der Abstraktion (vgl. HORKHEIMER/ADORNO 1947). Das durch solche Erfahrung ausgelöste «Unbehagen in der Zivilisation» artikuliert sich wissenschaftlich nicht nur in der Kritischen Theorie; die zunehmende Bedeutung etwa des Symbolischen Interaktionismus, des «labeling approach», der Antipsychiatrie, der Humanistischen Psychologie, schließlich auch die sogenannte «Alltagswende» in der Pädagogik (vgl. LENZEN 1978, 1980a; vgl. THIERSCH 1977; vgl. THIERSCH u. a. 1978, S. 95ff) stehen dafür ein (vgl. BOPP 1980, BRUMLIK 1973, KECKEISEN 1974, THIERSCH 1977; → Alltag; → Antipädagogik; → Interaktionismus, Symbolischer; → Stigmatisierung).

Erkenntnisinteresse. Die Kritische Erziehungswissenschaft hat ihr methodologisches Selbstverständnis weder über Horkheimers Konzeption einer *dialektisch-materialistischen Darstellung* gewonnen, wie sie in den sozialphilosophischen Arbeiten exponiert (vgl. HORKHEIMER 1968a, b) und in den «Studien über Autorität und Familie» (HORKHEIMER 1936) ansatzweise ausgeführt wurde (vgl. DUBIEL 1978, S. 161ff); noch hat sie an Adornos *negative Dialektik* angeknüpft, die kritisch auf die antagonistische Totalität des Gesellschaftszusammenhanges abstellt. Zumindest aus erziehungswissenschaftlicher Sicht müssen die methodologischen

Implikationen des Werks von Horkheimer und Adorno daher eher für übergangen denn für überwunden gelten. Es scheint so, daß die kritisch-dialektische Methode mit ihrem für materialistische Theorie konstitutiven Totalitätsbegriff sich der Funktion versperrt, die geisteswissenschaftliche Pädagogik um eine Dimension zu ergänzen, ohne sie doch zu ersetzen (vgl. KLAFKI 1976, S. 42). Die These, daß es der Kritischen Erziehungswissenschaft weniger um eine «Konversion» (KUHN 1967, S. 199f) im Sinne eines Paradigmenwechsels als um eine (weitere) *Revision* des geisteswissenschaftlichen Ansatzes zu tun war (vgl. LENZEN 1980b), wird gestützt dadurch, daß und wie an die Interessenlehre von HABERMAS (vgl. 1968b, S. 146ff) angeknüpft wurde, die sowohl die *hermeneutische Orientierung* der geisteswissenschaftlichen Pädagogik wie das in der realistischen Wende hinzugewonnene *empirisch-analytische Instrumentarium* unter den lebenspraktischen Gesichtspunkten kommunikativer Verständigung einerseits und technischer Verfügung andererseits in ihrem Eigenrecht zu bestätigen schien. Das Zusammenspiel von *Hermeneutik* und *empirisch-analytischer Methode* soll, orientiert durch ein *emanzipatorisches Erkenntnisinteresse*, die wissenschaftliche *Aufklärung als Kritik* ermöglichen (vgl. KLAFKI 1976, S. 47; vgl. LEMPERT 1971, S. 328; vgl. MOLLENHAUER 1968, S. 11ff; kritisch: vgl. BENNER 1973, S. 303; vgl. FEUERSTEIN 1975). Sie soll ein Wissen hervorbringen, das gegen ideologische Befangenheit und positivistische Verdinglichung gesichert ist und dessen Verwendungssinn auf emanzipatorisches Handeln verweist: *Hermeneutisch* sollen die institutionalisierten und derart zur «zweiten Natur» gewordenen Wertsetzungen und Handlungsmuster reflexiv zu Bewußtsein gebracht und dadurch der öffentlichen Diskussion allererst wieder zugänglich gemacht werden; *empirisch-analytisch* sollen herrschende Meinungen (Vorurteile) durch die Überprüfung ihres empirischen Gehalts der Kritik unterzogen und damit zugleich Handlungsmuster, die auf widerlegten Unterstellungen beruhen, in Frage gestellt werden. *Emanzipatorisch* mag solche Aufklärung insofern heißen, als sie den Bereich bewußter Verfügung in normativer und instrumenteller Hinsicht erweitert. Genau dies aber sind die Leistungen der *Aufklärung vor Marx*, deren Subjekt sich noch nicht von historisch-materiellen Verhältnissen bestimmt weiß, sondern die Macht zur Gestaltung der geschichtlichen Zukunft prinzipiell immer schon in seiner Hand wähnt (vgl. SCHMIED-KOWARZIK 1979, S. 185ff). Als Grenzen der Mündigkeit erscheinen allein die Grenzen des Wissens, das der kollektiven Willensbildung zur Verfügung steht. So werden durch die Beschränkung auf empirische und hermeneutische Erkenntnisse intersubjektive Einverständnisse, die *unter gegebenen Bedingungen* zustande gekommen und zu Bewußtsein gebracht sind, zur praktischen Vernunft hypostasiert, ohne daß methodologisch deren *systematische Verzerrung* durch den objektiven

494 Erziehungswissenschaft, Kritische

gesellschaftlichen «Verblendungszusammenhang» in Rechnung gestellt werden könnte (vgl. HOFFMANN 1978, S. 71).

Diese *dualistische Methodologie* impliziert eine *dualistische Konstruktion des Gegenstandsbereichs:* Die gesellschaftliche Objektivität wird den erkennenden und handelnden Menschen als ein Ensemble *äußerlicher* Faktoren in der Weise gegenübergestellt, daß die (empirisch-analytisch feststellbaren) gesellschaftlichen *«Bedingungen»* als Restriktionen, Barrieren oder Unterdrückungsmechanismen auf die Menschen *«einwirken»* und sie in ihrer hermeneutisch aufklärbaren Subjektivität und Möglichkeit einschränken, behindern oder benachteiligen. Mit dieser Rückführung pädagogischer Sachverhalte auf «zwei Basiskomponenten» (MOLLENHAUER 1972, S. 41) bringt sich die Kritische Erziehungswissenschaft aber schon auf der Ebene metatheoretischer Vorentscheidungen um die Einsicht der Kritischen Theorie, daß die gesellschaftliche Totalität kein Eigenleben über und neben den Einzelsubjekten führt, sondern sich durch deren Tätigkeit und Existenz hindurch vermittelt. So wichtig die nach jenem Modell gewonnenen Erkenntnisse etwa über die schichtspezifische Erziehung oder die gesellschaftliche Privilegienstruktur im Bildungswesen für die Politisierung des pädagogischen Problembewußtseins gewesen sein mögen, so unzulänglich sind sie für die Ausarbeitung einer Kritischen Erziehungswissenschaft in praktischer Absicht. Nirgendwo mehr als im Bildungsprozeß von Heranwachsenden wird die dialektische Vermittlung von einzelnem und allgemeinem – als *widersprüchlich-zwangvolle Einheit von Individuierung und Vergesellschaftung* – virulent (vgl. ADORNO 1972, S. 42ff). Entsprechend hat die erzieherische Erfahrung ihren Gegenstand nicht eigentlich in Prozessen gesellschaftlicher *Beeinflussung*, sondern in der *konflikthaften Vermittlung* von Subjektivem und Objektivem als Prozeß. Habermas, dessen Ansatz für die Kritische Erziehungswissenschaft in anderen Fragen durchaus verbindlich war, hat diese Problematik mit der Rekonstruktion einer eigenständigen Erfahrungsweise aufgenommen: *«explanatorisches Verstehen»* – exemplifiziert an der psychoanalytischen Erfahrung – soll in den Strukturen der Subjektivität die gesellschaftlichen Formen und Kräfte entdecken, die das Subjekt, seine bewußten Intentionen hintergehend, in seinen Leistungen bestimmen (vgl. HABERMAS 1967, S. 180ff; vgl. FEUERSTEIN 1975, S. 167f). Diese Konzeption eröffnet die Perspektive einer *erfahrungswissenschaftlich verfahrenden Ideologiekritik.* Denn keine Lebensäußerung ist von solcher «Ideologisierung» prinzipiell ausgenommen – weder das Denken noch die Wahrnehmung, weder die Sprache noch die Motorik, weder die Bedürfnisse noch das Leiden, weder die Phantasie noch die Interaktionsweisen (→Interaktion). Über eine *Theorie der entfremdeten gesellschaftlichen Praxis* sind diese Lebensäußerungen als Momente des gesellschaftlichen Arbeits- und Gewaltzusammenhangs transparent zu machen, ohne daß ihr Besonderes, Individuelles, mit dem objektiven Mechanismus Nicht-Identisches und Widerständiges aufgeopfert würde. Ansätze zu einem dialektischen Begriff gesellschaftlich vermittelter Subjektivität sind inzwischen sowohl innerhalb wie außerhalb der Kritischen Erziehungswissenschaft immerhin gemacht (vgl. HACK 1977, LEITHÄUSER u. a. 1977; vgl. LENZEN 1973, S. 159ff; vgl. LORENZER 1972; vgl. MOLLENHAUER 1972, S. 168ff; vgl. MOLLENHAUER 1977, S. 51ff; vgl. OEVERMANN 1976, OTTOMEYER 1977, SARTRE 1977–1980).

Normative Aspekte der Kritischen Erziehungswissenschaft. Im sogenannten Normativitätsproblem (vgl. RUHLOFF 1980) verschränken sich die Normen, denen die Erziehungswissenschaft gehorcht, und die normativen Orientierungen der Praxis, die sich der Theorie bedient. Die Kritische Erziehungswissenschaft kann sich weder in vermeintlicher *Wertfreiheit* darauf zurückziehen, daß ihr Emanzipationspostulat einer wissenschaftlich nicht begründbaren Wertsetzung entspringe, noch kann sie sich dem *Primat der* vorgefundenen *Praxis* anvertrauen, da diese doch Gegenstand ihrer Kritik ist. In der Konzeption einer kritischen Wissenschaft tritt darum offen zutage, was hinter der Indifferenz des Positivismus und der Anbindung der Geisteswissenschaften an den objektiven Geist der Epoche verschwindet: daß Erkenntnis eine *praktische Option auf die Zukunft* enthält. Während jede «traditionelle» Erziehungswissenschaft – bei aller Veränderung im einzelnen – an der Reproduktion der vorfindlichen und wissenschaftlich thematisierten «Seinsstruktur» festhält (MARCUSE 1967, S. 179) – gleichviel ob diese als Universum kausaler und funktionaler Abhängigkeiten oder als interpretativ zu erschließender Sinnzusammenhang gedeutet wird –, zielt eine kritische Wissenschaft auf die *Veränderung der Seinsstruktur* selbst. Dieser Veränderungsanspruch hebt drei Aspekte des Normativitätsproblems besonders hervor: erstens das Verhältnis von geschichtspraktischer *Kontinuität und Diskontinuität*, zweitens das Verhältnis von *Pädagogik und Politik*, drittens das Verhältnis von *praktischem Interesse und theoretischer Rechtfertigung*.

Zum ersten: Das Emanzipationspostulat bleibt abstrakt, solange es nur auf die *Diskrepanz zwischen Wirklichkeit und Möglichkeit* von Bildungsprozessen, zwischen *Faktizität und Ideal* von Erziehungsverhältnissen verweist (vgl. BLANKERTZ 1979a, S. 39; vgl. MOLLENHAUER 1972, S. 64). Erst die gesellschaftstheoretisch nachgewiesene Notwendigkeit dieser Diskrepanz als Konsequenz der institutionalisierten Praxis *und* die Konkretisierung des Veränderungspotentials lassen den unversöhnbaren *Bruch* zwischen Gegenwart und Zukunft ebenso hervortreten wie das unabdingbare Moment historischer *Kontinuität*. Denn sowenig die Utopie, welche aus dem Erleiden und Erkennen bisheriger Geschichte

496 Erziehungswissenschaft, Kritische

entspringt, sich in der reformistischen Verbesserung des Bestehenden erfüllt, sowenig ist die Verwirklichung des «Neuen» kraft eines rousseauistischen Neubeginns, sondern, wenn überhaupt, nur als Freisetzung des ideellen und materiellen Potentials bisheriger Geschichte denkbar.

Zum zweiten: Emanzipation kann nicht als individuelle Bildungsgeschichte konstruiert werden. Hat ein kritischer Bildungsbegriff die *Dialektik von Anpassung und Widerstand* zu entfalten, so können diese widerstreitenden Momente nicht unabhängig vom aktuellen Integrationsgrad und Konfliktpotential in der Gesamtgesellschaft konkretisiert werden (vgl. ADORNO 1972, S. 102f). Darum erfordert die Konkretisierung des pädagogischen Emanzipationspostulats unausweichlich eine Antwort auf die aktuelle gesellschaftlich-politische Situation. Solange die Befreiung des «Edukandus» aus Inkompetenz und Fremdbestimmung sich am objektiven Zwang der Verhältnisse bricht, die sich seiner Subjektivität ideologisch und materiell bemächtigen, kann die Pädagogik sich des kritischen Charakters ihrer Theorie und Praxis nur im Aushalten des fortdauernden Widerspruchs von Individuum und Gesellschaft vergewissern. Solange die Gesellschaft als objektiver Zwangszusammenhang sich reproduziert, gibt sich eine kritisch-materialistische Pädagogik gegenüber «liberalen», «dialogischen» oder «kommunikativen» Programmatiken (vgl. CLAUSSEN 1979a, S. 88; vgl. SCARBATH 1979; vgl. SCHALLER 1979a, S. 160ff) deshalb dadurch zu erkennen, daß sie jenes Zwangsmoment und mit ihm den Widerspruch zwischen Pädagogik und Politik nicht verdrängt – weder der Harmonie im Denken noch der Tugendhaftigkeit im Handeln zuliebe.

Zum dritten: Daß das Emanzipationspostulat als zentrales Element im Begründungsmuster der Kritischen Erziehungswissenschaft *expliziert* werden muß, steht außer Zweifel. Zweifelhaft hingegen erscheint die Forderung, jenes Postulat zu *rechtfertigen* (vgl. KÖNIG 1975, S. 185) oder in den «Letztbedingungen» des Pädagogischen überhaupt (vgl. LÖWISCH 1979b, S. 193) transzendentalphilosophisch zu fundieren. Im Sinne der Kritischen Theorie wäre vielmehr dieses Begründungsbedürfnis zu erklären. Denn ihr war, angesichts manifester Klassenherrschaft und Ausbeutung, die «Existenz einer nicht weiter zu legitimierenden, sondern nur historisch zu erklärenden Sehnsucht nach Glück und Freiheit für die Menschen» gewiß (HORKHEIMER 1968a, S. 210). Wer für diese zusätzliche Rechtfertigungen fordert, stellt ihr Recht in Frage. Solches Infragestellen aber ist nicht nur ein philosophischer, sondern zugleich ein politischer Akt. Es ist nämlich nicht zu übersehen, daß jenseits der notwendigen Selbstverständigung einer kritischen Wissenschaft die Forderung nach Legitimation selbst noch empirischen Zwecken dienstbar gemacht werden kann: *Herrschende* können den Protest gegen ihre Herrschaft «argumentativ» in Zweifel ziehen; *Beherrschte* können sich aus autoritärer Befangenheit der Übereinstimmung mit einer metaphysischen Autorität oder der Zustimmung aller versichern wollen; *Wissenschaftler* schließlich, die zwischen den gesellschaftlichen Hauptkonfliktlinien stehen – und sich darum «als die berufenen intellektuellen Vertreter der Menschheit» wähnen (HORKHEIMER 1974a, S. 299) –, können die Sorge, ob sie bei entsprechender Parteinahme für individuelle und gesellschaftliche Emanzipation nicht mehr zu verlieren als zu gewinnen haben, rollenkonform in einen unendlichen philosophischen → Diskurs überführen. Die Begründungsproblematik scheint darum selber noch gesellschaftlich präformiert. Die gegenwärtige Tendenz, das pädagogische und gesellschaftliche Emanzipationspostulat *transzendental* zu begründen (vgl. BLANKERTZ 1966, S. 74; vgl. HABERMAS 1971, S. 136ff; vgl. MOLLENHAUER 1972, S. 64ff), zeigt an, daß im Widerstreit von kritischer und traditioneller Theorie nicht mehr ein materieller gesellschaftlicher Interessenantagonismus gesehen wird, der durch wissenschaftliches Argumentieren allein nicht zu schlichten ist, sondern daß dem Befreiungsinteresse nur insoweit getraut wird, als es in transzendentalen Bedingungen der menschlichen Existenz fundiert scheint (vgl. WELLMER 1977; kritisch: vgl. THEUNISSEN 1969). Anders als die Kritische Theorie hat die Erziehungswissenschaft diese *Abhängigkeit ihrer Selbstbegründung von der jeweiligen historischen Konstellation* bisher kaum reflektiert, sofern die Notwendigkeit solcher Reflexion nicht überhaupt bestritten wird (vgl. HOFFMANN 1978, S. 115).

Pädagogische Konkretisierung des Emanzipationspostulats. Wie jede positive Vorwegnahme von Zukünftigem stehen auch → *Erziehungsziele* – ungeachtet ihres vermeinten Sinnes – a limine unter dem Verdacht, ideologische Projektionen gegenwärtiger Sichtweisen und Interessen zu sein (vgl. MOLLENHAUER 1968, S. 69). Der Versuch, *erziehungs- und bildungstheoretisch* einzulösen, was mit Emanzipation gemeint ist, aktualisiert darum den Widerspruch von geschichtlicher Kontinuität und Diskontinuität und führt die pädagogische Handlungsorientierung in das *Dilemma zwischen falscher Positivität*, die in der Kontinuität der «verkehrten» Gegenwartsverhältnisse befangen bleibt, *und folgenlos abstrakter Negation*, die das Unvernünftige entlarvt, ohne des Vernünftigen schon mächtig zu sein. Unter dem Anspruch der Kritik scheint die Normierung pädagogischen Handelns nur noch als negative möglich zu sein. Denn zum einen ist die inhaltliche Normierung des Bildungsprozesses mit dem individuellen Anspruch auf Mündigkeit, zu welcher den Heranwachsenden doch verholfen werden soll, schwerlich vereinbar (vgl. MOLLENHAUER 1972, S. 42); zum andern erfordert Mündigkeit, die mehr sein will als die subjektive Selbständigkeit unter gegebenen Bedingungen (vgl. GIESECKE 1971, S. 147), zugleich veränderte gesellschaft-

498 Erziehungswissenschaft, Kritische

liche Beziehungen, deren vorwegnehmende Konkretisierung nur von der illusionären Warte einer übergeschichtlichen Vernunft möglich wäre. Mit der *doppelten Negativität* des Normativitätsproblems ist also die *Verschränkung individueller Bildungsprozesse mit der Durchsetzung gesellschaftlicher Emanzipationsinteressen* angesprochen. Auf diese wird in der Kritischen Erziehungswissenschaft zwar allenthalben verwiesen (vgl. GIESECKE 1971, S. 145 ff; vgl. HOFFMANN 1978, S. 77; vgl. MOLLEN-HAUER 1972, S. 9 ff), sie wird jedoch selten zum Gegenstand substantieller Forschung gemacht.

Die Kritische Erziehungswissenschaft gewann ihre Identität im Zweifel an der Rationalität und Legitimation des letztlich affirmativen Bildungsverständnisses der traditionellen Pädagogik. Getreu der Devise Kritischer Theorie, daß nicht das Gute, sondern das Schlechte Gegenstand der Theorie sei (vgl. HORKHEIMER / ADORNO 1947, S. 258), wird der Pädagogik nicht der Entwurf einer besseren, sondern die Kritik der vorgefundenen Erziehung und ihrer Bedingungen aufgegeben. Gegen die Zumutung, *konstruktiv* zu sein, wird der *Bruch mit der geläufigen Praxis*, die Diskontinuität zwischen Tradition und Zukunft hervorgekehrt: Die *Rationalität* Kritischer Erziehungswissenschaft sei zunächst und notwendig «immer negativ» (MOLLENHAUER 1968, S. 69; kritisch: vgl. RUHLOFF 1979, S. 187). → *Bildung* kann infolgedessen nicht mehr als persönlichkeitstiftende Aneignung, Durchdringung und Fortbildung des kulturellen Gehaltes ihrer Zeit begriffen werden. Als «Einblick in die Bedingungen der gesellschaftlichen Existenz» (MOLLENHAUER 1968, S. 67) ist sie wesentlich Einsicht in deren Irrationalität und Veränderungsbedürftigkeit. Auf denselben Begriff kritischer Rationalität verpflichtet, stimmen Wissenschaft als Kritik und «gelungene» Bildung in der aufgeklärten Opposition gegen die historisch-gesellschaftlichen Bedingungen, aus welchen sie erwachsen sind, überein. So verstandene Bildung ist darum nicht unmittelbar *Mündigkeit*, eher ist sie praktische Gesellschaftskritik – um künftiger Selbstbestimmung willen. Kritische Bildung soll somit das Potential gesellschaftlicher Veränderungen hervorbringen, ohne die die heranwachsende Generation in ihrer Existenz hinter ihren Möglichkeiten zurückbleiben müßte. Dieses *Mögliche* – utopisch vorgestellt als Mündigkeit, als Vernunft, als Selbstergreifung des Menschen – überschreitet den pragmatistischen Horizont der Gegenwartsgesellschaft, innerhalb dessen seine Verwirklichung systematisch eingeschränkt ist. Die Kategorie des Möglichen, welche die für kritische Bildung konstitutive Erfahrung der Nicht-Identität des entfremdeten Daseins mit seinem humanen Potential festhält, steht so dafür ein, daß das pädagogische Denken nicht der «differenzlosen Identität mit der Gesellschaft» (BLANKERTZ 1979 b, S. 84) verfällt.

Kommt diese Konzeption derjenigen der späten Kritischen Theorie

Erziehungswissenschaft, Kritische 499

zumindest hinsichtlich ihrer kompromißlosen *Negativität* nahe (vgl. ADORNO 1972, S. 19), so teilt sie doch mit der frühen deren Hoffnung auf die praktische *Wirksamkeit* von Kritik. Denn wiewohl kaum bewußt, wiederholt sich in der Identifizierung von Bildung und kritischer Rationalität formal die vormals intendierte Konvergenz von kritischer Theorie und revolutionärem Klassenbewußtsein. Fraglich bleibt indessen, inwiefern die Negation des Wirklichen per se schon Moment des praktischen Fortschritts sein kann (vgl. MOLLENHAUER 1968, S. 69), solange die unterstellte Möglichkeit nicht materialistisch-dialektisch als wirksame *Tendenz in der Wirklichkeit* von Erziehung und Gesellschaft aufgewiesen und ergriffen, sondern idealistisch-anthropologisch der schlechten Faktizität als *regulative Idee und unbedingte Zwecksetzung* kritisch entgegengehalten wird (vgl. BLANKERTZ 1966, S. 74; vgl. BLANKERTZ 1979a, S. 39; vgl. MOLLENHAUER 1968, S. 65). Diese Konzeption setzt sich darum nicht nur dem Vorwurf aus, sie reduziere das Erziehungsproblem auf die Negation von Herrschaft und die Emanzipation aus Abhängigkeitsverhältnissen und vernachlässige andere notwendige Befähigungen zur Daseinsgestaltung (vgl. RUHLOFF 1979, S. 186ff); grundsätzlicher noch wird eingewandt, daß solche Kritik als bloß abstrakte Negation des Bestehenden im Namen einer unbestimmt besseren Möglichkeit verändernde Praxis insgesamt nicht rational orientieren könne, sondern in einem «Zirkel folgenloser Ideologiekritik» gefangen bleibe (BENNER 1973, S. 317; vgl. KÖNIG 1975, S. 183ff).

Die Kritische Erziehungswissenschaft kann ohne Selbstpreisgabe nicht davon abgehen, daß das Bessere nicht inhaltlich vorweggenommen, sondern nur im wirklichen Emanzipationsfortschritt sichtbar werden kann (vgl. BLANKERTZ 1979a, S. 38; vgl. HORKHEIMER 1968b, S. 165). Um dem bezeichneten Dilemma zu entgehen, hat sie darum einen Weg beschritten, der die Setzung materialer Erziehungsziele vermeidet und doch den Bildungsprozeß an einen Maßstab bindet, der zum einen den Fortschritt in der Emanzipation der sich bildenden Subjekte und ihrer sozialen Beziehungen anzeigt, zum andern aber auch das pädagogische Handeln und die Struktur des pädagogischen Feldes kritisch zu prüfen gestattet. Zu diesem Zweck wird der «normative Gehalt kritischer Grundbegriffe» (HABERMAS 1976a, S. 63) in Begriffen einer Theorie der Bildung sprach- und handlungsfähiger Subjekte expliziert, welche psychoanalytische, kognitionspsychologische, interaktionistische und linguistische Erkenntnisse integriert (vgl. HABERMAS 1976a, S. 63ff; vgl. HABERMAS 1973, 1976b; vgl. DÖBERT/NUNNER-WINKLER 1975, S. 21ff; vgl. OEVERMANN 1976). Die Kritische Erziehungswissenschaft bezieht sich auf diese Theorie und ihre universalpragmatische Fundierung unter drei Gesichtspunkten:

Erstens sieht sie den Emanzipationsanspruch darin gerechtfertigt, daß

500 Erziehungswissenschaft, Kritische

die *Utopie herrschaftsfreien Lebens* als in Sprache und kommunikativem Handeln immer schon *beansprucht* nachgewiesen wird, daß also auch das emanzipatorische Interesse an der Verwirklichung dieser Lebensform unabhängig von seiner tatsächlichen historischen Artikulation gattungsgeschichtlich bereits angelegt ist. Zweitens wird aus dieser antizipierten «Kommunikationsgemeinschaft» und ihrer konstitutiven Verkehrsform, dem «Diskurs», abgeleitet, welche → *Kompetenzen* bei den Heranwachsenden gefördert werden müssen, damit sie nicht nur vorgegebenen Normen folgen, sondern sich kritisch zum Bestehenden verhalten und sich diskursiv über theoretische und praktische Geltungsansprüche auseinandersetzen können. Drittens schließlich werden erziehungstheoretische Konsequenzen gezogen, indem pädagogisches Handeln zunächst als *kommunikatives Handeln* bestimmt, sodann der kommunikativen Ethik unterstellt und zu den bildungstheoretischen Postulaten in Beziehung gesetzt wird (vgl. MOLLENHAUER 1972).

Es mag sowohl der geisteswissenschaftlichen Tradition wie der eminenten Bedeutung von Kommunikation für die Theoriebildung der Kritischen Erziehungswissenschaft zuzuschreiben sein, daß in vielfältigen Konkretisierungsversuchen zwar Fragen der moralischen, der politischen, der sozialen und der ästhetischen Erziehung, kaum aber solche der polytechnischen Bildung abgehandelt werden. «Produktionsbildung» als der andere Strang des emanzipatorischen Mündigkeitsentwurfs (vgl. HEYDORN 1972, S. 21 ff) bleibt marginal.

Theorie und Praxis. Zur Klärung des Theorie-Praxis-Verhältnisses (→ Theorie – Praxis) genügt es nicht, daß die methodologische und kategoriale → Struktur handlungswissenschaftlicher Aussagen reflektiert wird, es muß auch die Frage nach den gesellschaftlichen Subjekten und Adressaten kritischer Forschung, nach deren materiellen Bedingungen, Organisationsformen und Wirkungsmöglichkeiten einbezogen werden. Daran gemessen ist das Verhältnis der Kritischen Erziehungswissenschaft zur pädagogischen Praxis kaum geklärt. Die tradierte geisteswissenschaftliche Formel einer *Wissenschaft von der Praxis für die Praxis* (vgl. BENNER 1973, S. 317; vgl. WULF 1977, S. 139) kann nur für eine Handlungswissenschaft gelten, die sich prinzipiell in die *Kontinuität* der gegebenen pädagogischen Praxis als eines wesentlichen Reproduktionsmediums bestehender Lebensformen stellt. Die Praxis hingegen, auf welche kritische Forschung geht, ist nicht die mit der Pragmatik des Alltagslebens immer schon gegebene; es wäre vielmehr diejenige, die deren Logik außer Kraft setzt. – Die derart veränderte Problematik des Praxisbezuges tritt am deutlichsten im Begriff einer *kritisch-konstruktiven Erziehungswissenschaft* zutage (vgl. KLAFKI 1976, 1982), welche ausdrücklich die Negativität und «Praxisferne», die der späten Kritischen Theorie zum Stigma geworden ist, überwinden soll (vgl. WULF 1977, S. 148f). Nun wäre der geschichtspraktische Pessimismus der Kritischen Theorie gewiß mißverstanden, würde in ihm primär ein psychologisch zu deutender Habitus gesehen. In durchgehaltener historisch-materialistischer Selbstreflexion, die zum spezifischen Erfahrungsgehalt nicht den gesellschaftlichen Fortschritt, sondern die *Niederlage* der proletarischen Emanzipationspraxis hat, stellt sich die Kritische Theorie vielmehr illusionslos dem unvermittelten Bruch zwischen Theorie und Praxis. (Es ist ein Symptom dieses Bruchs, daß die marxistische Theorie in den kapitalistischen Gesellschaften Europas ihren sozialen Ort von den Organisationen der Arbeiterbewegung in die Universitäten verlagert hat und sich in ihren Organisationsformen nur wenig von «traditioneller» Wissenschaft unterscheidet – vgl. ANDERSON 1978, S. 135ff.) Setzt nun die Kritische Erziehungswissenschaft dieser Erfahrung der Niederlage und ihren negativen Konsequenzen für die mögliche Orientierung befreiender Praxis *Konstruktivität* lediglich als *Prinzip* entgegen, so scheint die daraus entspringende Zuversicht um den Preis nicht nur jener Erfahrung, sondern auch des geschichtspraktischen Begründungszusammenhangs im ganzen erkauft. Tatsächlich zeigt sich die Tendenz, zu dem (sozialwissenschaftlich relativierten) Topos der *pädagogischen →Autonomie* zurückzukehren, an dessen Unwahrheit die Kritik sich einst entzündete (vgl. MOLLENHAUER 1968, S. 22ff). Ungeachtet der Diskussionswürdigkeit der dafür aufgebotenen Argumente (vgl. BLANKERTZ 1979a, S. 39; vgl. KLAFKI 1982; vgl. MOLLENHAUER 1972, S. 12ff; vgl. MOLLENHAUER 1979) erfüllt die Idee der relativen Autonomie die Funktion, die Pädagogik von gesellschaftstheoretischen wie politisch-sozialen Ansprüchen erheblich zu entlasten. Das Korrelat solcher Autonomie ist nämlich die zunehmende Unbestimmtheit der Adressaten und des gesellschaftlichen Gebrauchswertes der Theorie, wie der Vergleich mit der sozialistischen Pädagogik sinnfällig machen könnte. Hatte diese die Erziehung und die Erziehungswissenschaft als Gegenstand des *Klassenkampfes* und als Element der proletarischen oder bürgerlichen *Klassenpraxis* verstanden (vgl. BENJAMIN 1969, S. 87f), so sucht die Kritische Erziehungswissenschaft das erzieherische Handeln in erster Linie aus einem kritisch-anthropologisch gefaßten *Gattungsinteresse* zu orientieren. Die *gesellschaftliche Lage* konstituiert demnach kein spezifisches *Bildungsinteresse* mehr, und die realen Lebensverhältnisse werden theoretisch gleichsam herabgestuft zu schicht- und klassenspezifischen Randbedingungen des nach formalen Idealnormen konzipierten Erziehungsprozesses (vg. MOLLENHAUER 1972). *Alle* Heranwachsenden, unabhängig von ihrer gesellschaftlichen Bestimmtheit, und *alle* «in der Erziehungspraxis tätigen Personen» (WULF 1977, S. 139) scheinen durch ein und dasselbe emanzipatorische Interesse verbunden. Wie schlüssig diese Interessenreflexion in sich auch

502 Erziehungswissenschaft, Kritische

sein mag, sie reicht nicht an die Probleme der Theorie-Praxis-Vermittlung im Horizont gegenwärtiger pädagogischer und politischer Erfahrung heran, und die Kritische Erziehungswissenschaft hat bisher keine tragfähige Lösung dieses Problems gefunden. Denn die *Moralisierung* («Reethisierung») pädagogischer Praxisorientierung, die sich von der universal-pragmatisch konstruierten Utopie der herrschaftsfreien Kommunikationsgemeinschaft leiten läßt, überzeugt bisher ebensowenig wie das Konzept der *Handlungsforschung*. Mit der ethischen Begründung pädagogischen Handelns wird der aus erinnerter Leidens- und Unterdrückungserfahrung genährte, konkret-utopische Veränderungswille durch transzendental fundierte regulative Prinzipen ersetzt – die Pädagogik wird damit scheinbar aus der Kontingenz sozialstruktureller Entwicklungen und aktueller Interessenkonflikte befreit. In Wirklichkeit könnte eine emanzipatorisch wirksame Praxis aber nur dann ethisch orientiert werden, wenn angenommen werden dürfte, daß die herrschaftsfreie Kommunikationsgemeinschaft durch Erziehung zur Diskursfähigkeit und durch das Führen «praktischer Diskurse» herzustellen ist (vgl. HOFFMANN 1978, S. 111 ff; vgl. KLAFKI 1982; vgl. SCARBATH 1979, S. 211; vgl. SCHALLER 1979 a, S. 161 ff; kritisch: vgl. GIEGEL 1971, S. 244 ff; vgl. LENZEN 1975; zum Versuch einer historisch-materialistischen Begründung: vgl. HABERMAS 1976 a, S. 9 ff.).

Das vordergründig so praxisnahe Konzept der *Handlungsforschung* könnte allenfalls dann als Paradigma kritischer Theorie-Praxis-Vermittlung überzeugen, wenn es zwei durchaus unkritische pragmatistische Zugeständnisse zurückzunehmen imstande wäre: Zum einen dürfte die unabdingbare Differenz zwischen theoretischer und pädagogisch-politischer Praxis nicht verwischt, sie müßte vielmehr expliziert werden; zum anderen dürfte die Frage nach der Möglichkeit des Praktischwerdens Kritischer Theorie nicht unter Preisgabe ihrer geschichtsphilosophischen und gesellschaftstheoretischen Dimension auf eine Interaktionspragmatik zwischen Wissenschaftlern und Praktikern verkürzt werden (zum Konzept der Handlungsforschung: vgl. HAAG u. a. 1972, HORN 1979; vgl. KLAFKI 1976, S. 59 ff; vgl. MOLLENHAUER u. a. 1978 b, S. 64 ff).

Sofern die Kritische Erziehungswissenschaft aus der Unterstellung lebt, die Emanzipation der Gattung hänge von der emanzipatorischen Erziehung heranwachsender Generationen ab (vgl. WULF 1977, S. 149), läuft sie Gefahr, Erziehung wie Erziehungswissenschaft in ihren Möglichkeiten eklatant zu überschätzen. Kaum lassen sich bisherige Emanzipationsprozesse als Resultat bewußt emanzipatorischer Pädagogik deuten; das Gewicht anderer, pädagogisch zwar zu reflektierender, keineswegs jedoch zu steuernder Einflüsse, Chancen und Erfahrungen verwehrt es, die Pädagogik als «Herrin des Verfahrens», als strategisch planendes Subjekt der Veränderung (vgl. CLAUSSEN 1979 a, S. 29) auch nur zu phantasieren. Das subjektive Bedürfnis wie die gesellschaftliche Forderung nach Konstruktivität lassen, wo die objektiven Möglichkeiten der Veränderung verstellt sind, den utopischen Willen zum Besseren sonst unversehens in einen kritisch sich dünkenden Praktizismus umschlagen. – Abgelöst von der dialektischen Gesellschaftstheorie, wird dann einem reformistischen Denken und Handeln Vorschub geleistet, das Emanzipation mit der Förderung einzelner Persönlichkeits- und Verhaltensvariablen oder mit der Vermittlung «kritischen» Wissens verwechselt und zum jederzeit und individuell verwirklichbaren didaktischen Projekt umdeutet. Die reformistische Haltung (vgl. HOFFMANN 1978, S. 115f; vgl. WULF 1977, S. 204f) basiert freilich doch auf einer eminent gesellschaftstheoretischen Annahme: daß der gesellschaftliche *Fortschritt* nämlich als «unaufhaltsamer Emanzipationsprozeß» (CLAUSSEN 1979a, S. 17) im Gange sei oder im Rahmen der gegebenen gesellschaftlichen Grundverhältnisse «schrittweise», mit den Mitteln pädagogischer →Kommunikation und politischer →Mitbestimmung ermöglicht werde. Dieses Zutrauen, das Emanzipation lediglich zu einer Frage der Zeit macht, versöhnt zweifellos eher mit der Realität als der verzweifelte Schrecken, mit dem die Kritische Theorie die wachsende Diskrepanz zwischen objektiver Gewalt und subjektiver Ohnmacht diagnostizierte (zur Reformismusproblematik: vgl. BENJAMIN 1974, S. 698ff). Konstruktivität, zum fortschrittsgewissen Prinzip verklärt, tendiert dazu, der pädagogischen Praxis emanzipatorische Möglichkeiten zu *suggerieren* und zugleich emanzipatorische Leistungen *abzufordern*, die ihr Urteilsvermögen und ihre praktische Kraft systematisch überfordern. Dagegen wäre von einer Kritischen Erziehungswissenschaft nicht der pädagogische Entwurf des künftigen Menschen gefordert, sondern das selbstkritische Bewußtsein von den «*Grenzen der Erziehung*» (vgl. BERNFELD 1973; vgl. KAMPER 1974, S. 587f) und die Erkenntnis der *mißbildenden* Gewalt der gegenwärtigen Verhältnisse. Nicht nur die «positiven» Antizipationen emanzipierter Subjektivität und →Interaktion – Diskursfähigkeit, Ich-Identität, Mitbestimmungs- und Solidarisierungsfähigkeit, Kritikfähigkeit und Mündigkeit –, sondern mehr noch das bürgerlich Verpönte, Beschädigte – Haß, Rachebedürfnis, Militanz, Egoismus – wäre in einer dialektischen Theorie des Erziehungs- und Bildungsprozesses zu reflektieren und auf seine geschichtspraktische Bedeutung zu untersuchen (vgl. ADORNO 1972, S. 67; vgl. BENJAMIN 1974, S. 700; vgl. Brecht-Zitat in MOLLENHAUER 1968, S. 7; vgl. SCHMIED-KOWARZIK 1974, S. 100). Das Bewußtsein der *Kluft* zwischen kritischer Erkenntnis und alltäglichem erzieherischem Handeln, damit das Bewußtsein der theoretischen *Ungedecktheit pädagogischer Praxis* würde dieser nicht nur zum unverklärten Bewußtsein ihrer Kontingenz verhelfen, sondern auch zur Selbstaufklärung der Kritischen Erziehungswissenschaft als

504 Erziehungswissenschaft, Kritische

theoretischer Praxis mehr beitragen als ihr unerfüllbarer Anspruch, der vorgegebenen Praxis – sei es des Unterrichts, der Jugendarbeit oder der Sozialpädagogik – stets *Orientierung* und *Legitimation* im Geist und Interesse der Emanzipation zu geben.

ADORNO, TH. W.: Minima Moralia, Frankfurt/M. 1962. ADORNO, TH. W.: Negative Dialektik, Frankfurt/M. 1966. ADORNO, TH. W.: Marginalien zu Theorie und Praxis. In: Adorno, Th. W.: Stichworte, Frankfurt/M. 1969, S. 169 ff. ADORNO, TH. W.: Drei Studien zu Hegel. Gesammelte Schriften, Bd. 5, hg. v. G. Adorno u. R. Tiedemann, Frankfurt/M. 1971, S. 247 ff. ADORNO, TH. W.: Soziologische Schriften 1. Gesammelte Schriften, Bd. 8, hg. v. R. Tiedemann, Frankfurt/M. 1972. ADORNO, TH. W.: Studien zum autoritären Charakter, Frankfurt/M. 1973. ADORNO, TH. W.: Erziehung zur Mündigkeit, Frankfurt/M. 1975. ADORNO, TH. W. u. a.: The Authoritarian Personality, New York 1950. ADORNO, TH. W. u. a.: Der Positivismusstreit in der deutschen Soziologie, Neuwied/Berlin 1969. ANDERSON, P.: Über den westlichen Marxismus, Frankfurt/M. 1978. APEL, K.-O. u. a.: Hermeneutik und Ideologiekritik, Frankfurt/M. 1971. BEIER, C.: Zum Verhältnis von Gesellschaftstheorie und Erkenntnistheorie, Frankfurt/M. 1977. BENJAMIN, W.: Über Kinder, Jugend und Erziehung, Frankfurt/M. 1969. BENJAMIN, W.: Über den Begriff der Geschichte. Gesammelte Schriften, hg. v. R. Tiedemann u. G. Scholem, Bd. 1, Frankfurt/M. 1974. S. 691 ff. BENNER, D.: Hauptströmungen der Erziehungswissenschaft. Eine Systematik traditioneller und moderner Theorien, München 1973. BENNER, D. u. a.: Entgegnungen zum Bonner Forum «Mut zur Erziehung», München/Wien/Baltimore 1978. BERNFELD, S.: Sisyphos oder die Grenzen der Erziehung (1925), Frankfurt/M. 1973. BLANKERTZ, H.: Pädagogische Theorie und empirische Forschung. In: Vjs. f. w. P., Ergänzungsheft 5, 1966, S. 65 ff. BLANKERTZ, H.: Ideologie – Ideologiekritik. In: Wulf, Ch. (Hg.): Wörterbuch..., München 1974, S. 301 ff (1974a). BLANKERTZ, H.: Wissenschaftstheorie. In: Wulf, Ch. (Hg.): Wörterbuch..., München 1974, S. 630 ff (1974b). BLANKERTZ, H.: Kritische Erziehungswissenschaft. In: Schaller, K. (Hg.): Erziehungswissenschaft..., Bochum 1979, S. 28 ff (1979a). BLANKERTZ, H.: Bildungstheorie und Ökonomie. In: Stein, G. (Hg.): Kritische Pädagogik, Hamburg 1979, S. 75 ff (1979b). BOPP, J.: Antipsychiatrie, Frankfurt/M. 1980. BREZINKA, W.: Von der Pädagogik zur Erziehungswissenschaft, Weinheim/Basel 1971. BRUMLIK, M.: Der symbolische Interaktionismus und seine pädagogische Bedeutung, Frankfurt/M. 1973. BÜTTEMEYER, W./MÖLLER, B. (Hg.): Der Positivismusstreit in der deutschen Erziehungswissenschaft, München 1979. CLAUSSEN, B.: Die Position der Kritischen Pädagogik im Positivismusstreit. In: Büttemeyer, W./Möller, B. (Hg.): Der Positivismusstreit..., München 1979, S. 70 ff (1979a). CLAUSSEN, B.: Zur Aktualität und Problematik einer Kritischen Erziehungswissenschaft. In: Claussen, B./Scarbath, H. (Hg.): Konzepte..., München 1979, S. 13 ff (1979b). CLAUSSEN, B./SCARBATH, H. (Hg.): Konzepte einer Kritischen Erziehungswissenschaft, München 1979. DAHMER, I./KLAFKI, W. (Hg.): Geisteswissenschaftliche Pädagogik am Ausgang ihrer Epoche – Erich Weniger, Weinheim/Berlin 1968. DÖBERT, R./NUNNER-WINKLER, G.: Adoleszenzkrise und Identitätsbildung. Psychische und soziale Aspekte des Jugendalters, Frankfurt/M. 1975. DUBIEL, H.: Wissenschaftsorganisation und politische Erfahrung. Studien zur frühen Kritischen Theorie, Frankfurt/M. 1978. ELIAS, N.: Der Prozeß der Zivilisation, 2 Bde., Bern/München 1969. FEUERSTEIN, T.: Emanzipation und Rationalität einer kritischen Erziehungswissenschaft, München 1973. FEUERSTEIN, T.: Methodologische Schwierigkeiten einer kritischen Erziehungswissenschaft und Perspektiven ihrer Überwindung. In: P. Rsch. 29 (1975), S. 165 ff. FROMM, E.: Über Methode und Aufgabe einer analytischen Sozialpsy-

Erziehungswissenschaft, Kritische   505

chologie: Bemerkungen über Psychoanalyse und historischen Materialismus (1932). In: Fromm, E.: Analytische Sozialpsychologie und Gesellschaftstheorie, Frankfurt/M. [2]1971, S. 9ff. GIEGEL, H. J.: Reflexion und Emanzipation. In: Apel, K.-O. u. a.: Hermeneutik..., Frankfurt/M. 1971, S. 244ff. GIESECKE, H.: Einführung in die Pädagogik, München 1969. GIESECKE, H.: Die Jugendarbeit, München 1971. GIESECKE, H.: Bildungsreform und Emanzipation, München 1973. GOLDSCHMIDT, D. u. a.: Erziehungswissenschaft als Gesellschaftswissenschaft, Heidelberg 1969. HAAG, F. u. a.: Aktionsforschung, München 1972. HABERMAS, J.: Dogmatismus, Vernunft und Entscheidung – Zu Theorie und Praxis in der verwissenschaftlichten Zivilisation. In: Habermas, J.: Theorie und Praxis, Neuwied/Berlin 1963, S. 231ff. HABERMAS, J.: Zur Logik der Sozialwissenschaften. In: Phil. Rsch., 5. Beiheft, 1967. HABERMAS, J.: Technik und Wissenschaft als «Ideologie», Frankfurt/M. 1968a. HABERMAS, J.: Erkenntnis und Interesse, Frankfurt/M. 1968b. HABERMAS, J.: Protestbewegung und Hochschulreform, Frankfurt/M. 1969. HABERMAS, J.: Vorbereitende Bemerkungen zu einer Theorie der kommunikativen Kompetenz. In: Habermas, J./Luhmann, N.: Theorie der Gesellschaft oder Sozialtechnologie – Was leistet die Systemforschung? Frankfurt/M. 1971, S. 101ff. HABERMAS, J.: Stichworte zu einer Theorie der Sozialisation. In: Habermas, J.: Kultur und Kritik, Frankfurt/M. 1973, S. 118ff. HABERMAS, J.: Zur Rekonstruktion des Historischen Materialismus, Frankfurt/M. 1976a. HABERMAS, J.: Universalpragmatische Hinweise auf das System der Ich-Abgrenzungen. In: Auwärter, M. u. a. (Hg.): Seminar: Kommunikation, Interaktion, Identität, Frankfurt/M. 1976, S. 332ff (1976b). HABERMAS, J.: Was heißt Universalpragmatik? In: Apel, K.-O. (Hg.): Sprachpragmatik und Philosophie, Frankfurt/M. 1976, S. 174ff (1976c). HACK, L.: Subjektivität im Alltagsleben, Frankfurt/New York 1977. HERRMANN, B.: Theodor W. Adorno. Seine Gesellschaftstheorie als ungeschriebene Erziehungslehre, Bonn 1978. HEYDORN, H.-J.: Zu einer Neufassung des Bildungsbegriffs, Frankfurt/M. 1972. HEYDORN, H.-J.: Über den Widerspruch von Bildung und Herrschaft. Bildungstheoretische Schriften, Bd. 2, Frankfurt/M. 1979. HOFFMANN, D.: Kritische Erziehungswissenschaft, Stuttgart 1978. HORKHEIMER, M.: Anfänge der bürgerlichen Geschichtsphilosophie, Stuttgart 1930. HORKHEIMER, M. (Hg.): Studien über Autorität und Familie, Paris 1936. HORKHEIMER, M.: Kritische Theorie. Eine Dokumentation, hg. von A. Schmidt, 2 Bde., Frankfurt/M. 1968 (Bd. 1: 1968a; Bd. 2: 1968b). HORKHEIMER, M.: Die gegenwärtige Lage der Sozialphilosophie und die Aufgaben eines Instituts für Sozialforschung (1931). In: Horkheimer, M.: Sozialphilosophische Studien, Frankfurt/M. 1972, S. 33ff. HORKHEIMER, M.: Notizen 1950–1969 und Dämmerung, Frankfurt 1974a. HORKHEIMER, M.: Zur Kritik der instrumentellen Vernunft, Frankfurt/M. 1974b. HORKHEIMER, M./ADORNO, TH. W.: Dialektik der Aufklärung, Amsterdam 1947. HORN, K. (Hg.): Aktionsforschung: Balanceakt ohne Netz? Frankfurt/M. 1979. INSTITUT FÜR SOZIALFORSCHUNG: Soziologische Exkurse, Frankfurt/M. 1956. JAY, M.: Dialektische Phantasie. Die Geschichte der Frankfurter Schule und des Instituts für Sozialforschung 1923–1950, Frankfurt/M. 1976. KAMPER, D.: Theorie-Praxis-Verhältnis. In: Wulf, Ch. (Hg.): Wörterbuch..., München 1974, S. 585ff. KANT, I.: Kritik der reinen Vernunft, Bd. 1. Werke in zwölf Bänden, hg. v. W. Weischedel, Bd. 3, Frankfurt/M. 1968. KECKEISEN, W.: Die gesellschaftliche Definition abweichenden Verhaltens. Perspektiven und Grenzen des labeling approach, München 1974. KERSTIENS, L.: Modelle emanzipatorischer Erziehung, Bad Heilbrunn 1974. KLAFKI, W.: Aspekte kritisch-konstruktiver Erziehungswissenschaft, Weinheim/Basel 1976. KLAFKI, W.: Organisation und Interaktion in pädagogischen Feldern. In: Z. f. P., 13. Beiheft, 1977, S. 11ff. KLAFKI, W.: Ideologiekritik. In: Roth, L. (Hg.): Methoden erziehungswissenschaftlicher Forschung, Stuttgart 1978, S. 146ff. KLAFKI, W.: Thesen und Argumentationsansätze zum Selbstverständnis «Kritisch-konstruktiver Erziehungswissenschaft».

506 Erziehungswissenschaft, Kritische

In: König, E./Zedler, P. (Hg.): Erziehungswissenschaftliche Forschung: Positionen, Perspektiven, Probleme, Paderborn/München 1982, S. 15 ff. König, E.: Theorie der Erziehungswissenschaft, Bd. 1: Wissenschaftstheoretische Richtungen der Pädagogik, München 1975. Kuhn, Th. S.: Die Struktur wissenschaftlicher Revolutionen, Frankfurt/M. 1967. Leithäuser, Th u. a.: Entwurf zu einer Empirie des Alltagsbewußtseins, Frankfurt/M. 1977. Lempert, W.: Bildungsforschung und Emanzipation. In: Lempert, W.: Leistungsprinzip und Emanzipation, Frankfurt/M. 1971, S. 310 ff. Lempert, W.: Zum Begriff der Emanzipation. In: Greiffenhagen, M. (Hg.): Emanzipation, Hamburg 1973, S. 216 ff. Lenzen, D.: Didaktik und Kommunikation, Frankfurt/M. 1973. Lenzen, D.: Curriculumplanung und diskursive Legitimation. In: Künzli, R. (Hg.): Curriculumentwicklung – Begründung und Legitimation, München 1975, S. 243 ff. Lenzen, D.: Bildungspolitik und pädagogischer Alltag. Tendenzwende in der Erziehungswissenschaft? In: betr. e. 11 (1978), 5, S. 38 ff. Lenzen, D.: Pädagogik und Alltag, Stuttgart 1980 a. Lenzen, D.: Abschied vom praktizistischen Zweckoptimismus. Sieben Thesen zur Zukunft erziehungswissenschaftlicher Forschung. In: B. u. E. 33 (1980), S. 28 ff (1980b). Lorenzer, A.: Zur Begründung einer materialistischen Sozialisationstheorie, Frankfurt/M. 1972. Löwisch, D.-J.: Erziehung und Kritische Theorie, München 1974. Löwisch, D.-J.: Die transzendentalkritische Position im Positivismusstreit. In: Büttemeyer, W./Möller, B. (Hg.): Der Positivismusstreit..., München 1979, S. 157 ff (1979 a). Löwisch, D.-J.: Sinn und Grenzen einer transzendental-kritischen Pädagogik. In: Claussen, B./Scarbath, H. (Hg.): Konzepte..., München 1979, S. 191 ff (1979 b). Lukács, G.: Geschichte und Klassenbewußtsein, Berlin 1923. Marcuse, H.: Kultur und Gesellschaft. Schriften, Bd. 1, Frankfurt/M. 1965 a. Marcuse, H.: Triebstruktur und Gesellschaft, Frankfurt/M. 1965 b. Marcuse, H.: Der eindimensionale Mensch. Studie zur Ideologie der fortgeschrittenen Industriegesellschaft, Neuwied/Berlin 1967. Menze, C.: Bildung. In: Speck, J./Wehle, G. (Hg.): Handbuch pädagogischer Grundbegriffe, Bd. 1, München 1970, S. 134 ff. Mollenhauer, K.: Erziehung und Emanzipation, München 1968. Mollenhauer, K.: Theorien zum Erziehungsprozeß. Zur Einführung in erziehungswissenschaftliche Fragestellungen, München 1972. Mollenhauer, K.: Interaktion und Organisation in pädagogischen Feldern. In: Z. f. P., 13. Beiheft, 1977, S. 39 ff. Mollenhauer, K.: Condorcet versus Rousseau: Versuch einer Erläuterung der Schwierigkeiten, die ein Pädagoge mit dem Thema haben kann. In: Raith, W. (Hg.): Wohin steuert die Bildungspolitik? Frankfurt/New York 1979, S. 113 ff. Mollenhauer, K. u. a.: Pädagogik der «Kritischen Theorie». 4 Kurseinheiten, Fernuniversität Hagen, Hagen 1978 (1. Kurseinheit: 1978 a; 2. Kurseinheit: 1978 b). Mut zur Erziehung. Beiträge zu einem Forum am 9./10. Januar 1978 im Wissenschaftszentrum Bonn-Bad Godesberg, Stuttgart 1979. Negt, O.: Soziologische Phantasie und exemplarisches Lernen. Zur Theorie und Praxis der Arbeiterbildung, Frankfurt/Köln 1971. Negt, O./Kluge, A.: Öffentlichkeit und Erfahrung. Zur Organisationsanalyse von bürgerlicher und proletarischer Öffentlichkeit, Frankfurt/M. 1972. Oevermann, U.: Programmatische Überlegungen zu einer Theorie der Bildungsprozesse und zur Strategie der Sozialisationsforschung. In: Hurrelmann, K. (Hg.): Sozialisation und Lebenslauf, Reinbek 1976, S. 34 ff. Ortmann, H.: Emanzipation – Über die Notwendigkeit der Entfetischisierung eines Begriffs. In: Ästh. u. Komm. 5 (1974), 15/16, S. 148 ff. Ottomeyer, K.: Ökonomische Zwänge und menschliche Beziehungen, Reinbek 1977. Roth, H.: Die realistische Wendung in der pädagogischen Forschung. In: N. Samml. 2 (1962), S. 481 ff. Ruhloff, J.: Zur Kritik der emanzipatorischen Pädagogik-Konzeption. In: Stein, G. (Hg.): Kritische Pädagogik, Hamburg 1979, S. 181 ff. Ruhloff, J.: Das ungelöste Normproblem in der Pädagogik, Heidelberg 1980. Sartre, J.-P.: Der Idiot der Familie, Gustave Flaubert 1821–1857, 5 Bde., Reinbek 1977–1980. Scarbath, H.: Unser Wissen ist Stückwerk.

Plädoyer für ein mehrperspektivisch-dialogisches Verständnis von Erziehungswissenschaft. In: Claussen, B./Scarbath, H. (Hg.): Konzepte..., München 1979, S. 204 ff. SCHALLER, K.: Einführung in die kritische Erziehungswissenschaft, Darmstadt 1974. SCHALLER, K.: Pädagogik der Kommunikation. In: Schaller, K. (Hg.): Erziehungswissenschaft..., Bochum 1979, S. 155 ff (1979 a). SCHALLER, K. (Hg.): Erziehungswissenschaft der Gegenwart, Bochum 1979 b. SCHMIDT, A.: Zur Idee der Kritischen Theorie, München 1974. SCHMIDT, A.: Die Kritische Theorie als Geschichtsphilosophie, München 1976. SCHMIED-KOWARZIK, W.: Dialektische Pädagogik. Vom Bezug der Erziehungswissenschaft zur Praxis, München 1974. SCHMIED-KOWARZIK, W.: Konzepte einer radikalen Kritik der bürgerlichen Erziehung. In: Schaller, K. (Hg.): Erziehungswissenschaft..., Bochum 1979, S. 182 ff. STEIN, G. (Hg.): Kritische Pädagogik, Hamburg 1979. THEUNISSEN, M.: Gesellschaft und Geschichte. Zur Kritik der kritischen Theorie, Berlin 1969. THIERSCH, H.: Kritik und Handeln. Interaktionistische Aspekte der Sozialpädagogik, Neuwied/Darmstadt 1977. THIERSCH, H. u. a.: Die Entwicklung der Erziehungswissenschaft, München 1978. WELLENDORF, F.: Ansätze zur erziehungswissenschaftlichen Theoriebildung in der BRD. In: Goldschmidt, D. u. a.: Erziehungswissenschaft..., Heidelberg 1969, S. 68 ff. WELLMER, A.: Kritische Gesellschaftstheorie und Positivismus, Frankfurt/M. 1969. WELLMER, A.: Kommunikation und Emanzipation. Überlegungen zur ‹sprachanalytischen Wende› der Kritischen Theorie. In: Jaeggi, U./Honneth, A. (Hg.): Theorien des Historischen Materialismus, Frankfurt/M. 1977, S. 465 ff. WULF, CH. (Hg.): Wörterbuch der Erziehung, München 1974. WULF, CH.: Theorien und Konzepte der Erziehungswissenschaft, München 1977. ZEITSCHRIFT FÜR SOZIALFORSCHUNG. Vollständiger Nachdruck der Originalausgaben Leipzig 1932, Paris 1933–1938, New York 1938–1941, 9 Bde., München 1979. ZURLIPPE, R.: Am eigenen Leibe, Frankfurt/M. 1978.

Wolfgang Keckeisen

Erziehungswissenschaft, kritisch-rationale

Zur Zielsetzung der empirischen Erziehungswissenschaft. Von der Pädagogik als Wissenschaft wird seit ihrer Institutionalisierung erwartet, daß sie Erkenntnisse über das Erziehungsgeschehen in Gegenwart und Vergangenheit gewinnt und Aussagen darüber macht, wie praktische Erziehungsprobleme gelöst werden können und sollen. Bis heute versucht die Pädagogik, diese Fragen in *einem* Aussagesystem zu beantworten. Die Wissenschaftstheorie, an der sich die empirische Erziehungswissenschaft (oder erfahrungswissenschaftliche Pädagogik) orientiert, sieht hier verschiedenartige Probleme vermengt und fordert *unterschiedliche* Aussagesysteme.

Sie unterscheidet zwischen

– metasprachlichen und objektsprachlichen Aussagen: Aussagen über Aussagen und Aussagen über (Forschungs-)Objekte,

– wissenschaftlichen und normativen (präskriptiven) Aussagen: Aussagen, die über Realität informieren, und Aussagen, die Stellungnahmen oder Gebote und Verbote darstellen,

508 Erziehungswissenschaft, kritisch-rationale

– analytischen und synthetischen Aussagen: Aussagen, über deren Wahrheit allein mit Hilfe der Logik entschieden werden kann, und Aussagen, deren Wahrheit oder Wahrheitsnähe nur mit Hilfe empirischer Information beurteilt werden kann.

Empirische Erziehungswissenschaft zielt nun auf «objektsprachliche», «wissenschaftliche», «synthetische» Aussagen ab. Sie will in dieser Sprache alle jene Erziehungsphänomene oder pädagogischen Probleme beschreiben, erklären und lösen helfen, die einer Beschreibung, Erklärung und Lösung bedürftig erscheinen, und sie will es tun mittels allgemeiner, möglichst einfacher, wahrer Gesetze (nomologischer Hypothesen) oder mit Systemen solcher Gesetze: mit *Theorien*. Sie sucht möglichst umfassende, tiefe, genaue Erkenntnis über vergangene, gegenwärtige und mögliche Erziehungsrealität.

Die empirische Erziehungswissenschaft grenzt sich mit dieser Zielsetzung einerseits von der *normativen Pädagogik* (→Pädagogik, normative; Philosophie der Erziehung, praktische Pädagogik, Erziehungslehre) ab, die der Frage nachgehen will, welche Ziele und Mittel gelten sollen und warum – sowie den Praktikern Verhaltensmuster und Problemlösungsvorschläge empfehlen oder vorschreiben möchte; andererseits von der *Metatheorie* und der *Metaethik*, die unter anderem Bedingungen für «gute» Theorien und Ethiken oder Maßstäbe für befriedigende Problemlösungen aufstellen.

Empirische Erziehungswissenschaft formuliert *Theorien* über die «Erziehungsrealität», die ermöglichen zu beschreiben und zu erklären, was

war:	Geschichte der Erziehung
ist:	theoretische, erklärende, beschreibende, vergleichende Erziehungswissenschaft
wird:	«Prognostik» (für Bildungsplanung und Bildungspolitik)
sein kann:	Technologie der Erziehung; angewandte Erziehungswissenschaft; konstruktive Erziehungswissenschaft.

Abbildung 1: Ziele und (ausgewählte) Arbeitsfelder der empirischen Erziehungswissenschaft

Im Detail sind die Vorstellungen von den einzelnen Bereichen auch unter den Vertretern der empirischen Erziehungswissenschaft nicht unumstritten (vgl. BREZINKA 1978, v. CUBE 1977, HEID 1972a, KLAUER 1973, LOCHNER 1963; vgl. RÖSSNER 1975, 1976). Es besteht jedoch Einigkeit darüber, daß eine befriedigende Lösung der verschiedenen pädagogischen Probleme nur möglich ist, wenn die metasprachlichen, objektsprachlichen und normativen Aussagesysteme auseinandergehalten werden. Den konkurrierenden Konzepten wie der geisteswissenschaftlichen oder der emanzipatorischen Pädagogik wirft die empirische Erziehungswissenschaft eben diese Vermengung von Aussagearten und daraus folgende Schwächen und Gefahren für die Erziehungswissenschaft wie für die Erziehungspraxis vor.

Erkenntnisprogramme der empirischen Erziehungswissenschaft. Was gilt für die empirische Erziehungswissenschaft als wissenschaftliche, gültige oder wahre Aussage (Beschreibung, Erklärung, Prognose, Gesetz, Theorie ...)? Zwei erkenntnistheoretische Programme der empirischen Wissenschaften sind zu unterscheiden: das fundamentalistische und das kritizistische oder kritisch-rationale Erkenntnisprogramm.

Das *fundamentalistische* Programm – das Rechtfertigungs- oder Begründungsmodell der Erkenntnis – geht von der klassischen (und auch in der Alltagssprache, im Alltagsdenken «selbstverständlichen») Annahme aus, daß eine Erkenntnis dann wahr ist, wenn der Grund für ihre Wahrheit angegeben werden kann. Für eine empirische Disziplin, die an diesem traditionellen Erkenntnismodell orientiert ist, gilt eine Theorie dann als wahr, wenn sie mit empirischen Daten *begründet* oder *bewiesen* werden kann.

Zwei Varianten dieses Ansatzes waren und sind für die empirische Erziehungswissenschaft relevant: der klassische und der logische Empirismus.

Im Widerspruch zur klassisch-rationalistischen Erkenntnislehre – «Quelle der Erkenntnis ist die Vernunft» – lautet die Grundannahme des *klassischen Empirismus* (Bacon, Locke, Hume, Condillac, Mill) beziehungsweise des Positivismus (Comte, Mill, Spencer, Mach, Avenarius): Die Quelle der Erkenntnis ist allein die → Erfahrung, ihr Fundament sind das «im Erlebnis Gegebene» oder «die Tatsachen».

Der *analytische oder logische Empirismus* oder Neopositivismus (Mach, Russell, Wittgenstein; Wiener Kreis: Schlick, Carnap, Kraft, Neurath; Berliner Schule: Reichenbach, Hempel; die Uppsala Schule und die Lemberg-Warschauer Schule) sieht zwar wie der klassische Empirismus in Sinnesdaten das sichere Fundament der Erkenntnis. Er kritisiert jedoch die Vorstellung, Erkenntnisse ergäben sich unmittelbar aus dem Wahrnehmungsakt. Was erlebt oder wahrgenommen wird, muß protokolliert werden. Erst nach dieser Protokollierung des Wahrgenommenen können durch *Induktion* allgemeine theoretische Sätze abgeleitet werden beziehungsweise können theoretische Annahmen *verifiziert* (bewiesen) werden.

Danach gibt es eine an sich verständliche Sprache, die zur Verständigung über die Beobachtungen dient, die Beobachtungssprache. Auf ihr gründet die theoretische Sprache, deren Grundbegriffe für sich nicht verständlich sind. Ihre Deutung erhält sie durch die Verbindung mit der

510 Erziehungswissenschaft, kritisch-rationale

Beobachtungssprache, die durch die sogenannten Zuordnungs- oder Korrespondenzregeln hergestellt wird (vgl. CARNAP 1969, S. 225 ff; vgl. STEGMÜLLER 1969, S. 93 ff). In dieser Sicht ist also die Erfahrung beziehungsweise die Beobachtungssprache das sichere, wahre Fundament, auf dem die theoretische Sprache gründet. Sie ist die absolute Richterin über die Wahrheit der theoretischen Aussagen.

Die heute verbreitete Fassung dieses Modells zeigt Abbildung 2. Bei den verschiedenen erkenntnistheoretischen Positionen des «Empirismus» ist die Zweisprachentheorie zwar allgemein akzeptiert, die zentralen Begriffe (Theorien – statement view gegenüber non-statement view –, Gesetz, Korrespondenzregeln, Erklärung, empirische Basis, Realität, Ableitungsverfahren, Abgrenzungskriterien...) sind jedoch noch nicht hinreichend geklärt und werden entsprechend kontrovers diskutiert (zusammenfassend: vgl. HEMPEL 1974, 1977; vgl. KRÜGER 1970, LENK 1971, STEGMÜLLER 1969; vgl. STEGMÜLLER 1979, S. 221 ff).

Die neopositivistische Interpretation des in Abbildung 2 dargestellten Modells wurde von *kritisch-rationaler* Seite (Popper und jüngere, ihm mehr oder weniger nahestehende Theoretiker: Agassi, Albert, Bartley, Bunge, Feyerabend, Lakatos, Spinner, Watkins und andere) so radikal erschüttert, daß der Neopositivismus heute als «tot» erklärt wird (vgl. PASSMORE 1964, S. 56). POPPER (vgl. 1971) zeigte 1934, daß die zentralen Annahmen nicht haltbar sind: Die Beobachtungssprache ist nicht theoriefrei und somit kein unerschütterlich sicherer Grund. Er zeigte mit Hume, daß Induktion nicht möglich ist und allgemeine Sätze nicht positiv bewiesen oder begründet werden können.

Der Fundamentalismus oder das Modell der positiven Rechtfertigung hat seine bekannteste Kritik mit dem von ALBERT (vgl. 1969, S. 13) formulierten Münchhausentrilemma erhalten. Danach führt jeder Versuch, eine Aussage begründen zu wollen, entweder zu einem «unendlichen Regreß», weil auf der Suche nach Gründen endlos zurückgegangen werden kann, zum Abbruch des Begründungsverfahrens und damit zu einer «Dogmatisierung des Wahrheitsgrundes» oder zu einem «logischen Zirkel». Die Idee der «sicheren Wahrheit» erlaubt ferner kein Denken in Alternativen, sie führt zu einem theoretischen Monismus und ist damit hemmend für den Erkenntnisfortschritt (vgl. SPINNER 1974, S. 36).

Dieses Urteil trifft jedoch nicht nur die hier interessierende Variante des Empirismus, die Erkenntnis mit «gewöhnlicher Erfahrung» begründen und sichern wollte. Es trifft gleichermaßen auch Traditionen, die ihre Erkenntnis auf «andere Erfahrungen» gründen wollten: Etwa auf die «reine Erfahrung» in der Phänomenologie Husserls, die «historische Erfahrung» Gadamers, die «Sinnerfahrung» Apels und anderer Hermeneutiker, die «Spracherfahrung» beziehungsweise «Alltagssprache» Wittgensteins, Winchs oder Ryles. Und es trifft ebenso radikal jene

Erziehungswissenschaft, kritisch-rationale   511

(«oben»)

Erkenntnistheoretische
Ebenen:

theoretische Sprache
(transempirischer,
«theoretischer»
Abstraktions- und
Generalisierungs-
bereich)

(1) (metaphysische oder
metatheoretische)
Prinzipien.

(2) *«theoretische» Gesetze*
oder *Theorien i. e. S.*
(d. h. theoretische Aussagen, die mit Hilfe soge-
nannter theoretischer Be-
griffe auf hohem erkennt-
nistheoretischem Ab-
straktions- und Genera-
lisierungsniveau, jenseits
bloßer empirischer Gene-
ralisierungen, allgemeine
Gesetzeshypothesen for-
mulieren).

Korrespondenzregeln liefern *partielle* (empirische) Interpretation der theoretischen Begriffe.

Beobachtungssprache
(empirischer Bereich)

(3) *experimentelle Gesetze*
(vom Charakter empiri-
scher Generalisierungen,
die lediglich empirische
Befunde «induktiv» ver-
allgemeinern).

(4) *Beobachtungsaussagen*
(Protokollsätze, Basis-
aussagen; sprachlich-
begriffliche «empirische
Basis»).

«Hinweisdefinitionen» sichern direkten Realitätskontakt und *vollständige* (empirische) Interpretation der Beobachtungsbegriffe.

Zunehmendes Abstraktions- und Generalisierungsniveau; zunehmende «Tiefe» der Realitätserkenntnis; abnehmender (empirischer) Realitätskontakt und (empirischer) Interpretationsgrad.

Kritik. Kontrolle und Korrektur «von unten nach oben».

Erklärung «von oben nach unten».

Realität   (nichtsprachliche «empirische Basis»)

(«unten»)

Abbildung 2: Stufenmodell der Erkenntnis

(Quelle: SPINNER 1974, S. 133)

Schulen, die andere Fundamente legen wollten als «Erfahrung», zum Beispiel «Offenbarung» aus «heiligen Schriften» (Theologie), «Ideen» (Descartes), das «Absolute» (Hegel), die «Praxis» (Lenin), «Konstruktionen» (Dingler, Holzkamp – vgl. SPINNER 1974, S. 31; vgl. SPINNER 1977, S. 177, S. 274). So verschiedenartig alle diese auch in der Pädagogik als Wissenschaft vorfindbaren Positionen erscheinen und so heftig sie sich bekämpfen, aus kritizistischer Sicht sitzen sie alle im gleichen gesunkenen Boot. Die Konsequenzen, die sich aus dem Scheitern des Begründungsdenkens ergeben, müssen nicht Skeptizismus, Irrationalismus oder «Flucht ins Engagement» (vgl. BARTLEY 1962) sein. In kritisch-rationaler Sicht muß zwar die Hoffnung auf sichere Wahrheit, auf ein sicheres Erkenntnisfundament, aufgegeben werden, wenn man informative Aussagen über die Realität wünscht: menschliche Erkenntnis (oder menschliches Handeln) ist in dieser Sicht prinzipiell fehlerbehaftet (fallibel; Fallibilismus). Dennoch braucht die regulative Idee der Wahrheit, der zutreffenden Darstellung realer Sachverhalte, nicht aufgegeben zu werden. Es lassen sich Kriterien für eine relative Wahrheitsnähe finden und damit für mutmaßlichen Erkenntnisfortschritt, das heißt, die Annahme der Möglichkeit eines immer tieferen Eindringens in die Strukturen der – subjektunabhängigen – Realität wird vorausgesetzt. Wie die oben erwähnten Konzepte sind auch diese Annahmen (Wahrheit, Wahrheitsnähe, regulative Idee der Wahrheit, Realität, Erkenntnisfortschritt) umstritten, und es liegen sehr unterschiedliche Präzisierungsvorschläge vor (vgl. ALBERT 1969, 1972a, 1972b; vgl. ALBERT/STAPF 1979, BUNGE 1967; vgl. FEYERABEND 1970, 1976; vgl. KEUTH 1978, KÖNIG/RAMSENTHALER 1979, LAKATOS 1974, POPPER 1971, SPINNER 1974).

Der *Forschungsprozeß* wird nun von diesem Ansatz her als kognitiver Problemlösungsprozeß mit folgendem grundsätzlichem Verlauf verstanden (vgl. POPPER 1973, S. 184f; vgl. POPPER 1979, S. 190):

1. Problemsituation$_1$
2. Vorläufige Theorie (Problemlösungsvorschlag)
3. Prüfung der Theorie auf Fehler und Fehlerausmerzung
4. Problemsituation$_2$

Ein interessierendes Problem – das sich immer in einem bestimmten Kontext/Situation stellt und von einem bestimmten Vorverständnis her formuliert wird – führt zu einer ersten vorläufigen Theorie, zu einem Problemlösungsvorschlag. Dieser erste Vorschlag wird einer möglichst gründlichen Prüfung oder Kritik unterworfen. Die sich herausstellenden Fehler werden beseitigt, womit die Theorie eine Neufassung erhält. Problemsituation$_2$ stellt dann das Ausgangsproblem dar, wie es sich nach dem ersten Versuch seiner Lösung zeigt: «Wissenschaft geht von offenen

Problemen aus und endet mit offenen Problemen» (POPPER 1979, S. 190).

An diese Prozeßskizze lassen sich zentrale Fragen der kritisch-rationalen Wissenschaftslogik und Methodologie anbinden: Wer entscheidet über das Problem? Wie kommt es zu dem ersten Lösungsvorschlag? Wie muß er formuliert sein, damit er geprüft oder kritisiert werden kann? Worin bestehen die Prüfkriterien? Unter welchen Bedingungen wird der Lösungsvorschlag (die Theorie) verworfen und unter welchen beibehalten?

Über das *Forschungsproblem* entscheidet in der Regel der Forscher. Seine Entscheidung für ein bestimmtes Problem und dessen Konzipierung hängt von seinem (Hintergrund-)Wissen und seinen metawissenschaftlichen und nichtwissenschaftlichen (beispielsweise pädagogischen oder bildungspolitischen) Wertungen ab. Diese Entscheidung und die sie leitenden Interessen sind ebenso wie die Entscheidung für eine bestimmte Forschungsmethodologie im Lichte der Konsequenzen rational diskutierbar, aber ebensowenig begründbar wie Aussagen über die Realität.

Der erste Problemlösungsvorschlag muß nach älterer Ansicht erfunden werden, eine Annahme, die dazu geführt hat, die Phase der Erfindung von Theorien («Entdeckungszusammenhang») von der Phase der Theoriekritik («Begründungszusammenhang») streng zu unterscheiden. Diese Unterscheidung, die naheliegend war, solange es vor allem darum ging zu verdeutlichen, daß es keine Quelle der Wahrheit gibt und daß die Wahrheitsnähe einer Theorie prinzipiell unabhängig davon ist, ob metaphysische Spekulationen oder empirische Beobachtungen sie veranlaßten, wird in der jüngeren Diskussion nicht mehr aufrechterhalten. Das Problem der Formulierung von Theorien wird nicht mehr als (psychologisches) Erfindungs- und Entdeckungsproblem aufgefaßt, sondern «primär als meta- und intertheoretische *Transformationsproblematik*, in der es um die Erzeugung neuer (Nachfolger-)Theorien aus vorhandenen (Vorgänger-)Theorien mittels *erzeugender Prinzipien* geht» (SPINNER 1974, S. 176; vgl. ALBERT 1978, S. 32, S. 39).

Die *Theoriekritik*, die Prüfung des Problemlösungsvorschlages, erfordert Prüfkriterien: Die Liste der Prüfkriterien ist offen. Es gibt keine wahren oder falschen oder letzten Kriterien, sondern nur solche, die dem – ebenfalls nicht wahren oder falschen – Zweck der wissenschaftlichen Praxis entsprechen. Als dafür geeignete Prüfungskriterien gelten bei den empirischen Wissenschaften und damit bei der empirischen *Erziehungswissenschaft*:

– Die Regeln der Logik: Sind die Aussagen logisch widerspruchsfrei?
– Erfahrungswissenschaftliche Überprüfbarkeit: Haben die Aussagen jene Form, die synthetische Aussagen haben müssen, sind sie beispielsweise nicht tautologisch?
– Konkurrierende Theorien: Widerspricht die Theorie bereits bewähr-

514 Erziehungswissenschaft, kritisch-rationale

ten (vielfach erfolgreich geprüften) Theorien; können konkurrierende
Theorien das Problem besser lösen helfen?

– Empirische Anwendung: Sind aus den theoretischen Aussagen singu-
läre Aussagen zu deduzieren, die mit der intersubjektiv wahrnehmba-
ren Realität in Widerspruch stehen?

– Eignung zur Lösung praktischer Probleme: Ist die Theorie handlungs-
relevant?

Die beiden letzten Kriterien erlauben zu prüfen, ob die Theorie der
Realität widerspricht. Ihre Unterscheidung soll darauf hinweisen, daß es
neben handlungsrelevanten empirisch bewährten Theorien – an denen
die Erziehungswissenschaft traditionsgemäß besonders interessiert ist –
auch nicht unmittelbar handlungsrelevante empirische Theorien gibt
(vgl. KRUMM 1978).

Die *Überprüfbarkeit der Aussagen* hängt von ihrer Formulierung ab.
Sie sind überhaupt nicht überprüfbar, wenn sie logisch widersprüchlich
oder tautologisch formuliert sind (erstes und zweites Kriterium). Sie
sind um so leichter überprüfbar, je klarer und präziser sie formuliert sind
und je konsistenter die verwendeten Begriffe benutzt werden. Die Formulierung von Aussagen und insbesondere die Sprachanalyse werden
als Verfahren angesehen, die diese Bedingungen erreichen helfen. Die
vom logischen Positivismus entwickelte Sprachanalyse hilft auch, den
vielfältigen Irrtümern auf die Spur zu kommen, zu denen die Alltagssprache verführen kann, in der sowohl Beobachtungsaussagen wie
Theorien formuliert sind. Alle diese Kriterien oder Verfahren führen
– in kritisch-rationaler Sicht – allerdings nicht zur Erkenntnis. Sie sind
lediglich Mittel, die Überprüfungsmöglichkeit zu verbessern.

Die Überprüfung einer Theorie wird ferner erleichtert, wenn sie
quantitativ statt nur qualitativ formuliert ist, und sie gelingt um so besser, je einfacher die Theorie ist und je größer ihr Informationsgehalt ist,
je größer also die Zahl der Ereignisse ist, die in ihren Geltungsbereich
fallen.

Was die *Verwerfung* von Theorien betrifft, so wird in der Diskussion
zu diesem Problem unterschieden zwischen einem «dogmatischen Falsifikationismus» und einem «(naiven und raffinierten) methodologischen
Falsifikationismus» (vgl. LAKATOS 1974, S. 89 ff). Der dogmatische Falsifikationismus geht von der Annahme aus, daß Theorien zwar nicht be-
weisbar sind, aber endgültig an den Tatsachen scheitern können. In der
heutigen wissenschaftstheoretischen Diskussion wird die Annahme
einer klaren Trennbarkeit zwischen Basissätzen und zu prüfenden Sätzen jedoch kaum noch vertreten. Es wird nur noch zwischen allgemeinen und besonderen Sätzen unterschieden, die beide als gleichermaßen
fehlbar betrachtet werden (vgl. BOHNEN 1972, FEYERABEND 1970; vgl.
POPPER 1971, S. 60 f).

Der methodologische Falsifikationismus sieht in der empirischen Prüfung von Theorien die Konfrontation von Basissätzen, über deren Geltung Wissenschaftler sich *geeinigt* haben und die einer zum Zeitpunkt der Prüfung unproblematisierten und damit akzeptierten Hintergrundtheorie entstammen, mit den problematisierten singulären Sätzen, die aus der zur Prüfung anstehenden Theorie deduziert werden. Die Prüfung besteht also für ihn immer nur in der Konfrontation von Theorien: «So ist die empirische Basis der objektiven Wissenschaft nichts ‹Absolutes›, die Wissenschaft baut nicht auf Felsengrund. Es ist eher ein Sumpfland», in das sie ihre Pfeiler treibt, «aber nicht bis zu einem natürlichen, ‹gegebenen› Grund. Denn nicht deshalb hört man auf, die Pfeiler tiefer hineinzutreiben, weil man auf eine feste Schicht gestoßen ist: wenn man hofft, daß sie das Gebäude tragen werden, beschließt man, sich vorläufig mit der Festigkeit der Pfeiler zu begnügen» (POPPER 1971, S. 75 f).

Die Theorienkonfrontation kann zwei Formen annehmen. Im sogenannten naiven Falsifikationismus wird eine zu prüfende Theorie mit den Beobachtungssätzen zusammengebracht, die aus einer Hintergrundtheorie stammen. Im sogenannten raffinierten Falsifikationismus werden mindestens zwei konkurrierende Theorien mit der als unproblematisch festgesetzten Hintergrundtheorie getestet. Im ersten Fall wird eine Theorie akzeptiert, wenn sie nicht *wiederholt* falsifiziert ist. Im zweiten Fall wird jene Theorie akzeptiert, die sich in der Prüfung besser bewährt, also mehr und neuartige empirische Tatsachen vorhersagt oder produziert als die konkurrierende Theorie. Mit anderen Worten: Zurückgewiesen werden kann eine Theorie erst, wenn eine bessere entdeckt wurde. Statt einer isolierten Theorie werden hier also Reihen von Theorien geprüft, wofür ein *Theorienpluralismus* notwendige Voraussetzung ist (vgl. SPINNER 1974). Empirische Kontrolle – im oben eingeschränkten Sinne – und die Idee des Erkenntnisfortschritts werden hier miteinander verschmolzen. Und damit sehen Popper und Lakatos den irrationalen Fallibilismus von FEYERABEND (vgl. 1976) mit seiner Haltung des «mach, was du willst» ebenso umgehbar wie KUHNS (vgl. 1973) Deutung der Wissenschaftsgeschichte mit sozialpsychologischen Kategorien (vgl. LAKATOS 1974).

Wenn somit «Erfahrung», «Empirie», «empirische Basis» nur noch als *eine* kritische Instanz betrachtet wird und zudem als keine unfehlbare – statt der Theorie kann ja auch «die Erfahrung» (die Hintergrundtheorie) verworfen werden –, dann ist die Bezeichnung empirische Erziehungswissenschaft wenig zutreffend und aufgrund ihrer fundamentalistischen Vorbelastung irreführend. Diese Sichtweise läßt die Bezeichnung kritisch-rationale oder kritizistische Erziehungswissenschaft für die Konzeption, um die es hier geht, angemessener erscheinen.

516 Erziehungswissenschaft, kritisch-rationale

Die Praxis der empirischen Erziehungswissenschaft. Welchen Positionen ordnen sich die sich als Erfahrungswissenschaftler verstehenden Erziehungswissenschaftler zu? Im Blick auf die ältere «empirische» Literatur liegen wenig explizite Zuordnungen vor. Sie sind meist nur indirekt über die methodischen Vorstellungen oder über die Forschungsberichte selbst möglich. Danach ist bis in die jüngere Geschichte die positivistische Orientierung vorherrschend. Von Trapp (1745–1818) bis ROTHS (vgl. 1962) «realistischer Wendung in der pädagogischen Forschung» finden sich Belege in Fülle, daß von der Annahme einer sicheren pädagogischen Tatsache, von einem festen empirischen Fundament, von der Möglichkeit theoriefreier Beobachtung und Verifikation von Aussagen ausgegangen wurde (zusammenfassend: vgl. BREZINKA 1978, LOCHNER 1963, RÖSSNER 1976, RUPPRECHT 1975).

In der erfahrungswissenschaftlichen Literatur seit Anfang der 70er Jahre dominiert zunehmend explizit die Orientierung an einem kritizistischen Programm. Indikatoren hierfür sind auch der vielfache Gebrauch der Begriffe «Hypothese», «Falsifikation», «Prüfverfahren». Die empirische Erziehungswissenschaft nimmt in der Bundesrepublik Deutschland – im Unterschied zu den angelsächsischen Ländern, in denen sich die oben genannte Entwicklung früher vollzog – neben geisteswissenschaftlicher, kritisch-emanzipatorischer, marxistischer Pädagogik und anderen Ansätzen eine relativ schwache Position ein, wenn man Lehrstuhlbesetzungen und Dissertationsthemen betrachtet. Soweit von Vertretern solcher konkurrierenden Positionen Aussagen über die Realität formuliert werden – und das ist in einem beträchtlichen Ausmaß der Fall –, herrscht ein naiver Empirismus vor: Eher zufällige Erlebnisse oder wenig zuverlässige Beobachtungen werden unkritisch verallgemeinert oder wenig geprüft zum Ausgangspunkt gewichtiger Interpretationen und Beurteilungen gewählt. In jüngeren Strömungen wie in der → Ethnomethodologie, in linguistischen Forschungsansätzen oder in interpretativen Ansätzen dominieren unkritische positivistische Verfahren. Interessierende pädagogische Daten werden meist theorielos erhoben, «rekonstruiert» und «analysiert», also interpretiert.

Unter den jüngeren Veröffentlichungen in der «empirischen Erziehungswissenschaft» dominieren die deskriptiven Untersuchungen: Beobachtungsstudien, Befragungen aller Art, Inhaltsanalysen. Die Fragestellung und die Untersuchungskategorien werden in der Regel nicht im Lichte einer bewährten Theorie gewählt, sondern ad hoc formuliert. Die Leistung solcher Studien besteht darin, daß sie pädagogische Probleme klarer beschreiben und lokalisieren, darüber aufklären und dafür sensibilisieren. Zu ihrer Lösung tragen sie darüber hinaus nichts bei, und für den Erkenntnisfortschritt sind die unverbindbar nebeneinanderstehenden Datenanhäufungen belanglos.

Die hypothesenprüfende, auf Erklärungen oder Problemlösungen abzielende Forschung ist in der empirischen Erziehungswissenschaft jünger und weniger verbreitet als in den anderen Sozialwissenschaften, und es gilt einschränkungslos, was seit langem an der empirischen Forschungspraxis in Psychologie, Sozialpsychologie, Soziologie und Wirtschaftswissenschaften von Wissenschaftstheoretikern wie von Fachvertretern kritisiert wird (vgl. ALBERT 1972b, S. 371; vgl. BUNGE 1967, S. 188; vgl. FEYERABEND 1970, HERRMANN 1977, HOLZKAMP 1972, MILLS 1973, MÜNCH 1972; vgl. OPP 1976, S. 409f; vgl. POPPER 1979, S. 109; vgl. SCHANZ 1975).

Formal entspricht die Vorgehensweise der kritizistischen Forschungslogik: Problembestimmung – Hypothesenformulierung – deren Prüfung – Entscheidung über die Prüfergebnisse. Die einzelnen Schritte werden jedoch oft nicht dem kritizistischen Programm angemessen ausgeführt. Die *Probleme* sind – dem traditionellen Selbstverständnis der → Pädagogik entsprechend – eher praxis- als theorieorientiert. Das wäre nicht von Belang, wenn sie sorgfältig im Lichte von bewährten Theorien und unter Berücksichtigung ihres Kontextes reflektiert und formuliert würden. Das geschieht selten. Bei den auf das Problem bezogenen *Hypothesen* handelt es sich meist um beliebige Ad-hoc-Hypothesen, die in der Regel weitaus näher bei der «Beobachtungssprache» als bei der «Theoriesprache» angesiedelt sind (vgl. Abbildung 2). Sie sind nicht von allgemeinen Theorien abgeleitet, und deshalb sind nicht nur die Hypothesen zwischen verschiedenen Untersuchungen, sondern oft schon die Hypothesen innerhalb einer Untersuchung nicht miteinander verbindbar. Für die Lösung praktischer Probleme können solche Untersuchungen relevanter sein als bloß deskriptive, aber sie taugen hierfür weitaus weniger, als es möglich wäre, wenn sie im Rahmen eines Forschungsprogramms und orientiert an bewährten Theorien durchgeführt würden. Dem Erkenntnisfortschritt und der Annäherung an interessante und tiefe Wahrheit steht diese theorieblinde Praxis entgegen.

Die «Oberflächlichkeit» und Theorieblindheit bei der Problem- und Hypothesenformulierung vieler erfahrungswissenschaftlicher Untersuchungen steht in auffälligem Gegensatz zu einer oft hochdifferenzierten, aufwendigen Datenerhebung – die allerdings oft genug im Rahmen schwacher oder dem Problem wenig angemessener Designs erfolgt – und Datenanalyse. Der Aufwand bei der *Hypothesenprüfung* ist häufig rituell perfektioniert; die Prüfung der statistischen Signifikanz scheint vielen Empirikern das wichtigste zu sein. Theoretischer Bezug der Prüfhypothesen, ein Design, das die innere Gültigkeit zu kontrollieren erlaubt, und pädagogische (praktische) Signifikanz sind jedoch weitaus wichtiger. Diese Forschungspraxis zeigt eine Orientierung an einem dogmatischen, zumindest aber naiven Falsifikationismus. Sie läßt sich auch als

518 Erziehungswissenschaft, kritisch-rationale

Ausdruck einer heimlichen Orientierung am fundamentalistischen Denken deuten und, damit verbunden, als Hoffnung, Erkenntnisse oder Irrtümer auf eine «sichere Erfahrungsbasis» zu gründen.

Die Orientierung am naiven Falsifikationismus spiegelt sich auch in der letzten Forschungsphase: An die Stelle der falsifizierten Hypothesen tritt ad hoc eine neue, und so breitet sich eine Flut von meist belanglosen, nicht in tiefere Schichten der Realität eindringenden empirischen Untersuchungen aus. Ihr wissenschaftlicher Ertrag ist gering, und der praktische steht in der Regel in keinem Verhältnis zum Aufwand, sofern überhaupt davon gesprochen werden kann, daß das Ergebnis für zukünftige praktische Probleme von Bedeutung sein kann.

Nicht weniger unergiebig ist die ebenfalls verbreitete Praxis, erfolglos getestete Hypothesen durch Erfindung von einschränkenden Zusatzhypothesen ad hoc vor dem empirischen Scheitern zu retten (zu immunisieren). Es wird selten gesehen, daß solche nachträglichen Zusatzannahmen nur akzeptabel sind, wenn sie den Informationsgehalt der in Frage stehenden Hypothesen nicht schmälern, sondern neue Überprüfungsmöglichkeiten eröffnen (vgl. POPPER 1971, S. 51), und wenn sie auch tatsächlich getestet werden. Doch diese Tests finden sich ebenso selten wie systematische Replikationen.

Im Lichte des heute angeblich leitenden kritizistischen Erkenntnisprogramms bleibt somit ein sehr großer Teil der empirischen Forschung weit hinter den selbstgesetzten Ansprüchen zurück, und das behindert nicht nur, worauf es dem Programm vor allem ankommt: Annäherung an «relevante» Wahrheit über die allgemeine Struktur der Realität und Erkenntnisfortschritt und damit zunehmend bessere Problemlösungen. Die heutige erfahrungswissenschaftliche Praxis schwächt die Position des sie leitenden Erkenntnisprogramms neben den konkurrierenden Programmen. Das wäre nicht weiter bemerkenswert, wenn es nicht Anhaltspunkte dafür gäbe, daß das Programm auch in den Sozialwissenschaften besser erfüllt werden kann, oder wenn die alternativen Programme tatsächlich zu interessanterer und relevanterer Information und zu besseren Problemlösungen führen würden. Die Geschichte der Pädagogik zeigt, daß letzteres bislang nicht der Fall war. KUHN (vgl. 1973) sieht die bisherigen Sozialwissenschaften (und damit auch die Erziehungswissenschaft oder Pädagogik) noch im vorparadigmatischen Zustand. Dieser ist gekennzeichnet «durch ihr Bemühen um eine heterogene Vielfalt vordergründiger Daten, durch eine Vielzahl von theoretischen Ansätzen und Schulen, ein Wuchern von Konzeptionen und Methoden, eine Verzettelung der Energien – und bei alldem kein Gefühl des Fortschritts» (SPIEGEL-RÖSING 1973, S. 58).

Über Einwände gegen das kritisch-rationale Erkenntnisprogramm. Die metatheoretischen Entscheidungen einer kritisch-rationalen Wissenschaft und ihre Leistungen werden von konkurrierenden Konzeptionen in Frage gestellt (vgl. BENNER 1978, S. 135ff, S. 171ff; vgl. FUNKE 1968, MENZE o. J; vgl. WULF 1977, S. 94ff, S. 129ff). Einige kurze Erwiderungen auf zentrale Einwände sollen das Selbstverständnis des dargelegten Erkenntnisprogramms weiter verdeutlichen. Dabei soll gleichzeitig deutlich gemacht werden, daß die skizzierten Mängel der Praxis der empirischen Erziehungswissenschaft nicht konzeptionsbedingt sind:

Eine Reihe von Einwänden bezieht sich auf «unzureichende» oder «fehlende» *Begründung der Zielsetzung* des kritisch-rationalen Erkenntnisprogramms oder darauf, daß die Zielsetzung «falsch» sei. In kritisch-rationaler Sicht werden solche Einwände mit der Kritik am fundamentalistischen Denken zurückgewiesen: *Kein* Erkenntnisprogramm kann «zureichend» als das wahre begründet werden. Jedes beruht auf Entscheidungen angesichts der sich daraus ergebenden Konsequenzen. Eine Verbesserung oder Revision von wissenschaftstheoretischen Entscheidungen ist nur durch Kritik möglich, und diese erfolgt am gründlichsten im Lichte konkurrierender Konzeptionen, und zwar von solchen, die bessere oder erwünschtere Leistungen zeitigen. Metatheorienpluralismus und die erst dadurch mögliche optimale Kritik ist deshalb in kritisch-rationaler Sicht geboten. Im Blick auf die eigenen Zweckentscheidungen schreibt POPPER (1971, S. 12f): «Den Versuch, diese zu rechtfertigen, sie als die wahren, die eigentlichen Zwecke der Wissenschaft hinzustellen, würden wir für eine Verschleierung, für einen Rückfall in den positivistischen Dogmatismus halten. Nur in *einer* Weise glauben wir, für unsere Festsetzungen durch Argumente werben zu können: durch die Analyse ihrer logischen Konsequenzen, durch den Hinweis auf ihre Fruchtbarkeit, auf ihre aufklärende Kraft gegenüber den erkenntnis-theoretischen Problemen. Wir geben [...] zu, daß wir uns bei unseren Festsetzungen in letzter Linie von unserer Wertschätzung, von unserer Vorliebe leiten lassen. Wer, wie wir, logische Strenge und Dogmenfreiheit schätzt, wer praktische Anwendbarkeit sucht [...], der wird den Festsetzungen, die wir vorschlagen werden, wohl zustimmen können.»

Im Blick auf die Zielsetzung spielt in der Diskussion auch die These eine große Rolle, Aufgabe der Pädagogik sei nicht zu «erklären», sondern zu «verstehen». In analytischer Betrachtung ist diese Alternative «eine gänzlich schiefe Sicht» (STEGMÜLLER 1969, S. 362). Sie beruht auf einer der häufig in der Pädagogik anzutreffenden «Kategorienverwechslungen» (RYLE 1969, S. 24). Die beiden Begriffe, die nichts mit der Beschaffenheit des Erkenntnisobjekts zu tun haben, liegen auf ganz verschiedenen Ebenen: «Verstehen», ein Sonderfall von Wahrnehmung,

520 Erziehungswissenschaft, kritisch-rationale

führt zu Entdeckungen, zu Hypothesen, es ist aber keine Erkenntnisweise, die die Prüfung – und gegebenenfalls Erklärung – erübrigt (vgl. ALBERT 1969, S. 131; vgl. POPPER 1973, S. 182 ff; vgl. STEGMÜLLER 1960, S. 360 ff).

Die vorherrschenden Strömungen der Erziehungswissenschaft stellen die Möglichkeit der Übertragung des sogenannten naturwissenschaftlichen Ansatzes auf den Gegenstand der Geisteswissenschaften oder Sozialwissenschaften in Frage. Die Eigenart des Gegenstandes der Erziehungswissenschaft erlaube keine allgemeine Theorie. Nach kritisch-rationalen Vorstellungen wird mit dieser verbreiteten These übersehen, daß hierüber nicht «die Natur der Sache», sondern der «Gebrauch der Sprache», nicht ein «ontologisches», sondern ein «logisches» Kriterium entscheidet (vgl. ALBERT 1967 b, S. 40). Die Erziehungswissenschaft hat keinen «eigenen Gegenstand» – sie hat spezifische Probleme –, und die Frage nach der «Autonomie der Pädagogik» ist somit erkenntnistheoretisch bedeutungslos. Empirische Erziehungswissenschaft interessiert sich für «allgemeine» Theorien und nicht für «erziehungswissenschaftliche».

Solche allgemeinen Theorien – auch solche mit mittlerer Reichweite, mit denen sich etliche Sozialwissenschaftler zufriedengeben (vgl. BREZINKA 1978, S. 145) – liegen vor (vgl. HOMANS 1969, S. 71). Es sind Theorien, die vor allem von anderen Sozialwissenschaften entwickelt und geprüft worden sind und die als allgemeine Theorien zwar einen spezifischen Informationsgehalt haben, aber damit nicht im herkömmlichen Sinn bereichsspezifisch sind: allgemeine Lern- oder Verhaltenstheorien (vgl. HILGARD/BOWER 1970/1971), Interaktionstheorien (vgl. ENDLER/MAGNUSSON 1976) oder Theorien der Sozialpsychologie (vgl. FREY 1978, IRLE 1975), der Soziologie (vgl. HONDRICH/MATTHES 1978) oder der Wirtschaftswissenschaften (vgl. MEYER 1979, SCHANZ 1977).

Die Erziehungswissenschaft hat derartige Theorien wenig beachtet, weil sie, einem unfruchtbaren Autonomiedenken verhaftet, nach «eigenen» Aussagen suchte. Sie hat damit nur zur Zersplitterung der Sozialwissenschaften beigetragen. Deren Einheit kann nur von Theorien wie den oben erwähnten gestiftet werden, deren Informationsgehalt für Probleme aller Sozialwissenschaften bedeutsam ist.

Eine Reihe Einwände bezweifelt den *Wert von Theorien*. Hier wird übersehen, daß bei der Lösung jeder Art von Problemen Theorien immer eine Rolle spielen (vgl. POPPER 1971, S. 31) und daß die Frage nicht sein kann, *ob* Theorien nötig sind, sondern nur, *welche* im Spiel sind, etwa «naive Alltagstheorien» oder bewährte «wissenschaftliche Theorien». Nach kritisch-rationaler Auffassung sind Theorien brauchbar oder nötig zur Planung und Leitung von Forschungsprogrammen, zur Kritik konkurrierender Theorien, zur Entdeckung neuer Theorien, zur

Erklärung und Vorhersage allgemeiner und singulärer Vorgänge oder Tatbestände, zur Beschreibung, Analyse und Kritik der Erziehungspraxis und zu deren Veränderung (vgl. SPINNER 1974, S. 121f).

Der Zweifel an diesen Leistungen, insbesondere am praktischen Wert von Theorien, ist zum einen durch die oft fragwürdige Forschungspraxis der empirischen Sozialwissenschaften bedingt, zum anderen durch die Vermengung unterschiedlicher Probleme. So beruht etwa der verbreitete Vorwurf, eine empirische Erziehungswissenschaft würde lediglich «technischen» Erkenntnisinteressen, nicht aber «emanzipatorischen» dienen, auf einer Vermengung der Ebene der Wahrheit von Aussagen mit der Ebene der Anwendung dieser Aussagen (vgl. MÜNCH 1972, S. 120). Ob eine Theorie zur Lösung praktischer Probleme herangezogen wird oder den – hoffentlich wahren – *Inhalt* einer Aufklärung darstellt, ob sie zur Erziehung oder zur Manipulation, zur Erhaltung eines Systems oder zu dessen Überwindung und radikalen Veränderung benutzt wird, ist eine Frage ihrer unterschiedlichen Anwendung im Lichte unterschiedlicher Ziele und tangiert nicht ihre logische Struktur und Wahrheitsnähe. Die heute in der erziehungswissenschaftlichen Diskussion verbreiteten Alternativen wie ideologiekritisches oder affirmatives Wissen, bürgerliches oder kritisches Wissen, Produktions- oder Reflexionswissen, praktisches oder technisches Wissen, Herrschafts- oder Bildungswissen beruhen auf solchen Ebenen-Verwechslungen.

Die Analyse sprachlicher Ausdrücke mit Mitteln der analytischen Sprachkritik könnte solche und andere Diskussionen um Scheinprobleme und Einwände unnötig machen (beispielsweise Einwände gegen das kritisch-rationale Erkenntnisprogramm, die sich auf Alternativen oder Kategorien wie «Subjekt-Objekt-Spaltung», «Natur – Geschichte», «Körper – Geist», «Handlungsforschung», «Handlungswissenschaft» beziehen). Wegen ihrer Nähe zum Empirismus beziehungsweise Positivismus und ihres antimetaphysischen Ursprungs ist diese sprachkritische Tradition der Erziehungswissenschaft bislang wenig verbreitet; sie findet sich eher bei kritizistisch orientierten Erziehungswissenschaftlern (vgl. BREZINKA 1974, SCHEFFLER 1971, SOLTIS 1971).

Ein weiteres Bündel von Einwänden bezieht sich schließlich auf das sogenannte *Werturteilsproblem* und darauf, daß die «positivistische» Wissenschaftskonzeption die «Vernunft halbiere» (vgl. HABERMAS 1976), insofern sie das Normenproblem nicht lösen könne oder wolle (vgl. ALBERT/TOPITSCH 1971). Die kritisierte Forderung nach Werturteilsfreiheit dürfte weniger Anstoß erregen, wenn drei Probleme unterschieden werden: Gehören Werturteile zum *Gegenstand*, zum *Inhalt* oder zur *Grundlage* der erfahrungswissenschaftlichen Forschungspraxis? Zum *Gegenstand* können sie gehören, wie eine Vielzahl von Untersuchungen zeigt, die sich mit «Erziehungszielen», «Lehrplänen», «Einstel-

522 Erziehungswissenschaft, kritisch-rationale

lungen», «Interessen», «Werturteilen», «Ideologien» ... beschäftigen.
Als *Grundlage* sind sie unumgänglich. Für ein Wissenschaftsprogramm
entscheidet sich ein Forscher, und seine Forschungspraxis ist durch-
tränkt von seinen Vorentscheidungen, von den Entscheidungen, die er
im Licht seines Erkenntnisprogramms trifft. Zu den Grundentscheidun-
gen des kritisch-rationalen Erkenntnisprogramms gehört, die Formulierung wissenschaftlicher Aussagen an nichts anderem zu orientieren als
an dem Wert Wahrheit. Andere → Werte werden mit dieser Entscheidung ausgeschlossen, und sie sind tatsächlich ausschließbar. Sie gehören
also nicht zum *Inhalt* der Aussagen, nicht zur Objekt-Sprache. Die
nichtwissenschaftlichen Interessen, die eine Untersuchung veranlaßten,
oder die Verwertungsinteressen an ihr brauchen sich nicht in den wissenschaftlichen Aussagen zu spiegeln; und sie sollen es nicht, denn die Vermischung der regulativen Idee der Wahrheit mit anderen regulativen
Ideen zerstört sowohl die «Wahrheit» wie die «Gesinnung» (vgl. JASPERS
1958, S. 54).

Das Unbehagen an dem gebotenen Verzicht von Werturteilen in der
Objektsprache wird mitgetragen von der Unterschätzung des Beitrages
einer kritisch-rationalen Erziehungswissenschaft zum sogenannten Normenproblem. Mit ihrer Methodologie und ihren Theorien vermag die
kritisch-rationale Erziehungswissenschaft im Prinzip

– Erziehungspraxis im Lichte jedes relevant erscheinenden Kriterien-
  bündels zu kritisieren (die Kriterien werden nur nicht als die wahren
  ausgegeben, sondern werden hypothetisch gesetzt),
– von außen vorgeschlagene Alternativen zur bestehenden Erziehungspraxis auf innere Konsistenz, Verträglichkeit der Ziele untereinander
  und praktische Realisierbarkeit zu prüfen und zu verbessern sowie zu
  untersuchen, welche Konsequenzen sich bei der Realisierung ergeben,
– unterschiedliche realisierbare Alternativen zur Erziehungspraxis
  selbst zu erfinden, zu entwickeln und vergleichend zu bewerten, wiederum im Lichte aller relevant erscheinenden Kriterien oder Wertge-
  sichtspunkte,
– die Hindernisse für Veränderungen der Erziehungspraxis im Mikro-
  wie im Makrobereich zu entdecken und realisierbare Strategien zu
  ihrer Überwindung zu entwickeln, die der Kritik standhalten (vgl. AL-
  BERT 1978, S. 80).

Wenn realisierbare Alternativen zur Erziehungspraxis entwickelt und
erforscht sind, dann bedarf es zusätzlicher Kriterien zur Entscheidung
darüber, welche davon realisiert werden sollen. Aber deshalb bedarf es
keiner normativen Wissenschaft. Sie brächte nichts anderes als Vorentscheidungen und Bevormundung. Für die Wissenschaftspraxis im besonderen bedeutet dies eine Einengung des Handlungsraumes, noch bevor

die Handlungsalternativen und die Konsequenzen ihrer Verwirklichung bekannt sind. Entscheidungen können rational aber erst getroffen werden, wenn die Handlungsmöglichkeiten und ihre Konsequenzen erforscht sind.

Über die zusätzlichen Kriterien, die bei der Anwendung von technologischen, über Handlungsmöglichkeiten informierenden Aussagen herangezogen werden müssen, muß in kritisch-rationaler Sicht gleichermaßen *entschieden* werden wie über jene Programme, die der Erkenntnis zugrunde liegen: Vermutlich beruhen viele Probleme, die eine wertfreie, also nur an Erkenntnis interessierte Wissenschaft bei ihren Gegnern aufwirft, auf einem Mißverständnis. Es wird übersehen, daß die Wissenschaftspraxis des Forschers und damit Erkenntnis ebenso entscheidungsbedingt ist wie die Praxis des → Erziehers und daß die Methodologie der Problemlösung in jeder Praxis prinzipiell die gleiche ist – in kritisch-rationaler Sicht –: die Methodologie der kritischen Prüfung der Handlungsalternativen (vgl. ALBERT 1978).

ALBERT, H.: Marktsoziologie und Entscheidungslogik, Neuwied 1967a. ALBERT, H.: Probleme der Wissenschaftslehre in der Sozialforschung. In: König, R. (Hg.): Handbuch der Empirischen Sozialforschung, Stuttgart 1967, S. 38ff (1967b). ALBERT, H.: Traktat über kritische Vernunft, Tübingen 1969. ALBERT, H. (Hg.): Theorie und Realität. Ausgewählte Aufsätze zur Wissenschaftslehre der Sozialwissenschaften, Tübingen [2]1972a. ALBERT, H.: Konstruktion und Kritik, Hamburg 1972b. ALBERT, H.: Traktat über rationale Praxis, Tübingen 1978. ALBERT, H./KEUTH, H. (Hg.): Kritik der kritischen Psychologie, Hamburg 1973. ALBERT, H./STAPF, K. H. (Hg.): Theorie und Erfahrung, Stuttgart 1979. ALBERT, H./TOPITSCH, E. (Hg.): Werturteilsstreit, Darmstadt 1971. BARTLEY, W. W.: The Retreat to Commitment, New York 1962. BENNER, D.: Hauptströmungen der Erziehungswissenschaft. Eine Systematik traditioneller und moderner Theorien, München [2]1978. BOHNEN, A.: Zur Kritik des modernen Empirismus. In: Albert, H. (Hg.): Theorie und Realität, Tübingen [2]1972, S. 171ff. BREZINKA, W.: Grundbegriffe der Erziehungswissenschaft, München 1974. BREZINKA, W.: Metatheorie der Erziehung, München/Basel 1978. BUNGE, M.: Scientific Research, 2 Bde., Berlin 1967. CARNAP, R.: Einführung in die Philosophie der Naturwissenschaft, München 1969. CARNAP, R.: Theoretische Begriffe der Wissenschaft. In: Eberlein, G. u. a.: Forschungslogik der Sozialwissenschaften, Düsseldorf 1974, S. 47ff. CUBE, F. v.: Erziehungswissenschaft. Möglichkeiten, Grenzen, politischer Mißbrauch, Stuttgart 1977. ENDLER, N./MAGNUSSON, D. (Hg.): Interactional Psychology and Personality, New York 1976. FEYERABEND, P. K.: Bemerkungen zur Geschichte und Systematik des Empirismus. In: Weingartner, P. (Hg.): Grundfragen der Wissenschaften und ihre Wurzeln in der Metaphysik, Salzburg 1967, S. 136ff. FEYERABEND, P. K.: Wie wird man ein braver Empirist? In: Krüger, L. (Hg.): Erkenntnisprobleme der Naturwissenschaften, Köln/Berlin 1970, S. 302ff. FEYERABEND, P. K.: Wider den Methodenzwang, Frankfurt/M. 1976. FREY, D. (Hg.): Kognitive Theorien der Sozialpsychologie, Bern 1978. FUNKE, G.: Die Problematik einer rein empirisch betriebenen Pädagogik. In: Neue Folge der Ergänzungshefte zur Vjs. f. w. P., Heft 7, 1968, S. 62ff. HABERMAS, J.: Gegen einen positivistisch halbierten Rationalismus. In: Adorno, Th. W. u. a.: Der Positivismusstreit in der deutschen Soziologie, Neuwied 1976, S. 235ff. HEID, H.: Zur logischen Struktur einer empirischen Sozialpädagogik. In: Ulich, D. (Hg.): Theorie

und Methode der Erziehungswissenschaft, Weinheim 1972, S. 254 ff (1972 a). HEID, H.:
Begründbarkeit von Erziehungszielen. In: Z. f. P. 18 (1972), S. 551 ff (1972 b). HEMPEL,
C. G.: Grundzüge der Begriffsbildung in der empirischen Wissenschaft, Düsseldorf
1974. HEMPEL, C. G.: Aspekte wissenschaftlicher Erklärung, Berlin 1977. HERRMANN,
TH.: Psychologie und das kritisch-pluralistische Wissenschaftsprogramm. In: Schnee-
wind, K. A. (Hg.): Wissenschaftstheoretische Grundlagen der Psychologie, München
1977, S. 55 ff. HERRMANN, TH.: Psychologie als Problem, Stuttgart 1979. HILGARD, E.
R./BOWER, G. H.: Theorien des Lernens, 2 Bde., Stuttgart 1970/1971. HOLZKAMP, K.:
Kritische Psychologie, Frankfurt/M. 1972. HOMANS, G. G.: Was ist Sozialwissenschaft?
Köln/Opladen 1969. HONDRICH, K. O./MATTHES, J. (Hg.): Theorienvergleich in den
Sozialwissenschaften, Darmstadt 1978. IRLE, M.: Lehrbuch der Sozialpsychologie,
Göttingen 1975. JASPERS, K.: Max Weber, München 1958. KEUTH, H.: Realität und
Wahrheit. Zur Kritik des kritischen Rationalismus, Tübingen 1978. KLAUER, K. J.:
Revision des Erziehungsbegriffs. Grundlagen einer empirisch-rationalen Pädagogik.
Studien zur Wertforschung, Bd. 5, Düsseldorf 1973. KÖNIG, E./RAMSENTHALER, H.:
Zum Stand der wissenschaftstheoretischen Diskussion in der Pädagogik. In: Z. f. P. 25
(1979), S. 433 ff. KRÜGER, L. (Hg.): Erkenntnisprobleme der Naturwissenschaften,
Köln 1970. KRUMM, V. (Hg.): Zur Handlungsrelevanz der Verhaltenstheorie. Uw.,
Sonderheft 2, 1978. KUHN, TH. S.: Die Struktur wissenschaftlicher Revolutionen,
Frankfurt/M. 1973. LAKATOS, J.: Falsifikation und die Methodologie wissenschaft-
licher Forschungsprogramme. In: Lakatos, J./Musgrave, A. (Hg.): Kritik und Er-
kenntnisfortschritt, Braunschweig 1974, S. 89 ff. LENK, H. (Hg.): Neue Aspekte der
Wissenschaftstheorie, Braunschweig 1971. LOCHNER, R.: Deutsche Erziehungswissenschaft, Meisenheim 1963. MENZE, C.: Erziehungswissenschaft und Erziehungslehre,
Ratingen o. J. MEYER, W.: Ökonomische Theorien und menschliches Verhalten. Zwischen theoretischen Fiktionen und empirischen Illusionen. In: Albert, H./Stapf, K. H.
(Hg.): Theorie und Erfahrung, Stuttgart 1979, S. 269 ff. MILLS, CH. W.: Kritik der soziologischen Denkweise, Darmstadt/Neuwied 1973. MÜNCH, R.: Zur Kritik der empiristischen Forschungspraxis. In: Z. f. Soziol. 1 (1972), S. 317 ff. MÜNCH, R.: Gesellschaftstheorie und Ideologiekritik, Hamburg 1973. OPP, K.-D.: Methodologie der Sozialwissenschaften. Einführung in die Probleme ihrer Theorienbildung, Reinbek 1976.
PASSMORE, J.: Logical Positivism. In: Encyclopedia of Philosophy, hg. v. P. Edwards,
Bd. 5, New York 1964, S. 52 ff. POPPER, K. R.: Logik der Forschung, Tübingen 1971.
POPPER, K. R.: Objektive Erkenntnis, Hamburg 1973. POPPER, K. R.: Ausgangs-
punkte. Meine intellektuelle Entwicklung, Hamburg 1979. RÖSSNER, L.: Rationalisti-
sche Pädagogik. Ein erziehungswissenschaftliches Programm, Stuttgart 1975. RÖSS-
NER, L.: Pädagogik und empirische Sozialwissenschaft. In: Speck, J. (Hg.): Problemgeschichte der neueren Pädagogik, Bd. 2, Stuttgart 1976, S. 60 ff. ROTH, H.: Die realistische Wendung in der pädagogischen Forschung. In: N. Samml. 2 (1962), S. 481 ff.
RUPPRECHT, H.: Die modernen empirischen Methoden und die Pädagogik. In: Ellwein, Th. u. a. (Hg.): Erziehungswissenschaftliches Handbuch, Bd. 4, Berlin 1975,
S. 275 ff. RYLE, G.: Der Begriff des Geistes, Stuttgart 1969. SCHANZ, G.: Zwei Arten
des Empirismus. In: Z. f. betriebswirtsch. Fo. 27 (1975), S. 307 ff. SCHANZ, G.: Grundlagen der verhaltenstheoretischen Betriebswirtschaftslehre, Tübingen 1977. SCHEFF-
LER, I.: Die Sprache der Erziehung, Düsseldorf 1971. SOLTIS, J. F.: Einführung in die
Analyse pädagogischer Begriffe, Düsseldorf 1971. SPIEGEL-RÖSING, J. S.: Wissen-
schaftsentwicklung und Wissenschaftssteuerung, Frankfurt/M. 1973. SPINNER, H. F.:
Pluralismus als Erkenntnismodell, Frankfurt/M. 1974. SPINNER, H. F.: Begründung,
Kritik und Rationalität, Bd. 1, Braunschweig 1977. STEGMÜLLER, W.: Hauptströmun-
gen der Gegenwartsphilosophie, Stuttgart 1960/[6]1979 (Bd. 1: 1960; Bd. 2: [6]1979).
STEGMÜLLER, W.: Probleme und Resultate der Wissenschaftstheorie und analytischen

Philosophie, Bd. 1: Wissenschaftliche Erklärung und Begründung, Berlin 1969. STEG-
MÜLLER, W.: Probleme und Resultate der Wissenschaftstheorie und analytischen Philosophie, Bd. 2: Theorie und Erfahrung, Berlin 1970. TOPITSCH, E. (Hg.): Logik der
Sozialwissenschaften, Köln 1965. WULF, CH.: Theorien und Konzepte der Erziehungswissenschaft, München 1977.

Volker Krumm

Erziehungswissenschaft (Studium)

Erziehungswissenschaft und erziehungswissenschaftliches Studium.
Strukturen und Probleme des erziehungswissenschaftlichen Studiums
spiegeln die gegenwärtige Situation der Erziehungswissenschaft. Es gibt
gegenwärtig *keinen Konsens über die fundamentalen Begriffe und Methoden* der Erziehungswissenschaft und erst recht nicht über einen fundamentalen Kanon an Theorien und ein daraus resultierendes Kernstu-
dium (→ Pädagogik – Erziehungswissenschaft). Folglich gibt es für das
Studium keine Standardlehrbücher, sondern nur Einführungen in die je
individuelle Sicht der Erziehungswissenschaft durch den jeweiligen Autor. Dementsprechend fehlen im Lehrangebot weitgehend Überblicks-
veranstaltungen. Diese Situation führt zu geringer inhaltlicher Verbindlichkeit der Studienordnungen. Das läßt sich zwar mit der Mündigkeit
des Studenten legitimieren, führt aber de facto zu tiefgreifender Orientierungslosigkeit und zum Erwerb von Teilwissensbeständen.

Das Fehlen dieses Konsenses erklärt die *andauernde wissenschaftstheoretische Debatte* mit ihren schnellen Wechseln. Diese Diskussionsebene
scheint zwar für das Selbstverständnis der forschenden und lehrenden
Erziehungswissenschaftler notwendig, führt aber vermutlich bei den
Studenten zu einer starken Aversion gegen die ihnen damit gebotene
«praxisferne» Theoriediskussion. Lösungen dieses Problems werden in
Theorie-Praxis-Projekten, in Formen der Handlungsforschung und in
Konzentration auf die Alltagswelt (zur «Alltagswende» in der Erzie-
hungswissenschaft: vgl. LENZEN 1980) gesucht (→ Alltag; → Projekt;
→ Theorie – Praxis).

Die unklare Konstitution der Erziehungswissenschaft bleibt nicht
ohne Rückwirkungen auf die sie tragenden Erziehungswissenschaftler,
von denen viele aus benachbarten Wissenschaften (Soziologie, Psychologie, Ökonomie ...) zur Erziehungswissenschaft gekommen sind. Die
berufliche Identität der Erziehungswissenschaftler bleibt diffus. Das erzeugt eine ebensolche Identitätsdiffusion bei den Hauptfachstudenten
(demgegenüber orientieren Lehrerstudenten [→ Lehrerausbildung] ihre
Identität an den Fachwissenschaften oder am Berufsbild des → Lehrers).

Mit der als «realistische Wendung» (vgl. ROTH 1962) bezeichneten
Entwicklung der Erziehungswissenschaft zur Sozialwissenschaft wurden

526 Erziehungswissenschaft (Studium)

Theorien, Wissensbestände und theoretische sowie wissenschaftstheoretische Paradigmen aus Psychologie, Soziologie, Ökonomie und anderen Wissenschaften übernommen – allerdings oftmals in einer solchen *Verkürzung der Rezeption*, daß inzwischen bei den Studenten häufig ein oberflächliches Wissen mit starken Vereinfachungen und Verzerrungen beklagt wird. Die Studenten haben weder die Gelegenheit, die relevanten Theorien und Wissensbestände aus einer der anderen Wissenschaften im Kontext dieser Wissenschaft zu begreifen, einzuordnen und damit in ihrer Aussagefähigkeit beurteilen und relativieren zu können, noch wird ihnen von der Erziehungswissenschaft dabei Hilfestellung geleistet.

Daß sich in den Studiengängen die Struktur und die Probleme der sie tragenden Wissenschaft spiegeln, ist naheliegend; jedoch bestimmen auch umgekehrt die äußeren Bedingungen von Lehre und Studium die Entwicklung der Wissenschaft. Für die Entwicklung der Erziehungswissenschaft in der ersten Hälfte des 20. Jahrhunderts hat SCHWENK (vgl. 1977) nachzuweisen versucht, daß die Entwicklung der «geisteswissenschaftlichen Pädagogik» (→ Pädagogik, Geisteswissenschaftliche) zur dominierenden Richtung in Deutschland wesentlich durch die Entscheidung des Preußischen Kultusministeriums von 1917 determiniert worden sein dürfte, Pädagogiklehrstühle an den philosophischen Fakultäten oder Universitäten nur mit (kultur-)philosophisch ausgewiesenen Gelehrten zu besetzen.

Die Entwicklung der Erziehungswissenschaft seit 1970 ist qualitativ und strukturell wesentlich bestimmt worden durch die Einrichtung und die unvermutet große Expansion des Diplomstudienganges. Seine tätigkeitsfeldorientierte Differenzierung erforderte einen verstärkten Ausbau vor allem in den anwendungsbezogenen Anteilen: Dieser Ausbau konzentrierte sich vorwiegend auf → Sozialpädagogik und → Erwachsenenbildung. Diese Bereiche entwickelten sich schnell zu divergierenden, separierten Subdisziplinen und wurden zum Teil mit Wissenschaftlern aus anderen Fächern besetzt; damit einher ging ein Rückgang der allgemeinen Erziehungswissenschaft. Alles dies wirkte seinerseits auf die beschriebene Identitätsdiffusion, die Frage nach der Einheit und nach den konstituierenden Essentials dieser Wissenschaft ein (vgl. MÜLLER/TENORTH 1979).

Studiengänge. Erziehungswissenschaft läßt sich derzeit in der Bundesrepublik Deutschland in vier verschiedenen Studiengängen studieren, die zu den Abschlüssen Magister Artium, Diplom-Pädagoge, Lehrfach Pädagogik oder graduierter Sozialpädagoge führen.

Der Studiengang des *Magister Artium* (M. A.) ist inhaltlich wenig festgelegt und ermöglicht spezielle Profilbildungen der → Qualifikation durch die relativ freie Kombination des Hauptfaches Erziehungswissenschaft/

Erziehungswissenschaft (Studium)   527

Pädagogik mit zwei Nebenfächern. Der Studiengang wird an etwa 30 Universitäten angeboten (vgl. HEILIGENMANN 1983); in ihm sind etwa 2500 Studenten eingeschrieben.

Der Grad des Magister Artium wurde um 1960 an den Philosophischen Fakultäten als berufsqualifizierender Abschluß zur Entlastung von Promotion und Staatsexamen eingeführt (vgl. GRÜNER 1971). In der Erziehungswissenschaft erwies sich dafür jedoch der Diplomabschluß alsbald als attraktiver. Gegenwärtig gibt es an einigen Universitäten beide Studienabschlüsse parallel, an anderen Hochschulen jeweils nur einen von beiden. Beide Studiengänge werden für berufsqualifizierend gehalten, wenn auch mit jeweils unterschiedlichen Akzentuierungen in der Qualifikation. Ob es auf Dauer sinnvoll sei, zwei Abschlußgrade für den ersten berufsqualifizierenden Studienabschluß in der Erziehungswissenschaft nebeneinander beizubehalten, wird gegenwärtig kontrovers diskutiert.

Der quantitativ bedeutsamste Studiengang ist der Diplomstudiengang in Erziehungswissenschaft mit dem Abschluß *Diplom-Pädagoge* (Dipl.-Päd.); in ihm sind seit 1975 relativ gleichbleibend 30000 Studenten eingeschrieben, davon zirka zwei Drittel weiblichen Geschlechts. 1969 verabschiedete die Ständige Konferenz der Kultusminister der Länder in der Bundesrepublik Deutschland eine «Rahmenordnung für die Diplomprüfung in Erziehungswissenschaft» (vgl. KMK 1969). Durch die Kombination der Erziehungswissenschaft mit den obligatorischen Nebenfächern Psychologie und Soziologie – und nur diesen beiden – sollte eine *sozialwissenschaftliche Ausrichtung* des neuen Studienganges gewährleistet werden. Das war angesichts der bis dahin vorherrschenden Studienrealität in der Erziehungswissenschaft eine einschneidende Veränderung, weil Pädagogik weithin als Geisteswissenschaft gelehrt und studiert wurde. Deren grundlegende Methode, die Hermeneutik (→Forschungsmethode), sollte nun zugunsten der erfahrungswissenschaftlichen Methoden in den Hintergrund treten. Der Nachweis einer Einübung in empirisch-statistische Forschungstechniken wurde deshalb obligatorisch.

Das Studium wurde entsprechend den Diplomstudiengängen anderer Fachrichtungen in ein Grund- und ein Hauptstudium von jeweils vier Semestern Dauer eingeteilt und das Hauptstudium in fünf *Studienrichtungen* differenziert, als deren Konstitutivum eine Ausrichtung auf Berufsfelder angegeben wurde: Schule, Sozialpädagogik und Sozialarbeit, Erwachsenenbildung und außerschulische Jugendbildung, betriebliches Ausbildungswesen, Sonderpädagogik. Darin manifestierte sich der Anspruch, im Gegensatz zur bisherigen Hochschulausbildung nunmehr auf die Bedürfnisse der erzieherischen Praxis hin auszubilden, und – unausgesprochen – der Anspruch der Erziehungswissenschaft, Relevantes zur Bewältigung von Aufgaben in Praxisfeldern beitragen zu können, die

528 Erziehungswissenschaft (Studium)

traditionell außerhalb ihrer unbestrittenen Domäne, der Schule, lagen. Im Bereich der → Sozialpädagogik – Sozialarbeit kam mit der Einführung des Diplom-Pädagogen zum bisherigen Fach(hoch)schulstudiengang die Möglichkeit eines «vollakademischen» Studiums hinzu, für dessen Absolventen Führungs- und Leitungspositionen reklamiert wurden (vgl. FURCK 1968; vgl. NIEKE 1978, S. 66).

Bereits kurz nach Verabschiedung der Rahmenordnung wurden an vielen Universitäten und pädagogischen Hochschulen Diplomstudiengänge eingerichtet, zum Teil um zusätzliche Schwerpunkte erweitert wie Vorschulerziehung, → Bildungsplanung, → Medienpädagogik, → Freizeitpädagogik, → Kulturpädagogik – Kulturarbeit und → Ausländerpädagogik (vgl. MARTIN 1986). Die Attraktivität des neuen Studienganges (im Wintersemester 1972/73 bereits mehr als 13000 Studenten) war unvermutet. Besonders in der Anfangszeit dürfte ein großer Teil der Studenten das Studium zielstrebig gewählt haben, weil es die besten Möglichkeiten zu eröffnen schien, ihr soziales, politisches und karitatives Engagement zu realisieren. Andere kehrten offensichtlich aus praktischer Berufstätigkeit, vorwiegend im Bereich des Sozialwesens, an die Hochschule zurück, um im Diplomstudiengang der Erziehungswissenschaft den in der Praxis deutlich gewordenen Mangel an theoretischen Kenntnissen zu beheben. Andererseits diente für etliche Studenten das Diplomstudium als Wartestudium für ein Numerus-clausus-Fach. Studenten an pädagogischen Hochschulen erhoffen sich vom teilweise nur zwei Semester dauernden Aufbaustudium und von dem Diplom als zweitem Studienabschluß angesichts der Lehrerarbeitslosigkeit, daß sich ihnen auch außerhalb des Schulwesens Beschäftigungsmöglichkeiten erschließen (→ Berufsfeld, außerschulisches [Pädagogen]).

Die Studenten verteilen sich ungleichmäßig auf die Studienrichtungen: etwa ein Drittel wählt Schule, ein Drittel bis die Hälfte Sozialpädagogik, etwa 10% Erwachsenenbildung. Die Fachdiskussion über die Entwicklung der einzelnen Studienrichtungen konzentriert sich auf Sozialpädagogik und Erwachsenenbildung (vgl. die Bibliographie von SCHERER 1984) sowie auf betriebliches Ausbildungswesen (vgl. ARNOLD 1980, NEUMANN u. a. 1980; → Betriebspädagogik) und Ausländerpädagogik (LANDESINSTITUT FÜR SCHULE UND WEITERBILDUNG 1987). Für die Berufsfelder Erwachsenenbildung, betriebliches Ausbildungswesen, Ausländerpädagogik, aber auch für die Studienrichtung Schule wird neben der Möglichkeit, sich in einem Hauptfachstudiengang der Erziehungswissenschaft exemplarisch zu spezialisieren, auch die Möglichkeit diskutiert, erprobt und teilweise regulär angeboten, diese Bereiche der Erziehungswissenschaft in Form eines Zusatz- oder Aufbaustudiums zu studieren. So sinnvoll dies grundsätzlich sein mag, müssen doch auch möglicherweise fragwürdige Auswirkungen dieser Entwicklungen im

Blick behalten werden (vgl. im einzelnen für Ausländerpädagogik NIEKE 1985, für berufliche Weiterbildung PETERS 1983).

Außer in der Bundesrepublik Deutschland gibt es Diplomstudiengänge auch in der DDR, der Schweiz und in Österreich. In der DDR bietet der Studiengang seit 1956 die Möglichkeit, sich für Leitungsfunktionen zu qualifizieren; er ist dementsprechend nur als Aufbaustudium eingerichtet und wird deshalb großenteils als Fernstudium absolviert (vgl. KLEIN 1977). Der österreichische Diplomstudiengang besteht im Studium zweier Fächer, und im Fach Pädagogik sind die Prüfungsfächer nach der traditionellen fachinternen Aufteilung (systematische Pädagogik, vergleichende Erziehungswissenschaft ...) konstruiert; eine Orientierung auf Praxis ist kaum vorhanden, wird aber inzwischen als Notwendigkeit erkannt (vgl. SCHWENDENWEIN 1978).

Studium der *Erziehungswissenschaft als Lehrfach*: Seit 1960 wird in einigen Bundesländern der Bundesrepublik Deutschland Pädagogik als Wahlfach an Gymnasien eingeführt, wenig später auch als Schwerpunkt- und Leistungsfach für die Abiturprüfung (vgl. LANGEFELD 1978), und dementsprechend wird die Erziehungswissenschaft als Prüfungsfach für Gymnasiallehrer eingerichtet. In den verschiedenen Zweigen des beruflichen Schulwesens gibt es seit langem pädagogischen Unterricht in unterschiedlichen Formen (als Pädagogik, Sozialpädagogik, Erziehungslehre/-kunde, Jugendkunde, → Spiel, → Didaktik und Methodik; vgl. MENCK 1977, S. 430; vgl. MENCK 1978). Bisher wurde dieser Unterricht meist von berufserfahrenen Kindergärtnerinnen und Jugendleiterinnen, von graduierten Sozialpädagogen und vereinzelt von Diplom-Pädagogen erteilt. Diese Lehrergruppen werden allmählich durch Lehrer mit Pädagogik oder speziell Sozialpädagogik als Unterrichtsfach ersetzt.

Obwohl der *Fachhochschulstudiengang Sozialpädagogik* aus sieben bis zwölf Einzelfächern besteht, wird er hier mit zu den erziehungswissenschaftlichen Studiengängen gerechnet, weil er auch auf berufliche Aufgaben der Erziehung vorbereitet, wie → Vorschulerziehung, → Heimerziehung, Jugendbildung, Heil- und Sondererziehung, und weil in ihm erziehungswissenschaftliche Studienfächer eine zentrale Stellung haben. Dieser Studiengang ist um 1971 durch die Überführung der höheren Fachschulen für Erzieher und Jugendleiter in den Fachhochschulstatus entstanden. Diese Herkunft prägt bis heute seine Struktur. Die Zahl der Pflichtstunden an Lehrveranstaltungen ist höher als in den übrigen Hochschulstudiengängen (um 30 Stunden pro Woche). Sieben bis zwölf Studienfächer müssen studiert und mit Prüfungen abgeschlossen werden. Die Fächerstruktur des Studienganges ist in staatlichen Prüfungsordnungen festgeschrieben und liegt deshalb nicht im Gestaltungsspielraum der Fachhochschulen. Die zeitliche Abfolge für das Absolvieren bestimmter Inhaltsbereiche und Lehrveranstaltungen ist häufig ge-

530 Erziehungswissenschaft (Studium)

nau geregelt, so daß sich unter den Studenten Jahrgangsgruppen heraus-
bilden, die relativ stark gegeneinander abgeschlossen sind. Zugleich mit
den höheren Fachschulen für Erzieher und Jugendleiter wurden die
Fachschulen für Fürsorger und Sozialarbeiter in (staatliche und konfessionelle) Fachhochschulen übergeführt und zum Teil mit jenen zusam-
mengelegt. In einigen Bundesländern gibt es weiterhin zwei verschiedene staatliche Prüfungsordnungen, getrennt für Sozialpädagogen und
Sozialarbeiter. In anderen Bundesländern wurden beide *Studiengänge* zu
einem einheitlichen Studiengang *mit dem Abschluß des graduierten Sozialpädagogen* zusammengefaßt. In beiden Studiengängen studieren
etwa 35 000 Studenten.

Die vielen Einzelkenntnisse aus den verschiedenen Studienfächern
auf Probleme und Handlungssituationen der Berufspraxis zu beziehen,
hat sich als schwierig erwiesen. Die Lösung wird auf zwei Wegen gesucht: Zum einen werden in der zweiten Studienhälfte tätigkeitsfeld-
bezogene *Schwerpunktstudien* organisiert, und zum anderen wird in
Projekten versucht, sowohl Theorie und Praxis einander näherzubringen als auch die verschiedenen Einzelkenntnisse auf die praktische
Situation zu fokussieren (vgl. LEUBE 1981). Die reguläre Form des
Bezugs von Theorie und Praxis besteht dagegen in einem Nebeneinander: In den meisten Bundesländern folgt auf die dreijährige Fachhochschulausbildung, in welcher ein Kontakt zur Praxis in Blockpraktika
hergestellt wird, ein Anerkennungsjahr. In einigen Bundesländern ist –
wie in den Niederlanden, in Großbritannien und in den USA üblich
(vgl. KREUTZ/LANDWEHR 1977) – das Praxisjahr in das Studium integriert.

Forderungen nach einer Neubestimmung der Studiengänge. Angesichts
der Entstehungsgeschichte des Magister-Studienganges wird gefragt, ob
er nicht nur für sehr wenige Studenten sinnvoll sein könne: Er stelle keinen berufsqualifizierenden Abschluß dar, seitdem diese Funktion vom
Diplomstudiengang übernommen worden sei. Sein Sinn könne nur noch
darin liegen, ein Studium mit voller inhaltlicher Freiheit und freier Fä-
cherkombination zu ermöglichen.

Auf den Praxisbereich von Sozialpädagogik und Sozialarbeit bereiten
sowohl der Fachhochschulstudiengang als auch der Diplomstudiengang
mit der entsprechenden Studienrichtung vor. Ursprünglich sollten die
damit gegebenen verschiedenen Stufen der Qualifikation auf hierarchisch gestufte Berufspositionen in diesem Tätigkeitsfeld vorbereiten;
Diplom-Pädagogen sollten Leitungs- und Stabspositionen übernehmen.
Dies hat sich nur teilweise realisiert (vgl. HOMMERICH 1984, KOCH 1977,
KOCH u. a. 1978), so daß großenteils auf zwei Qualifikationsstufen für
die gleichen Arbeitsplätze ausgebildet wird. Wegen der damit einherge-

henden Substitution nach unten schließen viele Studenten an das Fachhochschulstudium unmittelbar ein Diplomstudium an, um in dem Verdrängungswettbewerb nicht von vornherein die schlechteren Chancen zu haben.

Diese Situation macht eine Neuordnung der Studiengänge zueinander dringlich (vgl. Keil u. a. 1981, Projektgruppe soziale Berufe 1981). In den darauf bezogenen Überlegungen zur Studienreform lassen sich drei Positionen unterscheiden: die Eigenständigkeitsthese, die Stufungsthese und die Maximalqualifikationsthese.

Die *Eigenständigkeitsthese* behauptet einen eigenständigen Bildungsauftrag der Fachhochschule, der auf den besonderen Möglichkeiten des Praxis- und Anwendungsbezugs des Fachhochschulstudiums, den Anforderungen des Beschäftigungssystems nach kurz und praxisbezogen qualifizierten Wissenschaftsanwendern und auf theoriefernen Begabungs- und Motivationsstrukturen bei einem großen Teil der Hochschulzugangsberechtigten basiere. Diese These wird von Fachhochschullehrern und Arbeitgeberorganisationen ohne überprüfbaren Nachweis des empirischen Teils der Argumentationsbasis vertreten.

Die *Stufungsthese* sieht in einem konsekutiv zu duchlaufenden Studiensystem die Möglichkeit gewährleistet, für die unterschiedlichen Stufen des Beschäftigungssystems zu qualifizieren und den Studenten je nach → Motivation mehrere Ausstiege zu eröffnen, um so der fatalen Alternative zu entkommen, entweder einen langen Studiengang absolvieren oder zum Studienabbrecher werden zu müssen. Dazu müssen Fachhochschulstudiengang und Diplomstudiengang eng aufeinander bezogen, am besten in einem integrierten Studiengang zusammengefaßt werden, damit der Diplomstudiengang zum Aufbaustudium für den Fachhochschulstudiengang wird. Auch wird von den Vertretern dieser These gefordert, Abschlüsse bereits nach zwei Jahren zu ermöglichen (vgl. Wissenschaftsrat 1978).

Die *Maximalqualifikationsthese* geht davon aus, daß es unmöglich sei, für eine soziale Tätigkeit überqualifiziert zu sein (vgl. Teichler u. a. 1976, S. 42). Deshalb solle jeder so viel und so lange wie möglich qualifiziert werden, das heißt studieren können. Für den Tätigkeitsbereich des außerschulischen Erziehungs- und Sozialwesens läßt sich die bestehende Hierarchie der Berufspositionen kaum inhaltlich und funktional, sondern nur traditional erklären. Deshalb muß eine auf die hierarchische Stufung der Berufspositionen bezogene Stufung des Studiums als fragwürdig gelten. In Konsequenz der Maximalqualifikationsthese müßte möglichst vielen Studenten das Absolvieren des Diplomstudienganges der Erziehungswissenschaft ermöglicht werden; denn es gibt gute Gründe für die Annahme, daß der längere und systematischer angelegte erziehungswissenschaftliche Diplomstudiengang bei gelingendem Pra-

532 Erziehungswissenschaft (Studium)

xisbezug für berufliches Handeln besser qualifizieren kann als der eklektische, kurze Fachhochschulstudiengang.

Praxisbezug bei ungeklärter Berufsperspektive. Die Realisierung des Anspruchs auf Praxisbezug, unter dem besonders der Diplomstudiengang der Erziehungswissenschaft eingerichtet wurde, stößt auf die grundsätzliche Schwierigkeit, daß ein besonderes Tätigkeitsfeld für solcherart qualifizierte Spezialisten für Erziehung herkömmlich noch nicht ausgewiesen ist. Es ist jedoch denkbar, daß die Praxis, für die nun neu qualifiziert werden soll, als Praxis anderer Tätiger schon existiert.

So sieht etwa die «Begründung zur Rahmenordnung für den Diplomstudiengang in Erziehungswissenschaft» als mögliche «Praxis» für Diplom-Pädagogen mit dem Schwerpunkt «Sozialpädagogik/Sozialarbeit» die Supervision vor (vgl. FURCK 1968). Supervision als Praxisanleitung und Praxisberatung von Sozialpädagogen und Sozialarbeitern wird bislang von Sozialarbeitern mit einer besonderen Zusatzausbildung ausgeübt, so daß sich Diplom-Pädagogen für eine Praxis qualifizieren würden, die als Praxis anders Qualifizierter schon existiert.

Es stellt sich die Frage, warum sich auch und gerade ein Diplom-Pädagoge für diese Praxis qualifizieren soll. Dies ist nur dann begründbar, wenn aufgrund der spezifischen Qualifizierungsmöglichkeiten des Diplom-Pädagogen die Aussicht besteht, daß er anders oder besser in der Lage ist, Hilfen für die Bewältigung der praktischen Probleme zu entwickeln, als sie ohne sein Tätigwerden zur Verfügung stehen könnten. Wenn ein Diplom-Pädagoge «besser» in der Lage wäre, solche Hilfen zu entwickeln, als anders Qualifizierte, dürfte die Berechtigung seines Tätigwerdens unstrittig sein. Aber auch dann, wenn ein Diplom-Pädagoge weder bessere noch schlechtere Hilfen entwickeln könnte, sondern nur *andere*, würde sich sein Tätigwerden neben dem anders Qualifizierter rechtfertigen, und zwar dann, wenn sich durch seinen neuen Beitrag die Hilfen zur Lösung eines Problems insgesamt vorantreiben lassen.

Angesichts der Unmöglichkeit, die künftige Berufspraxis zu antizipieren (vgl. NIEKE 1978, S. 49 ff) , und der Vielfältigkeit dieser Praxis wird die Lösung in einer exemplarischen Spezialisierung gesucht, die eine möglichst vielseitige Verwendbarkeit der erworbenen Qualifikation erlauben soll sowie in der Herausbildung einer speziellen professionellen Handlungskompetenz (vgl. GIESECKE 1987; vgl. NIEKE 1981, 1984).

Interdependenz von Ausbildung und Beschäftigung. Weder Studieninhalte noch Zahl der Studienplätze des Diplomstudienganges lassen sich aus einer Analyse des Beschäftigungssystems ableiten und schon gar nicht aus der momentanen Arbeitsmarktsituation. Vielmehr ist von einer Interdependenz zwischen Beschäftigungssituation, Berufsperspektive und Qualität des Studiums auszugehen, dergestalt, daß nicht nur die tatsächliche und antizipierte Berufssituation die Inhalte des Studiums beeinflußt, sondern auch umgekehrt bestimmte Ausgestaltungen des Studiums überhaupt erst bestimmte Tätigkeitsfelder erschließen und die Tätigkeiten modifizieren können.

Angesichts des derzeit zu befürchtenden Mangels an Arbeitsplätzen für die geburtenstarken Jahrgänge müssen im Bildungs- und Sozialwesen Pädagogen und Sozialpädagogen nicht nur gegeneinander, sondern überdies noch mit Psychologen, Soziologen, Juristen und stellungslosen Lehrern konkurrieren. Aufgrund von Beobachtungen in anderen Ländern (vgl. TEICHLER u. a. 1976) muß vermutet werden, daß auch hier eine generelle Substitution nach unten stattfinden wird. Diese problematische Entwicklung zeigt sich bereits jetzt im Sozialwesen, wo Stellen von Sozialarbeitern und Sozialpädagogen mit Diplom-Pädagogen besetzt werden, die aber großenteils nur wie Sozialarbeiter bezahlt werden (vgl. KOCH 1977, KOCH u. a. 1978). Durch die Substitution nach unten gelangen auf die Arbeitsplätze höher Qualifizierte als vordem, und diesen kann es gelingen, mittels ihrer fundierteren Qualifikation und Handlungskompetenz die Handlungsspielräume für ihre Tätigkeit zu erweitern; es findet so etwas statt wie eine Reform von unten. Daneben führt die Schwierigkeit, in den üblichen Institutionen eine Beschäftigung zu finden, zu einer Zunahme außerinstitutioneller Alternativen, beispielsweise zur Gründung freier Schulen oder zur Gründung von pädagogischen Wohnkollektiven als Alternative zur → Heimerziehung. Diese Prozesse fördern aber zugleich eine Verberuflichung und Professionalisierung von Tätigkeiten, die bisher großenteils außerberuflich bewältigt werden.

Zwischen 1978 und 1980 wurden entsprechend dem Auftrag des Hochschulrahmengesetzes regionale und überregionale Studienreformkommissionen für Erziehungswissenschaft eingesetzt, meist kombiniert mit dem Reformauftrag auch für die Fachhochschulstudiengänge Sozialpädagogik und Sozialarbeit, wohl im Blick auf die ungeklärte Parallelität von Studiengängen an Fachhochschulen einerseits sowie den Universitäten und pädagogischen Hochschulen andererseits für den gleichen Praxisbereich. Einige Kommissionen legten Zwischenberichte mit deutlichen Reformvorschlägen vor (vgl. FACHKOMMISSION ERZIEHUNGSWISSENSCHAFTEN 1983, STUDIENREFORMKOMMISSION PÄDAGOGIK / SOZIALPÄDAGOGIK / SOZIALARBEIT 1984, STUDIENREFORMKOMMISSION SOZIALPÄDAGOGIK 1984, STUDIENREFORMKOMMISSION II 1984), aber die Umsetzung dieser Reformvorschläge in verbindliche Empfehlungen wurde sofort kontrovers diskutiert und unterblieb im Zuge der Zurücknahme des Instrumentariums der Studienreformkommission durch eine entsprechende Novellierung des Hochschulrahmengesetzes. Allerdings orien-

534 Erziehungswissenschaft (Studium)

tieren sich inzwischen einige Hochschulen an den unverbindlich geblie-
benen Reformvorschlägen bei der Neufassung ihrer Studien- und Prüfungsordnungen.

ARNOLD, R.: Diplompädagogen für die Praxis. Grundlagen und Probleme einer
praxisbezogenen Ausbildung – aufgezeigt am Studienschwerpunkt Berufs- und Betriebspädagogik, Heidelberg 1980. BUNDESARBEITSGEMEINSCHAFT DER DIPLOM-PÄD-
AGOGEN (Hg.): Die Ausbildungssituation im Diplomstudiengang Erziehungswissenschaft, Essen 1988. FACHKOMMISSION ERZIEHUNGSWISSENSCHAFTEN (Niedersachsen):
Empfehlungen zur Neuordnung der Diplomstudiengänge an Wissenschaftlichen Hochschulen... (Drucksache 700a und 783a), Hannover 1983. FURCK, C.-L.: Begründung
zur Rahmenordnung für die Diplomprüfung in Erziehungswissenschaft, Mimeo, Berlin
1968. GIESECKE, H.: Pädagogik als Beruf. Grundformen pädagogischen Handelns,
Weinheim/München 1987. GRÜNER, G.: Die Magisterprüfung in der Bundesrepublik
Deutschland, Weinheim/Berlin/Basel 1971. HARNAY, K. u. a.: Professionalisierung der
Erwachsenenbildung, Frankfurt/M. HEILIGENMANN, U.: Situation und Perspektiven
der Pädagogikstudenten im Magisterstudiengang, Nürnberg 1983. HOMMERICH, CH.:
Der Diplom-Pädagoge – ungeliebtes Kind der Bildungsreform, Frankfurt/M. 1984.
KEIL, S. u. a.: Studienreform und Handlungskompetenz im außerschulischen Erzie-
hungs- und Sozialwesen, Neuwied/Darmstadt 1981. KLEIN, H.: 30 Jahre antifaschi-
stisch-demokratische und sozialistische Lehrerbildung; 20 Jahre Diplom-Pädagogen-
Ausbildung an der Humboldt-Universität zu Berlin. In: W. Z. d. Humboldt-Univ.,
Gesellsch.- u. Sprw. Reihe 26 (1977), S. 279ff. KMK: Rahmenordnung für die Diplom-
prüfung in Erziehungswissenschaft. In: Z. f. P. 15 (1969), S. 209ff. KOCH, R.: Diplom-
Pädagogen im Beruf. Eine empirische Untersuchung von Ausbildung und Arbeitsplätzen der ersten Generation von Diplom-Pädagogen. In: N. Prax., Sonderheft 1977.
KOCH, R. u. a.: Diplom-Pädagogen im Beruf. Ergebnisse der Wiederholungsuntersu-
chung 1977 über Ausbildung und Arbeitsplätze der Diplom-Pädagogen. In: N. Prax. 8
(1978), S. 291ff. KREUTZ, H./LANDWEHR, R. (Hg.): Studienführer für Sozialarbeiter/
Sozialpädagogen, Neuwied 1977. LANDESINSTITUT FÜR SCHULE UND WEITERBILDUNG
(Nordrhein-Westfalen) (Hg.): Lehreraus- und -fortbildung im Bereich Ausländerpädagogik, Soest 1987. LANGEFELD, J.: Pädagogik als Unterrichtsfach des allgemeinbilden-
den Schulwesens. In: Z. f. P. 24 (1978), S. 835ff. LENZEN, D. (Hg.): Pädagogik und
Alltag, Stuttgart 1980. LEUBE, K.: Praxisbezüge in der Ausbildung. In: Projektgruppe
soziale Berufe (Hg.): Sozialarbeit..., Bd. 1, München 1981, S. 120ff. MARTIN, L. R.:
Diplom-Pädagoge/Diplom-Pädagogin. Blätter zur Berufskunde, Nr. 3-III E 04, hg. v. d.
Bundesanstalt für Arbeit, Nürnberg ⁶1986. MENCK, P.: Lehrpläne für den Unterricht in
Pädagogik. In: Vjs. f. w. P. 53 (1977), S. 427ff. MENCK, P.: Pädagogikunterricht – An-
merkungen zur Diskussion. In: Z. f. P. 24 (1978), S. 911ff. MÜLLER, S./TENORTH, H.-
E.: Erkenntnisfortschritt und Wissenschaftspraxis in der Erziehungswissenschaft. In: Z.
f. P. 25 (1979), S. 853ff. NEUMANN, G. u. a.: Modellversuch Diplompädagoge. Betriebliche Ausbildung, Frankfurt/M. 1980. NIEKE, W.: Der Diplom-Pädagoge. Gesellschaftlicher Bedarf, Ausbildung und Berufsperspektive, Weinheim/Basel 1978. NIEKE, W.:
Das Konzept der professionellen Handlungskompetenz für das außerschulische Erzie-
hungs- und Sozialwesen. In: Keil, S. u. a.: Studienreform..., Neuwied/Darmstadt 1981,
S. 15ff. NIEKE, W.: Handlungskompetenz und Habitus des Diplom-Pädagogen. In:
BAG-Mitteilungen (1984), 22, S. 26ff. NIEKE, W.: Zusatzstudiengänge zur Weiterbildung von Lehrern für den Unterricht mit Schülern ausländischer Herkunft – Qualifika-
tionsakkumulation oder notwendige Erweiterung pädagogischer Handlungskompetenz. In: Heid, H./Klafki, W. (Hg.): Arbeit – Bildung – Arbeitslosigkeit keit. Z. f. P.,

Erziehungsziel   535

19. Beiheft, 1985, S. 438 ff. Peters, S.: Pädagogische Handlungskompetenz als Qualifizierung für berufliche Weiterbildung, Bad Honnef 1983. Projektgruppe soziale Berufe (Hg.): Sozialarbeit: Ausbildung und Qualifikation – Problemwandel und Institutionen – Professionalisierung und Arbeitsmarkt, 3 Bde., München 1981. Roth, H.: Die realistische Wendung in der pädagogischen Forschung. In: N. Samml. 2 (1962), S. 481 ff. Scherer, A.: Bibliographie zur Studien- und Berufssituation des Diplom-Pädagogen. In: Bundesarbeitsgemeinschaft der Diplom-Pädagogen (Hg.): Diplom-Pädagogen in der beruflichen Praxis, Essen 1984, S. 109 ff. Schwendenwein, W.: Wissenschaftliche Pädagogik in Österreich am Wendepunkt. In: Vjs. f. w. P. 54 (1978), S. 445 ff. Schwenk, B.: Pädagogik in den philosophischen Fakultäten. Zur Entstehungsgeschichte der «geisteswissenschaftlichen» Pädagogik in Deutschland. In: Haller, H.-D./Lenzen, D. (Hg): Jahrbuch für Erziehungswissenschaft 1977/78, Stuttgart 1977, S. 103 ff. Skiba, E.-G. u. a.: Diplom-Pädagoge – und was dann? Empirische Untersuchung von Absolventen des Studienganges Sozialpädagogik der FU Berlin, Berlin 1984. Studienreformkommission «Pädagogik/Sozialpädagogik/Sozialarbeit»: Entwurf für Empfehlungen zu Erziehungswissenschaft und Sozialwesen, Bonn 1984. Studienreformkommission «Sozialpädagogik», Bremen 1984. Studienreformkommission II «Außerschulisches Erziehungs- und Sozialwesen», Nordrhein-Westfalen: Überarbeitete vorläufige Empfehlungen zur Bestimmung von Studienzielen und zur Studienstruktur für das außerschulische Erziehungs- und Sozialwesen. Drucksache 84/286, Bochum 1984. Teichler, U. u. a.: Hochschulexpansion und Bedarf der Gesellschaft, Stuttgart 1976. Wissenschaftsrat: Empfehlungen zur Differenzierung des Studienangebots, Bonn 1978.

Wolfgang Nieke

Erziehungsziel

Geschichte und Begriff. Die Frage nach Erziehungszielen und ihrer Begründung schien lange Zeit einem bereits überwundenen Abschnitt der Erziehungswissenschaft anzugehören. Die Verwissenschaftlichung der → Pädagogik nach der realistischen Wendung schien als ihren Gegenstand nur noch beobachtbare Lehr- und Lernprozesse übrigzubehalten, die zu erforschen oder über die fruchtbare Hypothesen aufzustellen das höchste Ziel der Erziehungswissenschaft zu sein schien. *Diese* Verwissenschaftlichung der Pädagogik folgte freilich nur einer von mehreren – nämlich der positivistischen, kritisch-rationalistischen – Konzeptualisierung von Wissenschaft. Es war besonders Habermas, der im deutschen Sprachraum einen nichtpositivistischen Wissenschaftsbegriff rehabilitierte, zu dessen tragenden Unterscheidungen die von instrumentellem und kommunikativem Handeln gehört. Diese Unterscheidung lehnt sich an die Tradition insbesondere der aristotelischen Philosophie an, die sorgfältig zwischen handwerklichem Herstellen und politischem Handeln unterscheidet. Die vielleicht wichtigste Konsequenz dieses Ansatzes (vgl. Habermas 1973) war es, daß das stur behauptete Postulat von der Wertfreiheit der Wissenschaft in Frage gestellt und damit das Pro-

536   Erziehungsziel

blem der Wahrheitsfähigkeit praktischer Fragen wiederaufgenommen wurde.

Die Übernahme eines solchen Verständnisses von Wissenschaft erlaubte es der Erziehungswissenschaft im folgenden, mit der Diskussion um die Methodologie des →Curriculum ureigenstes Terrain wiederzugewinnen (vgl. MEYER 1972), wobei in diesem Bereich aber eher von →Lernzielen als von Erziehungszielen gesprochen wird.

Ein Erziehungs*ziel* ist im Unterschied zu einem Erziehungs*ideal* ein prinzipiell erreichbarer Zustand von Personen oder →Interaktionen. Diese Zustände sind als das Ergebnis von Handlungen definiert, die die Erhaltung, Verbesserung oder Förderung von als wünschenswert erachteten Zuständen von Personen oder Interaktionen bezwecken sowie einem dementsprechend intersubjektiv überprüfbaren Kriterium genügen müssen (vgl. BREZINKA 1978. S. 44).

Kriteriengeleitetes Handeln. Diese Erläuterung des Begriffs «Erziehungsziel» setzt die Unterscheidung von Erziehen als Handeln und Erziehen als Verhalten voraus. Unter →Handeln soll sinnhaftes, zweckgerichtetes Tun, unter Verhalten die Klasse der an einem beliebigen Organismus beobachtbaren Bewegungen verstanden werden. Der Begriff des Handelns kann selbst dreifach erläutert werden, nämlich teleologisch, kausalistisch und intentionalistisch. Handeln ist erläutert als
– *teleologisch*, wenn es als die Verfolgung eines gesetzten Zwecks durch den Einsatz von hierzu als tauglich angesehenen Mitteln,
– *kausal*, wenn es als Naturprozeß, bei dem ein Wille oder eine ihm entsprechende psychophysische Disposition ebenso auf einen menschlichen Organismus einwirkt wie ein physikalisches Objekt auf ein anderes,
– *intentional*, wenn es als Zusammenhang zwischen einem Tun und den für dieses Tun sprachlich gegebenen Gründen angesehen wird (vgl. BUBNER 1976, S. 123 ff).

Erziehung als Handlung zu analysieren bedeutet nicht, zu behaupten, Erziehen stelle *eine* bestimmte Handlung wie etwa Ermahnen oder Instruieren dar (vgl. PETERS 1978, S. 15). Vielmehr handelt es sich beim Erziehen um eine bestimmte *Art und Weise*, einzelne Tätigkeiten zu vollziehen: nämlich nach Maßgabe bestimmter Kriterien und bei Unterstellung prinzipiellen Gelingens. In der aktuellen erziehungswissenschaftlichen Diskussion finden sich zwei unterschiedliche Vorschläge für Kriterien, die es gestatten sollen, den Vollzug bestimmter Handlungen als erzieherisch zu charakterisieren:
– die *subjektiven Absichten* eines oder mehrerer Handelnder, die als wertvoll erachteten Persönlichkeitszustände anderer zu erhalten, zu fördern oder zu verbessern (vgl. BREZINKA 1971, S. 609),

Erziehungsziel 537

– *objektive Merkmale* solcher mit derartigen Absichten angegangener Personen oder interpersoneller Bezüge.

So setzt der erste Vorschlag nur Intentionen, der zweite aber Intentionen und Handlungsergebnisse als Kriterium an. Es geht bei den beiden unterschiedlichen Gruppen von Kriterien um die Differenz der Bedeutung der Ausdrücke «Etwas tun» und «Etwas zu tun beabsichtigen». Es ist keineswegs das gleiche, ob man es für *wünschenswert erachtet*, jemanden zu fördern, ob man *beabsichtigt*, ihn zu fördern, oder ob man ihn *«wirklich» fördert*.

Kriterien erzieherischen Handelns. Die Kriterien, anhand deren bestimmte Handlungen als erzieherisch charakterisiert werden können, sind selbst keine Erziehungsziele. Diese unterscheiden sich von Kriterien dadurch, daß sie nicht angeben, *wie* bestimmte Zustände erreicht werden sollen, sondern *welches* diese Zustände sind. Ob es sich bei Erziehungszielen lediglich um Eigenschaften von Personen oder um Eigenschaften von interpersonellen Bezügen (auch der zwischen → Erziehern und Edukanden) handelt; ob also trotz des Unterschieds zwischen Erziehungskriterien und Erziehungs*zielen* die Erziehungskriterien der Ermittlung von Erziehungszielen Grenzen setzen können und sollen, hängt von der Wahl zwischen einem teleologischen und einem intentionalen Handlungsbegriff ab. ARISTOTELES (1972, S. 55) unterscheidet in den einleitenden Sätzen der Nikomachischen Ethik Handlungen nach ihren Zielen: «[...] denn die einen sind Tätigkeiten, die andern bestimmte Werke außer ihnen. Wo es Ziele außerhalb der Handlungen gibt, da sind ihrer Natur nach die Werke besser als die Tätigkeiten.» Die hier getroffene Unterscheidung von *Poiesis* (handwerklichem Herstellen) und *Praxis* (intersubjektiv vernünftigem Handeln) läßt sich als die Differenz von instrumentellem und kommunikativem Handeln deuten. Der Zweck instrumentellen Handelns ist die Verfertigung eines gewünschten Gegenstandes, das Ziel kommunikativen Handelns die vernünftige Verständigung über eine gemeinsame Lebensform. Es ist ein entscheidender Unterschied, ob die erzieherische Beeinflussung von Edukanden nach dem Bild der Herstellung eines Gegenstandes oder des Miteinanders von Verständigung gedeutet wird. Die Wahl des zweiten Handlungsbegriffs beinhaltet freilich trotz der analytisch zu treffenden Unterscheidung von Kriterien erzieherischen Handelns und Erziehungszielen selbst eine Verbindung von Kriterium und Ziel: Erziehung als kommunikatives Handeln muß zumindest all jene Erziehungsziele als «nicht erzieherisch» ausschließen, die mit der Forderung nach vernünftiger Verständigung unvereinbar sind, etwa die nach striktem Gehorsam.

538 Erziehungsziel

Erziehungsziele und Lernziele. Das Verhältnis von Erziehungs- und Lernziel bemißt sich ebenfalls an den beiden Handlungsbegriffen. Terminologisch gesehen sind *Erziehungsziele* umgangssprachlich umschriebene, für bestimmte erzieherische Maßnahmen noch nicht hinreichend präzisierte oder konkretisierte Zustände von Personen oder Interaktionen und *Lernziele* operationalisierte oder interpretierte Erziehungsziele.

Die Operationalisierung eines Erziehungsziels folgt der Methode der operationellen Definition. Ein Begriff ist operationell definiert, wenn die Forschungshandlungen angegeben sind, aufgrund deren über das Vorliegen eines mit einem Begriff bezeichneten Sachverhalts entschieden werden kann (vgl. MAYNTZ u. a. 1972, S. 18). Eine Interpretation ist die Anwendung eines Begriffs auf eine handlungsrelevante Situation in praktischer Absicht. Ob eine Interpretation gelingt oder nicht, läßt sich nicht durch ein wissenschaftliches Verfahren eigener Art sichern, sondern hängt allein vom Erfolg oder Mißerfolg des praktischen Vollzugs ab (vgl. GADAMER 1972, S. 297). Wird Erziehung im Bild technischen Tuns gedeutet, so wird auch ihr Zweck, die Erziehungs- und Lernziele, nach dem Bild eines zu verfertigenden Gegenstandes und ihr Handeln nach dem Bild des Konstruierens angesehen, nämlich derart, daß ein Hersteller gemäß eines Konstruktionsplanes jederzeit feststellen kann, wieweit das Fertigungsstück oder die es hervorbringenden Tätigkeiten dem Entwurf genügen. Dem entspricht die operationelle Umformung von Erziehungszielen in Lernziele. Wird die Umformung hingegen als Interpretation gedeutet, so kann sie nicht als prinzipiell einsames Setzen von Konstruktions- oder Prüfvorgängen, sondern nur als mehr oder minder einvernehmliche Verständigung aller Beteiligten gemäß einem prinzipiell konsensfähigen Erziehungsziel verstanden werden. Der naheliegende Einwurf, daß es sich gerade bei erzieherischen Interaktionen um solche handelt, in denen eine vernünftige Verständigung aller gerade *nicht* gewährleistet ist, stellt aber keinen Einwand gegen dieses Konzept dar, sondern vielmehr das Grundproblem, das den Gegenstandsbereich einer nicht technisch konzipierten Erziehungswissenschaft allererst konstituiert. Die Frage nach ihrer Möglichkeit läßt sich mithin nicht vorab klären, sondern nur je und je im immer neuen Versuch, Lernziele im obigen Sinne zu interpretieren.

Begründung und Rechtfertigung. Die Wahl zwischen einem der beiden Handlungsbegriffe entscheidet ebenfalls darüber, wie die Frage nach dem Zustandekommen und der Begründungs- und Rechtfertigungsfähigkeit von Erziehungszielen beantwortet wird, wobei hier, abweichend von KÜNZLI (vgl. 1975), nicht weiter zwischen Begründung und Rechtfertigung als zwei unterschiedlichen Legitimationsmodi unterschieden wird (vgl. ZENK 1983). Daß die Frage nach dem *faktischen* Zustandekommen von Erziehungszielen unter gegebenen historischen, sozialen und psychischen Bedingungen legitimer Teil der Erziehungswissenschaft ist, scheint derzeit bei allen Richtungen der Erziehungswissenschaft akzeptiert zu sein (vgl. KERSTIENS 1978). Strittig ist die Frage, ob die Begründung von Erziehungszielen wissenschaftlich möglich ist oder «nur» moralphilosophisch (vgl. BREZINKA 1978, S. 189ff; vgl. MOLLENHAUER 1972, S. 42ff). Es scheint zunächst alles davon abzuhängen, ob das Prädikat «wissenschaftlich» nur auf solche Aussagensysteme angewendet werden darf, die keinerlei Wertungen enthalten. In der allgemeinen wissenschaftstheoretischen Diskussion ist zumindest im Bereich der Sozialwissenschaften das Prinzip der Wertfreiheit umstritten und keineswegs zugunsten der einen oder anderen Seite entschieden (vgl. ADORNO u. a. 1972, BECK 1974, STEGMÜLLER 1979). Historisch gesehen waren es vor allem die von Dilthey, Nohl und Weniger begründete geisteswissenschaftliche Pädagogik (→ Pädagogik, Geisteswissenschaftliche) und die empirisch-analytische Erziehungswissenschaft, die eine wissenschaftliche Begründung von Erziehungszielen aus der Einsicht in deren historische Relativität sowie aus dem *Theorem der Nichtableitbarkeit eines Sollens aus einem Sein* heraus für unmöglich erachteten. Die Vertreter einer normativ transzendentalen (Heitger, Petzel) sowie einer der Kritischen Theorie der Gesellschaft nahestehenden Erziehungswissenschaft (Blankertz, Lempert, Mollenhauer) sind demgegenüber der Meinung, daß eine verbindliche Begründung oberster Lernziele zumindest im Prinzip möglich ist (vgl. BLANKERTZ 1969, KERSTIENS 1978, MOLLENHAUER 1972). Die Frage, ob Erziehungsziele wissenschaftlich zu begründen seien oder «nur» moralphilosophisch, bleibt so lange unerheblich, wie nicht vorab darüber entschieden ist, daß moralphilosophische Argumentationen nicht ebenso streng und verbindlich überprüfbar sind wie etwa empirische Aussagen, solange ihnen Wahrheitsfähigkeit also nicht abgesprochen wird. Wird → Erziehung dem teleologischen Handlungsbegriff folgend gedeutet, so stellt ein Erziehungsziel eine subjektive Präferenz dar, wird sie hingegen nach dem intentionalen Handlungsbegriff gedeutet, so ist das Erziehungsziel eine ausweisungsbedürftige Norm. Die Fassung von Erziehungszielen als rein subjektive Präferenzen, als persönliche Maximen, muß im Prinzip jede faktische Verschlechterung des Zustandes eines Edukandus als Erziehung anerkennen, wenn sie nur gut gemeint war, während die Auffassung von Erziehungszielen als ausweisbaren Normen hier von der Differenzierungsfähigkeit unserer Sprache Gebrauch machen und von Dressur oder Manipulation sprechen würde (→ Indoktrination).

Deduktion. Die Auffassung, daß es sich bei Erziehungszielen um subjektive Präferenzen von einzelnen oder Gruppen handelt, ist das Resultat der historischen Erfahrung des Wechsels von Erziehungszielen im Verlauf der Geschichte sowie des Akzeptierens des sogenannten Münchhausen-Trilemmas (vgl. ALBERT 1968, S. 13), der vermeintlichen Unbegründbarkeit von Normen. So glaubte man im Mittelalter, im Zeitalter der → Aufklärung, ja sogar bis heute, einzelne Lern- und Erziehungsziele (wie etwa Toleranz, Demut, Treue) aus vermeintlich allgemein akzeptierten obersten inhaltlichen Wertvorstellungen (dem Christentum, einer Verfassung) *deduzieren* zu können (vgl. BLANKERTZ 1969, S. 18 ff). Gegen eine solche Konstitution von Erziehungszielen läßt sich schlüssig einwenden, daß die Konsensfähigkeit oberster inhaltlicher Normen keineswegs vorab gesichert ist und die so vorgenommenen Ableitungen aus obersten Maßgaben einem streng logischen *Deduktions*begriff gerade nicht genügen.

Unterliegen also die einzelnen inhaltlichen Normen, aus denen Erziehungsziele abgeleitet werden sollen, der Ideologiekritik, so ist das Verfahren der Ableitung einer *methodologischen Kritik* zu unterziehen. In der Logik wird unter Deduktion ein tautologisches, wahrheitswerterhaltendes Schließen verstanden, das gerade dadurch gekennzeichnet ist, daß es keine neuen Informationen erbringt. So verbleibt einzig die Möglichkeit einer absoluten Begründung von Erziehungszielen, die aber wie jede absolute Normenbegründung nach dem Münchhausen-Trilemma unmöglich ist. Demnach steht jeder Versuch einer absoluten Begründung vor genau drei Möglichkeiten: einem infiniten Regreß auf je vorausgesetzte Normen, einem logischen Zirkel und einem nicht weiter begründbaren Abbruch des Begründungsverfahrens, also einem Dezisionismus. Allerdings rührt die Triftigkeit dieses Einwandes gegen die Begründung von Erziehungszielen auf einer formallogischen Sicht von Begründung als einer wahrheitswerterhaltenden Reduktion auf ein oberstes Axiom. Wählt man aber einen anderen Begründungsbegriff, der sich nicht an der mathematischen Logik, sondern der alltäglichen Weise des Argumentierens orientiert, dann entfällt das Trilemma, und eine – nun aber anders zu deutende – zureichende Begründung von Erziehungszielen wird möglich. Demnach ist eine oberste Norm dann *begründet*, wenn sie argumentierend ohne Inanspruchnahme ihrer selbst nicht weiter gestützt und ohne Selbstwiderspruch nicht bestritten werden kann (vgl. KUHLMANN 1978).

Eine solche oberste Norm kann dann «untere» Normen oder einzelne Erziehungsziele nach dem Muster substantiellen Argumentierens rechtfertigen.

Substantielles Argumentieren. Substantielles Argumentieren unterscheidet sich von logisch deduktivem Schließen dadurch, daß seine Schlußregeln nicht nur formaler Natur (wie etwa der Satz vom ausgeschlossenen Dritten), sondern auch inhaltlicher Art sind (beispielsweise, daß Staatsbürger meist in dem Land geboren sind, dessen Staatsbürgerschaft sie besitzen – vgl. TOULMIN 1969, S. 94 ff). Für die curriculare Diskussion wurde gezeigt, daß die Begründung von Erziehungszielen nur als hermeneutisches Verfahren rekonstruierbar ist, also nur als substantielle, nicht formal deduktive Argumentation angemessen erfaßt werden kann (vgl. MEYER 1972, S. 236).

MOLLENHAUER (vgl. 1972, S. 59 ff) hat für eine sich emanzipatorisch verstehende Pädagogik den Versuch unternommen, «Mündigkeit» derart als oberstes Erziehungsziel zu begründen. Unter Rückgriff auf APEL (vgl. 1976 a, 1976 b) behauptet Mollenhauer, daß für pädagogische Bezüge ebenso wie für alle Sprechhandlungen gilt, daß Sprecher und Hörer sich prinzipiell und kontrafaktisch die Wahrheit, Wahrhaftigkeit, Richtigkeit und Verständlichkeit ihrer Äußerungen unterstellen und mithin bereit sind, ihre geäußerten Meinungen und Anweisungen zu begründen und für deren praktische Folgen einzustehen. Das heißt für pädagogische Interaktionen, daß der Erzieher dem Edukanden prinzipiell Rechenschaft für jede an ihm vollzogene Maßnahme aus der Antizipation des Edukanden als eines vollwertigen Sprechers schuldet und er darauf abzuzielen hat, daß der Edukand ein vollwertiger Dialogpartner oder Sprecher wird. Bezeichnet man die Fähigkeit, die Wahrheitsfähigkeit von Aussagen und Normen zu begründen oder in Frage stellen zu können, als Mündigkeit, so ist damit ein oberstes Erziehungsziel gewonnen, das zirkelfrei nicht weiter zu begründen und widerspruchsfrei nicht zu negieren ist. Die Forderung nach weiterer Begründung beansprucht nämlich schon das, was sie weiter begründet haben will, indem sie sprechend Geltungsansprüche bezweifelt – während die Negierung dieses obersten Erziehungsziels es als prinzipiell legitim ansehen muß, daß Lüge, Täuschung, Verwirrung und Mystifikation unter der Bedingung «Erziehung» genannt werden, daß sie nur in dem subjektiven Glauben geschehen, sie nützten dem Edukanden. Dies impliziert die Verwischung sinnvoller begrifflicher Unterscheidungen, etwa von «Erziehung», «Manipulation» und → «Sozialisation» sowie die prinzipielle Bereitschaft, als Zweifler an diesem obersten Erziehungsziel sogar erfahrene Lüge und Irreführung als «Erziehung» anzuerkennen.

Kritik substantieller Begründung. Mit diesem *Begründungsverfahren* wäre gezeigt, daß Erziehungsziele sinnvollerweise nicht als subjektive Präferenzen im Rahmen einer rein deskriptiven Analyse gefaßt werden können, sondern nur im Rahmen einer Argumentation, die die Wahr-

542 Erziehungsziel

heitsfähigkeit praktischer Fragen und somit die unmittelbare Relevanz ethischer Fragestellungen für die Erziehungswissenschaft bereits anerkannt hat.

Ob freilich ein solches Begründungsverfahren nicht lediglich einen modischen Rückfall auf die schon von der geisteswissenschaftlichen Pädagogik überholten Formen einer materialen Normenpädagogik (→ Pädagogik, normative) darstellt, wird sich in der Diskussion darüber erweisen müssen, ob die Grundnormen vernünftigen Miteinanderredens im gleichen Sinn materiale Normen wie etwa die Zehn Gebote und nicht vielmehr die Bedingungen sind, unter denen überhaupt über materiale Grundnormen verbindlich gerechtet werden kann (vgl. APEL 1976c, OELMÜLLER 1978).

Die in der westdeutschen Erziehungswissenschaft sich wieder anbahnende Aufnahme ethischer Problemstellungen, etwa auf dem Bonner Kongreß «MUT ZUR ERZIEHUNG» (1978; kritisch: vgl. BENNER u. a. 1978, BRUMLIK 1978, v. HENTIG 1978, MOLLENHAUER/RITTELMEYER 1978, RAUSCHENBACH/THIERSCH 1987, v. SCHIRNDING 1978, SCHWEMMER 1978), vollzieht hier nur nach, was im Bereich der angelsächsischen Erziehungswissenschaft (vgl. DEWEY 1964, KOHLBERG 1973, PETERS 1972), sei es als normativ verbindliche Analyse moralischer Urteilsstrukturen, sei es als konstruktiver Entwurf materialer Erziehungsziele wie Freiheit, Gleichheit und Brüderlichkeit, unbestrittener Teil erziehungswissenschaftlicher Tätigkeit ist.

ADORNO, TH. W. u. a.: Der Positivismusstreit in der deutschen Soziologie, Neuwied/ Berlin 1972. ALBERT, H.: Traktat über kritische Vernunft, Tübingen 1968. APEL, K.-O.: Szientismus oder transzendentale Hermeneutik. In: Apel, K.-O.: Transformation der Philosophie, Bd. 2, Frankfurt/M. 1976, S. 178 ff (1976a). APEL, K.-O.: Szientismus, Hermeneutik, Ideologiekritik. In: Apel, K.-O.: Transformation der Philosophie, Bd. 2, Frankfurt/M. 1976, S. 96 ff (1976b). APEL, K.-O. (Hg.): Sprachpragmatik und Philosophie, Frankfurt/M. 1976c. ARISTOTELES: Die Nikomachische Ethik, München 1972. BECK, U.: Objektivität und Normativität, Reinbek 1974. BENNER, D. u. a.: Entgegnung zum Bonner Forum «Mut zur Erziehung», München/Wien/Baltimore 1978. BLANKERTZ, H.: Theorien und Modelle der Didaktik, München 1969. BREZINKA, W.: Über Erziehungsbegriffe. In: Z. f. P. 17 (1971), S. 567 ff. BREZINKA, W.: Metatheorie der Erziehung, München/Basel 1978. BRUMLIK, M.: Zum Verhältnis von Pädagogik und Ethik. In: Z. f. P., 15. Beiheft, 1978, S. 103 ff. BUBNER, R.: Handlung, Sprache, Vernunft. Grundbegriffe praktischer Philosophie, Frankfurt/M. 1976. DEWEY, J.: Demokratie und Erziehung, Braunschweig/Berlin 1964. GADAMER, H. G.: Wahrheit und Methode. Grundzüge einer philosophischen Hermeneutik, Tübingen 1972. HABERMAS, J.: Erkenntnis und Interesse, Frankfurt/M. 1973. HENTIG, H. v.: Mut zur Erziehung? In: Merkur 32 (1978), S. 544 ff. KERSTIENS, L.: Erziehungsziele neu befragt, Bad Heilbrunn 1978. KOHLBERG, L.: Selected Papers on Moral Development and Moral Education, Cambridge 1973. KUHLMANN, W.: Zur logischen Struktur transzendentalpragmatischer Normenbegründung. In: Oelmüller, W. (Hg.): Transzendentalphilosophische Normenbegründung, Paderborn 1978, S. 15 ff. KÜNZLI,

R.: Begründung und Rechtfertigung in Curriculumplanung und -entwicklung. In: Künzli, R. (Hg.): Curriculumentwicklung – Begründung und Legitimation, München 1975, S. 9ff. MAYNTZ, R. u. a.: Einführung in die Methoden der empirischen Soziologie, Opladen ³1972. MEYER, H. L.: Einführung in die Curriculummethodologie, München 1972. MOLLENHAUER, K.: Theorien zum Erziehungsprozeß. Zur Einführung in erziehungswissenschaftliche Fragestellungen, München 1972. MOLLENHAUER, K./RITTELMEYER, CH.: Einige Gründe für die Wiederaufnahme ethischer Argumentation in der Pädagogik. In: Z. f. P., 15. Beiheft, 1978, S. 79ff. MUT ZUR ERZIEHUNG, Stuttgart 1978. OELMÜLLER, W. (Hg.): Transzendentalphilosophische Normenbegründung, Paderborn 1978. PETERS, R. S.: Ethik und Erziehung, Düsseldorf 1972. PETERS, R. S.: Aims of Education – A Conceptual Inquiry. In: Peters, R. S. (Hg.): The Philosophy of Education, Oxford ³1978, S. 11ff. RAUSCHENBACH, TH./THIERSCH, H. (Hg.): Die herausgeforderte Moral, Bielefeld 1987. SCHIRNDING, A. v.: Mut zur Vernunft. Neun Anti-Thesen gegen eine pädagogische «Tendenzwende». In: Merkur 32 (1978), S. 537ff. SCHWEMMER, O.: Praxis, Methode und Vernunft: Probleme der Moralbegründung. In: Z. f. P., 15. Beiheft 1978, S. 87ff. STEGMÜLLER, W.: Wertfreiheit und Objektivität. In: Stegmüller, W.: Rationale Rekonstruktion von Wissenschaft und ihrem Wandel, Stuttgart 1979, S. 177ff. TOULMIN, S.: The Uses of Argument, Cambridge ³1969. ZENK, U.: Legitimation. In: Enzyklopädie Erziehungswissenschaft, Bd. 1, Stuttgart 1983, S. 485ff.

Micha Brumlik

Eßkultur

Begriff. Die «Eßkultur» ist – wie viele andere Bereiche der Alltagskultur auch (→ Kleidermode; → Wohnkultur) – ein erziehungswirksamer Lebensbereich, der für die Mehrzahl der Pädagogen noch außerhalb ihres unmittelbaren Arbeitsbereiches liegt, auch wenn bestimmte Segmente in wachsendem Umfang in schulische Curricula eingehen, so beispielsweise in den Sachunterricht der Grundschule (vgl. WILLIMSKY 1973), in die hauswirtschaftliche Erziehung (vgl. TORNIEPORTH 1986) und in bestimmte berufsqualifizierende Bildungsgänge der Sekundarstufe II (vgl. WAGNER-BLUM 1983). Das Essen ist oft Gegenstand eines heimlichen, nebenherlaufenden Lehrplans (→ Lehrplan, heimlicher), vom Kindergarten und von der Grundschule an (mit Belehrungen über das «gesunde Frühstück», den Umgang mit dem Pausenbrot und nicht zuletzt mit dem Verbot des Essens während des → Unterrichts mit dem den Beteiligten vielleicht nicht bewußten Ziel der strikten Trennung der Wissens- und Essensaufnahme). Eine systematische Reflexion der Bedeutung der Eßkultur für das schulische Curriculum liegt jedoch nicht vor.

Essen als Teil des Sozialisationsprozesses. Das Essen und die es umgebenden Situationen (Einkaufen, Vorbereiten, Zubereiten, Verdauen), die mit dem Essen verknüpften Prozesse und Verhaltensweisen (Zunehmen, Abnehmen, Sich-Erholen, Hungern, Prassen, Feiern) stehen ex-

544   Eßkultur

emplarisch für eine breite Anzahl wichtiger Sozialisationsprozesse auf
der Grenze von nicht-intendierten/unbewußten zu intendierten/planmä-
ßigen Erziehungsmaßnahmen. Das Lernen «um das Essen herum» beginnt in einer pränatalen Phase (zur Ratgeberliteratur für werdende
Mütter vgl. HÄUSSLER 1976, WILBERG 1979), spätestens vom Augenblick der Geburt an steht es im Zentrum des Tagesablaufs des Säuglings
und geschieht dennoch gewissermaßen nebenher. Jede Essensaufnahme
hat neben der psychophysischen Funktion der Ernährung eine individuelle Bedeutung und einen gesellschaftlich und kulturell festgelegten Sinn
(vgl. RATH 1984, S. 12 f). Diese Dimensionen des Essens lassen sich nur
unscharf voneinander abheben, ihre wissenschaftliche Analyse ist nur
interdisziplinär möglich, zum Beispiel unter Zuhilfenahme der Nah-
rungsphysiologie, Diätetik und Gastrosophie (vgl. BRILLAT-SAVARIN
1913, RUHMOR 1978), der «Gastrokritik» und Kulturgeschichte (vgl.
SCHIEVELBUSCH 1982), der Soziologie (vgl. SIMMEL 1957), der Ästhetik,
der Psychologie und der Pädagogik (vgl. den Literaturüberblick bei
RATH 1984, S. 328 ff). Zusätzlich spielen gerade beim Essen volkstümliche Formen der Wissensüberlieferung (Sprichwörter, Volkswissen, intuitives Wissen, Geheimwissen) eine entscheidende Rolle (vgl. RATH
1984, S. 12).

Als individuelle sinnliche Qualität wird dem Essen und der Eßkultur
der Geschmack zugeordnet. Die weitere Bedeutung des Wortes «Geschmack» verweist schon auf die paradigmatische Qualität des Ge-
schmackssinnes für die Bewertung und die Verarbeitung von Erfahrungen überhaupt. Fast alle Sinne erfahren im Zusammenhang mit dem
Essen in seiner historisch und kulturell bestimmten Form ihre Grund-
ausbildung (vgl. GLATZEL 1959; vgl. TELLENBACH 1968, S. 43 f).

Durch die Entwicklung von Eßkultur wird vieles zusammengebracht
und -gehalten, was auch nicht annäherungsweise zur gleichen Zeit ins
→ Bewußtsein gehoben werden kann: Bestimmte Aspekte der Eßkultur
unterliegen einer bewußten sozialen Formung und werden dadurch auch
teilweise für bewußte Erziehungsmaßnahmen zugänglich, viele weitere
Aspekte bleiben latent, aber für die soziale Situation des Essens dennoch wirksam. Drei dieser Aspekte sollen im folgenden genauer analysiert werden: der ontogenetisch-sozialisationstheoretische Aspekt, der
kulturhistorische Aspekt und der Aspekt des Zusammenhangs von Eßkultur und postindustriellen Lebensbedingungen.

Der ontogenetisch-sozialisationstheoretische Aspekt der Eßkultur. Im
Sozialisationsprozeß des neugeborenen Kindes werden zwei wichtige
Entwicklungen miteinander verknüpft: einmal die Übernahme der in
einer Gruppe gültigen symbolischen Bedeutungen des Essens «als einer
Verkehrsform des Menschen» (TOKAREV 1971, S. 301 f), zum anderen die

Eßkultur 545

Herausbildung der je individuellen Bedeutung des Essens für die (Trieb-) Befriedigung. Der Prozeß der Trennung von der →Mutter und die je neuen Formen von Kontakt zu ihr und zu anderen Personen stehen zunächst in unmittelbarem Zusammenhang mit der Nahrungsaufnahme (Durchtrennen der Nabelschnur, Säugen, Füttern mit dem Löffel). Der das Essen aufnehmende, saugende Mund ist nach FREUD (vgl. 1972) die erste erogene Zone des Körpers und, weitergefaßt, «die Wiege der Wahrnehmung» (SPITZ 1966, S. 79 ff). Wegen dieses Ausgangspunktes haben die später herausgebildeten Formen des Essens immer auch etwas mit Kontaktaufnahme, Trennung und Erotik zu tun. Der zunächst enge Zusammenhang bietet die Möglichkeit zur Verdrängung und Verschiebung von einem Bereich in den anderen. So wird die *Einverleibung der Nahrung* zum *Grundmuster für jegliche Aneignungsweise äußerer Natur* (vgl. ABRAHAM 1969, S. 136). Durch die Art und Weise des Fütterns und Essens werden dem heranwachsenden Kind die gruppen-, klassen- und schichtspezifischen, die weltanschaulichen, die regionalen und nationalen Grundregeln sozialen Verhaltens und seiner Bedeutung eingeflößt. Dieser Prozeß läuft für alle Beteiligten im wesentlichen unbewußt ab, wird zu großen Teilen auch «nur» körpersprachlich vermittelt, ist jedoch ein wichtiges Moment in der Entwicklung der Persönlichkeitsstruktur (vgl. BARTHES 1970, S. 36f; vgl. LÉVI-STRAUSS 1976a, 1976b; vgl. RATH 1984, S. 31 ff). Beim Erlernen des Essens wird zugleich eine je individuelle Kombination der Nah- und Fernsinne herausgebildet (zum entwicklungspsychologischen Aspekt vgl. HOLZKAMP 1973, S. 195; vgl. LEONTJEW 1973, S. 285, S. 292).

Der im «Prozeß der Zivilisation» in langen Jahrhunderten durchlaufene Prozeß der Disziplinierung des →Körpers und der Sinne muß in der Ontogenese zwar nicht in identischer, aber doch in äquivalenter Form durchlaufen werden; dabei ist eine Fülle von Verhaltensweisen zu erlernen, die zunächst mit dem Essen verbunden sind, in ihrer Bedeutung aber weit darüber hinausgehen, beispielsweise der Erwerb von Hygieneregeln, die Mäßigung der «Triebe» (vgl. RATH 1984, S. 215f). Damit einher geht ein Prozeß der Ästhetisierung des Essens (angefangen bei der Gestaltung des Bestecks und Geschirrs über die Präsentation der Speisen bis zur Entfaltung von Tischsitten, →Ritualen und Gepflogenheiten); die Beurteilung durch das Auge wird immer wichtiger («Das Auge ißt mit»), die Nahsinne werden eingeschränkt (es ist verboten, an den Speisen zu schnüffeln oder sie zu berühren, ohne sie dann zu verzehren).

Der kulturhistorische Aspekt der Eßkultur. Der komplexe und langwierige Prozeß der Individualisierung der Lebensbedingungen und der Herausbildung der →Identität, wie er seit dem Ende des Mittelalters beobachtet werden kann (vgl. ELIAS 1969a), kann an der historischen Entfaltung der Eßkultur nachdrücklich illustriert werden. Die Einverleibung der äußeren Natur beim Essen ist zugleich eine der Voraussetzungen für die Aktualisierung und Ausdifferenzierung der inneren Natur, also für den Aufbau der Persönlichkeitsstruktur. Das Essen erfährt dadurch eine gewichtige Bedeutungsausweitung bis hin zu der Tatsache, daß es eine Ersatzfunktion für andere, aus bestimmten Gründen unbefriedigt gebliebene Bedürfnisse erhalten kann.

Lebten die Menschen im Mittelalter in Gruppen und Gemeinschaften, die fest an bestimmte Orte, Landschaften, Herrschaftsformen und Produktionsweisen gebunden waren, so geraten die einzelnen im Zeitalter der Frührenaissance mit seiner Ausweitung des Handels- und Bankkapitals und der Entwicklung eines noch über Europa hinausgehenden Verkehrsnetzes zunehmend unter die Anforderung, eine individuelle Identität auszubilden, die relativ unabhängig von sozialen Gruppen, Orten und Produktionsweisen aufrechterhalten werden kann (vgl. GURJEWITSCH 1982, LESEMANN 1981, MUCHEMBLED 1982). Der einzelne muß sich von den anderen unabhängig erfahren können, er muß lernen, sich selbst zu beherrschen, er muß sich den neuen, naturwissenschaftlichen Modus der Welterfahrung zu eigen machen. Die für solche Identitätsbildung erforderliche Lösung aus der engen Bindung an die eigene Sippe spiegelt sich überraschend deutlich auch im Wandel der Eßkultur wider: Bediente man sich bis zum Ende des Mittelalters noch der gemeinsamen Eßschüssel, teilte man sich Messer, Gabel und Becher, legte man angebissene Speisen in die Schüssel zurück, so setzt sich in der Renaissance mehr und mehr eine Distanzierung zu den übrigen Tischgenossen, aber auch zum eigenen Körper durch (vgl. ELIAS 1969a, S. 86ff; vgl. PAZZINI 1979, 1983; vgl. RATH 1984, S. 215ff): Jeder erhält seinen eigenen Teller (Trennung von Tischplatte und individuellem Eßplatz), sein eigenes Besteck (es wird weniger mit den Händen gegessen), die Speisen werden mit einer «distanzierenden» Gabel, mit dem Löffel zum Mund geführt; Jagd- und Arbeitsmesser, die als Waffen dienen könnten, werden vom Tisch verbannt; Arbeitsstätte und Wohnung werden getrennt, Assoziationen an aggressives Verhalten vermieden (vgl. die Dokumentation der Quellen bei ELIAS 1969a).

Mit dem Bürgertum kommt wieder ein Zug der Askese auf, eine zumeist pädagogisch motivierte Forderung nach «vernünftigem» Essen und nach der Vermeidung von Leckereien, der ebenfalls im Dienst der Affektbeherrschung des «autonomen» Individuums steht. So schreibt Sailer im Jahre 1809: «Wir sind überall zu weit von der einfachen Natur abgekommen, also wohl auch in der einfachen Angelegenheit der Küche, die nur zu vielfach geworden ist. Denn, wie die Sophistik des Herzens den Verstand, so zerrüttet die üppige Kunst der Küche den Leib. [...] Vielfraß und Leckermaul werden also nicht geboren, sondern erzogen» (SAILER 1977, S. 351). Und hundert Jahre später in kleinbürgerlicher Zuspitzung: «Gerade das Kind unterliegt so leicht dem heftigen Gaumenkitzel und läßt seine Eßlust sich steigern bis zur Gefräßigkeit. Nun ist es aber eine auch von Ärzten anerkannte Tatsache, daß ein ungezügelter Nahrungstrieb nicht selten der Vorbote eines heftigen Geschlechtstriebes ist» (ROLOFF 1913, S. 1114). Gegenüber diesen asketischen Zügen der bürgerlichen Gesellschaft, die sich zum Teil in anderer Form in der «Öko-Kultur» von heute wiederfinden lassen, überlebt aber auch die genuß- und lustvolle Seite der Eßkultur, und zwar über feudale Traditionen im Bürgertum, die zum Teil auch nur im Gestus des Schreibens (vgl. BRILLAT-SAVARIN 1913, RUHMOR 1978) als ideologische Überhöhung der Eßdisziplin ausgebildet wird.

Die Konstitution des autonomen Individuums in der Neuzeit zeitigt aber auch gegenläufige Tendenzen, die Teil der Dialektik von Individualisierung und Vergesellschaftung sind (vgl. SIMMEL 1957). Denn: «Seitdem das Individuum sich herausgerissen hatte aus der es überdauernden Gemeinschaft, wird seine Lebensdauer zum Maßstab seines Genießens. Der Einzelmensch will als er selbst möglichst viel von dem Wandel der Dinge erleben» (SOMBART 1983, S. 120). Auf der Grundlage sicher internalisierter «Grundregeln» der Affektbeherrschung werden Variationen und Auflockerungen möglich, die der Erhöhung des Genusses in kurzer Lebenszeit dienen und die es erlauben, dem Essen im Alltagsbewußtsein des modernen Menschen neben dem Sich-Kleiden, dem Wohnen und dem Reisen eine große Bedeutung zu geben (vgl. CLAESSENS 1967, S. 124; vgl. ELIAS 1969 b, S. 321).

Zum Zusammenhang von Essen und «postmoderner» Kunst. Durch die immer weiter fortschreitende Rationalisierung der Lebensbezüge des Menschen wird auch die Sichtweise auf die Nahrungsmittel verwissenschaftlicht, gleichzeitig aber auch die subjektive Bedeutungsaufladung und Ästhetisierung des Essens vorangetrieben: «Wird nun die Geschmacksdimension einer Speise – weil nicht wissenschaftlich faßbar – dem Subjektiven zugeschlagen, behaupten Nährwert und Wirkstoff – da naturwissenschaftlich erforschbar – einen Status der Objektivität» (RATH 1984, S. 90). Der im Sinne naturwissenschaftlichen Denkens flüchtigen Dimension des sozialen und kommunikativen Sinns und der individuellen Bedeutung der Speisen werden die harten Fakten der Nährstoffanalyse, der Ökotrophologie und Diätkunde oft relativ unvermittelt gegenübergestellt, dann aber doch durch historisch ältere, nicht restlos vertriebene Schichten der Eßkultur aufeinander bezogen: Erst über die Rudimente noch vorhandener religiöser Schuldgefühle werden die aus erfahrungswissenschaftlicher Sicht eher zweifelhaften Ergebnisse der modernen Ernährungsforschung für das Individuum bedeutsam:

548 Eßkultur

Der «Lohn» für die Beachtung der vielen Ernährungsregeln und Diät-
pläne ist zwar nicht mehr das ewige, wohl jedoch das in Krankenkassen-
broschüren, Haushaltszeitschriften und ökologischen Kochbüchern ver-
sprochene lange Leben; das tägliche Addieren der verzehrten Kalorien
tritt an die Stelle der Gewissenserforschung (vgl. RATH 1984, S. 272f).

So lassen sich unter den Bedingungen einer postmodernen Kultur
(zum vorerst noch rein deskriptiven, aber fruchtbaren Gebrauch des Begriffs – vgl. KLOTZ 1984, S. 15ff, S. 133ff; dagegen: vgl. HABERMAS 1985)
recht unterschiedliche, zum Teil widersprüchliche Tendenzen als bestimmende Momente verschiedener Eßkulturen festhalten: Die *Eindeutigkeit* der wissenschaftlichen Nährwertanalysen, der artifiziellen, von bestimmten Jahreszeiten und von einer bestimmten Region unabhängigen
Produktion der Lebensmittel, ihrer vielfältigen, in der Natur nicht vor-
kommenden Kombination mit Hilfe der Lebensmittelchemie, der Möglichkeit der Konservierung der Nahrungsmittel (als ein «Anhalten» und
beliebiges «Auftauen» der Zeit), entspricht eine *Vieldeutigkeit* der Es-
senssituationen. Etwas vereinfachend lassen sich in den gegenwärtigen
Eßkulturen also *drei Bedeutungsschichten* voneinander abheben:

– eine naturwissenschaftlich orientierte, die über Nährwertanalysen und
  Diätvorschriften die Zusammenstellung des Essens, die Quantität und
  Häufigkeit der Mahlzeiten beeinflußt;

– eine ältere, fast archaische Schicht, die an Traditionen gebunden ist,
  die noch bis in die Vorstellungswelten der Humoralmedizin reichen
  und an körperlicher Arbeit und ihren Konnotationen orientiert sind;

– eine Schicht von fast beliebigen Bedeutungsaufladungen des Essens
  infolge der Abkopplung von «gewachsenen» Lebens- und Arbeitszu-
  sammenhängen.

Da im naturwissenschaftlichen Zugriff auf die Eßkultur jedoch kein
sozialer Sinn und auch keine individuelle Bedeutung des Essens vermittelt wird, entsteht der wachsende Zwang, in einer postmodernen Haltung auf unterschiedliche, historisch tradierte Vorstellungen von Genuß,
Lust, Sinnlichkeit und Glück zu rekurrieren: Die mit den «nackten»
Nährstoffen verbundenen Vorstellungsbilder werden aus unterschiedlichen Kulturen und Geschichtsepochen, vom Land, vom Hof und aus
den Metropolen entnommen, collagiert, mit dem Siegel «echt», «natürlich», «ökologisch» künstlich vereinheitlicht. So können in ein und dem-
selben Individuum Genußstile nebeneinander existieren: Currywurst
und Hamburger werden genauso «mit Genuß» gegessen wie am Morgen
desselben Tages das Müsli und am Abend ein Essen gemäß der Nouvelle
cuisine. Durch solche Bedeutungsaufladungen entsteht in den Eßkulturen der hochindustrialisierten, postmodernen Gesellschaften eine Art
Verpflichtung zum Genuß, zur Gesundheit und zum Glück. Und wer
hierin erfolglos ist, scheint genausowenig auserwählt wie der in weltlich-

Eßkultur 549

ökonomischen Dingen erfolglose Calvinist. Das Schicksal der Eßkultur scheint dem der Sexualität vergleichbar: So, wie in kirchlichen Morallehren Sexualität auf den Zeugungsakt zu reduzieren versucht wurde, so versucht die moderne Ernährungswissenschaft – wenn auch ohne durchschlagenden Erfolg – das Essen auf die Nahrungsaufnahme zu reduzieren (vgl. MATTENKLOTT 1982; vgl. RATH 1984, S. 325).

ABRAHAM, K.: Psychoanalytische Studien, Frankfurt/M. 1969. BÄCHTHOLD-STÄUBLI, H. (Hg.): Handwörterbuch des deutschen Aberglaubens, 10 Bde., Berlin/Leipzig 1927–1942. BARTHES, R.: Mythen des Alltags, Frankfurt/M. 1970. BRILLAT-SAVARIN, J. A.: Physiologie des Geschmacks oder Betrachtung über transzendentale Gastronomie, 2 Bde., hg. v. H. Conrad, München 1913. CLAESSENS, D.: Familie und Wertsystem, Berlin 1967. ELIAS, N.: Über den Prozeß der Zivilisation, 2 Bde., Bern/ München 1969 (Bd. 1: 1969a; Bd. 2: 1969b). FREUD, S.: Drei Abhandlungen zur Sexualtheorie. Sigmund Freud Studienausgabe, Bd. 5, Frankfurt/M. 1972., S. 37ff. GLATZEL, H.: Vom Genußwert der Nahrung, Wiesbaden/Berlin 1959. GURJEWITSCH, A. J.: Das Weltbild des mittelalterlichen Menschen, München 1982. HABERMAS, J.: Der philosophische Diskurs der Moderne, Frankfurt/M. 1985. HÄUSSLER, S.: Ärztlicher Ratgeber für werdende und junge Mütter, München 1976. HOLZKAMP, K.: Sinnliche Erkenntnis. Historischer Ursprung und gesellschaftliche Funktion der Wahrnehmung, Frankfurt/M. 1973. KLOTZ, H. (Hg.): Moderne und Postmoderne. Architektur der Gegenwart 1960–1980, Braunschweig/Wiesbaden 1984. LEONTJEW, A. N.: Probleme der Entwicklung des Psychischen, Frankfurt/M. 1973. LESEMANN, K.: Quantifikation und Entsinnlichung. Notizen zur Disziplinierung des Leibes und Berechnung der Seele. In: Psych. u. Gesellschkrit. (1981), 20, S. 7ff. LÉVI-STRAUSS, C.: Mythologica I: Das Rohe und das Gekochte, Frankfurt/M. 1976a. LÉVI-STRAUSS, C.: Mythologica III: Der Ursprung der Tischsitten, Frankfurt/M. 1976b. MATTENKLOTT, G.: Der übersinnliche Leib. Beiträge zur Metaphysik des Körpers, Reinbek 1982. MUCHEMBLED, R.: Kultur des Volks – Kultur der Eliten, Stuttgart 1982. PAZZINI, K.-J.: Unterrichtsanregung zur Funktion alltäglicher Gebrauchsgegenstände um das Essen herum. In: Ehmer, H. K. (Hg.): Ästhetische Erziehung und Alltag, Gießen 1979, S. 19ff. PAZZINI, K.-J.: Die gegenständliche Umwelt als Erziehungsmoment. Zur Funktion alltäglicher Gebrauchsgegenstände in Erziehung und Sozialisation, Weinheim/Basel 1983. RATH, W.-D.: Rechte der Tafelrunde. Das Abenteuer der Eßkultur, Reinbek 1984. ROLOFF, E. M.: Ernährung. In: Roloff, E. M./Willmann, O. (Hg.): Lexikon der Pädagogik, Bd. 1, Freiburg 1913, S. 1108ff. RUHMOR, K. F.: Geist und Kochkunst, Frankfurt/M. 1978. RUTSCHKY, K. (Hg.): Schwarze Pädagogik. Quellen zur Naturgeschichte der bürgerlichen Erziehung, Frankfurt/Berlin/Wien 1977. SAILER, J.: Einiges über die Ernährung der Kinder (1809). In: Rutschky, K. (Hg.): Schwarze Pädagogik..., Frankfurt/Berlin/ Wien 1977, S. 355ff. SALZMANN, CH. G.: Die Regulierung der Eßlust (1796). In: Rutschky, K. (Hg.): Schwarze Pädagogik..., Frankfurt/Berlin/Wien 1977, S. 352ff. SCHIEVELBUSCH, W.: Das Paradies, der Geschmack und die Vernunft, München 1982. SIMMEL, G.: Soziologie der Mahlzeit (1910). In: Simmel, G.: Brücke und Tür, Stuttgart 1957, S. 243ff. SOMBART, W.: Liebe, Luxus und Kapitalismus. Über die Entstehung der modernen Welt aus dem Geist der Verschwendung (1922), Berlin 1983. SPITZ, R. A.: Vom Säugling zum Kleinkind, Stuttgart 1966. TELLENBACH, H.: Geschmack und Atmosphäre, Salzburg 1968. TOKAREV, S. A.: Zur Methodik der ethnographischen Erforschung der Nahrung. In: Studia Ethnographica et folkloristika in honorem Bela Gunda, Debrecen 1971. TORNIEPORTH, G.: Hauswirtschaftslehre. In: Enzyklopädie

550 Ethnomethodologie

Erziehungswissenschaft, Bd. 3, Stuttgart 1986, S. 459 ff. WAGNER-BLUM, B.: Unterricht: Ernährungslehre – Nahrungsmitteltechnologie. In: Enzyklopädie Erziehungswissenschaft, Bd. 9.2, Stuttgart 1983, S. 549 ff. WILBERG, G.: Zeit für uns, München 1979. WILLIMSKY, H.: Gesunde Ernährung. In: Sachu. u. Math. in d. Grunds. 1 (1973), S. 188 ff. *Karl-Josef Pazzini*

Ethik → Verantwortung; → Wert

Ethnomethodologie

Herkunft und Rezeption. Ethnomethodologie ist eine Richtung der amerikanischen West-coast-Soziologie, der GARFINKEL (1967) mit seinem Buch «Studies in Ethnomethodology» den Namen gegeben hat und die inzwischen von einer Reihe prominenter Autoren vertreten wird, darunter Bittner, Churchill, Cicourel, McHugh, Moerman, Rose, Sacks, Schegloff, Sudnow, Wieder, Zimmermann. Als der wichtigste intellektuelle Wegbereiter der Ethnomethodologie gilt Schütz. Er hat die Philosophie Husserls mit der Handlungstheorie Webers verbunden und so in den USA die Tradition einer spezifischen Variante des «interpretativen Paradigmas» begründet. Durch die Berufung auf Schütz, durch den charakteristischen Namen und durch eine beachtliche Schar von Anhängern erweckt die Ethnomethodologie von außen den Eindruck eines kohärenten und abgeschlossenen Konzepts. Dieser Eindruck aber trügt. Bei genauem Hinsehen zeigen sich Risse und Unschärfen. Die Ethnomethodologie trägt die unfertigen Züge einer noch jungen, erst im Entstehen begriffenen Forschungsrichtung. Charakteristisch für das Frühstadium ihrer Entwicklung ist das ständige Oszillieren zwischen Ausgrenzung und Einverleibung fremder Bestandteile. Die Tendenz zur Ausgrenzung ist vielleicht bei Garfinkel am deutlichsten ausgeprägt. Kennzeichen all seiner Aufsätze ist die prinzipielle Frontstellung gegenüber der traditionellen Soziologie, besonders den behavioristischen und strukturfunktionalistischen Ansätzen. Dieser bisweilen nicht ohne Schärfe vorgetragenen Kritik korrespondiert im Innern bei der Entfaltung des eigenen Konzepts die Verwendung einer oft verwirrenden und unklaren Terminologie. Sie hat, zusammen mit der auffälligen Neigung, nicht veröffentlichte, nur den Mitgliedern der Bewegung vertraute Texte zu zitieren, der Ethnomethodologie den Vorwurf einer Geheimwissenschaft eingetragen. KECKEISEN (vgl. 1974, S. 56) hat ethnomethodologische Texte sogar mit Kryptogrammen verglichen. Die Ingroup-Attitüde mag ihren Ursprung haben in der Geschichte der Ethnomethodologie als akademischem «Undergroundmovement» (vgl. DOUGLAS 1970), ihre Funktion liegt woanders: Sie unterstreicht den Anspruch der Ethnomethodologie auf Besonderheit, ja Exklusivität, und zwar zu einem Zeitpunkt, an dem

noch unsicher ist, ob dieser Anspruch auch wirklich in der Sache eingelöst werden kann.

Während derart die Ethnomethodologie durch Abgrenzung und
Mystifikation ihre gefährdete Identität zu sichern und zu stabilisieren
sucht, ist sie andererseits zugleich darum bemüht, zum Zwecke ihrer
Fortentwicklung fremde Impulse aufzugreifen und dem eigenen Ansatz
einzuverleiben. Diese Tendenz zur Ausweitung und Integration des
Andersartigen repräsentiert wohl am deutlichsten Cicourel, der neben
Garfinkel bekannteste Ethnomethodologe. In seinem umfangreichen
Werk berühren, kreuzen und zerfransen sich die mannigfaltigsten wis-
senschaftlichen Traditionen: Die Ethnographie des Sprechens (Gum-
perz, Hymes), die generative Grammatik (Chomsky), die Ethnotheorie
(Frake, Goodenough, Conklin), die kognitive Anthropologie (Geo-
ghean), Erkenntnispsychologie (Miller, Pribram, Galanter, Bruner,
Brown), Psycholinguistik (Lenneberg, Brown, Smith, Miller) und So-
ziolinguistik (Lakoff, Fillmore). Es ist gegenwärtig nicht genau zu erkennen, ob die Kraft der Ethnomethodologie ausreicht, die fremden
Ansätze wirklich zu integrieren. Es könnte sein, daß sie in ihrem An-
eignungsverhalten den kritischen Punkt schon überschritten hat und
unter dem Ansturm des ihr Heterogenen im Begriff ist, sich aufzulösen. Die Zuschreibung des Etiketts «Ethnomethodologie» ist jedenfalls
in letzter Zeit immer uneindeutiger geworden. In der amerikanischen
Ethnomethodologie läßt sich – wie häufig bei der Entstehung neuer
Schulen – inzwischen die Zersplitterung in eine Vielzahl von Richtungen beobachten. Nur wenige tragen den Namen Ethnomethodologie im
Einverständnis mit Garfinkel, dem Vater dieser Begriffsbildung. Garfinkel hat sich bereits darüber beklagt, daß dieser Begriff ein Eigenleben führt, für welches er nicht die Verantwortung tragen möchte. In
dieser Situation ist es nicht weiter verwunderlich, wenn selbst einge-
weihte Autoren der direkten Frage: Was ist das eigentlich – Ethnomethodologie? eher auszuweichen versuchen oder zumindest mit einer
bündigen Antwort darauf zögern (vgl. WEINGARTEN/SACK 1976).

Die Schwierigkeiten bei der Darstellung und definitorischen Abgrenzung von Ethnomethodologie haben allerdings deren erziehungswissenschaftliche Rezeption nicht behindert. Seit Beginn der 70er Jahre läßt
sich ein zunehmendes Interesse der Erziehungswissenschaft an der Ethnomethodologie erkennen. Gefördert wurde dieses Interesse insbesondere durch die Veröffentlichung der ARBEITSGRUPPE BIELEFELDER SO-
ZIOLOGEN (vgl. 1973) und von WEINGARTEN u. a. (vgl. 1976). Wie schnell
ethnomethodologische Fragestellungen und Gesichtspunkte im Zentrum pädagogischer Überlegungen auftauchen, zeigen die frühen Re-
flexe in den Arbeiten von MOLLENHAUER (vgl. 1972) und MOLLEN-
HAUER/RITTELMEYER (vgl. 1977). Die Aufmerksamkeit der Pädagogen

552   Ethnomethodologie

für die Ethnomethodologie hat einen Grund sicher in dem Zustand der Umorientierung, in dem sich die Erziehungswissenschaft seit Anfang der 70er Jahre befand. Der herkömmlichen Sozialisationsforschung wie auch der Lern- und Entwicklungspsychologie, deren empirische Befunde in der Bildungsreformdiskussion noch als tragfähige Argumentationsbasis galten, waren nämlich die Einsicht in den Zusammenhang zwischen vorgefundener →Lebenswelt und den individuellen Bildungsprozessen am Ende doch versagt geblieben. Beide Forschungsrichtungen haben aufgrund methodischer und konzeptioneller Mängel die für den Erziehungs- und Bildungsprozeß wesentlichen interpersonellen Ereignisse, in deren Verlauf der Heranwachsende in der Auseinandersetzung mit einer symbolisch vermittelten Wirklichkeit Bedeutungen erwirbt und Bedeutungen schafft, kaum in den Blick bekommen.

Theoretisches Konzept. Ethnomethodologie enthält erkenntnistheoretische und gesellschaftstheoretische Grundannahmen.

Erkenntnistheoretische Grundannahmen. Im Anschluß an Schütz und die gesamte phänomenologische Tradition betrachten die Ethnomethodologen noch nachdrücklicher als die Vertreter des Symbolischen Interaktionismus (→Interaktionismus, Symbolischer), die sich teilweise auf die gleiche Tradition berufen, den Erkenntnisvorgang als eine konstruktive, sinnstiftende Tätigkeit. Sie besteht, der «kontrapunktischen Struktur» des Bewußtseins gemäß (SCHÜTZ 1971a, S. 39), in der Produktion einer Unzahl von Unterscheidungen. Einige der fundamentalsten davon hat SCHÜTZ (vgl. 1971a) analysiert und dargestellt. Demzufolge erkennt das Subjekt die Welt, indem es sie aufteilt in «Horizont» und «Thema». Es zieht eine Grenze, «Demarkationslinie», zwischen dem, was relevant und dem, was irrelevant ist. Sein «Blickstrahl» trifft eine thematische Auswahl aus dem Horizont unendlicher Möglichkeiten. Außerdem trennt das erkennende Subjekt zwischen «hier» und «dort». «Hier», das ist der Ausgangspunkt, von dem das Subjekt den Raum und seine Lage in ihm bestimmt. Es ist der Platz, den sein Leib einnimmt, der Mittelpunkt seines räumlichen Koordinatensystems. Von «hier» aus gliedert es den Raum in den Richtungen rechts und links, oben und unten, hinten und vorn und organisiert das ihm zugehörige Territorium, den Raum in seiner «Reichweite», seinen «Manipulationsbereich». Aber dieser Bereich gewinnt seine Kontur nur durch die Grenze zu dem, was «dort», jenseits von ihm liegt. Dem überschaubaren Manipulationsbereich korrespondiert ein anderer, der nicht mehr überblickt werden kann und sich der Handhabung entzieht. Die Aufteilung der Welt in überschaubare und das Wahrnehmungsfeld transzendierende Zonen impliziert die Unterscheidung zwischen «jetzt» und «einandermal». «Die Welt in seiner

Reichweite» ist dem erkennenden Subjekt «jetzt», in diesem Augenblick gegeben. Sie ist ihm präsent. Die andere jenseits davon war es vielleicht einmal oder wird es «einandermal» sein. Der gegenwärtige Augenblick, «jetzt», ist der Nullpunkt einer gedachten Zeitskala, auf den bezogen das Subjekt die Geschehnisse in der Welt datiert als früher oder später, vorher oder nachher, vergangen oder zukünftig. Seine eigenen Handlungen strukturiert es nach Weil- und Um-zu-Motiven. Weil-Motive verweisen vom Standpunkt des Handelnden auf dessen vergangene Erfahrungen, selbst wenn dieser Standpunkt in die Zukunft projiziert wird. Echte Weil-Motive sind diejenigen erinnerten oder erwarteten vergangenen Ereignisse des Handelnden, in welchen er nach vollzogener Handlung deren Ursache erblickt. Um-Zu-Motive hingegen verweisen vom Standpunkt des Handelnden, selbst wenn dieser in die Vergangenheit verlegt ist, in die Zukunft. Der in der Zukunft anvisierte Zustand, vorphantasiert im Entwurf, ist das Um-Zu-Motiv für den Vollzug der Handlung. Zur Verwirklichung dieses Zustands, des Zwecks der Handlung, wählte das Subjekt die geeigneten Mittel und plant ihren «zweckrationalen» Einsatz. Seinen eigenen Handlungen wie allen anderen Zuständen in der Welt verleiht das Subjekt zudem einen je besonderen Wirklichkeitsakzent. Es unterscheidet zwischen Realität und Fiktion und erzeugt so die Eckpunkte einer Skala von mannigfaltigen «Wirklichkeiten» oder «Sinnbezirken», denen eine jeweils besondere Art der «Bewußtseinsspannung» und der «Attention à la vie» entspricht. Durch die willkürliche oder unwillkürliche Veränderung dieser Bewußtseinsspannung vom «Hellwach-Sein» über die Wachphantasie bis zum tiefen Traum gelangt man von einem Sinnbezirk in den anderen. Wie fundamental die Unterscheidung in Realität und Fiktion ist, zeigt SCHÜTZ (vgl. 1972) am Beispiel Don Quichottes, der zu dieser Unterscheidung gar nicht oder nur partiell fähig ist. Don Quichotte lebt so ungebrochen in der Welt des Scheins, daß er ihre Grenzen gar nicht mehr erkennt. Alle Zeichen, die ihn daran erinnern könnten, daß die Wirklichkeit der → Phantasie nicht die Wirklichkeit der Wirklichkeit ist, werden von ihm, noch bevor sie ins Bewußtsein gedrungen sind, ignoriert und umgedeutet. In seinen Augen verwandeln sich die Herden in Armeen, die Dienerinnen in Damen, die Herbergen in Schlösser. Wenn der Mechanismus der Leugnung und Umdeutung einmal nicht mehr in der gewohnten Weise funktioniert und die Erfahrung der Nicht-Identität von Schein und Wirklichkeit sich aufzudrängen droht, wird diese Erfahrung selbst kurzerhand zum Bestandteil des Scheins erklärt: Die diskrepante Wirklichkeit, die realen Windmühlen, denen er erlegen war, hält Don Quichotte für verzauberte Riesen. So kann auch er, ohne aus seiner Phantasmagorie herauszutreten, noch zwischen Schein und Realität unterscheiden. Er bleibt in seiner Scheinwelt, die sich von der äußeren Wirklichkeit sowenig beeinträchti-

554 Ethnomethodologie

gen läßt wie diese von ihr. Die völlige Abkapselung Don Quichottes von
der Realität und sein «unkorrigierbarer Glaube» (vgl. MEHAN/WOOD
1976) an die Existenz seiner Phantasiegebilde ist sicher in dieser Form
ein konstruierter Extremfall. Es gibt ihn nur in Büchern. Als reale Figur
könnte Don Quichotte nicht existieren. Der zeitweilige Wechsel zwischen
den Sinnbezirken ist für das menschliche Subjekt lebensnotwendig.
Trotzdem oder vielleicht deshalb ist das Beispiel Don Quichottes
wie kein anderes geeignet, die erkenntnistheoretische Grundannahme
der Phänomenologen und, in ihrem Gefolge, der Ethnomethodologen
zu verdeutlichen: Die Aufteilung der Welt in verschiedene Sinnbezirke
und die darin jeweils geltenden Relevanz-, Raum-, Zeit- und Motiv-
strukturen sind das Ergebnis einer «strukturierenden Tätigkeit»
(SCHÜTZ 1971 a, S. 31) des Subjekts. Ihr verdankt die Wirklichkeit ihren
«sinnhaften Aufbau» (vgl. SCHÜTZ 1960). Die Strukturierungsleistungen
im → Alltag unterscheiden sich dabei nicht prinzipiell von denen in der
Wissenschaft. In beiden Fällen wird die Wirklichkeit und das Wissen
von ihr «erzeugt» durch ein System von Unterscheidungen. Die Differenz zwischen alltäglichen und wissenschaftlichen Erkenntnisvorgängen
bezieht sich nur auf den jeweils vorausgesetzten Wissens- und Verfahrensvorrat. Die alltäglichen Erkenntnisvorgänge setzen einen im Alltag,
die wissenschaftlichen einen in der Wissenschaft gebilligten Wissens-
und Verfahrensvorrat voraus. Dieser vorausgesetzte Wissens- und Verfahrensvorrat ist selber ein Resultat. In ihm sind bisherige Typisierun-
gen, Klassifikationen, Deutungen, kurz: die Strukturierungsleistungen
aus der Vergangenheit des erkennenden Subjekts aufgehoben und mehr
oder weniger zur Einheit eines kognitiven Instruments, eines operativen
Systems verknüpft. Es legt fest, was als «wahr» hingenommen werden
kann und welche Prozeduren zur Ermittlung und Überprüfung von Erkenntnissen angewendet werden dürfen. Zum Vorrat der Wissenschaft
gehören all jene Methoden, durch die wissenschaftlich zuverlässige «Daten» hervorgebracht werden. Charakteristisch für das Verfahren der
Wissenschaft im Unterschied zu dem des Alltags ist das Ausmaß der
Formalisierung und der Grad der Explikation.

Gesellschaftstheoretische Grundannahmen. Die methodische Konstruktion der Wirklichkeit ist allerdings weder im Alltag noch in der Wissenschaft eine Alleinveranstaltung des erkennenden Subjekts. Die strukturierende Tätigkeit ist immer eine gesellschaftliche Tätigkeit; nur wie
ist diese gesellschaftliche Tätigkeit möglich? Wie kommt der Zusammenhang zwischen den einzelnen Sinnproduzenten zustande? In der
Antwort auf diese klassische Frage entfalten die Ethnomethodologen
ihre gesellschaftlichen Grundannahmen. Danach ist die Voraussetzung
für die «gesellschaftliche Konstruktion der Wirklichkeit» (BERGER/

Luckmann 1970) ein meist nicht expliziertes und für die Handelnden oft auch nicht explizierbares System intersubjektiv geteilter Bedeutung. Sie steuern in Gestalt von gemeinsamen «Hintergrunderwartungen» (Garfinkel), «Interpretationsverfahren» (Cicourel) und «Wissensbeständen» (Schütz) die soziale Wahrnehmung im Alltag und bestimmen den von allen fraglos anerkannten Sinn dessen, was «geschieht» und was «der Fall ist». Ohne solche Gemeinsamkeiten wäre eine Verständigung zwischen den Subjekten nicht möglich. Sie müßte zwangsläufig die Form eines «regressiven Dialogs» (Cicourel 1975, S. 77) annehmen, in dem jeder den jeweils anderen immer nur fragt, was er meint. Die für jede gesellschaftliche Tätigkeit notwendig vorausgesetzten Gemeinsamkeiten sind von den Ethnomethodologen auf verschiedene Stufen der Abstraktion formuliert worden. Cicourel hat die «interpretativen Verfahren» oder «Basisregeln» verglichen mit den tiefenstrukturellen Regeln der Transformationsgrammatik Chomskys und ihnen einen geradezu universalen Status zugesprochen. Unter Absehung von jeglicher historischen Besonderheit nennt er als eine «Art Minimalbedingung» jeder → Interaktion (vgl. Cicourel 1973, S. 175 ff):

- Die allen Beteiligten gemeinsame Unterstellung, daß ihre Erfahrungen von der unmittelbar gegebenen Szene dieselben bleiben, wenn sie ihre Plätze tauschen und den des jeweils anderen einnehmen («Reziprozität der Perspektiven»). Alle Beteiligten müssen, wenn die Interaktion gelingen soll, annehmen, daß jeder von ihnen die Situation in einer für die vorliegenden praktischen Zwecke weitgehend identischen Art interpretiert und ihr nach denselben Prinzipien Bedeutungen oder Relevanzen zuordnet.
- Die allen Beteiligten gemeinsame Unterstellung, daß der jeweils andere die eigenen am Ort ihres Auftretens im Gespräch noch notwendig vagen Äußerungen retrospektiv und prospektiv ergänzt und zum Verständnis des gemeinsamen Zusammenhanges selbsttätig und stillschweigend mit Bedeutungen «ausfüllt» («Et-cetera-Annahme»). Alle Beteiligten müssen, damit eine Interaktion zustande kommt, annehmen, daß jeder von ihnen bereit und in der Lage ist, einer gegenwärtig noch unbestimmten Äußerung vorausschauend eine vorläufige Bedeutung zuzuschreiben und diese dann mit dem Fortgang des Gesprächs rückblickend auch, wenn nötig, wieder zu korrigieren.
- Die allen Beteiligten gemeinsame Unterstellung, daß jeder von ihnen aufgrund einer gemeinsam bekannten und als selbstverständlich vorausgesetzten Welt nach ähnlichen Gesichtspunkten beurteilt, was als normal gilt und was nicht («Normalform»). Alle Beteiligten müssen im Interesse einer erfolgreichen Interaktion annehmen, daß jeder von ihnen einzelne Fälle als Repräsentationen eines allgemeineren normativen Sets entweder ablehnt oder anerkennt.

556   Ethnomethodologie

Cicourel betrachtet diesen Katalog von «Basisregeln» keineswegs als vollständig. Er hat diese Liste selbst an anderer Stelle schon mehrfach erweitert und modifiziert. Und es ließen sich sicherlich auch darüber hinaus noch weitere ähnlich allgemeine notwendige Bedingungen für die Möglichkeit einer intersubjektiv verfügbaren und herstellbaren Welt aufzählen, so die gemeinsame Unterstellung, daß etwas nicht zugleich etwas sein und etwas nicht sein kann («Identitätsprinzip» – vgl. POLLNER 1976, S. 295ff), oder die Unterstellung, daß Objekte auch dann, wenn sie aus dem Blickfeld geraten, noch weiter existieren («Objektkonstanz»).

Der Forschungsgegenstand. Für die Analyse spezifischer Lebenswelten ist mit solchen Abstraktionen zumindest unmittelbar noch nichts gewonnen. Dafür ist die Gefahr ihrer Hypostasierung zu überhistorischen Universalien um so größer. Ein gemeinsam geteiltes System von Unterstellungen, von Hintergrunderwartungen, Wissensbeständen und Interpretationsverfahren ist zwar Voraussetzung gesellschaftlicher Tätigkeit, aber es ist deshalb nicht schon universal. Die Gemeinsamkeiten, die Bedingungen sind einer gesellschaftlichen Konstruktion der Wirklichkeit, sind auch deren Resultat, Ausdruck eines tradierten Einverständnisses, eines im Alltag gefundenen Konsenses. In dem, «was jedermann kennt» und erwartet, sind vergangene Verständigungsprozesse in einem gemeinsamen Bedeutungsvorrat geronnen. In den vielfach erprobten und selbstverständlich benutzten Interpretations- und Konstruktionsregeln ist gemeinsam produzierter Sinn aufbewahrt. Wenn aber gemeinsam geteilte Wissens- und Erfahrungsvorräte Voraussetzung sind und Resultat von gesellschaftlicher Tätigkeit, dann müssen sie auch, will man nicht in einen «regressus ad infinitum» sich verlieren, einer schlechten Unendlichkeit, in der immer wieder das eine zur Voraussetzung des anderen wird und so alle Momente endlos gegeneinander recht behalten, das Medium sein, in dem sich der gesellschaftliche Prozeß vollzieht. Durch das gemeinsam geteilte System von Bedeutung, Wissensbeständen, Erwartungen und Methoden geht ein Bruch. Auf der Basis völliger Übereinstimmung unter den Beteiligten könnte eine gemeinsame Konstruktion der Wirklichkeit nicht stattfinden. Ein ungebrochener und für alle identischer Wissens- und Verfahrensvorrat zöge den Abstand zwischen den Individuen ein und ließe ihnen keine Chance mehr zur Individuation. Eine gemeinsame Tätigkeit verschiedener Individuen kommt nur dann zustande, wenn das vorausgesetzte System von Wissen und Methoden geteilt und nicht geteilt wird. Gemeinsamkeit und Verschiedenheit der Instrumente sind beide in gleicher Weise Bedingung der Möglichkeit gesellschaftlicher Tätigkeit. Keines der Momente darf zum alleinigen Apriori gemacht werden. Ohne Gemeinsamkeit ist der gesellschaftliche

Prozeß nicht möglich, ohne Verschiedenheit nicht nötig. Der gesellschaftliche Prozeß besteht in der Darstellung und Gegenüberstellung individueller Realitätskonstruktionen auf der Basis gemeinsam geteilter
und vertrauter Wissens- und Verfahrensbestände. Dieser gesellschaftliche Prozeß ist der Gegenstand der Ethnomethodologie. Die Ethno-
thodologen begreifen, über alle ihre sonstigen Unterschiede hinweg, die
gesellschaftliche Wirklichkeit als einen Prozeß («Vollzugswirklichkeit»),
in dem durch das methodische Handeln der Subjekte die soziale Ordnung dauernd sowohl hervorgebracht als auch verändert wird. Ihr Interesse gilt den Methoden der Sinnerzeugung, den besonderen und den allgemeinen, den subjektiven und den intersubjektiv geteilten. Sie fragen
nicht, warum die Menschen bestimmte Handlungen durchführen, sondern wie sie sie durchführen. Die Frage nach den Ursachen löst sich auf
in die Frage nach der Herstellungslogik, dem generativen Prinzip, dem
«Bewegungsgesetz» der gesellschaftlichen Produktion. Ethnomethodologie ist die Lehre von den Methoden, die die Gesellschaftsmitglieder,
die Laien wie die Wissenschaftler, bei der Konstruktion von Realität anwenden.

Ethnomethodologische Forschung in der Erziehungswissenschaft. Die
Erziehungswissenschaft, soweit sie sich nicht begnügt mit der Entwicklung von Instruktions- und Kontrolltechnik, muß an dem ethnomethodologischen Ansatz aus einem einfachen Grund interessiert sein. Er
unterstützt die in der → Pädagogik traditionsreiche, seit Schleiermacher
vertretene Annahme, daß auch der Heranwachsende schon ein sinnstif-
tendes, an der gesellschaftlichen Konstruktion der Wirklichkeit auf
seine Weise beteiligtes Subjekt ist und das Erziehungsgeschehen deshalb
als eine Form der Verständigung mit ihm betrachtet werden muß. Der
ethnomethodologische Ansatz legt einer Erziehungswissenschaft, die
sich selbst als Moment der Verständigung zwischen den Generationen
begreift, nahe, zum Zweck eines von irrationalen und intuitionistischen
Konnotationen freien Verstehens, sowohl die individuellen Methoden
zu rekonstruieren, mit deren Hilfe Erwachsene wie Kinder ihre bedeu-
tungsvolle Wirklichkeit jeweils erzeugen, als auch die allgemeinen
Regeln, die ihrer Interaktion in beliebigen Settings als «objektive
→ Struktur», als «grammatisches System», als «Bewegungsgesetz» zugrunde liegen.

Schulforschung. In der Schulforschung sind in der Bundesrepublik
Deutschland ethnomethodologische Betrachtungsweisen zunächst im
Anschluß an die in der Kriminologie geführte Diskussion über den «labeling approach» (vgl. SACK 1968) aufgetaucht. Sie lenkten die Aufmerksamkeit vor allem auf den Charakter der → Schule als einer Institu-

558 Ethnomethodologie

tion sozialer Kontrolle, die vermöge ihrer Definitionsmacht Schüler klassifiziert, bewertet und auf bereitgehaltene «Lernkarrieren» festlegt (vgl. BRUSTEN/HURRELMANN 1973, HOMFELDT 1974). Die Schüler erschienen als Opfer administrativer und institutioneller Zuschreibungen, als Gegenstände der Verfügung und Verwaltung (→ Stigmatisierung). Ihre eigene sinnstiftende Praxis blieb so weitgehend unberücksichtigt und wurde nicht zum Gegenstand empirischer Untersuchungen gemacht. Eine Ausnahme bildeten auch nicht die wenigen Arbeiten etwa über das Lehrerbild des → Schülers (vgl. ACHTENHAGEN u. a. 1979, BARKEY 1977). Sie ermittelten wie auch ihre Pendants über das Schülerbild des → Lehrers (vgl. HOFER 1970) meist nur eine Summe von Oberflächenurteilen, nicht jedoch deren institutionell und gesellschaftlich vermittelte Konstruktionsregeln. Eine wirklich ethnomethodologische Perspektive übernehmen sie nicht. Dieser nähert sich schon eher RUMPF (vgl. 1979) mit dem Vorschlag, die unter den offiziell in der Schule gelehrten und durchgesetzten Bedeutungen verborgenen oder als belanglos diffamierten «inoffiziellen Weltversionen» der Schüler, ihre privaten Ideenassoziationen und -phantasien aufzudecken und als Bestandteil des → Unterrichts anzuerkennen. Aber Rumpfs Überlegungen enthalten leider nicht mehr als die Skizze eines möglichen Untersuchungsprogramms. Auf dem Wege zu seiner Verwirklichung könnte die «Interpretative Unterrichtsforschung» eine wichtige Rolle spielen (vgl. LOSER 1979, TERHART 1978). Die Vertreter dieses Ansatzes sehen ihre Aufgabe in der Explikation der Regeln, die dem alltäglichen Schul- und Unterrichtsgeschehen zugrunde liegen. Ihr Interesse gilt der «Alltagsmethodik» von Unterrichtsgesprächen (vgl. UHLE 1977), dem heimlichen Lehrplan (→ Lehrplan, heimlicher; vgl. ZINNECKER 1975) und den Schulritualen (→ Ritual; vgl. WELLENDORF 1973). Darüber hinaus hoffen sie insbesondere durch die Erforschung der Situationsdeutungen (vgl. ZINNECKER 1978) und Taktiken (vgl. HEINZE 1980) der Schüler deren subjektive und private, vom offiziellen Geschehen ignorierte Erfahrungen rehabilitieren zu können. Leider entspricht auch diesem Forschungskonzept noch keine wirklich strenge und überzeugende Empirie. Dort, wo die interpretative Unterrichtsforschung auf empirisches Material sich einläßt, dient dies oft nur illustrativen Zwecken. Anders als in der Bundesrepublik Deutschland hat in den USA die ethnomethodologisch orientierte Schul- und Unterrichtsforschung die Phase der Forschungspraxis schon erreicht. Bereits 1961 hatte BANTOCK (vgl. 1973) in scharfer Abgrenzung von einer mit strukturfunktionalistischen und behavioristischen Modellen operierenden Schulforschung und unter Berufung auf die «verstehenden» Ansätze von Weber und Schütz eine methodologische Orientierung gefordert, die schulisches Handeln nicht objektivistisch verkürzt, sondern seinen inhärenten Sinn durch «interpretative understanding» zu erfassen sucht. Seit Beginn der 70er Jahre mehren sich die dieser Forderung entsprechenden empirischen Arbeiten (vgl. TERHART 1979 a, b).

Jugendhilfeforschung. In der → Jugend- und Jugendhilfeforschung ist in der Bundesrepublik Deutschland der ethnomethodologische Ansatz schneller und interessierter aufgegriffen worden als in der Schulforschung (vgl. BOHNSACK 1973, BONSTEDT 1972, BRUSTEN 1973, KECKEISEN 1974, PETERS/CREMER-SCHÄFER 1975, THIERSCH 1975). Eine besondere Rolle bei der Rezeption spielte dabei die auch wiederum dem «labeling approach» zugehörige Arbeit CICOURELS (vgl. 1968) über die soziale Organisation der «Juvenile Justice». Jugenddelinquenz wird darin analysiert als Produkt von Definitionsprozessen, denen die Jugendlichen durch Eingriffe der Jugendhilfe, Polizei und Jugendgerichtsbarkeit unterworfen werden. Gestützt auf Berichte, Akten und Statistiken der Behörden, auf Protokolle von Gesprächen zwischen Beamten und Jugendlichen und Gerichtsverhandlungen, auf die Tatbestandsfeststellungen der Gerichte und auf eine mehrjährige teilnehmende Beobachtung kann Cicourel zeigen, wie «Abweichung» aus den Klassifikationen und Behandlungsprozeduren der Kontrollinstitution hervorgeht, «erzeugt» durch die Anwendung von Rechtsnormen, durch selektive Wahrnehmungsweisen, durch Common-sense-Theorien über Delinquenz- und Delinquenzverläufe und administrative Verfahrenszwänge. Schon der erste Kontakt mit dem Jugendlichen führt zu einer Klassifikation oder Typisierung, die, schriftlich oder mündlich tradiert, den Vertretern der Institutionen zu einer routinemäßigen, oft standardisierten Einordnung seines Handelns und seiner Person verhilft und nachfolgende Beurteilung und Maßnahmen präjudiziert. So wird auf dem langen Weg durch die Einrichtungen der «Juvenile Justice» ein sozialer Vorgang zum «Fall».

Die Fragestellungen Cicourels wurden in Deutschland in einer neueren Jugendhilfeuntersuchung aufgegriffen und weiterverfolgt (vgl. BENEKE u. a. 1976). Die Ergebnisse der Untersuchung lassen vermuten, daß die Tätigkeit der Jugendhilfe nicht nur eine korrigierende Reaktion auf gesellschaftlich als «abweichend» definiertes Verhalten darstellt, sondern selbst ein Moment des bewertenden Prozesses ist. Was für eine «Art Mensch» der Klient ist, was als sein Problem gilt und welche der verfügbaren «Hilfen der Gemeinschaft» auf ihn angewendet werden soll, entscheidet sich in den vielfältigen, vom vorgegebenen Handlungsrahmen des Amtes genauso wie von den subjektiven Reaktionsweisen seiner Repräsentanten determinierten Bewertungsprozeduren. Deutlich wird dies besonders in dem von KASAKOS (vgl. 1980) durchgeführten Untersuchungsteil, der die direkte Sozialarbeiter-Klient-Interaktion in der Sprechstunde der Familienfürsorge eines großstädtischen Jugend-

560 Ethnomethodologie

amtes zum Gegenstand hat. Die Sprechstunde als ein Stück sozialarbei-
terischer Praxis erweist sich als ein zentraler Ort für die Definition von
normalem und abweichendem Verhalten und relevanten und irrelevanten Problemen. Anhand von transkribierten Tonbandmitschnitten zeigt
Kasakos in sehr genauen Interpretationen, wie der Sozialarbeiter in der
direkten Begegnung mit dem Klienten innerhalb des ihm durch administrative Arbeitsteilung und hierarchische Amtsstruktur gesteckten Spiel-
raums sein Wissen über den Klienten aufbaut und organisiert und welche Strategien der Urteilsfindung und Behandlung er befolgt. Dabei
wird wie in der Arbeit von Cicourel deutlich, daß die Situationsdefinitionen der Gesprächsteilnehmer aufgrund ihrer verschiedenen Lebens-
kontexte, Selbstbilder und Erwartungshorizonte differieren und daß
durch diese Differenz ein Konsens über die Art der Hilfeleistung erschwert wird. Die dem «labeling approach» verpflichteten Untersuchungen haben sich beinahe ausschließlich den Wirklichkeitskonstruktionen
und entsprechenden Handlungsstrategien der pädagogisch-kontrollie-
renden Instanzen (Jugendhilfe, Schule, Sozialarbeit, Justiz) zugewandt.
Die Definitionsmacht der Erwachsenen und ihre Einrichtungen waren
Gegenstand der Analyse. Von der «anderen Seite» der pädagogischen
Beziehung, der strukturierenden, sinnstiftenden Tätigkeit der Kinder
und Jugendlichen, ihren Vorstellungswelten, Motiven und Erinnerungen
dagegen haben sie kaum mehr als Notiz genommen. Die «andere Seite»
versucht eine Untersuchung von KIEPER (vgl. 1980) stärker zur Geltung
zu bringen. Im Zentrum dieser Untersuchung steht die Frage, wie die
Heranwachsenden – in diesem Falle sind es Mädchen, die von ihrer Umwelt als «verwahrlost» bezeichnet werden – selbst ihre Probleme sehen
und bestimmen. Indem Kieper die subjektive Problemsicht dieser Mädchen rekonstruiert, erzählt sie eine im Vergleich zur offiziellen Bericht-
erstattung der Behörden ganz andere und ungewöhnliche Version des
Verwahrlosungsgeschehens. Der eigentliche Gegenstand ihrer Untersuchung sind jedoch die den Selbstaussagen der Mädchen zugrundeliegenden Deutungsmuster. Diese repräsentieren gewissermaßen im Innern
der subjektiven Äußerungen die objektiven Gehalte der jeweiligen
→Lebenswelt. In den Deutungsmustern, die die Analyse zutage fördert,
manifestieren sich die sozialen Regeln der gesellschaftlichen Gruppe,
aus der die Mädchen stammen. Ein ähnliches Interesse wie die Untersuchung von Kieper verfolgt auch das Projekt «Deutungsmuster und
Definitionen problematischer Lebenssituationen von Jugendlichen»
(BRUNKHORST u. a. 1978).

Die Absicht, aus der Perspektive der Jugendlichen und Kinder deren
«gedeutete Welt» zu erschließen, hat allerdings in der Pädagogik schon
vor dem Auftritt der Ethnomethodologie eine lange Tradition. Sie manifestiert sich in dem charakteristischen Interesse der Erziehungswissen-

schaft an autobiographischem Material (vgl. HENNINGSEN 1962, 1964). Aus guten Gründen wurde in der pädagogischen Forschung immer wieder auf Selbstaussagen der Jugendlichen und Kinder zurückgegriffen (vgl. BERNFELD 1978; vgl. BÜHLER 1932, 1934; vgl. FISCHER 1955, SPRANGER 1963). In jüngster Zeit scheint das Interesse daran sogar wieder im Wachsen begriffen (vgl. BAACKE/SCHULZE 1979). Autobiographische Äußerungen sind für die Erziehungswissenschaft aus zwei Gründen interessant: Sie sind das Ergebnis von Bildungsprozessen und zugleich deren Interpretation. Als Ergebnis von Bildungsprozessen ist die → Autobiographie ein Dokument. Sie gibt Auskunft über den Stand der Lerngeschichte eines Subjekts, sein Reflexionsniveau, seine Relevanzkriterien, seine sprachlichen Darstellungsformen. Als Interpretation dieser Lerngeschichte aber ist die Autobiographie ein Konstrukt, sie kann wie jede andere Deutung eines Sachverhaltes wahr oder falsch sein, zutreffen oder nicht.

Erforschung von Bildungsprozessen. Für das Studium des Bildungsprozesses sind autobiographische Quellen allerdings allein noch nicht ausreichend. Sie weisen einen charakteristischen Mangel auf. Als Dokument wie als Konstrukt der eigenen Lebensgeschichte enthält die Autobiographie immer nur das, was sich im nachhinein im Medium der Sprache objektiviert. Über die nichtsprachliche Realität des Bildungsvorganges, seinen aktuellen empirischen Vollzug, gibt sie keinen Aufschluß. Hier aber entscheidet sich, wie das Kind seinen Wissens- und Verfahrensvorrat, die Hintergrunderwartungen und Interpretationsverfahren, die Voraussetzung sind seiner «Wirklichkeitskonstruktion», in der Auseinandersetzung mit der vorgefundenen Welt selber noch erwirbt. Auch dieser Vorgang ist Gegenstand der Ethnomethodologie. Ihr Interesse gilt nicht nur den alltäglichen Wissens- und Verfahrensbeständen selbst, sondern auch den Prozessen ihrer Aneignung durch das heranwachsende Kind. Die ethnomethodologische Position in diesem Punkt hat CICOUREL (vgl. 1975, S. 13 ff) am konsequentesten formuliert. Er verfolgt die Frage, «in welcher Form die Angehörigen einer Gesellschaft oder Kultur einen Sinn sozialer Struktur erwerben müssen, um zur Durchführung ihrer Alltagsaktivitäten imstande zu sein» (CICOUREL 1975, S. 20). Leider bleibt seine «Theorie der entwicklungsmäßigen Aneignung von Interpretationsverfahren» (CICOUREL 1975, S. 20) nur Programm. Dort, wo dieses Programm auf dem Wege ist zu seiner Verwirklichung, werden die Grenzen der Ethnomethodologie durch die Hereinnahme psychoanalytischer, marxistischer und strukturalistischer Theoreme zumeist gesprengt (vgl. OEVERMANN u. a. 1976, PARMENTIER 1979).

Forschungsmethoden. Bei dem Versuch, die Regeln der alltäglichen Sinnproduktion zu ermitteln, ist der Ethnomethodologe genötigt, aus der «natürlichen Einstellung» des im Alltag Handelnden herauszutreten. Er muß sich bei seiner Analyse von Polizeiberichten, von Amtsakten, von Gerichtsurteilen, von Gesprächs- und Interaktionsprotokollen oder bei der Interpretation von autobiographischem Material über das Geschehen stellen und es mit den Augen eines Fremden betrachten. Erst in der Distanz und entlastet vom Handlungsdruck darf er hoffen, die implizite von den Beteiligten selbst nicht mehr realisierte Logik ihrer Aktionen und Äußerungen noch zu verstehen. Aber die Distanz darf nicht total sein. Der ethnomethodologische Forscher muß stets neben der Aufrechterhaltung seiner Distanz über ein System von Bedeutungen verfügen, das er mit dem im Feld Handelnden teilt. Ohne wenigstens ein Minimum an gemeinsam geteilter Bedeutung könnte er die Alltagssubjekte, denen sein Interesse gilt, nicht verstehen. Was er von ihnen versteht, versteht er nur als Teilnehmer an ihrer Lebenswelt. Der Ethnomethodologe, der sein Erkenntnisinteresse realisieren will, hat gar keine Wahl; nicht über die Tatsache selbst, sondern nur über den Grad der Beteiligung kann er bestimmen. Er kann ihn variieren auf einer Skala, die sich erstreckt zwischen den beiden Extrempolen «passiv» und «aktiv». Je mehr sich dabei der Beteiligungsgrad des Forschers ausschließlich auf den einen oder anderen Pol zubewegt, desto weniger wahrscheinlich wird, daß er sein Erkenntnisinteresse befriedigt. Mit der Annäherung an den ersten Extrempol wächst die Gefahr der Verständnislosigkeit, mit der Annäherung an den zweiten die Gefahr der, wie CICOUREL (1970) es nennt, «Verkafferung». Im einen Fall verschwindet die Gemeinsamkeit mit, im anderen Fall die Distanz vom Erkenntnisobjekt. Beides aber, Gemeinsamkeit und Distanz, muß der Forscher, der die Konstruktionsregeln der alltäglichen Wirklichkeit aufdecken will, wahren. Aus dem Umstand, daß der Ethnomethodologe nicht «gleichgültig» das alltägliche Geschehen betrachtet, sondern mehr oder weniger passiv oder aktiv immer selbst Teil des Beobachtungsfeldes ist, ergibt sich eine Reihe von gravierenden Problemen. Sobald der Forscher so oder so zum Teilnehmer einer Alltagsszene wird, unterliegt er deren Gesetzen. Auch der nur passiv teilnehmende Beobachter kann sich der Beziehungsdynamik von Face-to-face-Interaktionen nicht entziehen. Er muß mitspielen, sein Bild vor den anderen «managen». Als Interaktionsteilnehmer ist der Ethnomethodologe wie jeder «Laie» auch genötigt, sich darzustellen. Er muß sich äußern, damit die anderen überhaupt wissen, mit wem sie es zu tun haben. Aber das ist noch nicht alles. Als Teilnehmer am Alltagsgeschehen ist der Ethnomethodologe – gemessen an seinem wissenschaftlichen Anspruch sogar in besonderer Weise – gezwungen, die Auswirkungen seiner Teilnahme auf den Gesamtverlauf dieses Geschehens zu einer kalkulierbaren Größe zu machen. Er muß die Konsequenz seiner Darstellung antizipieren. Je nachdem wie er wünscht, daß die anderen ihn sehen und seine Einstellung, die er ihnen gegenüber hat, erkennen, wird er versuchen, sein Verhalten einzurichten. Wenn er dies nicht tut und den kommunikativen Auswirkungen seines Verhaltens gegenüber blind bleibt, wird es ihm so ergehen wie jenem Feldforscher, der, ohne es zu ahnen, den Eingeborenen als ein sehr gelehrter Mann erschien und dem sie deshalb auch nur das präsentierten, was sie seiner Gelehrsamkeit für würdig befanden.

Reflexivität. Wenn der Ethnomethodologe Teil des Alltags ist, den er untersucht, dann ist diese Untersuchung auch immer eine Untersuchung des eigenen Alltags. Seine Analyse ist ein reflexives Unternehmen. Sie richtet sich zurück auf die objektive Logik, der seine eigenen Äußerungen ebenso gehorchen wie die seiner Interaktionspartner. Indem er diese besser versteht, wird er auch sie selber besser verstehen. Oder andersherum: Indem er sich selber besser versteht, wird er auch die anderen besser verstehen. BOURDIEU (1976, S. 109), der in seinem Werk ethnomethologische Positionen mit strukturalistischen und marxistischen verknüpft, hat daraus den Schluß gezogen, «daß uns nichts dazu ermächtigt, zwischen Selbsterkenntnis und Erkenntnis des Andern eine Wesensdifferenz aufzurichten». Was der Ethnomethodologe ermittelt, sind am Ende nicht nur die Sinnstrukturen der jeweils anderen, sondern die grammatischen Regeln der gemeinsamen Szene. Seine Untersuchungstätigkeit ist vergleichbar mit der, die LORENZER (vgl. 1970, S. 104) für den Psychoanalytiker reklamiert hat: auch die Erkenntnisweise der Ethnomethodologie ließe sich in einem weiteren Sinne als «szenisches Verstehen» bezeichnen.

Verfahrensweise. Die Vertreter der Ethnomethodologie selbst allerdings nennen in der Regel ihr Verfahren mit einem Terminus von Mannheim «dokumentarische Methode der Interpretation». Es handelt sich dabei im Grunde um ein hermeneutisches Verfahren. Auf welche Weise dieses Verfahren voranschreitet, läßt sich vorweg nicht genau sagen. Zu dem gesuchten Sinnzusammenhang, dem zugrundeliegenden Muster, der generativen Regel gelangt der Interpret nur, wenn er mit dem vorhandenen Material experimentell verfährt. Im Experiment werden die einzelnen vorgefundenen «Dokumente», geleitet von der phantasievollen Produktion immer neuer alternativer Ordnungsvorschläge («working hypothesis»), solange hin und her gruppiert, bis ihre verborgene Konfiguration zutage tritt und jede Einzelheit ihre Beliebigkeit verliert durch den Stellenwert, den sie erhält. Der gesuchte Zusammenhang, das zugrundeliegende Muster, die generative Regel, der Modus operandi, er-

564   Ethnomethodologie

schließt sich nach und nach. Das Ergebnis ist allerdings immer nur vorläufig. Mit jedem neu entdeckten Detail kann der gefundene Zusammenhang wieder einstürzen. Die Interpretation ist deshalb prizipiell nie
abgeschlossen. Man kann die «unbegrenzte Ausarbeitung» («indefinite
triangulation») des Materials (CICOUREL 1975, S. 158) nur durch Abbruch beenden. Ein solcher Abbruch liegt nahe, wenn der gewonnene
Zusammenhang sich stabilisiert und kein neues Material auftaucht, das
Anlaß sein könnte zu weiterer Korrektur. Wie die Güte jeder hermeneutischen Prozedur, so hängt auch die Güte der «dokumentarischen Methode» ab vom Reichtum an Beziehungen, die sie zur Entfaltung bringt.
Je größer die Anzahl der verschiedenen «dokumentarischen» Einzelheiten und je stimmiger ihr Zusammenhang, desto gültiger die Interpretation. Die «dokumentarische Methode» ist allerdings nicht das einzige
hermeneutische Verfahren, dem man im Rahmen der Ethnomethodologie begegnen kann. Unter dem Einfluß der Linguistik entstanden im
Umkreis oder am Rande der Ethnomethodologie weitere Interpreta-
tionsmethoden, die dem ethnomethodologischen Interesse dienstbar gemacht werden können und auch dienstbar gemacht wurden. Sie sind bekannt geworden unter den Namen «Kontrastanalyse» (vgl. SMITH 1976),
«Komponentenanalyse» (vgl. FRAKE 1973) oder «strukturale Analyse»
(vgl. LÉVI-STRAUSS 1969). Alle diese Verfahren machen deutlich, daß im
Prozeß der Interpretation Sinn nicht nur ermittelt, sondern auch produziert wird. Die Analyse von Realitätskonstruktionen ist selbst nur als
Konstruktion denkbar. Die vom wissenschaftlichen Erkennen gebildeten Begriffe sind nach einer Formulierung von SCHÜTZ (1971b, S. 72)
«Konstruktionen von Konstruktionen». Damit variiert Schütz auf eine
für die Ethnomethodologie charakteristische Weise ein Grundthema der
hermeneutischen Tradition seit Schleiermacher. Hermeneutik als die
«Kunst», «die Rede eines anderen richtig zu verstehen» (SCHLEIERMA-
CHER 1977, S. 75), zielt im Interpretieren fremder Rede immer zugleich
auch auf das in dieser Rede Interpretierte. Darum ist sie stets schon reflektierte Erkenntnis: ein, wie Schleiermachers Schüler BOECKH (1886,
S. 10) es nannte, «Erkennen des Erkannten». Für die Ethnomethodologen koinzidiert diese Formulierung mit der von Schütz: Erkenntnis ist
Konstruktion. Um die Struktur der alltäglichen Erkenntnis, die Regeln
der Realitätskonstruktion aufzudecken, hat GARFINKEL (vgl. 1967) eine
Reihe von sogenannten «Krisenexperimenten» entworfen. Sie sollen
durch Irritation und Verfremdung die generative Struktur unserer alltäglichen Urteile und Handlungen gerade im Augenblick ihres Zusammen-
bruchs zum Vorschein bringen. Ein solches Krisenexperiment besteht
etwa in der Forderung nach vollständiger Sinnexplikation von sprachlichen Äußerungen. Die durch das Insistieren auf Klarheit und Eindeutigkeit des Gesagten erzeugten Krisen beruhen auf der Schwierigkeit, in-

dexikalische Äußerungen durch objektive Ausdrücke zu ersetzen. Andere Krisen erzeugte Garfinkel dadurch, daß er Studenten aufforderte, selbstverständliche Regeln alltäglichen Handelns zu verletzen. So sollten etwa Studenten zu Hause als Gast auftreten. Das Originelle an den Versuchen Garfinkels, durch Störung und Verfremdung von alltäglichen und selbstverständlich hingenommenen Handlungsabläufen deren generative Struktur sichtbar zu machen, hat seinen Krisenexperimenten auch die informelle Bezeichnung «to garfinkel» oder «garfinkeling» eingebracht (vgl. HARRÉ/SECORD 1972). Die Krisenexperimente sind inzwischen zu einem Identitätsmerkmal der Ethnomethodologie geworden. Durch den provozierenden Eingriff in die Routinen des Alltags unterscheidet sich die ethnomethodologische Verfahrensweise auch von der des Symbolischen Interaktionismus (→ Interaktionismus, Symbolischer), der bei seinen Beobachtungen zurückhaltender und – so könnte man auch sagen – konventioneller vorgeht. Auch in der Erziehungswissenschaft sind Krisenexperimente oder Varianten davon schon erprobt worden. So hat TERHART (vgl. 1980) im Bereich der Unterrichtsforschung im Anschluß an MEHAN/WOOD (vgl. 1975) ein «Interpunktionsexperiment» durchgeführt, in dessen Verlauf Schüler und Lehrer dazu veranlaßt werden, ein in verfremdender Schreibweise abgefaßtes Unterrichtsprotokoll zu normalisieren und dabei ihre implizite Unterrichtstheorie zu offenbaren. Schon viel früher und wohl ohne Kenntnis der Ethnomethodologie sind in der Jugendarbeit ähnliche Verfremdungsmethoden angewendet worden (vgl. LUERS u. a. 1971). Verfremdung als Methode der Aufklärung und Erkenntnis hat eine lange Tradition. Sie reicht in der Neuzeit zurück bis zum «Eulenspiegel» (vgl. MOLLENHAUER/RITTELMEYER 1977, S. 44).

Normative Implikationen. Für die Beantwortung der Frage, ob die alltäglichen Methoden der Realitätskonstruktion richtig sind oder falsch, erklären sich die Ethnomethodologen unzuständig. Sie behaupten gegenüber normativen Problemen ihre «ethnomethodologische Indifferenz». Diese Indifferenz ist der Ethnomethodologie schon zum Vorwurf gemacht worden (vgl. KOECK 1976). Aber der Vorwurf erscheint unberechtigt. Er nimmt, was die Ethnomethodologen sagen, allzu wörtlich und wiederholt so nur deren Selbstmißverständnis im Hinblick auf die normativen Grundlagen ihres eigenen Verfahrens. In ihrer Forschungspraxis befolgen sie nämlich, auch wenn sie es selbst nicht explizieren, ein regulatives Prinzip, das verallgemeinerbar ist und schon zum Maßstab vernünftigen Handelns überhaupt gemacht wurde: das Prinzip der idealen Verständigungsgemeinschaft (vgl. APEL 1973, HABERMAS 1971). Der Ethnomethodologe behandelt die Realitätskonstruktionen der «Laien» so, wie er die seiner professionellen Kollegen behandelt: als eine Möglichkeit neben anderen. Er anerkennt damit die Sinnstiftungen im Alltag als prinzipiell gleichberechtigt mit denen der Wissenschaft. Gleichgültig, ob man dies als Aufwertung alltäglicher oder Abwertung wissenschaftlicher Verfahrensweisen ansieht, in jedem Fall ist damit eine Bedingung der Möglichkeit von idealer Verständigung erfüllt. Die ethnomethodologische Forschung respektiert den Laien, den sie untersucht, als virtuellen Partner. Auch das macht sie für die Erziehungswissenschaft so interessant.

ACHTENHAGEN, F. u. a.: Die Lehrerpersönlichkeit im Urteil von Schülern. In: Z. f. P. 25 (1979), S. 191 ff. APEL, K.-O.: Transformation der Philosophie, Bd. 2, Frankfurt/ M. 1973. ARBEITSGRUPPE BIELEFELDER SOZIOLOGEN (Hg.): Alltagswissen, Interaktion und gesellschaftliche Wirklichkeit, 2 Bde., Reinbek 1973. BAACKE, D./SCHULZE, TH. (Hg.): Aus Geschichten lernen. Zur Einübung pädagogischen Verstehens, München 1979. BANTOCK, G. H.: Educational Research: A Criticism. In: Broudy, H. u. a. (Hg.): Philosophy of Educational Research, New York 1973, S. 29 ff. BARKEY, P.: Schülerurteile über Lehrerverhalten, Frankfurt/M. 1977. BENEKE, E. u. a.: Deskription und Analyse von Jugendhilfeprozessen, 2 Bde., Mimeo, o. O. 1976. BERGER, P./ LUCKMANN, TH.: Die gesellschaftliche Konstruktion der Wirklichkeit, Frankfurt/M. 1970. BERNFELD, S.: Trieb und Tradition im Jugendalter. Kulturpsychologische Studien an Tagebüchern (1931), Frankfurt/M. 1978. BOECKH, A.: Enzyklopädie und Methodologie der philosophischen Wissenschaften, hg. v. E. Bratuscheck, Leipzig [2]1886. BOHNSACK, R.: Handlungskompetenz und Jugendkriminalität, Berlin/Neuwied 1973. BONSTEDT, C.: Organisierte Verfestigung abweichenden Verhaltens, München 1972. BOURDIEU, P.: Entwurf einer Theorie der Praxis, Frankfurt/M. 1976. BRUNKHORST, H. u. a.: Deutungsmuster und Definitionen problematischer Lebenssituationen von Jugendlichen, Mimeo, Göttingen 1978. BRUSTEN, M.: Prozesse der Kriminalisierung. Ergebnisse einer Analyse von Jugendamtsakten. In: Otto, H. U./Schneider, S. (Hg.): Gesellschaftliche Perspektiven der Sozialarbeit, Bd. 1, Neuwied/Berlin 1973, S. 85 ff. BRUSTEN, M./HURRELMANN, K.: Abweichendes Verhalten in der Schule. Eine Untersuchung zu Prozessen der Stigmatisierung, München 1973. BÜHLER, CH.: Jugendtagebuch und Lebenslauf. Zwei Mädchentagebücher, Jena 1932. BÜHLER, CH.: Drei Generationen im Jugendtagebuch, Jena 1934. CICOUREL, A.: The Social Organization of Juvenile Justice, New York 1968. CICOUREL, A.: Methode und Messung in der Soziologie, Frankfurt/M. 1970. CICOUREL, A.: Basisregeln und normative Regeln im Prozeß des Aushandelns von Status und Rolle. In: Arbeitsgruppe Bielefelder Soziologen (Hg.): Alltagswissen, Interaktion..., Bd. 1, Reinbek 1973, S. 147 ff. CICOUREL, A.: Sprache in der sozialen Interaktion, München 1975. DOUGLAS, J. D.: Understanding Everyday Life. In: Douglas, J. D. (Hg.): Understanding Everyday Life. Toward the Reconstruction of Sociological Knowledge, Chicago 1970, S. 3 ff. FISCHER, W.: Neue Tagebücher von Jugendlichen. Die Vorpubertät anhand literarischer Selbstzeugnisse, Freiburg 1955. FRAKE, CH. O.: Die ethnographische Erforschung kognitiver Systeme. In: Arbeitsgruppe Bielefelder Soziologen (Hg.): Alltagswissen..., Bd. 2, Reinbek 1973, S. 323 ff. GARFINKEL, H.: Studies in Ethnomethodology, Englewood Cliffs 1967. HABERMAS, J.: Vorbereitende Bemerkungen zu einer Theorie der Kommunikativen Kompetenz. In: Habermas, J./Luhmann, N.: Theorie der Gesellschaft und Sozialtechnologie – Was leistet die Systemforschung? Frankfurt/M. 1971, S. 101 ff. HARRÉ, R./ SECORD, P. F.: The Exploration of Social Behavior, Oxford 1972. HEINZE, TH.: Unterricht als soziale Situation, München 1976. HEINZE, TH.: Schülertaktiken, München/

Wien/Baltimore 1980. HENNINGSEN, J.: Autobiographie und Erziehungswissenschaft. Eine methodologische Erörterung. In: N. Samml. 2 (1962), S. 450 ff. HENNINGSEN, J.: Analyse der Selbstbiographie von J. Grimm. In: P. Rsch. 18 (1964), S. 1015 ff. HOFER, M.: Die Schülerpersönlichkeit im Urteil des Lehrers, Weinheim/Basel 1970. HOMFELDT, H. G.: Stigma und Schule, Düsseldorf 1974. KASAKOS, G.: Familienfürsorge zwischen Beratung und Zwang. Analysen und Beispiele, München 1980. KECKEISEN, W.: Die gesellschaftliche Definition abweichenden Verhaltens. Perspektiven und Grenzen des labeling approach, München 1974. KIEPER, M.: Lebenswelten «verwahrloster» Mädchen. Autobiographische Berichte und ihre Interpretation, München 1980. KOECK, R.: Das Problem der «Ethnomethodologischen Indifferenz». In: Soz. Welt 27 (1976), S. 261 ff. LÉVI-STRAUSS, C.: Strukturale Anthropologie, Frankfurt/M. 1969. LORENZER, A.: Sprachzerstörung und Rekonstruktion. Vorarbeiten zu einer Metatheorie der Psychoanalyse, Frankfurt/M. 1970. LOSER, F.: Konzepte und Verfahren der Unterrichtsforschung, München 1979. LOSER, F./TERHART, E. (Hg.): Theorien des Lehrens, Stuttgart 1977. LOSER, F./TERHART, E.: Alltägliche Unterrichtsvorbereitung: Die Perspektive der Lehrer und die Perspektive der Schüler. In: B. u. E. 32 (1979), S. 404 ff. LUERS, U. u. a.: Selbsterfahrung und Klassenlage, München 1971. MEHAN, H./WOOD, H.: The Reality of Ethnomethodology, New York 1975. MEHAN, H./WOOD, H.: Fünf Merkmale der Realität. In: Weingarten, E. u. a. (Hg.): Ethnomethodologie, Frankfurt/M. 1976, S. 29 ff. MOLLENHAUER, K.: Theorien zum Erziehungsprozeß. Zur Einführung in die erziehungswissenschaftlichen Fragestellungen, München 1972. MOLLENHAUER, K.: Interaktion und Organisation in pädagogischen Feldern. In: Z. f. P., 13. Beiheft, 1977, S. 39 ff. MOLLENHAUER, K./RITTELMEYER, CH.: Methoden der Erziehungswissenschaft, München 1977. OEVERMANN, U. u. a.: Beobachtungen zur Struktur der sozialisatorischen Interaktion. In: Auwärter, M. (Hg.): Kommunikation, Interaktion, Identität, Frankfurt/M. 1976, S. 371 ff. PARMENTIER, M.: Frühe Bildungsprozesse. Zur Struktur der kindlichen Interaktion, München 1979. PETERS, H./CREMER-SCHÄFER, H.: Die sanften Kontrolleure, Stuttgart 1975. POLLNER, M.: Mundanes Denken. In: Weingarten, E. u. a. (Hg.): Ethnomethodologie, Frankfurt/M. 1976, S. 295 ff. RUMPF, H.: Inoffizielle Weltversionen. Über die subjektive Bedeutung von Lehrinhalten. In: Z. f. P. 25 (1979), S. 209 ff. SACK, F.: Neue Perspektiven in der Kriminologie. In: Sack, F./König, R. (Hg.): Kriminalsoziologie, Frankfurt/M. 1968, S. 431 ff. SCHLEIERMACHER, F. D. E.: Hermeneutik und Kritik, hg. v. M. Frank, Frankfurt/M. 1977. SCHULTE, H.: Unterrichtsforschung und didaktische Re-Konstruktion. In: Thiemann, F. (Hg.): Konturen des Alltäglichen. Interpretation zum Unterricht, Königstein 1980, S. 108 ff. SCHULTE, H./THIEMANN, F.: Die subjektive Konstruktion der Wirklichkeit – eine Studie zu den Grundlagen alltäglichen Planungshandelns. In: B. u. E. 32 (1979), S. 431 ff. SCHÜTZ, A.: Der sinnhafte Aufbau der sozialen Welt, Wien 1960. SCHÜTZ, A.: Das Problem der Relevanz, Frankfurt/M. 1971 a. SCHÜTZ, A.: Begriffs- und Theoriebildung in den Sozialwissenschaften. In: Schütz, A.: Gesammelte Aufsätze, Bd. 1, Den Haag 1971, S. 55 ff (1971 b). SCHÜTZ, A.: Don Quichotte und das Problem der Realität. In: Schütz, A.: Gesammelte Aufsätze, Bd. 2, Den Haag 1972, S. 102 ff. SMITH, D. E.: K ist geisteskrank. Die Anatomie eines Tatsachenberichtes. In: Weingarten, E. u. a. (Hg.): Ethnomethodologie, Frankfurt/M. 1976, S. 368 ff. SPRANGER, E.: Psychologie des Jugendalters (1924), Heidelberg 1963. TERHART, E.: Interpretative Unterrichtsforschung, Stuttgart 1978. TERHART, E.: Unterrichtsforschung als Interpretation von Lehr- und Lern-Situationen. In: betr. e. 12 (1979), 5, S. 22 ff (1979 a). TERHART, E.: Ethnographische Schulforschung in den USA. Ein Literaturbericht. In: Z. f. P. 25 (1979), S. 291 ff (1979 b). TERHART, E.: Erfahrungswissen und wissenschaftliches Wissen über Unterricht. In: Thiemann, F. (Hg.): Konturen des Alltäglichen. Interpretationen zum Unterricht, Königstein 1980, S. 83 ff. THIEMANN, F.:

568   Evaluation

Der Lehrer im Unterricht. Kritisch interpretative Analyse des Lehrer-Schüler-Verhältnisses. In: Gerdsmeier, G./Tränhardt, D. (Hg.): Schule heute. Eine Einführung in das Studium der Erziehungswissenschaften, Münster 1977, S. 251 ff. THIEMANN, F. (Hg.): Konturen des Alltäglichen. Interpretationen zum Unterricht, Königstein 1980. THIERSCH, H.: Abweichendes Verhalten – Definition und Stigmatisierungsprozesse. In: Roth, H./Friedrich, D.: Bildungsforschung. Probleme – Perspektiven – Prioritäten, Teil 2. Gutachten und Studien der Bildungskommission des Deutschen Bildungsrates, Stuttgart 1975, S. 345 ff. UHLE, R.: Verständnisarbeit in unterrichtlichen Interaktionen. In: Uw. 5 (1977), S. 197 ff. UHLE, R.: Verstehen und Verständigung im Unterricht. Hermeneutische Interpretationen, München 1978. WEINGARTEN, E./SACK, F.: Ethnomethodologie. Die methodische Konstruktion der Realität. In: Weingarten, E. u. a. (Hg.): Ethnomethodologie, Frankfurt/M. 1976, S. 7 ff. WEINGARTEN, E. u. a. (Hg.): Ethnomethodologie. Beiträge zu einer Soziologie des Alltagshandelns, Frankfurt/M. 1976. WELLENDORF, F.: Schulische Sozialisation und Identität, Weinheim 1973. ZINNECKER, J. (Hg.): Der heimliche Lehrplan. Untersuchungen zum Schulunterricht, Weinheim/Basel 1975. ZINNECKER, J.: Die Schule als Hinterbühne oder: Nachrichten aus dem Unterleben der Schüler. In: Zinnecker, J./Reinert, G.-B.: Schüler im Schulbetrieb, Reinbek 1978, S. 29 ff. ZINNECKER, J./REINERT, G.-B.: Schüler im Schulbetrieb. Berichte und Bilder vom Lernalltag, von Lernpausen und vom Lernen in Pausen, Reinbek 1978.

Michael Parmentier

Etikettierungsansatz → Sozialisation; → Stigmatisierung; → Verwahrlosung

Evaluation

Definition. Der Begriff Evaluation stellt eine präzisierende Neubildung für die früher «amtlich» gebrauchten Ausdrücke der «Begutachtung» und der «Bewährungskontrolle» dar. Er bezeichnet den Beitrag der Forschung bei der Durchführung von Innovationen oder bei der Behebung von Mißständen. Dabei ist auf die Frage, wie denn methodologisch dieser evaluative Beitrag der Wissenschaft für die Praxis aussehen soll, gerade in der Erziehungswissenschaft prinzipiell widersprüchlich reagiert worden. Es lassen sich, verkürzt gesprochen, zwei erkenntnistheoretische Positionen unterscheiden:

Die erste – technische Position – übernimmt im Prinzip das ingenieurwissenschaftliche Regelkreismodell von Planung – Realisation – Kontrolle (vgl. Abbildung 1). Eine solche Evaluation vollzieht sich in der Überprüfung der *Wirksamkeit*, mit der eine Maßnahme (Innovation) ihre selbstgesetzten Ziele tatsächlich erreicht. «Die zielbezogene Verwertung ihrer Erkenntnisse» (STRAKA/STRITTMATTER 1978, S. 100) zielt darauf ab, Argumente für oder gegen die *Übertragbarkeit* einer innovativen Maßnahme auf das Gesamtsystem (Regelsystem) zu liefern. Insofern umfaßt sie folgende wesentliche Erkenntnistätigkeiten:

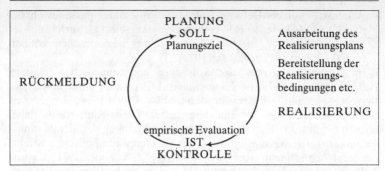

Abbildung 1: Regelkreis von Planung, Realisierung und Kontrolle
(Quelle: STRAKA/STRITTMATTER 1978, S. 101)

Identifizierung und Operationalisierung der Zwecke (Projektziele), Qualitätskontrolle (im Projektablauf), Bewährungskontrolle (am Produkt der innovativen Maßnahme).

Von der zweiten – praktischen – Grundposition würde dieser Art erziehungswissenschaftlicher Kontrolle das Prädikat «good piece of research, but bad piece of evaluation» (MACDONALD 1974, S. 102) zuerkannt werden. Denn nach ihr induziert der Evaluator einen gravierenden erkenntnis- und handlungstheoretischen Fehlschluß, wenn er umstandslos mit der Wirksamkeit einer pädagogischen Innovation ihren Wert und ihre Geltung unterstellt. Nach dieser Position hat ein Evaluator nicht nur zur Aufgabe, die Wirkung eines →Projekts (oder einer Reform) zu bestimmen, sondern auch darüber hinaus den →Wert der mit diesem Projekt verknüpften Ziele und Normen so weit wie möglich kritisch-rational zu überprüfen. Diese Art der Evaluation vollzieht sich in der Prüfung der *Verallgemeinerungsfähigkeit*, mit der etwa ein Modellversuch in bezug auf soziale Interessenlagen und gesellschaftliche Verhältnisse praktische Normen beinhaltet, die gerechtfertigt sind und verbreitet werden können. Sie zielt also darauf ab, Argumente für oder gegen die allgemeine Geltung einer pädagogischen →Reform gegenüber nur partikularen Interessen und Verhältnissen zu liefern. Insofern umfaßt sie folgende Erkenntnistätigkeiten:

- ideologiekritische Bedingungsanalyse der Interessen- und Ressourcenlage, die sich in den Projektnormen mehr oder weniger niederschlägt.
- kritisch-konstruktive Entscheidungshilfe bei der Realisierung und Weiterhilfe des Projekts,

570 Evaluation

– Rekonstruktion der Geltung, welche die Projektergebnisse sowohl für partikulare Weiterentwicklungen des Projekts selbst als auch für generelle Problemlösungen des Bildungssystems beanspruchen können (vgl. GRUSCHKA 1976, KORDES 1979).

Im Gegensatz zu den angelsächsischen und romanischen Ländern (vgl. GRONLUND 1971, DE LANDSHEERE 1979) waren unter den Erziehungswissenschaftlern der Bundesrepublik Deutschland lange Zeit beide Positionen weit auseinandergedriftet. Diese Kluft wurde dabei ebenso begünstigt durch die weitverbreitete Meinung der «Evaluationstechniker», eine Wertbestimmung, wie sie die zweite Position anstrebt, sei empirisch-rational nicht begründbar (vgl. BREZINKA 1971, KRUMM 1975, NIEDERMANN 1977, WEISS 1972), wie durch das Stereotyp der «kritischen Evaluatoren», nach der die einfache Wirkungskontrolle ein um echte Forschung verbilligtes, hinsichtlich der Gültigkeit ihrer Erkenntnisse zweifelhaftes und ansonsten dem ideologischen Verblendungszusammenhang der jeweils vorherrschenden gesellschaftlich-historischen Praxis hilflos und unkritisch ausgeliefertes Unternehmen darstelle (vgl. GRUSCHKA u. a. 1975). Sowohl die praktische Evaluationsarbeit «an der Basis» als auch die Fortschritte in der wissenschaftstheoretischen Diskussion begünstigen jedoch heute aussichtsreiche Versuche einer methodischen Synthese.

Methodische Verfahrensregeln. Es besteht weitgehend Übereinstimmung darüber, daß Evaluationsforschung einen «klaren Paradigmenwechsel» (FEND 1977, S. 67) wissenschaftlicher Forschung markiert, ohne aber bereits anerkannte Paradigmen erzeugt zu haben (vgl. GRUSCHKA 1976, S. 137ff; vgl. KORDES 1983a). Dennoch lassen sich einige methodische Verfahrensregeln angeben, entlang deren eine wissenschaftlich begründete Evaluation geplant und durchgeführt werden sollte, insbesondere dann, wenn sie wirklich Evaluation und nicht bloß Kontrolle oder eine Form angewandter Sozialwissenschaft sein will.

Erste Regel: Evaluation gewinnt ihre Theorien und Hypothesen nicht vorrangig aus dem Kontext (erziehungs-)wissenschaftlicher Erkenntnisziele, sondern aus den Wert- und Zielsetzungen des zu untersuchenden Projekts.

Wenn keine Forschung ausschließlich wissenschaftlichen Selbstzwekken genügt, so die «evaluative Forschung» (vgl. SUCHMAN 1967) am wenigsten. Denn auf sie rekurriert die Praxis mit der konkreten Erwartung, Auskunft darüber zu bekommen, wie erfolgreich und legitim ihre Ziele und Maßnahmen tatsächlich sind. Das klassisch-technische Vorgehen der Evaluationsforschung bestand daher zunächst darin, die Ziele zu identifizieren, die ein Projekt erreichen will, und den Plan zu erfassen, über den die Ziele erreicht werden sollen (vgl. LINDVALL/COX 1970). Die Validierung der so fixierten Zweck-Mittel-Relationen erfolgte dann bestenfalls über Zielmatrixanalysen, denen Ziel-Hearings oder Zieldiskussionen vorausgehen und folgen können (vgl. KORDES 1976, S. 227 ff). Ohne weitere Regeln würde der Evaluator nun jedoch in ein unauflösliches Dilemma schlittern: Folgt er umstandslos (und lediglich präzisierend und validierend) den Interessen der Projektplaner, macht er seine Evaluationstätigkeit zu einer unkritischen praktizistischen Instanz, die das vorab Festgelegte nachträglich zu rechtfertigen und durchzusetzen hilft. Weder überprüft er die Bedeutung, welche diese manifesten Ziele gegenüber den heimlichen, den Projektalltag unterschwellig bestimmenden Normstrukturen haben (wie es die «zielfreie Evaluation» versucht), noch überprüft er überhaupt Rechtfertigungsfähigkeit und Begründung der mit dem Projekt verbundenen Normen.

Zweite Regel: Evaluation besteht nicht einfach nur aus der Kontrolle, sondern aus der Rekonstruktion ihres konstitutiven Projektzusammenhangs.

Mit pädagogischer Evaluation ist immer die Ankoppelung erziehungswissenschaftlicher Erkenntnis an eine mehr oder weniger problematische oder krisenhafte Realität in der Erziehungspraxis gemeint. Daher muß sie die einlinige Relation von Zielen des Handlungssystems und des Wissenschaftssystems kritisch reflektieren. Durch die Praxis ihrer Zielfindung hindurch hat sie das Auftauchen der Nachfrage nach Innovation und Evaluation zu begreifen und ihre verschiedenen gesellschaftlichen Ursachen und Urheber zu identifizieren (vgl. GRUSCHKA 1976, KLEMM/ ROLFF 1977). Hierzu genügt es einer Evaluationstätigkeit nicht mehr, die manifesten Zielsetzungen und Einstellungen zu kontrollieren, sondern die diese erst generierenden Regel-Systeme (Sinn- und Sozialstrukturen) müssen allererst rekonstruiert werden (vgl. GRUSCHKA 1976, KORDES 1983 a). Unterläßt eine Evaluationsforschung solche kritisch-historische Rekonstruktion ihres und des Projektes Konstitutionszusammenhangs, würde sie einem verfehlten normativen Fehlschluß aufsitzen und damit weder glaubwürdig noch wahrheitsfähig sein.

Dritte Regel: Evaluation hat nicht nur den Entstehungszusammenhang eines Projekts zu kontrollieren und zu rekonstruieren, sondern auch Kriterien seiner Bewertung zu begründen.

Auch wenn sich pädagogische Evaluation nicht umstandslos in die normativen Vorgaben ihrer Auftraggeber fügt, muß sie doch Kriterien der Projektbewertung begründet entwickeln, die sowohl genügend nahe den tatsächlichen Zielen und Maßnahmen des Handlungssystems bleiben (sonst könnte sie nicht konstruktiv werden) als auch genügend distanziert und reflektiert sind, um die Voraussetzungen einer in pädagogischer Praxis gültigen, zuverlässigen und objektiven Forschung zu

572 Evaluation

gewährleisten. In der klassischen Evaluationsforschung gewann der Evaluator Kriterien vor allem im Anschluß an zwei Vorgehensweisen der In-
put-Evaluation (vgl. WEISS 1972). In der ersten, der Kosten-Nutzen- beziehungsweise der Aufwand-Ertrag-Evaluation, ermittelt und kodifiziert
der Evaluator akzeptable Ober- und Untergrenzen (Maxima und Minima) der mit angemessenem Aufwand möglichen Effektivität oder
Nützlichkeit eines Projekts. In der Bedürfnis- oder Kompetenz-Evalua-
tion gewinnt der Evaluator Kriterien aus der Einsichtnahme in die Kluft,
welche zwischen einem tatsächlichen Ziel-Zustand und einem erwünschten Zustand oder einem in der Zukunft zwingenden und real möglichen
Zustand besteht. Es gilt hier allerdings zu bedenken, daß – vor aller Pro-
jektdurchführung – die Möglichkeit gering erscheint, die Kriterien absolut eindeutig zu formulieren und von vornherein als allgemeingültige zu
begründen. Daher bietet es sich an, solche konstruktivistisch formulierten Kriterien besser in kritisch-rückfragende Modelle zu transformieren,
also statt lediglich Maxima und Minima zu statuieren, Modelle der Verhinderung oder Unterdrückung erwünschter Effekte zu explizieren. So
schlägt HABERMAS (vgl. 1973, S. 153ff) für die Legitimierung politischer
Entscheidungen ein «Modell der Unterdrückung verallgemeinerungsfä-
higer Interessen» vor, während LORENZER (vgl. 1970a, S. 13) aus seinem
Ansatz sozialwissenschaftlicher Psychoanalyse eine Art «Modell der
Zerstörung bildungsfähiger Identität» postuliert. Allerdings sind diese
Modelle inhaltlich für pädagogische Evaluation kaum anwendbar. Im ersten Fall bezieht sich Habermas auf politische Muster der Gewalt und
Ungleichverteilung, die politische Lösungen und Bewertungsmodelle erfordern, im zweiten Fall thematisiert Lorenzer pathologische und krank-
hafte Handlungsmuster, die ihrerseits therapeutische Lösungen und Bewertungsmodelle nahelegen. Für eine pädagogische Evaluation müssen
aber genuine Kriterienbegriffe für die Evaluation «normaler» Lern- und
Bildungsprozesse herausgearbeitet werden. So orientierten Teile des
Evaluationsprojekts zum Kollegschulversuch ihre Bewertung unter Modelle «der Unterbrechung aktualisierungsfähiger Kompetenzentwicklung», «der Auflösung und Fragmentierung integrierungsfähiger Bil-
dungsstrukturen» und «der vorzeitigen Abschließung bildungsfähiger
Identität» (vgl. KORDES 1979, S. 23ff; vgl. KORDES 1983b, S. 300ff).

*Vierte Regel: Evaluation ist nicht bloß Messung, sondern Messung an
Kriterien.* Wenn im Fall pädagogischer Evaluation der Erziehungsforscher bei Kindern, Jugendlichen oder Erwachsenen, deren Lernwachs-
tum oder -stagnation, deren Kompetenzentwicklung oder -regression,
deren Identitätsbildung oder -diffusion zu messen hat, kann er wohl
nicht nur danebenstehen und zuschauen, wie zwischen dem wünschenswerten und dem tatsächlichen Lernprozeß womöglich die Diskrepanzen
immer größer werden. Vielmehr liegt es jetzt nahe, durch Intervention

und Beratung die Prozesse günstig zu beeinflussen. B. S. BLOOM zieht diese Konsequenz, und zwar nicht nur aus pädagogisch-bildungspolitischen Gründen, sondern auch aus pädagogisch-meßtheoretischen Erwägungen: «To measure [...] is appreciately to change» (BLOOM 1969, S. 41). Die Messung, welche auf Lernzuwachs ausgerichtet ist, erprobt notwendigerweise mit den Lernenden die Möglichkeit, bestimmte kritische Wachstumsschwellen zu überwinden. Oder wie es bei Merwin heißt: Den Lernzuwachs messen heißt «to move a child as far as possible for his maximum potential development» (MERWIN 1969, S. 16; vgl. BLOOM 1970, S. 36).

Fünfte Regel: Evaluationsergebnisse sind nicht allgemeine Meßergebnisse, sondern Aufklärungen über das Verhältnis zwischen erwarteten und tatsächlich erreichten Konsequenzen.

Eine Ergebnispräsentation im evaluativen Sinn soll primär auf folgende Frage eine erste Antwort geben: Wie groß ist die Übereinstimmung (Kongruenz) oder Nicht-Übereinstimmung (Diskrepanz) zwischen den erwarteten und tatsächlich erreichten Ergebnissen? Entsprechend sind die «begründeten Erwartungen» in die Aussageform einer Prognose und die Ergebnisse in die Aussageform einer «Retrognose» zu bringen (vgl. GROEBEN/WESTMEYER 1975, S. 101 ff). Wenn der Evaluator im einzelnen die Gültigkeit der Zusammenhänge zwischen Erwartung und Ergebnis verifiziert hat, ist er somit in der Lage, eine umstandslose Ergebnispräsentation zu vermeiden und statt dessen eine valide Information vorzulegen.

Sechste Regel: Evaluative Ergebnisse bestehen nicht nur aus validen Informationen, sondern darüber hinaus auch aus begründeten Bewertungen.

Die Grenze der validen Information besteht darin, daß sie lediglich Werte über das zu Prognostizierende, nämlich über die tatsächlich erzielten Projektergebnisse vorlegt. Daher garantiert die Validität dieser Informationen keineswegs eine zutreffende Bewertung der Effektivität, Nützlichkeit und Legitimität des Projekts selbst. Diese kann erst in einer umfassenderen Ergebnisinterpretation, in Form begründeter Bewertung erfolgen. Im Zusammenhang der Evaluation von Bildungsgängen im Rahmen des Kollegschulversuchs ist diese mit Hilfe evaluativer Prozeduren vorgenommen worden (vgl. KORDES 1983 b, S. 276 ff): Die erste Prozedur begründeter Bewertung besteht darin, die Effektivität der Bildungsgänge genauer zu erfassen und das Ergebnis dieser Wirkungsanalyse zu einer *technischen Information* über den Zweck-Mittel-Zusammenhang zwischen Bildungsgang und seinen Wirkungen zusammenzufassen.

Das zweite Vorgehen geht einen Schritt weiter, indem es die Bildungsgänge hinsichtlich ihrer Nützlichkeit (zum Teil für verschiedene Gruppen von Betroffenen und Beteiligten) vergleicht und ihre Nutzwertanalyse in eine *pragmatische Information* hierüber überführt. Diese pragmatische Information wird also insbesondere die Wirkung-Nutzen-Relation überprüfen.

In der dritten Prozedur nähert sich die Evaluation schließlich vollends einer Bewertung (und nicht nur einer Bewährungskontrolle) an, indem sie die Effektivitäts- und Nützlichkeitsaussagen sowohl im genetischen (Kompetenzentwicklung und Identitätsbildung) als auch im historischen (Wandlung des Bildungssystems an der Schnittlinie zwischen Schule und Beruf/Studium) Entwicklungszusammenhang der Bildungsgänge reorganisiert und die Legitimität bestimmt, mit der der doppeltqualifizierende Bildungsgang Geltung dafür beanspruchen kann, nicht nur eine reale Möglichkeit, sondern eine für die Zukunft der jugendlichen Schüler und der Oberstufe in dieser Gesellschaft zwingende Möglichkeit darzustellen. Insofern überführt dieses Evaluationsvorgehen die valide Information in eine «begründete Entwicklung» (MITTELSTRASS 1975, S. 145) der differentiellen Bedeutung, welche die Lernorganisation des Bildungsgangs für die Zukunft des Bildungssystems beanspruchen kann oder nicht. Dementsprechend erfolgt die Bewertung in Form von Geltungsaussagen, welche die mit Ergebnissen und Analysen gefüllten Prognosen vervollständigen. Zu beachten ist fernerhin, daß es in dem letzten Schritt dieses Vorgehens, der *praktischen Information*, darum geht, das «Gesetz» kritisch zu evaluieren, unter dem der Wirkungs- und Interaktionszusammenhang zwischen Bildungsgang und Lernprozessen zustande kommt. Der Begriff des Gesetzes ist hier allerdings nicht auf die statische Form nomologischer Aussagen beschränkt; er ist hier weiter zu verstehen im Sinne historisch-genetischer Aussageformen, in denen auch latente Funktionen und generierende Regelsysteme, soweit sie für den aktuellen oder zukünftigen Wirkungszusammenhang zwischen Bildungsgang und Lerner mitverantwortlich sind, rekonstruiert werden.

Siebte Regel: Evaluative Ergebnisse bestehen nicht nur aus validen Informationen und begründeten Bewertungen, sondern auch aus begründeten Empfehlungen.

Empfehlungen können nicht einfach Transformationen der validen Information und der begründeten Bewertung sein. Schon erkenntnislogisch ist dies nicht möglich, da der Erziehungsforscher und die Praktiker oft nur negativ die Hintergründe für den Mißstand oder Mißerfolg, nicht aber schon von vornherein Effektivität, Nützlichkeit und Legitimität einer neuen alternativen Maßnahme kennen können. Insofern handelt es sich bei diesen Empfehlungen um praktische oder handlungsorientierte Prognosen, also um Erwartungen, die teilweise empirisch (als Existenzhypothesen oder als historisch-genetische Hypothesen) erwiesen, teilweise diskursiv (als technische, praktische, pragmatische) begründet sind. Auf diese Begründungsfähigkeit und -bedürftigkeit der Handlungsorientierungen, soweit sie aus der Evaluationsuntersuchung resultieren, muß der Evaluationsforscher ausdrücklich hinweisen.

Man würde jedoch die Eigenart solcher pädagogischen und bildungspolitischen Prognosen mißverstehen, würde man von ihnen Patentrezepte oder Faustregeln erwarten. Das Ziel pädagogisch-evaluativer Empfehlungen muß daher vor allem darin liegen, aufzuzeigen, wo pädagogische Projekte in wichtigen und kritischen Punkten offen sind und wo für die Beteiligten und Betroffenen Spielräume liegen, die sie zur Behebung von Mißständen und zur Vertiefung ihrer Bildungsprozesse nutzen können. Allerdings enthalten auch und gerade solche Empfehlungen die neuerliche Gefahr in sich, «Schaufenstereffekte» zu erzielen. Wegen der Sprache, in der sie ausgedrückt werden, und aufgrund ihrer Komplexität könnten sie den Praktikern gleichzeitig ersehnenswert und uneinlösbar erscheinen. Um diesem Risiko zu entgehen, sollten Empfehlungen in einer Reihe von Einzelmaßnahmen aufgelistet werden, die bestimmte einzelne Schwierigkeiten mit angebbarer Sicherheit beheben könnten. Gleichzeitig ist jedoch anzumerken, daß solche isoliert eingesetzten Maßnahmen in der Regel die Eigenart haben, einen Mangel zu beheben, dadurch jedoch vielleicht gleichzeitig einen anderen zu verschärfen. Daher sollte eine zusammenhängende Empfehlung gegeben werden, die zunächst auf die *zweckrationale Optimierung* eines Projekts abhebt, also auf die Aufhebung von Mißständen einer Lernorganisation und die Vermehrung ihrer Wirksamkeit und Nützlichkeit. Dabei geht dieses Optimierungsmodell davon aus, daß die aktuell vorherrschenden Rahmenbedingungen im wesentlichen nicht verändert werden können und die Maßnahmen sich auf das Ziel beschränken, ein Gleichgewicht wiederherzustellen, welches aktuell und partiell gestört erscheint. Danach müßte die Empfehlung aber in einem weiteren Modell weitergehende Perspektiven aufzeigen. In diesem hebt die Evaluation auf die *Legitimierung* des Projekts ab, also auf die Frage, inwieweit mit ihm den grundlegenden individuellen und gesellschaftlichen Krisen begegnet werden kann. Ein solches Modell verbleibt dann selbstverständlich nicht mehr nur in den unter den augenblicklichen Rahmenbedingungen gesetzten Grenzen, sondern sucht Stellen zu identifizieren, wo möglicher-, sinnvoller- und notwendigerweise für Schule und Bildungsgang «neue Grenzen» gezogen werden sollten (vgl. KORDES 1983 b).

Achte Regel: Evaluative Handlungsorientierungen können nicht nur abstrakt empfohlen, sondern müssen in methodischer Weise implementiert werden.

Mit der Übermittlung valider Information und begründeter Empfehlung ist die Evaluation nicht beendet. Denn Gültigkeit, Rechtfertigungsfähigkeit und Begründbarkeit mögen im Kontext des Wissenschafts-

576 Evaluation

systems möglich sein, im Kontext des Handlungssystems, genauer: des bildungspolitischen Kräftemessens und psychosozialen Stresses, sind sie, für sich genommen, eine Illusion. Die sukzessive Veröffentlichung der Daten zum Gesamtschulvergleich (vgl. FEND 1979) «diente letztlich überwiegend ihrer standpunkt- und interessenbezogenen Verwertung durch Parteien und Verbände» (KORDES 1983a, S. 289). Aus diesem Grund ist es notwendig, daß der Evaluator die aus seinen Ergebnissen gewonnenen Informationen, Bewertungen und Empfehlungen selbst implementiert und seinen Auftraggebern (insbesondere den Kultus- und Sozialministerien) mindestens die Interpretation der Ergebnisse vorschreibt. Wichtiger ist aber, die Ergebnisübermittlung zu diskursiven Verständigungs- und Entscheidungsprozessen mit Betroffenen, Beteiligten und Interessierten zu nutzen.

BLOOM, B. S.: Some Theoretical Issues Relating to Educational Evaluation. In: Tyler, R. W./Richey, H.G. (Hg.): Educational Evaluation, Chicago 1969, S. 26ff. BLOOM, B. S.: Toward a Theory of Testing which Includes Measurement-Evaluation-Assessment. In: Wittrock, M. C./Wiley, D. E. (Hg.): The Evaluation of Instruction, New York/Chicago 1970, S. 25ff. BREZINKA, W.: Von der Pädagogik zur Erziehungswissenschaft, Weinheim/Basel 1971. EIGLER, G. u. a.: Wissenschaftliche Begleituntersuchungen an Modellschulen. Bildung in neuer Sicht, Reihe A, Nr. 23, Villingen 1971. FEND, H.: Wissenschaftssoziologische Perspektiven für eine Analyse der Begleitforschung im Rahmen von Modellversuchen im Bildungswesen. In: Mitter, W./Weishaupt, H. (Hg.): Ansätze zur Analyse der wissenschaftlichen Begleitung bildungspolitischer Innovationen, Weinheim/Basel 1977, S. 48ff. FEND, H. (Hg.): Arbeitsmaterialien und Berichte zur Sekundarstufe I, Bde. 4–9, Paderborn u. a. 1979. GROEBEN, N./WESTMEYER, H.: Kriterien psychologischer Forschung, München 1975. GRONLUND, N. E.: Measurement and Evaluation in Teaching, New York/London [2]1971. GRUSCHKA, A. (Hg.): Ein Schulversuch wird überprüft, Kronberg 1976. GRUSCHKA, A. u. a.: Bestimmung eines Evaluationsdesigns für die integrierte Sekundarstufe II. In: Frey, K. u. a. (Hg.): Curriculum-Handbuch, Bd. 2, München/Zürich 1975, S. 701ff. HABERMAS, J.: Zur Logik von Legitimationsproblemen. In: Habermas, J.: Legitimationsprobleme im Spätkapitalismus, Frankfurt/M. 1973, S. 131ff. KLEMM, K./ROLFF, H.-G.: Zur Dynamik der Schulentwicklung. In: Z. f. P. 23 (1977), S. 551ff. KORDES, H.: Curriculumevaluation im Umfeld abhängiger Gesellschaften – Quasiexperimentelle Felduntersuchung zur Ruralisierung eines Schulversuchs der Grunderziehung in Dahomey/Benin (Westafrika) mit ausführlicher Einführung in die Methode kriterienorientierter Evaluation, Saarbrücken 1976. KORDES, H.: Measurement and Educational Evaluation. Plea for an Action Research Concept of Measurement Illustrated by an Evaluation of Educative Processes in Foreign and Native Languages. In: Stud. in E. Eval. 4 (1978), S. 163ff. KORDES, H.: Vier methodische Vorschläge für die Evaluation von Bildungsgängen. Wissenschaftliche Begleitung Kollegstufe NW, Münster 1979. KORDES, H.: Evaluation in Curriculumprozessen. In: Hameyer, U. u. a. (Hg.): Handbuch der Curriculumforschung, Weinheim/Basel 1983, S. 267ff (1983a). KORDES, H.: Evaluation individueller und schulischer Bildungsgänge: Wirkungs-, Nutzwert- und Legitimationsanalyse. Wissenschaftliche Begleitung Kollegstufe NW, Münster 1983b. KRUMM, V.: Evaluation des Zusammenhanges von Lehrplan und Unterricht. In: Frey, K. u. a. (Hg.): Curriculum-Handbuch, Bd. 2, München/Zürich 1975, S. 653ff. LANDSHEERE,

Evaluation 577

G. DE: Dictionnaire de l'Evaluation et de la Recherche Education, Paris 1979. LIND-VALL, C. M./Cox, R. C.: Evaluation as a Tool in Curriculum Development. The IPI Evaluation Program, American Educational Research Association Monograph Series on Curriculum Evaluation, Nr. 5, Chicago 1970. LORENZER, A.: Zur Begründung einer materialistischen Sozialisationstheorie, Frankfurt/M. 1970a. LORENZER, A.: Sprachzerstörung und Rekonstruktion. Vorarbeiten zu einer Metatheorie der Psychoanalyse, Frankfurt/M. 1970b. MACDONALD, B.: Evaluation and the Control of Education. In: Schools Council: Evaluation in Curriculum Development: The State of the Art, Mimeo, o. O. 1974, S. 102ff. MERWIN, I. C.: Historical Review of Changing Concepts of Evaluation. In: Tyler, R. W./Richey, H. G. (Hg.): Educational Evaluation, Chicago 1969, S. 6ff. MITTELSTRASS, J.: Über Interessen. In: Mittelstrass, J. (Hg.): Methodologische Probleme einer normativ-kritischen Gesellschaftstheorie, Frankfurt/M. 1975, S. 126ff. MUSTO, S. A.: Evaluierung sozialer Entwicklungsprojekte, Berlin 1972. NIEDERMANN, A.: Formative Evaluation, Weinheim/Basel 1977. STRAKA, G. A./STRITT-MATTER, P.: Wissenschaftliche Begleitung – Probleme der Forschung. In: Uw. 6 (1978), S. 100ff. SUCHMAN, E.: Evaluative Research, New York 1967. WEISS, M.: Effizienz im Bildungswesen, Weinheim/Basel 1972.

Hagen Kordes

Examen → Prüfung
Experiment → Forschungsmethode

Face-to-face-Kommunikation → Kommunikation

Fach – Fächerkanon

Die gesellschaftliche Bedeutung des Fächerkanons. Bildungsvorstellungen einer historischen Epoche über Umfang, Struktur und Einheit (System) des an die aufwachsende Generation zu vermittelnden Wissens materialisieren sich im Fächerkanon des jeweiligen Bildungssystems. Von DURKHEIM (1977, S. 22) stammt die Aussage, daß der – in Fächern organisierte – → Unterricht eine «Kurzfassung der intellektuellen Kultur der Erwachsenen» sei. Durkheim gibt damit das Stichwort für die Interpretation der Systematisierung und Hierarchisierung von Wissen in Unterrichts- und Schulfächern: Seit den Anfängen des abendländischen Bildungsdenkens ist die hierarchische Anordnung des Lernstoffs als Mittel der intellektuellen *und* sozialen Organisation der gesellschaftlichen Wissensaneignung beschreibbar. *Fächer*, so kann in einer ersten Definition formuliert werden, *sind Ordnungsschemata für die sozial geregelte Aneignung von Wissen*. Sie vermitteln also zwischen der Fülle vorhandenen Wissens und seiner Anwendung in den gesellschaftlichen Praxisbereichen. In ihrer Vermittlungsfunktion sind sie selbst das Resultat historischer und sozialer Vermittlungsprozesse. Insofern dient ihre Kanonbildung auch – neben der inhaltlichen Vereinheitlichung gemäß dem zugrundeliegenden Bildungsprinzip – der *Steuerung sozialer Selektionsprozesse* (→ Selektion), wie dies etwa in der Unterscheidung von allgemein- und berufsbildenden Fächern deutlich wird (→ Allgemeinbildung – Berufsbildung).

Die Fächerarchitektonik, die im fünften bis dritten vorchristlichen Jahrhundert, im sogenannten pädagogischen Zeitalter Griechenlands, zur Zeit des Sokrates, Platon und Aristoteles entstand, enthielt sowohl wissenschaftlich-inhaltsbezogene als auch soziale Ordnungsgesichtspunkte; die damals entstandene *Enkýklios paideía* mit Grammatik, Rhetorik, Dialektik, Arithmetik, Geometrie, Astronomie, Musiktheorie und Gymnastik stellte einen geschlossenen Kreis («kyklos») von Fächern dar, dessen Studium als allgemeine Voraussetzung für die Zugehö-

rigkeit zum «Kreis der Gebildeten» im Staatswesen zwingend vorge-
schrieben war (vgl. DOLCH 1982, S. 25, S. 56; vgl. MEISTER 1947,
S. 145 f). Die in den ersten Anfängen der Fächergruppierung bereits auf-
findbare Intention einer engen Verknüpfung von intellektuellen und sozialen Funktionen, die unter anderem auch durch die Relationierung der
Fächer gewährleistet werden soll, ist keineswegs immer ein Akt bewußter, also reflektierter und begriffener Entscheidung (vgl. BOURDIEU
1982, S. 48 ff, S. 122, S. 162 ff), sondern Teil einer kulturellen Praxis, die
soziale Unterschiede nicht zuletzt auch dadurch produziert, daß bestimmten kulturellen und wissenschaftlichen Inhalten im Schulsystem
die höchste, anderen die geringste soziale Anerkennung zuteil wird. Seit
den Anfängen schulisch organisierter Bildungsprozesse stellt die Kanonbildung als konstruiertes Wissensgefüge das klassifikationsrelevanteste
Organisationsprinzip dar (vgl. DURKHEIM 1977, S. 257); seine Klassifika-
tionswirksamkeit, das heißt die allgemeine gesellschaftliche Akzeptanz
dieser rangspezifischen inhaltlichen Gliederung, wird dadurch gesichert,
daß diese Inhaltshierarchisierung ihrerseits aus objektivierten Klassifi-
zierungssystemen, nämlich aus gesellschaftlich-kulturellen Hierarchien
erwachsen ist (vgl. BERNSTEIN 1975; vgl. BOURDIEU 1982, S. 48, S. 52,
S. 122, S. 204, S. 605; vgl. HOPF 1984). Die unangefochtene Gültigkeit
einer Fächerklassifikation im Schulsystem deutet auf den Grad der erreichten sozialen →Integration einer Gesellschaft hin. Ist aber die Gefahr einer Desintegration der Gesellschaft gegeben, wenn zwischen den
verschiedenen Zonen der kulturellen Aktivitäten (wie der künstlerischen, politischen, wissenschaftlichen, philosophischen und religiösen)
große Differenzen entstanden sind (vgl. BOURDIEU 1975, S. 197), so wird
die in Fächern verortete und durch die Vermittlungsinstanz der jeweils
herrschenden intellektuellen →Kultur gesicherte allgemeine Bildung
gerade wegen ihrer scheinbar überzeitlichen und jenseits sozialer Gruppierungen formulierbaren Gültigkeit zu einem wichtigen Stabilisierungs-
faktor (vgl. BLANKERTZ 1982, S. 14); der Fächerkanon wird zum Dokument der Legitimität symbolischer Gewalt (vgl. BOURDIEU/PASSERON
1973, S. 71 ff).

Die in Fächern organisierte Wissenstradierung hat es in mehrfacher
Hinsicht mit *Differenzen* zu tun: mit der Differenz zwischen der «Einheit» des Wissens und seiner Gliederung in Disziplinen, Gegenstände
und →Methoden; mit der Differenz zwischen dem in Disziplinen gefächerten Wissen insgesamt und dem Substrat derselben in Schulfächern,
die weder *alle* Wissenschaften im Schulfächerspektrum repräsentieren
noch deren Inhalte, falls sie repräsentiert sind, *vollständig* und im Sinne
der Fachdisziplin für die Vermittlungsprozesse bereitstellen. Es gilt also
zu beachten, daß einerseits alle Schulfächer ihre Entsprechung in einer
wissenschaftlichen Disziplin finden (so die Heimatkunde oder der Sach-

580   Fach – Fächerkanon

unterricht) und daß andererseits Schulfächer (wie Deutsch, Mathematik, Fremdsprachen oder Geographie) auf die Etablierung und Entwicklung der Fachwissenschaften an Hochschulen und Universitäten einen entscheidenden Einfluß genommen haben (für die Mathematik vgl. INSTITUT FÜR DIDAKTIK DER MATHEMATIK DER UNIVERSITÄT BIELEFELD [IDM] 1982, S. 1ff; für die Geographie vgl. HARD 1983, S. 533; vgl. SCHRAND 1983, S. 75ff; für die Technik vgl. BLANKERTZ 1969, S. 90).

In ähnlicher Weise wie die Differenz zwischen wissenschaftlichem Wissen und Schulwissen auf Transformationsprozesse zwischen unterschiedlichen Wissensformen verweist, die aufgrund der schulinstitutionellen Rahmenbedingungen sowie aus Gründen pädagogischer Intentionalität erforderlich sind, muß die Differenz zwischen schulischem Wissen und Alltagswissen als Transformationsproblem aufgefaßt werden, wenn wissenschaftlicher Unterricht auch für die Bewältigung von Lebenssituationen qualifizieren soll (zur Diskussion um den «heimlichen Lehrplan» → Lehrplan, heimlicher; vgl. BÖHME/v. ENGELHARDT 1979, S. 87ff, S. 124ff; vgl. HÖHN 1980; vgl. RUMPF 1981, S. 121ff; vgl. THIEMANN 1980; vgl. WEINGART 1976, S. 205ff; vgl. ZINNECKER 1975). Diese Differenz zwischen außerschulischem und schulischem Wissen berührt auch das Problem der Wissenschafts- und Schulpolitik der Professionen (vgl. JARAUSCH 1983, S. 306ff).

Auf die Bedeutung einer starken oder schwachen Grenzziehung (Klassifikation) zwischen den Fächern für die Bildung professioneller Identität hat BERNSTEIN (vgl. 1975, S. 47ff; vgl. 1977, S. 125ff) mit seinem Hinweis auf das «entscheidende Paradoxon» der Habitusbildung der Professionen aufmerksam gemacht (zum Habitusbegriff vgl. BOURDIEU 1982, BOURDIEU u. a. 1981, WINDOLF 1981). Dieses Paradoxon besagt, daß eine *strenge Grenzziehung* («Sammlungscode») zwischen den Inhalten und Arbeitsmethoden einzelner Fächer eines Bildungssystems bei den Absolventen einen Habitus *«organischer Solidarität»* erzeuge, der in einer starken Ausbildung der Fachidentität und -loyalität seinen Ausdruck finde. Die stillschweigend vorausgesetzte, nicht explizit gemachte ideologische Basis der Sammlungscodes verberge hingegen die Struktur einer «mechanischen Solidarität». Genau entgegengesetzt verlaufe dieser Prozeß der Identitätsbildung im Falle einer *schwachen* (das heißt durch eine → Integration der Inhalte, Fragestellungen und Arbeitsmethoden gekennzeichneten) *Grenzziehung* («integrierter Code») zwischen den Fächern: Die explizite und ausgewiesene ideologische Basis integrierter Codes, die eine offene und organische Solidarität voraussetze, erzeuge jedoch aufgrund der geringeren Spezialisierung der Absolventen weniger Fachidentität und somit *«mechanische Solidarität»* (BERNSTEIN 1977, S. 155).

Das von Bernstein entdeckte Paradoxon, das auf generelle Wirkungs-

Fach – Fächerkanon   581

weisen von Fächerrelationen aufmerksam macht, nimmt den Bezug zur sozialen Organisation des «Output» von Bildungssystemen konstitutiv auf und findet damit den Anschluß an Durkheims Begriff der intellektuellen Kultur (vgl. APPLE 1978, CHERKAOUI 1977; vgl. YOUNG 1975, S. 26 f). Im Anschluß an Bernsteins Analyse des Zusammenhangs von schulischem Wissen und sozialer Kontrolle können all jene theoretischen und praktischen Ansätze, starre Fächergrenzen tendenziell aufzulösen und Fächerhierarchisierungen abzuschwächen, wie sie seit der →Reformpädagogik mit dem Gesamtunterricht, der Projektmethode, dem Exemplarischen, der Arbeit in Erfahrungseinheiten, Lernbereichen oder Aufgabenfeldern vorgeschlagen worden sind, zugleich als Versuche interpretiert werden, Veränderungen in der Wissensstruktur sowie sozialen Wandel und eine Auflösung der engen Kopplung von Sozialstruktur und schulischem Berechtigungswesen zu erreichen (vgl. BERNSTEIN 1977, S. 157).

Historische Kontinuität und Entwicklung. Betrachtet man den «Lehrplan des Abendlandes» (DOLCH 1982), analysiert man also die Fächerkonstellation über zwei Jahrtausende hinweg, so beeindruckt – bei allen Differenzierungen und Schwerpunktverlagerungen im Detail – dennoch die historische Beständigkeit dieses →Lehrplans. Entgegen dem oft geäußerten Selbstverständnis der Reformer vergangener Jahrhunderte ist – insbesondere im Bereich der Gymnasialbildung – eine inzwischen nahezu zweitausendjährige Kontinuität grundlegender Strukturen des abendländischen Lehrplans zu konstatieren. Diese Beharrungstendenz, die sich ungeachtet aller politischen und ökonomischen Revolutionen zeigt, deutet zum einen auf die objektive Seite der Gültigkeit von Wissensstrukturen, zum anderen auf ein – ebenfalls objektiv gegebenes – gesellschaftliches Interesse an der Erhaltung eben dieser grundlegenden Strukturen im Bildungssystem.

Die Fächerbildung setzte zunächst im Bereich der «gelehrten Bildung» ein (vgl. DURKHEIM 1977, PAULSEN 1919/1921), war also auf die Ausbildung der intellektuellen und politischen Eliten ausgerichtet, während die Fächergliederung im Volksschulwesen erst im 17. Jahrhundert im Zuge der Aufnahme realistischer Bildungsinhalte entstand (Gothaer Schulmethodus von 1642). So verweist schon die historische Genese auf die Nachordnung der Ausbildung praktisch-technischer Qualifikationen gegenüber «humanistisch-wissenschaftlichen» Ausbildungsinhalten und Qualifikationen (vgl. DOLCH 1982, S. 293 f; vgl. FLITNER 1949, LESCHINSKY/ROEDER 1983, SCHENK 1984, SPRANGER 1949).

Mit der Übertragung des griechischen Lehrplangefüges in das Bildungswesen des Römischen Reichs konstituierten sich die *septem artes liberales* (die Sieben Freien Künste) als ein allgemeinbildender Fächer-

582   Fach – Fächerkanon

zusammenhang, der zwischen Elementarbildung und Philosophie unter dem Anspruch der «Humanität» (Cicero) das damals verfügbare Wissen didaktisch organisierte (vgl. DOLCH 1982, S. 59 ff). Die *septem artes liberales*, für die Geistesbildung der «Freien» im Staatswesen gedacht, wurden nach der Übernahme vom frühen Christentum (Cassiodorus 490–583) im Bildungswesen des Mittelalters zu einer festen Einrichtung (vgl. DURKHEIM 1977, S. 47 f); sie bildeten bis zur Renaissance und zum Humanismus die Grundlage des gelehrten Unterrichts. Im Mittelalter wurden sie durch die Unterordnung unter die Theologie und ihre Auffüllung mit biblischen Stoffen inhaltlich miteinander verbunden und dienten vor allem der allgemeinen Grundbildung theologischer Gelehrter (vgl. BLANKERTZ 1982, S. 14 ff).

Die Zweiteilung der *septem artes* in das *trivium* mit Grammatik, Rhetorik, Dialektik – auch artes serminocales oder logica, später Humaniora genannt – und in das *quadrivium* mit Geometrie, Arithmetik, Astronomie, Musik – auch artes reales oder physica genannt – ist nicht zufälliger Natur, sondern drückt ein Prinzip der Gewichtung aus, das die gesamte Geschichte der Fächerentwicklung durchzieht: Das trivium zielte auf sprachliche, auf den menschlichen Geist und somit auf die Haltung und die allgemeine *formale* Bildung des Intellekts bezogene Belehrung, während das quadrivium wesentlich Kenntnisse über die äußeren Dinge der Natur, die Gesetze der Zahl, des Raumes, der Gestirne sowie der Töne vermitteln und somit *material* bilden und den Geist inhaltlich bereichern sollte (vgl. DURKHEIM 1977, S. 256 ff). Die bildungstheoretische begriffliche Unterscheidung von formaler und materialer Bildung ist jedoch erst jüngeren Datums (vgl. SCHWENK/V. POGRELL 1986).

Für das *karolingische Zeitalter* (8. bis 11. Jahrhundert) war eine Vorrangstellung des eher auf formale Bildung bezogenen trivium charakteristisch; es wird von DURKHEIM (vgl. 1977, S. 47 ff, S. 256 ff) auch als Zeitalter der «grammatischen Kultur» im Sinne eines an den Schulen vorherrschenden *grammatischen Formalismus* gekennzeichnet. Die Grammatik galt als Hauptfach der Kloster-, Dom- und Stiftsschulen, war Gegenstand elementarer Grundbildung in lateinischer Sprache, während das quadrivium als zusätzlicher Lernstoff einigen wenigen zuteil wurde. Das Zeitalter der Grammatik wurde abgelöst vom *scholastischen Zeitalter* (12. bis 14. Jahrhundert), in welchem die Fächer Dialektik und Rhetorik in den Vordergrund rückten (dialektischer Formalismus). Es war das Zeitalter der Universitätsgründungen, deren Einteilung in *Fakultäten* das Ergebnis einer fächerspezifischen Differenzierung in der zuvor existierenden Gemeinschaft gelehrter Personen aller Fächer war. Die drei Fakultäten der Theologie, des Rechts und der Medizin waren gewissermaßen «Fachschulen» und professionsorientiert, die ihnen im Studiengang vorgeordnete Fakultät der Künste (also der «artes»)

Fach – Fächerkanon 583

übernahm jene allgemeinbildenden Aufgaben, die vordem die Kloster-, Dom- und Lateinschulen wahrgenommen hatten. Die hierarchische Differenzierung der Fakultäten und die Eingliederung der septem artes in die propädeutisch bildende artistische Fakultät führte dann bereits im Spätmittelalter zur allmählichen Auflösung der septem artes als eines geschlossenen Fächersystems, auch wenn die Betonung der formalsprachlichen Bildung im trivium Nachwirkungen bis in die gegenwärtige Gestaltung des Gymnasialkanons zeigt.

Das nachfolgende *humanistische Zeitalter* (16.–18. Jahrhundert) führte mit seiner intellektuellen Kultur und seiner Betonung der Gelehrsamkeit und höfischen Zivilisation zur Herausbildung eines universalistischen, kosmopolitischen Habitus. Ein – unter anderem durch Erasmus von Rotterdam (1466–1536) geförderter – *literarischer Formalismus* löste den dialektischen ab (vgl. DURKHEIM 1977, S. 188): Der «humanistische» Lehrplan entstand, in dem das Griechische dem trivium hinzugefügt und die Unterordnung der Realien unter die verbalen Studien durchgesetzt wurde. Das Lateinische wurde nun als tote Sprache gelehrt, die als Vorbild den Geist der Lebenden bilden sollte, obwohl sie als Mittel allgemeiner gelehrter Verständigung an Bedeutung verlor.

Die mit der Verbreitung des Buchdrucks einhergehende Veränderung der Organisation gelehrter Bildung und der wachsende Anteil der in den Nationalsprachen, auch in Deutsch, gedruckten Bücher veränderte im 16. und im 17. Jahrhundert die humanistische Fächerordnung («ordo docendi»), die vor allem auf den beiden alten Sprachen aufbaute, nicht etwa dahin gehend, daß nun Deutsch als selbständiges Fach im höheren Schulwesen etabliert wurde (vgl. DOLCH 1982, S. 196ff). Statt dessen wurde unter dem Einfluß von Reformation und Gegenreformation Religion als im Lehrplan ausgegrenztes Schulfach erstmalig durchgesetzt. Die durch Renaissance, Humanismus und Reformation entstandene neue geistig-kulturelle Situation führte zur Entwicklung eines neuen Fächergefüges mit Religion, alten Sprachen und Elementen aus trivium und quadrivium, das vor allem durch das Fehlen der sogenannten Realien gekennzeichnet war. Die während dieser Epoche entstehende Volksschule war demgegenüber deutschsprachig: Religion, Lesen, Schreiben, Singen und Rechnen waren die Kernfächer des Lehrplans (vgl. DOLCH 1982, S. 216ff). Die letzte historische Etappe, in der es zu einer grundlegenden Erneuerung der Fächerproportionen kommt, wird von Durkheim als *realistisches Zeitalter* bezeichnet, das durch die Französische Revolution eingeleitet wurde und bis heute Bestand hat (vgl. DURKHEIM 1977, S. 255; vgl. LESCHINSKY/ROEDER 1983). Entscheidend für die Gestaltung des Fächerkanons ist die Hinwendung zur Natur und die Aufnahme realistischer Inhalte sowie wissenschaftlicher und historischer Fächer – eine Entwicklung, die durch das enzyklopädisch-aufklä-

584 Fach – Fächerkanon

rerische Wissenschaftsverständnis eines Bacon (1561–1626), Ratke (1571–1635) und Comenius (1592–1670) vorbereitet wurde und sich als Kampf zwischen Humanismus und Realismus bis in das 20. Jahrhundert hinein fortsetzt. Die spezifisch deutsche Ausformung dieses Widerstreits ist der Formalismus des → Neuhumanismus mit seiner Betonung einer historisch-philosophischen Kultur (v. Humboldt 1767–1835), der die Differenz zwischen den formal bildenden Fächern wie Sprachen und Mathematik und den material bildenden Sachfächern zu der bildungstheoretisch begründeten, schulpolitisch folgenreichen Unterscheidung von Allgemein- und Berufsbildung weiterentwickelte (vgl. BLANKERTZ 1963; vgl. BLANKERTZ 1982, S. 89 ff). Der von J. Schulze im Jahr 1837 durchgesetzte Fächerkanon für das Gymnasium mit Deutsch, Latein, Griechisch, Religionslehre, Philosophischer → Propädeutik, Mathematik, Physik, Naturbeschreibung, Geschichte, Geographie, Schreiben, Zeichnen und Singen führte zur Klassifizierung in Haupt- und Nebenfächer und sicherte den Vorrang des sprachlich-mathematischen, also des formalbildenden Bereichs.

Diese Tendenz hat sich bis heute erhalten (vgl. HAARMANN 1971). Dennoch ist auch bereits für das 19. Jahrhundert unübersehbar, daß im Zuge der Wissenschaftsentwicklung und der damit verbundenen Ausweitung des Fächerspektrums und -volumens vor allem die Naturwissenschaften einen auch für die Schulen bedeutsamen Aufschwung erfuhren (erste naturwissenschaftliche Seminare an Universitäten seit 1825, Naturwissenschaft als Prüfungsfach für Gymnasiallehrer seit 1810). Von einer Dominanz der naturwissenschaftlichen Fächer kann allerdings bis heute keine Rede sein (vgl. SCHENK 1984, S. 54 ff).

Erziehungswissenschaftliche Begründungsansätze. Erziehungswissenschaftliche Theorien zur Struktur des Schulfächerspektrums, die nicht nur die historische Entwicklung nachzeichnen (vgl. DOLCH 1982, PAULSEN 1919/1921), sondern ein begründetes Konzept für die Neugruppierung vorlegen, sind nicht sehr zahlreich (vgl. KONRAD 1976, S. 21; vgl. MEISTER 1947, S. 56 ff). Sieht man von Theorie und Praxis des Neuhumanismus als einer epochalen Besonderheit ab, in dessen kultureller Bewegung sowohl eine Neukonzeption des Schulfächerspektrums als auch die tatsächliche Veränderung der Fächerstruktur (Fächerklassifizierung mit starker Hierarchiebildung) in Schule und Hochschule gelang, so kennzeichnet die systematischen Versuche des 19. Jahrhunderts (Herbart, Graser, Ziller, Dörpfeld), daß sie entweder als brüchige Deduktionen aus abstrakten Prämissen charakterisiert werden müssen oder aber als reine pädagogische «Konzentrationsidee» bereits existierende Unterrichtsfächer bündeln und vereinheitlichen wollten (vgl. BLANKERTZ 1982, S. 150 ff).

Fach – Fächerkanon 585

In unserem Jahrhundert verdienen *bildungstheoretische und kultur-wissenschaftliche Ansätze* Erwähnung, die sich auf ein geisteswissenschaftliches Theorieverständnis berufen: der von SPRANGER (vgl. 1914) vorgelegte Versuch, «Lebensformen» und Bildungsaufgaben zu integrieren, WICHMANNS (vgl. 1930) Bestimmung des «Eigengesetzes und bildenden Werts der Lehrfächer», MEISTERS (vgl. 1947) kulturwissenschaftlicher Ansatz von 1932. Bildungspolitische Bedeutung hat aber vorrangig FLITNERS (vgl. 1959, 1965) Konzept einer «kyklischen Grundbildung» erlangt, das gerade nicht durch einen direkten Bezug zum System der Wissenschaften, sondern durch einen Rückgriff auf die klassische Kultur intellektueller Bildung begründet wurde. Es hatte entscheidenden Einfluß auf die Neugestaltung der reformierten gymnasialen Oberstufe aus dem Jahr 1972 mit seiner Dreiteilung in ein sprachlich-literarisch-künstlerisches, gesellschaftswissenschaftliches und mathematisch-naturwissenschaftliches Aufgabenfeld (vgl. SCHINDLER 1974, 1980).

Vom System der Wissenschaft und von ihren Sinndimensionen ausgehend, versucht der *prinzipientheoretische Ansatz* im Anschluß an Hegel eine Begründung des Fächerkanons, die keiner von außen (Staat, Gesellschaft, Wirtschaft, Kirche, Professionen) beigebrachten Bestimmungsmomente bedarf, sondern aus der systematischen Stufung der Wissenschaften und ihrer jeweiligen Sinnvoraussetzungen eine Hierarchie des Fächerspektrums abzuleiten verspricht (vgl. DERBOLAV 1970, 1971; vgl. FISCHER 1975).

Der in den USA in den 60er Jahren entwickelte curriculumtheoretische Ansatz der *Struktur der Disziplin* (vgl. BRUNER 1970, FORD/PUGNO 1972, PHENIX 1964) ist in einem strengeren Sinne als wissenschaftsorientiert zu kennzeichnen. Er greift einerseits auf die aristotelische Tradition der Einteilung der Wissenschaftsdisziplinen in theoretische (Physik, Mathematik, Metaphysik), praktische (Ethik, Politik) und produktiv-technische (Kunst, Technik) Wissenschaften zurück, andererseits nimmt er die neuzeitliche Einteilung der Wissenschaften eines Comte (1798–1857) auf, dessen «enzyklopädisches Gesetz» eine zugleich historische und systematische Rangordnung von sechs nach ihren Verwandtschaftsverhältnissen gegliederten Grundwissenschaften enthält: Mathematik, Astronomie, Physik, Chemie, Biologie und Soziologie (vgl. COMTE 1956, S. 205ff). Dieser Ansatz verfolgt vor allem zwei Intentionen: Zum einen sollen neue Erkenntnisse über den Zusammenhang der Fächer- und Disziplinstruktur erarbeitet und zum anderen die Einzeldisziplinen auf den Stand ihrer Repräsentation im Schulfächerspektrum neu überprüft werden (vgl. ENGFER 1978, v. HENTIG 1972, KÜNZLI 1978, SCHWAB 1972).

586 Fach – Fächerkanon

Perspektiven der Systematisierung. Der Begriff des «Fachs» und «Fächerkanons» enthält grundlegende pädagogische, philosophische sowie soziologische Probleme, auf die auch Kant verweist. Seiner Auffassung zufolge ist der «Streit der Fakultäten» über ihre Rangordnung aus dem Grunde politisch so bedeutsam, weil er um «den Einfluß aufs Volk» geführt werde und weil die Regierung diejenigen Fakultäten am höchsten schätze, deren Gegenstände für das staatliche und gesellschaftliche Leben die wichtigsten seien, «wodurch sie sich den stärksten und dauerndsten Einfluß aufs Volk verschaff[e]» (KANT 1959, S. 11). Kant begreift die zu seiner Zeit bestehende Rangfolge von theologischer, juristischer, medizinischer Fakultät (als den «oberen» Fakultäten) und der philosophischen (als der «unteren») Fakultät so, daß paradoxerweise diejenige Fakultät das geringste Ansehen habe, nämlich die philosophische, die die größte Freiheit vom staatlichen Interesse verbuche, da sie nur das Interesse der Wissenschaft zu besorgen habe. Im Streit der Fakultäten aber gehe es letztlich um diejenige Form der Volksbildung durch Wissenschaft, Aufklärung und Staat, die garantiere, daß «das menschliche Geschlecht (im Großen) zum Besseren beständig fortschreite» (KANT 1959, S. 77). Kants Philosophie der Fächerhierarchie führt konsequent auf das Problem der → Bildung: Die Struktur und Begründung des Fächerkanons läßt sich aus prinzipiellen Gründen nicht aus einer abstrakten Fächersystematik ableiten; sie muß vielmehr im Blick auf die *Aufgabenstellung schulischer Bildung* in einer historisch-systematischen Rekonstruktion erarbeitet werden. *«Fächer» ordnen also historisch gewordene, inhaltlich zugleich abgegrenzte als auch aufgrund bestimmter Zielsetzungen verknüpfte Aufgabenfelder institutionalisierter Lehre.*

Die Problematik der Fächerbildung besteht darin, daß ihre Hierarchisierung aufgrund einer sozialen Praxis der Klassifizierung des Wissens erfolgt, die als Dialektik von formaler und materialer Bildung durchschlagende Bedeutsamkeit für Schulpraxis und Berechtigungswesen erhalten hat. Die soziale Geringschätzung einer material bildenden, realistischen Wissensaneignung gegenüber einer sich behauptenden Vorrangstellung formaler Schulung wirkt habitusbildend und verlangt in analytischer wie in praktischer Absicht noch genauere Untersuchungen.

APPLE, M.W.: Ideology, Reproduction, and Educational Reform. In: Comp. E. Rev. 22 (1978), S. 367ff. BERNSTEIN, B.: On the Classification and Framing of Educational Knowledge. In: Young, M. F. D. (Hg.): Knowledge and Control. New Directions for the Sociology of Education, London 1975, S. 47ff. BERNSTEIN, B.: Beiträge zu einer Theorie des pädagogischen Prozesses, Frankfurt/M. 1977. BLANKERTZ, H.: Berufsbildung und Utilitarismus, Düsseldorf 1963. BLANKERTZ, H.: Bildung im Zeitalter der großen Industrie, Hannover u. a. 1969. BLANKERTZ, H.: Die Geschichte der Pädagogik. Von der Aufklärung bis zur Gegenwart, Wetzlar 1982. BÖHME, G./ENGELHARDT, M. v. (Hg.): Entfremdete Wissenschaft, Frankfurt/M. 1979. BOURDIEU, P.: Systems of

Education and Systems of Thought. In: Young, M. F. D. (Hg.): Knowledge and Control. New Directions for the Sociology of Education, London 1975, S. 189 ff. BOURDIEU, P.: Die feinen Unterschiede. Kritik der gesellschaftlichen Urteilskraft, Frankfurt/M. 1982. BOURDIEU, P./PASSERON, J.-C.: Grundlagen einer Theorie der symbolischen Gewalt, Frankfurt/M. 1973. BOURDIEU, P. u. a.: Titel und Stelle. Über die Reproduktion sozialer Macht, Frankfurt/M. 1981. BRUNER, J. S.: Der Prozeß der Erziehung, Berlin/Düsseldorf 1970. CHERKAOUI, M.: Bernstein and Durkheim: Two Theories of Change in Educational Systems. In: Harv. E. Rev. 47 (1977), S. 556 ff. COMTE, A.: Discours sur l'Esprit Positif, hg. u. übersetzt v. I. Fetscher, Hamburg 1956. DERBOLAV, J.: Frage und Anspruch. Pädagogische Studien und Analysen, Kastellaun 1970. DERBOLAV, J.: Systematische Perspektiven der Pädagogik, Heidelberg 1971. DIETRICH, TH.: Inhalte und Fächer der Schule. In: Roth, L. (Hg.): Handlexikon zur Didaktik der Schulfächer, München 1980, S. 36 ff. DOLCH, J.: Lehrplan des Abendlandes. Zweieinhalb Jahrtausende seiner Geschichte, Darmstadt 1982. DURKHEIM, E.: Die Entwicklung der Pädagogik. Zur Geschichte und Soziologie des gelehrten Unterrichts in Frankreich, Weinheim/Basel 1977. ENGELHARDT, M. v.: Das gebrochene Verhältnis zwischen wissenschaftlichem Wissen und pädagogischer Praxis. In: Böhme, G./ Engelhardt, M. v. (Hg.): Entfremdete Wissenschaft, Frankfurt/M. 1979, S. 87 ff. ENGFER, H.-J. (Hg.): Philosophische Aspekte schulischer Fächer und pädagogischer Praxis, München/Wien/Baltimore 1978. FISCHER, F.: Darstellung der Bildungskategorien im System der Wissenschaften, Ratingen/Kastellaun 1975. FLITNER, W.: Die vier Quellen des Volksschulgedankens, Hamburg 1949. FLITNER, W.: Grund- und Zeitfragen der Erziehung und Bildung, Stuttgart 1954. FLITNER, W.: Hochschulreife und Gymnasium, Heidelberg 1959. FLITNER, W.: Grundlegende Geistesbildung, Heidelberg 1965. FORD, G.W./PUGNO, L. (Hg.): Wissensstruktur und Curriculum, Düsseldorf 1972. HAARMANN, D.: Die Entwicklung der Lehrplanstruktur an allgemeinbildenden Schulen. In: Westerm. P. Beitr. 23 (1971), S. 403 ff. HARD, G.: Unterricht: Geographie. In: Enzyklopädie Erziehungswissenschaft, Bd. 9.2, Stuttgart 1983, S. 553 ff. HENTIG, H. v.: Magier oder Magister? Über die Einheit der Wissenschaft im Verständigungsprozeß, Stuttgart 1972. HÖHN, K.-R.: Schule und Alltag, Weinheim/Basel 1980. HOPF, W.: Bildung und Reproduktion der Sozialstruktur. In: Enzyklopädie Erziehungswissenschaft, Bd. 5, Stuttgart 1984, S. 189 ff. INSTITUT FÜR DIDAKTIK DER MATHEMATIK DER UNIVERSITÄT BIELEFELD (IDM): Wissenschaft und Bildung im frühen 19. Jahrhundert, 2 Bde., Bielefeld 1982. JARAUSCH, K. H. (Hg.): The Transformation of Higher Learning 1860–1930, Stuttgart 1983. KANT, I.: Der Streit der Fakultäten, Hamburg 1959. KONRAD, M.: Das Schulfächerspektrum im Rahmen einer Theorie der Erziehung, Kronberg 1976. KÜNZLI, R.: Die Theorie der Wissenschaften und der schulische Fächerkanon. In: Engfer, H.-J. (Hg.): Philosophische Aspekte..., München/Wien/Baltimore 1978, S. 15 ff. KÜNZLI, R.: Topik des Lehrplandenkens I. Architektonik des Lehrplans: Ordnung und Wandel, Kiel 1986. LESCHINSKY, A./ROEDER, P. M.: Schule im historischen Prozeß, Frankfurt/Berlin/Wien 1983. LOCH, W.: Vorwort. In: Ford, G.W./Pugno, L. (Hg.): Wissensstruktur..., Düsseldorf 1972, S. 7 ff. MANNMANN, A. (Hg.): Geschichte der Unterrichtsfächer, 3 Bde., München 1983/1984. MEISTER, R.: Beiträge zur Theorie der Erziehung, Wien [2]1947. PAULSEN, F.: Geschichte des gelehrten Unterrichts, 2 Bde., Leipzig [3]1919/1921. PAULSEN, F.: Das deutsche Bildungswesen in seiner geschichtlichen Entwicklung, Darmstadt 1966. PHENIX, PH. H.: Realms of Meaning. A Philosophy of the Curriculum for General Education, New York 1964. RUMPF, H.: Die übergangene Sinnlichkeit, München 1981. SCHALLER, K.: Fachunterricht. In: Groothoff, H.-H./Stallmann, M. (Hg.): Neues Pädagogisches Lexikon, Stuttgart [5]1971, S. 346 ff. SCHENK, B.: Geschichte des Physikunterrichts im allgemeinen Schulwesen und Anfänge des Technikunterrichts. In:

588 Fachdidaktik

Mannzmann, A. (Hg.): Geschichte der Unterrichtsfächer, Bd. 3, München 1984, S. 54 ff. SCHINDLER, I.: Die Umsetzung bildungstheoretischer Reformvorschläge in bildungspolitische Entscheidungen, Saarbrücken 1974. SCHINDLER, I.: Die gymnasiale Oberstufe – Wandel einer Reform. Von der «Saarbrücker Rahmenvereinbarung» bis zur «Bonner Vereinbarung». In: Z. f. P. 26 (1980), S. 161 ff. SCHRAND, H.: Zur Geschichte der Geographie in Schule und Hochschule. In: Mannzmann, A. (Hg.): Geschichte der Unterrichtsfächer, Bd. 2, München 1983, S. 74 ff. SCHWAB, J. J.: Die Struktur der Wissenschaften: Sinn und Bedeutung. In: Ford, G.W./Pugno, L. (Hg.): Wissensstruktur..., Düsseldorf 1972, S. 55 ff. SCHWENK, B./POGRELL, L. v.: Bildung, formale – materiale. In: Enzyklopädie Erziehungswissenschaft, Bd. 3, Stuttgart 1986, S. 394 ff. SPRANGER, E.: Lebensformen, Tübingen 1914. SPRANGER, E.: Zur Geschichte der deutschen Volksschule, Heidelberg 1949. THIEMANN, F. (Hg.): Konturen des Alltäglichen. Interpretationen zum Unterricht, Königstein 1980. WEINGART, P. (Hg.): Wissenschaftssoziologie 1. Wissenschaftliche Entwicklung als sozialer Prozeß, Frankfurt/M. 1972. WEINGART, P. (Hg.): Wissenschaftssoziologie 2. Determinanten wissenschaftlicher Entwicklung, Frankfurt/M. 1974. WEINGART, P.: Wissensproduktion und soziale Struktur, Frankfurt/M. 1976. WICHMANN, O.: Eigengesetz und bildender Wert der Lehrfächer, Halle 1930. WILHELM, TH.: Theorie der Schule, Stuttgart 1967. WINDOLF, P.: Berufliche Sozialisation. Zur Produktion des beruflichen Habitus, Stuttgart 1981. YOUNG, M. F. D.: An Approach to the Study of Curricula as Socially Organized Knowledge. In: Young, M. F. D. (Hg.): Knowledge and Control. New Directions for the Sociology of Education, London 1975, S. 19 ff. ZINNECKER, J. (Hg.): Der heimliche Lehrplan, Weinheim/Basel 1975.

Ulla Bracht

Fachdidaktik

Begriff. Ein einheitliches, allgemein akzeptiertes Verständnis der noch jungen Disziplin «Fachdidaktik» liegt nicht vor. Die Vorstellung davon, was Fachdidaktik sei, reicht von der bloßen Aufklärung über die beglaubigten Regeln unterrichtlichen Handelns (Methodik) bis hin zur «angewandten Grundlagenwissenschaft» (OTTE 1984, S. 94).

Betrachtet man die beiden Komponenten des Begriffes, «Fach» und «Didaktik», so bieten sich folgende vorläufige Begriffsbestimmungen an: *Didaktik* kann verstanden werden als die Wissenschaft vom planvollen, institutionalisierten Lehren und Lernen (→ Didaktik, allgemeine). Das Wort *Fach* (→ Fach – Fächerkanon) verweist auf die in einer Gesellschaft vorhandenen Ordnungsschemata für Aneignungsprozesse; es bezieht sich also nicht lediglich auf die organisatorische Ausdifferenzierung des verfügbaren Wissens, sondern auf gesellschaftlich vorgegebene Aufgaben-, Problem- und Sachbereiche, für deren Bewältigung fachlicher Unterricht erforderlich erscheint. *Fachdidaktik* kann mithin verstanden werden als Wissenschaft vom planvollen, institutionalisierten Lehren und → Lernen spezieller Aufgaben-, Problem- und Sachbereiche. Gegenüber der im alltäglichen Begriffsverständnis vorherrschenden sehr

Fachdidaktik 589

engen Verknüpfung von Fachdidaktik und Fachwissenschaft stellt diese
Definition eine Ausweitung dar, die an frühere Begriffsverständnisse
von Fachdidaktik anknüpft, in denen von «spezieller Didaktik» (REIN
1904, S. 203 ff) oder von der «Didaktik der geistigen Grundrichtungen»
(NOHL/PALLAT 1930, S. 155 ff) die Rede ist. In jüngster Zeit spricht Ivo
(1977, S. 1) von der Fachdidaktik als einer «Fachunterrichtswissen-
schaft». Mit dieser formelhaften Begriffsbestimmung ist freilich noch
nichts über das wissenschaftstheoretische Selbstverständnis und über
eventuelle Eigenständigkeitsansprüche der Fachdidaktiken ausgesagt.
Wie die Geschichte der Entwicklung der Fachdidaktiken zeigt (vgl.
MANZMANN 1983/1984), wäre es auch verfrüht, zum gegenwärtigen
Zeitpunkt ein gemeinsames Begriffsverständnis aller Fachdidaktiken zu
erwarten. Eher kämpfen die einzelnen Fachdidaktiken darum, überhaupt als wissenschaftliche Disziplin anerkannt zu werden (vgl.
JUNGBLUT 1972), als daß sie ein über die einzelnen Didaktiken hinweg
akzeptiertes Selbstverständnis von sich selbst als einer Wissenschaft zu
entwickeln versuchen. Erst seit Beginn der 80er Jahre werden Versuche
unternommen, fachübergreifende Gesichtspunkte einer allgemeinen
Theorie der Fachdidaktik zu entwickeln (vgl. ACHTENHAGEN 1981,
FISCHLER u. a. 1982; vgl. HEURSEN 1984a, b; vgl. SCHMIEL 1978). Gunter
Otto spricht dementsprechend vorsichtig von einer «Zwischenbilanz
1983» in dem Prozeß der «Etablierung der Didaktiken als Wissenschaften» (G. OTTO 1984, S. 22). Der These von Ivo, daß die Rede vom wissenschaftlichen Status der Fachdidaktik «sich weniger einer empirisch
antreffbaren ausgearbeiteten Disziplin als vielmehr dem Postulat danach
verdankt» (Ivo 1977, S. 34), ist deshalb auch heute noch zuzustimmen.

Zur Geschichte der Fachdidaktik als Geschichte der Lehrerbildung. Un-
einheitlich wie das Selbstverständnis einzelner Fachdidaktiken stellt sich
auch ihre Geschichte dar. Neben einer großen Fülle von «Kompendien-
literatur» (zur Kritik vgl. BLANKERTZ 1975a, S. 18), die auf vorwissenschaftlicher Ebene mehr oder weniger apodiktisch formulierte Anweisungen an den Unterrichtenden, Erfahrungssätze und Handreichungen
gibt, lassen sich in der Geschichte der Fachdidaktik zwei große Stränge
ausmachen, die aufs engste mit der Lehrerbildung überhaupt verknüpft
sind und im Grunde erst um 1970, markiert in der Veröffentlichung des
«Strukturplans für das Bildungswesen» (DEUTSCHER BILDUNGSRAT
1970), in eine gemeinsame Entwicklung eingemündet sind: die Ausbildung verschiedener Fachdidaktiken im Zuge der Verwissenschaftlichung
der Volksschullehrerpädagogik und die schrittweise Herausbildung gym-
nasial orientierter Fachdidaktiken aus der universitären Lehrerbildung
(→ Lehrerausbildung).
Von einer Fachdidaktik mit wissenschaftlichem Anspruch kann in der

Volksschullehrerpädagogik etwa seit der Zeit der Reichsschulkonferenz von 1920 gesprochen werden. Zuvor war bestenfalls im Rahmen der Seminaristenausbildung eine Fachdidaktik anzutreffen, die – zumeist in das Korsett der Lehrplantheorie der Herbartianer eingebettet – im wesentlichen fachbezogene Sachinformationen und unterrichtsmethodische Fertigkeiten nach dem Muster der «Meisterlehre» vermittelte (vgl. REIN u. a. 1903). Nach der Reichsschulkonferenz von 1920 wurde die Akademisierung und →Professionalisierung der Lehrerbildung vorangetrieben, indem für die zukünftigen Volksschullehrer das Studium eines «Wahlfaches» obligatorisch wurde, das die Einführung in dessen pädagogische Zielsetzungen und unterrichtspraktische Vermittlungsformen einschloß (vgl. KITTEL 1957, S. 58). Noch immer geprägt durch das von den Herbartianern weiterentwickelte Herbartsche Konzept des «erziehenden Unterrichts», aber auch aufgelockert durch die vor allem an den preußischen Akademie-Neugründungen stark vertretenen reformpädagogischen Ideen, entwickelten sich langsam Fachdidaktiken mit wissenschaftlichem Anspruch, als Abzweig der Pädagogik. Das Studium der Pädagogik – und mit ihm das Studium fachdidaktischer Anteile – hatte die für die →Professionalisierung des Volksschullehrerstandes wichtige Wissenschaftlichkeit der Ausbildung zu garantieren. Mit der vor allem nach dem Zweiten Weltkrieg verstärkt durchgesetzten Fachdifferenzierung des Lehrerstudiums und dem damit korrespondierenden Verzicht auf das Klassenlehrerprinzip (vgl. BECKMANN 1968, S. 173ff) erhielten die Fachdidaktiken nun eine zusätzliche Aufgabe, die ihrer weiteren Entwicklung zu einer eigenständigen wissenschaftlichen Disziplin jedoch abträglich sein mußte: Sie sollten zugleich – neben der Vermittlung pädagogischer und didaktisch-methodischer Kenntnisse und Fertigkeiten – das für den Lehrerberuf notwendige Fachwissen vermitteln. Terminologisch stand nun an den pädagogischen Hochschulen «Fachdidaktik» für «Fachwissenschaft», die Lehrstühle erhielten beispielsweise die Bezeichnung «Deutsch und seine Didaktik». Trotz dieser konzeptionellen Probleme entstand für die meisten Schulfächer eine differenzierte fachdidaktische Diskussion (vgl. ROTH 1980, TIMMERMANN 1972, TWELLMANN 1981 ff).

Ganz anders stellt sich die Geschichte der *gymnasialen Didaktik* dar. Der Literaturdidaktiker VOGT (1972, S. 9) beschreibt die Differenzen 1972 so: «Didaktik der deutschen Sprache und Literatur ist das Studienfach, das künftige Deutschlehrer an Volksschulen vor allem an pädagogischen Hochschulen studieren [...]. Literatur und Sprachwissenschaft sind die Studienfächer [...], die künftige Gymnasiallehrer für das Fach Deutsch bisher an Universitäten studieren.» Tatsächlich lief die traditionelle Gymnasiallehrerbildung nach dem Muster des Studiums klassischer Philologien: In der Annahme, daß das fachwissenschaftliche Stu-

Fachdidaktik 591

dium eine umfassende → Bildung vermittle, die auch zu pädagogischem → Handeln befähige, wurde keine Notwendigkeit gesehen, auf die spätere Berufstätigkeit des Gymnasiallehrers durch ein eigenes pädagogisches Studium vorzubereiten. In diesem Milieu entstand eine im Blick auf die Studienanteile kaum ins Gewicht fallende, für die weitere Entwicklung dennoch wesentliche didaktische Tradition, die über das «Philosophikum» oder «Pädagogikum» als Zwischenprüfung und über hier und dort geschaffene Lehrstühle für Fachdidaktik den Praxisbezug der Gymnasiallehrerausbildung zu sichern suchte. Ganz in diesem restriktiven Aufgabenverständnis formuliert der Germanist CONRADY (1966, S. 81) in einem Standardwerk für Anfänger des germanistischen Studiums: «Die Universität hat nicht die Aufgabe, die Studenten als Lehrer auszubilden, sondern sie Wissenschaft zu lehren. Das ist nicht widersinnig, sondern im Gegenteil die einzig sinnvolle Vorbereitung für den späteren Beruf.» Die ersten «Schriften» in der Linie der gymnasialen Fachdidaktik sind dementsprechend auch durchweg von Fachwissenschaftlern konzipiert und verfaßt worden, die eine Umsetzung ihrer akademischen Lehre in schulische Lehre anstrebten. Verwiesen sei hier nur auf die «consilia scholastica» von F. A. Wolf, auf die Unterrichtslehren von J. GRIMM (vgl. 1968), PH. WACKERNAGEL (vgl. 1843) für den Deutschunterricht; eine erste umfassende Didaktik für das Fach Deutsch von R. HILDEBRAND (vgl. 1867) und auf die Entwürfe für den Geschichtsunterricht von BIEDERMANN (vgl. 1860). Freilich blieben auch frühe gymnasialpädagogische Schriften (vgl. PAULSEN 1919/1921, WICHMANN 1930) auf die Entwicklung der gymnasialen Fachdidaktiken nicht ohne Einfluß. Die Dominanz der fachwissenschaftlichen Orientierung vermochten sie allerdings kaum zurückzudrängen.

Das fast ausschließlich fachwissenschaftliche Ausbildungskonzept für die Gymnasiallehrer setzt eine hohe Affinität von universitärer Disziplin und Schulfach voraus. Mag dies für W. von Humboldt (1767–1835) noch gegolten haben, so wurde diese Unterstellung aufgrund der zunehmenden Spezialisierung und Differenzierung der universitären Fachdisziplin schon im 19., aber erst recht im 20. Jahrhundert immer brüchiger. Darüber hinaus zeigten erste empirische Untersuchungen des Gymnasialunterrichts, daß die Absolventen eines solchen Studiums sich denkbar schlecht in der Berufspraxis zurechtfanden (vgl. BECKMANN 1980, S. 535; vgl. FRECH/REICHWEIN 1977). Das geringe fachdidaktische Studienangebot, das sich seit den 50er Jahren in einigen Fakultäten entwickelte und zumeist nicht obligatorisch war (vgl. RICHTER 1969), sollte diese Mängel der Gymnasiallehrerausbildung kompensieren. Aber auch damit mußte die Fachdidaktik überfordert sein.

Aus der Geschichte der Fachdidaktik bis Ende der 60er Jahre läßt sich zweierlei ablesen. Beide Entwicklungsstränge muten der Fachdidaktik jeweils eine Funktion zu, die ihr nicht eigen ist, nicht zu eigen sein kann: Im Falle der Volksschullehrerpädagogik steht die Fachdidaktik für den Versuch, unter vergleichsweise eingeschränkten Ausbildungsbedingungen eine wissenschaftliche Fachausbildung zu betreiben. Im Bereich der Gymnasiallehrerausbildung soll sie die mangelhafte Praxisorientierung der universitären Studiengänge kompensieren. Beide, zueinander widersprüchlichen «Surrogatfunktionen» haben die Entfaltung der Fachdidaktiken als eigenständige Disziplinen entscheidend behindert. Erschwerend kommt hinzu, daß eine einheitliche Wissenschaftspolitik für die einzelnen Fachdidaktiken bis heute nicht erkennbar ist. So haben sie kein gemeinsames Verständnis ihrer Disziplin entwickeln können. Erst recht fehlt eine «gegenseitige Einflußnahme inhaltlicher Art und ein wirklicher Erfahrungsaustausch zwischen den einzelnen Fachdidaktiken», wie LESCHINSKY / ROEDER (1980, S. 288) in ihrem Rückblick auf die Entwicklung der Fachdidaktiken seit 1945 feststellen. Die beiden geschichtlichen Stränge der fachdidaktischen Entwicklung laufen erst zusammen in dem «Strukturplan für das Bildungswesen», in dem der Deutsche Bildungsrat 1970 seine Empfehlungen für eine Gesamtperspektive der Veränderung des Bildungswesens in der Bundesrepublik seit Mitte der 60er Jahre gebündelt hat (vgl. RASCHERT 1980, S. 177ff). Zwar gab es schon zuvor Versuche, die Lehrerbildung zu verwissenschaftlichen und damit auch Fachdidaktiken einen anderen, höheren Stellenwert beizumessen; indessen fehlte bis 1970 eine entscheidende Voraussetzung: Das →Bildungssystem selbst hatte noch keine einheitliche Konzeption erfahren. Diese versuchte erstmals der Strukturplan zu entwickeln. Insofern aber Bildungsreform und Lehrerbildung in einem engen Zusammenhang stehen (vgl. ROEDER 1984, S. 59ff), konnte nur dann mit einer Verwirklichung der Konzeption des Bildungsrats gerechnet werden, wenn die im Strukturplan festgelegten Prinzipien sich auch in den Programmen und Institutionen der Lehrerbildung niederschlügen. In den gleichlautenden Passagen des Strukturplans (vgl. DEUTSCHER BILDUNGSRAT 1970, S. 221ff) und den «Empfehlungen zur Struktur und zum Ausbau des Bildungswesens im Hochschulbereich nach 1970» des Wissenschaftsrats (vgl. WISSENSCHAFTSRAT 1970, S. 7ff) ist dies versucht worden, auch wenn die Schwierigkeiten der schnellen Realisierung dieses Konzepts sicherlich unterschätzt worden sind (vgl. HOFFMANN 1976). Die für die weitere Entwicklung der Lehrerbildung relevanten Strukturmerkmale lauteten:

– Wissenschaftsorientierung allen Lernens,
– →Chancengleichheit für alle →Schüler sowie
– Ermöglichung der Partizipation aller von Bildungsprozessen Betroffener (Mitbestimmung – Mitwirkung).

Nach diesen drei Strukturmerkmalen lassen sich auch die vielfältigen

Fachdidaktik 593

Theorie- und Modellansätze in der Entwicklung von Fachdidaktiken gruppieren und zugleich in ihren Defiziten kritisieren.

Wissenschaftsorientierung: Fachdidaktiken unter dem Aspekt ihres Umgangs mit der Bezugsdisziplin. Die zunehmende Wissenschaftsorientiertheit allen Lernens (vgl. DEUTSCHER BILDUNGSRAT 1970, S. 33 ff) verlangt anstelle der alten Allround-Ausbildung des Volksschullehrers einen weitgehend fachlich ausgebildeten Lehrer. Dabei übernimmt die Fachdidaktik nunmehr neben der Vermittlung praktischer Fertigkeiten die wichtige Funktion, «festzustellen, welche Erkenntnisse, Denkweisen und Methoden der Fachwissenschaft Lernziele des Unterrichts werden sollen» (DEUTSCHER BILDUNGSRAT 1970, S. 225). Mit dieser Empfehlung begründet sich eine fachdidaktische Konzeption, die die Abstimmung von Fachstudium und Schulpraxis in den Vordergrund stellt. Mindestens vier Modelle lassen sich unterscheiden:

Die *Abbilddidaktik* geht von einem Parallelismus zwischen Fachwissenschaften und Schulfach aus. Fachwissenschaft dient als unmittelbarer Lieferant von Lerninhalten, die lediglich nach einer Lern- und Entwicklungspsychologie geordnet und dosiert werden (vgl. für den Physikunterricht: SPRECKELSEN 1975; für den Deutschunterricht: EICHLER 1974; vgl. zur Kritik: BLANKERTZ 1975a, S. 134 ff; vgl. KRAMP 1970). In der fachdidaktischen Praxis, bei der Richtlinien- und Schulbuchproduktion besitzt das Konzept der Abbilddidaktiken – auch wenn der polemische Begriff vermieden wird – unverändert ein großes Gewicht. Seinen bildungspolitisch stärksten Ausdruck fand es in dem Versuch, bundeseinheitlich «Normenbücher» für die Abiturprüfungen durchzusetzen (vgl. FLITNER/LENZEN 1977). Für den Physikunterricht brachte Wagenschein die Kritik auf den Begriff: Das Normenbuch für Physik hieße: «Pädagogik dem Physikalismus opfern» (WAGENSCHEIN 1977, S. 147). In großer Nähe, wenn auch nicht identisch mit Abbilddidaktiken ist das Konzept der «Struktur der Disziplin» (vgl. BRUNER 1970, FORD/PUGNO 1972), in dem die bildungswirksamen Strukturen und Konzepte einer Fachdisziplin zu einem «Spiralcurriculum» gestaltet werden sollen.

Eine zweite Position im Rahmen der wissenschaftsorientierten Didaktik vertreten die Verfechter der *bildungstheoretischen Fachdidaktik*. In Anlehnung an das Konzept der bildungstheoretischen Didaktik (vgl. KLAFKI 1963, WENIGER 1952) betonen sie vor allem die Notwendigkeit, aus der Vielzahl fachwissenschaftlicher Inhalte auszuwählen und die ausgewählten – exemplarischen – Inhalte für die Schule aufzubereiten. Die bereits von Willmann im Jahre 1882 formulierte Frage, welcher Bildungs*gehalt* den Bildungs*inhalten* der in der Schule vorgefundenen Fächer zukomme (vgl. WILLMANN 1957, S. 326), wurde in vielen Fachdidaktiken als Frage nach der Legitimation der Fachinhalte im Blick

594 Fachdidaktik

auf die Gegenwart und Zukunft der Schüler ernst genommen (vgl. für
Physik: BLEICHROTH 1970; für Deutsch: HELMERS 1966; für Politik: GIE-
SECKE 1965; für altsprachlichen Unterricht: v. HENTIG 1966). Freilich
bleibt die bildungstheoretisch orientierte Didaktik der vorgefundenen
Struktur wissenschaftlicher Disziplinen und schulischer Fächer verhaftet. Sie setzt sich dadurch selbst Erkenntnisgrenzen: Zum einen gelingt
es ihr nicht, die Legitimation gegebener Schulfächer grundsätzlich zu
hinterfragen, zum anderen vermag sie die grundsätzliche Interessengebundenheit der einzelnen Disziplinen (vgl. HABERMAS 1969) nicht zu
erkennen und von ihrem eigenen Standpunkt der Parteinahme für die
Zukunft der Jugend deshalb nicht ideologiekritisch zu kritisieren (vgl.
ACHTENHAGEN 1969, S. 16 ff).

Auf allgemeiner Ebene ist der Aspekt der *ideologiekritischen Hinterfragung* von Bildungsinhalten und damit auch der ihnen zugeordneten
Wissenschaften für die bildungstheoretische Didaktik durch KLAFKI
(vgl. 1977) aufgenommen worden. Nach der breiten Rezeption dieser
Überlegungen ist – bedingt durch die Nähe der Fachdidaktiker zu ihrer
fachwissenschaftlichen Bezugsdisziplin – auch die Notwendigkeit zur
Wissenschaftskritik zumeist sehr scharf gesehen und eine ganze Reihe
ideologiekritischer Analysen der jeweiligen Fachtradition ausgelöst worden. Der Literaturdidaktiker Ide zitierte im Jahre 1970 genüßlich den
studentischen Slogan «Schlagt die Germanistik tot, macht die blaue
Blume rot!» (IDE 1970, S. 13), VIERZIG (vgl. 1975) konzipierte eine ideologiekritische Theorie der Religionspädagogik; das Fach Kunst mau-
serte sich zu der dezidiert politisch orientierten «Visuellen Kommunikation» (vgl. EHMER 1971); die Naturwissenschaften und ihr Unterricht
wurden in historisch-materialistischer Sicht in ihrer Bedeutung für die
Aufrechterhaltung der Produktionsverhältnisse im Spätkapitalismus
analysiert (vgl. PROJEKTGRUPPE PINC 1978). Auch die von Miehm 1972
konstatierte «Krise» der neusprachlichen Didaktik ist nicht zuletzt auf
die Einsicht vieler Englischdidaktiker zurückzuführen, daß der Englischunterricht einen erheblichen Anteil an der ungleichen Verteilung
von Lebenschancen im Bildungswesen der Bundesrepublik habe (vgl.
NEUNER 1980, S. 430 ff; vgl. ähnlich zur Mathematikdidaktik LENNÉ
1969, S. 286 f). Aufgrund radikalen Zweifels an der Wissenschaftspraxis
der jeweiligen Bezugsdisziplin wird schließlich von der Fachdidaktik
selbst die Forderung nach einem «kritisch neu zu bestimmenden Wissenschaftsbegriff» (BLOCH u. a. 1978, S. 8; vgl. VIERZIG 1975, S. 157 ff) erhoben.

Die systematisch am weitesten entfaltete Position im Rahmen wissenschaftsorientierter Didaktiken stellt der *Strukturgitteransatz* der Münste-
raner Arbeitsgruppe für Didaktik dar (vgl. BLANKERTZ 1971, 1973a), in
dem fachdidaktische Kriterienansätze unter anderem für den Politik-

Fachdidaktik   595

unterricht (vgl. Thoma 1971), für die Arbeitslehre (vgl. Kell 1971), für Deutsch (vgl. Lenzen 1973) und für die Wirtschaftsdidaktik (vgl. Kutscha 1976) vorgelegt worden sind (zusammenfassend: vgl. Kell 1986).

Ein Verdienst der wissenschaftskritischen Ansätze insgesamt ist es, die Fachdidaktiken nicht mehr ausschließlich in ihrem Funktionszusammenhang als Mittler von Wissenschaft und Unterricht, sondern – weiter greifend – als Mittler zwischen Gesellschaft und Wissenschaft in den Blick gerückt zu haben. Allerdings darf der Verlust der individuellen und psychologischen Dimension nicht übersehen werden: Die ursprünglich bildungstheoretisch gestellte Frage nach dem Bildungssinn für den einzelnen wird vernachlässigt zugunsten der Sachstruktur und der gesellschaftlichen Kritik an ihr.

Chancengleichheit: Fachdidaktik unter dem Aspekt der Schülerorientierung. Das schon aus der → Reformpädagogik bekannte didaktische Prinzip der Schülerorientierung wurde in der Bildungsreformphase häufig in der Forderung nach mehr Chancengleichheit für alle Schüler (vgl. Deutscher Bildungsrat 1970, S. 230) aufgenommen. Die fachdidaktische Diskussion konkretisierte dieses Postulat in der Frage, wie ein Unterricht aussehen müsse, der jedem einzelnen Schüler die ihm angemessene Förderung zuteil werden lasse. Diese Frage kann unterschiedlich interpretiert werden:

– Sie kann als Orientierung an dem *situationsanalytischen Ansatz der Curriculumforschung* entfaltet werden und davon ausgehen, daß «in der Erziehung Ausstattung zur Bewältigung von Lebenssituationen geleistet wird» (Robinsohn 1967, S. 47). Dazu ist es erforderlich, im Leben des einzelnen und der Gesellschaft relevante, typische Situationen ausfindig zu machen, für die die Schule dann die zu ihrer angemessenen Bewältigung erforderlichen Qualifikationen vermitteln muß. Dieser allgemeindidaktische Ansatz war ursprünglich als ein Weg zur Revision des gesamten schulischen Curriculum gedacht. Er wurde in der Folge allerdings nur in wenigen fach- oder bereichsspezifischen Projekten tatsächlich ausgeführt, so in der → Vorschulerziehung vgl. Zimmer 1973). Dies liegt nicht nur an den prinzipiellen Schwierigkeiten einer Gesamtrevision in einem Wurf (vgl. Blankertz 1973a, S. 10), sondern an der Schwierigkeit, ohne strukturierenden und selektierenden Orientierungsrahmen jene Situationen zu bestimmen, die im zukünftigen Leben der Schüler Relevanz erhalten könnten. Die Orientierung an Schulfächern und Lernbereichen oder Aufgabenfeldern wird dann immer wieder zum entscheidenden Hilfsmittel zur Bestimmung relevanter Lebenssituationen (vgl. Hemmer / Zimmer 1975, S. 188 ff).

– Eng verwandt, jedoch in der wissenschaftstheoretischen Akzentu-

596   Fachdidaktik

ierung eigenständig, ist der Ansatz der *Lebensweltorientierung* (vgl. LIPPITZ 1980), der ebenfalls zur Revision bestimmter Fachdidaktiken genutzt wurde (für den Deutschunterricht: vgl. EGGERT 1984; für den Physikunterricht: vgl. REDEKER 1984, SCHENK 1984; für den Geographieunterricht: vgl. GLATFELD/SCHRÖDER 1982).

– Schließlich können die Konzepte *erfahrungsbezogener Fachdidaktik* (vgl. SCHELLER 1981) und zum Teil auch die Konzepte *handlungsorientierten Unterrichts* (vgl. zusammenfassend WOPP 1986) als Versuche gewertet werden, die Schülerorientierung durch das Ernstnehmen von Erfahrungen und Handlungsmotiven der Schüler zu sichern.

Wissenschaftsorientierung und Schülerorientierung des Unterrichts schließen einander nicht prinzipiell aus. Allerdings muß aus der Sicht der situations-, erfahrungs- und lebensweltorientierten Ansätze dort eine Einschränkung gemacht werden, wo die Schulfächer sich an solchen Disziplinen orientieren, die ihren Bezug zu relevanten Lebensbereichen verloren haben (vgl. BÖHME 1979, S. 122ff). Die Kritik an einer entfremdeten Wissenschaftspraxis hat zu mannigfaltigen Versuchen geführt, wissenschaftsorientierte und lebensweltorientierte Didaktiken wieder zu verbinden (vgl. FREISE 1985, WAGENSCHEIN 1970); das kindliche Suchen, Forschen und Theoretisieren wird hier zum Ausgangspunkt für die Aneignung wissenschaftlicher Begriffe gesetzt. Unterstützt werden solche Integrationsbemühungen durch die Erkenntnis, daß heute die Wissenschaftspraxis selbst zu einer für die Schüler immer wichtigeren, relevanten Lebenssituation geworden ist, weil Wissenschaft selbst zu einer entscheidenden Produktivkraft geworden ist (vgl. BLANKERTZ 1975a, S. 3f).

Viel radikaler werden die wissenschaftsorientierten Didaktiken durch diejenigen Fach- und Allgemeindidaktiker in Zweifel gezogen, die – oft in der Tradition der Reformpädagogik – *Unterricht vom Kinde aus* betreiben wollen und nur noch jene Unterrichtsinhalte zulassen wollen, denen →Lehrer und Schüler gemeinsam eine aktuelle Bedeutung abzugewinnen vermögen und die in ihren Lebenszusammenhang eingebettet sind. Die Grundschuldidaktik verfocht in reformpädagogischer Tradition für lange Zeit das Prinzip des Gesamtunterrichts, in dem die «Trennung der Forschungsgebiete und die Einteilung der Fächer schwinden sollte» (B. OTTO 1961, S. 191); Spranger forderte heimatkundlichen Unterricht gerade deshalb, weil Heimatkunde «das bisher eindrucksvollste Beispiel einer Überwindung der abstrakten Fächertrennung» sei (SPRANGER 1952, S. 26). Durch die Einführung des Fachlehrerprinzips (vgl. DEUTSCHER BILDUNGSRAT 1970, S. 225) ist diese Traditionslinie in der Regelschule unterbrochen, auch wenn im Rahmen von Modellversuchen und Projekten seit Ende der 60er Jahre immer wieder versucht worden ist, die starren Fächergrenzen aufzuweichen, «Lernbereiche»,

Fachdidaktik 597

«Aufgaben»- oder «Erfahrungsfelder» statt Fächer zu konstituieren und die eigenen Fachgrenzen zu durchstoßen (vgl. Ivo/Merkelbach 1972 für den Deutschunterricht; vgl. Volk 1975 für den Mathematikunterricht; vgl. Frey/Häussler 1973 für ein integriertes Curriculum Naturwissenschaft; vgl. Meyer 1980 für den Fremdsprachenunterricht in der Sekundarstufe II).

Im Bereich der sprachlichen Fächer wird das Leitziel der «kommunikativen Kompetenz» (→ Kompetenz–Performanz) zu einer umfassenden Begründungskategorie, auf die sich mehrere Fachdidaktiken beziehen (vgl. Behr u. a. 1975, Boettcher 1973, Neuner 1980). Indessen zeigt gerade das Beispiel der sprachlichen Didaktik, daß die Orientierung an den Fachgrenzen nur sehr schwer zu überwinden ist. Die Voraussetzung dafür wäre eine andere Schulorganisation, die das Lernen des Schülers an *seinem* Bildungsgang und nicht ausschließlich an Fächern entfaltet (vgl. Blankertz 1983). Denn erst wenn der Bildungsprozeß des einzelnen nicht mehr an abstrakten Strukturen des Wissens, sondern an seinem Wissenserwerb und seiner Kompetenzentwicklung ausgerichtet wird, werden Wissenschaftspropädeutik und Lebensweltorientierung kein Widersprch mehr sein, wie Schenk (vgl. 1984, S. 203ff) darlegt.

Partizipation: Fachdidaktik als Berufswissenschaft des Lehrers. Die in dem Strukturplan für das Bildungswesen erhobene Forderung nach Partizipation aller von Bildungsmaßnahmen Betroffenen (vgl. Deutscher Bildungsrat 1970, S. 38) bezog sich nicht nur auf die Mitwirkungsrechte der Schüler und der Eltern, sondern in erster Linie auf die Lehrer. Galt zuvor die Lehrplangestaltung und – trotz des Postulats der Methodenfreiheit – auch die unterrichtsmethodische Organisation des Unterrichts weitgehend als Monopol des Staates, so wird im Gefolge der Curriculumdiskussion am Ende der 60er und zu Beginn der 70er Jahre sehr schnell deutlich, daß schulische Innovationen nur gemeinsam mit den Lehrern durchgeführt werden können (vgl. Deutscher Bildungsrat 1974).

Fachdidaktische Analysen und Forschungen durch den Lehrer und für den Lehrer fungieren von nun an als «forschungspraktische Lösung von Legitimationsproblemen in der Curriculumforschung» (Achtenhagen 1975, S. 200). Die Fachdidaktik stellt dabei die notwendigen inhaltlichen und methodischen Entscheidungskriterien zur Verfügung. Auswahl und Legitimation von Unterrichtsinhalten sind freilich auch unhintergehbar politische Tätigkeiten (vgl. Blankertz 1975a, S. 181). In der Hand des über die Lehrpläne mitbestimmenden Lehrers wird das fachdidaktische Instrumentarium damit zugleich zu einem politischen. Das haben nicht zuletzt die politisch geführten Auseinandersetzungen um die Hessischen Rahmenrichtlinien Deutsch und Gesellschaftslehre (vgl. Christ u. a. 1974) gezeigt. Bezeichnenderweise nehmen sich

598   Fachdidaktik

auch die Lehrerverbände dieses fachdidaktischen Themas an (vgl.
Köhler/Reuter 1973). Fachdidaktik als «Berufswissenschaft für den
Lehrer» (HEURSEN 1984c, S. 89ff) legt ihr Augenmerk aber nicht nur
auf die Auswahl und Legitimation der Unterrichtsinhalte, sondern in
wachsendem Ausmaß auf das Lehrerhandeln in seiner ganzen Breite
und Vielschichtigkeit. Die fachdidaktischen Analysen, die im Anschluß
an die *lehr*theoretische Didaktik» der Berliner Schule (vgl. HEIMANN
u. a. 1965) durchgeführt worden sind, betonen deshalb auch ausdrücklich den Implikationszusammenhang aller am Unterricht beteiligten
Faktoren und Entscheidungen. Freilich reduziert sich das fachdidaktische Instrumentarium in diesem Ansatz oft gänzlich auf die Unterrichtsplanung. Wie überhaupt Fachdidaktik unter dem Gesichtspunkt des
Lehrerhandelns und der Lehrerkompetenz häufig in Modellen fachlicher Unterrichtsplanung interpretiert wird (vgl. KÖHNLEIN 1982,
SCHULZ 1980; vgl. DUIT u. a. 1981 für den Physikunterricht; vgl. GRAF
u. a. 1977 für den Deutschunterricht; vgl. SCHÄFER 1976 für den Geschichtsunterricht; vgl. G. OTTO/SCHULZ 1980ff). Darin mag auch ein
Grund für die relative Unterrichtsferne der fachdidaktischen Entwürfe
liegen, wie sie von Fachdidaktikern selbst beklagt wird (vgl. FREUDEN-
STEIN/GUTSCHOW 1979, S. 77).

Allgemeine Didaktik – Fachdidaktik – Fachwissenschaft. Die Frage, ob
die Fachdidaktik eher der allgemeinen Didaktik und damit der Erziehungswissenschaft oder eher den Fachwissenschaften zuzuordnen sei,
stellt sich, seitdem es Fachdidaktiken gibt. Der Herbart-Schüler Rein
warnt schon 1904 vor einer speziellen Didaktik allein vom Standpunkt
der Fachwissenschaften aus, weil derart die Bezogenheit auf die Grundlage des erziehenden Unterrichts nicht gewährleistet sei (vgl. REIN 1904,
S. 204). Einen ersten Versuch, die Diskussion aufzuarbeiten, unternahm
KOCHAN (vgl. 1970), später folgten auch ALTRICHTER u. a. (vgl. 1983),
BECKMANN (vgl. 1981). Diesen Versuchen ist zu eigen, daß sie über die
Bestimmung der Fachdidaktik im Dreieck von Fachdidaktik/allgemei-
ner Didaktik/Fachwissenschaft nicht hinausgelangten. Seinen Ursprung
hat der Streit um die Zuordnung der Fachdidaktik in der oben dargestellten Entwicklung zweier Traditionsstränge der Fachdidaktik innerhalb der Geschichte der Lehrerbildung, in der er durchaus auch eine
politische Funktion erfüllte: Je nach der besseren Reputation der einen
– Erziehungswissenschaft – oder der anderen – Fachwissenschaft – schlugen sich die Vertreter der Fachdidaktiken auf die entsprechende Seite.
Im Umfeld der pädagogischen Akademie sicherte die Erziehungswissenschaft die Wissenschaftlichkeit der Studien; im Umfeld der Universitäten die Fachwissenschaften. Die Diskussion um die Zuordnung der
Fachdidaktiken ist also in erster Linie eine Diskussion um die Reputa-

tionsbemühungen der jungen Disziplin (vgl. BLANKERTZ 1984, S. 277 ff).
Erst derart interpretiert, ergibt der oft verbissene Streit um die disziplinäre und institutionell-organisatorische Zuordnung der Fachdidaktiken einen Sinn. Es ist selbstverständlich, daß die Fachdidaktik nicht ohne Bezüge zur allgemeinen Didaktik und zu der oder den jeweiligen Fachwissenschaften konstituiert werden kann. Doch in dem Maße, in dem die Fachdidaktiken sich als eigenständige Disziplinen entwickeln, sind sie gezwungen, sich die pädagogischen Fragen selbst zu eigen zu machen, selbst pädagogisch zu denken. Gagel sieht daher auch die entscheidende Wirkung der allgemeinen Didaktik auf die Entwicklung der Politikdidaktik darin, «daß es der Fachdidaktik des politischen Unterrichts mit Hilfe der allgemeinen Didaktiken gelang, sich als selbständiges Wissensgebiet zu etablieren» (GAGEL 1983, S. 565). Die derart «emanzipierte» Fachdidaktik lehnt es ab, Anhängsel einer allgemeinen didaktischen Theorie zu sein, die es zudem als einheitliche Theorie nicht gibt. «Der Fachdidaktiker steht vielmehr vor der Aufgabe, aus dem Diskussionsstand der allgemeinen Didaktik und aus dem Angebot an Planungsmodellen aus fachdidaktischer Sicht Planungsprinzipien und Regeln herauszudestillieren und für seine Zwecke zusammenzustellen» (GAGEL 1983, S. 569). Die Folgen für die institutionelle Zuordnung der Fachdidaktiken liegen auf der Hand: Fachdidaktik ist weder Teil der Erziehungswissenschaft noch Teil der Fachwissenschaften, sondern eher eine eigenständige Disziplin, die einer eigenen Institution bedarf. Das gilt nicht zuletzt auch unter dem Aspekt der Nachwuchspflege. Allerdings gibt es im deutschsprachigen Raum nur wenige Institute, wie das Zentralinstitut für Unterrichtswissenschaften und Curriculumentwicklung an der Freien Universität Berlin, die auf universitärer Ebene der Fachdidaktik die Möglichkeit bieten, sich in enger Kooperation mit Fachwissenschaften und Erziehungswissenschaft als eigenständige Disziplin zu entwickeln (vgl. FISCHLER u. a. 1982).

ACHTENHAGEN, F.: Didaktik des fremdsprachlichen Unterrichts, Weinheim/Berlin/ Basel 1969. ACHTENHAGEN, F.: Fachdidaktische Analysen als Beitrag zur forschungspraktischen Lösung von Legitimationsproblemen. In: Künzli, R. (Hg.): Curriculumentwicklung..., München 1975, S. 200 ff. ACHTENHAGEN, F.: Theorie der Fachdidaktik. In: Twellmann, W. (Hg.): Handbuch Schule und Unterricht, Bd. 5.1: Schule und Unterricht unter dem Aspekt der didaktischen Bereiche, Düsseldorf 1981, S. 275 ff. ALTRICHTER, H. u. a.: Fachdidaktik in der Lehrerbildung, Wien/Köln/Graz 1983. BECKMANN, H.-K.: Lehrerseminar – Akademie – Hochschule. Das Verhältnis von Theorie und Praxis in drei Epochen der Volksschullehrerbildung, Weinheim 1968. BECKMANN, H.-K.: Modelle der Lehrerbildung in der Bundesrepublik Deutschland. In: Z. f. P. 26 (1980), S. 535 ff. BECKMANN, H.-K.: Schulpädagogik und Fachdidaktik, Stuttgart 1981. BEHR, K. u. a.: Folgekurs für Deutschlehrer: Didaktik und Methodik der sprachlichen Kommunikation, Weinheim/Basel 1975. BIEDERMANN, K.: Der Geschichtsunterricht in der Schule, seine Mängel und ein Vorschlag zu seiner Reform,

600 Fachdidaktik

Braunschweig 1860. BLANKERTZ, H. (Hg.): Curriculumforschung – Strategien, Strukturierung, Konstruktion, Essen [2]1971. BLANKERTZ, H.: Die fachdidaktisch orientierte Curriculumforschung und die Entwicklung von Strukturgittern. In: Blankertz, H. (Hg.): Fachdidaktische Curriculumforschung..., Essen 1973, S. 9 ff (1973a). BLANKERTZ, H. (Hg.): Fachdidaktische Curriculumforschung. Strukturansätze für Geschichte, Deutsch, Biologie, Essen 1973 b. BLANKERTZ, H.: Theorien und Modelle der Didaktik, München [9]1975a. BLANKERTZ, H.: Analyse von Lebenssituationen unter besonderer Berücksichtigung erziehungswissenschaftlicher Modelle: Didaktische Strukturgitter. In: Frey, K. u. a. (Hg.): Curriculum-Handbuch, Bd. 2, München/Zürich 1975, S. 202 ff (1975b). BLANKERTZ, H. (Hg.): Lernen und Kompetenzentwicklung in der Sekundarstufe II. Abschlußbericht der wissenschaftlichen Begleitung Kollegstufe NW, Mimeo, Münster 1983. BLANKERTZ, H.: Thesen zur Stellung der Fachdidaktik an einer Universität am Beispiel der Didaktik der Mathematik. In: Heursen, G. (Hg.): Didaktik..., Königstein 1984, S. 277 ff. BLEICHROTH, W.: Das Verhältnis von Fachwissenschaft und Fachdidaktik am Beispiel des Volksschulfaches «Naturlehre» (Physik/Chemie). In: Kochan, D. C. (Hg.): Allgemeine Didaktik..., Darmstadt 1970, S. 285 ff. BLOCH, J.-R. u. a.: Einleitung. In: Bloch, J.-R. u. a. (Hg.): Grundlagenkonzepte der Wissenschaftskritik als unterrichtsstrukturierende Momente. IPN-Arbeitsberichte 29, Kiel 1978. BOETTCHER, W.: Kritische Kommunikationsfähigkeit, Bebenhausen 1973. BÖHME, G.: Die Verwissenschaftlichung der Erfahrung. Wissenschaftsdidaktische Konsequenzen. In: Böhme, G./Engelhardt, M. v. (Hg.): Entfremdete Wissenschaft, Frankfurt/M. 1979, S. 114 ff. BRUNER, J. S.: Der Prozeß der Erziehung, Berlin/Düsseldorf 1970. CHRIST, H. u. a.: Hessische Rahmenrichtlinien Deutsch. Analyse und Dokumentation eines bildungspolitischen Konflikts, Düsseldorf 1974. CONRADY, K. O.: Einführung in die neuere deutsche Literaturwissenschaft, Reinbek 1966. DEUTSCHER BILDUNGSRAT: Strukturplan für das Bildungswesen. Empfehlungen der Bildungskommission, Stuttgart 1970. DEUTSCHER BILDUNGSRAT: Zur Förderung praxisnaher Curriculum-Entwicklung. Empfehlungen der Bildungskommission, Stuttgart 1974. DUIT, R. u. a.: Unterricht Physik. Materialien zur Unterrichtsvorbereitung, Köln 1981. EGGERT, H.: Leser zwischen Lehrplan und Literaturwissenschaft, oder: Was ist die Lebenswelt der Literatur? In: Heursen, G. (Hg.): Didaktik..., Königstein 1984, S. 168 ff. EHMER, H. K. (Hg.): Visuelle Kommunikation – Beiträge zur Kritik der Bewußtseinsindustrie, Köln 1971. EICHLER, W.: Sprachdidaktik Deutsch, München 1974. FISCHLER, H. u. a.: Allgemeine Fachdidaktik? In: Lenzen, D. (Hg.): Jahrbuch für Erziehungswissenschaft 1980–1982, Stuttgart 1982, S. 116 ff. FLITNER, A./Lenzen, D. (Hg.): Abitur-Normen gefährden die Schule, München 1977. FORD, G. W./PUGNO, L. (Hg.): Wissensstruktur und Curriculum, Düsseldorf 1972. FRECH, H.-W./REICHWEIN, R.: Der vergessene Teil der Lehrerbildung, Stuttgart 1977. FREISE, G.: Methodisch-mediales Handeln im Lernbereich Natur. In: Enzyklopädie Erziehungswissenschaft, Bd. 4, Stuttgart 1985, S. 280 ff. FREUDENSTEIN, R./GUTSCHOW, H.: Fachdidaktische Trendberichte (17), Englisch. In: betr. e. 12 (1979), 3, S. 76 ff. FREY, K. u. a. (Hg.): Curriculum-Handbuch, Bd. 2, München/Zürich 1975. FREY, K./HÄUSSLER, P. (Hg.): Integriertes Curriculum Naturwissenschaft: Theoretische Grundlagen und Ansätze, Weinheim/Basel 1973. GAGEL, W.: Zum Verhältnis von allgemeiner Didaktik und Fachdidaktik des politischen Unterrichts. In: Z. f. P. 29 (1983), S. 563 ff. GIESECKE, H.: Didaktik der politischen Bildung, München 1965. GIFFHORN, H.: Kritik der Kunstpädagogik, Köln 1972. GLATFELD, M./SCHRÖDER, E. CH.: Anfangsunterricht in Geometrie unter phänomenologischer Hinsicht. In: Lippitz, W./Meyer-Drawe, K. (Hg.): Lernen und seine Horizonte, Königstein 1982, S. 137 ff. GRAF, H. u. a. (Hg.): Unterricht Deutsch, Modelle, Methoden, Skizzen, Braunschweig 1977. GRIMM, J.: Vorreden zur deutschen Grammatik von 1819 und 1822,

Fachdidaktik 601

hg. v. H. Steger, Darmstadt 1968. Habermas, J.: Erkenntnis und Interesse. In: Habermas, J.: Technik und Wissenschaft als «Ideologie», Frankfurt/M. 1969, S. 146ff. Heimann, P. u. a.: Unterricht – Analyse und Planung, Hannover u. a. 1965. Helmers, H.: Didaktik der deutschen Sprache, Stuttgart 1966. Hemmer, K. P./Zimmer, J.: Der Bezug zu Lebenssituationen in der didaktischen Diskussion. In: Frey, K. u. a. (Hg.): Curriculum-Handbuch..., Bd. 2, München/Zürich 1975, S. 188ff. Hentig, H. v.: Platonisches Lehren. Das Problem der Didaktik, dargestellt am Modell des altsprachlichen Unterrichts, Bd. 1, Stuttgart 1966. Heursen, G. (Hg.): Didaktik im Umbruch – Aufgaben und Ziele der (Fach-)Didaktik in der integrierten Lehrerbildung, Königstein 1984a. Heursen, G.: Didaktik im Umbruch: Fachdidaktik auf dem Weg zu ihrer Eigenständigkeit. In: Heursen, G. (Hg.): Didaktik..., Königstein 1984, S. 1ff (1984b). Heursen, G.: Lehrerbildung ohne Wissenschaft? Zur Rolle von allgemeiner Didaktik und Fachdidaktik in der Lehrerbildung an der Universität. In: Heursen, G. (Hg.): Didaktik..., Königstein 1984, S. 76ff (1984c). Hildebrand, R.: Vom deutschen Sprachunterricht in der Schule und von deutscher Erziehung und Bildung überhaupt, Leipzig 1867. Hoffmann, J.: Bildungsplanung als Versuch und Irrtum – Ein Beispiel für Politikberatung: Der Deutsche Bildungsrat. In: Haller, H.-D./Lenzen, D. (Hg.): Jahrbuch für Erziehungswissenschaft 1976, Stuttgart 1976, S. 195ff. Ide, H.: Die Schullektüre und die Herrschenden. In: Ide, H. (Hg.): Bestandsaufnahme Deutschunterricht, Stuttgart 1970, S. 9ff. Ivo, H.: Zur Wissenschaftlichkeit der Didaktik der deutschen Sprache und Literatur, Frankfurt/Berlin/München 1977. Ivo, H./Merkelbach, V.: Abschied vom klassischen Schulfach. Zum Beispiel: Deutsch, Heidelberg 1972. Jungblut, G.: Fachdidaktik als Wissenschaft. In: D. Dt. S. 64 (1972), S. 610ff. Kell, A.: Didaktische Matrix-Konkretisierung des «didaktischen Strukturgitters» für den Arbeitslehreunterricht. In: Blankertz, H. (Hg.): Curriculumforschung..., Essen 1971, S. 35ff. Kell, A.: Strukturgitter, didaktisches. In: Enzyklopädie Erziehungswissenschaft, Bd. 3, Stuttgart 1986, S. 584ff. Kittel, H.: Die Entwicklung der Pädagogischen Hochschulen 1926–1932, Hannover/Berlin/Darmstadt 1957. Klafki, W.: Das Problem der Didaktik. In: Z. f. P., 3. Beiheft, 1963, S. 19ff. Klafki, W.: Zur Entwicklung einer kritisch-konstruktiven Didaktik. In: D. Dt. S. 69 (1977), S. 703ff. Kochan, D. C. (Hg.): Allgemeine Didaktik, Fachdidaktik, Fachwissenschaft, Darmstadt 1970. Köhler, G./Reuter, E. (Hg.): Was sollen die Schüler lernen? Die Kontroverse um die hessischen Rahmenrichtlinien für die Unterrichtsfächer Deutsch und Gesellschaftslehre. Dokumentation einer Tagung der GEW, Frankfurt/M. 1973. Köhnlein, W.: Exemplarischer Physikunterricht. Beispiele und Anmerkungen zu einer Pädagogik der Physik, Bad Salzdetfurth 1982. Kramp, W.: Fachwissenschaft und Menschenbildung. In: Kochan, D. C. (Hg.): Allgemeine Didaktik..., Darmstadt 1970, S. 322ff. Künzli, R. (Hg.): Curriculumentwicklung. Begründung und Legitimation, München 1975. Kutscha, G.: Das politisch-ökonomische Curriculum, Kronberg 1976. Lenné, H.: Analyse der Mathematikdidaktik in Deutschland, Stuttgart 1969. Lenzen, D.: Didaktik und Kommunikation, Frankfurt/M. 1973. Leschinsky, A./Roeder, P.M.: Didaktik und Unterricht in der Sekundarstufe I seit 1950. In: Max-Planck-Institut für Bildungsforschung, Projektgruppe Bildungsbericht (Hg.): Bildung..., Bd. 1, Reinbek 1980, S. 283ff. Lippitz, W.: «Lebenswelt» oder die Rehabilitierung vorwissenschaftlicher Erfahrung, Weinheim/Basel 1980. Mannzmann, A. (Hg.): Geschichte der Unterrichtsfächer, 3 Bde., München 1983/1984. Max-Planck-Institut für Bildungsforschung, Projektgruppe Bildungsbericht (Hg.): Bildung in der Bundesrepublik Deutschland, 2 Bde., Reinbek 1980. Meyer, M. A. (Hg.): Fremdsprachenunterricht in der Sekundarstufe II, Königstein 1980. Neuner, G.: Entwicklungen im Englischunterricht. In: Max-Planck-Institut für Bildungsforschung, Projektgruppe Bildungsbericht (Hg.): Bildung..., Bd. 1, Reinbek 1980, S. 393ff. Nohl, H./Pallat, L. (Hg.):

602 Fachdidaktik

Handbuch der Pädagogik, Bd. 3, Langensalza/Berlin/Leipzig 1930. OTTE, M.: Fachdidaktik als Wissenschaft. In: Heursen, G. (Hg.): Didaktik..., Königstein 1984, S. 94ff. OTTO, B.: Der Gesamtunterricht. In: Flitner, W./Kudritzky, G. (Hg.): Die deutsche Reformpädagogik, Düsseldorf/München 1961, S. 191ff. OTTO, G.: Zur Etablierung der Didaktiken als Wissenschaften. Beobachtungen, Anmerkungen, Versuche einer Zwischenbilanz 1983. In: Heursen, G. (Hg.): Didaktik..., Königstein 1984, S. 22ff. OTTO, G./SCHULZ, W. (Hg.): Praxis und Theorie des Unterrichtens, München 1980ff. PAULSEN, F.: Geschichte des gelehrten Unterrichts, 2 Bde., Berlin/Leipzig 1919/1921. PROJEKTGRUPPE PINC: Natur und Produktion im Unterricht, Weinheim/Basel 1978. RASCHERT, J.: Bildungspolitik im kooperativen Föderalismus. In: Max-Planck-Institut für Bildungsforschung, Projektgruppe Bildungsbericht (Hg.): Bildung..., Bd. 1, Reinbek 1980, S. 103ff. REDEKER, B.: Zum Lernen von Physik. In: Lippitz, W./Meyer-Drawe, K. (Hg.): Kind und Welt, Königstein 1984, S. 16ff. REIN, W.: Allgemeine Didaktik. In: Rein, W. (Hg.): Enzyklopädisches Handbuch der Pädagogik, Bd. 2, Langensalza [2]1904, S. 203ff. REIN, W. u. a.: Theorie und Praxis des Volksschulunterrichts, Leipzig [7]1903. RICHTER, W.: Didaktik als Aufgabe der Universität, Stuttgart 1969. ROBINSOHN, S. B.: Bildungsreform als Revision des Curriculum, Neuwied/Berlin 1967. ROEDER, P. M.: Lehrerbildung und Bildungsreform. In: Heursen, G. (Hg.): Didaktik..., Königstein 1984, S. 59ff. ROTH, L. (Hg.): Handlexikon zur Didaktik der Schulfächer, München 1980. SCHÄFER, W.: Geschichte in der Schule, Stuttgart 1976. SCHELLER, I.: Erfahrungsbezogener Unterricht, Königstein 1981. SCHENK, B.: Wissenschaftspropädeutik und Lebensweltorientierung im Physikunterricht – ein Widerspruch? In: Heursen, G. (Hg.): Didaktik..., Königstein 1984, S. 203ff. SCHMIEL, M.: Einführung in fachdidaktisches Denken, München 1978. SCHULZ, W.: Unterrichtsplanung, München/Wien/Baltimore 1980. SPRANGER, E.: Der Bildungswert der Heimatkunde, Stuttgart 1952. SPRECKELSEN, K.: Strukturelemente der Physik als Grundlage ihrer Didaktik. In: Natw. im U. 23 (1975), S. 418ff. THOMA, G.: Zur Entwicklung und Funktion eines «didaktischen Strukturgitters» für den politischen Unterricht. In: Blankertz, H. (Hg.): Curriculumforschung..., Essen 1971, S. 67ff. TIMMERMANN, J. (Hg.): Fachdidaktik in Forschung und Lehre, Hannover/Darmstadt/Dortmund 1972. TWELLMANN, W. (Hg.): Handbuch Schule und Unterricht, Düsseldorf 1981ff. VIERZIG, S.: Ideologiekritik und Religionsunterricht, Zürich/Einsiedeln/Köln 1975. VOGT, J.: Literaturdidaktik. In: Vogt, J. (Hg.): Literaturdidaktik, Aussichten und Aufgaben, Düsseldorf 1972, S. 9ff. VOLK, D.: Plädoyer für einen problemorientierten Mathematikunterricht in emanzipatorischer Absicht. In: Ewers, M. (Hg.): Naturwissenschaftliche Didaktik zwischen Kritik und Konstruktion, Weinheim/Basel 1975, S. 203ff. WACKERNAGEL, PH.: Deutsches Lesebuch, Vierter Teil, für Lehrer. Der Unterricht in der Muttersprache, Stuttgart 1843. WAGENSCHEIN, M.: Ursprüngliches Verstehen und exaktes Denken, 2 Bde., Stuttgart 1970. WAGENSCHEIN, M.: Anmerkungen zum Normenbuch Physik. In: Flitner, A./Lenzen, D. (Hg.): Abitur-Normen..., München 1977, S. 146ff. WENIGER, E.: Didaktik als Bildungslehre, Teil 1: Theorie der Bildungsinhalte und des Lehrplans, Weinheim 1952. WICHMANN, O.: Eigengesetz und bildender Wert der Lehrfächer – Untersuchungen über die Beziehung von allgemeiner Pädagogik und Fachwissenschaft, Halle 1930. WILLMANN, O.: Didaktik als Bildungslehre, Freiburg/Wien [6]1957. WISSENSCHAFTSRAT: Empfehlungen zur Struktur und zum Ausbau des Bildungswesens im Hochschulbereich nach 1970, Bd. 2, Bonn 1970. WOPP, CH.: Unterricht, handlungsorientierter. In: Enzyklopädie Erziehungswissenschaft, Bd. 3, Stuttgart 1986, S. 600ff. ZIMMER, J. (Hg.): Curriculumentwicklung im Vorschulbereich, 2 Bde., München 1973.

Gerd Heursen

Fachdidaktik, bildungstheoretische → Fachdidaktik
Fächerkanon → Fach – Fächerkanon
Fachhochschule → Bildungssystem (Bundesrepublik Deutschland)
Fachkräftebedarf → Qualifikation – Qualifikationsforschung
Fachlehrerausbildung → Lehrerausbildung
Fachoberschule → Bildungssystem (Bundesrepublik Deutschland)
Fachschule → Bildungssystem (Bundesrepublik Deutschland)
Fachwissenschaft → Fachdidaktik; → Interdisziplinarität
Fähigkeit, kreative → Kreativität
Fakultät → Studium Generale
Fakultät, philosophische → Lehrerausbildung
Falsifikationismus → Erziehungswissenschaft, kritisch-rationale

Familie – Familienerziehung

Familie als Problem. Was wir heute landläufig als «Familie» bezeichnen, gerät gegenwärtig in offensichtliche Legitimationsschwierigkeiten. Das gilt für die Familienpraxis, die Familienforschung und die Familienpolitik. An der *Familienpolitik* beobachten wir das Dilemma, daß eine im Rahmen der bürgerlichen Gesellschaft als entschieden privat definierte Institution zunehmend zum Gegenstand öffentlicher Fürsorge wird und damit unter den Erwartungsdruck öffentlich bestimmter Erziehungsleistungen gerät. Obwohl bei den familienpolitischen Auseinandersetzungen Überzeugungen vom angeblich übergeschichtlichen Charakter der Familie häufig eine Rolle spielen, die ohne empirische Basis sind, korrespondiert doch die Heftigkeit und Ängstlichkeit, mit der die Diskussion geführt wird, der *familienpraktischen* Problematik: beispielsweise wachsende Scheidungsraten, Distanzierung der Generationen, zunehmende Therapiebedürftigkeit, innerfamiliale Gewalt, Brüche zwischen der familialen Erziehungspraxis und den Erwartungen öffentlicher Erziehung und Unterrichtung, Konkurrenz der innerfamilialen Werte mit den Werten von Freizeit und Konsum. Derartige Beobachtungen liegen freilich auf verschiedenen Ebenen und sind sowohl in ihrem Ausmaß als auch im Umfang der Folgewirkungen gegenwärtig quantitativ nicht hinreichend ermittelt. Aber selbst wenn es sich nur um eine (überschätzte) Minderheit handeln sollte, sind die Erscheinungen offenbar hinreichend beunruhigend, eine Diskussion zu intensivieren und bis zur Prophezeiung vom «Tod der Familie» (COOPER 1972) zu stilisieren, die – mit sozialwissenschaftlichem Anspruch – im 19. Jahrhundert begonnen wurde (vgl. LE PLAY 1855, RIEHL 1855) und gegenwärtig zu einer breit gefächerten *Familienforschung* geführt hat. Die Ambivalenzen in der praktischen und politischen Beurteilung treten auch hier hervor: Die neuerdings intensivierte *historische Familienforschung* (vgl. Ariès 1975, Beuys 1980, Conze 1976, DeMause 1977, Laslett/Wall 1972, Mitterauer/Sieder 1977; vgl. Rosenbaum 1978, 1982; vgl. Shorter 1977; vgl. die Bibliographie von Herrmann u. a. 1980) entzündet sich unter anderem an der Frage, ob die gegenwärtige Kleinfamilie das geschichtliche Resultat einer Evolution zu immer «humaneren» Formen des Umgangs der Generationen miteinander ist (vgl. DeMause 1977) oder nicht eher das problematische Ende einer familienzerstörerischen jüngeren Geschichte (vgl. Ariès 1975). Ebenso bedeutsam ist die Frage, ob die traditionelle Unterstellung, die Familie sei eine den historischen Wandel relativ überdauernde Form menschlichen Zusammenlebens, aufrechterhalten werden kann angesichts historischer Befunde, die eher bisweilen verwirrende Vielfalt erbringen (vgl. Mitterauer/Sieder 1977, Laslett/Wall 1972, Shorter 1977). Die *soziologische* Familienforschung wird durch ein ähnliches Problem bewegt: Soll die Familiensoziologie mit einem Familienbegriff operieren, der sich auf die «Totalität» historisch-konkreter Gesellschaftsformationen bezieht und in den jeweils herrschenden «Bedingungen der materiellen Produktion» fundiert ist (Rosenbaum 1978, S. 18), oder soll sie versuchen, Typen zu rekonstruieren, die unter durchaus verschiedenartigen gesamtgesellschaftlichen Bedingungen entstehen können und für deren Entstehung, Struktur und Funktion also allgemeine Gesetze des sozialen Lebens geltend gemacht werden können (vgl. König 1973, S. 123ff)?

In der *Sozialisationsforschung* schließlich spielt die Frage eine Rolle, ob die Parameter für gelungene Sozialisationsleistungen der Familie den durchschnittlichen Anforderungen des Schulsystems (zum Beispiel Sprachverhalten, Leistungsmotive, soziale Integrationsfähigkeit, Planungsfähigkeit) entnommen werden sollen, ober ob nicht vielmehr schicht-kulturelle Merkmale zur Geltung zu bringen seien, die eine Beurteilung nach einem zwar kulturell dominanten, aber mittelschichtspezifischen Standard familialer Erziehungspraxis fragwürdig erscheinen lassen. Die im wesentlichen einerseits auf Fallanalysen, andererseits auf der Erörterung theoretischer Konstrukte basierende *Familientherapie-Forschung* blieb von solchen Verunsicherungen nicht unberührt; die normativen Implikationen theoretisch-begrifflicher Alternativen treten hier, weil durch den einzelnen Fall konkret herausgefordert, besonders deutlich hervor: Darf die Therapie mit der Unterstellung arbeiten, daß das therapiebedürftige System, obwohl bedroht, in seiner Funktionsfähigkeit erhalten werden muß, oder darf sie, um der Befriedigung des inzelnen Mitgliedes willen, eine Auflösung des Systems unterstützen (vgl. Boszormenyi-Nagy/Framo 1975, Minuchin u. a. 1967, Satir 1973)?

Begriff der Familie. Die erwähnte Familienforschung hat nur zum Teil ihren Fokus in der pädagogischen Problematik. Wenn auch der Historiker, um die geschichtlichen Besonderungen nicht zu nivellieren, und der Soziologe aus Mißtrauen gegen anthropologische Behauptungen den wissenschaftlichen Sinn eines allgemeinen Familienbegriffs skeptisch beurteilen, liegt die Problemstellung für die Erziehungswissenschaft doch anders. So verschieden die je historisch besonderen Strukturen und Funktionen der Familie sein mögen, für das pädagogische Interesse ist es sinnvoll, von einem Begriff auszugehen, der historischen und systematischen Vergleich möglich macht, also Behauptungen über Kontinuität und Wandel zu prüfen erlaubt. Einer solchen Anforderung kommt eine Definition von CLAESSENS/MENNE (1973, S. 314) entgegen, nach der von «Familie» immer und nur dann die Rede sein soll, wenn «wenigstens zwei gegengeschlechtliche psychosozial erwachsene Menschen eine weitere Generation produzieren und mindestens so erziehen, daß diese nächste Generation» – hier weichen wir von Claessens/Menne ab – psycho-sozial erwachsen werden kann. Eine solche Definition ist freilich formal und abstrakt, aber darin liegt ihr erziehungswissenschaftlicher Wert: Sie erlaubt, solche Formen des Zusammenlebens in Geschichte und Gegenwart aufzusuchen, die vergleichbar sind, weil sie das Strukturmerkmal (gegengeschlechtliche Erwachsene, zwei Generationen) und das Funktionsmerkmal «erziehen» gemeinsam haben (zu Einwänden gegen dieses Vorgehen: vgl. ROSENBAUM 1978, S. 13 ff). Allerdings gerät das Merkmal «wenigstens zwei gegengeschlechtliche Erwachsene» gegenwärtig in Schwierigkeiten durch das starke Anwachsen von Mutter-Kind-Familien (→ Mutter).

Eine derartige Definition ist selbst historisch bestimmt; sie bringt einerseits ein Interesse an solchen Vergleichen zum Ausdruck, in denen eben diese Merkmale Berücksichtigung finden: Es sind aber, wie leicht zu sehen ist, diejenigen Merkmale, auf die sich in der Gegenwart vor allem das praktische Interesse richtet angesichts der Dominanz des Typs der «Kleinfamilie» (in der römischen Antike bespielsweise wäre ein solcher Begriff sinnlos erschienen; «familia» war ein reiner Personenstands- und Vermögensbegriff); andererseits ist solche Begriffsbildung erst unter den Bedingungen historischen Bewußtseins möglich, erst dann also, wenn historisch-gesellschaftliche Verschiedenheit als Wandel von Lebensformen und nicht nur als pure Norm-Abweichung gedacht werden kann.

In diesem Sinne ist die Erziehungswissenschaft interessiert an den Fragen: Wie war in vergangener Zeit der Umgang der beiden Generationen innerhalb dieser Kleingruppen-Konstellation beschaffen (vgl. ARIÈS 1975, DEMAUSE 1977)? In welchen näheren sozialen Kontexten

606 Familie – Familienerziehung

(Haushalt, Verwandtschaftssystem oder Produktion) und welchen gesamtgesellschaftlichen Formationen konkretisierte sich diese Konstellation (vgl. CONZE 1976, LASLETT/WALL 1972, MITTERAUER/SIEDER 1977; vgl. ROSENBAUM 1978, 1982)? Welche Folgen hatte das für die nähere Bestimmung der Erziehungsfunktion, das heißt unter anderem, wie ist – historiographisch – der Zusammenhang zu denken zwischen einerseits den Bedingungen, Funktionen und Kommunikationen der Erwachsenen-Subgruppe solcher sozialer Einheiten und andererseits den damit verbundenen Intergenerationen-Kontakten (vgl. ARIÈS 1975, SHORTER 1977)? Gibt es Regeln – außer den bekannten nach Schichten und Klassen –, die die Arten solcher Kommunikationen und Kontakte generieren (vgl. DEMAUSE 1977, BOURDIEU 1979)? Schließlich: Welche Probleme ergeben sich unter Berücksichtigung derartiger Fragestellungen für die Gegenwart, und lassen sich daraus Zukunftsprognosen gewinnen im Hinblick auf Chancen einer historischen Weiterentwicklung gegenwärtiger familialer Erziehungsfigurationen?

Pädagogische Funktionen der Familie. Geschichte, Struktur und Funktion der Familie können unter vielen Gesichtspunkten (beispielsweise als Verwandtschaftssystem, als ökonomische Einheit, als Ort biologischer Reproduktion der Gattung oder als Herrschaftsinstrument) dargestellt werden. Hier soll, in Anlehnung an die zitierte Definition von Claessens/Menne, von der Familie nur insofern die Rede sein, als von ihr Erziehungsleistungen erwartet werden können. Die Behauptung, die Erziehungsfunktion der Familie (in welcher besonderen historischen Gestalt sie auch auftreten mag) sei universal, ist vermutlich nicht falsch; gleichwohl *beginnen* die Probleme damit erst; denn offenbar ist das, was in den verschiedenen Epochen und Gesellschaften als Erziehungsaufgabe angesehen wurde, häufig kaum noch miteinander vergleichbar. Das wird an den wichtigsten familientheoretischen Kontroversen mit erziehungswissenschaftlicher Relevanz der letzten Jahrzehnte deutlich:

Die These, die neuere Geschichte der Familie sei die Geschichte eines *Funktionsverlustes*, darf heute als mindestens problematisch gelten (vgl. MITTERAUER/SIEDER 1977, S. 94ff). Sie verdankte sich einer normativ-restaurativen Stilisierung, akzentuiert und mit wissenschaftlichem Anspruch schon von LEPLAY (vgl. 1855) und RIEHL (vgl. 1855) im Anschluß an die historische Schule vorgetragen, die das angeblich empirische Datum einer Schrumpfung auf die Kleinfamilie mit der Behauptung verband, die Familie habe wichtige, besonders pädagogisch relevante Funktionen zunehmend an andere → Institutionen (→ Schule, Kindergarten, Arbeitsstätte, Sozialhilfe) abgegeben. Demgegenüber kann «allenfalls von einem Funktionswandel» gesprochen werden (ROSENBAUM

Familie – Familienerziehung 607

1978, S. 20; vgl. KÖNIG 1974, S. 69f), und auch dies nur, sofern die Veränderungs-Behauptung auf vergleichbare gesellschaftliche Teilgruppen beschränkt wird (zum Beispiel Wandel der pädagogischen Funktion der Familie im Proletariat).

Mit dieser Problemstellung ist die Frage verknüpft, ob es – besonders unter dem Einfluß von Industrie und Kapitalismus – einen Wandel von der *Großfamilie zur Kleinfamilie* gegeben habe. Die Antwort fällt heute skeptisch aus: Kleinfamilien (bestehend aus nur zwei Generationen) hat es offenbar unter den verschiedensten epochalen und gesellschaftlichen Bedingungen gegeben (vgl. MITTERAUER/SIEDER 1977, LASLETT/WALL 1972, SHORTER 1977); die quantitativen Verhältnisse sind gegenwärtig noch schwer auszumachen; nicht einmal die von KÖNIG (vgl. 1973) geäußerte Hypothese, die Kleinfamilie sei für Unterschichten charakteristisch, kann ohne Einschränkung aufrechterhalten werden (vgl. BRAUN 1979, SCHWÄGLER 1970). Außerdem ist zweifelhaft, ob derartige Unterschiede in der Familienstruktur für die Probleme der Familienerziehung durchschlagend sind oder ob demgegenüber nicht der Habitus des Umgangs mit Kindern (vgl. ARIÈS 1975, DEMAUSE 1977, SHORTER 1977) und das gesellschaftlich dominierende Bild von → Kindheit und → Jugend wichtiger sind.

Schließlich bleibt die Frage, ob es nicht doch so etwas wie einen sozialstrukturell und historisch je dominanten Familientypus gebe beziehungsweise gegeben habe. Soziologisch ist die Frage gegenwärtig schwer zu entscheiden. Die erziehungswissenschaftliche Antwort fällt leichter: Im Hinblick auf die *innerfamilialen Erziehungsprobleme* ist unbestritten, daß die bürgerliche Gesellschaft eine Entwicklung zur quantitativen Dominanz der «Gattenfamilie» hervorgebracht hat, die alle sozialen Gruppen erfaßt: SHORTER (1977, S. 31) nennt die Merkmale dieses Typs: das «persönliche Glück» der Gatten; die emotionale Intensität der Mutter-Kind-Beziehung; «Privatheit und Intimität» beziehungsweise «Häuslichkeit» der Familienbeziehungen. Familie als pädagogisches Problem, also als relevantes «Thema» der Familienmitglieder (vgl. HESS/HANDEL 1975), gibt es erst unter diesen Bedingungen, deren allmähliche Herausbildung für die Zeit zwischen dem 17. und 19. Jahrhundert (für die verschiedenen sozialen Schichten und verschiedene Länder in unterschiedlicher Geschwindigkeit) angenommen werden kann. Vordem war offenbar das, was wir heute als pädagogische Funktion der Familie bezeichnen, untergeordneter Bestandteil des «Hauswesens», der hinter den genealogischen, rechtlichen, ökonomischen, politischen Dimensionen zurücktrat. Als Beleg für diese relative Irrelevanz der Erziehungsdimension mag wenigstens die Tatsache gelten, daß mit Sicherheit bis in das 18. Jahrhundert hinein eine – in gegenwärtiger Perspektive beurteilt – bemerkenswerte emotionelle Gleichgültigkeit den Kindern gegenüber

608   Familie – Familienerziehung

charakteristisch war, und zwar in allen gesellschaftlichen Schichten (vgl.
ARIÈS 1975, DEMAUSE 1977, DONZELOT 1979, SHORTER 1977) und unabhängig von Familienform und -größe.

Die Ursachen für die im 19. Jahrhundert sich endgültig durchsetzende
pädagogische Thematik der Familie können mit guten Gründen zum
großen Teil im sich entfaltenden Kapitalismus gesehen werden. SHORTER
(vgl. 1977, S. 289ff) vermutet in erster Linie den egoistischen Individualismus, der die «romantische» Gattenliebe durch Auflösung traditioneller kollektiver Orientierungen begünstigte und das steigende materielle
Existenzniveau der Massen, das die intensivere Zuwendung zum Kinde
ermöglichte. Aber diese Entwicklung war *ideengeschichtlich* vorbereitet. Während noch die antike Ökonomik («Hauslehre»; zum Beispiel
Hesiod, Xenophon, Aristoteles) sich fast ausschließlich auf materielle
Produktion, Vermögensprobleme, Tugenden, eheliches Verhältnis, Beziehungen zu Bediensteten und Gästen oder Beziehungen zur Polis konzentriert (in Hesiods «Erga» heißt es: «Allererst nun ein Haus und ein
Weib und den pflügenden Ochsen» – Vers 405f), beginnt in der frühen
Neuzeit eine sozialnormative pädagogische Literatur, in der – wenn man
so sagen darf – die um Partnerprobleme, Sorge um die Kinder und gesit-
tete Häuslichkeit bemühte «Geburt der modernen Familie» (SHORTER
1977) sich bereits ankündigt. In diese neuzeitliche Tradition gehören unter anderem die Werke «Della famiglia» des L. B. Alberti (um 1430), die
«Essays» des M. de Montaigne (um 1580) und die «Pampaedia» des
J. A. Comenius (um 1677) (vgl. ALBERTI 1962, COMENIUS 1960, DE
MONTAIGNE 1953). Besonders unter dem Einfluß Luthers wird in dieser
Zeit in den neu entstehenden Hauslehren «dem Erwerb von Reichtum
die Kindererziehung als die erste Aufgabe in einem christlichen Haus-
wesen gegenübergestellt» (HOFFMANN 1959, S. 43). Über zweieinhalb
Jahrhunderte breitet sich dann in diesem Sinne eine «Hausväterlitera-
tur» aus, in der als Hauptzwecke des häuslichen Lebens die Ehe und die
Fürsorge für die Kinder herausgestellt werden; zur Erhaltung der gan-
zen Hausgemeinschaft (ökonomisch und ethisch) seien Redlichkeit,
Fleiß und Sparsamkeit unerläßliche Bedingungen (vgl. HOFFMANN 1959,
S. 87ff, S. 188ff); dies aber sind eben jene Tugenden, die der merkanti-
listische Markt erfordert. In den um 1700 in England und um die Mitte
des Jahrhunderts auch in Deutschland auftauchenden Moralischen
Wochenschriften setzt sich diese Tendenz fort, allerdings mit neuen Ak-
zenten; die theologische Begründung entfällt, die Liebe zwischen den
Ehegatten wird nun als unerläßliche Voraussetzung eines gedeihlichen
Familienlebens angesehen, die Familie wird als «Gemütsgemeinschaft»
(SCHWÄGLER 1970, S. 17) beschrieben; die Erziehungsaufgaben werden
immer wichtiger. Obwohl zu dieser Zeit (18. Jahrhundert) die moderne
Kleinfamilie (kindzentriert, auf emotionalen Bindungen beruhend)

Familie – Familienerziehung   609

noch weit davon entfernt war, ein quantitativ dominanter Typus zu sein, war ihr Bild propagandistisch entworfen. Die europäischen Intellektuellen unter den pädagogischen Schriftstellern (so Locke, Rousseau, Salzmann, Schleiermacher), besonders aber die Mediziner, bekräftigen es durch herbe Kritik an den immer noch vorherrschenden traditionellen Zuständen (Kindersterblichkeit, emotionale Gleichgültigkeit, Ammen-Wesen, frühe Trennung von Kind und Eltern) und durch erste Versuche, die «Sozialforschung» (genaue Beschreibungen, quantitative Erhebungen, Ursachen-Ermittlung) in den Dienst des neuen Trends zu stellen. Mit dem «Biedermeier» um die Mitte des 19. Jahrhunderts hat diese Entwicklung ihr begriffliches Ende erreicht; zugleich aber vollzog sich auch der Umschlag in ihre kritische Reflexion in F. Engels' «Die Lage der arbeitenden Klassen in England» (1845 – vgl. ENGELS 1952).

Familienerziehungsforschung. Unter pädagogischem Gesichtspunkt sind die folgenden Fragen in den Vordergrund zu rücken: Die Familie ist, trotz ihres problematischen Status, der soziale Ort, an dem sich im Regelfall die ersten Schritte der *Menschwerdung* vollziehen; das bedeutet im einzelnen, daß das Kind sich in tätiger Auseinandersetzung mit seiner Umwelt die Grundkompetenzen interpersonalen Handelns bildet; daß es in diesem Bildungsvorgang sich selbst bestimmen, das heißt sein → Ich abzugrenzen erlernt (gegen die Objekte der Wahrnehmung, andere Personen, seine eigenen Antriebe) und daß es die grundlegenden kognitiven Orientierungen (Begriffe) erwirbt. Die theoretische Rekonstruktion dieser Dimensionen kindlich-familialer Bildung kann nach dem Muster zweier anthropologisch begründeter Paradigmen vorgenommen werden: dem der werkzeugvermittelten Auseinandersetzung mit der Natur (instrumentelles Handeln) und dem der sprachvermittelten Auseinandersetzung mit anderen Menschen (kommunikatives Handeln).

Diese auch unter anderen historischen Bedingungen (und von den Primärgruppen, die die erste Erziehung der Kinder übernehmen) zu leistenden Aufgaben stehen unter einem historisch-spezifischen Bedingungs-/Erwartungsdruck. Die aktuelle Definition von Problemen der Familienerziehung wird von folgenden vier Merkmalen der gegenwärtigen Situation strukturiert: die Einführung der Erziehungsthematik nicht nur als Recht der Familie, sondern als ihre juristisch kontrollierbare Pflicht (Pädagogisierung), die Abschließung der Familie gegenüber der Öffentlichkeit (Privatisierung), die emotionale Verdichtung der innerfamilialen Beziehungen (Intimisierung), die über Lohn beziehungsweise Gehalt hergestellte materielle Sicherung. Diese Merkmale sind einerseits Bedingungen der Erziehungsfunktion der Familie, andererseits gefährden sie auch eine angemessene Erfüllung der pädagogischen Aufgaben,

610 Familie – Familienerziehung

die nun als *Balancierungsleistungen* erscheinen (vgl. CLAESSENS/MIL-
HOFFER 1973, MOLLENHAUER u. a. 1975, STRYKER 1964). Eine derartige
Problemstellung wurde insbesondere im Anschluß an die theoretischen
Konstrukte des symbolischen Interaktionismus (vgl. MEAD 1968) entwickelt (vgl. BURGESS/LOCKE 1945), durch die Einbeziehung psychoanalytischer und kommunikationstheoretischer Fragestellungen erweitert
(vgl. BELL/VOGEL 1960, BATESON u. a. 1969) und in der Formel symbo-
lisiert, die Familie sei eine «Unity of interacting personalities»
(vgl. BURGESS/LOCKE 1945). Das erscheint trivial, ist aber erfolgreich,
wenn → Interaktion nicht nur als Reiz-Reaktionen-Folge, sondern als
wechselseitige Darstellung von *Interpretationen* der Erwartungen, Aufgabenstellungen, Beziehungsdefinitionen und Umweltbedingungen begriffen wird. Die «Systemeigenschaften» der Familie (vgl. CLAESSENS
1962, NEIDHARDT 1975) erlauben eine vergleichsweise gute Realisierung
derartiger Interaktion, und darin liegt ihre pädagogische Potenz. Dennoch ist diese Potenz gefährdet, bleiben die Balancen prekär. Für die gegenwärtige Situation der Familienerziehung lassen sich beispielsweise
die folgenden Schwierigkeiten ausmachen:

Erstens: Die Tatsache, daß die Familie notwendigerweise, durch den
Generationenabstand zwischen Eltern und Kindern, eine *Dominanz-
struktur* hat (vgl. CLAESSENS/MENNE 1973, S. 317 ff; vgl. LÜSCHEN/
LUPRI 1970, S. 323 ff, S. 353 ff) – besonders eine des → Vaters in der doppelten Dominanz des Geschlechts und der Generation –, macht sie emp-
fänglich für gesellschaftliche Bedingungen, in denen sich Herrschaft realisiert. Sie kann deshalb bei ihren Mitgliedern, vor allem den Kindern,
die sozialpsychologische Disposition bereitwilliger Unterwerfung unter
beliebige andere → Autoritäten hervorbringen (vgl. ADORNO 1973,
HORKHEIMER 1936). Die Formen elterlicher Autoritätsausübung unterstützen überdies solche Persönlichkeitsmerkmale des Kindes, die seinen
Erfolg im gegenwärtigen Bildungssystem beeinträchtigen, und zwar abhängig von der Stellung der Eltern im System gesellschaftlicher Arbeitsteilung (vgl. CAESAR 1972). – Zweitens: Da gegenständlich-produktive
Tätigkeit im Regelfall nicht mehr den materiellen Mittelpunkt der Fami-
lien-Interaktionen bildet, sind diese außerordentlich stark allen *Schwankungen des Gefühls und der* ins Spiel gebrachten *Deutungen* ausgesetzt!
Die Eltern-Kind-Beziehungen sind anfällig für Belastungen aus der Berufstätigkeit der Eltern (vgl. GRÜNEISEN/HOFF 1977, OTTOMEYER 1974),
unbewältigte Konflikte zwischen den Eltern verschieben sich auf die
Eltern-Kind-Beziehung (vgl. BATESON u. a. 1969, RICHTER 1970), extreme Belastungen durch die äußere oder innere Umwelt (Verarmung,
Emigration, Ausfälle von Mitgliedern durch Scheidung oder Tod oder
Drogenabhängigkeit) strapazieren die Flexibilität (vgl. HANSEN/HILL
1964, S. 782 ff). – Drittens: Die *Mutter-Kind-Beziehung* im Säuglingsal-

ter und der frühen Kindheit ist nicht mehr nur eine Frage zureichender Pflege, sondern empfindlicher Seismograph der pädagogischen (sozialisatorischen) Möglichkeiten. Infolgedessen ist nicht nur das Problem der Konstanz der Bezugspersonen mit Mutterfunktion, die Prüfung derartiger Annahmen in lerntheoretischen, psychoanalytischen und kulturvergleichenden Studien verfolgt worden, sondern ebenfalls das der Form dieser Beziehungen (vgl. LEHR 1973, LIEGLE 1971, LORENZER 1972, SCHMALOHR 1975). – Viertens: Die → *Emanzipation der Kinder* aus dem Familienzusammenhang ist ein Strukturproblem dieser sozialen Gruppe dann, wenn – wie heute der Regelfall im größten Teil der Bevölkerung – Strukturkontinuität nicht durch produktives Eigentum gesichert ist. Die Pädagogisierung der Familie müßte die Ablösung der Kinder erleichtern, die Intimisierung erschwert sie. Verlassen die Kinder die Familie, bleibt nur die Ehe – also eine völlig andere Struktur – übrig. Eltern antizipieren diese Situation und halten Kinder fest; Kinder antizipieren ihren Status als Selbständige und rücken von den Eltern ab (vgl. GILLIS 1980, SHORTER 1977, STIERLIN 1975).

Das so erzeugte komplizierte Netz psychosozialer Verhältnisse präsentiert dem Kinde nicht notwendig jene Bedingungen, deren es zur Bildung des «sozialen Optimismus» (vgl. CLAESSENS 1962) und des «Urvertrauens» (vgl. ERIKSON 1966), zusammen mit sozialer Distanz, für seine Entwicklung bedarf; aber es ist für die Entwicklung von Ich-Identität und sozialem Verhalten die wichtigste Bedingung – was unter anderem auch daraus zu folgern ist, daß, bei der Erklärung von → Verhaltensstörungen, die psycho-soziale Familiensituation unter allen Variablen den größten Teil der Varianz aufklärt (vgl. MOSER 1970, S. 108ff; vgl. EBERHARD/KOHLMETZ 1973).

Diese Tatsachen verpflichten zu subtiler Analyse, die sich nicht nur auf historisch-gesellschaftliche Charakteristik und interpersonale Beziehungen richtet, sondern die Familie als eine → Lebenswelt zum Thema macht, durch die die herrschende → Kultur in fundamentale Kompetenzen des Kindes transformiert wird (vgl. CLAESSENS 1962, S 100ff). Wie derartige Analysen beschaffen sein können, haben beispielhaft HESS/HANDEL (vgl. 1975) gezeigt, deutlicher und umfassender aber vor allem SARTRE (vgl. 1977–1980) in seinem Werk über G. Flaubert.

Perspektiven. Wie auch immer gefährdet, sozialstrukturell relativ und historisch überholbar, ist gegenwärtig doch die Familie der gesellschaftlich reguläre Ort, an dem die basalen Bildungsprozesse vollzogen werden. Anders als ganzheitliche historische Analyse – das heißt als qualitative, phänomenologisch-strukturale, auf typische Fälle gerichtete – wird allerdings das erziehungswissenschaftliche Studium der Familienerziehung kaum weiterkommen. Es bedarf zunächst einer hinter die

612 Familie – Familienerziehung

Vereinzelung der gegenwärtig zumeist vorherrschenden Sichtweisen noch zurückgehenden *Phänomenologie*, die die eigentümlichen Transformationen beschreibt, die die Erziehungsleistung der Familie ausmachen: «den ‹wilden Körper› [...] durch einen ‹habituierten› [...] zu ersetzen» (BOURDIEU 1979, S. 199), die Transformation von Intersubjektivität durch die Einführung in die Sprache (vgl. LORENZER 1972), das Vertrautmachen mit den Objekten und → Werten der Kultur im Medium alltäglichen Lebens; es bedarf ferner einer *Rekonstruktion der Regeln*, nach denen jene Tranformationen erfolgen (vgl. HESS/HANDEL 1975, MOLLENHAUER u. a. 1975); es bedarf schließlich einer *sozialhistorischen und sozialstrukturellen Lokalisierung* der Familienformen und ihrer inneren Bildungsprozesse, einer ökologischen Theorie der Familienerziehung (vgl. BRONFENBRENNER 1976; vgl. ROSENBAUM 1978, 1982). Die Sozialform «Familie» und damit ihre innere psychosoziale Dynamik wird sich, wie in der bisherigen Geschichte, wohl auch in Zukunft wandeln; ob moderne Massengesellschaften indessen auf Dauer die besondere Erziehungsleistung von Zwei-Generationen-Kleingruppen entbehren könnten, ist zweifelhaft.

ADORNO, TH. W.: Studien zum autoritären Charakter, Frankfurt/M. 1973. ALBERTI, L. B.: Über das Hauswesen, Zürich 1962. ARIÈS, PH.: Geschichte der Kindheit, München 1975. BATESON, G. u. a.: Schizophrenie und Familie, Frankfurt/M. 1969. BELL, N. W./VOGEL, E. F. (Hg.): A Modern Introduction into the Family, Glencoe (Ill.) 1960. BEUYS, B.: Familienleben in Deutschland, Reinbek 1980. BOSZORMENYI-NAGY, J./FRAMO, J. L. (Hg.): Familientherapie, 2 Bde., Reinbek 1975. BOURDIEU, P.: Entwurf einer Theorie der Praxis, Frankfurt/M. 1979. BRAUN, R.: Industrialisierung und Volksleben, Göttingen 1979. BRONFENBRENNER, U.: Socialization and Social Class through Time and Space. In: Maccoby, E. u. a. (Hg.): Readings in Social Psychology, New York 1958, S. 400ff. BRONFENBRENNER, U.: Ökologische Sozialisationsforschung, Stuttgart 1976. BURGESS, E. W./LOCKE, H.: The Family. From Institution to Companionship, New York 1945. CAESAR, B.: Autorität und Familie, Reinbek 1972. CHRISTENSEN, H. T. (Hg.): Handbook of Marriage and the Family, Chicago 1964. CLAESSENS, D.: Familie und Wertsystem, Berlin 1962. Claessens, D./Menne, F. W.: Zur Dynamik der bürgerlichen Familie. In: Claessens, D./Milhoffer, P. (Hg.): Familiensoziologie, Frankfurt/M. 1973, S. 313ff. CLAESSENS, D./MILHOFFER, P. (Hg.): Familiensoziologie, Frankfurt/M. 1973. CLOER, E. (Hg.): Familienerziehung, Heilbronn 1979. COMENIUS, J. A.: Pampaedia, hg. v. D. Tschizewskijx, Heidelberg 1960. CONZE, W. (Hg.): Sozialgeschichte der Familie in der Neuzeit Europas, Stuttgart 1976. COOPER, D.: Der Tod der Familie, Reinbek 1972. DEMAUSE, L. (Hg.): Hört ihr die Kinder weinen. Eine psychogenetische Geschichte der Kindheit, Frankfurt/M. 1977. DONZELOT, J.: Die Ordnung der Familie, Frankfurt/M. 1979. EBERHARD, K./KOHLMETZ, G.: Verwahrlosung und Gesellschaft, Göttingen 1973. ENGELS, F.: Die Lage der arbeitenden Klassen in England (1845), Berlin 1952. ERIKSON, E. H.: Identität und Lebenszyklus, Frankfurt/M. 1966. GILLIS, J. R.: Geschichte der Jugend, Weinheim 1980. GRÜNEISEN, V./HOFF, E.-H.: Familienerziehung und Lebenssituation, Weinheim 1977. HANSEN, D. A./HILL, R.: Families under Stress. In: Christensen, H. T. (Hg.): Handbook..., Chicago 1964, S. 782ff. HERRMANN, U. u. a.: Bibliographie zur Geschichte der Kindheit, Jugend und Familie, München 1980. Hess, R. D./Handel, G.: Familienwelten, Düsseldorf 1975. Hoffmann, J.: Die «Hausväterliteratur», Weinheim 1959. Horkheimer, M. (Hg.): Studien über Autorität und Familie, Paris 1936. König, R.: Alte Probleme und neue Fragen in der Familiensoziologie. In: Claessens, D./Milhoffer, P. (Hg.): Familiensoziologie, Frankfurt/M. 1973, S. 123ff. König, R.: Die Familie der Gegenwart, München 1974. Laslett, P./Wall, R. (Hg.): Household and Family in Past Time, Cambridge 1972. Lehr, U.: Die Bedeutung der Familie im Sozialisationsprozeß, Stuttgart 1973. LePlay, F. (Hg.): Les ouvriers européens, Paris 1855. Liegle, L.: Kollektiverziehung im Kibbuz, München 1971. Lorenzer, A.: Zur Begründung einer materialistischen Sozialisationstheorie, Frankfurt/M. 1972. Lüschen, G./Lupri, E. (Hg.): Soziologie der Familie, Opladen 1970. Mead, G. H.: Geist, Identität und Gesellschaft, Frankfurt/M. 1968. Minuchin, S. B. u. a.: Families of the Slums, New York 1967. Mitterauer, M./Sieder, R.: Vom Patriarchat zur Partnerschaft, München 1977. Moeller, H.: Die kleinbürgerliche Familie im 18. Jahrhundert, Berlin 1969. Mollenhauer, K. u. a.: Die Familienerziehung, München 1975. Montaigne, M. de: Essays, Zürich 1953. Moser, T.: Jugendkriminalität und Gesellschaftsstruktur, Frankfurt/M. 1970. Neidhardt, F. (Hg.): Frühkindliche Sozialisation, Stuttgart 1975. Ottomeyer , K.: Soziales Verhalten und Ökonomie im Kapitalismus, Erlangen 1974. Plessner, H.: Die Stufen des Organischen und der Mensch, Berlin 1965. Richter, H.-E.: Patient Familie, Reinbek 1970. Riehl, W. H.: Die Naturgeschichte des Volkes als Grundlage einer deutschen Sozial-Politik, Bd. 3: Die Familie, Stuttgart/Tübingen 1855. Rosenbaum, H. (Hg.): Seminar: Familie und Gesellschaftsstruktur, Frankfurt/M. 1978. Rosenbaum, H.: Formen der Familie. Untersuchungen zum Zusammenhang von Familienverhältnissen, Sozialstruktur und sozialem Wandel in der deutschen Gesellschaft des 19. Jahrhunderts, Frankfurt/M. 1982. Sartre, J.-P.: Der Idiot der Familie, 5 Bde., Reinbek 1977–1980. Satir, V.: Familienbehandlung, Freiburg 1973. Schmalohr, E.: Frühe Mutterentbehrung bei Mensch und Tier, München 1975. Schwägler, G.: Soziologie der Familie, Tübingen 1970. Shorter, E.: Die Geburt der modernen Familie, Reinbek 1977. Stierlin, H.: Eltern und Kinder im Prozeß der Ablösung, Frankfurt/M. 1975. Stryker, S.: The Interactional and Situational Approaches. In: Christensen, H. T. (Hg.): Handbook..., Chicago 1964, S. 123ff.

Klaus Mollenhauer

Familienbildung → Elternbildung

Familienerziehung → Familie – Familienbildung

Familienforschung, historische → Familie – Familienerziehung

Familienhilfe, pädagogische → Vorschulerziehung

Familienhilfe, präventive → Verwahrlosung

Familienpolitik → Familie – Familienerziehung

Feindbildabbau → Friedenserziehung

Feld, pädagogisches → Verhältnis, pädagogisches

Fernlehrwesen → Bildungssystem (Bundesrepublik Deutschland)

Fernsehen → Kinderliteratur; → Medienpädagogik

Fernstudienlehrgang (für Lehrer) → Lehrerfortbildung

Fiktion → Phantasie

Film → Medienpädagogik
Finanzierung (der Ausbildung) → Ausbildungsförderung;
    → Bildungsökonomie
Flexibilitätsanalyse → Qualifikation – Qualifikationsforschung
Förderdiagnostik → Sonderpädagogik
Förderprogramm → Erziehung, kompensatorische
Förderung → Chancengleichheit; → Erziehung, kompensatorische;
    → Lehrer
Förderung (Behinderter) → Sonderpädagogik
Förderung (Hochbegabter) → Elite
Förderung (Intelligenz) → Intelligenz
Form → Struktur
Formalstufentheorie → Didaktik, allgemeine
Formenlehre → Elementarunterricht
Forschung, pädagogische → Pädagogik, systematische

Forschungsmethode

Problemstellung. Forschungsmethoden bilden in den Wissenschaften das Instrumentarium, mit dessen Hilfe wissenschaftliche Aussagen verläßlich unter Beachtung eines Kanons von Kriterien gewonnen oder überprüft werden können. Angesichts unterschiedlicher Auffassungen darüber, was das Spezifische an der Wissenschaft sei, flammt in vielen Wissenschaften die Auseinandersetzung über die «richtigen» → Methoden immer wieder auf. Für die Erziehungswissenschaft wird das Bemühen um angemessene Forschungsmethoden zusätzlich erschwert, weil ihr Gegenstand, das Erziehen und Unterrichten, als eine Kunst verstanden werden kann (vgl. SCHLEIERMACHER 1983, GAGE 1979). Eine Kunst zeichnet sich dadurch aus, daß ihre Praxis nicht bestimmten, vorgegebenen Regeln folgt. Auch das Mittel des Stils darf nicht als Eingrenzung mißverstanden werden, vielmehr wird der herrschende Stil von den hervorragendsten Vertretern durchbrochen und nicht penibel eingehalten, weil sich jede Kunst sonst im Formalen erschöpfen würde (vgl. ADORNO 1973, HORKHEIMER / ADORNO 1971). Aus dieser Situation entstehen für die Erziehungswissenschaft und die in ihr angewendeten Forschungsmethoden neben bereichsspezifischen auch Probleme, wie sie aus anderen Sozial- und Geisteswissenschaften bekannt sind: Es muß geklärt werden, welchen Charakter wissenschaftliche Aussagen in bezug auf die Realität aufweisen. Diese Relation wird im konkreten Fall mittels einer Forschungsmethode hergestellt. Außerdem müssen die besonderen Rahmenbedingungen beachtet werden, die aus der Tatsache folgen, daß es sich beim Erziehen um eine Kunst handelt. Eine Kunst kann man zwar ausüben, die Künstler bei der Arbeit beobachten, ihre Produktionen beziehungsweise Produkte auch erforschen, aber man kann ihre Tätigkeit nicht in Prognosen über Entstehung und Resultat eingrenzen.

Die Wissenschaft kann gegenüber der Praxis der Kunstausübung zwei verschiedene Funktionen erfüllen: Sie kann einerseits Leitlinien für die Reflexion und Beurteilung der Praxis liefern, andererseits einen Beitrag zum Entdecken und Erproben neuer Formen der Praxis leisten, indem Möglichkeiten gedanklich vorentworfen beziehungsweise antizipierte Realisationen einer kritischen Kontrolle unterzogen werden. Geht es darum, Leitlinien für die Reflexion der Praxis zu liefern, dann bedarf es einer Kenntnis eben dieser Praxis. Der flüchtige Eindruck kann diese Kenntnis nicht vermitteln. Was benötigt wird, sind dichte Beschreibungen, wie GEERTZ (vgl. 1987) diesen Typ im Anschluß an Ryle benennt. Im Unterschied zu oberflächlichen Beschreibungen, die sich auf die Wiedergabe von Verhaltensweisen beschränken, wird in der Form der dichten Beschreibung der Sinn eines Verhaltens in der zwischenmenschlichen → Interaktion einbezogen. So kann das Verhalten «Vater schreit seine Tochter an» im Sinne des Tadelns mit großer Lautstärke, aber auch einer Auseinandersetzung ausgelegt werden. Beschreibungen von Situationen, die für pädagogische Zwecke verfaßt werden (→ Situation, pädagogische), müssen, um sie der Reflexion zugänglich zu machen, dichte Beschreibungen sein, weil → Erziehung sich erst über die Interaktionen sowie den von den Handelnden in ihnen intendierten Sinn erschließen läßt.

Beim Gewinnen dichter Beschreibungen (vgl. GEERTZ 1987) kann man sich methodisch am Vorbild der Ethnologie orientieren: Die Erforschung der Kunstausübung hat das konkrete → Handeln in der Praxis und die dabei artikulierte Form des Erziehens zum Gegenstand. Es wird nicht die exakte Beschreibung des einzelnen Details, sondern das nachvollziehende Verstehen der Gesamtsituation angestrebt. Dabei können Methoden wie teilnehmende Beobachtung (vgl. SPRADLEY 1980) beziehungsweise strukturierte Interviews (vgl. SPRADLEY 1979) sowie Vorgehensweisen helfen, die der Hermeneutik ähneln, um bei der Auswertung und Interpretation der einzelnen gewonnenen Eindrücke die Gesamtsicht nicht zu vernachlässigen. Die angemessene Darstellung der Praxis (→ Theorie – Praxis) setzt demnach ein Zusammenwirken des Ermittelns von Vorgängen in der Praxis mit der Interpretation und Verarbeitung zu einem Gesamtbild auf der Seite des Betrachters voraus. Dessen Konstruktionen bleiben dabei immer Konstruktionen über die Konstruktionen der tatsächlich Handelnden (vgl. SCHÜTZ 1974). Sie bilden wiederum den Rahmen, innerhalb dessen der Betrachter Praxisforschung durchführen kann.

Sollen neue Formen der Praxis entworfen sowie erprobt werden und wird vorausgesetzt, daß die jeweilige Form der Praxis, wie das in der Kunst üblich ist, nicht vollständig wiederholbar, sondern allenfalls mit Abweichungen imitierbar ist, und daß man auch aus der Summe aller bisher vorgekommenen Praxen nicht die potentiell möglichen vorhersagen respektive in ihr entdecken kann, dann gibt es prinzipiell zwei Varianten, Veränderungen der Praxis durch die Wissenschaft zu beeinflussen. Einerseits kann man den Spielraum des praktischen Handelns spekulativ vorentwerfen (vgl. HERBART 1965, SCHLEIERMACHER 1983), andererseits kann man den Rahmen dessen, was möglich ist, experimentell zu erweitern versuchen (vgl. TRAPP 1913). Auf diese Weise entstehen zwei unterschiedliche Anforderungen an Forschungsmethoden: Im ersteren Fall verschaffen die Formen der Praxis einen Anreiz zur Spekulation, indem sie erlebt werden. Erfahrung dient nicht zur Bestätigung der Praxis, sie soll die →Phantasie anregen. Diese wird zusätzlich durch die zweite Wurzel der Spekulation animiert, die Lektüre anderer, die über dasselbe Problem gearbeitet haben (vgl. HERBART 1964). Deren Überlegungen werden verstehend nachvollzogen und darüber in die eigene Arbeit integriert. Soweit in diesem Rahmen methodisch geforscht wird, das meint Praxis beziehungsweise das Nachdenken über Praxis rekonstruierend nachvollzogen wird, kann man sich dabei am Vorbild der Hermeneutik orientieren. Das experimentelle Erproben neuer Lösungen in der Praxis folgt einer anderen Rationalität: Es muß möglichst genau kontrolliert werden, was geschieht und welcher Effekt sich als Resultat einstellt, weil darüber eine Entscheidung gefällt werden kann, welche Bedingungen zukünftig in der Praxis zu beachten sind, bis eine andere, neue Lösung gefunden worden ist. Die Instrumente, mit deren Hilfe Praxis sowie Effekte erfaßt werden sollen, stehen nunmehr im Mittelpunkt des Interesses. Dazu bedient man sich einer Art von Forschungsmethoden, die unter der Sammelbezeichnung «empirisch» zusammengefaßt sind. Die Bedeutung, die diesen Methoden zugeschrieben wird, resultiert aus ihrem anderen, nicht-pädagogischen Verwendungskontext. Die mit TRAPP (vgl. 1913) begonnene Richtung, durch Variation der Bedingungen systematisch die Möglichkeiten der Praxis kennenzulernen, hat zwar Nachfolger gefunden wie zum Beispiel MEUMANN (vgl. 1920); häufiger sind aber empirische Forschungsmethoden entwickelt und eingesetzt worden, um, wie das für die pädagogische Tatsachenforschung gilt, die Überlegenheit des eigenen Ansatzes gegenüber anderen nachzuweisen (vgl. E. PETERSEN 1965, P. PETERSEN 1967, MERKENS 1975) oder um Theorien über Zusammenhänge in der pädagogischen Praxis zu testen. Im letzteren Fall tritt an die Stelle der Kunst des Erziehens die Auffassung, daß es als Pendant zur Erziehungswissenschaft eine Technologie des Erziehens gebe (vgl. BREZINKA 1978), die Erziehungspraxis also gemäß den mit der Theorie bestätigten Regeln organi-

Forschungsmethode 617

siert werden solle. Der in der Kunst selbstverständliche Primat der Praxis (vgl. SCHLEIERMACHER 1983) wird in der pädagogischen Tatsachenforschung durch den einer bestimmten Auffassung von Unterricht sowie in der am sozialwissenschaftlichen Vorbild orientierten empirischen Forschung durch den der Theorie ersetzt. Forschung hat im letzteren Fall allein die Überprüfung von Theorien zum Ziel. Nunmehr kommt es bei der Forschung darauf an, die Ereignisse der Praxis möglichst genau mittels Forschungsmethoden in Daten zu transformieren, die wiederum mit den aus einer Theorie hergeleiteten Aussagen prognostiziert werden können. An die Stelle des Beschreibens und der Spekulation treten Erklärung und Prognose. Qualitative Methoden und Hermeneutik werden durch quantitative Methoden und Statistik ersetzt. Damit zeichnen sich die Konturen einer anderen Auffassung ab, durch die sich die Anforderungen an Forschungsmethoden rahmen lassen: Neben der Praxis existiert ein Bereich der Wissenschaft.

Während sich bei qualitativen Methoden und der hermeneutischen Vorgehensweise die wichtigen Vorgänge im Kopf des Forschers und damit von anderen allenfalls verstehend nachvollziehbar abspielen – eine der dabei für den Forscher vorgeschlagenen Strategien wurde von GLASER/STRAUSS (vgl. 1979) unter der Bezeichnung «grounded theory» eingeführt –, ändert sich diese Situation bei den empirisch quantitativen Forschungsmethoden: Im Forschungsprozeß werden von der Generierung der Hypothese bis hin zur Interpretation bestimmte Regeln befolgt, so daß andere überprüfen können, wieweit gemäß den Vorschriften und methodischen Erfordernissen gehandelt wurde.

Quantitative empirische Forschungsmethoden. Das Rational des Vorgehens wird von der Versuchsplanung (vgl. CAMPBELL/STANLEY 1963) über die Auswahl der Methoden, die Konstruktion sowie den Einsatz der Meßinstrumente (vgl. KROMREY 1983) bis hin zum richtigen Gebrauch der statistischen Modelle (vgl. BORTZ 1977) in Lehrbüchern für die praktische Forschung aufbereitet dargestellt. Wissenschaftlichkeit bemißt sich innerhalb des Rahmens quantitativer Methoden daran, ob den Erfordernissen der Methode Genüge getan wurde. Diese Einschätzung der Methode als Grundpfeiler der Wissenschaft orientiert sich am Erfolg der Naturwissenschaften und dem Vorbild der Physik, deren Forschungswege einschließlich der Umsetzung von Resultaten in der Technik lange Zeit als Maß für Wissenschaftlichkeit galten, indem die Leistungen der Theoretiker von Galilei bis Maxwell geringer angesetzt und deren Erfolg bei der Erklärung von Welt beziehungsweise beim Entdecken sowie Nachweisen von Naturgesetzen als methodisch bedingt interpretiert wurden. Die Einschätzung der Erfolgsgründe bewirkte, daß das Methodische schlechthin zum Grundpfeiler der Wissenschaft stilisiert wurde (vgl. DILTHEY 1968a).

Mit Hilfe empirischer Forschungsmethoden sollen Ereignisse so in Relation zu Aussagen über Wirklichkeit gesetzt werden, daß entweder solche Aussagen gewonnen oder an der Wirklichkeit überprüft werden können. Werden dazu Daten gesammelt, dann muß das auf der Basis eines entsprechenden Meßmodells geschehen: Die Rekonstruktion der Realität wird über Meßinstrumente mittels bestimmter Modellannahmen vollzogen, wie beispielsweise der, daß sich nur solche Ausschnitte der Wirklichkeit in Daten transformieren lassen, zwischen denen eine Relation – zum Beispiel größer, kleiner – hergestellt werden kann (vgl. SUPPES / ZINNES 1963). Werden die Informationen über die Wirklichkeit in der Form von Aussagen gewonnen, müssen Überlegungen angestellt beziehungsweise Regelungen getroffen werden, um deren Kern und Bedeutung zu ermitteln (vgl. CICOUREL 1970). Aus diesem Grund gibt es bei aller empirischen Forschung mindestens eine Vierteilung des Prozesses: *erstens* das Formulieren einer Fragestellung, *zweitens* das Sammeln der Daten, *drittens* deren Aufbereitung und *viertens* das Herausarbeiten des Kerns der Aussage, die als Resultat der Forschung gefunden, bestätigt oder widerlegt wurde.

Während für das Sammeln einzelne Methoden wie die Beobachtung, die Befragung oder die Inhaltsanalyse elaboriert worden sind, geschieht die Verarbeitung mittels statistischer Verfahren. Mit Hilfe der Statistik, die ihre Ursprünge in der Fehlerrechnung der Physik hat, können keine Gewißheiten gewonnen, sondern nur Wahrscheinlichkeiten angegeben werden. Außerdem basieren statistische Methoden auf bestimmten Modellannahmen, etwa der, daß bestimmte Effekte aus der Addition von Einzeleffekten plus einem nicht aufklärbaren Zufallseffekt entstehen (lineares Modell). Verfahrensweisen der Inferenzstatistik geben Informationen darüber, mit welcher Wahrscheinlichkeit ein Ereignis bei alleinigem Wirken des Zufalls eingetroffen wäre. Der Einsatz verschiedener statistischer Tests kann nochmals unterschiedliche Resultate liefern, weil mit Hilfe der einen die Maße der zentralen Tendenz und mit Hilfe der anderen die Streuungsmaße daraufhin verglichen werden, mit welcher Wahrscheinlichkeit die untersuchten Gruppen zu derselben Grundgesamtheit gehören. Deshalb stellen statistische Verfahren bei der Aufbereitung und Interpretation von Datenmengen willkommene Hilfsmittel dar, sie können aber den Forschern die Entscheidungen nicht abnehmen. Leider wird dieser Umstand sowohl in der Forschung als auch bei den Rezipienten von Forschungsresultaten häufig nicht hinreichend beachtet.

Daß trotzdem die Anwendung statistischer Verfahren im Rahmen empirischer Forschung einerseits notwendig und nützlich ist, andererseits aber auch die Art des statistischen Rationals nicht ohne Einfluß auf das

Resultat der Überprüfung bleibt, kann auf folgende Weise verdeutlicht werden: Beobachten verschiedene Menschen dieselbe Situation, so werden sie wahrscheinlich Unterschiedliches darüber berichten. Versucht man, die angemessene Sichtweise mit Hilfe der Statistik herauszufinden, so bedient man sich eines der folgenden Modelle: Wenn unendlich viele Betrachter ihre Variante berichtet haben, wählt man die am häufigsten genannte oder die im arithmetischen Durchschnitt oder die in der Mitte liegende als die richtige aus.

Um Daten in der beschriebenen Weise aufbereiten zu können, müssen sie bestimmten Anforderungen genügen: Sie müssen unter vergleichbaren Bedingungen gewonnen sein und die Ereignisse müssen dem jeweiligen Datum beziehungsweise der einzelnen Aussage in eindeutiger Weise zugeordnet werden können. Deshalb bemüht man sich, die Bedingungen zu standardisieren, unter denen Daten beziehungsweise Aussagen gewonnen werden. Empirische Forschung dieser Art ist reduktionistisch, indem sie Randbedingungen zu kontrollieren versucht (Standardisierung des Umfeldes) und gleichzeitig darauf setzt, in dieser Situation eine Systematik bestimmter Effekte entdecken zu können. Deshalb muß der häufig naiv vorausgesetzte Glaube, mittels der empirischen Forschung werde Wirklichkeit in der Weise angemessen in Aussagen transformiert, daß die Aussagen die Wirklichkeit wiedergäben, als obsolet erscheinen, denn offensichtlich findet im Prozeß des Forschens eine Idealisierung der Praxis auf einen fiktiven Durchschnitt oder eine für richtig angenommene Sichtweise statt (vgl. HABERMAS 1971). Das, was zur Aussage über die Praxis erklärt wird, entpuppt sich bei genauem Hinsehen als deren Rekonstruktion auf der Aussagenebene. Die Angemessenheit der Modellbildung kann wiederum nur in einer auf die Rahmenbedingungen des Modells reduzierten Form der Praxis überprüft werden.

Dieses Dilemma wird in der Forschungspraxis durch bestimmte Anforderungen zu minimieren und in seinen Auswirkungen einzugrenzen versucht, indem kontrolliert wird, wieweit sich das tatsächliche Vorgehen dem Ideal annähert und die Rekonstruktionen der Forschung noch eine Relation zur Praxis aufweisen: Allgemein wird vorausgesetzt, daß die Transformationen von Ereignissen in Aussagen objektiv, reliabel und valide sind; das meint, daß sie unabhängig von der Person des Forschers dieselben Daten elizitieren (Objektivität), unter denselben Rahmenbedingungen die gleichen Resultate erreicht werden (Reliabilität) und die Resultate sich auf das erstrecken, was erforscht werden sollte (Validität). Um das zu sichern, bedarf es bestimmter Meßinstrumente. Die Forderung der Objektivität läßt sich beispielsweise erst durch Einlösen dieser Voraussetzung erfüllen, weil nur so hinreichend überprüft werden kann, ob verschiedene Forscher in bezug auf die Transformation eines Ereignisses in eine Zahl zu dem gleichen Resultat kommen.

620 Forschungsmethode

Ebenso benötigt man Meßinstrumente, um festzustellen, ob denselben Personen in verschiedenen Situationen die gleichen Zahlenwerte in bezug auf einzelne Merkmale zugeordnet werden können. Meßinstrumente aber sind nach einem Rational aufgebaut, so daß im Operationalismus konsequent davon ausgegangen wurde, daß das Konstrukt das sei, was das Meßinstrument mißt. (Beispiel: → Intelligenz ist, was der Intelligenztest mißt.) Die Angemessenheit dieser Annahme resultiert nicht zuletzt aus den Konstruktionsbedingungen der Meßinstrumente. So werden etwa bei → Tests die Items nach dem Schwierigkeitsgrad sowie danach ausgewählt, wie jedes einzelne mit dem Resultat des Gesamttests übereinstimmt (Trennschärfe – vgl. LIENERT 1969, WOTTAWA 1980). Nicht die Auswahl der Items nach inhaltlichen Gesichtspunkten, sondern der Grad der Konsistenz entscheidet über die endgültige Aufnahme in das Instrument. So kann es geschehen, daß alle Items, die von allen oder sehr vielen richtig beantwortet beziehungsweise bei denen sich keine Differenz in den Reaktionen der Untersuchten ergibt, eliminiert werden, weil von ihnen kein Beitrag zur Aufklärung des untersuchten Phänomens erwartet wird. Im vorherrschenden Modell wird bei der Anwendung von Meßinstrumenten damit übereinstimmend vor allem erhofft, *Differenzen* zwischen Individuen hinreichend abbilden zu können. Im Gegensatz zu diesem Ziel steht, daß die Konstruktion auf der Basis gruppenstatistischer Verfahren erfolgt, mit dem Effekt, daß die Fehler – aus statistischer Sicht – bei großen Gruppen am kleinsten, bei Individuen aber am größten sind. Dieses in den Meßinstrumenten – Skalen, Tests – angelegte Defizit hat zur Folge, daß die Ungewißheit darüber zunimmt, was der bei einem Individuum gemessene Wert eigentlich aussagt. Entsprechend der Herkunft der gruppenstatistischen Verfahren aus der Fehlerrechnung der Physik müßte man die Messung bei jedem Individuum unendlich häufig wiederholen, um den wahren Wert zu ermitteln. Damit stößt man an eine andere Grenze des Messens bei Individuen: Sie verändern sich durch den Akt des Messens, weil sie lernfähig sind. Das ließe sich ausgleichen, wenn es eine unendliche Anzahl verschiedener Meßinstrumente gäbe, die dasselbe messen, eine Voraussetzung, die angesichts des vorherrschenden Operationalismus nicht einzulösen ist. Aus dieser Situation resultiert ein weiteres Dilemma empirischer erziehungswissenschaftlicher Forschung: Die Grundfigur des Erziehens ist das erzieherische Verhältnis (→ Verhältnis, pädagogisches), welches zwischen einem Erzieher und einem Zögling besteht und entweder per Vertrag (vgl. ROUSSEAU 1978) oder aufgrund natürlicher Gegebenheiten begründet wird. Das Ziel eines solchen Verhältnisses besteht darin, daß der Erzieher den Zögling bei der Entfaltung seiner Person unterstützt. Empirische Forschung beziehungsweise der Einsatz empirischer Methoden müßten sich demnach immer am einzelnen, am Besonderen

Forschungsmethode 621

orientieren, wie schon DILTHEY (vgl. 1968b) dargestellt hat. Das läßt sich mit den auf der Basis gruppenstatistischer Verfahren entwickelten Forschungsmethoden nicht erreichen. Diese sind nur geeignet, bei der Erforschung einer anderen Grundfigur der Pädagogik – dem →Unterricht – nützliche Dienste zu leisten, denn Unterricht kann man als Form der Ökonomisierung des Lehr-Lern-Prozesses begreifen, indem ein →Lehrer mehrere →Schüler parallel bei der Organisation ihres →Lernens anleitet und unterstützt (vgl. PETRAT 1979). Die dabei erzielten Lernfortschritte der Schüler einschließlich deren Voraussetzungen lassen sich mit Hilfe gruppenstatistischer Verfahren in bezug auf ihren Ausprägungsgrad sowie ihre Relevanz für eventuell zu testende Theorien überprüfen. Die Anwendung quantitativer Methoden eignet sich demnach eher für die Erforschung des Unterrichtsprozesses als für die des Erziehungsprozesses (vgl. FRISCHEISEN-KÖHLER 1962). Die prinzipiell vorausgesetzte Einmaligkeit erfordert im Falle der Erziehung eine andere Vorgehensweise (vgl. BENNER 1978).

Die genaue Betrachtung der Voraussetzungen empirischer Forschung enthüllt deren Grenzen, wenn man die in den Meßmodellen und der Statistik enthaltenen Modellannahmen beachtet. Verdinglicht man Aussagen über die Praxis zu Abbildungen der Realität, so bedeutet das einen Rückfall in den Positivismus. Betrachtet man sie als das, was sie sind – Annahmen über die Realität – und setzt sie in Beziehung zu anderen Annahmen bei gleichzeitiger Bereitschaft, diese Annahmen ständig in Zweifel zu ziehen, so nähert man sich dem «Kritischen Rationalismus» (vgl. POPPER 1966; →Erziehungswissenschaft, kritisch-rationale). Sieht man die empirisch belegten Aussagen im Zusammenhang mit einem Kern von theoretischen Aussagen, der seine Gültigkeit unabhängig vom Ausgang des Prüfens einzelner Sätze behält, weil es inzwischen zu viele empirische Bestätigungen für andere Sätze gibt, die mit ihm zusammenhängen, so befindet man sich in der Nähe der Non-statement-view (vgl. STEGMÜLLER 1973, 1974), das heißt auch aus der Perspektive empirischer Wissenschaftstheorie kann man mit den beschriebenen Merkmalen empirischer Forschungsmethoden sehr unterschiedlich umgehen. Nicht zuletzt deshalb kann man die Validität gemessener Daten kaum angeben. Genaugenommen ließe sie sich nur ermitteln, wenn es eine Repräsentation der zu messenden Ereignisse außerhalb der Messung gäbe und man Messungen sowie Ereignis in eine Beziehung setzen könnte. In diesem Fall wäre die Messung überflüssig. Da dieser Weg im allgemeinen verschlossen ist, muß man zu Hilfs*konstruktionen* wie Prognosen (zum Beispiel: Schulerfolg), Außenkriterien (beispielsweise: ausgeübter Beruf) oder Inhalten (wie Repräsentation eines Textes in einer Itemmenge) greifen. Jedoch können dadurch die genannten Probleme nicht eliminiert werden, weil man nicht ausschließen kann, daß

622 Forschungsmethode

man bei solchem Vorgehen die Größe mit Hilfe des Gewichtes gemessen hat, was zwar bei der Kontrolle an einem Außenkriterium zufriedenstellende Resultate erbringen, dennoch aber die eigentliche Intention, Messen von Größe, weit verfehlen würde. So hat man sich im Prozeß der empirischen Forschung weitgehend darauf beschränkt, das zu überprüfen, was leichter zu kontrollieren ist: die Objektivität und die Reliabilität. Der empirischen quantitativen Forschung haftet daher als Odium eine zu einseitige Orientierung an Reliabilität und Objektivität sowie ein Vernachlässigen des Validitätsaspektes an.

Die Methoden, bei denen sich die genannten Prämissen am leichtesten einlösen lassen und bei denen die Ökonomie des Forschungsprozesses zufriedenstellend ausfällt, sind systematische Beobachtung, Experiment und standardisierte Befragung. Ihnen ist gemeinsam, daß an die Wirklichkeit mit vorformulierten Alternativen herangegangen wird, zwischen denen entweder die Untersuchten (Test als Meßinstrument, Befragung) oder der Forscher (systematische Beobachtung) darüber entscheiden, welche am besten die Ausprägung einer sozialen Tatsache, eines Eindrucks... wiedergibt. Testitem und Frage werden als Reiz betrachtet, auf die der Getestete beziehungsweise Befragte reagieren soll. Es wird erwartet, daß sich Differenzen zwischen den Individuen in unterschiedlichen Reaktionen manifestieren, das heißt, bei diesem Typ des Forschens wird aus dem Verhalten der Individuen in bestimmten Situationen auf deren Eigenschaften, Ziele... geschlossen. Deshalb bezeichnet man diesen Ansatz auch als behavioristisch.

Experiment. Insbesondere die Auffassung von Erziehungswissenschaft, die das Testen von Theorien als wichtigstes Ziel der Wissenschaft benennt und als Anwendung der Wissenschaft auf die Praxis eine Erziehungstechnologie fordert (vgl. BREZINKA 1978), schätzt das Experiment als Instrument pädagogischer Forschung hoch ein (vgl. KLAUER 1973). Auf der Suche nach allgemeinen Regeln der erzieherischen oder unterrichtlichen Interaktion beziehungsweise nach Möglichkeiten, Erziehungs- sowie Unterrichtsprozesse zu optimieren, bietet sich die Nachahmung der Naturwissenschaften an: Experimente sind wiederholbar, sie lassen sich planen, und Variable können systematisch variiert werden. Jedoch gibt es eine wesentliche Differenz zum naturwissenschaftlichen Experiment. Während mit ihm kontrolliert wird, ob eine Prognose zutrifft, die auf der Basis allgemeiner Gesetze formuliert wurde

$$(O_1 - T - O_2 \text{ [mit: O = Beobachtung, T = Treatment])},$$

weisen sozial- und erziehungswissenschaftliche Experimente eine andere Struktur auf, weil es keine Theorien gibt, die denen der Naturwissenschaften ähneln. Sozialwissenschaftliche Experimente basieren auf dem

Vergleich von Versuchs- und Kontrollgruppe beziehungsweise zweier unterschiedlicher Treatments:

Versuchsgruppe: $O_1 - T - O_2$ $O_1 - T_1 - O_2$
                 $O_1 - T - O_2$ beziehungsweise
Kontrollgruppe: $O_1 \;\;\; - \;\;\; O_2$ $O_1 - T_2 - O_2$

Damit der Erfolg solcher Experimente gesichert werden kann, müssen bei Versuchs- und Kontrollgruppen dieselben Meßinstrumente eingesetzt werden. Diese Meßinstrumente, mit deren Hilfe Wirklichkeit empirisch abgebildet wird, entstammen nicht dieser Wirklichkeit – zumindest gibt es keinen entsprechenden Zwang –, sondern werden im Kopf der Forschers mit dem Anspruch entworfen, eben die Praxis oder einen Aspekt von ihr abzubilden beziehungsweise die Praxis oder einen Aspekt auf die Verbreitung respektive Wirksamkeit bestimmter Merkmale oder Methoden oder Ziele hin untersuchen zu können. Das heißt, sie werden von außen an bestehende Praxis herangetragen oder dienen dazu, neue Formen der Praxis zum Beispiel im Experiment vorzuentwerfen, allerdings unter restriktiven Bedingungen, weil nur so die Kontrollierbarkeit des Versuchs gesichert werden kann. Es werden nicht die Kunst des praktischen Handelns oder eine Variante von ihr, sondern die kontrollierte Abfolge von Handlungen und deren unter standardisierten Rahmenbedingungen erreichter Zweck erprobt. Nicht die Praxis des pädagogischen Handelns, sondern die experimentell bestimmten Bedingungen von Handlungen werden untersucht. Deshalb kann man Experimenten Hinweise, aber nicht Anweisungen für pädagogisches Handeln entnehmen.

Man kann mit Experimenten, wie bereits HERBART (vgl. 1965) formuliert hat, das Besondere in der Praxis kaum erfassen, aber dennoch erfahren, wieweit in der Praxis als Grundlage des Handelns allgemeinen Regeln gefolgt werden könnte, wenn man bestimmte Zwecke erreichen will, beziehungsweise erfahren, wie sich Vorgänge in der Praxis aus dem Blickwinkel allgemeiner Regeln wiedergeben lassen. Auf diese Weise kann man zum Beispiel die Wirkung von Veranschaulichungen im Unterricht (vgl. DÜKER / TAUSCH 1967) oder Einflußfaktoren auf das Begabungsselbstbild von Schülern untersuchen (vgl. FEND u. a. 1976).

Systematische Beobachtung. Hier wird das Verhalten allein zum Ausgangspunkt gewählt, weil es in seiner Qualität und Gestaltung fremdpsychischer Wahrnehmung zugänglich ist. Systematische Beobachtung hat die Geste, das jeweils Sichtbare, als Basis. Durch sie werden die Empfindungen beim Beobachter ausgelöst, die sich zur Wahrnehmung strukturieren und auf der Basis von entsprechenden Aufträgen in Beobachtungsaussagen umgewandelt werden (vgl. MERKENS 1975). In diesem Kontext interessiert, daß schon das Empfinden vom Willen geleitet werden kann und die Wahrnehmung auf →Erfahrung beruht, wie GEHLEN (vgl. 1962) anschaulich am Beispiel des Kleinkindes beschrieben hat, welches sich eine Tasse ertastet und damit die Tasse auf Dauer seiner Wahrnehmung verfügbar macht. Weil Beobachtung aufmerksame, zielgerichtete und systematische Wahrnehmung ist, trifft die Annahme von POPPER (vgl. 1966) zu, daß wissenschaftliche Aussagen, die auf Beobachtungen gestützt werden sollen, erst auf dem Boden einer entsprechenden Theorie gewonnen werden können. Entsprechend können auf der Basis empirischer Ereignisse gewonnene Aussagen nicht sinnstiftend für Theorien sein; sie erhalten ihren Sinn vielmehr aus diesen Theorien. Die systematische Beobachtung dient dazu, Ereignisse zu entdecken, die mit Aussagen übereinstimmen, welche aus einer Theorie hergeleitet sind.

Sollen beispielsweise die Interaktionen zwischen dem Lehrer und den Schülern analysiert werden, so wird nur dieser Aspekt beobachtet. Der Dialog zwischen dem Lehrer und einem Schüler muß sich nicht mehr von dem zwischen dem Lehrer und mehreren Schülern unterscheiden, und es kann außer acht bleiben, daß einige Schüler sich gar nicht am Unterrichtsgespräch beteiligen. Es wird auch nicht gefragt, wieweit die notierten Interaktionen die Situation während des Beobachtungszeitraumes repräsentieren, es wird nur behauptet, daß sie während dieses Zeitraumes aufgetreten sind (vgl. MERKENS/SEILER 1978). Hinzu kommt noch, daß es häufig schwerfällt, sich in den reduzierten Kategorien des Interaktionsanalysesystems die Komplexität der tatsächlichen Abläufe während des Unterrichts vorzustellen. Dennoch können mit Hilfe solcher Analysen wichtige Aufschlüsse über Aspekte des Unterrichts gewonnen werden. Lehrer können etwa über entsprechende Rückmeldungen erfahren, daß sie praktisch Alleinunterhalter sind, wenig Impulse geben oder auch das Gegenteil (vgl. FLANDERS 1970). Aussagen dieser Art gewinnen ihre Bedeutung aus Theorien über den Unterricht, die ihnen vorgelagert sein müssen. Diese Theorien werden im hier diskutierten Fall nicht an der Empirie überprüft. Vielmehr wird kontrolliert und bewertet, wieweit die Praxis den in ihnen enthaltenen Vorschriften folgt.

Befragung. Für die Befragung ergeben sich ähnliche Beschränkungen wie für Beobachtung und Experiment. Einerseits erhält man bei dieser Methode vergleichbar mit der Lage bei der systematischen Beobachtung nur Antworten auf Fragen, die gestellt worden sind. Zum anderen können diese Fragen nur soweit beantwortet werden, wie sie verstanden worden sind. Außerdem muß kontrafaktisch unterstellt werden, daß die Antwortenden sich um Wahrhaftigkeit bemühen (vgl. HABERMAS 1971).

Dem Modell der Befragung liegt die Annahme zugrunde, daß der Mensch in verbaler Kommunikation sowohl seine Handlungsziele benennen als auch sein →Handeln beschreiben kann. Dabei lassen sich nochmals zwei Varianten unterscheiden. Erstens können die Antworten auf Fragen als Reaktionen auf bestimmte Reizkonfigurationen begriffen werden. Das korrespondiert mit der geschilderten Sichtweise bei der systematischen Beobachtung. In beiden Fällen wird nämlich auf die Verarbeitung durch den Forscher gesetzt und für das Gewinnen wissenschaftlicher Aussagen eine fremdpsychische Basis als Ausgangspunkt gewählt (vgl. CARNAP 1961). Nicht die Verarbeitung eines konkreten Erlebnisses durch ein Individuum, sondern die distanzierte Beobachtung oder Analyse von Antworten des Individuums durch einen Forscher bildet das Grundmodell. Zweitens können die Antworten als die individuelle Artikulation begriffen werden, in der ein Mensch mittels des Mediums Sprache etwas Wesentliches über sich mitteilt, wie das beim narrativen Interview als Grundannahme formuliert werden kann. Auch in diesem Falle erfolgt die Erschließung des Materials durch den Forscher, also auf fremdpsychischer Basis.

Versucht man, pädagogische Praxis mittels Befragung zu erschließen, so ergeben sich Differenzen zur Beobachtung: Die Beobachtung setzt beim tatsächlichen Handeln an, und finde es auch in der reduzierten Form einer standardisierten Situation statt. Die Befragung wird die einzelnen Befragten mit Notwendigkeit aus dem Prozeß ihres Handelns herausreißen und sie damit zu einer Distanzierung von der Praxis ihres Handelns zwingen. Indem sie über diese Praxis berichten beziehungsweise auf Fragen zur Praxis reagieren, müssen sie über diese reflektieren, zu ihr Stellung nehmen, sich in bezug auf sie verhalten. Insoweit erhält man mit Hilfe von Befragung immer Berichte aus der Perspektive eines Betroffenen, ohne die Praxis selbst erfassen zu können. In dieser Schilderung wird deutlich, wie schon mit den Voraussetzungen empirischer Forschung bestimmt wird, daß es sich bei den Resultaten der Forschung nur um Konstruktionen zweiten Grades handeln kann (vgl. SCHÜTZ 1974). Bei der Beobachtung resultierte das daraus, daß die Theorie dem Sammeln der Beobachtungsaussagen voranging, bei der Befragung, daß sie niemals in dem Sinne authentisch sein kann, daß die Praxis selbst in den Resultaten abgebildet wird. Findet die Befragung in standardisierter Form statt, kommt darüber hinaus hinzu, daß das Instrument den bereits bei der Beobachtung benannten Bedingungen genügt, vor Beginn konstruiert worden zu sein. – Mit Hilfe von Befragungen kann man beispielsweise Informationen über den sozialen Zusammenhang in Klassen oder Gruppen, Einstellungen und Wertpräferenzen bei Schülern sowie den Sozialstatus der Eltern von Schülern gewinnen (vgl. BERNHARDT u. a. 1974).

626 Forschungsmethode

Zusammenfassung. Nicht der Erlebnisbericht aus der pädagogischen Situation heraus, sondern die Aufzeichung des Handelns, der Reize und Reaktionen, der Fragen und Antworten durch einen Außenstehenden bilden bei den quantitativen empirischen Forschungsmethoden den Ansatzpunkt. Es wird geglaubt, daß sich aus dem Verhalten dessen Sinn erschließen oder sich ihm zumindest ein dem Handelnden selbst unbewußt bleibender Sinn überstülpen lassen kann, der es auch entgegen dem Wissen des Handelnden in seinem inneren Sinn logisch konsistent erschließen lassen kann. Dabei beschränkt man sich auf die kognitive Perspektive. Die Außenperspektive dominiert, eine eigenpsychische Basis wird nicht gesucht.

Wie stark die empirische Forschung von außen an die Ereignisse herangetragen wird, die den Gegenstand der Forschung bilden, läßt sich am Beispiel von Tests beziehungsweise allgemeinen Meßinstrumenten demonstrieren, die den untersuchten Personen vorgelegt werden. Soll gesichert sein, daß wirklich nur das Item beziehungsweise die Frage die Reaktion bewirkt, muß sie allen Versuchspersonen unter denselben Bedingungen präsentiert werden: Die künstliche und kontrollierte Standardsituation bildet so den Ausgangspunkt. Der naturwüchsige Prozeß des Erziehens wird in Designs dieses Typs schon von den Ausgangsbedingungen der Forschung her verfremdet. Die Kunst des Erziehens wird durch die Künstlichkeit der Forschungssituation verdrängt, wenn es darum geht, wissenschaftliche Aussagen über Erziehung zu formulieren. Mit dieser Abgrenzung soll nicht die Nutzlosigkeit der auf solche Weise gewonnenen Aussagen für die Erziehungspraxis behauptet, sondern nur ihr Charakter sowie die damit verbundene Einschränkung in bezug auf Praxis verdeutlicht werden.

Qualitative Methoden. Andere Perspektiven eröffnen sich, wenn an die Stelle der Forderung nach Objektivität diejenige nach Authentizität tritt. Nunmehr besteht das Grundproblem nicht mehr darin, daß unterschiedliche Personen in bezug auf ein Ereignis dieselben Aussagen formulieren oder in derselben Weise bei bestimmten methodischen Schritten vorgehen, sondern darin, daß man sich der jeweiligen Situation soweit überläßt, in sie eintaucht, daß man an ihr teilhat. An die Stelle der Forderung nach Distanz tritt diejenige nach Nähe, an die Stelle der Angemessenheit von Rekonstruktionen diejenige nach Vertrautheit. Die kühle Beobachtung der Abfolge von Reiz und Reaktion wird durch das Erleben ersetzt. Als Paradebeispiel für diese andere Art der Empirie können die → Autobiographie und der Erlebnisbericht gelten, die einen direkten Zugang zur Wirklichkeit zu eröffen scheinen. Beide Aspekte werden beim narrativen Interview miteinander zu vereinen versucht. Die Grundidee besteht bei dieser Methode darin, Personen mit Hilfe eines Reizes zum Erzählen zu verlocken und auf diese Weise möglichst ungebrochene Informationen über interessierende Tatbestände zu erhalten (vgl. HEINZE 1987). In der Geschichtswissenschaft wird dieselbe Methode beispielsweise unter der Bezeichnung «oral history» verwendet, indem das mündliche Zeugnis von Augenzeugen in deren eigener Sprache für eine verläßliche Quelle gehalten wird. Der Hinweis darauf, daß es auch in diesem Fall eines auslösenden Reizes bedarf, läßt bereits erkennen, daß die prinzipiellen Beschränkungen, denen die Befragung als Methode unterliegt, nicht überwunden werden können. Hinzu kommt aber nunmehr ein anderes Problem: Die Erlebnisberichte müssen in wissenschaftliche Aussagen transformiert werden, das heißt, Wissenschaftler tragen ihre Außenperspektive an solche Berichte heran und werten diese aus (vgl. MEINEFELD 1976). Dazu ist eine Vielzahl von Vorschlägen entwickelt worden, die von der objektiven Hermeneutik bis hin zur Verwendung inhaltsanalytischer Techniken reichen. Letztere erheben, insbesondere in der Form der qualitativen Inhaltsanalyse, den Anspruch, den zu analysierenden Text für sich selbst sprechen zu lassen. Genaugenommen passiert aber folgendes: Interpreten lesen den Text, teilen ihn ihrem Vorverständnis gemäß in Segmente ein, überlegen sich Kategorien, die diesen Segmenten entsprechen könnten, ordnen gleiche oder sehr ähnliche Segmente derselben Kategorie zu und reinterpretieren auf der Basis dieser zugeordneten Segmente nochmals die Kategorie: Der Forscher mit seinen Theorien verleiht den Segmenten einen Sinn und versucht dann wie bei einem Puzzle, daraus einen Gesamtsinn zu entdecken. Auch in diesem Fall können die gewonnenen wissenschaftlichen Aussagen nicht beanspruchen, die Wirklichkeit des Erziehens oder Unterrichtens wiederzugeben, sie stellen vielmehr abermals ein Geflecht von hypothetischen Annahmen dar.

Wie die Bemühungen um die Auswertung autobiographischer Texte zeigen, erschließt deren Direktheit keine prinzipiell neue Situation für das Verhältnis «Realität des Erziehens» zu «Aussagen über Erziehung». Das hängt vor allem damit zusammen, daß eine Aussage nicht dadurch zu einer wissenschaftlichen wird, daß sie authentisch ist, weil Authentizität gewollt oder ungewollt den Blick für Realität verstellen kann. Wenn empirische Forschungsmethoden eine Transformation von Ereignissen in Daten nicht in der Weise gestatten, daß über die Daten ein Abbild der Wirklichkeit entsteht, stellt sich die Frage nach dem Nutzen solcher Methoden. Sowohl in der Wissenschaftstheorie des «Kritischen Rationalismus» (vgl. POPPER 1966) als auch der der Non-statement-view (vgl. STEGMÜLLER 1973, 1974) ist eine Antwort auf diese Frage enthalten, die sich dahin gehend geben läßt, daß mit ihrer Hilfe Kenntnisse über die Realität gewonnen werden, die zwar vorläufig sind, die es aber ermöglichen, in hypothetischer Form Regeln über Relationen zwischen Ursachen und Wirkungen zu erstellen, indem beispielsweise Beziehun-

628 Forschungsmethode

gen zwischen unabhängigen und abhängigen Variablen auf kausale Zusammenhänge hin getestet werden. Das Wissen behält seinen vorläufigen Charakter, ermöglicht aber dennoch die Reflexion über Praxis auf einem neuen Niveau. Auch aus der Perspektive von SCHÜTZ (vgl. 1974) läßt sich eine Antwort finden: Mögen es auch Konstruktionen zweiten Grades sein, so können mit ihrer Hilfe doch vermutliche Ordnungen und Regeln ermittelt werden. Indem hypothetisches Wissen über die Welt zunimmt, wird gleichzeitig Orientierung in ihr gelernt. Empirische Forschung kann hierzu einen Beitrag leisten. Mit Hilfe qualitativer Forschungsmethoden kann man wichtige Informationen über individuell erlebte Bildungsverläufe (vgl. BAACKE/SCHULZE 1979) sowie Deutungsversuche über das individuelle Bild von Welt erfahren.

Hermeneutische Methoden. Hermeneutische Methoden gehen im Kern auf die Tradition der Theologie sowie der Jurisprudenz zurück (vgl. SCHLEIERMACHER 1977). Deshalb war es schon aus dieser Genese heraus das Ziel, Texte auf ihren Sinn hin zu verstehen. Bezogen auf diese Texte muß zuerst geklärt werden, ob sie die richtige Version enthalten, daher rührt Schleiermachers Anforderung, sie auf logische und grammatikalische Konsistenz hin zu kontrollieren. Über DILTHEY (vgl. 1968c) und dessen Ansatz der Geisteswissenschaften hat die Hermeneutik in der Pädagogik lange Zeit alle anderen Methoden dominiert. Insbesondere der Versuch, die Grundlage der Spekulation über das Mögliche in der Erziehung mit Hilfe der Lektüre von Erziehungslehren (vgl. HERBART 1964) und durch den Einbezug der vorhandenen wissenschaftlichen Theorien zum Gegenstandsbereich zu verbreitern, hat zur Anwendung dieser Methode beigetragen. Gleichzeitig fiel mit der Hinwendung der Pädagogik zur Geisteswissenschaft eine gewichtige Vorentscheidung über die Auffassung von Erziehung sowie die Möglichkeiten, sie zu erfassen. Zum Grundelement dessen, worin sich das Pädagogische manifestiert, wurde das pädagogische Verhältnis gewählt, bei dem von vornherein der dyadische Charakter sowie seine Einmaligkeit betont wurden. Soweit Praxen des Erziehens in Überlegungen einbezogen wurden, konnte dies nur in der Form des einzelnen Falles geschehen. Da aber solche Praxen als prinzipiell nicht wiederholbar angesehen wurden, mußte ihrer systematischen Erforschung kein besonderer Wert beigemessen werden, sie wurden erlebt. Gegenüber dieser Einmaligkeit galten die Worte HERBARTS (vgl. 1964) von der Theorie, die sich in ihrer Allgemeinheit über mehr erstrecke als das Spezifische einer bestimmten Praxis, die immer mehr enthalte, als mit der Theorie erfaßt werden könne und dem Takt, der es ermögliche, in der Situation des pädagogischen Handelns das unter dem Aspekt der allgemeinen Theorie für die spezifische Situation Richtige zu tun.

Pädagogisches Handeln vollzog und vollzieht sich unabhängig vom Nachsinnen in der Pädagogik über es. Insofern war es bei diesem Ansatz eine konsequente Entscheidung, das theoretische Wissen als etwas anzusehen, das in der Situation des pädagogischen Handelns die Reflexion über eben dieses Handeln ermögliche (vgl. SCHLEIERMACHER 1983, FLITNER 1963). Aus dieser Sichtweise konnte man sich auf das Theoretisieren beschränken, vor allem auch deshalb, weil in ihm in der geisteswissenschaftlichen Tradition der Reflex auf die Praxis enthalten war. Und noch eine weitere Annahme ist in diesem Kontext zum Verständnis des methodischen Vorgehens wichtig: Es wurde davon ausgegangen, Epochen über die herausragenden Zeugen rekonstruieren zu können. In der Pädagogik hat diese Tradition dazu geführt, daß schriftliche Arbeiten herausragender Pädagogen immer von neuem auf ihren Sinngehalt abgefragt wurden, wobei die Interpreten unterschiedliche Fragestellungen anlegten. Die Grundidee war dabei, zunächst den Text für sich sprechen, ihn auf sich einwirken zu lassen und ihn dann mittels analytischer Kategorien besser verstehen zu lernen. Das sollte bis hin zu einem besseren Verständnis als das des Autors selbst reichen, indem die Texte systematisch auf eine bestimmte Deutung hin befragt wurden (vgl. DILTHEY 1968c). Die Vorgehensweise, die dabei verwendet wurde, ist mit der Figur des hermeneutischen Zirkels beziehungsweise der Spirale bezeichnet worden, indem nach einer ersten Lektüre eine Fragestellung entwickelt wurde, die wiederum auf dieselben Texte angewendet wurde (vgl. KLAFKI 1971). Mit Hilfe solcher Analysen ist versucht worden, Grundelemente pädagogischen Handelns wie etwa «elementar» und «kategorial» in ihrem Zusammenwirken vorzustellen (vgl. KLAFKI 1964) oder die Bedeutung von → Selbsttätigkeit, → Bildsamkeit und → Spontaneität (vgl. BENNER 1978) für das Handeln und die Entwicklungsmöglichkeiten des Zöglings herauszuarbeiten. Das geschah immer von neuem durch Rekurs auf die herausragenden Pädagogen vergangener Zeiten, deren Praxis und Theorie eine Vorbildfunktion zuerkannt wurde. Hermeneutik entpuppte sich so als eine Variante der Exegese. Obwohl die Geisteswissenschaften den Anspruch erhoben, die Praxis einzuschließen, geriet die Praxis immer mehr aus dem Blickfeld.

Die Beschränkung auf Texte muß heute nicht beibehalten werden. Für eine Dokumentation der Praxis bieten sich der Film und das Video an. Die in ihnen festgehaltenen Eindrücke können erlebend nachempfunden werden. Sowohl der alltägliche Unterricht (Unterrichtsmitschau) als auch der Unterrichtsfilm lassen sich auf diese Weise für die Analyse bereitstellen. In dieser Variante deutet sich eine Wende in der Betrachtungsweise an: Nicht mehr das Außerordentliche, sondern das Normale wird nunmehr in den Mittelpunkt gerückt. Bemühungen in dieser Richtung werden unter der Bezeichnung objektive Hermeneutik unternommen; ein Versuch, Materialien verstehend zu erschließen, der von OEVERMANN u. a. (vgl. 1979) entwickelt wurde. Der dabei verfolgte Anspruch ähnelt dem der Hermeneutik, den Autor besser zu verstehen, als er selbst dazu in der Lage ist. Den Handelnden, auch denen in pädagogischen Situationen, bleiben Gründe ihres Handelns in der Regel verborgen. Eine Befragung kann diese Barriere nicht überspringen. Für die Handelnden selbst ist aber ein Konsens erforderlich, aus dem ihr Handeln den von allen geteilten Sinn oder auch das Mißverständnis bezieht, weil erst vor diesem Hintergrund Fremdverstehen oder -mißverstehen als Grundelemente aller interaktiven Beziehungen möglich werden. Geht es darum, die tieferen Ursachen des aktualisierten Handelns zu entdecken, dann können sozialwissenschaftliche Theorien mit Bezug zum menschlichen Handeln herangezogen werden. Das wird um so wahrscheinlicher eintreten, je mehr diese Theorien ausprobiert werden. Deshalb erscheint es vernünftig, sich des Sachverstandes möglichst vieler Sozialwissenschaftler zu versichern. Diese sollen versuchen, das Geschehene vor dem Hintergrund ihres Wissens in Ursachen und Wirkungen zu interpretieren. Dazu wählen sie die Form des →Diskurses als Austauschmodell untereinander. Das Resultat solcher Analysen kann beim Auftauchen neuer Theorien immer von neuem in Frage gestellt werden, bleibt also vorläufig.

Das Verfahren hat sich in der Praxis als sehr aufwendig erwiesen (vgl. TERHART 1981). Die Interpretation auch nur kurzer Textsequenzen nimmt sehr viel Zeit in Anspruch, was sich aus dem immer wieder erforderlichen Ausprobieren neuer Theorien im Hinblick auf dieses Fragment ergibt, denn im Gegensatz zur Hermeneutik, bei der die Analyse aus einem Gesamtverständnis heraus beginnt, steht bei der objektiven Hermeneutik die Feinanalyse am Anfang. Das bedeutet, daß jedes Textsegment für sich genommen analysiert wird. Daraus entsteht ein sequentielles Vorgehen. An dessen Ende soll eine Theorie gefunden sein, mit deren Hilfe ein einheitliches Deutungsmuster für alle oder möglichst viele Textsegmente entwickelt werden konnte. Diese Theorie hat sich dann als die beste erwiesen.

Zusammenfassung. Die Differenz, die in der Erziehungswissenschaft zwischen Theorie und Praxis daraus entsteht, daß es sich beim Erziehen um eine Kunst handelt, erweist sich als mit Forschungsmethoden nicht auf die Weise überwindbar, daß in den Daten beziehungsweise Aussagen die Ereignisse in eindeutiger Weise erfaßt werden und in der Wissenschaft ein Abbild der Praxis entworfen werden kann. Prinzipiell muß vielmehr davon ausgegangen werden, daß in den Aussagen und Daten immer nur Interpretationen der Praxis vorliegen und auf der Basis dieser Interpretationen Praxis reflektiert werden kann.

ADORNO, TH. W.: Ästhetische Theorie, Frankfurt/M. 1973. BAACKE, D./SCHULZE, TH. (Hg.): Aus Geschichten lernen, München 1979. BENNER, D.: Hauptströmungen der Erziehungswissenschaft. Eine Systematik traditioneller und moderner Theorien, München [2]1978. BERNHARDT, M. u. a.: Soziales Lernen in der Gesamtschule. Eine empirische Studie. München 1974. BORTZ, J.: Lehrbuch der Statistik, Berlin 1977. BREZINKA, W.: Metatheorie der Erziehung. Eine Einführung in die Grundlagen der Erziehungswissenschaft, der Philosophie der Erziehung und der Praktischen Pädagogik, München [4]1978. CAMPBELL, D. T./STANLEY, J. C.: Experimental and Quasi-Experimental Designs for Research on Teaching. In: Gage, N. L. (Hg.): Handbook of Research on Teaching, Chicago 1963, S. 171ff CARNAP, R.: Der logische Aufbau der Welt, Hamburg [2]1961. CICOUREL, A. V.: Methode und Messung in der Soziologie, Frankfurt/M. 1970. DILTHEY, W.: Beiträge zum Studium der Individualität. Gesammelte Schriften, Bd. 5, Stuttgart [5]1968, S. 241ff (1968a). DILTHEY, W.: Ideen über eine beschreibende und zergliedernde Psychologie. Gesammelte Schriften, Bd. 5, Stuttgart [5]1968, S. 139ff (1968b). DILTHEY, W.: Die Entstehung der Hermeneutik. Gesammelte Schriften, Bd. 5, Stuttgart [5]1968, S. 317ff (1968c). DÜKER, H./TAUSCH, R.: Über die Wirkung der Veranschaulichung von Unterrichtsstoffen auf das Behalten. In: Weinert, F. (Hg.): Pädagogische Psychologie, Köln 1967, S. 201ff. FEND, H. u. a.: Sozialisationseffekte der Schule. Soziologie der Schule, Bd. 2, Weinheim/Basel 1976. FLANDERS, N. A.: Analyzing Teaching Behavior, Reading 1970. FLITNER, W.: Das Selbstverständnis in der Erziehungswissenschaft, Heidelberg [3]1963. FRISCHEISEN-KÖHLER, M.: Grenzen der experimentellen Methode. In: Frischeisen-Köhler, M.: Philosophie und Pädagogik, Weinheim [2]1962, S. 110ff. GAGE, N. L.: Unterrichten – Kunst oder Wissenschaft? München 1979. GEERTZ, C.: Dichte Beschreibung. Beiträge zum Verstehen kultureller Systeme, Frankfurt/M. 1987. GEHLEN, A.: Der Mensch. Seine Natur und seine Stellung in der Welt, Frankfurt/M. [7]1962. GLASER, B. G./STRAUSS, A. L.: Die Entdeckung gegenstandsbezogener Theorie: Eine Grundstrategie qualitativer Sozialforschung. In: Hopf, Ch./Weingarten, E. (Hg.): Qualitative Sozialforschung, Stuttgart 1979, S. 91ff. HABERMAS, J.: Vorbereitende Bemerkungen zu einer Theorie der kommunikativen Kompetenz. In: Habermas, J./Luhmann, N.: Theorie der Gesellschaft oder Sozialtechnologie, Frankfurt/M. 1971, S. 101ff. HEINZE, TH.: Qualitative Sozialforschung, Opladen 1987. HERBART, J. F.: Die ersten Vorlesungen über Pädagogik. Pädagogische Schriften, Bd. 1, hg. v. W. Asmus, Düsseldorf 1964, S. 121ff. HERBART, J. F.: Pädagogische Schriften, Bd. 2, hg. v. W. Asmus, Düsseldorf 1965. HORKHEIMER, M./ADORNO, TH. W.: Dialektik der Aufklärung, Frankfurt/M. 1971. KLAFKI, W.: Das pädagogische Problem des Elementaren und die Theorie der kategorialen Bildung, Weinheim [4]1964. KLAFKI, W.: Hermeneutische Verfahren in der Erziehungswissenschaft. In: Klafki, W. u. a.: Erziehungswissenschaft 3, Funkkolleg Erziehungswissenschaft, Frankfurt/M. 1971, S. 126ff. KLAUER, K. J.: Das Experiment in der pädagogischen Forschung, Düsseldorf 1973. KROMREY, H.: Empirische Sozialforschung, Opladen [2]1983. LIENERT, G. A.: Testaufbau und Testanalyse, Weinheim 1969. MEINEFELD, W.: Ein formaler Entwurf für die empirische Erfassung elementaren sozialen Wissens. In: Arbeitsgruppe Bielefelder Soziologen: Kommunikative Sozialforschung, München 1976, S. 88ff. MERKENS, H.: Die pädagogische Tatsachenforschung als Beispiel empirischer Unterrichtsforschung. In: Z. f. P. 21 (1975), S. 835ff. MERKENS, H./SEILER, R. H.: Interaktionsanalyse, Stuttgart u. a. 1978. MEUMANN, E.: Abriß der experimentellen Pädagogik, Leipzig [2]1920. OEVERMANN, U. u. a.: Die Methodologie einer «objektiven Hermeneutik» und ihre allgemeine forschungslogische Bedeutung in den Sozialwissenschaften. In: Soeffner, H.-G. (Hg.): Interpretative Verfahren in den Sozial- und Textwissenschaften, Stuttgart 1979, S. 352ff. PETERSEN, E.: Wie wir zur pädagogischen Tatsachenforschung kamen. In: P. Rsch. 21 (1967), S. 694ff. PETER-

632 Frauenbildung

SEN, P.: Von der Lehrprobe zur Pädagogischen Tatsachenforschung. In: Petersen, P./ Petersen, E.: Die Pädagogische Tatsachenforschung, hg. v. T. Rutt, Paderborn 1965, S. 7ff. PETRAT, G.: Schulunterricht. Seine Sozialgeschichte in Deutschland 1750–1850, München 1979. POPPER, K. R.: Logik der Forschung, Tübingen [2] 1966. ROUSSEAU, J.-J.: Emile oder Über die Erziehung, Paderborn [4]1978. SCHLEIERMACHER, F. D. E.: Hermeneutik und Kritik, Frankfurt/M. 1977. SCHLEIERMACHER, F.: Pädagogische Schriften I, Berlin/Wien/Frankfurt 1983. SCHÜTZ, A.: Der sinnhafte Aufbau der sozialen Welt. Eine Einleitung in die verstehende Soziologie, Frankfurt/M. 1974. SPRADLEY, J. P.: The Ethnographic Interview, New York 1979. SPRADLEY, J. P.: Participant Observation, New York 1980. STEGMÜLLER, W.: Theorie und Erfahrung, 2. Halbbd.: Theoriestruktur und Theoriedynamik, Berlin 1973. STEGMÜLLER, W.: Theoriedynamik und logisches Verständnis. In: Diederich, W. (Hg.): Theorien der Wissenschaftsgeschichte, Frankfurt/M. 1974, S. 167ff. SUPPES, P./ZINNES, J. L.: Basic Measurement Theory. In: Luce, R. D. u. a. (Hg.): Handbook of Mathematical Psychology, Bd. 1, New York 1963, S. 2ff. TERHART, E.: Intuition, Interpretation, Argumentation. In: Z. f. P. 27 (1981), S. 789ff. TRAPP, E. CH.: Versuch einer Pädagogik, hg. v. Th. Fritzsch, Leipzig 1913. WOTTAWA, H.: Grundriß der Testtheorie, München 1980.

Hans Merkens

Forschungtradition → Interdisziplinarität
Fortbildung → Erwachsenenbildung; → Lehrerfortbildung;
  → Weiterbildung
Fortschritt → Reform; → Zeit
Fortschrittstheorie → Pädagogik, historisch-materialistische
Frauenbild → Frauenbildung; → Mutter

Frauenbildung

Allgemeiner Problemzusammenhang. Das Recht der Frau auf unumschränkten Zugang zu allen Bildungseinrichtungen ist stufenweise erkämpft und durchgesetzt worden. Gezielte Forderungen nach gleichen Bildungs- und Berufsmöglichkeiten gehen auf die erste Frauenbewegung zurück, die sich um die Mitte des 19. Jahrhunderts zu formieren begann. Zwar verkündeten bereits die Denker der → Aufklärung die Gleichwertigkeit aller Menschen, also auch ihre gleiche Bildungsfähigkeit, betonten aber – im Gegensatz zur christlichen Lehre von der Minderwertigkeit der Frau – ihre Andersartigkeit. Die Vorstellungen von den «natürlich-weiblichen» Eigenschaften ließen eine Mädchenbildungstheorie entstehen und bewirkten ein eigenständiges höheres Mädchenschulwesen. An der elementaren Volksbildung – seit 1763 galt in Preußen die allgemeine Schulpflicht – waren Mädchen von Anfang an beteiligt. Die höheren Mädchenschulen wurden dagegen erst 1908 in das öffentliche → Bildungssystem eingegliedert. Unter Berufung auf das «weib-

Frauenbildung 633

liche Wesen» beinhalteten die →Lehrpläne bis in die 60er Jahre des 20. Jahrhunderts geschlechtsspezifische Richtlinien. Die Bildungsreform der 70er Jahre in der Bundesrepublik Deutschland führte zu einer generellen Angleichung männlicher und weiblicher Bildungsziele. Seit 1980 stellen Mädchen knapp die Hälfte aller →Schüler von der Grundschule bis zum Gymnasium. →Koedukation und das Angebot gleichwertiger Bildungswege bedeuten jedoch nicht, daß Frauen auch tatsächlich alle Möglichkeiten nutzen.

Die primäre und sekundäre →Sozialisation erfolgt – besonders nach feministischer Auffassung (vgl. PRENGEL u. a. 1987) – geschlechtsspezifisch und geschlechtshierarchisch, was sich auf die Ausbildungsentscheidungen, das Ausbildungsverhalten und die Beschäftigungssituation der Frauen auswirkt. «Die feministische Unterrichtsforschung zeigt, wie sehr unter der Oberfläche der Koedukation auf der Ebene heimlicher Lehrpläne die Belange der Mädchen vernachlässigt und unterdrückt werden und wie wenig die Schulforschung das bisher reflektiert. Bei gleichzeitigem Schulerfolg erleiden Mädchen permanent Mißerfolge in der Entwicklung ihres Selbst» (PRENGEL 1987, S. 29; →Lehrplan, heimlicher). Innerhalb der Bildungsinstitutionen werden Interaktionsstrukturen und Inhalte transportiert, die die →Emanzipation der Frau durch →Bildung beeinträchtigen.

Anfänge der Mädchenbildung. Bis ins frühe 19. Jahrhundert galten Frauenklöster als Ort weiblicher Bildung schlechthin. Die klösterliche Mädchenbildung, die im 8. und 9. Jahrhundert durch angelsächsische und irische Nonnen auf dem Kontinent verbreitet wurde, beschränkte sich auf Töchter von adeligem Stand. Neben der religiösen Unterweisung wurde Unterricht in Lesen und Schreiben, lateinischer Grammatik und textilen Handfertigkeiten erteilt (vgl. SHAHAR 1981, S. 59 ff). Keinen Zugang erhielten die gebildeten Frauen zu den ersten, im 13. Jahrhundert gegründeten Universitäten. Die aktive Beteiligung an scholastischer Philosophie und Theologie sowie an der Rechts- und Naturwissenschaft blieb Frauen verwehrt. Bedeutung erlangten sie hingegen in der Mystik und in der praktischen Heilkunde. Das Wissen, über das Frauen verfügten und das sie mündlich weitergaben, war ein erfahrungsabhängiges, praktisches Alltagswissen.

Die Auflösung der Klöster im Zuge der Reformation bedeutete eine erhebliche Einschränkung des Bildungsangebots für Frauen. Luther forderte Schulen für das ganze Volk und für jede Stadt eine Jungfernschule. Bemühungen der Reformation und des Humanismus sowie die in der Gegenreformation entstandenen weiblichen Klostergemeinschaften der Ursulinen und Englischen Fräulein, die sich ausschließlich der weiblichen Bildung annahmen, führten zu keiner Verbreitung von Mädchenschulen.

Fénelon, der mit einem katholischen Mädcheninstitut die erste berühmte Mädchenschule Frankreichs gründete, gilt «in der Geschichte der Erziehung als der erste spezielle Mädchenpädagoge» (SIMMEL 1980, S. 37). In seiner 1687 vorgelegten Schrift «Traité sur l'éducation des filles» (Abhandlung über die Mädchenerziehung) setzte er sich für eine verbesserte Mädchenerziehung der höheren Stände ein. Die Erziehung der eigenen Kinder war für ihn oberste Pflicht der Frau und vorrangiges Ziel der Mädchenbildung. Seine Abhandlung wurde 1689 aus dem Französischen ins Deutsche übersetzt auf Veranlassung Franckes, des Begründers des Gynaeceums (1698), der ersten deutschen höheren Mädchenschule.

Ab der Mitte des 17. Jahrhunderts wurden im Rahmen der Frühaufklärung aber auch Stimmen laut, die für die intellektuelle Bildung der Frau eintraten und sich in literarischen Gesellschaften, philosophischen Zirkeln und moralischen Wochenschriften Gehör verschafften (vgl. BENNENT 1985, S. 46ff). Die emanzipatorischen Entwürfe der Naturrechtstheoretiker beinhalteten die Absage an das christliche Postulat von der Minderwertigkeit der Frau und forderten die prinzipielle Gleichheit für Mann und Frau. Als besonders fortschrittlicher Denker galt Thomasius, der in der besseren Bildung der Männer deren dominierende gesellschaftliche Position begründet sah.

Überzeugt von der Geschlechtsneutralität des Verstandes, wurde an der Schwelle zum 18. Jahrhundert innerhalb aufgeklärt bürgerlicher Kreise das Idealbild «weiblicher Gelehrsamkeit» (BOVENSCHEN 1980, S. 80) propagiert. Als Paradebeispiel weiblicher Bildsamkeit diente A. M. Schürmann, die in ihrer 1641 vorgelegten Abhandlung «Logische Dissertation über die Fähigkeiten des weiblichen Geschlechts in Sachen Gelehrsamkeit und schönen Wissenschaften» ähnliche Forderungen aufstellte wie D. Ch. Leporin-Erxleben in ihrer «Gründlichen Untersuchung der Ursachen, die das weibliche Geschlecht vom Studieren abhalten», der ersten, außerordentlich zur Promotion zugelassenen Dissertation einer Frau aus dem Jahr 1742.

Theorie der polaren Geschlechtertypen. Im letzten Drittel des 18. Jahrhunderts machte sich im →Denken über Mann und Frau die Idee von der Ergänzung der Geschlechter, von zwei nach dem Entscheid der Natur voneinander unterschiedenen «Geschlechtscharakteren» (HAUSEN 1980, S. 161) breit. «Der Geschlechtscharakter wird als Kombination von Biologie und Bestimmung aus der Natur abgeleitet und zugleich als Wesensmerkmal in das Innere des Menschen verlegt» (HAUSEN 1980, S. 162). Von der biologischen Fähigkeit, Kinder zu gebären, wurde auf eine natürlich-psychische Disposition der Frau für den Reproduktionsbereich geschlossen. Dem männlichen Kulturtypus wurde die weibliche Gefühlsnatur, dem männlich-öffentlichen ein weiblich-häuslicher Handlungsraum entgegengesetzt. Verstand und Gefühl, Aktivität und Passivität, → Autonomie und Fähigkeit zur Hingabe brachte man in einen natürlichen Zusammenhang mit dem biologischen Geschlecht. Die «Natur des Weibes» wurde für die bürgerlichen Denker zum meistgenannten Grund für die Unfähigkeit der Frau zu wissenschaftlicher, politischer oder zu wirtschaftlicher Selbständigkeit. Die egalitären Ideale der Aufklärung bezogen sich nur auf die männliche Seite der Menschheit.

Der Entstehung der neuen Weiblichkeitsideologie ging der Ausschluß der Frauen aus dem marktorientierten Produktionsbereich voraus. Innerhalb der agrarisch strukturierten, vorindustriellen Gesellschaft konnten Frauen relativ selbständig am Erwerbsleben teilnehmen (vgl. DuDEN 1977, S. 130ff). Die räumliche Trennung von Produktions- und Familiensphäre bestimmte die tendenzielle Entwicklung zur → Familie als Eltern-Kind-Gruppierung und führte zu einer Betonung der emotional-psychischen Aufgaben der Frau. Ihr neues Arbeitsfeld unterschied sich von ihrem früheren Tun vor allem durch seinen nichtökonomischen Charakter. Der Verklärung der weiblichen Arbeit zum Liebesdienst entsprach die Idealisierung der Familie als exklusiver Schonraum und als Ort individueller Entfaltung.

Erziehung als Bestimmung des Weiblichen. Am nachhaltigsten hat sich die Ideologie von der weiblichen Bestimmung auf die gegen Ende des 18. Jahrhunderts verstärkt in Gang gekommene Diskussion über die weibliche Erziehung ausgewirkt, für die Rousseaus «Emile» (1762) wegweisend wurde (vgl. BLOCHMANN 1966, S. 26). Die Erziehung Sophies, Emiles zukünftiger Frau, ist die Ergänzung zur allgemeinen, auf das männliche Kind zugeschnittenen Pädagogik. Sie wird im fünften und letzten Kapitel des Erziehungsromans behandelt. Rousseaus standesunspezifisches Weiblichkeitsideal, das die Funktionen der Geliebten, → Mutter und Hausfrau in sich vereinte, bestimmt Sophies Werdegang. Ihre Erziehung, die die Mutter übernimmt, bereitet darauf vor. Den «Emile» widmete Rousseau den Müttern. Die Liebe zum Gatten und zu den Kindern war für ihn der Inbegriff des Weiblichen und Angelpunkt einer neuen, besseren Gesellschaft (vgl. BADINTER 1980, S. 113ff). Die Aufwertung der Mutterrolle fand parallel zur Erfindung beziehungsweise zur «Entdeckung der Kindheit» (ARIÈS 1980, S. 92) im 17. und 18. Jahrhundert statt. Das Verständnis und Interesse galt vorerst dem männlichen Nachwuchs der oberen Stände.

Kant, der eine Verstandesdifferenz zwischen den Geschlechtern konstatierte, dem Mann einen «tiefen Verstand», der Frau einen «schönen Verstand» zuschrieb, unternahm in seinen Vorlesungen «Über Pädago-

636　Frauenbildung

gik» (1776–1787) eine Hierarchisierung der erzieherischen Tätigkeit.
Die lebenserhaltende Pflege wies er den Müttern und Ammen zu, die
moralische Erziehung und Vermittlung von Wissen den Erziehern und
Lehrern. In seinem weiblichen Erziehungskonzept strich er den geistigen Unterricht. Die Frau, die nach Kant nicht in der Lage ist, abstrakt
zu denken, sollte für das praktische und soziale Leben erzogen werden.
Rousseaus und Kants pädagogische Gedanken wurden von den Philanthropen, die sich in Deutschland um die Mädchenbildung bemühten,
weiterverfolgt. Sie gründeten Mädchenpensionate, in denen die Erziehung zur häuslichen Tugend dominierte. Gegenüber Rousseau, der mit
dem weiblichen Wesen primär Liebe und Mutterschaft verband, betonten die Philanthropen die häuslichen Aufgaben, die sie ausschließlich
zum Tätigkeitsbereich der Frau erklärten. Campe schrieb mit dem «Väterlichen Rath an meine Tochter» (1791) die bekannteste philanthropische Abhandlung über Mädchenbildung, in der er das Konzept der
«dreifachen Bestimmung des Weibes» zur «beglückenden Gattin», «bildenden Mutter» und «weisen Vorsteherin des inneren Hauswesens» entwickelte. Bedingt durch den Strukturwandel der Familie, entstanden
neue Anforderungen an die Frau, die eines «veranstalteten Bildungs-
und Erziehungsgangs» (TORNIEPORTH 1979, S. 62) bedurften.
　Bürgerliche Privatinitiative führte um 1820 zur Gründung etlicher höherer Töchterschulen, wo Mädchen aus begüterten Familien durch eine
am Bild «schöner Weiblichkeit» orientierte Erziehung auf ihre soziale
Stellung als «Dame» vorbereitet wurden (vgl. ZINNECKER 1973, S. 97ff).
Im Zentrum stand die Vermittlung von «schöngeistiger» Bildung: Literatur, Geschichte, Fremdsprachen, Zeichnen, Musik, Konversation und
Handarbeiten. Frauen sollten nicht mehr an Wissen und Ausbildung erhalten, als für ihre → Rolle notwendig war.

Der Kampf um Bildung. Die Theorie von der weiblichen Bestimmung
erfuhr durch die Gründung politisch orientierter Frauenvereine im Zuge
der bürgerlichen Revolution von 1848 eine prinzipielle Erschütterung.
L. Otto, erste namhafte Vertreterin der weiblichen Emanzipationsbewegung, kritisierte in ihrer 1847 veröffentlichten Schrift «Die Teilnahme
der weiblichen Welt am Staatsleben» die mangelhafte Erziehung und
Bildung der Frauen und forderte die Umgestaltung des weiblichen Bildungswesens im Interesse des allgemeinen Fortschritts von Staat und
Gesellschaft. Sie kämpfte für das Recht der Frau auf Selbstbestimmung
in persönlicher, sozialer und ökonomischer Hinsicht. L. Otto nahm als
erste bürgerliche Frau zum Elend der Arbeiterinnen Stellung und
drängte auf die Gründung von Selbsthilfeorganisationen. In der Bildungsarbeit sah sie das wichtigste Mittel zur Überbrückung der sozialen
Unterschiede innerhalb des weiblichen Geschlechts.

Mit der Revolution von 1848 scheiterten die Ansätze für eine Organisation der Frauenbewegung. Die verschiedenen Frauenvereine, die während der 50er und 60er Jahre des 19. Jahrhunderts gegründet wurden, setzten sich primär für die Erweiterung weiblicher Bildungs- und Erwerbsmöglichkeiten unverheirateter bürgerlicher Frauen ein. Entscheidendes Argument war die Verminderung der Heiratschancen, deren Ursache zum einen im großen Frauenüberschuß, zum andern in der sozialen Umschichtung zu suchen waren. 1865 kam es unter Anregung von L. Otto und A. Schmidt zum Zusammenschluß der Frauenbildungs- und Erwerbsvereine im «Allgemeinen Deutschen Frauenverein» (ADF), der ersten autonomen, von Frauen selbst bestimmten Organisation.

Unter dem Einfluß der pädagogischen Theorien von Pestalozzi und Fröbel setzte sich im letzten Drittel des 19. Jahrhunderts eine «Neuinterpretation der traditionellen Frauenrolle» durch, die «Weiblichkeit weitgehend mit Mütterlichkeit gleichsetzte» (BUSSEMER 1985, S. 245). Fröbel, der 1837 den ersten Kindergarten, eine «Pflege-, Spiel- und Beschäftigungsanstalt für Kleinkinder» eröffnet hatte, fand mit der Idee der → Professionalisierung der Mutterrolle bei den Frauenvereinen großen Anklang. 1850 bildete ein Seminar zum ersten Mal Kindergärtnerinnen aus. 1851 erließ das Preußische Kultusministerium ein Verbot der Kindergärten, die erst im 20. Jahrhundert vom Staat finanziell unterstützt wurden.

Das vom Geschlechterdualismus ausgehende Konzept der «geistigen Mütterlichkeit» – der Begriff stammt von der Fröbel-Anhängerin H. Schrader-Breymann – beinhaltete die Idee einer spezifisch weiblichen Aufgabe im öffentlichen Leben. Die Erweiterung der biologischen Mütterlichkeit um die «geistige» ermöglichte die Einbindung der Frau in das Erwerbsleben, ohne ihre «weibliche Bestimmung» zu gefährden. Die «geistige Mütterlichkeit» als kultureller Auftrag der Frau wurde zum Programm der bürgerlichen Frauenbewegung und spiegelte sich in der Entstehung eines geschlechtsspezifischen Arbeitsmarktes – insbesondere den Sozialberufen – wider. Leibliche oder «geistige» Mutterschaft, Ehe oder Beruf lautete die Alternative für den ADF. Nur unverheiratete bürgerliche Frauen sollten in karitativen Berufen tätig werden.

Voraussetzung für die Ausübung besser qualifizierter Berufe war eine Reform der Mädchenschulen, die zum Hauptanliegen des ADF wurde. 1872 diskutierte man zum ersten Mal das Frauenstudium. In der unter der Bezeichnung «Gelbe Broschüre» bekanntgewordenen Schrift «Die höhere Mädchenschule und ihre Bestimmung» kritisierte H. Lange 1887 die höheren Töchterschulen. Sie forderte die Einrichtung von Mädchengymnasien, die Zulassung zum Universitätsstudium, das Lehramt für die Oberstufe an den nach 1850 vereinzelt gegründeten öffentlichen höhe-

638 Frauenbildung

ren Mädchenschulen und eine qualifiziertere Ausbildung in den Lehrerinnenseminaren (vgl. WEILAND 1983, S. 148 ff). Lange gründete 1889 Realkurse für Frauen, die 1893 in dreiklassige Gymnasialkurse umgewandelt wurden. 1896 konnten erstmals sechs Absolventinnen extern die Reifeprüfung ablegen. Im Gegensatz zu Lange traten H. Dohm und der «Frauenverein Reform» in einer Petition von 1888 für die koedukative Schule ein. Die Mädchen sollten gleiche Voraussetzungen für ein Studium finden. Der «Frauenverein Reform» gründete 1893 das erste im Aufbau den Knabengymnasien entsprechende Mädchengymnasium und forderte das eigene Prüfungsrecht. An der Universität Heidelberg erfolgte 1891 erstmals die Zulassung von Gasthörerinnen und 1901 die Aufhebung des Immatrikulationsverbots.

Unvereinbare Gegensätze zwischen Frauenvereinen und Arbeiterinnenvereinen führten 1890 zur Spaltung des ADF. Die bürgerlichen Frauen gründeten 1894 mit dem «Bund Deutscher Frauen» (BDF) einen Dachverband für ihre eigene Bewegung, der sich aufgrund der strittigen Frage der Frauenerwerbstätigkeit in einen gemäßigten und radikalen Flügel spaltete. Unter Lange und G. Bäumer engagierte sich der gemäßigte Flügel weiterhin primär für die Reform der höheren Mädchenschulen. Das Argument der Unzumutbarkeit von Mutterschaft *und* Beruf blieb für sie bis zum Ersten Weltkrieg unhinterfragt. Der radikale Flügel trat mit dem 1902 gegründeten «Deutschen Verein für Frauenstimmrecht» hervor. Die Arbeiterinnenvereine schlossen sich unter der Führung von C. Zetkin der sozialistischen Arbeiterbewegung an, die erst 1889 die Berechtigung der Frauenlohnarbeit und die gleichberechtigte Organisation von Frauen statutenmäßig anerkannte. Die Frauenfrage blieb für Zetkin der allgemeinen sozialen Frage untergeordnet. Gleichberechtigte Erwerbsarbeit als Voraussetzung für die Persönlichkeitsentwicklung der Frau, Arbeiterinnen- und Mutterschutzpolitik waren die wesentlichen Anliegen der sozialistischen Frauen. In Frauenbildungsvereinen wurden intellektuelle und soziale Kräfte zugunsten genossenschaftlicher Selbsthilfe und Identitätsstärkung geschult. Ende des 19. Jahrhunderts betonte man in den sozialistischen Bildungskonzepten die hauswirtschaftliche Unterweisung. Die Arbeiterin sollte rechtzeitig auf ihre familiären Pflichten vorbereitet werden. «Man vereinte das Rollenbild der lohnarbeitenden Proletarierin mit demjenigen der ‹bürgerlichen Hausfrau, Gattin und Mutter›» (TORNIEPORTH 1984, S. 329). Das Modell der weiblichen Doppelrolle war ideologisch abgesichert.

Die zahlreichen Petitionen der bürgerlichen Frauenbewegung führten 1908 zur Mädchenschulreform und zur generellen Studienerlaubnis.

Von der Geschlechtertrennung zur Koedukation. Die Trennung der Geschlechter sollte weiterhin die gegenseitige Abgrenzung männlicher und weiblicher Tätigkeitsbereiche und die Unterbindung von Kontakten zwischen den Geschlechtern gewährleisten. Grundform der höheren Mädchenschule wurde das zehnjährige Lyzeum. Darauf schlossen ein- oder zweijährige Frauenschulklassen (Frauenoberschulen) an. Auf ihren Stundenplänen standen Kinderpflege, Nähen, Kochen, Erziehungslehre – Ausbildungsinhalte, die mit keinerlei Berufsberechtigung verbunden waren. Zur Reifeprüfung führte die fünf- oder sechsjährige Studienanstalt, die nach dem 8. beziehungsweise 7. Schuljahr vom Lyzeum abzweigte.

Der von der bürgerlichen Frauenbewegung vertretene Grundsatz von der gleichwertigen, aber andersartigen Mädchenbildung bestimmte auch die auf der Reichsschulkonferenz von 1920 getroffenen Neuregelungen der Weimarer Republik (vgl. FREVERT 1986, S. 175). In den sechsjährigen Lyzeen und daran anschließenden Oberlyzeen, die auf der für alle verpflichtenden vierjährigen Grundschule aufbauten, dominierten neuere Sprachen, musische Fächer und Handarbeiten. Die gymnasiale Knabenbildung legte ihr Schwergewicht auf mathematisch-naturwissenschaftliche Fächer oder alte Sprachen. Ein Antrag der sozialistischen Reformpädagogen auf Koedukation und Zugang der Mädchen zu allen weiterführenden Bildungseinrichtungen fand auf der Reichsschulkonferenz kein Gehör. In den 20er und 30er Jahren wurde die getrenntgeschlechtliche Erziehung gelockert (→ Koedukation). Mädchen durften unter verschärften Aufnahmebedingungen höhere Knabenschulen besuchen. 1931 lag ihr Anteil bei 6% (vgl. FREVERT 1986, S. 214). Während der nationalsozialistischen Herrschaft (1933–1945) erfuhr die Mutterschaftsideologie eine massive Verstärkung. Hauswirtschaft, Handarbeiten, Säuglingspflege, Hygiene und Rassenbiologie wurden für die Mehrheit der Mädchen verpflichtende Unterrichtsfächer. Koedukation widersprach dem nationalsozialistischen Bildungskonzept. 1937 wandelte man die Lyzeen und Oberlyzeen (aber auch die neusprachlichen Gymnasien) in Oberschulen um. Nach der sechsten Klasse bestand die Wahlmöglichkeit zwischen einem zweijährigen sprachlichen oder hauswirtschaftlichen Zweig, die mit der Reifeprüfung abschlossen. Bis 1941 mußten die Absolventinnen des zweiten Typs für das Hochschulstudium eine Zusatzprüfung ablegen.

Nach 1945 wurden die mittleren und höheren Mädchenschulen im Aufbau wieder den Knabenschulen angeglichen. Schulen gleichen Typs wurden, wo es die Dichte erlaubte, als Mädchen- und Knabenschulen eingerichtet beziehungsweise in Form von Parallelklassen organisiert. In den Richtlinien und Stoffplänen fanden sich bis in die 60er Jahre «Ausrichtungen auf weibliche Gesinnungsart und Beschäftigungen» (BREH-

MER 1987, S. 154). Hauswirtschafts- und Haushaltungsschulen bereiteten noch ausschließlich auf die Rolle der Hausfrau und Mutter vor. Aufgrund der wirtschaftlichen Konjunktur, die die Integration eines steigenden Anteils von Frauen in den Erwerbsbereich bewirkte, wurde das bürgerliche Ideal der «Nur-Hausfrau» durch das Leitbild der Doppelrolle ersetzt (FREVERT 1986, S. 253 ff). In Zusammenhang mit der Diskussion um die Bildungsreserve kritisierte der «Bildungsbericht '70» die mangelnde Förderung der Mädchen. In der durch die Schule vermittelten geschlechtsspezifischen Erziehung (→ Erziehung, geschlechtsspezifische) entdeckte man eine der Barrieren für die Realisierung der Gleichheit der Bildungschancen. Die Schulreform führte in den 70er Jahren zur Angleichung der unterschiedlichen Richtlinien für Mädchen und Knaben sowie zur Durchsetzung der Koedukation als Regelfall.

Die Frauen gelten als «Gewinnerinnen» der Bildungsreform. 1986 stellten Mädchen rund 49% der Grundschüler, 47% der Hauptschüler und knapp über die Hälfte (50,4%) der Gymnasiasten. Die besseren Leistungen, die sie erbringen, wirken sich jedoch nicht entsprechend auf den weiteren Bildungsweg aus. Im mittleren Bildungswesen waren sie 1986 mit rund 64% an den Berufsfachschulen, 65% an den Fachschulen und 53% an den Realschulen überrepräsentiert (vgl. STATISTISCHES BUNDESAMT 1987a, S. 20). Die Bevorzugung eines mittleren Schulniveaus ist Ausdruck der Tendenz, eine solche Bildung als angemessene Basis zu sehen, die es ermöglicht, Beruf und Ehe zu verbinden.

Ein ausgeprägter Geschlechterunterschied besteht auch in der Lehrlingsausbildung. 1985 betrug der weibliche Anteil an den Auszubildenden nicht ganz 41% (vgl. STATISTISCHES BUNDESAMT 1987b, S. 362). Die fünf am stärksten besetzten weiblichen Ausbildungsberufe waren: Friseurin, Verkäuferin, Bürokauffrau, Industriekauffrau und Arzthelferin. Bei den männlichen Lehrberufen dominierte der Kraftfahrzeugmechaniker vor dem Elektroinstallateur, Maschinenschlosser, Maler und Tischler. Weibliche Jugendliche hatten größere Schwierigkeiten, einen Arbeitsplatz zu finden. Ihr Anteil an der Jugendarbeitslosigkeit (unter 20 Jahren) belief sich 1986 auf rund 56% (vgl. STATISTISCHES BUNDESAMT 1987b, S. 111). Im Bereich der beruflichen Bildung laufen seit 1978 unter dem Motto «Mädchen in technische Berufe» Fördermaßnahmen auf Bundes- und Länderebene.

Frauen in Lehrberufen. Für die Töchter der bürgerlichen Mittel- und Oberschicht stellte der Beruf der Lehrerin im 19. Jahrhundert eine der wenigen standesgemäßen Erwerbsmöglichkeiten dar. Viele der Vertreterinnen der ersten Frauenbewegung waren ausgebildete Lehrerinnen: Lange, Bäumer, Dohm, Schmidt und Zetkin (vgl. NAVE-HERZ 1980, S. 71 ff). Seit Beginn des 19. Jahrhunderts unterrichteten Lehrerinnen in

Elementarschulen. Als Befähigung diente in der Regel der Besuch einer höheren Töchterschule. Nach 1837 mußte in Preußen eine Prüfung abgelegt werden, auf die private Ausbildungsseminare vorbereiteten. Auch der Staat begann vereinzelt, Lehrerinnenseminare einzurichten. Die Absolventinnen durften an Volksschulen und an den unteren Stufen der höheren Mädchenschulen unterrichten.

1869 gründeten A. Schmidt und M. Calm den «Verein Deutscher Lehrerinnen und Erzieherinnen». Man betonte besonders die Eignung der Frau für die Bildung der Mädchen, deren «weibliche Bestimmung» eines spezifisch weiblichen Elements bedurfte. Eines der Hauptziele des Vereins war die Zulassung und Ausbildung der Frau zur Lehrerin an der Oberstufe der höheren Mädchenschulen. 1888 initiierten die Lehrerinnenvereine wissenschaftliche Fortbildungskurse für seminaristisch ausgebildete Lehrerinnen, die 1892 vom preußischen Unterrichtsministerium anerkannt wurden (vgl. NAVE-HERZ 1980, S. 96). Die Ausbildung zum Lehramt für Volks-, Mittel- und höhere Mädchenschulen wurde auf drei Jahre festgelegt.

Von 1833 bis zur Jahrhundertwende steigerte sich der Frauenanteil der Lehrkräfte an Mädchenschulen von 35% auf 60% (vgl. ZINNECKER 1973, S. 47). Sowie die Frau in Konkurrenz zum Mann trat, verschärften sich die Angriffe gegen sie. Besonders die Ober- beziehungsweise Gymnasiallehrer, die aufgrund eines Überangebots von Lehrern in den 80er Jahren des 19. Jahrhunderts verstärkt in die öffentlichen höheren Mädchenschulen drängten, sahen ihr Berufsmonopol gefährdet. Zur Begründung der angeblich schlechteren Berufseignung der Frau diente das Vorurteil ihrer geistigen Minderwertigkeit. Der Staat reagierte 1892 mit der Einführung der Zölibatsklausel (vgl. JOEST/NIESWAND 1984, S. 251 ff). Die Lehrerin mußte im Falle der Verheiratung aus dem Schuldienst ausscheiden. Gegen das Argument der Doppelbelastung und des Doppelverdienertums hatte auch der BDF und der 1890 unter Lange zusammengeschlossene «Allgemeine Deutsche Lehrerinnenverein» (ADLV) bis zum Ersten Weltkrieg nichts einzuwenden.

Der ADLV erkämpfte sich 1894 in den «Bestimmungen über das Mädchenschulwesen, die Lehrerinnenbildung und die Lehrerinnenprüfungen» die Oberlehrerinnenprüfung, die vor einer staatlichen Kommission abzulegen war. 1905 erfolgte die Zulassung zum Staatsexamen. Zu diesem Zeitpunkt betrug der Anteil der Frauen an den Lehrkräften etwa 15% (vgl. ZINNECKER 1980, S. 202). 1908 wurde die Lehrerinnenausbildung nach Schularten gegliedert. Nach dem Besuch des zehnjährigen Lyzeums befähigten drei propädeutische Klassen mit einem anschließenden Probejahr zum Unterricht in mittleren und höheren Mädchenschulen. Am Ende des Ersten Weltkriegs lag der Anteil der weiblichen Lehrerschaft bei 25% (vgl. ZINNECKER 1980, S. 202).

642   Frauenbildung

Mit der Weimarer Verfassung erfolgte 1919 die volle politische Gleichberechtigung der Frau. 1920 wurde die Eheverbotsklausel aufgehoben, doch ermöglichten Ausnahmebestimmungen weiterhin die Entlassung verheirateter Beamtinnen. Die Lehrerinnenseminare, die den Lehrerseminaren angeglichen wurden, ersetzte man 1926 durch Pädagogische Akademien. Nach 1933 traten an deren Stelle Hochschulen für Lehrerbildung. Die Wiederaufnahme der Zölibatsklausel im Jahr 1933 schrieb erneut die Entlassung verheirateter Beamtinnen vor. 1941 wurden die Pädagogischen Hochschulen in fünfstufige Lehrerbildungsanstalten umgewandelt, in denen man wieder geschlechtsspezifische Ausbildungswege beschritt (vgl. NAVE-HERZ 1980, S. 75).

Nach 1945 setzte man die akademische Lehrerbildung fort. Die Zölibatsklausel fiel 1950, blieb aber noch in eingeschränkter Form bestehen. So mußten in den Ehestand tretende Lehrerinnen formhalber die Genehmigung der Schulbehörde einholen. An den Pädagogischen Hochschulen studierten in den 60er Jahren rund 70 % Frauen (vgl. ZINNEKKER 1980, S. 202). 1970 war die Hälfte aller Lehrer Frauen. Die Tendenz zur Feminisierung des Lehrberufs hält an. Je höher allerdings das Ausbildungsniveau, desto geringer ist der Anteil der weiblichen Lehrkräfte. Frauen stellten 1985 rund 54 % der gesamten Lehrerschaft: 64 % der Grund- und Hauptschullehrer, 52 % der Realschullehrer, 36 % der Gymnasiallehrer. Im berufsbildenden Schulwesen waren sie mit knapp 30 % vergleichsweise unterrepräsentiert (vgl. STATISTISCHES BUNDESAMT 1987b, S. 357, S. 359).

Frauen an den Universitäten. Als letztes Land in Europa gestattete Deutschland 1908 Frauen generell den Zugang zur Universität. Stellten die Studentinnen 1908 etwa 3 % der Gesamtstudentenschaft, waren es im Wintersemester 1931/32 rund 16 % (vgl. FREVERT 1986, S. 192). Seit 1920 verfügen Wissenschaftlerinnen über das Habilitationsrecht. Die Botanikerin M. v. Wrangell und die Soziologin und Pädagogin M. Vaerting erhielten 1923 als erste Frauen eine ordentliche Professur (vgl. SCHLÜTER 1983, S. 250ff). Bis 1930 gab es 54 Dozentinnen, von denen 24 zu Professorinnen ernannt wurden. Die Nationalsozialisten führten 1933 den Numerus clausus für Frauen ein, der den weiblichen Anteil der Studentenschaft auf 10 % beschränken sollte. Etwa die Hälfte der Wissenschaftlerinnen verlor ihren universitären Arbeitsplatz. Der Abzug von Akademikern und Studenten zur Wehrmacht und die wirtschaftlichen Erfordernisse führten – trotz gegenteiliger Ideologie über die Rolle der Frau – im Wintersemester 1943/44 zu einer weiblichen Studentenquote von rund 61 % (vgl. FREVERT 1986, S. 212).

Nach 1945 wurden die Studienbeschränkungen für Frauen aufgehoben. Ende der 50er Jahre stellten Frauen ungefähr ein Fünftel der Stu-

Frauenbildung 643

dentenschaft. Von 1960 bis 1980 verfünffachte sich die absolute Zahl der studierenden Frauen an den Hochschulen. Im Wintersemester 1986/87 ist die weibliche Studentenquote bei 38% angelangt. An den Pädagogischen Hochschulen betrug der Frauenanteil rund 71%, an den Kunsthochschulen 49%, an den Universitäten 42%, an den Fachhochschulen 27%, an den Gesamthochschulen 31% und an den Verwaltungshochschulen 42% (vgl. STATISTISCHES BUNDESAMT 1987a, S. 21). Bereits in der Studienwahl zeigen sich geschlechtsspezifische Merkmale. Überrepräsentiert sind Frauen zum Beispiel in den Lehramtsfächern Germanistik (62%) und Romanistik (80%) sowie in den Fächern Erziehungswissenschaft (67%) und Psychologie (60%) (vgl. STATISTISCHES BUNDESAMT 1987b, S. 367). In den ingenieurwissenschaftlichen Fakultäten belief sich der Frauenanteil auf rund 11%, in Physik auf 9%. Mit 41% lag er an den Medizinischen Fakultäten etwas über der durchschnittlichen Frauenquote an den Hochschulen.

Die fünf am stärksten von Frauen gewählten Studienfächer waren Allgemeinmedizin, Germanistik, Rechtswissenschaft, Betriebswissenschaftslehre und Erziehungswissenschaft. Bei den männlichen Studierenden dominierte Maschinenbau vor Elektrotechnik, Betriebswirtschaftslehre, Rechtswissenschaft und Allgemeinmedizin. Nicht nur in der Studienwahl, auch in der Bereitschaft zur Weiterbildung bestehen geschlechtsspezifische Unterschiede. 1985 lag der weibliche Anteil an Diplomen und entsprechenden Abschlußprüfungen bei 30%, der an den Doktorprüfungen bei 24%. Überdurchschnittlich beteiligt waren Frauen an den Lehramtsprüfungen. Mit knapp 60% entsprach ihr Anteil ungefähr dem der weiblichen Lehramtsstudenten (62%). Stark unterrepräsentiert sind Frauen hingegen im Lehrpersonal der Universitäten. 1985 stellten sie knapp 5% der Professorenschaft und 14% des Mittelbaus (vgl. STATISTISCHES BUNDESAMT 1987b, S. 371, S. 373), wobei der Anteil von Frauen im Lehrpersonal einzelner Fächer, wie zum Beispiel Erziehungswissenschaft, höher liegt (vgl. KUCKARTZ/LENZEN 1986).

Wie aus feministischen Untersuchungen (vgl. MEYER 1984, S. 16ff) hervorgeht, bereiten den Studentinnen aber auch die Studienbedingungen Unbehagen. Anonymität, hierarchische Organisations- und Kommunikationsstrukturen, entfremdete Wissensaneignung, Konkurrenz und ein vorwiegend männlicher Lehrkörper werden als belastend empfunden. Die Studentinnen fühlen sich weniger ernst genommen, schreiben sich mehr Inkompetenz zu und zeigen größere Unsicherheit.

Feministische Kritik an Wissenschaft und Ausbildungsinstitutionen. In Zusammenhang mit der weiblichen Identitätsproblematik begannen Wissenschaftlerinnen im Umfeld der zweiten Frauenbewegung in den

644 Frauenbildung

70er Jahren des 20. Jahrhunderts die Situation ihrer Benachteiligung zu analysieren und zu verändern. «Ausgangspunkt ihrer Fragen [wurde] der Zusammenhang zwischen gesellschaftlicher Unterdrückung von Frauen und herkömmlicher Theorieproduktion» (TEUBNER 1985, S. 307; Umstellung: H. G.). Die Kritik an männlich dominierten Sichtweisen und Verhaltensformen in Forschungsinhalten und -organisationen führte zur Forderung nach Institutionalisierung von frauenspezifischen Forschungsinteressen und Etablierung einer eigenen Frauenöffentlichkeit. Seit 1974 gibt es an deutschen Universitäten Frauenlehrveranstaltungen (Frauenseminare, interdisziplinäre Frauenringvorlesungen). 1976 fand in Berlin zum ersten Mal die Frauensommeruniversität zum Thema «Frau und Wissenschaft» statt.

Frauenforschung hat den Anspruch, die gesellschaftlich relevanten Themen aus weiblicher Perspektive neu zu reflektieren, da die bestehenden Gesellschaftstheorien «alle von Männern in ihrem eigenen beschränkten Interesse (Klasseninteresse) konzipiert worden sind» (SCHRÖDER 1983, S. 449). Es geht um die Erarbeitung einer die Frauenfrage umfassenden Gesellschaftstheorie, das heißt um die theoretische Erklärung der Unterdrückung der Frau.

Gemeinsamer Ansatz ist das Prinzip, die eigene Erfahrung und Praxis zum Ausgangspunkt aller theoretischen Reflexion zu machen. Die Einbeziehung der sozialen (nicht ontologischen) Kategorie Geschlecht in den Forschungszusammenhang, das →Bewußtsein der eigenen Unterdrückung und das Ziel der Abschaffung dieser Unterdrückung zählen zu den Grundpostulaten der Frauenforschung (vgl. MIES 1978). Die Anwendung der eigenen Erfahrung führt zur Entwicklung von Methoden, die einen Bezug zur →Identität des Forschenden und Lehrenden herstellen und die starren Grenzen zwischen →Theorie und Praxis auflösen. «Im männlich dominierten Wissenschaftsbetrieb [sind] unbewußt und uneingestanden zwei Tendenzen wirksam [...], die sich nicht nur aus der Sicht von Frauen als äußerst problematisch erweisen: erstens eine im Namen ‹wissenschaftlicher Objektivität› kultivierte Abwehr des Subjektiven und zweitens ein im Namen des ‹wahren Wissens› und des Erkenntnisfortschritts ausgetragener Kampf um immer mehr Kontrolle und Macht» (LIST 1984, S. 14; Umstellung: H. G.).

Auf die Erziehungswissenschaft bezogen, bedeutet Frauenforschung die forcierte Untersuchung der Sozialisationsbedingungen von Mädchen, des gesamten Bereichs der bezahlten und unbezahlten Erziehungsarbeit sowie der Trennung von Erziehungswissenschaft und Erziehungsarbeit (vgl. HOLZKAMP/STEPPKE 1984, S. 61ff). Feministische Schulkritik bemüht sich um die Aufdeckung des verschleierten «Sexismus in der Schule» (BREHMER 1982). Die Analyse des «heimlichen Lehrplans der Geschlechtererziehung» (ENDERS-DRAGÄSSER/FUCHS-

Müseler 1987, S. 187; →Lehrplan, heimlicher) richtet sich auf die Wirkungsweise von Interaktionsprozessen, Lehrmaterialien und Organisationsformen. In Ergebnissen der geschlechtsspezifischen Sozialisationsforschung (vgl. Scheu 1977) wird nahegelegt, daß Mädchen weniger kognitiven und sozialen Druck zur Ausbildung ihrer Identität erfahren. Geschlechtsspezifische Sozialisation beginnt in den ersten Lebenstagen und wird in jedem Entwicklungsstadium fortgeführt und verfestigt. Kleine Mädchen werden weniger gestillt, früher abgestillt, erhalten weniger taktile Reize, werden häufiger verbal und akustisch stimuliert, früher zur Sauberkeit erzogen. Im Spiel der Kinder wird die Rollenverteilung der Eltern, die als primäre Identifikationsobjekte fungieren, nachvollzogen und internalisiert (→Vorbild). Schichtenzugehörigkeit und Selbstidentifikation der Eltern erweisen sich als am stärksten rollenprägend. Mit zunehmendem Alter klafft die Erziehung von Knaben und Mädchen immer weiter auseinander, was zu unterschiedlichen Fertigkeiten und psychischen Dispositionen führt. Weibliche Sozialisation ist allgemein stärker auf personelle Beziehungen und die Beobachtung von Persönlichkeitsmerkmalen anderer bezogen, während Knaben eher lernen, sachorientiert zu denken.

In der Schule erhalten Mädchen aufgrund der geschlechtsrollenspezifischen Erwartungen und Wahrnehmungen der Lehrkräfte weniger Aufmerksamkeit (vgl. Frasch/Wagner 1982, S. 272ff). Knaben werden öfter aufgerufen, gelobt und getadelt. Ihnen fällt mehr als zwei Drittel der Unterrichtszeit zu. Knaben dominieren das Unterrichtsgespräch, reden öfter und länger als die Mädchen und stören häufiger den Unterricht. Daß Mädchen dennoch die besseren Schulerfolge erzielen und seltener Lernstörungen aufweisen, wird auf ihre angeblich größere Anpassungsfähigkeit und ihr diszipliniertes Arbeitsverhalten zurückgeführt. «Knaben werden für intelligenter gehalten, ihre Arbeiten werden besser bewertet, obwohl sie den Mädchen leistungsmäßig, zumindest in der Grundschule, unterlegen sind» (Mühlen-Achs 1987, S. 174). Mädchen sind den Knaben im Sprachverhalten voraus. Ihre angeblich mathematische Schwäche zeigt sich erst nach der Pubertät.

Einen weiteren feministischen Kritikpunkt bildet der geschlechtsspezifische Charakter der Inhalte der Schulbücher, «die auch 1986 immer noch die vor 200 Jahren von den Bildungsbürgern konstituierten Bilder von Weiblichkeit und Männlichkeit, [sowie] die damit gerechtfertigte Arbeitsteilung [...] präsentieren» (Fichera/Weyerhäuser 1987, S. 292; Einfügung: H. G.). Die Schulbücher vermitteln eine durch männliches Handeln bestimmte Welt, in der Frauen lediglich als Verkörperung bestimmter Klischees von Weiblichkeit vorkommen, nicht aber in einer realistischen Darstellung ihrer sozialen Stellung und ihrer Tätigkeiten.

646 Frauenbildung

Mädchen finden kaum positive Identifikationsfiguren. Dem Abbau von Rollenstereotypen muß generell mehr Möglichkeit eingeräumt werden. In den Lehrplänen, die zwar nicht mehr zwischen Knaben und Mädchen diskriminieren, werden die Geschlechterrollen kaum thematisiert (vgl. Schultz 1978, S. 289 ff). In diesem Zusammenhang wird auch die als «selbstverständlich produktiv geltende Koedukation hinterfragt» (Brehmer 1987, S. 151).

Feministische Perspektiven. Feministischer Pädagogik und ihrer Kritik am Bildungssystem geht es neben der Realisierung der gleichen Bildungschancen auch um eine «Veränderung der gesellschaftlichen Institutionen» (Prengel 1987, S. 28). Die Politik der → Chancengleichheit darf sich demnach nicht auf die Öffnung der Männerwelt für die Frauen, auf die Orientierung der Frauen an männlichen Werten beschränken, sondern muß die Defizite auch bei den Männern suchen. Von Kindern, Schülern und Jugendlichen zu sprechen zeugt aus feministischer Sicht vom «falschen Universalismus in den Erziehungswissenschaften und Bildungstheorien» (Prengel 1987, S. 25), von der Ausgrenzung des weiblichen Geschlechts. In einem Kampf um gleiche Rechte muß nach feministischer Auffassung die historisch gewordene Verschiedenheit der Geschlechter mit einbezogen werden. «Erziehung zur Gleichberechtigung beinhaltet sowohl die wechselseitige Anerkennung von Gleichheit als auch die wechselseitige Anerkennung von Verschiedenheit der Geschlechter» (Prengel 1987, S. 31). Für die Erschließung offener Handlungsräume müssen neues Wissen über Frauen und Männer, persönliche Erfahrungen und Bedürfnisse aller am Lernprozeß Beteiligten in den Unterricht einfließen. «Richtschnur für feministische Bildungsarbeit ist die ‹Wiederentdeckung des Weiblichen›» (Schaeffer-Hegel 1987, S. 123). Die in der männlichen Kultur verschwiegene und verdrängte weibliche Produktivität soll bewußt gemacht werden und zu einem neuen weiblichen Selbstbewußtsein führen. Die durch die weibliche Geschichte und den weiblichen Lebenszusammenhang bewahrten Fähigkeiten sollen für die Entwicklung wünschenswerter Lebensformen genutzt werden.

Ariès, Ph.: Geschichte der Kindheit, München 1980. Badinter, E.: Die Mutterliebe. Geschichte eines Gefühls vom 17. Jahrhundert bis heute, München/Zürich 1980. Bennent, H.: Galanterie und Verachtung. Eine philosophiegeschichtliche Untersuchung zur Stellung der Frau in Gesellschaft und Kultur, Frankfurt/New York 1985. Blochmann, E.: Das «Frauenzimmer» und die «Gelehrsamkeit». Eine Studie über die Anfänge des Mädchenschulwesens in Deutschland, Heidelberg 1966. Bovenschen, S.: Die imaginierte Weiblichkeit. Exemplarische Untersuchungen zu kulturgeschichtlichen und literarischen Repräsentationsformen des Weiblichen, Frankfurt/M. 1980. Brehmer, I. (Hg.): Lehrerinnen. Zur Geschichte eines Frauenberufes. Texte aus dem Leh-

Frauenbildung 647

rerinnenalltag, München/Wien/Baltimore 1980. BREHMER, I. (Hg.): Sexismus in der Schule. Der heimliche Lehrplan der Frauendiskriminierung, Weinheim/Basel 1982. BREHMER, I.: Ist Koedukation möglich? In: Prengel, A. u. a. (Hg.): Schulbildung..., Frankfurt/M. 1987, S. 151 ff. BUSSEMER, H. E.: Frauenemanzipation und Bildungsbürgertum. Sozialgeschichte der Frauenbewegung in der Reichsgründungszeit, Weinheim/Basel 1985. DUDEN, B.: Das schöne Eigentum. Zur Herausbildung des bürgerlichen Frauenbildes an der Wende vom 18. zum 19. Jahrhundert. In: Kursbuch 47 (1977), S. 125 ff. ENDERS-DRAGÄSSER, U./FUCHS-MÜSELER, C.: Der heimliche Lehrplan der Geschlechtererziehung in der Schule am Beispiel der Interaktionen. In: Prengel, A. u. a. (Hg.): Schulbildung..., Frankfurt/M. 1987, S. 187 ff. FICHERA, U./ WEYERHÄUSER, E.: «...und drinnen waltet der züchtige Hausmann...» Gedanken zu frauenorientierten, nicht-sexistischen Schulbüchern und Unterrichtsmaterialien. In: Prengel, A. u. a. (Hg.): Schulbildung..., Frankfurt/M. 1987, S. 291 ff. FRASCH, H./ WAGNER, A. C.: Auf Jungen achtet man einfach mehr. In: Brehmer, I. (Hg.): Sexismus..., Weinheim/Basel 1982, S. 260 ff. FREVERT, U.: Frauen-Geschichte, Frankfurt/ M. 1986. HAUSEN, K.: Die Polarisierung der «Geschlechtscharaktere». Eine Spiegelung der Dissoziation von Erwerbs- und Familienleben. In: Rosenbaum, H. (Hg.): Seminar: Familie und Gesellschaftsstruktur, Frankfurt/M. 1980, S. 161 ff. HOLZKAMP, CH./STEPPKE, G.: Erziehung als Wissenschaft und Erziehung als produktive Tätigkeit – ein Beitrag zur Geschlechtsspezifik in der Sozialisationsforschung. In: Schaeffer-Hegel, B./Wartmann, B. (Hg.): Mythos..., Berlin 1984, S. 61 ff. JOEST, M./NIESWANDT, M.: Das Lehrerinnen-Zölibat im Deutschen Kaiserreich. In: Wiener Historikerinnen (Hg.): Die ungeschriebene Geschichte, Wien 1984, S. 251 ff. KUCKARTZ, U./LENZEN, D.: Die Situation des wissenschaftlichen Nachwuchses im Fach Erziehungswissenschaft. In: Z. f. P., 32 (1986), S. 865 ff. LIST, E.: Patriarchen und Pioniere. Helden im Wissenschaftsspiel. In: Schaeffer-Hegel, B./Wartmann, B. (Hg.): Mythos..., Berlin 1984, S. 14 ff. MEYER, B.: Zur Situation von Frauen an der Hochschule. In: ASTA, Autonomes Frauenreferat, Universität Mainz (Hg.): Frauen und Wissenschaft, Mainz 1984, S. 12 ff. MIES, M.: Methodische Postulate zur Frauenforschung – dargestellt am Beispiel der Gewalt gegen Frauen. In: beitr. z. fem. th. u. prax. 1 (1978), S. 41 ff. MÜHLEN-ACHS, G.: Feministische Kritik der Schul- und Unterrichtsforschung. In: Prengel, A. u. a. (Hg.): Schulbildung..., Frankfurt/M. 1987, S. 173 ff. NAVE-HERZ, R.: Sozialgeschichtlicher Abriß des Grund- und Hauptschullehrerinnenberufes. In: Brehmer, I. (Hg.): Lehrerinnen..., München/Wien/Baltimore 1980, S. 69 ff. PRENGEL, A.: Gleichberechtigung – Ein utopisches Ziel von Schulpädagogik und Lehrerinnenbildung. In: Prengel, A. u. a. (Hg.): Schulbildung..., Frankfurt/M. 1987, S. 25 ff. PRENGEL, A. u. a. (Hg.): Schulbildung und Gleichberechtigung, Frankfurt/M. 1987. SCHAEFFER-HEGEL, B.: Plädoyer und Thesen für ein feministisches Bildungskonzept. In: Prengel, A. u. a. (Hg.): Schulbildung..., Frankfurt/M. 1987, S. 121 ff. SCHAEFFER-HEGEL, B./ WARTMANN, B. (Hg.): Mythos Frau. Projektionen und Inszenierungen im Patriarchat, Berlin 1984. SCHEU, U.: Wir werden nicht als Mädchen geboren – wir werden dazu gemacht, Frankfurt/M. 1977. SCHLÜTER, A.: Wissenschaft für die Frauen? – Frauen für die Wissenschaft! Zur Geschichte der ersten Generation von Frauen in der Wissenschaft. In: Brehmer, I. u. a. (Hg.): Frauen in der Geschichte IV, Düsseldorf 1983, S. 244 ff. SCHRÖDER, H.: Feministische Gesellschaftstheorie. In: Pusch, L. (Hg.): Feminismus. Inspektion der Herrenkultur, Frankfurt/M. 1983, S. 449 ff. SCHULTZ, D.: Ein Mädchen ist fast so gut wie ein Junge, Bd. 1, Berlin 1978. SHAHAR, S.: Die Frau im Mittelalter, Königstein 1981. SIMMEL, M.: Erziehung zum Weibe. Mädchenbildung im 19. Jahrhundert, Frankfurt/New York 1980. STATISTISCHES BUNDESAMT (Hg.): Bildung im Zahlenspiegel, Stuttgart/Mainz 1987 a. STATISTI-

648 Freiheit, pädagogische

SCHES BUNDESAMT (Hg.): Statistisches Jahrbuch für die Bundesrepublik Deutschland, Stuttgart/Mainz 1987b. TEUBNER, U.: Feministische Wissenschaft und Institutionalisierung. In: Appel, Ch. u. a. (Hg.): Frauenforschung sichtbar machen, Frankfurt/M. 1985, S. 307ff. TORNIEPORTH, G.: Studien zur Frauenbildung, Weinheim/Basel 1979. TORNIEPORTH, G.: Proletarisches Frauenleben und bürgerlicher Weiblichkeitsmythos. In: Schaeffer-Hegel, B./Wartmann, B. (Hg.): Mythos..., Berlin 1984, S. 307ff. WEILAND, D.: Geschichte der Frauenemanzipation in Deutschland und Österreich, Düsseldorf 1983. ZINNECKER, J.: Sozialgeschichte der Mädchenbildung, Weinheim/Basel 1973. ZINNECKER, J.: Lehrerinnen der 50er und 60er Jahre – Bildungsforschung kritisch gelesen. In: Brehmer, I. (Hg.): Lehrerinnen..., München/Wien/Baltimore 1980, S. 202ff.

Helga Glantschnig

Frauenforschung → Frauenbildung

Freiheit, pädagogische

Die Herausbildung des Begriffs «pädagogische Freiheit» steht in engem Zusammenhang mit der allmählichen Ablösung älterer anstaltlicher Vorstellungen im → Schulrecht seit Mitte der 60er Jahre des 20. Jahrhunderts. Beamtenrechtlich hat der → Lehrer Dienstpflichten. Er ist zur Erfüllung des staatlichen, gesetzlich formulierten und durch dienstliche Weisungen konkretisierten Bildungsauftrages angestellt. Wie jeder Beamte hat er die Anordnungen seiner Vorgesetzten auszuführen und ihre allgemeinen Richtlinien zu befolgen (vgl. § 37 des Beamtenrechtsrahmengesetzes vom 1. 7. 1957 – BRRG –, von späteren Änderungen nicht berührt, und entsprechende Vorschriften der Landesbeamtengesetze). Schulorganisatorisch besteht eine Hierarchie zwischen → Schulen und Schulaufsichtsbehörden, die der Konkretisierung des Bildungsauftrages dient. Die Schulaufsichtsbehörden sind ihrerseits hierarchisch gegliedert und stehen unter der Verantwortung des Kultusministers oder Schulsenators. Der Lehrer ist damit staatlicher Funktionär wie andere Beamtengruppen auch (für Lehrer im Angestelltenverhältnis gilt insofern das gleiche). Die Auffassung des Lehrers an der öffentlichen Schule als «Unterrichtsbeamter» widersprach zwar schon dem reformpädagogischen Konzept eines «pädagogischen Bezugs» (→ Verhältnis, pädagogisches) und einer «Eigenständigkeit der Pädagogik». Aber erst mit der schärferen Erfassung der schulrechtlichen Grundlagen stellte sich die Frage nach dem Rechtscharakter der von Pädagogen geforderten und in Schulgesetzen seit 1961 auftauchenden «pädagogischen Eigenverantwortung der Schulen» und der «pädagogischen Freiheit des Lehrers»:

– Modifikation der beamtenrechtlichen Gehorsamspflicht im Sinne

(partieller) Weisungsfreiheit? Oder nur faktische Restfreiheit je nach dem Maß schulaufsichtlicher Anweisungs- und Kontrolldichte?
– Pädagogische Gestaltungsfreiheit nur als Methodenfreiheit? Oder auch inhaltliche Lehrziel- und Stoffauswahlfreiheit?
– Individualrecht des Lehrers oder gesamthänderisches Autonomierecht der Lehrergesamtheit?

Die bisherigen schulrechtlichen Länderregelungen folgen inhaltlich und weitgehend auch im Wortlaut der Formulierung des 1961 erlassenen Hessischen Schulverwaltungsgesetzes (Hess. SchulVerwG): «Unbeschadet der Rechte der Schulaufsichtsbehörden und der Verwaltungsbefugnisse der Schulträger ordnen die Schulen im Rahmen der gesetzlichen Vorschriften ihre pädagogischen Angelegenheiten selbst durch Lehrerkonferenz und Schulleiter» (§ 45, Abs. 1 Hess. SchulVerwG). «Die Lehrer unterrichten und erziehen im Rahmen der Gesetze, der Anordnungen der Schulaufsichtsbehörden und der Beschlüsse der Lehrerkonferenz in eigener Verantwortung; ihre pädagogische Freiheit soll nur beschränkt werden, soweit dies notwendig ist» (§ 52, Abs. 2 Hess. SchulVerwG). Damit sind die oben gestellten Fragen trotz grundsätzlicher Bejahung pädagogischer Freiheit weitgehend minimalistisch beantwortet:

– Die beamtenrechtliche Gehorsamspflicht bleibt voll erhalten, allerdings ist jeder Beamte verpflichtet, etwaige Bedenken gegen die Rechtmäßigkeit dienstlicher Anordnungen auf dem Dienstwege geltend zu machen (vgl. § 38 BRRG und entsprechende Vorschriften der Landesbeamtengesetze),
– die pädagogische Freiheit ist vor allem ein (in hohem Maße vorhandenes, nicht immer voll wahrgenommenes) Faktum, rechtlich aber eine Leerformel,
– angesichts staatlich erlassener Lehr- und → Lernziele, Fächerkataloge und Stoffpläne bleibt für die faktische Entfaltung pädagogischer Freiheit nur noch der methodische Bereich übrig,
– Konferenzbeschlüsse gehen Individualentscheidungen des Lehrers vor.

Dies alles beschreibt schon die pädagogische Wirklichkeit nur unvollkommen, entspricht aber auch dem allgemeinen Rechtsbewußtsein nicht mehr in allen Teilen. Rechtsprechung und Schulrechtswissenschaft haben die Problematik vor allem in zwei Richtungen behandelt: Wie weit reicht die pädagogische Freiheit in Konfliktfällen? Und: Stehen hinter der «pädagogischen Freiheit» verfassungsrechtlich geschützte Rechtspositionen, gibt es demzufolge gesetzgeberische Pflichten zu entsprechend stärkerer Ausgestaltung?

Die erste Frage spielt vor allem bei Prüfungs- und Versetzungsentscheidungen eine Rolle. Die von der Rechtsprechung anerkannte Unab-

650 Freiheit, pädagogische

hängigkeit bei Prüfungs- und Versetzungsentscheidungen (sogenannte «Unvertretbarkeit bei fachlich-pädagogischen Wertungen») wirkt sich nicht nur in eingeschränkter verwaltungsgerichtlicher Kontrolle aus (vgl. PERSCHEL 1984a), sondern hat Konsequenzen schon für die fachaufsichtliche Nachprüfung, insbesondere für das sogenannte Selbsteintrittsrecht der Fachaufsichtsbehörde: Die fachaufsichtliche Kontrolldichte nimmt ab und nähert sich den Voraussetzungen gerichtlicher Nachprüfung. § 55 des Hessischen Schulverwaltungsgesetzes (entsprechend auch mehrere Schulverwaltungsgesetze anderer Bundesländer) ergänzte schon 1961 die zitierten Vorschriften über pädagogische Eigenverantwortung und pädagogische Freiheit durch eine Aufsichtsbegrenzung: «Die Schulaufsichtsbehörden können im Rahmen der Fachaufsicht pädagogische Bewertung sowie unterrichtliche und erzieherische Entscheidungen und Maßnahmen aufheben, zur erneuten Beschlußfassung zurückverweisen und alsdann erforderlichenfalls selbst entscheiden, *wenn*
1. gegen wesentliche Verfahrensvorschriften verstoßen,
2. von unrichtigen Voraussetzungen oder sachfremden Erwägungen ausgegangen,
3. gegen allgemein anerkannte pädagogische Grundsätze oder Bewertungsmaßstäbe oder gegen den Grundsatz der Gleichbehandlung aller Schüler verstoßen wurde.»

Fälle eigenwilliger Interpretation des Bildungsauftrages haben sich zwar in den letzten anderthalb Jahrzehnten nicht selten zugetragen (Konfliktfälle insbesondere im Bereich der politischen Bildung, des Deutschunterrichts, der → Sexualerziehung), sind jedoch in aller Regel im Raum der Schulöffentlichkeit (oft auch unter Mobilisierung der allgemeinen Öffentlichkeit über Presse und Rundfunk) ausgetragen und erledigt worden – eine Folge sowohl des gewandelten bildungspolitischen Bewußtseins als auch neuer Organisationsstrukturen der Schulverfassung, mit denen Diskussionsebenen zur Verfügung stehen (→ Mitbestimmung – Mitwirkung). Gerichtliche Entscheidungen über Disziplinarmaßnahmen gegen Lehrer wegen Überschreitung ihrer «pädagogischen Freiheit» sind verschwindend seltene Ausnahmen.

Die Frage einer *verfassungsrechtlichen* Verankerung der pädagogischen Freiheit wird bisher verschieden beantwortet. Versuche, sie aus dem Selbstentfaltungsrecht des Kindes abzuleiten (vgl. STEIN 1967) oder eine – durch Grundrechtspositionen von Kindern und Eltern eingeschränkte – Lehrfreiheit des Lehrers als Freiheit des Lehrens neben (nicht als Bestandteil) der Wissenschaftsfreiheit in Art. 5, Abs. 3 des Grundgesetzes (GG) anzusiedeln (vgl. PERSCHEL 1979), sind in der Minderheit geblieben. Mehrheitlich wird die Rechtsqualität der pädagogischen Freiheit bis heute nur im positiven einfachen Gesetzesrecht gesucht und die verfassungsrechtliche Relevanz geleugnet.

Freiheit, pädagogische 651

Vom *Rechtsstaatsgebot* her entfaltet die Schulrechtskommission des Deutschen Juristentages (vgl. PERSCHEL 1984b) die Problematik der pädagogischen Freiheit neu, auf eine erklärtermaßen pragmatische, aber möglicherweise gerade dadurch folgenreiche Weise: Nach § 66, Abs. 2 ihres Schulgesetzentwurfs (SCHULE IM RECHTSSTAAT 1981) erziehen und unterrichten die Lehrer «in eigener Verantwortung im Rahmen der Grundsätze und Ziele der §§ 1–6 sowie der sonstigen Rechtsvorschriften und der Konferenzbeschlüsse. Die für die Unterrichts- und Erziehungsarbeit des Lehrers erforderliche pädagogische Freiheit darf durch Rechtsvorschriften und Konferenzbeschlüsse nicht unnötig oder unzumutbar eingeengt werden.» Diese Generalklauseln unterscheiden sich auf den ersten Blick kaum von den entsprechenden Formulierungen der geltenden Schulgesetze. Der entscheidende Unterschied liegt in der Beschränkung der Schulaufsicht auf eine *Rechts*aufsicht; diese wird dadurch möglich, daß Bildungsauftrag der Schule (vgl. § 2), Bildungsziele (vgl. §§ 2–5) und Gegenstandsbereiche des →Unterrichts (vgl. § 6) gesetzlich formuliert sind und daß die →Lehrpläne den Charakter von Rechtsverordnungen haben (vgl. § 7). Die Kompetenzen der *Konferenzen* (vgl. §§ 78–83), der *Schulleitung* (vgl. § 67, Abs. 2, § 68, Abs. 1) und der *Schulaufsichtsbehörden* (vgl. § 73, Abs. 2) sind abschließend festgelegt. Dadurch wird erreicht, daß dem *einzelnen Lehrer* ein Raum eigenständiger Aufgabenwahrnehmung durch Gesetz zugewiesen wird und daß Verwaltungsvorschriften ihn im Bereich von Unterricht und →Erziehung nicht binden können.

NEVERMANN, K./RICHTER, I. (Hg.): Rechte der Lehrer, Rechte der Schüler, Rechte der Eltern, München 1977. NIEHUES, N.: Schul- und Prüfungsrecht, München [2]1983. PERSCHEL, W.: Die Lehrfreiheit des Lehrers. In: Nevermann, K./Richter, I. (Hg.): Verfassung und Verwaltung der Schule, Stuttgart 1979, S. 373 ff. PERSCHEL, W.: Rechtsschutz, verwaltungsgerichtlicher. In: Enzyklopädie Erziehungswissenschaft, Bd. 5, Stuttgart 1984, S. 553 ff (1984a). PERSCHEL, W.: Gesetzesvorbehalt. In: Enzyklopädie Erziehungswissenschaft, Bd. 5, Stuttgart 1984, S. 497 ff (1984b). SCHULE IM RECHTSSTAAT, Bd. 1: Entwurf für ein Landesschulgesetz. Bericht der Kommission Schulrecht des Deutschen Juristentages, München 1981. STEIN, E.: Das Recht des Kindes auf Selbstentfaltung in der Schule, Neuwied/Berlin 1967. STOCK, M.: Pädagogische Freiheit und politischer Auftrag der Schule, Heidelberg 1971.

Wolfgang Perschel

Freinetpädagogik

Politische Position Freinets. Freinet (1896–1966) begann nach dem Ersten Weltkrieg, die französische Schule zu revolutionieren (Zeittafel seines Lebens und seiner Arbeiten: vgl. Jörg 1979). Zu gleicher Zeit wie deutsche und andere Reformpädagogen (→ Reformpädagogik) kritisierte er die Lebensfremdheit der → Schule, die Reduktion des Lernens auf die Aneignung vorgegebenen Wissens und die Unterdrückung der kindlichen Bedürfnisse nach Tätigkeit und praktischer Forschungsarbeit. Arbeit steht für Freinet im Mittelpunkt menschlichen Lebens: «Nur in der Arbeit drückt sich das Individuum völlig aus und verwirklicht sich wirksam» (Freinet 1978a, S. 221; Übersetzung: U. P.-L.). Gegen die Trennung von Hand- und Kopfarbeit, gegen die Monotonie der Fließbandarbeit formuliert Freinet sein Verständnis für nichtentfremdete Tätigkeit. Für ihn geht es darum, «diese Integration der Arbeit zu erreichen, den zum Tier machenden Mechanismus zu vermeiden, die Geistigkeit zu entfachen, die den Handgriff führt und idealisiert, die Abhängigkeit der verschiedenen Funktionen, die tiefe Identität ihrer Beweggründe und ihrer Ziele wiederherzustellen, damit es diesen willkürlichen Graben nicht mehr gibt, den die aktuelle Zivilisation zwischen der physischen Aktivität auf der einen Seite und dem Leben, dem Denken, dem Gefühlsleben des Individuums auf der anderen Seite auf die Spitze getrieben hat» (Freinet 1978a, S. 209; Übersetzung: U. P.-L.). Kritik an der Verselbständigung der Maschine (vgl. Freinet 1980, S. 124) und damit an allen auf Lohnarbeit, Fließbandarbeit und der Trennung von Hand- und Kopfarbeit beruhenden industrialisierten Gesellschaften geht einher mit der Forderung, Schule solle die Arbeit in den Mittelpunkt des pädagogischen Bemühens stellen. Innerhalb dieses konstruktiven Arbeits- und Tätigkeitskonzepts wird die technische Entwicklung bewertbar. Freinet betont die Entwicklung vor allem der Kommunikationsmittel und spricht vom «Fortschritt unserer Epoche» (Freinet 1979, S. 12).

Er beklagt den diesbezüglichen Modernitätsrückstand der Schule und fordert eine Erziehung, «die den individuellen, sozialen, geistigen, technischen und moralischen Bedürfnissen eines Volkes im Zeitalter der Elektrizität, des Flugzeugs, des Films, der Zeitung, der Druckerei, des Telefons [...] entspricht» (Freinet 1979, S. 13), und hoffte (1949!) in diesem Zusammenhang auf «eine Welt des triumphierenden Sozialismus» (Freinet 1979, S. 13). Die Faszination von technischen Möglichkeiten der Kommunikation und des Ausdrucks, die sich auch in ihrer Einbeziehung der Freinet-Techniken niederschlägt (Schuldruckerei, verschiedene grafische Druckverfahren, Theaterspiel, Körperausdruck oder ähnliches, Einbeziehung der einfachen Kommunikationsmittel in den Unterricht), geht einher mit einer scharfen Verurteilung der Zerstörung der Natur durch wissenschaftlich-technische Verfahren. So rügt er schon 1950 scharf die Chemisierung der Landwirtschaft am Beispiel des Obstanbaus (vgl. FREINET 1978a, S. 27).

Wenngleich Freinet auf den menschlich-geschichtlichen Fortschritt hinweist, der auf der Eroberung der Natur durch den Menschen beruht (vgl. FREINET 1980, S. 131, S. 124f), beharrt er in fast allen seinen Schriften auf der Natur als einer nichtgesellschaftlichen Kategorie, die ihm zugleich Kriterium einer ökologisch angemessenen → Kindheit und Lebensführung ist. Das langjährige Mitglied der Kommunistischen Partei verherrlicht nicht etwa das Milieu der Industriearbeiterschaft, sondern das der Bauern als «ein Reservoir der Kühnheit und des Mutes im Kampf für das Leben» (FREINET 1980, S. 101). In der Fixierung auf einen vorgesellschaftlichen Naturbegriff fordert Freinet nicht die kinder- und menschenfreundlichere Gestaltung der Städte des Proletariats mit ihren Mietskasernen, sondern die Schaffung von «Kinderreservaten» mit Natur-Illusionen für die Vorschulkinder (vgl. FREINET 1980, S. 102ff). Dort sollen Tiere, Pflanzen und Landschaft im kleinen die Möglichkeit organischer Erfahrungen schaffen.

Dimensionen der Pädagogik Freinets. Anthropologische Basis der Pädagogik Freinets ist das kindliche Bedürfnis nach Kraftentfaltung (besoin de puissance), nach Aneignung der Welt durch «tastendes Versuchen», die Entwicklung der Lebensenergie (potentiel de vie – FREINET 1978b, S. 31; Übersetzung: U. P.-L.). Im tastenden Erforschen seiner Umwelt, der allmählichen Akzeptierung der Welt als Nicht-Ich und des Beginns der bearbeitenden Tätigkeit entwickelt sich das kraftvolle harmonische Kind. In diesem Interaktionsprozeß werden → Intelligenz, charakterliche Harmonie und das Bedürfnis nach Kraftäußerung verwirklicht. Das Bedürfnis des Kindes, sich auszudrücken und mitzuteilen, wird durch das Produkt seiner Tätigkeit realisiert (vgl. FREINET 1978a, S. 130ff).

Die Prinzipien der erneuerten Schule lassen sich in sechs Schwerpunkte zusammenfassen:
- *Einbeziehung der Umwelt* (Dorf, Stadtteil), besonders der Natur, in das → Curriculum und den Raum der Schule,
- *Arbeit* im Mittelpunkt aller Tätigkeiten, auf der Grundlage des tastenden Versuchens, der individuellen und gemeinsamen Fragen,
- vielfältige Möglichkeiten des *Ausdrucks* (freier Text, ästhetische Gestaltung, Einbeziehung aller individuell handhabbaren Medien),
- Prinzip der *individuellen Verantwortlichkeit*,
- *demokratische* Entscheidungsfindung innerhalb der Schulklasse und auch innerhalb der Schule,
- *kooperative, arbeitsorientierte Lehrer* (vgl. VASQUEZ/OURY 1974, ZEHRFELD 1977).

654 Freinetpädagogik

Freinets moderne Schule ist eine Gemeinde-Schule. Die Schule bezieht sich in ihren forschenden Untersuchungen, in ihren Exkursionen und Projekten auf die *natürliche, soziale und politische Wirklichkeit* der kindlichen →Lebenswelt und der ihrer Kommunikationspartner. Trotz aller Schulkritik wird die →Institution Schule selbst von Freinet nicht problematisiert; er ist kein Gegner der staatlichen Schule, kein Anti-Pädagoge oder Alternativschulpädagoge. Obwohl er selbst 1933 eine private Schule vorwiegend für arme und Waisenkinder in Vence gründet, zielen seine Absichten immer auf die Revolutionierung der regulären Schule als der Schule des Volkes.

Das *forschende, experimentierende, gegenstandsbezogene Arbeiten*, Untersuchen und Herstellen steht im Mittelpunkt. Da vom Interesse der Kinder ausgegangen wird, muß diesem Einzel- oder auch Gruppeninteresse durch Binnendifferenzierung entsprochen werden (→Differenzierungsform): Zur gleichen Zeit können unterschiedliche individuelle Arbeiten unternommen werden. Den gemeinsamen Bezugspunkt stellt die Rückkoppelung der Ergebnisse an die gesamte Klasse dar: Referate, Rollenspiele, Demonstration von Experimenten, Berichte über gemeindebezogene Befragungen oder ähnliches stellen am Ende eines Arbeitstages der (Ganztags-)Schule den Zusammenhang der verschiedenen Aktivitäten her. Auch die ästhetische Produktion findet hier den Ort ihrer Reflexion und Anerkennung.

Ein genuin politisches Kernstück der Freinetpädagogik ist die uneingeschränkte Ermöglichung des *freien sprachlichen und künstlerischen Ausdrucks* der Kinder auf allen Ebenen ihrer Erfahrungen, Emotionen, Träume und Erkenntnisse. Der «freie Text» (vgl. FREINET 1977, S. 21f), produziert durch die klasseneigene Druckerei für die Klasse, die Korrespondenten in anderen Orten oder für andere Adressaten, revolutioniert die herkömmliche Schule: Zu jeder Zeit des Schultages muß es möglich sein können, daß einzelne Kinder drucken; alles Erdachte, Erträumte, Erkannte muß artikulierbar werden können und wird der öffentlichen Diskussion der Klasse ausgesetzt.

Individuelle und gemeinsame Verantwortlichkeit sind ein zentrales Merkmal der Freinetpädagogik. Sie entspricht der kooperativen Arbeit als Zentrum der Schule. Die Ausführung von gemeinsam gefaßten Beschlüssen wird kontrolliert, Ämter für zahlreiche Notwendigkeiten innerhalb von →Lernen und Schule werden vergeben, und es wird auf der Durchführung einmal beschlossener Arbeiten bestanden. Mahnende, einfordernde Instanz ist die Klasse, nicht der →Lehrer. Diese Verbindlichkeit unterscheidet die Freinetpädagogik von allen Konzepten antiautoritärer Erziehung (→Erziehung, antiautoritäre). In der Freinet-Klasse beschließen die Schüler mit ihrem Lehrer die wöchentliche Planung, sie werten sie gemeinsam aus und ziehen daraus die Schlußfolgerungen für die nächste Woche. Die Übernahme von Ämtern, von Diskussionsleitungen und ähnlichem erfolgt im rotierenden System. Die Freinetpädagogik geht nicht von repräsentativ-demokratischen, sondern von *basisdemokratischen Entscheidungsmodellen* aus.

Die Freinet-Bewegung beruht auf der *überschulischen Zusammenarbeit von Lehrern*, die an denselben pädagogisch-politischen Grundprinzipien orientiert sind. Regelmäßig finden Treffen auf lokaler, nationaler oder internationaler Ebene statt.

Es gelang für Frankreich der Aufbau eines freineteigenen, nichtkommerziellen Lehrmittelvertriebs, dessen Unterrichtsmaterialien von einzelnen Klassen beziehungsweise Lehrern entwickelt, praktisch erprobt und geprüft werden, ehe sie zentral gedruckt und den anderen angeboten werden.

Die Einschätzung der Pädagogik Freinets. Gerade in der Bundesrepublik Deutschland ist die Freinetpädagogik strittig. In der Erziehungswissenschaft ist sie, wie die fehlende wissenschaftliche Diskussion zeigt, kaum zur Kenntnis genommen worden. Dies gilt auch für die DDR. Unter den Praktikern herrschen zwei kontroverse Auffassungen über die Bewertung der Freinetpädagogik vor: Zum einen die der vorwiegend süddeutschen Schuldrucker, die seit Anfang der 50er Jahre besonders durch die Einführung von Klassenkorrespondenz und Freinet-Druckerei einen aktivierenden Grundschulunterricht unterstützen (vgl. Jörg 1979), zum anderen diejenige um die sogenannte Bremer Kooperative, die im Zuge antikapitalistischer Schulkritik auf der Suche nach praktizierbaren Alternativen Freinet entdeckten und neben den in der Zeitschrift «Fragen und Versuche» vorgestellten praktischen Techniken auch seine sozialistisch-demokratischen Komponenten hervorheben (vgl. Beck/Boehnke 1977ff).

Die Rezeption der Freinetpädagogik ist bislang vor allem dort erfolgt, wo Barrieren durch extensiven Fachunterricht, Lehrerwechsel, Raumwechsel, Halbtagsunterricht und Leistungsdruck niedriger sind, nämlich in nichtstaatlichen alternativen Schulen (→ Alternativschule), in Sonderschulen und in Grundschulen (vgl. Freinet 1980, Schultze-Haag 1979, Vasquez/Oury 1976, Wienecke 1977). Allerdings sind jeweils nur Teilelemente des gesamten Freinet-Konzepts übernommen worden (Schuldruckerei und freier Text; Klassenkorrespondenz; Umweltbezug). Vor allem der fachlich ausdifferenzierte Unterricht steht einer Rezeption in der Sekundarstufe I erheblich im Wege, wenngleich entsprechende Versuche erfolgreich unternommen wurden (vgl. Bertrand u. a. 1978, Dietrich 1979, Michel 1978). Insbesondere fehlt auch noch eine Rezeption der Prinzipien der Arbeitsorientierung, der Verbindlichkeit und Verantwortlichkeit, der Basisdemokratie, des «tastenden Ver-

656 Freizeitpädagogik

suchens» und der Einbeziehung von Natur und Umwelt im Sinne einer Gemeindeschule.

BECK, J./BOEHNKE, H.: Jahrbuch für Lehrer, Reinbek 1977ff. BERTRAND, M. u. a.: Freinet in der Sekundarstufe. In: päd. extra 6 (1978), 3, S. 25ff. DIETRICH, I. (Hg.): Politische Ziele der Freinet-Pädagogik, Weinheim/Basel 1982. DIETRICH, J.: Freinet-Pädagogik und Fremdsprachenunterricht. In: Engl.-Am. Stud. 1 (1979), S. 542ff. FREINET, C.: L'Education Morale et Civique, Cannes 1960. FREINET, C.: Les Maladies Scolaires, Cannes 1964. FREINET, C.: Essai de Psychologie sensible II, Neuchâtel 1971. FREINET, C.: Les Techniques Freinet de l'École moderne, Paris 1977. FREINET, C.: L'Education du Travail, Paris 1978a. FREINET, C.: Essai de Psychologie sensible I, Paris 1978b. FREINET, C.: Die moderne französische Schule, Paderborn 1979. FREINET, C.: Pädagogische Texte. Mit Beispielen aus der praktischen Arbeit nach Freinet, Reinbek 1980. JÖRG, H.: Célestin Freinet, die Bewegung «moderne Schule» und das französische Schulwesen heute. In: Freinet, C.: Die moderne französische Schule, Paderborn 1979, S. 143ff. KOITKA, CH.: (Hg.): Freinet-Pädagogik. Unterrichtserfahrungen, Berlin 1977. LAUN, R.: Freinet – 50 Jahre danach, Heidelberg 1982. MICHEL, B.: Freinet in der Sekundarstufe. In: päd. extra 3 (1978), S. 25ff. SCHULTZE-HAAG, M.: Freinet-Pädagogik in der Schule für Lernbehinderte? In: Wilms, W.-R. (Hg.): Lernen mit Behinderten, Ravensburg 1979, S. 65ff. VASQUEZ, A./OURY, F.: De la Classe Cooperative à la Pédagogie Institutionelle, Paris 1974. VASQUEZ, A./OURY, F.: Vorschläge für die Arbeit im Klassenzimmer, Reinbek 1976. VASQUEZ, A./OURY, F.: Vers une Pédagogie Institutionelle, Paris 1979. WIENECKE, J.: Momentaufnahmen aus einer Freinet-Klasse. In: D. Grunds. 9 (1977), S. 422ff. WÜNSCHE, K.: Über Praxis, Technik, Theorie in der Freinet-Pädagogik. In: N. Samml. 18 (1978), S. 108ff. ZEHRFELD, K.: Freinet in der Praxis, Weinheim/Basel 1977.

Ulf Preuss-Lausitz

Freizeitpädagogik

Freizeitprobleme als Folge sozialen Wandels. Aus der Sicht der Forschung sind die Probleme im Umgang mit der Freizeit nicht unerwartet entstanden. Sie sind die Folge ökonomischer und sozialer Wandlungsprozesse in folgenden Bereichen:
- Ökonomie: Einführung neuer Produktionstechniken, Auflösung traditioneller Berufsbilder, Automatisierung und Arbeitsrationalisierung, Einführung der Mikroprozessoren, Entstehung struktureller Arbeits- und Beschäftigungslosigkeit,
- Macht: Verlagerung der Macht auf wirtschaftliche Gruppen, Autoritätsverlust des Staates, Entstehung neuer Lobbies und Pressuregroups wie etwa ADAC, Deutscher Sportbund, Berufsverbände,
- soziale Institutionen: Funktionswandel von Partnerschaft, Ehe und →Familie, →Schule und Jugendarbeit, Kirchen und Verbänden, Veränderung von Prinzipien der Rechts-, Erziehungs- und Bildungsinstitutionen,
- Werte und Normen: Entstehung eines Sinnvakuums durch Arbeits-

zeitverkürzung und Arbeitsverknappung, Veränderung des Arbeits-
ethos, Wertewandel, Herausbildung neuer Zielwerte, Änderung sozialer und kultureller Normen,
– Erleben und Erfahren: Steigerung des Lebensstandards, der Lebens-
ansprüche und des Lebensgenusses, Veränderung des Konsumniveaus,
Entwicklung neuartiger Erlebnis-, Unterhaltungs- und Sozialformen
durch vielfältige Angebote und Aktivitäten in den Bereichen Unterhaltung und Geselligkeit, Konsum und Massenmedien, → Spiel und Frei-
zeitsport, Breitenkultur und politischer Bildungsarbeit.
Diese Prozesse sozialen Wandels bewirken langfristig nicht nur eine
qualitative Veränderung der Strukturen unserer Gesellschaft, sondern
auch einen Wandel des sozialen Verhaltens und der kulturellen Lebensweise der Menschen.
Drei Phasen der Freizeitentwicklung zeichnen sich seit 1945 deutlich
ab:
– Nach dem Kriege und bis in die 50er Jahre hinein dominierte die *erho-
lungsorientierte Freizeitphase*. Freizeit war Erholungszeit, eine Zeit
der Erholung von der geleisteten und für die zu leistende Arbeit. Sie
diente der Wiederherstellung der Arbeitskraft, der psychophysischen
Selbsterhaltung. Freizeit war die übriggebliebene Rest-Zeit, die nicht
mit Arbeit, arbeitsabhängiger Erholung und Gelderwerb ausgefüllt
war.
– Die 60er und 70er Jahre waren durch eine *konsumorientierte Freizeitphase* gekennzeichnet. Freizeit war fast gleichbedeutend mit Konsum-
zeit und wurde vorwiegend zum Geldausgeben genutzt. Symbole der
neu entstandenen hedonistischen Konsumkultur waren Auto und Reisen, Fernsehen und Disco, Werbung und Mode. In der Arbeit etwas
leisten zu müssen, um sich in der Freizeit etwas leisten zu können, war
Richtschnur der meisten Freizeitkonsumenten. Die ökonomische Leistung in der Arbeit war das Vehikel zur sozialen Selbstdarstellung in
der Freizeit.
– In den 80er Jahren ist die Bewältigung des Wohlstandskonsums nicht
mehr das zentrale Thema der Freizeit. Freizeit ist wesentlich Erlebnis-
zeit geworden, eine Zeit zum gemeinsamen Erleben und zur Entwicklung eines eigenen Lebensstils. Die Freizeit möchte man bewußt und
intensiv genießen; die Erlebnissteigerung steht im Mittelpunkt einer
erlebnisorientierten Freizeitphase.
Mit den Veränderungen des Freizeitverhaltens wird ein Wandel in den
Moralvorstellungen und Lebensorientierungen verbunden sein. Ein un-
gewöhnlicher Widerspruch zwischen den Normen der Kultur und den
Normen der Sozialstruktur, dem Arbeits- und Wirtschaftsverhalten
einerseits und dem Freizeit- und Konsumverhalten andererseits wird
deutlich sichtbar werden.

658 Freizeitpädagogik

Mußeidee und Berufsethos als konkurrierende Orientierungen. Die wachsende Kluft zwischen dem tradierten Wertsystem und dem tatsächlichen Freizeitverhalten verursacht zunehmend psychosoziale Probleme. Das Wertsystem hinkt der gesellschaftlichen Entwicklung hinterher. Es basiert auf tradierten Leitbildern, die einerseits als feste und verbindlich geltende Normen das Freizeitverhalten beeinflussen, andererseits in einen immer größeren Widerspruch zum tatsächlich praktizierten Freizeitlebensstil der Bevölkerung geraten. Im Übergang zu einer strukturell bedingten Arbeitsmangelgesellschaft, in der die Arbeit knapp wird, hat sich ein gesellschaftlicher Wertkonflikt herausgebildet. Dieser *Wertkonflikt* bewirkt, daß die Arbeit ihren traditionellen Sinngehalt nicht mehr in vollem Umfang besitzt und die Freizeit ihren innovatorischen Sinnanspruch für die Gesellschaft noch nicht einlösen kann. Auf der Suche nach → Identität schwanken die Menschen zwischen der griechisch-aristotelischen Idee der Muße als höchstem Lebenszweck und der protestantisch-industriellen Idee der Muße als aller Laster Anfang, zwischen Mußeidee und Berufsethos, zwischen Neigung und Pflicht. Nach der protestantisch-industriellen Berufsethik dominiert der Ernst des Lebens. Die ganze Lebensführung wird Prinzipien der Rationalisierung, Rechenhaftigkeit und Nutzenausrichtung unterworfen. Nicht systematisch genutzte oder ausgenutzte Zeit gilt als Zeitverschwendung.

Das «puritanische Erbe» (vgl. SCITOVSKY 1977), der Geist der protestantischen Pflichterfüllung, das calvinistische Erwerbsstreben und die industrielle Arbeitsgesinnung als pflichtgemäße → Leistung haben folgenreiche Auswirkungen, die etwa deutlich werden in:

– *Geringschätzung der Nichterwerbstätigkeit,* etwa geringe gesellschaftliche Anerkennung der Hausarbeit (Hausfrau), des Lernens (Schüler / Student) und der Nichtarbeit (Rentner) bei hoher Bewertung des Geldverdienens (Einkommenshöhe als Gradmesser für gesellschaftliche Nützlichkeit),

– *Vernachlässigung nichtmonetärer / immaterieller Werte* (beispielsweise Spiel, schöpferisches Selbsttun, Nachbarschaftshilfe, Umweltschutz),

– *Schuldgefühlen* beim Nichtstun und Zeitvertreib,

– *passiver Konsumorientierung* als scheinbarer Entlastung vom gesellschaftlichen Anspruch «sinnvoller Freizeitgestaltung», der als «Anstrengung», «Anforderung» und «Belastung» empfunden wird. Entsprechend hohe gesellschaftliche Anerkennung von Freizeittätigkeiten, die als «sinnvoll», «wertvoll» und «nützlich» gelten (beispielsweise Theater-, Konzert-, Opern-, Museumsbesuch, Lesen guter Literatur, → Weiterbildung),

– *individuellen Identitätsproblemen,* wie der wachsenden persönlichen Identifizierung mit der Freizeit bei gleichzeitiger Distanzierung von der gesellschaftlich definierten Berufsrolle,

Freizeitpädagogik 659

- *privatistischer Flucht* in die «heile Welt» (kleinfamiliärer Privatismus, Familie als Reservat, Freizeit als Ausnahmezustand, Flucht aus dem → Alltag, Urlaub als Gegenwelt, alternative Lebensformen auf dem Land, Landkommunen, Jugendsekten, Drogen-Subkultur),
- *Depression, Angst vor Überforderung und Versagen* aufgrund fehlender normativ-institutionell abgesicherter Freizeitlebensstile (Verhaltensunsicherheit und Orientierungslosigkeit aufgrund mangelnder Traditionsleitung, wachsender Leidensdruck durch Langeweile und Einsamkeit),
- *Neigung zum Risiko* (etwa Motorrad-/Autorasen, Alkoholismus, kollektiver Vandalismus, ständige Suche nach stimulierenden Abenteuern und Umweltreizen).

Eine Rückbesinnung auf die (verdrängte) griechisch-aristotelische Idee der Muße und der Versuch einer auch gesellschaftlich anerkannten Verbindung mit den Ideen und Werten des protestantisch-industriellen Berufsethos könnten zu einer Lösung der hier skizzierten Probleme beitragen.

Die Neubewertung von Arbeit und Freizeit als Zukunftsaufgabe. Die Neubewertung der Arbeit und die Aufwertung der Freizeit hängen unmittelbar zusammen; das ist ihre Chance, aber auch ihre Gefahr. Wird nämlich die Freizeit nicht *mit* der Arbeit, sondern *gegen* die Arbeit aufgewertet (wofür sich die Freizeitindustrie mit ihren Ablenkungsprodukten derzeit einsetzt), ist die Sinnkrise vorprogrammiert. Vom Sinnverlust der Arbeit wird dann durch «modische» Sinnlosigkeiten der Freizeitindustrie abgelenkt. Sinn wird zur Werbemasche, zum markenspezifischen «PR-Klimafeld», zu einem von Modelaunen abhängigen Wegwerf- oder Austauschprodukt.

Dieser freizeitindustriellen Sinnentleerung gilt es frühzeitig entgegenzuwirken durch ein neues aktives, kreatives und kritisches Freizeitbewußtsein, das freie → Zeit als zum Wesen des Menschen gehörenden Lebenswert begreift, als Chance für das Zusammenleben und Zusammenwirken der Menschen. Von einem ganzheitlichen Verständnis des Menschen her werden Arbeit und Freizeit als zwei gleichwertige individuelle und gesellschaftliche Lebenswerte gesehen. In dieser integrierten Sichtweise bedeutet Arbeit nicht automatisch Zwang und ist Freizeit nicht gleich mit Freiheit identisch. «Lebenswert Arbeit» und «Lebenswert Freizeit» könnten in Zukunft aufhören, gesellschaftliche Widersprüche zu sein – wenn es gelingt, die gegenwärtigen Freizeitprobleme zu bewältigen.

In den letzten beiden Jahrzehnten dieses Jahrhunderts wird die Freizeit vermutlich zum großen seelisch-geistigen Problem. Das «Wie» des Freizeitverbringens wird ebenso wichtig werden wie das «Wie» des Ar-

660　Freizeitpädagogik

beitens im Beruf. Der Umgang mit der Freizeit muß in Zukunft ebenso
gelernt und geplant werden wie die berufliche Karriere. «Freizeit lernen» und das Erwerben und Einüben von Freizeitkompetenz werden
sich zu neuen Erziehungs- und Bildungsaufgaben der Schulen entwik-
keln *müssen*. Wenn wir die mögliche *neue Produktivität der Freizeit* nicht
nur antizipieren, sondern auch bei Lebzeiten realisieren wollen, müssen
wir mit der Bewältigung der Freizeitprobleme sofort beginnen und unsere persönlichen Sinne und den gesellschaftlichen Sinn für die Freizeit
als lebenswerte Zeit schärfen.

Gesellschaftliche Forderungen an eine Pädagogik der Freizeit. Pädagogisch relevante Probleme und Aufgaben im Freizeitbereich müssen im
gesellschaftlichen Zusammenhang gesehen werden; sie erhalten ihre Begründung erst durch Forderungen der Gesellschaft an die Pädagogik.
Freizeit wurde als individuelles und gesellschaftliches Problem erkannt;
daraus ergeben sich gesamtgesellschaftliche Aufgaben, die auch Konsequenzen für das Erziehungs- und Bildungswesen haben. Die gesellschaftliche Forderung an die Pädagogik lautet: Welche lerninhaltlichen und
lernorganisatorischen Konsequenzen zieht die Pädagogik aus dem gesellschaftlichen Phänomen Freizeit, den damit zusammenhängenden Problemen, Chancen und Aufgaben erstens für das Inviduum, seine → Erziehung, → Bildung und Ausbildung und zweitens für das Erziehungs-,
Bildungs- und Ausbildungswesen, seine Ziele, Inhalte und → Methoden?
　Mit HORNSTEIN (1970, S. 41) sind alle Versuche zu kritisieren, die
– um die Freizeitproblematik «pädagogisch in den Griff zu bekommen» –
vorschnell eine autonome «Freizeitpädagogik im Freizeitraum» entwik-
keln und dabei die eigentliche Ausgangsfrage nach den Konsequenzen,
die sich aus dem gesellschaftlichen Problem der Freizeit für Zielsetzung,
Organisation und Leistungsfähigkeit der Bildungs- und Ausbildungsinstitutionen ergeben, unbeantwortet lassen. *Freizeitpädagogik*, die ihre
gesellschaftliche Legitimation primär von einem lediglich erhofften
eigenständigen Freizeitbereich herleitet, wird zu einer moralisierend-
reglementierenden Erziehungslehre, die sich zum Richter über Freizeit-
inhalte aufspielt. Hingegen muß es die vorrangige Aufgabe einer gesellschaftlich legitimierten und erziehungswissenschaftlich kompetenten
Pädagogik der Freizeit sein, individuelle und gesellschaftliche Freizeitprobleme in Lernprozesse und Lernorganisation umzusetzen und Sozia-
lisations-, Erziehungs- und Bildungsinhalte und -formen entsprechend
zu verändern. Eine wirksame Regelung und Lösung der im Freizeitbereich auftauchenden Probleme kann nicht allein, ja nicht einmal zentral
durch eine Veränderung der Freizeitsituation selbst (beispielsweise der
Freizeitindustrie, Freizeitanlagen, Freizeitstätten), sondern nur durch
grundlegende Veränderungen in allen gesellschaftlichen Sektoren, ins-

besondere in der Arbeitswelt und im Erziehungs- und Bildungswesen, erreicht werden. Lernen, Weiterlernen und Umlernen müssen auf alle Lebensbereiche ausgedehnt und dürfen nicht mehr nur auf das Berufsleben beschränkt werden. Erst dann kann der offensichtliche Bildungs-«lag» im Freizeitbereich (nachhinkende Bildungsmöglichkeiten bei gleichzeitiger wachsender gesellschaftlicher Bedeutung der Freizeit) überwunden werden.

Die Notwendigkeit der Entwicklung einer Pädagogik der Freizeit. Vor einer Etablierung der Freizeitpädagogik im Rahmen der Erziehungswissenschaft ist die Frage berechtigt, ob nicht bestimmte Bedingungen denkbar wären oder geschaffen werden könnten, die eine Freizeitpädagogik entbehrlich und überflüssig machen. Drei Antwortmöglichkeiten bieten sich an: Aufgehoben werden müßte erstens die in den Industriegesellschaften vorherrschende Arbeitsteilung, die durch das Fehlen von Selbständigkeit, → Kreativität, → Kommunikation und Partizipation gekennzeichnet und durch Arbeitsnormierung, soziale Kontrolle, Rationalisierung und Arbeitsmonotonie strukturiert ist.

Zweitens müßten die räumliche, zeitliche und bewußtseinsmäßige Trennung und Polarisierung der Handlungsbereiche Arbeit und Freizeit und die Parzellierung der Lebensbereiche Berufsleben und Privatleben überwunden werden.

Drittens wäre zu fordern, daß der allgemeine Differenzierungsprozeß innerhalb der Erziehungswissenschaft, in dessen Verlauf sich die verschiedenen Teildisziplinen (etwa Vorschul-, Schul-, Berufs-, Sozialpädagogik) herausgebildet haben, rückgängig gemacht wird, um einer mehr gesamtpädagogischen Reflexion Platz zu machen (→ Pädagogik−Erziehungswissenschaft).

Die Einlösung der ersten Forderung wird angesichts der historischen wie gegenwärtigen gesellschaftlichen Entwicklung weitgehend ins Reich der realen Utopie verwiesen. Die Bemühungen um die «Humanisierung der Arbeitswelt» verdanken ihre Existenz eben dieser Entwicklung und tragen mehr zu ihrer Normalisierung und Stabilisierung als zu ihrer Veränderung bei.

Die zweite Forderung bezeichnet eine Zielperspektive, die nur tendenziell in Teilbereichen (beispielsweise tendenzielle Überwindung der Trennung von unterrichtlichem und außerunterrichtlichem Lernen in der Gesamt- und Ganztagsschule) realisierbar erscheint. In einer Leistungsgesellschaft ist der Dualismus von Arbeit und Freizeit fundamental − so lange jedenfalls, wie die Sinngebung des Lebens und der Gesellschaft durch die ökonomische Leistung der Arbeit bestimmt und nicht durch einen grundlegenden Wertewandel der Gesellschaft in Richtung auf eine mehr human-ökologische Leistungsqualität geprägt wird.

662   Freizeitpädagogik

Die dritte Forderung – nach einer gesamtpädagogischen Betrachtungs- und Handlungsweise – ist ebenso vernünftig wie folgenlos. Einerseits sollen dilettantische Ganzheitslösungen verhindert werden, andererseits ist zu fragen, ob es unumgänglich ist, für jeweils spezielle Aspekte wie etwa des «Sozialen» und «Kulturellen» oder für spezielle Erfahrungsbereiche und Situationsfelder wie etwa «Familie» und «Beruf» eigene Pädagogiken zu entwickeln (beispielsweise → Sozialpädagogik, → Kulturpädagogik, Familienpädagogik, → Berufspädagogik). Die pädagogische Einheit und Interdependenz aller pädagogischen Teil-Handlungsansätze droht hierbei aus dem Blick zu geraten – eine Gefahr, die generell für *alle* pädagogischen Teildisziplinen gilt. Insofern deutet der Vorwurf einer möglichen Verselbständigung und Autonomisierungstendenz der Freizeitpädagogik auf ungelöste Probleme und Aufgaben der Gesamtpädagogik hin. Die Herausbildung von Teildisziplinen ist gesamtpädagogisch zu begründen und zu verantworten. Die Kernfrage kann nur lauten: Muß nicht in der gegenwärtigen gesellschaftlichen Situation ein Pädagogikangebot entwickelt werden, das von einem ganzheitlichen Verständnis des Menschen ausgeht und Arbeitswelt, Freizeit, familiäre und soziale Bindungen gleichermaßen berücksichtigt?

Freizeitpädagogik – eine integrative Aufgabe. Traditionell wird die Freizeitpädagogik verstanden als Teilgebiet der Kindererziehung und Jugendarbeit, der → Erwachsenen- und Arbeiterbildung, der Sozial-, Sport-, Spiel- und Kulturpädagogik.

Dieser aus der jeweiligen Fachperspektive durchaus berechtigten Begründung und Herleitung der Freizeitpädagogik sind fachimmanente Grenzen gesetzt – dort nämlich, wo die Freizeit als gesellschaftlicher Querschnittsbereich zwangsläufig sachgebietsübergreifende Frage- und Aufgabenstellungen oder sozial- und altersgruppenübergreifende Angebote und Aktivitäten herausfordert, wie etwa in Kommunikationszentren, Spielstätten, offenen Veranstaltungen im Stadtteil, Wohnumfeld und Urlaubsbereich. In solchen offenen Freizeitsituationen sind grundsätzlich alle Bevölkerungsgruppen potentieller Adressat der Freizeitpädagogik, also nicht nur eine bestimmte Sozial- oder Altersgruppe. Darüber hinaus sind Freizeitangebote durch hohen Anregungs- und Wahlcharakter gekennzeichnet, die mit einer entsprechenden Vielfalt an freiwillig zu wählenden Betätigungsmöglichkeiten verbunden sind. Die Festlegung auf eine bestimmte Tätigkeit (wie etwa im Unterricht) widerspricht dem Wunsch der Bevölkerung, wenigstens in ihrer freien Zeit die Chance der Abwechslung, der Wahl und der Eigenentscheidung geboten zu bekommen.

Die vorhandenen Teildisziplinen der Erziehungswissenschaft können nur innerhalb selbstgesetzter Grenzen, die durch ihren Gegenstandsbe-

Freizeitpädagogik 663

reich und die Zielgruppe bestimmt sind (beispielsweise Schul-, Sozial-, Kulturbereich oder Kinder, Jugendliche, Erwachsene), in teiloffenen Freizeitsituationen (Unterrichtspausen, Freistunden, Bildungsurlaub) oder nichtoffenen Freizeitsituationen (Freizeitarbeit in geschlossenen Anstalten) freizeitpädagogische Aufgaben wahrnehmen. Hingegen stoßen sie an die Grenze ihrer Fachkompetenz und der Wirksamkeit ihres methodischen Instrumentariums in überwiegend offenen Freizeitsituationen (etwa Arbeit in Häusern der offenen Tür, Animation im Urlaub). Überall da, wo Menschen sich begegnen und Zeit für einander haben, wo sie sich freiwillig und zwanglos betätigen können, aber nichts tun müssen, sind besondere freizeitpädagogische Formen der Zielgruppenansprache erforderlich, die auf die Überwindung von Motivationshemmungen und Schwellenängsten zielen. Pädagogisch intendierte Ermutigung, Anregung und Förderung in offenen Freizeitsituationen charakterisieren den spezifisch *situationsorientierten Handlungsansatz* der Freizeitpädagogik, die sich an den Bedürfnissen in der konkreten Lebenssituation Freizeit orientiert.

In der Allgemeinen Pädagogik werden traditionell Aspekte der schulischen und beruflichen Verwertbarkeit von Wissen besonders akzentuiert. Durch die Ausrichtung auf einseitige schulisch-berufliche Anforderungen bleiben soziale und kulturelle, kreative und kommunikative Lernmöglichkeiten weitgehend unausgeschöpft. Sie gehören zu den in Schule, Ausbildung und Beruf unterqualifizierten Fähigkeiten. In dieser Situation kommt der Freizeitpädagogik eine wichtige Komplementärfunktion zu. Sie ergänzt und erweitert, aktualisiert und integriert Teilaufgabengebiete der Pädagogik, die immer schon Bestandteile der Gesamterziehung waren, aber mit zunehmender Rationalisierung, Technisierung und Bürokratisierung des modernen Lebens «verschüttet» zu werden drohen.

Freizeitpädagogik stellt einen Verbund von vier Lern- und Erziehungsaspekten dar. Sie verbindet und fördert die Sozial-, Kultur-, Kreativitäts- und Kommunikationserziehung unterschiedlicher Sozial- und Altersgruppen. Diese Integrationsfunktion wird bisher weder von der → Schulpädagogik noch von der Jugend- und Erwachsenenbildung, noch von der Sozialpädagogik hinreichend wahrgenommen. Hilfreich erscheint in diesem Zusammenhang RÜDIGERS (1973, S. 137) pragmatische Unterscheidung zwischen einer «primären Freizeitpädagogik» (Beschreibung des Freizeitbereichs unter Beachtung der Interdependenz von Arbeit und Freizeit als ein selbständiges Erziehungsfeld mit einem spezifischen Methoden- und Systemansatz) und einer «sekundären Freizeitpädagogik» (als Teilgebiet etwa der Schul-, Berufs-, Sozial-, Sonder-, Kulturpädagogik als abgeleitete Erziehung für und innerhalb von Freizeit).

Als sekundäre Freizeitpädagogik ist die Pädagogik der Freizeit ver-

664 Freizeitpädagogik

gleichbar mit «Konsumerziehung», «Medienerziehung» oder → «Gesundheitserziehung». Als primäre Freizeitpädagogik stellt die Pädagogik der Freizeit eine spezielle Teildisziplin der Erziehungswissenschaft dar, die mit einem spezifischen Methodenansatz in einem besonderen Handlungsfeld wirksam ist. Im Freizeitbereich als dem »besonderen Handlungsfeld» aktiviert die Pädagogik der Freizeit soziale, kulturelle, kreative und kommunikative Lern- und Handlungschancen, die von anderen Teil-Pädagogiken vernachlässigt oder mangels eigener methodischer Möglichkeiten unberücksichtigt bleiben. Die Instrumente und Einwirkungsmöglichkeiten einer «nur» sekundären Freizeitpädagogik im Rahmen traditioneller Teil-Pädagogiken greifen im Freizeitbereich zu kurz; sie können die primäre Freizeitpädagogik ergänzen, nicht aber ersetzen. Das der primären Freizeitpädagogik originäre Methodenkonzept stellt die Animation dar.

Animation als neue Handlungskompetenz. «Animation» – ein pädagogischer Schlüsselbegriff im Freizeitbereich – bezeichnet eine neue Handlungskompetenz der nichtdirektiven Ermutigung, Anregung und Förderung in offenen Situationsfeldern. Animation ermöglicht Kommunikation, setzt Kreativität frei, fördert die Gruppenbildung und erleichtert die Teilnahme am sozialen und kulturellen Leben. Wesentlich an der neuen Handlungskompetenz ist, daß sie sich anderer als nur verbaler Mittel bedient, daß sie außer dem intellektuellen auch den emotionalen und sozial-kommunikativen Bereich anspricht und – etwa im freizeit-, beschäftigungs- und sozialtherapeutischen Bereich – selbst da noch wirksam ist, wo menschliche Sprache versagt.

Das Wort, das sich vom französischen «animer» ableitet und soviel wie «beseelen», «beleben» und «begeistern» bedeutet, gewinnt zunehmend an Resonanz in der Fachwelt:

– Pädagogen in Jugendarbeit und Erwachsenenbildung haben Animation zu einem methodischen Gestaltungsprinzip der Gruppenarbeit entwickelt, mit dem es gelingt, gemeinsame Gruppenziele zu realisieren und nicht nur individuelle Ziele aneinanderzureihen.

– Bildungsplaner entdecken die «animative Didaktik» als erweiterte Schuldidaktik, als Instrument zur Überwindung der Bildungstechnologie der Schule und der Perfektion fertiger Lerneinheiten im Unterricht, als ein Mittel zur Entkrampfung der Schule «von innen heraus».

– Für Kulturpolitiker in UNESCO und Europarat stellt «animation socio-culturelle» ein Synonym für Alltagskultur, soziale Kultur, alternative Kulturarbeit auf dem Weg zur kulturellen Demokratie dar.

Trotz unterschiedlicher Ziele ist allen Animationsversuchen gemeinsam, daß sie als Ansatz- und Ausgangspunkt *offene Situationsfelder* (insbesondere im Freizeit- und Urlaubsbereich) wählen, daß sie den

Menschen die Anonymität der Umwelt nehmen, ihnen Mut machen, Kommunikationsbarrieren, Kontaktschwellen und Hemmungen zu überwinden, und ihnen ein Gefühl emotionaler Geborgenheit und sozialer Sicherheit geben.

Zu den pädagogischen Handlungskompetenzen gehören Erziehung, Unterricht, Ausbildung, Curriculumentwicklung, → Evaluation, Planung und Verwaltung. Da das Selbstverständnis der Pädagogik von seiner historischen Entwicklung her weitgehend durch Schulpädagogik und Bildungs- und Lerntheorie von Schule und Unterricht geprägt wurde, sind auch die genannten Handlungskompetenzen vorrangig auf die Schule bezogen. Dieses Handlungsfeld ist relativ klar abgrenzbar und geschlossen. Es ist charakterisiert durch ein zeitlich und örtlich festgelegtes, aus dem Gesamtleben ausgegliedertes, plan- und regelmäßiges sowie weitgehend organisiertes Lehren und Lernen.

Infolgedessen ist die erzieherische Tätigkeit vornehmlich auf geschlossene Handlungssituationen (etwa Pflichtunterricht, Jahrgangsklasse, Leistungskurs) gerichtet und weniger auf Situationsfelder mit offeneren Strukturen (etwa Spielplatz, Jugendfreizeitstätte, Kommunikationszentrum).

Im Zuge von Arbeitsteilung und verschärfter Rationalisierung und einer damit einhergehenden wachsenden Parzellierung des Gesamtlebens in relativ eigenständige Bereiche hat sich auch in der Pädagogik eine weitere Differenzierung von Schule und sozialem Umfeld, schulischen und außerschulischen Lernfeldern, Schulpädagogik und anderen Spezialbereichen wie Jugendhilfe, Erwachsenenbildung, Sozial- und Sonderpädagogik vollzogen. Damit verbunden war die Notwendigkeit der Entwicklung neuer Handlungskompetenzen wie Beratung, Programmgestaltung, soziale Therapie und nun auch Animation.

Offene Aktivitäten und Initiativen vollziehen sich nach Auffassung der BUND-LÄNDER-KOMMISSION FÜR BILDUNGSPLANUNG UND FORSCHUNGSFÖRDERUNG «in erheblichem Umfang im Freizeitbereich» (1977, S. 7). Eine Pädagogik, die die Freizeit als Ansatz und Ausgangspunkt für die Schaffung und Sicherung offener Angebote, selbstbestimmbarer Aktivitäten und frei wählbarer Aktionen wählt, muß daher für Vermittlungsformen ohne starke oder gar erstarrte organisatorische und institutionelle Verfestigungen besonders sensibilisiert sein.

Basierend auf Prinzipien wie *Offenheit des Angebots, Freiwilligkeit der Teilnahme, freie Wahl der Aktivitäten und Aktionen,* hat sich die Pädagogik der Freizeit eine spezielle Vermittlungsform beziehungsweise eine vorwiegend auf den Freizeitbereich bezogene Handlungskompetenz zu eigen gemacht und weiterentwickelt – die Animation. Animation bezeichnet nicht eine besonders originelle oder subtile Methode der Erziehung *zur* Freizeit, sondern eine *in* der freien Zeit realisierbare Hand-

666 Freizeitpädagogik

lungskompetenz. Freie Zeit ist nicht Ziel und Inhalt, sondern Bedingung, Voraussetzung und Möglichkeit.

Der Freizeitbereich weist im Vergleich zum Schul- und Arbeitsbereich offenere Strukturen auf, also weniger Abhängigkeit, Zwang, Pflicht und Notwendigkeit und mehr Dispositionsmöglichkeiten und Entscheidungsspielraum. Diese Bedingungen, die traditionell schon immer Ausgangspunkt «offener Jugendarbeit» (vgl. GIESECKE 1971) gewesen sind, enthalten bedeutsame Chancen für Selbsterfahrung wie beispielsweise die Erfahrung
– verminderten Leistungszwanges und selbstbestimmter Leistungen,
– kollektiver Problemlösungen und unvermuteter Erfolge durch Kooperation und Solidarität mit anderen und
– von Verhaltensalternativen und möglichen Verhaltensänderungen.

Diese Erfahrungen – auf der Basis von Freiwilligkeit (nicht «Freiheit»!) – können durch Animation in offenen Situationen herausgefordert und besonders gefördert werden. Animation ersetzt nicht, sondern ergänzt die klassischen Methoden der Sozialpädagogik und Erwachsenenbildung, deren Instrumentarien dann an die Grenze ihrer Wirksamkeit gelangen, wenn Bedingungen und Strukturen von Offenheit und Freiwilligkeit vorherrschen.

Erziehungs- und Bildungsaspekte der Animation. Die rasche Verbreitung von Begriff und Idee verdankt die Animation den zahlreichen Konferenzen des Europarats. Auf der Konferenz von Marly-le-Roi im Jahre 1967 stellte der Europarat die Verbindung von Bildung (speziell Erwachsenenbildung) und Animation her; auf der Konferenz von Rotterdam im Jahre 1970 wurden zwei weitere Bezugspunkte begründet: «Freizeit und Animation» sowie «Kultur und Animation». In diesem Umfeld von Freizeit, → Kultur und Bildung entwickelte der Europarat sein pädagogisch-politisches Konzept der «animation socio-culturelle» – orientiert an der Förderung von Kommunikation und Kreativität, Gruppen- und → Gemeinwesenarbeit. Das Bezugsfeld Freizeit lieferte die motivational-situationsbezogene, das Bezugsfeld Kultur die medial-inhaltsbezogene und das Bezugsfeld Bildung die intentional-zielbezogene Begründung für eine soziokulturell inspirierte Animation. Damit wurde eine Gegenbewegung zum extrem verschulten Bildungssystem, insbesondere zur Bildungstechnologie der Schule, eingeleitet. Im Gefolge der Animationsbewegung sind mittlerweile allein in Frankreich über 50 Aus- und Fortbildungsstätten für Animatoren entstanden, die zum großen Teil in Freizeit- und Kultureinrichtungen tätig sind.

In der derzeitigen gesellschaftlichen Situation, die durch die Aufteilung des Lebens in «Arbeit» und «Freizeit» gekennzeichnet ist, gilt die Freizeitorientierung als konstituierendes Merkmal der soziokulturellen

Animation. Weil die Freizeit einstweilen noch eine im Vergleich zu Arbeits- und Unterrichtszeit freier verfügbare Zeit mit potentiell mehr Handlungsspielraum und Innovationschancen für soziokulturellen Wandel darstellt, bildet die Freizeit auch den Ansatz und Ausgangspunkt (nicht Angelpunkt) für die Animationsarbeit. Die Zugangsmotivation wird über die Freizeit hergestellt. Insofern ist unter den gegenwärtigen Umständen soziokulturelle Animation zugleich freizeitkulturelle Animation.

Freizeitkulturelle Animation bezeichnet

– das *Ziel* der Ermutigung, Anregung und Befähigung, beim einzelnen oder bei der Gruppe Begeisterung dafür zu wecken, eigene Fähigkeiten und Möglichkeiten, die latent vorhanden sind, zu entdecken und zur Entfaltung zu bringen,

– die *Methode* der nichtdirektiven Motivierung, Initiierung und Förderung von Lernprozessen und/oder Aktivitäten und/oder sozialen Aktionen einzelner oder Gruppen,

– den *Prozeß* personen-, gruppen- und gemeinwesenorientierter Belebung, →Beratung und Begleitung,

– die *Wirkung* der Kontaktierung, Aktivierung und Koordinierung von Angeboten, Aktivitäten und Aktionen (etwa Mut zur Identifikation mit sich selbst, Bewußtwerdungsprozeß in der sozialen Gruppe, aktive Teilnahme und Mitwirkung am kulturellen Leben).

In diesem Sinn bedeutet Animation die Anregung und Förderung von

– Edukation (lernen, sich für neue Anregungen zu öffnen),

– Kreativität (lernen, sich auszudrücken),

– Kommunikation (lernen, einander zu verstehen),

– Integration (lernen, sich für Gruppenziele einzusetzen),

– Partizipation (lernen, gemeinsam mit anderen initiativ zu werden).

Animative Didaktik als Freizeitdidaktik. Die freizeitkulturelle Animation verkörpert einen ganzheitlichen Handlungszusammenhang von Ziel, Inhalt, Methode, Prozeß und Wirkung. Mit dem Methodenkonzept der freizeitkulturellen Animation unmittelbar verbunden sind

– autonomiefördernde *Ziele,*

– freizeitorientierte und die Kommunikation und Kreativität fördernde *Inhalte,*

– *Prozesse* des Durchschaubar- und Bewußtmachens der eigenen Situation, der Einsichts- und Urteilsbildung sowie des Agierens und Interagierens einzelner oder Gruppen,

– auf den gesamten Lebensalltag bezogene (Langzeit-)*Wirkungen* sowie Einstellungs- und Verhaltensänderungen aufgrund neuer Lernanregungen und Umweltreize.

Um dies zu erreichen, muß freizeitkulturelle Animation auf freizeit-

668   Freizeitpädagogik

spezifische Vermittlungsformen zurückgreifen, die auf die besonderen
Bedingungen von Freizeitsituationen eingehen können. Traditionelle di-
daktische Ansätze und Methoden mit ausdrücklichem Bezug auf ge-
schlossen strukturierte Vermittlungsformen und Situationsfelder (etwa
Unterricht im Klassenzimmer, Therapie von Klienten, Training von
Wettkampfgruppen, systematische Fortbildung von Erwachsenen aus
Gründen der beruflichen Notwendigkeit) versagen in Freizeitsituationen
oder bleiben wirkungslos.

Die animative Didaktik als Freizeitdidaktik basiert wesentlich auf
einem Methodenkonzept der nichtdirektiven Anregung und Förderung,
das nur wirksam werden kann, wenn folgende Bedingungen der Teilnahme, Voraussetzungen der Beteiligung und Möglichkeiten der Teilnehmer vorhanden sind oder geschaffen werden:
– *Bedingungen der Teilnahme:* Erreichbarkeit, Offenheit, Aufforderungscharakter,
– *Voraussetzungen der Beteiligung:* freie Zeiteinteilung, Freiwilligkeit,
  Zwanglosigkeit,
– *Möglichkeiten der Teilnehmer:* Wahlmöglichkeit, Entscheidungsmöglichkeit, Initiativmöglichkeit.

Die neun genannten Grundelemente stellen als wesentliche *Strukturmerkmale von Freizeit- und Animationssituationen* zugleich die frei-
zeitdidaktischen Leitprinzipien dar. Jede didaktische Umsetzung und
praktische Verwirklichung freizeitpädagogischer Konzepte und Zielvorstellungen hat sich an diesen neun Leitprinzipien auszurichten und zu
orientieren. Sie stellen Richt- und Orientierungspunkte dar, ohne die
nicht nur pädagogische Arbeit, sondern jede Bildungs- und Kulturarbeit
im Freizeitbereich scheitern und folgenlos bleiben muß. Je nachdem, ob
es sich um offene, teiloffene oder nichtoffene Freizeitsituationen handelt, kommen die didaktischen Leitprinzipien voll, teilweise oder nur
eingeschränkt zum Zuge:

Erreichbarkeit. Erreichbarkeit bedeutet räumlich angetroffen werden
und psychosozial betroffen sein (beispielsweise Mund-zu-Mund-Propa-
ganda, hoher Weiterempfehlungscharakter, geringe Organisationsbar-
rieren). Das Angebot muß in hohem Grade teilnehmerorientiert, also
auch auf die Bedürfnisse, Interessen und Erwartungen von Zielgruppen
bezogen sein. Erreichbarkeit ist ein relatives Leitprinzip, abhängig von
objektiven Rahmenbedingungen und subjektiver Lebenssituation der
potentiellen Teilnehmer. Die Entfernung muß dabei in einem ausgewo-
genen Spannungsverhältnis von Freiheit und Sicherheit, Anregung und
Bequemlichkeit stehen. Hierfür gibt es durchaus Erfahrungswerte, die
sich mit dem Stichwort Wohnungsnähe (im übertragenen Sinn auch Bür-
gernähe) umschreiben lassen:

Freizeitpädagogik 669

- Die gegenwärtig zur Verfügung stehende freie Zeit wird zu etwa 70 % in Form der Tagesfreizeit in der Wohnung und der Wohnungsnähe verbracht.
- Die Besucher von Freizeiteinrichtungen kommen zu etwa 70 % aus einem Einzugsbereich von höchstens zehn Minuten Fußweg.

Die Menschen sind dort für Freizeitangebote am ehesten ansprechbar, wo sie den größten Teil ihrer Freizeit verbringen – in Wohnung und Wohnungsumfeld. Weite oder zeitlich aufwendige Wege beeinträchtigen die Erreichbarkeit ebenso wie unzweckmäßige Öffnungszeiten, Cliquenbildungen oder Exklusivitätsansprüche.

Erreichbarkeit muß Rücksicht nehmen auf die unterschiedliche Distanzempfindlichkeit der Teilnehmer und Zielgruppen in bezug auf die Inanspruchnahme von Einrichtungen und die Wahrnehmung von Angeboten. Die Distanzempfindlichkeit wird mehr von psychosozialen und motivationalen Faktoren beeinflußt (etwa Erwartungen, Neigungen, Interessen) als von bloßen räumlichen Entfernungen. Insofern ist die Erreichbarkeit ein mehrdimensionales Leitprinzip, das sich nicht in Raumdimensionen erschöpft.

Es muß daher deutlich unterschieden werden zwischen

- räumlicher Erreichbarkeit (Wohnungsnähe, Einzugsbereich),
- zeitlicher Erreichbarkeit (Orientierung von Zeitpunkt, Zeitdauer, Öffnungszeiten am Zeitbudget der Zielgruppen),
- informatorischer Erreichbarkeit (Informationsbreite, Informationsdichte, Informationsmedien),
- motivationaler Erreichbarkeit (Neigungsorientierung, Interessenbezug),
- aktivitätsbezogener Erreichbarkeit (Mitmachgelegenheit, Voraussetzungslosigkeit, Anforderungslosigkeit).

Offenheit. Offenheit heißt in der Sache flexibel, für bedingte Planbarkeit aufgeschlossen, für neue Anregungen aufnahmefähig und für neue Teilnehmer zugänglich sein. Offenheit als didaktisches Leitprinzip ermutigt den Teilnehmer zur situationsbezogenen Gestaltung, Weiterentwicklung und Veränderung, regt neue Interessenten zur jederzeitigen Teilnahme und Mitwirkung an. Offenheit bedeutet andererseits

- nicht genau einplanbare Zahl von Teilnehmern,
- hohe Fluktuation der Teilnehmer und permanente Zugänglichkeit für alle,
- unterschiedliche Verweildauer der Teilnehmer, keine Behinderung beim Zugang oder beim Verlassen,
- kaum feste Teilnehmerkreise, stabile Gruppenbildungen, geschlossene Gruppen oder gar Dauermitgliedschaften,
- unterschiedliche Sozial- und Altersgruppen mit entsprechend unter-

670 Freizeitpädagogik

schiedlichen Erwartungen und (zum Teil gegensätzlichen) Interessen oder spontan wechselnden Wünschen,

– kaum oder gar keine Sanktionsmittel, keine Teilnahmepflichten, Erfolgs- oder Leistungskontrollen,

– nur bedingte Planbarkeit des Angebots und methodischen Vorgehens bei entsprechend hoher Offenheit für Gestaltungs- und Veränderungswünsche der Teilnehmer.

Aufforderungscharakter. Der Aufforderungscharakter von Freizeitangeboten kommt darin zum Ausdruck, daß anregungsreiche und anziehungskräftige Umwelten, Einrichtungen, Angebote, Medien und Personen zum handlungsbewegenden Prinzip werden. Derartige animative Impulse ergeben sich aus natürlichen Umwelten, aus dem sozialen Umfeld, aus vorhandenen Einrichtungen und Anlagen, aus Medien oder Materialien oder werden direkt von Personen ausgelöst. Insofern lassen sich vier Formen der Animation mit jeweils unterschiedlichem Aufforderungscharakter unterscheiden:

– *sozialökologische Animation* (beispielsweise anregungsreiche Bedingungen der physischen Umwelt wie Wohnung, Wohnumfeld, Stadt, Landschaft oder der sozialen Umwelt wie Freundeskreis, Nachbarschaft, Gemeinwesen, Organisationen, Vereine, Kirchen),

– *materielle Animation* (beispielsweise Einrichtungen, Ausstattungsgeräte, Materialien, Sport-, Spielgeräte mit hohem Aufforderungscharakter),

– *mediale Animation* (beispielsweise Einsatz attraktiver Medien und technischer Mittler wie Plakate, Flugblätter, TV, Video; Öffentlichkeitsarbeit),

– *personelle Animation* (beispielsweise Anregung durch Teilnehmer, Gruppe/Gruppenmitglieder, Animatoren).

Den natürlichen «Aufforderungscharakter der Dinge» zum Zuge kommen zu lassen, deckt sich mit dem spielpädagogischen Prinzip der italienischen Pädagogin Montessori (1870–1952), für die der selbsttätige Materialumgang und gegebenenfalls eine «vorbereitete Umgebung» Vorrang vor direkten pädagogischen Einwirkungen hatten (Montessoripädagogik).

Der Aufforderungscharakter – verbunden mit Neuheitsmomenten, Überraschungselementen, Effekten, Erfolgserlebnissen – regt Neugierverhalten an, fördert → Spontaneität, motiviert zum → Handeln und stimuliert Eigenaktivität und Eigeninitiative. Der Aufforderungscharakter kann erhöht und intensiviert werden durch Anregungsimpulse und Kontaktansprachen von Personen. Werden Anregungen von vielen (allen sozialen Schichten angehörenden) Bürgern häufig an- und wahrgenommen, kann auf einen relativ hohen Aufforderungscharakter des Angebots geschlossen werden.

Freie Zeiteinteilung. Der Teilnehmer muß die Möglichkeit zu flexibler Zeiteinteilung und Zeitverwendung haben; er muß selbst über Dauer, Tempo, Intensität und Unterbrechung bestimmen können. Die freie Verfügbarkeit über Zeit wird lediglich begrenzt durch äußere Rahmenbedingungen (etwa feste Zeiten für Veranstaltungen und Räume) und durch den freiwillig gewählten sozialen Bezug der Gruppe, der nicht unbedingt eine Einschränkung bedeuten muß, weil der Zusammenhalt und das gegenseitige Verstehen innerhalb der Gruppe einen höheren, insbesondere sozial-kommunikativen Freizeitwert bietet als die sozial-isolierende Verfolgung der eigenen Ziele.

Freiwilligkeit. Nach Neigung und Interesse, spontan oder kontinuierlich macht der Teilnehmer von dem Freizeitangebot Gebrauch. Freiwilligkeit ist ein durchgängiges Prinzip, das nicht mit der «formalen» Freiwilligkeit des Eintritts in einen und des Austritts aus einem Verein zu verwechseln ist. Das freizeitdidaktische Leitprinzip Freiwilligkeit schließt ein, daß selbst ein Minimum an Kontinuität der Teilnahme toleriert wird – und zwar ohne Diskriminierung. Die prinzipielle Anerkennung der unterschiedlichen Bedürfnis- und Motivationsstruktur macht Freiwilligkeit erst möglich. Dabei ist auch zu berücksichtigen, daß sich viele ihrer eigenen Bedürfnisse erst bewußt werden müssen, ehe sie sich freiwillig und frei entfalten können. Hier spielen vor allem alters- und schichtspezifische Unterschiede eine wesentliche Rolle. Wenn Freiwilligkeit in Elternhaus, Schule, Ausbildung und Beruf nicht eingeübt und im Alltag erlebt, erfahren und erlernt werden kann, kann ihre Realisierung auch nicht in der freien Zeit einfach vorausgesetzt werden. Insofern stellen Animationsprozesse in Freizeitsituationen wichtige Erprobungs- und Bewährungschancen für Erfahrungslernen dar.

Zwanglosigkeit. In der Freizeitsituation, die frei bleiben soll von Reglementierung, Erfolgszwang und Konkurrenzkampf, muß jeder Teilnehmer seine eigene Leistungs-, Kommunikations- und Kooperationsfähigkeit erfahren und testen können. Starre Leistungsnormen oder rigide Vorschriften (außer Sicherheitsbestimmungen) entfallen; die Lehrer- und Leiterzentrierung ist aufgehoben, und starre Regelwerke verlieren nach gemeinsamer Absprache ihre Verbindlichkeit, können also verfremdet, variiert oder verändert werden. Die Zwanglosigkeit ist um so größer, je weniger das Animationsangebot auf eine bestimmte Aktivität festgelegt wird und je mehr Möglichkeiten es zur spontanen Bildung informeller Gruppierungen bietet. Nicht die «verschworene Gemeinschaft» und die kleine überschaubare Gruppe, sondern die Großgruppe und ihre prinzipielle Offenheit für die Bildung informeller Gruppierungen bietet bessere Voraussetzungen für die Schaffung und Erhaltung von

672   Freizeitpädagogik

Zwanglosigkeit. Die informellen Gruppierungen geben dem einzelnen Teilnehmer soziale Sicherheit und bieten ihm zugleich die Öffnung nach außen. Sie sichern ihm innere Freiheit und damit die Möglichkeit für das eigene Sich-Öffnen und für die Aufnahme neuer Erfahrungen.

Die zwanglose Teilnahme – mit einem Minimum an notwendiger Institutionalisierung und einem Maximum an möglicher Selbstorganisation – ist unverzichtbare Voraussetzung für Offenheit und Flexibilität, für Spontaneität und Kreativität. Dabei ist die Chance für zwangsfreies Tun um so größer, je weniger das Animationsangebot in Regelmäßigkeit und Alltagsroutine erstarrt.

Wahlmöglichkeit. Die Freiheit, Alternativangebote prüfen zu können, setzt voraus, daß es sich um echte Alternativen handelt, der Teilnehmer also wenigstens zwischen zwei an Attraktivität ungefähr gleichen Möglichkeiten wählen kann. Die Alternativen können gleichzeitig, aber auch nacheinander oder zeitlich versetzt angeboten werden, so daß der Teilnehmer von der Möglichkeit zur Zeiteinteilung Gebrauch machen kann. Die Chance zur freien Wahl und Auswahl ist erst gegeben, wenn eine Vielfalt des Angebots, das unterschiedlichen Bedürfnissen und Interessen Rechnung trägt, gewährleistet ist. Wahlmöglichkeit schließt Aussondern ein und damit auch die Möglichkeit, sich für oder gegen ein Angebot zu entscheiden – gemeinsam mit anderen tätig zu sein, sich selbst zu beschäftigen, zuzuschauen oder nichts zu tun. Waren die traditionellen Angebote der geschlossenen Gruppenarbeit in erster Linie für Hochmotivierte mit eingeübtem Gruppenverhalten gedacht, so richten sich die offenen Animationsangebote an Nichtmotivierte und sozial Ungeübte mit Angst und Scheu vor Normierung und starrem Gruppenverhalten. Sie wollen nicht auf spezialisierte Aktivitäten festgelegt werden, sondern zwischen unterschiedlichen und zum Teil miteinander kombinierbaren und spartenübergreifenden Beschäftigungen wählen. Dazu gehört auch der mögliche Wechsel vom Bekannten zum weniger Gewohnten. Mit der Wahlmöglichkeit ist zugleich die Chance einer Neuentscheidung zur Erweiterung individueller Fähigkeiten gegeben.

Entscheidungsmöglichkeit. Der Animationsteilnehmer muß persönlichen Interessen aus eigenem Antrieb und nach eigenem Ermessen aufgrund eigener (auch revidierbarer) Entscheidungen nachgehen können. Er muß die Chance haben, entsprechende Beurteilungsmaßstäbe anzulegen und eigenen Handlungsimpulsen zu folgen. Dabei ist zu berücksichtigen, daß insbesondere die Entscheidungskompetenz von Kindern und Jugendlichen noch ausbildungs- und erweiterungsfähig ist. Der Entscheidungsspielraum muß also situationsgerecht, jedenfalls nicht so groß sein, daß etwa Kinder von den vielen Entscheidungsmöglichkeiten «er-

Freizeitpädagogik 673

drückt» werden und impulsive, spontan gefühlsmäßige oder überhaupt keine Entscheidung treffen. Die bloße «Freilassung» in offene Entscheidungssituationen ist so lange problematisch, wie die Teilnehmer darauf mit Frustration und Fehlanpassung reagieren, also noch nicht geübt sind, selbständige Entscheidungen zu treffen.

Entscheidungsmöglichkeit ist immer erst dann gegeben, wenn jemand von der angebotenen Entscheidungsfreiheit auch Gebrauch machen kann oder dazu überhaupt in der Lage ist. Kinder und Jugendliche müssen Schritt für Schritt dazu ermutigt und befähigt werden, indem die Entscheidungsspielräume nach und nach erhöht und relativ einfache Entscheidungssituationen zunehmend in komplex gestaltete Situationen mit relativ großen Entscheidungsräumen umgewandelt werden.

Initiativmöglichkeit. Der Teilnehmer muß Eigenaktivitäten entwickeln können, um die eigenen Bedürfnisse zu befriedigen und sich den eigenen Wünschen entsprechend zu verhalten. Er muß Gelegenheit erhalten, sich selbst zu erproben (auch das eigene Leistungsvermögen), damit das Vertrauen in die eigenen Fähigkeiten wächst. Der Animator muß Situationen und Erlebnisse bieten, in denen der Teilnehmer Selbsterfahrungen so weiterentwickeln kann, daß er für Eigenaktivitäten und Selbstorganisation bereit und fähig und in und mit der Gruppe initiativ wird, gemeinsame Probleme zu lösen und sich neuen Aufgaben zu stellen.

Die größte Barriere für die Entwicklung von Eigeninitiative ist die Inaktivität der Teilnehmer selbst, die vom Animator eine aktive Rolle erwarten, weil sie es nicht anders kennen. Der Animator kann diesem Verhalten entgegenwirken, indem er die Funktion eines sozialen Katalysators wahrnimmt, gemeinsames Erleben, Erproben und Erfahren ermöglicht, Konkurrenz durch Kooperation ersetzt und die Voraussetzungen dafür schafft, daß sich die Teilnehmer mit ihren eigenen Problemen auseinandersetzen – ihrer Passivität, ihrer Apathie, ihrer Langeweile, ihrer Konsumhaltung, ihrer Aggressivität und ihren Konflikten. In der Auseinandersetzung mit ihrer eigenen Lebenssituation erhalten die Teilnehmer Gelegenheit, sich als einzelne kennenzulernen und ihr soziales Wahrnehmungsfeld zu erweitern, was das Zugehörigkeitsgefühl und die Identifizierung mit der (neuen Bezugs-)Gruppe stärkt. In dieser Situation muß der Animator auf die spezifischen Bedürfnisse der Teilnehmer nach sozialer Anerkennung eingehen, den einzelnen Teilnehmern Aufgaben stellen und ihnen Leitungsfunktionen übertragen. Eigeninitiative wird auf diese Weise «nebenbei» gelernt und nicht direkt herausgefordert.

Erziehung und Animation stehen damit in engem Verhältnis. Animation kann

– *innerhalb der Erziehung* angesiedelt sein (partielle Funktion: Animation als Bestandteil),

674   Freizeitpädagogik

– *mit Hilfe von Erziehung* realisiert werden (instrumentelle Funktion: Animation als Methode),
– *durchgängig mit Erziehung verbunden* sein (integrative Funktion: Animation als Prinzip),
– *an die Stelle von Erziehung* treten (alternative Funktion: Animation als Alternative).

Was hier für die Erziehung allgemein ausgesprochen wurde, gilt grundsätzlich für alle anderen Bereiche der Pädagogik auch. Animation kann also *Bestandteil, Methode, Prinzip* und *Alternative* der Schulpädagogik, der Sozialpädagogik, der Sportpädagogik, der Kulturpädagogik, ja *jeder Pädagogik* sein.

Der → Erzieher sollte nicht nur erziehen, der Lehrer nicht nur lehren, der Ausbilder nicht nur ausbilden können. Wo Menschen mit Menschen zusammen sind und sich erziehend, lehrend oder ausbildend zur Seite stehen, muß «Animation im Spiel» sein! Wenn Menschen schon in ihrer frei verfügbaren Zeit darüber klagen, → Angst und Hemmungen zu haben, wie werden sie dann erst auf den Leistungsdruck der Schule, die Abhängigkeit der Ausbildung und den Erfolgszwang des Berufs reagieren, in Lebensbereichen, in denen Animation bis heute ein Fremdwort geblieben ist?

Bund-Länder-Kommission für Bildungsplanung und Forschungsförderung: Musisch-kulturelle Bildung. Ergänzungsplan zum Bildungsgesamtplan, 2 Bde., Stuttgart 1977. Council for Cultural Co-Operation/Council of Europe: Socio-cultural Animation, Straßburg 1978. Giesecke, H.: Die Jugendarbeit, München 1971. Hornstein, W.: Zur Pädagogik der freien Zeit. In: Siedlungsverband Ruhrkohlenbezirk (Hg.): Freizeit '70, Essen 1970, S. 37ff. Limbos, E.: L'animation des groupes de culture et de loisirs, Paris 1977. Nahrstedt, W.: Freizeitpädagogik in der nachindustriellen Gesellschaft, Neuwied/Darmstadt 1974. Nahrstedt, W.: Freizeitberatung. Animation zur Emanzipation? Göttingen 1975. Opaschowski, H. W.: Pädagogik der Freizeit, Bad Heilbrunn 1976. Opaschowski, H. W.: (Hg.): Freizeitpädagogik in der Leistungsgesellschaft, Bad Heilbrunn 1977a. Opaschowski, H. W.: Freizeitpädagogik in der Schule. Aktives Lernen durch animative Didaktik, Bad Heilbrunn 1977b. Opaschowski, H. W.: Einführung in die freizeitkulturelle Breitenarbeit. Methoden und Modelle der Animation, Bad Heilbrunn 1978. Opaschowski, H. W.: Probleme im Umgang mit der Freizeit. B.A.T.-Schriftenreihe zur Freizeitforschung, Bd. 1, Hamburg 1980. Opaschowski, H. W.: Methoden der Animation – Praxisbeispiele, Bad Heilbrunn 1981a. Opaschowski, H. W.: Freizeitzentren für alle, Hamburg 1981b. Opaschowski, H. W.: Pädagogik und Didaktik der Freizeit, Opladen 1987. Opaschowski, H. W.: Psychologie und Soziologie der Freizeit, Opladen 1988. Opaschowski, H. W. u. a.: Qualifizierung der Animateure, Düsseldorf 1979. Rüdiger, H.: Freizeitpädagogik – Anspruch, Probleme und Kritik. In: Schmitz-Scherzer, R. (Hg.): Freizeit, Frankfurt/M. 1973, S. 133ff. Scitovsky, T.: Psychologie des Wohlstands, Frankfurt/New York 1977. UNESCO: Empfehlung über die Teilnahme und Mitwirkung aller Bevölkerungsschichten am kulturellen Leben. Bundestagsdrucksache 8/1287 vom 1. 12. 1977, Bonn 1977.

Horst W. Opaschowski

Fremdsprachentest → Test
Freundschaft (mit Kindern) → Antipädagogik

Friedenserziehung

Zielsetzungen einer Erziehung zum Frieden. Friedenserziehung zielt darauf ab, Krieg, Gewalt, materielle Not und Unterdrückung als Gefährdung menschlichen Lebens und Zusammenlebens im Erziehungsprozeß zu behandeln. Sie stellt den Versuch der → Erziehung dar, ihren Beitrag zur Verminderung dieser Probleme zu leisten. Dabei verkennt sie nicht, daß viele von ihnen makrostrukturell bedingte Systemprobleme sind, deren Abbau mit Hilfe der Erziehung nur langfristig und nur in begrenztem Maße möglich ist. Friedenserziehung geht davon aus, daß die Auseinandersetzung mit den großen, die Menschheit heute so tief bewegenden Problemen Teil eines lebenslangen Lernprozesses sein muß, der bereits in der → Kindheit und → Jugend beginnen und im späteren Leben nicht abreißen sollte.

Friedenserziehung findet heute in den USA, in Westeuropa, in der UdSSR und Osteuropa, in Japan, aber auch in vielen Ländern der Dritten Welt statt. Natürlich unterscheiden sich die Bemühungen in den verschiedenen Regionen der Erde. In den meisten Ländern der Dritten Welt versucht Friedenserziehung, einen Beitrag zur ökonomischen, sozialen und nationalen, vereinzelt auch regionalen Entwicklung zu leisten. In den sozialistischen Ländern sei alle Erziehung – so wird behauptet – notwendigerweise eine Erziehung zum Frieden, dessen Herstellung beziehungsweise Erhaltung als zentrales Ziel der Entwicklung der sozialistischen Gesellschaft angesehen wird. Daß dies jedoch häufig nicht der Fall ist, hat sich wiederholt gezeigt. Lediglich in den USA und in Westeuropa gewinnt die Friedenserziehung auch eine kritische Perspektive auf die eigene Gesellschaft und ihre Rolle im internationalen System (vgl. HAAVELSRUD 1976, WULF 1974). Dabei zeichnet sich vor allem in Westeuropa am Anfang der 80er Jahre eine Verbindung mit der ökologischen Bewegung und der Friedensbewegung ab.

Friedenserziehung berührt sich mit Ansätzen, die unter einem anderen Begriff mit verwandten Zielsetzungen den Erziehungsprozeß der jungen Generation mitzugestalten suchen und dabei lediglich unterschiedliche Schwerpunkte setzen. Dazu gehören: Erziehung zur internationalen Verständigung, internationale Erziehung, Überlebenserziehung, Weltbürger-Erziehung, Entwicklungserziehung.

Im Rahmen der Friedenserziehung wird nach einer Unterscheidung von Galtung unter Frieden nicht nur die Abwesenheit von Krieg und direkter Gewalt (negativer Friedensbegriff) verstanden; vielmehr zielt die Erziehung zum Frieden auf die Herstellung von gesellschaftlichen Bedingungen, in denen ein möglichst geringes Ausmaß an «struktureller Gewalt» gegeben ist (positiver Friedensbegriff). Aufgrund eines so gefaßten Friedensverständnisses werden nicht nur der Krieg oder die direkte Gewalt zwischen den Nationen und im internationalen System zum Gegenstand der Erziehung, sondern auch die innergesellschaftlichen gewalthaltigen Bedingungen – bis hin zu den Gewaltelementen in der Familien- und schulischen Erziehung (vgl. SENGHAAS 1971; vgl. WULF 1973a, b).

Zu den großen Themen der Friedenserziehung gehören beispielsweise:

– der *Ost-West-Konflikt* mit der atomaren Bedrohung der Menschheit,
– der *Nord-Süd-Konflikt* mit der unter anderem durch die internationale und vertikale Arbeitsteilung fortgeschriebenen Armut in der südlichen Hemisphäre,
– die mit der Verschmutzung und Vernichtung der *Umwelt* gegebenen Probleme,
– die *Knappheit von Bodenschätzen* und *Nahrungsmitteln*,
– die *Bevölkerungsexplosion*,
– die Probleme der Verbreitung der *Menschenrechte* und der Durchsetzung *sozialer Gerechtigkeit*.

Ohne die Bearbeitung dieser Themen im Rahmen der Erziehung verfehlt Friedenserziehung die Aufgabe, die jungen Menschen angemessen für die Welt von morgen vorzubereiten. Friedenserziehung darf sich nicht auf die bloße Vermittlung von Informationen über die genannten Probleme beschränken. Es bedarf einer aufklärenden und vertiefenden Auseinandersetzung, die zu einem Abbau von Vorurteilen und Feindbildern und zu einer Veränderung der Einstellungen führt (vgl. OSTERMANN/NICKLAS 1976). Dieser Prozeß ist komplex; er beinhaltet eine Veränderung des Ichbewußtseins und führt zu einem vertieften Verständnis von Gesellschaft und Welt.

Voraussetzung für derartige Lernprozesse ist die Überwindung verbreiteter Apathie und tiefsitzender Ohnmachtserfahrungen. Sie verhindern Empathie und Engagement im friedensrelevanten Lernprozeß (vgl. GRONEMEYER 1978). Ein Weg, derartige Lernerfahrungen zu machen, besteht darin, daß der junge Mensch Mangelerfahrungen aus seinem eigenen Leben in Abhängigkeit von den großen Weltproblemen sehen kann. Durch die Erkenntnis, daß diese Probleme das eigene Leben bestimmen und gefährden, kann die →Motivation entstehen, sich für den Frieden einzusetzen. Nur so kann es der Erziehung gelingen, über die Vermittlung von relevanten Erkenntnissen hinaus zu Einstellungsveränderungen und zu politischem Engagement zu führen, das natürlich auch in ein verändertes politisches Handeln einmünden kann (vgl. KÜPPER 1979, MARKERT 1980, PFISTER 1980).

Friedenserziehung als sozialer Lernprozeß. Friedenserziehung benötigt bestimmte Formen; sie muß nach Möglichkeit gewaltfreie Lernprozesse fördern. Daher wird sie vor allem solche Lernformen entwickeln, in denen sich partizipatorisches und selbstinitiiertes →Lernen vollzieht. In diesen Lernprozessen soll ein großer Teil der Initiative und→Verantwortung beim Adressaten der Friedenserziehung liegen. Er wird ermutigt, sich die jeweiligen Konfliktformationen zu erarbeiten, und wird dabei angeregt, seine →Phantasie zu gebrauchen und friedensrelevante Ideen zu entfalten. Dabei spielt die Entwicklung eines historischen Bewußtseins von der Entstehung und prinzipiellen Veränderbarkeit von Konfliktformationen eine entscheidende Rolle; denn es trägt dazu bei, realutopische Entwürfe für die Veränderung der Welt zu entwickeln und zu bearbeiten (vgl. KUHN 1974). Zugleich gewährleistet es eine Zukunftsorientierung in der Betrachtung der Probleme und in der Erziehung (vgl. ESSER 1976). Friedenserziehung muß als ein sozialer Lernprozeß begriffen werden, in dessen Verlauf die jeweiligen Problem- und Konfliktformationen bearbeitet werden können. Dabei geht es auch um die Entwicklung und die Förderung der folgenden individuellen Fähigkeiten, ohne deren Entfaltung friedensbezogenes Handeln kaum gelingen kann:

– Erkennen des eigenen Selbst: Sensibilität im Umgang mit und in der Wahrnehmung von individuellen Gefühlen und Einstellungen auch in bezug auf andere. Analysieren und Darstellen innerer psychischer Bedingungen.

– Erkennen der individuellen und sozialen Abhängigkeiten: Sensibilität in der Wahrnehmung der strukturellen gesellschaftlichen Abhängigkeitsverhältnisse. Bewußtsein der eigenen Lebenssituation. Analysieren des sozialen Beziehungsgefüges, in das der einzelne integriert ist.

– Rollendistanz: Die Fähigkeit, sich von einmal eingenommenen sozialen →Rollen kritisch zu distanzieren beziehungsweise im Vollzug des Rollenhandelns eine individuelle Distanz zum Ausdruck zu bringen oder deren normative Anforderung kritisch in Frage zu stellen und gegebenenfalls zu modifizieren.

– Empathie: Die Fähigkeit, sich in die Erwartungen des sozialen Gegenübers einzufühlen und auf diese einzugehen.

– Ambiguitätstoleranz: Die Fähigkeit, mehrdeutige Situationen und widersprüchliche Erwartungen anderer wahrzunehmen und zu ertragen, auch wenn absehbar ist, daß die eigenen Bedürfnisse in nur geringem Maße befriedigt werden.

– Kommunikative Kompetenz: Die Fähigkeit, die eigenen Bedürfnisse und Interessen gegenüber anderen angemessen darstellen zu können

678 Friedenserziehung

(Identitätsdarstellung), also die Fähigkeit, weder total in den Erwartungen anderer aufzugehen, noch total die Erwartungen anderer zu ignorieren (Kommunikationsabbruch), sondern in einem Prozeß der Verständigung eine individuelle Balance der unterschiedlichen Standpunkte herzustellen.

Die hier beschriebenen Fähigkeiten des Individuums, die im Rahmen sozialen Lernens (→ Lernen, soziales) in der Schule erworben werden können, sind Voraussetzungen und Elemente eines autonomen friedensbezogenen sozialen → Handelns. Insbesondere die letzten vier Kategorien beschreiben relativ allgemeine Kompetenzen, die erst im Zusammenspiel mit den erwähnten inhaltlichen Fragen und Problemen der Friedenserziehung für diese ihre volle Bedeutung entfalten. Erst dadurch, daß Friedenserziehung sich auch als soziales Lernen begreift, kann eine soziale Handlungskompetenz intentional entwickelt werden, deren Ziel darin besteht, politische Ohnmachtsgefühle und Apathie zu überwinden und die Disposition zu einem friedensorientierten Handeln zu schaffen.

Friedenserziehung in gesellschaftlichen Institutionen. Friedenserziehung kann in vielen gesellschaftlichen Institutionen stattfinden. Sie kann in der → *Familie* beginnen, in der die Eltern entsprechendes Lernen durch Nachahmung bei ihren Kindern fördern, indem sie den Problemen der Friedensförderung in ihrem alltäglichen Leben Raum geben. Sie kann in *Schulen, Volkshochschulen* und *Universitäten* zum Thema werden. Dabei ergeben sich prinzipiell zwei Möglichkeiten: Friedenserziehung kann einmal dadurch erfolgen, daß bei einer Vielzahl von Themen die Dimension der Erhaltung und Förderung des Friedens mitbedacht wird. In diesem Sinne ist Friedenserziehung ein allgemeines Unterrichtsprinzip. Zum anderen können curriculare Einheiten zu friedensrelevanten Fragen entwickelt, erprobt und durchgeführt werden. Solche haben etwa im Rahmen des politischen Unterrichts, im Literatur- und Religionsunterricht ihren Platz. Friedenserziehung kann aber auch durch die *Massenmedien*, also durch Fernsehen, Zeitungen, Zeitschriften und Filme erfolgen. Hier ergeben sich spezifische, weitgehend durch die Beschaffenheit der Medien bedingte Möglichkeiten. Schließlich kann eine Erziehung zum Frieden auch in den *Kirchen*, den politischen *Parteien*, den *Gewerkschaften* oder in *Bürgerinitiativen* stattfinden (vgl. BAHR/SEIPPEL 1975). In der Regel lernen und engagieren sich in diesen Institutionen Erwachsene, die erkannt haben, daß es eine Verpflichtung gegenüber den nachwachsenden Generationen ist, zur Verbesserung von Friedensbedingungen beizutragen.

Im Rahmen schulischer Friedenserziehung kommt der *Sekundarstufe I* besondere Bedeutung zu, da in dieser Altersstufe eine durch die entsprechenden Entwicklungen im Jugendalter bedingte Offenheit für neue

Einstellungen besteht und neue normative Orientierungen für das zu-künftige Leben gesucht werden. In dieser Schulstufe können außerdem noch prinzipiell alle → Schüler mit den Fragen, Problemen und Inhalten der Friedenserziehung erreicht werden, ohne deren Bearbeitung ein zeitgerechtes politisches Bewußtsein kaum entstehen kann. Zur Ent-wicklung eines solchen → Bewußtseins bedarf es der Berücksichtigung folgender Strukturierungsprinzipien (vgl. GIESECKE 1972): Zum einen ist eine Analyse aktueller Konflikte nötig. Dabei müssen die zentralen Begriffe der Friedenserziehung ihren analytischen Wert für die Klärung von aktuellen Konflikten und ihre Relevanz für entsprechende Hand-lungssituationen zeigen. Darüber hinaus bedarf es der Entwicklung sy-stematischer friedensbezogener Vorstellungen. Erst auf ihrer Grundlage ist eine angemessene Einordnung und Realisierung aktueller und laten-ter Konflikte möglich. Die oben genannten Themenzusammenhänge können Orientierungspunkte für solche systematisch zu erarbeitenden friedensbezogenen Vorstellungen darstellen, die eine unerläßliche Voraussetzung für ein entsprechendes Bewußtsein sind. Des weiteren muß Friedenserziehung die historische Dimension mit einbeziehen. Konflikt- und Gewaltstrukturen müssen als historisch entstandene und entsprechend veränderbare begriffen werden. Und schließlich muß Frie-denserziehung über eine entsprechende Bewußtseinsentwicklung hinaus versuchen, friedensbezogene praktische Handlungsformen zu entwik-keln. Hier finden die Übergänge zu politischem Handeln statt, das sich dem Abbau von Gewalt und sozialer Ungerechtigkeit verpflichtet weiß.

So wichtig eine Präzisierung der Zielvorstellungen und Strukturie-rungsprinzipien kritischer Friedenserziehung ist, so notwendig bedarf es curricularer Materialien, mit deren Hilfe entsprechende Inhalte im Bereich der Schule thematisiert werden können (vgl. VEREIN FÜR FRIEDENSPÄDAGOGIK 1981). Insgesamt wird jedoch für den Erfolg der Friedensbemühungen das Zusammenwirken von Erziehung, relevanter wissenschaftlicher Forschung und praktischer Politik auf den verschiede-nen Ebenen entscheidend sein.

BAHR, H.-E./SEIPPEL, A.-S. (Hg.): Soziales Lernen. Gruppenarbeit für den Frieden, Stuttgart 1975. ESSER, J.: Kritische Friedenstheorie und Möglichkeit zur Friedenspra-xis, Frankfurt/M. 1976. GIESECKE, H.: Didaktik der politischen Bildung, München 1972. GRONEMEYER, R.: Frieden, Baden-Baden 1978. HAAVELSRUD, M.: Education for Peace. Reflection and Action, Guildford 1976. KUHN, A.: Einführung in die Di-daktik der Geschichte, München 1974. KÜPPER, CH. (Hg.): Friedenserziehung. Eine Einführung, Opladen 1979. MARKERT, H.: Didaktische Konstruktion der gesellschaft-lichen Wirklichkeit, Waldkirch 1980. OSTERMANN, Ä./NICKLAS, H.: Vorurteile und Feindbilder, München 1976. PFISTER, H. (Hg.): Friedenspädagogik heute, Waldkirch [3]1980. SENGHAAS, D. (Hg.): Kritische Friedensforschung, Frankfurt/M. 1971. VEREIN

680 Friedenserziehung

FÜR FRIEDENSPÄDAGOGIK (Hg.): Friedenserziehung, Tübingen 1981. WULF, CH.: Kritische Friedenserziehung, Frankfurt/M. 1973a. WULF, CH.: Friedenserziehung in der Diskussion, München 1973b. WULF, CH.: Handbook on Peace Education, Frankfurt/Oslo 1974.

Christoph Wulf

Früherkennung (Drogenabhängigkeit) → Droge
Führung → Autorität; → Management-Education
Führungskräfteentwicklung → Management-Education
Führungsstil → Erziehungs-/Unterrichtsstil
Fundamentalontologie → Pädagogik, phänomenologische
Funktionsbeeinträchtigung (bei Behinderten) → Sonderpädagogik
Funktionselite → Elite
Funktionsprüfungstest → Test
Furcht → Angst
Fürsorge → Sozialpädagogik – Sozialarbeit
Fürsorge, persönliche → Einzelfallhilfe
Fürsorgeerziehung → Heimerziehung
Fürsorgemangel → Verwahrlosung

G

Gedächtnis → Elementarunterricht
Gefüge → Struktur
Gefühlsbindung → Vorbild
Gefühlssystem → Pädagogik, phänomenologische
Gegenschule → Alternativschule
Gegenstandsbewußtsein → Bewußtsein
Gegenübertragung → Pädagogik, psychoanalytische
Gehörlosenschule → Sonderpädagogik
Gehorsam → Erziehung
Geist – Körper → Körper
Geisteswissenschaft → Pädagogik, Geisteswissenschaftliche
Geistigbehindertenschule → Sonderpädagogik

Gemeinwesenarbeit

Die «community organization» entwickelte sich in den 30er Jahren des 20. Jahrhunderts in den USA. Am Anfang handelte es sich dabei um eine Methode der Sozialarbeit, mit der man beabsichtigte, in den Städten die Sozialarbeit zu koordinieren und zu innovieren. Heute wird diese ursprüngliche Variante oft als Sozialplanung bezeichnet. Diese Form von Gemeinwesenarbeit ist eine professionelle Organisationsform, die von hauptamtlichen Mitarbeitern verschiedenster sozialer Einrichtungen getragen wird. Sie hat noch fast nichts mit → Erwachsenenbildung zu tun (vgl. Cox u. a. 1974). Der Gedanke an Bildungsarbeit mit Erwachsenen entstand erst, als in den USA in den ersten Jahren nach dem Zweiten Weltkrieg innerhalb der «community organization» eine Demokratisierungsbewegung in Gang kam, die forderte, daß Sozialplanung nicht durch Professionelle, sondern von den Betroffenen selbst, also aus der Bevölkerung heraus bestimmt werden müsse. Auf diese Weise bildeten sich in vielen amerikanischen Städten «community councils» von Bürgern, die sich in der Gesundheitsfürsorge und Armenhilfe sowie gegen die Rassendiskriminierung engagierten. In der Arbeit dieser «community councils» trat auch zum erstenmal das Prinzip heutiger Gemeinwesenarbeit in Erscheinung: Wer Partizipation von Bürgern an der Pla-

682　Gemeinwesenarbeit

nung fordert, muß für sie auch Bildungsmöglichkeiten schaffen, damit sie die nötigen Grundkenntnisse erwerben, um Beschlüsse fassen zu können (vgl. BADURA/GROSS 1976).

In den 50er Jahren verschmolz die Partizipationsvariante innerhalb der «community organization» mit einer anderen Form von «community work», dem «community development». Letzteres war von Anfang an als Methode der Erwachsenenbildung konzipiert. Sie bestand bis dahin vor allem in ländlichen Gegenden Amerikas. Ihr Kerngedanke war die Einsetzung von Dorfräten, die vor allem Modernisierungsmaßnahmen auf dem Lande anregen und die Dorfgemeinschaft zu einer selbstkritischen Betrachtung herausfordern sollten.

In einigen Entwicklungsländern, aber auch in einer Anzahl europäischer Länder, wurden diese amerikanischen Methoden in den 50er und 60er Jahren übernommen. Ungefähr ab 1960 machte in den USA die Methode der «sozialen Aktion» von sich reden, unter anderem durch ihre Unterstützung des damals aufkommenden landesweiten Programms zur Bekämpfung der Armut. Der wichtigste Unterschied zum «community development» kann durch das Schlagwort «Integration versus Konflikt» charakterisiert werden. Das Integrationsmoment des «community development» besteht darin, daß man die «community councils» aus Vertretern *aller* Bevölkerungsgruppen zusammenstellte. Zentrale Idee war zudem, Probleme in gemeinsamer Diskussion zu lösen. Das Konfliktmoment der sozialen Aktion hingegen besteht darin, daß man Organisationen von unterprivilegierten Gruppen bildet, die in einem Konfliktverhältnis zu privilegierten Gruppen stehen (vgl. CASTELLS 1973).

Begründer der sozialen Aktion waren neben anderen S. D. Alinsky, der ein Büro zur Unterstützung von Nachbarschaftsorganisationen in amerikanischen Slums leitete, und M. L. King, bekannt durch seine landesweite Kampagne gegen Rassendiskriminierung. In Europa hielt sich die soziale Aktion in kleinerem Rahmen. Heute bedienen sich allerdings immer häufiger Bürgerinitiativen der Konfliktmethode, um bestimmte Problemlösungen herbeizuführen. Von Alinsky ist bekannt, daß er sich letzten Endes als Erwachsenenpädagoge verstand. Die Art und Weise, in der er Bildungsarbeit für die Nachbarschaftsorganisationen aufbaute, unterscheidet sich nicht sehr von der pragmatischen und nondirektiven Arbeit mit «community councils» (vgl. ALINSKY 1969).

In der Zunahme der sozialen Aktion seit den 60er Jahren sahen die Sozialisten eine – wie sie es nannten – neue soziale Bewegung, die ihren Ursprung nicht mehr hauptsächlich in der Produktionssphäre hat, sondern aus der Verlagerung des sozialen Konflikts in den Reproduktionsbereich entspringt. Man betrachtete diese soziale Bewegung als eine notwendige Reaktion in der jetzigen Phase des Kapitalismus, in der sich Probleme der Arbeitswelt in den Wohn- und Lebensbereich verlagern.

Gemeinwesenarbeit 683

Wie in den älteren sozialen Bewegungen (Gewerkschaftsbewegung, Arbeiterkooperativen und Wohnungsbauvereine) konzentrieren sich die Sozialisten auf die Konsolidierung der Bewegung. Einerseits sucht man nach Strukturen, die der Bewegung mehr Dauerhaftigkeit und Zusammenhang geben sollen; so werden zum Beispiel Ideen einer «Stadtteilgemeinschaft» oder von «Stadtteilräten» entwickelt. Andererseits versucht man, Konsolidierung durch verstärkte Bildungsarbeit zu erreichen, anknüpfend an die soziale Aktion, die den Teilnehmern grundlegende soziale Strukturen bewußter machen soll.

Oberflächlich gesehen, scheint Gemeinwesenarbeit vornehmlich das Lösen von konkreten Problemen zu sein. Bei genauerem Hinsehen wird jedoch die Verflechtung von →Handeln und →Lernen erkennbar. Es geht in allen Varianten um den Versuch, gleichzeitig Problemlösung anzustreben und die davon Betroffenen zu befähigen, immer selbständiger zu dieser Problemlösung beizutragen. Lernen im Rahmen von Gemeinwesenarbeit stellt eine Mischung aus dem Einüben von Fertigkeiten und Bewußtseinsbildung dar. Allgemeiner ausgedrückt: Es werden Elemente von →Unterricht und Schulung einerseits und →Bildung andererseits miteinander verbunden. Bei der Komponente «Einüben von Fähigkeiten» muß man sich Dinge vorstellen wie das Üben von Problemanalysen, Versammlungstechnik, Verwaltungsarbeiten und andere. Der Inhalt der Komponente «Bewußtseinsbildung» ist von Methode zu Methode verschieden. Besonders auffallend ist dabei der Unterschied zwischen amerikanischen Autoren und den Sozialisten in Europa. Aus der Tradition des amerikanischen →Pragmatismus scheut man sich vor Ideologien, die bestimmte Erklärungen und Lösungen für gesellschaftliche Probleme anbieten. Die Amerikaner beschränken sich darauf, die Zweckmäßigkeit von Partizipation und Demokratie und der Bildung von aktiven, demokratischen Persönlichkeiten zu betonen. Die Sozialisten jedoch versuchen in ihrer Bildungsarbeit mit den Teilnehmern zu einer Gesellschaftsanalyse zu kommen und Langzeitstrategien zu entwickeln, die die Aktion auf Grundprobleme richtet.

Das Lernen in der Gemeinwesenarbeit spielt sich sowohl in den Kursen und Gesprächsgruppen als auch in der Handlungssituation selbst ab, ist also sowohl «schulisches Lernen» als auch «Lernen durch Handeln», wobei jedoch der Schwerpunkt auf «Lernen durch Handeln» liegt. Ob Kurse, Gesprächsgruppen, Studiengruppen oder Orientierungseinheiten für neue Teilnehmer, sie bestehen beinahe immer nur vorübergehend und dienen primär der Unterstützung des Lernens durch Handeln in Arbeitsgruppen und der Erfüllung individueller Aufgaben (vgl. BERGS u. a. 1979).

684 Gesundheitserziehung

ALINSKY, S. D.: Reveille for Radicals, New York 1969. BADURA, B./GROSS, P.: Sozialpolitische Perspektiven. Eine Einführung in Grundlagen und Probleme sozialer Dienstleistungen, München 1976. BECK, W.: Democratie in de wijken, Amsterdam 1974. BERGS, M. u. a.: Sozialpädagogische Forschung: Gemeinwesenarbeit als Handlungs- und Lernprozeß in Feldern der sozialen Arbeit. In: Siebert, H. (Hg.): Taschenbuch der Weiterbildungsforschung, Baltmannsweiler 1979, S. 377 ff. CASTELLS, M.: La question urbaine, Paris 1973. Cox, F. M. u. a. (Hg.): Strategies of Community Organization, Itasca (Ill.) 1974.

Rudie van der Veen

Generalisierung → Lernen – Lerntheorie

Generationenverhältnis → Erziehung; → Jugend; → Pädagogik, systematische

Genotyp – Umwelt → Begabung

Gerüst → Struktur

Gesamthochschule → Bildungssystem (Bundesrepublik Deutschland)

Gesamtschule → Bildungssystem (Bundesrepublik Deutschland); → Integration; → Waldorfpädagogik

Gesamtunterricht → Elementarunterricht; → Projekt; → Reformpädagogik

Geschichte (der Bildung/Erziehung) → Pädagogik, historische

Geschichte (der Kindheit) → Kindheit

Geschichte (der Pädagogik) → Pädagogik, historische

Geschichte (der Schule/des Unterrichts) → Schulpädagogik

Geschichtsforschung, anthropologisch orientierte → Anthropologie, historische

Geschlechteranthropologie → Koedukation

Geschlechtscharaktere → Frauenbildung

Geschlechtsrolle → Erziehung, geschlechtsspezifische

Gesellschaft, patriarchalische → Mutter

Gesellschaftskritik, pädagogische → Pädagogik, systematische

Gesellschaftstheorie, kritische → Erziehungswissenschaft, Kritische

Gesinnung → Bewußtsein

Gestalttheorie → Lernen – Lerntheorie

Geste → Interaktionismus, Symbolischer

Gesundheitserziehung

Aufgaben. Mit dem Wandel des Krankheitsspektrums innerhalb der letzten 50 Jahre haben sich auch die Aufgaben der Gesundheitserziehung geändert. Die infektiösen Erkrankungen wurden immer mehr zurückgedrängt und sind in der Bundesrepublik Deutschland in den 80er

Jahren nur noch zu 3 % die Todesursache. Die chronischen Erkrankungen nahmen jedoch ständig zu. 1980 gibt es folgende Rangreihe der Todesursachen: Herz-Kreislauf-Erkrankungen (50 %), bösartige Neubildungen (23 %), unnatürliche Todesursachen wie Unfall und Suizid (6 %) (vgl. STATISTISCHES BUNDESAMT 1982, S. 312). Sowohl in der Morbiditäts- als auch der Mortalitätsstatistik stehen solche Erkrankungen im Vordergrund, die in wesentlichem Ausmaß durch veränderte Umweltbedingungen oder Verhaltensweisen der Menschen bestimmt werden, von denen gesundheitsschädigende Ernährungsgewohnheiten, Zigarettenrauchen und mangelnde körperliche Aktivität als primäre Risikoverhaltensweisen bekannt sind (vgl. BLOHMKE u. a. 1977). Die Beeinflussung dieser Verhaltensweisen steht daher im Vordergrund der Bemühungen innerhalb der Gesundheitserziehung, und nicht mehr, wie noch Anfang des 20. Jahrhunderts, das Bemühen um Beeinflussung hygienischer Gewohnheiten.

Gesundheitserziehung strebt Einstellungs- und Verhaltensänderungen bei Individuen oder Gruppen von Individuen an und ist Teil umfassender präventiver Strategien. Nach einer Definition der Weltgesundheitsorganisation (WHO) wird zwischen Maßnahmen primärer, sekundärer und tertiärer Prävention unterschieden, die in unterschiedlichen Phasen des Kontinuums zwischen Gesundheit und Krankheit eingreifen. Zur primären Prävention, die beim gesunden Individuum ansetzt, zählen die Maßnahmen der Gesundheitsvorsorge, zur sekundären Prävention solche der Krankheitsfrüherkennung und zur tertiären Prävention solche, die der Rezidivprophylaxe oder der Verhinderung sekundärer Beeinträchtigungen dienen. In allen präventiven Bereichen wird Gesundheitserziehung wirksam, allerdings mit unterschiedlichen Methoden und unterschiedlichen Zielgruppen. Abgegrenzt werden müssen gesundheitserzieherische Maßnahmen gegen solche präventiven Maßnahmen, die auf die Veränderung der Umwelt, der Lebensbedingungen oder der gesundheitsrelevanten organisatorischen Regelungen abzielen. Häufig sind kollektive Maßnahmen wirksamer als die auf individuelles Verhalten hinzielende Gesundheitserziehung.

Gesundheitsverhalten als Gegenstand der Gesundheitserziehung ist jedes Verhalten, das nachgewiesenermaßen zu einem guten Gesundheitszustand beiträgt. Neben angemessener Ernährung, Nichtrauchen und körperlicher Aktivität zur Vorsorge gegen Erkrankungen (primärer Bereich) oder zur Rezidivprophylaxe (tertiärer Bereich) gehört im Bereich sekundärer Prävention auch die Inanspruchnahme der folgenden, gesetzlich verankerten Früherkennungsuntersuchungen zum Gesundheitsverhalten:

– Untersuchungen zur Früherkennung von Störungen der Schwangerschaft,

686 Gesundheitserziehung

– Untersuchungen zur Früherkennung von Entwicklungsstörungen und Behinderungen bei Säuglingen und Kleinkindern bis zum 4. Lebensjahr,
– Untersuchungen zur Früherkennung von Brust-, Genital- und Rektumkrebs bei Frauen ab dem 30. Lebensjahr und zur Früherkennung von Rektum- und Prostatakrebs bei Männern ab dem 45. Lebensjahr.

Bei allen Früherkennungsuntersuchungen sind die Beteiligungsquoten so gering, daß das Erkrankungsrisiko der Zielgruppe bisher noch nicht in der angestrebten Weise gesenkt werden konnte. Hier stellt sich ebenso wie bei der Beeinflussung des Gesundheitsverhaltens im primären und tertiären Bereich die Frage, wie die Zielgruppen zur erwünschten Verhaltensänderung zu motivieren sind. Das Problem der Motivierung zu gesundheitsgerechtem Verhalten ist im Rahmen des Health Belief Model (HBM) untersucht worden, das als empirisch überprüftes psychologisches Konzept den Anspruch erhebt, wesentliche Determinanten des Gesundheitsverhaltens zu erfassen, und das daher als Basis für die Planung gesundheitserzieherischer Maßnahmen dienen kann (vgl. BASLER 1979). Zu einer erwünschten Änderung des Verhaltens kommt es hiernach bei einem Zusammenspiel folgender Bedingungen:
– Die Gefährlichkeit des Verhaltens wird als hoch eingeschätzt.
– Die eigene Gefährdung durch das Verhalten wird subjektiv wahrgenommen.
– Der Nutzen der Verhaltensänderung wird als hoch angesehen.
– Die Barrieren, die der Verhaltensänderung entgegenstehen, sind gering.

Sind diese Bedingungen günstig ausgeprägt, kommt es zu einer Bereitschaft zur Verhaltensänderung; diese setzt sich in eine Handlung nur dann um, wenn der Person situative Hilfen angeboten werden.

Methoden. Da ein Wissen um die Gefährlichkeit des Verhaltens und die eigene Gefährdung als Voraussetzung für eine Verhaltensänderung gilt, wurde vielfach versucht, durch angsterzeugende Informationen auf die negativen Folgen des Verhaltens aufmerksam zu machen, die → Angst als Motiv zur Verhaltensänderung einzusetzen. Neben ethischen Bedenken gegenüber einem solchen Vorgehen muß eingewendet werden, daß stark angsterzeugende Informationen in der Regel nicht zu einer Verhaltensänderung, sondern zu einer Verleugnung des Gesundheitsproblems führen. Die Person setzt psychische Abwehrmechanismen ein, die zwar subjektiv für sie die Angst, nicht aber die Gefahr beseitigen. Es wurde festgestellt, daß eher mittlere bis niedrige Angstniveaus Verhaltensänderungen begünstigen (vgl. JANIS 1970, LEVENTHAL 1970).

Inzwischen konnte nachgewiesen werden, daß die → Motivation zur Verhaltensänderung stärker als durch eine optimale Angstdosierung durch die Attraktivität des Angebots bestimmt wird. So sind die Teilnahmequoten an Früherkennungsuntersuchungen dadurch zu steigern, daß der Nutzen der Teilnahme für den einzelnen deutlicher wird. Die Wirksamkeit der Untersuchung für die Erhaltung der Gesundheit muß der Zielgruppe durch verstärkte Aufklärung nahegebracht werden.

Verhaltensweisen können wirksam beeinflußt werden, wenn eher neutral angebotene Informationen über das Gesundheitsproblem und detailliert befolgbare Handlungsanweisungen vermittelt werden. Solche Handlungsanweisungen wurden im Kontext verhaltenstherapeutischer Forschung in den vergangenen Jahren entwickelt. Verhaltenstherapeutische Methoden zur Veränderung des gesundheitsrelevanten Verhaltens zielen auf eine Stärkung der Selbstkontrolle hin. Da unser Verhalten primär durch unmittelbar nachfolgende Konsequenzen bestimmt wird, bedeutet Selbstkontrolle Zurückstellen kurzfristiger Konsequenzen zugunsten langfristiger. Das Ziel der Intervention, eine Verhaltensänderung durch eine Stärkung der Mechanismen der Selbstkontrolle, wird nach folgenden Prinzipien angestrebt (vgl. BASLER u. a. 1979, S. 102 ff):

– Die Intervention findet als Gruppenveranstaltung statt und bezieht Elemente von Selbsthilfeorganisationen ein.
– Zu Beginn der Gruppensitzungen wird zwischen Teilnehmern und Gruppenleiter ein Vertrag abgeschlossen, der Rechte und Pflichten der Teilnehmer und des Leiters regelt und der zur gegenseitigen Abklärung der Erwartungen dient.
– Jeder Teilnehmer wird in seinen Bemühungen um Verhaltensänderungen durch einen Helfer aus seinem Bekanntenkreis unterstützt, der alle auftretenden Probleme mit ihm bespricht.
– Über Gesundheitsprobleme wird möglichst affektiv neutral informiert, um Abwehrhaltungen zu unterlaufen.
– Nach den Prinzipien der Verhaltensanalyse wird zu Beginn der Maßnahme die Grundrate der unerwünschten Verhaltensweisen erhoben und ihre situative Bedingtheit eruiert.
– Die Verhaltensänderung findet in kleinen Schritten statt nach einem für das Individuum modifizierten Gruppenplan.
– Erfolge werden von den Teilnehmern selbst nach vorgegebener Methode erfaßt und dokumentiert.
– Erwünschtes Verhalten wird nach den Prinzipien der operanten Konditionierung unmittelbar verstärkt.
– Alternativverhalten wird systematisch aufgebaut.
– Die Generalisierung des Gelernten auf andere gesundheitsrelevante Verhaltensweisen wird gefördert.

Die verhaltenstherapeutischen Methoden zur Veränderung des Gesundheitsverhaltens haben sich anderen Methoden gegenüber als überlegen erwiesen. Aus den Kontrolluntersuchungen, die nur bei 30 bis

688   Gesundheitserziehung

40 % der Teilnehmer langfristig Behandlungserfolge ausweisen, weiß man jedoch, daß es sehr schwierig ist, ein bereits eingeschliffenes, über viele Jahre manifestes Verhalten zu verändern (vgl. BUNDESZEN-TRALE... 1980, ENELOW/HENDERSON 1975). Gesundheitserziehung muß daher bereits zu einem Zeitpunkt einsetzen, zu dem sich gesund-heitsschädigendes Verhalten noch nicht verfestigt hat. Der Gesundheits-erziehung im Kindergarten und in der → Schule wird daher in Zukunft zunehmende Bedeutung zukommen.

Organisation. Inzwischen gibt es zahlreiche, auch außermedizinische In-stitutionen, die sich der Gesundheitserziehung angenommen haben, was zwar eine Vielzahl gesundheitserzieherischer Aktionen, gleichzeitig aber auch eine mangelnde Koordination dieser Aktionen zur Folge hat, durch die ihre Wirksamkeit eingeschränkt wird. So gibt es Gesundheits-aktionen der Ärzteverbände und der Krankenkassen, der Bundes- und Länderregierungen, der Gesundheitsämter und der Volkshochschulen, freier Verbände und eingetragener Vereine sowie großer Industriebe-triebe. Auch die Medien tragen zur Verbreitung von Gesundheitsinfor-mationen bei. Hierdurch wird zwar eine breite Streuung der Informatio-nen begünstigt, ihre Zielgenauigkeit allerdings stark eingeschränkt. Die Effektivität gesundheitserzieherischer Maßnahmen kann durch eine An-passung an homogene Zielgruppen (etwa rauchende Schwangere oder übergewichtige Hypertoniker) wesentlich gesteigert werden. Wegen des interdisziplinären Charakters der Gesundheitserziehung wird sie perso-nell getragen durch Aktivitäten der niedergelassenen Ärzte und durch die Arbeit von Psychologen und Pädagogen.

Heinz-Dieter Basler

Gesundheitserziehung in der Schule. Gesundheitserziehung in der Schule ist ein Erziehungs- und Unterrichtsprinzip, das mit geplanten, wissenschaftlich begründeten und kontrollierten Maßnahmen gesund-heitliches Verhalten zu fördern versucht. In kritischer Distanz zum statischen und utopischen Gesundheitsbegriff der Weltgesundheitsorga-nisation (WHO: «Gesundheit ist der Zustand eines uneingeschränkten körperlichen, seelischen und sozialen Wohlbefindens.») wird der Ge-sundheitsbegriff insofern korrigiert und erweitert, als die einschränken-den gesellschaftlichen Rahmenbedingungen (wie Umweltbelastungen) und einzelne Beeinträchtigungen (beispielsweise eine Körperbehinde-rung) für eine gesunde Lebensführung relativierend reflektiert werden. Die Schule hat die Aufgabe, die Schüler entsprechend ihrer individuel-len Möglichkeiten langfristig zu befähigen, selbstverantwortlich und selbstbestimmend ihre Gesundheit zu erhalten beziehungsweise wieder-

Gesundheitserziehung 689

zuerlangen, und zwar sowohl aus eigenem Interesse als auch aus sozialer Verantwortung gegenüber der Gesellschaft. Diese muß Bedingungen schaffen, die allen Menschen eine gesunde Lebensführung ermöglichen.

Gesundheitserziehung in der Schule «im weiteren Sinne» umfaßt alle strukturellen und kommunikativen Maßnahmen, die die Lernmöglichkeiten der Schüler allgemein gesundheitsgerecht fördern, wie etwa schulhygienische, ärztliche Maßnahmen, aber auch Feiern und Schullandheimfahrten sowie unterrichtliche Lernhilfen wie →Spiel und Bewegung. Gesundheitserziehung in der Schule «im engeren Sinne» behandelt innerhalb des →Unterrichts gesundheitserzieherische Lernfelder, die durch etliche Themenbereiche in den Lehrplänen ausgewiesen sind. →Sexual-, Verkehrs-, →Umwelt-, Bewegungs- und Sozialerziehung haben sich als Teilbereiche einer weit gefaßten, allgemeinen Gesundheitserziehung isoliert entwickelt und als selbständige Lernfelder legitimiert. In einer kurzen Synopse aller →Lehrpläne und der einschlägigen Literatur wird Gesundheitserziehung in der Schule durch folgende Themenbereiche repräsentiert:
- Psychohygiene (Entspannungsmaßnahmen, mentale Gesundheit, psychosoziale Kompetenzen, abweichendes Verhalten...),
- Behindertenproblematik (Integration in die soziale Gruppe; Formen, Ursachen und Auswirkungen von Behinderungen...),
- allgemeine Suchtprävention (stoffungebundene Süchte, Anti-Drogenerziehung, illegale – und Alltagsdrogen →Droge),
- Ernährungserziehung (Ernährungsgewohnheiten und ihre Folgen, Bestandteile der Nahrung, Schulfrühstück...),
- Hygiene (Körper-, Kleider-, Wohn-, Zahnhygiene; Schlaf und Schlafmangel...),
- Krankheitserkennung und -vorsorge (medizinische Prophylaxe, Kinderkrankheiten, Aids...),
- Schulhygiene (Öffentlicher Gesundheitsdienst, Schularzt, Pausenhof...) und
- Sicherheitserziehung (Unfallverhütung, Erste Hilfe...).

Gesundheitserziehung ist in allen Lehrplänen verankert und in der Grundschule im allgemeinen dem Sachunterricht und in der Sekundarstufe den Fächern Biologie und Sport zugeordnet. Dies führt oft zu dem Mißverständnis, daß Gesundheitserziehung die Aufgabe von wenigen Fachleuten sei. Auch die jahrelange, inzwischen ergebnislos abgebrochene Diskussion, ob Gesundheitserziehung als Schulfach zu etablieren sei, hat den Trend begünstigt, den Erziehungsauftrag aller →Lehrer an Spezialisten zu delegieren. Gesundheitserziehung ist aber eine Aufgabe aller Lehrer in allen Schulfächern, auch wenn gewisse inhaltliche Affinitäten zur Biologie, zum Sport und Sachunterricht nicht geleugnet wer-

690 Gesundheitserziehung

den können. Gesundheitserziehung legitimiert sich darüber hinaus in allen Fächern durch folgende didaktische Prinzipien; sie ist

– *interdisziplinär.* Erkenntnisse aus Medizin, Humanbiologie, Psychologie und Pädagogik werden zu einer Fragestellung im Unterricht gebündelt.

– *unterrichtsfächerübergreifend.* Mehrperspektivisch wird ein Thema in den Fächern Biologie, Sozialkunde, Deutsch und Mathematik behandelt.

– *lebensweltbezogen.* →Lernen erfolgt in Lebenszusammenhängen. Konkrete Erfahrungen aus der →Lebenswelt der Schüler rücken in den Mittelpunkt des Unterrichts.

– *schülerorientiert.* Gesundheitserziehung knüpft an die Erlebnisse, Erfahrungen, Interessen, Bedürfnisse und Lernmöglichkeiten von Schülern an und erschließt ihnen ihre Lebenswirklichkeit.

– *verhaltensorientiert.* Lernen ist ein aktiver Prozeß, in dem die Aneignung von Einstellungen und Erkenntnissen mit dem Ziel eigenaktiver Verhaltenssteuerung infolge von Primärerfahrungen erfolgt.

– *ganzheitlich.* Der Schüler wird in seiner gesamten Persönlichkeit – zugleich im Verstehen, Erleben und Handeln – angesprochen.

Mit dem Ziel einer flächendeckenden Versorgung hat die BUNDESZENTRALE FÜR GESUNDHEITLICHE AUFKLÄRUNG in den Jahren 1975 bis 1986 umfangreiche Unterrichtshilfen in Form von Sachinformationen und Unterrichtseinheiten für die Hand des Lehrers entwickelt und an alle Schulen kostenlos verteilt (vgl. 1975–1986). Diese Reihe «Gesundheitserziehung und Schule» stellt einen kräftigen Innovationsschub dar. Sie hat geholfen, Gesundheitserziehung im Schulalltag zu plazieren.

Norbert Bartsch

BASLER, H.-D.: Modelle zur Erklärung präventiven Verhaltens. In: Oeter, K./Wilken, M. (Hg.): Frau und Medizin, Stuttgart 1979, S. 128 ff. Basler, H.-D. u. a.: Verhaltenstherapie bei psychosomatischen Erkrankungen, Stuttgart 1979. BLOHMKE, M. u. a. (Hg.): Handbuch der Sozialmedizin, Bd. 2: Epidemiologie und präventive Medizin, Stuttgart 1977. BUNDESZENTRALE FÜR GESUNDHEITLICHE AUFKLÄRUNG (Hg.): Reihe «Gesundheitserziehung und Schule», Stuttgart 1975–1986. BUNDESZENTRALE FÜR GESUNDHEITLICHE AUFKLÄRUNG (Hg.): Effektivität der Nichtraucher-Trainingsprogramme, Köln 1980. ENELOW, A. J./HENDERSON, J. B. (Hg.): Applying Behavioral Science to Cardiovascular Risk, American Heart Association, o. O. 1975. FESER, H.: Gesundheitserziehung, Dortmund 1983. JANIS, I. C.: Effects of Fear Arousal on Attitude Change: Recent Developments in Theory and Experimental Research. In: Berkowitz, L. (Hg.): Advances in Experimental Social Psychology, Bd. 5, New York/London 1970, S. 195 ff. JÜDES, U. u. a.: Lehrplananalyse Gesundheitserziehung, Kiel 1987. LAASER, U. u. a. (Hg.): Prävention und Gesundheitserziehung, Berlin u. a. 1987. LEVENTHAL, H.: Findings and Theory in the Study of Fear Arousing Communications. In: Berkowitz, L. (Hg.): Advances in Experimental Social Psychology, Bd. 5, New

York/London 1970, S. 231 ff. Lutz-Dettinger, U.: Gesundheitserziehung und Hygiene im Kindergarten, in Schule und Unterricht, Paderborn 1979. Statistisches Bundesamt: Todesursachen 1980. Gesundheitswesen, Fachserie 12, Stuttgart 1982.

Gesundheitsverhalten → Gesundheitserziehung
Gewalt → Aggression; → Autorität
Gewalt, elterliche → Kindesmißhandlung
Gewissen → Bewußtsein
Gleichheit → Chancengleichheit
Gliederung (des Lernprozesses) → Methode
Graduiertenförderung → Ausbildungsförderung
Gremium, schulverfassungsrechtliches → Mitbestimmung – Mitwirkung
Großfamilie → Familie – Familienerziehung
Grundbildung, informationstechnische → Informationstechnik
Grundbildung, kyklische → Fach – Fächerkanon
Grundbildung, wissenschaftliche → Propädeutik; → Studium Generale;
    → Verwissenschaftlichung
Grundgesetzgeltung (im Schulverhältnis) → Schulrecht
Grundschule → Bildungssystem (Bundesrepublik Deutschland);
    → Elementarunterricht
Grundschullehrer → Lehrer
Gruppen → Gruppendynamik – Gruppenpädagogik

Gruppendynamik – Gruppenpädagogik

Gruppendynamik. «Die Erziehung an sich ist ein sozialer Vorgang, der bald kleine Gruppen wie die Mutter und ihr Kind, bald größere Gruppen wie eine Schulklasse oder die Gemeinschaft eines Sommerlagers erfaßt. Die Erziehung zielt darauf ab, in den Kindern oder den sonstigen Personen, mit denen sie es zu tun hat, gewisse Verhaltensweisen, gewisse Arten der Einstellung zu entwickeln. Die Art des Verhaltens und der Einstellung, die sie zu entwickeln sucht, und die Mittel, deren sie sich bedient, hängen nicht einfach von einer abstrakten Philosophie oder wissenschaftlich entwickelten Methoden ab, sondern sind im Wesentlichen ein Ergebnis der soziologischen Eigenschaften der Gruppe, bei der diese Erziehung vor sich geht. Bei der Betrachtung der Wirkung, die die soziale Gruppe auf das Erziehungssystem ausübt, denkt man im allgemeinen an die innerhalb dieser Gruppe vertretenen Ideale, Prinzipien und Anschauungen. In der Tat, Ideale und Prinzipien spielen in der Erziehung eine wichtige Rolle. Aber man wird die offiziell anerkannten Ideale und Prinzipien von den Gesetzen zu unterscheiden haben, die die

692 Gruppendynamik – Gruppenpädagogik

Geschehnisse innerhalb dieser sozialen Gruppe in Wirklichkeit bestimmen» (LEWIN 1953, S. 22).

Der Aufsatz, den diese Sätze einleiten, ist einer der ersten Beiträge zur Gruppendynamik. Lewin schrieb ihn 1936 in den USA, wohin er drei Jahre vorher aus Deutschland emigriert war. Die Bedeutung von Kleingruppen für das Verhalten und die Einstellung der Menschen war in den ersten Jahrzehnten des 20. Jahrhunderts in verschiedenen Zusammenhängen untersucht worden: in Betrieben (beispielsweise in der von Mayo angeregten Untersuchung in den Hawthornewerken bei Chicago), in der Therapie (hier entwickelte Slawson die Gruppenpsychotherapie für Kinder und Jugendliche), in der Jugend- und Laienspielarbeit (zu nennen ist vor allem Moreno, der bei der Arbeit mit Randständigen die therapeutische Wirkung des Psychodramas entdeckte und das Soziogramm als eine Methode zur Analyse der emotionalen Beziehungen in Gruppen entwickelte).

In Lewins Zitat von 1936 sind bereits zwei Annahmen enthalten, die für die weitere Entwicklung der Gruppendynamik von Bedeutung waren:
– →Erziehung ist «im Wesentlichen ein Ergebnis der soziologischen Eigenschaften der Gruppe»;
– es gibt «Gesetze [...], die die Geschehnisse innerhalb dieser sozialen Gruppe in Wirklichkeit bestimmen» (LEWIN 1953, S. 22).

Folgerichtig bemühte sich Lewin, der eine große Schule innerhalb der amerikanischen Sozialpsychologie begründete, einerseits um die systematische und experimentelle Erforschung von Gruppen (bekannt geworden ist besonders die Untersuchung von LIPPITT/WHITE – vgl. 1958 – über die Auswirkungen unterschiedlicher Führungsstile [→Erziehungs-/Unterrichtsstil] auf das Verhalten der Gruppenmitglieder) und andererseits um die Umsetzung dieser Forschung in das Training von →Lehrern, Ausbildern und Gruppenleitern (1947 erfolgte die Gründung der National Training Laboratories, Keimzelle des Sensitivity-Trainings und der gruppendynamischen Seminare).

Die Gruppendynamik ist damit als Forschungskonzept für Gruppenphänomene und als Trainingskonzept zur Beobachtung und Beeinflussung von Gruppen und ihren Mitgliedern zu verstehen. Für unsere Situation – über 50 Jahre nach Erscheinen des zitierten Aufsatzes – können wir folgendes feststellen:

Einerseits wird noch heute in wichtigen Lebensbereichen (etwa in der →Schule und in der Arbeitswelt) die Bedeutung der Gruppendynamik für das Verhalten und die Einstellungen der Menschen nicht hinreichend berücksichtigt. Andererseits sehen wir die Fakten und Möglichkeiten der Gruppendynamik differenzierter, was im Vergleich mit dem Lewin-Zitat deutlich wird: Während Lewin noch von der sozialen Gruppe im

Singular spricht, so ist uns gegenwärtig, daß der Jugendliche gleichzeitig in mehreren sozialen Gruppen lebt (→Familie, Schul- oder Ausbildungsgruppen, Freizeitgruppen). Manche Konflikte des Jugendlichen entstehen gerade aus den unterschiedlichen Normen und Anforderungen der verschiedenen Gruppen.

Lewin verstand die Gruppe ferner als ein dynamisches Kraftfeld (Feldtheorie) und suchte nach den «Gesetzen» ihrer psychischen und sozialen Kräfte. Die Gruppendynamiker der 70er und 80er Jahre vermeiden irreführende Assoziationen mit den Naturwissenschaften und sprechen von immer wiederkehrenden Gruppenmerkmalen und -prozessen. Diese können mit wissenschaftlichen Methoden erfaßt werden, unterliegen aber gruppenspezifischen und situativen Einflüssen. Merkmale und Prozesse führen deshalb zu unterschiedlichen Entwicklungen und Ergebnissen und bedürfen jeweils einer individuellen Interpretation. Die Lewinsche Bezugnahme auf die Kleingruppe führte in den folgenden Jahrzehnten nicht selten zu ihrer isolierten Betrachtung und zu einer Vernachlässigung der gesellschaftlichen Einflüsse – es wurde «die gesamtgesellschaftliche Vermittlung des Subjekts aus den Augen verloren» (Horn 1972, S. 19). Demgegenüber ist eine zentrale Frage für die heutige Gruppendynamik, inwieweit Gruppen – etwa Sympathie- und Interessengruppen bei Jugendlichen – außer der Tatsache, daß sie als Vermittlungsagenturen für gesellschaftliche →Werte und Anforderungen fungieren, zugleich eine aufklärerisch-emanzipatorische Funktion übernehmen können.

Gruppenpädagogik. Nach den bisherigen Ausführungen wird deutlich, daß der Gruppendynamik von Anfang an die breite pädagogische Absicht zugrunde lag, auf Erziehung und Beeinflussung von Menschen gerichtet zu sein.

Der spezielle Begriff Gruppenpädagogik ist die Übersetzung von «social group work». Verbreitet wurde er in der Bundesrepublik Deutschland vor allem durch das 1949 mit amerikanischer Unterstützung gegründete Haus Schwalbach, «Arbeitsstätte für Gruppenpädagogik». Damit «meinen wir die gesamte Art und Weise des Umgangs mit Gruppen [...]. Es geht um die Methode des gesamten Hilfsprozesses, der das Sammeln der Fakten, die Analyse der Gruppensituation, die Planung, Durchführung und fortlaufende Auswertung helfender Schritte und schließlich eine gut vorbereitete Ablösung des Helfers von der Gruppe in sich schließt» (Kelber 1965, S. 2). Gruppenpädagogik ist hier ein Programm: die gezielte Entwicklung der Gruppe – «als Erziehungsraum und -mittel» (Kelber 1965, S. 6) – zu einer zugleich selbständigen und partnerschaftlichen Aktivität ihrer Mitglieder, ermöglicht durch die pädagogische Hilfestellung besonders ausgebildeter Gruppenleiter. Entwik-

694   Gruppendynamik – Gruppenpädagogik

kelt wurde die «social group work» als eine Methode der Sozialarbeit
mit Hilfsbedürftigen und Randständigen, «die den Einzelnen durch
sinnvolle Gruppenerlebnisse hilft, ihre soziale Funktionsfähigkeit zu
steigern und ihren persönlichen, Gruppen- oder gesellschaftlichen Problemen besser gerecht zu werden» (KONOPKA 1968, S. 42). Sie ist heute
neben der → Einzelfallhilfe und der → Gemeinwesenarbeit eine dritte
Methode des Sozialarbeiters und zugleich abzugrenzen von der Gruppentherapie des Psychiaters oder Psychologen und von der Gruppenarbeit in Schulen, Vereinen und Verbänden. Gleichzeitig enthielt diese
Methode in ihrem Ursprung einen starken Optimismus hinsichtlich der
gesellschaftsunabhängigen Selbsthilfekraft der einzelnen Gruppe. Eine
Auffassung, die in den 70er Jahren innerhalb der → Sozialpädagogik
aufgrund einer breit geführten gesellschaftspolitischen Reflexion der Sozialarbeit durch eine realistischere Einschätzung abgelöst wurde.
    In den 70er Jahren erweiterte sich auch der Begriff Gruppenpädago-
gik außerordentlich und wurde zugleich unscharf. Er dient seitdem als
allgemeine Bezeichnung für «die Erziehung innerhalb von Gruppen»
(MOLLENHAUER 1968, S. 120). Der Hintergrund ist die stürmische
Entwicklung in jenen Jahren im Bildungs- und Ausbildungsbereich, verbunden mit der Forderung nach Demokratisierung der Bildungsinstitutionen und mehr Selbstverantwortung der Beteiligten. Es entstand ein
starkes, in mancher Hinsicht euphorisches Interesse an der Gruppendynamik und an der Arbeit in Gruppen – als ein Instrument der Selbsterfahrung und Therapie, der gemeinsamen Arbeit und → Emanzipation.
Wenn die Ergebnisse solcher Gruppen häufiger den Erwartungen nicht
entsprachen, so waren die Gründe dafür stets die gleichen:
– unrealistische Erwartungen hinsichtlich eines raschen positiven Grup-
  penverlaufs,
– ungenügende Kenntnis und Berücksichtigung der gruppendynamischen Strukturen, Voraussetzungen und Grundsätze,
– zu große Widerstände personenbezogener oder auch sachbezogener
  Faktoren,
– institutionelle und organisatorische Schwierigkeiten.

Merkmale und Grundsätze. Der Begriff «Gruppe» ist in unserem
Sprachgebrauch völlig unpräzise und umfaßt vieles wie etwa die festge-
fügte Freundschaftsgruppe (Clique), den lockeren Organisationsver-
band einer Handball-Jugendgruppe, die kurzfristige Arbeitsgruppe
einer Schulklasse oder die T-Gruppe, die für ein zehntägiges Sensitivity-
Training zusammengekommen ist (zum Interesse der Pädagogik an der
«Gruppe» und ihrer Bedeutung für Erziehungsprozesse: vgl. RITTEL-
MEYER 1983, S. 425f). Gruppe im Sinne der Gruppendynamik und -päd-
agogik ist hingegen nicht eine bloße Ansammlung und Organisation von

Individuen. Sie zeigt vielmehr bestimmte Merkmale (Gruppeneigenschaften), durchläuft eine eigene →Entwicklung (Gruppengeschichte) und enthält gleichwohl ein ständiges Potential an Konflikten und das Risiko ihrer vorzeitigen Auflösung. Darüber hinaus sollte sich eine Gruppe in diesem Sinne an bestimmten pragmatischen, aber auch ethischen Grundsätzen orientieren: Gruppenpädagogik «erwächst aus den sittlichen Maximen der Ehrfurcht vor dem Menschen und seiner Verantwortung für die Gemeinschaft» (KELBER 1965, S. 12).

Einen Königsweg zu einer effektiven Gruppe gibt es sicher nicht (auch kann man Effizienz sehr verschieden bestimmen). Zum einen determinieren äußere Umstände wie Zweck, Größe, Dauer und Zusammensetzung den Verlauf und die Arbeit einer Gruppe. Zum anderen setzt gerade die ethische Komponente die eigene Entscheidung der Gruppenmitglieder für ihren Weg voraus.

Zahl und Termini der *Merkmale* einer Gruppe (Gruppeneigenschaften) sind bei den Theoretikern nicht einheitlich, die wichtigsten aber sind:

- *Affektivität* (Emotionalität). Menschliches →Handeln, insbesondere wenn es gemeinsam geschieht, schließt immer Gefühle mit ein. Die Konsequenz ist, «daß eine ausreichende Kommunikation im Bereich der affektiven Prozesse [...] eine Grundbedingung für Lernvorgänge» ist (BROCHER 1967, S. 117).

- *Wahrnehmung.* Die →Subjektivität der Wahrnehmung gilt besonders für die Wahrnehmung des eigenen und des fremden Verhaltens in Gruppen. Selbst- und Fremdwahrnehmung zu üben ist ein besonderes Anliegen im Sensitivity-Training.

- *Kommunikation.* Sie ist die Basis für die →Integration der Gruppe; oft verhindert oder erschwert durch Mißverständnisse und affektive oder sprachliche Barrieren. Ihre Einübung und Reflexion ist deshalb eine ständige Aufgabe. Statt →Kommunikation steht häufig der umfassende Begriff →*Interaktion.*

- *Rollendifferenzierung.* →Rollen sind in jedem sozialen System vorhanden. Die Gruppendynamik strebt die Transparenz und, wenn möglich, auch die Rotation der Rollen an. Neuralgische Punkte jeder Gruppenstruktur sind die Führungs- und Außenseiterrollen.

- *Kohäsion* (Kohärenz) und *Normen.* Kohäsion basiert auf «einem Zusammengehörigkeitsgefühl im Hinblick auf gemeinsame gute Kenntnisse oder gegenseitige Sympathie oder gemeinsame Aufgaben» (CLAESSENS 1963, S. 491). Kohäsion ist das Ergebnis von Interaktion und ist selber wiederum die Voraussetzung für das Aufstellen von eigenen Normen oder Zielen der Gruppe. Das deutet darauf hin, daß die Normenfindung eine besondere Gruppenleistung darstellt.

- *Produktivität.* Es gibt individuelle und kollektive Aufgaben. Letztere

696 Gruppendynamik – Gruppenpädagogik

sind besonders solche, «zu deren Lösung eine große Vielfalt von Können und Wissen oder die vergleichende Prüfung von Fakten und Ideen erforderlich sind» (LUFT 1971, S. 35). Die Produktivität von Gruppen wird bestimmt durch den Grad der Kohäsion, die Entwicklung der Kooperationsfähigkeit und die Art der Normen oder den Grad ihrer Verbindlichkeit.

Diese Kurzbeschreibungen enthalten bereits allgemeine *Grundsätze* gruppenpädagogischer Arbeit, deren Zielsetzung allerdings durchaus unterschiedlich sein kann. Exemplarisch sollen hier deshalb die von Kelber aufgestellten Grundsätze, die sich auf angeleitete Gruppen beziehen, und die von Cohn entwickelten Forderungen an die themenzentrierte Interaktion gegenübergestellt werden. KELBER (1965, S. 7ff) verlangt:

«Anfangen, wo die Gruppe steht», und sich ihrer Entwicklung entsprechend «in Bewegung setzen».

«Individualisieren», in der Zuwendung und Aufgabenstellung, um alle Kräfte zu entwickeln.

«Mit der Stärke arbeiten», aus der Ermutigung entstehen Vertrauen und Motivation, das gilt für den einzelnen und für die Gruppe.

«Raum für Entscheidungen geben» mit dem Ziel, zu lernen, wie wir zu gemeinsamen Entscheidungen kommen.

«Notwendige Grenzen positiv nutzen», das Einhalten, aber auch das Ausschöpfen gesetzter Normen.

«Zusammenarbeit mehr pflegen als Einzelwettbewerb.»

«Sich überflüssig machen», als Grundsatz für die Arbeit des Gruppenleiters.

Cohn, deren gruppendynamische Methode seit Ende der 70er Jahre im Bildungs- und Ausbildungsbereich bekannt geworden ist, fordert demgegenüber:

«Sei dein eigener Chairman», nimm dich selbst und die anderen wahr, und bringe dich in die Gruppe ein, und

«Störungen haben Vorrang», bevor die Gruppe wieder zu ihrem eigentlichen Thema zurückkehren kann (COHN 1975, S. 120ff).

Es gibt außerdem neun Hilfsregeln, etwa «Vertritt dich selbst in deinen Aussagen; sprich per ‹Ich› und nicht per ‹Wir› oder per ‹Man›!» (COHN 1975, S. 120ff), durch die die themenzentrierte Interaktion strukturiert wird.

Zum methodischen Instrumentarium der Gruppendynamik und Gruppenpädagogik gehören ferner verschiedene Hilfsmittel (vgl. etwa ANTONS 1973), beispielsweise formalisierte Protokolle (auch Tonband- und Videoaufnahmen, Fragebögen und →Tests), Beobachtungsverfahren, Soziogramm, Gesprächstechniken, Spiele zur Übung des sozialen Verhaltens (Rollenspiel und Psychodrama) und Übungen (etwa zum Training der zentralen Technik des Feedbacks).

Gruppenpädagogik und Jugendalter. Durch die Verländerung des Jugendalters in der modernen Industriegesellschaft hat die Bedeutung der Peer-groups (Gruppen der Gleichaltrigen) für die Persönlichkeitsentwicklung der Jugendlichen generell stark zugenommen.

Peer-groups unterstützen (im positiven Fall):
– die Ablösung von der Familie und ihrer partikularistischen Normenorientierung,
– die Bedürfnisse nach Kontakten, nach Anerkennung und Sicherheit,
– ein Probe- und innovatorisches Handeln (in der Geschlechtsrolle oder im Umgang mit Autoritäten) und
– die Ausbildung kompensatorischer Interessen.

Eine Konsequenz dieser Entwicklung ist der gestiegene Wert der Gruppenpädagogik (im Sinne von Vorsorge und Unterstützung). Die Praxis gruppenpädagogischer Jugendarbeit steht vor der Schwierigkeit, ein ausreichendes Angebot von Gruppen und -initiativen zu bieten und einen Weg zwischen der Selbstverantwortlichkeit der Gruppe und ihrer gruppenpädagogischen Hilflosigkeit zu finden. Hierbei ist deutlich geworden, daß die Attraktivität befriedigender Gruppenbeziehungen höher ist als die Attraktivität bestimmter Gruppentätigkeiten. Um aber gelingende Interaktionen in der Gruppe zu ermöglichen, wäre eine sehr viel bessere personelle und materielle Ausstattung von Jugendverbänden, -zentren und anderen Einrichtungen der Jugendarbeit nötig, damit in diesen offenen Einrichtungen das Leben in der Gruppe positiv erfahren werden kann. Eine stärkere sozialpädagogische Ausrichtung der Schulen mit *Gruppenarbeit* als einer etablierten Unterrichtsmethode und mit außerunterrichtlichen gruppenpädagogischen Angeboten, wie sie etwa in einem Land wie Großbritannien mit der Tradition einer Ganztagsschule vorhanden sind, könnte darüber hinaus befriedigende Gruppenbeziehungen erlernbar machen.

ANTONS, K.: Praxis der Gruppendynamik. Übungen und Techniken, Göttingen 1973. BROCHER, T.: Gruppendynamik und Erwachsenenbildung, Braunschweig 1967. CLAESSENS, D.: Forschungsteam und Persönlichkeitsstruktur. In: Köln. Z. f. Soziol. u. Sozpsych. 15 (1963), S. 491. COHN, R.: Von der Psychoanalyse zur Themenzentrierten Interaktion, Stuttgart 1975. HORN, K.: Gruppendynamik und der «subjektive Faktor». Repressive Entsublimierung oder politisierende Praxis, Frankfurt/M. 1972. KELBER, M.: Einführung. In: Neue Auswahl aus den Schwalbacher Blättern. Beiträge zur Gruppenpädagogik, Wiesbaden 1965, S. 1 ff. KONOPKA, G.: Soziale Gruppenarbeit, ein helfender Prozeß, Weinheim 1968. LEWIN, K.: Die Lösung sozialer Konflikte, Bad Nauheim 1953. LIPPITT, R./WHITE, R. K.: An Experimental Study of Leadership and Group Life. In: Maccoby, E. E. u. a. (Hg.): Readings in Social Psychology, London [3]1958, S. 496 ff. LUFT, J.: Einführung in die Gruppendynamik, Stuttgart 1971. MOLLENHAUER, K.: Einführung in die Sozialpädagogik, Weinheim 1968. RITTELMEYER, CH.: Gruppe. In: Enzyklopädie Erziehungswissenschaft, Bd. 1, Stuttgart 1983, S. 425 f.

Harm Prior

698   Gruppendynamik – Gruppenpädagogik

Gruppengeschichte → Gruppendynamik – Gruppenpädagogik
Gruppenpädagogik → Gruppendynamik – Gruppenpädagogik
Gütekriterium → Test
Gymnasiallehrer → Lehrer
Gymnasiallehrerausbildung → Lehrerausbildung
Gymnasium → Bildungssystem (Bundesrepublik Deutschland)

Halbbildung → Indoktrination

Handeln

Eine eingehende terminologische oder terminologiegeschichtliche Behandlung des Handlungsbegriffs scheint kein Bedürfnis der Erziehungswissenschaft zu sein. Der Hinweis auf diesen Mangel ist nicht nur deshalb angebracht, weil der Terminus des Handelns so häufig wie kaum ein zweiter im Zusammenhang des Redens und Schreibens über Erziehungs- und Bildungsprozesse gebraucht wird, sondern auch deshalb, weil die vermeintlichen oder tatsächlichen Synonyma für «Handeln», wie «Praxis», →«Kommunikation», «Tätigkeit», «Verhalten», →«Interaktion», «Umgang», «Aktivität», noch diesseits ihrer jeweiligen theoretischen Auslegung, häufig emphatische Konnotationen tragen. Ob man im «Umgang» das «Einpendeln von Nähe und Distanz» sieht oder ob man von «interaktionistischer Rollendistanz» spricht, macht nicht einen «allein» sprachlichen Unterschied aus; wer möchte schon ohne rhetorischen Zungenschlag andere auffordern, «doch endlich zu interagieren»? Die globale Angabe von drei Motiven für diese mehrschichtig-inflationäre Terminologie kennzeichnet zugleich drei mögliche Bedeutungen von «Handeln».

Umgangssprachlicher Gebrauch und Rezeption sozialwissenschaftlicher Theoreme. Zunächst scheint es selbstverständlich, daß «Handeln», «Verhalten», «Interaktion» etwas mit Bildungs- und Erziehungsvorgängen zu tun haben. Diesem selbstverständlichen Umstand entspricht daher bisweilen ein ebenso selbstverständlicher umgangssprachlicher Gebrauch des Terminus.

Diese Naivität geht bei einer Reihe pädagogischer Rezeptionen sozialwissenschaftlicher Interaktions- und Kommunikationstheorien, dem zweiten Bedeutungstyp, verloren, seien sie nun konzipiert als an Phänomenen orientierte Beschreibungen und Interpretationen normalen alltäglichen Handelns (vgl. UHLE 1978), als auf Hypothesen angelegte Erklärungsversuche von Beeinflussungsprozessen (vgl. ULICH 1976) oder

700 Handeln

als auf Kritik gehende Interpretationen eines notwendig gestörten («verzerrten») Mit-(oder: Gegen-)einander-Umgehens der am Erziehungs-
vorgang Beteiligten (vgl. MOLLENHAUER 1972). Diese Rezeption sozialwissenschaftlicher Theorien (der Interaktion, der Kommunikation, des
Identitätsaufbaus, des «das Gesicht wahrenden Aushandelns» von Situationen) führt nicht nur zu einer Disziplinierung des genannten naiven
Redens über Erziehung und Bildung, sondern ebenso zu einem skepti-
schen Umgang mit manchen aus der Geschichte der Pädagogik überlieferten Konzepten. Als Beispiel mag das der Geisteswissenschaftlichen
Pädagogik verpflichtete Theorem der «Bildenden Begegnung» oder des
«Pädagogischen Bezugs» (→ Verhältnis, pädagogisches) dienen, das insofern charakteristisch ist, als in seiner Behandlung durch sozialwissenschaftliche Interaktions- und Kommunikationstheorien zugleich deren
eigene pädagogische Ambivalenz deutlich wird: Man kann nämlich in jenem Theorem eine euphemistische Beschreibung gar nicht immer «pädagogischer» oder «bildender» Erziehungssituationen sehen und daher
eine genauere Interpretation des «Bezugs» so versuchen, wie er «in der
Perspektive» der in der Situation Stehenden sich tatsächlich darstellt
(vgl. UHLE 1978); man kann darin auch ein gänzlich ungeeignetes, wer-
tend gemeintes Konstrukt erblicken, sofern es darum geht, erzieherische
Handlungsprozesse zu erklären (vgl. ULICH 1976); und schließlich können «Bezug» und → «Begegnung» als Chiffren für das Interesse an
einem Maßstab vernünftigen erzieherischen Handelns betrachtet werden, weshalb es gelte, diesen Maßstab mit den Mitteln einer kritischen
Kommunikationstheorie zu fundieren und zu präzisieren (vgl. MOLLEN-
HAUER 1972). Der dabei zutage tretende Umstand, daß man mit dem
Instrumentarium auch nur eines einzigen sozialwissenschaftlichen Inter-
aktionskonzepts, etwa des «Symbolischen Interaktionismus» (→ Interaktionismus, Symbolischer), im Sinne eines Nachweises sogenannter
Bedingungen «gelingender» Kommunikation sowohl Raubüberfälle
(vgl. BLUMER 1973) als auch manipulative Unterrichtssteuerung und
egalitäre Kommunikation (vgl. MOSER 1977) «gültig» beschreiben kann,
nötigt zur Kritik einer Naivität «zweiten Grades» der pädagogischen Rezeption des Handlungsbegriffs, wie er in solchen sozialwissenschaftlichen Konzeptionen maßgeblich ist.

Handlung und Normativität. Denn als naiv darf eine solche Rezeption
so lange gelten, bis mit ihr nicht zugleich auch die in der Rede von den
Bedingungen «gelingender» Interaktion angesprochene Problematik der
Normativität des Handelns wie des Redens darüber mit thematisiert
wird. Das dritte Motiv für die Verwendung des Handlungsbegriffs entspringt somit der den pädagogischen Systemen des beginnenden
19. Jahrhunderts noch ganz geläufigen Einsicht, daß die Frage «Was ist

Handeln?» gar nicht lösbar ist von der Frage «Was ist richtiges Handeln?».
Mit diesem dritten Motiv, der Reflexion der impliziten Normativität
des Handlungsbegriffs, geht eine Differenzierung in drei miteinander
verknüpfte Problembezüge einher.

Der erste «geschichtliche» Bezug reflektiert den Entstehungszusammenhang des Handlungsproblems: Die Frage, was denn nun «richtiges»,
«verantwortliches», auf die Realisierung von «Mündigkeit», «Sittlichkeit» gehendes Handeln sei, entsteht ihrer Möglichkeit nach in einer
Situation, in der die Antwort darauf in (von) der (nicht nur: erzieherischen) Praxis selbst nicht mehr gegeben ist. Eine selbstverständliche
Praxis gebiert keine Handlungsreflexion (Handlungstheorie) in dem hier
bezeichneten Sinn. Abstrahiert man von allen besonderen historischen
Gegebenheiten und von allen wie auch immer im einzelnen unterschiedlichen Systementwürfen, so bezieht sich die Frage nach dem Handeln
auf die Krise des Handelns derart, daß die Frage sowohl selbst Ausdruck
der Krise als auch Initial eines Antwortversuchs auf diese Krise ist. Dies
läßt sich an vier unterschiedlichen Beispielen aus der Geschichte der
Handlungsreflexionen zeigen:

Die aristotelische Unterscheidung von «Praxis» (Handeln) und «Poiesis» (Herstellen) sowie seine Anbindung der Bestimmung «richtigen
Handelns» an die sittliche Einsicht (Phronesis) des Handelnden an das
jeweils in rechter Weise Geforderte ist die begriffliche Entgegnung auf
die Herausforderung der Sophistik einerseits und die Aporien der plato-
nischen Idee des Guten andererseits (vgl. BIEN 1972; vgl. BUBNER 1976,
S. 66 ff); KANTS (1960 a) «Kritik der Praktischen Vernunft» ist gedacht
als kritische Durchführung der Frage «Was soll ich tun?»; Herbarts
wechselseitig sich bestimmende Pädagogik und Praktische Philosophie
haben ihren Ausgangspunkt in einer Situation «allgemeiner Verlegen-
heit» angesichts der Frage «Was gebietet sich der Sittliche?» (HERBART
1964, S. 108); und WENIGERS (vgl. 1975 a, 1975 b) hermeneutische «Didaktik als Bildungslehre» deutet sich als «helfende» Theorie des Handelns für eine nicht mehr mit sich selbst übereinstimmende Praxis im
Ausgang von der «radikalen Skepsis» seit der → Aufklärung.

Der zweite «systematische» Bezug reflektiert (sozusagen «vertikal»)
den Begründungszusammenhang des Handlungsproblems: Für eine
Grundlegung von Handlung scheint es, grob geurteilt, zwei einander wi-
dersprechende Begriffsstrategien zu geben (vgl. KAULBACH 1974): Nach
der einen kann man über «Handeln» sprechen wie über Gegenstände in
der Welt und ebenso über «gute», «richtige» Handlungen. Nach der anderen spricht der über «Handeln» handelnd Sprechende darin zugleich
über sein eigenes Tun und befindet sich damit unhintergehbar in einer
«praktischen» Stellung zu sich selbst. Eine Durchführung der ersten
Möglichkeit unternimmt vor allem die sogenannte analytische Hand-

lungstheorie und analytische Ethik (vgl. BECKERMANN 1977, FRANKENA 1972, MEGGLE 1977), aber auch die allgemeine Systemtheorie (vgl. LUHMANN 1978); im Hinblick auf ihre normative Ambivalenz, die «Indifferenz» (vgl. GARFINKEL/SACKS 1976, S. 138 ff), dürfen auch die oben genannten sozialwissenschaftlichen Interaktions- und Kommunikationstheorien dazu gezählt werden. Als Durchführung der zweiten Möglichkeit können bei Hintansetzung wesentlicher Differenzen die vier zuvor genannten Systementwürfe (Aristoteles, Kant, Herbart, Weniger) gelten. Vor diesem Hintergrund erweisen sich die Diskussionen einer Grundlegung des Handlungsbegriffs und die einer Bestimmung des «Theorie-Praxis-Verhältnisses» (→Theorie – Praxis) (nicht nur in der Pädagogik) als zwei Seiten desselben Problems (vgl. BENNER 1978, S. 339 ff). Hierzu gehören ebenfalls die Begründungsversuche eines Richtigkeitskriteriums für Handlungen. Denn abseits einer ohnehin nur höchst abstrakten Gemeinsamkeit hinsichtlich des Vorrangs des «Praktischen» – sei es nun gemeint als Betonung der präreflexiven Einübung von Sittlichkeit vor ihrer Reflexion (vgl. ARISTOTELES 1969, 1095 a ff) oder der Uneinholbarkeit der erzieherischen Erfahrung durch Theorie allein (vgl. HERBART 1964, S. 126), oder sei es gedacht im Sinne des Primats der praktischen Vernunft (vgl. KANT 1960 a) oder «der» Praxis (vgl. WENIGER 1975 a) –, befinden sich die sich selbst jeweils «praktisch» verstehenden vier Systementwürfe durchaus in einer kontroversen Konstellation. So muß der «hermeneutische» Versuch, das Kriterium der Richtigkeit an das bereits vorliegende, eingeübte «richtige» Tun zu verweisen (vgl. WENIGER 1975 a), unter der Idee reiner praktischer Vernunft als zirkelhaft (vgl. BENNER 1978, BUBNER 1976) angesehen werden; Kants strikte Bindung von Sittlichkeit an Reflexion gilt Herbart als zu «hoch» und unfähig der theoretischen (!) Erklärung des Prozesses der Sittlichkeit (vgl. HERBART 1850, S. 369); letzteres Ansinnen wiederum käme nach KANT (vgl. 1960 b, S. 101 f) einer Preisgabe der Unbedingtheit praktischer Vernunft gleich. In Verfolgung eines allgemeinen Handlungsbegriffs erweitert sich diese Problematik zur Frage, ob zur Definition von «Handlung» Kriterien wie →«Bewußtsein», «praktisches Wissen», «Subjekt» notwendig sind und wie sie möglich sind (vgl. WIEHL 1976).

Der dritte systematische Bezug reflektiert (sozusagen «horizontal») die Differenz von «Handlung» gegenüber anderen Formen menschlichen Tuns: Mit der Suche nach definierenden Kriterien für «Handlung» ergibt sich zugleich ganz zwanglos das Bemühen, den fraglichen Terminus anderen Formen menschlichen Tuns zu konfrontieren. Paradigmatisch dafür ist die Definition Webers, die die Diskussion des Handlungsbegriffs in den modernen Sozialwissenschaften initiiert hat: ««Handeln» soll dabei ein menschliches Verhalten [...] heißen, wenn und insofern als der oder die Handelnden mit ihm einen subjektiven *Sinn* verbinden» (WEBER 1972, S. 1). Da Weber dabei «Sinn» nach Maßgabe des Zweck-Mittel-Schemas deutet, ist Handeln daher sozusagen zweckrationales Verhalten.

Ganz anders verläuft die Differenzierung von Handlung und Verhalten bei Habermas, der sein Konzept der Unterscheidung von Arbeit und Interaktion (auch) in Auseinandersetzung mit Weber ausgeführt hat. Die bei Weber mittels des Sinnbegriffs ungeschiedene Handlungs- und Zweckrationalität differenziert Habermas in die zwei Kategorien «Arbeit» und «Interaktion», wobei Arbeit und zweckrationales Handeln zusammenfallen, worunter die Verwirklichung «definierte[r] Ziele unter gegebenen Bedingungen» verstanden wird (HABERMAS 1968, S. 62). Demgegenüber ist Interaktion stets symbolisch vermitteltes und insofern kommunikatives Handeln, welches «sich nach obligatorisch geltenden Normen [richtet], die reziproke Verhaltenserwartungen definieren und von mindestens zwei Subjekten verstanden und anerkannt werden müssen» (HABERMAS 1968, S. 62). Sinnerhaltend und sinnstiftend ist allein kommunikatives Handeln. Sein Inbegriff ist die dialogische Rationalität des → Diskurses, «Verhalten» die verdinglichende Interferenz von kommunikativem Handeln und exkommunizierten Symbolen. Neben diesem dualistischen Konzept von Arbeit und Interaktion sowie den zu Beginn genannten sozialwissenschaftlichen Ansätzen des Symbolischen Interaktionismus und der → Ethnomethodologie ist zugleich Habermas' Formulierung einer Theorie der kommunikativen Kompetenz als Fortentwicklung einer Kritischen Gesellschaftstheorie von der Pädagogik rezipiert worden (vgl. BRUMLIK 1978, MOLLENHAUER 1972, MOLLENHAUER / RITTELMEYER 1977). Dieser Theorie der kommunikativen Kompetenz gemäß unterliegt alle menschliche «Rede» (worin Handlung, Sprache, Gestik einbeschlossen sind) vier «universalen Geltungsansprüchen», die das normative Fundament menschlicher Praxis ausmachen; es sind dies «Verständlichkeit» (von Sätzen), «Wahrheit» (von Aussagen über äußere Natur), «Wahrhaftigkeit» (von Äußerungen der inneren Natur) und «Richtigkeit» (von Handlungen sowie Normen der Gesellschaft – vgl. HABERMAS 1971, 1976; vgl. auch HABERMAS 1981). Handeln (Kommunikation) ruht auf einem Einverständnis (bezüglich erhobener Geltungsansprüche); zerbricht das Einverständnis, so wird Verständigung gesucht (Diskurs); die formalen Strukturen des Diskurses ihrerseits geben den impliziten Beurteilungshorizont des kommunikativen Handelns ab. Daher steht eine erziehungswissenschaftliche Rezeption dieses Handlungsmodells vor der Schwierigkeit, den erzieherischen Umgang als Hinführung zur Diskursivität und zugleich Diskursivität als Maßstab der Richtigkeit und Vertretbarkeit einer solchen Hinführung begreifen zu müssen.

704 Handeln

Es zeigt sich, daß die inhaltlich divergierenden Unterscheidungen von Handeln und Verhalten, Praxis und Poiesis, Interaktion und Arbeit, Kommunikation und Diskurs weniger Themen als vielmehr wie auch immer wichtige Nebenprodukte eines Klärungsversuchs der primär normativen Frage sind: «Was ist (rationales, richtiges, vernünftiges...) Handeln?». Insofern gilt: «Der Handlungsbegriff ist selbst in einem ursprünglichen Sinn ein Wertbegriff» (WIEHL 1976, S. 66), Pädagogik als Handlungsreflexion daher eine «praktische» Disziplin.

ARISTOTELES: Nikomachische Ethik, Stuttgart 1969. BECKERMANN, A. (Hg.): Analytische Handlungstheorie, Bd. 2, Frankfurt/M. 1977. BENNER, D.: Hauptströmungen der Erziehungswissenschaft. Eine Systematik traditioneller und moderner Theorien, München ²1978. BIEN, G.: Die menschlichen Meinungen und das Gute. Die Lösung des Normproblems in der aristotelischen Ethik. In: Riedel, M. (Hg.): Rehabilitierung der praktischen Philosophie, Bd. 1, Freiburg 1972, S. 345 ff. BLUMER, H.: Der methodologische Standort des symbolischen Interaktionismus. In: Arbeitsgruppe Bielefelder Soziologen (Hg.): Alltagswissen, Interaktion und gesellschaftliche Wirklichkeit, Bd. 1, Reinbek 1973, S. 80 ff. BRUMLIK, M.: Zum Verhältnis von Pädagogik und Ethik. In: Z. f. P., 15. Beiheft, 1978, S. 103 ff. BUBNER, R.: Handlung, Sprache, Vernunft. Grundbegriffe praktischer Philosophie, Frankfurt/M. 1976. FRANKENA, W. K.: Analytische Ethik. Eine Einführung, München 1972. GARFINKEL, H./SACKS, H.: Über formale Strukturen praktischer Handlungen. In: Weingarten, E. u. a. (Hg.): Ethnomethodologie. Beiträge zu einer Soziologie des Alltagshandelns, Frankfurt/M. 1976, S. 130 ff. HABERMAS, J.: Technik und Wissenschaft als «Ideologie». In: Habermas, J.: Technik und Wissenschaft als «Ideologie», Frankfurt/M. 1968, S. 48 ff. HABERMAS, J.: Vorbereitende Bemerkungen zu einer Theorie der kommunikativen Kompetenz. In: Habermas, J./Luhmann, N.: Theorie der Gesellschaft oder Sozialtechnologie – Was leistet die Systemforschung? Frankfurt/M. 1971, S. 101 ff. HABERMAS, J.: Was heißt Universalpragmatik? In: Apel, K.-O. (Hg.): Sprachpragmatik und Philosophie, Frankfurt/M. 1976, S. 174 ff. HABERMAS, J.: Theorie des kommunikativen Handelns, 2 Bde., Frankfurt/M. 1981. HERBART, J. F.: Psychologie als Wissenschaft neu gegründet auf Erfahrung, Metaphysik und Mathematik. Zweiter Teil (1825). Sämtliche Werke, hg. v. G. Hartenstein, Bd. 6, Leipzig 1850. HERBART, J. F.: Über die ästhetische Darstellung der Welt als das Hauptgeschäft der Erziehung (1804). Pädagogische Schriften, hg. v. W. Asmus, Bd. 1: Kleine Schriften, Düsseldorf/München 1964, S. 105 ff. KANT, I.: Kritik der praktischen Vernunft. Werke in sechs Bänden, hg. v. W. Weischedel, Bd. 4, Darmstadt 1960, S. 103 ff (1960a). KANT, I.: Grundlegung zur Metaphysik der Sitten. Werke in sechs Bänden, hg. v. W. Weischedel, Bd. 4, Darmstadt 1960, S. 9 ff (1960b). KAULBACH, F.: Ethik und Metaethik. Darstellung und Kritik metaethischer Argumente, Darmstadt 1974. LUHMANN, N.: Soziologie der Moral. In: Luhmann, N./Pfürtner, S. H. (Hg.): Theorietechnik und Moral, Frankfurt/M. 1978, S. 8 ff. MEGGLE, G. (Hg.): Handlungsbeschreibungen. Analytische Handlungstheorie, Bd. 1, Frankfurt/M. 1977. MOLLENHAUER, K.: Theorien zum Erziehungsprozeß, München 1972. MOLLENHAUER, K./RITTELMEYER, CH.: Methoden der Erziehungswissenschaft, München 1977. MOSER, H.: Ansätze einer kritischen Didaktik und Unterrichtstheorie. In: Moser, H. (Hg.): Probleme der Unterrichtsmethodik, Kronberg 1977, S. 7 ff. UHLE, R.: Verstehen und Verständigung im Unterricht. Hermeneutische Interpretationen, München 1978. ULICH, D.: Pädagogische Interaktion. Theorien erzieherischen Handelns und sozialen Lernens, Weinheim/Basel 1976. WEBER, M.: Wirtschaft und Gesellschaft. Grundriß der verstehenden Soziologie, hg. v. J. Winckelmann, 2 Bde., Tübingen 1972. WENIGER, E.: Theorie und Praxis in der Erziehung. In: Weniger, E.: Ausgewählte Schriften zur geisteswissenschaftlichen Pädagogik, hg. v. B. Schonig, Weinheim/Basel 1975, S. 29 ff (1975 a). WENIGER, E.: Theorie der Bildungsinhalte und des Lehrplans. In: Weniger, E.: Ausgewählte Schriften zur geisteswissenschaftlichen Pädagogik, hg. v. B. Schonig, Weinheim/Basel 1975, S. 19 ff (1975 b). WIEHL, R.: Reflexionsprozesse und Handlungen. In: n. hefte f. phil. (1976), 9, S. 17 ff.

Alfred Langewand

Handeln, didaktisches → Didaktik, allgemeine
Handeln, erzieherisches → Erziehungsziel
Handeln, kommunikatives → Erziehungswissenschaft, Kritische;
 → Handeln; → Kommunikation
Handeln, kreatives → Kreativität
Handeln, soziales → Friedenserziehung; → Lernen, soziales
Handeln, stereotypes → Ritual
Handeln, zweckfreies → Spiel
Handlung, habitualisierte → Institution
Handlung, rituelle → Ritual
Handlungsfähigkeit → Sozialisation
Handlungsforschung → Erziehungswissenschaft, Kritische
Handlungsmuster → Methode; → Ritual
Hauptschule → Bildungssystem (Bundesrepublik Deutschland)
Hauptschullehrer → Lehrer
Hausfrau → Mutter
Hausvater → Vater
Head-Start-Programm → Erziehung, kompensatorische
Heilpädagogik → Sonderpädagogik

Heimerziehung

Rechtsgrundlagen und Situation. Seit Jahrhunderten werden Kinder von ihren Eltern in Pflegefamilien und Heimen untergebracht. Die Gründe für solche Eingriffe in das Leben junger Menschen sind vielfältig. In der Regel liegen die Ursachen darin, daß die Kinder und Jugendlichen sozialen und ökonomischen Mängelsituationen und den gesellschaftlichen Widersprüchen ausgeliefert sind, ohne daß die → Familie über hinreichend kompensatorische Möglichkeiten verfügt.

Heimeinweisungen Minderjähriger erfolgen nach den Bestimmungen des Jugendwohlfahrtsgesetzes (JWG). Die örtlichen Jugendämter haben die Aufgabe, Kindern und Jugendlichen die notwendigen «Hilfen zur

706 Heimerziehung

Erziehung» (§§ 5, 6 JWG) dem jeweiligen erzieherischen Bedarf entsprechend zu gewähren, wobei Unterbringungen von Kindern in Heimen auch im Zusammenhang mit Beschränkungen des elterlichen Sorgerechts möglich werden. In der Regel erfolgen Unterbringungen von
Minderjährigen außerhalb der eigenen Familie immer dann, wenn Familien nicht mehr die Möglichkeit haben, ihre Kinder zu versorgen und
zu erziehen, wobei diese Kinder selber aber keineswegs verhaltensgestört sein müssen. Demgegenüber wird «Freiwillige Erziehungshilfe»
dem Minderjährigen gewährt, «dessen leibliche, geistige oder seelische
Entwicklung gefährdet oder geschädigt ist, [...] und wenn diese Maßnahme zur Abwendung der Gefahr oder zur Beseitigung des Schadens
geboten ist und die Personensorgeberechtigten bereit sind, die Durchführung der freiwilligen Erziehungshilfe zu fördern» (§ 62 JWG). Setzt
die «Freiwillige Erziehungshilfe» das Einverständnis der Personensorgeberechtigten voraus, so kann «Fürsorgeerziehung» nur vom Vormundschafts- oder Jugendgericht angeordnet werden, wenn «der Minderjährige zu verwahrlosen droht oder verwahrlost ist. Fürsorgeerziehung
darf nur angeordnet werden, wenn keine ausreichende andere Erziehungsmaßnahme gewährt werden kann» (§ 64 JWG), oder aus Anlaß
einer Straftat eines Jugendlichen nach den Bestimmungen des Jugendgerichtsgesetzes.

Für die Durchführung der «Freiwilligen Erziehungshilfe» und der
«Fürsorgeerziehung» sind mit Ausnahme Bayerns die Landesjugendämter als überörtliche Behörden zuständig. Ein Überblick über den
Umfang der als «Hilfen zur Erziehung» durchgeführten Unterbringung
außerhalb der Herkunftsfamilie läßt erkennen, daß der Anteil der in
Heimen untergebrachten jungen Menschen deutlich zurückgegangen
ist, weil sie zunehmend in Pflegefamilien vermittelt werden können.
Dabei ist jedoch zu beobachten, daß gerade ältere Kinder und Jugendliche nach wie vor bevorzugt in Heime eingewiesen werden, da sie sehr
viel schwerer in Familien vermittelt werden können. Das gilt im übrigen auch für Geschwisterkinder. Auffallend ist, daß insgesamt zwischen
den einzelnen Jugendämtern der Anteil der Heimunterbringungen
stark differiert, wobei mit zunehmender Qualifikation des Personals
der Jugendämter gerade im Heim- und Pflegekinderbereich eine erhebliche Reduzierung des Anteils der Heimunterbringung nachgewiesen
werden kann.

Statistiken (vgl. STATISTISCHES BUNDESAMT 1987) machen deutlich,
daß seit 1968 (Höhepunkt der Heimkampagnen) die Gesamtzahl der
nach den Maßnahmen «Freiwilliger Erziehungshilfe» untergebrachten
Minderjährigen um 50 % gesunken ist. Diese rückläufige Entwicklung
wird jedoch noch deutlicher bei der Durchführung der Fürsorgeerziehung als einer richterlichen Eingriffsmaßnahme: Befanden sich 1965

noch ungefähr 27000 junge Menschen in Fürsorgeerziehung, so waren es 1985 nur noch 1250. Der weit überwiegende Teil in Heimen lebender junger Menschen wird dagegen heute im Rahmen der «Hilfen zur Erziehung» untergebracht. 1985 lebten insgesamt 45600 Kinder und Jugendliche in Heimerziehung, etwa die gleiche Anzahl in Pflegefamilien.

Probleme. Heimerziehung hat mit psychosozialen Defekten von Kindern und Jugendlichen zu tun, Defekten, die in der Gesellschaft und durch die Gesellschaft entstehen. Die betroffenen jungen Menschen gehören zumeist unteren sozialen Schichten an (→ Schicht, soziale), in denen eben auch schichtspezifische Verhaltensweisen gelernt werden, die von den gesellschaftlich anerkannten Normen und Werten abweichen. Damit beginnt eine Isolierung, die den normalen Erwerb von Fähigkeiten verhindert und dadurch die Gefahr verstärkt, auch weiterhin isoliert zu bleiben. Ausdrücklich ist hervorzuheben, daß ein solcher Entwicklungsverlauf dem jungen Menschen selbst normal erscheint und die Auffälligkeit allein daher rührt, daß sich dieses Heranwachsen in einer sozialen Gruppe vollzieht, die als randständig definiert wird. Da abweichendes Verhalten gültige Normen in Frage stellt, werden «von außen» Abwehrmechanismen entwickelt. Freiwillige Erziehungshilfe und Fürsorgeerziehung stellen solche Eingriffsmöglichkeiten dar, und die pädagogische Schwierigkeit, in die Jugendhilfe gerät, liegt in der inhaltlichen Ausfüllung der im Jugendwohlfahrtsgesetz verankerten Begriffe der «Gefährdung», «Schädigung» und → «Verwahrlosung». Diese unbestimmten Rechtsbegriffe liefern die jungen Menschen und ihre Familien einem Normverständnis aus, das von Sozialarbeitern und Vormundschaftsgerichten definiert wird. Untersuchungen über die Aktenführung der Jugendämter lassen deutlich werden, daß Formulierungen wie «Ein Kind ist hinter den Normen zurückgeblieben» oder «Der Jugendliche hat eine andere Haltung zu den Normen entwickelt, als in der Gesellschaft üblich», die Regel sind (vgl. STEINVORTH 1973). Voraussetzung für das Eingreifen öffentlicher Jugendhilfe ist demnach die bekanntgewordene und öffentlich verhandelte Tatsache, daß ein junger Mensch von einem → Erziehungsziel, das positiv nirgendwo definiert ist, negativ abweicht. In diesem Kontext fungiert öffentliche Erziehung auch als Instanz der sozialen Kontrolle. Sie greift dann in elterliches Erziehungsrecht ein, «wenn die [...] Familie die Einhaltung bürgerlicher Eigentumsnormen, die Seßhaftigkeit, die Einhaltung von Lern- und Arbeitsdisziplin sowie der herrschenden Sexualnorm [...] nicht mehr gewährleistet» (BARABAS/SACHSSE 1974, S. 264; Auslassungen: D. S.).

Die kritische Diskussion der vergangenen Jahre hat die Folgen der Heimerziehung offenkundig werden lassen. Jugendliche werden an den

708 Heimerziehung

Anstaltsbetrieb angepaßt und erlernen dort subkulturelle Normen. Dies bedeutet, daß Kinder und Jugendliche eigene Initiative, spontanes Verhalten und Eigenverantwortung kaum zu entwickeln vermögen. Sie begeben sich in die Geborgenheit eines Systems. Damit besteht aber die Gefahr, zur Lebensuntüchtigkeit erzogen zu werden.

Neuere Entwicklungen. Neben der Verstärkung ambulanter therapeutischer Hilfen vor allem durch die Jugendämter und sozialen Dienste der freien Träger bemühen sich die Heime seit einigen Jahren um die Einrichtung überschaubarer Lebensgruppen mit individuell angepaßten Lebensformen, wobei die Gruppen alters- und geschlechtsgemischt gebildet werden. Zwei Ziele werden für die Heimerziehung in den Vordergrund gestellt: Erstens hat sie dafür Sorge zu tragen, daß jungen Menschen soziale Techniken vermittelt werden, die es ihnen ermöglichen, Regeln sozialen Verhaltens verstehen und anwenden zu können. Daraus ergibt sich, daß Heimerziehung Übungsfelder zu planen hat, die solche Lernprozesse einleiten. Zweitens stehen therapeutische Anstrengungen im Mittelpunkt. Diese Funktionen der Heimerziehung – soziales Lernen und Therapie – können nur dadurch erfüllt werden, daß sie als Einzelvollzüge der Behandlung methodisiert, in Organisationsstrukturen des Heimes übertragen und gemeinsam mit den einweisenden Stellen und den Beratungsdiensten ständig auch problematisiert werden. Dabei kommt es darauf an, Formen zu entwickeln, deren Elastizität ausreicht, gezielte Therapie neben Schul- und Berufsausbildung in offenen Einrichtungen zu gewährleisten, dem einzelnen und der Gruppe Außenkontakte zu ermöglichen und dabei die Übergänge durchlässig zu halten. Konzentration und Kooperation, Schwerpunktbildungen, Spezialisierungen in und zwischen Heimen sind dringende Voraussetzungen für die Heimerziehung, in der der junge Mensch die Erfahrung machen kann, angenommen und akzeptiert zu werden, und wo er durch die Beziehungen zu den Erziehern lernen kann, daß Abhängigkeit nicht bedrohend zu sein braucht, sondern daß sie eine Stufe zur Unabhängigkeit sein kann. Darüber hinaus präsentiert die Gruppe Gleichheit der Rechte und Pflichten jedes einzelnen, vermittelt dem jungen Menschen die Erfahrung in der Gleichwertigkeit und dringt auf die Auseinandersetzung mit den Bedürfnissen, Erwartungen und Forderungen des anderen. Vielfältige Gruppenzusammenhänge, in denen Kinder und Jugendliche in den Heimen leben, verlangen von ihnen jeweils spezifische Einstellungen, Neuorientierungen und die Einschränkung und/oder Aufgabe alter Verhaltensweisen. So werden nicht nur soziale Techniken erlernt, sondern zugleich wird die Notwendigkeit der Selbstdistanzierung erfahren.

Von entscheidender Wichtigkeit für den therapeutischen Erfolg der

Heimerziehung ist das Prinzip der Selbstverwaltung und Mitbestimmung. Die verantwortliche Mitwirkung junger Menschen ermöglicht Initiative, soziale Phantasie, Aktionen und Entscheidung. Schließlich sollte die Schul- und Berufsausbildung nicht im Heim geschehen. Sie muß den Prozeß der sozialen Rehabilitation begleiten. Dies bedeutet aber, daß der Standort des Heimes so gewählt wird, daß solche pädagogischen Ziele erreicht werden können.

Bei alledem bleiben gerade auch für reformbereite Heimträger und ihre Mitarbeiter große Probleme. Es sind dies Strukturfragen, die in der künstlichen Geplantheit des Erziehungsmilieus «Heim», in der Instabilität der sozialen Beziehungen, in der Fluktuation und auch in der beruflichen Distanziertheit der → Erzieher, des anonym verwalteten Versorgungsbetriebes und der durch Eingriff von außen ständig gefährdeten Intimsphäre liegen. Da sozialpädagogische Hilfe immer auch auf die Heimerziehung angewiesen sein wird, bemüht man sich bei Reformen im Rahmen der Neuregelung des Jugendhilferechtes um die in der Institution «Heim» liegenden Chancen kollektiver Erziehung (Erfahrbarkeit der Pluralität von Normen und Verhaltensmodellen, Zwang zur rationalen Begründung von Absichten und Handlungsweisen, Chancen zur Rollendistanz und zum flexiblen und situationsadäquaten → Lernen und → Handeln sowie Möglichkeiten der gemeinsamen Lebensbewältigungen und der solidarischen Interessenvertretung).

BARABAS, F./SACHSSE, CH.: Funktionen und Grenzen der Reform des Jugendhilferechts. In: Krit. Justiz 7 (1974), S. 28ff. BÄUERLE, W./MARKMANN, J. (Hg.): Reform der Heimerziehung. Materialien und Dokumente 1970–72, Weinheim/Basel 1974. JORDAN, E./SENGLING, D.: Einführung in die Jugendhilfe, München 1977. STATISTISCHES BUNDESAMT: Jugendhilfe 1985. In: Wirtsch. u. Stat. (1987), S. 326ff. STEINVORTH, G.: Diagnose Verwahrlosung, München 1973.

Dieter Sengling

Herbartianismus → Unterricht
Hermeneutik → Forschungsmethode; → Pädagogik,
    Geisteswissenschaftliche; → Pädagogik, phänomenologische
Herrschaft → Autorität
hidden curriculum → Lehrplan, heimlicher
Hilfeleistungsmotivation → Motivation
Hilfen zur Erziehung → Heimerziehung
Hochbegabung → Elite
Hochschule → Bildungssystem (Bundesrepublik Deutschland);
    → Studium Generale
Hochschule, Pädagogische → Lehrerausbildung

710 Heimerziehung

Hochschulplanung → Bildungsplanung
Hochschulzugang (Quereinstieg) → Bildungsweg, zweiter
Hospitalismusforschung → Sozialisation
Humanismus → Neuhumanismus
Humankapital → Bildungsökonomie
Hyperrealität → Simulation

I

Ich

Begriff. Dem Ausdruck «Ich», einer Substantivierung des Personalpronomens der ersten Person Singular, entspricht kein eindeutiger Begriff, obwohl jedermann ein intuitives Verständnis des damit Gemeinten hat. In phänomenologischer Einstellung lassen sich unter anderem die folgenden Merkmale dessen, was «Ich» genannt wird, ausmachen: Erstens erfährt das Ich sich immer in Abgrenzung beziehungsweise Gegenüberstellung zu einem bestimmten anderen Objektiven (Nicht-Ich), etwa zu einem realen Gegenstand, zu einer Situation oder zur Welt insgesamt. Von herausragender Bedeutung sind andere Subjekte in ihrem Verhältnis zu «mir». Diese Gegenüberstellung kann scharf oder schwächer ausgeprägt und im Grenzfall (Ekstase, Rausch, Meditation...) ganz aufgehoben sein. Zweitens ist das Ich bewußt. Zwar ist das Ich nicht mit dem → Bewußtsein gleichzusetzen, doch ist es aktuell nur im Bewußtsein und gegeben nur durch den reflexiven Akt des Bewußtseins von sich selbst. Drittens erfährt das Ich sich als Einheit, und zwar gerade auch dann, wenn es einer Mannigfaltigkeit gegenübersteht. Der Verlust dieser Einheit wäre Kennzeichen eines Krankheitszustandes (Schizophrenie). Viertens weiß das Ich sich als ein Identisches (→ Identität), sowohl gegenüber der aktuellen Mannigfaltigkeit, beispielsweise gegenüber verschiedenen Interaktionspartnern, als auch im Hinblick auf die eigene Lebensgeschichte, die Vergangenheit wie die Zukunft. Fünftens weiß das Ich sich als ein Einmaliges, Unverwechselbares. Dieses Wissen hängt mit der unauflöslichen Bindung an den Leib zusammen und ist besonders deutlich in allen Körperempfindungen (wie etwa Schmerz). Es ist aber gerade auch präsent in der Intersubjektivität, das heißt im kommunikativen Einverständnis mit anderen Subjekten. Sechstens ist das Ich sich bewußt als das Subjekt, das dem eigenen Wahrnehmen und → Denken, insbesondere dem bewußten Wollen und → Handeln zugrunde liegt. Daher fühlt es sich im moralischen Sinne verantwortlich. Der Begriff des Ich steht offensichtlich dem des Subjekts sehr nahe oder fällt gar mit ihm zusammen. Das Phänomen des Ich weist eine eigenartige Doppelstruktur auf: In der reflexiven Einstellung ist das Ich immer schon erkanntes, interpretiertes Objekt, gleichwohl weiß ich, daß «ich»

712   Ich

auch das erkennende Subjekt selbst bin, das als solches gerade nicht erkennbar ist.

Geschichte. Das Ich ist ein spezifisches Thema der Philosophie der Neuzeit, genauer: ihrer idealistischen kontinentaleuropäischen Tradition, die geradezu eine Begründung und Entwicklung der Philosophie aus dem Ich heraus darstellt. Dies wird schon deutlich bei Descartes' (1595 bis 1650) Versuch, eine Letztbegründung der Erkenntnis zu finden (cogito ergo sum – ich denke, also bin ich). Bei Kant (1724–1804) ist das Subjekt Sitz der aller Erkenntnis vorausgehenden reinen Formen der → Anschauung (Raum und Zeit), der Kategorien, unter denen alle möglichen Gegenstände sich erst konstituieren, und Subjekt der einheitstiftenden Synthesis, die ihrerseits Bedingung für das Ich-Bewußtsein ist. Kant führt diese Analyse zurück zu einem gattungsmäßig universalen Bewußtsein überhaupt. Der Höhepunkt idealistischer Ich-Philosophie ist Fichte (1762–1814). Das Verhältnis von Subjekt und Objekt, insbesondere von Ich und anderen, ist in Hegels (1770–1831) dialektischer Philosophie vertieft worden. Für die Pädagogik bedeutsam ist besonders Herbart (1776–1841). Er tritt der idealistischen Absolutsetzung des Ich entgegen, indem er das Ich insgesamt, seine Anschauungsformen, Kategorien und Inhalte als von äußeren, realen Bedingungen abhängig und die Vorgänge im Ich als empirische Beziehungen im Sinne einer deterministisch-kausalen Assoziationspsychologie auffaßt. Allerdings gerät Herbart dabei in eine Reduktion des Ich-Begriffs auf bloße Vorstellungsmechanik.

Im Denken des späten 19. Jahrhunderts laufen mehrere Strömungen in die Richtung einer soziologischen und psychologischen Relativierung des Ich. Schließlich wurde der Begriff des Subjekts selbst radikal in Frage gestellt. Dieser Wandel in der Bewertung dieses Begriffs legt die These nahe, daß Theorien des Ich, ja das Ich selber stärker *von historischen Bedingungen abhängig* sind, als es im Alltagsbewußtsein gewärtig werden kann. So ließe sich die Tradition der Subjekt-Philosophie deuten als Ideologie des sich im 18. Jahrhundert formierenden Bürgertums und seines politischen Anspruchs, eine Ordnung durchzusetzen, die auf die Individuen selbst, ihre Rechte, ihre Fähigkeit zum Vernunftgebrauch und ihre prinzipielle Gleichheit zurückgeht. Die Tendenzen zur Auflösung des Subjektbegriffs wiederum ließen sich verstehen als Reflex auf das Entstehen neuer und gewaltiger objektiver Mächte in Wirtschaft und Gesellschaft des 19. und 20. Jahrhunderts. Eine für die Orientierung der Pädagogik vielleicht entscheidende, gegenwärtig kontrovers diskutierte Frage ist, ob der Subjektbegriff beziehungsweise die ihm entsprechende philosophische, insbesondere ethische Tradition wirklich aufgegeben werden kann oder ein unverzichtbares Potential zur Bearbeitung unserer gesellschaftlichen Probleme enthält, sei es auch nur als Programm.

Psychologische Theorien. Die neuere Diskussion ist vor allem durch den Ich-Begriff geprägt, den die *Psychoanalyse* entwickelt hat. Freud nimmt gewisse Momente aus der idealistischen Tradition auf, bestimmt darüber hinaus aber das Ich psychologisch in einem funktionalen Zusammenhang. Im einzelnen weist die Psychoanalyse dem Ich die Funktionen der Wahrnehmung, des Bewußtseins, des Gedächtnisses, der Kontrolle der Motorik und des Denkens zu. Aufgabe des Ich ist es, in einer Situation konfligierender Ansprüche des Es auf der einen Seite, der Realität und des Über-Ich auf der anderen Seite im Interesse der Selbsterhaltung eine Synthese herzustellen. Sieht sich das Ich nicht in der Lage, einen auftretenden Triebkonflikt zu lösen, so greift es zur Vermeidung der dabei auftretenden → Angst zu Abwehrmechanismen (wie Verdrängung in das Unbewußte, Projektion auf ein äußeres Objekt, Verleugnung der Realität, Identifizierung mit einer äußeren Figur...). Abwehr ist als pathologisch zu beurteilen, wenn sie keine realitätsgerechte Konfliktbewältigung darstellt und zu ihrer Aufrechterhaltung dem Ich ständig Energien entzieht, die diesem dann zur Bewältigung seiner normalen Aufgaben fehlen und seine → Autonomie einschränken. Die (Wieder-)Herstellung eines starken und autonomen Ich ist das Ziel der psychoanalytischen Therapie. Das darin implizierte Leitbild der Ich-Stärke ist auch für die Pädagogik relevant geworden, insbesondere im Hinblick auf die These, daß eine Vorbedingung für die Verbreitung des Nationalsozialismus darin gelegen habe, daß eine auf strikter Autoritätsdurchsetzung beruhende familiale → Sozialisation zur Ausbildung ich-schwacher, an äußere Autoritäten gebundener Individuen (→ Autorität) geführt habe (vgl. ADORNO 1973). Ein gewisser Mangel des psychoanalytischen Ich-Begriffs besteht darin, daß er, auch für pädagogische Belange, abstrakt und zu wenig ausgearbeitet geblieben ist. Daher erscheint es notwendig, durch Aufnahme neuerer Erkenntnisse insbesondere der Psychologie einen differenzierteren Subjekt-Begriff unter handlungstheoretischer Perspektive zu entwickeln (vgl. GEULEN 1989).

Von Bedeutung für die Pädagogik des Jugend- und Erwachsenenalters sind verschiedene Theorien der *Ich-Entwicklung* (vgl. LOEVINGER 1976). In origineller Erweiterung des Freudschen Ansatzes faßt ERIKSON (vgl. 1965) Entwicklung als eine Sequenz bestimmter Krisen, die bewältigt werden müssen, wobei im Falle des Gelingens das jeweilige Problem in das Ich integriert wird und das nächste Problem in Angriff genommen werden kann, im Falle des Mißlingens das Ich an die erreichte Stufe fixiert bleibt beziehungsweise retardiert. Es werden acht mögliche Entwicklungsschritte unterschieden, nämlich in der frühen → Kindheit Ur-

714 Ich

vertrauen versus Mißtrauen, → Autonomie versus Scham und Zweifel, Initiative versus Schuldgefühl, in der Latenz → Leistung versus Minderwertigkeitsgefühl, in der Adoleszenz Identität versus Rollenkonfusion, im Erwachsenenalter Intimität versus Isolierung, Generativität versus Stagnation, Integrität versus Verzweiflung. Andere Theorien orientieren sich stärker an dem von Piaget aufgestellten Modell einer unilinearen Sequenz kognitiver Strukturen. KOHLBERG (vgl. 1974) hat eine vieldiskutierte Theorie der Entwicklung des moralischen Bewußtseins in sechs Stufen ausgearbeitet: Orientierung an Strafe und Gehorsam, Orientierung an Zweckhaftigkeit zur Befriedigung eigener oder auch fremder Bedürfnisse, Orientierung an konventionellen Normen für die jeweilige → Rolle, Orientierung an Gesetz und Ordnung der gegebenen Gesellschaft, Orientierung an allgemeinen Vorstellungen über Recht und Orientierung an universalen ethischen Prinzipien. In dem gleichen Zusammenhang ist SELMANS (vgl. 1984) Theorie der Entwicklung der Fähigkeit zum sozialen Verstehen (Perspektivenübernahme) hervorzuheben. Eine bisherige Theorien integrierende Konzeption der Ich-Entwicklung hat KEGAN (vgl. 1986) vorgelegt. Er unterscheidet sechs aufeinanderfolgende Stufen des Subjekt-Objekt-Gleichgewichts, die er als einverleibend, impulsiv, souverän, zwischenmenschlich, institutionell und überindividuell charakterisiert. In den theoretischen und praktischen Kontext der Pädagogik sind diese entwicklungspsychologischen Theorien erst teilweise übersetzt worden.

ADORNO, TH. W.: Studien zum autoritären Charakter, Frankfurt/M. 1973. BRENNER, CH.: Grundzüge der Psychoanalyse, Frankfurt/M. 1967. ERIKSON, E. H.: Kindheit und Gesellschaft, Stuttgart ²1965. GEULEN, D.: Das vergesellschaftete Subjekt. Zur Grundlegung der Sozialisationstheorie, Frankfurt/M. ²1989. KEGAN, R.: Die Entwicklungsstufen des Selbst, München 1986. KOHLBERG, L.: Zur kognitiven Entwicklung des Kindes, Frankfurt/M. 1974. LOEVINGER, J.: Ego Development: Conceptions and Theories, San Francisco u. a. 1976. SELMAN, R. L.: Die Entwicklung des sozialen Verstehens, Frankfurt/M. 1984.

Dieter Geulen

Ichbewußtsein → Bewußtsein
Ich-Entwicklung (Theorie der –) → Ich
Ich-Identität → Individualität
Ideal → Vorbild
Idealismus – Realismus → Pragmatismus
Ideation → Lebenswelt; → Pädagogik, phänomenologische
Identifizierung → Vorbild
Identifizierung, geschlechtsspezifische → Mutter

Identität

Begriff. Die Identität der Person ist weder für sie selbst ein unverlierbarer Besitz noch ist garantiert, daß sie von Handlungspartnern über die Abfolge von Ereignissen hinweg anerkannt wird. Identität wird «gewahrt», «aufrechterhalten» oder «behauptet», und zwar sowohl gegen den Druck zur Anpassung an soziale Normen als auch gegen die Überwältigung durch Bedürfnisse, die auf Befriedigung drängen. «Identität» ist im derzeitigen sozialwissenschaftlichen Sprachgebrauch ein Begriff, der die Notwendigkeit gegenseitiger sozialer Verhaltenskontrolle unter Einschluß einer unaustauschbaren Leistung des →Ich zu formulieren versucht (im Wechselspiel von «me» und «I», wie es MEAD – vgl. 1973 – darstellte). Das «Selbstkonzept», der von den Psychologen bevorzugte Begriff, umfaßt die kognitiven Repräsentationen der eigenen Person, die im Prozeß der Verhaltenssteuerung eine wichtige Bedeutung haben, da das Festhalten eigener Intentionen gegenüber Erwartungen anderer nicht ohne ein internes Selbstmodell («Selbst als Objekt» bei JAMES – vgl. 1890) vorstellbar ist und dieses («Selbst als Subjekt») wiederum Erleben und →Handeln mit beeinflußt. So, wie in den soziologischen Ansätzen die Identität einer Person nie als abgeschlossen, sogar stets als gefährdet betrachtet wird, weil sie immer noch mit neuen, in sich unstimmigen Erwartungen konfrontiert oder von unbegriffenen Bedürfnissen getrieben werden kann, so geht auch die psychologische Forschung heute von einem dynamischen Selbst-System aus, das sich im Rahmen der in der sozialen Umwelt gemeinsamen Vorstellungen und Orientierungen entwickelt und verändert. Es gibt Lebensabschnitte, in denen Personen ihre Identität weitgehend an →Rollen und anderen vorgegebenen Angeboten oder auch an der Aussicht auf diese Rollen festmachen (vgl. ERIKSON 1966), und andere Entwicklungsphasen und soziale Verhältnisse, in denen Personen ihre Identität vor allem in der Art und Weise darstellen, in der sie mit widersprüchlichen Normen und sich nicht deckenden Bedürfnissen umgehen (Identität als Bemühung um «Integrationsleistung» – vgl. HABERMAS 1976 – oder als Anstrengung um «Balance», die sich auf Grundqualifikationen zum sozialen Handeln stützt – vgl. KRAPPMANN 1982).

Die Anstöße zur jüngeren Diskussion um Identitäts- und Selbstkonzepte stammen in der Soziologie vor allem von HABERMAS (vgl. 1973), in der interaktionistisch orientierten Sozialpsychologie von GOFFMAN (vgl. 1967, 1969), in der Psychoanalyse und in der therapeutisch ausgerichteten Psychologie von ERIKSON (vgl. 1966). Die «kognitive Wende» in der Psychologie hat auch neue Forschungen über Selbstkonzepte angeregt (vgl. FILIPP 1979); Psychologen verwenden inzwischen aber auch das

716 Identität

Identitätskonzept (vgl. HAUSSER 1983). Das Konzept hat außerdem interdisziplinäre Forschung angeregt (vgl. FREY/HAUSSER 1987).

Identität und Sozialisation. «Identität» und «Selbst» nehmen in den pädagogisch relevanten Bereichen der Sozialwissenschaft eine wichtige Stellung ein. So ist der Identitätsbegriff der Interpretationsrahmen einer Sozialisationsforschung, die als Kriterium «gelungener» → Sozialisation die → Entwicklung eines Subjekts betrachtet, das trotz widersprüchlicher Normen und nur teilweiser Befriedigung der Bedürfnisse mit anderen zu kommunizieren und zu interagieren vermag (in Abgrenzung von Sozialisation als uninterpretierter Übernahme vorgegebener Verhaltensmuster). Kinder können identitätssichernde → Qualifikationen ausbilden, wenn sie an Interaktionsprozessen teilnehmen, in denen es möglich ist, verschiedene Handlungsentwürfe zu erproben, ohne unangemessenen Repressionen ausgeliefert zu sein, auch zwiespältige Gefühle erkennen zu geben, ohne daß affektive Zuwendung verlorengeht, sowie Sinn zu erfragen, ohne eigene Interpretationen verbergen zu müssen. Als derartige Qualifikationen werden vor allem genannt: die Fähigkeit, sich an sich selbst kommentierender Kommunikation zu beteiligen («kommunikative Kompetenz»), die Fähigkeit, eine Situation auch aus der Sicht eines Partners wahrnehmen und einschätzen zu können («role-taking»), die Fähigkeit, mehrdeutige und im Hinblick auf Bedürfnisse ambivalente Interaktionsverläufe zu ertragen («Ambiguitätstoleranz»), sowie die Fähigkeit, sich mit angesonnenen Erwartungen auseinandersetzen zu können («Rollendistanz» – zur gesamten Thematik: vgl. DÖBERT u. a. 1977).

In der psychologischen Forschung zur Entwicklung des Kindes wurde vor allem das Selbstkonzept aufgegriffen. In der Ausbildung des Selbst sehen Entwicklungspsychologen eine entscheidende Grundlage für kognitive Prozesse, soziale → Interaktion und den Erwerb der Geschlechtsrolle (vgl. LEWIS/BROOKS-GUNN 1979). Eine Fülle von Studien der Pädagogischen Psychologie verwendet ebenfalls das Selbstkonzept, das auch Vorstellungen über Fähigkeiten und → Begabungen enthält (vgl. MEYER 1984).

Identitätsprobleme in Erziehungsfeldern. Identitäts- und Selbstkonzepte wurden auch bei der kritischen Analyse von → Schulen und anderen Bildungseinrichtungen verwandt. WELLENDORF (vgl. 1973) und HOMFELDT (vgl. 1974) untersuchten Interaktionsmuster in der Schule und stellten die in ihren Szenen und → Ritualen angebahnten Strategien der Identitätsbehauptung und die vielfach scheiternden Bemühungen um ein anerkanntes Selbst dar. Wenn die Identitätsansprüche der Schüler unberücksichtigt bleiben, wird → Lernen gehemmt oder sogar blokkiert. Diese Beobachtungen führen in der → Vorschulerziehung zu einer

Zielsetzung, nach der den Kindern vor allem Gelegenheit und Anreiz zu kommunikativer Kompetenz und Identitätsentwicklung geboten werden soll (vgl. PEUKERT 1979), und zu einer kommunikativen Didaktik des Unterrichts, die in einer kritisch reflektierten Wirklichkeit handlungsunfähig machen will (vgl. POPP 1976).

Auch erziehungswissenschaftliche Problemstellungen außerhalb der Schule wurden mit Hilfe des Identitätskonzeptes behandelt. MOLLENHAUER u. a. (vgl. 1975) heben am Identitätsbegriff ebenfalls die spannungsvolle Konfrontation individueller Initiative mit generellen Erwartungen hervor. Diese Spannung fließt in ihr Modell familialer Interaktion ein, welches die Annahme enthält, daß→ Familien, die ihren Mitgliedern identitätssichernde Verhaltensweisen offenlassen, das Gesamtsystem besser erhalten können und nicht um den Preis psychischer Deformationen zu stabilisieren brauchen. Von zu leistender «Identitätsarbeit» sprechen COHEN/TAYLOR (vgl. 1977), die Phänomene sozialer Abweichung erklären wollen. Die Widersprüchlichkeit herrschender Realität und erstrebter Identität läßt die Menschen immer wieder versuchen, aus vorgegebenen «scripts» auszubrechen. In diesem Bemühen, Identität im Kampf gegen Rolle, Gewohnheit und soziales Schicksal festzuhalten, entgleitet das Ziel und pervertieren sich die Mittel, so daß die konstruktive Intention sich selbst destruiert.

Einwände gegen das Identitätskonzept. Hier wird auch Kritik an Identitäts- und Selbstvorstellungen deutlich. Oft reformuliert diese Kritik die Einwände von ADORNO (1955, S. 29, S. 32): «Das Ziel der ‹gut integrierten Persönlichkeit› ist verwerflich, weil es dem Individuum jene Balance der Kräfte zumutet, die in der bestehenden Gesellschaft nicht besteht und auch gar nicht bestehen sollte, weil jene Kräfte nicht gleichen Rechts sind [...] In der antagonistischen Gesellschaft sind die Menschen, jeder einzelne, unidentisch mit sich, Sozialcharakter und psychologischer in einem, und kraft solcher Spaltung a priori beschädigt.» COHEN/TAYLOR (vgl. 1977, S. 215 ff) meinen, daß es zwei unentscheidbare Alternativen gebe. Die nihilistisch-pessimistische Variante zieht die Folgerung, Bemühungen um Identität und um eine Veränderung der Alltagspraxis seien sinnlos; die andere bekennt sich zum Kampf, «sich über das soziale Geschick zu erheben» (COHEN/TAYLOR 1977, S. 215), denn – wie flüchtig die ersehnte Identität auch sei – sie bleibe der einzige Weg, die deformierenden Verhältnisse, in denen die Menschen leben, zu überschreiten. Falls Anstrengung um Identität jedoch ein unaufgebbarer Bestandteil eines jeden Aktes ist, in dem ein Mensch in bezug auf andere etwas behauptet, tut oder empfindet, dann wäre diese Alternative immer schon entschieden, bevor sie überhaupt geäußert werden kann. Es bleibt zu untersuchen, welche Art der Identitätssuche und -wahrung die jewei-

718 Identität

lige soziale Umwelt zuläßt. So fragt HABERMAS (1976): «Können komplexe Gesellschaften eine vernünftige Identität ausbilden?»

Identität und Bildung. In der Erziehungswissenschaft trugen die Auseinandersetzungen über den Identitätsbegriff zur Diskussion um eine Neufassung des Bildungsbegriffs bei (vgl. MOLLENHAUER 1983, S. 155ff). In der Bildungstheorie (→Bildung) nahm die Vorstellung, der Mensch müsse erst zu seiner Subjekthaftigkeit finden und sich gegen Bedrohung und Verführung behaupten, immer einen wichtigen Platz ein. SCHÄFER (vgl. 1978) integriert explizit die neueren sozialwissenschaftlichen Ansätze und betont als wesentliches Merkmal der →Erziehung den «kommunikativ organisierten Versuch», den Heranwachsenden zu sich selber zu bringen: «Er ist in einem erzieherischen und sozial legitimierbaren Sinne er selbst, indem er im gemeinsam interpretierten Aufgabengehalt der geschichtlichen Situation einen Projektionshorizont für seine Identität gewinnt und sein Identitätskonzept in kritisch-verstehendem und kommunikativ-einfühlendem Bewußtsein mit einem konsensfähigen Orientierungssystem und einem revisionsfähigen Deutungssystem vermittelt» (SCHÄFER 1978, S. IX).

Die Grundqualifikationen zur Bemühung um Identität an die Stelle eines Bildungsideals zu setzen bezeichnet eine Wende, die einem gesellschaftlichen Entwicklungsprozeß entspricht. Nicht von Teilgruppen, deren besonderer Beitrag zur Bewältigung gesellschaftlicher Probleme sich auch in einem Bildungsideal darstellte (beispielsweise «das Bildungsideal der deutschen Klassik» – LITT 1959), sind heute noch Lösungen zu erwarten. Vielmehr ist die Problemlösungskapazität der Gesellschaft mehr und mehr an die →Kompetenz eines jeden Bürgers gebunden. Somit müssen auch einst gruppenspezifische Bildungsideale universell reformuliert werden. Diese Aufforderung steckt im Identitätskonzept, das sich auf die Qualifikationen stützt, welche Interaktion und Ich-Entwicklung in der Gemeinschaft prinzipiell aller menschlichen Handlungssubjekte zu sichern vermögen.

Diese Identitätsbildung kann nicht außerhalb lebensweltlicher Zusammenhänge (→Lebenswelt) geleistet werden (vgl. SCHWEITZER 1985). Denn Identität ist keine normativ leere Zielvorstellung, da die im Interaktionsprozeß zu konstituierende und seinen Restriktionen abgetrotzte Identität auf eine wenigstens minimale Verwirklichung von Bedingungen angewiesen ist: Ohne die Spur einer Hoffnung, daß Vertrauen auf die Anerkennung von Erwartungen nicht enttäuscht wird, ohne die Gelegenheit, für Handeln →Verantwortung zu übernehmen, ohne die →Erfahrung, daß mitgeteilte Eigenheiten in eine gerechte, befriedigende Übereinkunft eingehen können, wäre der Versuch, Identität aufrechtzuerhalten, sinnlos und selbstzerstörerisch. So ist die Person ge-

Identität 719

rade in ihrer Anstrengung um Identität, in der sie sich selbst entschieden behauptet, zugleich am verletzlichsten und ganz und gar den Verhaltensnormen ihrer sozialen Umwelt ausgeliefert. Jedoch schafft sie in jedem Akt, in dem es ihr gelingt, Identität auszuprägen, auch ein Stückchen Raum für bislang nicht realisierbare Identitätsansprüche der anderen.

ADORNO, TH. W.: Zum Verhältnis von Soziologie und Psychologie. In: Sociologica. Frankfurter Beiträge zur Soziologie, Bd. 1, Frankfurt/M. 1955, S. 11ff. COHEN, ST./ TAYLOR, L.: Ausbruchsversuche. Identität und Widerstand in der modernen Lebenswelt, Frankfurt/M. 1977. DÖBERT, R. u. a. (Hg.): Entwicklung des Ichs, Köln 1977. ERIKSON, E. H.: Das Problem der Ich-Identität. In: Erikson, E. H.: Identität und Lebenszyklus, Frankfurt/M. 1966, S. 123ff. FILIPP, S.-H. (Hg.): Selbstkonzept-Forschung, Stuttgart 1979. FREY, H.-P./HAUSSER, K.: Identität. Entwicklungen psychologischer und soziologischer Forschungen, Stuttgart 1987. GOFFMAN, E.: Stigma. Über Techniken der Bewältigung beschädigter Identität, Frankfurt/M. 1967. GOFFMAN, E.: Wir alle spielen Theater, München 1969. HABERMAS, J.: Stichworte zur Theorie der Sozialisation. In: Habermas, J.: Kultur und Kritik, Frankfurt/M. 1973, S. 118ff. HABERMAS, J.: Können komplexe Gesellschaften eine vernünftige Identität ausbilden? In: Habermas, J.: Zur Rekonstruktion des Historischen Materialismus, Frankfurt/M. 1976, S. 92ff. HAUSSER, K.: Identitätsentwicklung, New York 1983. HOMFELDT, H. G.: Stigma und Schule, Düsseldorf 1974. JAMES, W.: The Principles of Psychology, New York 1890. KRAPPMANN, L.: Soziologische Dimensionen der Identität, Stuttgart [6]1982. LEWIS, M./BROOKS-GUNN, J.: Social Cognition and the Acquisition of Self, New York 1979. LITT, TH.: Das Bildungsideal der deutschen Klassik und die moderne Arbeitswelt, Bonn 1959. MEAD, G. H.: Geist, Identität und Gesellschaft aus der Sicht des Sozialbehaviorismus (1934), hg. v. Ch. W. Morris, Frankfurt/M. 1973. MEYER, U.: Das Konzept von der eigenen Begabung, Bern 1984. MOLLENHAUER, K.: Vergessene Zusammenhänge, München 1983. MOLLENHAUER, K. u. a.: Die Familienerziehung, München 1975. PEUKERT, U.: Interaktive Kompetenz und Identität. Zum Vorrang sozialen Lernens im Vorschulalter, Düsseldorf 1979. POPP, W. (Hg.): Kommunikative Didaktik, Weinheim/Basel 1976. SCHÄFER, A.: Kritische Kommunikation und gefährdete Identität, Stuttgart 1978. SCHWEITZER, F.: Identität und Erziehung, Weinheim/Basel 1985. WELLENDORF, F.: Schulische Sozialisation und Identität, Weinheim/Basel 1973.

Lothar Krappmann

Identität, balancierende → Interaktionismus, Symbolischer
Identitätsdarstellung → Interaktionismus, Symbolischer
Identitätsorientierung → Erwachsenenbildung
Ideologiekritik → Erziehungswissenschaft, Kritische; → Erziehungsziel;
    → Pädagogik, Geisteswissenschaftliche (historisch); → Pädagogik,
    historisch-materialistische; → Tradition
imitatio Christi → Vorbild
Imitation → Simulation
Individualanthropologie → Pädagogik, phänomenologische
Individualisierung (des Unterrichts) → Differenzierung

Individualität

Individualität ist der Inbegriff der Merkmale eines Individuums als des prinzipiell unteilbaren Einen, wodurch es sich von jedem anderen unterscheidet. Auf den Menschen bezogen *(Eigentümlichkeit)*, drückt sie die Selbständigkeit, den Eigenwert, die Einzigartigkeit und die Unwiederholbarkeit der einzelnen Person aus.

Zu einem pädagogisch bedeutsamen Begriff wird die Individualität in der zweiten Hälfte des 18. Jahrhunderts. Voraussetzungen dafür sind das in dieser Zeit immer stärker hervortretende Interesse am Studium des Menschen, das notwendig auch auf die Individualität führt, die Ausdeutung von Rousseaus «Emile» und nicht zuletzt die in der aufblühenden Anthropologie der Zeit sich abzeichnende Erfassung und Hochschätzung der Rassen und Nationalcharaktere, verbunden mit einer Neudeutung von Sprache, Geschichte, Religion in ihrer Bedeutung für das Menschsein. Leibniz hatte für diese heterogenen Bestrebungen das Fundament gelegt. Da er jedes Individuum als «eine unterste Art» (species infima) begreift, läßt sich das einzelne nicht mehr durch Unterordnung unter ein Allgemeines erklären, sondern schließt als einzelnes das Allgemeine in sich auf seine Weise ein. Er spricht daher von der individuellen Substanz oder Monade, die sich, durch ihre von außen unbeeinflußbare → Selbsttätigkeit bestimmt, in kontinuierlicher Veränderung befindet und fensterlose *Entelechie* ist. Jede Monade ist auf ihre individuelle Weise ein lebendiger Spiegel des Universums. Eine reale Wechselwirkung zwischen den Monaden ist unmöglich, ihre scheinbare erklärt Leibniz aus der «prästabilierten Harmonie».

Im 18. Jahrhundert wird Leibnizens Lehre von der Fensterlosigkeit der Monade und der prästabilierten Harmonie bis zur Unkenntlichkeit umgeformt, was für die Deutung von → Erziehung und → Bildung wichtig ist. Erklärbar wird aber auf dem Hintergrund der Auffassung einer jeden Monade als Selbstzweck die Respektierung der Würde einer jeden Individualität. Rousseau bekräftigt, daß der Mensch gerade seiner Würde wegen nicht als Instrument für andere herhalten darf. Herder gesteht jeder Individualität mit ihrem Eigenrecht einen eigenen Weg zu Glück und Vollkommenheit zu. Ihren Höhepunkt findet die Lehre von der Individualität in den Bildungstheorien des deutschen Humanismus, vor allem bei Wilhelm von Humboldt. Der Grundgedanke lautet: Jede Individualität trägt ihr Telos in sich selbst. Doch ist sie nicht von der Welt zu trennen, in der sie existiert. Sie genügt sich keineswegs nur selbst. Ihr Werden ist eine Bewegung zu sich selbst in Auseinandersetzung mit der Welt, aber als eine Bewegung zu sich selbst im Durchlauf durch die Welt auch eine Bewegung von sich selbst weg. In diesem Vorgang lauern die Gefahren der permanenten Entäußerung und Entfrem-

Individualität 721

dung, die gleichzeitig auch notwendige Bedingungen ihrer Selbstfindung sind. Individualität erschöpft ihren Sinn nicht in der vollendeten Selbstdarstellung, sondern ist ein konstitutives Element des Menschheitsideals, das ohne die Selbstbildung dieser Individualität in seiner Fülle beeinträchtigt wäre. Deshalb ist die Bildung der Individualität Pflicht eines jeden Menschen. Die Individualität wird unvergänglich, wenn sie sich in dem, was sie ihrer Natur nach ist, zum Vorschein bringen kann und so zur Darstellung des Menschheitsideals beiträgt. Erst unter Berücksichtigung dieser Zusammenhänge erhält der Satz v. Humboldts seinen Sinn, Zweck des Weltalls sei die Bildung der Individualität.

Das 19. Jahrhundert und viele Richtungen im 20. Jahrhundert teilen diese Hochschätzung der Individualität nicht. Sie sehen darin einen unverantwortlichen Individualismus, in dem alles von der Gesellschaft gefordert, aber nichts für sie geleistet werde. Die wissenschaftliche Entwicklung löst die metaphysischen Prämissen ab, durch welche die Individualität im Humanismus ihre Bedeutung gewonnen hatte. Deutungen der Philosophie Hegels als Staatsphilosophie und der Pädagogik Herbarts als eines alles Individuelle mißachtenden Regelsystems unterstützen eine auch pädagogische Abwertung der Individualität, die jetzt in Übereinstimmung mit den industriellen und sozialen Entwicklungen in den Dienst des Ganzen treten solle und an sich selbst nichts sei.

Seit dem Zweiten Weltkrieg ist in der → Pädagogik im Zusammenhang mit dem Rückbezug auf → Aufklärung und Humanismus erneut auch ein positives Verständnis von Individualität aufgetreten, ohne daß jedoch eine durchgängig einheitliche Grundauffassung besteht. Selbstbestimmung des einzelnen, Selbstverwirklichung, Mündigkeit, Identitätsfindung gelten als weithin anerkannte pädagogische Leitbegriffe; aber in der Konkretisierung solcher Zielvorstellungen treten unüberbrückbare Differenzen auf. Die Frage nach dem Verhältnis von Individuum und Gesellschaft führt zu Deutungen, die von der Individualität als dem Schnittpunkt sozialer → Rollen, als Sediment von → Kommunikation, als Partikel eines Kollektivs, als Störfaktor politischer und sozialer Prozesse bis hin zu einer Apotheose der individuellen Persönlichkeit reichen, die sich in Freiheit entscheidet und in ihrer Einmaligkeit und Unverwechselbarkeit selbst erfüllt. Unbeschadet solcher sich ausschließenden Auffassungen gelten in → Didaktik und Methodik die Anknüpfung an die Individualität und die Individuallage des jungen Menschen als kaum strittige Forderungen, die Auswirkungen bis in die Unterrichtsform, in die Unterrichtsorganisation und selbst in die Schulgliederung zeigen.

In der Fortführung der Individualitätsthematik nimmt in noch zunehmendem Maße durch eine seit den späten 60er Jahren erfolgte Rezeption besonders nordamerikanischer sozialpsychologischer und soziologischer Untersuchungen, vor allem von Mead (vgl. 1968) und Erikson

722 Indoktrination

(vgl. 1975), der Begriff der *Ich-Identität* als der Unverwechselbarkeit des jeweiligen Individuums, verknüpft mit Erwägungen über Interaktions- und Sozialisationskonzepte, einen weiten Raum auch in der Pädagogik ein. In der Neuaufnahme und Neuakzentuierung der um Individualität, → Subjektivität, Person kreisenden tradierten pädagogischen Erörterungen werden die soziale Dimension und die → Sozialisation stark hervorgehoben, da *Ich*-Identität nicht einfach vorliegt, sondern sich in ständiger Wechselwirkung mit dem Umfeld konstituiert. Natürliche, persönliche, soziale Identität, Ausbildung, Wandel, Sicherung von → Identität werden zu Festpunkten einer Identitätskonzeption, in der in neuer Weise die alte Frage nach der Individualität ihre Stelle erhält.

ERIKSON, E. H.: Dimensionen einer neuen Identität, Frankfurt/M. 1975. KRAPPMANN, L.: Soziologische Dimensionen der Identität, Stuttgart ⁶1982. KRAUSS, W.: Zur Anthropologie des 18. Jahrhunderts, München 1978. KROHMANN, E.: Das Problem der Individualität im Selbstverständnis der Pädagogik und seine Bedeutung für die Unterrichtslehre der Volksschule, Bonn 1963. MEAD, G. H.: Geist, Identität und Gesellschaft aus der Sicht des Sozialbehaviorismus (1934), Frankfurt/M. 1968. NEUBAUER, W. F.: Selbstkonzept und Identität im Kindes- und Jugendalter, München 1976. NIPKOW, K.-E.: Individualität als pädagogisches Problem bei Pestalozzi, Humboldt und Schleiermacher, Weinheim 1960. PLEINES, J.-E. (Hg.): Bildungstheorien. Probleme und Positionen, Freiburg 1978. THOMAE, H.: Das Individuum und seine Welt. Eine Persönlichkeitstheorie, Göttingen 1968.

Clemens Menze

Individuum → Individualität

Indoktrination

Begriff. Indoktrination (aus dem lateinischen «in = hinein» und «doctrina = Lehre, Belehrung») fand in dieser begrifflichen Zusammensetzung im deutschsprachigen Raum erst in den 60er Jahren des 20. Jahrhunderts Eingang in den allgemeinen Wortschatz. Seine politisch gefärbte und pejorative Bedeutung – (massive) psychologische Mittel nutzende Beeinflussung von einzelnen oder Gruppen zur Durchsetzung ideologischer Weltanschauungen – erhielt der Begriff in der Folge der Übernahme des amerikanischen Begriffs «indoctrination», der in den USA der 30er Jahre bereits zur Kennzeichnung der Vorgehensweise politischer Gegner (insbesondere des sowjetkommunistischen Regimes) gedient hatte und im Rahmen der alliierten Besatzungspolitik nach dem Zweiten Weltkrieg zur (denunzierenden) Bezeichnung der Schulungsarbeit in der sowjetischen Besatzungszone verwendet wurde.

Indoktrination 723

Heute werden unter Indoktrination einerseits extreme Arten der «Bewußtseinsvergewaltigung» (wie zum Beispiel die Erziehung in der Zeit des Nationalsozialismus von 1933–1945) gefaßt *(offene Indoktrination)*, andererseits Formen eines → Unterrichts, in denen mit zum Teil stereotyp-repetierenden Mustern und Verabsolutierungen gearbeitet wird (Glaubenssätze werden als Wahrheiten ausgegeben), die → Schüler in einer rezeptiven Haltung belassen und abweichende Meinungen nicht (oder in nur geringfügigem Maße) zulassen *(latente Indoktrination)*. Während der französische Begriff «indoctrinement» eine Kritik an der → Institution → Schule einbezieht, richtet sich der angelsächsische Begriff in erster Linie auf Beziehungen zwischen Personen und untersucht diese auf ihren indoktrinierenden Gehalt (vgl. REBOUL 1980, SNOOK 1972).

Pädagogische Bedeutungsgeschichte. Der Ursprung seiner heutigen Bedeutung, die den Begriff der Indoktrination vom Begriff der → Bildung unterscheidet, läßt sich bis in die Anfänge des Denkens der → Aufklärung im 17. und 18. Jahrhundert zurückverfolgen (vgl. LICHTENSTEIN 1966). War Bildung im Mittelalter nur als «Einbildung Gottes» in die Seele des Menschen vorstellbar («Imago Dei»), blieben Bildung und Indoktrination bedeutungsgemäß in eins gesetzt. Erst mit der Loslösung des einzelnen aus der Eingebundenheit in eine allumfassende christliche Weltanschauung konnten – in der Wiederbelebung antiker Vorstellungen – (rationale) Bildungsvorstellungen entwickelt werden, welche Bildung als Selbstbildung des Subjekts begriffen (vgl. v. HUMBOLDT 1984). In der Folge aufstrebender Tendenzen des Bürgertums setzte sich die Unterscheidung zwischen selbst- und fremdbestimmten Bildungs- und Erziehungsprozessen (→ Allgemeinbildung – Berufsbildung) durch.

Vor dem Hintergrund der wachsenden Anpassungserfordernisse an die pluralistische Industriegesellschaft erscheint diese Entgegensetzung zunehmend als theoretisches Ideal. So läßt sich die Vermischung aufklärerischer und indoktrinärer Tendenzen am Beispiel der «Preußischen Regulative» von 1854 (vgl. SCHWENK 1974, S. 23 ff) ebenso aufzeigen wie an curricularen Zentralisierungsbestrebungen in den 70er Jahren des 20. Jahrhunderts.

Politisch-pädagogische Dimension. Im Rahmen staatlicher Bemühungen um eine Demokratisierung des Bildungswesens und → Verwissenschaftlichung des Unterrichts wurde das sogenannte Indoktrinationsverbot ausgesprochen (vgl. DEUTSCHER BILDUNGSRAT 1970); so wurde jeder Versuch einer Indoktrination als die Rechte des Schülers auf Mündigkeit und → Mitbestimmung gefährdend verurteilt und Indoktrination als didaktisches Problem betrachtet (vgl. NITZSCHKE/SANDMANN 1987, S. 32 f).

724 Indoktrination

Ihre Grenzen fand und findet diese Kritik im Bemühen um den Fortbestand der bürgerlich-demokratischen Gesellschaftsordnung.

Seitens einer sich am Marxismus und der Kritischen Theorie orientierenden Kritik wurde die Repressivität herrschender (Bewußtseins-)Verhältnisse zum Anlaß für Gegenbewegungen (wie etwa Studenten- und Kinderladenbewegung) genommen, die im Rahmen antiautoritärer Erziehungsversuche indoktrinativen Tendenzen entgegenwirken wollten, sich jedoch von anderer Seite ebenso den Vorwurf der Indoktrination einhandelten (beispielsweise für das Lehren von «Mao-Sprüchen» im Kinderladen).

Psychologisch-ethische Dimension. Allgemeine Voraussetzung für Indoktrination ist eine (anthropologisch angenommene) Beeinflußbarkeit des Menschen (→Bildsamkeit). Die Geschichte pädagogischer Theorien verweist hier auf Vorstellungen von →Erziehung als eines (notwendigen) «Dressur»-Aktes oder eines Aktes der «Einpflanzung» von Lehrinhalten (englisch: to implant doctrines = to indoctrinate) und damit auf den Glauben an die Lenkbarkeit des Menschen (vgl. GRIMM/GRIMM 1984, S. 744ff). Diese Vorstellungen sind im 20. Jahrhundert durch Theorien ersetzt beziehungsweise ergänzt worden, welche den Menschen (der modernen Industriegesellschaft) als lern- und entwicklungsfähiges, sich an gesellschaftliche Erfordernisse anpassendes Wesen beschreiben (→Interaktionismus, Symbolischer; →Lernen – Lerntheorie). Wird zum einen die identifikationsfördernde Funktion von Indoktrination betont (Halt, Zugehörigkeit zu einer Gruppe), die in der Regel von →Ritualen und disziplinierenden Maßnahmen (→Strafe) begleitet ist, wird zum anderen auf die mögliche Gefährdung bestehender Normen durch die «desorganisierende» Wirkung auf die Persönlichkeitsstruktur (wie etwa die Herabsetzung der Verantwortlichkeit) verwiesen.

Als theoretische Voraussetzungen für eine gezielte und systematische Einsetzung indoktrinierender Maßnahmen (beispielsweise während der «Säuberungsaktionen» im stalinistischen Rußland oder der McCarthy-Ära in den USA) wurden die bereits um die Jahrhundertwende von Freud und Pawlow entdeckten Erkenntnisse über unbewußte Prozesse respektive die Konditionierung menschlichen Verhaltens genutzt.

Abgrenzung gegenüber anderen Begriffen. Zum Teil synonym für Indoktrination wird der Begriff der *Konditionierung* gebraucht. Ist Konditionierung der psychologischen Fachsprache zuzurechnen, handelt es sich bei Indoktrination um einen umgangssprachlichen Begriff, womit dessen begriffliche Unschärfe teilweise erklärt werden kann. Beide Begriffe bezeichnen Verfahrensweisen, die unterhalb der Bewußtseinsschwelle greifen und deren Wirksamkeit im reflexartigen Funktionieren der indoktrinierten Person liegt. Von pädagogischer Seite muß die indoktrinierende Wirkung verhaltenstherapeutischer Maßnahmen ebenso beachtet werden wie auch die (latent) indoktrinative Wirkung suggestopädischer Methoden (wie des sogenannten Superlearnings) und deren marktstrategische Anwendung (zum Beispiel durch Berieselung mit Musik und Werbung im Supermarkt). Die *Gehirnwäsche* (brain-washing) als eine Form der seelischen Folterung durch Schlafentzug, künstliche Erzeugung von Schuldgefühlen ... überschneidet sich mit dem Begriff der Indoktrination. So können Indoktrinationsversuche Bestandteil der Gehirnwäsche sein (wie etwa während der Umerziehung im maoistischen China – vgl. Lersch 1968). Die *Propaganda* hat in erster Linie keine erzieherische Funktion, sondern setzt in der Regel an vorhandenen Bedürfnissen an und mobilisiert Massen zu kurzfristigen Aktionen. Sie kann jedoch bei langfristiger Einwirkung indoktrinierend wirken beziehungsweise von indoktrinierenden Maßnahmen begleitet sein (wie zum Beispiel in der nationalsozialistischen Propaganda).

Im pädagogischen Kontext ist die Unterscheidung zu den Begriffen der Halbbildung und Manipulation gleichfalls von Bedeutung. Während der Begriff der Indoktrination in verschiedensten gesellschaftspolitischen wie individualpsychologischen Kontexten Verwendung findet, stammt der Begriff der *Halbbildung* aus dem Vokabular der Kritischen Theorie und bezeichnet hier eine Form der (entfremdeten) Bildung, die – auf Anpassung an die herrschenden gesellschaftlichen Verhältnisse reduziert – sich in einem «oberflächlichen Intellektualisieren» und bloßen «Konsumieren von Informationen» kundtut (vgl. Adorno 1962, S. 168ff). Im Rahmen eines solchen gesellschaftskritischen Verständnisses trägt Indoktrination unweigerlich zur Halbbildung bei.

Der Begriff *Manipulation* richtet sich im pädagogischen Kontext vor allem auf die Verwendung von Erziehungsmitteln. Je nach politisch-pädagogischem Standort werden manipulative Akte als unabdingbar im Erziehungsprozeß betrachtet, oder sie werden mit dem Hinweis auf ihre «herrschaftsstabilisierende Wirkung» abgelehnt und in den Bereich indoktrinierender Techniken gestellt (vgl. Heitger 1969, S. 62ff; → Antipädagogik).

Ausblick. Die projektive Verwendung des Indoktrinationsbegriffs (zur Erhaltung und/oder Errichtung von Feindbildern) verwehrt den Blick auf Indoktrination als alltägliches Phänomen. So können Sektierertum *und* Konformismus gleichermaßen auf Indoktrination hinweisen. Eine (rationale) Analyse des Indoktrinationsprozesses hat den psychodynamischen Grund für den Wunsch zu indoktrinieren wie für die Wirksamkeit von Indoktrination zu berücksichtigen (vorhandene Identifikationswünsche und -zwänge, die zum Teil bewußt, zum Teil unbewußt

726 Informationstechnik

existieren). So müssen die realen pädagogischen Einflußmöglichkeiten zur Vermeidung von Indoktrination stets aufs neue überdacht werden.

ADORNO, TH. W.: Theorie der Halbbildung. In: Horkheimer, M./Adorno, Th. W.: Sociologica. Reden und Vorträge, Frankfurt/M. 1962, S. 168ff. DEUTSCHER BILDUNGS-RAT: Strukturplan für das Bildungswesen, Stuttgart 1970. GRIMM, J./GRIMM, W.: Deutsches Wörterbuch, Bd. 12, München 1984. HEITGER, M.: Die Zerstörung der pädagogischen Absicht durch den Einsatz von Erziehungs-«mitteln». In: Heitger, M. (Hg.): Erziehung oder Manipulation, München 1969, S. 62ff. HUMBOLDT, W. v.: Schriften zur Anthropologie und Bildungslehre, Frankfurt/M. 1984. LERSCH, PH.: Zur Psychologie der Indoktrination. Sitzungsberichte der Bayerischen Akademie der Wissenschaft, Heft 3, München 1968. LICHTENSTEIN, E.: Zur Entwicklung des Bildungsbegriffs von Meister Eckhardt bis Hegel, Heidelberg 1966. NITZSCHKE, V./SANDMANN, F.: Handbuch für den politischen Unterricht, Stuttgart 1987. REBOUL, O.: Indoktrination. Wenn Denken unterdrückt wird, Freiburg 1980. SCHWENK, B.: Unterricht zwischen Aufklärung und Indoktrination, Frankfurt/M. 1974. SNOOK, I. A.: Indoctrination and Education, London/Boston 1972.

Annette Stroß

Informatik → Informationstechnik

Informationstechnik

Begriff. Mit dem Terminus «Informationstechnik» und den synonym benutzten Begriffen «Informationstechnologie» und «Computertechnik» werden alle Geräte (Hardware) und Methoden (Software) bezeichnet, die zur elektronischen Erfassung, Speicherung, Verarbeitung und Wiedergewinnung von Daten unterschiedlicher Art eingesetzt werden. Im Zentrum dieser Technik steht die datenverarbeitende Maschine «Computer», eine «universelle Maschine» (WEIZENBAUM 1977, S. 9), deren spezifische Leistung in ihrer Substitutionsfähigkeit für alle Arten von Denk-, Planungs- und Steuerungsprozessen besteht, die sich regelhaft formulieren lassen.

Die Informationstechnik hat mittlerweile in allen gesellschaftlichen Bereichen Einzug gehalten. Die mit der Schnelligkeit des technologischen und sozialen Wandels einhergehende Verunsicherung hat zu einer Auseinandersetzung über den Status unserer → Kultur und in diesem Kontext über die Zukunft von → Bildung und → Erziehung geführt (vgl. HAEFNER 1982, v. HENTIG 1984, WEIZENBAUM 1984). Eine Vielzahl pädagogischer Arbeitsfelder sind vom Vordringen der Informations- und Kommunikationstechniken betroffen. Dies spiegelt sich in der Spannweite der erziehungswissenschaftlichen Diskussion wider: Sie reicht von der eher philosophischen Auseinandersetzung mit dem «allmählichen Verschwinden der Wirklichkeit» (v. HENTIG 1984) und dem Vordringen «simulierter

Hyperwirklichkeiten» (LENZEN 1987, S. 51; Simulation) über die gesellschaftspolitisch gefärbte Diskussion um die informationstechnische Grundbildung (vgl. ARLT/HAEFNER 1984, FALK/WEISS 1987, ROLFF/ZIMMERMANN 1985) bis hin zur didaktischen Kontroverse um das Erlernen spezieller Programmiersprachen im Schulunterricht (vgl. PAPERT 1985, v. PUTTKAMER 1986). Der technologische Wandel hat die Arbeitsabläufe und -inhalte stark verändert und zu neuen Anforderungen an die beruflichen → Qualifikationen geführt. Dadurch hat einerseits die berufliche Weiterbildung an Bedeutung gewonnen, andererseits ist die Schule mit der von Wirtschaft und Politik vorgetragenen Forderung konfrontiert, sie müsse sich «der Herausforderung durch die Neuen Technologien stellen» (KULTUSMINISTER DES LANDES NORDRHEIN-WESTFALEN 1985, S. 3).

Stand es zunächst noch in Frage, ob Computer überhaupt in die Schule gehören, so hat sich seit Mitte der 80er Jahre die Ansicht durchgesetzt, daß die Informationstechnik ein unentbehrlicher Bildungsgegenstand in Schule und beruflicher Ausbildung ist (vgl. ROLFF/ZIMMERMANN 1985, S. 8; vgl. v. PUTTKAMER 1986). Thematisch läßt sich differenzieren zwischen

– Informationstechnik als *Hilfsmittel:* beispielsweise im computerunterstützten Unterricht, wo der Computer lediglich das Erlernen anderer fachspezifischer Inhalte unterstützt,
– Informationstechnik als *Lerninhalt:* Im Zentrum steht der Erwerb von computerbezogenen Kenntnissen und Fertigkeiten, insbesondere das Lernen von Programmiersprachen und -techniken sowie
– Informationstechnik als *Diskursgegenstand:* Im Vordergrund steht die Reflexion über Auswirkungen der Informationstechnik auf Individuum und Gesellschaft.

Als Medium ist der Computer vor allem im Mathematikunterricht und in den naturwissenschaftlichen Fächern eingesetzt worden, er bietet Möglichkeiten der Veranschaulichung, der graphischen Darstellung und vor allem eine gegenüber dem klassischen Experiment neue Möglichkeit von Simulationen, die vor allem im Mathematik- und Physikunterricht sinnvoll eingesetzt werden können (vgl. MANDL/FISCHER 1985, PAPERT 1985). Inwieweit die Entwicklung intelligenter tutorieller Lehr-/Lernsysteme die schulischen Lernprozesse grundlegend verändern und verbessern wird, steht allerdings noch in Frage. Die Erfahrungen mit dem vor zwei Jahrzehnten zunächst mit Enthusiasmus aufgenommenen, später dann mit zunehmender Ernüchterung betrachteten «programmierten Unterricht» geben zur Skepsis Anlaß (vgl. MANDL/FISCHER 1985 → Bildungstechnologie).

Neben der wichtigen Rolle, die Computer mittlerweile im Rahmen der Unterrichts- und Schulverwaltung spielen, kommt ihnen eine besondere Bedeutung im Bereich der → Sonderpädagogik zu. Gerade für Son-

728 Informationstechnik

derschüler mit ihren spezifischen Defiziten kann die Computertechnik hilfreich sein. Neben pädagogischen Instrumentarien der Förderung, beispielsweise zur Behebung von Rechtschreibschwächen, offeriert die Computertechnik prothetisch-instrumentelle Hilfen und wird mit Erfolg zur Kompensation von körperlichen Defiziten eingesetzt wie etwa zur Kommunikation mit sprechunfähigen Kindern (vgl. HAMEYER u. a. 1987).

Informationstechnische Bildung. Seit der zweiten Hälfte der 70er Jahre ist eine Vielzahl von Arbeiten und Stellungnahmen zum Problem einer informationstechnischen Bildung vorgelegt worden (vgl. ARLT/HAEF-NER 1984, BUNDESMINISTERIUM FÜR BILDUNG UND WISSENSCHAFT 1984, EVANGELISCHE AKADEMIE LOCCUM 1984). Umfangreiche Konzepte wurden unter anderem von der Gesellschaft für Informatik e. V. (GI), dem Institut für Pädagogik der Naturwissenschaften (IPN) der Universität Kiel, dem Bundesministerium für Bildung und Wissenschaft (BMBW) und den entsprechenden Ministerien der Länder erarbeitet. Nachdem bereits 1983 der Rat der Europäischen Gemeinschaft eine Entschließung über «Maßnahmen zur Einführung neuer Informationstechnologien im Bildungswesen» beschloß, wurde Ende 1984 von der BUND-LÄNDER-KOMMISSION FÜR BILDUNGSPLANUNG UND FORSCHUNGSFÖRDERUNG (BLK) das «Rahmenkonzept für die informationstechnische Bildung in Schule und Ausbildung» (1984) verabschiedet, das für eine rasche Integration informationstechnischer Bildungsinhalte in die allgemeinbildende, berufliche und außerschulische Ausbildung eintrat (vgl. BUNDESMINISTERIUM FÜR BILDUNG UND WISSENSCHAFT 1984, S. 109). Nach den ausführlichen Diskussionen ist damit ein bildungspolitischer Konsens dokumentiert, der eine Dreigliederung der informationstechnischen Bildung in Schule und Ausbildung vorsieht: Für alle →Schüler soll in der Sekundarstufe I eine «informationstechnische Grundbildung» angeboten werden. Eine vertiefende informationstechnische Bildung ist in Form des Fachs Informatik in der Sekundarstufe II als Wahl- oder Wahlpflichtfach vorgesehen, und für die beruflichen Schulen soll eine berufsbezogene informationstechnische Bildung angeboten werden. Während für die Gymnasiasten der EDV-Einsatz im Zusammenhang mit der Vermittlung von Problemlösungsmethoden thematisiert wird, soll für die Berufsschüler der konkrete EDV-Einsatz als Werkzeug und Instrument im beruflichen Handlungsfeld im Vordergrund stehen. Ein eigenständiges Fach Informatik wird im beruflichen Bereich nur dort angeboten, wo es in direktem Zusammenhang zur Berufsausbildung steht, das heißt primär in den EDV-Berufen. Das Fach Informatik im Rahmen der Sekundarstufe II an Gymnasien ist bereits seit Anfang der 80er Jahre von allen Bundesländern eingerichtet wor-

Informationstechnik 729

den, und seit 1981 existieren einheitliche Prüfungsanforderungen für die Abiturprüfung in Informatik.

Das BLK-Konzept formuliert eine doppelte Zielsetzung: einerseits das Erlernen von computerbezogenen Fertigkeiten und Kenntnissen, andererseits das Erlernen von kritischem und selbstbestimmtem Umgang mit diesen Techniken. Die Einführung einer für alle Schulformen verbindlichen «informationstechnischen Grundbildung» reagiert auf die Forderung, daß Informatik-Wissen nicht nur einem kleinen Kreis von (Gymnasial-)Schülern angeboten werden dürfe, sondern allen Jugendlichen ein Grundverständnis der Computertechnik vermittelt werden soll, um ihnen eine geistige Auseinandersetzung mit dieser Technologie und ihren Folgen zu ermöglichen (vgl. KULTUSMINISTER DES LANDES NORDRHEIN-WESTFALEN 1985, S. 7). In den einzelnen Bundesländern ist das Rahmenkonzept bislang in unterschiedlicher Form und unterschiedlichem Ausmaß realisiert worden (vgl. ARLT 1987); so ist in Schleswig-Holstein seit 1986/87 die Grundbildung bereits für alle Schulformen eingeführt worden, während in Niedersachsen noch ein bis Ende 1988 befristeter Modellversuch läuft (vgl. SCHULCOMPUTER-JAHRBUCH 1986, S. 33ff).

So unbestritten die Notwendigkeit der «informationstechnischen Grundbildung» ist, so kontrovers ist ihr Inhalt. Zwischen dem von der GESELLSCHAFT FÜR INFORMATIK (vgl. 1984) vertretenen Ansatz, der auf algorithmen-orientierten Informatik-Unterricht und damit auf die fachliche Beherrschbarkeit abzielt und dem primär auf soziale Beherrschbarkeit angelegten Konzept der Gewerkschaften (vgl. ROLFF/ZIMMERMANN 1985, S. 189ff) existieren weitere, teilweise sehr detailliert ausgearbeitete Konzepte mit unterschiedlicher Akzentsetzung (vgl. WEISS 1987). Kern der Auseinandersetzung ist, ob die informationstechnische Bildung primär fachlich oder primär gesellschaftspolitisch orientiert sein soll.

Computer als Diskursgegenstand. Turkle hat in ihrer Untersuchung über das «Entstehen der Computerkultur» die fesselnde Kraft des Computers beschrieben, der eben nicht nur Instrument sei, sondern als «evokatorisches Objekt» (TURKLE 1984, S. 10) Diskussionen über Bildung und Erziehung, Gesellschaft und Politik und über das Wesen des Menschen im Verhältnis zur Maschine in Gang setze. In der erziehungswissenschaftlichen Diskussion sind vor allem die kontroversen Positionen v. Hentigs und Haefners stark beachtet worden. Gemeinsam ist beiden Positionen die Überzeugung, daß unter dem Druck von «Computerkultur» und heraufziehender «Informationsgesellschaft» die grundlegenden Fragen von Bildung, Erziehung und Schule neu gestellt werden müssen. Im Zentrum steht dabei die Frage, was in der Schule noch gelernt werden soll, «wenn die Informationstechnik wichtige Teile des menschlichen Han-

730 Informationstechnik

delns und Denkens übernimmt und wenn jeder einzelne in den Industrienationen einen leichten und billigen Zugriff zu technisch verfügbarer Information und Informationsverarbeitungsleistung hat» (HAEFNER 1982,
S. 15). Während Haefner für eine verstärkte Computernutzung eintritt,
die Einführung eines «Informationstechnik-Führerscheins» vorschlägt
und das instrumentelle Wissen mehr und mehr den Computersystemen
überlassen will, um so das menschliche Wissen zu entlasten, bleibt v. Hentig skeptisch aufgrund der ungewollten und vermutlich unerkannten Nebenwirkungen des Computereinsatzes sowie der «falschen Absichten»
und «illusionären Erwartungen» seiner Befürworter. Daß die Computertechnik neben den traditionellen Kulturtechniken Lesen, Schreiben und
Rechnen mittlerweile den Status einer vierten Kulturtechnik einnimmt,
und es aufgrund ihrer beherrschenden Rolle unumgänglich ist, den Umgang mit ihr zu lernen, ist weitgehend unbestritten. Kontrovers diskutiert
werden die Fragen, in welcher Form, in welchem Ausmaß und ab welcher
Altersstufe. Während PAPERT (vgl. 1985) Computer schon im Grundschulalter zum Erlernen von Ordnungsstrukturen einsetzen will, hält EU
RICH (vgl. 1985, S. 73) dies für eine gefährliche Einschränkung der kindlichen Phantasie und Freiheit. Von Hentig plädiert für eine allmähliche
Aneignung im Alter mit kritischer Reflexionsmöglichkeit, das heißt nicht
vor dem 14. Lebensjahr (vgl. V. HENTIG 1984, S. 41).

Die Anpassung des Bildungssystems an die durch den EDV-Einsatz
geprägte Entwicklung ist in vollem Gange und besonders eklatant im
Bereich der beruflichen Bildung, wo bisherige Berufsqualifikationen
marginalisiert und teilweise völlig verdrängt werden. Wenn berufsförmige Arbeit bisher zum größten Teil aus routinisierter und standardisierter Problembearbeitung bestand, so birgt der Computereinsatz die
Möglichkeit zur Bedeutungszunahme nicht-formalisierbarer, kreativer
Fähigkeiten (vgl. BUCK 1985, S. 99). Diese Analyse steht im Gegensatz
zu solchen Positionen, die den Kern der Computertechnik in ihrem maschinellen Charakter sehen und prognostizieren, daß das Maschinenhafte in uns wächst (vgl. WEIZENBAUM 1984).

Die rasante Entwicklung auf dem Computersektor bedingt eine nur
schwer überschaubare und systematisierbare Vielfalt der Phänomene.
So stehen häufig Schlagworte im Zentrum des → Diskurses: «Digitalisierung des Denkens», «Reduktion der Schriftsprache», «Dominanz der
Bilder», «Entsinnlichung», «Verschwinden der Wirklichkeit», «Tyrannei
der Perfektion» und andere. FAULSTICH (vgl. 1986, S. 248) sieht das
eigentlich Beunruhigende in der Unabsehbarkeit der möglichen Anwendungsbereiche des Computers aufgrund seines Charakteristikums,
universelle Maschine zu sein. Vor allem die neueren Entwicklungen im
Bereich der «Künstlichen Intelligenz» sind derart, daß sie mit Begriffen
wie «Digitalisierung des Denkens» kaum mehr zu analysieren sind. Von

Hentig sieht die Aufgabe der Schule darin, dafür Sorge zu tragen, daß «der Mensch der Kultur gewachsen bleibt» (v. HENTIG 1984, S. 45). Der Informationstechnik als extremer Realisierung unserer Kultur gewachsen zu sein, hieße dann, Wissen zu erwerben über Nutzen und Grenzen, erkennbare und unbeabsichtigte Formen dieser Technik. Erst in Ansätzen werden solche nicht bedachten Folgen sichtbar wie das «Drogenhafte am Computer» (EURICH 1985, S. 64) in der Spielkultur der «Computerkids» und die Umkehrung der Generationsverhältnisse dort, wo Erwachsene ihre Kinder um Hilfe im Umgang mit dem Computer fragen (vgl. BROD 1984). Das «hidden curriculum» (→Lehrplan, heimlicher) des Computers, die Veränderung der menschlichen Wahrnehmung und →Erfahrung sowie die Folgen der zunehmend indirekten →Kommunikation respektive Mensch-Maschine-Kommunikation sind Themen, die für den erziehungswissenschaftlichen Diskurs von wachsender Bedeutung sind.

ARLT, W.: Informationstechnische Bildung in der Bundesrepublik Deutschland. In: Falk, R./Weiß, R. (Hg.): Mikro-Computer..., Köln 1987, S. 56ff. ARLT, W./HAEFNER, K. (Hg.): Informatik als Herausforderung an Schule und Ausbildung, Berlin 1984. BROD, C.: Technostress: The Human Cost of the Computer Revolution, Reading 1984. BUCK, B.: Berufe und neue Technologien. In: Soz. Welt 33 (1985), S. 83ff. BUND-LÄNDER-KOMMISSION FÜR BILDUNGSPLANUNG UND FORSCHUNGSFÖRDERUNG: Rahmenkonzept für die informationstechnische Bildung in Schule und Ausbildung, Bonn 1984. BUNDESMINISTERIUM FÜR BILDUNG UND WISSENSCHAFT (Hg.): Bericht der Bundesregierung zur Sicherung der Zukunftschancen der Jugend in Ausbildung und Beruf, Bad Honnef 1984. BUNDESMINISTERIUM FÜR BILDUNG UND WISSENSCHAFT (Hg.): Bildung an der Schwelle zur Informationsgesellschaft, Bad Honnef 1986. EURICH, C.: Computerkinder, Reinbek 1985. EVANGELISCHE AKADEMIE LOCCUM (Hg.): Neue Technologien und Schule, Rehburg-Loccum 1984. FALK, R./WEISS, R. (Hg.): Mikro-Computer. Herausforderung für das Bildungswesen, Köln 1987. FAULSTICH, P.: Zauberlehrlinge im Mikropolis? Emotive und kognitive Aspekte einer Computerkultur. In: Lisop, I. (Hg.): Bildung und neue Technologien, Frankfurt/M. 1986, S. 239ff. GESELLSCHAFT FÜR INFORMATIK E. V.: Entwurf einer Rahmenempfehlung für die Informatik im Unterricht der Sekundarstufe I. In: Arlt, W./Haefner, K. (Hg.): Informatik..., Berlin u. a. 1984, S. 376ff. HAEFNER, K.: Die neue Bildungskrise. Herausforderung der Informationstechnik an Bildung und Ausbildung, Basel/Boston/Stuttgart 1982. HAMEYER, U. u. a. (Hg.): Computer an Sonderschulen. Einsatz neuer Informationstechnologien, Weinheim/Basel 1987. HENTIG, H. v.: Das allmähliche Verschwinden der Wirklichkeit, München 1984. KULTUSMINISTER DES LANDES NORDRHEIN-WESTFALEN: Neue Informations- und Kommunikationstechnologien in der Schule. Rahmenkonzept, Düsseldorf 1985. LENZEN, D.: Mythos, Metapher und Simulation. In: Z. f. P. 33 (1987), S. 41ff. MANDL, H./FISCHER, P. M. (Hg.): Lernen im Dialog mit dem Computer, München 1985. PAPERT, S.: Gedankenblitze. Kinder, Computer und neues Lernen, Hamburg [2]1985. PUTTKAMER, E. v. (Hg.): Informatik-Grundbildung in Schule und Beruf, Berlin u. a. 1986. ROLFF, H.-G./ZIMMERMANN, P.: Neue Medien und Lernen. Herausforderung, Chancen und Gefahren, Weinheim/Basel 1985. SCHULCOMPUTER-JAHRBUCH. Informationstechnologien in der Schule, bearb. v. R. Baumann, Stuttgart 1986. TURKLE, S.: Die Wunschmaschine, Reinbek 1984. WEISS,

732   Institution

R.: Positionen und Konzeptionen zur informationstechnischen Bildung. In: Falk, R./
Weiß, R. (Hg.): Mikro-Computer..., Köln 1987, S. 32 ff. WEIZENBAUM, J.: Die Macht
der Computer und die Ohnmacht der Vernunft, Frankfurt/M. 1977. WEIZENBAUM, J.:
Kurs auf den Eisberg. Oder: Nur das Wunder kann uns retten, sagt der Computer-
experte, Zürich 1984.

Udo Kuckartz

Informationstechnologie → Informationstechnik
Informationsverarbeitung → Lernen – Lerntheorie
Inhaltsanalyse → Forschungsmethode
Initiation → Lebenslauf
Initiationsfunktion (von Prüfungen) → Prüfung
Innenweltbewußtsein → Bewußtsein
Innovation → Reform

Institution

Begriff. Der Begriff «Institution» (nebst seinen verbalen Formen «institutionalisieren» und «Institutionalisierung») ist im Sprachgebrauch der
Sozialwissenschaften und – mit der zunehmenden Rezeption soziologischen Wissens seit den 60er Jahren – auch in der Erziehungswissenschaft
weit verbreitet. Seine Bedeutung variiert jedoch stark und bleibt oft unklar. Der Begriff der Institution stammt aus drei Hauptquellen: Soziologie, Rechtstheorie, Anthropologie.

1894 hat DURKHEIM (vgl. 1961) in seinen «Regeln der soziologischen
Methode» die Soziologie «die Wissenschaft von den Institutionen» genannt. Der Begriff bezeichnet so unterschiedliche soziale Tatbestände
wie Gewohnheiten, Bräuche, abergläubische Vorstellungen, politische
Verfassungen, juristische Organisationen. Diese sozialen Gebilde sind
für die Individuen eine Wirklichkeit sui generis, die ihnen mit faktischer
und normativer Gewalt entgegentritt. Als ein Ganzes aus Handlungen
und Glaubensvorstellungen treten Institutionen den Handelnden als ein
objektiver sozialer Tatbestand, vom Einzelwillen unabhängig, entgegen.
Sie besitzen gegenüber dem einzelnen «Zwangsgewalt». Alle Institutionen sind in dem Kollektivbewußtsein, das in einer Gesellschaft herrscht,
verankert. Weicht das Individuum von institutionellen Regelungen ab,
muß es mit Sanktionen rechnen. In seinen pädagogischen Schriften geht
Durkheim der Frage nach, wie die allgemeinen institutionellen Normen
zum Eigentum des Individuums werden. Auch in den USA ist der Begriff «Institution» seit Beginn des 20. Jahrhunderts gebräuchlich. Besonders ausführlich hat sich PARSONS (vgl. 1951) mit den Problemen sozia-

Institution 733

ler Institutionen im Rahmen seiner strukturell-funktionalen → System-theorie befaßt. Wie bei Durkheim gilt sein Interesse vor allem der Siche-rung der Objektivität des sozialen Geschehens gegenüber den individu-ellen → Motivationen. Die Gesellschaft wird als Gleichgewichtssystem vorgestellt, in dem alle Normen und Verhaltensmuster eine bestimmte Funktion besitzen. Alles, was das Gleichgewicht stört, gilt als «dysfunk-tional». Die soziale Ordnung impliziert eine «institutionelle Integration» individueller Motive und Handlungen mit den zu → Rollen gebündelten Normen in den sozialen → Interaktionen. Eine Institution ist also «ein Komplex institutionalisierter Rollenzusammenhänge, die für das betref-fende soziale System von strategischer sozialer Bedeutung sind» (PAR-SONS 1951, S. 39) – wie etwa Eigentum, → Familie, Recht, → Erziehung. Je unklarer die Rollenanweisungen sind, desto mehr ist eine Institution in Frage gestellt. Einen anderen Ansatz vertritt Mead. Eine Institution ist kein dem einzelnen vorgegebenes System, sondern «eine gemeinsame Reaktion seitens aller Mitglieder der Gemeinschaft auf eine bestimmte Situation» (MEAD 1968, S. 308), also eine organisierte Form sozialen → Handelns. Ohne die organisierten sozialen Handlungen, aus denen Institutionen bestehen, könnte es kein entfaltetes → Ich und keine → Identität geben.

Im Anschluß an die 1924 von HAURIOU (vgl. 1965) vorgelegte Insti-tutionslehre, der gemäß jede Institution durch eine «idée directrice» geordnet und belebt wird, haben vor allem konservative Rechtstheore-tiker Interesse am Institutionsbegriff gezeigt, mit dessen Hilfe sie zu einer Zusammenschau von Zweck, sozialer Wirklichkeit und Rechts-ordnung zu kommen hoffen. Für SCHMITT (vgl. 1934) ist der Staat «die Institution der Institutionen«, «die Ordnung der Ordnungen», in der andere Institutionen Schutz und Ordnung finden. Elemente der Theo-rie der Institution sind Instanzenordnung, Hierarchie der Ämter, Dis-ziplin-Elemente, die später in Theorien der «Schule als Institution» wichtig werden.

In MALINOWSKIS (vgl. 1944) funktionaler Theorie der → Kultur spielt der Institutionsbegriff eine wichtige Rolle. Um die Funktionen, die Handlungen für die Befriedigung von «Grundbedürfnissen» wie Ernäh-rung, Bewegung, Sicherheit erfüllen, bilden sich «Institutionen» als orga-nisierte Gruppenstützung des Verhaltens. Sie sichern die Integration der auf die Bedürfnisbefriedigung bezogenen Funktionen; durch sie werden biologische Antriebe in kulturell bestimmte Bedürfnisse umgesetzt. Sie erfüllen immer sehr verschiedene Bedürfnisse gleichzeitig, sind also überdeterminierte Funktionssynthesen. Jede Institution besitzt einen materiellen Apparat, ein Normsystem (eine «Charter») und Personal. Institutionelle → Rituale helfen den Individuen, → Angst zu bewältigen. In der bundesrepublikanischen Diskussion hat der Institutionsbegriff

734 Institution

der philosophischen Anthropologie von GEHLEN (vgl. 1956) große Beachtung gefunden, der davon ausgeht, daß der Mensch im Unterschied zum Tier in seinem Verhalten zu sich und zur Umwelt nicht durch Instinkte gesteuert ist, sondern einen unspezialisierten Antriebsüberschuß besitzt. Die Folge ist eine biologisch bedingte Verhaltensunsicherheit. Sicherheit und Stabilität gewinnt der Mensch erst durch die Institutionen einer Gesellschaft (die wirtschaftlichen, politischen, sozialen, religiösen Ordnungen), die an die Stelle des Triebes treten. Institutionen sind «Außenstützen»; sie bilden «die Grammatik, nach deren Regeln sich unsere Antriebe artikulieren müssen». Brechen die Institutionen zusammen oder werden sie durch soziale Veränderungen «geschleift», so bricht die selbstverständliche Kanalisierung der Antriebe zusammen. De-Institutionalisierung führt zu Chaos, Unstabilität, «Reprimitivisierung». Die Institutionen können ihre lebenswichtige Funktion als «Leitideen» und Objekt der Hingabe, das von unmittelbarer Zwecksetzung befreit, nicht mehr erfüllen. Werden sie reflexiv auf ihre Zwecke hin befragt, schwinden ihr Glaubenswert und ihre Steuerungskraft. In den industriellen Gesellschaften der Moderne werden die tradierten Institutionen ein Opfer der wissenschaftlichen, technischen und sozialen Veränderungen; freigesetzte → Subjektivität und Innerlichkeit werden nicht mehr in neuen Institutionen aufgefangen.

Gegenwärtige Diskussion. Die gegenwärtige Diskussion des Institutionsbegriffs in den Sozialwissenschaften knüpft in vielfacher Weise, kritisierend, modifizierend und ergänzend, an die älteren Theorien an. Dabei werden teilweise Ansätze der Psychoanalyse und der Sprachphilosophie mit herangezogen. Die Vielfalt und Unklarheit der Bedeutungen des Begriffs hat allerdings auch dazu geführt, daß manche Autoren wie GURVITCH (vgl. 1963) empfehlen, ihn ganz aufzugeben. Die Diskussion verläuft in drei Hauptströmungen: Fortsetzung der soziologischen, anthropologischen und sozialpsychologischen Argumentation, marxistische Kritik am Institutionsbegriff, das Verhältnis von normativer und faktischer Gewalt der Institutionen.

SCHELSKY (vgl. 1970) hat die Diskussion des Institutionsbegriffs in kritischer Auseinandersetzung mit Gehlen und in Anknüpfung an Malinowski fortgesetzt. Malinowski hatte eine Hierarchie der Bedürfnisse und der Institutionen derart angenommen, daß die vitalen Grundbedürfnisse in Primärinstitutionen befriedigt werden, aus denen sich wiederum sekundäre, tertiäre und weitere Bedürfnisse entwickeln, die nun ihrerseits in Institutionen zweiten, dritten und weiteren Grades befriedigt werden. Von diesem Gedanken aus kommt Schelsky zu einer Kritik des Gehlenschen Pessimismus: Die Bedürfnisse der Dauerreflexion führen keineswegs bloß zu einem Zusammenbruch der traditionellen Insti-

Institution   735

tutionen. Im Verlauf des institutionellen Wandels werden vielmehr auch diese Bedürfnisse in das Geflecht institutioneller Bedingungen aufgenommen. Als «Bedürfnisse letzten Grades» werden sie in neuen Institutionen (Wissenschaft, Tagungswesen ...) verankert. Damit wird auch ihre Befriedigung auf Dauer gestellt: «Kritische Rationalität ist heute selbst ein kollektiver, arbeitsteilig organisierter und damit institutioneller Handlungsvorgang» (SCHELSKY 1970, S. 26). Subjektivität ist selbst Ergebnis eines institutionellen Prozesses.

Auch für LUHMANN (vgl. 1972) ist Reflexion inzwischen ein Wesenszug komplexer moderner Sozialsysteme geworden. Dieser Entwicklung versucht er dadurch gerecht zu werden, daß er erstens den Begriff der Institution zugunsten des Begriffs des sozialen Systems aufgibt und zweitens das Prozeßhafte und Funktionale, das der traditionelle Institutionsbegriff einbezog, mit dem Begriff der «Institutionalisierung» ausdrücklich hervorhebt. Seine Frage lautet also: Was leistet der Prozeß der Institutionalisierung für das soziale System? Mit dieser theoretischen Wendung will er die normierenden von den institutionalisierenden sozialen Mechanismen analytisch voneinander trennen, die in den älteren Theorien miteinander vermengt werden. In einer hochkomplexen Welt gibt es stets mehr Möglichkeiten des Erlebens und Handelns, als durch Aufmerksamkeit und unmittelbaren Konsens steuerbar sind. Wegen der Überfülle von Erwartungen kann Verhalten nur durch generalisierend unterstellte «Erwartungserwartungen» gesteuert werden. In Interaktionen wird der für ihren Ablauf nötige Konsens auch nicht anwesenden Dritten unterstellt. Damit findet eine «Institutionalisierung von Verhaltenserwartungen» statt, die Konsens von den am Interaktionsprozeß Beteiligten unabhängig macht. Institutionalisierung leistet die «Generalisierung von Konsens». Die anonyme Institutionalisierung macht Verhaltenserwartungen gegen das «praktische Meinen einzelner» immun. Mit zunehmender gesellschaftlicher Komplexität wird es nötig, den Prozeß der Institutionalisierung von Verhaltenserwartungen selbst zu institutionalisieren, etwa indem bestimmte Spezialisten für ihn verantwortlich werden. Institutionalisierung wird ein «reflexiver Mechanismus». Der Begriff der Institutionalisierung bezeichnet also eine spezifische Funktionsweise moderner sozialer Systeme. Die Institutionalisierung generalisierter Erwartungserwartungen macht die Lasten eines jeden individuellen Versuchs, institutionalisierte Meinungen zu ändern, sehr groß. Jeder Dissens bedarf einer ausdrücklichen Begründung und kann sich nur auf abstrakte Vorstellungen stützen. Das Individuum ist nicht mehr Träger institutioneller Veränderungen.

Einen anderen Weg zur Bestimmung des Institutionsbegriffs schlagen BERGER/LUCKMANN (vgl. 1969) ein. Durch eine «weitere» Fassung versuchen sie, Überlegungen der philosophischen Anthropologie und

736 Institution

Meads zu integrieren und fortzuführen: Institutionalisierung findet statt, wenn durch häufige Wiederholung «habitualisierte Handlungen durch Typen von Handlungen reziprok typisiert werden [...] Die Institution [...] macht aus individuellen Akteuren und individuellen Akten Typen. Institution postuliert, daß Handlungen des Typus X von Handelnden des Typus X ausgeführt werden» (BERGER/LUCKMANN 1969, S. 58). Die Institution «Erziehung» postuliert, daß Erziehung nur auf bestimmte Weise stattfinden darf und daß nur bestimmte «Typen» (Eltern, →Lehrer) erziehen dürfen. Durch den Prozeß der reziproken Typisierung «konstruieren» die Menschen die institutionelle Wirklichkeit, die ihnen, einmal konstruiert, dann als objektiv und zwingend gegenübertritt. Als derart «verhärtete» soziale Gebilde müssen sie an die folgenden Generationen weitergegeben, erklärt, gerechtfertigt und durch →Autorität gesichert werden. Hier impliziert der Institutionsbegriff eine entsprechende Theorie der →Sozialisation, der Entstehung von Ich und Identität; die vergegenständlichte institutionelle Wirklichkeit muß wieder «internalisiert» werden.

Während Luhmann und Berger/Luckmann die Kritik des Institutionsbegriffs zu einer Dynamisierung des Konzepts als «Institutionalisieren» oder «Konstruieren» sozialer Wirklichkeit fortführen, den formalen und universalen Charakter der Begriffe beibehalten, kritisieren Autoren, die in der Tradition von Marx stehen, den Institutionsbegriff inhaltlich: Die Institutionen einer Gesellschaft sind keine ideellen Sinnkonstruktionen. Sie besitzen eine materielle Grundlage in den Produktionsweisen der jeweiligen Gesellschaft. Sie überleben als «herrschende» Institutionen (→Schule; →Familie) nur durch die Macht der Klasse, die hinter ihnen steht, oder sie sind ein Mittel der herrschenden Klasse, sich in der Klassenauseinandersetzung zu behaupten. Institutionen müssen also aus der historischen Auseinandersetzung mit den äußeren und inneren Bedingungen der Arbeit erklärt werden. So ist die Schule eine Institution zur Vermittlung von Fähigkeiten, die Unterwerfung und herrschende Ideologie sichern. Dieser Ansatz führt zu einer prinzipiellen Kritik des Institutionsbegriffs, indem er ihn in die Nähe des Ideologiebegriffs setzt. Insofern der Begriff der Institution ein Geflecht gesellschaftlich relevanter Bedeutungen sozialen Handelns bezeichnet, bezieht er sich auf ein Phänomen des «Überbaus». Deshalb meint beispielsweise JAEGGI (1974, S. 312): «Eine Erklärung der Institutionen aus der historischen Auseinandersetzung mit den äußeren und inneren Bedingungen der Arbeit, die letztlich der Generalnenner ist, insistiert mit Recht auf dem materialistischen Kern.» GOFFMAN (vgl. 1961) hat mit dem deskriptiven Konzept der «totalen Institution» die Phänomene institutioneller Gewalt in gesellschaftlichen Einrichtungen wie psychiatrischen Anstalten, Gefängnissen, Internaten genauer zu erfassen versucht. Die Totalität der Institutionen besteht in ihrem allumfassenden, den gesamten alltäglichen sozialen Verkehr reglementierenden Charakter. Subjektivität und → Individualität können sich nur noch in einem «underlife» durchsetzen, das aber selbst noch als institutionelle Negation an die institutionellen Normen gebunden bleibt.

Der Begriff der «totalen Institution» und die marxistische Kritik des Institutionsbegriffs sind vor allem von Theoretikern, die zugleich Praktiker innerhalb psychiatrischer und pädagogischer Institutionen sind, in dem Konzept der «negierten Institution» integriert worden. Dieser Begriff impliziert die Intention der *praktischen* Negation der heute bestehenden (herrschenden) Institutionen und der Institutionalisierung als notwendige Entfremdung überhaupt. So betont BASAGLIA (vgl. 1973), jede neue Institutionalisierung führe schließlich nur zu einer «Perfektionierung sowohl innerhalb des traditionellen psychiatrischen als auch des allgemeinen soziopolitischen Systems». Deshalb muß jede Arbeit sich in «einer negativen Dimension», der ständigen Zerstörung und Überwindung des institutionellen Zwangssystems und seiner sozio-politischen Basis, abspielen. Die «Negation» ist innerhalb eines politisch-ökonomischen Systems, das jede Affirmation zur eigenen Stabilisierung nutzt, die einzige Aktionsmöglichkeit. Mit dem Konzept der prinzipiellen «Negation», mit dem jede fixierende Institutionalisierung in Frage gestellt wird, berührt dieser Ansatz, bei großen Unterschieden im theoretischen Fundament, die Überlegungen Luhmanns und Schelskys zur «Dauerreflexion» und zur «Institutionalisierung der Institutionalisierung». In den Mittelpunkt rückt der Konsens über die Änderungsfähigkeit und -notwendigkeit von Systemen.

Von diesem Punkt aus verbindet deshalb LAPASSADE (vgl. 1972) das Konzept der Negation des «äußeren institutionellen Systems» (bürokratisch-hierarchische Strukturen, fixierte Regelsysteme, unbefragt unterstellter Konsens) mit dem Konzept der institutionellen «Autogestion» (Selbstbestimmung). Der Zerstörung der traditionellen Institution korrespondiert die «Erfindung neuer Institutionen». Aus der Perspektive institutioneller *Praxis* (Luhmann, Schelsky reden als *Theoretiker* über die Institution) rückt das Interesse an den Institutionen schaffenden Kräften (das «Instituierende») in den Mittelpunkt. Folgende Begriffspaare werden hervorgehoben: die Institution als das Abgeschlossene, Fertige und damit das Verdrängende; demgegenüber instituierende Kreativität als das Unabgeschlossene und das institutionell Verdrängte. Die «Wahrheit» der Institutionen ist nicht durch eine bloß theoretische Analyse, sondern nur durch die Praxis der (psychosozialen oder revolutionären) Intervention zugänglich, durch die der «instituierende Prozeß» in Gang gebracht wird, der «Kampf zwischen dem Instituierenden und dem Instituierten» (LAPASSADE 1972, S. 18) ans Licht gebracht wird.

Erziehungswissenschaft. Der Gebrauch des Begriffs der Institution in der Erziehungswissenschaft knüpft an die sozialwissenschaftliche Diskussion an, wenn der Begriff nicht ohnehin nur als umgangssprachlicher Ausdruck benutzt wird, um im allgemeinen Sinne pädagogische Einrichtungen zu bezeichnen. Oft wird der Begriff, wie auch in der weiteren sozialwissenschaftlichen Diskussion, von dem der sozialen Organisation nicht unterschieden. Einen eigenständigen erziehungswissenschaftlichen Begriff gibt es nicht, wenn man einmal von dem nicht weiter verfolgten Begriff der Instituetik aus der praktisch-pädagogischen Kritik erzieherischer Institutionen absieht (vgl. BERNFELD 1967). Folgende Anknüpfungspunkte spielen eine wichtige Rolle:

Probleme der Erziehung und Sozialisation werden immer häufiger unter Bezug auf den weiten Begriff der Institution, wie Berger/Luckmann ihn gebrauchen, diskutiert. In diesem Sinne hat MOLLENHAUER (vgl. 1972) «institutionalisiertes Handeln» in seine Diskussion von «Theorien zum Erziehungsprozeß» einbezogen. Auch Erziehungsprozesse sind durch reziproke Definitionen und Klassifikationen der Beteiligten bestimmt; sie basieren auf Handlungsmustern, die auf «typische Situationen hin bemessen» und durch Institutionen (Familie, Schule, Nachbarschaft) gestützt sind. «Die Erziehungssysteme verschiedener Gesellschaften wie verschiedener Epochen ein und derselben Nation unterscheiden sich [...] dadurch, daß in ihnen eine je besondere Situations-Typik unterstellt wird. Das gleiche gilt für Differenzen innerhalb eines Erziehungssystems; dieses verstehen wir als die Institutionalisierung von Handlungsmustern für den Umgang mit der jüngeren Generation nach Maßgabe der als typisch definierten Situationen» (MOLLENHAUER 1972, S. 156). Von hier aus lassen sich pädagogische Begriffe wie der des → Curriculum neu bestimmen. – In anderer Form greift MEHAN (vgl. 1978) das Konzept der «Konstruktion» sozialer Wirklichkeit von Berger/Luckmann auf, indem er am Beispiel von Unterrichtsabläufen und von Prozessen der Schullaufbahnberatung den Zusammenhang zwischen situativen Aktivitäten und übergreifenden institutionellen Strukturen, die durch sie erzeugt werden, untersucht.

Im Anschluß an Autoren wie Parsons und Luhmann hat die Untersuchung pädagogischer Einrichtungen (Schulen, Heime) als institutionelle Systeme immer mehr Verbreitung gefunden. In den alten Theorien des «pädagogischen Bezugs», etwa bei Nohl (→ Verhältnis, pädagogisches), oder in der didaktischen Literatur fanden die Probleme der Institution und ihre Auswirkungen auf «pädagogische» Probleme ursprünglich keine Berücksichtigung. Die Beschreibung und Kritik institutioneller Aspekte fand erst seit etwa 1960 zunehmend Interesse. Mit der vermehrten Rezeption sozialwissenschaftlicher Theorien war immer häufiger auch von der «institutionellen Dimension» und dem «Systemaspekt päd-

Institution 739

agogischer Einrichtungen» die Rede. Allerdings sind nur sehr wenige systematische Versuche unternommen worden, pädagogische institutionelle Systeme systematisch zu analysieren. So hat FINGERLE (vgl. 1973) eine Systemtheorie der Schule zu entwickeln versucht.

Sowohl unter Rückgriff auf psychoanalytische Konzepte als auch auf die marxistische Kritik der Institutionsbegriffe ist es zu einer verbreiteten Kritik pädagogischer Institutionen gekommen. Dabei steht die Spannung zwischen pädagogischer Intention (→ «Emanzipation», «Ich-Entwicklung», «selbstbestimmtes Lernen») und institutionellen Zwängen oder tatsächlichen gesellschaftlichen Funktionen der Erziehungsinstitutionen im Mittelpunkt. So ist die Abwehr unerwünschter Affekte und Triebimpulse durch institutionelle Rituale untersucht worden (vgl. WELLENDORF 1973). ALTHUSSER (vgl. 1973) hat die Ambivalenz schulischen → Lernens analysiert, das einerseits der Entfaltung von «Fähigkeiten» diene, dies aber andererseits in Formen tue, die die gesellschaftliche Unterwerfung des Absolventen und die herrschende Ideologie sichern. Im Mittelpunkt derartiger Kritiken stehen besonders *staatliche* pädagogische Institutionen, vornehmlich die Schule. Hier wird die Tradition der Rechtstheorie in der Nachfolge von Hauriou aufgegriffen (der Staat als «Institution der Institutionen»).

Auch die Tradition der «negierten Institution» wird in der Pädagogik aufgegriffen. Neben der prinzipiellen Negation vor allem schulischer Institutionen, die ILLICH (vgl. 1973) unter dem Schlagwort → «Entschulung der Gesellschaft» weltweit vertreten hat, ist vor allem von LAPASSADE (vgl. 1972) und MANNONI (vgl. 1976) das Konzept der → «Antipädagogik» in Parallele zur «Antipsychiatrie» entwickelt worden. Die institutionelle pädagogische Praxis der Betroffenen (Kinder, Jugendliche, Lernende), die die bestehenden Institutionen umgeht oder sprengt und durch das Prinzip der permanenten Negation jeder (auch der selbstproduzierten) neuen institutionellen Fixierung bestimmt ist, tritt in den Mittelpunkt.

In der Arbeit an der Spannung zwischen einerseits der *theoretischen Klärung* des Institutionsbegriffs und andererseits der Aufdeckung der Wahrheit pädagogischer Institutionen durch *praktische Intervention* (der individuellen und kollektiven Betroffenheit durch die – weitgehend undurchschauten – Institutionen) liegt eine Chance der konkreten Weiterarbeit an der Klärung der Frage: Was sind pädagogische Institutionen?

ALTHUSSER, L.: Marxismus und Ideologie, Berlin 1973. BASAGLIA, F. (Hg.): Die negierte Institution oder Die Gemeinschaft der Ausgeschlossenen, Frankfurt/M. 1973. BERGER, P./LUCKMANN, TH.: Die gesellschaftliche Konstruktion der Wirklichkeit, Frankfurt/M. 1969. BERNFELD, S.: Sisyphos oder die Grenzen der Erziehung (1925), Frankfurt/M. 1967. DURKHEIM, E.: Die Regeln der soziologischen Methode, Neuwied 1961. FINGERLE, K.: Funktionen und Probleme der Schule. Didaktische und system-

740 Integration

theoretische Beiträge zu einer Theorie der Schule, München 1973. GEHLEN, A.: Urmensch und Spätkultur, Bonn 1956. GOFFMAN, E.: Encounters. Two Studies in the Sociology Interaction, Indianapolis 1961. GURVITCH, G.: La vocation actuelle de la sociologie, Bd. 1, Paris 1963. HAURIOU, M.: Die Theorie der Institution, Berlin 1965. ILLICH, I.: Entschulung der Gesellschaft, Reinbek 1973. JAEGGI, U.: Institution – Organisation. In: Wulf, Ch. (Hg.): Wörterbuch der Erziehung, München 1974, S. 308 ff. LAPASSADE, G.: Gruppen, Organisationen, Institutionen, Stuttgart 1972. LUHMANN, N.: Rechtssoziologie, Reinbek 1972. MALINOWSKI, B.: A Scientific Theory of Culture, Chapel Hill 1944. MANNONI, M.: «Scheißerziehung». Von der Antipsychiatrie zur Antipädagogik, Frankfurt/M. 1976. MEAD, G. H.: Geist, Identität und Gesellschaft, Frankfurt/M. 1968. MEHAN, H.: Structuring School Structure. In: Harv. E. Rev. 48 (1978), S. 32 ff. MOLLENHAUER, K.: Theorien zum Erziehungsprozeß, München 1972. PARSONS, T.: The Social System, New York 1951. SCHELSKY, H. (Hg.): Zur Theorie der Institution, Düsseldorf 1970. SCHMITT, C.: Über die drei Arten des rechtswissenschaftlichen Denkens, Hamburg 1934. WELLENDORF, F.: Schulische Sozialisation und Identität. Zur Sozialpsychologie der Schule als Institution, Weinheim/Basel 1973.

Franz Wellendorf

Institution, totale → Institution
Institutionalisierung → Institution
Institutionenangst → Angst
Instruktion, programmierte → Bildungstechnologie;
    → Leistungsbeurteilung – Leistungsversagen
Instruktionsforschung → Lehr-/Lernforschung

Integration

Gesellschaftliche Relevanz. Der Integration wird mit dem gesellschaftlichen Aufbruch zu Reformen seit den 60er Jahren auch in der bildungspolitischen, erziehungswissenschaftlichen und didaktischen Diskussion eine immer größere Bedeutung zugedacht (vgl. BAUMERT 1983; vgl. DEUTSCHER BILDUNGSRAT 1969, 1970, 1974; vgl. KULTUSMINISTER NORDRHEIN-WESTFALEN 1972). Mit dem Integrationsbegriff werden inhaltliche Probleme gesellschaftlicher Entwicklung aufgenommen und in ihren Voraussetzungen, Auswirkungen und Lösungsmöglichkeiten für Bildungsprozesse untersucht. Im vielfältigen Gebrauch des Begriffs und seiner Varianten ist oft ein indifferentes Suchen nach problemlösenden Auswegen angezeigt. Meistens hat der Integrationsbegriff eine positive Bedeutung: Er wird auf für sinnvoll gehaltene Lebenszusammenhänge bezogen, die insbesondere in den Grenzen der industriellen Produktion unserer wissenschaftlich-technischen Zivilisation über einen gefühlten Mangel hinaus immer erkennbarer werden. In Wissenschaft und Technik werden integrative Problemlösungsstrategien entwickelt, die über das bisher vorherrschende Analyseparadigma auswegsuchend hinausgehen.

Für die Schulreform in der Bundesrepublik Deutschland in den 60er und 70er Jahren wurde Integration im «Strukturplan für das Bildungswesen» als inhaltliche Perspektive ausgewiesen (vgl. DEUTSCHER BILDUNGSRAT 1970, S. 147ff). Entworfen wurde ein einheitliches, horizontal gestuftes und differenziertes Bildungswesen. → Differenzierung und Integration werden als wechselwirksam miteinander verbundene Prinzipien gesehen; der Integration wird insgesamt die regulative Funktion zugedacht (vgl. DEUTSCHER BILDUNGSRAT 1970, S. 30ff, S. 36f, S. 70, S. 91ff, S. 143, S. 147, S. 150ff, S. 159ff, S. 166ff). Die Weiterentwicklung des Schulsystems forderte der Deutsche Bildungsrat aus einem Zusammenhang, der als Aufstiegsdruck des neuen Mittelstandes längst gesellschaftliche Bedeutung erlangt hatte. Aufgrund bildungsökonomischer und gesellschaftspolitischer Forderungen sollten alle Lernenden durch ein integriertes → Curriculum mit differenzierten Lernangeboten zu individueller Entfaltung allseits gefördert werden. Praktisch erprobt wurden die Reformentwürfe unter wissenschaftlicher Anleitung und Kontrolle sowie in politischer Bewertung zunächst hauptsächlich in neuen Schulformen, insbesondere in Versuchen mit integrierten Gesamtschulen, mit Kollegschulen in Nordrhein-Westfalen, der einphasigen Lehrerausbildung in Osnabrück und Oldenburg sowie einer einphasigen Juristenausbildung in Bremen.

Die in den 80er Jahren wirksame bildungspolitische Verhinderung des Aufbaus weiterer integrierter Schulen hat aber die innere Schulreform nicht blockiert, mit der, vielfältige Erfahrungen aus Versuchsschulen nutzend, das Schulleben in den bestehenden Schulformen integrativ gestaltet wird: mit Projekttagen und -wochen, der Verbindung von Projektlernen mit Fachunterricht, mit Wochenarbeitsplänen für Schüler, der Förderung individueller Lernentwicklung, Berufspraktika, Doppelqualifikationen, Lernen in der Umwelt, Schüler lernen in Kleingruppen, Arbeit in Lehrteams, der Integration Behinderter in die normalen Regelschulen (→ Sonderpädagogik).

Definition. In der *Didaktik* (→ Didaktik, allgemeine) ist mit dem Integrationsbegriff ein Problemzusammenhang bezeichnet, für den durch eine wechselseitige Kritik von didaktischen Theorien und Modellen mit ihren Realisierungen notwendige und inhaltkonstituierende Theorie-Praxis-Zusammenhänge (→ Theorie – Praxis) in gesellschaftlicher Interdependenz entwickelt werden. In *methodologischem* Anspruch ist dabei Integration mehr als nur ein Zugleich von Bewegungen und Zustand sowie aus sozialwissenschaftlicher Kritik anderes als die Förderung lernender Menschen zu einer gleichmachenden Vergesellschaftung ohne indivi-

742 Integration

duelle Entwicklungsmöglichkeiten. Mit Integration *im Sinne einer kritischen Theorie der Pädagogik* wird das methodologische Verdichten von «Integrieren» (als Bewegen, Entwickeln, Planen) und «Integrat» (als Zustand, Fähigkeit, Reflexion) zu einer struktur-strategischen Einheit, dem «Integrativ», verstanden. In ihm bleiben die für einen pädagogischen Handlungszusammenhang relevanten Teile, Situationen, Personen sowie die zwischen ihnen prozeßkonstituierenden Wechselwirkungen unterscheidbar, notwendig aufeinander bezogen und sind im interessenorientierten gesellschaftlichen Zusammenhang kontinuierlich und partiell zu individueller Bildungsentwicklung veränderlich.

Historische Grundlegung. Integration ist eine gesellschaftlich entwikkelte Kategorie: In der Idee zu → Aufklärung als Freisetzung des Menschen zu sich selbst, seine Mündigkeit zu realisieren und seinen Verstand ohne Leitung eines anderen zu gebrauchen, gründet der «utraquistische Widerstreit». In diesem *integrativen Zugleich von Zweck und Mittel* werden die Menschen zu Arbeitskraft, sind aber niemals nur als Ware Arbeitskraft zu gebrauchen, weil sie Subjekte bleiben, um derentwillen letztlich entwickelt wird, was sie auch zum Mittel werden läßt. Diese bis heute wirksame Spannung resultiert aus widerstreitenden gesellschaftlichen Ansprüchen an eine allgemeine Menschenbildung einerseits und eine überwiegend ökonomisch verwertbare Spezialbildung andererseits (vgl. ADORNO 1966, S. 252f; vgl. BLANKERTZ 1979; vgl. KANT 1904, S. 33; → Allgemeinbildung – Berufsbildung). Mit der Industrialisierung und Urbanisierung und dem daraus folgenden Aufbrechen überlieferter Sozialordnungen und ihrer lokalen Lebenswelten wuchsen in Westeuropa im 19. Jahrhundert durch eine zunehmende ökonomische und verkehrstechnische Verflechtung größere Regionaleinheiten. Diese Entwicklung im zunächst kleinstaatlich organisierten Deutschland war einbezogen in einen überregional, ökonomisch-infrastrukturell und national-politisch fortschreitenden, von England über Frankreich nach Deutschland übergreifenden Integrationsprozeß. Ihm folgte die Verstaatlichung im modernen Sinne. Die gesamtgesellschaftliche integrative Entwicklung zu einer industriestaatlich-kapitalistischen Wirtschaftsordnung war vernetzt mit der Entwicklung des bis heute im Prinzip dominierenden dreigliedrigen Schulsystems (vgl. LESCHINSKY/ROEDER 1976).

Erstmals dann in der Weimarer Republik stand der Gesamtaufbau des Schulsystems regierungsoffiziell auf der Reichsschulkonferenz 1920 zur Debatte. Höheres und niederes Schulwesen sollten zu einer Einheit zusammengefügt werden. Durchgesetzt werden konnte damals jedoch nur die vierjährige Grundschule (vgl. LESCHINSKY 1983, S. 181). Seit jener Zeit ist die *Integration aller Schulformen* zu einer Einheitsschule bildungspolitisch immer wieder gefordert worden. In diesem Sinne wird in unserer zur Demokratie verfaßten Gesellschaft insbesondere in Kolleg-schulen eine Integration von Allgemein- und Berufsbildung zu realisie-ren versucht (vgl. BLANKERTZ 1983); und in integrierten Gesamtschulen soll bei aller individuellen Förderung ein einheitlicher, allgemeiner und wissenschaftsorientierter Grundbestand an Wissen und gesellschaft-licher Orientierung allen Kindern und Jugendlichen nicht nur formell zugesichert, sondern durch sozialstaatliche Unterstützung auch erreich-bar sein (vgl. BAUMERT 1983; vgl. FEND 1982; vgl. Grundgesetz Art. 20, Abs. 1 und Art. 28, Abs. 1).

Systemisch begriffen ist das seit dem 18. Jahrhundert expandierende Bildungswesen gesamtgesellschaftlich einerseits *additiv integrierend:* Immer mehr Menschen werden für immer mehr Lebensbereiche einer immer längeren Beschulung eingeordnet. Andererseits entspricht die mit der wissenschaftlich-technischen Industrialisierung unter bürgerlich-kapitalistischer Perspektive einhergehende Differenzierung des Bil-dungswesens in hierarchisch geordnete, gegeneinander abgeschlossene Schulformen der sozialen Schichtung (→ Schicht, soziale): Gesamtge-sellschaftlich ist dies eine *relativierend komplementäre Integration*. Das in gesellschaftlicher Funktion expansive und differenzierte dreigliedrige Schulsystem ist bis heute bildungspolitisch regulierend, wenngleich im Bewußtsein unserer Zeit aus dem gesetzlich verfaßten Recht auf Bil-dung für jedermann ein *integrativer Bildungsanspruch* immer selbstbe-wußter zu realisieren versucht wird. Wurden zunächst immer mehr Men-schen in die Schulen staatlich hineinverpflichtet, so erfolgt heute, nach Realisierung der allgemeinen Schulpflicht, eine subjektive, vertikal auf-steigende Expansion innerhalb des Schulsystems: Immer mehr Ler-nende streben in höherqualifizierende Schulformen und Schulstufen. Auch greift innerschulisches Lernen und Arbeiten immer vielfältiger in integrativer Absicht über den traditionell gefächerten, vielfach ge-brochenen und verwalteten Lehr-Lern-Prozeß in kritischen Entwürfen hinaus. Schulisches Handeln und außerschulisches Leben werden um-fassender miteinander verknüpft: Zur Förderung individueller Lern-fortschritte werden gesellschaftliche Probleme, Berufswelt und soziale Einrichtungen vor Ort erfahren. Immer häufiger werden individuelle Lebenskultur, emotionale Lebensmöglichkeiten und neue Sozialformen in den Schulalltag hineingenommen.

Integration als konstitutives Regulativ der Theorieentwicklung in der Didaktik. Auch die Theorieentwicklung der Didaktik erfolgt in enger Verknüpfung von gesellschaftlichen Erfordernissen mit der wissen-schaftsinternen Dynamik. In diesem Implikationszusammenhang können scheinbar isoliert ablaufende Prozesse didaktischer Theorieentwicklung interpretiert werden. So sind im systematisierenden Erkenntnisinteresse

744   Integration

in didaktischen Theorien und Modellen folgende drei Ansätze zur Entwicklung einer integrativen Didaktik auffindbar:

Erstens: *Additiv integrierende Voraussetzungen.* Sie sind bereits dem während der restaurativen Gründungsphase der Bundesrepublik vorherrschenden geisteswissenschaftlichen, hermeneutisch-pragmatischen Theorieverständnis inhärent. Hiernach war von einem in der Erziehungswirklichkeit vorgegebenen Lehrgefüge und seinen Bedingungen auszugehen, hatte die Begriffsbildung in enger Fühlung mit der Praxis zu erfolgen, waren «Wirklichkeit» und «Praxis» als durchgängig geschichtlich aufzufassen und galt ein komplexer Zusammenhang als vorausgesetzt, so daß auf Ableitungen aus wenigen obersten Prinzipien, Axiomen oder Grundwahrheiten zu verzichten ist (vgl. Benner 1973, S. 203 ff; vgl. Blankertz 1975, S. 31; vgl. Blankertz 1982, S. 262 ff).

Die an diesen didaktischen Überlegungen geführte methodologische Kritik weist aus, daß sie der Erziehungswirklichkeit in subjektiv-hermeneutischer Auslegung affirmativ verhaftet blieben; sie waren der Erziehungswirklichkeit additiv integriert. Kritisiert wurden der Mangel an empirisch-pädagogischer Forschung, das Fehlen eines Kriteriums zu historisch notwendiger Unterscheidung und an Kompetenz zu kritisch-konstruktivem Handeln (vgl. Benner 1973, S. 203 ff; vgl. Blankertz 1975, 1979; vgl. Blankertz 1982, S. 289 ff; vgl. Klafki 1985, S. 31 ff).

Für die Bildungsreform in den 60er und 70er Jahren waren → Bildungsplanung (vgl. Becker 1971) und empirisch-pädagogische Forschung in besonderer Weise bedeutsam. Der an diesem Zusammenhang interessierten Didaktik war für die Weiterentwicklung didaktischer Theorie das Problem gestellt, das Empiriedefizit durch eine «realistische Wendung in der pädagogischen Forschung» zu einer datenverarbeitenden Integrationswissenschaft zu überwinden (vgl. Roth 1964, 1971). Als Integrationsaspekt galt Mündigkeit (vgl. Roth 1964, S. 188 f; vgl. Roth 1965, S. 207 ff). Unter einer integrierenden Fragestellung sollten Erkenntnisse aus den Erfahrungswissenschaften vom Menschen sowohl in gegenseitigen Austausch gebracht als auch auf ihre wechselseitige Abhängigkeit überprüft werden (vgl. Roth 1965, S. 207 ff). Eine methodologisch begründete Integration von empirisch-analytisch ermittelter → Bildsamkeit und historisch-hermeneutisch grundgelegter Bildungsbestimmung als Auslegung postulierter Mündigkeit gelang nicht. In systematischer Bewertung verblieb der expansive Zugriff auf Erkenntnisse der Erfahrungswissenschaften in additiv komplementärer Tendenz auf Integration nur unvermittelt und fremdwissenschaftlich widerständig. Kritisiert wurden Tendenzen zur Desintegration der → Pädagogik in eine Vielzahl von Teilwissenschaften, zur Eliminierung des pädagogischen Handlungsinteresses aus der pädagogischen Forschung und zur Trennung von Handlungstheorie und Empirie (vgl. Benner 1973, S. 261 ff).

Zweitens: *Differenzierte Weiterentwicklung didaktischer Theorie als relativierende Integration.* Im Bewußtsein der kritisierten Mängel wurden zur Zeit des gesellschaftlichen Aufbruchs in den 60er Jahren in einem «sukzessiven Nebeneinander» neue didaktische Theorien und Modelle entworfen (vgl. BENNER 1973; vgl. BLANKERTZ 1975). Sie nahmen schwerpunktmäßig unterschiedliche Inhaltsaspekte der historischen Situation auf:

– Die *bildungstheoretische Didaktik* thematisierte das Problem der Bildungsinhalte und ihre Organisation in Lehrplänen im Interesse an «kategorialer Bildung», verstanden als dynamische Beziehung zwischen dem sich entwickelnden Menschen als Subjekt und der jeweils historischen Wirklichkeit als Objekt, wobei beide Seiten als Momente eines einheitlichen Prozesses gesehen wurden (vgl. BLANKERTZ 1975, S. 28 ff; vgl. KLAFKI 1958, 1964, 1985; vgl. WENIGER 1975, S. 199 f).

– Die *informationstheoretisch-kybernetische Didaktik* war orientiert an positivistischer Wissenschaft. Als vorgeblich von keiner traditionellen Pädagogik belasteter Neuansatz thematisierte sie im Anspruch auf Strenge und Exaktheit das Informieren sowie Verhaltenssteuern der Lernverläufe durch empirische Kontrolle zum Zweck der Effektivitätssteigerung (vgl. BLANKERTZ 1975, S. 51 ff; vgl. v. CUBE 1968; vgl. FRANK 1969).

– Die *lerntheoretische Didaktik* war orientiert an einer pluralistisch organisierten Gesellschaft. Dementsprechend sollte dieser Ansatz zu einem wertfreien – normativ, programmatisch und inhaltlich nicht festgelegten – System aller interdependent wirkenden Unterrichtsfaktoren auf kategorial-analytischer Grundlage entwickelt werden (vgl. HEIMANN u. a. 1979).

Die beiden letztgenannten Ansätze waren methodologisch im Wertfreiheitspostulat aktuellen positivistischen Strömungen der 60er Jahre verhaftet und schienen dadurch integrationsfähig, für Schulreformprobleme Lösungen finden zu können. Doch verloren beide Ansätze im von ihnen definierten Lernbegriff an Integrationspotential: Zum einen wurde in seiner zweckrational-technischen Verengung der Anspruch auf Sinnfindung einer praktischen Erziehungswissenschaft aufgegeben, der im Bildungsbegriff noch aufgehoben war. Zum anderen wurde in dieser Aspektbegrenzung die Komplexität des Theorie-Praxis-Zusammenhangs von Didaktik als Teil gesellschaftlicher Praxis vernachlässigt.

Beide Reduktionen wurden in den 70er und 80er Jahren in der Didaktik überwunden oder blieben ohne Einfluß:

– Revidiert wurde die lerntheoretische Didaktik: Sie wurde auf «Kompetenzsteigerung in Verbindung mit Emanzipationsförderung als solidarische Hilfe» verpflichtet (SCHULZ 1972, S. 162). Damit wurde diese

746   Integration

Didaktik als lehrtheoretische der Weiterentwicklung bildungstheoretischer Didaktik angenähert und wie diese in einen prinzipiell nicht abschließbaren Wissenschaftsprozeß von hermeneutischer Theorieentwicklung und empirischer Forschung gestellt (vgl. BLANKERTZ 1975, S. 116f; vgl. SCHULZ 1980).

– Die aus dem Kontext bildungstheoretischer Didaktik entwickelten Konzepte *kritischer, kritisch-kommunikativer* und *kritisch-konstruktiver* Didaktik (vgl. BLANKERTZ 1979; vgl. KLAFKI 1985; vgl. MOLLENHAUER 1968, 1972; vgl. SCHÄFER/SCHALLER 1971) entfalteten als kritisches Regulativ für gesellschaftlich notwendige Unterscheidungen das historisch grundgelegte Motiv zu →Emanzipation und Mündigkeit: Diese sei zum «Maßstab nicht willkürlich gesetzt, sondern in der Eigenstruktur der Erziehung enthalten» (BLANKERTZ 1982, S. 306f; vgl. MOLLENHAUER 1968).

Unter methodologischem Gesichtspunkt verdeutlichen die «historisch durchgeführten Grundlegungsversuche zur Wissenschaft von der Erziehung», daß «keine szientistische Konstruktion einer besseren und zugleich realisierbaren Welt erwartet werden» kann (BLANKERTZ 1982, S. 306). Sie verdeutlichen auch das Problem pädagogischer Theorie auf der Suche nach einer überempirischen Sinnbestimmung, die im Sinne intersubjektiver Prüfbarkeit zu behandeln ist (vgl. BENNER 1973, S. 301f; vgl. BLANKERTZ 1979, S. 39f). Die historisch herausgearbeitete überempirische Sinnbestimmung wird in Mündigkeit gesehen, die als unbedingtes orientierendes Regulativ einer «kritischen Theorie der Gesellschaft» (vgl. ADORNO 1966, HABERMAS 1968, HEYDORN 1972, HORKHEIMER 1968, HORKHEIMER/ADORNO 1969) und damit integrierendes Kriterium für gesellschaftliche Entwicklung ist. Mündigkeit als Wertorientierung für Didaktik ist der Differenz zwischen Anspruch und Wirklichkeit immanent und ist in einem Prozeß intersubjektiver Vergewisserung herauszuarbeiten. Zu integrativem Regulativ wird Mündigkeit, wenn die subjektive Vernünftigkeit der Fragestellung empirischer und hermeneutischer Verfahren an dem gemessen wird, was objektiv möglich ist (vgl. BLANKERTZ 1979, S. 41; vgl. MOLLENHAUER 1968, S. 68). Nicht aus der Addition der Verfahren ergibt sich der integrative Zusammenhang didaktischen Handelns. Erst in der strukturstrategischen Dialektik von überempirischer Sinnorientierung und intersubjektiver Erfahrungsvergewisserung werden Möglichkeiten zur Weiterentwicklung bildungsorientierter Didaktikentwürfe eröffnet, mit denen die methodologische Aporie aus sich relativierenden Didaktikansätzen überwunden werden kann. Im Mündigkeitsbegriff gelangen Grundgedanken aus der geisteswissenschaftlichen Pädagogik zu neuer Auslegung: Sie sind nun nicht mehr nur auf die Besserung des je einzelnen jungen Menschen bezogen, sondern im Sinne von Selbstbestimmung, Mitbestimmung und Solidarität zugleich auf den Zusammenhang von Individuum und Gesellschaft (vgl. KLAFKI 1985; vgl. SCHULZ 1980). Erziehen als Dialektik von individueller und gesellschaftlicher Emanzipation wird zu konstitutiver Bedingung pädagogischen → Handelns im Medium diskursiver und interaktiver → Kommunikation. In diesem Sinne sind didaktisches und kommunikatives Handeln integriert (vgl. MOLLENHAUER 1972). Das Interesse ist darauf gerichtet, über das gesellschaftlich-kommunikative Handeln des «Zöglings» auf Zustand und Wandel der Gesellschaft und ihrer Verhältnisse einzuwirken (vgl. SCHÄFER/SCHALLER 1971).

Drittens: *Herausforderungen zu einer integrativen Didaktik.* In der Teilnahme an der Bildungsreform seit den 60er Jahren wurde auch der kritisierte Mangel an konstruktiver Handlungskompetenz in der Didaktik zu überwinden versucht. Beteiligt daran waren hauptsächlich diejenigen, die ihr eigenes kritisches Urteil an die Verpflichtung gebunden hatten, Mündigkeit durch Emanzipation fördern zu wollen. Allerdings hatten, begünstigt durch ein technokratisch orientiertes staatliches Planungsinteresse, vorübergehend behavioristische Konzepte des lernzielorientierten Lernens und Taxonomierungsversuche für den Bereich kognitiver → Lernziele sowie Versuche zur Deduktion von Unterrichtszielen aus komplexeren gesellschaftlichen Zielen größeren Einfluß (vgl. BLANKERTZ 1975; vgl. MEYER 1972). Zwischen dem mehr technologisch-pragmatischen Ansatz und dem einer Curriculumforschung als Bildungsplanung im Sinne der Realisierung des Bürgerrechts auf Bildung für alle Staatsbürger schwankte Didaktik zunächst, einhergehend mit einem erstaunlichen Defizit an Theoriebewußtsein (vgl. BLANKERTZ 1975, S. 163 ff). Erst in einem zweiten Schritt der → Reform entfalteten systemkritisch beabsichtigte Konzepte, getragen von Studentenrevolte und aufbegehrender › Jugend sowie orientiert an Positivismusstreit und Marxrezeption eine herausfordernde gesellschaftsbewegende Unruhe (vgl. ADORNO u. a. 1969; vgl. HUISKEN 1972).

Für Versuche mit integrierten Gesamtschulen und Kollegschulen wurde insbesondere in Nordrhein-Westfalen das im Strukturplan des Deutschen Bildungsrats definierte Prinzip der Integration versuchsanleitend. Aus bildungspolitischer Absicht wurde der integrative Zielrahmen für beide Versuche in die organisatorische, inhaltlich-curriculare und soziale Integration dimensioniert (vgl. GRUSCHKA/SEMMERLING 1977; vgl. KULTUSMINISTER NORDRHEIN-WESTFALEN 1972). Die Versuchsentwicklungen führten insbesondere im Blick auf die bildungspolitischen Vorstellungen zur sozialen Integration in beiden Schulformen zu ähnlichen, wenngleich schulstufenadäquaten konzeptionellen Perspektiven für schulische Bildungsgänge von Kindern und Jugendlichen:

Für die Bildungsgänge in integrierten Gesamtschulen bekamen im Versuch entwickelte Vorstellungen von einem emanzipatorischen sozia-

748 Integration

len Lernen (→Lernen, soziales) paradigmatisch orientierende Funktion. Intendiert ist die ausgewogene Entwicklung von kognitiven, emotionalen und sozialen Fähigkeiten zur Förderung von individueller und sozialer →Identität. Um diese Ansprüche realisieren zu können, werden seit Mitte der 70er Jahre Lernkonzepte erprobt, in denen fachunterrichtlich gestellte Aufgaben in organisatorisch unterschiedlichen Lernsituationen und einer kommunikativen Verständigung mit den Betroffenen in individuelle Lernentwicklungsaufgaben umformuliert werden, um sie mit einer größeren Entfaltung von subjektiven Interessen der Lernenden und durch eine angemessene Berücksichtigung ihrer individuellen Lernbedingungen erfolgreicher lösen zu können.

In ähnlicher Bildungsorientierung reguliert in den Kollegschulen die integrierende Struktur der curricularen Schwerpunkte das Lernen in den doppeltqualifizierenden Bildungsgängen. Die allgemein gestellten Unterrichtsaufgaben sind von den Kollegiaten in einzelne, zeitlich aufeinanderfolgende individuelle Entwicklungsaufgaben aufzulösen, um bei der Lösung der so umformulierten Entwicklungsaufgaben schrittweise berufliche Identität und Fähigkeiten zu beruflichem Handeln in gesellschaftlichem Kontext entwickeln zu können (vgl. Blankertz 1983; vgl. Schenk 1983).

Die Erfahrungen und Erkenntnisse aus den Schulversuchen verdeutlichen über die sich relativierenden Partialdidaktiken hinausweisend eine methodologische Möglichkeit zur Weiterentwicklung didaktischer Theorie, und zwar als integrativen Zusammenhang von erfahrungswissenschaftlichen, ideologiekritischen und bildungstheoretisch-hermeneutischen →Methoden (vgl. Klafki 1985, S. 46 ff). Die zunächst von den Einzelaspektdidaktiken jeweils behauptete methodologische Orientierung verlor ihren progressiven Gehalt in dem Maße, wie die Einzelaspekte in der konstruktiven Teilnahme an der gesellschaftlich herausgeforderten und bildungspolitisch instrumentierten Bildungsreform der 60er und 70er Jahre im problematisierten Bildungszusammenhang erkenntnistheoretisch aufgearbeitet wurden. Aus der methodologisch zwischen den Einzelaspekten geführten Kritik ist erkennbar, daß diese Bewegung eine integrationsstrategische Einheit ergibt. In den jeweils kritisch überprüften anderen Positionen wird die eigene ergänzt. Die Integration von historisch-hermeneutisch verstandener bildungspolitischer Situation und erfahrungswissenschaftlich gewonnenen Erkenntnissen ist durch ein ideologiekritisches Vorgehen am Kriterium Mündigkeit vermittelt.

Im Sinne dieser Methodenintegration bedürfen die aus integrativen Lernkonzepten entwickelten didaktischen Ansätze weiterer wissenschaftstheoretischer und methodologischer Ausarbeitung ihres Theorie-Praxis-Verständnisses zu einer integrativen Didaktik, um Aporien aus reduktionistischen deskriptiv-technischen oder präskriptiv-pragmatischen Ansätzen aufzuklären und vermeidbar zu machen. Bewahrt werden können die historisch grundgelegten emanzipativen Implikate in einer kontinuierlichen, an gesellschaftlichen Problemen orientierten, integrationsstrategisch geführten Weiterentwicklung didaktischer Konzepte im Horizont der Methodenintegration, um in einem kritisch-konstruktiven Lernprozeß durch Teilhabe an gesellschaftlicher Entwicklung von für notwendig und sinnvoll gehaltenen Lebenszusammenhängen mit den in wissenschaftlicher Arbeit zu paradigmatischen Orientierungen entwickelten Integrationsperspektiven zukunftsorientiert zu verbinden. Hierfür sind zu empirisch ermittelten Aufgaben schulischen Lehrens und Lernens von der Didaktik kritisch-theoretische Zusammenhänge herauszuarbeiten, die Lösungen für ein demokratisch zu organisierendes Schulsystem aus der Differenz von Mündigkeitsanspruch und gesellschaftlicher Wirklichkeit in pädagogischer Theorie und ihrer Praxis ermöglichen.

ADORNO, TH. W.: Negative Dialektik, Frankfurt/M. 1966. ADORNO, TH. W. u. a.: Der Positivismusstreit in der deutschen Soziologie, Neuwied/Berlin 1969. BAUMERT, J. (in Zusammenarbeit mit J. Raschert): Gesamtschule. In: Enzyklopädie Erziehungswissenschaft, Bd. 8, Stuttgart 1983, S. 228ff. BECKER, H.: Bildungsforschung und Bildungsplanung, Frankfurt/M. 1971. BENNER, D.: Hauptströmungen der Erziehungswissenschaft, München 1973. BLANKERTZ, H.: Theorien und Modelle der Didaktik, München [9]1975. BLANKERTZ, H.: Kritische Erziehungswissenschaft. In: Schaller, K. (Hg.): Erziehungswissenschaft der Gegenwart. Prinzipien und Perspektiven moderner Pädagogik, Bochum 1979, S. 28ff. BLANKERTZ, H.: Die Geschichte der Pädagogik, Wetzlar 1982. BLANKERTZ, H.: Lernen und Kompetenzentwicklung in der Sekundarstufe II. Abschlußbericht der Wissenschaftlichen Begleitung Kollegstufe NW zur Evaluation der vier doppeltqualifizierenden Bildungsgänge des Kollegversuchs, Mimeo, Münster 1983. CUBE, F. v.: Kybernetische Grundlagen des Lernens und Lehrens, Stuttgart 1968. DEUTSCHER BILDUNGSRAT: Einrichtung von Schulversuchen mit Gesamtschulen. Empfehlungen der Bildungskommission, Bonn 1969. DEUTSCHER BILDUNGSRAT: Strukturplan für das Bildungswesen. Empfehlungen der Bildungskommission, Bonn 1970. DEUTSCHER BILDUNGSRAT: Zur Neuorientierung der Sekundarstufe II. Konzept für eine Verbindung von allgemeinem und beruflichem Lernen. Empfehlungen der Bildungskommission, Bonn 1974. FEND, H.: Gesamtschule im Vergleich. Bilanz der Ergebnisse des Gesamtschulversuchs, Weinheim/Basel 1982. FRANK, H.: Kybernetische Grundlagen der Pädagogik, 2 Bde., Baden-Baden 1969. GRUSCHKA, A./SEMMERLING, R.: Gesamtschule – Kollegschule. Kontinuität einer Schulreform oder Kontinuierliche Schulreform? In: Haller, H.-D./Lenzen, D. (Hg.): Jahrbuch für Erziehungswissenschaft 1977/78, Stuttgart 1977, S. 185ff. HABERMAS, I.: Technik und Wissenschaft als «Ideologie», Frankfurt 1968. HEIMANN, P. u. a.: Unterricht – Analyse und Planung, Hannover, u. a. [10]1979. HEYDORN, H.-J.: Zu einer Neufassung des Bildungsbegriffs, Frankfurt/M. 1972. HORKHEIMER, M.: Traditionelle und kritische Theorie, Frankfurt/M. 1968. HORKHEIMER, M./ADORNO, TH. W.: Dialektik der Aufklärung, Frankfurt/M. 1969. HUISKEN, F.: Zur Kritik bürgerlicher Didaktik und Bildungsökonomie, München 1972. KANT, I.: Beantwortung der Frage: Was ist Aufklärung (1784). Werke, hg. v. der Königlich Preußischen Akademie der Wissenschaften,

750 Intelligenz

Bd. 3, Berlin 1904, S. 33 ff. KLAFKI, W.. Didaktische Analyse als Kern der Unterrichts-vorbereitung. In: D. Dt. S. 50 (1958), S. 450 ff. KLAFKI, W.: Das pädagogische Problem des Elementaren und die Theorie der kategorialen Bildung, Weinheim 1964. KLAFKI, W.: Neue Studien zur Bildungstheorie und Didaktik, Weinheim/Basel 1985. KULTUSMI-NISTER NORDRHEIN-WESTFALEN (Hg.): Kollegstufe NW. Strukturförderung im Bil-dungswesen des Landes Nordrhein-Westfalen, Heft 17, Ratingen/Kastellaun/Düssel-dorf 1972. LESCHINSKY, A.: Geschichte des Schulwesens im Sekundarbereich I. In: Enzyklopädie Erziehungswissenschaft, Bd. 8, Stuttgart 1983, S. 163 ff. LESCHINKSY, A./ ROEDER, P. M.: Schule im historischen Prozeß, Stuttgart 1976. MEYER, H. L.: Einfüh-rung in die Curriculum-Methodologie, München 1972. MOLLENHAUER, K.: Erziehung und Emanzipation, München 1968. MOLLENHAUER, K.: Theorien zum Erziehungspro-zeß, München 1972. ROTH, H.: Die realistische Wendung in der Pädagogischen For-schung. In: Röhrs, H. (Hg.): Erziehungswissenschaft und Erziehungswirklichkeit, Frankfurt/M. 1964, S. 179 ff. ROTH, H.: Empirische Pädagogische Anthropologie. Kon-zeption und Schwierigkeiten. In: Z. f. P. 11 (1965), S. 207 ff. ROTH, H.: Pädagogische Anthropologie. Bd. 1: Bildsamkeit und Bestimmung, Hannover u. a. ³1971. SCHÄFER, K.-H./SCHALLER, K.: Kritische Erziehungswissenschaft und kommunikative Didaktik, Heidelberg 1971. SCHENK, B.: Kollegschule. In: Enzyklopädie Erziehungswissenschaft, Bd. 9.2, Stuttgart 1983, S. 378 ff. SCHULZ, W.: Unterricht zwischen Funktionalisierung und Emanzipationshilfe. In: Ruprecht, H. u. a.: Modelle grundlegender didaktischer Theorien, Hannover u. a. 1972, S. 155 ff. SCHULZ, W.: Unterrichtsplanung, München/ Wien/Baltimore 1980. WENIGER, E.: Theorie der Bildungsinhalte und des Lehrplans. In: Weniger, E.: Ausgewählte Schriften zur geisteswissenschaftlichen Pädagogik, hg. v. B. Schonig, Weinheim/Basel 1975, S. 199 ff.

Rüdiger Semmerling

Integration (Behinderter) → Sonderpädagogik
Integration, soziale → Lernen, soziales

Intelligenz

Begriff. Es gibt eine ebenso traditionsreiche wie aktive Intelligenzfor-schung, ohne daß es gelungen wäre, den Begriff der Intelligenz so zu de-finieren, daß sich eine Definition hätte allgemein durchsetzen können. Dieser sonderbare Befund läßt sich leicht erklären. Die Intelligenz-forscher sind sich weitgehend einig geworden, wie die Intelligenz opera-tional zu definieren sei, das heißt durch welche Operationen die Intel-ligenzhöhe eines Menschen zu messen sei. Sprachlich umschreibende Definitionen versuchen demgegenüber vielfach, die Intelligenz als eine Fähigkeit neben anderen zu bestimmen und sie beispielsweise vom Ge-dächtnis abzuheben. Welche Art der Fähigkeit aber die Intelligenz aus-machen soll, ist umstritten. Um nur einige Beispiele zu nennen: Manche denken an die Lernfähigkeit, andere an die Abstraktionsfähigkeit, wie-der andere an die Problemlöse- oder an die Denkfähigkeit (→Denken).

Diese Liste ließe sich noch erweitern. Auf der anderen Seite gibt es Autoren, die die Intelligenz nicht für eine bestimmte Fähigkeit halten, sondern für eine Eigenschaft, die die Gesamtheit aller Fähigkeiten des Menschen charakterisiere, also eine Gesamtqualität der menschlichen Leistungs- oder Anpassungsfähigkeit oder dergleichen mehr sei. Nach Ansicht der meisten Forscher lohnt es nicht, diese Diskussion weiterzuführen, denn die meisten dieser Streitfragen lösen sich auf andere Weise.

Intelligenzquotient. Zur Messung der Intelligenz stehen heute viele →Tests, sogenannte Intelligenztests, zur Verfügung. Im großen ganzen herrscht Einigkeit darüber, welche Art von Aufgaben in solche Tests aufzunehmen ist. Dazu gehören zum Beispiel Analogien, Folgen, Begriffsbildungs- und Klassifikationsaufgaben, Matrizen, das Fortsetzen von Mustern und das Erklären von Wörtern. Konkrete Tests enthalten einen oder mehrere Aufgabentypen dieser Art, weil man die Lösung von Aufgaben des einen Typs aufgrund der Lösung von Aufgaben eines anderen Typs vorhersagen kann. Kurz nach der Jahrhundertwende entwickelte Binet die ersten Intelligenztests für Kinder. Für jede Altersstufe stellte er in der Regel sechs Aufgaben zusammen, die von genau 75 % der Kinder gelöst wurden, d. h. von den 25 % besten und den 50 % mittleren Kindern. Mit Hilfe dieser altersmäßig gestuften Skala von Aufgaben konnte er das erfassen, was er das Intelligenzalter (IA) des Kindes nannte, das höher oder niedriger als das Lebensalter (LA) sein konnte. Entsprechend sprach er dann von Intelligenzvorsprung und -rückstand. Später hat Stern den Intelligenzquotienten (IQ) eingeführt (IQ = IA/LA), der in den USA mit 100 multipliziert wurde. Ein normaler Intelligenzquotient hat danach den Wert 100, niedrigere Intelligenz erzielt kleinere, höhere Intelligenz größere Werte.

Heute wird der IQ in der Regel anders definiert. Man sorgt dafür, daß die Punkte, die die Probanden einer Altersgruppe erzielen, einer Gaußschen Glockenkurve, der Normalverteilung, entsprechen. Der Mittelwert wird dann gleich 100 gesetzt, während überdurchschnittliche Leistungen höhere und unterdurchschnittliche Leistungen entsprechend niedrigere Werte erhalten. Der IQ gibt demnach die Stellung des einzelnen, genauer: seinen Rangplatz in der Vergleichsgruppe wieder. Ein IQ = 100 besagt, daß der Proband genau in der Mitte liegt, dem Durchschnitt entspricht.

Struktur der Intelligenz. Spearman konnte statistisch zeigen, daß sich die intellektuellen Leistungen durch das Wirksamwerden spezifischer Faktoren sowie *eines* allen gemeinsamen Faktors erklären lassen. Er nannte letzteren den Generalfaktor g. Weiterentwicklungen der mathematisch-statistischen Verfahren führten in der Folge dazu, daß der Fak-

tor g der allgemeinen Intelligenz in mehrere unabhängige Faktoren aufgelöst erschien, in Faktoren wie etwa die des induktiven Denkens, des
verbalen, des numerischen oder des anschaulichen Denkens und dergleichen. Vernon und Cattell konnten später dagegen zeigen, daß eine hierarchische Struktur der Intelligenz der Realität noch besser angepaßt ist.
Im einzelnen fand Cattell, daß der g-Faktor in zwei Faktoren der fluiden
(g_f) und der kristallisierten (g_c) Intelligenz aufgespalten werden könne,
was später vielfach bestätigt wurde. Fluide Intelligenz wird durch Aufgabentypen erfaßt, in denen das Wissen keine entscheidende Rolle spielt,
in denen es vielmehr um Probleme geht, die durch Denkprozesse gelöst
werden können. Die kristallisierte Intelligenz ist dagegen «das Endpro-
dukt dessen, was flüssige Intelligenz und Schulbesuch gemeinsam hervorgebracht haben» (CATTELL 1973, S. 268). Gemessen wird sie demnach durch Wissens- und Wortschatztests.

Intelligenz und Lernen. Es gab schon früh Autoren, die Intelligenz und
Lernfähigkeit gleichgesetzt haben. Tatsächlich zeichnen sich Intelligen-
tere unter sonst gleichen Bedingungen meist auch durch mehr Wissen
aus, das sie ja gelernt haben müssen. Schließlich enthalten manche Intelligenztests auch heute noch Fragen zum allgemeinen Wissen.
    Nun ist aber Wissen und → Lernen nicht identisch. Wissen kann man
durch einzelne Fragen erfassen. Die Erfassung des Lernens erfordert
aber immer eine zweimalige Beobachtung, genauer gesagt: eine Veränderung zwischen zwei Zeitpunkten. Zwischen dem so erfaßten Lernen
und der Intelligenz gibt es keinen Zusammenhang, einfach weil es zwar
eine allgemeine Intelligenz, aber keine allgemeine Lernfähigkeit gibt
(vgl. WOODROW 1946). Inzwischen weiß man zwar, daß ganze Gruppen
von Lernaufgaben enger zusammengehören, sogenannte Gruppenfakto-
ren des Lernens bilden, doch kann nach wie vor keine Rede von einer
allgemeinen Lernfähigkeit sein.
    Die traditionellen schulischen Lernaufgaben hängen im Sinne eines
solchen Gruppenfaktors enger zusammen. Spricht man heute von Lern-
behinderung, so ist in der Regel eine Lernschwäche in bezug auf *schulisches* Lernen gemeint. Sie ist in der Regel durch eine Schwäche der
allgemeinen Intelligenz bedingt.

Intelligenz und Schulleistung. Man erwartet theoretisch, daß ein Intelligenztest weder perfekt mit dem Niveau der Schulleistungen übereinstimmt, weil er ja sonst ein Schulleistungs- und kein Intelligenztest wäre,
noch daß er überhaupt nicht in Beziehung zur Schulleistung steht. Vielmehr rechnet man mit mittelhohen Zusammenhängen. Diese Erwartung
bestätigt sich auch empirisch: Unter *Korrelation* versteht man ein Maß
für den linearen Zusammenhang zweier Variablen, wobei das Maß zwi-

Intelligenz 753

schen Null (kein Zusammenhang) und eins (perfekter Zusammenhang) variiert. Die Korrelation zwischen Intelligenz und Schulleistung beträgt im Durchschnitt 0,50 (WEINERT 1974, S. 772). Sie ist also wie erwartet mittelhoch.

Will man die Schulleistung voraussagen, so ist die Intelligenz nach dem fachspezifischen Vorwissen der beste Einzelprädiktor (vgl. GAGNÉ 1962). Anders ausgedrückt: Wenn es darum geht, die spätere Leistung in Mathematik oder Deutsch oder in einem anderen Fach vorherzusagen, so ist der beste Prädiktor dazu die heutige Leistung in Mathematik oder Deutsch oder in dem entsprechenden anderen Fach. Der zweitbeste Prädiktor ist aber die Intelligenz. Bei vorschulpflichtigen Kindern ist die Intelligenz notwendigerweise der beste Einzelprädiktor überhaupt. Alle anderen Persönlichkeitsvariablen des Kindes einschließlich →Motivation oder Sozialstatus tragen insgesamt weniger zur Vorhersage bei (vgl. KRAPP 1973).

Berufs- und Lebensbewährung. Unter sonst gleichen Bedingungen haben demnach hochintelligente Kinder bessere Chancen auf gute Schulabschlüsse. Das gilt sogar noch, wie Untersuchungen von Trost zeigen, für den Hochschulbereich und die Studienabschlüsse. Die sehr umfangreichen Längsschnittstudien von Terman zeigen darüber hinaus, daß Hochbegabte in vielerlei Hinsicht später im Vorteil sind: Sie haben im allgemeinen höhere Einkünfte, besser angesehene Berufe, sind zufriedener in Ehe und Familie, seltener neurotisch belastet, kurz: sind durchweg erfolgreicher (vgl. ANASTASI 1965). Das Gegenbild dazu liefert die Erforschung des Werdegangs ehemaliger Sonderschüler. Die schwachbegabten Schulentlassenen der Sonderschule für Lernbehinderte haben ganz erheblich geminderte Chancen, eine Berufsausbildung zu erhalten oder gar abzuschließen, und ein entsprechend größeres Risiko, arbeitslos zu werden (vgl. APPEL 1974, KLAUER u. a. 1963). Es gibt also unabweisbare Belege dafür, daß in unseren westlichen Kulturen ein Zusammenhang zwischen Intelligenz, Schulleistung sowie Berufs- und Lebenserfolg besteht.

Intelligenz und Problemlösen. Während manche Autoren die Intelligenz letztlich als Lernfähigkeit verstanden, gab es viele andere, die die Intelligenz mit der Problemlösefähigkeit gleichsetzten. Beispielsweise sah Stern die Intelligenz als die Fähigkeit, *neue* Aufgaben mit Hilfe von Denktätigkeiten zu lösen. Daß die Aufgaben, mit denen intellektuelle Leistungen beansprucht werden, für den jeweiligen Menschen neu sein müssen, wird bis in die Gegenwart betont (vgl. STERNBERG 1985). Dadurch heben sie sich beispielsweise von Wissensaufgaben ab, die lediglich die Reproduktion früher erworbenen Wissens erfordern. Der Neuig-

754 Intelligenz

keitscharakter soll gewährleisten, daß die Aufgabe nicht durch Wissensabruf gelöst werden kann, daß sie also zum *Problem* wird. Raaheim konnte indes nachweisen, daß der Neuigkeitscharakter auch nicht zu hoch sein darf. Wenn keinerlei Übertragungsleistungen mehr möglich sind, kommen nach seinen Untersuchungen auch keine intellektuellen Leistungen mehr ins Spiel. Das Problem darf also nicht ganz unvertraut sein. Die empirische Forschung zeigt nun allerdings, daß die Beziehungen zwischen Problemlösen und Intelligenz wider Erwarten *nicht* sehr eng sind (vgl. PUTZ-OSTERLOH 1981): Bei vielen Problemen erweist sich weniger die Intelligenz als das spezifische Vorwissen als wichtig (vgl. GREENO 1978).

Die Typologie der Probleme zeigt darüber hinaus, daß es eine große Zahl recht verschiedenartiger Probleme gibt. Nach allem, was wir wissen, muß man daher bezweifeln, daß es überhaupt so etwas wie eine Fähigkeit des Problemlösens gibt (vgl. DÖRNER/KREUZIG 1983). Wenn es zwar eine allgemeine Intelligenz, aber keine allgemeine Problemlösefähigkeit gibt, können die Beziehungen zwischen Intelligenz und Problemlösen nicht sehr eng sein.

Anlage und Umwelt. Die Kontroverse um den Einfluß von Erb- und Umweltfaktoren auf die menschliche Intelligenz ist ideologisch und politisch stark belastet, was die empirische Forschung nicht erleichtert (vgl. KLAUER 1975, S. 15f). Von niemandem wird bestritten, daß die →Leistungen, die zur Lösung von Intelligenztestaufgaben führen, ausnahmslos gelernt werden. Allerdings gibt es bei diesem Lernen wie auch sonst erhebliche individuelle Unterschiede, also eine große Variabilität. Sie ist teilweise erbbedingt, teilweise umweltbedingt und teilweise bedingt durch eine Wechselwirkung der beiden Faktoren (→Begabung). Obwohl heute die Erforschung solcher Wechselwirkungen im Vordergrund steht, schätzt man gegenwärtig, daß 50% der Variabilität des IQ erbbedingt sind (vgl. PLOMIN 1988, S. 8).

Eine solche Schätzung wird oft falsch interpretiert: Es ist nicht der IQ, der zur Hälfte erbbedingt wäre, sondern es ist die Variabilität des IQ in der Bevölkerung, die zur Hälfte genetisch determiniert ist. Die Aussage bezieht sich also nicht auf einzelne Individuen, sondern auf *Populationen* von Menschen. Man erhält sie insbesondere durch die Korrelation des IQ zwischen Menschen unterschiedlicher Verwandtschaftsbeziehung und unterschiedlichen Umweltbedingungen. Nach den neuesten Daten von PLOMIN (vgl. 1988, S. 7) korreliert der IQ von eineiigen Zwillingen, wenn sie zusammen aufgewachsen sind, mit 0,86. Bei eineiigen Zwillingen, die getrennt aufwuchsen, sinkt er auf 0,74, was aber noch immer erstaunlich hoch ist. Korreliert man den IQ eines Elternteils mit einem Kind, das im Haushalt der Eltern aufwuchs, so ergibt sich danach ein

Wert von 0,35. Nimmt man aber Kinder, die früh adoptiert wurden, also in einer anderen Umgebung aufwuchsen, so sinkt die Korrelation zwar, aber erstaunlich gering auf 0,31. Als man den IQ der Kinder mit dem der Adoptiveltern korrelierte, ergab sich ein Wert von 0,15. Daß der Wert niedriger liegt, war wegen der fehlenden Verwandtschaft zu erwarten. Er ist aber definitiv größer als Null, und das deutet darauf hin, daß die Adoptiveltern doch einen gewissen Einfluß auf die Intelligenzentwicklung der Kinder ausüben. Diese und ähnliche Befunde zeigen, daß die Variabilität des IQ zwar stark genetisch determiniert ist, daß aber auch Umweltfaktoren eine Rolle spielen.

Förderung der Intelligenz. Solche Ergebnisse schließen keineswegs aus, daß es möglich ist, die Intelligenzentwicklung durch pädagogische Maßnahmen zu fördern. Zwar waren die umfangreichen Head-Start-Projekte (→ Erziehung, kompensatorische) nicht allzu erfolgreich (vgl. DETTERMAN/STERNBERG 1982), doch kann kein Zweifel daran bestehen, daß ein gezieltes Training Effekte bewirkt (vgl. KLAUER 1975).

In neuerer Zeit gibt es aber vielfältige Versuche, auf der Grundlage der kognitiven Psychologie neue Wege zur intellektuellen Förderung von Kindern zu gehen (zusammenfassend: vgl. NICKERSON u. a. 1985, SCHWEBEL/MAHER 1986). Die Ergebnisse dieser neueren Trainingsversuche sind im allgemeinen ermutigend, wenn auch nicht überragend hoch (vgl. CHIPMAN u. a. 1985). Aufgrund einer speziellen kognitiven Theorie des induktiven Denkens wurden allerdings Trainingsverfahren entwickelt und vielfältig erprobt, die befriedigendere Ergebnisse erzielen (vgl. KLAUER 1987; zusammenfassend: vgl. KLAUER 1988). Sie beruhen auf der Annahme, daß es bereichsspezifische Denkstrukturen gibt, die an typischen Aufgaben vermittelt werden können und deren Übertragbarkeit auf entsprechende Aufgaben aus unterschiedlichen Sachzusammenhängen geübt werden kann. Für das induktive Denken, das nachweislich in enger Beziehung zum Faktor g_f steht, konnten solche Denkstrukturen ermittelt und durch Übung so gefördert werden, daß ein Transfer auf Intelligenztests möglich wurde.

ANASTASI, A.: Individual Differences, New York 1965. APPEL, R.: Soziale Entwicklung ehemaliger Sonderschüler, Bonn-Bad Godesberg 1974. CATTELL, R. B.: Die empirische Erforschung der Persönlichkeit, Weinheim/Basel 1973. CHIPMAN, S. F. u. a. (Hg.): Thinking and Learning Skills, Hillsdale (N. J.) 1985. DETTERMAN, D. K./STERNBERG, R. J. (Hg.): How and How Much Can Intelligence Be Increased, Norwood (N. J.) 1982. DÖRNER, D./KREUZIG, H. W.: Problemlösefähigkeit und Intelligenz. In: Psych. Rsch. 34 (1983), S. 185 ff. GAGNÉ, R. M.: The acquisition of knowledge. In: Psych. Rev. 69 (1962), S. 355 ff. GREENO, J. G.: Natures of Problem-Solving Abilities. In: Estes, W. K. (Hg.): Handbook of Learning and Cognitive Processes, Bd. 5, Hillsdale (N. J.) 1978, S. 239 ff. KLAUER, K. J.: Intelligenztraining im Kindesalter, Weinheim/Basel 1975. KLAUER, K. J.: Induktives Denken, analytische Lösungsstrategie

756 Interaktion

und Intelligenz. In: Z. f. Entwpsych. u. P. Psych. 29 (1987), S. 325ff. KLAUER, K. J.:
Paradigmatic Teaching of Inductive Thinking. In: Mandl, H. u. a. (Hg.): Learning and
Instruction, Bd. 2, Oxford 1988. KLAUER, K. J. u. a.: Berufs- und Lebensbewährung
ehemaliger Hilfsschulkinder, Berlin 1963. KRAPP, A.: Bedingungen des Schulerfolgs,
München 1973. NICKERSON, R. S. u. a.: The Teaching of Thinking. Hillsdale (N. J.)
1985. PLOMIN, R.: The Nature and Nurture of Cognitive Abilities. In: Sternberg, R. J.
(Hg.): Advances in the Psychology of Human Intelligence, Bd. 4, Hillsdale (N. J.)
1988, S. 1ff. PUTZ-OSTERLOH, W.: Problemlöseprozesse und Intelligenztestleistung,
Bern 1981. SCHWEBEL, M./MAHER, C. A. (Hg.): Facilitating Cognitive Development:
International Perspective, Programs, and Practices, New York/London 1986. STERN-
BERG, R. J.: Beyond IQ. A Triarchic Theory of Human Intelligence, Cambridge/Lon-
don 1985. WEINERT, F. E.: Fähigkeits- und Kenntnisunterschiede zwischen Schülern.
In: Weinert, F. E. u. a. (Hg.): Pädagogische Psychologie, Bd. 2, Frankfurt/M. 1974,
S. 763ff. WOODROW, H.: The Ability to Learn. In: Psych. Rev. 53 (1946), S. 147ff.

Karl Josef Klauer

Intelligenzentwicklung → Intelligenz
Intelligenzförderung → Intelligenz
Intelligenzquotient → Intelligenz
Intelligenztest → Test

Interaktion

Problemaufriß. Soziale Interaktion sei aufgefaßt als ein Prozeß, in dem
zwei oder mehr Personen ihre Handlungen unter Berücksichtigung des
Kontextes aufeinander beziehen, wodurch diese Handlungen, die Interaktanden und die in die Handlungen einbezogenen Objekte ihre situative Bedeutung bekommen. Impliziert ist damit, daß alle Beteiligten sich
selbst und die anderen bei der Verfolgung ihrer Handlungslinien in
Rechnung stellen, also eine Darstellung ihrer situativen → Identität
(Selbstauffassung und Absichten für die Interaktion) geben und zugleich
die situativen Identitäten der Anderen wahrnehmen (Rollenübernahme) und berücksichtigen, gleichgültig, ob Darstellung und Wahrnehmung in adäquater, den beidseitigen Intentionen gerecht werdender
Weise geschieht oder nicht. Ziel dieses interpretativen Prozesses ist es,
zu einer gemeinsamen Situationsdefinition zu kommen, wobei dieses
nicht zufriedenstellend zu gelingen braucht. Der interpretative Prozeß
umfaßt Prozesse des Aushandelns (einschließlich Tausch), des Überre-
dens (persuasive Interaktion, Rhetorik), des Lehrens und/oder des
Zwanges. Außer in extremer Fremdensituation ist menschliche Interaktion durch die Verwendung von signifikanten Symbolen verbaler und
nonverbaler Art gekennzeichnet, die für die Interaktanden gleiche Bedeutung haben. Als situativer Kontext ist der Ort (einschließlich vorhan-

Interaktion 757

dener Gegenstände), der Zeitpunkt sowie Zahl und Eigenart der Anwesenden einschließlich ihrer Sozialbeziehungen, ihrer Positionen, Attribute und Biographien zu berücksichtigen. Symbole und situativer Kontext sind in ihrer Bedeutung auf die Gesellschaftsstruktur (struktureller Kontext) und die historische Situation bezogen.

Interaktion erfordert, wie etwa in Briefen, nicht notwendig die physische Anwesenheit der Interaktanden. Von Interaktion wird selbst dann gesprochen, wenn diese nur gedanklich abläuft (vgl. MEAD 1968). Als Fokus der Interaktionsanalyse wird aber meist die Begegnung in zeitlich-räumlicher Anwesenheit genommen, als Prototyp kann die dyadische Interaktion gelten (vgl. SIMMEL 1908). Von «sozialisierender Interaktion» wird gesprochen, wenn mindestens ein Interaktand seine Identität ändert, in «erzieherischer Interaktion» sei diese Änderung als beabsichtigt aufgefaßt.

Die Bedeutung der Interaktion als Angelpunkt *soziologischer* Analyse liegt nach dieser Perspektive des Symbolischen Interaktionismus (→Interaktionismus, symbolischer) darin, daß die Identität der Gesellschaftsmitglieder in Interaktion entsteht und sich verändert, wobei diese als aktive Partizipanten die Bedingungen ihrer Sozialisation mitbeeinflussen, daß Gesellschaft in Interaktion *ent*steht und daß Gesellschaft nur insoweit *be*steht, als sie in Interaktion realisiert wird. Dieser Problemstellung liegt das anthropologische Axiom der Aktivität und Kreativität des Individuums zugrunde. Ins Pädagogische gewendet, bedeutet dies, daß der zu Erziehende nicht als Objekt erzieherischer Beeinflussung, sondern als das das pädagogische Verhältnis mitgestaltende Subjekt aufgefaßt wird. Diese Auffassung ist bedeutsam sowohl als Perspektive für die empirische Analyse als auch als Basis für erzieherische Wertsetzung. Als Analyseperspektive lenkt sie den Blick auf Handlungsstrategien des zu Erziehenden in ihrem Einfluß auf das Ergebnis erzieherischen →Handelns. Als Maxime genommen führt sie zum Entwurf von →Erziehungszielen, -institutionen und -strategien, die der Eigentätigkeit des Edukandus Raum geben und seine Gestaltungs- und Verantwortungsfähigkeit entgrenzen. Seit Anfang der 70er Jahre wird diese sozialwissenschaftliche Problemstellung und Forschungstradition von der deutschen Erziehungswissenschaft rezipiert (vgl. MOLLENHAUER 1972, THIERSCH 1977) und auf die Analyse von Sozialisations- und Erziehungsprozessen beziehungsweise -institutionen angewendet (vgl. HOMFELDT 1974, MOLLENHAUER 1977, OSWALD/KRAPPMANN 1988, WELLENDORF 1973). Hierzu mag die Einsicht in die begrenzte Reichweite empirisch-quantifizierender Erziehungsforschung ebenso beigetragen haben wie der Wunsch, moderne sozialwissenschaftliche Vorgehensweise mit der hermeneutischen Tradition der klassischen Pädagogik zu verbinden. Verwandte Fragestellungen können etwa bei Pestalozzi, Schleiermacher und Herbart aufgespürt wer-

758 Interaktion

den. Eine frühe direkte Beziehung besteht im Einfluß von Dewey auf die deutsche → Reformpädagogik. Eine veränderte Akzentuierung unter stärkerem Bezug auf SCHÜTZ (vgl. 1932) und BERGER/LUCKMANN (vgl. 1969) ist in der Alltags- beziehungsweise Lebensweltorientierung erziehungswissenschaftlicher Forschung zu sehen (vgl. LENZEN 1980).

Definition der Situation. «Wenn Menschen Situationen als real definieren, so sind auch ihre Folgen real» (THOMAS 1965, S. 115). Dieses soziologische Basistheorem verweist auf «die gesellschaftliche Konstruktion der Wirklichkeit» (BERGER/LUCKMANN 1969). Es kann ergänzend interpretiert werden durch die Auffassung Mcads, daß die Bedeutung eines Objektes (einer Person, Handlung, Situation) in der Art besteht, in der Menschen in bezug auf dieses Objekt handeln.

«Situationsdefinition» wird bei der Analyse von Interaktion in dreifacher Bedeutung gebraucht. Es meint erstens überdauernde, die Interaktion beeinflussende Definitionen, den strukturellen Kontext: Normen, Sitten, Bräuche, Positionen, → Institutionen, Sozialschichten, Ideologien; unter dem Blickpunkt der Interaktanden handelt es sich um in der Interaktion aktualisierte, gesellschaftlich standardisierte Klassifikationssysteme: Wissen, Attitüden, Sprache, Interpretationsmuster, Konversationsregeln, generalisierte Andere. Es meint zweitens das Definieren der Situation durch die wechselseitige Handlungsorientierung, den interaktiven Prozeß des Aushandelns von Bedeutung und das Ergebnis dieses Prozesses, die Bedeutung der gesamten Handlungssequenz. Und es meint drittens die subjektiven Definitionen, die unterschiedlichen Deutungen der Situation durch die Interaktanden. Obschon in unterschiedlichen soziologischen Schulen unterschiedlich gewichtet, sind diese Betrachtungsebenen nur analytisch trennbar: Überdauernde Definitionen gehen in den interaktiven wie subjektiven Deutungsprozeß ein, idiosynkratische Deutungen beeinflussen den interaktiven Prozeß, und die Ergebnisse interaktiver Definitionsprozesse können zu überdauernden Definitionen werden. Mit seiner Anwendung auf das Schulklassengeschehen hat WALLER (vgl. 1932, S. 292ff) dieses Konzept wegweisend auch als erziehungswissenschaftlich bedeutsam aufgezeigt (vgl. HARGREAVES 1976, MARTIN 1976).

Selbstreflexion – Rollenübernahme. Jede Handlung als Teil einer *inter*individuellen Interaktion hat, in der antibehavioristischen Wendung Meads, einen inneren Beginn, sie setzt einen *intra*individuellen Interaktionsprozeß der Selbstreflexion fort, in welchem der Handelnde sich selbst zum Objekt wird, um unter den ihm für die Situation zur Verfügung stehenden Handlungsalternativen (Attitüden) auszuwählen. Ein «Selbst» zu haben, sich seiner selbst bewußt werden, heißt, eine Position

außerhalb einzunehmen und sich von dorther zu reflektieren. In der auf
«exzentrischer Positionalität» (vgl. PLESSNER 1928, S. 288ff) beruhenden Selbstbewußtheit, die vor und während der Interaktion als von der
Interaktion beeinflußter und diese beeinflussender Prozeß abläuft, wird
in Verbindung zu der Auffassung, daß die Interaktionselemente sinnhaft
sind und daß sich Handlungen an diesem Sinn orientieren und diesen
Sinn hervorbringen, die Eigentümlichkeit des Menschen und der
menschlichen Interaktion gesehen.

Sich von außen sehen heißt: sich von Anderen her sehen, seien es an-
oder abwesende signifikante Andere, anwesende nichtsignifikante Andere oder generalisierte Andere. «Signifikante Andere» können definiert
werden als konkrete Andere, deren Meinung über den Handelnden für
dessen Selbstauffassung relevant ist und die damit identitätsstützend
oder -verändernd wirken *können*. Damit sind Personen gemeint, zu denen eine emotionale identifizierende Beziehung besteht oder bestand
(Eltern, Freunde; → Vorbild), die die Macht haben, die Bedingungen
des eigenen Handelns mit Folgen für das Selbstbild zu beeinflussen
(→ Lehrer; Vorgesetzte), oder die als nicht persönlich bekannte Vorbil-
der handlungsleitend und damit identitätsbildend wirken. Ein «generalisierter Anderer» kann als «Abstraktum der Rollen und Einstellungen
signifikanter Anderer» (BERGER/LUCKMANN 1969, S. 143) oder als die
abstrahierte Struktur des Gesellschaftsprozesses (vgl. MEAD 1968) aufgefaßt werden, die, verinnerlicht, als Instanz von Selbstkritik und sozialer Kontrolle wirkt.

Die → Rolle eines Anderen übernehmen heißt, dessen Perspektive zu
verstehen. Im Falle von in Interaktion Anwesenden meint Rollenübernahme, daß der Handelnde erkennt, wie sie sich selbst verstehen beziehungsweise verstanden wissen wollen, welche Rolle sie ihm zumuten
und welche Auffassung sie über ihn haben, und daß er damit antizipiert,
wie sie auf unterschiedliche Handlungen reagieren werden. Je genauer
in diesem Sinne eine Rolle übernommen wird, desto besser ist die Voraussetzung für situationsadäquate Auswahl der eigenen Handlungslinie,
wobei die Genauigkeit dadurch begrenzt ist, daß im Wahrnehmungspro-
zeß Reize aktiv selektiert und in bezug auf das eigene Selbst interpretiert
werden. Der zugemuteten Rolle im eigenen Handlungsentwurf zu folgen (Rollenmodell des Struktur-Funktionalismus) oder die Ansicht der
Anderen in das eigene Selbstbild zu übernehmen (Etikettierungstheorie), sind nur mögliche Ergebnisse des reflexiven als eines aktiven Prozesses, insofern dabei außer den anwesenden Anderen auch nichtanwe-
sende signifikante Andere, generalisierte Andere sowie die eigenen
situativen Stimmungen und Bedürfnisse berücksichtigt werden. Rollenübernahme ist gerade auch dann Voraussetzung des Handelns, wenn die
zugemutete Rolle und das zudiktierte Fremdbild zurückgewiesen wer-

760   Interaktion

den sollen. Damit meint Übernahme der Rolle – auch eines generalisierten Anderen – nicht gesellschaftliche Determination; als reflexive Distanzierung ist sie vielmehr die Bedingung für → Individualität, Wahl und Realitätsveränderung. Die Fähigkeit zu adäquater Rollenübernahme und zu damit ermöglichter Rollendistanz kann so als zentrales Erziehungsziel begründet werden.

Selbstdarstellung – Anspruchsbalance. Die die innerlich eingenommene Haltung anzeigende äußere Handlung steht zunächst für ihre geplante Fortführung, der Handelnde stellt seine situative Identität unter kontextabhängiger Verwendung signifikanter Symbole dar. Dieser in der Handlung aufgezeigte «*subjektiv gemeinte Sinn*» (WEBER 1976, S. 1) kann von den Interaktionspartnern verstanden und akzeptiert oder mißverstanden werden, er kann auch wegen andersgerichteter Interessen modifiziert oder zurückgewiesen werden; der Sinn der Handlung in Interaktion entsteht also aus den interpretierenden Handlungen der Anderen. Sofern auf diese Handlungen wieder reagiert wird, besteht der *situative Sinn* von Handlungen und damit von Identitäten im Ergebnis von Sequenzen aneinander orientierter und einander interpretierender Handlungen (vgl. BLUMER 1969, MEAD 1968), in deren Verlauf unterschiedliche Beeinflussungsstrategien eingesetzt werden können. Die gezeigte Identität muß also, um in Interaktion durchgehalten werden zu können, in ihrem Sinn durch Handlungen anerkannt werden. Soweit diese Identität eine um Anpassungselemente vermehrte Auswahl aus der Gesamtidentität des Handelnden ist, können auch eher überdauernde Aspekte des Selbst affiziert werden, abhängig von Signifikanz der Interaktion und der Anwesenden in Relation zu anderen Situationen und Bezugspersonen.

Das Dilemma der Selbstdarstellung besteht darin, daß das Selbst von Anderen nicht direkt, sondern nur als Gezeigtes erfahren werden kann, was Täuschung ermöglicht, aber Anerkennung zum Problem werden läßt. Die prinzipielle Inkongruenz von darzustellender und dargestellter sowie die mögliche Inkongruenz von dargestellter und wahrgenommener oder zuerkannter Identität erfordern Darstellungsmittel, die den Eindruck, den der Handelnde macht, entsprechend dem Interaktionsverlauf so steuern, daß Ziele erreichbar, Verletzungen des Selbst vermieden werden. Da Glaubwürdigkeit als eine Voraussetzung von Akzeptanz kohärente Darstellung erfordert, müssen alle Träger verbaler und nonverbaler Information kontrolliert und synchronisiert werden. Kohärentes «Eindrucks-Management» umschließt den Einsatz von Motivvokabularen, das sind Handlungen verständlich machende Rechtfertigungsmuster (vgl. GERTH/MILLS 1970), Kontrolle diskreditierender oder falschen Eindruck erweckender Informationen (vgl. GOFFMAN

Interaktion 761

1971), kulturadäquaten Einsatz von Körpersprache (vgl. SCHEFLEN 1976), Abstimmung von Beziehungs- und Inhaltsaspekten der →Kommunikation (vgl. WATZLAWICK u. a. 1974), also strategische Einzelhandlungen, die vor allem die identitätsbedrohenden Interaktionsrisiken vermindern. Besonders auch in erzieherischer Interaktion stellt somit die Unterscheidung zwischen bewußter Irreführung und identitätsschützenden Strategien ein intrikates Problem.

Bezieht man die Standpunkte aller Interaktanden ein, dann besteht die Interaktionsaufgabe darin, ein Minimum an «Arbeitskonsens» zu erreichen, auf dem aufbauend die Ansprüche aller in der gemeinsamen Handlungslinie so ausbalanciert werden, daß die Bedeutungen, die Handlungen und Identitäten bekommen, *noch* mit den Selbstauffassungen zu vereinbaren sind. Dies wird nicht immer erreicht (Verlieren des Gesichtes, Abbruch der Interaktion), und das Ausmaß an Arbeitskonsens und Anerkennung wechselseitiger Ansprüche ist abhängig von Kontext, Eigenart der Beziehung, zu lösender Aufgabe und Interaktionsverlauf, damit von Adäquatheit der Rollenübernahme und Selbstdarstellung, Anerkennungsbereitschaft und Durchsetzungswillen, Strategien und relativer Interaktionsmacht. Begründete Erziehungsziele sind von daher die Fähigkeiten zu kohärenter Selbstdarstellung und zum Ausbalancieren von Ansprüchen als Komponenten voller Interaktionskompetenz (vgl. KRAPPMANN 1969).

Definitionsmacht – abweichende Identität. Wechselseitiges Aufeinanderangewiesensein und Interesse an der Aufrechterhaltung der Beziehung (Reziprozität) führen zu identitätsanerkennenden Handlungen selbst bei unterschiedlicher Interessenlage, ungleicher Definitionsmacht und ungleichem Status. Bedrohliche Ereignisse wie mißverständliche Darstellung, Fehleinschätzungen und Auftauchen diskreditierender Informationen werden häufig durch wechselseitig unterstützende Strategien aufgefangen (vgl. GOFFMAN 1969, 1971). Doch immer können auch Macht- und Statusvorteile zu einseitigen Definitionen und Bedrohungen führen (→Stigmatisierung). Macht kann, je nach Situation, auf jeder denkbaren Eigenschaft einer Person beruhen (vgl. WEBER 1976, S. 28f), insofern können positionell Gleichrangige unterschiedliche Einflußchancen haben. Auch ein positionell Unterlegener wie der Edukandus hat Möglichkeiten, den Interaktionsverlauf zu beeinflussen. Hierarchisch Überlegene wie der →Erzieher verfügen aber meist über wirksamere Steuerungs- und Selbstschutzmittel einschließlich institutionalisierten Zwanges. Für Übergeordnete ist damit insbesondere die Wahrscheinlichkeit von Identitätsänderung geringer, selbst wenn Strategien der Unterworfenen die Situationsdefinition beeinflussen. Dagegen hat die Interaktion für letztere eher identitätsändernde Folgen.

762 Interaktion

Erzieherisches Handeln macht sich dies zunutze. Da die Richtung dieser Änderung aber abhängt auch von Identität und definitorischem Handeln des zu Erziehenden, ist das Ergebnis ungewiß; selbst das Gegenteil des Intendierten ist mögliches Resultat. Konfrontiert etwa der Erzieher den Zögling mit einem dessen Selbstauffassung widersprechenden Bild, setzt er die Selbstachtung verletzende erzieherische Strategien ein, dann erfordert dieses Identitätsproblem aktive Lösung. Die Wahrscheinlichkeit für das Auftreten derartiger Probleme steigt bei differierendem soziokulturellem Hintergrund (Sozialschichten, ethnische Minderheiten). Erfolglosigkeit oder vermutete Aussichtslosigkeit definitorischer Gegenstrategien läßt den Unterlegenen nach Handlungen suchen, die ihn der eigenen Definitionsmacht versichern und Anderen eine Identität zeigen, die, wenn nicht Zustimmung aller, so doch Beachtung oder Anerkennung mancher erfährt. Häufig bestehen Lösungen in abweichendem Verhalten und in der Wahl identitätsstützender Bezugspersonen und -gruppen außerhalb des erzieherischen Kontextes – möglicherweise begleitet von äußerer Anpassung in überwachten Situationen. Die von der Etikettierungstheorie thematisierte Übernahme des negativen Fremdbildes in Selbstauffassung und nachfolgende Handlungen ist ein möglicher Sonderfall (vgl. HARGREAVES 1975, SCHUR 1974). Interaktionssensibilität für Identitätsbedürfnisse Anderer ist damit ebenso als Erziehungsziel wie als Berufsqualifikation für Erzieher begründet.

Erziehungswissenschaftliche Forschungsperspektive. Ein Nutzen der hier nicht einbezogenen quantifizierenden Interaktionsanalysen liegt darin, daß sie → Evaluation und Analyse bestimmter Aspekte erzieherischer Interaktion unter Gesichtspunkten wie Effizienz und soziale Erwünschtheit sowie partiell Voraussagen ermöglichen (vgl. BALES 1970, CAIRNS 1979, FLANDERS 1970). Der hier abgesteckte Rahmen zeigt aber, daß diese Sequenzanalysen jeweils nur Teilaspekte erfassen. Eine Erweiterung im Rahmen umfassender Interaktionstheorien ist in qualitativen Studien zur «ausgehandelten Ordnung» (vgl. STRAUSS 1978) und zu Interaktionsstrategien (vgl. LOFLAND 1976), in strukturalistisch-phänomenologischen Analysen von Alltagswelt (vgl. BERGER/LUCKMANN 1969) oder Interpretationsrahmen (vgl. GOFFMAN 1977) oder auch in ethnomethodologischen Analysen zu suchen (vgl. FRANK 1979).

Das erziehungswissenschaftliche Interesse ist dabei zentriert auf die Frage nach den Identitätsfolgen der Interaktion in unterschiedlichen erzieherischen → Institutionen, nach Identitätskonstitution und -modifikation im Bildungsprozeß. Dies erfordert die Berücksichtigung sowohl des jeweiligen situativen, strukturellen und historischen Kontextes pädagogischer Interaktion als auch der Deutungsmuster, Rollenübernahmen und Definitionsstrategien *aller* Beteiligten. Es umschließt die Erforschung des Entstehens von Interaktionskompetenz und der zentralen bildungstheoretischen Frage nach Entstehung und Verlauf von Identitätsproblemen. Damit kann die sozialwissenschaftliche Analyse sozialer Interaktion zudem einen Beitrag zur Diskussion von Erziehungszielen leisten und birgt insofern eine erfahrungswissenschaftliche Variante der klassischen Theorie der → Bildung des Menschen.

BALES, R. F.: Personality and Interpersonal Behavior, New York 1970. BERGER, P./ LUCKMANN, TH.: Die gesellschaftliche Konstruktion der Wirklichkeit, Frankfurt/M. 1969. BLUMER, H.: Symbolic Interactionism, Englewood Cliffs 1969. CAIRNS, R. B. (Hg.): The Analysis of Social Interaction, Hillsdale 1979. CICOUREL, A. V.: The Social Organization of Juvenile Justice, New York 1968. FLANDERS, N. A.: Analysing Teaching Behavior, Reading 1970. FRANK, A. W.: Reality Construction in Interaction. In: Ann. Rev. of Sociol. 5 (1979), S. 167 ff. GERTH, H./MILLS, C. W.: Person und Gesellschaft, Frankfurt/M. 1970. GOFFMAN, E.: Wir alle spielen Theater, München 1969. GOFFMAN, E.: Interaktionsrituale. Über Verhalten in direkter Kommunikation, Frankfurt/M. 1971. GOFFMAN, E.: Asyle. Über die soziale Situation psychischer Patienten und anderer Insassen, Frankfurt/M. 1973. GOFFMAN, E.: Rahmenanalyse. Ein Versuch über die Organisation von Alltagserfahrung, Frankfurt/M. 1977. HARGREAVES, H. D.: Deviance in Classroom, London 1975. HARGREAVES, H. D.: Interaktion und Erziehung, Wien 1976. HOMFELDT, H. G.: Stigma und Schule, Düsseldorf 1974. KRAPPMANN, L.: Soziologische Dimensionen der Identität, Stuttgart 1969. LENZEN, D. (Hg.): Pädagogik und Alltag, Stuttgart 1980. LOFLAND, J.: Doing Social Life, New York 1976. MARTIN, W. B. W.: The Negotiated Order of the School, Toronto 1976. MEAD, G. H.: Geist, Identität und Gesellschaft aus der Sicht des Sozialbehaviorismus, Frankfurt/M. 1968. MOLLENHAUER, K.: Theorien zum Erziehungsprozeß, München 1972. MOLLENHAUER, K.: Interaktion und Organisation in pädagogischen Feldern. In: Z. f. P., 13. Beiheft, 1977, S. 39 ff. OSWALD, H./KRAPPMANN, L.: Soziale Beziehungen und Interaktionen unter Grundschulkindern, Berlin 1988. PLESSNER, H.: Die Stufen des Organischen und der Menschen, Berlin 1928. SCHEFLEN, A. E.: Körpersprache und soziale Ordnung, Stuttgart 1976. SCHUR, E. M.: Abweichendes Verhalten und Soziale Kontrolle, Freiburg 1974. SCHÜTZ, A.: Der sinnhafte Aufbau der sozialen Welt, Wien 1932. SIMMEL, G.: Soziologie, Leipzig 1908. STRAUSS, A.: Spiegel und Masken, Frankfurt/M. 1968. STRAUSS, A.: Negotiations Varieties, Contexts, Processes, and Social Order, San Francisco 1978. THIERSCH, H.: Kritik und Handeln. Interaktionistische Aspekte der Sozialpädagogik, Neuwied/Darmstadt 1977. THOMAS, W. I.: Person und Sozialverhalten. Werkauswahl, hg. v. E. H. Volkart, Neuwied 1965. TURNER, R. H.: Role Taking, Role Standpoint, and Reference Group Behavior. In: The Am. J. of Sociol. 61 (1956), S. 316 ff. WALLER, W.: The Sociology of Teaching, New York 1932. WATZLAWICK, P. u. a.: Menschliche Kommunikation. Formen, Störungen, Paradoxien, Bern/Stuttgart/Wien 1974. WEBER, M.: Wirtschaft und Gesellschaft. Grundriß der verstehenden Soziologie, hg. v. J. Winckelmann, Bd. 1, Tübingen [5]1976. WELLENDORF, F.: Schulische Sozialisation und Identität. Zur Sozialpsychologie der Schule als Institution, Weinheim/Basel 1973.

Hans Oswald

Interaktion, erzieherische → Interaktion
Interaktion, pädagogische → Pädagogik, systematische
Interaktion, themenzentrierte → Gruppendynamik –
  Gruppenpädagogik

Interaktionismus, Symbolischer

Herkunft und Geschichte. Wird gemeinhin der Symbolische Interaktionismus vor allem mit dem Namen von G. H. Mead verbunden, so
ist demgegenüber darauf hinzuweisen, daß Mead vielleicht der bedeutendste, aber doch nur einer von mehreren eng miteinander in der Diskussion stehenden amerikanischen Wissenschaftlern und Denkern war,
die um die Jahrhundertwende daran gingen, eine eigenständige Philosophie, Soziologie und Psychologie zu entwickeln: den → Pragmatismus
(vgl. MARCUSE 1959, MILLS 1966, MORRIS 1979). Grundthemen dieser
in sich vielfältigen Denkrichtung sind die modernen, experimentell verfahrenden Naturwissenschaften, die Evolutionstheorie und die liberale
Demokratie. An prominenten Vertretern müssen vor allem PEIRCE (vgl.
1967, 1970), COOLEY (vgl. 1962, 1964), JAMES (vgl. 1950), DEWEY (vgl.
1964) und MEAD (vgl. 1967, 1968, 1969 a, 1969 b) erwähnt werden.

Dewey, der einzige erklärte Erziehungstheoretiker und praktische
Pädagoge (Schulreformer) unter den Pragmatisten ist jedoch gerade in
seinen erziehungstheoretischen Arbeiten nicht ohne weiteres als ein
Vorläufer des Symbolischen Interaktionismus anzusehen. Obwohl er
sich an zentraler Stelle solcher Grundbegriffe wie «interaction» und
«situation» bedient (→ Interaktion), bleibt er dennoch einer letztlich
biologistischen Sichtweise verhaftet, was zwar die Thematisierung von
Intersubjektivität keineswegs ausschließt, ihre konstitutive Rolle aber
ausblendet (vgl. DEWEY 1970, S. 299ff).

Eine für den Symbolischen Interaktionismus wesentliche Grundan-
nahme ist die Behauptung von PEIRCE (vgl. 1967, S. 157f, S. 219f; vgl.
APEL 1967, 1970; vgl. WARTENBERG 1971), daß alle Erkenntnis ein inter-
subjektiv vermittelter Zeichenprozeß sei und daß die Bedeutung von
Worten in den möglichen Folgen ihres Gebrauchs liege. Der Psychologe
JAMES (vgl. 1950, S. 153) nimmt zum Problem des «Self», des Selbst,
Stellung und interpretiert die Wortzeichen der Personalpronomina im
Rahmen einer Bewußtseinspsychologie als Ausdruck individueller, leib-
bezogener Interessen. Der Sozialphilosoph Cooley hält ihm entgegen,
daß das Selbst nicht nur durch individuelle Bewußtseinsinhalte und
Interessen gestiftet wird, sondern durch eine in Sprache, → Tradition
und Sympathie gegründete Gemeinschaft. In einer berühmten Formulierung begreift er das Selbst als Spiegelbild: «Each to each a look-
ing glass, reflects the other, that doth pass» (COOLEY 1964, S. 184).

Interaktionismus, Symbolischer 765

Bemerkenswert ist, daß Cooley schon im Jahre 1909 diese eher spekulativen Annahmen durch eine Sozialisationstheorie stützt. Er findet die für die Entstehung und das Bestehen des Selbst als notwendig postulierte Gemeinschaft in den «primary groups» (in → Familie, Nachbarschaft und Gemeinde – vgl. COOLEY 1962, S. 23 f). MEAD (vgl. 1968, S. 269) hat Cooleys Ansatz mit dem Hinweis als idealistisch kritisiert, daß dieser das soziale Selbst lediglich als Bewußtseinsprodukt ansehe und im Gegenzug eine Sozialpsychologie entwickelt, die das Selbst weder auf leib- oder gemeinschaftsbezogene Bewußtseinsphänomene noch gar auf Reflexbündel im Sinne des Behaviorismus von Watson reduziert. Die noch stark philosophischen und psychologischen Annahmen der Pragmatisten dienten THOMAS (vgl. 1965) als Grundlage einer sich als positive Wissenschaft verstehenden Soziologie. Er gilt dogmengeschichtlich als einer der Begründer der Chicagoer Schule der amerikanischen Soziologie, aus der heraus sich in den USA eine empirische Familiensoziologie (vgl. BURGESS u. a. 1971, STRYKER 1964) zu entwickeln begann und der sich heute Sozialpsychologen wie STRAUSS (vgl. 1968), Analytiker des Alltagslebens, totaler Institutionen und Randgruppen wie GOFFMAN (vgl. 1967, 1969, 1971, 1972, 1973, 1974, 1977) und Devianztheoretiker wie BECKER (vgl. 1973) zurechnen.

Thomas findet im Begriff der «Situation» die soziologische Lösung des problematischen Verhältnisses von Individuum und Gesellschaft. Situationen als quasi-objektiven Problemlagen stehen in traditionalen Kontexten ausgebildete, individuell lebensgeschichtlich gebrochene Situationsdefinitionen gegenüber. THOMAS' (1965, S. 114) bekanntes Theorem lautet: «Wenn die Menschen Situationen als real definieren, so sind auch ihre Folgen real.» Hieraus ergab sich für ihn die forschungspraktische Konsequenz, weniger mit quantitativen als mit qualitativen Verfahren zu arbeiten und vor allem Falluntersuchungen unter Verwendung «situationsdefinierenden» Materials wie Briefen, Tagebüchern, Biographien abzufassen.

Die Problematik seines Theorems liegt in der Unklarheit darüber, ob Thomas hier zwei verschiedene Realitätsbegriffe zu Rate zieht. Nämlich eine Realität 1, die sich in dem erschöpft, was nach Thomas' Meinung *für real gehalten wird* und eine Realität 2, *die real ist.* Ohne diese Unterscheidung bleibt das Theorem tautologisch, mit der Unterscheidung bleibt aber erstens offen, wodurch sich Realität 1 von Realität 2 unterscheidet, und zweitens, wie die neu auftretende Tautologie bei der Bestimmung von Realität 2 behoben werden kann.

Es ist die qualitativ verfahrende Seite der dem Pragmatismus entsprungenen Soziologie, die sie für die Aufnahme der Gedanken von Phänomenologie (→ Pädagogik, phänomenologische) und Hermeneutik vorbereitete. Die vermittelnde Gestalt ist vor allem der vor den Natio-

766   Interaktionismus, Symbolischer

nalsozialisten aus Österreich geflohene, kritisch an Husserl und Weber anknüpfende A. Schütz, der die seiner Meinung nach mißglückte Begründung von Intersubjektivität in der transzendentalen Reflexion der Husserlschen Phänomenologie durch eine Ontologie der Intersubjektivität ersetzen wollte, ohne indes den kritischen Gedanken einer Konstitution der Gesellschaft durch die Individuen preiszugeben (vgl. SCHÜTZ 1974, GRATHOFF 1979). Schütz, der ab 1943 an der New School for Social Research in New York lehrte, übte einen starken – direkten und indirekten – Einfluß auf jene amerikanischen Soziologen aus, die sich dem strukturellen Funktionalismus Parsonsscher Machart nicht unterwerfen wollten (vgl. GOULDNER 1974, GRATHOFF 1979). So stellt sich der heutige Symbolische Interaktionismus, wie er etwa beispielhaft von BLUMER (vgl. 1973) repräsentiert wird, als Ergebnis des Zusammentreffens von Pragmatismus und Phänomenologie dar. Freilich hat es nicht an Versuchen gefehlt, den Symbolischen Interaktionismus aus diesem Kontext zu lösen und seine Grundannahmen im Rahmen einer empirisch-analytisch verfahrenden Sozialpsychologie anzusiedeln (vgl. ROSE 1973, STRYKER 1970).

Grundbegriffe. Wenn im folgenden der Symbolische Interaktionismus eher als eine Sozialisations- denn als eine Gesellschaftstheorie erscheint, wird hiermit eine (mittlerweile) bewußte Reduktion vorgenommen. Seit längerem (vgl. HAMMERICH 1979) ist klargeworden, daß die Rezeption des Symbolischen Interaktionismus in der Bundesrepublik Deutschland hochgradig selektiv gewesen ist. Studentenbewegung und Bildungsreform waren der Hintergrund einer Rezeption, die sich vor allem für Fragen der →«Identität» und →Sozialisation, weniger für die gesellschafts- und politiktheoretischen Probleme der liberalen Demokratie interessierte, wie sie etwa im letzten Teil von Meads Hauptwerk thematisiert werden (vgl. MEAD 1967, S. 227f). Dies läßt sich symptomatisch an der Übersetzung des Titels von «Mind, Self and Society» ablesen, wo aus dem «Self» nicht etwa ein «Selbst», auch nicht die psychoanalytische «Ich-Identität» im Sinne Eriksons, sondern die mit der Last des ganzen Deutschen Idealismus befrachtete «Identität» wird (vgl. das Nachwort zur deutschen Übersetzung in MEAD 1968, S. 441; vgl. HENRICH 1979; vgl. TUGENDHAT 1979, S. 246f). Wenn der Symbolische Interaktionismus hier gleichwohl und bewußt im Kontext einer Sozialisationstheorie dargestellt wird, dann aus der Einsicht, daß es sich um eine normative Theorie für eine universalistische, arbeitsteilig und demokratisch verfaßte Gesellschaft handelt.

Mead gelangt über eine Analyse der *Geste* als jener Phase einer gesellschaftlichen Handlung, bei der die im gleichen Kontext befindlichen Individuen sich so einander anpassen, daß eine gemeinsam begonnene

Handlung zu Ende geführt werden kann, zum Begriff des *Symbols*. Symbole sind die Gesten, die es einem Individuum gestatten, das Verhalten anderer Individuen zu antizipieren beziehungsweise das eigene Verhalten im Hinblick auf deren mögliche Reaktionen zu regulieren. Hierbei werden die Individuen zugleich ihrer eigenen Handlung gewahr, sie bilden ein Selbstbewußtsein aus. Solches Selbstbewußtsein wird freilich nicht durch beliebige, sondern nur durch *signifikante Symbole* ermöglicht. Sie unterscheiden sich von rein gestischen Symbolen dadurch, daß sie für alle an einer Handlung beteiligten Individuen die *gleiche Bedeutung* haben und gleiche Reaktionsbereitschaften hervorrufen. Mead ist der Auffassung, daß nur die vokale, die stimmliche Geste den Signalempfänger in gleicher Weise beeinflußt wie den Signalgeber. Signifikante Symbole sind also wechselseitig bewußte Verhaltenserwartungen auf der Basis stimmlicher Gesten. Begreift man mit Mead ganze Systeme derartiger signifikanter Symbole als → *Rolle*, so gilt, daß soziales Verhalten und die Ausbildung von *Selbstbewußtsein* als eines Sich-selbst-gewahr-Werdens aufgrund der Reaktionen der anderen vor allem in antizipierender Rollenübernahme besteht. Die Fähigkeit, die Reaktionen anderer zu übernehmen, ist der Kern des *Selbst*. Genetisch gesehen bildet es sich zunächst in der Über- und Vorwegnahme der Reaktionen konkreter einzelner, *signifikanter Anderer*, später in der Übernahme verallgemeinerter Reaktionsmuster, eines *generalisierten Anderen*, also von nicht mehr personengebundenen Verhaltensweisen. Daß dies so entstehende Selbst kein Reaktionsbündel im behavioristischen Sinne, sondern ein frei und verantwortlich handelndes Individuum ist, hängt nach Mead mit dem Umstand zusammen, daß die Vorwegnahme des Verhaltens anderer nur durch Symbole möglich ist, Symbole aber als Probehandeln vom unmittelbaren Reaktionsdruck entlasten, damit Raum zu einer Stellungnahme zum eigenen Tun lassen und somit Freiheit und Verantwortlichkeit ermöglichen. Analytisch zerfällt das Selbst in zwei Bestandteile: das *«I» (Ich)* als die nach Mead nur biologisch zu interpretierende Quelle spontanen, aus seinen Vorbedingungen nie restlos erklärbaren Handelns (vgl. BRUMLIK 1973, S. 30 f; vgl. KRAPPMANN 1971, S. 21) sowie das *«Me» (Mich)* als die Summe der im Laufe der Lebensgeschichte übernommenen Verhaltensweisen und -bewertungen. Diese Verhaltensweisen werden im Lauf der Sozialisation durch → *Spiel* und *Wettkampf* erworben. Werden im Spiel (play) lediglich einzelne Verhaltensweisen nachgeahmt, also einzelne Rollen übernommen, so zwingt der Wettkampf (game) dazu, ganze Rollensysteme, ganze Regelmatrizen komplementärer Rollen so zu beherrschen, daß durch strategische Überlegungen ein vorgegebenes Ziel unter Einbeziehung anderer Personen erlangt werden kann. Meads theoretische Annahmen konnten unterdessen durch eine Reihe eindrucksvoller empirischer Untersuchun-

768 Interaktionismus, Symbolischer

gen erhärtet werden. Die auf Kohlberg (vgl. 1974) und Piaget fußende
Schule des genetischen Strukturalismus konnte nachweisen, daß Interaktionskompetenz, soziales Verstehen und Perspektivenübernahme
einer rekonstruierbaren Entwicklungslogik unterliegen. Reziprozität
der Perspektivenübernahme im Sinne Meads korrespondiert den Niveaus der kognitiven und moralischen Entwicklung (vgl. Edelstein/
Habermas 1982, Flavell 1975).

Der *Ort* der Herausbildung und Präsentation des Selbst sind *Situationen*. Sie lassen sich nach Thomas (vgl. 1965, S. 84f) als aus drei Komponenten bestehend analysieren, nämlich aus objektiv-materiellen
Randbedingungen, momentan vorhandenen Einstellungen der beteiligten Individuen sowie Situationsdefinitionen. Sie sind nach Thomas
(1965, S. 85) «mehr oder weniger klare Vorstellung von den Bedingungen und das Bewußtsein der Einstellungen. Die Situationsdefinition ist
eine notwendige Voraussetzung für jeden Willensakt, denn unter gegebenen Bedingungen und mit einer gegebenen Kombination von Einstellungen wird eine unbegrenzte Vielzahl von Handlungen möglich, und
eine bestimmte Handlung kann nur dann auftreten, wenn diese Bedingungen in einer bestimmten Weise ausgewählt, interpretiert und kombiniert werden und wenn eine gewisse Systematisierung dieser Einstellungen erreicht wird, so daß eine von ihnen zur vorherrschenden wird und
andere überragt.»

Die individuellen Voraussetzungen für die intersubjektive Definition
von Situationen, der sie ermöglichenden Arbeitshypothese («working
consensus»), hat Goffman (vgl. 1973) als die Fähigkeit zur Rollendistanz erläutert, die angesichts der Moralität von Situationen, also der
Verpflichtung aller Beteiligten, sich an einige Minimalregeln zu halten,
unabdingbar sei. Diese Regeln enthalten vor allem die Forderung, daß
jeder Beteiligte ein gewisses Maß von Informationen über sich preiszugeben hat sowie den Anspruch eines jeden Beteiligten, im Sinne einer
von ihm vorgeschlagenen Selbstdefinition behandelt zu werden. Die
Einhaltung dieser Regeln verlangt von jedem Beteiligten Zurückhaltung
bezüglich der von ihm in die Situation eingebrachten Zwecke: Jede
Situation entwickelt sich bis zu ihrer endgültigen «Definition» durch Stadien des «Identity bargainings», des Feilschens um zugelassene Selbstbilder, Bedürfnisse, Rollen und Interessen. Während dieses Aushand-
lungsprozesses wird für die Situation sowohl die *vertikale biographische*
als auch die *horizontale soziale Identität* eines jeden Beteiligten gemeinsam etabliert. Die so konstruierten Persönlichkeitsbilder sind nach Goffman notwendigerweise fiktive Unterstellungen, da weder die absolute
Einzigartigkeit noch die völlige Gleichheit des Individuums mit anderen
eine sinnvolle Annahme sei. Damit ist aber von jedem an einer Situation
beteiligten Selbst die Fähigkeit gefordert, von sich Abstand zu nehmen,

um sich bezüglich der anderen als einzigartig und gleichartig darstellen zu können. Dieses *dramaturgisch-phänomenologische Modell* (vgl. HABERMAS 1981a, S. 135f) intersubjektiven Handelns wird schließlich in der Bundesrepublik Deutschland von KRAPPMANN (vgl. 1971, S. 80) unter Rückgriff auf dialektische Religionsphilosophie (vgl. HEINRICH 1964, S. 59f) zum Bild einer grundsätzlich gefährdeten, zwischen der Skylla absoluter Vereinzelung und der Charybdis totaler Vergesellschaftung *balancierenden Identität* fortentwickelt. Das Gelingen des Aufrechterhaltens solcher Identität durch Balance erfordert vier Grundqualifikationen des Rollenhandelns: *Rollendistanz* als die Fähigkeit, in jeweils gespielten Rollen nicht aufzugehen, zu ihnen Stellung nehmen zu können, sich selbst als mit ihnen nicht identisch zu verstehen; *Ambiguitätstoleranz* als die Fähigkeit, sich gegenüber gleichzeitig mit gleicher Stärke sanktionierten, widersprüchlichen Rollenerwartungen handlungsfähig zu erhalten; *Empathie* als die Fähigkeit zur Antizipation oder zum Eingehen auf die und zum Erkennen der Rollenerwartungen anderer; *Identitätsdarstellung* als die Fähigkeit, die den kognitiven Dispositionen nach vorhandenen ersten drei Qualifikationen in Interaktionen tatsächlich zum Ausdruck zu bringen (vgl. KRAPPMANN 1971, S. 132f). Die Interpretation dieser Grundqualifikationen auf der Folie der seinerzeit aktuellen Kompetenztheorie (vgl. CHOMSKY 1970, S. 45f; vgl. EDELSTEIN/ HABERMAS 1984, WEINSTEIN 1971) schien für erziehungswissenschaftliche Theorie und Praxis ein kritisches Potential zu entbinden: Als normative Theorie, die die jeder Interaktion zugrundeliegenden Bedingungen erausgestellt zu haben glaubt, wird sie nicht mehr an einer Infragestellung dieser Bedingungen interessiert sein, sondern vielmehr ihr Augenmerk darauf richten, empirisch vorfindliche Interaktions- und Sozialisationsweisen auf Defizite bei der Ausbildung der unterstellten Grundqualifikationen hin abzutasten und daraus kompensatorische Programme zu entwickeln (vgl. MOLLENHAUER 1972, S. 71f, S. 100f). Der schon frühzeitig vorgebrachte Ideologieverdacht gegen Goffmans dramaturgisches Modell (vgl. GOULDNER 1974, S. 453f), ja gegen das Modell balancierender Identität überhaupt (vgl. OTTOMEYER 1973) als Ausdruck des Sozialverhaltens neuer Mittelschichten oder von Charaktermasken im Banne der Warenform, blieb weitgehend unberücksichtigt, sieht man von OEVERMANNS (vgl. 1974) heftiger Verteidigung der kompensatorischen Erziehung ab (→ Erziehung, kompensatorische).

Standort der Theorie. Im systematischen Vergleich stellt sich der Symbolische Interaktionismus heute als ein *handlungs-* und *in Ansätzen systemtheoretisches, Intersubjektivität* systematisch *voraussetzendes, verstehend verfahrendes, selbstbezügliches* und *normatives* Theorieprogramm dar. Er unterscheidet sich damit von Ansätzen, die, etwa wie der Historische Materialismus oder der Strukturfunktionalismus, von der systematischen Vorrangigkeit objektiver → Strukturen gegenüber Handlungen oder, wie phänomenologische und behavioristische Ansätze, vom einsam wahrnehmenden oder zweckrational manipulierenden Individuum ausgehen. Ebenso unterscheidet er sich von Vorgehensweisen wie der empirischen Sozialforschung, welche Gewinnung und Überprüfung neuer sozialwissenschaftlicher Erkenntnisse an Kriterien der empirisch-analytischen Wissenschaftstheorie ausrichtet, sowie von allen Ansätzen, die eine Selbstthematisierung nur unter der Bedingung der vorgängigen Höherstufung der eigenen Wissensbestände zulassen. Ob mit dieser Abgrenzung *nur* der Symbolische Interaktionismus umschrieben und ob er nur mit *diesen* Abgrenzungen charakterisierbar ist, kann nicht endgültig entschieden werden. So schlägt STRYKER (vgl. 1964, S. 133f) vor, die Grundannahmen des Symbolischen Interaktionismus als sozialpsychologische Hypothesen im Rahmen einer empirisch-analytisch verfahrenden Verhaltenswissenschaft zu formulieren, ein Vorschlag, der Meads Intentionen womöglich näher steht als der hier unterbreitete. Die Darstellung einer Theorie aus einer Fülle unterschiedlicher kanonischer Schriften, empirischer Forschungen und sich wechselseitig beanspruchender methodologischer Überlegungen stellt stets einen Akt der Auswahl dar und rührt damit an das hermeneutische Grundproblem der Überlieferung und Auslegung von Texten, die stets auch interessengeleitete Theoriepolitik ist.

Handlungstheoretische und anthropologische Grundlagen. Die handlungstheoretische Fundierung einer Sozialwissenschaft unterscheidet sich von system- oder verhaltenstheoretischen Begründungen im weitesten Sinne dadurch, daß sie den Anspruch erhebt, letztendlich alle gesellschaftlichen Phänomene auf beabsichtigte Tätigkeiten von Menschen zurückführen zu können. Führt man den Begriff der Handlung intentionalistisch etwa als «argumentationszugängliches» Tun ein (SCHWEMMER 1978, S. 92), so wäre «Handlung» vor allem im Medium der Sprache, im Begriff signifikanter Symbole angesiedelt. Dies aber verfehlte Meads Handlungsbegriff. Jede – nicht nur die sprachliche – Interaktion ist bereits eine Handlung. MEAD (vgl. 1969 a, S. 69ff, S. 102ff) versteht Handlungen als Bestandteile eines *Systems* biologischer Funktionskreise: → *Handeln wird als wirkende Beziehung eines Lebewesens zu seiner Umwelt gefaßt.* Soziales, zeichengebendes, bewußtes Handeln gehört diesem Funktionskreis fraglos an, ohne damit seine für die Humanwissenschaften systematische Vorrangigkeit zu verlieren. Ein solcher Handlungsbegriff, der Handeln weder auf sprachlich ausweisbares Tun noch auf überindividuelle gesellschaftliche Zusammenhänge reduziert, sondern es als die Beziehung eines Organismus zu seiner Umwelt, zu der selbstverständlich auch andere Gattungsgenossen gehören, sieht, unterläuft die Kontroverse um die Vorrangigkeit von instrumentellem oder kommunikativem Handeln beim Entstehen der menschlichen Gattung. Indem Mead auch prähumanes, nichtsprachliches Verhalten zur Umwelt und zu Gattungsgenossen als Handlung einführt und damit Intersubjektivität als biologisches Radikal voraussetzt, unterläuft er zudem die Differenz von handlungs- und systemtheoretischem Zugang. Individuelles Handeln ist sinnvoll nur aus einem übergreifenden Umweltzusammenhang heraus verständlich; dieser Zusammenhang ist aber dadurch charakterisiert, daß in ihm andere Individuen jeweils die Bezugspunkte bilden. Eine solche naturalistische Setzung, die sich Intersubjektivität (vgl. Joas 1985) ohne weiteres als positives Faktum vorgeben läßt und sie ohne Reflexion auf das Wesen der Sprache, der bewußten Intersubjektivität, behauptet, ist bezüglich ihrer normativen und methodologischen Folgerungen weniger weitreichend als eine Einführung, die durch Kritik oder Konstruktion von soziologischen Grundbegriffen entsteht. Dieses Programm hat erst der neuere, unter dem Einfluß der Phänomenologie stehende Interaktionismus eingelöst.

Verstehende Methodologie. Eine Methodenreflexion in diesem Sinn ist vor allem von Blumer (vgl. 1973) und Wilson (vgl. 1973) in direkter und indirekter Auseinandersetzung mit dem strukturellen Funktionalismus angestrengt worden. Er begreift Intersubjektivität als reizgesteuertes Übereinstimmen von Rollenerwartungen. Gesellschaftliche Interaktion läßt sich demnach durch drei Übereinstimmungen charakterisieren:
– die Übereinstimmung von Wertorientierungen und Bedürfnisdispositionen,
– die Übereinstimmung von Rollenerwartung und Rollenhandeln,
– die Übereinstimmung von geltenden Normen und Verhaltenskontrollen (vgl. Habermas 1973, S. 125).
Damit sind die Grundannahmen eines *normativen Paradigmas* bezeichnet, für das das Durchsetzen und Befolgen von Normen der selbstverständliche Normalfall ist und für das Abweichung nur als Störung faßbar wird. Abgesehen von dem empirischen Nachweis, daß die unterstellten Übereinstimmungen nicht den Normalfall, sondern Grenzfälle des Rollenhandelns bezeichnen, wie sie in totalen Institutionen (Militär, Psychiatrie) vorkommen, fragt dagegen das *interpretative Paradigma* zudem nach den Bedingungen der Möglichkeit von Normalität, versucht also das zu erklären, was das normative Paradigma empirisch unangemessen und theoretisch unausgewiesen einfach voraussetzt. Hierbei ergibt sich, daß «normales Verhalten» das Ergebnis, das Konstrukt interpretativer Leistungen ist. Blumer (vgl. 1973, S. 81) nennt folgende Grundannahmen des Symbolischen Interaktionismus:

- Menschen handeln aufgrund der Bedeutungen von Dingen und Beziehungen.
- Diese Bedeutungen entstehen aus der sozialen Interaktion mit anderen Menschen.
- Diese Bedeutungen werden während der Auseinandersetzung mit der Umwelt verändert und situationsadäquat interpretiert.

Dies läßt sich dahin gehend erläutern, daß
- die Sozialwissenschaften als Handlungs- und nicht als Verhaltenswissenschaften zu begreifen sind,
- Bedeutungen in Regeln des Gebrauchs von Begriffen und nicht in einer starren Beziehung von Begriff und Gegenstand zu verstehen sind,
- die Anwendung einer solchen (Bedeutungs-)Regel nicht alleine vorgenommen werden kann und nicht das immer gleiche Aktualisieren eines Schemas darstellt, sondern als die situationsadäquate, verändernde und erneuernde Verwendung eines Schemas zu verstehen ist.

Das Eintreten für das Verstehen als Methode sozialwissenschaftlicher Forschung resultiert aus dem hiermit notwendig gewordenen Nachvollzug von Regeln der Bedeutung und ihrer situativen Angemessenheit. Doch ist das Eintreten für das Verstehen im neueren Interaktionismus nicht nur methodisch, sondern auch substantiell gemeint. Verstehen ist nicht nur das angemessene Verfahren, um Zugang zur sozialen Wirklichkeit zu finden, sondern das Verfahren, das soziale Wirklichkeit überhaupt erst ermöglicht. Wenn soziales Handeln nur als Befolgen von Regeln, das Befolgen von Regeln und das Aktualisieren eines Handlungsschemas aber nur gemeinsam mit anderen möglich ist (da ja einer allein nicht wissen kann, ob er sich situationsangemessen verhält und ein Handlungsschema richtig erinnert), *dann ist das wechselseitige Verstehen als Nachvollziehen von individuellen Absichten auf der Folie der Kenntnis gemeinsamer Regeln die Grundoperation sozialen Lebens überhaupt.*

Selbstbezüglichkeit der Theorie. Aus dieser substantiellen und methodischen Vorrangigkeit des Verstehens folgt endlich der substantielle und methodische *Selbstbezug der Theorie,* worunter hier die *Bevorzugung des → Alltags und der Alltagssprache als Gegenstand und Geltungsgrund der Theorie* gegenüber wissenschaftssprachlicher Systematisierung gemeint ist. Die Vorrangigkeit des Verstehens setzt für die einzelnen Individuen immer schon ein vorgängiges Verstandenhaben voraus. Substantiell bedeutet dies die faktische Vorgängigkeit eines «universe of discourse» (Mead), in welches ein Selbst durch die «primary groups» (Cooley) immer schon einsozialisiert sein muß; methodologisch die Vorrangigkeit einer bereits stattgefundenen gesellschaftlich-geschichtlichen Entwicklung und des ihr eigenen Symbolsystems gegenüber einer Wissenschaft, die sie «von außen» zu erklären versucht. Der Anspruch, ein solchermaßen entstandenes «universe of discourse» als Alltagssprache zu bezeichnen, kann sich auf Mead berufen: «A universe of discourse is simply a system of common or social meanings» (MEAD 1967, S. 90). BLUMER (1973, S. 117) präzisiert, daß eine solche soziale Welt, ein «universe of discourse» (das natürlich nicht mit einem «universal discourse» zu verwechseln ist), «die Welt der alltäglichen Erfahrung, die obere Schicht dessen, was wir in unserem Leben sehen und im Leben anderer erkennen», ist. Freilich war Mead der Meinung, daß die partikulare Verständigungspraxis konkreter Gruppen trotz Arbeitsteilung durch Markt und Ethik/Religion zu einer universalen Verständigung globaler Art ausgeweitet werden könnte. Die universale Verständigung bezeichnet MEAD (1967, S. 327) als Demokratie: «*Universal discourse is then the formal idea of communication. If communication can be carried through and made perfect, then there would exist the kind of democracy* to which we have referred, in which each individual would carry just the response in himself that he knows he calls out in the community».

Somit ist bei Mead die Problematik des Relativismus, die sich immer beim geltungsmäßigen Vorrang konkreter, alltäglicher Lebenspraxis ergibt, in der Idee einer universellen Verständigungsgemeinschaft aufgehoben. Allerdings: Ob diese Hoffnung auf eine ideale Verständigungspraxis dem Problem beikommen kann, das entsteht, wenn man jede wissenschaftliche Praxis als nur eine unter vielen möglichen Handlungsweisen ansieht oder den größeren Informations- und Wahrheitsanspruch von Wissenschaft gegenüber Kunst, Religion, Mythos, Alltagswissen bestreitet, ist nicht geklärt. Denn dann muß die Praxis einer jeden auch noch so emanzipatorisch und kritisch gemeinten Wissenschaft als eines konkreten, partikularen «universe of discourse» vor den Richterstuhl des «common sense» gezerrt werden, der dann doch die letzte Instanz darstellt. Die damit verbundene theoretische und praktische, forschungsmäßige und ethische Relativismusproblematik hat der heutige Symbolische Interaktionismus nicht gelöst, sondern vielmehr in Form des Wertrelativismus bewußt übernommen (vgl. POLSKY 1973, S. 77f; vgl. WILSON 1973, S. 70f).

Normative Sozialisationstheorie. Gleichwohl hat sich der Symbolische Interaktionismus in seiner deutschen Rezeption (vgl. KRAPPMANN 1971, MOLLENHAUER 1972) vor allem als normative Sozialisationstheorie dargestellt – zumal durch das von KRAPPMANN (vgl. 1971, S. 210) und MOLLENHAUER (vgl. 1972, S. 59f) vorgeschlagene Programm, nach den individuell und strukturell notwendigen Kompetenzen, die eine Beteiligung am interpretativ verstandenen Rollenhandeln beziehungsweise den nur

774 Interaktionismus, Symbolischer

kommunikativ denkbaren Sozialisationsprozessen ermöglichen, zu forschen und sie zu obersten →Erziehungszielen zu erheben. Es handelt sich dabei um die →Kompetenzen, die es ermöglichen sollen, Rollenhandeln so auszuführen, wie es das interpretative Paradigma erfordert, nämlich als balancierendes Behaupten biographischer Einzigartig- und sozialer Gleichartigkeit unter der Bedingung einer nur als Rollenhandeln denkbaren sozialen →Interaktion. Die Problematik dieses Versuchs liegt vor allem in der nicht weiter begründeten Überzeugung, daß soziales Handeln nur als Rollenhandeln denkbar und mithin «Identität» als normativer Leitbegriff nur rollentheoretisch formulierbar ist. Denn die womöglich zutreffende Beobachtung, daß soziales Handeln sich meist als Rollenhandeln äußert oder in Begriffen der Rollentheorie angemessen analysiert werden kann, liefert aus sich heraus noch keine Gründe für eine normative Bevorzugung der Rollentheorie. Eine solche normative Bevorzugung ließe sich allenfalls aus einer sprachtheoretisch begründeten Gesellschaftstheorie (vgl. HABERMAS 1971, S. 216f; vgl. HABERMAS 1981 a, b) ableiten, die darauf bestehen muß, daß Rollenhandeln nicht anders als im Medium der Sprache möglich ist und somit zunächst *kompetente Sprecher* als notwendige Voraussetzung hat. Kompetente Sprecher sind aber nicht mit kompetenten Rollenspielern identisch: müssen diese über die Fähigkeiten der Rollendistanz, Ambiguitätstoleranz, Empathie und Darstellungsfähigkeit verfügen, so muß der kompetente Sprecher auf einer anderen analytischen Ebene den Pflichten genügen können, sich *verständlich, richtig, wahrheitsgemäß und wahrhaftig zu äußern* (vgl. HABERMAS 1976, S. 176f). Wenn somit Rollenhandeln nicht mehr als letzte unhintergehbare Gegebenheit angesehen wird und das interpretative Paradigma des Rollenhandelns in seinem Rücken eine sprachtheoretische Begründung aufweist, muß die Frage gestellt werden, ob das normative Ziel der Bewahrung personaler Einzigartigkeit nicht bereits vom kompetenten Sprecher gewährleistet werden kann. Die Antwort ist einfach: Indem der kompetente Sprecher wie auch immer die *korrekte Verwendung von Personalpronomina* gelernt hat (und es ist keineswegs sicher, daß dies nur durch Rollenübernahme möglich ist – vgl. TUGENDHAT 1979, S. 282f) und mithin mittels des Personalpronomens →«Ich» auf sich und mittels «Du» und «Er» sowie «Wir» in unterschiedlichen Perspektiven auf andere Bezug nehmen kann, ist seine Einzigartigkeit als einzelner, von anderen unterschiedener Sprecher je und je gewährleistet. Doch scheint es Krappmann um *mehr* zu gehen als nur um die geglückte Identifikation eines Sprechers als eines singulären raumzeitlichen Gegenstandes – nämlich um ein Bewußtsein oder Gefühl qualitativer Einzigartigkeit als Person. Merkwürdigerweise wird aber gerade die psychoanalytische Theorie der Ich-Identität, die diesem Umstand Rechnung trägt, mit dem Hinweis abgelehnt, ein zu starres Identitätskonzept im Sinne eines Bestandes von Einstellungen zu unterstellen (vgl. KRAPPMANN 1971, S. 89f). Statt dessen plädiert KRAPPMANN (vgl. 1971, S. 77) mit Habermas dafür, daß die geforderte Einmaligkeit je und je durch Identifizierung mit situativ bedeutungsvollen Bezugsgruppen (*phantom normalcy*) und Übernahme einer *als* einzigartig *fingierten* Lebensgeschichte (*phantom uniqueness*) hergestellt wird. Der grundlegende Fehler dieses Ansatzes liegt in der behaupteten Phantomartigkeit des Selbst. Sie scheint aus dem Umstand begründet, daß soziale Gegebenheiten, wie etwa eine Lebensgeschichte, nie uninterpretiert und unselektiert vorkommen (vgl. BERGER 1977, S. 64f). Tatsächlich muß jede Erinnerung selektiv verfahren, soll sie einer potentiell unendlichen Datenmenge Herr werden (vgl. DANTO 1974, S. 240f). Aus diesem Umstand jedoch auf die Phantomartigkeit (und damit Unwirklichkeit) von Lebensgeschichten zu schließen, in denen mal diese, mal jene Ereignisse als *relevant* angesehen werden, verpaßt die Pointe der interaktionistischen Theorie des Selbst. Denn wovon zeugen die mannigfachen Studien über Gehirnwäsche (→Indoktrination), Konversionen, Erniedrigungsrituale (→Ritual, →Stigmatisierung) und Techniken der Rechtfertigung, wenn nicht von der Widerspenstigkeit, der Wirklichkeit dieses «sozialen Konstrukts» Lebensgeschichte (vgl. GOFFMAN 1972; vgl. GARFINKEL 1974, S. 77f; vgl. STRAUSS 1968, S. 127f). Es zeigt sich, daß die Behauptung der Phantomartigkeit des Selbst eng mit dem Umstand verbunden ist, daß lebensgeschichtliche Ereignisse überhaupt bewertet werden müssen und gleiche Ereignisse unterschiedlich bewertet werden können. Aus dem Umstand einer notwendigen Wertgebundenheit jedoch auf Fiktionalität zu schließen, bedeutet nichts anderes, als die Wahrheitsfähigkeit solcher Bewertungen zu verneinen und auf der moralischen Relativität der Bewertung lebensgeschichtlicher Ereignisse zu bestehen. Damit erweist sich das interaktionistische «Persönlichkeitsideal» im Kern als dem Wertrelativismus verpflichtet. Indem die Frage nach der «Identität» als die Frage nach der Einzigartigkeit der Person auftritt, verdeckt sie den Umstand, daß es bei dieser Frage nicht um ein interpersonelles *Abgrenzungs-*, sondern um ein intrapersonelles *Vereinbarkeits*problem geht: nämlich um die Vereinbarkeit unerwünschter Kontingenzen mit vorab getroffenen oder übernommenen, als verbindlich angesehenen Entwürfen vom guten Leben oder neuer Entwürfe mit vergangenen Ereignissen. Die Fähigkeit, als unglücklich empfundene Ereignisse zu assimilieren und normative Entwürfe zu verändern, also kognitive und emotionale Dissonanzen zu vermeiden, ja überhaupt eine Lebensgeschichte als geglückt oder mißglückt empfinden zu können, hat mit einem *stabilen Selbstwertgefühl* (vgl. KOHUT 1977), *moralischer Urteilskraft* (vgl. KOHLBERG 1974) und *Bildern vom guten Leben* (vgl. KREFT 1986) sehr viel, mit Rollenhandeln aber nur wenig zu tun. Die

776 Interaktionismus, Symbolischer

drei letztgenannten Momente sind nun aber als *Bestände* kontinuier-licher Art anzusehen, als Bestände, die jedes Individuum erwerben muß, wenn die Frage nach seiner →Individualität nicht als die theoreti-sche Frage nach zahlenmäßiger Einzigartigkeit, sondern angemessen als die *praktische Frage nach dem guten Leben* gestellt werden soll. Neuere Entwicklungen der Psychoanalyse, zumal die von KOHUT (vgl. 1977) entworfene Theorie des «Selbst», die auf Untersuchungen zum präödi-palen Narzißmus beruhen, kommen zu dem Schluß, daß die *Interaktion* zwischen Kind und Bezugsperson die Bedingung für jene affektive Grundstimmung ist, die erst ein kontinuierliches →Handeln und Erfah-ren ermöglicht. Damit sind auch Theoretiker der Psychoanalyse von ih-ren ursprünglichen trieb- und objekttheoretischen Auffassungen abge-rückt und räumen der Interaktion von Personen für die Herausbildung des Selbst eben jene Rolle ein, die Theoretiker des Symbolischen Inter-aktionismus stets behauptet haben.

Daß auch die Entwicklung ästhetischer Beurteilungskriterien bei der Herausbildung von Interaktions- und Handlungskompetenz eine be-deutsame Rolle spielen kann, zeigen jüngste Überlegungen zur Litera-turdidaktik (vgl. KREFT 1986).

Endlich hat die neuere, im Rahmen des genetischen Strukturalismus entwickelte *Religionspsychologie* (vgl. OSER/GMUENDER 1984) zeigen können, daß allein eine voll ausgebildete Intersubjektivität jene reli-giöse Autonomie, das heißt jenen Bezug zum Ultimaten hervorbringen kann, die dazu geeignet ist, persönliches Engagement und individuelle →Verantwortung im Lebensvollzug zu tragen.

Indem die kritische Rollentheorie jedoch nur um das Problem nume-rischer Einzigartigkeit kreist, ist sie in ihrem umfassenden normativen Anspruch mindestens ergänzungsbedürftig, wenn nicht gar überholt (vgl. TUGENDHAT 1979, S. 282f).

Der Symbolische Interaktionismus in der Erziehungswissenschaft. Als spezifisch erziehungswissenschaftliche Theorie entgeht der Symbolische Interaktionismus Defiziten, die empirisch-analytische, materialistische und geisteswissenschaftliche Ansätze aufweisen. Wenn wir als Gegen-stand einer erziehungswissenschaftlichen Theorie die vernünftige Be-gründung von →Erziehungszielen, die beschreibende, verstehende und somit erklärende Erfassung erzieherischer Verhältnisse (sozialisatori-scher Interaktionen; vgl. BRUMLIK 1986) sowie der sie beeinflussenden Variablen anthropologischer, psychischer und gesellschaftlicher Art, schließlich die Kritik an gesellschaftlich institutionalisierten Formen von →Erziehung begreifen, dann kann der Symbolische Interaktionismus als normative Sozialisationstheorie aus seinem Gegenstandsbereich her-aus zu jenen Problemen Stellung nehmen, ohne auf außerpädagogische

Phänomene Bezug nehmen zu müssen. So kann er im Gegensatz zu empirisch-analytischen Ansätzen (wie etwa der herkömmlichen Unterrichtsforschung) der Prozessualität, Vielfältigkeit und Wechselseitigkeit von Erziehung gerecht werden; kann er im Gegensatz zum Historischen Materialismus, dessen Theorie vor allem Begriffe für gesellschaftliche Makrostrukturen besitzt (trotz aller Versuche, etwa die Formbestimmtheit von Interaktionen aus diesen Makrostrukturen abzuleiten), beschreibend der Feinstruktur sozialisatorischer Prozesse innewerden; kann er endlich im Unterschied zu rein geisteswissenschaftlichen Verfahren dem Umstand Rechnung tragen, daß es Erziehungswissenschaft nicht nur mit Zeugnissen kultureller Überlieferung, sondern mit tagtäglich ablaufenden Prozessen zu tun hat (vgl. THIERSCH 1977).

Die erziehungswissenschaftliche Rezeption des Symbolischen Interaktionismus in der Bundesrepublik Deutschland fällt dementsprechend zunächst in jene Periode der Umorientierung, die sich im Gefolge der «Bildungskatastrophe», der Studentenbewegung, kurz: der strukturellen Umorientierung des deutschen, vor allem an der Produktion bürgerlicher → Eliten ausgerichteten *Bildungswesens* zum Begabtenreserven ausschöpfen wollenden *Ausbildungswesen* abspielte. Während dieses Prozesses wandelte sich die Erziehungswissenschaft in der Bundesrepublik Deutschland von einer historisch orientierten, traditionale und kulturelle Bestände sichernden *Reflexionswissenschaft* zu einer praxisbegleitenden, -reflektierenden und -kritisierenden *Handlungswissenschaft* (vgl. BLANKERTZ 1978). Da es sich bei der Krise des Bildungswesens vor allem um eine Krise der Bildungsinstitutionen zu handeln schien, die Kritik an ihnen aber zugleich den Blick für sie als Sozialisationsinstanzen schärfte und somit schließlich alle Sozialisationsinstanzen der Kritik unterwarf, setzt der Symbolische Interaktionismus zwar auch bei der allgemeinen → Pädagogik (vgl. BRUMLIK 1973, MOLLENHAUER 1972, SCHREIBER 1977, TERHART 1978), vor allem aber als konkrete Institutionenkritik ein: Familie (vgl. MOLLENHAUER u. a. 1975), Hauptschule (vgl. BRUSTEN / HURRELMANN 1973, PROJEKTGRUPPE JUGENDBÜRO UND HAUPTSCHÜLERARBEIT 1975), Sonderschule (vgl. HOMFELDT 1974), Gymnasium (vgl. RUMPF 1976, WELLENDORF 1973), Universität (vgl. HAEBERLIN / NIKLAUS 1978), Psychiatrie (vgl. GEBAUER 1975), Heime und Jugendstrafvollzugsanstalten (vgl. BONSTEDT 1972, COLLA 1973), Sozialarbeit, Polizei, Jugendgerichtsbarkeit (vgl. HAFERKAMP 1975, PETERS / CREMER-SCHÄFER 1975, GILDEMEISTER 1983, THIERSCH 1978) sowie generell alle Institutionen, die es mit Randgruppen zu tun haben, werden zum Gegenstand der Kritik (vgl. BRUSTEN / HOHMEIER 1975). Doch kann die Theorie des Symbolischen Interaktionismus hier nicht nur die selektiven Mechanismen förmlicher Institutionen aufklären, sondern zudem die Konstitution gesellschaftlich bedeutsamer Basisrollen. So konnten stig-

778 Interaktionismus, Symbolischer

matisierungstheoretische Überlegungen (→ Stigmatisierung) sowohl die Konstitution der Altenrolle als auch die zudem wirksame Benachteiligung alter Menschen erklären (vgl. HOHMEIER/POHL 1978). Die Konstitution sowohl der Geschlechtsrollen als auch der sexuellen Wünsche in Prozessen der bedeutungszuweisenden Handlungen primärer und sekundärer Sozialisation vermag die Theorie des Symbolischen Interaktionismus präzise nachzuzeichnen (vgl. GAGNON/SIMON 1973). Sie überwindet damit den Naturalismus und Essentialismus der Psychoanalyse ebenso wie den Behaviorismus physiologischer Theorien der menschlichen Sexualität und kann damit schließlich den jüngst wieder auflebenden Reduktionismen (etwa der Verhaltensbiologie) eine überzeugende *sozialwissenschaftliche* Alternative entgegenstellen. Für die Entwicklung einer – bisher im deutschen Sprachraum nicht entfalteten – Sexualpädagogik auf interaktionistischer Grundlage sind die Untersuchungen von Gagnon und Simon grundlegend.

Es sind endlich vor allem die Bereiche von → Schul- und → Sozialpädagogik und deren Schnittpunkte, in denen der Symbolische Interaktionismus sich in Theorie und Empirie etabliert hat. Als Kritik der sozialisierenden Mechanismen bestehender Institutionen fragt die Theorie danach, wie die Laufbahn (Karriere) eines Individuums in sozialisatorisch wirkenden Institutionen durch selektiv wirkende, symbolisch geronnene Interaktionen, nämlich → Rituale, so geprägt wird, daß entweder im Bereich der Bildungs- und Ausbildungsinstitutionen jenes Gefälle an → Chancengleichheit produziert wird, das für die in der Bundesrepublik Deutschland herrschende berufliche und einkommensmäßige Ungleichheit mitverantwortlich ist, oder daß im Bereich resozialisierender und «rehabilitierender» Institutionen allen guten Absichten des Gesetzgebers zum Trotz eine Abweichlerpopulation gerade durch diese Institutionen immer wieder erneut produziert wird. Die Kritik der Produktion mißglückter Lebensläufe (→ Lebenslauf) setzt dort an, wo sie – wenn überhaupt – für Erzieher praktisch werden kann: *nicht im Bereich ökonomischer Produktion und staatlicher Administration* als den objektiven Rahmenbedingungen aller institutionalisierten Sozialisation, *sondern an den Institutionen*, in denen – mehr oder minder zwangsweise – Normen und → Werte, Verhaltensweisen und Inhalte situativ gebunden, unter der Bedingung eines starken Gefälles an symbolischer und definitorischer Macht von Institutionsangestellten an Institutionsunterworfene vermittelt werden, also dort, wo unter gegebenen Umständen sozialisatorische Interaktion durch überflüssige, ungerechte und unausgewiesene Macht mehr als sozialstrukturell notwendig verzerrt ist. In diesen Institutionen haben nach Einsicht der Theorie des Symbolischen Interaktionismus die Rollenträger «Institutionsangehörige» die begrenzte Chance, durch eine andere Interpretation ihrer Rolle und eine Veränderung der filternd wir-

Interaktionismus, Symbolischer 779

kenden rituellen Interaktionen die Handlungsfähigkeit der Institutions-
unterworfenen so zu verändern und die Vergabe negativ bewerteter sozialer Eigenschaften so zu begrenzen, daß jene zumindest durch den Aufenthalt in der Institution keinen bleibenden Schaden davontragen und nach
Aufenthalt in ihr sogar über die Grundqualifikationen des Rollenhandelns und ein stabiles Selbst verfügen. Dies stabile Selbst im Sinne balancierender Identität sieht der Symbolische Interaktionismus als mindestens eine unter anderen Komponenten an, die zur Veränderung jener
ökonomischen, administrativen, legislativen und motivationalen Strukturen notwendig sind, welche eine spontane Ausbildung der Grundqualifikationen des Rollenhandelns seitens der Individuen unmöglich machen
und deshalb als kritikwürdig, ungerecht und unwahr ausgewiesen sind.

APEL, K. O.: Einführung zu C. S. Peirce. In: Peirce, C. S.: Schriften, 2 Bde., Frank-
furt/M. 1967/1970 (Bd. 1: 1967, S. 13 ff; Bd. 2: 1970, S. 11 ff). ARBEITSGRUPPE BIELE-
FELDER SOZIOLOGEN (Hg.): Symbolischer Interaktionismus und Ethnomethodologie.
Alltagswissen, Interaktion und gesellschaftliche Wirklichkeit, Bd. 1, Reinbek 1973.
BECKER, H. S.: Außenseiter, Frankfurt/M. 1973. BERGER, P.: Einladung zur Soziologie, München 1977. BLANKERTZ, H.: Handlungsrelevanz pädagogischer Theorie.
Selbstkritik und Perspektive der Erziehungswissenschaft am Ausgang der Bildungsreform. In: Z. f. P. 24 (1978), S. 41 ff. BLUMER, H.: Der methodologische Standpunkt des
symbolischen Interaktionismus. In: Arbeitsgruppe Bielefelder Soziologen (Hg.): Alltagswissen..., Reinbek 1973, S. 80 ff. BONSTEDT, C.: Organisierte Verfestigung abweichenden Verhaltens, München 1972. BRUMLIK, M.: Der Symbolische Interaktionismus
und seine pädagogische Bedeutung, Frankfurt/M. 1973. BRUMLIK, M.: Interaktion. In:
Hierdeis, H. (Hg.): Taschenbuch der Pädagogik, Teil 1, Baltmannsweiler [2]1986,
S. 304 ff. BRUSTEN, M./HOHMEIER, J. (Hg.): Stigmatisierung, 2 Bde., Neuwied/Darm-
stadt 1975. BRUSTEN, M./HURRELMANN, K.: Abweichendes Verhalten in der Schule.
Eine Untersuchung zu Prozessen der Stigmatisierung, München 1973. BURGESS, E.
u. a.: The Family, Chicago 1971. CHOMSKY, N.: Sprache und Geist, Frankfurt/M. 1970.
COLLA, H.: Der Fall Frank, Neuwied/Berlin 1973. COOLEY, C. H.: Social Organiza-
tion, New York 1962. COOLEY, C. H.: Human Nature and Social Order, New York
1964. DANTO, A.: Analytische Philosophie der Geschichte, Frankfurt/M. 1974. DE-
WEY, J.: Demokratie und Erziehung, Braunschweig/Berlin 1964. DEWEY, J.: Expe-
rience and Education. In: Cahn, S. M.: The Philosophical Foundation of Education,
New York 1970, S. 229 ff. EDELSTEIN, W./HABERMAS, J. (Hg.): Perspektivität und
Interpretation. Beiträge zur Entwicklung des sozialen Verstehens, Frankfurt/M. 1982.
EDELSTEIN, W./HABERMAS, J. (Hg.): Soziale Interaktion und soziales Verstehen. Bei-
träge zur Entwicklung der Interaktionskompetenz, Frankfurt/M. 1984. FLAVELL, J.:
Rollenübernahme und Kommunikation bei Kindern, Weinheim/Basel 1975. FRIED-
RICHS, J. (Hg.): Teilnehmende Beobachtung abweichenden Verhaltens, Stuttgart 1973.
GAGNON, J. H./SIMON, W.: Sexual Conduct. The Social Sources of Human Sexuality,
Chicago 1973. GARFINKEL, M.: Bedingungen für den Erfolg von Degradierungszere-
monien. In: Grupdyn. 5 (1974), S. 77 ff. GEBAUER, M.: Stigmatisierung psychisch Behinderter durch psychiatrische Institutionen. In: Brusten, M./Hohmeier, J. (Hg.): Stigmatisierung, Bd. 2, Neuwied/Darmstadt 1975, S. 113 ff. GILDEMEISTER, R.: Als Helfer
überleben. Beruf und Identität in der Sozialarbeit/Sozialpädagogik, Neuwied/Darm-
stadt 1983. GOFFMAN, E.: Stigma. Über Techniken der Bewältigung beschädigter Iden-

780 Interaktionismus, Symbolischer

tität, Frankfurt/M. 1967. GOFFMAN, E.: Wir alle spielen Theater. Die Selbstdarstellung im Alltag, München 1969. GOFFMAN, E.: Interaktionsrituale über Verhalten in direkter Kommunikation, Frankfurt/M. 1971. GOFFMAN, E.: Asyle. Über die soziale Situation psychiatrischer Patienten und anderer Insassen, Frankfurt/M. 1972. GOFFMAN, E.: Interaktion: Spaß am Spiel, Rollendistanz, München 1973. GOFFMAN, E.: Das Individuum im öffentlichen Austausch. Mikrostudien zur öffentlichen Ordnung, Frankfurt/M. 1974. GOFFMAN, E.: Rahmen-Analyse. Ein Versuch über die Organisation von Alltagserfahrungen, Frankfurt/M. 1977. GOULDNER, A.: Westliche Soziologie in der Krise, Reinbek 1974. GRATHOFF, R.: Alltag und Lebenswelt als Gegenstand der phänomenologischen Sozialtheorie. In: Köln. Z. f. Soziol. u. Sozpsych., Sonderheft 20, 1979, S. 67 ff. HABERMAS, J.: Theorie der Gesellschaft oder Sozialtechnologie? Eine Auseinandersetzung mit Niklas Luhmann. In: Habermas, J./Luhmann, N.: Theorie der Gesellschaft oder Sozialtechnologie. Was leistet die Systemforschung? Frankfurt/M. 1971, S. 142 ff. HABERMAS, J.: Stichworte zur Theorie der Sozialisation. In: Habermas, J.: Kultur und Kritik, Frankfurt/M. 1973, S. 118 ff. HABERMAS, J.: Was heißt Universalpragmatik? In: Apel, K. O. (Hg.): Sprachpragmatik und Philosophie, Frankfurt/M. 1976, S. 174 ff. HABERMAS, J.: Theorie des kommunikativen Handelns, 2 Bde., Frankfurt/M. 1981 (Bd. 1: 1981 a; Bd. 2: 1981 b). HAEBERLIN, U./NIKLAUS, E.: Identitätskrisen, Bern 1978. HAFERKAMP, H.: Kriminelle Karrieren, Reinbek 1975. HAMMERICH, K.: Rezeption und Reflexivität. In: Köln. Z. f. Soziol. u. Sozpsych., Sonderheft 20, 1979, S. 100 ff. HEINRICH, K.: Die Schwierigkeit nein zu sagen, Frankfurt/M. 1964. HENRICH, D.: Identität. In: Marquard, O./Stierl, K. M. (Hg.): Identität. Poetik und Hermeneutik, Bd. 8, München 1979, S. 133 ff. HOHMEIER, J./POHL, H.-J. (Hg.): Alter als Stigma, Frankfurt/M. 1978. HOMFELDT, H. G.: Stigma und Schule, Düsseldorf 1974. JAMES, W.: The Principles of Psychology, 2 Bde., New York 1950. JOAS, H.: George Herbert Mead. In: Käsler, D. (Hg.): Klassiker soziologischen Denkens, Bd. 2, München 1978, S. 9 ff. JOAS, H.: Praktische Intersubjektivität. Die Entwicklung des Werkes von G. H. Mead, Frankfurt/M. 1980. JOAS, H. (Hg.): Das Problem der Intersubjektivität, Frankfurt/M. 1985. KOHLBERG, L.: Zur kognitiven Entwicklung des Kindes, Frankfurt/M. 1974. KOHUT, H.: Die Heilung des Selbst, Frankfurt/M. 1977. KRAPPMANN, L.: Soziologische Dimensionen der Identität, Stuttgart 1971. KREFT, J.: Moralische und ästhetische Entwicklung im didaktischen Aspekt. In: Oser, F. u. a. (Hg.): Moralische Zugänge zum Menschen, München 1986, S. 257 ff. MARCUSE, L.: Amerikanisches Philosophieren, Reinbek 1959. MEAD, G. H.: Mind, Self and Society from the Standpoint of the Social Behaviourist, hg. v. Ch. W. Morris, Chicago 1967. MEAD, G. H.: Geist, Identität und Gesellschaft aus der Sicht des Sozialbehaviorismus, hg. v. Ch. W. Morris, Frankfurt/M. 1968. MEAD, G. H.: Philosophie der Sozialität, Frankfurt/M. 1969 a. MEAD, G. H.: Sozialpsychologie, Neuwied/Berlin 1969 b. MILLS, C. W.: Sociology and Pragmatism, New York 1966. MOLLENHAUER, K.: Theorien zum Erziehungsprozeß. Zur Einführung in erziehungswissenschaftliche Fragestellungen, München 1972. MOLLENHAUER, K. u. a.: Die Familienerziehung, München 1975. MORRIS, CH. W.: Pragmatische Semiotik und Handlungstheorie, Frankfurt/M. 1979. OEVERMANN, U.: Die falsche Kritik an der kompensatorischen Erziehung. In: N. Samml. 14 (1974), S. 537 ff. OSER, F./GMUENDER, P.: Der Mensch – Stufen seiner religiösen Entwicklung, Zürich/Köln 1984. OTTOMEYER, K.: Soziales Verhalten und Ökonomie im Kapitalismus, Bremen 1973. PEIRCE, C. S.: Schriften, hg. v. K. O. Apel, 2 Bde., Frankfurt/M. 1967/1970 (Bd. 1: 1967; Bd. 2: 1970). PETERS, H./CREMER-SCHÄFER, H.: Die sanften Kontrolleure, Stuttgart 1975. POLSKY, N.: Forschungsmethode, Moral, Kriminologie. In: Friedrichs, J. (Hg.): Teilnehmende Beobachtung abweichenden Verhaltens, Stuttgart 1973, S. 51 ff. PROJEKTGRUPPE JUGENDBÜRO UND HAUPTSCHÜLERARBEIT: Die Lebenswelt von Hauptschülern, München 1975. ROSE, A. M.:

Systematische Zusammenfassung der Theorie des symbolischen Interaktionismus. In: Hartmann, H.: Moderne amerikanische Soziologie, Stuttgart 1973, S. 264 ff. RUMPF, H.: Unterricht und Identität, Perspektiven für ein humanes Lernen, München 1976. SCHREIBER, W.: Interaktionismus und Handlungstheorie, Basel 1977. SCHÜTZ, A.: Der sinnhafte Aufbau der sozialen Welt, Frankfurt/M. 1974. SCHWEMMER, O.: Praxis, Methode und Vernunft. In: Z. f. P., 15. Beiheft, 1978, S. 87 ff. STRAUSS, A.: Spiegel und Masken, Frankfurt/M. 1968. STRYKER, S.: The Interactional and Situational Approaches. In: Christensen, H. T. (Hg.): Handbook of Marriage and the Family, Chicago 1964, S. 125 ff. STRYKER, S.: Die Theorie des symbolischen Interaktionismus. In: Köln. Z. f. Soziol. u. Sozpsych., Sonderheft 14, 1970, S. 49 ff. TERHART, E.: Interpretative Unterrichtsforschung, Stuttgart 1978. THIERSCH, H.: Kritik und Handeln. Interaktionistische Aspekte der Sozialpädagogik, Neuwied/Darmstadt 1977. THIERSCH, H.: Zum Verhältnis von Sozialarbeit und Therapie. In: N. Prax., Sonderheft Sozialarbeit und Therapie, 1978, S. 9 ff. THOMAS, W. I.: Person und Sozialverhalten. Werkauswahl, hg. v. E. H. Volkart, Neuwied 1965. TUGENDHAT, E.: Selbstbewußtsein und Selbstbestimmung, Frankfurt/M. 1979. WARTENBERG, G.: Logischer Sozialismus, Frankfurt/M. 1971. WEINSTEIN, E.: The Development of Interpersonal Competence. In: Coslin, D. A. (Hg.): Handbook of Socialization Theory and Research, Chicago 1971, S. 753 ff. WELLENDORF, F.: Schulische Sozialisation und Identität. Zur Sozialpsychologie der Schule als Institution, Weinheim/Basel 1973. WILSON, TH. P.: Theorien der Interaktion und Modelle soziologischer Erklärung. In: Arbeitsgruppe Bielefelder Soziologen (Hg.): Alltagswissen..., Reinbek 1973, S. 54 ff.

Micha Brumlik

Interdisziplinarität

Das Problem der Interdisziplinarität tritt erst unter der (freilich nicht hinreichenden) Bedingung auf, daß Einzel-Disziplinen existieren. Wissenschaft existiert (heute nahezu) ausschließlich in der Form thematisch (bisweilen auch methodisch) reduzierter und separierter Einzel- oder Spezialdisziplinen (vgl. SCHWARZ 1957, S. 129; vgl. THIEME 1956, S. 19). Diese Tatsache erfährt unterschiedliche Beurteilung (vgl. LUYTEN 1974, S. 132 f). Die einen sehen und beklagen darin einen Verlust der Einheit der Wissenschaft – was immer das (gewesen) sein mag (vgl. V. HENTIG 1971, S. 859; vgl. SCHULENBERG 1969, S. 139). Anderen ist diese Differenzierung Ausdruck wissenschaftlichen Fortschritts und ungeheurer Bereicherung menschlichen Wissens. Ähnlich zwiespältig ist die Einschätzung der aus dieser Tatbestandsfeststellung und -bewertung gefolgerten Konsequenzen für die Qualität von Wissenschaft und Wissenschaftlern. «Der Ausweis der Wissenschaftlichkeit erscheint [...] weithin allein durch die fachliche Spezialisierung verbürgt» (SCHWARZ 1974, S. 57; vgl. BERNSTEIN 1971, S. 155; vgl. V. HENTIG 1971, S. 866). Überschreitungen fachwissenschaftlicher Grenzen geraten in quantitativer (enzyklopädischer Dilettantismus) und qualitativer Hinsicht (fachliche Inkompetenz, Scharlatanerie, Außenseitertum) in (Ver-)Ruf oder zu-

782 Interdisziplinarität

mindest Verdacht der Unwissenschaftlichkeit oder wissenschaftlichen
Unseriosität, von anders motivierten Zuständigkeitskonflikten hier noch
abgesehen (vgl. KANT 1964, S. 261 ff). Am anderen Ende dieses Ein-
schätzungskontinuums steht der Vorwurf fachlicher Borniertheit, der
Scheuklappenbeschränktheit, des Fachidiotentums (vgl. LENK 1980,
S. 10; vgl. MEYER-ABICH 1980, S. 7).

Die verbreitete Forderung nach Interdisziplinarität dürfte Ausdruck
der skizzierten Widersprüche sein: Wer Interdisziplinarität fordert, hält
die disziplinäre Organisation wissenschaftlicher Aktivitäten für revi-
sions- oder ergänzungsbedürftig, aber wohl nicht für grundsätzlich falsch
(vgl. HOLZHEY 1974, S. 105 f; vgl. LITT 1952, S. 9 ff; vgl. LORENZEN 1978,
S. 118; vgl. MANNHEIM 1958, S. 202 ff; vgl. SCHUDER 1955, S. 3 f; vgl.
SCHWARZ 1974, S. 34) oder aufhebbar – schon weil es eine contradictio
in terminis wäre, Interdisziplinarität zu fordern, dafür vorausgesetzte
Disziplinen aber nicht gelten zu lassen. Ob Interdisziplinarität geeignet
ist, die der wissenschaftlichen Differenzierung und Spezialisierung ange-
lasteten Nachteile auszugleichen, ohne die ihr zugeschriebenen Vorteile
negativ zu beeinträchtigen, wird einerseits davon abhängen, aus welchen
Gründen man welche Disziplinabgrenzung fordert oder verwirklicht,
und andererseits, was die mit «Interdisziplinarität» gemeinten Konzeptionen für die Erkenntnis, für die Wissenschaftsorganisation und den
Lebenszusammenhang, in dem Wissenschaft ihre Funktionsbestimmung
erhält, zu leisten vermögen (vgl. LITT 1952, S. 17 ff).

Einzelwissenschaftliche Spezialisierung. Etymologische Studien verweisen darauf, daß der Terminus «Disziplin» in die Wortfelder von Unterweisung und →Schule gehört. Der Grundbestand der seit der Antike
wechselnden Begrifflichkeit läßt sich bestimmen als Vorgang, Inhalt und
Ergebnis einer Ausbildung, die primär Wissen vermittelt. Im Sprachgebrauch des mittelalterlichen Wissenschaftsbetriebes gewann die Anwendung dieses Terminus auf Fächer, die sich durch methodische Stringenz
auszeichneten (Mathematik, Logik), sowie auf Wissenschaft überhaupt
an Bedeutung (vgl. JÜSSEN/SCHRIMPF 1972, Spalte 256 ff). In systematischer Analyse lassen sich für eine Reihe von Annahmen über die Entstehung von Einzeldisziplinen Gründe beibringen.

Die zunehmende Differenzierung und Spezialisierung wissenschaftlicher Aktivitäten und Manifestationen kann auf hoher Abstraktionsstufe in Zusammenhang gesehen werden mit jener gesellschaftlichen
Entwicklung, die SPENCER (1877, S. 517 f) auf den Begriff eines universellen, freilich quasi naturalistischen Entwicklungsgesetzes gebracht hat:
«Durch einen Process beständiger Integration und Differencirung werden sie [alle Dinge] zu einem Aggregat umgeformt, das, während es an
Masse zunimmt, aus einem Zustand unbestimmter, unzusammenhän-

gender Gleichartigkeit in den von bestimmter, zusammenhängender Ungleichartigkeit übergeht». Weniger abstrakten Betrachtungsweisen ist indessen nicht entgangen, daß es im Laufe der Entwicklung auch zu «planloser Spezialisierung» (MANNHEIM 1958, S. 204), zu durchaus unzusammenhängender und widersprüchlicher Ungleichartigkeit gekommen ist.

Eine Differenzierung und Modifizierung solcher «Entwicklungsgesetze» erfolgte in verschiedenen Ansätzen zu einer Theorie gesellschaftlicher Arbeitsteilung (vgl. CAPLOW 1954, DAHRENDORF 1965, DURKHEIM 1949, KÖNIG 1958; themenspezifischer: vgl. FLÜGGE 1961, S. 130ff; vgl. SCHULENBERG 1969, S. 141). Dabei gerieten insbesondere jeweilige gesellschaftliche, politische, technische und ökonomische Überlebensbedingungen sich entwickelnder Gesellschaften in den Blick. Zunehmender gesellschaftlicher Bedarf an möglichst präziser, zuverlässiger und technologisch relevanter Information, die Steigerung der Effektivität nicht nur im Bereich der Gewinnung, Verbreitung und Verwertung von Forschungsergebnissen, sondern auch der Ausbildung von wissenschaftlichem Nachwuchs und von Anwendern wissenschaftlicher Ergebnisse können als besonders wirksame Faktoren wissenschaftlicher Spezialisierung angesehen werden (vgl. BEN-DAVID 1975, VAN DEN DAELE/ KROHN 1975; vgl. HABERMAS 1968, S. 79ff; vgl. HIRSCH 1975, HOLZKAMP 1972, MARCUSE 1967, MARX 1975; vgl. PLATON 1961, S. 66, S. 100; vgl. PLESSNER 1966, S. 126; vgl. SMITH 1933, S. 4, S. 45f; vgl. WEINGART 1972, 1974, 1976). Ökonomische Effektivitäts- und Verwertungsgesichtspunkte gewannen zunehmenden Einfluß auf Entwicklung und Planung des gesamten Bildungs-, Ausbildungs- und Wissenschaftssektors (vgl. EDDING 1963, HIRSCH/LEIBFRIED 1971).

Arbeitsteilige Spezialisierung wurde immer unausweichlicher Resultat und (neue) Voraussetzung der wachsenden Diskrepanz zwischen der zunehmenden Menge und Heterogenität wissenschaftlich kontrollierter Information – auch über Regeln, Verfahren und Mittel der Informationsgewinnung – einerseits (vgl. GERLACH 1953, S. 13; vgl. GROEBEN/ WESTMEYER 1975, S. 157ff; vgl. v. HENTIG 1971, S. 865) sowie andererseits der nicht unbegrenzt steigerbaren Fähigkeit und Bereitschaft eines einzelnen, diese «Informationsexplosion» in voller Breite rezeptiv oder gar produktiv zu verarbeiten. Das hier angesprochene Problem läßt sich auf die vereinfachende Formel bringen: von vielem wenig oder Ungenaues oder von wenigem mehr und Genaueres zu wissen. Die Begrenzung von Fragestellungen, Untersuchungsgegenständen, Untersuchungsverfahren scheint also eine Bedingung gesteigerter Informationsgenauigkeit und wissenschaftlicher Kompetenz auf allen Gebieten zu sein (vgl. WEBER 1951, S. 572f).

Auch heute noch ist die Behauptung oder Unterstellung anzutreffen,

784   Interdisziplinarität

daß einzelne Disziplinen ein (von den in diesen Disziplinen formalisierten und organisierten Fragestellungen unabhängiges) Wirklichkeitskor-
relat besäßen, also mit einem (so und an sich vorfindbaren) eigenen
«Bereich» oder Ausschnitt der Wirklichkeit korrespondierten (kritisch:
vgl. Bühl 1971, S. 91; vgl. Meumann 1914, S. 4f; vgl. Petzelt 1955,
S. 34f; vgl. Piaget 1974, S. 154ff). «Jeder Gliederung des Komplexes
der Wissenschaften [liegen] vor allem zwei Gesichtspunkte ihrer möglichen Einteilung zugrunde [...], die sich selbstverständlich gegenseitig
ständig durchdringen: 1. die nach ihren Gegenständen (materiale Gesichtspunkte) und 2. die nach ihren Methoden (formale Gesichtspunkte)» (Schuder 1955, S. 21).

Damit ist bereits ein anderes Gliederungskriterium genannt: Die
→ Forschungs- oder Arbeitsmethode, die – kritisch gewendet – einzelne
Disziplinen als die ihre für sich beanspruchen. «Mit der Spezialisierung
der Wissenschaften [wurde] immer stärker auch eine Differenzierung
der Methoden notwendig, um den Forderungen einzelwissenschaftlicher
Arbeit an verschiedenen Objekten gerecht zu werden» (Schuder 1955,
S. 15; vgl. Heckhausen 1972, S. 85). Besondere, wenn auch keineswegs
unstrittige Popularität hat die Unterscheidung naturwissenschaftlicher
von geisteswissenschaftlichen → Methoden erlangt. Die Rede von der
«Leihmethode» (Dörschel 1960, S. 13; vgl. Heitger 1966, S. 86, S. 96)
und Kritik an der Verwendung «fachfremder», beispielsweise soziologischer, psychologischer oder naturwissenschaftlicher Methoden in der
Pädagogik verweist ebenfalls auf den methodischen Abgrenzungs-
gesichtspunkt. Die (vermeintliche) Fachspezifität wissenschaftlicher
Methoden wird aber nicht nur beansprucht, um die Separierung wissenschaftlicher Spezialdisziplinen zu bekräftigen oder zu rechtfertigen, die
Wahl bestimmter Forschungsziele sowie die Anwendung bestimmter
Methoden begünstigt auch innerhalb einzelner Fächer und vom konkreten Forschungsdesign und -projekt her jene Atomisierung fachwissenschaftlicher Zuständigkeit, die – im Extrem – alles zu «Störvariablen»
erklärt, was sich den experimentellen Versuchsanordnungen empiristi-
scher Reduktionen nicht fügt. Weitestgehende Isolierbarkeit, Verfügbarkeit und Kontrollierbarkeit experimenteller Bedingungsgefüge haben ein praktisches Korrelat. Sie hätten kaum Ideale wissenschaftlichen
Expertentums werden und bleiben können, wenn sie nicht mit Maximen
und Praktiken, insbesondere individueller Erwerbstätigkeit (nicht nur
am Fließband, sondern auch im Schulunterricht) und staatlichen Handelns vereinbar wären (vgl. Benner 1978, S. 18ff; vgl. Groeben/West-
meyer 1975, S. 30f, S. 157ff; vgl. Holzkamp 1972, S. 228ff; vgl. Rumpf
1976, S. 29ff). Die Unterscheidung beispielsweise natur-, sozial- und
geisteswissenschaftlicher, empirischer und hermeneutischer, nomologischer und ideographischer, deskriptiver, explikativer und normativer,

reiner und angewandter Methoden, Orientierungen oder Wissenschaften ist oft geeignet zu trennen, was zusammengehört, und zu verbinden, was unterschieden werden muß.

Andere Aussagenzusammenhänge explizieren oder implizieren die Annahme, daß die zu Einzeldisziplinen formalisierten Besonderungen wissenschaftlicher Aktivitäten in der interindividuellen Differenz psychischer Dispositionen, im Unterschied der menschlichen Natur (vgl. DAHRENDORF 1965, S. 513) ihren Ursprung oder wesentliche Bedingungsfaktoren besäßen. Bereits seit dem klassischen Altertum wird angenommen, daß «von Natur keiner [...] dem anderen völlig gleich ist, sondern jeder verschiedene Anlagen hat, der eine für dieses, der andere für jenes Geschäft» (PLATON 1961, S. 65; vgl. PLATON 1961, S. 130, S. 136, S. 151, S. 181ff; vgl. BACON 1962, S. 78; vgl. BÜCHER o. J.; vgl. FERGUSON 1923, S. 257; vgl. MARX 1975, S. 387; vgl. SCHMOLLER 1889). In der Tradition dieser Auffassung nimmt SPRANGER (vgl. 1950, S. 121ff) mit seiner Vorstellung von den idealen Grundtypen der → Individualität eine Sonderstellung ein (kritisch: vgl. HOFFMANN 1955, S. 86). In starker Vereinfachung lassen sich vier Grundtypen einer Konkretisierung dieser «individualistischen» Begründung gesellschaftlicher und wissenschaftlicher Differenzierung theoretisch isolieren:

– eine theologisch-philosophisch ambitionierte Prädestinationsvorstellung (vgl. BUSEMANN 1952, Spalte 333ff),
– die Annahme einer biologisch fundierten Determination (vgl. HADORN 1974, S. 46ff),
– eine psychologisch-lerntheoretisch interpretierte Bestimmung (vgl. LIEDTKE 1976, S. 75f, S. 84),
– eine sozialwissenschaftlich, insbesondere ökonomisch oder politökonomisch orientierte (vgl. FERGUSON 1923, S. 253ff; vgl. MARX 1975) Auffassung.

Unter wissenschaftsimmanenten Gesichtspunkten – soweit eine solche Einschränkung sinnvoll und unstrittig ist (kritisch: vgl. ALBERT 1964, S. 13f) – läßt sich zusammenfassend sagen, daß die einzelwissenschaftliche Spezialisierung folgende Zwecke verfolgt: die Steigerung wissenschaftlicher Kompetenz und Effektivität, die Gewährleistung wissenschaftlicher Kontinuität und Intensität der wahrheitsmotivierten Entfaltung einer «Forschungstradition» und nicht zuletzt eine «besondere» wissenschaftliche Zuständigkeit oder Verantwortlichkeit für bestimmte, relativ verselbständigte Bereiche gesellschaftlichen Handelns. Freilich reicht diese «positive» Zweckbeschreibung nicht aus, die Wirklichkeit einzelwissenschaftlicher Spezialisierung (auch «wissenschaftsimmanent») zu (er-)klären.

Von nicht zu unterschätzender Bedeutung für die Entwicklung einzelwissenschaftlicher Spezialdisziplinen ist auch jene personell-sachliche

786 Interdisziplinarität

Zuständigkeitsabsicherung, jene Ausgrenzung, Abschottung und Monopolisierung wissenschaftlicher Zuständigkeit, die auf die Gewinnung
oder Verteidigung institutionell definierter oder informeller gesellschaftlicher Machtpositionen hinausläuft (vgl. ALBERT 1962, S. 550; vgl. AL-
BERT 1965, S. 406 ff; vgl. BECK u. a. 1976, BERNSTEIN 1971, DAHRENDORF
1966, HOFMANN 1970; vgl. LUYTEN 1974, S. 137; vgl. SCHULENBERG
1969, YOUNG 1970). Dabei geht es nicht nur um die eingangs erwähnte
Wertschätzung fachwissenschaftlichen Expertentums, um die Emanzipation neuer Disziplinen aus den wohl niemals nur «sachlogisch» legitimierbaren Totalitätsansprüchen historisch etablierter Wissenschaften
(wie Theologie, Philosophie), um Autonomie, Ansehen und Einfluß
wissenschaftlicher Disziplinen und ihrer «Vertreter», sondern nicht selten zugleich um die «Erzeugung» von Inkompetenz Auszuschließender,
beispielsweise durch die Entwicklung einer nicht mehr allgemeinverständlichen Fachsprache, und nicht zuletzt um den Ausschluß (leicht als
«fachfremd» oder «inkompetent» zu diskriminierender) wissenschaftlicher Kritik oder kritischer Kommunikation (vgl. v. CRANACH 1974,
S. 57; vgl. DAHRENDORF 1966, S. 183 ff; vgl. LENK 1980, S. 10). Die Abschließung und Monopolisierung wissenschaftlicher Zuständigkeit dienen in zunehmendem Maße auch der Verbesserung von Arbeitsmarkt-
positionen für Wissenschaftler und Absolventen fachwissenschaftlicher
Studien; sie werden zu einem Instrument sozialer → Selektion (vgl.
BERNSTEIN 1971, S. 163 f; vgl. HAGSTROM 1972, S. 243 ff).

Ihre erziehungstheoretische Kristallisation erfuhr die hier skizzierte
Problematik im Konzept «pädagogischer Autonomie», das im Laufe seiner Geschichte die unterschiedlichsten Ausprägungen erfahren und als
«relative Autonomie» (vgl. WENIGER 1957, S. 72; kritisch: vgl. RUHLOFF
1974, S. 395 ff) bis heute alle Anfechtungen überlebt hat.

– Die Forderung oder Behauptung pädagogischer → Autonomie kennzeichnet zum einen die Emanzipation der Erziehungswissenschaft aus
  umfassenderen Disziplinen allgemeiner Geltung, insbesondere aus
  (verschiedenen Zweigen) der Philosophie (vgl. HERBART 1806, S. 11 ff).
– Pädagogische Autonomie wird zum anderen beansprucht gegenüber den Ansprüchen gesellschaftlicher Mächte. Insofern bezieht sie
  – nicht widerspruchsfrei (vgl. BEUTLER 1969, S. 196) – ihre Legitimation aus der oft sehr abstrakt gefaßten «Idee» autonomer Persönlichkeit. Jedoch dürfte es nicht leicht sein, einen Exklusivitätsanspruch
  der → Pädagogik auf die Vertretung des (einzelnen) Menschen (vgl.
  GEISSLER 1929, S. 17) zu begründen: Welche andere Human- und Sozialwissenschaft kann von der Vertretung des humanum, der Individualität und der Personalität *prinzipiell* ausgeschlossen werden? Und
  auf welche Geltungsgründe vermag sich zu berufen, wer «das Individuum» gegen «die Gesellschaft» ausspielt?

Interdisziplinarität 787

– Schließlich wird die «Autonomie des Pädagogischen» auch auf jenen Ausschnitt gesellschaftlicher Praxis appliziert, als dessen abstrakter Sammelname das «Erziehungs- und Bildungswesen» weithin in Geltung ist (vgl. Nohl 1935, S. 156ff). Wenn man die Berechtigung dieser gedanklichen und praktischen Besonderung undiskutiert läßt, wird man im Interesse realitätsnaher Vergewisserung zumindest nicht umhinkönnen, die unübersehbar vielfältigen «außerpädagogischen» Bedingungen, Implikationen und Konsequenzen jeglicher Manifestation von theoretischer und praktischer Pädagogik ebenso in Betracht zu ziehen wie die pädagogische Relevanz aller nicht «pädagogisch» genannten Erscheinungsformen menschlich-gesellschaftlicher Wirklichkeit. Wirklich autonom ist Pädagogik schon deshalb und insofern niemals, als sie gar nicht anders als im Medium, in Materialisierungen des an sich «nicht Pädagogischen» sich ereignet, nämlich in der Vieldimensionalität realer Lebensvollzüge und -bezüge, seien sie auch zu Erziehungs- oder Unterrichtszwecken arrangiert (vgl. Klafki 1965; vgl. Seiffert 1964, 1966).

Die Tradition erziehungswissenschaftlicher Theoriebildung dürfte den selbstzweiflerischen Autonomie-Anspruch erübrigen. Wieweit aber die als «Erziehungs- und Bildungswesen» bezeichnete Wirklichkeit die in der Autonomiediskussion zur Geltung gebrachten Einsichten und Prinzipien auch nur ansatzweise realisiert, ist bestenfalls eine offene Frage.

Gründe für die Forderung interdisziplinärer Orientierung. Allen Argumenten gemeinsam ist die Kritik an einer zumindest in jeweils relevanter Hinsicht zu weit getriebenen, «falsch geschnittenen» und vor allem unzulänglich begründeten Spezialisierung und Isolierung einzelwissenschaftlicher Forschung und Lehre. Eine erste Gruppe kritischer Argumente richtet sich gegen die verschiedenen Spielarten *naturalistischer Begründungsversuche* einzelwissenschaftlicher Spezialisierung:

Die vorfindliche Differenzierung und Separierung einzelwissenschaftlicher Forschung folgt aus keiner – wie auch immer bestimmten – *Natur* oder *Eigenständigkeit* «der Sache» als dem Gegenstand wissenschaftlicher Aktivitäten. Solche Annahmen stellen entweder eine naive Verdinglichung kategorialer Bestimmungen dar, oder sie verweisen auf jene Entfaltung des reflektierenden Subjekts, in der sich Kategorien als Bedingungen möglicher Erfahrung und als objektivierende Funktion gegenständlicher Erkenntnis allererst ausbilden (vgl. Kant 1956, S. 143ff). Gegen die Annahme bewußtseinsunabhängiger Gegenstände oder Bereiche einzelwissenschaftlicher Forschung lassen sich folgende Argumente geltend machen:

– Es gibt keine theoriefreie, sondern nur eine in der phylogenetischen

788   Interdisziplinarität

und ontogenetischen Tradition menschlichen →Bewußtseins konstitu-
ierte Erfahrung außersubjektiver Realität (vgl. Herrmann 1973,
Holzkamp 1973; vgl. Kupffer 1969, S. 209f; für die Naturwissenschaft: vgl. Heisenberg 1955, S. 21; vgl. Planck 1949, S. 283f; vgl. v.
Weizsäcker 1963, S. 12ff).
– Subjekt sämtlicher Forschungsinitiativen und -aktivitäten sind handelnde Menschen.
– Forschungsprozesse sind Entscheidungsprozesse.
– Nicht zuletzt sind die Organisationsformen gesellschaftlicher Arbeitsteilung, die uns «objektiv» gegenübertreten – beispielsweise «das Erziehungswesen» –, immer auch Resultat zunehmend verwissenschaftlichter, beispielsweise spezialisierter Denk- und Handlungsformen
(vgl. Gadamer 1972, S. XIVff; vgl. v. Hentig 1972, S. 41ff; vgl.
Schwarz 1974, S. 1; vgl. Weingart 1976, S. 212ff). Die Besonderheiten so konkreter (und zugleich komplexer) «Dinge» wie Schulen,
→Lehrer, →Lehrpläne, Gerichte, Gesetzestexte, Krankenhäuser,
Arzneien, Maschinen sind keine Naturereignisse, sondern Resultate
jener Spezialisierung praktischer Kompetenz, die mit einer Spezialisierung zunehmend verwissenschaftlichter theoretischer Kompetenz
korrespondiert.
Wenn die Faktizität außersubjektiver Wirklichkeits-«Bereiche» Kon-
stitutionskriterium für die Gliederung der Wissenschaft wäre, so spräche
das wohl mindestens ebensosehr gegen wie für eine Differenzierung und
Spezialisierung wissenschaftlicher Arbeit (vorfindlicher Ausprägung).
Die Pädagogik hat nicht nur «ihren Gegenstand», nämlich den Menschen und seine →Entwicklung, sondern auch wesentliche Teile ihrer
wissenschaftstheoretischen Orientierung, ihrer Forschungslogik, -me-
thodik und -technik mit zahlreichen anderen (Human-)Wissenschaften
gemeinsam. Insofern leistet sie stets auch ihren Beitrag zur Entfaltung
und Konsolidierung einer überfachlichen human-, sozial- und allgemein-
wissenschaftlichen Forschungtradition.
Es erscheint unbegründet, einzelwissenschaftliche Spezialisierung als
Resultat einer autonomen «Entwicklungs-Logik» zu interpretieren, sei
sie nun aus einer Entwicklung «der Gesellschaft», des Gegenstands wissenschaftlicher Untersuchungen oder aus vermeintlich fachspezifischen
Methoden «abgeleitet». Man kann sich die Wissenschaft als einen Evo-
lutions- oder auch Revolutionsprozeß vorstellen (vgl. Kuhn 1967). Jedoch ist wohl davon auszugehen, «daß ihr zu jedem gegebenen Zeitpunkt ihrer Entwicklung verschiedene Richtungen offenstehen, daß sie
also nicht allein aus einer inhärenten Logik oder gemäß einer Theorie
einen vorgeschriebenen Weg geht» (v. Cranach 1974, S. 55; vgl.
v. Hentig 1971, S. 860).
Von mindestens gleicher Problematik sind alle Versuche, die Entwick-

Interdisziplinarität 789

lung einzelwissenschaftlicher Spezialisierung auf besondere – gar biolo-
gistisch interpretierte – Veranlagungen einzelnen Disziplinen zugeord-
neter Wissenschaftler zurückzuführen. Sowenig solche Determinanten
völlig ignoriert werden dürfen, sosehr unterschlägt dieser Rekurs die
Tatsache, daß «die Wissenschaft» und also auch einzelwissenschaftliche
Disziplinen gesellschaftliche Subsysteme sind mit eigener Tradition und
von gesellschaftlichen Sanktionen reguliert (vgl. v. CRANACH 1974,
S. 56ff; vgl. JOCHIMSEN 1974; vgl. MERTON 1957, S. 550ff; vgl. SPIEGEL-
RÖSING 1973, S. 35ff). Die Kritik von Fehlversuchen, Entwicklung und
Existenz einzelwissenschaftlicher Spezialisierung zu «erklären» oder zu
rechtfertigen, ist expliziter oder impliziter Bestandteil konstruktiver Ansätze einer Begründung der Forderung interdisziplinärer Orientierung.
    Auch diese Ansätze nehmen Bezug auf «die Sache» – Sache jedoch
nicht als Maßgabe oder als eine vom Problembewußtsein des For-
schungssubjekts unabhängige, autonome und indiskutable Vorgegeben-
heit.
    Die außersubjektive Wirklichkeit ist nicht an sich nach Kategorien
oder Kriterien historisch sich entwickelnder Einzeldisziplinen sortiert.
Reichtum und Komplexität der Welt spotten der Grenzziehung jeglicher
Einzelwissenschaft (vgl. FINK 1956, S. 432; vgl. FLÜGGE 1961, S. 141),
und «äußerlich» oft noch so weit auseinander liegende Phänomene müssen deshalb nicht auch stets ohne jeden «inneren» Zusammenhang sein
(vgl. GERLACH 1953, S. 14ff; vgl. HEMPEL 1965; vgl. KANT 1956,
S. 134ff; vgl. SCHWARZ 1974, S. 49). Konkrete Personen sind in den Begriffen, Konzepten und Theorien auch humanwissenschaftlicher Spezialdisziplinen keineswegs immer wiederzuerkennen. Der Mensch ist eben
nicht nur biologischer Organismus, Rollenträger, «Mängelwesen» (GEH-
LEN 1958, S. 21, S. 35, S. 89, S. 383). Und ob aus der Wiederzusammen-
setzung der psychologischen Aufgliederung des «individuellen Systems»
nach den Hauptkomponenten Wahrnehmung, →Denken, →Lernen
und →Motivation (vgl. HOLZHEY 1974, S. 112) auch wieder ein zutref-
fendes Bild des Menschen herauskommt, ist fraglich (vgl. GADAMER
1972, S. XXXVI). Für die Pädagogik ist festzuhalten, daß kein Phänomen der Realität darin aufgeht, pädagogisch oder Pädagogik oder →Er-
ziehung zu sein; daß es aber andererseits auch kein Phänomen der den
Menschen betreffenden Wirklichkeit gibt, das nicht pädagogisch bedeutsam wäre.
    In dem Maße, in dem Spezialdisziplinen oder einzelwissenschaftliche
Untersuchungen Zusammenhänge ausblenden, in denen Bedingungen
und Konsequenzen jeweils untersuchter Phänomene, Funktions- und
Handlungszusammenhänge angesiedelt sind (vgl. RAUSCHENBERGER
1971, S. 394ff; vgl. ROTH 1966, S. 77), wird zumindest eine interdisziplinäre Kooperation mit denjenigen Disziplinen oder Projekten erforder-

790 Interdisziplinarität

lich, die erwähnte Voraussetzungen und Konsequenzen zum Gegenstand ihrer Untersuchungen haben. Für die Pädagogik sind dies Psychologie, Soziologie, Biologie, Ökonomie und zahllose didaktisch bedeutsame Fachwissenschaften. Man mag solche größeren Zusammenhänge ignorieren; aufheben oder beseitigen kann man sie dadurch nicht. Die (in der Pädagogik besonders verbreitete) Besorgnis vor «fremdwissenschaftlicher» Beeinflussung (vgl. ALBERT 1965) kann als ein Anzeichen dafür angesehen werden, daß sich auch in der Denk- und Bewußtseinstradition der Pädagogik eine Spezialisierung und Verengung durchgesetzt haben, die deren Gegenstand fragmentarisiert (vgl. v. HENTIG 1971, S. 859), verkürzt, nicht selten verfälscht. Die verbreitete Polemik – um ein aktuelles Beispiel zu erwähnen – gegen jegliche «Politisierung» der Pädagogik ist oft nicht nur Ausdruck einer idealistischen Horizontverengung erziehungstheoretischen Arbeitens, sondern nicht selten allererst Resultat politisch motivierter Argumentation – freilich unter jeweils «anderen politischen Vorzeichen». →Erziehung und →Bildung haben nicht nur sehr reale, oft bestimmende Voraussetzungen und Konsequenzen, die «politisch» genannt werden, sondern immer und unvermeidbar unmittelbare, «politisch» genannte Implikationen. Erziehung und Bildung *«sind»* immer *auch* politisch (vgl. BÜHL 1971, S. 94; vgl. DERBOLAV 1976, S. 134; vgl. v. HENTIG 1971, S. 860 f; vgl. MÜLLER 1970, S. 83 ff).

Schlaglichtartig beleuchten läßt sich die hier begründete Unabdingbarkeit interdisziplinärer Kooperation an Problemen wie Ungleichheit von Bildungschancen, Lernschwierigkeiten, Disziplinproblemen, Gehorsam oder Taschengeld. Es gibt kein pädagogisch thematisierbares Phänomen oder Problem, das nicht zahllose «außerpädagogische» Voraussetzungen, Implikationen und Konsequenzen hat. Wer solche realen, auch in erziehungswissenschaftlichen Fragestellungen oft ausgeklammerten Zusammenhänge ignoriert, nimmt Einbußen an Realitätsbezug, Informationsgehalt, Wahrheitswert und Geltungsgrad seiner wissenschaftlichen Aussagen in Kauf. Unter Voraussetzung bisher erörterter Argumente erscheint interdisziplinäre Kooperation besonders dann erforderlich, wenn und soweit spezialisierte Erziehungswissenschaft in Distanz zu jener pädagogischen, menschlichen, gesellschaftlichen Praxis gerät (vgl. GROEBEN/WESTMEYER 1975, S. 165 ff; vgl. v. HENTIG 1971, S. 860 f; vgl. MANNHEIM 1958, S. 201 ff), die in aller Regel nicht «disziplinär beschränkt» ist (vgl. GUARDINI 1950, S. 83; vgl. v. HENTIG 1972, S. 20, S. 33). Interdisziplinarität wird aber nicht nur im Interesse einer adäquaten Erfassung, Erklärung und Anleitung realer Praxis geltend gemacht (vgl. HOLZHEY 1976; vgl. LENK 1980, S. 10 ff; vgl. MORGAN 1974, S. 263 ff; vgl. SCHWARZ 1974, S. 83 ff; vgl. WEINGART 1976), hinzu kommt die immer häufiger erhobene Forderung, der Wissenschaftler habe sich der (Mit-)Verantwortung für außerfachliche (und außerwissenschaftliche) Voraussetzungen, Implikationen und Konsequenzen seiner fachspezifischen Forschung bewußt zu werden (vgl. BORN 1963, HOFMANN 1968; vgl. JUNGK 1965, S. 265 ff; vgl. PICHT 1972, S. 21 f; vgl. SCHWARZ 1974, S. 86 ff). Insofern verfällt die Zuständigkeitsatomisierung wissenschaftlichen Spezialistentums ebenso der Kritik wie die Aufspaltung in «wertfreie» und beliebige Erkenntnisproduktion einerseits und die wohl ebenso beliebige, wenn auch nicht mehr «wertfrei» genannte praktische Erkenntnisverwertung andererseits.

Freilich hat die durch Spezialisierung gesteigerte Kompetenz und Effektivität auch eine Steigerung der technologisch-praktischen Relevanz, Zweckrationalität und Verfügbarkeit einzelwissenschaftlicher Forschungsergebnisse zur Folge. Gerade deshalb wird gefragt, wieweit diese Spezialkompetenz geeignet ist, *verantwortliches* Handeln zu begründen (vgl. GADAMER 1972, S. IX ff). Wie gewinnen Forscher und Adressaten von Forschung den Überblick über jene Faktoren und deren Zusammenhänge, denen gegenüber sie verantwortlich entscheiden und handeln (müssen)? «Es ist in hohem Maße kennzeichnend, daß der seiner Spezialwissenschaft zugewandte akademische Techniker im Prinzip heute dasselbe tut wie der Nicht-Akademiker, nämlich die Ausführung von Funktionen, ohne daß dabei der Gesamtzusammenhang für ihn deutlich wird» (SCHWARZ 1974, S. 39). Auch Pädagogen haben in politisch motivierter Verleugnung der Tatsache, daß Wissenschaft selbst gesellschaftliche Praxis ist, ihre Wissenschaft als soziale Wirklichkeit, als Machtpotential und Politikum verkannt oder unterschlagen (vgl. HABERMAS 1965; vgl. PICHT 1972, S. 21 f).

In Korrespondenz zu Bezugnahmen auf kritisch reflektierte Konzepte von «der Natur» des Gegenstandes erziehungswissenschaftlicher Aktivitäten steht als zweite Gruppe kritischer Argumente der Rekurs auf »die (menschliche) Natur» des Forschungssubjektes. So wie in der vielfältig bedingten Perspektivität und Selektivität menschlicher Daseinsvergewisserung Differenzierung und Spezialisierung auch wissenschaftlicher Aktivitäten begründet sein dürften, erfährt der Mensch – worauf Fichte seine Wissenschaftslehre gründet – sich im Wissen seiner selbst als Einheitspunkt aller Arten des Gewußten, als Subjekt jeglichen Verständnisses von Einheit, Ganzheit, Zusammenhang, → Struktur einzelwissenschaftlicher Differenzierung. Entwicklung und Beschaffenheit menschlichen Bewußtseins (vgl. KANT 1956, S. 136 ff) und personaler → Kommunikation schließen Zusammenhanglosigkeit aus. Interdisziplinarität wird insofern zu einem anthropologischen Problem. Das absolut Einzelne oder Spezielle ist ebenso fiktiv wie das Ganze. Einzelnes ist als Einzelnes nur denkbar in bezug auf einen übergeordneten (freilich nicht immer reflektierten) Zusammenhang. Es ist wohl niemals nur isoliertes

792 Interdisziplinarität

Element oder Stufe, sondern immer auch Paradigma eines «Ganzen» (vgl. WAGENSCHEIN 1956, S. 134f). Nun darf man sich andererseits aber keine zu naiven Vorstellungen vom «Ganzen» machen (vgl. v. HENTIG 1972, S. 46ff; vgl. JASPERS 1947, S. 102ff; vgl. v. KEMPSKI 1964, S. 226ff; vgl. MARCUSE 1965, S. 41ff; vgl. NAGEL 1965, S. 226ff). Ein enzyklopädisches Verständnis von Ganzheit ist nicht nur illusorisch, es verkennt die unvermeidbare Perspektivität und Selektivität eines jeden solchen Verständnisses. Ganzheit kann also – wenn man diesen Terminus beibehalten will – nicht als eine Summe des Gewußten, sondern muß wohl als eine Weise des Wissens aufgefaßt werden, und zwar als eine solche, die ihr Fundament in einem Wissen um die Voraussetzungen und Grenzen jeweiligen (Spezial-)Wissens hat. Das eigene Fachgebiet kann nur vom dominanten Aspekt zumindest einer anderen Disziplin in seiner spezifischen Besonderheit fixiert werden, so etwa «die Pädagogik von der Philosophie, der Verhaltensforschung oder der Psychologie oder der Soziologie oder von experimenteller Erfahrung her [...] Wer nur *ein* Fachgebiet isoliert betreibt, hat sich schon der Möglichkeit begeben, zu einer Ortsbestimmung seiner Forschung und damit überhaupt zum Ansatz der Frage nach den fundamentalen Bezügen seiner Wissenschaft zu gelangen» (SCHWARZ 1974, S. 33; vgl. HECKHAUSEN 1972, S. 86; vgl. LUYTEN 1974, S. 149; vgl. SCHUDER 1955, S. 4). «Die Grenzen des Sachwissens bestehen [...] darin, daß sich von der Sache nur das zeigt, was unter der gewählten Hinsicht bzw. in einem bestimmten Gesichtswinkel erscheint. Wissen ist immer perspektivisch, was durchaus nicht dasselbe wie ‹relativ› oder gar ‹irrig› bedeutet. Irrig wird das Wissen erst, wenn es seinen Aspekt für den einzigen hält und somit sich selbst und die Sache verzerrt» (ROMBACH 1952, Spalte 72; vgl. MANNHEIM 1958, S. 202f). Damit dürfte eine wesentliche Voraussetzung für das Gelingen interdisziplinärer Kooperation angesprochen sein: die in der Fachkompetenz verwurzelte interdisziplinäre Perspektive und die interdisziplinäre Fragestellung. «Am recht verstandenen Einzelnen – und sonst nirgends – leuchtet das Allgemeine oder Ganze auf» (ROMBACH 1952, Spalte 75; vgl. HARTMANN 1949, S. 365ff; vgl. SCHWARZ 1957, S. 127ff; vgl. SPRANGER 1952/1953, S. 6f). Und «das Ganze» ist ein Allgemeines, nur unter einem besonderen Bewußtseinsgesichtspunkt.

Formen von Interdisziplinarität. Ein nur stichworthafter Überblick über (behauptete) Versuche, interdisziplinäre Kooperation zu verwirklichen, mag verdeutlichen, wie sehr als «Interdisziplinarität» aufgefaßte oder beschriebene Aktivitäten oft nur die Kehrseite des als «borniert» geltenden Spezialistentums sind. Die Vielfalt des als «Interdisziplinarität» Propagierten oder Praktizierten ist verwirrend. Das gilt auch für bereits in großer Zahl vorliegende Systematisierungsvorschläge (vgl. CENTRE FOR

EDUCATIONAL RESEARCH AND INNOVATION 1972; vgl. LENK 1980, S. 10ff; vgl. LORENZEN 1978, S. 109ff; vgl. SCHWARZ 1974, S. 150ff).

Unter *temporären* Aspekten reicht Interdisziplinarität vom einmaligen fachlichen Austausch zwischen Vertretern verschiedener Disziplinen über Symposien und zeitlich befristete Projekte bis zur (organisatorisch abgesicherten) ständigen Einrichtung in einem Forschungsinstitut. Daneben gibt es *regionale* Kooperationen (vgl. THOMAE 1974, S. 314) beispielsweise in gegenstands- und nicht disziplinorientierten Abteilungen, in Fachbereichen, Fakultäten und interfakultativen Kommissionen oder Einrichtungen.

Unter dem Gesichtspunkt der *Organisation* von Forschung und insbesondere auch von Lehr-Lern-Prozessen gibt es auf der Mikroebene Kooperationen in Projekten und entsprechenden Lehr-Lern-Organisationen (Projektmethode, Fallmethode, Planspiel...); auf der Makroebene sind formelle (Max-Planck-Institute, Zentrum für interdisziplinäre Forschung Bielefeld, Interdisziplinäre Forschungsstelle für anthropologische und soziokulturelle Probleme der Wissenschaften an der Universität München, Paulus-Gesellschaft, Görres-Gesellschaft, aber auch «Zentrale Einrichtungen» einzelner Hochschulen) und zahllose informelle Organisationseinheiten (insbesondere die schon erwähnten Symposien) anzusiedeln.

Ein anderer Typus interdisziplinärer Kooperation wird repräsentiert durch Versuche, die Grenzen traditioneller Fächerung in einzelnen (neuen) *«Integrationsdisziplinen»* zu überwinden. Das sind insbesondere die sogenannten «Bindestrich-Wissenschaften», im Rahmen der Erziehungswissenschaft also pädagogische Anthropologie, pädagogische Soziologie, pädagogische Psychologie, →Sozial-, Wirtschafts-, →Berufs-, →Medienpädagogik,...

Solche Versuche ähneln anderen, einzelne Disziplinen für die Wieder-Herstellung der Einheit der Wissenschaft geltend zu machen. Dazu werden insbesondere gerechnet: Mathematik, Philosophie, Wissenschaftstheorie, Logik, aber auch Theologie, Metaphysik, Anthropologie oder die Sozialwissenschaft. Alle diese «Lösungsformen» mögen «neue» Bereiche zwischen traditionellen Fächern erschließen. Jedoch tun sie es nicht notwendig in Überwindung, sondern häufig in konsequenter Fortentwicklung konventioneller wissenschaftlicher Arbeitsteilung und Spezialisierung, etwa indem sie umfassendere Fragestellungen und wissenschaftliche Systeme (die Pädagogik) weiter aufspalten oder bestimmte Disziplinen von möglicherweise Interdisziplinarität begünstigenden Überschneidungen mit anderen Disziplinen «reinigen». So wird einzelwissenschaftliche Separierung also nicht überwunden, sondern allenfalls anders organisiert. Koordinatensysteme einzelwissenschaftlicher Spezialisierung werden ausgetauscht. Die vielzitierte Umweltforschung, Energieforschung oder Konfliktforschung mögen – wie das andere Disziplinen schon vorher getan haben (etwa Religionswissenschaft, Arbeitswissenschaft, Sportwissenschaft) – die Grenzen *konventioneller* Disziplinparzellierung sprengen; das garantiert jedoch noch lange keine Inter-Disziplin oder gar Interdisziplinarität. Es verweist wohl auf den eingangs skizzierten Zusammenhang von gesellschaftlichen, insbesondere ökonomischen und wissenschaftlichen Entwicklungen und es rechtfertigt die Annahme, daß die zunehmende Spezialisierung einzelwissenschaftlicher Forschung zur Entfremdung von Problemen gesellschaftlicher Praxis führt, weshalb neue – das konventionelle Koordinatensystem verändernde – Disziplinen entwickelt werden müssen.

Widerstände gegen Interdisziplinarität. Die Forderung nach Interdisziplinarität steht zu Umfang und Intensität ihrer Verwirklichung in einem unübersehbaren Mißverhältnis. Gründe dafür sind nicht erforscht. Jedoch lassen sich aus dem Kontext der Diskussion dieses Problems Anhaltspunkte gewinnen. Dabei spielen folgende Tatbestände eine Rolle: das hohe Prestige fachlichen Expertentums, das fachliche Autonomie- und Allzuständigkeitsbewußtsein, das sich entweder aus «verselbständigter» Tradition, nicht mehr allein «sachlich» zu rechtfertigendem gesellschaftlichem Ansehen oder gesteigertem Selbstbewußtsein der jeweiligen Fachvertreter einerseits oder aus der Statusunsicherheit um Anerkennung besorgter Disziplinen andererseits herleiten dürfte; die eng damit verbundene Entwicklung einer auch wissenschaftlich nicht mehr allgemeinverständlichen Fachsprache; nicht zuletzt die mögliche Unvereinbarkeit von Paradigmen innerhalb eines Faches: Über das mit «Pädagogik», «Erziehung», «Erziehungswissenschaft» Gemeinte gehen die Auffassungen weit auseinander. Wenn man die innerfachlichen Differenzierungen und Spezialisierungen mit gewollten horizontalen und vertikalen Abgrenzungen im Professionalisierungsbereich hinzunimmt, wird deutlich, wie außerordentlich abstrakt die Rede von «der Pädagogik» und entsprechend anderen Disziplinen ist. Vielleicht liegt darin auch eine Chance, nämlich zu interdisziplinären Fragestellungen und Arbeitsformen «innerhalb» bestimmter Forschungsparadigmen, die verschiedene Disziplinen gemeinsam haben. Vielleicht aber auch begünstigt diese Paradigmenorientierung einen Verlust nun auch noch der Einheit und Identität einzelner Disziplinen. Die Forderung nach Methodenpluralismus (vgl. Röhrs 1968) ist eher ein Symptom des Problems als auch nur die Perspektive seiner Lösung. Und inwieweit von einem theoretischen Pluralismus (vgl. Feyerabend 1976, Spinner 1974) oder von einer «wissenschaftlichen Revolution» (Kuhn 1967) Lösungsgesichtspunkte erwartet werden können, ist eine kontrovers diskutierte Frage.

ALBERT, H.: Friedrich Fürstenberg. Rezension. In: Köln. Z. f. Soziol. u. Sozpsych. 14 (1962), S. 550. ALBERT, H.: Probleme der Theoriebildung. In: Albert, H. (Hg.): Theorie und Realität, Tübingen 1964, S. 3ff. ALBERT, H.: Modell-Platonismus. In: Topitsch, E. (Hg.): Logik der Sozialwissenschaften, Köln/Berlin 1965, S. 406ff. BACON, F.: Neues Organ der Wissenschaften. Novum organum, hg. v. A. T. Bruck, Darmstadt 1962. BECK, U. u. a.: Beruf, Herrschaft und Identität. In: Soz.Welt 27 (1976), S. 8ff, S. 180ff. BEN-DAVID, J.: Probleme einer soziologischen Theorie der Wissenschaft. In: Weingart, P. (Hg.): Wissenschaftsforschung, Frankfurt/New York 1975, S. 133ff. BENNER, D.: Theorie, Technik, Praxis. Zur Diskussion alternativer Theorie-Praxis-Modelle. In: Z. f. P., 15. Beiheft, 1978, S. 13ff. BERNSTEIN, B.: Klassifikation und Vermittlungsrahmen im schulischen Lernprozeß. In: Z. f. P. 17 (1971), S. 145ff. BEUTLER, K.: Der «Autonomie»-Begriff in der Erziehungswissenschaft und die Frage nach dem gesellschaftlichen Fortschritt. In: P. Rsch. 23 (1969), S. 195ff. BORN, M.: Was bleibt noch zu hoffen? In: Universitas 18 (1963), S. 337ff. BÜCHER, K.: Arbeitsteilung und soziale Klassenbildung, Frankfurt/M. o. J. (1946). BÜHL, W. L.: Pädagogik, Soziologie, Pädagogische Soziologie. In: Debl, H. (Hg.): Die Pädagogik im Dialog mit ihren Grenzwissenschaften, München 1971, S. 91ff. BUSEMANN, A.: Begabung. In: Groothoff, H.-H./Stallmann, M. (Hg.): Lexikon der Pädagogik, Bd. 1, Freiburg 1952, Spalte 332ff. CAPLOW, TH.: The Sociology of Work, Minneapolis 1954. CENTRE FOR EDUCATIONAL RESEARCH AND INNOVATION (CERI) (Hg.): Interdisciplinarity. Problems of Teaching and Research in Universities, o. O. (Paris) 1972. CRANACH, M. V.: Über die wissenschaftlichen und sozialen Voraussetzungen «erfolgreicher» interdisziplinärer Forschung. In: Holzhey, H. (Hg.): Interdisziplinär, Basel/Stuttgart 1974, S. 48ff. DAELE, W. VAN DEN/KROHN, W.: Theorie und Strategie – zur Steuerbarkeit wissenschaftlicher Entwicklung. In: Weingart, P. (Hg.): Wissenschaftsforschung, Frankfurt/New York 1975, S. 213ff. Dahrendorf, R.: Arbeitsteilung. In: Handbuch der Sozialwissenschaften, Bd. 12, Stuttgart/Tübingen/Göttingen 1965, S. 512ff. DAHRENDORF, R.: Gesellschaft und Demokratie in Deutschland, München 1966. DERBOLAV, J.: Der reduzierte Praxisbegriff und seine Folgen. In: Derbolav, J. (Hg.): Kritik und Metakritik der Praxeologie, im besonderen der politischen Strukturtheorie, Kastellaun 1976, S. 128ff. DÖRSCHEL, A.: Arbeit und Beruf in wirtschaftspädagogischer Betrachtung, Freiburg 1960. DURKHEIM, E.: On the Division of Labor in Society, Glencoe ³1949. EDDING, F.: Ökonomie des Bildungswesens. Lehren und Lernen als Haushalt und als Investition, Freiburg 1963. FERGUSON, A.: Abhandlung über die Geschichte der bürgerlichen Gesellschaft, Jena ²1923. FEYERABEND, P.: Wider den Methodenzwang, Frankfurt/M. 1976. FINK, E.: Exposition des Problems der Einheit der Wissenschaften. In: Stud. Gen. 9 (1956), S. 424ff. FLÜGGE, J.: Vom Selbstbewußtsein der Einzelwissenschaften. In: N. Samml. 1 (1961), S. 130ff. GADAMER, H.-G.: Theorie, Technik, Praxis – die Aufgabe einer neuen Anthropologie. In: Gadamer, H.-G./Vogler, P. (Hg.): Biologische Anthropologie. Neue Anthropologie, Bd. 1, Teil 1, Stuttgart 1972, S. IXff. GEHLEN, A.: Der Mensch. Seine Natur und seine Stellung in der Welt, Bonn ⁶1958. GEISSLER, G.: Die Autonomie der Pädagogik, Langensalza/Berlin/Leipzig 1929. GERLACH, W.: Forschung und Erziehung als Aufgaben der Hochschulen, Göttingen 1953. GROEBEN, N./WESTMEYER, H.: Kriterien psychologischer Forschung, München 1975. GUARDINI, R.: Das Ende der Neuzeit, Würzburg 1950. HABERMAS, J.: Erkenntnis und Interesse. In: Merkur 19 (1965), S. 1139ff. HABERMAS, J.: Technik und Wissenschaft als «Ideologie», Frankfurt/M. 1968. HADORN, E.: Ist Interdisziplinarität überhaupt möglich? In: Holzhey, H. (Hg.): Interdisziplinär, Basel/Stuttgart 1974, S. 43ff. HAGSTROM, W. O.: Segmentierung als eine Form strukturellen Wandels in der Wissenschaft. In: Weingart, P. (Hg.): Wissenschaftliche Entwicklung als sozialer Prozeß. Wissenschaftssoziologie, Bd. 1, Frankfurt/M. 1972, S. 222ff. HARTMANN, N.:

796 Interdisziplinarität

Der Aufbau der realen Welt. Grundriß der allgemeinen Kategorienlehre, Meisenheim 1949. HECKHAUSEN, H.: Discipline and Interdisciplinarity. In: Centre for Educational Research and Innovation (CERI) (Hg.): Interdisciplinarity..., o. O. (Paris) 1972, S. 83 ff. HEISENBERG, W.: Das Naturbild der heutigen Physik, Hamburg 1955. HEITGER, M.: Erziehungswissenschaft in ihrem Verhältnis zur Psychologie und Soziologie. In: Z. f. P., 6. Beiheft, 1966, S. 85 ff. HEMPEL, C. G.: Typologische Methoden in den Sozialwissenschaften. In: Topitsch, E. (Hg.): Logik der Sozialwissenschaften, Köln/Berlin 1965, S. 85 ff. HENTIG, H. v.: Interdisziplinarität, Wissenschaftsdidaktik, Wissenschaftspropädeutik. In: Merkur 25 (1971), S. 855 ff. HENTIG, H. v.: Magier oder Magister? Über die Einheit der Wissenschaft im Verständigungsprozeß, Stuttgart 1972. HERBART, J. F.: Allgemeine Pädagogik aus dem Zweck der Erziehung abgeleitet, Göttingen 1806. HERRMANN, TH.: Persönlichkeitsmerkmale, Stuttgart u. a. 1973. HIRSCH, J.: Ökonomische Verwertungsinteressen und Lenkung der Forschung. In: Weingart, P. (Hg.): Wissenschaftsforschung, Frankfurt/New York 1975, S. 194 ff. HIRSCH, J./LEIBFRIED, ST.: Materialien zur Wissenschafts- und Bildungspolitik, Frankfurt/M. 1971. Hoffmann, E.: Pädagogischer Humanismus, Zürich/Stuttgart 1955. HOFMANN, W.: Die gesellschaftliche Verantwortung der Universität. In: Hofmann, W.: Universität, Ideologie, Gesellschaft, Frankfurt/M. 1968, S. 35 ff. HOFMANN, W.: Hochschule und Herrschaft. In: Hofmann, W.: Abschied vom Bürgertum, Frankfurt/M. 1970, S. 53 ff. HOLZHEY, H.: Interdisziplinarität. Nachwort. In: Holzhey, H. (Hg.): Interdisziplinär, Basel/Stuttgart 1974, S. 105 ff. HOLZHEY, H.: Interdisziplinär. In: Ritter, J./Gründer, K. (Hg.): Historisches Wörterbuch der Philosophie, Bd. 4, Darmstadt 1976, Spalte 476 ff. HOLZKAMP, K.: Kritische Psychologie, Frankfurt/M. 1972. HOLZKAMP, K.: Sinnliche Erkenntnis. Historischer Ursprung und gesellschaftliche Funktion der Wahrnehmung, Frankfurt/M. 1973. JASPERS, K.: Von der Wahrheit, München 1947. JOCHIMSEN, R.: Zur gesellschaftspolitischen Relevanz interdisziplinärer Zusammenarbeit. In: Holzhey, H. (Hg.): Interdisziplinär, Basel/Stuttgart 1974, S. 9 ff. JUNGK, R.: Heller als tausend Sonnen, Reinbek 1965. JÜSSEN, G./SCHRIMPF, G.: Disciplina, doctrina. In: Ritter, J./Gründer, K. (Hg.): Historisches Wörterbuch der Philosophie, Bd. 2, Darmstadt 1972, Spalte 256 ff. KANT, I.: Kritik der reinen Vernunft, Darmstadt 1956. KANT, I.: Der Streit der Fakultäten (1798). Werke in sechs Bänden, hg. v. W. Weischedel, Bd. 6, Darmstadt 1964, S. 261 ff. KEMPSKI, J. v.: Zur Logik der Ordnungsbegriffe, besonders in den Sozialwissenschaften. In: Albert, H. (Hg.): Theorie und Realität, Tübingen 1964, S. 209 ff. KLAFKI, W.: Muß die Didaktik eigenständig sein? In: D. Dt. S. 57 (1965), S. 409 ff. KÖNIG, R.: Arbeitsteilung. In: König, R. (Hg.): Soziologie (Fischer-Lexikon), Frankfurt/M. 1958, S. 25 ff. KUHN, TH. S.: Die Struktur wissenschaftlicher Revolutionen, Frankfurt/M. 1967. KUPFFER, H.: Pädagogische Anthropologie unter kritischem Aspekt. In: P. Rsch. 23 (1969), S. 208 ff. LENK, H.: Interdisziplinarität und die Rolle der Philosophie. In: Z. f. Did. d. Phil. 2 (1980), S. 10 ff. LIEDTKE, M.: Evolution und Erziehung, Göttingen ²1976. LITT, TH.: Der Bildungsauftrag der deutschen Hochschule, Göttingen 1952. LORENZEN, P.: Theorie der technischen und politischen Vernunft, Stuttgart 1978. LUYTEN, N. A.: Interdisziplinarität und Einheit der Wissenschaft. In: Schwarz, R. (Hg.): Wissenschaft als interdisziplinäres Problem. Internationales Jahrbuch für interdisziplinäre Forschung, Bd. 1, Berlin/New York 1974, S. 132 ff. MANNHEIM, K.: Mensch und Gesellschaft im Zeitalter des Umbaus, Darmstadt 1958. MARCUSE, H.: Kultur und Gesellschaft 2, Frankfurt/M. 1965. MARCUSE, H.: Der eindimensionale Mensch. Studien zur Ideologie der fortgeschrittenen Industriegesellschaft, Neuwied/Darmstadt 1967. MARX, K.: Das Kapital (1867), Bd. 1, Marx-Engels Werke (MEW), Bd. 23, Berlin (DDR) 1975. MERTON, R. K.: Social Theory and Social Structure, Glencoe 1957. MEUMANN, E.: Abriß der experimentellen Pädagogik, Leipzig/Berlin 1914. MEYER-ABICH, K. M.: Versagt die

Wissenschaft vor dem Grundrecht der Freiheit? In: Z. f. Did. d. Phil. 2 (1980), S. 3ff. MORGAN, G. W.: Disciplinary and Interdisciplinary Research and Human Studies. In: Schwarz, R. (Hg.): Wissenschaft als interdisziplinäres Problem. Internationales Jahrbuch für interdisziplinäre Forschung, Bd. 1, Berlin/New York 1974, S. 263ff. MÜLLER, P.: Interdisziplinäre Integration und Praxisbezug als Kriterien einer Neuordnung der Studiengänge. In: N. Samml., 5. Sonderheft, 1970, S. 83ff. NAGEL, E.: Über die Aussage: «Das Ganze ist mehr als die Summe seiner Teile». In: Topitsch, E. (Hg.): Logik der Sozialwissenschaften, Köln/Berlin 1965, S. 225ff. NOHL, H.: Die pädagogische Bewegung in Deutschland und ihre Theorie, Frankfurt/M. ²1935. PETZELT, A.: Grundzüge systematischer Pädagogik, Stuttgart ²1955. PIAGET, J.: L'epistémologie des relations interdisciplinaires. In: Schwarz, R. (Hg.): Wissenschaft als interdisziplinäres Problem. Internationales Jahrbuch für interdisziplinäre Forschung, Bd. 1, Berlin/New York 1974, S. 154ff. PICHT, G.: Theologie und Kirche im 20. Jahrhundert, Stuttgart 1972. PLANCK, M.: Ursprung und Auswirkung wissenschaftlicher Ideen (1933). In: Planck, M.: Vorträge und Erinnerungen, Stuttgart ⁵1949. PLATON: Der Staat. Über das Gerechte, Hamburg ⁸1961. PLESSNER, H.: Zur Soziologie der modernen Forschung und ihrer Organisation in der deutschen Universität. In: Plessner, H.: Diesseits der Utopie, Düsseldorf 1966, S. 121ff. RAUSCHENBERGER, H.: Zum Verhältnis von Pädagogik und Soziologie. In: Ellwein, Th. u. a. (Hg.): Erziehungswissenschaftliches Handbuch, Bd. 3, Teil 2, Berlin 1971, S. 390ff. RÖHRS, H.: Forschungsmethoden in der Erziehungswissenschaft, Stuttgart 1968. ROMBACH, H.: Allgemeinbildung. In: Groothoff, H.-H./Stallmann, M. (Hg.): Lexikon der Pädagogik, Bd. 1, Freiburg 1952, Spalte 71ff. ROTH, H.: Erziehungswissenschaft zwischen Psychologie und Soziologie. In: Z. f. P., 6. Beiheft, 1966, S. 75ff. RUHLOFF, J.: Überholbarkeit als Bildungsprinzip oder neue Bildungsdogmatik? In: Vjs. f. w. P. 50 (1974), S. 391ff. RUMPF, H.: Unterricht und Identität. Perspektiven für ein humanes Lernen, München 1976. SCHMOLLER, G.: Die Thatsache der Arbeitsteilung. In: Schmoller, G. (Hg.): Jahrbuch für Gesetzgebung, Verwaltung und Volkswirtschaft, Neue Folge 13, Leipzig 1889, S. 1003ff. SCHUDER, W.: Einleitung. In: Schuder, W. (Hg.): Universitas Litterarum, Berlin 1955, S. 3ff. SCHULENBERG, W.: Spezialisierung und interdisziplinäre Zusammenarbeit in Lehre und Forschung. In: Z. f. P., 8. Beiheft, 1969, S. 139ff. SCHWARZ, R.: Wissenschaft und Bildung, Freiburg 1957. SCHWARZ, R.: Interdisziplinarität der Wissenschaften als Problem und Aufgabe heute. In: Schwarz, R. (Hg.): Wissenschaft als interdisziplinäres Problem. Internationales Jahrbuch für interdisziplinäre Forschung, Bd. 1, Berlin/New York 1974, S. 1ff. SEIFFERT, H.: Muß die Pädagogik eigenständig sein? Essen 1964. SEIFFERT, H.: Muß die Didaktik eigenständig sein? In: D. Dt. S. 58 (1966), S. 174ff. SMITH, A.: Natur und Ursachen des Volkswohlstandes, Leipzig 1933. SPENCER, H.: System der synthetischen Philosophie, Bde. VI–IX: Die Principien der Sociologie, Bd. 1, Stuttgart 1877. SPIEGEL-RÖSING, I.: Wissenschaftsentwicklung und Wissenschaftssteuerung. Einführung und Material zur Wissenschaftsforschung, Frankfurt/M. 1973. SPINNER, H. F.: Pluralismus als Erkenntnismodell, Frankfurt/M. 1974. SPRANGER, E.: Lebensformen. Geisteswissenschaftliche Psychologie und Ethik der Persönlichkeit, Tübingen ⁸1950. SPRANGER, E.: Die Einheit der Wissenschaft. Ein Problem. In: Arch. f. R.- u. Sozphil. 40 (1952/1953), S. 1ff. THIEME, W.: Deutsches Hochschulrecht, Berlin 1956. THOMAE, H.: Das Problem der strafrechtlichen Verantwortlichkeit – ein Fall interdisziplinärer Konfliktkumulation oder interdisziplinärer Kooperation? In: Schwarz, R. (Hg.): Wissenschaft als interdisziplinäres Problem. Internationales Jahrbuch für interdisziplinäre Forschung, Bd. 1, Berlin/New York 1974, S. 311ff. WAGENSCHEIN, M.: Zum Begriff des exemplarischen Lehrens. In: Z. f. P. 2 (1956), S. 129ff. WEBER, M.: Wissenschaft als Beruf. In: Weber, M.: Gesammelte Aufsätze zur Wissenschaftslehre, hg. v. J. Winckelmann, Tübingen ²1951, S. 566ff. WEINGART, P.

798   Interdisziplinarität

(Hg.): Wissenschaftssoziologie, 2 Bde., Frankfurt/M. 1972/1974 (Bd. 1: 1972; Bd. 2: 1974). WEINGART, P.: Wissensproduktion und soziale Struktur, Frankfurt/M. 1976. WEIZSÄCKER, C. F. v.: Zum Weltbild der Physik, Stuttgart [10]1963. WENIGER, E.: Die Autonomie der Pädagogik (1929). In: Weniger, E.: Die Eigenständigkeit der Erziehung in Theorie und Praxis, Weinheim 1957, S. 71 ff. YOUNG, M. F. D.: Knowledge and Control, London 1970.

Helmut Heid

Interesse → Erziehungswissenschaft, Kritische

Interessendifferenzierung → Differenzierungsform

Interessentest → Test

Interpretation → Forschungsmethode

Intersubjektivität → Interaktionismus, Symbolischer; → Pädagogik, phänomenologische

Interview, narratives → Forschungsmethode